中華大藏經編輯局編

中華大藏經

漢文部分

三五

中華書局

圖書在版編目(CIP)數據

中華大藏經:漢文部分.第35册/《中華大藏經》編輯局編. —
北京:中華書局,1989.7(2022.8重印)
ISBN 978-7-101-00471-7

Ⅰ.中…　Ⅱ.中…　Ⅲ.大藏經　Ⅳ.B941

中國版本圖書館CIP數據核字(2022)第120415號

内封題簽:李一氓
裝幀設計:伍端端

中華大藏經(漢文部分)
第三五册
《中華大藏經》編輯局 編
*
中華書局出版發行
(北京市豐臺區太平橋西里38號　100073)
http://www.zhbc.com.cn
E-mail:zhbc@zhbc.com.cn
北京建宏印刷有限公司印刷
*
787×1092毫米 1/16・69印張・2插頁
1989年7月第1版　2022年8月第4次印刷
定價:600.00元

ISBN 978-7-101-00471-7

中華大藏經(漢文部分)

第三十五册目録

千字文編次　篤——基

篤

正法念處經卷第十六　萬

元魏婆羅門瞿曇般若流支譯

餓鬼品第四之一

復次比丘知業果報遍觀一切地獄苦海為愛瀑水洄澓所沒大地獄人富蘭那末迦離等俱迦離提婆達多如是等魚為大摩竭魚之所吞食從活地獄乃至阿鼻地獄其獄廣大沃焦深水及餘地獄大苦海中提弥魚提弥鯢羅魚那迦羅魚鳩䱶羅魚失収摩羅魚黿鼉龜鼊旋流洄澓貪欲瞋恚愚癡風力之所飃颻水浪濤波洄澓相注時如水沫受大苦惱淚如雨墮啼哭悲泣呻吟悲嘷辛酸大叫猶如濤波愁思波覆惡業龍力雨大苦雨滿諸地獄阿鼻地獄無間極深其火猛焰如劫火起燒大劫時滿斫迦婆羅山（魏言輪山即鐵圍山是也）是為大地獄苦惱大海劣弱之人無有善力無能度者如是比丘觀大苦已心則猒離伽他頌曰（偈者正音云伽他單舉伽字訛言為偈魏言頌）

一切衆生癡所欺　為於愛染之所縛
紆至世間嶮難道　老死惡濟恐怖處
三處退已入地獄　從地獄出生天上
三處命終墮畜生　復從彼終墮餓鬼
自業惡行之所迷　諸欲自在使衆生
為癡羂網所纏縛　流轉洄澓三界海
無始久受大苦惱　種種衆生生死苦
無有猒離生死心　無始久集因緣故
諸天放逸自壞心　人中追求受諸苦
餓鬼常為飢渴燒　畜生迭共相食噉
地獄之中大猛火　餓鬼道中癡所惱
一切衆生生死中　微毫少樂不可得
於諸苦中生樂想　衆生癡惑所誑故
無有教示正道者　於此苦中不得脫
若有遠離於善法　常行妄語無誠信
不能修習禪定法　長淪生死受諸苦
諸佛如來所說法　若今現在未來世
過於父母及親族　常隨衆生而不離
三聚之類衆生等　三種過惡常自在
常行三界不止息　以三種受為伴侶
三業迷惑於衆生　行趣三惡嶮難道
於三有行常愛樂　三有法中輪轉行
若有衆生歸三寶　自在修行三菩提
斷除遠離三種見　如是之人離衆苦

於三時中樂正行　如實觀見三種老
於飯食中知止足　是人則能離憂惱
過貪瞋癡三種聚　善思三業不造惡
如是行人離生苦　永斷一切諸憂熱
若人知於道非道　於有無中善思惟
能善修學慈悲心　則得第一最勝道
若有衆生不濁乱　心常清淨無所染
能離不善諸惡法　當知是人得解脫
若有人能行正道　正念大力堅牢故
常樂遠離於諸有　是人解脫必無疑
若人能斷於有愛　不起有愛悕望心
是人於生老死苦　乃至不生微細者
若有愚人造諸業　作諸惡已轉增長
諸欲如毒不可親　有智之人應捨離
若人捨離於諸欲　心常樂求解脫果
是人不善滅無餘　如日光照除闇冥
如是親近善法者　常捨一切諸不善
能善思惟淨不淨　如是略說汝當知

如是比丘當念此世他世以智慧利益心既念已當以智慧饒益一切世間觀地獄苦於一切衆生思惟憶念起慈愍心修行慈悲於一切地獄怖畏苦惱逼迫之處具觀察已知業果報知業報已生猒離心復作是觀此諸衆生云何沒於種種惡道大怖畏處行於生死曠野之中如是比丘作是思惟生慈悲心如餓鬼道險惡之業由心貪嫉欺誑於人貪惜積聚欲望長富廣積衆惡惡貪所覆不行布施不施沙門婆羅門及諸病瘦盲冥貧窮有來乞求心生慳嫉不肯施與不作功德不持禁戒此世他世無利衰惱妻子奴婢悋惜不與慳嫉自誑以是因緣墮餓鬼中女人多生餓鬼道中何以故女人之性心多妬嫉丈夫未隨便起妬意以是因緣女人多生餓鬼道中

復次比丘知業果報觀餓鬼道餓鬼所住在何等處作是觀已即以聞慧觀諸餓鬼略有二種何等為二一者人中住二者住於餓鬼世界是人中鬼若人夜行則有見者餓鬼世界者住於閻浮提下五百由旬長三万六千由旬及餘餓鬼惡道眷屬其數無量惡業甚多住閻浮提有近有遠

復次比丘知業果報觀諸餓鬼有無量種彼以聞慧略觀餓鬼三十六種一切餓鬼皆為慳貪嫉妬因緣生於彼處以種種心造種種業行種種行種種住處種種飢渴自燒其身如是略說三十六種何等為三十六種一者迦婆離鑊身餓鬼二者甦支目佉針口餓鬼三者槃多婆叉食吐餓鬼四者毗師咃食糞餓鬼五者阿婆叉無食餓鬼六者揵陀食氣餓鬼七者達摩婆叉食吐餓鬼八者婆利藍食水餓鬼九者阿賒迦悕望餓鬼十者登(區伊反)吒食唾餓鬼十一者摩羅婆叉食鬘餓鬼十二者囉訖吒食血餓鬼十三者曹娑婆叉食肉餓鬼十四者蘇揵陁食香烟餓鬼十五者阿毗遮羅疾行餓鬼十六者虫陁邏伺便餓鬼十七者波多羅地下餓鬼十八者矣利提神通餓鬼十九者闍婆隸熾燃餓鬼二十者虫陁羅伺嬰兒便餓鬼二十一者迦(集邏反)摩欲色餓鬼二十二者三牟陁羅提波海渚餓鬼二十三者閻羅王使執杖餓鬼二十四者婆羅婆叉食小兒餓鬼二十五者烏

殊婆叉食人精氣餓鬼二十六者婆羅門羅刹餓鬼二十七者君茶火爐燒食餓鬼二十八者阿輸婆羅他不淨巷陌餓鬼二十九者婆移婆叉食風餓鬼三十者鴦伽囉婆叉食火炭餓鬼三十一者毗沙婆叉食毒餓鬼三十二者阿吒毗曠野餓鬼三十三者睒摩舍羅塚間住食熱灰土餓鬼三十四者毗利差樹中住餓鬼三十五者遮多波他四交道餓鬼三十六者魔羅迦耶殺身餓鬼是為略說三十六種餓鬼廣說則無量重心造惡業行各異種種慳心不行布施貪心因緣受種種身

復次比丘知業果報觀諸餓鬼受大飢渴自燒其身以前世時多起妬嫉惡心破壞廣造三業身口意惡十不善業生餓鬼中其人以作十種不善業道因緣得一切苦以惡業故生餓鬼中惡業牽故業為本故入於惡道為彼所縛以因緣故不脫生死為無始來獼猴之心躁擾輕轉行於嶮難障㝵之處攀緣種種羅網枝條速疾往返住生死山睡於叢窟所行之處不可覺知觀心獼猴速疾不停應作如是初調伏心若心不調能將衆生至大怖處得大苦惱如是心怨能令衆生流轉生死比丘如是思惟心已於生死中得離欲穢猒生死苦如是思惟一切生死皆悉苦惱如是比丘思惟分別餓鬼之中有無量種思惟是已一一分別觀諸業報非無因生苦樂好醜淨與不淨善惡貴賤上下生滅一切雜類非自然生比丘如是觀諸餓鬼知業果報以聞慧觀云何觀於迦婆離鑊身餓鬼其身長大過人兩倍無有面目手足穿穴猶如鑊脚熱火滿中焚燒其身如火燒林飢渴惱熱時報所縛無人能救無歸無怙愁憂苦惱無人救護以何業故生於彼處即以聞慧見此衆生於前世時以貪財故為他屠殺受雇殺生齎割脂肉心無悲愍貪心殺生教已隨喜造集惡業其心不悔如是惡人身壞命終墮於惡道受迦婆離餓鬼之身（迦婆離迦魏言鑊身）在於地下五百由旬從此命終忽然即往生於大怖黑闇之處既生之後上下二山一時俱合押笮其身受大苦惱身增轉大滿一由旬為飢渴火焚燒其身餓鬼道中經五百歲餓鬼道中一日一夜此閻浮提日月歲數經於十年如是五百歲名為一生少出多減命亦不定又第二業墮餓鬼中若有衆生受他寄物抵拒不還生於彼處不施資財不以法施不施無畏若男若女不行如是三種布施常懷慳嫉以是因緣生餓鬼中

復次比丘知業果報觀於餓鬼彼以聞慧觀於針口諸餓鬼等以何等業而生其中彼以聞慧觀於蘓支目佉餓鬼（蘓支目佉魏言針口）知此衆生於前世時以財雇人令行殺戮慳貪嫉妬不行布施不施衣食不施無畏不以法施如是惡人身壞命終受於針口餓鬼之身受鬼身已自業誑惑所受之身口如針孔腹如大山常懷憂惱為飢渴火焚燒其身受諸內苦外有寒熱蚊虻惡虫熱病惱等如是身心受種種

苦餓鬼道中一日一夜比於人間日月歲數經於十年如是受命滿五百歲命亦不定若男若女生在其中又第二業墮此針口餓鬼之中若有丈夫勸其婦人令施沙門婆羅門食其婦慳惜實有言無語其夫言家無所有當以何等施與沙門及諸道士如是婦人誑夫惜財而不布施身壞命終墮於針口餓鬼之中由其積習多造惡業是故婦人多生餓鬼道中何以故女人貪欲妬嫉多故不及丈夫女人小心輕心不及丈夫以是因緣生餓鬼中乃至嫉妬惡業不失不壞不朽於餓鬼中不能得脫業盡得脫從此命終生畜生中於畜生中受遮吒迦鳥身（此鳥唯食天雨仰口承天雨水而飲之不得食餘水）常患飢渴受大苦惱畜生中死生於人中以餘業故常困飢渴受苦難窮常行乞食以自存濟以餘業故受如斯報

復次比丘知業果報觀諸餓鬼彼以聞慧觀於食吐諸餓鬼等是諸衆生以何業故受於食吐餓鬼之身彼以聞慧知此衆生前世之時身為婦人誑惑其夫自噉美食心懷慳嫉憎惡其子而不施與或有丈夫妻無異心便起妬意獨食美味不施妻子以是因緣墮於䐔多餓鬼之中（䐔多淒反魏言食吐）受餓鬼身常為飢渴焚燒其身其身廣大長半由旬於曠野中四奔疾走求覓漿水高聲嘷叫唱言飢渴以此衆生前世之時不以財物無畏布施不行法施以是因緣生餓鬼中壽命長遠如上所說經五百歲乃至惡業未盡不破不壞終不得脫在食吐鬼中常求歐吐困不能得從此命終生畜生中亦常食吐受飢渴苦畜生中死生於人中餘業因緣常患飢渴於諸巷陌常拾世人所棄殘食或從沙門及婆羅門乞求自活以餘業故受如斯報

復次比丘知業果報觀諸餓鬼彼以聞慧知此衆生於前世時多行貪嫉常懷慳惜不行布施以不淨食施諸沙門及婆羅門如是沙門及婆羅門不知不淨而便食之此人以是惡業因緣身壞命終墮於惡道生於食糞餓鬼之中壽命長短如上所說亦五百歲飢渴燒身求諸糞穢猶不可得以業力故常不從心不淨之處蛆虫糞屎馳走求索常不充足至命不盡常受苦惱乃至惡業不盡不壞不朽故不得脫若惡業盡從此命終隨業流轉受生死苦人身難得猶如海龜遇浮木孔遍受惡身若生人中貧窮多病常困飢渴恒乞朝食以自活命無量衰惡以為嚴飾其身破裂不淨臭穢人所惡賤口氣腥臊其齒黧黑餘業因緣受如是報

復次比丘知業果報觀於餓鬼慳嫉地處一切餓鬼慳嫉為本是諸衆生以何業故生於無食餓鬼之中彼以聞慧知諸餓鬼前身之時以慳嫉故自覆其心妄語欺誑自恃強力枉誣良善繫之囹圄禁人糧食令其致死殺已快心不生悔恨心生隨喜復教他人既作惡業初不改悔如是惡人身壞命終生於無食餓鬼之中若男若女生於其中飢渴之火增長熾燃如山澮水涌波之力腹中火起焚燒其身無有遺餘滅已復生生已復燒

有二種苦焚燒其身一者飢渴二者火燒其人苦逼嘷叫悲惱四方馳走自業惡果不可思議其人如是受內外苦一切身分業火所燒身內出火自焚其體譬如大樹內空乾燥若人放火燒之熾然此鬼被燒亦復如是遍身皆然哀叫悲哭口中火出二焰俱起焚燒其身慞惶求道地生棘刺皆悉火然貫其兩足苦痛難忍哀嘷悲叫火燒其舌皆悉融爛如燒凝蘇滅已復生以惡業故奔走求水至諸池流泉源諸水水即枯竭其人惡業至於林中遊戲之處若在高原若陂澤中顛倒見故但見一切大火猛焰山地樹木悉見熾然往趣諸水見諸水邊守水諸鬼手捉器仗逆打其頭受大苦惱皆由前世貪嫉心故之所誑惑壽命長遠經五百歲亦如上說如是惡業常無所食惡業不盡故使不死乃至惡業不盡不壞不朽故不得脫若業盡得脫從此命終惡業所吹隨業流轉受生死苦人身難得猶如海龜遇浮木孔若生人中處母胎時母不能食令母身色憔悴醜惡殺生業故胞胎傷墮設不胎夭令母身體臭穢可惡樂行不善若得出生短命多難王難繫縛愛牢獄苦飢渴餓死以餘業故受如是報

復次比丘知業果報觀餓鬼世間彼以聞慧觀於食氣諸餓鬼等以何業故而生其中彼以聞慧知此眾生於前世時多食美食而自食噉不施妻子及餘眷屬妻子但得齅其香氣不知其味於妻子前而獨食之以慳嫉故同業眷屬而不施與亦教他人不給妻子起隨喜心數造斯過而不改悔不生慚愧如是惡人身壞命終生於食氣餓鬼之中既生之後飢渴燒身處處奔走呻吟嘷叫悲泣愁毒唯恃塔廟及以天祀有信之人設諸供養因其香氣及齅餘氣以自活命復有齅氣諸餓鬼等以諸世人多病因緣水邊林中巷陌交道設諸祭具因斯香氣以自活命如是食氣諸餓鬼等無量苦惱惡業不盡故使不死乃至惡業不盡不壞不朽故不得脫業盡得脫從此命終隨業流轉受生死苦人身難得猶如海龜遇浮木孔若生人中貧窮多病身體臭穢以餘業故受如是報

復次比丘知業果報觀餓鬼世間彼以聞慧觀於食法諸餓鬼等以法因緣令身存立而有勢力以何業故生於其中彼以聞慧見此餓鬼於人中時性多貪嫉為活身命為求財利與人說法心不敬重犯戒無信不為調伏諸眾生故說不淨法說言殺生得生天福強力奪財言無罪報以女適人得大福德放一牛王亦復如是以如是等不淨之法為人宣說得財自供不行布施藏舉積聚是人以此嫉妬覆心命終生於惡道之中受於食法餓鬼之身是人壽命經五百歲日月修短亦如上說於險難處東西馳走求索飲食飢渴燒身無能救者猶如乾木為火所燒頭髮蓬亂身毛甚長身體羸瘦脉如羅網脂肉消盡皮骨相裹其身長大堅勁麁陋爪甲長利惡業所誑皺面深眼淚流若雨身

色黧黚猶如黑雲一切身分悉垂妟食蚊虻黑虫從毛孔入食其身肉憧惶奔走若至僧寺或有人來於衆僧中行二種施因此施故上座說法及以餘人讚歎說法此鬼因是得命得力命得存立乃至惡業未盡不壞不朽終不得脫若業盡得脫從此命終由前世時以種種心造種種業處處受生人身難得猶如海龜遇浮木孔若生人中常守天祀似婆羅門殺羊祀天作呪龍師不得自在常依他人乞求自活惡業因緣還墮地獄以餘業故

復次比丘知業果報觀餓鬼世間彼以聞慧觀於食水諸餓鬼等以何業故而生其中彼以聞慧知諸餓鬼於前身時惡貪覆心麴蘗酤酒欺誑世間加水灰汁或沉釗蛾以惑愚人不行布施不修福德不持禁戒不聽正法不行正法復教他人令行惡貪見作隨喜作已不悔如是惡業身壞命終生於食水餓鬼道中常患飢渴焚燒其身走於曠野嶮難之處惆悵來水困不能得其身狀猶豎澁可惡如燋崖地身破裂壞攣體熾燃長髮覆面目無所見飢渴燒身走趣河邊若人度河脚足之下遺落餘水泥垢垂渧速疾接取以自活命若有餘人在於河側掬水施於命過父母則得少分以是因緣命得存立若自取水守水諸鬼以杖撾打身皮剝脫苦痛難忍哀叫嘷哭走於河側以作惡業自誑身故業繫不盡故使不死乃至惡業不盡不壞不朽猶不得脫業盡得脫從此命終業風所吹流轉生死人身難得猶如海龜遇浮木孔若生人中生於邊地貧窮困厄無有林樹無水漿處而依住止常患燋渴恒困熱病晝夜常渴以餘業故受如是報

復次比丘知業果報觀餓鬼世間彼以聞慧觀有諸餓鬼名阿賒迦（魏言悕望餓鬼）以何業故而生其中彼以聞慧知此衆生嫉妬惡貪自覆其心見他善人因得少物賣買價直不以道理欺誑取物作已隨喜不生悔心亦教他人令作此惡不行布施不修福德不持禁戒心無誠信不順正法其心麁獷不可調伏不親善友常懷嫉妬如是惡人身壞命終墮於悕望餓鬼之中若諸世人為亡父母先靈設祀如此餓鬼得而食之餘一切食悉不得食常患飢渴焚燒其身如火燒林無能救者面色皺黑淚流而下手脚破裂頭髮覆面身色可惡猶如黑雲辛酸悲叫而說頌曰

不施則無報　無施果亦無　如無燈無明
不施無樂報　如盲人無目　不能有所見
不施亦如是　來世無樂報　若生餓鬼道
人中常貧窮　流轉受苦惱　嫉妬因緣故
不施則無報　造業終不失　自業得果報
衆生依業食　我為惡業燒　生在餓鬼中
受此大飢渴　猛火常熾燃　何時離飢渴
何時得安樂　受苦極熱惱　何時得解脫
不識道非道　不知善業果　飢渴如火燃
如是受苦惱　亂髮覆面目　無人能救護
脉現如網縛　苦逼命不盡　惆悵行曠野
常受諸苦惱　孤獨無救護　具受諸辛苦

如是悕望餓鬼呻吟奔走處處巡遁比丘觀已如是思惟生死熾燃欲界

增上如是餓鬼若其種姓或時設供祭祀亡者得而食之以濟身命唯得食此餘一切食悉不得食惡業不盡故使不死乃至惡業不盡不壞不朽故不得脫若惡業盡從此命終業風所吹流轉世間受生死苦人身難得猶如海龜遇浮木孔若生人中生工師家下賤僮僕為人策使餘業因緣受如是報

復次比丘知業果報觀餓鬼世間彼以聞慧觀於食唾諸餓鬼等以何業故而生其中彼以聞慧知此衆生若男若女慳嫉覆心以不淨食誑諸出家沙門道士言是清淨令其信用而便食之或時復以非所應食施淨行人數為此業復教他人令行誑惑不行布施不持禁戒不近善友不順正法樂以不淨而持與人如是惡人身壞命終生惡道中受於毗吒餓鬼之身（毗吒魏言食唾毗區伊反）為飢渴火常燒其身於不淨處若壁若地以求人唾食之活命餘一切食悉不得食乃至惡業不盡不壞不朽故不得脫業盡得脫從此命終隨業流轉受生死苦若生人中貧窮下賤多病消瘦齆鼻膿爛生除廁家或於僧中乞求殘食以自濟命餘業因緣受報如是

復次比丘知業果報觀餓鬼世間彼以聞慧觀於魔羅食鬘餓鬼（摩羅魏言鬘世人所奉九子魔）是人以何業故而生其中彼以聞慧知此衆生以前世時盜佛花鬘及尊重師長盜其花鬘以淨潔故用自莊嚴不以惡心其心貪嫉身壞命終或生佛塔或生天祀而有神力若人忿諍詣塔要誓則得其便能示惡夢以怖衆人若有異人遭諸惡事求其恩力言此鬼神有大威德神通夜叉以花鬘上之因此事故得鬘食之少離飢渴不為飢火之所焚燒世人讚歎鬼常喜悅是食鬘鬼乃至惡業不盡不壞不朽故不得脫業盡得脫從此命終隨業流轉受生死苦若生人中作守園人賣花自活以餘業故受如斯報

復次比丘知業果報觀餓鬼世間彼以聞慧觀諸餓鬼食血自活以何業故而生其中彼以聞慧見諸餓鬼本為人時愛樂貪嗜血肉之食其心慳嫉戲笑作惡殺生血食不施妻子如是惡人身壞命終墮惡道中貪嗜血故生羅訖吒餓鬼之中（羅訖吒魏言血食）受鬼身巳人皆名之以為夜叉供養奉事以血塗泥而祭祀之既嗽血巳恐怖加人數求禱祀人皆說之以為靈神如是次第得自活命壽命長遠亦如上說經五百歲如是餓鬼作諸妖孽乃至惡業不盡不壞不朽故不得脫業盡得脫從此命終隨業流轉受生死苦若得人身生旃陀羅家敢食人肉以餘惡業因緣故尒

復次比丘知業果報觀餓鬼世間彼以聞慧觀於食肉諸餓鬼等以何等故而生其中彼以聞慧知此衆生嫉妬惡貪自覆其心以衆生肉而作肉段𦝫稱之賣買欺誑實少言多以賤為貴如是惡人身壞命終墮於惡道生在食肉餓鬼之中是夜叉鬼於四衢道或在巷陌街巷市店或在城內僧所住處天祀中生形狀醜惡見者恐

怖而有神通其性輕軟不多為惡行不淨施以是因緣故得神通以諸衆生雜類牛羊獐鹿之肉設會與人以是業緣故有神力乃至惡業不盡不壞不朽故不得脫業盡得脫從此命終隨業流轉受生死苦人身難得猶如海龜遇浮木孔有微善業得生人中墮於邊地如旃陁羅壍夷之屬敢食人肉餘業因緣故受斯報

復次比丘知業果報觀餓鬼世間彼以聞慧觀食香烟諸餓鬼等以何業故而生其中彼以聞慧知此衆生為嫉妬心惡貪所覆商賈賣香見人買香速須供養不以好香與彼買者乃以劣香價不酬直心無淨信謂無惡報不識諸佛真實福田如是惡人身壞命終生食香烟夜叉鬼中而有神通身著香鬘塗香末香妓樂自娛或生神廟四交巷中寺舍林間遊戲之處重閣樓櫓皆遍遊行世間愚人恭敬礼拜燒沉水等種種諸香而供養之以前世時商賈賣香令人供養勝上福田非心田故若於佛法僧中行少布施得大果報譬如尼拘陁樹其子甚小種之良地成樹甚大枝條四布若於佛法僧福田之中行布施者得大果報亦復如是福田力故如是夜叉有神通力而得樂報於鬼世界得脫苦已從此命終隨業流轉受於生死人身難得猶如海龜遇浮木孔若生人中生貧窮家其身香氣而似香塗以餘業故受如斯報

復次比丘知業果報觀餓鬼世間彼以聞慧觀於疾行諸餓鬼等以何業故而生其中彼以聞慧知此衆生貪嫉覆心或為沙門破所受戒而被法服自遊聚落諂誑求財言為病者瞻病供給竟不施與便自食之為乞求故嚴飾衣服遍諸城邑廣求所須不施病者以是因緣身壞命終墮於惡道生阿毗遮羅餓鬼之中（阿毗遮羅魏言疾行）受鬼身已於不淨處噉食不淨常患飢渴自燒其身若有衆生行不淨者如是餓鬼則多惱之自現其身為作怖畏而求人便或示惡夢令其恐怖遊行塚間樂近死屍其身火燃烟焰俱起若見世間疫病流行死亡者衆心則喜悅若有惡呪喚之即來能為衆生作不饒益其行迅疾一念能至百千由旬是故名為疾行餓鬼凡世愚人所共供養咸皆号之以為大力神通夜叉如是種種為人殃禍令人怖畏乃至惡業不盡不壞不朽故不得脫業盡得脫從此命終業更流轉受生死苦若生人中生呪師家屬諸鬼神守鬼神廟以餘業故受如斯報

復次比丘知業果報觀餓鬼世間彼以聞慧觀於伺便諸餓鬼等常求入短以何業故而生其中彼以聞慧知此衆生貪嫉覆心誑枉衆生而取財物或作鬪諍恐怖逼人侵他財物於村落城邑劫奪他物常求人便欲行劫盜不行布施不修福業不親良友常懷嫉妬貪奪他財見他財物心懷惡毒知識善友兄弟親族常懷憎嫉衆人見之咸共指之為弊惡人是人身壞墮於惡道受蚩陁羅餓鬼之身（蚩陁羅魏言孔穴伺便）遍身毛孔自然火焰焚燒其身如甄叔迦樹花盛之時

聚色故以喻之為飢渴火常燒其身呻嘷悲叫奔突而走求索飲食欲以自濟世有愚人逆婚而行若見天廟順行恭敬如是之人此鬼得便入人身中食人氣力若復有人近房欲穢是鬼得便入其身中食人氣力以自活命自餘一切悉不得食乃至惡業不盡不壞不朽故不得脫業盡得脫從此命終隨業流轉受生死苦若生人中多遭衆難王難水難火難賊難飢儉之難常生貧窮下賤之處多諸病苦身體尫羸以餘業故受如斯報

復次比丘知業果報觀餓鬼世間彼以聞慧觀於地下黑闇之處諸餓鬼等以何業故而生其中彼以聞慧知此衆生愚癡造惡貪嫉覆心狂法求財繫縛於人置闇牢中令其黑闇目無所見乍相呼聲音常哀酸在於獄縛受大憂苦無人救護如是惡人身壞命終墮黑闇處生餓鬼中在於地下黑闇之處有大惡虵遍滿其中受身長大長二十里風寒噤戰飢渴燒身頭髮蓬乱身體羸瘦打棒其身皆悉破壞行大嶮難黑闇之處受大劇苦惆悵奔走唯獨無侶猛風勁切猶如刀割苦惡業故求死不得乃至惡業不盡不壞不朽故不得脫業盡得脫從此命終隨業流轉受生死苦人身難得猶如海龜遇浮木孔若生人中多處深山幽嶮海側不見日月生此國土其目盲冥無所見了貧窮下賤乞求自活以餘業故受如斯報

復次比丘知業果報觀餓鬼世間彼以聞慧見有餓鬼名曰神通大力光明以何業故而生其中彼以聞慧知此衆生妄語誑人貪婬破壞偷盜他財誑人取物或恃勢力強奪人財賜諸惡友不施福田不淨布施為求恩故為求救故為飾會故為急難故為親附故為如是等是為不淨施是人身壞命終之後生於大力神通鬼中受鬼身已多有無量苦惱餓鬼圍遶左右在於深山或處海渚生處其中神力自在唯此一鬼受第一樂自餘眷屬身如燒林飢渴火逼皆共瞻視是受樂鬼不淨施報業盡得脫從此命終隨業流轉受諸生死人身難得猶如海龜遇浮木孔若得為人於飢饉世統領國土或為大臣以餘業故受如斯報

復次比丘知業果報觀餓鬼世間彼以聞慧觀夜熾燃諸餓鬼等火從身出呻嘷悲叫奔突而走至諸城邑村落人間山林住處身如火聚飢渴火燃以何業故而生其中彼以聞慧知此衆生貪嫉覆心破壞他人妄語誑人枉奪人財破人城郭殺害人民令他眷屬宗親散壞抄掠得財持奉王者大臣豪貴得王勢力王善其能稱歎讚美轉增兇暴如上所說如是惡人身壞命終墮闍婆隸餓鬼之中（闍婆隸魏言熾燃）以前世時夜行劫奪繫縛於人加諸楚毒以是因緣夜則遍身熾燃火起以前世時繫縛於人嘷哭叫喚以是因緣熾火燃身悲聲大叫惡業不盡故使不死乃至惡業不盡不壞不朽故不得脫從此命終隨業流轉人身難得如海中龜值浮木孔若得人身常為他人之所破壞設有財物多

為王賊侵陵刼奪若登高危或昇林樹顛墜傷身以餘業故受如是報

復次比丘知業果報觀餓鬼世間彼以聞慧見有餓鬼常求人便伺求其短殺害嬰兒以何業故而生其中彼以聞慧知此衆生前世之時為他惡人殺其嬰兒心生大怒即作願言我當來世作夜叉身報殺其子如是惡人身壞命終墮於惡道受蚩陁羅餓鬼之身（蚩陁羅魏言伺便鬼）常念怨家瞋恚含毒求諸婦女産生之處伺嬰兒便而斷其命此鬼勢力神通自在若聞血氣於須臾女能行至於百千由旬若婦人産以微細身而求其便以瞋恚心常求其便處處追逐欲殺嬰兒求其方便以是餓鬼遍一切處求小兒便覓其因緣若母犯過育養失法得其子便若不淨穢汙為鬼得便闚視窓牖或復門中大小便處不淨水邊呪中求短求彼所忌若見影像若衣不淨若火若水若地若刀若求喜慶若臨高巖若上高閣上下求便如是種種常求其便怨怒之心常不捨離如上所説若得其便能害嬰兒若不得便至於十歲種種求便猶殺不捨如是不善自經其心飢渴燒身不能殺害若得其便則斷其命若此小兒有強善業或為善神之所擁護不能殺害彼鬼瞋心從此命終隨業流轉受生死苦人身難得猶如海龜值浮木孔若生人中宿業瞋習怨結所縛無緣之處悉如怨家種種方便求他短闕以餘業故受如是報

正法念處經卷第十六

正法念處經卷第十六

校勘記

一　底本，金藏廣勝寺本。

一　一頁中一行經名、二行譯者、三行品名，石無。

一　一頁中四行「復次比丘知業果報遍觀一切地」，石無。

一　一頁中一八行夾註左「魏言」，清作「此言」。下同。

一　一頁中二一行夾註「偈……頌」十八字，石無；夾註左「訛言」，資、磧、普、南、徑、清作「説言」。

一　一頁下五行第二字「癡」，石無。

一　一頁下一二行「所誑故」，資、磧、普、南、徑、清、麗作「愛所誑」。

一　一頁下二一行「三有法」，磧、普、南、徑、清作「於三法」。

一　一頁下末行「斷除……衆苦」，石作「斷除遠離三種苦　見如是之人衆苦」。

一　二頁上一行末字「考」，南、徑、清

作「者」。

一　二頁上二行「飯食」，資、磧、普、南、清、麗作「飲食」。

一　二頁上一七行末字「善」，石、資作「淨」。

一　二頁上一八行「思惟」，石、資、磧、普、南、徑、清作「思量」。

一　二頁上一八行「當如」，磧、普、南、徑、清、麗作「當知」。

一　二頁上二二行「慈愍」，資、磧、普、南、徑、清作「悲愍」。

一　二頁中四行第八字「如」，清、麗作「知」。

一　二頁中一四行末字「中」下，徑有夾註「如餓疑作知餓」。

一　二頁中二二行末字「遠」下，徑有夾註「長疑作廣」。

一　二頁下二行「貪嫉妬」，石作「嫉」。

一　二頁下一〇行「食吐」，石、磧、普、南、徑、清作「食法」。

一　二頁下一〇行「藍食」，徑、清作「濫食」。

一　二頁下一二行夾註「區伊反」，徑、清無。

一　二頁下二〇行夾註「俱邏反」，石、徑、清無。

一　二頁下二二行首字「二」、諸本作「三」。

一　三頁上八行「塚間」，磧作「冢間」。八頁中末行同。

一　三頁上一四行末字「身」下，徑有夾註「唫即企彈舌呼不成字二蚩陀羅疑誤」。

一　三頁上一五行「觀諸」，磧作「親諸」。

一　三頁上一六行第一三字「妬」，石作「慳」，次頁上一三行第八字同。

一　三頁上二一行「因緣」，石、資、磧、普、南、清、麗作「因業」。

一　三頁上二二行第七字「躁」，石作「捺」。

一　三頁中九行「諸業報」，石作「諸業業報」。

一　三頁中一八行第一三字「前」，磧、普作「何世」。

一　三頁中末行夾註「迦婆離迦魏言鑊身」，石無；徑作「迦婆離魏言鑊身」；清作「迦婆離此言鑊身」。

一　三頁下一二行末字「中」下，徑有夾註「雇比藏作顧竝借不必改注二迦下迦衍北藏已刪」。

一　三頁下一六行夾註「蘇支目佉魏云針口」，石無。

一　四頁上二行「十年如是受命」，徑作「十季如是壽命」，磧、南、清作「十年如是壽命」。

一　四頁上五行「今施」，石、資、磧、普、南、徑、清作「令施」；麗作「命施」。

一　四頁上一六行夾註右「得食」，徑作「得飲」。

一　四頁下二行「蛆虫」，南作「胐虫」。

一　四頁下六行第六字「苦」，磧作「若」。

一　四頁下一一行末字「報」下，徑有夾註「殑南藏作飡北藏作殑竝僞」。

一　五頁上二行「苦遍嘷叫」，資、磧、南、清作「苦遍號咷」；普、徑作「苦遍嘷咷」。

一　五頁上九行「難忍」，石作「難思」。

一　五頁中一行「身色」，徑作「生色」。

一　五頁中一五行第一一字「後」，磧作「復」。

一　五頁下六行第七字及一七行首字「法」，資作「吐」。

一　五頁下七行「在立」，資、磧、普、南、徑、清、麗作「存立」。

一　五頁下九行「貪嫉」，資作「慳嫉」。下同。

一　六頁上一行「黤黮」，磧作「黮黮」。

一　六頁上一〇行「祀似」，麗作「祀祠」。

一　六頁上末行末字「来」，磧、普、南、徑、清、麗作「求」。

一　六頁中二行「密地」，資、磧、普、南、徑、清、麗作「鹵地」。

一　六頁中一八行至一九行夾註，清作「此言希望」。

一　六頁下一〇行「不施」，資、磧、普、南、徑、清作「無施」。

一　七頁上二〇行夾註，石無；清作「唫吒此言食唾」。

一　七頁中六行至次行夾註，普、麗作「魔羅魏言鬘世人所奉九子魔是也」；南作「魔羅者魏言鬘世人所奉九子魔」；徑作「魔羅者魏言鬘世人所奉九子魔是也」；清作「魔羅者此言鬘世人所奉九子魔是也」。

一　七頁中七行「是人以何」，資、磧、南作「是也以何」；普、徑、清、麗作「以何」。

一　七頁中一九行「從此」，南作「從比」。

一　七頁中二一行「斯報」，資、磧、普、南、徑、清作「是報」。

一　七頁下三行「不施」，石作「以施」。

一　七頁下五行夾註「羅訖吒魏言血食」，石無。

一　七頁下七行「塗泥」，石、資、磧、普、南、徑、清作「塗漫」。

一　七頁下一四行「恶業因緣故尒」，資、磧、普、南、徑、清作「業因緣故受斯報」。

一　七頁下一六行「何等」，諸本作「何業」。

一　八頁上一九行「四交」，徑作「四郊」。

一　八頁中一八行夾註，石無；清作「阿毗遮羅此義言疾行」。

一　八頁下二行「若有」，石作「苦有」。

一　八頁下五行「立力」，磧、普、南、徑、清、麗作「大力」。

一　八頁下八行「業吏」，資、磧、普、南、徑、清、麗作「隨業」。

一　八頁下一四行「謳枉」，石作「誑枉」。

一　八頁下末行至次頁上夾註「此樹花赤如火聚色故以喻之」，石無。

一　九頁上五行「得便」，南作「得匣」。

一　九頁中三行第四字「苦」，諸本作「以」。

— 九頁中一三行「貪婬」，石作「嫉慳」；資、磧、普、南、徑、清、麗作「貪嫉」。

— 九頁下一五行第九字「隸」，資、普、作「隷」。

— 九頁下一五行至一六行夾註「闍婆隸魏言熾然」，石無。

— 一〇頁上一〇行夾註「蚩陀羅魏言伺便鬼」，石無。

— 一〇頁上一三行「史女」，資、磧、普、南、徑、清、麗作「史頃」。

— 一〇頁上一六行「方便以是」，石、資、磧、普、南、徑、清作「空便如是」；麗作「害便如是」。

— 一〇頁中四行第一二字「不」，資、磧、普、南、徑、清、麗作「小」。

— 一〇頁中八行「所縛」，資、磧、普、南、徑、清作「所纏」。

— 一〇頁中九行第四字「悉」，資、磧、普、南、徑、清作「怒」。

正法念處經卷第十七　篤

元魏婆羅門瞿曇般若流支譯

餓鬼品之二

復次比丘知業果報觀餓鬼世間彼以聞慧觀於迦摩餓鬼（迦摩雨靈ᇫ 魏言欲色）以何業故而生其中彼以聞慧知此衆生若男若女若黃門人著種種衣而自嚴飾服女人衣行婬女法若人欲發與之交會因此事故而得財物施與凡人非福田處不淨心施以是因緣身壞命終生於欲色餓鬼之中受鬼身已種種嚴飾隨意所念皆得從心欲善則美欲惡則醜若其欲作愛不愛色悉能為之或作男子顏容端正或作女人姿首美妙或作畜生相貌殊異能作種種上妙莊嚴能遍遊行一切方所若得食飲能食無患少行施故能以微細之身盜入人家以求飲食世人說言毗舍闍鬼盜我飲食或作人身入他節會或作鳥身食人祭飯其身細密人不能見此鬼如是隨意能現種種衆色世人皆名如意夜叉或作女身與人交會如是種種莊嚴誑人行於人間在鬼道中乃至惡業不盡不壞不朽故不得脫業盡得脫從此命終隨業流轉受生死苦人身難得如海中龜值浮木孔若生為人墮伎兒中著種種衣繼逸遊戲以求活命自以己妻令他從事而求財物以餘業故受如斯報

復次比丘知業果報觀餓鬼世間彼以聞慧觀於海渚諸餓鬼等以何業故而生其中彼以聞慧知此衆生前世之時見有行人欲過曠野病苦疲極於是人所多取其價與直薄少以惡貪故巧詞欺誑曠野空乏遠行之人以是因緣生海渚中是海渚中無有樹林陂池河水其處甚熱於彼冬日甚熱毒咸欲比人間夏時之熱過踰十倍唯以朝露而自活命雖住海渚不能得水以惡業故見海枯竭設見樹林皆悉熾燃大火焰起望心斷絕衆惡臻集無有安隱飢渴燒身呻嘷悲惱自心所誑處處奔走悲聲叫絕無救無護無依無恃鬚髮蓬亂身

體羸瘦一切身脉皆悉麁現猶如羅網所至之處皆悉空竭無救無歸無依無怙惡業不盡不壞不朽故使不死業盡得脫從此命終隨業流轉受生死苦人身難得如海中龜值浮木孔若生人中生在海渚或有一足或復短足困乏漿水以餘業故受如斯報

復次比丘知業果報觀餓鬼世間彼以聞慧觀於閻羅執杖餓鬼以何業故而生其中彼以聞慧知此衆生以慳嫉故自壞其心親近國王大臣豪貴專行暴惡心無慈愍不行正理為諸賢善之所輕毀如是惡人身壞命終受閻羅王執杖鬼身於鬼世界為閻羅王趍走給使若有衆生造諸惡業時閻羅王即令此鬼録其精神此鬼身色醜惡可畏手執刀杖頭髮蓬乱到竪覆身長脣下垂耽耳大腹高聲大叫以怖諸鬼手執利刀擬諸罪人反執其手以繩縛之將詣王所白大王言我於人中攝此罪人來至於此大王此人前世行不善業身業不善口業不善意業不善願王呵責時閻羅王即說偈頌而呵責言

汝是人中愚癡輩　種種惡業自莊嚴
汝本何不修善行　如至寶渚空歸還
善業因緣得樂果　樂果因緣生善心
一切諸法隨心轉　流轉生死常不斷
一切諸行悉無常　猶如水泡不堅固
若能如是修正法　是人未來得勝報
若有人能常修善　捨離一切諸惡業
是人則不至我所　乘階上生受天報
若人愚癡無覺悟　愛樂惡業至我所
能捨惡業諸不善　是人則行第一道
若見世間諸業果　亦見天上種種樂
如是猶起放逸心　是人不名自愛身
為利誰故造惡業　放逸一切身口意
如是人等行各異　汝今業對至我所
汝為衆惡所誑惑　畢定行於嶮惡道
若人愛樂造惡業　未來人身甚難得
若人遠離衆惡業　憙行善法心愛樂
此人現世常安樂　必得涅槃解脫果
若有衆生習善行　於世間中最殊勝
若人習學不善業　一切世間最大惡
若有智慧行善人　能離初中後惡業
若有造習衆惡業　則入地獄受業報
能以善法調諸根　則獲世間淨勝法
是人身壞命終時　上生天宮受快樂
業繫縛汝甚堅牢　閻羅使者之所持
送至恐怖諸惡道　閻羅世界大苦處
汝於前世作衆惡　此業今當還自受
自作自受不為他　若他所作非已報

如是閻羅王呵責罪人已使者將出以此罪人自作惡業自業所誑將受果報種種苦惱楚毒治之飢渴所逼但食風氣惡業不盡故使不死從此得脫隨業流轉受生死苦若處人中生在邊戎幽山嶮谷深河峻岸危怖之處有自在者行於此路令其引導以餘業故受斯罪報

復次行者内觀於法云何比丘觀於五地彼以聞慧眼觀察十種色入何等為十一者眼入二者色入三者耳入四者聲入五者鼻入六者香入七者舌入八者味入九者身入十者觸入云何比丘眼緣色相比丘觀眼緣色而生於識三法和合而生於觸觸共受想思識者觸相觸者覺相受者

知相想相者如長短愛不愛現見相對等思者識知一緣而各各相（思有四分或色非色）各各自體如十大地法何等為十一者受二者想三者思四者觸五者作意六者欲七者解脫八者念九者三昧十者慧一緣而各各相識等十一法亦如是猶如日光一起衆光自體各各別異如識自職異乃至思亦如是彼比丘如實知色入觀眼空無所有無堅無實比丘如是如實知道離於邪見正見心喜眼離癡垢實見其眼但是肉段癡無所知但是淚竅如實知已離於欲心觀眼無常知無常已但是肉團住在孔穴如實知眼筋脉纏縛當知衆緣和合而有眼入如是眼者無有見者無我無知乃至苦亦如是觀眼入已得離欲意是比丘如實觀察眼入已分別觀色如是色者愛以不愛皆悉無記以分別生何法可見何者為淨何者是常何者可貪比丘如是思惟觀察如實知色非有非樂如是思惟觀察色相無堅無實以分別生愛不愛等非實有耶一切衆生於愛不愛虛妄貪著如此色者非有自體非常非有非真非樂非不壞法非堅非我以貪欲瞋癡自覆心故生愛不愛非色有愛有不愛耶以憶念生故比丘如是觀於色入見名色已不貪不染不迷不取知色無堅彼比丘如是觀眼觀色入已不著眼識得離欲識眼識非我我非眼識觸受想思亦復如是

復次比丘知業果報觀餓鬼世間彼以聞慧觀瞰小兒諸餓鬼等以何業故而生其中彼以聞慧知此衆生惡術呪龍為除災雹誑惑病人呪術夜叉取人財物或復殺羊如是之人身壞命終墮活地獄受無量苦從地獄出生婆羅婆叉餓鬼之中（婆羅婆叉魏云食小兒）復有衆生殺生餘報生在人中為此餓鬼偷而食之或至產婦所住之處取彼嬰兒或匍匐時或始行時如是餓鬼偷諸小兒次第食之若得其便即能斷命若無殺業莫能為害伽他頌曰

惡業繫縛受惡果　若行善業受樂報
業繩長堅繫縛人　縛諸衆生不得脫
不得安隱涅槃城　長流三有受衆苦
能以智刀斬斷業　必得解脫諸熱惱
以斷業繩無繫縛　得至無為寂靜處
如魚入網為人牽　愛縛衆生死亦尒
如人毒箭中野鹿　其鹿狂怖走東西
毒藥既行不能脫　愛縛衆生亦如是
常隨衆生不放捨　觀愛如毒應遠離
愚癡凡夫為愛燒　猶如大火焚乾薪
是愛初染難覺知　得報如火自燒滅
若欲常樂心安隱　應捨愛結離諸著
如魚吞鉤命不久　愛結縛人亦如是
縛諸衆生諂惡道　墮於餓鬼飢渴逼
餓鬼世界諸苦惱　處處逃遁而奔走
地獄趣中受苦者　皆由愛結因緣故
若諸貧窮困病人　求索朝飡自在濟
皆由愛結因緣故　受斯苦報聖所說

如是具觀一切貪嫉因緣果報於生死中得生厭離棄捨諸欲

復次比丘知業果報觀餓鬼世間彼以聞慧觀於食人精氣諸餓鬼等以何業故而生其中彼以聞慧知此衆生於前世時巧辭誑人詐言親友我為汝護其人聞已策心勇力是時彼

人令他入敵欲喪其命捨之而去竟不救護欲於王所取其財物時披誑者沒陣而死彼人以是不善因緣身壞命終墮於食人精氣餓鬼之中受大飢渴自燒其身刀斫其體皮肉斷壞從空雨刀遍走四方無逃避處若見有人行惡無信不奉三寶即得彼便入其身中食噉精氣以自濟命求之甚難困不能得或至十年或二十年乃得一便常困飢渴自作惡業還自受之惡業不盡故使不死乃至惡業不盡不失不朽故不得脫業盡得脫從此命終生於人中常守天祀貧窮困厄不得自在食噉殘祀以餘業故依他自活

復次比丘知業果報觀餓鬼世間彼以聞慧見有餓鬼名梵羅剎以何業故而生其中彼以聞慧知此眾生前世之時殺害生命以為大會謂其希有販賣飯食賤取貴賣貪嫉破壞如是眾生身壞命終墮餓鬼中名婆羅門羅剎餓鬼為飢渴火焚燒其身馳奔疾走現視人像殺害眾生或住空巷衢道四交路首以求人便諸婆羅門殺生設會多生其中或自藏身以殺害人或入人身中以斷人命呪術人言鬼神著人入人身已令人心亂狂惑無知如是惡業常作眾惡飢渴燒身受大苦惱住餓鬼界乃至惡業不盡不壞不朽故不得脫業盡命終餘業因緣生在人中常食人肉或飲人血以餘業故受如斯報

復次比丘知業果報觀餓鬼世間彼以聞慧觀火爐中食諸餓鬼等以何業故生於彼處彼以聞慧知此眾生遠離善友貪嫉覆心喜噉僧食如是之人身壞命終墮於地獄受無量苦從地獄出生於君荼餓鬼之中（君荼魏言火爐）既生之後飢渴燒身如火焚林周遍奔走而求飲食自業所誑於天寺中被燒殘食合火而噉心常憶念火爐殘食飢渴燒身二火俱起呻吟嘷叫作諸惡業決定成熟乃至惡業不盡猶不得脫業盡得脫餘業因緣生於人中貧窮多病隨其行處常為火燒野火所焚以餘業因緣受如斯報

復次比丘知業果報觀餓鬼世間彼以聞慧多行嫉妬習於邊業究竟成業墮餓鬼道生於不淨巷陌之中以何業行生於彼處彼以聞慧見此眾生慳嫉覆心以不淨食與諸梵行清淨之人以是因緣身壞命終生於不淨羅他餓鬼之中（羅他魏言巷陌）若於晝日人不能見若人夜行則多見之若城邑聚落眾聚之處若住曠野行軍廁屏穢惡之處蟲蛆滿中臭處不淨若人見者惡不欲視歐吐捨去而是餓鬼生在其中由前世時以不淨食持與眾僧以是因緣生不淨處受大苦惱雖處其中常不得食有諸惡鬼手執利刀刃出火焰在傍守護常困飢渴一月半月乃得一食猶不得飽設得食飽守糞諸鬼強打令吐飢渴燒身呻嘷哀叫交横馳走憂惱悲泣即以伽他而說頌曰

種子不善因緣故　獲得憂苦惡果報
因果之性相相似　惡業因緣得苦報
為惡業鉤之所牽　如魚吞鉤入惡道
吞鉤之魚尚可脫　惡業牽人無免者

諸業大力牽衆生　不善業繩之所縛
將詣餓鬼世界中　具受諸大飢渴苦
諸餓鬼等飢渴苦　過於火刀及毒藥
如是飢渴有大力　無量飢渴惱衆生
無一念時得休息　晝夜苦惱常不離
乃至不得微妙樂　常受種種諸辛苦
以作苦業因緣故　生惡道中受苦報
於此苦報難得脫　何時當得受安樂
所見諸泉悉無水　一切陂池皆枯竭
處處進奔求水漿　往至諸河悉不見
我所行處求諸水　山林曠野無不遍
隨所至處望水飲　求覓少水不能得
飢渴之火燒我身　無歸無救受大苦

如是餓鬼自業所誑呻喚哀嘷乃至惡業不盡故不得脫報盡命終以餘業故生於人中受諸婬女婦女之身若得男身生除糞家身服女人所著之衣行女人法以餘業故

復次比丘知業果報觀餓鬼世間以聞慧知此衆生見諸沙門婆羅門貧窮病人来乞求者許施其食及其来至覓不施與令此沙門及婆羅門貧窮病人飢虚渴乏如觸冷風彼妄語人身壞命終墮於婆移婆叉（魏言食風）餓鬼之中既受鬼身飢渴苦惱如活地獄等無有異奔走四方無所悕望無人救護無依無怙自心所誑於遠方處適見飲食在於林間及僧住處奔走往趣疲極困乏飢渴倍常張口求食風從口入以為飲食以惡業緣故使不死惡業持身妄見食想猶如渴鹿見陽焰時謂之為水空無所有如旋火輪以前世時虛誑許人而竟不與以此報故但眼見食而不能得伽他頌曰

因果相似聖所說　善因善果則成就
善因則不受惡果　惡因緣不受善報
因緣相順縛衆生　生死相續如鉤鏁
生死繫縛諸衆生　輪迴諸趣莫能脫
若能斷除諸繫縛　堅牢鉤鏁業煩惱
其人能至寂靜處　永斷一切諸憂惱

其人如是受相似因苦報之時自心所誑奔突馳走常食風氣以自活命乃至惡業不盡不壞不朽故不得脫業盡命終生於人中貧窮下賤人所輕忽常為衆人許施旁舍飲食衣物而無與者聞他許時心悅望得至後不獲轉懷憂結受二種苦一者飢渴二者憂惱受大苦惱以餘業故受如斯報伽他頌曰

如是衆生惡業熏　具受種種諸苦惱
如糞所熏甚可惡　如是惡業應捨離
善法所熏最殊勝　能永離於惡道苦
如瞻蔔花熏香油　花雖滅壞香油在

復次比丘知業果報觀餓鬼世間彼以聞慧觀食火炭諸餓鬼等以何業故而生其中彼以聞慧知此衆生典主刑獄貪嫉覆心打縛衆生禁其飲食令他飢渴敢食泥土以續生命此典獄人以是因緣身壞命終墮於食火餓鬼之中常至塚間敢燒屍火猶不能足如是惡業因時悅樂受報極惱心不愛樂不淨可惡愛毒勢力因緣和合受於食火餓鬼之身若得食火少除飢惱如人以水滅世間火比丘如是觀時於世愛欲深生猒離不樂與俱作是念言愚癡凡夫為愛所使不得自在食火除飢無法可喻愛

餓鬼身乃至惡業不盡不壞故不得脫業盡命終生於人中常生邊地飢儉之處所食麁惡無有美味不識鹽味以餘業故受如斯報

復次比丘知業果報觀餓鬼世間彼以聞慧觀於食毒諸餓鬼等以何業故生於其中彼以聞慧知此衆生貪嫉覆心以毒食人令其喪命取其財物如是惡人身壞命終墮活地獄具受衆苦從地獄出生於食毒餓鬼之中在於氏隴山窟之內或在波梨耶多幽嶮山中或生冰山極冷之處或在摩羅耶山極嶮惡難多有毒處無有漿水多饒毒藥寒則冰凍熱則毒盛甚可怖畏叢石峻巖師子猛虎所居之處而生其中寒苦極惱過人百倍夏日熱惱百倍於人盛夏五日空中雨火燒其身體極冬寒至於虛空中五日雨刀以惡業故空中雨火及雨刀劍住嶮難處為飢渴火焚燒其身叫喚悲惱以毒藥丸而自食之食已即死惡業不盡即便還活既得活已飢渴倍前呻嘷悲哀有利觜烏來

啄其眼受大苦痛舉聲大叫烏啄食已眼復還生如是受苦乃至惡業不盡不壞不朽故不得脫業盡命終生於人中交道巷陌以自存活惡業所熏猶行蠱毒還墮活等大地獄中以餘業故

復次比丘知業果報觀餓鬼世間彼以聞慧觀於曠野諸餓鬼等以何業故而生其中彼以聞慧知此衆生以前世時於曠野無水嶮難之處日光焰暑求福之人種殖林樹及造湖池以給行路有諸群賊決去池水令道行者疲極渴乏氣力微劣破壞劫剝奪其財物嫉妬覆心不肯布施如是之人身壞命終墮阿吒毗（魏言曠野）餓鬼之中大火燒身如然燈樹日光焰曝走於曠野叫喚求水及求飲食求哀自救如是餓鬼以惡業故遥見陽焰謂是清水平住湛然疾走往趣望得水飲不計疲極所至之處但見空地了無有水何以故陽焰之中性自無水云何而得是鬼憧惶走於曠野荆棘惡刺貫其兩足疲極望水悶絕躃地

惡業力故死已復生飢渴惱逼過前十倍未起之間烏鵄鵰鷲競啄其眼食其身肉分張劚裂破散身骨三苦並至受大苦惱無歸無救手相悲告即以伽他而說頌曰

鵰鷲烏鵄諸惡鳥　金剛利觜啄我身
劚裂破壞無全處　具受衆苦無救護
諸業如影不離身　如昔惡業今受報
我等宿害行路人　以是今受大苦惱
業羂所繞業繩羂　不見有可求脫處
唯有惡業盡壞時　乃能脫此大苦惱
惡業能將諸衆生　業牽令至可畏處
惡業能墮至何所　至受果時惡業熟
業縛衆生遊三界　輪轉無窮無休息
若行善業捨衆惡　則離衆苦無饒益
若人不愛諸惡業　觀之如火不貪著
是人不至餓鬼趣　不為飢渴火所燒
於須臾時常增長　飢渴苦痛念念生
身體熾火照山谷　猶如大火燒山林
野火焚燒大山林　大龍降雨則能滅
劫火一起海水竭　我火不可如是滅
業薪因緣生此火　為愛欲風之所吹
此惡業火燒我身　周遍圍遶無空缺

持戒精進智慧水　以布施殺而滅之
寂滅大人持此水　能滅三界諸業火
若為三業之所使　三業流轉行諸有
是人迴旋行三處　如是三法之所誑
三十六業所駈使　不能離於四十行
九十八種諸結使　如是等法行三界
以一百八明智慧　思惟十二之深義
若人能知法非法　是人則得無量樂
若有能知二種相　思惟二八特勝行
思惟十六特勝已　是人遠離衆惡道
若人能見二種道　是為四法究竟人
已得超越四流海　是人覺悟無衆惱
能善修行八聖道　十力之義善知見
善知二苦之因緣　是人則到無生處
若人善達二諦義　能善思惟四念處
能觀過去未來世　不為魔網所障㝵
我為惡業之所使　遠離衆善白淨法
到諸餓鬼世界中　自造惡業癡所惑

如是有諸餓鬼利根智慧有少善業憶念本行數數呵責諸餓鬼等雖復呵責諸餓鬼等然其惡業猶不得脫乃至惡業不盡不壞不朽故不得脫業盡命終生於人中常行山嶮曠遠群麞以餘業故

復次比丘知業果報觀餓鬼世間彼以聞慧見塜間住諸餓鬼等以何業故而生其中彼以聞慧知此衆生貪嫉覆心見有信人持花施佛盜取此花賣之自供此人以是惡業因緣身壞命終墮餓鬼中受於塜間餓鬼之身飢渴熱惱常食燒死人處熱灰熱土一月之中乃得一食或得不得頭冠鐵鬘火焰俱起頭面髑髏皆悉融爛燒已復生次著鐵鬘以貫頭上火焰復起燒燃咽胷一切身分從內出火遍燒其身以前世時盜佛花鬘故獲斯報受身醜惡身上火起諸虫唼食有異羅剎來至其所以杖打捧刀斫其身痛急叫喚受三種苦何等為三一者飢渴二者鐵鬘三者羅剎刀杖打斫以惡業故受如是報憂悲苦惱即以伽他而說頌曰

我受飢渴諸辛苦　鐵鬘貫身火熾燃
刀杖打斫第三苦　具受如是諸憂惱
我為自心之所誑　為諸惡業癡所惑
今日受斯餓鬼苦　永離知識及親族

非是知識及妻室　亦非男女諸眷屬
能救我此業繫苦　是業大力不可奪
苦樂由業非他作　我今受斯三種業
布施持戒及聞法　我得聞已不修故
我為癡網所覆故　造作種種衆惡業
第一惡業因緣故　我今受斯大苦報
我今若得免離此　餓鬼世界大苦處
如是惡業未來世　乃至失命願不作

是時餓鬼如是說已大苦所押悔本造業乃至惡業不盡不壞不朽故不得脫業盡命終生於人中墮旃陀羅家屠兒魁膾擔負死屍以餘業故受如斯報

復次比丘知業果報觀餓鬼世間彼以聞慧觀樹中住諸餓鬼等以何業故而生其中彼以聞慧知此衆生於前世時見人種殖福德林樹為遠行者及病困人以貪嫉心斫伐取材及盜衆僧園林樹木此人以是不善因緣身壞命終墮毗利差餓鬼之中（毗利差魏言樹）生在樹中以惡業故寒則大寒熱則大熱逼迮押身如賊木虫受大苦惱身體萎熟為諸虫蟻之所食其身若

有以食棄之於樹得而食之以自活命於餓鬼中受諸辛苦惡業不盡不壞不朽故不得脫業盡命終生於人中常賣藥草林木花菓以自存活爲他所使不得自在受大苦惱以餘業故受如斯報

復次比丘知業果報觀餓鬼世間見有餓鬼住四交道因以爲名以何業故而生其中彼以聞慧知此衆生貪嫉壞心盜他行糧取巳含笑捨之而去其人失糧行於曠野受大飢渴如是之人以此惡業身壞命終墮遮多波他（魏言是交道）餓鬼之中以惡業故自然而有鐵鋸截身縱橫四徹飢渴燒身若諸世間多病因緣交道設祀凡夫愚癡不識因果行於惡見交道祭祀後病得差謂是鬼恩是交道鬼因此祭食以自濟命若是餘飯則不能食惡業不盡故使不死乃至惡業不盡不壞不朽故不得脫業盡命終生在人中貧窮下賤生於屠兒殺羊之家以餘業故受如斯報

復次比丘知業果報觀餓鬼世間彼

以聞慧見諸衆生行於邪道諂曲作惡行於惡因說邪見法謂是真諦不信正法如是之人身壞命終墮魔羅身餓鬼之中受惡鬼身若諸比丘行時食時及坐禪時是魔羅鬼爲作亂心妨㝵之事或發惡聲令其恐怖爲作惡夢如是餓鬼爲魔所攝憎嫉正法專行暴惡以此現造惡業緣故大熱鐵揣從口中入如地獄人等無有異吞噉熱鐵受大苦惱無有休息從此魔羅迦耶鬼中命終之後墮地獄中多劫受苦或滿十劫或二十劫如是決定在三惡道或被燒炙或受打捧爲他食噉人身難得猶如海龜遇浮木孔若生人中盲冥瘖瘂聾頑無知一切衆裏無量病惱疰嚴其身貧窮下賤以餘業故受如斯報

復次比丘知業果報觀餓鬼世間以聞慧觀如是略說餓鬼之處若分別說有無量種眷屬餓鬼有住海中有住海渚有住閻浮提有住瞿陁尼有住弗婆提有住欝單羅越等大州中間之所住處但以一名門說有種種

名門有羅剎鬼鳩槃茶鬼毗舍闍鬼知彼鬼神微細業行各以何業而生彼處食何等食以何等行何所欲樂如是餓鬼以何緣故而生此處皆由不能調伏心之獼猴行不調柔猶如爲耳無有住時如鳥在林爲人所射間別趣枝從一至一於一切境界常伺不息猶如大風吹動諸塵是心可畏如師子獸如虎如豹如虵如毒尚可調伏是心難調復過於此隨所造業得相似果是心如是難可覺知如是染心縛諸衆生若心清淨則得解脫是心如王諸根圍遶以爲眷屬由心造業業因緣果以果因緣故有五道心如機關諸根如絲五根及心不善調御行於惡道若能善調作諸善業生天人中乃至證得不動涅槃比丘如是觀微細心行隨順觀察如是觀巳於生死中得大猒離是比丘先巳觀地獄苦猒離生死次觀餓鬼世間種種衆苦得入苦聖諦得苦諦無㝵行未得無㝵道證

復次修行者內觀於法順法修行彼

比丘如實觀業果報先已分別觀諸地獄次觀餓鬼諸道差別如實見諸生死過患甚可惡賤如是觀已離魔境界猒捨生死起精進力以求涅槃成就具足得十五地既成就已介時地神諸夜叉等心大歡喜告虛空夜叉虛空夜叉聞已歡喜告四大天王時四天王聞已歡喜告三十三天帝釋眷屬聞已歡喜告夜摩天夜摩天等聞已歡喜告兜率陁天兜率諸天聞已歡喜告化樂天化樂諸天聞已歡喜告他化自在天如是欲界次第相告其聲展轉從梵身天乃至光音天咸作此言閻浮提中某國某城某村某邑某種姓中某善男子剃除鬚髮以信出家離魔境界欲破魔軍令魔使者生大怖畏能動一切諸煩惱山入於正道欲放光明令得如是十五地行時光音天聞是語已皆大歡喜告餘天衆汝等諸天應生歡喜增長正法減損諸魔及魔眷屬令正法河流注不斷竭邪見池調伏貪欲瞋恚愚癡摧滅邪徒紹隆正法欲散生死欲界天子聞此語已甚大歡喜讃說之音如是次第展轉相告乃至光音一切天衆比丘如是勤修精進心不休息端直不諂遠離邪曲如是求涅槃城善音名稱遍諸天衆

正法念處經卷第十七　第二十五張　篤字号

正法念處經卷第十七　餓鬼畢竟

正法念處經卷第十七

校勘記

一　底本，金藏廣勝寺本。

一　四頁中一行經名，石作「正法念經餓鬼品之二卷第十七」；徑在經名下有夾註「小乘單譯經第一部」。

一　四頁中二行譯者，石無。

一　四頁中三行品名，石無；清作「餓鬼品第四之二」。

一　四頁中五行第五字「於」，徑作「干」。下同。

一　四頁下一七行「甚熱」，石作「其熱」。

一　四頁下一八行首字「喻」，資、磧、普、南、徑、清、麗作「踰」。

一　四頁下末行第一〇字「髮」，資、磧、普、南、徑、清作「頭」。

一　五頁上一二行「慳嫉」，資、磧、普、南、徑、清作「貪嫉」。

一　五頁中一五行第三字「誰」，磧、

普、南、徑、清作「誑」。

- 一五頁下一行「恶業」，資、磧、普、南、徑、清、麗作「恶苦」。
- 一五頁下一六行末字「於」，石、資、磧、普、南、徑、清作「在」。
- 一六頁上一行「想相者」，麗作「想者」。
- 一六頁上八行「自贓」，資、磧、普、南、徑、清、麗作「自體」。
- 一六頁上一四行第七字「在」，徑作「狂」。
- 一六頁中九行末字「是」下，麗有夾註「觀眼色第五地於十三不相關」。
- 一六頁中一八行「偷而食」，資、磧、普、南、清作「偷兒食」。
- 一六頁中末行「不得脫」，資、磧、普、南、徑、清作「不能脫」。
- 一六頁下一五行「自在」，諸本作「自存」。
- 一六頁下一七行「貪嫉」，資、磧、普、南、徑、清作「嫉妬」。下同。
- 一七頁上一行「入敵」，資作「入敵」。
- 一七頁上九行第一〇字至次行首字「十年或二十年」，徑作「十季或二十季」。
- 一七頁上二〇行「飯食」，磧、普、南、徑、清作「飲食」。
- 一七頁中一五行「君茶」，資作「居茶」。
- 一七頁中一七行「飲食」，資、磧、普、南、徑作「飯食」。
- 一七頁下一行至次行「彼以聞慧」，石作「以聞慧」；資、磧、普、南、徑、清作「以聞慧觀」；麗作「彼以聞慧觀」。
- 一七頁下一一行第七字「毆」，磧、普、南、徑、清作「嘔」。同行「而是」，石、資、磧、普、南、徑、清作「如是」。
- 一七頁下一三行「以是」，南、徑、清作「如是」。
- 一八頁上六行「微妙」，諸本作「微少」。
- 一八頁上一八行末字「故」，磧、普、南、徑、清作「故受如斯苦」。次頁中六行第三字普同。
- 一八頁中二行夾註「魏言食風」，石無。
- 一八頁中五行末字「適」，資、磧、普、南、徑、清作「逢」。
- 一八頁中一五行「因緣」，資、磧、普、南、徑、清、麗作「因終」。
- 一八頁中二一行第四字「突」，麗作「揬」。
- 一八頁下九行末字「在」，石、資、磧、普、南、徑、清作「存」。
- 一八頁下一二行第七字「以」，石無。
- 一八頁下一三行「形獄」，石、資、磧、普、南、徑、清作「刑獄」。
- 一八頁下一五行第九字「壞」，石無。
- 一八頁下一九行「和合」，磧作「如合」。

一一九頁上一四行「冰凍」，資、磧、普、南、徑、清作「氷凍」。
一一九頁中四行末字「所」，南作「於」。
一一九頁中六行第三字「故」，資、磧、南、徑、清作「故受如斯報」。其下，徑有夾註「呻北藏作神非是」。
一一九頁中一四行「嫉妬」，石作「貪嫉妬」；資、磧、普、南、徑、清作「貪嫉」。
一一九頁中一五行夾註「魏言曠野」，石無。
一一九頁中一八行「逶見」，石作「這見」。
一一九頁下三行「⿰𧾷爪裂」，徑作「擭裂」。下同。
一一九頁下五行末字「曰」下，徑有夾註「擭二藏作⿰𧾷爪俗甚下同」。
一一九頁下六行「鵰鷲」，清作「鵰鳥」。
一一九頁下一三行「墮至」，資、磧、普、南、徑、清、麗作「隨至」。

一一九頁下一八行「吏時」，石作「申時」。
一二〇頁上五行「駈使」，資、磧、普、南作「駈伇」；徑、清作「駈役」。
一二〇頁中一行末字「故」，磧、普、南、徑、清作「故受如斯報」。
一二〇頁中一七行「羅刹」，石作「羅利」。
一二〇頁中末行「親族」，石作「親祑」。
一二〇頁下一一行「終生」，南作「終至」。
一二〇頁下一三行「受如」，石作「受如是」。
一二〇頁下一八行「貪嫉」，磧作「嫉妬」。
一二〇頁下二〇行至二一行夾註「毘利差魏言樹」，石無。
一二〇頁下二二行第六字「押」，麗作「壓」。
一二一頁上三行「於人」，石、資、磧、普、南、徑、清作「在人」。

一二一頁上四行「林木」，麗作「材木」。
一二一頁上一〇行「含笑捨之」，麗作「含笑拾之」。
一二一頁上一三行夾註「魏言是交道」，資、磧、南、徑作「魏言四交道」；清作「此言四交道」；麗作「魏言交道」。
一二一頁上一五行「交道」，石作「交通」。
一二一頁中一行「見諸」，南作「見塚」。
一二一頁中七行「憎嫉」，資、磧、普作「增嫉」。
一二一頁中八行「以此」，南作「以北」。
一二一頁中二二行第八字「單」，石、資、磧作「且」。
一二一頁中末行「名門」，磧、南、徑、清作「名聞」。同頁下一行磧、普、南、徑、清同。
一二一頁下七行「門別」，石、資、磧、

[普]、[南]、[徑]、[清]作「閒關」。

一　二一頁下九行「畏如」，[南]作「畏知」。

一　二一頁下一〇行「於此」，[南]作「於比」。

一　二一頁下二二行末字「證」下，[徑]有夾註「旦北藏作單」。

一　二二頁上七行「歡喜」，[南]作「觀喜」。

一　二二頁上一八行「今得」，[南]作「令得」。

一　二二頁上二一行「減損」，[南]作「滅損」；同行「令正法」，[南]作「今正法」。

一　二二頁中卷末經名，[石]作「正法念經卷第十七」。經名下夾註「餓鬼品竟」，[石]、[南]、[徑]、[清]無。

正法念處經卷第十八　宇　篤

元魏婆羅門瞿曇般若流支譯

畜生品第五之一

復次比丘知業果報如實觀諸地獄知業果報一百三十六地獄中衆生壽命長短增減如實知已觀第二道無量餓鬼略而說之三十六種及觀業行亦如實知彼以聞慧觀諸畜生種類差別三十四億隨心自在生於五道於五道中畜生種類其數最多種種相貌種種色類行食不同群飛各異憎愛違順伴行雙隻同生共遊所謂飛禽及諸走獸烏鵲鵝鴈鴻鳥衆類異群別遊不相怨害狐狗野干等互相憎嫉烏與角鵄馬及水牛蚖虵鼬等共相殘害形相不同行食各異以何業故種種形相行食各異彼以聞慧觀是衆生為種種心之所使使作種種業入種種道取種種食觀察彼等以何因故各各異類共相憎嫉即以聞慧知此衆生於前世時以邪見故習學邪法復有衆生亦學邪

法而生邪慢以邪見論邪見譬喻互相諍論雖共談論無所利益無有安樂亦非善道如是二人身壞命終墮於地獄受無量苦從地獄出以本怨憎墮畜生中是故怨對還相殺害所謂蚖虵黃鼬馬及水牛烏角鵄等

復次比丘知業果報觀諸畜生以何業故畜生之類相隨無害即以聞慧知此衆生於人中時為生死故行布施時尋共發願於當來世常為夫妻是人身壞命終之後生畜生中而有少樂非大苦惱謂命命鳥鴛鴦鴻鳥多樂愛欲以業因故

復次比丘知業果報觀諸畜生狐狗野干以何業故性相憎害即以聞慧知此衆生於人中時於諸善人出家人所汙其淨食常戲鬪諍貪心因緣身壞命終墮畜生中受於野干狐狗之身互相憎嫉

復次比丘知業果報觀諸麞鹿以何業故而生彼處即以聞慧知此衆生為前世時喜作強賊擊鼓吹貝至於城邑聚落村營破壞人柵作大音聲

加諸恐怖如是之人身壞命終墮於地獄具受衆苦從地獄出生麞鹿中心常怖畏以本宿世破人村落令他恐怖是故生於曠野山林常多恐怖以業力故若生人中心常恐怖小心怯弱多懷怖畏餘業緣故如是少分觀畜生處互相憎嫉以多業故共相殘害隨本業故

復次比丘知業果報觀諸畜生以何業故受化生身即以聞慧知此衆生於前世時為求絲絹養蠶殺蠶或蒸或煮或以水漬之生無量虫名大騷虫有諸外道受邪齋法取此細虫置於火中供養諸天以求福德身壞命終墮於地獄具受衆苦從地獄出生於俱舍諸化生中種種異類

復次比丘知業果報觀諸畜生以何業故墮濕生中彼以聞慧知此衆生起惡邪見殺害黿鼉魚鼈蜯蛤及小池中多有細虫或酢中細虫或有惡人為貪財故殺諸細虫或邪見事天殺虫祭祀身壞命終墮於地獄具受衆苦不可稱計從地獄出受濕生身

或作蚊子或為蚤虱觀二種生已如是次第以微細心觀業果報觀於卵生諸衆生等以何業故而生彼處若人未斷貪欲恚癡修學禅定得世俗通有因緣故起瞋恚心破壞國土是人身壞命終墮於地獄受無量苦從地獄出受於卵生飛鳥鵰鷲之形從此命終若生人中常多瞋恚以餘業故

復次比丘知業果報彼以聞慧觀諸畜生以何業故受胎生身若有衆生以欲愛心和合牛馬令其交會以自悦意或令他人邪行非礼是人身壞命終之後墮於地獄具受衆苦從地獄出受於胎生畜生之身若生人中受黄門身以餘業故

復次比丘觀十一種畜生已次觀四種衆生從地獄出受四種食何等為四一者摶食二者意思食三者觸食四者識受食比丘思惟觀察四食果報以聞慧觀見有衆生以諸摶食與惡戒者及諸賊人既食之後令此賊人殺害除怨是賊受語即殺彼怨如是惡人身壞命終墮於地獄具受衆苦從地獄出墮於段食畜生之中受水牛牛羊駝驢象馬豬狗野干麞鹿犛牛烏鵄鵰鷲鵝鴨孔雀命命鴻鳥雜類衆鳥多處曠野崄岸中生是名少分摶食衆生

復次比丘觀於觸食衆生之類住在觳中或初出觳以觸為食復有衆鳥樂住水中依岸為巢或穿河岸以為窠窟數産卵觳龍虵等類以何業故而受觸食比丘觀察即以聞慧知此衆生於前世時心許行施思惟籌量後心還悔而不施與以不善業墮畜生中以本思心受觸食報

復次比丘觀於思食諸衆生等以何業故而受思食即以聞慧知衆生類謂赤魚子提弥魚子錯魚等子蜾蜂蛤卵思心為食若母憶念則不飢渴身命增長以何業故而生此處即以聞慧知此衆生愚癡少智不識業果許施人物而語之言却後半月或至一月我當施汝財物飲食金銀珎寶時彼貧人聞其許施心生歡喜美言讃歎一月半月望有所得時貧窮人往至其家是時其人更作異語不復本信如是惡人命終之後墮於憂喜地獄之中具受衆苦從彼命終墮畜生中意思為食以其前世許他貧人令生歡喜後竟無實以是因緣若生人中為人奴婢以餘業故

復次比丘知業果報觀諸畜生第四識食即以聞慧見有畜生受識苦惱常憶飲食生曠野中受大蟒身蜥蜴等身唯吸風氣復有光明天亦名愛識憶食而非苦惱見食憶持隨念即飽畜生憶食以何業故而受斯報即以聞慧知此衆生或以多瞋或以多癡殺害衆生彼人身壞生惡道中受大蟒身以前世時好愛怨結自縛其心以是因緣生畜生中受斯苦惱愛識食風若生人中於無因處常懷瞋恚而起鬪諍以餘業故

復次比丘知業果報觀無量無邊畜生世間云何衆生受水虫身彼以聞慧知此衆生愚癡少智無有慧心臨命終時極患渴病貪愛念水身壞命

終隨於惡道受水虫身作種種魚是人命終於中陰有見諸水時起心即往生於水中取因緣有此中陰有分若本不行布施持戒是人則生燸水之中口常乾燥如餟灰汁以本業故

復次比丘知業果報觀諸飛鳥畜生之類以何業故行於虛空無导之處即以聞慧觀三種神通何等為三一者解脫神通二者身行神通三者心自在神通是解脫人隨心憶念若鳥行地界若飛於空亦如地行非解脫法諸佛如來神通之力如心念緣隨意能至有三種作如是三種聖神通勝

復次比丘知業果報觀於畜生去何觀於地獄畜生天人水行陸行空行飛鳥走獸彼以聞慧觀地獄中種種苦惱有二種畜生有衆生數非衆生數衆生數者生於彼處被燒苦惱非衆生數者地獄罪人以顛倒心見諸大鳥於虛空中翱翔遊戲心即生念願生此處隨念即生受飛鳥身具受如上地獄苦惱以惡業報生地獄中見諸師子形色可畏虎豹大鳥惡虫

蟒蚰大惡色者非衆生數以諸逼惱害地獄人是衆生數業之所得令諸罪人受大苦惱彼無苦惱畜生衆生在地獄中為師子虎豹乃至蟒蚰之所惱害

復次比丘知業果報觀飢渴燒身諸餓鬼道有諸畜生受飢渴苦即以聞慧見三十六種餓鬼道中生諸飛鳥從人中死生於鳥中受鳥鵄鵰鷲鷹鷂等鳥害生之類從鳥中死生餓鬼世間受餓鳥身飢渴燒身啄諸餓鬼拔其眼出或破其頭而食其腦如是餓鬼眼睛腦髓熱如融銅此等衆生皆共食之以惡業故比丘如是觀餓鬼鳥已即以伽他而呵責言

熱業得熱報　具受諸大苦　如是應捨離
此惡不善業　勿造斯惡業　貪嫉自破壞
若行貪嫉者　墮餓鬼畜生　互共相殘害
或打縛繫閉　則受餓畜生　故應捨愚癡
愚癡自壞心　遠離於戒施　為愛所誑惑
則隨畜生中　不識行邪正　食所不應食
應作而不作　不解法非法　五根癡頑鈍
但作畜生業

如是比丘觀諸畜生但有一業時所繫縛流轉無量百千生死受畜生中無量百千種種苦網之所繫縛畜生一業無量因緣次第貪欲業繫不斷生大海中深十由旬受於摩竭大魚螺蜯蛤虫提弥鯢羅郍迦錯魚迭互相畏常懷恐怖多行婬欲愚癡因緣非法邪行不識應行不應行處生大海中為水燋惱常患飢渴互相殘害惶怖相畏若多行瞋癡生大海中深万由旬受毒龍身迭共瞋惱瞋心亂心吐毒相害常行惡業龍所住城名曰戲樂其城縱廣三千由旬龍王滿中有二種龍王一者法行二者非法行一護世界二壞世間於其城中法行龍王所住之處不雨熱沙非法龍王所住之處常雨熱沙若熱沙者頂熱如熾火焚燒宮殿及其眷屬皆悉磨滅滅已復生

復次比丘知業果報觀龍世界雨熱沙苦以何業因而受斯報即以聞慧知此衆生於人中時愚癡之人以瞋恚心焚燒僧房聚落城邑如是惡人

身壞命終墮於地獄受無量苦從地獄出生於龍中以前世時以火燒人村落僧房以是因緣受畜生身熱沙所燒

復次比丘觀龍世間以何業故生於彼處以何緣故不為熱沙之所燒害即以聞慧知此衆生於前世時受諸外道世間邪戒行於布施而不清淨如上所說七種不淨以瞋恚心願生龍中是人身壞命終之後墮戲樂城受龍王身生彼城已瞋恚心薄憶念福德隨順法行如是龍王其身不受熱沙之苦

復次比丘知業果報觀龍世間以何業故法行龍王生戲樂城戲樂城者為何等相即以聞慧觀法行龍王所住之城七寶城郭七寶色光諸池水中優波羅花衆花具足酥陀味食常受快樂香鬘瓔珞末香塗香莊嚴其身神通憶念隨意皆得然其頂上有龍虵頭於其城中有諸法行龍王其名曰七頭龍王為面龍王婆修吉龍王得叉迦龍王跋陀羅龍王（魏言賢龍）盧醯

多龍王（魏言赤龍）鉢摩梯龍王雲鬘龍王阿跋多龍王一切道龍王鉢婆呵龍王（魏言忍龍）如是等福德諸龍隨順法行以善心故依時降雨令諸世間五穀成熟豐樂安隱不降灾雹信佛法僧隨順法行護佛舍利如是龍王無熱沙苦受第一樂於四天下降澍甘雨謂閻浮提瞿陀尼弗婆提欝單越若人順法孝養父母供養沙門及婆羅門修行正法令法行龍王增長大力以法勝故降微細雨五穀熟成色香味具無諸灾害果實繁茂衆花妙色日月晶光威德明淨福德龍三不放毒風閻浮提人有四因緣則多喪命何等為四一者飢儉二者刀兵三者毒風四者惡雨若諸世間隨順法行修諸福德法行龍王增長大力不出惡雲不降惡雨無惡風氣衆水調善稻穀豐熟果味肥美色香味具食之無病離諸飢惱色力具足四大安隱修行善業以行善業助其果報田稼豐熟法行龍王如是次第擁護順法修善衆生觀閻浮提已觀瞿陀尼云何順

法龍王護瞿陀尼瞿陀尼界衆生心軟唯有一惡以水濁因緣貪之夭命順法龍王於彼世界不雨濁水瞿陀尼人食清水故得無病惱以龍力故

復次比丘知業果報觀弗婆提法行龍王云何與樂彼以聞慧知弗婆提人若聞雷聲若見電光以心軟故即得病苦法行龍王於彼世界不作雷音不放電光令弗婆提人不遭病苦龍王力故

復次比丘知業果報觀欝單越人云何衰惱彼以聞慧知欝單越人若遇黑雲冷風所吹香花不敷既見花合心懷憂惱黑雲起故僧迦賒山鳥鳴麁惡衆樂音聲悲無美音於惡龍所得此衰惱法行龍王不以黑雲冷風飈颰如是四天下法行龍王以義安樂利益衆生

復次比丘知業果報觀龍世間何等惡龍不順法行即以聞慧知戲樂城諸惡龍王不順法行其名曰波羅摩梯龍王（魏言惱亂）毗諶林婆龍王（魏言害延）迦羅龍王（魏言黑色）睺摟睺摟龍王（魏言多聲）住於海

中戲樂城内云何此等非法惡龍增長勢力

正法念處經卷第十八　第十三張　爲

彼以聞慧知諸衆生行不善法不孝父母不敬沙門及婆羅門如是惡龍增長勢力於閻浮提作大惡身以惡心故起惡雲雨所雨之處生惡毒樹惡風吹樹毒氣入水令水雜毒一切五穀皆悉弊惡若有食者則得病苦穀力薄故令人短命是弊龍王惡心灾毒迭互相害以是惡故閻浮提人悉皆毀壞以非法龍作諸惡故

復次比丘知業果報觀於自在大力龍王云何非法惡行龍王以諸衰惱惱瞿陁尼彼以聞慧知非法惡龍於瞿陁尼空山嶮處降澍洪雨令一切水皆悉潦濁瞿陁尼人若有飲者以此因緣得大衰惱如是比丘觀瞿陁尼如實了知

復次比丘知業果報觀弗婆提彼以聞慧知諸世間不修法行時惡龍王力勢增長震吼大雷如大山崩弗婆提人以軟心故多遭病苦或擢電光遍滿世界如火熾燃雲中龍現眼如車輪其身黑惡猶如黑山其頭三頭

正法念處經卷第十八　第十四張　肩

奮出衆花形如馬相或作鮑身現如是等種種惡身令弗婆提有人見之得大衰惱

復次比丘知業果報觀欝單越如第二天云何惡龍於欝單越人加諸衰惱即以聞慧知欝單越僧迦賒山如前所説蓮華常開香氣紛流其色妙好彼國衆人觀之歡喜若世間人不孝父母不供養沙門婆羅門時惡龍王以自在心勢力增長起大重雲猶如黑山靉靆垂布掩蔽日光蓮華即合無有香氣失金色光欝單越人見華既合愁惱怯劣雲中出風吹衆樂音皆悉乱壞不可愛樂如是四天下惡龍勢力而作衰害

復次比丘知業果報觀四天下有勝有劣彼以聞慧觀欝單越國快樂安隱勝三天下閻浮提人行法非法以是因緣苦樂增減是三天下增長業地行十善道有佛出世以閻浮提因緣故有四天下閻浮提人思惟修行十善業道能修梵行此世界中多能思惟觀察生滅此國金剛座處

正法念處經卷第十八　第十五張　爲

一切世間閻浮提國悉無此座金剛座處八万四千由旬佛坐此座生菩提心以此因緣如來出於閻浮提國非餘天下何以故善根成就得佛菩提須弥山王尚不能持何況餘地以是因緣佛處閻浮提不處餘國人身難得閻浮提中造業因緣得生人中以此因緣四天下中閻浮提國第一最勝非餘天下

復次比丘知業果報觀龍世界以何業故非法行龍王呑食蝦蟇噉食沙土呼吸食風彼以聞慧知此衆生於人中時欺陵妻子獨飯美食其人妻子見之戀著口中流涎此人獨食飽滿充足於妻子所但與麁澁如是之人身壞命終墮於龍中呑食蝦蟇噉沙吸風受相似業果

復次比丘知業果報觀龍世界以何業故諸龍降雨復以何業降諸灾雹即以聞慧知此惡龍含毒瞋恚不順法行一一龍王瞋恚鬪諍起惡雲雨惡風灾雹悉令五穀散壞不収以諸

衆生行於非法惡龍瞋恚故有斷變

復次比丘知業果報觀龍世界云何於閻浮提降澍時雨潤益甘蔗稻麻叢林大小麥豆五穀增長即以聞慧見法行龍王降注時雨以義安樂利益衆生以諸衆生隨順法行降澍時雨令國豐樂

復次比丘知業果報觀一切龍所住宮殿幾許龍衆住於海中幾許龍衆住於衆流即以聞慧知閻浮提人不順法行無量諸龍住於衆流閻浮提人隨順法行五十七億龍住於衆流

復次比丘知業果報觀龍世間觀戲樂城及流水龍已觀大海底何等衆生住在其中即以聞慧知大海地下天之怨敵名阿修羅略說二種何等為二一者鬼道所攝二者畜生所攝鬼道攝者魔身餓鬼有神通力畜生所攝阿修羅者住大海底須弥山澍在海地下八万四千由旬略說四地第一地處二万一千由旬是羅睺阿修羅王所住之處此羅睺阿修羅王於欲界中化身大小隨意能作以人

行善不善力故時阿修羅作是思惟我當觀彼怨家園林遊戲之處與諸婇女共相娛樂恣意受樂思惟是已即自莊嚴以大青珠王玻頭摩珠王光明威德珠王或以金玉五色赤珠王或以雜色衣王若青若赤若黃若黑種種諸色莊嚴其身以為鉀胄光明晃昱時羅睺阿修羅王身量廣大如須弥山王遍身珠寶出大光明大青珠寶出青色光黃黑赤色亦復如是以珠光明心大憍慢謂無與等欲令天女阿修羅女愛敬其身從城中出其所住城名曰光明縱廣八千由旬無量寶林流泉浴池諸樹蓮花莊嚴其城首冠花鬘塗香自嚴散以末香從城而起觀天園林遊戲之處若閻浮提人不行正法不孝養父母不敬沙門婆羅門及諸尊長不依法行不奉三寶不觀善法及不善法諸天勢力悉為減少四天王天展轉相告悉避逃逝恐師子兒羅睺阿修羅王來殺我等若閻浮提人修行正法孝養父母敬事師長供養沙門耆舊

長宿一切諸天勢力增長時四天王以衆寶衣莊嚴其身塗香末香即時當於師子兒羅睺阿修羅上虛空之中雨諸刀劍一切天衆心生喜悅至須弥側發聲大叫若天不出阿修羅王欲觀園林日百千光照其身上莊嚴之具映障其目而不能見諸天園林遊戲娛樂受樂之處時羅睺阿修羅王作是思惟日障我目不能得見諸天婇女我當以手障日光輪觀諸天女即舉右手以障日輪欲見天女可愛妙色手出四光如上所說立海水中水至其膝寶珠光明或青或黃或赤或黑以手障日世間邪見諸論師等咸生異說言羅睺阿修羅王蝕日若日赤色黑色以如是法相人壽命不識業果諸相師等作如是說或言當豐或言當儉或言凶禍殃及王者或言吉慶時阿修羅手障日已諦觀諸天園林浴池遊戲之處時天帝釋見是事已勅諸天衆莊嚴宮殿令諸天子以種種寶莊嚴其身往趣羅睺阿修羅所欲共鬬戰時羅睺阿修

羅王見諸天衆即還宮城

復次比丘云何觀月蝕即以聞慧知羅睺阿修羅王眷屬官衆行於海上見月常遊憂陁延山頂行閻浮提住毗琉璃光明之中端嚴殊妙百倍轉勝官屬見已即至羅睺阿修羅所白言大王滿月端嚴如天女面時羅睺王聞是語已愛心即生欲見天女從地而起渴仰欲見以手障月欲見天女阿修羅王無量衆寶莊嚴其身如上所說閻浮提中呪術師等而作呪曰一切國土聚落城邑衆惡速滅一切世間土地衆惡速滅一切婆羅門中衆惡速滅若月黑色黃色世間相師作如是說或言當豊或言當儉或言王者凶危或言吉慶或言兵刃勇起或言不起瞿陁尼弗婆提欝單越何其方面所蝕之處無邪見說以此一因緣故日月掩蔽謂是月蝕復次二因緣故掩蔽日月天降大聲羅睺阿修羅王住大海下時諸官屬白言大王天主憍尸迦住須弥山頂善見城內處善法堂諸天功德五欲具足眷屬

圍遶歡娛受樂天主憍尸迦為諸天主大王今為我等所尊王有大力神通勝彼可率官屬往攻天主壞善見城時阿修羅即受其語奮威縱怒出光明城震吼如雷閻浮提中諸國相師謂天獸下說如此相或言豊樂安隱無他或言災儉五穀勇貴或言王者崩亡或言吉慶靈應嘉祥或言兵刀起於境內或言人民安樂無變或言當須齊肅潔淨拜神求福時羅睺阿修羅王如是思惟我寶珠等留此城內為我諸子作大光明若無寶珠則無光明天上亦尒有日月故則有光明若無日月則應闇冥我今寧可覆蔽日月令天黑闇時阿修羅思惟是已從城而起即以一手覆障日月諸光明輪世間愚人諸相師等咸記災祥如上所說復以一手摩須弥頂欲與諸天決其得失是阿修羅畜生少智見天種種勝相莊嚴威德光明心生疑悔還歸所止住光明城是名第二因緣掩蔽日月令日月蝕天聲震吼

復次比丘知業果報觀大羅睺阿修羅王所受之樂彼以聞慧觀阿修羅所住城內種種衆寶以為莊嚴在須弥山側深二万一千由旬廣八千由旬蓮華浴池林樹蔚茂皆悉具足真金為地色若電光金殿堂閣珊瑚寶樹懸衆寶鈴出妙音聲種種樂音歡娛受樂二池中金花莊嚴鳧鴈鴛鴦皆真金色以為嚴飾見者愛樂如天衆鳥摩尼為嘴歡喜遊戲七寶雜色青毗琉璃以為羽翼於諸樓閣欄楯之間歡娛遊戲甚可愛樂出妙音聲見者悅樂一切衆鳥亦復如是清淨無穢端正莊嚴孔雀翡翠是也眼手開合頭頂勝冠雙瀨隨行飲食華汁婆鳩羅華其聲雅妙如童子音頂冠金色或毗琉璃於欄楯間翱翔遊戲未曾休息恣於華汁其目紺青身色雜綵如閒電光衆色分明黃色細軟鮮明如電行於林樹山巖之間縱逸遊戲華鬘瓔珞如天虹色光明遠身如鬘莊嚴咽喉音美如赤珠色兩翅柔軟如蓮華敷無量衆色長摩尼為身

氣香潔如畢利迦遊戲宮殿變類同行羽翼潤澤飛則俱遊渠潔清池翱翔陸庭亦復如是哀鳴相呼出微妙音發欲之音俱枳羅鳥遮俱羅鳥婆求羅鳥如是衆鳥遍滿城中林樹之間悉聞其音多有林樹蓮華浴池以為莊嚴於其城中有四園林皆是金樹一一園林縱廣正等滿百由旬一名遊戲二名躭樂三名鵝住四名俱枳羅此四園林映飾其城一一林樹有三千種如願之樹其樹金色如雲如影其枝柔軟鳥栖其上衆華常敷香氣馝馥滿一由旬多有群蜂流變充溢或金色樹酒泉流樹牛頭栴檀香樹有如雲色七葉香樹枳多迦樹畢利迦樹微風吹動黑沉水樹普眼香樹明燈香樹摩尼香樹火色香樹青無憂樹赤無憂樹婆究羅樹阿枳多樹阿殊那樹尼珠羅樹青荊香樹提羅迦樹有如是等衆華香樹其華敷榮常若新出復有衆果摩頭迦樹鳳凰子樹婆那娑樹其果如瓮無遮果樹毎瓠果樹壯頭羅樹地蓋果樹虛空

蓋樹雲色果樹樂見果樹遮雲果樹鳥集果樹蜂芸果樹香鬘樹香華樹種種色華時時常敷女人見之皆生樂著樹葡桃樹迦單他樹波流沙迦樹其葉具足光明莊嚴鬱映渠流嚴飾泉池觀之可愛如是種種諸樹或有生於閻浮提中或有生於欝單越國或有生於阿修羅王光明城中或有華樹或有果樹或有酒樹阿修羅王遍行遊觀歡娛受樂與衆婇女圍遶自娛於此煩惱染無常不堅速朽之樂謂為甘露不死之地阿修羅王有四婇女從憶念生一名如影二名諸香三名妙林四名勝德此四婇女有十二那由他侍女以為眷屬圍遶阿修羅王娛樂恣情縱逸受樂無前可說阿修羅王自業成就無量億衆婇女圍遶歡娛喜樂千柱寶殿寶房行列

復次比丘知業果報觀羅睺阿修羅王以何業報得阿修羅道作何業故得如是報伽他頌曰

無因則無果　造業必有報　如種子得果
善業生人天　善業得樂果　常處天人中

惡業墮三處　阿修羅去何　彼受畜生道
去何受樂報　少智莫能了　此有何因緣

比丘思惟巳即以聞慧觀阿修羅往昔過去習婆羅門法第一聰慧善知世間種種技術善行布施於曠野中施諸飲食果食根食清泉美水房舍敷具又於四交路首施諸病人行路估客盲冥貧窮施於房舍飲食敷具悉令滿足而不正見尒時弥梯羅林有僧伽藍縱廣二十由旬於其寺中有無量百千佛塔寶焰莊嚴泥弥王等五百大王共造斯福中有一塔真金瓔珞焰鬘莊嚴七寶映飾種種莊校隨其曾聞諸佛名号皆悉畵畫如來影像種種林樹池流泉源莊嚴勝妙如上所說

尒時閻浮提中如羅睺阿修羅王城中林樹皆悉具有如所見樹畫工畵飾莊嚴佛塔浴池流泉衆妙蓮華衆鳥遊戲亦如上說時婆羅門名曰婆利誦毗陁論廣造福業如上所說時婆羅門以四千乘車載衆飲食至大曠野衆人行路欲施所須見一佛塔

高二由旬廣五十里時有惡人以火燒塔捨之而去時婆羅門見火燒塔作是思惟我今寧可且住施福救如來塔奇妙莊嚴彫飾精麗廣大希有當滅此火令塔不壞若我不救王若知者或加重罰非實信心非尊重心即以四千乘車載水以滅此火既滅火已含笑而言我救此塔為有福德無福德耶若有福德願我後身得大身相欲界無等雖作此願而猶不信不正思惟常愛鬬戰不信正業福田力故生光明城作阿修羅王

正法念處經卷第十八　第二十五張　莫

正法念處經卷第十八

癸卯歲高麗國大藏都監奉
勅彫造

正法念處經卷第十八
校勘記

一 底本，麗藏本。
一 二六頁上一行經名下，徑有夾註「小乘單譯經第一部」。
一 二六頁上二行譯者，石無。
一 二六頁上三行品名，石作「畜生品第五」。
一 二六頁上四行「如實」，石作「實實」。
一 二六頁上一五行末字「蚖」，石作「虮」。
一 二六頁上一七行「異以」，南作「果寶」。
一 二六頁上二〇行「彼等」，資、磧、普、南、清作「彼業」。
一 二六頁中六行「蚖虵」，石作「虵」。
一 二六頁中七行末字「何」，石無。
一 二六頁中一四行「畜生」，磧作「畜上」。
一 二六頁下四行「恐怖」，南作「恐沛」。
一 二七頁上八行第八字「常」，南作「當」。
一 二七頁中八行首字及一〇行第六字「鷇」，石作「㲉」。
一 二七頁中一〇行第三字「數」，磧、普、南、徑、清作「孚」。
一 二七頁中一七行「錯魚」，磧、普、南、徑、清作「鯌魚」。次頁下六行，磧、南、徑、清同。
一 二七頁下一〇行「蜥蜴」，石作「蝷蜴」。
一 二八頁中二行首字「肉」，石作「空」。
一 二八頁下一四行「二者」，南作「一者」。
一 二八頁下二一行第二字「苦」，南作「若」。
一 二九頁上七行「即以」，磧、普、南、徑、清作「如以」。
一 二九頁上一六行「以聞」，磧作「以間」。

一　二九頁上末行夾註「魏言賢龍」，石無。

一　二九頁中一行夾註「魏言赤龍」，石無。

一　二九頁中二行「鉢婆」，磧、普、南、清作「鉢娑」。

一　二九頁中二一行「果報」，徑作「善果」。

一　二九頁下二行「夭命」，南作「天命」。

一　三〇頁中五行「復次」，南作「復太」。

一　三〇頁中一二行「黿鼉」，資作「黿黮」；磧、普、南、徑、清作「鼈鼉」。

一　三〇頁中一九行第五字「天」，南作「大」。

一　三〇頁下一行「金剛」，資、普、南、徑、清作「金剛金剛」。

一　三〇頁下三行「四千」，南作「四十」。三三頁下二二行南同。

一　三〇頁下六行「菩提」，南作「善提」。

一　三〇頁下一一行「以何」，石無。

一　三〇頁下一五行「流涎」，南作「流延」。

一　三〇頁下一八行第三字「相」，石無。

一　三〇頁下末行「不收」，石作「不杈」。

一　三一頁上一行末字「變」，南作「變涎」。

一　三一頁上三行首字「於」，徑作「以」。

一　三一頁上六行第一三字「澍」，資、磧、普、南、徑、清作「注」。

一　三一頁上八行及一三行「知業果報」，磧作「知樂果報」。

一　三一頁上一一行「閻浮」，磧、普、南作「即浮提」；徑作「嚴浮」。

一　三一頁中三行「受樂」，石作「愛樂」。

一　三一頁中四行第九字「王」，資、磧、普作「玉」。下同。

一　三一頁中五行「金玉」，石、南作「金王」。

一　三一頁中七行「鉀冑」，資、普、南、作「甲胄」；磧、麗作「鉀胄」；徑作「甲冑」。

一　三一頁中八行「晃昱」，資作「晃煜」。

一　三一頁中一一行「無與」，資、磧、普、南、徑、清作「與天」。

一　三一頁下二一行第四字「事」，徑作「時」。

一　三二頁上八行「是語」，資、磧、普、南、徑、清作「是說」。

一　三二頁上一六行「凶危」，資、磧、普、南、徑、清作「凶禍」。

一　三二頁上一七行末字「何」，諸本作「隨」。

一　三二頁中九行首字「刀」，徑作「刃」。

一　三二頁下五行「蔚茂」，資、磧、普、南、徑、清作「鬱茂」。

一　三二頁下一一行「羽翼於諸樓閣欄楯」，石作「兩翼於諸樓閣蘭楯」。

一 三二頁下一四行夾註「尾也」，徑、清無。

一 三二頁下一七行「遊戲」，資、磧、普、南作「戲遊」；麗作「遊」。

一 三二頁下二二行「舍美」，石作「舍咲」；資、磧、普、南、徑作「含笑」。同行第一二字「兩」，資、磧、普、南、徑作「羽」。

一 三三頁上二行「羽翼」，資作「習翼」。

一 三三頁上四行第七字「积」，資、磧、普、南、徑、清作「只」。下同。

一 三三頁上一〇行「一一」，普作「一二」。

一 三三頁中一四行第五字「林」，石無。

一 三三頁下一六行「如上」，磧作「如如」。

一 三三頁下二二行「四千」，資、磧、普、徑作「四十」。

一 三四頁上一〇行第一三字「不」，石、資、磧、南、徑、清作「無」。

趙城縣廣勝寺

正法念處經卷第十九

元魏婆羅門瞿曇般若流支譯

畜生品之二

復次比丘云何觀羅睺阿修羅王第二住處彼以天眼智慧觀察阿修羅王所住之處縱廣一万三千由旬園林浴池蓮華欝茂遊戲之處異類衆鳥以為莊嚴阿修羅城黃金為地處處多有摩尼寶珠珂貝嚴飾多衆婇女端正殊妙羅睺阿修羅王之所主領不相諍訟隨意憶念能有所至所住境界有十三處何等十三一名遮迷二名勇走三名憶念四名珠瓔五名鋒旋六名赤魚目七名正走八名水行九名住空十名住山窟十一名愛池十二名魚口十三名共道若諸世間不孝父母不供養沙門及婆羅門不行正法諸天衆減增長阿修羅衆若諸世間供養沙門及婆羅門修行正法減損阿修羅增益諸天衆以法非法二因緣故令諸天阿修羅增長

復次比丘知業果報觀羅睺阿修羅王所住境界諸阿修羅業法果報彼以聞慧知此衆生見魚獵者張圍設網罝罟遮截為利衆生令其活命破彼魚堰或有勢力逼令放生或為自利或求名譽或為王者或為大臣遮斷屠殺或護種族先世相習行不殺法不行諸善是人身壞命終墮阿修羅道受阿修羅身壽命長遠經五千歲阿修羅中一日一夜比於人間經五百歲如是壽命滿五千歲少出多減亦有中夭以下中心因緣力故身相威德如業得報比丘當知觀衆生心種種信解

復次比丘知業果報觀大海底羅睺阿修羅地彼以聞慧第一清淨利智觀於地下第二地有地名月鬘在羅睺阿修羅下二万一千由旬有阿修羅名曰陁摩喉（魏言音咽）阿修羅王名曰花鬘彼有大城名雙遊戲縱廣八万由旬園林欝茂清流池水蓮花映飾金山巖巒山窟幽邃多有禽獸周遍莊嚴青毗琉璃以為其地地生葉蘂

柔軟可愛種種衆鳥音聲和雅諸阿修羅衆悉住其中充滿國界豊樂安隱周遍奇特甚可愛樂七寶林樹莊嚴園觀亦如上說復有衆樹殊特倍前那伽龍樹無憂龍樹陁婆樹佉提樹無憂力樹復有衆樹勝前樹林謂夜光樹夜開敷樹娑究吒樹尼單多樹重花樹普愛樹集花樹繁花樹柔軟花樹五歲花樹鞞愛樂樹瞿流瞿流音聲樹衆鳥遊戲樹白齒樹那羅業樹雙遊戲城住四山中其山金色一名歡喜山二名金焰光山三名不見頂山四名可愛光山其山高廣五千由旬種種林樹流泉浴池河水清冷群獸異類種種雜色隨色周遊衆婇女等歡娛受樂種種衆寶莊嚴門戶牛頭栴檀樹香風涼冷觸身悅樂常遊香林遊戲自娛種種衆寶以為光明無所障蔽種種妙花莊嚴其身無量百千孔雀音聲大阿修羅王之所守護寒暑調適多諸人衆歡樂常悅音聲伎樂歌舞喜笑以自娛意星鬘城中有大池水縱廣五百由旬第一

清淨㝡上美味無有泥濁亦無垢汙湛然無減端嚴可愛猶如滿月星鬘城中其池名曰一切觀見以池勢力陁摩睺阿修羅王若欲鬪戰莊嚴器仗圍遶彼池自觀其身如視明鏡自觀其相知戰勝負於池水中如明淨鏡自見退走知天必勝若於池中見身偃卧知為死相時陁摩睺阿修羅王勇健阿修羅王於池中自見其身若走若墮時阿修羅作是思惟以何事故於此池中見如是事我與天鬪退墮破壞即皆還歸所止之處或至十年或至百年或五百年時勇健阿修羅王以衆器仗種種鉾鎧塗香末香花鬘莊嚴復至一切觀池圍遶自觀何因緣故見我破壞即於池中見閻浮提人孝養父母恭敬沙門婆羅門修行正法樂生天上命終之後生諸天中是故天衆增長阿修羅衆羸損減少以於池中見如是相時陁摩睺勇健阿修羅王作是思惟以人修行孝養父母供養沙門婆羅門行法因緣以人力故天得勝力我今當與

世間之人作不安樂不饒益事令天減劣我等增長時陁摩睺勇健阿修羅王復自思惟以人因緣天有勝力我當云何令此衆人失其所食令天亦破人以食故而得壽命得修法行今當方便斷人所食思惟是已即向海中惡龍王所是惡龍王不順法行含毒多瞋常為他人作大衰損不利益事我今當往至彼住處惱亂龍王奮迅龍王迦羅龍王如是等龍不順正法時陁摩睺阿修羅王既至龍所作如是言汝於世人快得自在人今助天令我損減人依食故而得壽命汝當為我斷彼人食汝若能令則無復人若無人民天則損減如婆修吉龍王德叉迦龍王是汝大怨我於諸天亦復如是吾之怨敵汝可為我殄滅人界令時惡龍聞陁摩睺勇健阿修羅王如是說已荅言甚善我當與汝共為伴侶朋翼佐助是時龍王自入其宮起大瞋恚震動大水或百由旬二百由旬三百由旬地住水上以水動故大地亦動非法惡龍動大地

已世間邪見諸論師等咸作是說如是相者國土災儉或言豐樂或言王崩大臣受殃或言王者靈瑞吉祥或言兵起或言安隱或言水災或言亢旱世間相師如是說於地動之相而不能知動之因緣復有異因緣故令大地動隨諸衆生行善不善業因緣故令地大動地下有風名為持風持風動故令大水動大水動故令大地動五十由旬或百由旬或二百由旬或三百由旬或四百由旬隨風廣狹水動亦尒如水廣狹地動亦然以何因緣風動故水動水動故地動即以聞慧天眼觀察風持於水水持於地以風動故大水則動以水動故大地則動是為二因緣故令地大動彼比丘觀二種動若善因緣動衆生豐樂無諸衰患若諸衆生作不善行因緣動者衆生則有不善事起善不善等一切諸業從因緣生非無因生非有作者因果相似而得果報邪見醫師不識因果作是說言天帝動地或言風動災禍豐樂飢儉荒壞王者吉凶風雨旱澇兵革軍陣或起不起天牛婆羅門或善或惡世間醫師占相吉凶觀星宿者不識因果但作此說記說百災一言有徵愚人皆謂我此書記㝡勝無比

復次比丘知業果報觀毗摩眡阿修羅勇健阿修羅王非法惱乱惡龍王等具觀察已為利一切諸世間故思惟觀察云何惡龍弊阿修羅何因緣故損減不勝不作衰損壞諸世間即以聞慧知閻浮提人若修行正法孝養父母供養沙門婆羅門及諸耆老若王大臣修行正法尒時地神諸夜叉等見彼惡龍惡阿修羅欲行非法壞諸世間即向大海至婆修吉龍王德叉迦龍王等諸龍王所說如是事復告虛空諸夜叉等說如上事時虛空中諸夜叉等聞諸地神說是語已即以大身大神通力生大瞋恚口中出烟乘空上行往詣四天王所說如是言提婆天王惱乱惡龍弊阿修羅今欲破壞閻浮提中順法修行孝養之人閻浮提中邪見論師見彼夜叉口中出烟謂彗星出言是閻羅王一百一子不知乃是一百一大力夜叉時彼世人或有見者有不見者世俗相師說言是閻羅王一百一子不如實知妄生分別言彗星出或言豐樂或言飢饉或言王者吉祥或言王崩或說兵起或言不起或言牛婆羅門吉與不吉或言水旱災異或言某國凶衰或言某國無事雖作此說虛妄不實

復次比丘知業果報觀於惡龍惡阿修羅所行之法彼以聞慧見彼大身大神通力行使夜叉告諸天衆說如上事時四天王告夜叉曰汝莫怖畏汝莫怖畏諸天尊勝阿修羅衆怯弱下劣何所能為所以者何閻浮提人修行正法孝養父母供養沙門婆羅門恭敬長宿以是義故我衆增長阿修羅弱無所能為時虛空神諸大神通大夜叉等聞天所說歡喜踊躍於彼惡龍阿修羅所生大瞋恚即下欲詣法行龍王婆修吉德叉迦等諸龍王所說上因緣從空而下一切身分

光焰騰赫見是相者皆言憂流迦下
觀言天茍下若其夜下世人皆見若晝下
者或見不見下入大海至彼法行大龍
王所說上因緣見是相已世間邪見
諸呪術師咸作異說是相出者或言
豐樂或言飢饉或言王者吉凶或言
兵起或言不起或言人民喪歿或言
不死或言牛婆羅門有吉不吉雖作
此說不知業果隨相似說無有真實
復次比丘觀憂流迦天火下者復有
因緣憂流迦下諸天欲行宮殿隨身
其行速疾二殿並馳平相研磨令火
熾焰光明騰赫從上而下世人見已
諸呪術師及占星者作如是說世間
飢饉或言豐樂或言王者吉凶灾祥
或言國土安寧或言荒壞或言畜生
疫病流行民遭重疾或言人畜安吉
無為諸世邪論雖作此說而不能知
相之因緣何以故但隨相說不識業
果故所以者何一切世間沙門婆羅
門若天魔梵若阿修羅不能如是知
微細業因緣果報不能思惟我此法
律十善業道唯除如来

復次比丘知業果報觀於空行大力
夜叉云何而得此大勢力能行天上
能至大海法龍王所彼以聞慧見空
行夜叉大神通力入大海中至婆修
吉德叉迦隨順法行大龍王所說如
是言陁摩睺阿修羅勇健阿修羅王
至一切觀池自觀其身如上所說時
婆修吉德叉迦等諸大龍王聞夜叉
說告夜叉曰非法惡龍我當呵責令
其折伏我當於彼閻浮提中降澍時
雨令閻浮提人百穀苗稼悉得增長
豐樂安隱夜叉聞已歡喜而去時大
龍王婆修吉德叉迦諸龍王等自莊
嚴已往至非法惡龍惱乱龍王奮迅
龍王諸惡龍所作如是言汝行非法
好作衆惡我行正法隨順衆善汝於
我等非為善伴我今欲與汝闘決其
勝負時惱乱龍奮迅龍等聞是語已
即起莊嚴震雷耀電礔礰起火降澍
大雨若閻浮提人孝養父母供養沙
門及婆羅門耆舊長宿時婆修吉德
叉迦龍王等則得勝力惱乱奮迅惡
龍王等破壞還退令閻浮提雨澤以

時人民豐樂時諸呪師占星宿者妄
作邪說言八曜等功德相故二十八
宿功德相故是故依時降澍大雨牛
婆羅門力故令天降雨非餘因緣若
閻浮提人不孝父母不供養沙門婆
羅門不敬尊長不行正法婆修吉德
叉迦如法龍等退沒不如時惱乱龍
奮迅龍等得大勢力令閻浮提雨澤
不時灾旱水澇人民飢饉世間邪見
呪術占星諸相師等作如是說八曜
過故時節過故卦相過故諸外道等
不識業果不知以衆人行惡令國灾
儉更作異說非如實見何以故若天
世間若魔世間若梵世間若沙門婆
羅門非其境界唯除如来及我弟子
諸沙門等聞我所說諸業果報及餘
業報決定之相非是餘人能知此業
復次比丘知業果報觀陁摩睺阿修
羅所住之處若如法龍王婆修吉等
得大勢力非法者壞陁摩睺阿修羅
住星鬘城住彼林中心懷憔悴光明
威德悉亦損減羞愧愁慼自入其宮
作如是念我今何時能破諸天時陁

摩睺思惟是已即往羅睺阿修羅所作如是言阿修羅王汝當強力無得怯弱不久我當破彼天衆羅睺阿修羅王聞是語已告陁摩睺勇健阿修羅言汝莫愁怖且自安意不久我能壞彼天衆及其天主帝釋天王時陁摩睺勇健阿修羅王聞是語已復更歡喜還其所止

復次比丘知業果報觀星鬘城已次觀陁摩睺阿修羅王餘地園林彼以聞慧觀陁摩睺有異園林縱廣一万三千由旬園林流池衆鳥異類遊戲之處蓮華浴池鳧鴈鴛鴦周遍莊嚴歡娛受樂其地住處有七園林一名雲鬘林二名常林三名戲樂林四名果常集林五名風樂林六名伎樂林七名雜寶林是為七種大林陁摩睺阿修羅之所住處多諸衆侶以自業力皆受富樂悉滿其中

復次比丘知業果報觀陁摩睺阿修羅受業報果以何業故生於彼處即以聞慧知此衆生於前身時作大施會供養外道行不淨施雜漏不堅以

種種食施於破戒雜行之人心無正思如是施已命終生於畜生之中受陁摩睺阿修羅身以下中上業所得樂報亦下中上因果相類

復次比丘知業果報觀勇健阿修羅王業之果報以何業報得阿修羅王彼以聞慧見此衆生於人中時憙作賊盜偷竊他物以不正思施離欲外道充足飲食以是因緣生阿修羅中

復次比丘觀陁摩睺阿修羅壽命修促彼以聞慧天眼觀察見阿修羅壽六千歲於閻浮提中六百歲以為陁摩睺阿修羅中一日一夜如是壽命滿六千歲少出多減命亦不定以善不善業因緣故為畜生道業果所攝於阿修羅為第二地觀第二地已隨順法行觀一切衆生順法衆生法護衆生一切生死所攝衆生善業生於人天之中惡不善業生於地獄餓鬼畜生

復次比丘知業果報觀天使者聞虗空中神通夜叉說是事已為何所作彼以聞慧知天使者往詣護世鬘持

天所作如是言阿修羅衆不順法行教諸惡龍為閻浮提順法行善諸福德人作不饒益衰害惱亂所以者何恐彼行善順法之人命終生天彼作是念閻浮提人以食因緣能行布施持戒智慧汝當往至閻浮提中降澍惡雨害民百穀空行順法諸夜叉等来至我所說如是事我今語汝汝可展轉告餘天衆若軍持天三箜篌天常恣意天說如是事普令得聞時四大天王聞其所說往詣善見城中善法堂上五欲功德眷屬具足憍尸迦天王所廣說上事天主憍尸迦即告護世四天王言汝當往詣閻浮提觀諸衆生有信佛寶法寶比丘僧寶供養沙門婆羅門耆舊長宿知恩報恩質直有信孝養父母受持齋戒不諂不佞不以斗秤欺誑於人手相陵易尒時護世四大天王聞是語已為利衆生下閻浮提一一國土一一聚落一一城邑軍營村柵一一觀察修行法教遍行普觀尒時護世四大天王見閻浮提人隨順法行孝養父母敬信

三寶見此事已即詣大海大龍王宮戲樂城內婆脩吉德叉迦等大龍王所作如是言法行龍王勿怖勿怖非法減少正法增長破壞闇㝠顯發光明動魔軍衆天衆增長天人龍王樂行正法能擊法鼓歌頌法音增益天衆減損諸魔非法惡龍及阿修羅時婆脩吉德叉迦等諸大龍王聞已歡喜即白護世四天王言我今歡喜天王我今不畏非法惡龍非法惡行弊阿修羅不能惱亂閻浮提中法行衆生唯願仁者為我啓白釋迦天王時諸龍王說此語已護世天王至帝釋所具說上事時天帝釋聞是語已歡喜踊躍伽他頌曰

牟尼真知說實道　若人能行生天上
諦行布施脩慈心　護諸衆生說愛語
正見清淨心離垢　佛說三十三天道
淨脩衆善行相應　能以善心正依止
從此樂處至樂處　復從光明還入明
譬如朝落光明花　亦如一燈然異燈
若人欲得如彼燈　莫行放逸自壞心
若有常行淨善心　離垢明淨如寶珠

是人智慧離塵垢　能至諸天所生處
持戒習禪及三昧　若人有能心脩行
是人智慧如真金　必得往生諸天宮
若有捨離於殺生　於諸衆生起慈悲
愍哀質直心寂靜　如是之人生天宮
於一切人施軟語　捨離衆惡不善業
惡業不能汙其心　如是之人生天宮
若人視金如草木　觀諸愛欲如火毒
如是離欲智慧人　則生天宮受快樂
若有不為欲境惑　不隨愛欲之因緣
得脫三惡道怖畏　如是之人生天上
若見鬪諍能勸諭　知識親族及兄弟
能善和解令無諍　如是之人生天上
若人離惡出欲泥　常施一切衆生樂
離垢寂滅心解脫　則能破壞魔軍衆
若能調伏於心意　不為心意之所使
是人清淨破怨敵　則得上生諸天宮
若有人能淨身業　遠離衆惡不善法
離欲修習禪定樂　如是之人生天宮
捨離放逸惡知識　斷除愛毒諸煩惱
不為女人欲所縛　如是之人生天宮
若人於法勤精進　布施持戒及三昧
志意勇猛心堅固　是人則生於天上

若人能於衆結縛　智力斬之而不㝵
自在離縛無所滯　如是之人生天宮
離諸欲垢不貪著　滅衆過惡除染愛
勇健離垢斷怖畏　則得受於自果報
若有衆生受人報　能常脩行衆善法
如是善人業果報　令天世間得增長
以人力故天增勝　以天擁護人安隱
各各迭互增勢力　得住正法隨順道
天之善道人世界　人之善道天世間
諸惡道地有三種　行善之人所遠離
汝應勇猛勤精進　當樂親近善知識
如是常應增長法　勉力勤加昇天宮
法為衆樂之根本　以法因緣得涅槃
眠睡衆生法常覺　法為最勝第一道

時天帝釋如是教勅護世四大天王為護閻浮提人增長正法得利益故遍行觀察

復次比丘知業果報觀天心行已內自思惟隨順法行

復次比丘知業果報觀阿修羅第二地已次觀第三阿修羅地何等為第三阿修羅地彼以聞慧見第三地在第二地下二万一千由旬有阿修羅

地名修郁婆縱廣一万三千由旬樹林欝茂浴池流泉衆花常敷伎樂充滿城名鈴毗羅縱廣八千由旬於彼城中有阿修羅王名曰花鬘阿修羅民名遊戲行彼阿修羅鈴毗羅城種種衆寶以為莊嚴園林遊戲清流浴池蓮花具足戲遊阿修羅衆悉滿其中有四大林以為莊嚴於六時中花常鮮榮何等為四一名鈴鬘一一林樹皆有寶鈴出妙音聲二名黃鬘其林皆悉是真金樹三名焰鬘其樹花色猶如火焰四名雜林諸雜花果以為莊嚴此四種林莊嚴阿修羅鈴毗羅城遊戲阿修羅住處快樂如天無異以衆塗香末香自塗其身常樂遊戲歌舞戲笑百千婇女園遶衛護花鬘阿修羅王常遊園林而相娛樂種種衆寶莊嚴其身是名遊戲阿修羅所受樂處時第二地勇健阿修羅王遣使名曰閻婆来詣花鬘阿修羅所作如是言閻浮提人供養父母知恩報恩恭敬沙門及婆羅門如法行故令天有力我當竭力破壞人天所行

正法是時第三地花鬘阿修羅王聞是說已如上所說心懷瞋恚作如是言我當云何壞彼人天因人天故人天即是我之大怨時第三地遊戲阿修羅即時莊嚴種種鉀冑執持器仗欲詣樂城龍王宮殿時婆修吉德叉迦大龍王等聞阿修羅聲生大瞋恚身出電光赫焰大明雨大熾電無量百千億龍從海中出共阿修羅興大鬪諍若閻浮提人修行正法龍則得勝阿修羅衆四散破壞若世間人不順正法則阿修羅勝龍衆破壞既被破已往白天使者曰大仙我今被破汝應竭力破阿修羅時天使者聞是事已心生瞋恚口中烟出往告四天王白言天王阿修羅勝龍今破壞閻浮提中邪見相師見烟相已咸作是說彗星出現或豐或儉或水或旱亦如上說是為第二因緣彗星出現若天龍勝則時雨數降疫氣不行兵革不起邪見相師復作此說是八曜力之所作為廣說上事若諸世間不修正法不順法行不孝父母不敬沙門

及婆羅門則阿修羅勝以阿修羅勝故雨澤不時人民飢饉兵刃數起世間邪見諸相師等作是思惟八曜所作為世人說星宿之卦廣說如上如是一切諸外道等不知正法及以非法以愚癡心憶想分別不如實說以阿修羅勝龍王不如時護世四天王即向四天衆伽他頌曰

法勝非法滅　增實離妄語　天勝阿修羅
光明勝黒闇　布施勝慳貪　持戒莫毀犯
佛勝非外道　不動勝退没　實語莫諂曲
悲心勝怨害　慈心勝瞋恚　天王勝修羅
上勝下莫增　豐勝勿飢饉　智勝滅愚癡
法戒滅衆惡　精進離懈怠　丈夫勝女人
長者勝小人　忍勝於瞋恚　人勝非惡龍
白日勝於夜　月勝非餘曜　五穀勝菅苗
滅苦樂增長　離病常安樂　柔軟勝麁惡
解脫滅衆縛　法戒勝一切　善法常增勝
不善常消滅

護世四天王如是說已即擊天鼓作如是言諸天大衆龍王退弱阿修羅勝時諸天衆聞是語已莊嚴器仗於須臾頃至大海上若世間人孝養父

母敬事沙門阿修羅衆見諸天來即時退散還入其宮若諸世人不孝父母不敬沙門及婆羅門於須臾時與天共鬬天亦得勝花鬘阿修羅王敗散還宮比丘如是觀阿修羅與天共鬬如實見已生猒世心順法修行

復次比丘知業果報觀第三地花鬘阿修羅王所受業報以何業故生第三地彼以聞慧見此衆生因節會日相撲射戲摴蒱圍碁種種博戲因此事故行不淨施無心無思亦無福田是人身壞墮於惡道生遊戲行阿修羅中壽七千歲以人中七百歲於阿修羅中一日一夜如是壽命滿七千歲亦有中夭命亦不定

復次比丘知業果報觀察思惟花鬘阿修羅王即以聞慧知此阿修羅王以食施於破戒病人心無淨思以此業緣生阿修羅中於鋡毗羅城作阿修羅王名曰花鬘其所食味如天所食須陁之味一切樂具如前所説

正法念處經卷第十九

正法念處經卷第十九

校勘記

一 底本，金藏廣勝寺本。

一 三七頁中一行經名、二行譯者、三行品名，石作「正法念處經畜生品之二卷第十九」。

一 三七頁中一行「卷第十九」下，徑有夾註「小乘單譯經第一部」。

一 三七頁中三行品名，資、磧、普、南、徑、清作「畜生品第五之二」。

一 三七頁中末行第七字「令」，資、磧、作「今」。同行「增長」，諸本作「增長損減」。

一 三七頁下六行末字「遮」，清作「速」。

一 三七頁下九行第一二字「經」，石作「逕」。一〇行末字同。

一 三七頁下一二行「中天」，徑作「中夭」。

一 三七頁下一七行「第二」，磧作「第一」。

一 三七頁下二一行「池水」，資、磧、普、南、徑、清、麗作「浴池」。

一 三七頁下末行「萊莫」，石、資作「緑莫」；磧、普、南、徑、清、麗作「緑草」。

一 三八頁上一五行「周遊」，資、磧、普、南、徑、清作「同遊」。

一 三八頁中九行「池中」，資、磧、普、南、徑、清、麗作「池水中」。

一 三八頁下三行「勝力」，資、磧、普、南、徑、清作「勢力」。

一 三九頁上二一行及本頁中二行「醫師」，麗作「相師」。

一 三九頁中一行首字「滂」，資、磧、普、南、徑、清作「潦」。

一 三九頁中一〇行「世閒」，資、普、徑作「世聞」。

一 三九頁中一九行「大神」，磧作「力神」。

一 三九頁中二二行「今欲」，資、磧、普、南、徑、清作「令欲」。

一 三九頁下八行及九行「某國」，資、

磧、普、南、徑、清作「其國」。

一 四○頁上二行夾註「魏言天苟下」，石無；餘校本作「魏言天狗下」。

一 四○頁上三行「或見」，資、磧、普、南、徑、清作「或言」。

一 四○頁上一五行「豐樂」，石、資、磧、普、南、徑、清作「當豐」。

一 四○頁中二行「天上」，徑作「大上」。

一 四○頁中三行第五字「法」，麗作「法行」。

一 四○頁中一八行第六字「龍」，資、磧、普、南、徑、清無。

一 四○頁下一五行「境界」，石作「竟界」。

一 四○頁下一六行「及餘」，資作「反餘」。

一 四○頁下二一行「住彼林中」，諸本作「或住林中」。

一 四一頁上一○行第八字「王」，石、資、磧、普、南、徑、清無。

一 四一頁下一八行「斗秤」，石作「升秤」。

一 四二頁上一一行第一二字「法」，石作「生」。

一 四二頁下一行「智力」，諸本作「智刀」。

一 四二頁下一四行「常覺」，磧、南、徑、清作「當覺」。

一 四三頁上七行「戲遊」，石、麗作「遊戲」。

一 四三頁上九行第一○字「鉿」，諸本作「鈴」。

一 四三頁中三行「天故」，麗作「故天」。

一 四三頁下四行「之卦」，諸本作「之過」。

一 四三頁下八行「伽他」，資作「伽伽」。

一 四三頁下一二行「怨肉」，石、資、磧、普、南、徑、清作「怨害」。

一 四三頁下末行第四字「至」，資、磧、普、南、徑、清作「至於」。

一 四四頁上七行「第三」，麗作「第二」。

一 四四頁上一一行「福用」，資、磧、普、南、徑、清、麗作「福田」。

一 四四頁上卷末經名，石作「正法念經卷第十九」。

正法念處經卷第二十　　鳥

元魏婆羅門瞿曇般若流支譯

畜生品第五之三

復次比丘知業果報觀於第四阿修羅地彼以聞慧見有畜生阿修羅地在三地下二万一千由旬名曰不動其地廣博六万由旬城名鋡毗羅縱廣一万三千由旬莊嚴妙好阿修羅王名鋡呵娑阿修羅衆名一切忍是阿修羅王於諸阿修羅中得勝自在安樂勇健光明威德自在無畏尚不畏於帝釋天王況於餘天有大力勢放逸憍慢住一切地下從此以下更無住處是阿修羅王所住之處摩尼寶珠以為其地心常歡悅如人節會喜樂自娛多諸愛慢以衆蓮花流泉浴池周遍莊嚴鋡毗羅城七寶宮殿以為莊嚴離諸怨敵乐相親善無他怖畏受第一樂此第四地鋡毗羅城園林流池蓮花莊嚴七寶宮殿端嚴殊妙如星處空端嚴殊妙亦復如是伽他頌曰

心能造作一切業　由心故有一切果
如是種種諸心行　能得種種諸果報
心為一切巧畫師　能於三界起衆行
為心所使遍諸趣　處處受生無窮已
心為繫縛解脫本　是故說心為第一
為善則能得解脫　造惡不善則被縛
如是心意使衆生　流轉行於三界海
愚癡愛結自在故　心使衆生流轉行
不能到彼涅槃城　如生盲人失正路

如是衆生作種種業是故彼城受種種報是第四地於其城外園林流池周匝圍遶河泉蓮花衆鳥異類莊嚴第四阿修羅地所住之處一切忍阿修羅等勇健無畏第一端正莊嚴其身共相娛樂不相惱乱心常悅樂猶如節會與衆婇女種種莊嚴一一徒衆眷屬圍遶或百或千遊戲嬉樂其地皆以摩尼真珠以為婇女光明晃耀諸阿修羅恭敬尊重鋡呵娑阿修羅王瞻仰無猒雖受樂報無常敗壞

復次比丘知業果報觀一切忍阿修羅王所受果報以何業故生於彼處即以聞慧見此衆生於人中時邪見

覆心不識業果離佛法僧見第一精進持戒之人欲有所須来從乞求辛苦乞索乃施一食既施食已而作是言我施汝食有何福德我以癡故施汝此食汝下賤人不應出家以食施汝如以種子投之沙鹵如是難施身壞命終以此難施墮於惡道不淨布施以福田功德生於第一安樂之處衆寶莊嚴受畜生報生不動界作阿修羅名一切忍謂與天等勝餘一切阿修羅王一切樂具皆悉具足以施福田得如是報非自心生

復次比丘知業果報觀一切忍阿修羅衆業及果報以何業報生一切忍阿修羅地即以聞慧知此衆生愛著美味住林樹間護此林樹非為衆生自活命故非有悲心為自利益身命因緣護一切林以是因緣身壞命終生一切忍阿修羅中

復次比丘知業果報觀阿修羅與天共鬬即以聞慧觀法行龍王住戲樂城龍王頂上有七頭其名曰婆修吉龍王德叉迦龍王跋陀龍王穢醯龍

王雲鬘龍王婆都龍王一切道龍王鉡呵婆龍王婆利沙龍王此諸龍王正見順法樂離放逸如上所說時不順法非法惡龍王鉡摩梯龍王毗諶林婆龍王迦邏龍王睺樓睺樓龍王等既為如法龍王所壞即走往趣第一住處雙遊戲阿修羅所作如是言速來速來同伴當知婆修吉龍王德叉迦龍王及四天王破壞我等汝今是我之所親友何不相助時遊戲阿修羅聞是語已即詣光明城至羅睺阿修羅所到已具說上事若羅睺阿修羅王知世間人修行正法供養沙門知恩報恩語鉡摩梯等惡龍王言且住一月遮彼婆修吉德叉迦龍王我當告彼第二住處阿修羅王無惱汝等廣說如上時陀摩睺阿修羅聞是語已入星鬘城至阿修羅王所作如是言大王羅睺阿修羅王遣使告我作如是言婆修吉龍王德叉迦諸龍王及四天王惱亂鉡摩梯時第二地勇健阿修羅王聞是事已即自觀察有力無力若閻浮提人修行正法供

養沙門及婆羅門自知無力荅彼使言天有大力所以者何閻浮提人修行正法我今當往告第三處為一切行阿修羅廣說上事時勇健阿修羅即往告彼第三住處阿修羅衆時一切行阿修羅聞是語已入鋡毗羅城至花鬘阿修羅王所復說上事花鬘阿修羅王即觀閻浮提人若有供養沙門婆羅門者告一切行阿修羅言我當告彼第四住處阿修羅等時第三地阿修羅即向第四地阿修羅所說如是言婆修吉德叉迦與四天王共破我伴諸龍王等我今當為彼諸天衆作大衰惱時第四處阿修羅衆聞是語已即向鋡毗羅城至鉡呵婆阿修羅王所時鉡呵婆告諸阿修羅何故速行即荅如上時鉡呵婆告諸阿修羅衆羅睺阿修羅等無所能為令四天王破壞鉡摩梯諸龍王等世間順法供養沙門及婆羅門何所能為我能壞之時鉡呵婆阿修羅王至大衆阿修羅所告言速疾莊嚴我今欲往婆修吉德叉迦等四天王所破

其軍衆時諸阿修羅王以無等力率諸軍衆與天共鬪時鉡呵婆阿修羅王告諸阿修羅言汝等何故無有勇力不能破彼諸龍王等而自破壞我今當往自以身力破彼龍天時鉡呵婆阿修羅王勑其軍衆速疾莊嚴執諸器仗我今不久與天共鬪汝等先見與天怨敵不久當發我已告諸阿修羅衆天不可忍當與彼戰時諸阿修羅知是事已即自莊嚴種種器仗是時大力波羅呵婆阿修羅王自以勇力大心無畏不量自力他力優劣自出其城至第三地詣鋡毗羅城到花鬘阿修羅王所時鉡呵婆阿修羅王與無量億那由他諸阿修羅到花鬘阿修羅所作如是言速起速起為鬪戰故我等能破婆修吉德叉迦等諸龍王及天王等時花鬘阿修羅王聞是語已告諸軍衆今非鬪時所以者何閻浮提人孝養父母恭敬沙門修行正法以是事故天有大力是故我今非是鬪時時鉡呵婆阿修羅王聞花鬘阿修羅王說是語已告言速

起遠起我能獨破婆修吉等及諸天衆何況汝等為我同伴時花鬘阿修羅王聞其所說威力增長心生歡喜及其無量億那由他阿修羅衆詣第二地時鋡呵婆阿修羅王勇健阿修羅王花鬘阿修羅王相隨往詣羅睺阿修羅所告言遠起速起阿修羅王為鬬戰故破諸天故時羅睺阿修羅王告諸阿修羅王言我等今者非是鬬時所以者何閻浮提人孝養父母恭敬沙門婆羅門生於天上令天大力是故不得與天共鬬阿修羅王以非時故時諸阿修羅王語羅睺阿修羅言遠起遠起我為鬬故而来至此欲與天鬬時羅睺阿修羅王即隨其意起欲往詣大海告鋡摩梯惡龍王等說如是言諸阿修羅王今欲破彼婆修吉德叉迦諸龍王等時鋡摩梯聞是語已心大歡喜即往婆修吉德叉迦所告言汝来同伴汝今可出吾共汝戰住何處鬬時婆修吉德叉迦龍王即出其城與鋡摩梯惡龍共戰非法龍王破壞還退時無量億阿修

羅衆速疾馳奔詣龍王所欲共鬬戰時婆修吉德叉迦復出其城與阿修羅在大海上交陣鬬戰不可稱說於虛空中或雨大火或雨刀戟手相攻伐愛毒自燒以愚癡故如是鬬諍若閻浮提人順法修行孝養父母恭敬沙門婆羅門一法行龍則能獨破一切阿修羅軍若世間人行法者少則阿修羅勝法行龍退若龍破壞即往詣於天使者所告言遠来遠来一切阿修羅衆悉来伐我我與彼戰敗失不如時天使者聞是語已種種器仗而自莊嚴向婆修吉德叉迦龍王所作如是說我聞汝為阿修羅王之所破壞是故至此破阿修羅軍時天使者與龍王俱詣阿修羅所欲共鬬戰時羅睺阿修羅王聞是事已亦向天所在大海上列陣而戰若世間人順法修行時天使者即能速疾破阿修羅衆時阿修羅既被破已還其宮城時第二地阿修羅衆聞是事已告諸亘衆汝等勿怖我身尚存能討彼天汝何所畏時阿修羅即復疾走詣天

使者與大鬬戰於大海中交陣共鬬天復得勝壞阿修羅軍阿修羅軍既被破壞時第三地阿修羅衆聞其被破即向天所與天共戰迭互相害若天破壞即向護世四天迦留夫所作如是言提婆天王速疾馳赴阿修羅衆娆乱我等時迦留天持諸器仗即往詣彼阿修羅所時阿修羅見天衆来生大瞋恚疾詣天所與迦留天衆合陣大鬬見者毛竪一切世間鬬戰大者無過天與阿修羅戰無可喻者若諸世間順法修行迦留天則得大勝壞阿修羅如是諸天與阿修羅無量大衆鬬於大海無可喻者以法非法因緣力故有勝有退非其自力若迦留天為彼所壞時護世天即往告彼鬘持天衆時鬘持天與迦留天及天使者及德叉迦婆修吉等無量大衆和合共集時羅睺阿修羅王住光明城第一地雙遊戲阿修羅隨摩睺阿修羅與無量億那由他阿僧祇阿修羅衆同為一軍與天共鬬不可稱說若世間人順法修行天衆則勝阿

修羅軍退散破壞一切皆由法之力勢令天得勝不由非法若無順法行人則阿修羅勝護世四天見是事已往詣常恣意天所作如是言速疾莊嚴阿修羅軍勝於天衆常恣意天聞是語已與無量百千天衆持種種器仗欲詣大海與阿修羅鬬住大海中厲聲大叫欲望迎破阿修羅軍更互合戰經於多時大惡鬬戰無量苦惱若阿修羅為天所破即往向彼羅睺阿修羅所具說上事時羅睺阿修羅王安慰諸阿修羅言汝今莫怖汝今莫畏我有大力能壞天衆天力劣弱我力勝彼阿修羅汝等可迴諸阿修羅聞羅睺阿修羅王說是語已即復還迴欲與天鬬是時諸天與阿修羅列陣大戰無量刀戟手相打斫如是大戰時第一地雙遊戲阿修羅第二地陀摩睺阿修羅與諸天衆對敵共戰若諸世間不順法行阿修羅勝天衆則退若諸世間修行正法天衆則勝悉能破壞阿修羅軍如是法者是天勝幢法為第一法為能救若行非

法行非法者非法不救一切阿修羅行非法故天作是念阿修羅王惱亂我等既不勝天不與天等何以故閻浮提人孝養父母隨順法行恭敬種姓耆舊有德淨修八齋布施持戒修行福德不行放逸不近惡友是人命終生於天上阿修羅非法無法救護一切天衆思惟是已時天使者歸持天常恣意天一切天衆持天法幢速疾馳往向阿修羅軍而語之言住住阿修羅我住天中汝等何故數惱我等汝既不能勝諸天力又非第一非汝兵戈能勝諸天我今為欲破汝軍衆故來至此以汝惡心於諸天故不得至汝所住宮城以汝一切不行正法不得安樂不得寂滅如是說已直趣其所一切決勇雨大刀戟婆修吉等雨大焰火墮阿修羅軍時阿修羅見是事已即共鉢摩梯諸惡龍等汝為我伴當與德叉迦婆修吉大龍王等雨火共戰時鉢摩梯聞是語已即走往趣婆修吉所時二部龍雨火相燒天與阿修羅大興鬬戰天復得勝

破阿修羅軍時阿修羅皆共相率往至羅睺阿修羅所憂感憔悴以求救護羅睺阿修羅王見是事已安慰之言勿怖勿畏以有我故若獨一身尚不畏彼帝釋天王況有汝等以為翼從諸天劣弱何所能為汝何所畏我今當告大仙勇健阿修羅王花鬘阿修羅王鉢呵娑眦摩質多羅阿修羅王等為彼說已我當自往破彼天衆時羅睺阿修羅王即往告彼三地阿修羅王到其所已說如是言一切天衆四天王天皆共和合來至我所與我共鬬今當思惟設何方便破彼諸天時諸阿修羅聞是語已即答羅睺阿修羅言我當莊嚴與彼三十三天王帝釋共戰汝今可去天當破壞阿修羅勝時羅睺阿修羅王即往戰處欲與天鬬時諸阿修羅衆向羅睺阿修羅王說言大王天有大力天有大力不可共戰時羅睺阿修羅王即趣天衆雨諸刀戟與天共戰是時諸天見阿修羅雨諸刀戟使龍雨火疾走往趣欲破羅睺阿修羅軍天雨劍戟

猶如金剛交陣鬪戰不可稱說若閻浮提人順法修行孝事父母供養沙門及婆羅門恭敬耆舊天衆則勝阿修羅軍退沒不如若諸世人不順法教天則退弱阿修羅勝如是法力非法力故天與阿修羅無等鬪戰若阿修羅勝天衆破壞一切天衆互相告曰提婆提婆當念於法以有法故天衆得勝以法因緣天得增長是故諸天當起信敬思惟念法復往趣彼阿修羅軍一切天衆以念法故為法所護光明威德皆悉增長勝前百倍時阿修羅見諸天衆光明威德即生怯弱告諸軍衆汝今何故生怯弱心天之威德不與吾等及其刀戟兵刃相撲吾悉勝彼汝今何故而生怯弱時諸軍衆聞阿修羅王安慰之音氣力增長是時羅睺阿修羅軍還向天衆時諸天等身得法力速疾馳奔向阿修羅交陣大戰時大力羅睺阿修羅王處其軍中猶如第二須弥山王天以法力即破羅睺阿修羅軍諸救護中法為第一一切光明法光第一時

羅睺阿修羅見其軍衆破壞退散皆悉怯弱阿修羅王復安慰言汝等阿修羅勿怖勿怖何故丈夫怯如烏鳥自於已舍去有勇健是大丈夫汝等亦皆解知論法無所畏懼曾已具見無量軍衆破壞退散汝今何故而生愁怖時諸阿修羅聞安慰已心生歡喜以憍慢故即迴復返欲與天鬪時羅睺阿修羅王以憍慢心在其軍前一切阿修羅依止羅睺羅睺所護以羅睺王為冣第一一切阿修羅皆往向彼四天王所諸阿修羅以依羅睺阿修羅力得生氣力羅睺阿修羅王在我前行此王之力尚能破彼釋迦天主況四天王即復對敵雨諸刀戟又雨大石猶如大山從空而下欲壞天衆時護世天見羅睺阿修羅王雨大石山告諸天衆羅睺阿修羅王雨大石山汝等當雨刀戟鉾矟莫令天衆得大衰惱時護世天說是語已及諸天衆直趣羅睺阿修羅王共羅睺阿修羅合陣大戰雨刀雨石從空而下墮大海中令海涌沸天雨刀劒傷

害海中無量百千衆生之類或死或怖逃走畏避遶大海中皆生泡沫羅睺阿修羅與天共戰餘天阿修羅見是事已皆作是念未曾有也天與阿修羅如是大戰戰鬪不止若世間人修行順法一切阿修羅多諸伎術刀矟矛劒大力勇健心無所畏雖有此術即時破壞若世間人不順正法羅睺阿修羅王則勝天衆是故法為第一法為冣勝一切諸法非無因緣若羅睺阿修羅王破壞失力諸阿修羅皆悉愁悴猒離鬪心時羅睺阿修羅王見諸軍衆皆悉愁悴生猒離心而告之曰阿修羅莫自愁悴令心劣弱勿怖勿怖我若與汝至本宮城不安樂住莫作是意欲還宮城奮迅威武令增身力迴詣戰場莫歸本處時阿修羅聞是語已復往趣彼四天王所更共鬪戰雨大石山雷電注雨黑雲黤黮列陣大鬪見者毛竪天復得勝破阿修羅軍一切諸阿修羅作是思惟天有大力我當歸彼第二住處星鬘城中阿修羅王以求救護利益安

樂破諸天衆彼城之中有阿修羅王名曰勇健自性勇健已曾百千與天共戰乃至天主釋迦提婆彼亦能勝如是阿修羅勝過一切思惟是已皆共往詣勇健阿修羅所說如是言阿修羅王天衆大力羅睺阿修羅王與之共鬬不能令伏今可疾往以力利益為作救護佐助勝力王若執仗帝釋天王亦不能壞阿修羅軍況餘天衆王曾伏彼於諸鬬戰阿修羅中得大名稱速疾詣彼馳奔急趣手執兵戈奮動武器與天共戰破彼天衆汝先已曾百千破彼金剛之手於彼天中汝以勝力奮威振武時阿修羅王聞是語已即向花鬘阿修羅毗摩質多鉢呵娑阿修羅所作如是言天軍力勝破壞羅睺阿修羅王及其軍衆王令聽我與天共鬬令我得勝時花鬘阿修羅王毗摩質多羅阿修羅王鉢呵娑即告勇健阿修羅曰速去速去我為汝伴能壞天衆汝助羅睺阿修羅王則能破壞一切天衆況四天王時勇健阿修羅王聞是語已即向羅

睺阿修羅所為助戰故時諸阿修羅衆見勇健來皆大歡喜悉生勇力手執武器刀鉾箭矟直詣天衆設諸鬬具箭如雨墮時天見此二阿修羅將大軍衆各作是言此阿修羅如是數數無有羞恥来惱天衆以畜生故我數破之猶來不止作是說已牢自莊嚴奮迅勇力向阿修羅軍欲共交戰時勇健羅睺阿修羅王見天衆已作如是言天今下此必共戰諍我當與天列陣大戰時二阿修羅王籌量此已速疾往詣四大王所決意欲鬬各望得勝若日在天後阿修羅軍日在其前以日光明照其目故不能加害亦不能雨刀仗劍戟不能以目正視諸天各各相謂日光晃昱照我眼目是故不得與天鬬戰是時羅睺阿修羅王即以一手障彼日光是第三因緣世人見已以愚癡心咸作是言今者日蝕或言當豐或說當儉或言水災或言旱災或言王者吉凶災祥或言衆人有疫無疫如是無實妄生分別不如實知隨愚癡說如是羅睺阿

修羅王障蔽日光而語勇健阿修羅言天今易見天今易見可以刀劍種種武器兵戈矛戟破彼諸天勇健阿修羅王在其前面速疾馳走雨諸刀戟向諸天所天衆見之莊嚴種種鬬戰之具亦疾往趣勇健阿修羅王雨衆武器刀劍矛矟向鬘持天衆鬘持天衆見是事已讚言善哉善哉阿修羅王我諸天衆數數破汝而汝無恥不生厭心我以法力以行法故以歸法故以修法故不離法故是故我勝汝多貪故貪著他物望為己用多行貪故汝無法行云何於此十善業道順法諸天欲望破壞黑闇不能覆障光明明力勝故勇健阿修羅王聞是說已告諸天曰何須多言我見汝等神通威德不能忍之我等自依己力破壞天衆以見諸天威德勝故不能忍之作是語已直前往趣鬘持天所時鬘持天見是事已雨種種箭射阿修羅身無空缺處當於勇健阿修羅上雨衆刀劍時鬘持天告阿修羅曰何故多貪阿修羅汝以惡業而自破壞何

用與天共相攻伐非法不能破壞如法我不為汝作諸衰惱汝等何故數惱天衆雖作此說然阿修羅猶復馳奔走趣天衆時鬘持天告婆修吉德叉迦等諸龍王曰今此勇健阿修羅王以憍慢故自恃己力猶不調伏汝今可於阿修羅上降澍大火令彼失力破壞還退時婆修吉聞是語已即於空中雨大猛火燒鉢摩梯諸惡龍等復疾走趣勇健阿修羅上放大熾電霹靂猛火雨阿修羅軍時阿修羅王被龍火已生大瞋恚手擎大石廣八百里擲鬘持天時迦留天見是事已即雨大火燒滅此山是時勇健阿修羅王見山被燒即失威力告諸天曰此山已燃我當更以大山擲汝身上尒時勇健阿修羅王手擎大山復欲擲天時諸天衆告阿修羅言汝既無法而作非法不能壞我我住正法汝住非法諸天如是毀呰阿修羅王是時羅睺阿修羅王聞是語已將諸軍衆疾走向天天衆見已皆亦馳赴欲與阿修羅交陣大戰以諸兵刃種種刀戟戈矛箭矟手相攻伐天說法已誠心憶念歸命三寶直趣阿修羅軍天衆既至阿修羅軍皆悉退散為百千分欲向海下非法惡龍鉢摩梯等語阿修羅言勿怖勿怖汝今捨我欲何所至德叉迦婆修吉諸龍王等我能遮之汝當獨與諸天共鬪破諸天衆汝若畏者汝本何故自出宮城來至於此汝不自審力之強弱何故乃與諸天作怨若汝捨怨還本宮城我等龍衆為何所趣德叉迦婆修吉是吾怨家我何所趣時阿修羅聞是語已復還天所與天共鬪時諸惡龍不能遮彼如法龍衆阿修羅軍尋復退散還歸海下入本宮城時阿修羅見其軍衆如是破已遣阿修羅向第三地花鬘阿修羅所白言大王速起速起天衆力勝破壞一切阿修羅軍分散四趣逃避迸走大王久已與天共戰得大名稱今亦如是當起厲意破諸天衆王若去者帝釋天王不得為敵況餘天衆是時花鬘阿修羅王聞是語已思惟籌量即與無量億阿修羅衆而自圍遶以種種器仗刀戟鉾矟牢自莊嚴往詣戰場大聲震吼聲滿十方時羅睺阿修羅王見是事已語勇健阿修羅言花鬘阿修羅王今來向此益我威力破諸天衆汝今可迴汝今可迴花鬘阿修羅來我今大力軍衆聞已還詣戰場欲與天鬪時四大天王語阿修羅言汝畜生法天數破汝而復還迴汝愚癡心自失軍衆說是語已向阿修羅衆速疾馳走花鬘阿修羅見諸天來告其軍衆汝等阿修羅勿怖勿畏與天共戰何故聚住破彼天衆莫生怯弱以有我故汝何所畏獨我一身能壞諸天何況勇健阿修羅王為我明侶師子兒羅睺阿修羅王為我同伴汝等鬪戰莫生怖畏莫生怖畏增長威力破彼諸天令阿修羅增長得勝奮怒大力與之共戰時花鬘阿修羅如是勑已即與諸阿修羅往詣鬘持天常恣意天迦留足天三箜篌天所住之處毗琉璃地周遍嚴飾心生喜悅而作是説我等不須三十三天帝釋天王能

數數壞阿修羅軍以法力故以法為伴時阿修羅處在大海遍於海上欲與天鬪集在大海是時諸天見阿修羅大衆集已各共議曰一切第三地花鬘阿修羅宿大力者今皆來集說是語已阿修羅衆皆至其所時天見已即告阿修羅曰虛來至此望壞天衆我有大力何以故閻浮提人隨順法行孝養父母供養沙門婆羅門耆樂善法修行善法命終生天是故我令勝於汝等有大力勢第一無比我等如法順法修行不惱汝等汝行非法惱亂我等時阿修羅聞是語已不受天語即與天鬪時諸天等從其所住滿虛空中從空而下欲破阿修羅軍兩軍交戰聲震大海魚鼈黿鼉摩竭大魚那迦錯魚心皆大怖散為百分或百千分天等大鬪雨諸器仗矛矟刀戟天與阿修羅如是大戰時花鬘阿修羅王告諸天曰前軍鬪戰我時未至今汝破之我今至此當摧汝衆獨我一身能伏帝釋何況汝等四天王衆是故我能破汝天衆說是語

已即向鬘持天時迦留天見其來已即向花鬘阿修羅所時阿修羅欲破其軍於大海邊拔取大石方四百里或三百里或二百里或一百里或一由旬大火熾燃欲以此山擲迦留天時天見之即歸三寶思惟念法以箭射之碎如沙末墮大海中時阿修羅見事無功即取大戟與迦留天對敵共戰天既見已於虛空中雨金剛雹碎其刀戟阿修羅軍皆悉散壞時勇健阿修羅王復走往趣常恣意天欲共鬪戰取大圍山名波利佉廣五百由旬告諸天曰我今破汝一切諸天令汝天衆至閻羅王所說是語已直向常恣意天時護世天見是事已接取圍山以打阿修羅胷即時破壞走入海下還本住處時諸軍衆見阿修羅退隨摩睺阿修羅軍皆亦散走困之垂死還入本處時羅睺阿修羅及其軍衆復疾往趣三箜篌天自以已力欲與鬪戰諸天見已於羅睺阿修羅上雨大猛火燒阿修羅軍阿修羅王及其軍衆退走散壞還歸海下是

時諸天見阿修羅軍皆悉退散心大歡喜阿修羅王憂感愁惱丈夫之力皆悉散壞還走水下從門而入欲求救護求歸依處時諸天衆知阿修羅悉入水下還本山頂住毗琉璃山恐阿修羅復來至此何以故毗摩質多羅阿修羅王鉢呵娑於阿修羅中最為大力第一最勝能救一切諸阿修羅猶未來此彼若破壞一切阿修羅皆悉破壞說是語已皆大歡喜氣力增長皆共還視阿修羅軍決意欲戰時娑修吉德叉迦法行龍王破鉢摩梯等被傷殘餘還入戲樂城望鉢呵娑阿修羅王破壞諸天救護我等若不能壞天還得勝天衆增長如是阿修羅伴惡龍王鉢摩梯等愁毒苦惱住太城中阿修羅軍亦復如是愁憂苦惱住於本處

正法念處經卷第二十

癸卯歲高麗國大藏都監奉
勅彫造

正法念處經卷第二十

校勘記

一 底本，麗藏本。

一 四六頁上一行「正法念處經卷第二十」，石無。其下，徑有夾註「小乘單譯經第一部」。

一 四六頁上二行譯者，石無。

一 四六頁上三行品名，石無。

一 四六頁中一七行「嬉樂」，資、磧、普、南、徑、清作「娛樂」。

一 四六頁中一九行末二字至次行首字「呵修羅」，諸本作「阿修羅」。

一 四六頁中二〇行末字「散」下，徑有夾註「采女疑作彩色」。

一 四六頁下二行末字「辛」，石作「来」。

一 四七頁下一一行「呵娑」，石作「呵婆」。

一 四八頁上一三行末二字至次行首字「阿修羅」，資、磧、普、南、徑、清作「阿修羅王」。

一 四八頁上二〇行「同伴」，石作「同行」。

一 四八頁上二一行第四字「住」，諸本作「往」。

一 四八頁中二二行「尚存」，資、磧、普、南、徑、清作「尚在」。

一 四八頁下四行「迭乐」，資、磧、普、南、徑、清作「遞互」。

一 四八頁下九行「迦留」，石作「迦留足」。

一 四九頁上六行第四字「與」，石無。

一 五〇頁中二二行末字「而」，諸本作「参」。

一 五〇頁下二〇行「[illegible][illegible]」，磧、普、南、徑、清作「靉靆」。

一 五一頁中二行第五字「来」，磧作「未」。

一 五一頁中一二行「四大王」，諸本作「四天王」。

一 五一頁中二一行「旱灾」，石作「旱炎」。

一 五一頁下七行第一二字「衆」，諸本無。

一 五二頁上末行「兵刃」，石作「兵刀」。

一 五二頁中二一行「不得」，資、磧、普、南、徑、清作「不能」。

一 五二頁下一一行第一一字「告」，磧作「吉」。同行末字「衆」，磧作「怨」。

一 五二頁下一三行第六字「天」，磧作「夫」。

一 五二頁下一八行第三字「令」，徑作「今」。

一 五二頁下二一行第六字「三」，石作「王」。

一 五三頁上一七行「那迦錯魚」，磧、普、南、徑、清作「那迦鰽魚」。

一 五三頁上一八行「天等」，石作「无等」。

一 五三頁上一九行「稍刀」，清作「矟刀」。

一 五三頁中二行「欲破」，磧作「欲敬」。

一　五三頁中九行末字「雷」，資、磧、普、南、徑、清作「電」。

一　五三頁中一八行「陁摩睺」，資、磧、普、南、徑、清作「陁羅睺」。

一　五三頁中二一行「欲與」，南、徑、清作「欲共」。

一　五三頁下六行「復来」，資、磧、普、南、徑、清作「還復来」。

一　五三頁下卷末經名，石無。

正法念處經卷第二十一

元魏婆羅門瞿曇般若流支譯

畜生品第五之四

尒時毗摩質多羅阿修羅王聞第三地華鬘阿修羅王勇健阿修羅王羅睺阿修羅王被破失力時有阿修羅語鉢呵娑言軍衆破壞无能救者唯汝有力能護彼軍鉢呵娑言汝速看彼三阿修羅王今在何處阿修羅王今者恚為諸天所破還歸水底住於門下皆失勢力還歸大王婆羅呵娑欲求救護望助其力羞慚愧耻於門下住不得入城時毗摩質多羅鉢呵婆聞是語已語阿修羅言阿修羅等與天共戰釋迦天主在中不耶阿修羅言未曾来也時鉢呵婆聞是語已即大瞋恚眼赤如血奮其身力視阿修羅作如是言唯四天王破壞三地諸阿修羅令失勢力阿修羅軍無所能為為彼一天之所破壞我今當往破一切天持鉢呵婆阿修羅王作是語已諸阿修羅皆有威力阿修羅王

勑諸軍衆速疾擊鼓我欲自出擊彼天衆令其破壞嚢惱喪滅及帝釋王我獨能破天令破壞阿修羅衆我不能忍若無我者得言諸天有大勢力我今猶存云何諸天能有大力欲望奪我阿修羅女毗摩質多羅鉢呵娑說此語已擊大戰鼓告諸軍衆速疾莊嚴我今欲往攻彼天衆令阿修羅衆皆得增長如是勑已即自發起百千輪殿無量千億阿修羅軍光明如日如發起時一切大地山河乹陁羅山須弥山王皆悉大動乃至善見城天善法堂釋迦天主所坐之處動摇不定時天帝釋作是思惟我座摇動阿修羅王必與天鬪是故令我坐處傾動時天帝釋告諸天曰若毗摩質多羅阿修羅起則園林山險須弥山王皆悉大動汝等三十三天速疾莊嚴阿修羅来毗摩質多羅鉢呵娑阿修羅王發起欲来破壞天衆我今亦自乘伊羅婆那象及諸天衆共詣鬪處何以故我不見天衆能與此鉢呵娑毗摩質多羅阿修羅王共戰時天

帝釋說是語已善見城中善法堂上一切天衆一一天宮所住之處皆悉勑令出善見城往趣毗摩質多羅鉢呵婆戰鬪之處天衆聞已即入質多羅林取種種器仗此質多羅林一切戰具皆悉備有時彼天衆或百或千或千億萬億疾入彼林皆取戰具聲震踊擾如海潮聲逼迫隘內飈塵滿空如是大衆或有行空有行山嶺有行山谷周圍大陣無空缺處復有諸天遊戲林間聞擊鼓聲走趣質多羅林捨於欲樂取衆戰具百百千千億億万衆一切諸天皆共瞻仰帝釋天王時天帝釋見是天衆皆大歡喜坐衆寶殿其殿嚴麗七寶莊嚴或以光寶而為嚴餝或有金色以為莊嚴或毗琉璃或以頗梨或以車渠或以迦羅種種大寶以為莊嚴或種種摩尼以為莊嚴寶網羅絡懸衆寶鈴端嚴殊妙如業果報得此勝殿其身光明威德赫焰位次相比閒不容人或有住於須弥山峯側滿充遍有住空中百百千千皆共瞻視釋迦天王伺待

天王與阿修羅王共戰各各籌量設諸方便時天帝釋告御目曰賢士汝往告彼伊羅婆那六頭白象具足一切大龍功德我乘此象摧阿修羅是時御目受天王教即向如意蓮華池所時伊羅婆那六頭白象與衆群象遊戲池中尒時侍目告象子曰天王釋迦欲乘寶象摧阿修羅象子聞已即告寶象伊羅婆那聞其所說即共守者詣御目所到善法堂侍目即入白天帝釋天王當知第一寶象今已來至時天帝釋即以憶念化此寶象令有百頭面貌清淨離諸塵垢其一一頭皆有十牙皆悉鮮白一一牙端有十華池一一池中有千蓮華一一蓮華有十華臺一一華臺有百華葉一一葉中有百玉女以五音樂歌儛喜戲出美妙音無以為比如是伊羅婆那殊勝寶象帝釋天王之所乘化其身廣大一千由旬其色鮮潔能白無比帝釋乘之欲破阿修羅軍種種伎樂或有歌儛或有戲笑或嘯或吼或有叫喚光明威德端嚴殊妙出

善見城諸天見已各乘種種異色寶殿種種器仗以自莊嚴種種伎樂歌儛戲笑音噎(烏殛反)出聲歡喜悅樂見帝釋王喜悅倍前時天帝釋端坐寶象王處其中大功德力之所集成无量天衆周匝圍遶端嚴無比種種天衆皆共圍遶三十三天王其明勝於百千日光滿虛空中衆伎樂音充塞遍滿二万由旬從上而下詣阿修羅鬪戰之處尒時護世四大天王發聲大吼上昇虛空往詣天帝釋即於空中遶天帝釋白言天王毗摩質多羅鉢呵婆欲伐諸天一切大海擾乱不定百千衆山皆悉動搖阿修羅衆奮武遊戲出大怖聲大海魚鱉及小龍子皆失身力小羅刹鬼毗舍遮鬼无量衆生皆失身命鉢　摩梯非法惡龍歡喜踊躍吼如雷震婆修吉德叉迦等法行龍王愁悴自守毗摩質多阿修羅主從水下出六万真金須弥樓山悉皆震動一切衆生心皆怯弱驚持天常恣意天迦留足天三箜篌天心皆惶怖怯弱不安遣我來至大天

王所天王當作何等方便如是我以破彼三地阿修羅軍羅睺阿修羅王華鬘阿修羅王勇健阿修羅王百千共戰悉已破壞帝釋聞已告護世言我已先知毗摩質多羅鉢呵娑起欲惱天我今欲下摧破阿修羅軍救護諸天我為法護為法所救修行於法法為勝幢求法樂法不樂非法我以如是功德能破彼軍我則得勝無勝我者莫生怖畏我今將大軍衆到阿修羅所莫生怯弱所以者何閻浮提人孝養父母恭敬沙門婆羅門耆舊長宿知恩報恩順法修行守護正法喜樂正法信奉正法供養沙門知業果報於六齋日齋戒自守布施持戒修福習智我常憶念順法修行受行法戒彼阿修羅無有法行是故於彼阿修羅所無少畏心時天帝釋說是語已往詣毗琉璃山頂四天王天所住之處時天帝釋見四天王告諸天衆此護世四天來集此處欲破阿修羅軍時護世天白帝釋言此諸天衆天王所攝天王所護依止天王不

畏阿修羅及其軍衆如是說已時三十三天皆大歡喜讚天王言天王常勝天衆常勝既讚嘆已到四天王所時天帝釋所將天衆无量百千宮殿圍遶乘伊羅婆那大白象王如上所說其身殊妙七寶光焰赫若電光滿虛空中無量音樂震吼之聲充滿十方百千天衆歡喜圍遶往須弥山乾闥婆衆莊嚴諸天仙聖歌頌無比讚嘆共相娛樂自善業果受第一樂時四天等見帝釋下皆大歡喜時天帝釋告四天言我今至此欲破阿修羅勿怖勿怖諸天大衆悉集來此時四天衆聞已歡喜白言天王我已獨能破阿修羅況天王來大衆皆集我依天王於阿修羅無少畏心說是語已即遶帝釋於一面住觀毗摩質多羅阿修羅王羅睺阿修羅王勇健阿修羅王華鬘阿修羅王軍身著諸天金剛鎧鉀手執種種兵刃武器欲摧阿修羅軍心念不息住種種寶莊嚴殿上法行龍王婆修吉德叉迦等心欲鬪戰住在一面瞻仰帝釋隨其教

勑即當奉行共觀水下時四阿修羅王忽然直出一切軍衆无量千億皆共圍遶手執種種鬪戰之具直前而進不顧左右無量百千億大衆圍遶一切須弥留山皆悉震動一切阿修羅中其力最勝善解無量鬪戰之術從水下出如第二須弥山王與鉢摩梯等非法惡龍而自圍遶毗摩質多羅鉢呵娑来至戰場諸天大衆遍虛空中阿修羅軍滿大海上欲共天衆興大戰鬪各自思惟欲觀鬪戰於一面住時四天王德叉迦婆修吉等白帝釋言天主阿修羅軍在我前住天王何故不勑我等與彼共戰時天帝釋告諸天衆及諸龍衆我今當遣護世四天下閻浮提觀諸衆生孝養父母恭敬沙門婆羅門順法修行則能破壞阿修羅軍天為法護依止於法依法增長天亦增長法損減故天衆亦減我今遣汝詣閻浮提到人世界如是說已即勑四天汝速往閻浮提觀諸衆生若有順法孝養父母恭敬長宿供養沙門齋戒自守布施持戒

不行放逸隨順正法時四護世聞是語已如射箭須至閻浮提一一住處一一村落一一城邑一一軍營一一交道一一國土一切觀察孝養父母供養沙門婆羅門耆舊長宿皆遍觀察見閻浮提人順法修行孝養父母供養沙門婆羅門耆舊長宿如法修行見是事已心生歡喜如射箭須到帝釋所心喜踊悅白天王言甚可慶悅釋迦天王閻浮提人順法修行孝養父母恭敬沙門婆羅門耆舊長宿布施修德增長天衆減損阿修羅軍帝釋聞已甚大歡喜告護世言一切天衆應生歡喜我今破壞阿修羅軍我今破壞阿修羅軍閻浮提人多修福故天衆聞已皆大歡喜身力轉增過先十倍白言天王何故而住何故而住我以天王威勢力故破彼怨敵令天得勝時天帝釋告婆脩吉德叉迦等諸龍王曰汝速走趣鉢摩梯等非法龍所莫住毗摩質多羅阿修羅軍時婆修吉德叉迦聞是語已即疾往趣阿修羅伴鉢摩梯等非法龍所

雨大猛火時毗摩質多羅鉢呵娑即遣鉢摩梯放大熾電一切惡龍身上火然受大苦惱尋復破壞走趣阿修羅軍作如是言各各異軍不可勝彼大衆皆當和合共闘天乃可破作是語已即復走向婆修吉德叉迦所時法行龍婆修吉見彼惡龍語德叉迦言彼以惡心瞋恚而来我當為之而作衰惱令不復来若不加彼數數如是惱乱我等作是語已時德叉迦即走往趣鉢摩梯所於虛空中雨大猛火放諸熖焰燒彼惡龍既被燒已尋便退走奔趣阿修羅所望救生命羅睺阿修羅王見是事已作如是言此龍破壞退来至此汝等何故捨之而住作是語已奮力而走時迦留足天見羅睺阿修羅来亦走往趣交軍合戰甚可怖畏如惡險岸諸小阿修羅住於海中皆悉聾塞或有恐怖喪其身命空中雨刀遍遊駃下百千万數如是闘時若天被害斬截手足尋復還生無所患害一切身分亦復如是無所患苦色相不異妙色具足唯

除斬首及斷半身天阿修羅手相怨敵如是闘戰若阿修羅為天所害斷則不生亦如人法受諸苦痛非如天法時迦留足天與羅睺阿修羅軍如是大戰時迦留足天復取無量大山雨阿修羅軍時阿修羅軍分散破壞為百千分羅睺阿修羅王見其軍衆悉破壞已即取大山廣三百由旬走向天衆時迦留足天見已手執弓仗亦走往趣以箭射山碎如沙末墮大海中虛空雨刀時阿修羅見是事已畜生心故少勇怯弱走向勇健阿修羅軍勇健阿修羅王見其退還告軍衆言此羅睺王空有大身無有少力為天所壞走来奔軍欲望救護如凡阿修羅等無有異以無力故若有力者則以此身必能獨破一切天衆是身如第二須弥山王此迦留足天第一勇健能與如是大身共闘而不破壞作是語已即與隨摩睺衆走趣迦留足天欲共闘戰時天見已即告鬘持天言速来速来今勇健阿修羅王將大軍衆来向我所時鬘持天聞是

語已即復疾走向勇健羅睺阿修羅所羅睺復與勇健阿修羅牢自莊嚴迴向天衆欲與迦留足天相樸共鬪念本宿怨擲大山石上雨刀箭種種器仗及擲大樹滿虛空中間无空處不復相見百千共鬪无等鬪戰諸天身分壞已復生亦如上說阿修羅軍被斬不生亦如人法諸天軍衆唯除斬首命則不全若斷中脊亦復如是是時天衆少有減損阿修羅衆多有喪滅時阿修羅被天破已餘殘軍衆還退水下欲望救護天衆大吼阿修羅軍聞其吼聲皆失威力微命自存羅睺勇健走還本城於門下住時第三地華鬘阿修羅王見羅睺勇健為天所破告軍衆曰我軍悉來當與天戰我有大力天何所能作是語已即與其軍走趣天衆及羅睺勇健阿修羅軍餘殘相率還與華鬘俱詣天衆共相謂言何故妄稱阿修羅王而自退走既自無力又无刀戟善巧戰敵設得至宮毀辱妻子說是語已氣力還增身如大山手執兵器走速如風復

向天衆欲與天戰時天使者及鬘持天常恣意天迦留足天等皆共籌量一切阿修羅皆共和集欲来我所恃已力而生憍慢不知天力說是語已走趣阿修羅即共大鬪上雨大山或雨大石雨刀雨戟共相擒撲無量相煞無量逼迫無量相打無量喪命遍大海上無量種鬪無法可喻龍衆共龍無量種鬪時天帝釋見是事已告三十三天言速疾莊嚴一切阿修羅衆今皆来此除鉢呵娑我當乘伊羅婆那白象與鉢呵娑鬪時天帝釋告諸天已語伊羅婆那白象王言我今乘汝破毗摩質多羅阿修羅王及其軍衆作是語已手執金剛遍觀阿脩羅衆勢力誰勝見天得勝阿修羅軍退沒不如天見阿修羅破壞退走皆大歡喜天王帝釋怡悅喜樂時鉢呵娑見是事已作是思惟三地無量億阿修羅衆鬪戰失力皆已破壞如前於一切觀池所見無異如實不虛我今當往破天帝釋壞彼諸天說是語須天衆已至水底門下時毗摩質多

鉢呵娑生大瞋恚諸山搖動大海涌波日光山頂皆作赤色及其軍衆住於水底見諸天衆破羅睺等阿修羅軍走趣水下無力无救一切擾乱天大唱吼一切阿修羅皆悉失力手相謂言我今無力无有救護有阿修羅言勿怖勿怖還迴勿走說是語時即雨山峯遍打阿修羅軍天大歡喜唱如是言捉阿修羅捉阿修羅煞此非法惡行畜生常惱我等不能鬪戰怯如爲鳥無勇健志不善刀戟如是好破令不復迴此阿修羅諍鬪不知時節如是天衆各各歡喜向阿修羅欲加打害瞋恚目赤猶如絳色雨刀雨戟又雨大火猶如秋月降注大雨如是破壞阿修羅衆時鉢呵娑阿修羅王坐百千輪行殿之上與無量億阿修羅衆而自圍遶雨種種刀戟手接大山或一由旬乃至五由旬向於天衆時羅睺阿修羅等見是事已氣力還生復迴欲鬪時鉢呵娑安慰之言勿怖勿怖我今來此破一切天喪滅摧壞汝莫怖畏阿修羅王勿怖勿怖若至本

宫於已妻所去何自稱我是大夫而無勝勇虛稱丈夫時鉢呵婆說是語已走趣天衆諸天見之亦疾往趣天與阿修羅合陣大戰大聲震吼滿須弥留山川嶮峪時羅睺阿修羅王走趣迦留足天勇健阿修羅王手執大戟走趣鬘持天華鬘阿修羅王手擎大山廣三由旬走趣三箜篌天及天使者如是大戰一切衆生聞說毛竪何況覩見時鉢呵婆阿修羅王復欲調伏摧壞諸天如風吹雲自恃大力不懼天衆時四大天王如是被惱至三十三天白帝釋言天衆獨鬪將為阿修羅之所破壞天王速去莫令天衆散滅毀壞畜生得勝天王速去速去除善法堂餘一切天皆當速去三十三天聞是語已一切天衆皆悉疾往鉢呵婆毗摩質多所雨衆刀箭鉢呵婆於三十三天衆上雨大石山滿虛空中一切和合乳吼大闘各各自謂我軍得勝如是闘戰百千山谷手相打觸碎為微塵於虛空中滿千由旬此塵雲中迭手雨箭雨山猶如秋雨

無量億阿修羅衆喪滅不還諸天衆中無量千人夭命喪壽怯弱阿修羅等為護命故走入本宫敗軍之餘既入城已阿修羅衆諸婦女等来問之言我夫今者為何所在阿修羅荅言修羅軍與天共闘破壞天衆皆大歡喜欲来不久時阿修羅諸婦女等即向一切觀池觀阿修羅軍見天得勝阿修羅軍敗散破壞死屍狼藉百退百退諸女見已悲塞懊惱却坐於地啼泣悲哭心大苦惱遶池而住椎胷大叫自拔頭髮舉手拍身眼中流淚時諸婦女於池水中見夫死已憂悲大苦天阿修羅如是共闘如是大惡鉢呵婆阿修羅王與无量億阿修羅而自圍遶来向帝釋帝釋見已告諸天衆此阿修羅今来我所欲共闘戰難可調伏我以法伴當破彼軍如明除暗說是語已乘伊羅婆那白象王其走速疾猶如射箭善法天衆而自圍遶從上而下直向阿修羅軍拔大樹林擲其軍上又擲大石或雨大箭向鉢呵婆時鉢呵婆乘大輪殿攻帝

釋王時天帝釋語鉢呵婆汝為畜生住非法道欲何所至吾當壞汝令令退還走入水下時毗摩質多羅鉢呵婆語天王言我今破汝及諸天衆時毗摩質多羅鉢呵婆接大金山廣五百由旬以擲天衆伊羅婆那白象王見金山来口出猛風吹破金山猶如沙末墮大海中時阿修羅王見金山碎復取金剛齊山廣五百由旬擲天帝釋時伊羅婆那白象王以鼻接取還打鉢呵婆阿修羅胷令其傾動三十三天見是事已揚聲大叫唱言畜生天王破汝白象打汝令汝傾動何況帝釋手放金剛作是語已一切天衆走向阿修羅軍有取大石有取大樹有取大山有執大戟有執大矟有震雷電霹靂起火有執犁具或有相撲有執刀輪或有執刀有行虛空有執弓箭有執圍山有相揄扠拈加反有順法闘有相道理或有指授有多巧偽有以火闘或有水闘或有注滚或一切闘或有暗闘或有幻闘或以鋸闘或用枛闘或以鍛輪或以聲吼

闘者不忍或以脚蹹或以手闘如是種種器仗身皆具足一切天衆在帝釋前向阿修羅時鉢呵娑羅睺王等見諸天衆執種種器仗共鉢呵娑向帝釋所時諸天衆見四阿修羅王向帝釋所即自莊嚴以助天王時天帝釋自觀天衆告阿修羅曰汝等畜生云何如是癡無所知一切阿修羅力不及一天之力獨我一天能破汝軍何以故天有法力汝無法力法以非法相去玄絶辟如日光比於暗冥如以實語比於妄談如以須弥山比於衆山如以解脱比於繫縛如以利益比於衰損如以善友比於冤家如以甘露比於毒藥如以白日比於昏夜如以偽珠比於真寶如以巨富比於貧窮猶如行使比安住者如以螢火比於日光如無足者欲比猛風相去玄遠如以盲人比明眼者如以險路比平坦道如以外道比於如來猶如虛空比於土地如以一念欲比一劫汝之與我相去玄殊亦復如是

汝不順法我則敬重汝便愚癡我有

智慧汝不修福天修福行汝是畜生我為淨天如是知已汝則不應與吾共戰說是語已即現去相令伊羅婆郍向阿修羅伽他頌曰

法能破非法　實語破虛妄　智慧破愚癡

天破阿修羅

尒時帝釋說是語已化伊羅婆郍如前所說向阿修羅軍速過疾風手執千刃金剛怖阿修羅不以煞心時阿修羅見天帝釋亦走往趣時四天王三十三天亦各疾走天與阿修羅交陣大戰皆望得勝互相攻伐天阿修羅有被傷害殞命而死或有怯弱退走還歸有住觀視有心念歸或有瞋恚或復癡乱或有怖畏時天帝釋即作變化令阿修羅見伊羅婆郍白象王一一頭上有千帝釋皆以手執千刃金剛種種器仗衆蓮華池亦如前說於華池中見無量千帝釋天王伊羅婆郍化為千頭一一頭上有千浴池一一池中有千蓮華一一蓮華有百華臺一一華臺各有千葉為頭華臺有百千億帝釋天王億那由他種種

武器金剛寶劍間無空處時阿修羅見是化已怖畏迷沒作是念言帝釋天王遍虛空中間無空處手執種種刀戟器仗身力無量種種刀仗滿虛空中間無空處遍於十方恐其水下天帝軍衆亦滿其中時阿修羅甚大怖畏各共相告鉢呵娑言阿修羅勿怖勿怖我能伏彼帝釋天王伊羅婆郍說是語已疾走往趣伊羅婆郍大龍為王時伊羅婆郍即時以鼻捉向修羅於虛空中迴旋轉之如人弄鈴垂死乃放為既放已得少甦息語阿修羅言一人云何能破帝釋今當一切盡共攻之時四阿修羅王復走向伊羅婆郍帝釋見已放金剛雹打阿修羅欲令退散非為奪命時阿修羅以無量大山刀劒矛矟雨天王上如夏降雨注天王身端嚴無患如是天王與阿修羅無量大鬪餘天見已走趣阿修羅軍阿修羅軍馳趣天衆互共鬪戰無量惱害無量衆生見者大怖無等嬈乱如是大戰天阿修羅王及其軍衆互相攻伐無量器仗堅如

金剛共合鬪戰時天帝釋雖見无量
阿修羅衆在其前住而不奪命但欲
破彼阿修羅衆令退無餘時鉢呵娑
毗摩質多羅阿修羅王及其軍衆退
散敗走以求救護求歸依處歸大海下
向門而走喪失勢力毗摩質多羅鉢
呵娑乘百千輪殿以為却敵令三阿
修羅王在前而走怖畏苦惱時天帝
釋告伊羅婆那白象王言速疾逐彼
毗摩質多羅彼以惕心自言大力汝
今速往破其所乘百千輪殿大仙所
說不煞生戒是涅槃道此言真實衆
生愛命勿斷其命汝速至彼破其輪
殿為百千分伊羅婆那聞是勅已以
變化身疾於迅風至大海下鉢呵娑
毗摩質多羅見已怖畏在大海底向
門疾走無力能進伊羅婆那以大勢
力到其所已手執其輪令鉢呵娑墮
頭殿下接令離殿現到其所碎其大
殿如摧朽草時花鬘阿修羅王皆失
勢力命垂欲絶憶念妻子走趣門下
勇健阿修羅王亦復迸奔走趣水下
向門而走以求自救羅睺阿修羅王

亦復迸逃走趣水下望自救命雖有
大身悉無氣力是時天衆見阿修羅
悉破壞已歡喜而言阿修羅等鬪戰
得報破壞退走天見是事時天疾往
走等當往至其門下覩彼破阿修羅
作如是言我向水下阿修羅被破猶
如猛風吹破浮雲天帝見已語阿修
羅言汝以何故自為此惡令無量阿
修羅衆喪失軀命汝與諸天共為怨
敵無少利益令閻浮提人順法修行
以人修善天有勝力人行不善天則
破壞汝不知時不知方處與我怨敵
無所利益汝欲伐天自得衰惱時阿
修羅聞是語已復入水下以求生命
時天帝釋勅諸天衆可迴可迴阿修
羅軍皆失氣力唯有微命放之令去
還本所止時諸天衆白天主言此阿
修羅不可調伏不知自力不審他力
我等今可復更破壞阿修羅衆令不
復迴我於天中自業受樂於阿修羅
不生惱害此阿修羅云何於他順法
行人而欲衰惱我不報怨終不迴也
說是語已手執種種器仗刀戟速疾

走趣阿修羅軍加以怖畏令其破壞
而不煞害時天帝釋起悲愍心於鉢
呵娑恐其怖死告諸天衆汝等無慈
悲心說是語已與善法堂一切天衆
還向天宮時四大天王見帝釋還告
三十三天衆言天王既還汝亦可迴
既得勝力皆各歡喜悉還本宮天王
帝釋乘伊羅婆那白象王三十三天
歌頌讚嘆詣第二天界善法殿及餘
天衆皆入本宮悉捨鉀冑置雜殿林
伊羅婆那捨於化身還復本形入蓮
華池如是到天世界受五欲樂五欲
功德共相娛樂遊戲林池婆修吉龍
王德叉迦龍王等破阿修羅既得勝
已心懷歡喜還戲樂城阿修羅軍被
破餘殘身體毀壞羞愧低頭諸婦女
等憂惱愁悴向阿修羅羅睺阿修羅
語彼諸破阿修羅言我先不語汝等
非是與天共戰鬪時人順正法孝養
父母恭敬沙門婆羅門耆舊長宿增
長天衆減損阿修羅我說是語不隨
我言是故今日得此惡果令天煞害
無量衆生有阿修羅語羅睺言實如

所言不用王言非時而鬪是故令得如是惡果隨摩睺阿脩羅言以業欲勲令我不迴生如是意得此惡果如是迭互說已還於自地睺摩質多羅到第四地入其本城甚大羞耻憂悴低頭婇女圍遶憂憒憔悴鉢摩梯等非法惡龍喪失氣力還戲樂城如是愛毒破壞衆生互相加害流轉世間無有少樂賢聖弟子如是觀已得離欲意

復次脩行者內觀於法隨順脩行此比丘如是觀已得十七地心常樂觀第一實諦尒時地神夜叉見已歡喜告虛空神虛空夜叉聞已歡喜告護世天如是展轉乃至少淨天皆說是言閻浮提中有善男子住某聚落名字某甲以信出家剃除鬚髮被服袈裟離魔境界不樂煩惱猒捨生死作是觀已今得如是第十七地諸天聞已皆大歡喜作如是言如此比丘天中之天損減魔衆增益諸天

正法念處經卷第二十一

正法念處經卷第二十一 校勘記

一 底本，金藏廣勝寺本。

一 五六頁中九行末字「王」，磧、南、徑、清作「王言」；麗作「言」。

一 五六頁下三行第六字「令」，石作「令」。

一 五六頁下八行「攻彼」，石作「破彼」。

一 五六頁下九行第二字「皆」，石無。

一 五六頁下一一行第二字「如」，磧、南、徑、清、麗作「始」。

一 五六頁下一三行「所坐」，磧作「所至」。

一 五六頁下一五行第一一字「令」，石無。

一 五六頁下一七行「山險」，磧、南、徑、清、麗作「山谷」。

一 五七頁上八行第一一字「丙」，麗作「疾」。

一 五七頁上九行「山嵴」，石作「山谷」；清作「山嵴」。

一 五七頁上一三行「贍仰」，磧、南、徑、清、麗作「瞻仰」。

一 五七頁上二〇行第五字「丙」，石、磧、南、徑、清、麗無。

一 五七頁上二二行第七字「側」，磧、南、徑、清作「堈」。

一 五七頁中一行「天主」，磧、南、徑、清作「天王」。

一 五七頁中一三行第六字「面」，磧作「而」。

一 五七頁中一四行第九字「悉」，石無。

一 五七頁下三行「喑嗑」，磧、南、徑、清作「喑噫」。夾註「烏噎反」，石、磧、南、徑、清無。

一 五七頁下五行首字「王」，磧、南、徑、清作「正」。

一 五七頁下一七行「鉢摩梯」，磧、南、徑、清作「波羅摩梯」；麗作「婆羅摩悌」。

一 五七頁下一八行「吼如雷震」，石

作「震吼如雷」。

一　五八頁中八行第一〇字「往」，石、磧、南、徑、清、麗作「住」。

一　五八頁中一七行「於一而住」，磧、南、徑、清、麗作「於一面住」。

一　五八頁下七行第五字「如」，石、磧、南、徑、清、麗作「猶如」。

一　五九頁上四行「國土」，磧作「國士」。

一　五九頁中二行「放大」，石作「故放大」。

一　五九頁中八行「瞋恚」，磧、南作「瞋想」。

一　五九頁中九行第八字「若」，磧作「苦」。

一　五九頁中一三行第六字「趣」，石無。

一　五九頁中一七行第八字「来」，石無。

一　五九頁中二〇行「駃下」，磧、南、徑、清作「駛下」。

一　五九頁下八行「三百」，石作「三」。

一　六〇頁上四行第九字「上」，磧、南、徑、清作「興」。

一　六〇頁中一行第六字「天」，石作「大」。

一　六〇頁中二行第五字「天」，磧作「乂」。

一　六〇頁中四行首字「恃」，石、磧、南、徑、清、麗作「自恃」。

一　六〇頁中九行首字「共」，徑作「其」。

一　六〇頁中一三行第五字「語」，徑作「與」。

一　六〇頁中一六行第三字「衆」，磧、南、徑、清無。

一　六〇頁下一二行第八字「諍」，石、麗無。

一　六一頁上二一行「山谷」，磧、南、徑、清作「山合」。

一　六一頁上末行「迭乐」，磧作「遍互」；南、徑、清作「遞互」。

一　六一頁中四行第二字「城」，磧、南、徑、清作「城中」。

一　六一頁中六行首二字「修羅」，磧、南、徑、清、麗作「阿修羅」。

一　六一頁中一〇行「百退」，磧、南、徑、清、麗作「千退」。

一　六一頁中一八行「我以」，磧、南、徑、清作「我於」。

一　六一頁下二行末二字「令令」，磧、南、徑、清、麗作「令汝」。

一　六一頁下一九行「擒扠」，磧、南、徑、清作「擒抲」。同行夾註「枯加反」，徑、清無。

一　六一頁下末行第五字「抓」，磧、南、徑、清作「爪」。

一　六二頁上一四行「冤家」，磧、南、徑、清作「怨家」。

一　六二頁中二〇行「千頭」，麗作「十頭」。

一　六二頁下一五行第一二字「雹」，南作「電」。

一　六二頁下一八行「天王」，徑作「大王」。

一　六二頁下二一行首字「共」，清作

「相」。

一　六三頁上一七行「大勢」，磧作「六勢」。

一　六三頁上一九行「現到其所」，石、磧、南、徑、清作「現對其前」；麗作「現對其所」。

一　六三頁中四行第一一字至六行第八字「時天疾往走等當往至其門下觀彼破阿修羅作如是言我向水下」，磧、南、徑、清、麗作「作如是言我等當往至其門下觀被（「被」，麗作「彼」）破阿修羅時天疾往走向水下」。

一　六三頁中一七行「天主」，磧、清、麗作「天王」。

一　六三頁下五行末字「告」，南作「宮」。

一　六三頁下一〇行末字「林」，磧、南、徑、清作「牀」。

一　六三頁下一八行「語彼諸破」，石、磧、南、徑、清、麗作「語諸被破」。

一　六三頁下二一行「我説」，石作「聞我」。

一　六四頁上一行「今得」，石作「令得」。

一　六四頁上四行「迭乐」，磧、南、徑、清作「遞互」。

一　六四頁上一七行第一二字「服」，石無。

一　六四頁上卷末經名，磧作「正法念處經畜生品竟卷第二十一」，麗作「正法念處經卷第二十一畜生品竟」。

正法念處經卷第二十二　初

元魏婆羅門瞿曇般若流支譯

觀天品第六之一　四天王初

復次比丘知業果報已觀地獄餓鬼畜生不善業報如實細觀察已次第當觀善業果報所以者何一切衆生樂於樂果猒捨苦報諸樂集故名之為天復觀微細業集衆善業受生滅身得受果報以七種戒生於天中何等為七口業四種身業有三以其細近多修習故生六欲天六欲天中有上中下道命亦如是有中有下食亦如是有中有下色亦如是有中有下力亦如是有上中下樂報亦尒有中有下六欲天中初之二天依須弥山四天依空猶如雲聚彼初天衆屬四天王天初鬘持天遶須弥山四埵而住是鬘持天有十住處於一一面異業異名如是無量業生鬘持天依業受樂無量種色娛樂受樂無有老苦諸業網印印之從因緣生非無因生亦非斷滅非有作者是故丈夫常當自

勉修諸善業若受自身無始流轉善不善無記業網縛諸衆生流轉生死猶如水輪流轉地獄餓鬼畜生於人世間如觀伎衆若行善業生於天中依須弥山有六万山遶須弥山種種衆寶焰光明曜照諸山峯蓮華浴池流泉清淨莊嚴其山山高八万四千由旬四寶所成善業諸天所共圍遶無量光焰以為照明甚可愛樂如是比丘觀於初天鬘持天衆其鬘持天有十住處何等為十一名白摩尼二名峻崖三名果命四名白功德行五名常歡喜六名行道七名愛欲八名愛境九名意動十名遊戲林是為十處各各異住須弥龕向閻浮提有二天住一名白摩尼二名峻崖向閻浮提隨意所至向瞿陁尼有二天住一名果命二名白功德行向弗婆提有二天處一名常歡喜二名行道向欝單越有四天住一名愛欲二名愛境界三名意動四名遊戲林是諸天等一一住處廣千由旬住大海上彼天壽命閻浮提中五十歲為一日一夜如

是壽命備五百歲亦有中夭

復次比丘知業果報觀彼地天遊戲受樂作何等業生於何地彼以聞慧觀須弥山側所住諸天若人修善以清淨心歸佛歸法歸比丘僧十指手項不生餘心彼人命終生須弥埵白摩尼天以其淨心受三歸故獲威德身光明莊嚴受樂自在所受快樂十六分中轉輪王樂不及其一其地有河名曰欲流真珠為沙以布其底以何力故峻崖二天心所憶念從河而出種種美飲復有珠河名曰真珠珊瑚寶流天衆玉女種種衆寶從河而流所謂毗琉璃碎金剛珠天尼羅珠天大青珠天赤真珠天車璖寶及餘種種衆寶莊嚴隨念即得復有香河名曰香水鵝鴨鴛鴦以為莊嚴其河兩岸多有金樹以為園林種種衆鳥天聞香氣發欲心喜受欲樂已百倍悅樂及餘五欲共相娛樂多有衆樹赤枝青葉青枝赤葉復有衆樹其葉雜色青黃緑色雜色衆蜂以為莊嚴心常悅樂出妙音聲受善業報遊戲受

樂種種衆寶莊嚴山峯或嚴平頂有
五山峯何等為五一名雜種二名種
種流泉三名衆鳥音四名香熏五名
常果如是等山七寶莊嚴山諸地天
遊戲喜樂恣意自娛天衆玉女以為
圍遶歌舞戲笑五欲恣情心意悅樂
三歸功德乃至盡報於未來世得至
涅槃若生人中財物具足常得歡喜
受第一樂好習伎樂財物具足以餘
業故
復次比丘觀天世間見鬘持天第二
住處名曰峻崖以何業故而生彼處
即以聞慧見此衆生於河津濟造立
橋船或以善心以船渡於持戒之人
以持戒人故施渡餘人不作衆惡是
人命終生於善道住峻崖處以善業
故生彼天已受種種樂多衆華池園
遶莊嚴清淨涼冷香色妙好無有泥
濁常有戲笑歌舞遊戲多衆天女以
為圍遶衆寶嚴身諸天女衆恭敬供
養五樂音聲以為音樂與諸天女遊
戲園林衆寶浴池娛樂受樂有六浴
池何等為六一名流樂二名樂見三名

一切喜四名雲鬘五名池鬘六名如
意復有四林見之可愛出妙香風衆
華莊嚴何等為四一名香風林二名
雜林三名蜂遊戲四名悅樂天諸玉
女於彼林中受五欲樂隨心所念遊
戲園林所行無㝵無所遮止以衆妙
寶莊嚴其身受樂增長如山漸大五
欲自娛五根愛河波蕩縱逸遊戲諸
園林樹浴池種種衆寶莊嚴金山與
諸天女遊戲山峯多衆天女花鬘自
嚴端正無比種種美味食之充備受
斯樂報心意悅樂不可稱說善業因
緣乃至業盡從此命終生於人中賢
直巨富為王典藏以餘業故
復次比丘知業果報觀鬘持天所住
之處彼以聞慧見鬘持天第三住處
名曰果命以何善業生此天中即以
聞慧知此衆生於飢饉世守持淨戒
淨身口意為利安樂諸衆生故種植
果樹行者食之安樂充滿以是因緣
得安隱行是人命終生於天上生果
命天生彼天已無量天女色妙無比
眷屬具足受天快樂園林華果真金

為樹珊瑚為枝諸寶交絡懸衆寶鈴
出妙音聲遊戲林中受五欲樂有六
種林何等為六一名一切義林二名
四園林三名柔軟林四名遍樂林五
名蜂樂林六名金影林此園林中常
有天女遊戲受樂蓮華浴池以為莊
嚴遊戲林中流泉浴池出妙音聲樹
出光曜衆鳥哀鳴飲食豐足七寶莊
嚴種種山峯遊戲受樂其須彌山有
五山峯何等為五一名光明莊嚴二
名閻浮三名白水四名笑莊嚴五名
常遊戲此諸天衆遊戲如此衆山峯
間受善業報與無量百千諸天女衆
以為圍遶共相娛樂伽他頌曰

以少因生天　得受一切樂　是故應捨惡
常行於善業　思心行布施　及護持淨戒
戒能生天上　受五欲功德　非父母利益
兄弟及親友　善護持淨戒　從樂得樂處
持戒二世利　或持頂最勝　持戒人為上
從樂得樂處　持戒施正行　是名淨行人
以此自業深　從人生天處　戒為無盡藏
戒樂為無上　丈夫持勝戒　常受於安樂
持戒智慧人　常得三種樂　讚歎及財利

後生於天上　若人能持戒　如是修戒者
現樂得涅槃　永得不死處　無始生死來
欲癡等怖畏　戒為大光明　是故常行戒
常應讚歎戒　戒如清淨池　王賊及水火
不能劫戒財　是故常修戒　遠離於破戒
若人樂持戒　則得至涅槃　持戒人為貴
應親近持戒　戒如日月光　破戒可鄙穢
無垢離曠野　離憂無熱惱　戒為佛所讚
能至涅槃城　若人具足備　淨戒常增長
是人戒守護　臨終無怖畏　戒為初後善
一切樂行轉　持戒者為貴　破戒如畜生
若人破戒者　行於畜生道　不識作不作
是故常修戒　若人持禁戒　為戒衣所覆
若有不持戒　裸形如畜生　持戒者之天
如至遊戲處　如親人憶念　持戒來至此
淨戒持正行　善業皆和合　此人修善業
則生於天中　若人欲求樂　常應持淨戒
是人能成就　增長戒充滿　現在及未來
戒為第一伴　功德常隨逐　是故應修戒
曠野飢渴怖　戒為能救護　持戒行為勝
隨至未來世　若有持戒人　知戒果如是
彼則以利刀　自斷其身首　眾樂皆和集
不可以喻說　持戒果清淨　善逝如是說

初善及中善　後善亦如是　戒果甚廣大
從樂得樂報　知此功德已　常應修淨戒
戒為能救護　無有與等者
如是比丘思惟持戒實功德已常讚
持戒毀呰破戒如彼天處受五欲樂
持戒業盡退生人中神德無比第一
端正所生國土多有樹林以餘業故
復次比丘知業果報觀鬘持天所住
之處彼以聞慧知鬘持天有第四處
受天快樂名曰白功德行以何等業
而生此處若人少智見佛行時以所
著鬘散於佛上或以華鬘供養佛塔
以善心思福田功德思功德故是人命
終生於善道白功德天生彼天已功德
辦鬘莊嚴其身毗琉璃寶以為其地
七寶莊嚴多有眾鳥身七寶色出妙
音聲光明普照百功德光莊嚴妙好
眾樹叢林無量嚴飾善宿之樹兩崖
生樹香熏樹等以為莊嚴隨心所念
香氣廣挾滿諸由旬華果常茂及餘
莊嚴莊嚴其地諸天伎女歌頌舞戲
歡娛受樂一一方面遊戲之處娛樂
悅樂笑舞喜戲園遠恭敬所受快樂

不可稱說其地柔軟猶若生酥天人
行時隨足上下如兜羅綿一一住處
足躡隨平亦如前說一一寶樹出妙
色光其光如日光明悅樂妙色金樹
華葉常鮮無有萎落善業所生不可
譬說威力自在善業所得如印印物
如是天子遊戲園林蓮華浴池自業
受報有上中下受天戲樂自業身相
光明可愛色聲香味觸等恣情悅樂
身無病惱無有飢渴常恣五欲未曾
猒足多起愛欲心不充滿若天憶念
隨念皆得隨念所得他不能破自在
無㝵心常歡喜隨念能至化身隨心
大小任意廣大輕耎一眴目頃能行
至於百千由旬無少疲極如風行空無
所障㝵天亦如是無有疲極天身威德
從心而生輕淨無垢一切行處如意
光色天子天女歡喜遊戲於園林中
天子天女五欲自娛意悅受樂各各
相隨共相娛樂諸地住處於乾陁羅
山園林之中縱逸遊戲耽著欲樂不
念退沒無常之苦放逸自恣癡愛所
誑遊戲放逸乃至愛樂生天因集業

盡還墮地獄餓鬼畜生若有善業生於人中或守城主或護國土多饒人衆常歡喜處無病端正以餘業故復次比丘知業果報觀驍持天第五地處彼以聞慧見驍持天有地名一切喜衆生何業生於彼處彼以聞慧見持戒人心有正信以花供養諸佛如來自力致財買花供養是人命終生於善道生一切歡喜行天生彼天已受四種樂何等為四一者無怨二者隨念能行三者餘天不能勝其威德四者天女不念餘天五種伎樂歌舞互相娛樂種種遊戲或以水戲花池遊戲或以花戲或以果戲或以香戲或以鳥戲或遊戲林中蜂音遊戲互相瞻視天女圍遶遊戲喜笑共相愛樂皆悉無有嫉妬之苦其地勝樂妙香花池以為園遶所謂善香蓮華池不萎蓮華池雜優鉢羅蓮華池常饒蓮花池如是無量蓮華池莊嚴其地種種快樂遊戲林中以相娛樂其林金樹多有衆蜂遊戲林中種種衆香衆鳥哀鳴甚可愛樂人中五音十六

分中不及其一如是天子妙色盈目乾闥婆音以悅其耳種種香風鼻所悅樂如是五欲境界無量衆色甚可愛樂非從作生他不能奪不從他求自樂成就天諸上味妙色味觸隨意念生從自業起如是二林樹一一華池一一園苑無量天女眷屬圍遶種種欲樂愛樂喜悅受善業果多衆金樹流出光明金色衆鳥出妙音聲聞之悅意如是無量不可譬喻成就如是無量悅樂乃至愛業盡從天中退或墮地獄餓鬼畜生若有善業生於人中或主城邑或主聚落大富自在心無慳悋無量給使以為圍遶受第一樂以於福田種善業故乃至涅槃復次比丘知業果報觀驍持天彼以聞慧見驍持天第六地處名曰行道以何等業生於彼處彼以聞慧知持戒人見大火起焚燒衆生以水滅火救諸生命是人命終上昇善道生驍持天以無畏施因緣力故受天樂報愛色妙聲衆香味觸無量天女之所圍遶種種伎樂歌儛戲笑多衆天女

黃金欄楯寶鈴莊嚴真珠羅網以覆牕牖無量寶珠以為莊飾無量天女遊戲其間諸天女衆皆生愛樂瞻仰天子視之無猒種種莊嚴瓔珞其身其身香潔怡悅含笑常懷歡喜圍遶天子如是天女見此妙色心極愛樂耳聞衆聲皆悉悅樂所謂金色衆鳥珊瑚為翅遊戲翱翔山峪之中出美妙音不可譬喻或在山中出衆妙音或在峪中或在花中或在水中或在空中或在平地或在階道或在山窟出美妙音如是天耳常聞妙音常聞妙香所謂善妙香風無量衆華無比快樂天女口中出妙香氣及餘種種可愛妙香聞之悅意舌得無量須陁美味轉輪聖王所食上味百千倍中不及其一身所衣服無有經緯縫縷之文細滑柔軟生愛樂心無量種衣著之悅樂若生憶念隨意即得清淨可愛他不能奪如是無量六欲境界無量快樂無量蓮花林中遊戲無量林樹金摩尼林種種衆鳥其音美妙合共遊戲於摩尼殿如是遊戲河池

蓮華流泉浴池如是種種欲樂果報彼比丘以聞智慧觀察是已而說頌曰

六根愛著　境界所燒　愛火燒天
過於梵林　得樂受樂　為樂所誑
不念退沒　受所欺誑　諸樂必盡
無有常者　欲得常樂　應捨愛欲
諸天退時　離天樂處　恩愛別離
過地獄苦

比丘思惟是已復觀世間諸樂悉無自在無常退沒為愛所誑不知退沒作是觀已厭捨天欲如是天中所受之樂乃至善業不盡業盡還退隨業受生或墮地獄餓鬼畜生若生人中受第一樂常無怖畏為一切人之所愛樂王者信用乃至盡命無有惱亂以餘業故於未來世得至涅槃

復次比丘知業果報觀鬘持天第七地處彼以聞慧見此眾生修行善業見他親友更相破壞心懷怨結能為利益和合諍訟以是善業此人命終上昇善道生欲受天生彼天已隨心所念隨念即得種種戲樂種種衣服種種莊嚴天冠瓔珞受天樂具一一

出中種種歌頌伎樂音聲所謂單荼樂音天女歌音乘眾寶殿常懷歡悅種種園林山峽峪㵎河池流泉蓮華欝茂天女圍遶金色蓮華香風搖動出妙香氣所謂毗琉璃林多羅林孫頭迦林（魏言樹果）鳥樂林蓮花林眾樂音林俱枳羅林善業所生遊戲其中天河清淨摩尼莊嚴蓮華浴池林樹映飾於河水中出妙音聲如是之音多有眾鳥其鳴哀雅以此河池莊嚴其地譬如女人眾色具足若無功德若不孕產不名莊嚴天所住處亦復如是無河莊嚴不名淨妙種種美味色香具足是故此河為第一莊嚴一切世間愛染味中水為第一莊嚴園林乘於寶船莊嚴人天常所受用多所利益如是功德具足之水眾生受用於此水中遊戲受樂從水戲已詣鏡水林受天快樂入鏡林中自照其身樹淨無垢猶如明鏡自觀見其善惡業相若有善業皆見其身生於善處若有惡業將受苦報自見其身先造業相隨三惡處五道生死所受苦樂皆

悉明見若不善業見墮活地獄黑繩地獄叫喚大叫喚等大地獄中受種種苦如前所說皆悉具見如天上樂不可稱說地獄罪報亦復如是不可稱說於鏡樹中自見相已悉忘天樂猶如隔世見無量苦不復覺樂如一兩鹽投恒河中莫知其味如是心苦如大恒河其樂微少如彼鹽味雖有歌頌伎樂音聲園林遊觀眾鳥哀鳴都無樂心見是事已捨至異處心還躭著天諸五欲復於異樹自見其身墮於種種餓鬼道中種種苦惱飢渴燒身見是相已生大怖畏告餘天曰大仙我於鏡樹見大怖相汝為見不時天答言我不見也若有惡業見餓鬼相若有善業不見惡相大仙天子而問之言汝見何相天子答曰見餓鬼相受諸苦惱既見餓鬼受苦惱已悉忘天樂如隔千生厭捨林觀更向餘處復貪天樂五欲自娛色聲香味觸種種華池眾鳥妙音遊戲其中與眾天女遊戲受樂如是愛水之所漂沒復至鏡林惡業因緣見畜生身求

相殘害自見其身受畜生身受種種苦心甚猒惡向餘天所如前具說猒捨而去還著貪愛受五欲樂往返生死復於鏡林見人身時隨業所集知識親友兄弟破壞還為和合以是因緣生此天中見自業已猒捨而去還著欲樂受愛色聲香味觸等如是放逸受天欲樂又入鏡林復見自身命終退沒生於餘道或見自身墮於地獄餓鬼畜生復生猒離此處無常我必退沒離諸天女諸行無常離別不久一切動壞作是念已時護世天告言天子歡喜可愛閻浮提人順法修行孝養父母供養沙門婆羅門增長天衆減損魔軍如來正覺出於世間明行足善逝世間解無上士調御丈夫天人師佛世尊演說正法初善中善後善妙義善語無垢無減清淨白法安隱寂静所謂此色此色集此色滅此色滅證於鏡林中自見業已聞如是說問護世言如來世尊阿羅呵三藐三佛陁明行足善逝世間解無上士調御丈夫天人師佛世尊今在

何處護世告言在閻浮提為一切衆生宣說正法是時天子聞護世說畏退沒苦下閻浮提於人道中死為大苦於畜生中相殘害苦餓鬼道中飢渴大苦地獄道中燒煮拷掠種種衆苦如是觀察五道之中五怖畏已來向佛所遥見世尊端嚴澄静諸根寂静意善寂滅無上調伏睐摩他定人中之龍調御丈夫威德光焰如融金聚過踰日光不可傾動如須弥山甚深如海端坐樹下如真金山是天中天天子見已發清淨心至世尊所頭面禮足在一面住白佛言世尊頗有常處不動不壞不變易不介時世尊即為天子說四聖諦天子聞已還歸天宮到天宮已受五欲樂乃至愛善業盡從天退已隨業流轉若生人中雖未見諦常值知識親族眷屬兄弟具足大富饒財以餘業故

復次比丘知業果報觀鬘持天所住之處彼以聞慧見鬘持天第八地處名愛境界此等衆生以何業故而生彼處即以聞慧見有衆生作說法會

是人命終上昇天宮生愛境天過欲愛天至愛境界生彼天已愛善業報其諸宮殿皆真金色七寶莊嚴真金欄楯多有衆鳥心愛樂鳥一切音鳥遊戲河鳥金色之鳥如是等鳥其數衆多河池流水園林遊觀百河具足百千種鳥或受四欲或有五欲以自娛樂目覩妙色皆生愛樂耳聞妙音心愛悦樂鼻聞妙香内心愛悦舌得美味愛心增悦身觸細軟愛悦充満心所憶念意悦喜樂五欲功德心甚愛樂受第一樂於愛境地受無等樂乃至愛善業盡此世他世業盡還退若有餘業不墮地獄餓鬼畜生得生人中大富國土所謂迦尸國憍薩羅國或生剎利大姓婆羅門大姓以餘業故

復次比丘知業果報觀天世間以何業故生鬘持地意躁動天彼以聞慧見此衆生以淨信心供養衆僧掃如來塔清淨信心知上福田是人命終生於善道意躁動天生彼天者身無骨肉亦無汗垢香氣能熏一百由旬

正法念處經卷第二十二　第十九張　初　亭十

其身潔淨猶如明鏡悉見一切諸天
色像成就如是善業果報彼天住處
有四園林何等為四一名無垢林二
名明了林三名善香林四名曼陀羅
林於彼林中有蓮華池池生蓮華珊
瑚為莖真金為鬚鵝鴨鴛鴦出衆妙
音種種色香上妙之花無有塵垢亦
無萎落水無衣濁香乳充滿林中衆
鳥常共遊戲於蓮花池其一一樹衆
華常敷猶若新出無有萎落甚可愛
樂六時無變善業之人遊彼林中與
諸天女衆寶嚴身歡娛受樂於六欲
境心意染著無須臾頃猒離之心愛
網所縛如魚在網受愛善業乃至不
盡業盡還退有餘善業不墮地獄畜
生餓鬼得受人身作大導師大富饒
財王所敬愛以餘業故

復次比丘知業果報觀騃持天所住
之處彼以聞慧見騃持天第十地處
名曰林戲以何等業生於彼處彼見
聞知若人持戒信心清淨知僧福田
為施衣故施一果直為作衣價心常
愛樂而生隨喜是人命終生林戲天

正法念處經卷第二十二　第二十張　初　亭十

生彼天已於天園林自在遊戲隨意
所至若行水上如遊陸地若行於空
亦無所畏服天衣騃受第一樂如上
諸地遊行無导池流泉水出妙香氣
多衆天女威德光明如第二日受天
快樂以業因緣得樂果報非為自作
他人受報衆生作業自受果報若造
善業生天人中若作不善墮於地獄
餓鬼畜生乘善上生恣意受樂乃至
善業不盡業盡還退有餘善業不墮
地獄餓鬼畜生若生人中所生國土
多有林樹神德自在不可破壞以餘
業故

正法念處經卷第二十二

癸卯歲高麗國分司大藏都監奉
勑彫造

正法念處經卷第二十二

校勘記

一　底本，麗藏本。

一　六七頁上一行經名、二行譯者、三行品名及夾註，石作「正法念處經觀天品第六卷第二十二」。

一　六七頁上三行「觀天品第六之一」及夾註「四天王初」，磧作「觀天品第六」及夾註「品之初」；普作「觀天品第六品之初」；南、徑、清作「觀天品第六之一」。

一　六七頁中四行「伎衆」，磧、普、南、徑、清作「彼衆」。

一　六七頁中一九行「天處」，徑、清作「天住」。

一　六七頁下三行「何地」，磧、普、南、徑、清作「彼地」。

一　六七頁下五行「指手」，磧、普、南、徑、清作「拍手」。

一　六七頁下一一行「從河」，石作「從何」。

一 六八頁上二行「雜種」，石、磧、普、南、徑、清作「雜積」。
一 六八頁上五行「天衆」，南作「大衆」。
一 六八頁上一一行末二字「第二」，磧作「第一」。
一 六八頁上一九行末字至次行首字「以爲」，石作「爲以」。下同。
一 六八頁下一七行「受五欲」，石作「愛五欲」。
一 六八頁下二一行第六字「從」，石作「彼」。
一 六九頁上七行「日月光」，磧、普、南、徑、清作「日光明」。
一 六九頁中一三行第四字「思」，石、磧、普、南、徑、清無。
一 六九頁中一五行「辦鬘」，磧、普、南、徑、清作「辮鬘」。
一 六九頁下一七行第四字「生」，石作「心」。
一 六九頁下末行「天因」，磧、普、南、徑、清作「大因」。

一 七〇頁上一四行「果戲」，磧、普、南作「菜戲」。
一 七〇頁上一七行「嫉妬」，石作「嫉姤」。
一 七〇頁中八行「愛樂」，磧、普、南、徑、清作「受樂」。
一 七〇頁中一一行「悅樂乃至愛業」，石作「快樂乃至愛業」；磧、普、南、徑、清作「快樂乃至受業」。
一 七〇頁中一三行第四字「主」，磧、普、南、徑、清作「生」。
一 七〇頁下一行「羅網」，石、磧、普、南、徑、清作「網羅」。
一 七〇頁下末行「合共」，磧、普、南、徑、清作「各共」。
一 七一頁上一九行「破懷」，磧、普、南、徑作「破壞」。
一 七一頁中一行「出中」，徑、清作「出生」。
一 七一頁中三行「山嵠峪峒」，石作「山峪嵠間」；磧、普、南、徑、清作「山谷溪澗」。

一 七一頁中六行夾註「魏言捕果」，石、徑、清無；磧、普、南作「魏言捕魚」。
一 七一頁中一四行第六字「此」，石、磧、普、南、徑、清無。
一 七一頁下四行「罪報」，磧、普、南、徑、清作「苦報」。
一 七一頁下一九行「如膈」，石作「如隔」。
一 七二頁中三行「死爲大苦」，徑作「而爲大苦」。
一 七二頁中七行「澄靜」，徑作「澄淨」。
一 七二頁中一四行「易不」，磧、普、南、徑、清作「不易」。
一 七二頁中一六行及本頁下一三行「愛善業」，磧作「受善業」。
一 七二頁中一七行末字「雖」，石作「唯」。
一 七二頁下六行「遊觀」，磧、普、南、徑、清作「遊戲」。
一 七二頁下末行「汙垢」，石作「得

垢」。「能熏」，石作「能動」。

一七三頁上七行首字「音」，石作「香」。

一七三頁中卷末經名，石作「正法念經卷第二十二」。

正法念處經卷第二十三　初

元魏婆羅門瞿曇般若流支譯

觀天品第六之二　四王天之二

復次比丘知業果報觀𨄔持天十種地已觀迦留波陀天（此言為迹天）所住之地有幾種地自作善業受樂果報彼以聞慧見迦留天有十種地何等為十一名行蓮華二名勝蜂三名妙聲四名香樂五名風行六名鵚喜七名普觀八名常歡喜九名愛香十名均頭是為迦留足天十種住處各各異業生於天中彼以聞慧見此衆生持戒善業以熏其心歸佛法僧稱南無佛三自歸命以此善業畢至涅槃其善不盡是人命終生迦留足天行蓮華地受五欲樂愛著欲味目視不眴身如日光愛樂彼地一切蓮華如白烏色莊嚴其地華常開敷一一蓮華香氣普熏一百由旬勝餘一切衆華之香種種色蜂毗琉璃色出種種音人中種種伎樂音聲百千分中不及其一何以故天欲天音人不能聞所以者

正法念處經卷第二十三　第二張　初

何非人境界故除轉輪王及離欲人轉輪聖王諸根力大能受天欲離欲之人眼等諸根離憂喜故是故能聞畜生蜂音猶尚如是何況天女愛欲歌音不可譬喻如天女聲甚可愛樂色香味觸亦復如是受無量種無量愛樂乃至愛善業盡從天中退若有餘業不墮地獄餓鬼畜生得受人身生長者家多饒財物以餘善因緣乃至涅槃其福不盡

復次比丘知業果報觀迦留天第二住處彼以聞慧見第二地名勝蜂喜衆生何業而生彼處若人智慧有信持戒有慈悲心利益衆生華香伎樂供養佛塔是人命終生迦留足天勝蜂之處種種音樂歌儛戲笑遊戲受樂受自業果華香恣意聞天女歌即受快樂無量天女歌頌妙音風吹衆華香氣殊異與諸天女遊戲衆寶須弥山峯耳聞音聲受天快樂如是善業果報比丘觀已為讚善業即以伽他而說頌曰

戒善如階道　業力生天中　若人乘此道

得至天樂處　四種口業戒　身三種淨業
智人乘七業　能至於天中　持戒第一樂
財物所不及　財富可則失　持戒常牢固
人以戒莊嚴　戒香常端正　佛說淨善業
生第一天處　若人行善業　能行於天中
如至遊戲處　受第一快樂　身出大光明
晃昱照天宮　遊戲諸園觀　自業之所得
心常懷歡喜　受樂常安悅　遊戲天宮殿
持戒因緣故　若人善持戒　護持無量種
成就天果報　是故應修戒　持戒為階陛
得衆樂因緣　若人破戒者　無有安樂處
持戒清淨水　湛然常充滿　以此自澡沐
天宮受樂快　若天甕莊嚴　和合受快樂
遊戲於天宮　皆由善因得　天女所圍遶
如日月光明　天中受快樂　皆由善因生
隨心念皆得　得已終無失　善法常增長
皆由善因得　受無量快樂　一切常增長
若人持戒者　則得如是樂　若人常行善
為王所敬重　善為勝莊嚴　是故應行戒
善人常調伏　慈矜諸群生　常行慈布施
能至天世間　不殺害衆生　慈哀一切衆
常修行正業　是人生天宮　不盜他財物
心常念布施　諸根寂滅慧　是人至天中

不犯他婦女　常樂行正道　求淨滅涅槃
彼人生天中　不飲酒醉乱　醉者人所輕
智人能離酒　彼人生天中　持戒善修行
捨離衆惡業　能生無量樂　安慰一切衆
如是比丘觀無量樂讚善業已勝蜂歡喜無量衆蜂出衆妙音乃至愛善業盡從天還退若有善業不墮地獄餓鬼畜生若生人中第一端正巧言辯辭常受安樂无有衆惱壽命長遠以餘業故

復次比丘知業果報觀迦留足天第三住處彼以聞慧見第三地名曰妙聲衆生何業生於彼處即以聞慧知持戒人奉施如來無量心者實蓋供養是人命終生妙聲天受天快樂行於真金毗琉璃山與諸天女天甕莊嚴遊七寶山入揵闥婆林塗香末香種種樹林種種泉流河池蓮華其林光明青黃紫色入彼林中香風微動葉出歌音阿修羅揵闥婆所有歌音十六分中不及其一微風吹動手相觸觸出妙音聲五樂之音娛樂受樂既聞樂音十倍放逸愛樂音聲染著自

誑香味觸等亦復如是乃至愛善業盡從天上退若有餘善不墮地獄餓鬼畜生得受人身多受音樂大富多財舍宅安隱五穀豐足眷屬妻子壽命延長王所敬愛以餘業故

復次比丘知業果報觀迦留足天第四住處彼以聞慧見迦留天第四地處名曰香樂衆生何業生於彼處彼以聞慧見此衆生香塗佛塔信心持戒是人命終生香樂天受天快樂不可譬喻天於脆味以為飲食身心無惱五樂音聲天甕莊嚴戲笑歌舞與天女衆常相娛樂如山湧水遊戲山峯天青月珠寶珊瑚玫瑰車璖馬瑙金山峯中種種流水河泉花池俱翅鳥林見種種林遊戲其中流水河池其味美妙勝閻浮提一切美味善業所生食此上味受是天樂乃至愛善業盡從天還退有餘善業不墮地獄餓鬼畜生得受人身生大富家多饒財物豐足五穀以餘業故

復次比丘知業果報觀迦留足天第五住處彼以聞慧見迦留足天有第

五地處名曰風行以何業故生於彼
處即以聞慧知彼衆生信心持戒見
比丘僧以扇而施令得清涼如憂尸
羅(藥草名也)令諸比丘讀誦經法是人壽終
生風行天受天快樂以善業故香風
来吹悅樂無比四天香風皆来熏之
百千倍香涼冷可愛或勝一倍乃至
五倍四天王天香氣二倍三十三天
香氣三倍夜摩天上香氣四倍兜率
陁天香氣五倍化樂天他化自在天
香氣六倍以業勝故天衆亦勝觀善
業已其風行天遊戲林中受諸香觸
六天香風皆入此天同一風力何以
故一風功德不可宣說隨天所念從
風皆得欲聞音樂風吹山峪天女歌
音所不能及若欲念香乃至他化自
在天衆華香和合不可稱說来熏此
天若念涼冷隨心所欲若遊異方欲
見衆寶須弥山峯或遊金峯閻浮檀
金或頗梨峯園林之中種種華果流
泉河池衆鳥香華以為莊嚴種種天
女所住之處無量香觸出妙音聲天
子乘風至諸園林山峪遊戲如前所

說如是香風令此天子乘之去来受
五欲樂共相娛樂遊戲受樂不生嫉
妬無有諍心皆相愛樂以自淶業上
中下業如印印物得相似報得妙香
風無有嫉妬業力既盡從天還退所
造之業有上中下受報既盡業盡還
退如是衆生業行隨業流轉非無因
生彼比丘觀察業已而說頌曰

如因日知時　因時生草木　隨業因緣生
非是無因生　無量千生死　業鏁之所繫
三種愛堅牢　繫縛諸衆生　如蜜和毒藥
是所不應食　天樂亦如是　退沒時太苦
業盡懷憂惱　捨離於天女　退時大苦惱
不可得譬喻　善業欲盡時　如燈焰欲滅
不知何所趣　心生大苦惱　愛毒之所燒
憂悲自壞心　語聲身相動　怖畏失天身
如是衆樂味　愛欲實大誑　以不捨離故
增長大苦惱　天上欲退時　心生大苦惱
地獄衆苦毒　十六不及一　一切諸焰輪
愛力之所作　愛鏁縛衆生　至諸嶮惡道
諸天退時苦　人中捨命苦　觀生死如火
見已離諸欲　若人放逸行　彼人無解脫
放逸所癡惑　去涅槃甚遠　應離於放逸

放逸為大怨　天中放逸故　退墮地獄中
三界如輪轉　業繫輪不斷　是故捨愛欲
離欲得涅槃

如是比丘觀天退已猒離欲心觀風行
天無常之樂業因緣生不離无常乃
至愛善業盡從天還退有餘善業不
墮地獄餓鬼畜生得受人身善於海
行為大導師善知風路以餘業故

復次比丘知業果報觀迦留足天第
六住處彼以聞慧見迦留天第六地
處名散華歡喜以何等業生於彼天
彼以聞慧見持戒人心有淨信正身
口意僧說戒時施諸澡瓶或行道路
或於曠野感滿淨水施人澡瓶是人
命終生散花歡喜天種種音樂遊戲
音聲與衆天女遊戲衆寶毗琉璃須
弥山側香風所熏種種香鬘瓔珞其
身流泉浴池以為莊嚴天子天女受
相娛樂受無量樂於無量時入流
泉林於彼林中受天快樂毗琉璃樹
真金為葉真金為樹毗琉璃葉入此
林中常懷喜悅身出光明飲天甘露
善業因緣閻浮提中上味蜜酒比天

所飲若如葶蘆色味具足其香普熏滿一由旬一切衆鳥身真金色飲衆香水心懷悅樂出妙音聲遍滿林中多有衆蜂遊戲其中一切香味從樹流出或有金色有瑠璃色有車𤦲色赤真珠色有如綠色從樹流出以為香河名歡喜流廣二由旬天子天女遊戲兩岸歡娛受樂天子天女飲已喜悅歌儛戲笑金色蓮華瑠璃為莖遊戲歌頌乘衆寶殿入大池中八功德水遊戲受樂手相澆漬其池名曰阿栖之迦清淨嚴飾殊妙無比如是天衆受天快樂乃至愛善業盡從天命終不墮三惡得受人身生豊樂國常無飢渴生大富家不值飢世衆人所愛以餘業故

復次比丘知業果報觀迦留足天第七住處彼以聞慧見迦留足天第七地處名曰普觀以何等業生於彼處彼以聞慧知持戒人修行善業以善熏心於破戒病人不求恩惠悲心施安心不疲厭供養病人是人命終生普觀天受五欲樂天鬘莊嚴心意悅樂

一一遊觀如意遊行與諸天女而自圍遶威德明耀猶如日光一切天衆恭敬尊重遊於須弥寶山之中著衆天衣衆寶莊嚴隨念遊戲行於林中衆蓮華池山峪河泉受自業報如是遊戲天園林中真金欄楯多有衆鳥以為嚴飾風吹鈴網出衆妙音其林名曰普現莊嚴威德光明勝百千日須弥留山有七山峯圍遶此林何等為七一名高山二名合山三名雨落四名龍聲五名愛光六名雨寶七名星鬘圍遶彼林以衆寶鈴莊嚴衆樹諸天女等天鬘莊嚴遊戲林中身百千光晃耀明照天子見已五欲縱逸以金蓮華共相娛樂歌儛戲笑妙音愛色香味觸法不知厭足如是三十六火之所圍遶如火燒然皆無厭足比丘見已而說頌曰

愛火所圍遶　遍於天世間　欲燒不自在
為欲癡所使　如火益乾薪　增長火熾然
如是受樂者　愛火轉增長　薪火雖熾然
人皆能捨離　愛火燒世間　纏綿不可捨
若人度愛河　思覺惡垂畏　得至寂滅處

遠離愛欲故　若人脫愛網　遠離於欲瞋
智人度煩惱　永離諸憂患　若布施持戒
心常念於天　斯人汙淨戒　猶如雜毒水
愛誑諸衆生　過於億千劫　愚者不能捨
為貪之所使　衆生愛所誑　猶依止於愛
如人負重擔　而飲熱鹹水　飲已尋復渴
須臾無暫息　愚人不善思　唐勞自燋苦
是故應離愛　愛心難調伏　愛使諸衆生
不得脫生死　無上第一樂　禪樂遊觀處
是樂為寂勝　能視涅槃城　成就勝樂因
則受天樂報　愛網之所縛　還受地獄苦
愛初後非善　常受衆苦惱　愛為衆惡本
正法導師說

如是比丘觀天世間欲河洄澓之所漂浸退沒死苦具觀察已心生厭離如是普觀天所住地受天快樂乃至愛善業盡從天還退不墮地獄餓鬼畜生若生人中大富饒財妻子奴婢僮僕賈客眷屬和合以餘業故

復次比丘知業果報觀迦留足天第八住處彼以聞慧見迦留足天第八地處名常歡喜以何業故生於彼處即以聞慧知此衆生以淨信心見犯法

者應受死苦繫在牢獄以財贖命令
其得脫不為財利為益衆生慈悲心
故不求報恩是人命終得生天上常
自歡喜悅樂百倍勝於餘天以業勝
故無量天女歌儛戲笑以為娛樂遊
戲山峪金地琉璃柔濡觸樂河池流
泉於園林中受天快樂所受之樂百
千万分轉輪王樂不及其一何以故
與諸天衆同業生故身無骨肉亦無
垢汗於須弥山側衆寶蓮華天鬘天
衣莊嚴其身若上金峯身則金色昇
琉璃峯身琉璃色如入池水身皆同
色上琉璃峯其身光色如第二日琉
璃力故若昇銀峯身色如雪如拘物
頭華一切身分端正莊嚴天女圍遶
作衆伎樂遊戲園林受天快樂如是
遊戲遂見園林衆樹具足名天戲林
乘閻浮檀金殿入天戲林其林柔濡
衆鳥音聲和合美妙天子入已鳥名
天音天同業生天善業故即說頌曰
若人有能作　愛樂之善業　彼人業果報
成就極端嚴　既得受天樂　若不行放逸
從樂至樂處　後必至涅槃　一切樂無常

要必衆歸盡　莫受此天樂　以為自娛樂
此天樂無常　壽盡必退没　既知此法已
當求涅槃道　一切法皆盡　高者亦當墮
和合必有離　有命皆歸死　三界諸衆生
現在及未來　生者必有死　无有法常者
譬如日出没　一切人皆見　一切生亦然
死法常現前　如是知諸法　一切皆生滅
莫行放逸心　放逸過毒害　謹慎不放逸
是處名甘露　若行放逸者　是名為死句
若不放逸者　常得不死處　若行放逸者
常趣於死路　若人行放逸　如毒亦如火
行放逸衆生　命終至苦處　若人不放逸
所至應敬礼　能至寂滅處　永離諸放逸
一切樂皆盡　愚者不覺知　至於臨終時
一切皆忘失　若人自愛身　應修行善業
修行於法樂　如佛之所說　一切皆無常
後則致大苦　佛因實諦故　為諸衆生說
時天聞鳥說是偈已心自思惟其心
醒了念宿命果少離放逸知足光明
持其心意不貪五欲不行放逸不久
心動復著五欲受五欲樂乃至愛善
業盡從天還退若无惡業不墮地獄
餓鬼畜生得受人身不遭王難常受

快樂不值衆惡以餘業故
復次比丘知業果報觀迦留足天第
九住處彼以聞慧見迦留足天第九
地處名曰香樂衆生何業而生彼處
彼見聞知若人持戒信於三寶佛法
僧中大福田處施衆末香塗香淨心
供養如法得物以用布施作已思惟
而生隨喜是人命終生香樂天受天
快樂身出光明天五樂音心常歡喜
經於多時受五欲樂不覺長遠諸根
躭樂躁動貪著無始流轉不知猒足
遊戲園林以衆花鬘自嚴其身塗香
末香種種樹林具足光明河池流泉以
為莊嚴心著欲樂不覺退没如是欲
境愛心所誑受五欲樂乃至業盡從
天還退若有善業不墮地獄餓鬼畜
生得受人身生清涼國不值荒壞刀
兵飢饉為一切人之所供養以餘
業故
復次比丘知業果報觀迦留足天第
十住處彼以聞慧見迦留足天第十
地處名曰均頭以何等業生於彼處
若人持戒信心清淨見有衆生得罪

於王鬚髮受戮救令得脫是人命終生均頭天受五欲樂三方天王所受欲樂此天所受具足無減具三天樂欲樂欲明欲樂相續三天之樂隨念皆得乃至天女五欲音樂受樂之具乃至愛善業盡從天還退有餘善業不墮地獄餓鬼畜生得受人身常離怖畏憂苦惱乱無病安隱端正妙色人所愛念大富饒財隨劫增減壽命長遠以餘業故

復次比丘知業果報觀迦留吒足天十種地已觀四天王天第三住處名常恣意有幾住地彼以聞慧觀恣意天有十種地何等為十一名歡喜岸二名優鉢色三名分陁利四名衆彩五名住雜峯六名依蜜七名醉欲八名住凉泉九名常遊戲十名清淨池是名常恣意天十地住處以何等業生於彼處彼以聞慧見此衆生淨心持戒離於邪見見人斫伐鬼神大樹夜叉羅剎之所依止其人擁護令不斫伐此諸鬼神不惱害人依樹受樂無樹則苦以此人故鬼神得樂是人

命終生歡喜峯天受天快樂池名清凉鵝鴨鴛鴦身皆金色以為莊嚴出衆妙音七寶蓮華以為嚴飾金色林樹名曰金林其蓮華池周匝圍遶金寶林樹影現池中無量種色其池妙好如帝釋池若天帝釋從上而下欲伐阿修羅見其蓮華如日初出如是蓮華無量百千以為莊嚴帝釋見已告諸天曰此清凉池清淨莊嚴甚為奇妙於如是等功德華池心常愛樂喜峯天子與諸天女娛樂受樂不可譬喻自在遊戲天女圍遶受第一樂行食自在於華池岸及行異處身無疲極心常悅樂第一具足歌舞戲笑音常不絕天女圍遶念身心樂清淨无垢增長成就受五欲樂心無猒足何以故愛心如火不知足故如是天子遊戲種種山河宮殿池水蓮華七寶莊嚴遊觀之處聞種種音與衆天女遊戲諸林歡娛受樂須弥山峯毗琉璃寶白銀珊瑚黃金為色光明照曜自在遊行光明如日可愛如月或有光色不可譬喻以善業故得此妙身受

善業果是天遊戲受五欲樂乃至愛善業盡從天命終若有餘善不墮地獄餓鬼畜生得受人身端嚴殊妙豊樂安隱巨富多財受第一樂以餘業故

復次比丘知業果報觀常恣意天第二地處彼以聞慧見常恣意第二地處名優鉢羅色衆生何業生於彼處彼以聞慧見此衆生順法修行持戒清淨信為欲供養佛法僧故造優鉢華池供養三寶是人命終生優鉢羅色天受天快樂遊戲華池歡喜娛樂歌舞戲笑受無量樂一一園林琉璃珊瑚真金莊嚴其地柔濡無量天女遊戲其中受天快樂隨念成就無量山峪娛樂喜樂以樂因故受樂果報五根所對皆悉快樂身如琉璃優鉢羅色遊諸華池優鉢羅間其華香氣滿百由旬勝一切華如王寂勝以因得果如來所說生天上已愛彼華池遊戲其中受無量樂六根所對心常愛樂乃至愛善業盡從天命終若有餘業不墮地獄餓鬼畜生得受人身生大國土多饒華果具足天樂巨富饒

財以餘業故

復次比丘知業果報彼以聞慧見常恣意天第三住處名分陁利衆生何業而生彼處彼以聞慧見此衆生淨身口意爲佛法僧造蓮花池供養三寶是人命終生分陁利天善業成就受天快樂種種衆寶莊嚴其身光明晃曜諸天所受華鬘莊嚴多諸天女以爲圍遶金剛青摩尼寶車乘衆寶莊嚴娛樂自在受樂乃至愛善業盡從天命終若有餘業不墮地獄餓鬼畜生得受人身所生國土多有陂澤大富饒財受第一樂父母兄弟妻子眷屬之所愛念以餘業故

復次比丘知業果報觀常恣意天第四住處彼以聞慧見常恣意天第四地處名曰彩地衆生何業生於彼處即以聞慧見此衆生心有淨信爲比丘僧染治袈裟若畢鉢羅若赤若黃若紫若紺若擣檀若青若綠若黒若碧以此衆色爲出家人染治法服是人命終生彩地天受天快樂衆綵衣鬘以爲莊嚴其身常出種種光明以

照其地一切皆赤如赤寶華所出光明其地光明亦復如是及餘種種青黃雜寶莊嚴其地一切彩色衣服莊嚴亦復如是莊嚴其身遊戲林中常受快樂無以爲比無量殊勝功德具足受種種樂善業所得種種園林宮殿樓觀與衆天女衆寶莊嚴遊戲園觀隨至彩地皆與同色一一林樹一一山峯一一華池一一河水一一流泉遊戲受樂種種伎樂歌儛戲笑與衆天女共相愛戀六欲自娛食須陁味飲天甘露無有醉乱天衆圍遶受斯悅樂比丘觀已而說偈曰

善業爲高勝　勝高須弥山　善業能將人
阿迦尼吒天　種種持禁戒　護於無量種
以善業果報　天中受快樂　戒光淨莊嚴
持戒清淨水　澡浴修行人　生天受快樂
施戒自調伏　利益諸衆生　智精進慈心
彼人生天中　正行離衆過　戒寶自莊嚴
悲心於衆生　彼人生天中　質直者如金
鍊之離塵垢　修行樂正業　彼人生天中
慈愍諸衆生　心常念利益　不染諸惡業
彼人生天宮　晝夜持禁戒　智慧常護持

彼人生天中　常得受快樂　若人念思惟
乘於持戒馬　到諸天宮殿　無量戲樂處
若遊戲天宮　受天快樂報　皆由持淨戒
如來之所說　若天鬘嚴飾　天華極精妙
遊戲於天中　皆由善業故　遊戲優鉢花
園林而莊嚴　遊戲於天中　皆由善業故
若住虛空界　天寶而莊嚴　清淨光明天
皆由持戒得　金寶莊嚴處　周遍妙花香
遊戲於山峯　皆由持戒得　如人入已舍
其心無畏怖　持戒亦如是　能至於天中
非雜多花香　非摩盧占蔔　能勝天中香
持戒香最勝　若人護持戒　此命則爲勝
若人捨離戒　是名爲死人　知此功德已
若爲愛自身　善護持禁戒　遠離犯戒心
持戒常調伏　忍辱人樂見　如人乘階道
到天快樂處

如是比丘觀天所受自業果報觀業果已於生死中猒離欲心彼彩地天遊戲受樂乃至愛善業盡從天命終有餘善業不墮地獄餓鬼畜生得受人身爲一切人之所愛敬大富饒財生於南天無惱亂處以餘業故

復次比丘知業果報觀常恣意天第

五住處彼以聞慧見常恣意天第五
地處名貧多羅（魏言雜地）衆生何業生於彼
處即以聞慧知此衆生信心悲心以
種種食施與持戒不持戒人是人命終
生貧多羅天以種種業得種種樂種
種數具受種種樂種種遊戲諸園林
中與諸天女娛樂受樂種種山林㵎
峪峯巖遊戲其中衆華池泉優鉢羅
華鉢頭摩華種種花果遊觀之處種
種衣服莊嚴其身種種言說巧言辯
辭戲笑愛語論議之言作種種因種
種林中受種種樂如是比丘觀已歡
喜而說頌曰

諸業之所作　過於巧畫師　業畫師天中
作種種樂報　種種衆彩色　現觀則可數
心業布衆彩　其數不可知　毀壁畫則亡
二俱同時滅　若身壞滅時　業畫不可失
辟如一畫師　造作衆文飾　一心亦如是
造作種種業　五彩光色現　見之生愛樂
五根畫亦尒　如業有生死　如世巧畫師
現前則可見　心畫師微細　一切不能見
圖畫好醜形　令壁衆像現　心業亦然是
能作善惡報　是心於晝夜　思念恒不住

如是業隨心　展轉常不離　風塵烟雲熱
晝色則毀滅　捨善不善時　諸業令乃失

如是比丘觀心畫師自在造業如實觀
業猒離生死此天受於種種愛業乃
至業盡從天命終若有餘善不墮地
獄餓鬼畜生得受人身大富多財常
行正法乘大船舫以求財寶以餘業故

復次比丘知業果報觀常恣意天所
住之處彼以聞慧見常恣意天第六
地處名曰山頂衆生何業生於彼處
彼以聞慧見此衆生以善修意為遮
寒熱造作義屋令人受用是人命終
生山頂處受天快樂五欲自娛種種
成就有七園林一名曇陀羅戲林二
名雲林三名息樂林四名遊戲林五
名吼林六名幻林七名丘迦羅林於
此林中與衆天女相隨戲笑歌儛遊
逸作天伎樂隨意遊觀受第一樂一
一華林遊戲其中以衆寶藏莊嚴
其山一一山峯出金色光遊戲其中
離諸病惱以衆善業得生彼處受天
悅樂河水流泉蓮華浴池而相娛樂
乃至愛善業盡從天命終若有餘善

不墮地獄餓鬼畜生得受人身為大
王師衆人所愛以餘業故

復次比丘知業果報觀常恣意天所
住之地彼以聞慧見常恣意天第七
地處名曰摩偷（魏言美地）衆生何業生於
彼處彼以聞慧見此衆生修行善業
受持禁戒利益衆生柔濡悲心質直
不諂不惱他人以食布施道行沙門
婆羅門貧窮病苦孤獨之人或一日
二日乃至多日常供不息是人命終
生於美天受天快樂園林鈴網出妙
音聲諸天女衆周匝圍遶無量天欲
歡娛受樂多諸童子天須陀味甘美
恣意曇陀羅華以為天鬘遊戲華林
金毗琉璃頗梨山峯多有衆蜂遊於
華池出美妙音與衆玉女遊戲園林
其林勝於百千日光曇陀羅林俱賒
林中金色衆鳥音聲可愛五樂音聲
受天快樂金毗琉璃以為其地多有
諸池真珠為沙以布其底一一池中
八功德水自業所生須弥留山金毗
琉璃頗梨迦以為其石莊嚴寶山與
天玉女遊戲受樂受自業果乃至愛

善業盡從天命終若有餘善不隨地獄餓鬼畜生得受人身常受富樂近岷茶山受大王封以餘業故

復次比丘知業果報觀常恣意天所住之地彼以聞慧見常恣意天第八地處名曰欲境衆生何業生於彼處彼以聞慧見此衆生於持戒人若邪見病人施其所安飲食湯藥令離病苦是人命終生欲境天受天快樂无所怖畏同地諸天悉皆供養以業勝故樂報亦勝譬如燈大光明亦大如是天上受天勝樂以善業力生於彼處毗琉璃寶摩尼金光須弥山峯遊戲受樂無量遊觀莊嚴其地園林浴池河泉流水七寶莊嚴種種光明多諸女天恭敬圍遶受五欲樂如意遊戲受諸欲樂於彼受樂乃至愛善業盡從天命終若有餘業不墮地獄餓鬼畜生得受人身第一端正無所怖畏大富多財王所敬重衆人供養壽命延長生好國土生值正法不生惡世以餘業故

復次比丘知業果報觀常恣意天所

住之地彼以聞慧見常恣意天第九地處名清涼池衆生何業生於彼處彼以聞慧見有衆生信心悲心見諸衆生臨終渴病見閻羅使生大怖畏以石蜜漿若以冷水施此病人以是因緣是人命終生清涼天受天快樂其地具足流水河池戲樂之處於彼天中受種種樂目視則足香氣恣意身觸細滑聲味亦尒其心清涼離於醉過其飲具足五種功德天既飲已增十功德行空不墮乘空無礙如遊平地不勞其力歌儛戲笑心常悅樂受天功德百功德樂耳聞音聲無所障导如是天中受第一樂如是天樂隨意所受境界之樂有八林樹七寶所成一名四歡喜二名遊戲行三名意清涼四名風樂林五名音樂聲六名業音七名花林八名如意林於此林中遊戲受樂眼視妙色耳聞愛聲鼻聞妙香舌得上味如是離垢其心清涼五根境界皆悉受樂為如是等六欲所燒日夜增長六欲之火縱逸熾然而不覺知生放逸地放逸壞心乃

至愛善業盡從天命終有餘善業不墮地獄餓鬼畜生得受人身常離飢渴無有疲倦不值飢怖受第一樂一切世間人所愛念為說敷具供身醫藥以餘業故

復次比丘知業果報觀常恣意天所住之地彼以聞慧觀常恣意天第十地處名常遊戲衆生何業生於彼處即以聞慧見有衆生為修禪者生猒離故圖畫房舍作死屍觀是人命終生常遊戲天常受快樂其地皆以金毗琉璃珊瑚因陁青摩尼寶以為莊嚴遊戲受樂無量音聲甚可愛樂不可具說飲食衣服華香之具隨念即得無量遊戲所謂見林遊戲悅樂遊戲鳥音遊戲音聲遊戲恣意遊戲善香遊戲觸依遊戲種種香熏種種和合遊戲之樂行於虛空見諸親友心亦悅樂行衆寶山亦受悅樂成就如是無量悅樂五樂音聲自業成就乃至愛善業盡從天命終有餘善業不墮地獄餓鬼畜生得受人身常有種種遊戲之處著於種種繒綵衣服愛

種種語種種遊戲以餘業故

正法念處經卷第二十三

正法念處經卷第二十三

校勘記

一　底本，金藏廣勝寺本。

一　七六頁中一行經名、二行譯者、三行品名及夾註，石作「正法念處經卷第二十三觀天品第六」。

一　七六頁中三行品名及夾註，磧、普作「觀天品第六」及夾註「品之二」；南、徑、清作「觀天品第六品之二」。

一　七六頁中五行夾註，石無；磧、普、南、徑、清作「此言衆迹天也」。

一　七六頁中一七行「白象色」，石作「白鳥色」。

一　七六頁下七行「愛善」，磧、普、南、徑、清作「受善」。下同。

一　七六頁下一一行及七九頁上一八行「迦留天」，磧、普、南、徑、清、麗作「迦留足天」。

一　七七頁上二行「能至」，磧、普、南、徑、清作「能生」。

一　七七頁上三行「則失」，磧、普、南、徑、清、麗作「敗失」。

一　七七頁上一三行「樂快」，磧、普、南、徑、清、麗作「快樂」。

一　七七頁上一三行「天鬘」，石作「人鬘」。

一　七七頁上二〇行「善人」，磧、普、南、徑、清作「善行」。同行「愍矜」，麗作「矜愍」。

一　七七頁上末行「至天」，磧、普、南、徑、清作「生天」。

一　七七頁中一行「求淨」，磧、普、南、徑、清、麗作「求寂」。

一　七七頁中二一行末字「敦」，石作「棠」；磧、普、南、徑、清作「振」。

一　七七頁下三行「多受」，石、磧、普、南、徑、清、麗作「多愛」。

一　七八頁上三行「而施」，石、磧、普、南、徑、清、麗作「布施」。

一　七八頁上四行夾註「藥草名也」，石無；磧、普、南、徑、清、麗作「冷藥華名」。同行「壽終」，石、磧、普、南、徑、清作「命終」。

七八頁上二一行「香華」，石、磧、普、南、徑、清作「蓮花」。

一 七八頁中一〇行第五字「生」，磧作「天」。

一 七八頁中一三行「憂惱」，麗作「憂怖」。同行第八字「於」，石、磧、普、南、徑、清、麗作「諸」。

一 七八頁中末行「所癡惑」，石、磧、普、南、徑、清、麗作「癡所惑」。

一 七八頁下一〇行至次行「地處」，石、磧、普、南、徑、清、麗作「處地」。

一 七九頁上八行「歡娛」，磧、普、南、徑、清作「歡喜」。

一 七九頁上一一行「澆漬」，磧、普、南、徑、清作「澆潰」。

一 七九頁下一〇行第七字「視」，徑作「是」。

一 七九頁下一二行「恶本」，磧、普、南、徑、清作「苦本」。

一 七九頁下一四行「洄澓」，磧、普、南、徑、清作「洄洑」。

一 七九頁下二一行「八地」，磧、普、南、徑、清作「八住」。

一 八〇頁上四行「悦樂」，磧、普、南作「觸樂」。

一 八〇頁上六行「觸樂」，磧、普、南作「悦樂」。

一 八〇頁上一〇行「垢汙」，清作「垢汗」。

一 八〇頁上一七行「逢見」，石作「逢見」。

一 八〇頁上二一行「人有」，石、磧、普、南、徑、清、麗作「有人」。

一 八〇頁上末行第三字「至」，石、磧、普、南、徑、清作「得」。

一 八〇頁中一行第三字「衆」，磧、南、徑、清、麗作「終」。同行「娛樂」，磧、普、南、徑、清作「歡娛」。

一 八〇頁中三行「當求」，磧、普、南、徑、清作「常求」。

一 八〇頁下三行及二一行「迦留足天」，石作「迦留足」。

一 八〇頁下四行首字「地」，磧、普、南、徑、清作「住地」。

一 八一頁上一行「鬚髮」，磧、普、南、徑、清、麗作「被髮」。

一 八一頁上一六行首字至次行末字「五名住雜峯六名依蜜七名醉欲八名住涼泉九名常遊戲十名清淨池」，磧、普、南、徑、清、麗作「五名質多羅六名山頂七名摩偷八名欲境九名清涼池十名常遊戲」。

一 八一頁中一行及一一行「喜峯」，石、磧、普、南、徑、清、麗作「喜岸」。

一 八一頁中二一行「爲色」，磧、普、南、徑、清、麗作「之色」。

一 八一頁下九行首字「清」，石、磧、普、南、徑、清、麗無。

一 八一頁下一七行「優鉢羅」，石、磧、普、南、徑、清作「優鉢林」。

一 八一頁下一八行「如王」，徑作「如玉」。

一 八二頁中九行「河水」，石作「河

流」。

一　八二頁中一三行「偈曰」，磧、普、南、徑、清作「頌曰」。

一　八二頁中一四行「勝高」，磧、普、南、徑、清作「勝過」。

一　八二頁中一八行「精進」，麗作「慧進」。

一　八二頁下八行「莊嚴」，石、磧、普、南、徑、清、麗作「莊飾」。

一　八二頁下九行末字「舍」，麗作「室」。

一　八二頁下一〇行「畏怖」，磧、普、南、徑、清、麗作「怖畏」。

一　八二頁下一二行「此命」，磧、普、南、徑、清、麗作「此人」。

一　八三頁上二行夾註「魏言雜地」，石無。

一　八三頁上三行首字「處」，磧、普、南、徑、清作「地」。

一　八三頁中九行第一二字「天」，石無。

一　八三頁下五行夾註「魏言美地」，石無。

一　八三頁下一一行「鈴網」，磧、普、南作「餘網」。

一　八三頁下一三行「甘美」，磧、普、南、徑、清作「甘露」。

一　八四頁上一六行「女天」，石、麗作「天女」。

一　八四頁中八行第六字「樂」，磧、普、南、徑、清作「飲」。

一　八四頁下一七行「觸依」，磧、普、南、徑、清、麗作「觸衣」。

正法念處經卷第二十四　初

元魏婆羅門瞿曇般若流支譯

觀天品第六之三　四王天之三

復次比丘觀四天王三地住處一一業果具觀察已觀第四處彼以聞慧觀三箜篌天有十種地何等為十一名乾陁羅二名應聲三名喜樂四名採水五名白身六名共娛樂七名喜樂行八名共行九名化生十名集行是為三箜篌天十地住處比丘如是分別觀察彼業果報以何業故生此天處即以聞慧見箜篌天修行善業生彼天中得相似果第一地處名乾陁羅衆生何業生於此天若有衆生信心修身以園林地或甘蔗田或菴羅林美果之林施與衆僧令僧受用此人命終生乾陁羅天受無量樂以天栴檀牛頭栴檀以塗其身无量天女圍遶娛樂種種莊嚴種種色貌善知歌舞戲笑之法遊戲園林及諸華池遊戲受樂身服天衣華鬘自嚴心相愛樂其華香氣熏百由旬天諸王

女聞此香氣皆大歡喜百倍縱逸瞻仰天子欲情無猒无量種法百倍恭敬如是天子心意恣逸欲樂自娛有諸河流一名寶流河二名波流河三名金流河四名酒流河五名美流河六名流沫笑河如是諸河鵝鴨鴛鴦出衆妙音於河兩岸多有園林其林對映衆鳥雜色七寶莊嚴出和雅音甚可愛樂諸天女衆出妙歌音聞衆鳥聲百倍增欲不樂餘音聞已歡喜受無量樂七音具足柔軟相應河中衆鳥天女歌戲飲天甘露無有醉乱與諸天女歡娛受樂於衆寶山金毗琉璃頗梨山峯園林池河流泉蓮花衆鳥嚴飾復與天女遊於青色毗琉璃地種種衆華遍覆其地於此地中遊戲受樂以善業故天樂成就如是比丘以聞智慧觀天樂已而說頌曰

五根常受樂　欲境所誑惑　欲火未曾有
須臾間猒足　一一諸境界　處處見天女
一切勝境界　欲火焰熾然　若合若離散
或說或憶念　以見女因緣　火進燒天人
火法和合有　不合則不生　若合若不合

欲火常熾然　因緣不合故　火遠則不燒
欲火無遠近　常燒愛衆生　以意想薪力
邪憶念所使　愛油投欲人　焚燒愚癡人
若以火燒身　燒已須臾滅　名色離散已
欲火猶不滅　欲火燒衆生　過於火燒人
欲火害雖甚　而人不生猒　五根因緣起
緣於五境界　愛風之所吹　欲火燒衆生
從憶念燧生　由境界增長　雖非可見法
燒人過熾火　欲火亦如是　增長過熾然
如是欲所盲　貪著於欲樂　火則有光明
欲火闇所覆　是欲如惡毒　智人應捨離

如是比丘觀於欲火焚燒天人心生悲愍見其過故不樂天樂如是乾陁羅天受種種樂乃至愛善業盡從天命終有餘善業不墮地獄餓鬼畜生得受人身多有田封大富饒財以餘業故

復次比丘知業果報觀瑩篌天所住境界彼以聞慧觀瑩篌第二地處名日應聲衆生何業生於彼處彼以聞慧見有衆生正行善業為邪見人說一偈法令其心淨清涼信佛是人命終生應聲天受五欲樂遊戲天河蓮

華池中金毗琉璃頗梨山峯乾闥婆音諸天女衆種種莊嚴歌舞戲笑端正無比圍遶天子增長喜樂遊戲山峯受種種樂天鬘末香莊嚴其身無量境界以自娛樂又遊山峪金山園林遊戲受樂有諸金山所謂瞻婆帝山無影之山一切樂山心意化山如是等山衆寶莊嚴金園林莊嚴諸天衆等歡喜歌頌遊於山峯乃至衆水衆蓮華池其水清淨涼美淨潔以為莊嚴衆鳥縱逸出妙音聲其山住處甚可愛樂受自業報遊戲受樂天女圍遶種種衆鳥出衆妙音衆蜂欲音遊戲天子所住休殿與衆天女受第一樂如是地天所受之樂乃至愛善業盡從天還退隨業流轉受諸生死或生地獄餓鬼畜生若有餘業得受人身生於大姓豪富第一人所敬重身口意善眷屬堅固奴婢僮客皆悉具足以餘業故

復次比丘知業果報觀三瑩篌天所住之地彼以聞慧見瑩篌天第三地處名日喜樂衆生何業生於彼處彼

以聞慧見此衆生修行善業以淨信心施人美飲或施行人清淨美水令其安樂或覆泉井恐諸虵毒蜘蛛虫蟻墮於井中行人飲之而致苦惱以是因緣覆蓋泉井不求恩分為福德故彼人命終生三瑩篌天喜樂地中生彼天已其身光明如第二日以善業故遍身莊嚴遊戲山峪泉池流水與諸天女同心共遊端正少年無有苦老无量色聲香味觸受五欲樂其地山林多有七寶以為林樹無萎林等其林衆花未曾萎變香氣常熏金影樹林金枝弥覆毗琉璃峯以為莊嚴孔雀衆鳥俱翅羅鳥七寶羽翼出美妙音自觀身相心生悅樂所謂雜色羽翼隨天所念出美妙音聞其聲已各各皆發希有之心此鳥能知我心所念隨意出聲其音美妙於鳥口中出甘露飲相續不斷衆鳥飲之十倍縱逸心生歡喜口出百種功德之音其音莊嚴功德勝妙聞種種鳥歌衆妙音愛欲之心百倍放逸心生歡樂復有衆鳥名嘍遊戲於鈴網內

出衆妙音其音清妙與鈴音合不可
分別和合出聲兩倍轉妙復有衆鳥
名曰岸行住於河岸金蓮華中流出
香飲復有衆鳥名曰影遊隨其行處
地則同色復有衆鳥名曰輪鳥若此
輪鳥遊行所近令諸天女端正殊妙
過先百倍無量林中遊戲受樂未曾
斷絶隨念成就第一勝樂清淨無比
无量天女而自圍遶遊戲林中或遊
山峯乘空趣於金毗琉璃山頂衆蓮
華池鵝鴨鴛鴦其水清淨如毗琉璃
香水湛然充滿其中於遊戲處衆香
流水諸林香氣悉皆普熏无量金樹
毗琉璃樹圍遶彼山其地柔軟舉足
下足蹈之隨平於此地中與諸天女
遊戲其中皆共娛樂目視愛色无量
百千種種妙色無量百千可愛妙聲
无量百千種種妙香如是諸根受无
量樂乃至愛善業盡從此命終若
有餘善不墮地獄餓鬼畜生得受人
身常得安樂王所愛重衆人所念以
餘業故

復次比丘知業果報觀箜篌天彼以

聞慧見箜篌天第四地處名曰採水
衆生何業生於彼處彼以聞慧見此
衆生修行善業信心悲心潤益之心
見病困者其命臨終咽喉之中悤悤
出聲餘命未盡施其漿飲或施其財
以續彼命是人以此善業因緣命終
生於三箜篌天採水之地受天快樂
光明威德如帝釋王諸天女衆周匝
圍遶常受快樂受自業報過無量時
見無量林無量河流諸天女衆相隨
入林林名摩利無量河水蓮華浴池
以為莊嚴天諸音樂出妙音聲多有
天女歡喜娛樂於其林中多有華果
乾闥婆音衆鳥之音其林寶樹曼陀
羅林俱翕林不破壞林常歡喜林正
歡喜林如意香林如是華香普熏一
切諸天人衆隨天所念於摩利林既
遊戲已向五華林手相娛樂其林衆
鳥名曰宿命見諸天衆而說頌曰

福德可愛樂　能得勝果報　是故應修福
無及福船筏　福德藏無盡　福德親無上
福德如明燈　亦如慈父母　福德至天中
福能至善道　人能修福故　天上受福樂

若人修勝福　常得生樂處　是故應修福
无及福德樂　利益於二世　愛敬及財物
常觀此二因　是名福德樂　福德恒隨身
如影常不離　福為第一樂　無福無樂報
若天福德盡　退已隨業生　世間善惡果
是故應修福　我於天人間　今受畜生身
無福因緣故　自業之所欺　若無福調伏
常行於惡道　其人無安樂　如沙不出油
愚人為心欺　遠離於福德　其人不得樂
衆苦常不斷　是人數數生　數數還退沒
以天行放逸　彼天樂無常　業網繫衆生
癡愛之所誑　無始生死來　流轉如水輪
諸天退沒時　具受大苦惱　地獄衆苦毒
不得以為比　天樂必有退　如何不覺悟
不見死滅故　貪著世間樂　諸世間生滅
不可以數知　而人莫能耽　為愛之所欺

時諸天衆聞鳥說法心少憶念還復
放逸為心所使行於愛欲於彼林中
五樂音聲歌舞戲笑以自娛樂為放
逸火燒境界薪一一住處一一園林
一一山峯一一宮殿一一華池與諸
天女戲遊其中受五欲樂於此天中
受天快樂乃至愛善業盡從天命終

隨業流轉若有餘善不墮地獄餓鬼畜生得受人身從生至終不遭病苦無有惱乱人所愛敬生好國土離於飢渴色貌端正以餘業故

復次比丘知業果報觀埿篌天彼以聞慧見埿篌天第五住處名曰白身衆生何業生於彼處若有衆生識於福田以淨信心見有佛塔風雨所壞若僧房舍以福德心塗飾治補以正信心知業果報作已隨喜復教他人令治故塔是人命終生白身天生彼天者服白色衣如珂如雪如拘牟頭華十六分中不及其一所住宮殿亦復如是一切白光其身鮮白遊戲諸林珊瑚樹林出衆妙香種種樂音歌舞戲笑受天快樂入珊瑚林其林多有衆鳥音聲光明莊嚴有大勢力光明赤色諸色中上本身鮮白以樹赤光身皆赤色手相瞻視各作是言我等本色皆悉不現更生異色此樹色赤可至餘林即與天女入毗琉璃林其林青色如閻浮提仰觀虚空令諸天身皆失白色其樹青光悉覆天身所

有衆鳥及諸蓮華悉亦青色時諸天子與諸天女而自圍遶作天伎樂遊戲歌舞久受天樂五欲自娛經作久時復詣銀林縱逸遊戲其銀林中一切嚴飾皆為白色白寶蓮華白寶衆鳥是白身天入此林中猶如乳中見月色像久住此林遊戲受樂天衆伎樂不可譬喻捨此林已詣衆雜林其林種種諸樹莊嚴或有金樹或有銀樹或琉璃樹種種色葉以為莊嚴此天身色亦復如是生種種色於此林中與諸天女多時遊戲復捨此林詣金山峯名曰普遍其金山峯七寶莊嚴乘彼山頂悉見須弥山王眷屬六万金山須弥山王住在其中復至普眼山上彼山已久時遊戲多諸流水河池莊嚴周遍園林多有衆鳥出妙音聲白身天等於普眼山久受天樂與諸天女遊戲受樂捨彼山已復往上於大圍山頂復有異天来在此山共集遊戲時白身天與諸天衆遊戲受樂天伎樂音甚可愛樂受樂盡時如燈油盡其光則滅猶如日沒其明

亦滅天亦如是業盡還退隨其本業生於地獄餓鬼畜生若生人中其身鮮白如藕絲色生於北天漢國土等皆悉好色鮮澤具足受第一樂統領人民以餘業故

復次比丘知業果報觀埿篌天所住之處彼以聞慧見埿篌天第六地處名共遊戲衆生何業生於彼處彼以聞慧見此衆生信心持戒同為法義和合共會持戒布施以是因緣此諸人等從此命終生共遊戲天生彼天已福德成就皆共一心和合受樂遊戲行食皆共愛樂境界悅樂五樂音聲戲笑歌舞歡娛受樂諸天女衆種種莊嚴種種珎寶莊嚴山地遊戲其中受自業果毗琉璃珠以為欄楯種種衆寶鵝鴨鴛鴦莊嚴其河種種寶樹莊嚴河岸諸天女衆圍遶遊戲詣真珠河於其河中无量流飲清淨香潔白真珠沙以布其底真金為泥多有金魚無量寶珠莊嚴魚身其河兩岸黃金為樹毗琉璃寶以為其葉毗琉璃樹黃金為葉一切華果妙色具足

華果常敷衆鳥遊戲常懷悅樂聞其音聲皆生愛樂若以目視見之心悅彼諸天子常懷歡喜復往詣於本所住處婆求水中寶樹枝葉如屋如殿其地柔軟隨足上下如天青寶往返遊行衆蓮華林以為莊嚴平正廣博種種衆鳥妙寶莊嚴或有金地毗琉璃樹枝如羅網以為宫宅多衆華香衆蜂圍遶以為莊嚴天子天女充滿其中受天樂報復往泉池流水園林浴池其林衆鳥遊戲水中其身金色充滿其中出妙音聲河泉流水清淨香潔往注金山出種種音諸天女等於其河側手執金華圍遶天子娛樂受樂以華相擲以為喜樂經於多時復與諸天詣於欲林於彼林中如是一切放逸覆心其林衆鳥恣於果味衆蜂色貌如毗琉璃恣於華味俱翅羅鳥心常醉逸猶如春時河岸衆鳥醉於美飲如是天子五欲恣意諸天女衆見諸天子欲心充滿如是女人無有餘樂勝於欲樂如是女人欲味念欲依止於欲自性念欲常念天子心不

捨離若見天子與諸天女娛樂受樂百倍惛醉如是受樂乃至愛善業盡從天命終隨業流轉墮於地獄餓鬼畜生若生人中還與眷屬同生一國同業修福以餘業故皆悉巨富皆行善業一切皆共同受一業同處受生其人善惡皆悉同受無有差別以餘業故

復次比丘知業果報觀塋篌天所住之地彼以聞慧見塋篌天第七地處名樂遊戲若人持戒化諸衆生令心淨信勸令歡喜或教布施或教持戒信於福田具功德處是人命終生樂遊戲天身具光明即自思惟我以何業来生此處即自念知我於前世於人中時布施此人為我知識同為福德以是因緣生此天中憶念如是沙門知識教化力故令我布施發清淨心是故我今生遊戲天即時迴顧見諸天女如蓮華林衆妙色相具足莊嚴見之心者不復念本毫微之善生放逸地愛著五欲受天觸樂見諸天女無量妙色心生戀著无始流轉欲

火所然猶如猛火焚燒枯林欲火所然亦復如是諸天女衆向諸天子口出香氣遍其住處手執蓮華無量莊嚴詣天子所天子天女無量欲樂共相娛樂受五欲樂比丘如是觀放逸已猒離生死於生死苦大怖畏處生怯弱心而說頌曰

苦樂法初起　則忘久苦樂　譬如初日朝
則無有先日　云何天世間　現在受天樂
不知當退沒　一切皆歸盡　如蜜在棘林
亦如雜毒飯　諸樂亦如是　不覺退沒苦
天中上妙欲　受之無猒足　天中諸愛力
大樂自覆心　愛火燒衆生　求樂不可得
若得離愛欲　一心行為樂　無我離欲人
能至涅槃城　是人初後淨　從樂得樂處
若人斷愛結　令心无遺餘　善攝於心意
不受一切法　知應作不作　彼人常得樂
若能斷愛河　得脫生死流　勇健者能度
必至涅槃城　愛者則無樂　三毒和合故
若能解脫欲　是名清淨樂

如是比丘觀放逸行天愛火增長生悲愍心是時彼天與諸天女詣香焰林遊戲之處天女圍遶種種音聲歌舞

戲笑娛樂受樂或行虛空如鳥飛翔天女園遶有乘鵝殿有乘鵝鳥有行於地多有天女歌諸音頌身皆安樂無有疲惓詣諸香烟林見彼林中先住諸天生大歡喜和合共集戲笑音聲第一歡悅於香烟林無量音聲充滿其中簫笛箜篌種種鼓樂天女莊嚴衣瓔珞具出衆妙聲歌笑之音諸河流水出種種音衆寶色鳥種種形色天諸歌音聞者悅樂遍滿林中其林多有天諸藥草鳳鳥泉池華果具足於此戲處受五欲樂復與天女眷屬園遶詣須弥山辯才峯間於彼山中衆蓮華池園林具足其山峯中毗樓勒天王之所住處無量天女所共園遶觀諸衆生所作事業法以非法幾許衆生行於法行幾許衆生行於非法作何業故利益世間作何業故不益世間以何令彼正法增長非法減少云何令魔軍衆減少勇健阿修羅惱乱龍等皆悉損減如是護世天王於辯才山去峯不遠日所行道毗留勒天王觀其光明修行何法有

此光明照於世間思惟觀日行道光明若世間人順法修行擁護正法如法增長日光清淨時節隨順光明照曜五穀成熟人無疾病若行非法則日無光明五穀不登人民疾病如是皆由法非法力得增上果日之光明非無因緣光明無等行須弥側故名大明毗留勒天王因見日已觀諸世間彼諸天衆歡喜受樂見此大明行山峯間光明威德百倍歡喜毗留勒天王觀世間已見天光明威德增勝心生歡喜而說頌曰

三種作善業　有三種三因　三時三地處
三功德三果　不盗常行施　而行於正法
實忍善相應　一切天中生　具足天莊嚴
天驍自嚴身　如是天中樂　皆由善業因
若放逸衆生　不行於善業　如是愚癡人
不得生天中　人中作善業　人作業成就
以是業報故　得生此天中　若有愛自身
欲受於樂果　作大福德因　得生天世間
若於諸天中　受上中下樂　如是三種樂
福德因緣故　若人作諸業　隨業有增減
如是隨諸業　天中受樂報

時毗留勒天王觀諸天衆說是偈已興諸天衆遊戲山峯園林浴池華果地處種種衆鳥出妙音聲多諸天衆目視山谷心生愛樂受六欲樂貪於六境放逸遊戲五樂音聲於蓮華池遊戲之處或遊飲河毗琉璃林泉池莊嚴皆共遊戲乃至愛善業盡從天命終隨業受報隨於地獄餓鬼畜生若生人中智慧辯才為世導師人所信受以餘業故

復次比丘知業果報觀三箜篌天所住之地彼以聞慧見箜篌天第八地處名曰共遊衆生何業生於彼處彼以聞慧見此衆生信心修行持戒布施法會聽法佐助經營勸助隨喜深心善心以淨信心如是思惟此人福德我亦如是念當修福是人命終生共遊天隨喜施故無量境界心生愛樂其園林中種種音聲遊戲受樂其池四岸毗琉璃珠以為欄楯金華遍覆種種衆鳥出妙音聲與諸天女而共遊戲其園林中俱翅羅鳥孔雀莊嚴與諸天女遊戲受樂其諸蓮華琉

璃為莖黃金為葉金剛為臺遊戲其中於美林中衆果具足與諸女人飲於美味受五欲樂或行山峯毗琉璃地其地平正或遊山王河泉流水清淨無垢清涼快樂與諸天女遊戲其中或遊渡濟真珠為沙以布其地清淨水中而自遊戲或有樓閣七寶莊嚴高峻廣大或有伎樂與諸天女遊戲受樂或有意樹寶鈴妙聲以為莊嚴或有林中六時具足與諸親友及天女衆常受快樂或有七寶以為其地上此山已觀餘天衆如是種種不可辭喻自業所化受天快樂如是諸天愛樂放逸不知厭足眼愛無量種種妙色不知厭足耳鼻舌身意貪於聲香味觸法亦復如是如是六根染愛六境不知厭足隨得境界愛心轉增如火益薪隨得境界無量增長愛覆諸天不識真樂受如是等无量天樂乃至愛善業盡從天命終若無善業墮於地獄餓鬼畜生若生人間同集一衆或入大海商賈求財或同一城或在山中同一村落或同一業或

復觀友或同一王大富自在以餘業故

復次比丘知業果報觀三筌後天第九住處名曰化生衆生何業而生彼處彼以聞慧知此衆生起大悲心見有衆生飢饉所逼投沒深水欲自喪身救此溺人愛之若子悲心救護是人命終生於天上隨此天子所近天女加趺而坐從其懷中忽然化生時天父母即生子想天子生已生父母想父母愛子亦如閻浮提人如是天中從坐化生愛之弥其語天子言汝善果報從我化生我與汝樂我今將汝遊戲一切諸園林中諸蓮華池及遊山頂金銅所覆泉流浴池樹枝弥覆蓮華池中金色蓮華衆蜂莊嚴清淨流水及諸飲河種種美味恣意共汝遊戲受樂天子白言我今生此得善果報生值父母我今供養時天父母即將天子詣兩閻浮檀林與諸天女至彼林中見閻浮檀樹華果欝茂其香普熏滿五由旬以華遍散種種妙色青赤黃紫種種形色長短方圓以

此衆華莊嚴其身如天嚴旋時天父母語其子言此兩閻浮檀林歡喜花敷若風動樹其華遍散一切天衆汝今可於此林遊戲與天女衆而自娛樂相隨遊戲說是語已與諸天衆共入彼林見衆天鳥名曰命喚即以偈頌讚天子曰

善來汝賢士　從作善業生　護持七種戒
今得如是果　持戒果安樂　天中受果報
持戒如舩筏　能度生死津　若人戒水淨
澡浴勇健心　閻浮檀金花　天中自澡潔
持戒為種子　修種種戒行　遊戲於天中
汝今樂成就　若人調伏心　常以戒莊嚴
彼人得天處　受無量快樂　若人作善業
從樂生樂處　遊戲於天宮　持戒增長故
乘於尸羅階　增長於智慧　此人至善道
智慧善業故　是故常持戒　布施智慧財
常離於破戒　如避刀火毒　如是善護戒
將人至善道　若離於持戒　則無安樂處

如是命鳥偈讚天子令心喜悅天子聞已心生歡喜即與其父共入林中其林皆以如意之樹以為莊嚴猶如日光莊嚴奇特無量百千樹林和合

正法念處經卷第二十四　第二十張　初字号

流泉浴池莊嚴其林毗琉璃樹真金
莊嚴無量愛樂初生天子見此林樹
生大歡喜遊彼林中見諸天女無所
繫屬時諸天女見此天子獨遊林中
容貌端嚴未有天女皆疾走詣此天
子所戲笑歌舞作天伎樂時彼天子
既捨父母欲心所覆詣天女衆共相
娛樂歡喜無比天衆伎樂受樂成就
於金銀毗琉璃車𤦲馬瑙寶山峯中
園林浴池真珠為沙以布其地天蓮
華池種種衆鳥以為莊嚴與諸天女
處處遊戲遊行受樂一一山中一一
河中一一流水與諸天女遊戲受樂
觀察如是希有事已共天女衆歡娛
受樂乃至愛善業盡從天命終隨業
流轉墮於地獄餓鬼畜生若生人中
或作國王或為大臣為一切人之所
愛念顏貌端正以餘業故

復次比丘知業果報觀三十三天所
住之地彼以聞慧見三十三天有第十
地名曰正行衆生何業而生彼處彼
見聞知若有衆生行於善業見人亡
破為他抄掠救令得脫或於曠野嶮

正法念處經卷第二十四第二十一張　初

處教人正道或疑怖處令他安隱利
益衆生善行三業淨身口意是人命
終生正行天生彼天已其身光明猶
如滿月其光明曜六根常受五欲之
樂常自娛樂無量天女以為供養身
服天衣及著天鬘常行遊戲園林華
池入頗梨林其林皆悉是頗梨樹普
出光明以為嚴飾華果具足其葉光
澤猶如雲母果如明鏡其相方正是
時天子入毗留博叉林見百千身皆
悉端正塗香末香華鬘莊嚴百倍踊
躍謂餘天衆悉不如已時毗留博叉
入彼林中觀諸世間以林勢力毗留
博叉於此林中見空行夜叉地行夜
叉及閻浮提法非法相見增長果於
頗梨樹見人行法心則歡喜見行非
法心則不悅毗留博叉見法非法向
帝釋說於夜叉所知閻浮提人若善
不善時彼天子於此林中受五欲樂
乃至愛善業盡墮於地獄餓鬼畜生
若生人中於法城內生於正見大長
者家大富饒財以餘業故

復次比丘知業果報觀三十三天已

正法念處經卷第二十四　第二十二張　初

觀四大天王天名曰行天遶須弥山
王住於宮殿外道說言曜及星宿粗
略而說三十六億衆生何業生於彼
處彼以聞慧見此衆生持七種戒身
戒口戒身三種戒口四種戒生於彼
處得增上果以衆生作善不善業因
緣故現善惡相日月星宿名曰行天
遶須弥山虛空持風名曰風輪為增
上緣轉持日月星宿遶於須弥山王
於彼天中二護世天一名提頭賴吒
二名毗沙門此諸天衆與二大天王
遊四天下種種摩尼以為宮殿青黃
赤白如前所說與行天衆遊戲空中
受五欲樂如意自娛乃至愛善業盡
墮於地獄餓鬼畜生若得為人常樂
遊行一切國土設無因緣常遊諸國
或受安樂或受苦惱以餘習故餘戒
力故

復次比丘知業果報觀四大天王更
無餘地作如是念四天王天無量无
邊如是盡觀於須弥山四面受樂右
遶遊行日月遊行遶須弥山隨在何
方須弥山王則有影現人說為夜闇

浮提北名曰風輪持北方星輪轉不沒風輪持故諸外道等見此辰星北斗七星常現不沒便謂此星能持一切世間國土不如實知不知風力之所持也如是外道少分有知比丘如實觀四天王天猒離生死見天退苦觀已猒離生死無常一切破壞一切變動一切別離一切業藏諸業流轉如是比丘以聞知見復次行者內觀於法順法修行一切愚癡凡夫貪著欲樂為愛所縛為求生天而修梵行欲受天樂如是比丘深生猒離不樂不著不修不味觀諸樂已以聞智慧見彼比丘能與魔諍欲度生死海得第十七地地神夜叉聞已歡喜告虛空神空行夜叉聞已歡喜告四天王如前所說次第乃至無量光天閻浮提中某村某邑某城某國某種姓中某善男子名字某甲以信出家剃除鬚髮而被法服與魔共戰欲出諸有如是無量光天聞已歡喜告餘天曰閻浮提人順行正法我今隨喜此人發心欲出生死與魔共戰持戒

正行欲與魔戰減損魔軍增長如來所說正法

正法念處經卷第二十四

正法念處經卷第二十四

校勘記

一　底本，金藏廣勝寺本。

一　八八頁中一行經名、二行譯者、三行品名及夾註，石作「正法念處經卷第二十四觀天品第六之三」。

一　八八頁中三行「四王天之三」，磧、普、南、徑、清無。

一　八八頁中末行末字「王」，磧、普、南、徑、清、麗作「玉」。

一　八八頁下四行「波流河」，石作「皮流河」。

一　八八頁下一四行「池河」，石、磧、普、南、徑、清作「河池」。

一　八八頁下二二行「見女」，麗作「天女」。

一　八九頁上二行第八字「愛」，磧、普、南、徑、清、麗作「害」。

一　八九頁上三行「欲人」，磧、普、南、徑、清、麗作「欲火」。

一　八九頁上五行第八字「燒」，磧、

普、南、徑、清作「惱」。
一　八九頁上一四行「愛善」，磧、普、南、徑、清作「受善」。下同。
一　八九頁上一九行「箜篌」，石、磧、普、南、徑、清、麗作「箜篌天」。
一　八九頁中九行「乃至」，磧、普、南、徑、清作「及至」。
一　八九頁中一四行「休殿」，磧、普、南、徑、清、麗作「林殿」。
一　八九頁下五行「泉井」，徑作「井泉」。
一　八九頁下末行「歡樂」，石、磧、普、南、徑、清作「喜樂」。
一　九〇頁上一二行末字「香」，磧、普作「者」。
一　九〇頁中四行「唿唿」，磧、普、南、徑、清作「歇歇」。
一　九〇頁中六行「命終」，磧作「念終」。
一　九〇頁中八行「帝釋王」，磧、普、南、徑、清作「帝釋天」。
一　九〇頁中二二行「福德至天中」，石、磧、普、南、徑、清作「修福至天中」。
一　九〇頁中末行「人能」，磧、普、南、徑、清作「人中」。
一　九〇頁下一行「樂處」，石作「福樂」。
一　九〇頁下二行「无及福德樂利益於二世」，磧、普、南、徑、清作「無及福德報　利益於三世」。
一　九〇頁下六行「人閒」，石、磧、南、徑、清、麗作「世間」。
一　九〇頁下二二行「戲遊」，清作「遊戲」。
一　九一頁上一三行首字「華」，石作「等」。
一　九一頁上一八行「本身」，石作「大身」。
一　九一頁中二行「作天伎樂」，石作「作天諸伎」；普作「作大伎樂」。
一　九一頁中三行「經作」，石作「逕於」；磧、普、南、徑、清、麗作「經於」。
一　九一頁中七行「久住」，石、磧、普、南、徑、清作「久在」。
一　九一頁中八行第一〇字「詣」，磧、普、南、徑、清作「諸」。
一　九一頁中二〇行「大圍山」，石、磧、普、南、徑、清作「大圓山」。
一　九一頁下七行第二字「處」，石、磧、普、南、徑、清、麗作「地」。
一　九二頁上六行「遊行」，麗作「遊戲」。
一　九二頁上一〇行「泉池流水」，石、磧、普、南、徑、清、麗作「泉水」。
一　九二頁中三行第九字「墮」，磧、普、南、徑、清無。
一　九二頁中六行第七字「受」，磧、普、南、徑、清作「愛」。本頁下一七行第二字同。
一　九二頁下八行「初日」，磧、普、南、徑、清作「日初」。
一　九二頁下二〇行「若能解脫欲」，磧、普、南、徑、清作「若解脫欲等」。
一　九二頁下二二行「香焰林」，磧、

普、南、徑、清、麗作「香烟林」。

一　九三頁上三行「歌諸」，磧、普、南、徑、清、麗作「歌讚」。

一　九三頁上四行第六字「諸」，石、磧、普、南、徑、清、麗無。

一　九三頁中四行「五槃」，磧、普、南、徑、清作「五穀」。

一　九三頁中一五行第一〇字「生」，磧、普、南、徑、清作「王」。

一　九三頁下四行「心生愛樂」，磧、普、南、徑、清作「生愛樂心」。

一　九四頁上二行「女人」，石、磧、普、南、徑、清、麗作「天人」。

一　九四頁上一六行第五字「法」，磧、普、南、徑、清、麗作「及法」。

一　九四頁上二一行「人間」，磧、普、南、徑、清作「人中」。

一　九四頁中一二行第八字「其」，磧、普、南、徑、清、麗作「甚」。

一　九四頁下一行「天髮」，徑作「天髮」。

一　九四頁下二行第七字「雨」，石作「雨」。

一　九四頁下二一行「共入」，磧作「甚入」。

一　九四頁下末行「奇持」，石、磧、普、南、徑、清、麗作「奇特」。

一　九五頁上四行「継屬」，磧、普、南、徑、清、麗作「繫屬」。

一　九五頁上一二行「遊戲遊行」，石、磧、普、南、徑、清、麗作「遊行遊戲」。

一　九五頁中八行第一三字「葉」，磧、普、南、徑、清作「華」。

一　九五頁中九行「方正」，磧、普、南、徑、清作「正方」。

一　九五頁下一三行「空中」，磧、普、南、徑、清作「宮中」。

一　九六頁上一行第三字「北」，石作「比」。

一　九六頁上二行「風輪」，石作「輪風」。

正法念處經卷第二十五　初

大魏婆羅門瞿曇般若流支譯

觀天品第六之四　三十三天初

復次比丘觀於持戒若有離於持戒智慧不得生天彼以聞慧見持戒者生於天中受天快樂以有智故命終退時不墮惡道以何等戒有幾種戒生於天中以何相生見七種戒化生天中有上中下不殺生戒生四天王處不殺不盜生三十三天不殺不盜不行邪婬生夜摩天不殺不盜不邪婬不妄語不兩舌惡口綺語生兜率陀天受世間戒信奉佛戒不殺不盜不邪婬不妄語兩舌惡口綺語生化樂天他化自在天亦如是比丘如是觀於戒業繫諸衆生上生天中云何持戒生於何處彼以聞慧見此衆生受不殺戒生四天處身量色力富命第一若受不殺不盜戒生三十三天身量色力富命轉勝若受不殺不盜不婬親近修習生夜摩天身量色力富命轉勝信智勝故生兜率陀天身量

色力富命轉勝不殺不盜不邪婬不妄語兩舌惡口綺語生化樂天身量色力受樂富命轉勝於前受持不殺不盜不邪婬不妄語兩舌惡口綺語生於他化自在天中身量色力壽命富樂勝於餘天非魔波旬自在所使亦不使魔

復次比丘知業果報觀微細因生於天上彼見思心為勝戒因上中下戒生六欲天心勝業勝生於六天以心勝故生處亦勝

復次比丘觀戒幾種彼見世間有二種戒一者自生二者從他自生者自性能持從他者和合而生復有二種戒一者在家二者出家在家戒者所謂五戒出家戒者持解脫戒復有二種戒謂一行戒非一行戒一行者所謂一戒非一行者或受二戒或持三戒復有二種一者久時二不久時久時者盡形護戒不久時者隨心所要隨力持戒復有二種一者有垢二者無垢有垢戒者生於天中無垢戒者至於涅槃復有二種戒一者世間戒

二者出世間戒世間戒者則有流動出世間戒則無流動復有二種戒一者自護二者護他自持戒者名曰自護他護者令他住於世間染戒復有二種一者止二者作作者成就諸行轉於生死止者知因知緣而不進學復有二種一者智攝二者施攝布施攝戒得大富樂智所攝戒得至涅槃復有二種一者內行二者外行外行者依於淨身內行者心口意淨復有二種一者修習二者不習修習者已於無量世來修習不習者一世持戒如是比丘觀如是等無量二戒

復次比丘觀微細戒有幾種戒比丘觀戒復有三種一者少分戒二者多分戒三者盡受戒少分戒者持於一戒多分戒者或持二三盡受戒者持一切戒復有三種一者愛二者不愛三者自性愛愛者為財利故而受禁戒不愛者疾病故而受禁戒自性者自性淨行此功德勝復有三種戒一者禪行戒二者無禪戒三者離惡戒禪行戒者修世間禪乃至入於城邑聚

落而常修禪非禪戒者離禪行戒離惡戒者忍遣衆惡捨之不為如人醉酒行不善業智人見之斷酒不飲復有三種戒一者諂曲戒二者不諂曲戒三者性善戒諂曲戒者垢染不淨得少果報不諂曲戒者得大果報性善戒者若心增上則得大果若心劣弱其果則小復有三種一者因緣持二非因緣持三者法不應作因緣持者有因緣故護持禁戒非因緣者無緣持戒不應作者生於大姓所不應作謂種姓故復次從緣持戒者為得佛故以思勝故其果則大無緣持戒其果則小不識果故不應作者求世名故其果亦小生於人中復有三種一者畏師二非畏師三者畏於惡道畏師持戒名下持戒非畏師持戒名中持戒若畏惡道名上持戒復有三種一者自持戒而不教人二者自行教人三者於他行捨復有三種一者缺戒二者不缺戒三者一切缺戒缺戒者初善持戒後則破戒是名缺戒不缺戒者初中後時常善持戒是名不

缺戒一切缺戒者會諸外道而受齋戒邪見煞生是名一切缺戒

復次比丘觀四種戒何等為四離口四過一者妄語二者兩舌三者惡口四者綺語復有五種戒止五境界是名為五復有六種因緣而持禁戒一者畏他求便二者畏於罰戮三者怖畏四者因緣五者不觀六者自性復有七種戒謂身三戒口有四戒比丘如是觀無量持戒衆生畏於惡道持戒能度如是持戒略說二種一者世間二者出世間

如是比丘觀四天王天已觀三十三天所住之地及觀業行以何業故生三十三天彼以聞慧見三十三天所住之地何等三十三一者名曰住善法堂天二者名住峯天三者名住山頂天四者名善見城天五者名鉢私地天六者名住俱吒天（俱吒者山名也）七者名雜殿天八者名住歡喜園天九者名光明天十者名波利耶多樹園天十一者名險岸天十二者名住雜險岸天十三者名住摩尼藏天十四者名旋行

地天十五者名金殿天十六者名鬘影處天十七者名住柔軟地天十八者名雜莊嚴天十九者名如意地天二十者名微細行天二十一者名歌音喜樂天二十二者名威德輪天二十三者名月行天二十四者名閻摩娑羅天二十五者名速行天二十六者名影照天二十七者名智慧行天二十八者名衆分天二十九者名住輪天三十者名上行天三十一者名威德顏天三十二者名威德焰輪天三十三者名清淨天如是三十三天比丘觀於微細業之果報持戒善業集何等業生於善道善業因緣得善果報樂報處生彼以聞慧聞佛說法非外道法彼見諸天所生之處遊戲受樂不可稱說帝釋天王之所擁護住善法堂外道說為常住不滅初觀善法次分別觀善修何戒生善法堂彼見聞知若人持於七種之戒不缺戒不穿戒不隟戒堅固持戒不可譏嫌布施修心於福田中稱時而施若施阿羅漢若看病人若父母若阿郍

舍若斯陁含若須陁洹若起滅定若道行人行慈悲心歡喜捨與於怖畏者施其壽命是人命終生善法殿作釋迦提婆姓憍尸迦名能天主有九十九那由他天女以為眷屬恭敬圍遶供養帝釋如一女人供給丈夫諸天女等心無嫉妬供養天后同奉帝釋亦無妬心其善法殿廣五百由旬毗琉璃珠以為欄楯珊瑚為柱頗梨車𤦲馬瑙莊嚴閻浮檀金而為殿壁如融金色其床皆以金剛摩尼赤蓮華珠青珠玉寶以為莊嚴其諸蓮華金剛為鬚真金為莖清淨華池以為莊嚴復有眾鳥毗琉璃翅赤蓮華珠以為其觜青因陁寶以為其身遍滿池中其池四岸青摩尼華摩尼布地復有眾鳥青因陁寶以為其足車𤦲為觜珊瑚為眼充滿池中其池復有眾鳥具足其身皆如閻浮檀金珊瑚為翅因陁羅寶以為其眼復有浴池眾蜂莊嚴其蜂色相如毗琉璃莊嚴浴池其善法堂有十大華池何等為十一名難陁蓮華池二名摩訶難陁

蓮華池三名歡喜蓮華池四名大歡喜蓮華池五名遊戲蓮華池六名正憶念蓮華池七名一切義蓮華池八名正分別蓮華池九名如意樹蓮華池十名因陁羅覆處自在大光明蓮華池是為十種大蓮華池以用莊嚴天善法堂復有其餘蓮華林池其華清淨白銀為莖真金為鬚琉璃為葉金剛為臺復有蓮華金剛為並雜色為葉一一華葉如赤寶華如毗琉璃有如車𤦲有如金色有如是等雜色蓮葉或有百葉有二百葉乃至千葉種種色華各各差別以為莊嚴釋迦天王善法殿堂其蓮華中多有眾鳥常欲之鳥一切行鳥常音聲鳥若天帝釋與諸天女入蓮華池娛樂遊戲鳥亦遊戲天奏音樂鳥亦發聲復有眾鳥名欲放逸若天帝釋遊於華池鳥亦遊戲如天女身復有眾鳥名曰遊行於華池岸口銜華鬚遍於池側舞弄遊戲出妙音聲釋迦天王有如是等勝蓮華池

復次比丘觀天帝釋善業所化彼見

華池真金為魚或白銀魚毗琉璃魚赤蓮華寶以為其翼車𤦲為目若瞋恚時如赤蓮花種種雜寶以為鮮鮔或七寶翅遊戲受樂於蓮花池

復次比丘復觀帝釋蓮華林池彼以聞慧觀蓮華池以何為地彼以聞慧見天帝釋真珠為沙以覆其地或以銀沙或以金沙或毗琉璃以為其沙如是種種雜色莊嚴悉分別見帝釋天王善業所化

復次比丘如是分別觀察地分彼以聞慧見彼波頭摩華之林周匝皆以真金欄楯或毗琉璃以為欄楯或以白銀而為欄楯真金羅網以覆其上種種眾鳥出妙音聲遊戲池邊復次比丘知業果報觀善法堂蓮華池中其蓮華池眾蜂雜色出眾妙音金色華中白銀色蜂金剛為翅其身柔軟白銀蓮華金色為蜂如是種種眾蜂遊戲其中如是善業成就種種果報

復次比丘觀善法堂彼以聞慧觀善法林釋迦天王栽種園林彼以聞慧見善法堂所有園林一一觀察善法

諸天帝釋天王與諸天女在何等林遊戲受樂五欲自娛彼見有林名天女遊戲天樹華果皆悉具足衆鳥充滿樹名如意隨天所念悉從林生若諸天衆遊戲林中勝華開敷天女入林若近其樹華即下垂授諸天女時諸天女既取華已枝條還舉如是衆華色香相貌各各差別隨其念生故名意樹若念音樂亦復如是聞種種音隨心所念善業之風吹諸樹葉互相敲觸其聲美妙如天樂音故名意樹復有無量憶念之樹隨諸天女心之所念莊嚴之具天衣天華隨念皆得故名意樹復有意樹毗琉璃色真金莖葉白銀為枝毗琉璃葉珊瑚為枝或七寶葉流出美味復有意樹若諸天女欲見帝釋以善業故即於此林見化帝釋與之娛樂此林功德見化帝釋如是林中九十九那由他天女一一天女各見與己共相娛樂不見餘女與天主會隨諸天女心念莊嚴見帝釋身即隨所念故名意樹如是林中無量欲樂於此林中次第遊

戲至喜樂山其山莊嚴七寶所成以金剛身巖岸莊嚴真金樹枝彌覆周遍猶如宮殿金銀青珠以為麞鹿莊嚴其山多有衆鳥出妙音聲其山有殿名曰勝上殿有千柱其柱皆以金毗琉璃青摩尼寶之所成就金剛廁填百千天宮猶如紅色端嚴殊特師子之座敷具柔軟殿有千牀毗琉璃寶以為莊嚴釋迦天王攻阿修羅軍既得勝已一切天衆皆懷歡喜讚歎帝釋共諸天女昇於此殿遊戲歌舞共相娛樂隨其本業各各自受上中下樂既遊戲已復入山中遊戲受樂一心念欲何以故女人多欲天欲勝故天欲熾然復詣一河於其河中上味飲食隨河而流種種色香上味之飲充滿其中若有飲者離於醉亂飲名歡喜天女飲之心大歡悅

復有美飲名曰能觀既得飲已悉能遍觀一切天中所有園林無量山障一切皆見復有天飲名曰衆味其飲甚多飲之色力百倍增長天女飲已復入食地以其自作上中下業得如

是報種種色香美味具足既飲食已復往詣於音樂之地遊戲山中毗琉璃寶以為樂器真金為絃衆寶鼓音馬瑙雜寶以為簫笛諸天女衆無量音聲如是無量无數音樂乾闥婆音諸天女衆遍身莊嚴身諸樂具遊戲受樂以自娛樂歌樂音聲宮商和雅音曲齊等皆悉具足為增欲樂既作歌音復往詣於鈴音之地其地鈴網微風吹動出於無量百千妙音聞之歡喜歌舞戲笑種種妙寶莊嚴其身復往詣於衆鳥莊嚴蓮華之池其池衆鳥金銀雜寶以為莊嚴天女入中遊戲受樂各取金華而共遊戲以華相散心無嫉妒種種遊戲其聲美妙八功德水遊戲其中既遊戲已為增欲故自欲難滿貪著欲燒不知猒足復往詣於鏡樹之林於此林中自見其身種種莊嚴功德具足種種鏡中見種種色十倍放逸何以故女人之性三種放逸何等為三一者自恃身色而生放逸二者自恃丈夫而生放逸三者憍慢而生放逸自見身色輕餘女人

正法念處經卷第二十五　第十三張　切

復捨此地更詣一林名一切時其林一日具有六時常不斷絕猶如輪轉以六種時而為莊嚴林中衆鳥无量雜色隨其林中時分相似共遊林中離於嫉妬心懷悅樂見此林已隨心所念入六時林隨時遊戲而受悅樂種種時鳥自集遊戲與諸天女而相娛樂於此林中受五欲樂不念餘林時天帝釋既至此林天女歡喜歌舞戲笑供養帝釋如是帝釋一林之中種種功德皆悉具足

復次比丘觀天帝釋第二園林有幾種林名字何等彼以聞慧見帝釋林名一切遊戲有何功德彼見聞知其林自體名一切林於此林中多有天子共諸天女遊戲受樂百千天女隨念遊戲於遊戲處有八万四千行殿毗琉璃寶以為其輪閻浮檀金以為鈴網白銀羅網以覆其上七寶莊嚴第一天子或有乘馬或有乘鵝或有乘空或有地行或有伎樂或作歌音圍遶帝釋向遊戲處八万四千龍為金網覆身寶鈴莊嚴柔軟繒褥以覆

正法念處經卷第二十五　第十四張　切

為上若為念慾頤則開敷香汁流出第一勝天乘此龍為瞻仰帝釋前後圍遶詣遊戲處八万四千天女種種莊嚴瞻仰帝釋或歌或舞或奏天樂種種遊戲詣遊戲處八万四千天女作衆伎樂遊戲歌舞娛樂帝釋種種莊嚴瞻仰帝釋天后舍脂乘千輻輪七寶之殿真金毗琉璃硨磲馬瑙天青珠寶大青珠寶以為莊嚴駕百千鵝閻浮檀金為身珊瑚為足赤寶為目赤蓮華寶以為其身珊瑚為觜真珠為翅以駕其殿隨帝釋念而有所至帝釋坐上以種種寶莊嚴其身威德光明勝百日光同時並照與后舍脂詣遊戲處勝餘一切天女莊嚴足一百倍共天帝釋分座而坐詣遊戲處如是諸天受於色聲香味觸樂與三十三天向一切樂林一切天衆圍遶帝釋及以舍脂如前所說受於无量百千種樂龍為之殿大目侍衛歌樂音聲娛樂帝釋向一切樂林遊戲受樂欲至彼林先住天女聞天樂音手執蓮華作衆伎樂出迎帝釋帝釋

正法念處經卷第二十五　第十五張　切

見之告諸天衆此諸天女一切林中種種衆寶以為莊嚴種種音聲我今與之遊戲林中時諸天衆聞帝釋說白言天王此諸天女王之給侍常歸於王以王為主帝釋告言此天女等非我給使非歸於我非我業力以自業力自業受身隨其自業有上中下是故天女有上中下非是我力今時帝釋而說頌曰

下業得下報　衆生道成就　中業得中報
上業丈夫身　若人所作業　隨業得果報
其人時處業　於此身中受　若天光明輪
遊戲種種樂　斯人得善果　清淨勝業故
若丈夫作業　或善或不善　受於果報時
或苦或受樂　此種種樂報　種種天遊戲
此非我因緣　由彼前業得

時諸天衆聞天帝釋說此偈已皆生隨喜合掌頂受向一切樂林欲共遊戲諸天女等或百或千手執蓮華種種莊嚴一一天女形貌色相悉無差別歌音亦爾善業所化瞻仰帝釋舞戲而行向遊戲林其林寶樹白銀為葉白銀為地銀色衆鳥充滿其中出

種種音帝釋為首與諸天衆次第而入種種寶光若身若地光明旋轉遍虛空中帝釋見已心大歡喜天女歌音宮商齊等天樂音聲八万四千行殿駕以龍為鈴網莊嚴出衆妙音無量天子九十九億天女讚歎帝釋受六欲樂

時天帝釋與諸天女復往詣於一切樂林乘大龍殿亦如前說天主釋迦及餘天衆次入金林金葉金果五丈夫量其味甜美衆香具足食之增欲龍為食之醉欲而行聞衆樂音舞戲自娛諸天見之生希有心舞戲可愛食已舞戲種種鳥音於此林中銀色衆鳥住於金林第一端嚴

時天帝釋與后舍脂及諸天衆天子天女遊戲受樂餘天子等各與天女歌舞戲笑互相娛樂以善業故不生嫉妬復往金林林中有池名曰清涼金色蓮華毗琉璃華種種和集圍遶帝釋天善法堂共天帝釋娛樂受樂與天女衆久時在於蓮華池邊作衆伎樂共善法殿一切天衆復入一切樂

林其林皆悉毗琉璃樹金果具足美味充滿如彼鄰婆果色香味具諸天取果開而飲之其味勝於人中上味摩偷之酒諸天飲之無有醉乱天有三種放逸受樂一者天女二者食果三者五欲是為三種受放逸樂如釋迦天主所食天飯蘇陁之味曰業成就一切天衆恭敬圍遶一一方面於毗琉璃林遊戲受樂種種衆鳥及以衆蜂鈴網弥覆既遊戲已還與天衆入善法堂有第三林名曰無比釋迦天王有五百子天女圍遶遊戲其中其園廣博所受之樂次如帝釋常順法行正見無邪以正見故於鬪戰時勝阿修羅若人供養父母恭敬沙門婆羅門隨順無諍彼作是念我今當將諸天女等詣無比林一一天子有一鄰由他天女以為眷屬妙色具足皆共一心遊戲受樂時諸天子詣帝釋所白言天王我今欲往至無比林遊戲娛樂願與我等至彼林中時天帝釋告天子言吾已遊戲今欲順法以自利益樂從欲生不可滿足我

今捨樂長放逸過放逸過毒是故捨離時天帝釋而說偈言

不放逸不死　放逸是死處　不放逸不死
放逸常生死　不放逸不死　放逸是死句
我以不放逸　今得天中勝　我今信如來
汝當修行法　我於佛教法　不敢有違失
若違如來語　貪欲愚癡人　不得脫衆苦
常受諸衰惱

時天帝釋說是語已入善法堂尒時帝釋子諸天子等生大歡喜共詣本宮金寶莊嚴歌頌娛樂還其所止擊鼓相命欲詣園林遊戲受樂

尒時七萬天子各乘寶殿有乘天鳥與諸天女遊行空中天衆圍遶或有遊於蓮華池開奏諸天樂歌舞戲笑詣無比林時帝釋子天騎莊嚴雨栴檀香其明晃耀猶如日光或有光明如月威滿有如星宿隨其自業向無比林各各愛戀其心無間入彼林中受天快樂其林端嚴不可喻說入彼林時香氣無比牛頭栴檀香十六分中不及其一聞此香已生希有心復入飲林為求樂故次第入林以善業

故毗琉璃樹金樹銀樹頗梨迦樹各有
正法念處經卷第二十五　第十九張　初
百數種種雜色猶如雜綵其樹雜色
莊嚴奇妙亦復如是無量色相天子
見之如淨明鏡無量百千四顧觀視
生大歡喜天女圍遶聞衆樂音心甚
歡喜復於異處遊戲自娛其林衆鳥
真金為翅毗琉璃為胷珊瑚為足白銀
為背赤真珠寶以為其目出衆妙音復
有天子聞斯妙音各相謂言諦聽諦
聽衆鳥之音无量音曲與天女音不
可分別聞鳥聲已復詣異林遊戲受
樂見諸池中千葉蓮華光明如日至彼
池間種種莊嚴如前所說與諸天女
圍遶華池歌舞戲笑娛樂受樂復與
天女更至異林於此林中河泉流水
於其河中有種種水所謂流乳及以
流飲甜美衆水天子飲之多有衆蜂
衆鳥百數金銀珊瑚雜色寶石集在
河中天子天女於此林中遊戲自娛
經於多時受五欲樂復往詣於華樹
林中其林衆華悉不萎變香氣普熏
滿十由旬所謂月光明華月色華白
色華清涼無熱如星色華復詣果林

其林有果所謂蜜摶樹果辛味樹果
正法念處經卷第二十五　第二十張　初
柔濡樹果香鬘樹果聞香即飽六味
樹果如意味果無猒足果如是無比
林中具足此果善業所生於此林中
遊戲受樂飯食貪飲復往詣於鳥舞
之林其林衆鳥遊戲歌舞出妙音聲
天子聞之即受快樂復詣雜林其林
異色一切華果如前所說河池衆鳥
亦復如是故名雜林於此林中五欲
自娛乾闥婆音久受快樂釋迦天王
作是思惟我諸子等何處受於放逸
之樂不覺退沒時諸天子知天帝釋
心之所念至帝釋所諸天女等各還
本宮遊戲受樂尒時帝釋見諸天
子而說頌曰

悕望諸境界　愛心難猒足　離愛則知足
此人無憂惱　若人愛欲境　則不得安樂
境界如毒害　後世受苦惱　若初若中後
若現在未來　求樂不可得　後則受苦惱
一切諸世間　增長於生死　流轉不暫停
和合必有離　未曾有免者　樂為苦所覆
無量諸欲惑　衆生癡所誑　遊戲於愛欲
一切癡愛人　未曾有猒足　境界難滿足

如火益乾薪　世間愛所誑　難滿亦如是
正法念處經卷第二十五　第二十一張　初
雖近於死地　猶不生猒離　為愛境所誑
不求善資糧　天退不自在　為愛所誑惑
我今教可汝　汝為欲所迷　當作自利益
法為第一道　若有行法者　從樂得樂報
能如是行者　得寂滅涅槃　是故應修福
以求涅槃樂　若有常修福　得至無盡處
天聞帝釋說　寂靜心調柔　是時帝釋子
調伏順父教

時天帝釋教呵諸子令順正道修行
善業閉惡道門詣於雜林遊戲受樂
諸善所生帝釋天王有五百殿種種
諸寶頗梨珊瑚金銀天青寶王天大
青寶種種諸寶釋迦天王見種種林
諸蓮華葉如日初出以為莊嚴帝釋
見已而說頌曰

人中造福德　人中無量種　作種種福德
種種皆成就　不作衆善業　為心怨所誑
退時不自在　隨於極惡處　一切諸宮殿
諸業所莊嚴　以善業增長　成就天人報

尒時釋迦天王說此偈已復詣餘殿
其殿敷置無量柔軟寶莊嚴座以為
嚴飾善業所化時憍尸迦見此宮殿

處之受樂復至銀殿無量光明無量
衆寶無量衆華嚴飾其殿無量天女
遊戲受樂復至園林諸天女等其地
柔軟衆華莊嚴其林廣博種種金鳥
出衆妙音衆蜂圍遶如意之樹釋迦
天王普眼所觀天衆圍遶遊戲受樂
其身威德勝於日月金樹林中毗琉
璃殿以衆寶柱而為莊嚴諸蓮華池
青寶莊嚴時天帝釋作如是念我入
寶殿遊戲受樂諸天亦念天王欲入
與諸眷屬天女圍遶歡娛受樂尒時
帝釋知天所念告諸天子汝等各各
遊戲園林時諸天子聞天王教各入
華池與其天女遊戲自娛天王入殿
坐於清淨毗琉璃床以善業故其殿
清淨猶如明鏡於此淨壁悉見古昔
諸天王等退沒之相及以名字其名
曰鉢浮多天王自在天王無憂天王
正慧天王一切樂天王善住天王普
明天王一切愛天王千見天王威德
天王持德天王青色天王不退天王
如幻天王喬戒天王福德天王諸遊
戲天王梯羅天王憍尸迦天王以善

業故見如是等三十三天王如是天
王善業盡故退墮地獄餓鬼畜生隨所
生處受大苦惱若入地獄壁上見其
受大苦惱若墮餓鬼見其壁上受大
苦惱飢渴燒身羸瘦苦惱筋骨相
連若墮畜生見其壁上互相殘害受
大苦惱若生人中追求作業受種種
苦如是見諸生死無可樂處於生死
中多諸過患無堅無常變易破壞如
是天王皆悉退沒以自業果生於地
獄餓鬼畜生云何捨於如是大樂受
斯苦惱云何可忍奇哉生死甚為大
苦能將天人至大怖處第二天王受
斯大苦釋迦天王第一勝人見此事
已生大猒離自觀其身閉三惡道從
天中死生於人中人中命終還生天
上若生人中生安樂國城邑聚落生
大姓家行正法處離於邪見憍慢諂
曲復有自見生於人中為國王子大
臣之子正見家生大富自在人中命
終當生何處即自見身還生天中具
大神通第一光明共餘天衆食於雜
食心生愧耻以業薄故隨所作業如

業得食後於生處不見勝食愧心思
惟我當幾世受如是報以善業故於
殿壁中自見其身天中七生人中七
生去來七返無第八生非於天中非
於人中非地獄中非餓鬼中非畜生
中帝釋心念云何我身無復生處我
生何處而不可見心生驚怪何故無
有第八生處久思惟已即自念知先
聞世尊說如是言須陁洹人七生之
後入無餘涅槃我必如是以清淨心
敬礼世尊發歡喜心坐其金座閻浮
檀金以為牀座衆寶莊嚴復於壁中
見諸先世退沒天王復念入於善法
堂上見諸天衆利益諸天時天帝釋
從其座起往詣雜林共諸天子天女
眷屬遊戲自娛受五欲樂種種衆鳥
莊嚴林樹及以蓮華以為嚴飾諸天
見已作諸伎樂乹闥婆音至帝釋所
皆為作礼圍遶帝釋天子天女歌舞
遊戲種種歡喜善法堂天種種莊嚴共
諸天女圍遶帝釋作衆伎樂詣善法
堂一切歡喜歌舞戲笑時善法堂所
住諸天隨帝釋行供養帝釋種種音

正法念處經卷第二十五　第二十張　初

聲鼓天伎樂種種歌舞出美妙音遍
諸天衆異住諸天聞此樂音皆來詣
於善法堂上皆為天王稽首作礼右
遶而住無量百千諸善法堂善知歌
舞種種莊嚴以善業故生在其中戒
善所護受斯大果一切天衆樂報成
就其善法堂縱廣五百由旬其色鮮
妙如融金聚毗琉璃樹以為莊嚴種
種寶花周匝嚴飾其華香氣滿五
由旬常若新出令心愛樂未曾猒足
如是天衆給侍帝釋九十九那由他
天女隨天帝釋入歡喜殿金毗琉璃
車渠寶柱以為莊嚴其牀柔軟敷以
天衣釋迦天王尖令就座諸天受教
即皆就坐

正法念處經卷第二十五

甲辰歲高麗國大藏都監奉
勅彫造

正法念處經卷第二十五

校勘記

一　底本，麗藏本。

一　九九頁上一行經名、二行譯者、三行品名及夾註，石作「正法念處經卷第二十五觀天品第六之四」。

一　九九頁上二行譯者，磧、普、南、徑、清作「元魏婆羅門瞿曇般若流支譯」。

一　九九頁上三行夾註「三十三天初」，徑、清作「三十三天之一」。

一　九九頁上六行「受天」，石作「受大」。

一　九九頁上九行第一三字「王」，石無。

一　九九頁下三行「護他」，磧、普、南、徑、清作「他護」。

一　九九頁下一七行第五字「者」，磧、普、南、徑、清無。

一　九九頁下一八行至二〇行「一者愛二者不愛三者自性愛愛者爲財利故而受禁戒不愛者疾病故而受禁戒」，磧、普、南、徑、清作「一者受二者不受三者自性受者爲財利故而受禁戒不受者疾病故而受禁戒」。

一　九九頁下一九行「愛愛」，石作「愛」。

一　一〇〇頁中三行「爲四」，磧、普、南、徑、清作「四」。

一　一〇〇頁中一八行「鉢私地天」，磧、普、南、徑、清作「鉢私陀天」。

一　一〇〇頁中一九行夾註「山名也」，磧、普、南、徑、清作「山谷也」。

一　一〇〇頁下二一行「堅固」，石作「堅曰」。

一　一〇一頁上七行第七字「妬」，石作「姤」。下同。

一　一〇一頁上八行「無妬心」，磧、普、南、徑、清作「無嫉心」。

一　一〇一頁上一〇行第一〇字「金」，磧、普、南、徑、清作「金金剛」。

一　一〇一頁上一八行「池中」，徑、清

作「其中」。

一 一〇一頁中一二行「蓮葉」，磧、普、南、徑、清作「蓮華」。

一 一〇一頁中一五行「音聲」，磧、普、南、徑、清作「啼聲」。

一 一〇一頁下三行「以爲鱗鉅」，南作「爲以鱗鉅」。

一 一〇一頁下一二行第八字「華」，磧、普、南、徑、清作「蓮華」。

一 一〇二頁上五行「開數」，南作「聞數」。

一 一〇二頁上一〇行第二字「隨」，南作「聲」。同行第七字「業」，徑無。

一 一〇二頁上一一行「敎觸」，磧、普、南、徑、清作「振觸」。

一 一〇二頁中七行「紅色」，石、磧、普、南、徑、清作「虹色」。

一 一〇二頁中末行「食地」，石作「身地」。

一 一〇二頁下二行「音樂」，磧、普、南、徑、清作「音聲」。

一 一〇二頁下一七行第七字「燒」，磧、普、南、徑、清作「境」。

一 一〇三頁上一二行「第二」，南作「第一」。

一 一〇三頁上一四行「彼見聞知」，石作「彼聞知見」。

一 一〇四頁上七行「六欲」，磧、普、南、徑、清作「五欲」。

一 一〇四頁上一九行末二字「清涼」，磧、普、南、徑、清作「清淨」。

一 一〇四頁上末行「天衆」，磧、普、南、徑、清作「衆天」。

一 一〇四頁中二行「婆果」，磧、普、南、徑、清作「娑果」。

一 一〇四頁中五行「天女」，磧、普、南、徑、清作「受天女」。

一 一〇四頁中七行至次行「目業」，石、普、南、徑、清作「自業」；磧作「自對」。

一 一〇四頁中一〇行第九字「既」，磧、普、南、徑、清無。

一 一〇四頁下七行「若達」，磧作「若逸」。

一 一〇四頁下一〇行第三字「子」，磧、普、南、徑、清作「及」。

一 一〇五頁上七行第八字「爲」，磧、普、徑、清無。

一 一〇五頁上末行「無熱」，磧、普、南、徑、清作「無熱華」。

一 一〇五頁中八行「河池」，磧作「河中」。

一 一〇五頁中一七行「憂惱」，磧、普、南、徑、清作「苦惱」。

一 一〇五頁中二〇行「流轉不暫停」下，磧、普、南、徑、清有「如駛水奔注」一句。

一 一〇五頁下四行「利益」，磧、普、南、徑、清作「益利」。

一 一〇六頁上四行「金鳥」，徑作「入鳥」。

一 一〇六頁上二〇行首字「明」，石、磧、普、南、徑、清作「眼」。

一 一〇六頁中一行「三十三天」，磧、普、南、徑、清作「三十天」。

一　一〇六頁中二行第一四字「隨」，磧、普、南、徑、清作「墮」。

一　一〇七頁上三行「天王」，石作「天主」。

正法念處經卷第二十六　初

元魏婆羅門瞿曇般若流支譯

觀天品第六之五　三十三天之二

時天帝釋告諸天曰以善業故生此天中業盡則退業果因緣而生此天我於此天必有退沒當自勉力以求安隱時諸天衆聞天帝釋說是語已白帝釋言如是天王我等於此善業樂處不敢復作放逸之行白言天王以何因緣令我不退尒時帝釋告諸天曰八方上下所生之處無非有為無常破壞勿生貪著謂可常保不淨煩惱後致大苦非生樂法非智因緣非為正行如是憶念後則大苦諸天子汝等已曾無量世中生此天上命盡還退墮於地獄餓鬼畜生復以善業生此天中受自業果受天中樂業幻所誑復墮地獄餓鬼畜生是故天子不應放逸我所說者是恒河沙等諸佛之法聞此法者於生死中當得解脫所謂無明緣行行緣識識緣名色名色緣六入六入緣觸觸緣受受緣愛愛緣取取緣有有緣生生緣老死憂悲苦惱如是唯有大苦聚集無明滅則行滅行滅則識滅識滅則名色滅名色滅則六入滅六入滅則觸滅觸滅則受滅受滅則愛滅愛滅則取滅取滅則有滅有滅則生滅生滅則老死憂悲苦惱滅如是大苦聚滅如是天中生死迴旋如是見已生厭離心煩惱盡故常不破壞不生不老無死无盡是名涅槃諸天子若能如是則脫生死此生死處无有此法所謂無生常住不可破壞无盡無滅於生死中則無此法於生死中唯有退沒生滅之法

時諸天子聞天王釋說是法時於過去世佛正法中修行來者更不放逸信佛法僧一心清淨種涅槃因若有天人於過去世佛正法中不修心者放逸乱心為愛所誑受五欲樂以愛誑故具受無量生死苦惱時天帝釋說是法時護世四天王如是思惟釋迦天王共諸天衆住在何處作是念時即見天王坐於天宮天衆圍遶戚

德光明受天快樂時四天王即詣善法堂至帝釋所頭面作礼於一面坐坐已須臾復從座起於帝釋前白言天王閻浮提人行十善道順於法行孝養父母恭敬沙門婆羅門耆舊長宿天王願加歡喜時天帝釋告護世言我亦隨喜護世天王利益世間令行善法我聞歡喜汝得善業如是閻浮提人隨順法行護世天王向帝釋說若閻浮提人不順法行不孝父母不敬沙門婆羅門耆舊長宿增長魔衆減損正法帝釋聞之告三十三天及四天王速疾莊嚴阿修羅王提羅勇健鉾呵婆王非法惱乱惡龍王等住於海下或来戰鬪尒時護世四天王等聞帝釋教還四天處至樂見山莊嚴器仗如前所說時天帝釋與護世天無量千衆而自圍遶天衣天鬘以自莊嚴將諸天女詣一切主山如衆星圍遶滿月遶須彌山亦如日光處於衆星如百千金山圍遶須彌金銀毗琉璃青因陁珠赤蓮華寶以此寶樹莊嚴天帝遊戲之處多有衆鳥

出妙音聲天蓮華池伊羅婆那白龍為王遊戲之處金色蓮華琉璃為莖與諸乳鳥共遊其中如前所說雖是畜生亦受天樂

時天帝釋至其鳥所以手摩捫而戲抃之我此白鳥王善能與諸阿修羅鬪令我得勝說是語已復往詣於一切主山至無憂殿與諸天子九那由他天女而共遊戲受五欲樂共諸天衆伎樂音聲遊戲之處无量莊嚴天衆受報乃至愛善業盡集樂報盡於善法堂命終還退或墮地獄餓鬼畜生若有善業得生人中常受快樂聰明智慧同生一城或同聚落於世間中㝡為上首或為親友兄弟知識常受安樂以餘業故帝釋天王閉三惡趣觀天退沒而說頌曰

此地諸園林　及諸蓮華池　山峯極端嚴
廣大多珎寶　蓮華諸河池　寶石而莊嚴
林樹種種華　衆鳥皆和集　金樹如意樹
淨如毗琉璃　銀寶或珊瑚　種種雜莊嚴
衆蜂出妙音　在於蓮花池　寶樓甚廣大
端嚴極淨妙　莊嚴甚奇特　諸天所應供

如是諸嚴飾　天人輪迴轉　如幻亦如泡
如乾闥婆城　五欲愛所誑　天樂亦如是
愛傷諸世間　流轉生死海　愛毒如猛火
滅壞諸世間　欲樂無猒足　求之而不息
無常火燒已　不知何所趣　衆生皆為此
愛毒之所誑　愛漆覆諸天　不覺時所遷
天人阿修行　地獄龍夜叉　一切無自在
念念時所遷　一切三界中　為時網所纏
不知無自在　為愛之所成

如是天帝釋見天無常有生有滅見無常已念第一法以偈讚佛

南无婆伽婆　利益諸衆生　說愛如毒害
為衆廣分別　了知一切法　其智無罣㝵
離於智所知　則無第三法　無常及苦空
亦無有作者　如来見實諦　為諸衆生說

尒時帝釋以清淨心讚嘆佛已如印所印還住所止受天快樂

復次比丘知業果報觀三十三天所住之地彼以聞慧見第二處名曰山峯衆生何業而生彼處彼以聞慧見此衆生教人持戒乃至一日一夜不煞衆生亦不偷盗不犯王法不行偷盗乃至小罪亦不故犯是人命終

生於第二山峯之處其地柔軟須弥山峯種種雜業光明莊嚴於此地中觀見一須弥山根金銀琉璃雜寶莊嚴無量天鬘衣服莊嚴其地妙色如融金聚毗琉璃林莊嚴山地與諸天女遊戲其中復往詣於飲食之河一名天善味河二名大駛流河三名流行河四名大流河五名曲流河六名濬駛河七名千流河八名如意河飲此河流離於醉乱一切諸飲從河而流種種衆味種種諸色或有乳色或赤寶色青寶王色毗琉璃色或黄金色或有雜色妙香流出湛然常滿復有天食皆有種種色香味具味如石蜜香潔白淨如意之味隨天所念有種種味種種園林香花莊嚴種種色鳥以為嚴飾與諸天女遊戲其中種種伎樂歌舞戲笑甚可愛樂多有諸林謂娑羅林大娑羅林如意樹林常華香林如意風林觸身悅樂金枝莊嚴鈴網弥覆百千衆鳥出妙音聲受五欲樂共相娛樂無有病惱離於飢渴身無疲極無所營作如心所念遊

戲園林蓮華池中見諸妙色五欲娛樂住山峯天其身光明如意大小神通自在隨意所念皆悉即得得已不壞無能奪者如是住峯一切天衆受自業樂乃至愛善業本所持戒不缺不盡善業既盡命終還退隨業流轉墮於地獄餓鬼畜生若生人中住於山谷大富饒財端正第一園林藂茂寒暑調適以餘業故

復次比丘知業果報觀三十三天第三地處彼以聞慧見有地處名曰山頂衆生何業生於彼處彼以聞慧見有衆生持二種戒見諸衆生被縛幽閉解之令脫行於曠路為飢所逼不盜他人苷蔗果菜雖有勢力不奪他人漿水飲食以其不缺放衆生故是人命終生三十三天山頂之處受無量樂無量河水所謂欲流洄澓怖欲為岸歡喜之人憶念濤波於此河中多有衆鳥色香愛味諸有毒龍無量欲著曲戾流行水沫為槭嫉妬園林無量境界以為山谷如是愛河諸天没溺無能度者無始輪轉不得彼岸

流注不絶習為甚深行於三道瀑流波注遍於欲界色界無色界生老病死憂悲苦惱為大勢力如是愛河諸世間人亦不能渡山頂諸天愛河常流與諸天女遊戲其中受五欲樂有六園林何等為六一名常歡喜二名常遊戲三名白雲聚四名普樂林五名如月林六名恒河林如是等林嚴飾山頂戲遊其中受無量樂復向飲河所謂質多羅河手觸之河無猒足河雜色水河其河兩岸金銀頗梨以為林樹華果具足甚可愛樂以善業故其地諸天種種河林飲食香潔從河而流千萬天衆遊戲娛樂所服天衣無有經緯身具光明無有骨肉亦無津汗口意無惓常懷歡喜行步庠序歌舞戲笑乃至愛善業盡身口意業清涼業盡第一樂報決定業盡從天還退墮於地獄餓鬼畜生若生人中常受安樂巨富饒財樂修智慧遊戲歌舞所生國土多處高原以餘業故

復次比丘知業果報觀三十三天所

住之地彼以聞慧見第四地名善見城衆生何業生於彼處彼以聞慧見有衆生脩行持戒救於溺人令脫水難或將被戮救贖令脫或以自身投深水中救彼溺人若有惡人教令偷盜不從他教不行偷盜乃至行於曠野飢渴所逼尚不盜人糧食果食尊敬於戒於微細戒心生畏懼不敢毀犯是人命終生善見城其城縱廣十千由旬十千階道閻浮檀金以為其地十千大殿毗琉璃寶或閻浮檀金或有白銀因陁青寶及餘七寶間錯莊嚴於諸階巷多有樓閣寶殿莊嚴光明晃耀若以日光喻彼天宮如日中燈其城四面毗琉璃寶以為園林周匝莊嚴真珠羅網遍覆其上復有金樹銀網彌覆復有銀樹金網彌覆有七寶樹為遊戲處如意之樹隨天所念從此樹生因陁青寶大青寶林金色衆鳥出妙音聲金林之中銀色衆鳥青寶林中赤寶花鳥赤寶林中雜色衆鳥如是園林衆鳥妙音以為莊嚴善見大城階巷阡陌一切皆以

真金宮殿白銀為柱毗琉璃樹以為莊嚴復有金殿毗琉璃柱復有金殿金樹莊嚴雜寶宮殿莊嚴階道金色衆鳥出妙音聲周遍莊嚴善見大城不可稱說有四大林以為嚴飾一名雲驗林二名大樹林三名光明音林四名樂見林一一園林縱廣二千五百由旬一一林中有一万河皆以金華彌覆水上兩岸嚴飾甚可愛樂金銀頗梨青寶玉樹以為莊嚴於此林中多有衆蜂白銀為身毗琉璃寶以為兩翅其音美妙勝於笙笛絲竹之音過十六倍毗琉璃樹黃金為果香美柔軟味勝石蜜其果香氣滿一由旬鳥聞香氣百倍受樂金樹銀果香美上味毗琉璃樹黃金為葉雜寶色果如是種種無量林樹莊嚴園遶善見大城隨其憶念種種善業皆悉成就得種種報如其種子受如業報住善見城受無量樂此城如是衆所樂見故名善見其林種種赤寶莊嚴珊瑚車𤦲種種鈴網彌覆園林遊戲之處善見諸天住在其中其城宮殿

華驗寶幢無量百千憶寶幢幡蓋微風吹動出於種種微妙樂音多諸天子天女眷屬圍遶住於須弥山頂善見城中善業莊嚴受勝報者三十六億帝釋天王之所識知有大神通光明威德心常歡喜無量百千天子天女出天王城詣林遊戲乘於無量百千億殿種種幢幡百千億種以為莊嚴其殿種種色相莊嚴因陁青寶以為箱轝赤蓮華寶以為殿輪有乘寶殿紫磨金地毗琉璃道車𤦲為繩以界道側寶鈴莊嚴復有天子乘衆寶殿有乘寶宮車𤦲為底真珠羅網以覆其上珊瑚為壁白銀為柱復有天子乘於金殿真珠為壁赤寶為底白銀為柱珊瑚莊嚴一一莊嚴出千光明百千諸殿不可稱說天衆圍遶無量百千種種莊嚴天子乘之往詣園林毗琉璃幢或赤寶幢或紫金幢或赤蓮寶幢無量種色寶幢衆幡遍於虛空歡喜遊戲往詣四林無量伎樂百千億聲種種妙音皆悉具足聞者愛樂如業所得上中下報歡喜受

樂往詣大林一一天子與天女衆或百或千乃至百千歌舞戲笑乾闥婆音伎樂具足往詣大林受五欲樂一一天女各與天子娛樂受樂如意繼送往詣種種遊戲之處或行空中如青雲氣毗琉璃色如是天衆處於虛空以種種衣莊嚴其身種種嚴飾美音愛語往詣大林或有天衆行於金道無量百千寶殿輪輞輾諸金地金壓滿空令空陰翳而無染汙若諸天子命欲終時塵則著身有諸天子曾見餘天有如是相不久退沒受大苦惱生慈悲心而說頌曰

諸天行此道　或百或千還　為於時節火
而燒境界薪　見他病死相　而自不覺知
衰相既至已　乃知自苦惱　放逸自濁心
常樂於境界　不覺死隨逐　常不離衆生
受樂遊戲人　樂行於放逸　死軍將欲至
破壞如毒害　非是呪藥力　非天阿修羅
自業之所縛　世所不能救　塵垢覆身面
而猶不自覺　死信既來至　不久必終沒
衆生常貪欲　渴愛無猒足　死賊忽已至
著樂不覺知　汝已死相現　為死之所牽

須臾必退沒　退時受苦惱　此山頂衆生
園林莊嚴處　業縛不自在　受於自業報
遊戲放逸行　受樂無猒足　癡人愛增長
退沒不自在　有烟必有火　其相法如是
如是退沒相　必當死歸苦

如是天子見是相已放逸心息修本善根呵責自心及餘天子如是說時有諸天子乘種種殿寶網弥覆懸衆寶鈴無量莊嚴以自挍飾見者愛樂天驗天衣以為莊嚴如融金聚百千万衆遍須弥頂是時天子見天衆來或乘金殿或在地行或乘鵝殿有與天女歌舞戲笑向遊戲林天蓮華樹河泉池流華果茂盛種種雜寶以為莊嚴一切園林甚可愛樂善見諸天既至園林即皆下殿往詣金樹其樹鮮榮曜若日光空行天衆從空而下詣遊戲處一切天衆皆悉雲集鼓樂絃歌遊戲受樂無有嫉妬歌舞戲笑五欲自娛莊嚴樂音與諸天女行於飲食河岸之間向琉璃林其琉璃林以真金果以為莊嚴香色具足味如蜜酒與諸端正妙色天女飲摩偷果

久受天樂如是天衆歌舞戲笑天以受快樂餘天聞已住帝釋所合掌頂礼白言天王善見城中一切天衆皆詣園林遊戲之處天王當知帝釋聞已勑諸天衆速疾嚴飾我欲往詣善見諸天遊戲之處善法堂上一切天衆聞天王勑乘種種殿若乘金殿毗琉璃幢毗琉璃殿真金為幢七寶雜幡以為莊嚴金色鳥殿出衆妙音或有馬殿其行速疾或有金鵝毗琉璃足赤蓮華寶以為兩翅天子乘之隨天帝釋向善見大城遊戲之處復有天子乘孔雀鳥七寶為身是孔雀為於閻浮提中勝餘一切衆鳥之色何況天中善業莊嚴形相色貌無以為比乘此孔雀詣遊戲處種種樂音歌舞戲笑詣善見天遊戲受樂時天帝釋乘於千輻四輪之殿其殿莊嚴七寶所成何等以七一者青寶王二者赤蓮華寶三者車𤦲寶四者清淨毗琉璃寶五者珊瑚金剛六者頗梨七者真金如是七寶雜色莊嚴駕以千鵝身七寶色種種形相音聲美妙勝諸

天女歌頌之音帝釋乘之有五百幡蓋銀毗琉璃以為寶幢青黃赤白紫色雜成莊嚴其殿帝釋乘之无量天女歌頌妙音在前歌舞或遊虛空或行於地隨意自在無所障礙受五欲樂伎樂自娛向善見天遊戲之處餘天見之執種種華毗琉璃莖往帝釋所善見天衆見帝釋來皆捨遊戲往迎帝釋帝釋告言汝等今應遊戲水中善法天衆聞帝釋勅頂受其教即入池水取蓮華葉向善見天馳速而走善見天衆亦執蓮華走向善法天衆遊戲喜笑時天帝釋住在空中觀諸天衆遊戲水鬪久時遊戲猶不猒足復以蓮華而共鬪戲或以金華毗琉璃華種種色莖共相打擲久於此處以蓮華相打以為戲笑復詣果林取諸軟果遥相打擲果戲鬪已復往酒林食摩偷飲以善業故而不醉亂時天帝釋從殿而下入於林中時諸天子見帝釋來皆大歡喜供養帝釋諸天子等合掌白言我得善命得善果報得值天王利益我等過於父母如

是天衆既供養已時天帝釋告諸天子汝等皆悉如我之子如兄如弟相慰勞已入放逸地於園林中遊戲受樂河流泉水蓮華池中種種衆鳥出妙音聲以為莊嚴以諸金華莊嚴其地其地細妙柔軟平正其諸樹林舍毗琉璃頗梨諸樹莊嚴其地河泉流水出衆飲食皆悉具足曼陁羅華居賒耶舍大蓮華等以為莊嚴天子天女遊戲歌舞於山谷中歡娛受樂五樂之音天女歌音受五欲樂善見城中諸天子等善法堂中諸天子等皆共遊戲於園林中於人中數經無量時遊戲受樂還向本宮其道種種遊戲之處戲笑受樂種種莊嚴還於本宮善見城中所住諸天受於天樂乃至受善業盡從天命終隨其本業墮於地獄餓鬼畜生若有善業得生人中常受安樂多聞知見常愛音樂歌舞戲笑愛於飾會多饒資生不遭疫病離於憂惱以餘業故

復次比丘知業果報觀三十三天所住之地彼以聞慧見第五地名鉢私

他衆生何業生於彼處彼以聞慧見持戒人貧窮乞索財物飯食見大貧人分飡惠施減妻子分而施貧窮盲冥孤獨困病之人善信修集見他犯罪為官所執從右門出執事魁膾欲斷其命怖畏目冥救令得脫是人命終生三十三天鉢私他地生此天已以善業故其身光明皆悉普照猶如日光其光色相無量光明青黃赤白紫綠諸光遍照諸天十倍增勝如閻浮提衆星宿之中月光第一此地天子其身光明亦復如是衆色具足餘天比之猶如螢火諸天女等見此天子皆走往趣天子既生莊嚴之具亦皆隨天於其頂上大青寶玉以為寶冠其光普照滿一由旬餘一大珠寶見此珠光皆滅不現猶如日出螢火失光自然七寶以為花冠其光普照滿百由旬一切光明以為莊嚴青黃赤白紫綠諸光於其身上自然而有珠寶瓔珞七寶光明其光普照一百由旬身服瓔珞七寶所成其光能照一百由旬以金剛綖以為帶紐垂於

胄前所著寶帶如天虹色脚著種種雜色履屣其光明曜猶如電光行不疲極若念行空隨其所向以屣力故能有所至終不疲惓所著衣服无有經緯種種衆寶光明照曜殊勝可愛天子生已即自思惟我以何業來生此中適生此念自見往世於閻浮提善不善處從彼命終來生此天若閻浮提中修行善業此中成熟我作善業故來生此以因緣生非無因生於須臾頃諸天女衆少壯妙色光明具足悉來親近初生天子諸天女等莊嚴之具所出音聲如五樂音其香普熏滿二由旬其華勝於一切諸華妙色光顏天服莊嚴功德所生天善業故譬如日出衆華開敷天子既生天女色敷至天子所種種遊戲娛樂天子抱持天子詣林遊戲種種伎樂歌舞戲笑瞻仰天子共詣林中其林名曰蓮華化生若諸天子入林戲時一一足下悉生蓮華以承其足毗琉璃莖金剛為鬚真金為葉其臺柔軟衆蜂莊嚴隨其舉足欲下足時蓮華即生

以承其足從此花林入摩偷林其林金樹流出香飲勝蒲萄酒色香味具諸天飲之無有醉乱天女飲之復往詣於遮都羅林其林三衆不可譬喻一者鳥音二者蜂音三者天女歌頌之音彼諸天子三衆林中一一遊處一一華池種種鳥音聞之悅樂不知猒足愛火所燒乃至愛善業盡從天命終業所繫縛墮於地獄餓鬼畜生若生人中妙色端正生大種姓功德具足富樂自在隨心遊戲無病安隱壽命長遠生值善世或值中劫不生邊地或為大王或為大臣多饒財寶為大商主以餘業故

復次比丘知業果報觀三十三天所住之處彼以聞慧見第六處名曰俱吒衆生何業而生彼處彼聞知見若有衆生獲執賊人不加罰戮不令苦惱或他捉賊令其得脫以潤益心利益衆生供養父母奉施病藥隨心所須不盜父母所有貲財悅意軟語利益少言常以香華供養礼拜念佛功德恭敬師長礼拜問訊和言軟善見

惡知識而不親近不樂其行不善惡人不正行人世間所賤不共同行不與同住親近宿老遵奉恭敬受佛禁戒智慧具足真心持戒不惱壞他衆人所愛善言讚嘆軟語供養奴婢僮客不損加怖飲食知足不飲餘食不惱衆生不喜瞋恚不與下賤屠兒魁膾毀賣貨易買賣價直不誑衆生不入酒肆不為女人之所輕易不壞威儀進止庠序言則奉行不求他人好惡長短心不懷恨不說毀呰亦不言訟見他田植不生嫉妬祖稅依法不欺王者不盜他田溉灌之水若晝若夜不取他果一切衆惡悉捨不為或一一止或復下止云何下止適作諸業是名下止云何中止作已懺悔毀呰不作是名中止云何上止不作適業不教他人勸他令捨不生隨喜捨離惡人中下之業如是三人得三種果謂上中下如是行善捨惡業人身壞命終生俱吒天既生天已身无骨皮離於汗垢受樂成就不可稱說譬如轉輪聖王七寶千子王四天下所

受之樂比此天樂如活地獄其天住處縱廣三千由旬七寶天樹河池莊嚴於彼天中名日行林其林金樹隨天憶念悉從樹生隨天所至常與天俱如轉輪王七寶隨王心念常與王俱此天園林亦復如是若天念住林即住地辟如飛鳥翱翔於空住則依地此天園林亦復如是此俱吒天一勢力也以善業故復有勢力以善業故隨其行處眾妙音鳥常與天俱是俱吒天二勢力也復有善業隨其行處諸蓮華池眾蜂妙音鵝鴨鴛鴦以為莊嚴是俱吒天三勢力也復有善業者天華鬘行於空中自然而有千葉蓮華毗琉璃莖諸天女等坐其華莖與共遊戲是俱吒天四勢力也復有善業隨天所至行於空中天諸寶器盛滿天飲自然在手共諸天女次第飲之歌舞戲笑如意能行是俱吒天五勢力也復有業力隨其所念一切成就若有憶念欲行異方能越山峯園林華果皆悉具足行於空中與諸天女作天伎樂隨意所至善法

堂人善見城天見此天眾昇此高殿下觀山谷生大歡喜如天使者觀閻浮提善法堂天善見城天見此天眾共相謂言此俱吒天如念能行飛踊我等處處無畏是俱吒天六勢力也釋迦天王與其后坐百千葉蓮華臺上乘空而遊善業所化一一華葉有五天女天鬘莊嚴坐於華葉如融金聚作天伎樂瞻仰帝釋端正殊妙與天帝釋詣俱吒天時彼天眾見帝釋來皆大歡喜出迎帝釋頭面敬禮美言讚嘆園遶帝釋四面而住或在山峯或遊戲處或在山頂或在園林或蓮華池共帝釋住俱吒天眾與天帝釋久時遊戲還歸本宮釋迦天王還善法堂此天所受五欲之樂上妙色聲香味觸等乃至愛善業盡隨業流轉墮於地獄餓鬼畜生若生人間第一安樂不遭病苦或居大洲不畏怨敵或為大王或為大臣常受安樂以餘業故

正法念處經卷第二十六

正法念處經卷第二十六

校勘記

一　底本，金藏廣勝寺本。

一　一一〇頁中一行經名、二行譯者、三行品名及夾註，石作「正法念處經卷第二十六觀天品第六之五」。

一　一一〇頁中三行夾註「三十三天之二」，磧、普無。

一　一一〇頁下一五行「天王釋」，麗作「天帝釋」。

一　一一〇頁下一六行「来者」，清作「衆者」。

一　一一一頁上一九行末字「如」，麗作「猶如」。

一　一一一頁中五行「帝釋」，石作「帝釋王」。

一　一一一頁中一一行「愛善業盡」，石作「愛善業」；磧、普、南、徑、清作「受善業」。

一　一一一頁中末行「淨妙」，石、磧、普、南、徑、清作「精妙」。

一　一一一頁下七行「阿修行」，石、磧、普、南、徑、清、麗作「阿修羅」。

一　一一一頁下九行「所成」，磧、普、南、徑、清、麗作「所惑」。

一　一一一頁下一六行至次行「如印所印」，石作「如以印印」。

一　一一一頁下一九行「第二」，石作「第一」。

一　一一一頁下二一行第一〇字「至」，石無。

一　一一二頁上三行「觀見一」，磧、普、南、徑、清、麗作「觀見一切」。

一　一一二頁上一二行「寶玉」，石、南、徑、清、麗作「寶王」。

一　一一二頁中五行「愛善業」，石作「愛善業盡」，磧、普、南、徑、清作「受善業盡」。

一　一一二頁中一六行第一〇字「放」，石作「施」。

一　一一二頁中二〇行「諸有」，石作「見諸」，磧、普、南、徑、清作「諸見」。

一　一一二頁下一行「瀑流」，磧、普、南、徑、清作「暴流」。

一　一一二頁下九行「戲遊」，石、磧、普、南、徑、清、麗作「遊戲」。

一　一一二頁下一五行「經緯」，石作「經緭」。

一　一一二頁下一六行「津汗」，徑作「津汙」。

一　一一二頁下一七行「愛善業盡」，磧、普、南、徑、清作「受善業盡」。下同。

一　一一三頁上七行「粮食」，石、磧、普、南、徑、清作「根食」。

一　一一三頁上一三行及末行「階巷」，磧、普、南、徑、清、麗作「街巷」。

一　一一三頁上一七行「金網弥覆」，磧、普、南、徑、清作「金鈴莊嚴」。

一　一一三頁中一〇行「寶玉」，南、徑、清、麗作「寶王」。

一　一一三頁下一行第九字「憶」，石、磧、普、南、徑、清、麗作「億」。

一　一一三頁下一九行「覆幢」，磧、

普、南、徑、清作「寶幢」。

一一三頁下末行「歡喜」，磧、普、南、徑、清作「歡娛」。

一一四頁上一八行「受樂」，磧、普、南、徑、清作「愛樂」。

一一四頁中五行「死歸苦」，磧、普、南、徑、清、麗作「歸死苦」。

一一四頁下一行第一三字「天」，石、磧、普、南、徑、清、麗無。

一一四頁下二行第八字「住」，石、磧、普、南、徑、清、麗作「往」。

一一四頁下八行第三字「幢」，石、磧、普、南、徑、清、麗作「憧」。第一一字同。

一一五頁上一一行「馳速而走」，磧、普、南、徑、清作「奔馳速走」。

一一五頁上末行第三字「値」，南作「信」。

一一五頁中四行「種種衆鳥」，磧、普、南、徑、清作「有種種鳥」。

一一五頁中六行末字「舍」，磧、普、南、徑、清、麗作「金」。

一一五頁下六行「目冥」，磧、普、南、徑、清作「盲冥」。

一一五頁下一五行「隨天」，磧、普、南、徑、清、麗作「隨生」。同行「寶玉」，南、麗作「寶王」。

一一五頁下一六行第一一字「一」，麗無。

一一五頁下一七行「皆滅不現」，磧、普、南、徑、清作「皆滅不見」。

一一五頁下末行「帶緙」，磧、普、南、徑、清作「帶毦」；麗作「帶繖」。

一一六頁上一五行「天服」，磧、普、南、徑、清作「天衣」。

一一六頁中四行首字「詣」，磧、普作「諸」。

一一六頁中一二行「中劫」，磧、普、南、徑、清、麗作「中國」。

一一六頁中一六行「之處」，磧、普、南、徑、清作「之地」。

一一六頁下六行「飲食」，磧、普、南、徑、清作「飯食」。

一一六頁下八行「買賣價直」，磧、普、南、徑、清作「賣買價直」；麗作「賣買質直」。

一一六頁下九行「酒肆」，石作「酤肆」。

一一六頁下一二行首字「訟」，麗作「智」。

一一六頁下二二行首字「皮」，石作「肉」。

一一七頁上七行「翱遊翔於空」，磧、普、南、徑、清作「翱翔遊空」；麗作「翱翔於空」。

一一七頁上二〇行「復有」，石作「復善」；磧、普、南、徑、清作「復次」。

一一七頁中一行「堂人」，磧、普、南、徑、清、麗作「堂天」。

一一七頁中六行「后坐」，磧、普、南、徑、清作「同坐」。

一一七頁中七行「乘空」，磧、普、南、徑、清作「乘虛」。

一一七頁中一八行至次行「人間」，磧、普、南、徑、清作「人中」。

一　一一七頁中卷末經名，石作「正法念經卷第二十六」。

趙城縣廣勝寺

正法念處經卷第二十七　栩

元魏婆羅門瞿曇般若流支譯

觀天品第六之六　三十三天品之三

復次比丘知業果報觀三十三天所住之地彼以聞慧見第七地名曰雜殿眾生何業生於彼處若有眾生見故塔寺或惡國王邪見大臣斷僧田業如是眾生不畏王禁施僧田物向此惡王說佛功德善言嘆佛是人命終生雜殿處生此天已五樂音聲歌舞戲笑受種種樂復有異業生於此天不煞不盜於屠兒所以財贖命自不作惡不教他人若有造惡心不隨喜云何不盜自為國主或為大臣不枉稅奪亦教他人令其住戒以此二業生雜殿處其林縱廣三千由旬種種宮殿天子遊戲故名雜殿諸天子等一一宮殿莊嚴奇妙金色蓮華香氣第一毗琉璃蜂出妙音聲其蓮華林一切雜生一一華池種種蓮華或有華池赤寶蓮華雜琉璃華或有華池生諸蓮華金華琉璃二華雜生一

一蓮華各有百葉或有金葉或赤寶葉復有雜華毗琉璃葉金色眾蜂遊戲其中復有華池生諸蓮華赤寶眾蜂以為莊嚴復有華池生諸蓮華毗琉璃莖真金為華或有華池生諸蓮華真金為莖白銀為華或有華池生諸蓮華車渠為莖白銀為華復有華池生諸蓮華摩羅伽多為莖閻浮檀金為華種種色蜂出妙音聲滿蓮華間辟如閻浮提中香樹之華眾蜂滿中雜殿華池亦復如是辟如畫師若畫師弟子於閻浮提所曾聞事以眾雜彩畫種種像其雜殿　林亦復如是復有雜色種種眾鳥頭足雜色其身胷腹亦復如是或有眾鳥金臆銀翅赤寶為背目如赤寶或有眾鳥白銀為臆真金為翅青毗琉璃以為兩目赤寶瞳華雜寶為背以七寶色種種眾鳥以為莊嚴雜殿林中復有山峯青寶珠玉車渠毗琉璃寶赤寶真金光明普照遍滿林中互相間錯旋流究轉滿此林中莊嚴奇特甚可愛樂雜殿林中復有雜蔓手相交錯毗琉

璃莖赤寶為鬚以為纓蔓果寶莊嚴白銀為莖青寶為鬚光明圍遶車栗為枝真金纓遶赤寶為枝白銀纓絡如是二色手相纓累是雜殿林復有三色莊嚴樹枝以為幃帳毗琉璃枝真金赤寶以為纓遶如是赤寶為枝金銀為纓白銀為枝車栗赤寶以為纓遶是一一枝一一枝纓絡雜殿林中復有雜華真金為枝一毗琉璃華若以銀枝因隨色華若金枝赤寶為華車栗為枝毗琉璃華生衆色果亦復如是雜心所起作諸雜業雜因集故得種種報以業因緣於雜殿林受雜果報因果相似如種種子得相似果如其業力隨其所作隨其時節隨心雜生如是作業得如是報如印印物天中樂果非無因生地獄苦報亦復如是非是我作他人受報

復次比丘知業果報觀雜殿林云何衆生造業生於三十三天若諸世間有諸衆生行於非法不孝父母不敬沙門婆羅門及諸長宿不近善友不信業果行於邪見如是之時魔王歡

喜行非法時於此世間有四天衆何等為四一名鬪諍魔使二名荒乱魔使為法行人而作乱心令聽法者惛濁睡眠三名貪癡魔使令諸施主心生貪惜作如是念若我以物施諸福田沙門婆羅門我之妻子當如之何衣食自濟四名離正念魔使令出家人離於正念是為初惡若人入於城邑市肆見諸女人酒肆鬪諍手相撾打夢行破戒是名四種魔使若閻浮提人行於非法作此惡時四種魔使心生歡喜白魔王言損減正法增長魔軍甚可慶悅魔王聞之問使者言云何世間增長我法減損正法時魔使者白魔王言閻浮提人行於非法不孝父母不敬師長沙門婆羅門聽正法者我令惛睡令出家者還入凢俗捨離法服或出家人或有持戒或梵行人於其夢中作婦女身令其心乱令諸施主貪惜財物慳貪覆心戀著妻子令出家者習學種種販賣鬪諍手相撾打我作如是種種方便令魔增長正法損減時魔聞之即遣使

者告羅睺勇健毗摩質多羅阿修羅鉢摩捸惱乱惡龍汝等今日應生歡喜佛之正法今已損減魔軍增長如是魔使即詣水底至毗摩質多阿修羅所廣說上事時阿修羅聞之歡喜即告惱乱惡龍王等富樂城中惡龍聞之生大歡喜為世間人而作惱乱如上所說時天帝釋聞毗留勒天王說如是語入雜殿林與三十三天共論斯事護世天王来白我言魔天大力及阿修羅毗摩質多惱乱惡龍汝應集諸天衆悉来至此我當至彼寶莊嚴山與阿修羅鬪諸天聞之荅言如是各還本宮而自莊嚴雜殿天衆亦還本宮種種音聲歌舞戲笑入雜殿林時天帝釋與諸天衆捨雜殿林詣於餘地此雜殿林所住天子所受之樂乃至愛善業盡命終還退隨業流轉墮於地獄餓鬼畜生若生人中成就快樂莊嚴端正從少至終常愛雜色種種莊嚴好種種語衆人所愛若行出家昇師子座為說法師解種種語聞之知足以餘業故

復次比丘知業果報觀三十三天所
住之地彼以聞慧見三十三天第八
地處名歡喜園衆生何業生於彼處
彼以聞慧見此衆生善心深心不殺
不盜亦教他人令不殺盜若見殺者
勸令不殺不教人作見作不喜若有
所犯尋即悔過離惡知識云何不殺
見鳥殺害救令放捨自不作惡設作
即悔受不殺戒以財贖命令其得脫
復教他人令助歡喜云何不盜云何
偷盜一切官人王所勑令持國理民
聚落城主若放牧主若邊戍主所勑
令取羊牛等是人護戒而不肯取以
是因緣命終之後生歡喜天三十三
天歡喜之園復有聽法得聞法會六
齋之日聽法受法一心聽法是法會
主命終之後生於天中一切施中法
施第一以此因緣命終生於三十三
天歡喜之園生彼天已成就無量百
千天樂不可譬喻當說少分其林縱
廣三千由旬七寶林樹以為莊嚴其
歡喜天不諂餘園是故名曰歡喜園
林自功德名其林皆是如意之樹隨

天所念皆從樹出若天生念欲須宮
殿念已欲上即見樹林是七寶殿有
一百柱二殿柱或以金銀琉璃頗梨
赤寶車𤦲用如是等一切衆寶以為殿
柱復作是念欲得柔軟階道昇此殿
堂隨念即見階道成就既入宮殿復
自思惟令此宮殿生蓮華池隨念即
生諸蓮華池七寶之色鵝鴨鴛鴦以
為莊嚴復作是念我此堂中應有天
女歌舞戲笑隨念即有天女來赴隨
心戲笑歌舞供養復作是念我今應
得天衆伎樂隨其所念風吹樹葉手
相敲觸出妙音聲勝諸天樂復作是
念令此宮殿應生飲食隨其心念樹枝
條割裂流出飲河色香味具復作是
念我今應得須陁之味隨其念已即
生上味須陁之食色香味具天子食
之乃至充足復與天女遊戲娛樂入
歡喜園歡喜園中所住天子成就如
是勝妙之樂從殿而下於此地中即
生蓮華毗琉璃莖真金為葉其莖
柔濡見者愛樂色香具足舉足下足
蹈華而行如是步步成就天樂隨其

念念受五欲樂一切諸根於自境界
不知猒足所謂眼常貪色種種瞻視
愛樂不息令眼悅樂見如是色猶不
猒足耳聞妙聲不知猒足如是鼻香
若觸諸香生天愛欲不知猒足舌貪
美味不知猒足如是愛觸不知猒足
如是所念皆是愛念愛樂自身遊戲
林中受欲無猒境界為母諸根為鐀
憶念風吹自高為薪欲火熾然欲無
猒足以愛欲心於歡喜園遊戲受樂
釋迦天主於雜寶聚山破阿修羅得
大名稱如上所說復來入於歡喜林
中告諸天曰汝等天衆當生歡悅入
歡喜園受五欲樂遊戲自娛我亦自
當於歡喜園遊戲受樂已破魔軍毗
摩質多羅及惡龍等一切天衆及諸
天女皆可至吾遊戲之處受五欲樂
滿夏四月五欲自娛時天帝釋向三
十三天說是語已心大歡喜告白鳥
王伊羅婆那言汝今莊嚴五欲與汝
共諸天衆并諸天女遊戲娛樂於歡
喜園汝當化身令諸天衆乘汝頂上
牙項足上向於遊戲華池園林山峯

之中如先所化
尒時白鳥伊羅婆那聞天主教即化
大身身有百頭頭有十牙一一牙端
有百浴池一一浴池有千蓮華一一
蓮華皆有千葉七寶所成一一葉端
皆有千數七寶衆蜂一一葉間有千
天子其鳥頂上有諸天女不相妨导
作天伎樂乗虚而遊到歡喜園其鳥
兩脅化二園林一名喜林二名樂林
於其林中河池蓮華皆悉具足七寶
意樹諸天子等遊戲其中受五欲樂
天子天女充滿林中時伊羅婆那大
白鳥王辟如第二須弥山王詣歡喜
園其鳥背上化作大城平正柔軟其
城街巷七寶宫殿園林莊嚴猶如第
二善見大城如是化殿七寶所成有
一百柱以為莊嚴殿有化池帝釋天
王與諸天女遊戲其中作天伎樂憍
尸迦天王坐於大殿向歡喜園其身
不動如須弥須其鳥耳中復生華池
其池縱廣滿十由旬其第二池十一
由旬一名甚深二名清淨八功德水
充滿其中池中生華名優鉢羅毗琉

璃玻赤寶為華衆蜂莊嚴天香具足
其華開敷優鉢羅華　天子天女坐華
鬚上遊戲娛樂或有天子以水遊戲
或有天子蓮華遊戲不知白鳥為行
為住其鳥鼻端化作樓殿廣五由旬
種種衆華鼻陁羅華悉遍莊嚴衆蜂妙音牛頭栴
檀葉以覆樓殿復有金樹種種衆華以覆其上有諸
天女坐華鬚上歌衆妙音讃嘆天王如是鳥鼻所化
長殿於白鳥王蓮華之中化生蓮華廣一由旬有昔
千葉其葉廣長香氣第一滿十由旬一一葉中天子
天女遊戲其中各不相見如是遊戲不相妨导與
天王釋向歡喜園皆不覺知為之行
住猶如住於須弥山頂於鳥頂上復
化大山名界莊嚴以種種界而為莊
嚴天樹河池園林蓮華莊嚴之處遊
戲受樂是名為王頂化大山其白鳥
王於其牙上化作園林如一億月多
有衆華其地白淨如須陁色多有衆
蜂俱翅羅音充滿其中無量衆鳥衆
寶莊嚴孔雀命命如是無量種種衆鳥
從牙化生其白鳥王身量廣大　天衆
圍遶大身大力行步平正而不摇動
向歡喜園其白鳥王從鼻兩孔化作

河流如閻浮提恒河之水閻牟那河
水從池流下其水清淨涼冷不濁從
上而下白鳥鼻中所出河流亦復如
是於四天下人所住處林樹藥草旡
旱炎熱穀麦增長草木葉上有水相
現名之為露其鳥鼻水從空而下去
地遠故為風所吹散而旡爆故令露
少三天下中名之為露復次天白鳥
王若放霧氣隨行天中世人覩之其
色則白外道說為因陁天王所行之
道復有說言白鳥王道如實白水風
持不墮在於空中猶如陽焰直以遠
故見之不了其鳥頭上大山之頂寶
幢華蓋懸以寶幡毗琉璃輪真金為
蓋其光明曜猶如日光於其幢上懸
以長幡於其幡中出大光明大海之
中諸阿修羅見是事已各相謂言帝
釋天王勝幡已現乗白為王向歡喜
園時天帝釋遥見園林告諸天曰汝
見此林甚可愛樂釋迦天主破阿修
羅既得勝已戲遊此林如此林樹甚
可愛樂與三十三天夏四月時於此
林中戲遊受樂時諸天衆白帝釋言

隨王所勅我當奉行說是語已近歡喜林歡喜林中先住諸天受五欲樂見天勝幢及白象王心大歡喜出迎帝釋礼拜供養合掌頂上作天伎樂歌舞遊戲入歡喜林時天帝釋即下白象與諸天衆入歡喜園一切天衆亦皆下象如是象頭鼻端及象兩脅一切天衆皆捨白象入歡喜林遊戲受樂歡喜林中先住諸天及與天主伐阿修羅諸天衆等於夏四月受天快樂釋迦天主共諸天衆受樂自娛如此時間卷諸天子善業將盡乃至愛善業盡命終還退墮於地獄餓鬼畜生若生人中常受安樂種種解了端正第一衆人所愛山林河池可愛樂處而生其中主大國土富樂自在以餘業故

復次比丘知業果報觀伊羅婆那大龍為王以何業緣成就大身大神通力與阿修羅鬪得大名稱以何業故受畜生身彼以聞慧見此衆生天中壽命滿七萬歲過去之世毗陁論部名不羅郁有婆羅門大修福德好行

布施貧窮盲冥苦惱之人以善心故常樂施與利益衆生尒時有王名曰善見於節會日出宮遊戲如諸天衆與八萬四千大白象王金網弥覆寶鈴莊嚴猶如如來一切金鈴以為莊嚴八萬四千婇女而為圍遶八萬四千妓樂之音向遊戲處園林之殿是善見王第一威德受大樂果時婆羅門具足威德詣善見王遊戲之處是婆羅門名三摩多見此大王具足威德王有白象名曰雲聚寶鈴莊嚴真珠金網以為瓔珞善巧工匠之所成就莊嚴白象種種歌戲詣遊戲處端正第一時三摩多婆羅門心自念言此白象王第一快樂我當願生為天帝釋作白象王以布施力及願力故命終生天為天王釋作白象王比丘觀已而說頌曰

如此業畫師　處處業所牽　心王力甚大
造作種種報　勝因緣所轉　處處心所使
在在一切處　行於三界道　一切衆生業
自在使心行　是故調伏心　能至不退處
輕轉難調伏　處處妄攀緣　若善調伏心

調伏則安樂　若能調伏心　則能斷衆過
勇者離過惡　不復受諸苦　若此世苦惱
若未來世苦　一切不調伏　輕心因緣故
天龍阿修羅　地獄鬼羅刹　心常為導王
如王行三界　心將詣天上　復行於人中
心將至惡道　心輪轉世間　心輪轉壞人
境界癡所誑　愛潰諸衆生　現得無邊苦
一行常隱覆　大力難調伏　害而不可見
轉動速流行　若人有智慧　調伏如是心
其人離魔網　則能到彼岸　憶念邪謟曲
深而極輕動　是心惡險岸　將人至惡道
如是離衆生　不為諸根使　不著諸惡法
得至不滅處　心從因緣生　所須從心得
緣轉速流注　如是流轉行　如是作諸業
得種種果報　微細心流行　一念常不住
行處不可知　常無有形色　將人至何所
行於何等道　到已住何處　身為業所作
見心所作業　作者不可見　此心難調伏
其形不可見　遍害諸衆生　無目速造業
是心性如幻　從惡得惡報　是心性如幻
行處甚難知　能將一切人　無量生死處
非刀所能割　火亦不能燒　是心雖無目
燒害一切人　業繩甚堅牢　縛諸苦惱人

受百千生死　將去不可見　須臾作善業
須臾起不善　心作善不善　調伏則得樂
六根緣境界　多貪無猒足　不覺心將至
惡道受苦惱

如是比丘觀婆羅門作大善業其願狹小見已思惟自識其心如是善業或得天身或離生死為心所使墮畜生中心願力故

復次比丘知業果報觀三十三天所住之地彼以聞慧見第九地名曰光明衆生何業生於彼處彼見聞知若人持戒轉教他人自不作惡不教他作見作勸捨自護禁戒教人護戒堅固不缺悉令清淨不煞不盜云何不煞若見有地多有衆生為持戒故不自穿掘不教人掘若蠍若蟻蝦蟇黃犺種種衆生知此衆生所居之處不自穿壞教他不作或受禁戒或不受戒若見為惡教令懺悔云何不盜若是他地若陶師處若復餘人乃至泥土自不盜取不教人取令他住戒見他盜者不生隨喜勸令不作是名不煞不盜是持戒人命終之後生光明

天心常歡喜歌舞戲笑遊戲受樂其身光明常照天衆多有天人園林遊戲第一持戒生此天處作善業人受斯樂報所有園林金網弥覆寶鈴妙音毗琉璃鈴善業所成遥見天子鈴中歌頌說如是言善來天子修善之人以寂靜偈而作頌曰

善寂靜心護持戒　持戒清涼令受樂
善持禁戒種種行　後得涅槃或樂報
戒遮惡道至善處　是故持戒後清涼
持戒之人臨終時　其心安隱不恐怖
我無惡道之怖畏　以持淨戒能救護
汝以持戒善護持　令至天中莫放逸

如是天子以善業故鈴網之音演說偈頌覺悟其心令離放逸有諸天子久於先世持戒來者聞是法已少時持戒不入放逸若天持戒不經多世則入放逸不自覺知雖聞法音即入放逸遠離鈴網覺悟之音更詣餘林七寶莊嚴光明林中其林廣長三千由旬唯除四地及善見城餘無勝者其林四維有四如意毗琉璃樹善淨無垢其光普照滿一由旬光明如日

五千由旬悉皆見之天子天女在於樹枝遊戲受樂隨心所念從樹得之四樹之中有光明林金銀琉璃為蓮花池莊嚴林樹如融金聚處處皆有須陁之味善淨無垢清潔香美大力自然須陁之味復有衆鳥覩之可愛其音美妙以為莊嚴真金為首白銀為翅毗琉璃胷赤寶為觜蓮華色寶以為其目如是衆鳥以為莊嚴銀葉樹上有真金鳥黃金樹上有白銀鳥毗琉璃樹赤蓮華鳥赤蓮華樹青寶王鳥一切衆鳥飲酒食果有七寶樹七寶色鳥遊戲其上復有衆蜂如赤寶華作種種業之所受身於蓮華中遊戲受樂如是樹中一切功德影皆悉具足天子天女於此樹上遊戲自娛其林具足諸天功德若天阿修羅共鬬之時釋迦天王告諸天衆速疾莊嚴阿修羅軍惱乱樂見山頂所住諸天三十三天聞是語已向光明林一切大衆共天帝釋入四樹間光明林中毗琉璃樹淨如明鏡自見其相知鬬勝否若損身分具悉見之如是

樹中自見其身若打若害若見彼割壞已復生若見斷首斷臂即時迸沒於此樹中皆具見之如其所見告諸天子當避撗死甚為大利阿修羅鬪害此天子帝釋聞已告言大仙汝勿鬪戰必當衰害非時夭壽比丘思惟觀天樹中見衰沒相以聞慧知若人悲心見屠殺者欲殺衆生命令其得脫以是果報於光明林自見身相諸天復詣光明林中名曰雜林住光明林如意之樹以為莊嚴入此林已各自思惟天阿修羅誰力增勝以何力故天得增勝以何力故阿修羅勝時天帝釋告諸天衆修行法者生諸天中閻浮提人於劫初時行十善道或教他人自勅身口持七種戒不缺不漏堅固不謟如是衆生命終生天辟如皮囊滿中盛沙不繫其口有大力人瀉之速出劫初之時生諸天中亦復如是是故諸天勢力增長阿修羅衆其力減少樂見山頂所住諸天能遮阿修羅復於後時人行不善缺漏不堅行少善業閻浮提人命終生天

辟如菴羅果欲熟之時有大力人搖動其樹其果少墮生於天中亦復如是復於異時行雜垢業不持身戒不持口戒不堅不淨不常修習是人命終少生天中辟如毗羅大樹之果其果未熟少力之人雖復搖之不能令動設得動之果落甚少若有熟者其果則墮若未熟者則不墮落如是劫初衆生多生天上後世衆生生天甚少亦復如是以其雜垢破禁戒故汝等諸天莫行放逸若行放逸增益阿修羅減損諸天衆今世衆生多行非法無有戒法不持七種身口之戒誑惑他人令生熱惱不孝父母不敬師長不順法行是人命終墮於地獄辟如皮囊滿中盛沙不繫其口有大力人瀉之速出今世衆生行不善業墮阿修羅亦復如是若諸衆生有半持戒或身或口是人命終生阿修羅中或生天中辟如菴婆羅果樹有大力人搖動其樹若果熟者隨搖則墮若未熟者搖之不落雜業衆生亦復如是或生天中或墮地獄或有生於阿修羅

中若諸世間盡行不善不孝父母不順法行不敬師長沙門婆羅門不持身戒及以口戒是人命終墮於地獄或復墮於阿修羅中是故令諸阿修羅軍增長大力天力減少雖復如是我今能勝阿修羅軍非餘天衆汝當思惟行於法行若於今世若未來世守護正法一切力中法力最勝餘無及者汝當思惟憶念正法勉力勤加破阿修羅時諸天衆聞天帝釋說如是潑自帝釋言如天王教我當奉行說是語已向鉀胄林從樹出生不可壞鉀以自莊嚴著此鉀者無能為敵其光照曜辟如日出憂陁延山其光明曜亦復如是向樂見山欲與阿修羅列陣大戰如前所說光明林中所住諸天并相娛樂受五欲樂心意放逸於毗琉璃林黃金樹林赤寶林中華果具足種種衆鳥出妙音聲

復次比丘知業果報觀三十三天中種種鳥獸有種種色種種莊嚴種種形相種種音聲種種寶翅遊戲受樂於園林中如實觀之知微細業因緣

果報彼以聞慧見諸衆生為工畫師雖受雇直無巧為心為他營福圖畫僧房講堂精舍明淨彩色以青黃朱紫種種雜色圖畫佛塔精舍門閣或作山樹人龍鳥獸師子虎廐園林城郭浴池戲處蓮華林池沙門婆羅門軍營殿堂為供養佛莊嚴因緣圖飾形像受人雇直或復尅鏤或以泥木金銀銅等如是種種造立形像諸工匠師命終生天受衆鳥身造作雜業而不持戒作此鳥身或受廐形衆蜂之身常受快樂如其作業得相似果如天受樂無智造業雖有思心以無智故癡身受樂於天園林遊戲受樂山林峯嶺如畫尅鏤象牙金銀如素所為如印印物於天園林生無量色如本彩色天復於此光明林中遊戲歌舞受種種樂此光明天乃至愛善業盡命終還退隨業流轉墮於地獄餓鬼畜生若有善業生於人中常受安樂或為國王或為大臣為無量人之所供養樂行遊戲愛於節會心常歡喜顏色端正飲食如意常受安樂他不

能奪牀蓐臥具園林遊觀奴婢充足以餘業故

復次比丘知業果報觀三十三天所住之地彼以聞慧見第十地名波利耶多衆生何業而生彼處彼見聞知若人淨信以父捨物若衣服飲食牀蓐湯藥以用布施復教他人不殺衆生乃至蜫蟻不起殺心若見有果為虫所食為護其命不食虫果見人食者勸令不食自持禁戒復教他人云何不盜於他所有乃至不取粳食果食若於林中若於空地自地不取亦教他人如是之人自利利人命終之後生於波利耶多樹園波利耶多樹第一最勝於此一樹能示閻浮提人善不善相若閻浮提人隨順法行其樹華果則便具足以閻浮提人順法行故其華光明照百由旬三十三天心懷歡喜圍遶而住如是波利耶多樹華果茂盛知閻浮提人孝養父母供養沙門婆羅門耆舊長宿是故此樹華果敷榮夏四月時其諸天衆圍遶此樹娛樂受樂若波利耶多樹其華半生

則少歡喜知閻浮提人少分持戒令此天樹但生半華若一切人盡行非法則此天樹波利耶多葉皆墮落其色燋悴無有光明亦失香氣譬如冬天雲霧障日光明不了視不曜目如是波利耶多拘毗陀羅樹光明微少香氣損減相貌燋悴時諸天衆見是事已白帝釋言天王當知波利耶多樹光明損減香氣劣弱一切威德悉不如本必是閻浮提人不孝父母不敬沙門婆羅門耆舊長宿帝釋聞之即取寶像與諸天衆恭敬供養尊重讚歎如來之像念佛功德告諸天衆此波利耶多拘毗陀羅樹花葉墮落我今當往至彼樹下汝等莊嚴我今善心持如來塔世尊形像至彼樹下以天塗香末香供養世尊尒時諸天聞帝釋教無量百千諸天大衆詣帝釋所時天帝釋以如來像置天冠上頂戴而行往詣波利耶多樹園見彼天衆皆無歡悅以此波利耶多樹葉墮落失本光明是故不悅時天帝釋以如來像安置樹下七寶之地毗

琉璃座一切天衆皆起信敬生敬重心以天摩盧迦華天曼陁羅華摩訶曼陁羅華拘眵耶舍華如是衆華以為供養香水澡浴如來形像如是供養已教諸天衆當起信敬離於慳嫉離放逸心此佛如來三界大師正法聖衆諸天子等聞帝釋教皆起敬信頂礼如來天尊之像尒時帝釋即以偈頌而讚歎曰

如來解脫恩愛毒　親愛一切諸衆生
久已度於生死海　南無南無一切智

尒時帝釋合掌恭敬向如來像與諸天衆踊躍合掌復以偈頌讚歎如來

如來永斷欲貪瞋　永離熱惱不可量
一切衆生無上師　南無南無一切智

偈讚佛已一切天衆圍遶樹王敬重如來生大信根如是一切天衆以淨善心增長正法供養佛像時波利耶多樹即便生芽新葉欲出諸天見已皆大歡喜其樹不久次第花葉如本不異其光遍照一百由旬香氣亦尒葉如雲色衆蜂圍遶其影鮮澤天衆圍遶如第二日見光威德其香普熏

一百由旬其枝遍覆一百由旬根亦如是一切天衆皆大歡喜其天樹王光明香氣如本具足譬如六萬衆山之中須弥山王最為第一種種樹中波利耶多樹光明莊嚴亦復如是最為第一見勝光明威德殊勝充滿具足明淨顯現具足明焰三十三天見之歡喜共相謂曰汝等天子見佛如是大勢力不此天樹王華葉光明香氣具足如本不異三十三天見樹勢力光明增勝皆離疑網閻浮提人順法修行念法心勝魔軍損減非法惡龍及阿修羅不能破壞如法之人正法增長天衆不減於天女中不復劣弱魔軍減少天衆大力以樹王相當知諸天有大威德如是三十三天各各說已尒時護世從閻浮提詣第二天波利耶多樹王國中是時護世是三十三天於波利耶多樹下以清淨心供養如來身出光明到已頭面頂礼帝釋白天王言諸天大衆今應歡喜今閻浮提一切人民隨順法行供養父母沙門婆羅門恭敬長宿時諸

天衆聞其所說皆大歡喜供養護世作如是言汝今我喜汝亦如是常得慶悅以說閻浮提人行法行故如是天衆聞護世天說如是語復設供養既供養已持如來像詣善法堂樹王諸天及帝釋還入波利耶多樹園夏四月中受天快樂遊戲娛樂天女圍遶於夏四月遊戲受樂若有天子從此命終隨業流轉墮於地獄餓鬼畜生若有前業得生人中顏貌端正人所樂見心常歡喜安樂無惱衆人愛敬歌舞戲笑常自娛樂一切女人若有見者皆生愛敬或為國王或為大臣以餘業故

正法念處經卷第二十七

正法念處經卷第二十七

校勘記

一　底本，金藏廣勝寺本。

一　一二一頁中一行經名、二行譯者、三行品名及夾註，石作「正法念處經卷第二十七天品之六三十三天之三」。

一　一二一頁中三行夾註「三十三天品之三」，磧、普、南、徑、清、麗作「三十三天之三」。

一　一二一頁中八行首字「業」，石作「堞」。

一　一二二頁上四行「二色」，磧、普、南、徑、清作「三色」。

一　一二二頁上一二行「離因」，磧、普、南、徑、清、麗作「雜因」。

一　一二二頁中一行「四天」，石、磧、普、南、徑、清作「四大」。

一　一二二頁下五行「廣說」，石作「魔說」。

一　一二二頁下七行第一〇字「人」，石無。

一　一二二頁下一六行「捨離」，石作「捨雜」。

一　一二二頁下一八行「愛善業盡」，磧、普、南、徑、清作「受善業盡」。下同。

一　一二三頁上一二行第一三字「所」，石、麗作「有所」。

一　一二三頁中五行「欲得」，石、磧、普、南、徑、清作「欲須」。

一　一二三頁中七行「今此」，磧、普、南、徑、清作「令此」。

一　一二三頁中一二行至次行「風吹樹葉乐相敦觸」，石作「風吹葉樹互相棠觸」；磧、普、南、徑、清作「風吹葉樹互相振觸」。

一　一二三頁中一三行「勝諸天樂」，石作「勝天樂音」。

一　一二三頁中一四行至次行「樹枝傈割裂」，石、磧、普、南、徑、清作「樹枝剖裂」；麗作「樹枝割裂」。

一　一二三頁中一八行至次行「入歡喜園」，石作「歡喜之園」。

一　一二三頁下五行「生天」，磧、普、南、徑、清、麗作「生大」。

一　一二三頁下二〇行「五欲」，麗作「吾欲」。

一　一二三頁下末行「牙項足上」，磧、普、南、徑、清作「牙項之上」；麗作「牙頂之上」。

一　一二四頁上一七行「化池」，磧、普、南、徑、清、麗作「花池」。

一　一二四頁中六行末字「椬」，石、磧、普、南、徑、清、麗作「旃」。

一　一二四頁中九行「長殿」，磧、普、南、徑、清作「樓殿」。

一　一二四頁中一三行「象項」，磧、普、南、清作「象頭」。

一　一二四頁下四行末字「兊」，磧、普、南、徑、清、麗作「亢」。七行第一〇字，磧、普、南、徑、清同。麗作「氣」。

一　一二四頁下末行「戲遊」，石、磧、普、南、徑、清、麗作「遊戲」。

一　一二五頁上三行「勝幢」，徑無。

一　一二五頁上八行「天衆」，普、南作「大衆」。

一　一二五頁中一七行「天王釋」，麗作「天帝釋」。

一　一二五頁中末行「輕轉」，磧、普、南、徑、清作「轉轉」。

一　一二五頁下二行「過惡」，石作「過者」。

一　一二五頁下四行「導王」，磧、普、南、徑、清、麗作「導主」。

一　一二五頁下九行「轉動」，磧、普、南、徑、清、麗作「輕動」。

一　一二五頁下一二行「衆生」，石、磧、普、南、徑、清、麗作「衆惡」。

一　一二五頁下二二行「非刀所能割」，石作「非力所能割」；資、普、南、徑、清作「非力所能制」。

一　一二六頁上六行「自識」，磧、普、南、徑、清、麗作「自誠」。

一　一二六頁上一七行首字「狁」，磧、普、南、徑、清作「舳」。

一　一二六頁中一〇行首字「戒」，麗作「或」。

一　一二六頁下二一行「大衆」，石、磧、普、南、徑、清、麗作「天衆」。

一　一二七頁上一行「彼割」，磧、普、南、徑、清作「被割」。

一　一二七頁上八行第一一字「命」，石、磧、普、南、徑、清、麗無。

一　一二七頁中八行第一〇字「墮」，普作「隨」。

一　一二七頁中一七行第一三字「墮」，石無。

一　一二七頁下一四行末字「明」，石、磧、普、南、徑、清作「晃」。

一　一二八頁上八行「尅鏤」，磧、普、南、徑、清、麗作「刻鏤」。下同。

一　一二八頁中六行「以父」，麗作「以久」。

一　一二八頁中一一行「粮食」，石、磧、普、南、徑、清、麗作「根食」。

一　一二八頁中一二行「自地」，石、磧、普、南、徑、清、麗作「自既」。

一　一二八頁中一七行「法行」，磧、普、南、徑、清作「行法」。

一　一二八頁下三行第一〇字「葉」，麗作「華」。

一　一二九頁上末行「見先」，麗作「見光」。

一　一二九頁中一二行「非法」，清作「作法」。

一　一二九頁中一七行「第二」，南作「第一」。

一　一二九頁中一八行「國中」，石、磧、普、南、徑、清、麗作「圍中」。同行末字「是」，磧、普、南、徑、清作「見」。

一　一二九頁下六行「帝釋」，磧、普、南、徑、清、麗作「天帝釋」。

一　一二九頁下卷末經名，石作「正法念經卷第二十七」。

正法念處經卷第二十八　初

元魏婆羅門瞿曇般若流支譯

觀天品第六之七　三十三天之四

復次比丘知業果報觀三十三天所住之地彼以聞慧見三十三天第十一地名離險岸衆生何業生於彼處彼聞知見若人持戒利益衆生福德熏心或功德人持戒智慧或復病人施其一食自不煞生若空樹中或有虫蟻種種細虫若種種放牧牛羊鳥馬駝驢之人或冬寒時氷雪霜降於曠野中放火焚燒若有善人或以水土滅此燒火見作勸止自不故作設作改悔不生隨喜為說恐怖令住善法令彼衆生住於善法自不偷盜亦不教人如是之人命終生於離險岸天其地金銀種種赤寶以為廁填如是種種金剛雜寶雜葉莊嚴種種衆寶種種廁填種種寶樹以為莊嚴種種禽獸莊嚴其地處處皆有禽獸之類過險岸地一切園林無量七寶以為莊嚴離險岸天住此林中莊嚴之具

如融金聚百千天女以為圍遶受五欲樂隨其住處身出光明岸樹光明亦如天身於此林中遊戲受樂與諸天女往詣河林其河兩岸多諸金樹黃金為葉以樹光明令水黃色悉無白色其流駛疾不見白色於園林間天子天女遊戲受樂天作是念令此樹中應出美飲以善業故隨其所念即時流出種種美飲色香味具以諸寶器而用飲之飲天上味受天快樂見諸天女愛火所燒以樂覆故而不覺知天子復念我今欲聞種種音聲以善業故隨其所念有風動樹出妙音聲勝五樂音天子復念令此樹上應當出於須陁之味以善業故隨其所念即於樹上猶如大器盛物瀉之從上而下石蜜之味不得為比天子食之歌衆妙音往詣寶地諦觀瞻視常樂念欲至寶地中受五欲樂捨此地已復詣普林其普林中有七種鳥具金七寶以為鵝鳥因陁青寶以為鷄鷄翅多赤寶以為鴛鴦毗琉璃寶以為鳧鴨青寶車𤦲以為孔雀大青七

寶為命命鳥珊瑚銀寶為迦陵頻伽其聲美妙如婆求鳥音衆所樂聞翱翔空中遊戲自娛其音美妙如天女音於蓮花池衆蜂莊嚴遊戲其中復於陸地翱翔遊戲復有金樹種種葉影映飾鳥身天見衆鳥發歡喜心耳聞其音心意悅樂天子行空與鳥遊戲或於水中與鳥遊戲或於陸地共鳥遊戲如是天衆共鳥遊戲天子天女互相娛樂天鳥伎疋遊戲受樂比丘觀鳥受天樂已而說頌曰

畜生行欲　癡力所作　天若如是
畜生無異　人受富樂　不著放逸
是智慧人　愚者相違　放逸將天
至於地獄　智者所說　放逸如毒
愚癡放逸　著現在樂　放逸果熟
後生大悔　觀於放逸　無少利益
若捨放逸　常無憂惱　放逸大苦
不放逸樂　舉要言之　應捨放逸
若人愛苦　應行放逸　樂行放逸
終無樂報　樂不放逸　至不退處
不行放逸　常無苦報　此諸天衆
與鳥遊戲　天與畜生　等無差別

界道身意　一切皆壞　天人非人
地獄餓鬼　意差業別　業別道分
諸業分異　道亦如是　種種雜業
生於天中　樂著放逸　不覺退沒
死相既至　汝等自知　於天中退
受大苦惱　為癡所害　放逸所誑
諸天渴愛　隨於地獄　戲樂自誑
墮於地獄　受天樂已　後受大苦
為心所惑　不猒生死　為愛所欺
從苦入苦

比丘如是以是偈頌呵責放逸諸天子等貪於五欲不知猒足如火得薪乃至愛善業盡從天還退隨業流轉墮於地獄餓鬼畜生若有善業生於人中常受安樂飲食充足國土豐樂五穀熟成或為王者或為大臣以餘業故

復次比丘知業果報觀三十三天所住之地彼以聞慧見三十三天第十二地名谷崖岸此諸衆生以何等業生於彼天彼聞知見若人善心修行福德施生禪人得初禪者自施其食教人施食施已隨喜教他隨喜是名

布施不煞不盜若人道行井泉池流施水之處施其瓶灌飲水之器供給行路復有異人教他盜取持度曠野汝若不取必當渴乏尒時其人雖知渴死畏犯罪故不受其教不盜財物亦不隨喜勸人不取令住善道乃至失命不犯偷盜云何不煞自行不煞勸人不煞毀呰煞法若屋隠牖若户扇間若屋棵上有微細虫若煞火時懼傷其命不閉户牖是名不煞復教他人令行不煞住於善道如是之人命終生於三十三天峪崖岸天受善業報有一林樹名隨時住其林種種衆寶光明青毗琉璃清淨無垢種種衆鳥出妙音聲花常開敷流泉河池以為莊嚴青毗琉璃以為蓮花莊嚴金蜂如融金聚雜色衆鳥遊於其中或於水中或於陸地或於山峯險岸山窟出衆妙音善業所化受善業果種種天女之所圍遶天鬘天衣以為莊嚴色相威德端嚴殊特於此林中歌舞遊戲以善業故林中天鳥而說頌曰

衆生造善業　天中受快樂　若造不善業
地獄受苦報　既生於天中　而能自覺悟
從樂得樂果　不為愛所惑　業繩縛衆生
長在三有獄　業力自在轉　如轂縛衆輻
輪轉於三有　八方及下上　業力風所吹
如塵遊虛空　因緣之所生　如蓮花莊嚴
如是天莊嚴　皆從善業生　辟如清淨水
如虛空無塵　如是清淨心　能至安樂處
解脫三縛人　能護於五根　遠離一法人
天中受安樂　無慚无愧人　不調惡知識
如毒亦如火　智者應捨離　實語行施人
常應樂親近　常慈心衆生　此道生天中
直心不諂曲　布施修正念　以是自業因
来生此天中　世間一切命　皆由法非法
救護無過法　是故應行法　若人捨離法
樂行不善業　為惡之所燒　受苦無窮盡
既得生天已　若縱放逸心　其人善業盡
退時乃自覺　究竟樂為勝　無生亦无死
死網縛衆生　無有安樂處　隨其受樂處
愛心轉增長　愛火燒衆生　地獄受苦報
勿得行放逸　諸天所不應　放逸過所壞
退失於天處

如是天鳥說此法時天子心乱念諸

天女於利益法不聽不受渴愛五欲心意耽著於蓮花池遊戲之處歡娛受樂復往山峯名樂遊戲山峯有鳥名曰戲樂遊戲池中乎相娛樂時天見鳥作如是念奇哉此鳥種種衆色種種音聲勝一切鳥是時天子復作是念我今乘鳥遊觀林池天既念已即時鳥身自變廣大尒時天子以手摩捫乘之遊空翱翔受樂天子復念於鳥皆上化七寶殿園林花池皆悉具足種種衆鳥以為莊嚴上乘虛空與諸天女種種莊嚴處處遊戲受種種樂遍觀諸天所住之處既觀察已轉增愛著足百千倍不可為比如是愛火六欲熾然不可調伏妄愛為樂實為大苦乘鳥遊空五樂音聲歌頌之音其聲美妙不可辟喻遍見一切天子天女於須弥山園林池流山谷樹林蓮花遍覆多有衆鳥皆悉見之一一住處無量百千諸天所住處處觀之猶不猒足諸根愛著貪著五欲歡喜無猒愛心增長如是多時乘鳥遊戲觀須弥山王六万諸山善業諸天

之所住處無量寶焰光明莊嚴甚可愛樂須弥四面有四種色謂毗琉璃白銀黃金頗梨之色此天遍行觀須弥山乘於鳥殿還其所止至其住處如天所念色相莊嚴是時天子復乘鳥殿至摩時多池其池周匝廣五由旬青毗琉璃種種蓮花以為莊嚴鳥至此池與諸天女受五欲樂猶如衆蜂貪嗜花香飲於摩偷食須陁味色香美味皆悉具足服天寶衣與諸天女遊戲受樂乃至愛善業盡從天命終隨業流轉墮於地獄餓鬼畜生若有善業得生人中常受富樂多有乘騎遊戲之處或為王者或為大臣人所敬愛以餘業故

復次比丘知業果報觀三十三天所住之地彼以聞慧見第十三地名摩尼藏衆生何業而生此天彼聞知見若有善人利益衆生不煞不盜亦教他人令住善道自不殺生乃至見於酒蜜之中有濕生虫若不漉治終不故飲不教他作亦不隨喜知不善業捨而不作見他作惡捨不親近勸令除

善是名不煞生云何不盗乃至入於
塔廟若有供養佛塔燈明不以此光
營作衆事亦不取烟以為書墨微細
之罪悉皆畏懼是名不盗復有不煞
及不偷盗不煞生者乃至蚤蟻惱觸於
人亦不煞害心不念煞若見他煞勸
令放捨語其人言若煞生者是不善
業命終當墮活地獄中如是教他令
不作惡安住善法如是善人自持禁
戒令他住戒若行曠野若飢饉世以
飲食施若其飢餓困逼之時不盗他
食於曠野中貧窮飢困乏少糧食者
能減己食施諸貧人以恩心福田二事
勝故得大果報以時施故何以故病
之大者無過飢饉是故施食得大果
報如是二種持戒之人自利利他善
心直行第一善人乃至小罪常懷大
懼以衆寶珠施於父母或以珠瓔施如
來像是人命終生三十三天摩尼藏
地生彼天已受第一樂五欲自娱是
善業人威德光明皆悉普照五百由
旬辟如日出普照衆山此天光明照
一切地亦復如是其衆寶地先具光

明如是天子身光既照百倍轉勝其
諸光明青黄朱紫如天虹色其身光
明百倍轉勝莊嚴殊妙以善業故身
如電光勝諸天衆如衆星中日最第
一此天之身亦復如是遍身光焰自
觀寶地其地皆以種種摩尼以為莊
嚴種種間錯分齊分明一切光明猶
如百日一時同照天子見之生大歡喜
復觀異處見諸天女妙色具足以不
可辟喻種種衆寶以為莊嚴受諸欲
樂鼓樂弦歌笙笛箜篌如是種種歌
衆妙音或有舞戲天鬘莊嚴或於花
池與鳥遊戲或食天果復於意樹取
諸花果歌欲樂音令衆歡喜天子既
至見諸天女為諸欲境惡地所墊從
坐迴顧向諸天女諸天女等天鬘莊
嚴天子見之欲火燒心迴顧天女時諸
天女見其丈夫命將臨終五死相現
猶如衆蜂捨於萎花赴新開花諸天
女等捨本所事趣此天子亦復如是
種種天鬘種種天衣以自莊嚴以愛
欲心娱樂天子令心喜悅是退天子
以無始來習諸愛欲見其天女背叛

異趣心生熱惱如阿鼻獄猛火燒身
見諸天女背已趣他其心熱惱亦復
如是從天命終以嫉妬心自害其身
有報將盡取緣濁心更無所見退墮
地獄餓鬼畜生以何因緣見諸天女
叛已趣他生大苦惱以於前世人中
之時邪行非礼犯他婦女以作善業
生於天中侵他妻故見斯惡業如是
善業之中惡業成熟是故微少惡業
所不應作若能奉持七種之戒不缺
不漏則有餘果夜摩諸天見退没相
則不如是未來世報略而說之不復
廣說諸天女衆天鬘莊嚴速往詣於
初生天子以諸天鬘而用上之令其
莊嚴花鬘香氣色香具足無有萎變
令初生天子著此花鬘天子著之心
生歡喜即相親近共遊園林平相娱
樂於此地處天衆所住見清淨水毗
琉璃花真金為葉金剛為鬚百千衆
蜂以為圍遶其蜂或以真金為翅毗
琉璃身白銀為翅真金為身赤寶為
翅雜色為身珊瑚為翅常於如是不
萎不變蓮花池中遊戲娱樂其聲清

正法念處經卷第二十八　第十二張

妙如天女音如是衆蜂以為莊嚴天子天女入蓮花池遊戲受樂歌詠戲笑久於池中娛樂受樂復往詣於金鬘樹林二樹弥覆既至林中種種伎樂出妙音聲見須弥峯如融金聚見諸天衆在於山峯與諸天女伎樂自娛天鬘天衣以為莊嚴閻浮檀金以為瓔珞莊嚴其身於蓮花池優鉢羅池種種香味皆悉具足天子天女遊戲受樂鵝鴨鴦大力師子悉為行列諸天在中遊戲受樂復見天衆行於虛空與諸天女猶如明燈歌頌美音以自娛樂雨衆妙花受天快樂五樂音聲歌戲娛樂復見天衆飲天美味無有醉失各說愛語以相娛樂令心喜悅復見天衆食須陁味以自善業所得果報色香味觸皆悉具足復見天衆於七寶樹採七寶花以自莊嚴復見天衆採花擲果或有食者或相打擲以為戲笑共相娛樂復見天衆乘於天鳥衆雜七寶以為莊嚴乘此鵝鳥遊於虛空平共遊戲復見天衆歌衆樂音於天子前諸天女衆舞

正法念處經卷第二十八　第十三張

戲娛樂以天蓮華手相打撲以生欲心言說調謔增愛境界初生天子見如是等種種天衆種種業化心自思惟我雖見此眼不知足聞種種聲耳亦無猒種種衆香鼻亦如是種種六味舌無猒足身貪細觸天衣妙服莊嚴塗身亦復如是不知猒足一切愛法心常隨順我今愛樂當受斯樂既思惟已手相愛樂如天所應受五欲樂如是天子六愛著心一切愛火圍遶焚燒譬如有人於盛夏日極熱之時行於曠野大火卒起燒諸乾草樹葉枝條山谷林樹一切火起慞惶怖走進避無地其火焰熾四面圍遶迴為一焰燒一切林隨其所趣烟焰俱起為火所燒不能免離世間一切愚癡凡夫亦復如是乾草樹枝愛火所燒將至天中業造之人結使癡風吹大愛火脩禪習觀得世俗禪喻乾枯樹山谷草葉愛火所燒猛熾火者喻六種愛處處走者喻於諸根染著境界其焰熾然憶念境界猛風所吹愛火所燒破壞天人世間火者喻於愛

正法念處經卷第二十八　第十四張

火天善業故受於無量百千種樂乃至愛善業盡從天退隨業流轉墮於地獄餓鬼畜生若生人中住於寶地一切衆寶以為莊嚴而生其家或為大王或為大臣常受安樂衆人所愛子孫具足豐饒資財以餘業故

復次比丘知業果報觀三十三天所住之地彼以聞慧見第十四地名曰旋行衆生何業生於彼地彼以聞慧見有衆生不殺不盜見他作者勸令不作說不善業得惡果報云何不殺乃至草葉若於水中見微細虫護之不食若不漉水終不故飲漉水之虫不棄乾地還置水中令虫安隱不失其命亦教他人令住善道云何不盜若甘蔗田若果若菜若菴婆羅他所攝物不起盜心亦教他人令不偷盜自持禁戒教他持戒云何持戒不殺不盜乃至失命不飲虫水亦不受用亦教他人令其不作是名不殺生云何不盜乃至草葉亦不故盜行於布施若見病人施其醫藥令得安樂亦復不以殺虫之藥與他治病是善布施

乃至涅槃其福不盡是人命終生三十三天旋行之地既生之後以善業故一切衆寶光明旋轉殊勝天女以為供養既供養已詣光輪林種種樂音林中有鳥名莊嚴樹充滿林中以鳥勢力隨其心念欲有所至飛於虛空林亦隨行若諸天子在於樹下亦隨林行隨所到處生蓮花池衆雜蓮花以為莊嚴毗琉璃葉真金為莖白銀為鬚蓮花臺上諸天女等歌衆妙音以善業故其蓮花中流出摩偷摩偷者美飲俗名為酒也天女飲之與蓮花臺諸天子等住蓮花臺天女圍遶共飲摩偷久受樂已從空而下與鳥相隨及天女衆詣優鉢羅殿其殿縱廣滿二由旬如是百千優鉢羅花一一天女住一葉端歌舞伎樂復有青色優鉢羅花以花青光令諸天女皆作青色若在赤色令諸天女皆見赤色身莊嚴具亦復如是天子天女坐蓮花臺以善業故與諸天女而共圍遶坐蓮華鬚手擎種種雜色寶幡歌舞遊戲久受天樂從花臺下見難娑羅殿河名

樂見兩岸多有衆寶之樹枝葉具足莖幹成就種種衆鳥雋翅端正婆求之音莊嚴河岸隨天所念從河而出其河莊嚴天女歌舞甚可愛樂年相娛樂天子來詣如是處河天女見之皆大歡喜歌舞戲笑作衆伎樂有異天女作衆伎樂來詣天子是時天子見諸天女顏色妙美百倍愛著走趣天女與此天女及優鉢花諸天女等河岸遊戲諸天女等一切同集作衆伎樂出妙音聲其歌音聲遍滿須彌山王寶峯之中時山峯中一切天衆聞是妙音皆來集會心意戀著天女歌音天子天女大衆和合不起嫉妬歌舞遊戲復往詣於遊戲園林久受無量百千種樂乃至愛善業盡從天命終隨業流轉墮於地獄餓鬼畜生若生人中常受安樂常樂澡浴塗香末香愛衆蓮花優鉢羅花拘牟頭花俱迦鄰陀花質直聰慧愛樂正法或為國王或為大臣或作長者或主城戍或為導師治生諧偶以餘業故

復次比丘知業果報觀三十三天所

住之地彼以聞慧見第十五地名曰垂殿衆生何業生於彼處彼以天眼智慧觀察見持戒人不殺不盜云何不殺若見怨家欲來害已或有他人侵其妻室雖捉擒獲不打不害救捨令脫軟言慰喻或見有人欲害怨家以財贖命令其得脫復有惡人已捉擒獲放之令去而不加害如是惡人復至其家欲侵欲害而復擒獲還即放之而不加害以護持戒畏業果故怨家持刀欲來煞人護彼怨家令其得脫不被煞戮畏破戒故自捨身命不害他人是名不殺云何不盜不盜幾種此持戒人乃至小罪生大恐怖畏業果報不起惡業修行善業復有不盜見於小罪乃至微塵心生恐怖或詣塔寺或至園林閑靜讀誦經行之處或至水邊不取他物種種鞴縣恙不故取他所不聽亦不受用以護戒故若晝若夜不起盜心是名不盜是名不煞不盜云何住戒捨於不淨不愛不樂不善之法持戒清淨善人所愛如實不虛如是持戒生於天中

必至涅槃隨心所願成三菩提是持戒人若行曠野若獨若伴若行道路若行非道若見惡獸懷姙産子為飢所逼欲噉其子是人見之自捨其身與此惡獸欲令煞已不食其兒是持戒人為續其命憐愍衆生自捨身命孝養父母云何布施若持戒人貧窮困乏勤苦得物順法持戒或有沙門起於滅定来至其家從其乞求如是貧人減於妻子所食之分有少飯食施此比丘自屈一日見其食已心生歡喜復教他人不煞不盜住於善道見作隨喜是持戒人自利利他命終之後生三十三天猶如香氣生於金殿是善業人生彼天已受欲樂地黄金為殿一切衆寶以為莊嚴帝釋見已生希有心百倍受樂以偈頌曰

上上之樂　善業善果　諸天所受
先世業故　四輪之殿　駕以為馬
智慧為鈎　殿光如日　持戒之善
遊於天上　憐愍衆生　如母愛子
慈悲之人　能至天中　行慈悲者
饒益衆生　常應供養　後生天中

悲愍調伏　利益衆生　是人如天
諸天敬仰　慈悲之人　端嚴如月
覆護衆生　離於憂惱　是故勤加
修行求樂

時天帝釋說此偈已入其金殿坐柔濡㲲種種形相以為莊嚴與諸天衆俱坐其上天女圍遶久時愛樂種種色身種種莊嚴而相娛樂時天帝釋復出金殿詣一切樂林種種天衆百千圍遶種種伎樂出衆妙音其諸天衆出大光明隨天帝釋去林不遠見遊戲處無量百千光明莊嚴金𣢃琉璃以為其樹光明共焰周遍莊嚴其遊戲林種種莊嚴不可譬喻今說少分譬如七日俱時並出其林光明亦復如是其諸光明有種種色青黄朱紫白色諸光其林莊嚴遊戲之處光明赫焰帝釋見已告諸天衆汝等見是一切戲樂遊戲之處園莊嚴不唯然已見時天帝釋語諸天衆過去之世頂生大王於此林中與天帝釋分座而坐遊戲受樂無量天女之所圍遶主四天下時二天王受於無量百千

万億五欲之樂猶不知足從天還退時頂生王以善業故於此林中光明威德端正勢力我今說之汝當善聽於過去世有頂生王主四天下不加刀杖亦無刑罰欲無厭足以先世善業来上此天其身光明勝須弥山過踰十倍一切天光至其光中皆滅不現時四天王見頂生王即出奉迎白頂生言善来大王我今故出奉迎大王應脩供給時頂生王受其供已復上三十三天是時頂生光明威德猶如日光人中最勝在此天中亦復如是時四護世天自見光明悉不復現怪未曾有告諸天曰此頂生王至此三十三天或是其身威德之力或是輪力非餘天力亦非人力勿起怖意此人順法為轉輪王護世說已時頂生王到三十三天

尒時帝釋遊戲在於一切樂林娛樂受樂遥見頂生即分半座命之令坐尒時頂生即與帝釋共坐一牀二王久時受五欲樂業盡還退尒時三十三天遊戲之處無有及此一切樂林

其林殊妙無量衆寶以為莊嚴光明如日時天帝釋說是語已與百千天女而自圍遶入一切樂林既入林已天子天女娛樂受樂食於種種須陁之味既飲食已昇七寶殿其殿光明威德端嚴猶如日光種種樂音還善法堂帝釋去已舊住諸天受五欲樂乃至受善業盡復墮於地獄餓鬼畜生若生人中常值善世不值刀兵生好國土園林具足稻麦甘蔗花果具足大富之處常值正法或為大王或作大臣為一切人之所愛敬端正第一諸根成就子孫具足以餘業故

復次比丘知業果報觀三十三天所住之地彼以聞慧見第十六地名曰顯影衆生何業而生彼天彼以聞慧見此衆生善業善心不殺不盜云何不殺云何不盜幾種不殺幾種不盜不殺生者自不殺生若種種魚鱉若阿若貝不取不賣見殺生者教令住戒見他作者心不隨喜勸令安住善道之中是名不殺生云何不盜若此善人以清淨心直心持戒不以貪心或佛塔廟或於僧中燒香之處不齅香氣不以方便令薰其衣若香至鼻心不貪著是名微細不偷盜或見他作者勸令不作令住善道如是衆生自利利人以何等心利益衆生見殺生者如殺已兒觀諸蚊蟻亦復如是亦救他人令住善道云何布施若貧窮人勤苦得財以用布施持戒行人得初禪者在器之食分半施之亦教他人令行布施如是之人自利利他命終之後生顯影天既生天已樹名顯影其光明輪周遍園林其樹花香滿一由旬勝餘花香其花脩長若以一花則成首顯其花雜色種種莊嚴青黃赤白繁茂鮮榮復於園林受五欲樂伎樂音聲欲樂具足隨心所念皆悉成就種種殊異無量成就以善業故一切成就復於林中有蓮花池名曰雜花有大勢力生諸蓮花花常開敷七寶色蜂以為莊嚴蓮花池中種種衆蜂出妙歌音天子天女聞蜂歌音皆大歡喜共相謂曰奇哉此蜂出妙歌聲令我心悅如是衆蜂歌衆妙音復有鵝鳥皆以其翅扇蓮花池令花勃起如黃金色遍覆池水鳧鴈見之歡喜走趣出妙音聲如是花池多有衆鳥天子天女以歡喜心捨衆妙音往詣衆鳥遊戲受樂復往詣於行列宮殿遊戲之處其諸宮殿七寶為柱金銀琉璃車𤦲頗梨以為莊嚴其地多有種種天女遊戲受樂天寶莊嚴天栴檀末以塗其身共相娛樂不起嫉心平相愛樂離於妬心受自業果種種地中以種種業而生其中受自業果遊戲受樂復往詣於如意之樹其樹勢力隨天所念悉皆得之於此林中飲食河流第一色香衆味具足以歡喜心遊戲河中食須陁味既飲食已百倍悅樂復往詣於青蓮花林其花第一色香味具於花葉中流出摩偷美味之飲猶如酒糟酒漉而出其色青綠如分陁利黃分陁利出黃色飲琉璃色花琉璃色飲頗梨色花出頗梨飲車𤦲色花出車𤦲色飲雜色之花出雜色飲雜色葉花毗琉璃莖金剛為鬚如是種種諸飲從花

流出香味第一諸天飲已復往詣於一切觀林遊戲娛樂到此林中悉見一切三十三天所住之地一切觀林甚可愛樂於此林中有蓮花池名曰普流廣三十里清淨之水湛然充滿如琉璃色鵝鴨鴛鴦周匝圍遶一切衆鳥皆如金色七寶為背珊瑚為足亦寶為目雜寶莊嚴其音美妙遊戲舞拃時諸天子詣遊戲處金色之鳥出妙音聲天子昇於金殿之上其殿光輝如融金聚各相謂曰汝見諸天遊戲之處令諸天衆其身光明黃色轉妙過踰兩倍於此殿中遊戲自娛受五欲樂貪愛境界而無猒足如火益薪轉更增熾諸天愛於色聲香味鼻亦復如是不知猒足於此天中愛五欲樂乃至愛善業盡命終還退墮業流轉墮於地獄餓鬼畜生若有餘業生於人中當受快樂花鬘塗香以為莊嚴金以末香心常歡悅或為王者或為大臣大富饒財為一切人之所愛敬無有怨敵亦無病惱以餘業故

正法念處經卷第二十八

正法念處經卷第二十八

校勘記

一　底本，金藏廣勝寺本。

一　一三二頁中一行經名、二行譯者、三行品名及夾註，石作「正法念處經卷第二十八天品之七三十三天之四」。

一　一三二頁中六行第四字「離」，石作「住」。

一　一三二頁中一六行第一二字「離」，石作「雜」。末行第三字同。

一　一三二頁中一八行「金剛」，磧、普、南、徑、清、麗作「金銀」。

一　一三二頁下一八行「徃詣」，石作「住詣」。

一　一三二頁下末行「鳧鴨」，石作「鳥鴨」。

一　一三三頁上一〇行「仇疋」，徑、清作「儔匹」。

一　一三三頁上一七行「大悔」，石作「大海」。

一一三三頁中五行「汝等」，石、磧、普、南、徑、清、麗作「汝當」。

一一三三頁中一三行「愛善」，磧、普、南、徑、清作「受善」。下同。

一一三三頁中二〇行「谷崖岸」，石作「雜岸岸」。

一一三三頁下二行「瓶灌」，徑、清、麗作「瓶罐」。

一一三三頁下一二行第九字「峪」，普作「谷」。

一一三三頁下一七行「金蜂」，磧、普、南、徑、清、麗作「金峰」。同行「遊於」，石、磧、普、南、徑、清作「遊集」；麗作「遊戲」。

一一三三頁下一八行「險岸」，磧、普、南、徑、清作「險峯」。

一一三四頁上三行「不爲」，石作「而爲」。

一一三四頁上四行第一三字「縛」，磧、普、南、徑、清、麗作「轉」。

一一三四頁上五行「下上」，磧、普、南、徑、清、麗作「上下」。

一一三四頁中一六行「遊空」，磧、普、南、徑、清作「遊戲虛空」。

一一三四頁下四行「至其」，石作「至於」。

一一三四頁下九行「花香」，石、磧、普、南、徑、清、麗作「花味」。

一一三四頁下一七行第二字「地」，磧、普、南、徑、清作「處」。

一一三五頁上一二行「粮食」，普作「食粮」。

一一三五頁上二一行「皆悉」，磧作「皆息」。

一一三五頁中二行「如天」，石作「如来」。

一一三五頁中四行第一二字「日」，磧、普、南、徑、清、麗作「月」。

一一三五頁中一八行「五死」，磧、普、南、徑、清作「五衰」。

一一三五頁下一一行「不漏」，磧作「不滿」。

一一三五頁下末行「其聲」，石作「其音」。

一一三六頁上四行首字「鬘」，磧、普、南、徑、清作「鬚」。

一一三六頁上一一行第四字「在」，徑作「住在」。同行第一二字「天」，徑無。

一一三六頁中二行「言說調詭」，石作「言說調話」；徑、清作「言談調詭」。

一一三六頁中一八行「業造」，石、麗作「造業」。

一一三六頁下一二行「草葉」，麗作「菜葉」。

一一三七頁上二行「旋行」，磧、普、南、徑、清作「施行」。

一一三七頁上四行至次行「樂音」，磧、普、南、徑、清、麗作「音樂」。

一一三七頁上一〇行「天女」；徑作「天子」。

一一三七頁上一一行至次行夾註「摩偷者美飲俗名爲酒也」，石無。

一一三七頁中五行「如是處」，石、磧、普、南、徑、清、麗作「如是愛」。

一三七頁中二二行「諧偶」，石作「偕偶」。

一三七頁下五行「救捨」，磧、普、南、徑、清、麗作「放捨」。

一三七頁下一〇行第三字「而」，石作「中」。

一三七頁下一五行「不起」，磧、普、南、徑、清、麗作「不造」。

一三七頁下一八行「鞜屧」，石作「鞜鞶」；磧、普、南、徑、清、麗作「鞋屐」。

一三八頁上一〇行「滅於」，磧、普、南、徑、清作「滅其」。

一三八頁上一三行「自利」，磧、普、南、徑、清作「自屈」。

一三八頁中一行「如天」，磧、普、南、徑、清作「如是」。

一三八頁中七行「愛樂」，石、磧、普、南、徑、清、麗作「受樂」。

一三八頁中一三行「共焰」，磧、普、南、清作「赫炎」；徑、麗作「赫焰」。

一三八頁中一四行第二字「林」，磧、普、南、徑、清作「林中」。

一三八頁中一九行第九字「園」，磧、普、南、徑、清作「園繞」。

一三九頁上八行「受善業盡」，石、麗作「愛善法盡」。同行第七字「復」，石、磧、普、南、徑、清、麗無。

一三九頁中三行第一二字「或」，石、磧、普、南、徑、清、麗作「戒」。

一三九頁中五行「利人」，磧、普、南、徑、清作「利他」。

一三九頁下四行至次行「妙音」，石、磧、普、南、徑、清、麗作「樂音」。

一三九頁下二〇行「琉璃色」，磧、普、南、徑、清、麗作「出琉璃色」。

一三九頁下二一行「出頗梨」，磧、普、南、徑、清、麗作「出頗梨色」。

一四〇頁上一三行「過踰」，磧、普、南、徑、清作「過於」。

一四〇頁上一五行第九字「愛」，石、磧、南作「受」。

一四〇頁上一九行「當受」，石、磧、普、南、徑、清、麗作「常受」。

趙城縣廣勝寺

正法念處經卷第二十九　初

元魏婆羅門瞿曇般若流支譯

觀天品第六之八　三十三天之五

復次比丘知業果報觀三十三天所住之地彼以聞慧見第十七地名曰柔軟衆生何業生彼天中彼以聞慧見持戒人不殺不盜生此天中云何不殺有諸衆生為貪財利恣足五欲斷毒虵命取其寶珠以自供命持戒之人不為此事是名不殺亦教他人令行不殺乃至蚤蟻微細衆生亦不故殺云何不盜不以盜心取人草土乃至微細亦不故取乃至他人所有書記不以盜心書寫自用是名不盜去何布施是持戒人貧窮乏財以無貪心減身資分施初禪人衣服飲食卧具醫藥資生之具或施一食或於僧寺平治僧地令僧去來安隱無難如是自行布施亦令他人安住善道勸於他人令捨惡業是持戒人不殺不盜自利利他以是因緣命終生於三十三天生此天已受天快樂其地皆

以柔軟天繒以為敷具遍覆其地柔軟滑澤若天行上隨足上下足躡則偃舉足隨平辟如大風吹水波起高下不定風止則平其地柔軟亦復如是其地清淨猶如明鏡若有工師若工師弟子善能磨鏡瑩拭明淨照顯衆像若指一毛以為百分於此鏡中皆悉了見此天地中見諸天子一切身分亦復如是如彼明鏡清淨无垢其地清淨亦復如是其地復生希有之事若諸天女心有所念欲令天子共其遊戲天子即於所住地中自見書字即與天女遊戲受樂其地復有希有之事若天憶念一切所須皆從地生如是三十三天於柔軟地受天快樂復往詣於遊戲之處其遊戲處有大園林名摩偷迦鈴網弥覆無量寶樹以為莊嚴於彼林中種種衆鳥華果具足五樂音聲遊戲受樂五根境界受果報樂於其地中復有林樹名曰婆羅若諸天衆入此林中遊戲之時樹則變小令諸天女取果不難其林皆是七寶所成光明晃曜如日初

出以為莊嚴無量種色華果莊嚴種
種色鳥出妙音聲以為莊嚴如是衆
鳥住於林中出衆妙聲於此林中受
六欲樂歌舞戲笑捨此林已復往詣
於遊戲山峯名曰高聚往至彼峯與
諸天女種種莊嚴歌舞戲笑昇高聚
峯其峯周匝廣十由旬其山峯上有
大華池名曰光明以七寶華拘牟陁
華俱迦耶陁華青優鉢羅華充滿池
中其水清淨鵝鴨鴛鴦出衆妙音甚
可愛樂天子天女圍遶華池歌舞戲
笑飲於天味無有醉乱六味之果隨
念食之其汁香美飲之無失天子天
女皆共飲之復於異處有諸天女歌
舞戲笑鼓樂弦歌簫笛箜篌種種樂
器與諸天子娛樂受樂圍遶華池久
受天樂復有華池名一切意樂遊戲
之處天鬘莊嚴栴檀塗身散以末香
身出光明以其自作上中下業因緣
力故隨心所樂得三種報生似業意
若人造作如是之業得如是果眼識
緣色而生樂心何以故若作下業於
等色中見作下色其人如是於一緣

中見於下色若作中業則見中色生
中樂心若作上業則見無量種種妙
色形相端嚴如是一切聲香味鼻亦
復如是目之所緣欲界天中一切諸
地皆亦如是若不如是三種之報則
不成就當知如是三種之業得是妙
色端正莊嚴天女殊勝此諸天衆於
一切意樂園林之中遊戲受樂貪著
色聲香味觸等不知猒足比丘觀已
而說頌曰

刧盡日焰　大海乾竭　億百千刧
貪愛不滅　諸水雨等　海尚可滿
貪愛之海　愛色無猒　憶念諸樂
欲不可滿　若離憂愛　欲則止足
樂從欲生　智者不樂　離欲之樂
樂中最勝　離愛之樂　如離毒水
若離愛欲　如水乳合　欲燒癡人
盲冥無覺　如摩羅耶　山缶食木
愛欲憶念　念不可數　念無猒足
死王所縛　不為欲使　不住愛境
是人樂器　如來所說　如夢所見
乹闥婆城　虛妄不堅　諸欲虛誑
如幻水沫　甄婆迦果（生於海渚食醉七日）　欲為衰惱

如火害人　若知欲過　不貪醉果
能見實諦　永離愛惱　諸欲如毒
未得思念　得之自惱　衆惡熾然
欲無猒足　退失天樂　墮於地獄
由欲所誑　欲如水波　如電如燈
女欲如毒　如魚洄澓　思惟增長
如火益薪　初後不安　智者所棄
若有習近　展轉增長　觸如火焰
欲愛苦報　知此欲過　智人猒捨
離欲之人　得涅槃樂　無數千万
那由他天　習欲墮落　受地獄苦
欲大刀毒　求樂應捨　常應捨欲
地獄之因　未見有人　不為欲使
無有習欲　不受苦惱　是故捨欲
莫生心念　一切諸欲　如火熾然

如是比丘觀諸天子為欲所使說偈
呵責放逸諸天復詣一切意樂園林
作衆伎樂與諸天女種種莊嚴入彼
林中歌樂音聲歡娛受樂無量河池
莊嚴園林處處皆見種種妙色如是
眼根受於色欲又隨憶念聞衆妙音
種種愛聲鼻聞種種上妙愛香舌得
種種殊異之味隨心所念皆悉得之

隨心所念得種種觸身心悅樂隨意所念樂法成就如是天衆為愛所覆放逸遊戲如心所念受五欲樂乃至愛善業盡命終還退墮於地獄餓鬼畜生若生人中常受安樂常愛華鬘塗香末香大富饒財直心善心一切衆生之所樂見信受其言衆人所愛妻子具足善行礼義不失儀式所有財物王賊水火所不能奪王所供養生大種姓以餘業故

復次比丘知業果報觀三十三天所住之地彼以聞慧見第十八地名雜莊嚴衆生何業生於彼處彼以聞慧見持戒人不煞不盜亦教他人令住善道云何不煞不惱衆生自不煞害不教他煞亦不隨喜亦不親友煞生之人乃至不與語言交接不聽他人不淨之語不同路行復有不煞有諸衆生或以歌音或琴樂音箜篌簫笛誑諸禽獸令墮網陷此持戒人不作如是方便煞害亦教他人令行不煞見他作者贖令得脫心不念煞是名不煞云何不盜或有衆生虛妄誑詐

商賈求財行於非法種種偷盜云何誑詐或以碎沙雜餘財物稱而賣之見其為非勸令不作方便教言莫以妻子自身財物及惡因緣而作偷盜若行偷盜命終墮於地獄餓鬼畜生偷盜果報受大苦惱如是自不作惡亦勸他人令離惡法因緣既至能捨不取如是之人自利利人云何布施或入大海過大曠野以求財物或從他人傭力求財布施貧窮苦惱之人心生敬重諸根悅豫而施與之或以此物施二禪人或施貧者是名布施云何不煞若諸獵師羅網捕鳥若人捕魚其人見之以物贖命還令得脫思惟歡喜諸根悅豫亦教他人令贖生命心生隨喜我為善業恒願修習亦令他人修行善業如是善業不煞不盜自利利他如是二種持戒利益自利利他命終生於三十三天種種廟塡莊嚴之殿而於中生善業之人生此天已種種摩尼光明晃曜廟塡莊嚴其身光明種種色衣種種天女種種衣服莊嚴其身住在其後初生天子

作如是念我以何業而生此處自念前生修善業故来生此天即自歎曰奇哉善業我修行故来生此處如是天子既思惟已以善業故初聞樂音天女歌音遍一切處山峯宮殿美音充滿禽獸率舞聞此歌音百倍受樂初聞此音心生樂著是名第一生欲因緣既著聲已心復生念欲是衆色即時迴顧見諸天女無量色相不可譬喻具足莊嚴是誰天女誰之所攝心既念已欲心即生是時天女而說頌曰

種種欲因緣　我㝡為第一　我今奉天子
遊戲種種樂

尒時天子既聞歌音又見美色即時迴身至天女邊欲受觸樂是名第二生欲因緣復有第三生欲因緣心使諸根貪於境界心緣自在天子欲心觸諸天女天女以身亦觸天子是名第三生欲因緣復有第四生欲因緣无量無等香熏之氣不可譬喻天子觀之從何所来即知此香從天女生便以欲心抱持天女齅無等香是名

第四生欲因緣於四境界心愛染樂時諸天女以種種飲食須陀之味供養天子是名第五生欲因緣如是不可譬喻生欲因緣五欲境界初着天樂如是天子受天樂報初生之時憶念宿命以着欲樂皆悉忘失復以欲心往詣天女天女亦来向天子所歌舞戲笑手相娛樂至天子所調戲愛語歡娛受樂復往向於園林華池天女身着種種莊嚴復與天子往一切觀意樂園林一切見林一切地天遊戲之處其林諸樹意念具足無量莊嚴金樹根葉赤寶為枝頗梨為果色香味具有如是等无量諸樹莊嚴園林復有異林以為莊嚴毗琉璃樹真金為枝赤寶為葉白銀為果車𤦲莊嚴復有異樹於一肘量一寶莊嚴所謂金銀赤寶毗琉璃寶車𤦲莊嚴復有樹枝一肘之量一寶所成華果具足天華莊嚴其華種種色香具足其香周遍滿六由旬種種色蜂飲諸華汁是一切見意樂之林如是諸樹以為莊嚴種種白葉受斯果報復以還

華而為莊嚴毗琉璃莖真金為葉赤寶為鬚青因陀蜂以為莊嚴其音美妙天衆聞之生大歡喜其林復有行列莊嚴種種色林以為行列青黃朱紫如閻浮提觀於電光其林如是行列莊嚴河津華池莊嚴林園如是功德具足之林天子見之心大歡喜與諸天女至彼林中餘天見之知初生天子欲来我所皆起往迎手相慰問美言稱讚娛樂受樂妓樂之音遊戲種種蓮華林中久於一切見林受五欲樂復捨此林往詣樂行遊戲之處其遊戲處種種欄楯以為園遶長流美飲七寶宮殿行列如林真金為地種種衆鳥出妙音聲舞戲自娛河池流水其音美妙飲食河流色香味具天子遊中受五欲樂遊戲自娛與諸天女種種莊嚴受天善業經於久時以放逸故而不覺知如是天子受五欲樂業盡還退放逸覆心不觀退沒愛心所迷欲火焚燒心著欲樂而不覺知若衰相現怖畏成就見無常變决定必退尒乃心覺如是天子樂著

放逸乃至愛善業盡命終還退隨業流轉墮於地獄餓鬼畜生若有餘業生於人中受第一樂財寶具足端直不諂生於中國識邪正行知法非法一切善人順法之處知報恩處如於中生為一切人之所樂見一切長幼皆生愛敬常無病惱端正第一大力無畏安慰一切妻子具足所有財物王賊水火不能侵奪以餘業故

復次比丘知業果報觀三十三天所住之地彼以聞慧見三十三天第十九地名曰如意衆生何業生於此地彼以聞慧見有衆生以正見心信業果報堅住正見其心質直不惱衆生孝養父母順法修行而不懈息恭敬三寶佛法衆僧不殺不盜不教他作亦不隨喜見他作者勸令不作為諸衆生說於業果令住善道不殺不盜若有衆生不持戒者教令住戒若人持戒教令堅住如是之人自利利他命終之後生於善道三十三天云何不殺生若是衆生知他衆生乃至蟻子蚤蟣之類不故斷命是名不殺有

諸衆生煞害瞿陁鼠犹兎等安置罝
羅罟網機陷勸令不作復有異人以
惡方便作諸罥羂張設羅細捕獵鳥
獸種種煞具網漉衆生令其斷命是
持戒人勸令放捨是名不煞令他衆
生安住善道云何不盜乃至草菜不
起盜心見他偷盜勸令不作復有衆
生行於非法若於佛塔若於精舍以
諸音樂供養佛塔復有異人亦在其
中歌舞自娛或與女人歌舞戲笑而
生歡喜或於僧寺若客作伎人或鼓
衆伎樂供養佛塔以自活命作諸音
樂不令此人為他作樂是名不偷盜
復有偷盜或於婬女初許多直後酬
少價是名偷盜復有偷盜若有酤酒
屠見販賣市買決價不酬本直是名
偷盜如是煞生偷盜持戒之人悲捨
不為見作不喜心亦不念云何布施
貧窮少財能捨財物施三禪人自忍
飢苦施與他人慈悲心施如愛已子
云何持戒不煞衆生若治屏廁煞害
衆生教令不作施其水漿還置穢處
令不害命是名不煞善業之人作此

善業命終生於三十三天善業之人
生彼天上受五欲樂天伎樂音種種
天女以為圍遶受無比樂令為此天
說少分喻如金輪王所受之樂比於
天樂十六分中不及其一所受天身
無有骨肉亦無垢汙不生嫉妬其目
不眴衣無塵垢無有烟霧亦無大小
便利之患其身光明轉輪聖王都無
此事於已妻子不偏攝受離於嫉妬
飲食自在無有睡眠亦無疲極轉輪
聖王都無此事以是因緣轉輪王樂
十六分中不及其一故以人中說少
分喻如是次第受五欲樂有一園林
名迦毗羅長十由旬廣五由旬一切
皆以金鳥莊嚴無量衆鳥遍身衆寶
以為莊嚴妙花光明莊嚴園林七寶
為樹林有衆鳥光明殊勝如人著於
種種莊嚴轉增勝妙種種色鳥莊嚴
天樹亦復如是復有天子於此林中
以種種華遊戲娛樂其華皆以毗琉
璃寶以為莖葉及以華鬚赤蓮華寶
以為華臺其花香氣滿十由旬勝一
切華天聞此香十倍增樂復與天女

於迦毗羅向飲食河隨念即至此高
大之殿種種欄楯樓閣門戶種種寶
鈴種種寶鬘真珠羅網以覆其上種
種寶幢懸衆寶幡金銀頗梨赤寶莊
嚴種種諸柱或有鵝鳥或有鳩鴿或
命命鳥或有鴻鴈以為莊嚴有如是
等種種衆鳥莊嚴其殿天衆昇殿以
善業故與諸天女向迦毗羅大林詣
飲食處到已即下食天甘饌食訖遊
戲於園林中種種樂音遊戲受樂經
於多時心著樂故不覺長遠復往詣
於一切見林昇於高峯欲見衆林共
餘天衆還昇化殿種種歌舞種種戲
笑弄相娛樂同心受樂既至一切見
林住於峯上見須彌山王一面多有
園林以為莊嚴其花光色如融金聚
光明騰焰種種河泉流池濟處美飲
之河種種食河無量天女種種莊嚴以
為圍遶其須彌山持諸世間處於六
萬衆山之中六萬衆山以為圍遶高
峻廣大天龍夜叉阿修羅甄那羅之
所住處善業諸天之所依止種種善
業果報所得衆寶成就一一住處種

種衆色以為莊嚴皆悉見之手相歡
娛欲心放逸種種美言共相調戲上
中下身遊戲行食既見此已而作是
念非我獨受五欲之樂亦復多有其
餘諸天與諸天女遊戲受樂如是見
於種種色香如意之樹莊嚴園林尒
時諸天復見餘地一名高聚二名大
高聚種種河流以為莊嚴若其日月
行此山頂觀彼二山於此日中見百
千身如羅睺阿脩羅手障日光如前
所說尒時天子復於空中徘徊旋轉
觀於山王與諸天女娛樂受樂歌頌
音聲住於宮殿山王園林皆悉見之
還於自地既至本宮於園林中歌舞
戲笑受種種樂五欲自娛欲樂覆心
不覺長遠復往詣於娑羅摩山其山
縱廣有五由旬高十由旬或乘宮殿
或乘飛鳥而昇此山種種寶住以為
莊嚴種種河池七寶莊嚴如意寶樹
光焰騰赫種種伎樂歡喜相娛受自
業果以放逸故經於多時而不覺知
為樂所迷不知猒足復往詣於優鉢
羅林於此林中百千衆蜂以為圍遶

入於林中共食美飲歌舞受樂而無
猒足復往詣於遊戲之處名曰無垢
百百千千衆樂音聲共相娛樂而不
猒足諸天放逸受五欲樂乃至愛善業
盡命終還退墮於地獄餓鬼畜生若
有餘業生於人中顏色光澤王上貴
重第一富樂聰慧明了以餘業故
復次比丘知業果報觀三十三天所
住之地彼以聞慧見第二十地名微
細行衆生何業生於彼天彼以聞慧
見此衆生修行善法自利利人不誑
衆生不惱衆生質直修行而行善業
得樂果報作清涼業得清涼報善業
樂報一切衆生之所供養衆人所愛
現在未來安樂利益若捨此身至未
來世所作善業猶如父母為如寶救
受無量樂不煞不盜亦教他人令行
不煞不行偷盜若復有人煞生偷盜
不共同止亦不親近不共遊戲不與
同事如是破戒行惡之人不與同住
親近持戒行善之人同事其業遊戲
受樂手共思惟法以非法此善業人
自不作惡亦教他人令不作惡如是

之人遍修善業令破戒者住於善道
示人正法令入正道種於善業其人
心淨猶如鍊金行於善業現在未来
安隱快樂是名不煞復有不煞有諸
衆生以邪見故煞諸虵蠍百足蚊寅
蚖蜴之類煞如是等熏諸果樹欲令
園林華果繁茂持戒之人則不如是
以護生命種種果食疑有虫者終不
故食若水酪漿種種諸飲不諦觀視
終不飲之經宿之水若不細觀恐生
細虫若不漉治不飲不用是名微細
持不煞戒云何不盜　　不盜復
有衆種　　若人思惟欲令種
種稻穀麻麦種種棗豆我獨成就令
世間人五穀不登獨我成熟常作如
是不善思惟復於異時衆生薄福田
稼不収如是人惡見世飢饉心生歡
喜如我所念於市肆賣曲心巧偽量
諸穀麦誑惑於人究竟成業若心思
惟名為思業若作誑時名為誑業作
誑業已名究竟業如是衆過捨離不
作持戒之人雖復貧窮不為非法誑
惑他人見他作者心不隨喜若飢饉

世治生求利如法販賣不誑衆生是名不盜如是善人云何布施善心善行自利利他自身貧窮勤苦得財若從他人常乞財物得已布施貧窮疾病困乏之人若學三禪得三禪人從他求索勤苦得已而行布施是人布施三業成就若心思惟欲行布施是名決定若布施時名之為業若行施已心復思惟是名究竟如是之人造作一千二百善業命終之後生於善道微細地處行善業人生彼天已以作微細業因緣故所得天身隨其所念巨細隨心其地園林七寶為樹第一清淨自業成就其七寶林長二十由旬廣十由旬河泉流水園林具足見者愛樂清淨無垢猶如明鏡其樹枝葉清淨無垢如融金色金銀琉璃及餘種種雜色之樹以為園林天子入林於諸寶樹枝葉之中皆悉自見身之色像如一樹中自見其身百千樹中自見其身亦復如是一一天子身之色相悉現衆樹以善業故得相似果其樹復有奇特之事隨其造作

上中下業生此天中隨其本作上中下業悉現樹中根莖枝葉皆悉觀見時天帝釋與諸天女華鬘莊嚴其殿光明晃曜大明勝於和合百日並照微細行天還見帝釋皆往出迎到已恭敬頂禮帝釋隨天帝釋還入林中受五欲樂釋迦天王亦以美言慰問諸天行大美業其林衆鳥出美妙音真金為樹莊嚴園林是時天王觀業報已而說頌曰

善業得此果　種種業林諸　唯無有言說
知以善業報　種種諸果報　處處受生死
或善或不善　故得如是報　若人修善業
當得生天中　若作不善業　墮於三惡道
樂行善不善　者欲癡所迷　不知當退沒
決定受死苦　今此善業報　以樹相而知
於欲不猒離　心為樂所迷　欲味放逸人
心常求境界　常為愛所惱　亦為愛所縛
欲共女人生　女人為甚惡　能生於熱惱
如火害衆生　如是欲熱惱　過於大猛火
女色大熱惱　焚燒衆生心　女人壞世間
令善皆盡滅　是地獄因緣　大仙如是說
口善說美言　其心如毒害　誑詐無暫停

女人心無實　須臾起愛心　須臾心不愛
其心不暫停　如電不久住　巧智虛誑心
心貪則親近　常思樂他人　懷慢情姿態
天人毗舍遮　羅剎龍夜叉　皆為女色縛
女人如惡毒　不念於恩惠　非種性伎術
女人性如風　其心不停息　若見大財富
心則生愛樂　不見衰禍至　猒之而捨棄
若有人親近　則生愛樂心　見其憂惱至
須臾即捨離　如蜂樂遊華　見萎速捨棄
女人亦如是　不悅則捨離　惡心無慈惠
躁擾心不定　為破愚癡人　女人出於世
天中大繫縛　無過於女色　女人縛諸天
將至三惡道　若心貪女色　是欲害尤甚
女色欲燒心　後受大苦惱　現在所作業
貪欲自恣心　癡心不能覺　女欲之所迷
丈夫既信已　為無量愛縛　忽然便捨離
猶如蛇脫皮　如是女人性　諸方便供養
種種而守護　猶不可從心　女人性如是
其心無誠實　虛誑多奸偽　智者所不信

時諸天子聞天帝釋說是法已心生猒離而說頌曰

如是如是能天王　所說如實誠不虛
我無智慧不覺知　為天女網自縛心

時天帝釋聞此偈已即往詣於鳥音聲林無量宮殿以為莊嚴蓮華浴池莊嚴林樹金色山峯如融金聚種種伎樂歌頌妙音多有種種天女眷屬帝釋天王入此林中欲受天樂諸根境界受五欲樂復往詣於軋陁聚山須弥之峯七寶莊嚴其河流注端嚴奇特如真珠瓔珞莊嚴山峯真珠為沙以布河底於河兩岸多有衆鳥出妙音聲見此河者皆生愛樂釋迦天王與諸天女及諸天衆種種莊嚴遊戲受樂於此山峯既受樂已復與天子及諸天女復往詣於周羅宮殿遊戲之處既至此處餘地諸天聞天主至亦皆來集其峯宮殿居須弥頂高廣嚴淨夜摩天光照觸其頂如須弥色映四天下夜摩天光照此山頂亦復如是得夜摩天光明照故於餘宮殿千倍殊勝尒時天主釋迦提婆於此宮殿既遊戲已與諸天子及諸天女還善法殿此微細行天受五欲樂乃至愛善業盡命終還退墮於地獄餓鬼畜生若有餘業生於人中常受安

樂或為國王或為大臣第一㩳髮其心審諦人所諮奉不好多言衣服鮮潔淨無垢汙妻妾貞潔心不邪曲好行布施端直不諂兄弟宗親之所愛敬恭敬師長愛樂賓客樂行布施持戒自守性愛香鬘遠惡知識生於大姓端正殊妙種種莊嚴以餘業故復次比丘知業果報觀三十三天所住之地彼以聞慧見第二十一地名歌音喜樂衆生何業生於此地彼以聞慧見有衆生善心善業善身口意行於善業自利利他饒益衆生心有慈悲信於業果正見正業持二種戒心不散亂不失威儀不親惡友孝養父母供養沙門婆羅門三種善業遍行究竟持二種戒不煞不盜云何不煞若稻穀麥生微細虫不擣不磨知其有虫護此虫命不轉與人復有不煞生若牛馬驢騾擔負脊壞瘡中生虫若以衆水洗此瘡時不以草藥斷此虫命以鳥毛羽洗拭取虫置餘臭爛敗肉之中令全其命護此驢牛恐害其命復護虫命乃至蟻子亦不

故煞若晝若夜不行放逸心不念煞有衆生想若蟣若蟻亦不故煞是名不煞云何不盜幾種不盜若有衆生見蝕食虫蝦蟇食虫黃鼬食虫若狗野干取諸衆生欲自食之其人若見以其所食而貿易之令其得脫如是之人護彼此命是名不盜自不偷盜亦不教人勸諸衆生令住善道未住戒者教令住戒以持戒者令其增長為說果報令其覺悟是則名曰不煞不盜復有順法行人利益衆生見諸蜜蜂知他欲煞以物救贖令其得脫施衆生命是名施命復有布施若法行人貧窮之短若以一食施四禪人若見惡人欲斷人命以物贖命令其得脫施命施法諸施之中最為第一是人行於二種之施亦教他人令行二施見作隨喜如是持戒命終之後生三十三天歌音喜樂之地以善業化得勝供養其地園林以善業故種種莊嚴天所住處無有一跡非善業化無有一天不遊戲者無有一天不受樂者無有一天不退沒者善業盡

故退時自知猶不猒足愛繩所縛愛所欺誑帝釋天王說是語已與諸天衆於園林中遊戲受樂林樹華果種種具足飲食之河衆味具足與諸天衆至此河邊歡娛受樂復與天女往詣摩多隣南遊戲之處時天帝釋見其林樹告諸天曰汝等見此遊戲處不諸天子言唯然已見時天帝釋為諸天子說本事法如我昔於宿舊諸天聞如是說過去有佛号迦迦（居伽反）村陁如来於此林中為天說法初善中善後善善義善語純備具足白淨之法所謂是事有故是事有是事滅故是事滅云何名有以有欲故則有過失若無欲者則無過失天子當知是為是事有故是事有云何是事無故是事無若无欲者則無欲過是為是事无故是事無云何是事滅故是事滅愛滅故欲滅欲滅故欲過滅是名是事滅故是事滅天子當知是事有故是事有是事無故是事無若以逆觀愛之因緣生欲之本欲之因緣能生於欲云何為欲心求憶念欲有所

作是名為欲癡有所求故名無明以無明故於境無猒是名為愛諸天子不求知足故名為欲諸天子是名是事有故是事有云何是事無故是事無所謂有愛貪不知足若愛滅者無猒則滅是為是事无故是事无是名是事滅故是事滅

復次天子是事有故是事有所謂和合作業以有業故則有業報若无集業則無業報諸天子是名是事有故是事有是事無故是事無

復次天子云何是事有故是事有是事無故是事無所謂先以憶念眼緣於色而生於識憶念為先是名是事有故是事有云何是事無故是事無若無色則无眼無眼則無憶念无色无眼無憶念故眼識亦無如是天子是名是事无故是事無

復次天子云何是事有故是事有辟如陶師輪繩泥水衆法和合而有瓶生諸天子是事有故是事有亦復如是

復次天子云何是事無故是事無辟如陶師輪繩泥水若不和合則亦无瓶

是為是事無故是事無亦復如是

復次天子云何是事有故是事有所謂和合必有別離是為是事有故是事有云何是事無故是事無若无和合則無別離如是天子是為是事无故是事無

復次天子云何是事有故是事有以有生故則便有死若無生者則無有死如是天子是名是事有故是事有是事無故是事無（天無老故為天說法不言老支但言有死）

復次天子云何是事有故是事有所謂有欲故決定被燒辟如有火則必有燒如是天子是名是事有故是事有云何是事無故是事無所謂猒離欲故欲不能燒猶如無火則不能燒如是天子是名是事無故是事无

復次天子云何是事有故是事有所謂有父母精血有業有蔵有中陰身猶如香氣故有身生如是天子是為是事有故是事有云何是事無故是事無若无父母則無精血无決定業無蔵无中陰則無身生如是天子是為是事無故是事無

正法念處經卷第二十九 第三十張 初字号

正法念處經卷第二十九

正法念處經卷第二十九 校勘記

一 底本，金藏廣勝寺本。

一 一四三頁中一行經名，二行譯者、三行品名，石作「正法念處經天品之八」。

一 一四三頁中三行夾註「三十三天之五」，磧、普無。

一 一四四頁中一三行「貪愛」，磧、普、南、徑、清作「貪欲」。同行第五字「愛」，石作「受」，同頁下九行第二字磧、普、南、徑、清、麗同。

一 一四四頁中末行夾註「生於海渚食醉七日」，石無；徑、清作正文。

一 一四四頁下一行「不貪」，石、徑作「不食」。

一 一四四頁下八行「展轉」，石、磧、普、南、徑、清作「轉轉」。

一 一四五頁上四行首字「愛」，磧、普、南、徑、清作「受」。

一 一四五頁上末行末字「詐」，磧、普、南、徑、清作「許」。

一 一四五頁中四行「及惡」，磧、普、南、徑、清、麗作「惡友」。

一 一四五頁中一七行第一〇字「業」，磧、普、南、徑、清作「法」。

一 一四六頁上一行「心受」，麗作「心愛」。

一 一四六頁上一三行第四字「根」，石、磧、普、徑、麗作「銀」。

一 一四六頁上一七行及一九行「一寶」，徑、清作「七寶」。

一 一四六頁中二行第三字「鬢」，普、南、徑、清作「鬘」。

一 一四六頁中一八行第一一字「經」，石作「逕」。次頁下一〇行末字、一四八頁上二一行第七字同。

一 一四六頁下五行第一二字「如」，麗作「而」。

一 一四六頁下一五行第一二字「息」，磧、普、南、清、麗作「怠」。

一 一四七頁上三行「罥繈張設羅細」，磧、普、南、徑、清、麗作「罥弶張設羅網」。

一 一四七頁中六行第八字「汙」，石、磧、普、徑、清作「汗」。同行「嫉姤」，石作「嫉姤」。下同。

一 一四七頁下一行「至此」，磧、普、南、徑、清、麗作「生」。

一 一四七頁下九行第一一字「饌」，普作「饍」。

一 一四七頁下末行第六字「衆」，磧、普、南、徑、清、麗作「四」。

一 一四八頁上一八行第一二字「住」，磧、普、南、徑、清、麗作「柱」。

一 一四八頁中六行第一二字「王」，磧、普、南、徑、清、麗作「主」。

一 一四八頁中一六行末字「救」，磧、普、南、徑、清、麗作「故」。

一 一四八頁中二一行「同事其業」，

石、磧、普、南、徑、清、麗作「同其事業」。

一　一四八頁下六行首字「跡」，磧、普、南、徑、清作「蜥」。

一　一四八頁下一二行第一〇字「盜」，麗作「恣」。

一　一四八頁下一三行第三字「種」，石、磧、普、南、徑、清作「種云何不盜」。

一　一四八頁下一七行「人恶」，普作「恶人」。

一　一四八頁下一八行第八字「肆」，普作「糴」。

一　一四九頁上四行「貧窮」，石、磧、普、南、徑、清作「貧苦」。

一　一四九頁中三行「華鬘」，磧、普、南、徑、清作「華鬚」。

一　一四九頁中八行第六字「美」，磧、普、南、徑、清作「善」。

一　一四九頁中一一行第一一字「唯」，磧、普、南、徑、清、麗作「雖」。

一　一四九頁中一八行第八字「愛」，磧作「多」。

一　一四九頁中二一行「女色」，徑、清、麗作「如色」。

一　一四九頁中末行第二字「善」，磧作「喜」。

一　一四九頁下二行末字「心」，磧、普、南、徑、清、麗作「人」。

一　一四九頁下四行首字「天」，磧、普、南、徑、清作「大」。

一　一四九頁下七行第六字「不」，磧、普、南、徑、清、麗作「又」。

一　一四九頁下九行「見萎」，石作「萎則」。

一　一四九頁下一〇行末字「恚」，石、磧、普、南、徑、清作「慇」。

一　一四九頁下一五行第四字「恣」，石、磧、普、南、徑、清、麗作「迷」。

一　一四九頁下二二行「天王」，石作「天主」。

一　一五〇頁上一二行「山峯」，石作「七峯」。

一　一五〇頁上二一行第四字「殿」，磧、普、南、徑、清、麗作「堂」。

一　一五〇頁中二〇行第三字「若」，徑作「者」。

一　一五〇頁下五行「野干」，磧作「野犴」。

一　一五〇頁下一〇行「爲說」，磧、普、南、徑、清作「爲善業」；麗作「爲說業」。

一　一五一頁上一〇行「佛号」，石作「佛号曰」。其下夾註「居伽反」，石、徑、清無。

一　一五一頁中六行第二字「則」，麗作「足」。

一　一五一頁中一一行末字至一二行「是事無故是事無」，麗無。

一　一五一頁下一〇行夾註，石無。

正法念處經卷第三十　祕

元魏婆羅門瞿曇般若流支譯

觀天品第六之九　三十三天之六

復次是事有故是事有所謂有彼岸故則有此岸若無彼岸則無此岸如是天子是為是事有故是事有是事無故是事無不共有生各各因緣一切有為法從因緣生因緣者所謂無明緣行行緣識乃至死亦如是天子當知如是十二因緣彼佛世尊於此宮殿人中之數五千歲中於此宮殿演說此法我今為汝宣說少分如恒河沙等三世如來應等正覺同說此法為正法身彼佛世尊說此法時七億諸天盡諸有漏得法眼淨

尒時世尊還閻浮提以大悲心為人說法所謂无明緣行乃至生緣老死時諸衆生無量无邊遠離塵垢於諸法中漏盡解脫如是世尊天人之師為諸天人演說斯法如是帝釋為諸天衆廣說法已往詣摩多觧郷天宮到其宮已見種種鳥七寶翅羽以為莊嚴衆蓮華池其諸池中七寶蓮華其蓮華色種種寶色種種衆蜂以為莊嚴如日初出其華光明莊嚴寶殿於其宮側毗琉璃樹以樹光明互相映發令此天宮出青光明其琉璃樹真金為葉以此樹葉相映發故出黃赤光復有大光以為莊嚴宮室園林以種種寶以為莊嚴種種寶宮種種七寶園林華樹以為莊嚴甚可愛樂帝釋見之發希有心於其殿中有大華池七寶成就其水黃色如融金聚殊妙莊嚴種種衆寶莊嚴廁填種種色鳥以為莊嚴一切天衆種種伎樂歌舞戲笑共相娛樂往詣大池其池名曰一切寂勝池中諸鳥見諸天子心意蕩逸即為天子而說頌曰

譬如靈鷲鳥　不住蓮花中　如是寂靜處
惡人不應住　如是寂靜林　云何行放逸
顛倒不順法　如日出冷光　若得離愛樂
解脫離衆苦　若離此二法　天樂非為樂
作禪離放逸　解脫於欲網　解脫乃名樂
非汝愛所誑　世尊先住此　及諸修行者
汝為欲所牽　不應住此林　此殿受天樂

無常不久住　若離於愛欲　是為第一樂
先住此林者　皆入第一處　若得第一處
能斷一切苦　貪心好美食　為貪心所誑
此寂靜林中　斯人不應住　若修寂靜心
樂清淨應住　心行於欲境　不住寂靜林
若有心寂靜　應住於林中　為欲心所亂
不應住此林　怖畏五因緣　愛所不能燒
清淨離愛人　終不墮惡道　有生必有死
强者病所侵　冨樂有衰惱　少壯老所壞
恩愛必有離　和合不久停　諸法皆如是
正覺之所說　若人於三界　其心不迷著
是人得寂靜　應住寂靜樂　常為欲諂曲
憶念懷怖畏　是人則不得　林中寂靜樂
若人心清淨　依林修寂靜　其人林中樂
非是行欲人　林中修淨心　入聚心不動
是故住林中　不應住城邑　若人入城邑
為欲心所亂　諂曲不清淨　至林還寂靜
是故林樹間　第一寂寂滅　行者所應住
能離於欲心　諸根心寂靜　行者心安樂
千帝釋之樂　不及此人心　若得禪定樂
一切白淨法　夜摩諸天中　不及此樂分
樂從欲所生　常與衆苦合　若斷煩惱樂
永無有破壞　無始生死中　煩惱怨結心

若斷此怨結　欲樂無能及　從欲生樂者
不淨苦果報　若得解脫樂　是樂無與等
依止離欲行　行者第一道　從愛生欲樂
不能至正道　初愛生味著　行報如火毒
從欲所生樂　常在於地獄　初愛生善味
中愛亦如是　後寂靜清淨　能至安樂處
若行初中善　莊嚴如慈母　云何捨正念
戲欲樂境界　欲迴復所轉　中後常苦惱
云何愚癡人　於欲生愛樂　如妙色毒花
如觸猛火焰　欲樂亦如是　後受大苦惱
如火益衆薪　其焰不可滅　自他俱能燒
欲樂亦如是　如飛蛾投火　不見燒害苦
欲樂亦如是　癡人不覺知　若人著欲樂
常為欲所燒　如蛾投燈火　欲火過於此
是故捨欲害　常樂修智慧　莫行於放逸
放逸墮惡道　一切愛欲樂　為放逸所誑
受樂報既盡　後墮地獄苦　其人善業盡
為欲之所誑　從天至地獄　欲癡所誑故
從生乃至終　常修正思惟　心念於戒法
是人得寂滅　諂曲邪憶念　三毒生味著
放逸水甚深　女欲為水衣　歌樂動其心
愛水衝磐石　境界虵所覆　心波駛流注
愛河大瀑惡　流注龍境界　癡人入此河

為天欲所沒　可畏如瀑河　癡人不覺沒
猶如癡蜜蜂　飲於毒樹花　如是欲毒害
癡人樂貪著　蜂飲毒存亡　愛欲無不沒
三毒水中生　放逸風所吹　愛火燒天衆
而猶不覺知　毒生於天中　放逸為稠林
癡人所遊戲　以愛自誑心　放逸生諸欲
攀緣不暫停　是欲如夢幻　智者所不信
諸欲雖如夢　夢非地獄因　是故捨諸欲
常修清淨業　善行為寂勝　非為不善業
如是善業繫　則得於勝處　諸天著欲樂
不得寂靜處　智人至寂靜　以不放逸故

介時天鳥為於放逸諸天子等說是偈已時釋迦天王於此林中復詣異處到彼林已其林一切善業莊嚴種種功德學無學人所住之處大仙世尊迦迦村陁如來住處時天帝釋與無量天衆作天伎樂共入林中見此林樹既入林中諸天威德悉皆殊勝如須弥山處於六万金山之中釋迦天王在諸天中亦復如是三十三天諸園林中此林光明寂勝殊特時天帝釋與諸天衆恭敬圍遶詣閻浮林其閻浮林一切金樹以為莊嚴釋迦

天王至此林中告諸天曰汝等天衆見此一切殊勝林不無量華池園林具足天衆白言唯然已見帝釋告言此林如是一切功德皆悉具足我今觀之生希有心今觀此林如見迦迦村陁如来無等色身一切智慧大悲如来之所住處於此住處無量天衆以聞法故從樂得樂此佛如来無上丈夫已入涅槃遺果猶存尒時帝釋復往詣於俱吒迦殿林迦迦村陁如来往昔亦曾入此林中帝釋天王入此林中見百千万殿圍遶此殿七寶莊嚴謂青寶王金剛車渠毗琉璃寶種種衆寶間錯莊嚴種種幢幡以為嚴飾諸殿之中如来所坐殊勝之殿光明晃曜猶如初夏秋天之時無諸雲翳於衆星中日月最勝如来所坐宮殿殊勝亦復如是其明照曜唯除帝釋一切天衆不能久視是殿威德譬如閻浮提中盛夏之日一切世人無能久觀如来之殿亦復如是釋迦天王告諸天曰汝等見是殿威德不諸天白言唯然天王我已見之帝釋

告曰此殿往昔迦迦村陁如来等正覺調御丈夫無上大師與百千沙門皆離疑網見四真諦得二解脫具六神通四如意足昇此大殿以利安樂諸天人故於夏四月此處安居為三十三天演說正法所謂此是色此色集此色滅此色滅道證受想行識和合聚集觀過捨出亦復如是天子當知彼佛如来如是次第為諸天衆放逸憍慢不覺退没無常之苦但著欲樂不知自相平等之相說如是法利益衆生尒時如来復為放逸諸天子等說微妙法以偈呵責

放逸生死本　諸天所住處　放逸毒所醉
没在於諸有　着有離放逸　永脫三界海
放逸癡為本　盲冥無所覺　無明起於本
從於火日生　因癡生放逸　大仙如是說
放逸火熾然　由心之所起　誑惑愚癡人
至諸地獄道　天人行放逸　女色之所使
和合相娛樂　不知愛別苦　臨命欲終時
現前受大苦　婇女亦隨盡　諸樂皆磨滅
和合必有離　一切樂皆盡　壯少當衰變
一切業皆盡　一切諸衆生　善惡業所繫

如伎人遊戲　去来各差別　業伎之所繫
流轉於生死　無常業流動　智者不應信
放逸如毒害　應方便捨離　若離於放逸
永度三界海

尒時迦迦村陁如来調伏九那由他放逸諸天令離放逸分別解說利益諸天與諸比丘及諸大衆詣閻浮提時天帝釋為諸天衆說是語已往詣殿所昇於寶殿俱吒迦殿無量衆寶以為莊嚴其諸珎寶一切天衆先未曾見諸天見之皆生歡喜發希有心帝釋見已告諸天衆汝等見此殊勝殿不未曾有此勝妙莊嚴時諸天衆白天王言唯然已見帝釋告言此寶宮殿乃是夜摩天王之所奉獻以淨信心施於迦迦村陁世尊此殿光明不可得見如是彼天光明殊勝何以故先世天子不行放逸如汝等故時諸天衆自知劣弱捨憍慢心一切天衆皆以頭面礼如来殿皆發歡喜顏色悅樂心生猒離自知其業減劣尠少有發無上菩提心者有發緣覺菩提心者有發聲聞菩提心者有於佛

所得不壞信一切天衆皆生淨信合掌恭敬住在一面時天帝釋入俱吒殿至於如來師子之座演說法處迦迦村陁如來所卧敷具金剛為林種種具足時天帝釋以清淨心舉身投地礼師子座心自念言此是如來所坐之處以敬重心念如來故從地而起見書殿壁有偈句頌其文頌曰

若人投崖巖　或有不失命　隨放逸地者
無有不受苦　若人行放逸　一切有所作
如是於晝夜　終無有樂報　世間出世間
一切諸樂法　放逸能破壞　是故應捨離
不放逸不死　放逸是死句　不放逸㝡勝
當為諸天主　放逸生死本　謹慎是勝道
是故捨放逸　常得受天樂　若人欲求樂
若怖畏諸苦　應捨放逸行　放逸如火毒
放逸睡覆人　放逸癡毒害　作諸不善業
放逸墮坑陷　不放逸㝡勝　放逸為不善
不放逸得樂　放逸常受苦　惣說此事句
為苦樂根本　既知此功德　善修自利益

尒時帝釋讀誦此偈增長恭敬以清淨心復以頭面礼師子座久於此處讚不放逸毀呰放逸還出此殿向諸

天衆時諸天衆見天王帝釋皆生恭敬至帝釋所時天帝釋以向偈頌為諸天衆具足演說告諸天曰如是偈句為欲利益安樂一切諸天子故書之殿壁一切天衆聞是說已皆礼世尊作如是言如來世尊世間之眼為我等故說如是偈時諸天衆久不放逸復以種種伎樂之音與諸天衆往詣微細行天微細行天聞是事已與諸天女種種伎樂出妙音聲來詣此林欲與此林諸天子等共相娛樂微細行天既至此林此林諸天還失正念入於放逸種種伎樂歌舞戲笑向微細行諸天大衆既相見已皆生歡喜於園林中寶樹寶枝弥覆園林乎相娛樂乃至愛善業盡從天命終隨業流轉墮於地獄餓鬼畜生若有閑於三惡道門還生人中安樂國土園林流池皆悉具足常行善業大富饒財或為國王或為大臣為一切人之所愛敬常樂布施護持禁戒樂作善業以餘業故

復次比丘知業果報觀三十三天所住

之地彼以聞慧見有地處第二十二名威德輪衆生何業生於彼天彼以聞慧見諸衆生修行善法常不放逸以利益心利益衆生信於業果近善知識不煞生不偷盜若尸餘婆樹若菴羅樹若棗若蕤種種林樹於此樹上有諸鳥巢巢中有子若鳥若虵取諸鳥子其人見之以慈悲心利益衆生救令得脫云何不盜於他林樹乃至不取一枝一葉亦不教他若行道路見地遺果不取不盜見人取者勸令捨離云何行善而修布施於降雨時以食施僧若飢饉世若疾病人以食施之自持禁戒令他住戒見住戒者教他隨喜為他衆生說業果報念佛法僧而行布施若施父毋若優婆塞或無禁戒病患之人以飲食湯藥所須之具施此諸人亦教他人說業果報不近惡友不與同住不共言說常能善攝身口意業自利利他是人命終生於善道三十三天威德輪地生此天已以善業故其身光明如月威滿其地莊嚴甚可愛樂七寶園林

充滿其地種種流泉諸蓮華池種種蓮華毗琉璃莖黃金為葉遍覆池水種種金石以為崖岸旋轉洄澓猶如舞戲種種衆鳥出妙音聲令心悅豫真金山峯毗琉璃峯莊嚴其地鵝鴨鴛鴦出衆妙音天子天女歡喜遊戲遶蓮華池其河流注出妙音聲復有衆寶蓮華之林種種光明種種衆蜂以為莊嚴天子天女觀蓮華池以種種寶莊嚴其身光明輪天久時受樂復往詣於殊異多林遊戲受樂種種樂音手相娛樂至彼林中有蓮華林名瑩篌遊戲其蓮華林縱廣正等五百由旬上味色香美味之飲充滿其中諸天飲之歌舞戲笑共相娛樂時有天鳥名曰正行見諸天子行於放逸而說頌曰

无耻無慚愧　懈怠惡知識　是地獄種子
智者所捨離　無耻无慚愧　常作不善行
如人墜高巖　後時乃自覺　貪癡無誠信
其心無怖畏　為嫉妬所迷　不得生天中
飲酒虛妄語　心堅著貪欲　不信業果報
是地獄因緣　守護心過惡　瞋恚之惡業

衆生惡業故　隨於三惡道　心勇造惡業
常為欲所使　常行於妄語　其人無樂報
若人毀犯戒　如爲寶雲毋　其人惡業故
墮於三惡道　若人住惡心　其間無有邊
若人歸三寶　如夜大光明　愚夫行放逸
如醉癡自欺　二放逸所惑　輪轉於地獄
必竟不相離　放逸自圍遶　境界海增長
一切諸世間　有出必歸滅　如生則有死
愛鏁之所縛　遊戲於天中　諸天初生時
樂生念念滅　放逸自覆心　不知無常轉
放逸自迷惑　常樂於境界　身欲無猒足
常受諸苦惱　无有念念時　須臾不自在
是愛使衆生　受於天中樂　愛地甚暴惡
无量雜覺觀　遊戲於愛地　為欲之所使
辟如地獄火　焚燒諸罪人　愛火亦如是
焚燒一切天　飢渴火熾然　焚燒諸餓鬼
畜生相殘害　人中追求苦　愛火周遍起
一切皆圍遶　火燒常熾然　世間莫能覺

如是天鳥為諸放逸諸天子等說是偈已若諸天子已於先世行善業者聞此法音少離放逸不飲天酒遠離色香味觸上妙五欲放逸之樂復入園林伎樂自娛隨心所念受種種樂晝

毗琉璃車𤦲寶峯於園林中流泉河水衆蓮華池以為莊嚴種種色蜂遊集其中其蓮華林毗琉璃葉頗梨為莖多有衆蜂不可窮說百千天女與諸天子遊戲受樂以善業故種種境界天女愛河之所漂沒未曾覺悟如是遊戲共相娛樂乃至愛善業盡從天命終隨業流轉墮於地獄餓鬼畜生若生人中生安樂處大富饒財其心廣大樂修正法常愛智慧愛樂沙門及婆羅門壽命延長以餘業故

復次比丘知業果報觀三十三天所住之地彼以聞慧見二十三地處名曰月行衆生何業生於彼處彼聞知見若有衆生以清淨心修行善業善修其心造佛形像或為供養洗佛形像令除塵垢揩拭刷磨或見金銀為如来像見之歡喜思惟愛仰福田功德思心功德自熏其心而行善業心生喜悅不煞不盜云何不煞如是之人乃至不念斷衆生命亦不教他見人作者不生隨喜勸令不作令住善道自利利人復有不煞不生煞念乃至

牀蓐卧具有濕生虫不起心想欲害其命於微細命乃至蟻子不起煞意是名不煞生去何不盜如是善人修行善業不知猒足於一切處不行偷盜乃至草木泥土自既不取亦不教他設有大熱不奪他陰不令他人住於日中自受陰處自有勢力亦不奪他不教他人見他作者勸令不作乃至陰凉亦不偷盜微細之事皆不偷盜是名不盜如是之人命終之後生於天中月行之地生彼天巳以善業故得樂果帮光明普照猶如和合十月並照如是天衆身相光明清淨無垢亦復如是天子既生一切天衆百倍轉勝其身光明冷暖調適一切餘天見之愛樂其光勝於餘天之光其光普照滿十由旬勝餘一切珎寶之光以善業故如是天子無量眷屬以為園遶作衆伎樂詣於園林遊戲之處林名五樂第一勝妙於三十三天最為殊特其樹威德樹有善果衆鳥勝慧鉢頭摩伽華池流水空中香風來吹寶鈴出於無量微妙音聲是時

天子與諸天衆作衆伎樂與諸天子種種莊嚴詣五樂林種種伎樂遊戲受樂天女歌頌五樂之音受第一樂以於福田作善業故得此勝香其香普熏滿五由旬其果處空猶如衆星其樹莊嚴天中最勝明如日光其光不熱亦復無冷其果色香衆味具足其香勝於一切香氣熏五由旬如星處空果中常流種種衆香諸天飲之離於醉乱種種香味隨心所念皆悉得之受如是等功德之種時有天鳥名教放逸為放逸諸天子等而說頌曰

善業將盡　空過壽命　當速修法
莫行放逸　少壯易過　命亦如是
衆具將失　莫行放逸　天非常法
非常具足　及時未壞　當修福德
善業和合　心念守護　未見有處
而無過患　若常乱心　行於非法
是樂虛妄　去巳不還　戒持貧樂
生於天中　若不護戒　臨終悔恨
故應持戒　守護莫犯　愚人離戒
不能昇天　若於天中　受五欲樂
持戒清淨　故得大果　諸天著欲

放逸癡毒　不覺無常　壞其身命
無量百千　那由他天　皆為放逸
欲火所燒　一切衆生　放逸所盲
後受衰惱　乃知其過　心常攀緣
而無暫住　愚不覺知　後為大惡
心樂欲境　不覺憂惱　衰禍既至
乃生悔恨　結使煩惱　從憶念生
心王結使　常行隨逐　隨心馳騁
在在所住　常為惛醉　流三界海
若知真諦　見世間法　無常皆空
永離憂惱　為色所使　常求諸欲
是人後生　永無天樂　此珊瑚林
衆寶莊嚴　種種枝條　蓮華嚴飾
種種流水　諸河莊嚴　業因所得
遍於虛空　劫火既起　燒滅須弥
況此天身　猶如水沫　生巳復滅
放逸自欺

尒時諸天子若於先世集衆善業聞此天鳥說法之音則能解悟如鳥所說必當無常少時憶念離於放逸復為境界色香味觸之所誑惑悉忘法音猶如隔世所應作業不應作業皆悉忘失現受欲樂不觀未來不念天

鳥說法之音現觀五欲遊戲受樂不念地獄餓鬼畜生受大苦惱不念天身甚為難得不念無始苦惱轉輪地獄餓鬼畜生諸苦堅鞕難可調伏唯除天子第一勝心久習善根

復次比丘觀此天鳥以何等業說於清淨無垢如實之法教於放逸諸天子等彼聞知見若有人於中時作放逸行若遊戲人若大力士若諸伎兒身著袈裟遊戲歌舞頌佛功德而得財物既得財物若衣若食布施沙門婆羅門或自食用以著袈裟因緣力故身壞命終生於天上受飛鳥身受第一樂以彼業故復次諸天歌舞戲笑娛樂受樂毗琉璃樹黃金為葉頗梨為枝四周弥布復有寶樹種種珊瑚寶樹嚴飾百千眾蜂以為莊嚴黃金真珠以為樹枝復有山峯七寶焰輪以為莊嚴復有蓮華黃金蓮華頗梨蓮華毗琉璃花於此華中遊戲受樂復有異天寶殿樓閣諸天於此與諸天女遊戲受樂離於嫉妬及諸恐怖心相愛樂乎相渴仰受第一樂

復與天眾遊戲歌舞入如意林既入此林隨心所念一切皆得以是因緣名如意樹久於此林受天樂已復往詣於須弥金峯其山峯中河池流泉以為莊嚴與諸天女歌舞戲笑作天伎樂出妙音聲聞之悅樂目視種種上妙之色而受快樂以自業化諸天女眾以為圍遶於須弥山無量種種蓮華之池皆悉見之復有種種園林蓮華其香殊妙聞之悅樂復有第一上妙之觸若身觸之猶如觸於迦旃隣提（迦旃隣提海中之鳥觸之大樂有輪王出此鳥則現）無量離垢清淨光明善妙之香若有見之甚可愛樂遊戲如是山峯之中若心生念一切皆得無量功德皆悉具足自在受用他不能奪清淨無垢於此地中受天快樂遊戲娛樂受種種樂其身光明無量天女以為圍遶受天五欲乃至愛善業盡命終還退隨業流轉墮於地獄餓鬼畜生若生人中從生至終常受快樂色貌第一或為王者或為大臣所生國土常有善法正見眾生之所住處而於中生離惡知識以

餘業故

復次比丘知業果報觀三十三天所住之地彼以聞慧見有地處第二十四地名閻摩那娑羅眾生何業而生彼天彼聞知見若有眾生奉持禁戒以正見心利益眾生正身口意若邊險地若曠野中若人沒溺墮於大河救令得脫若於曠野渴乏所逼施以漿水若於險道迷失道徑示以正路不求報恩利益眾生救護眾生施其壽命云何不殺生不偷盜或於此人若復餘人行於善業不殺眾生若於所住房舍之中生諸眾生若胎生濕生若蟁若細壞人資具或在樑閒數墮人上令人不安以慈悲心而不殺害蝦蟇毒虫種種毒螫雖被中害不斷其命是名不殺生云何不盜幾種不盜如是善人行於曠野其力自在買客之水及於黑塩有力能取而不偷盜自守渴乏若彼賈客以水施之然後乃飲若彼不施貧以飲之善觀微細業之果報受行佛法念佛功德以修其心於須臾頃不近惡友不與言

說不同道行以何因緣不與同行一切善業近惡知識則為妨㝵是故不得與之共語去來同住何以故惡知識者是貪瞋癡之所住處有智之人應當捨之猶如毒樹其人清淨如鍊真金身壞命終生於閻摩娑羅之地善業之人生彼天已一切善人敬重供養決定業行受於樂果其身光明如人之數日日增長何以故諸天之中無日夜故此天身光如是增長餘天見之於天女前皆生慚愧勝餘一切異地諸天諸天見已皆往詣於釋迦天王問此因緣白言天王閻摩娑羅有一天子初始出生光明勝於一切天眾時天帝釋聞是語已而說頌曰

天子之光明　從於持戒生　須弥金光輪
十六不及一　身常出光明　猶如融金聚
光明善和合　智者造業故　以上中下業
三種持戒故　得果亦如是　有上中下報
持戒離放逸　增長無放逸　常得受安樂
諸法皆如是　若持戒清淨　令得光明身
和合千日光　所照莫能及　若有勝丈夫
受持七種戒　其人得善果　先佛之所說
若人造善業　不失樂果報　不作則無果
作業終不失　癡人不樂因　但喜樂果報
無因果難求　如沙不出油　若人修行善
遠離於嫉妬　不善愚癡人　常行於瞋恚

尒時天帝釋說於如是善業果報教於放逸諸天子等時諸天子聞是語已頂受奉行還至閻摩娑羅之地至其住處天子天女遊戲娛樂伎樂音聲受天之樂此天地處二娑羅樹於三十三天諸園林中此樹最勝其量色相光明華果最為殊勝鈴網弥覆樹葉之音如五樂聲天聞其音皆來向樹遊戲受樂諸天既至昇娑羅樹於其樹上有蓮華池其蓮花池名曰歡喜蓮華池中多有鵝鴨鴛鴦出衆妙音以為莊嚴無量蓮華八功德水蓮花莊嚴諸天見之歎未曾有嘆此二樹未有如是蓮華浴池此娑羅樹唯除波利耶多拘毗陀羅樹餘無及者說是語已天子天女遊戲歌舞受五欲樂久於此處受天之樂復往詣於常遊戲林首冠華鬘服於種種異色之衣其身流出種種光明說少分喻譬如夏日電光之色三種具足一者青光二者黃光三者赤光遊戲之處諸天子等受五欲樂如山澮水涌波之力受種種樂

尒時天帝釋與善法殿一切天眾遊戲出於善法堂殿與諸天女作衆伎樂出妙音聲向閻摩娑羅所住之地時閻摩羅一切天眾見帝釋來皆出奉迎合掌頂礼釋迦天王善法堂天閻摩娑羅天皆共和合共相娛樂歌舞戲笑往詣雙樹至此樹下一切天眾圍遶此樹飲於摩偷天之上味時釋迦天王告諸天曰汝見如是閻摩娑羅樹一切天中唯除波利耶多俱鞞陀羅樹餘一切樹無與等者諸天白言唯然已見帝釋告言汝等諸天未知如是閻摩娑羅樹之功德唯見其色汝當觀此二樹勢力時天帝釋從殿而下手執金剛擊此大樹其門即開於其樹中無量園林華池流水蓮華莊嚴摩尼山峯白銀山峯頗梨山峯毗琉璃峯種種流水河池莊嚴復見大華七寶蓮華池百千衆蜂以

為園遶復見園林黃金白銀毗琉璃寶青寶王樹復有衆鳥七寶為翅出無量種美妙音聲諸天聞之得未曾有歡喜受樂時天帝釋與諸天衆前後圍遶入於閻摩娑羅樹中行列之殿見行列殿種種寶柱七寶莊嚴謂青寶王毗琉璃寶白銀衆寶頗梨車𤦲莊嚴其柱復有種種林蓴繒敷縱莊嚴其林其林四足衆寶莊嚴謂金剛寶青寶頗梨毗琉璃寶復見樹內山峯之中種種衆鳥无量音聲時天帝釋告諸天衆汝等見此雙樹之內奇特事不諸天白言唯然已見時天帝釋自觀天衆放逸著樂將諸天衆入於示業果報之殿其殿清淨猶如明鏡其明普照時天帝釋曉示諸天汝等當於寶殿壁上觀業果報隨其因緣所作之業若於福田施以財寶信心奉施隨心而施以時而施得如意報隨其生處則受果報隨其所受種種果報皆悉見之時天帝釋復示天衆汝等天衆當觀如是持戒修行於諸道中守護衆生猶如父母如實

不虛如清淨地如好珎寶諸天種子若人護此七種之戒隨其生處天人之中受持戒果時天帝釋復示諸天業鏡之影告諸天曰汝等觀於一切業報若有丈夫作諸善業集於智慧正是之燈能知如是上中下智滿無漏果時天帝釋復示天衆九種布施持戒之智於布施中有上中下善道果報皆得成就思修福田功德具足九種具足天子若不決定施不相應相是名少果復有少果謂餓鬼神通或有畜生受於樂果是名下施天子汝等觀是業鏡之影種種業果中布施果不修思心心不具足功德財物亦不具足施好福田具功德者得中果報生於人中弗婆提國瞿陁尼國若處畜生若阿修羅若夜叉中是名中果於鏡殿壁見如是相時天帝釋復示天衆業之果報告言天子汝等當觀上中下業不修思心福田具足云何名為不修思心而得果報若有施主以時而施使人布施心無深信非身自施見之不起不恭敬礼具足福

田具足財物思不具足決定布施生於邊地無正法律無礼儀處或為王領或為臣佐無有人礼諸天子汝當觀此業鏡之壁悉皆得見時天帝釋如是示之

正法念處經卷第三十

正法念處經卷第三十

校勘記

一 底本，金藏廣勝寺本。

一 一五四頁中一行經名、二行譯者、三行品名，石作「正法念處經天品之九」。

一 一五四頁下七行第六字「光」，石作「樹」。

一 一五四頁下一九行「順法」，石、磧、普、南、徑、清作「隨順」。

一 一五五頁上五行第一二字「住」，石、磧、普、南、徑、清作「應」。

一 一五五頁上一一行「正覺」，石作「正法」。同行「迷著」，石、磧、普、南、徑、清、麗作「迷者」。

一 一五五頁上一二行「靜樂」，石、磧、普、南、徑、清、麗作「林中」。

一 一五五頁中四行「著行報」，石、麗作「者得報」；磧、普、南、徑、清作「著得報」。

一 一五五頁中八行「欲樂」，普作「樂欲」。

一 一五五頁中一七行首字「受」，石、磧、普、南、徑、清作「愛」。

一 一五五頁中一九行「戒法」，石作「滅法」。

一 一五五頁中二一行第一〇字「衣」，磧、普、南、徑、清作「底」。

一 一五五頁中末行「瀑惡」，普作「暴惡」。

一 一五六頁上一行第二字及一一行第一三字「王」，磧、普、南、徑、清作「主」。一六二頁下二行末字同。

一 一五六頁上一三行「寶王」，磧、普、南、徑、清作「寶玉」。下同。

一 一五六頁上一六行末字「諸」，南作「有」。

一 一五六頁中九行「天衆」，南作「大衆」；徑作「天」。

一 一五六頁中一六行第一一字「無」，麗作「光」。同行「於本」，磧、普、南、徑、清作「有本」。

一 一五六頁下一八行第一〇字「汝」，徑、清作「法」。

一 一五七頁上九行第四字「崖」，磧、普、南、徑、清作「峻」。

一 一五七頁上一八行第三字「墜」，磧、普、南、徑、清作「墮」。

一 一五七頁上一九行第一四字「事」，石、磧、普、南、徑、清、麗作「偈」。

一 一五七頁中一行第一〇字「帝」，磧、普、南、徑、清無。

一 一五七頁中七行第一二字「久」，南、徑、清作「又」。

一 一五七頁中一六行第六字「愛」，磧、普、南、徑、清作「受」。下同。

一 一五七頁下五行第一一字「餘」，磧、普、南、徑、清、麗作「賒」。

一 一五七頁下六行第五字「棗」，磧、普、南、徑、清作「栗」；麗作「棗」。同行第七字「蓁」，普作「榛」。

一 一五八頁上二行第一〇字「葉」，磧、普、南、徑、清作「華」。

一 一五八頁上二一行「嫉妬」，磧、普、南、徑、清作「欲妬」。

一五八頁中五行「愚夫」，磧、普、南、徑、清作「愚人」。

一五八頁中九行「所縛」，磧、普、南、徑、清作「所纏」。

一五八頁中一一行「身欲」，麗作「因欲」。

一五九頁上二行「蛾子」，麗作「蟻子」。

一五九頁上二行第七字「華」，磧、普、南、徑、清、麗作「華華」。

一五九頁中一行末字「子」，磧、普、南、徑、清、麗作「女」。

一五九頁中九行「衆香」，磧、普、南、徑、清、麗作「香飲」。

一五九頁中一一行第一〇字「種」，磧、普、南、徑、清作「利」。

一五九頁中一二行第五字「爲」，磧、普、南、徑、清、麗作「爲於」。

一五九頁下一一行首字「永」，磧、普、南作「求」。

一六〇頁上三行「無始」，磧、普、南、徑、清作「始終」。

一六〇頁上四行「堅鞹」，磧、普、南、徑、清作「堅鞕」。

一六〇頁上八行「人於」，磧、普、南、徑、清、麗作「於人」。

一六〇頁中一二行夾註左「大樂有」，磧作「大有」。

一六〇頁下四行第五字「那」，麗無。

一六〇頁下一四行「或在」，磧、普、南、徑、清作「或有」。

一六一頁下八行「摩羅」，麗作「摩娑羅」。

一六一頁下二二行第六字「峯」，石、磧、普、南、徑、清、麗作「山峯」。

一六一頁下末行「大華七寶蓮華池」，磧、普、南、徑、清、麗作「天華七寶蓮池」。

一六二頁上一六行第一一字「曉」，石、磧、普、南、徑、清作「告」。

一六二頁中一行第六字「地」，磧、普、南、徑、清作「池」。

一六二頁中四行「觀於」，磧、普、南、徑、清作「觀是」。

一六二頁中六行「正是」，石、磧、普、南、徑、清、麗作「正見」。同行第一三字「満」，石、磧、普、南、徑、清、麗作「漏」。

正法念處經卷第三十一　誠

元魏婆羅門瞿曇般若流支譯

觀天品之十　三十三天之七

時天帝釋復示諸天上布施果思心具足福田具足財物具足思心功德皆悉具足福田勝者諸如來等物具足者謂飲食財物思具足者深心信等而脩供養如是布施於人天中得大果報或生天上有大威德或生人中為轉輪王七寶具足主四天下七種下寶是轉輪王順行正法一切具足持戒脩智入於涅槃是名上施如是等施於鏡壁中見其果報

時天帝釋復於清淨毗琉璃壁示於三種布施之果鏡壁中現所謂資生布施得大富果報如前所說無畏布施生於大國為王領主無有兵刀災儉疾疫橫死不畏怨敵無病安隱離於火畏及以水畏無疾疫畏或為王者或為大臣久住於世是為無畏施之果報也於鏡壁中見如是業

又於鏡壁見勝布施所謂法施最為無上能出一切有為生死之種子也此無上施得無上果三菩提中隨心成就於鏡壁中復見業果若為財物故與人說法不以悲心利益衆生而取財物是名下品之法施也是下法施不以善心為人說法唯為財利不能自身如說脩行是名下施若以說法而得財物或用飲酒或與女人共飲共食如伎兒法自賣求財如是法施其果甚少於鏡壁中見如是等法施之人生於天上作智慧鳥能說偈頌是則名曰下法施也

云何名為中法施耶為名聞故為勝他故為欲勝餘大法師故為人說法或以妬心為人說法如是法施得報亦少生於天中受中果報或生人中如是帝釋天王於鏡壁中皆悉示之是則名曰中法施也

云何名為上法施耶以清淨心為欲增長衆生智慧而為說法不為財利為令邪見諸衆生等住於正法如是法施自利利人無上最勝乃至涅槃其福不盡是則名曰上法施也復有法施時天帝釋復示諸天餘法施報知下法施說布施法不說智慧中法施者說於持戒上法施者說於智慧解脫下智慧者為人說法少人解悟說布施法唯說布施不說餘法說法因緣令知持戒後得智慧其人信順得阿羅漢盡諸結漏得二解脫是則名曰下法施也何以故說於布施相應法故

云何名曰中法施耶說於持戒相應之法以脩其心是中智慧於鏡壁中見如是等業之果報順於智慧得阿羅漢速盡諸漏或得緣覺是中法施於鏡壁中見如是相是則名曰中法施也

云何名為上法施耶說智功德以脩思心不求恩惠唯為利他而演說法說欲過惡欲味繫縛出離為樂令邪見者住於正法說於清淨離垢之法是上法施得無上菩提等正覺果明行足無上調御天人之師無上正法調伏之法初中後善無上成就一切知見為諸衆生廣說法要是則名曰上法施也

尒時天主釋迦提婆復於鏡中觀業果報時天帝釋示諸天衆諸天見之皆生愧耻時天帝釋告諸天衆汝等天子莫得放逸何以故以造其因生生之處得相似果汝等天子應至我所視汝業報汝觀是業上中下報汝令應修不放逸行時諸天衆見此業報希有之事於生死中皆生猒心而說頌曰

欲樂虛妄　本性羸劣　欲樂所迷
不見怖畏　若信欲情　無所利益
善業既盡　臨終乃覺　勝樂充滿
必有衰變　如是著樂　失之增惱
若天世間　墮於地獄　身心大苦
一切逼惱　此苦難量　第一辛酸
愛別離苦　復過於是　愛離現前
諸天常有　愚者不見　愛心所誑
初美虛誑　為欲所欺　百千万億
京姟兆載　得欲還失　不可常保
善業為因　得樂果報　無因無果
亦如無樹　如毒害命　放逸亦然
如火焚燒　如刀如戟　初如親友
後成怨敵　如魚吞鈎　放逸亦然

天龍八鬼　及阿修羅　皆為放逸
得大衰惱　天王當知　我等福姑
令王於此　示生死獄

時諸天子說是偈已復作是言天王云何得知誑示天王如是之法時天帝釋告諸天子汝今諦聽當為汝說吾於此天初生之時宿舊天子名須摩羅是吾第一之親友也從彼次第聞如是事如迦葉佛為調諸天來至於此迦葉如来見諸天子心大放逸為欲利益諸天子故以憶念神通化作如此業影之壁留此樹中我於尒時其心放逸須摩羅天示我此法汝於今者勿得放逸何以故一切有為無常破壞汝等天子若心放逸當入此樹自觀已身上中下色則自愧耻若有天子信不放逸當示此法何以故此是如来為利衆生示如是事調伏諸天於業鏡地令住善道還閻浮提我從如是大德之天聞此希有難見之事我時聞已為離放逸與諸天衆来至於此令諸天衆皆得慚愧是故我今示於汝等業鏡之壁上中下

業汝等天子慎勿放逸也尒時天帝釋復告天衆當共汝等詣第二樹觀諸業鏡往昔之時迦葉如来於此樹中示現變化利益一切放逸諸天觀於生死諸業之網我今示汝釋迦天王說是語已頭面頂礼迦葉如来即出其門出已還閉有餘天衆歌儛戲笑作衆伎樂歡娛受樂見天帝釋即来親近頭面敬礼樂行歌儛手相娛樂以鉢頭摩諸蓮花等手相打擲時諸天衆從樹出者向放逸天說其所見希有之事是時放逸諸天子等以心放逸於希有法不聽不信時天帝釋為攝放逸諸天子故亦共遊戲於蓮花池種種音聲天諸伎樂手相娛樂以天騎天衣而自莊嚴入於種種園林之中遊戲受樂以善業故時諸天衆與天帝釋入於業鏡見業報者皆不遊戲如無學人所作已辦離放逸行安立而住見諸天衆躭著放逸生悲愍心作如是言此諸天子心著放逸不知當退隨業流轉墮於地獄餓鬼畜生順煩惱業不離一切生死

業行隨業所作或善不善如是之業得如是報如是天子觀放逸天生悲愍心

時善法殿諸天子等白帝釋言以天王恩令我天衆受五欲樂遊戲諸天種種園林遊戲受樂云何天王不攝我等尒時天帝釋為諸天衆而說頌曰

天子汝著樂　多行於放逸　放逸愛著故
不見真實諦　若常放逸心　則無有善報
離於善業者　則墮於地獄　一切諸受者
皆當有別離　汝等不覺知　須臾必終沒
命欲臨終時　諸根皆壞滅　方乃知苦惱
忽至無能免　譬如旋火輪　如乾闥婆城
三界皆無常　亦如水泡沫　譬如水聚沫
愚者依癡護　於無常法中　而心生喜樂
非天亦非人　夜叉龍鬼神　臨終業所繫
無人能救護　念死時來至　當修於善業
死王甚暴惡　莫於後生悔　我今教勅汝
慎莫行放逸　汝為愛所覆　馳騁諸境界
境界繫縛汝　是諸地獄因　是故應捨離
以求安隱處

時天帝釋為諸天衆說是法時諸天放逸曾不在念唯除已見業鏡地者

皆生歡心白帝釋言願入第二娑羅之樹此樹乃是迦葉如來為欲利益放逸諸天所化業網示生死報業鏡之壁示諸天衆時天帝釋知放逸天樂於遊戲令詣異處與不放逸諸天子等至第二樹至於樹已手執金剛擊此大樹其門即開釋迦天主及諸天衆心生歡喜共入樹中天衆入已見諸園林昔所未覩甚可愛樂一切所須皆悉具足多有種種無量衆鳥蓮花池水泉花莊嚴無量金樹一切愛樂微風來吹皆大歡喜七寶山峯衆鳥妙音如意之樹猶如日光其光普照如日之光是娑羅樹復有飲食充滿河中香味流溢最妙第一種種妙香五根所得五種境界相應之樂甚可愛樂大德諸天聞之樂著何況餘天時天帝釋示諸天衆一切園林可愛殊妙樹外蓮花園林流池十六分中不及其一時天帝釋悉共諸天復往詣於毗琉璃山其山清淨第一無比於其山頂有千柱殿毗琉璃寶之所成就赤蓮花實以為欄楯黃金為

地其琉璃殿長五由旬廣三由旬迦葉如來化所成就時天帝釋共諸天衆乘七寶階昇琉璃殿得見迦葉如來影像如迦葉佛在殿說法時天帝釋及諸天衆合掌恭敬礼如來影深生信敬礼拜既訖以偈讚佛

如來世間無上尊　得真解脫如實諦
其影寂靜妙無比　能開無上解脫道
若人常礼如來者　淨信無垢心寂靜
其人永脫怖畏有　常得安隱勝樂處
如是寂靜奇妙法　演說此句寂滅處
此佛如來所說法　示諸衆生涅槃道
若有衆生念此法　是名勇健無畏人
則能得於無上處　常樂無惱心安隱
若有衆生念真諦　則如渡者昇船栰
三界之海惡迴澓　如是之人能超渡
如來正覺世間眼　普觀諸法無不遍
此佛光明無倫匹　一切諸光無與等
衆生憶念自濁心　愚癡瞋恚慾垢等
智慧大水甚清淨　洗除一切衆生垢
其法清淨離塵垢　外道愓心莫能了
一切衆生不能見　世尊普示諸衆生
喜樂放逸無救者　如是衆生導師救

正法念處經第三十二卷　第十張　誠

渡於生死到彼岸　能度無救諸衆生
饒益一切諸世間　唯有如来無上尊
以能利益衆生故　是故如来最殊勝
如是天帝釋以淨信心歎佛影像住頭合掌與諸天衆頭面敬礼如来影像復與天衆住頭合掌礼於如来所化天衣如是衣者如来神力之所住持時諸天衆見影像已皆得離慢離於放逸如来所化影像之色端嚴殊妙千帝釋天不得為比何況餘天時天帝釋見如来像神通化影以此影像示於憍慢放逸諸天令離憍慢放逸心故

尒時諸天子白天王言憍尸迦迦葉如来以何因緣於此閻摩娑羅樹中示於業網生死之化何故不於樹外而化時天帝釋告諸天子我亦如是先疑斯事彼天示我令離憍慢我於往昔亦問斯事時彼天子即荅我言希有之法不可常見不常見故見則深信以是因緣如来留化不在於外非一切人皆悉能見若化在外諸天見之不生希有或生過悪以是因緣

正法念處經第三十二卷　第十一張　誠

於此閻摩娑羅樹內示留化像此二樹中希有神化樹內之化第一希有一切諸天所不能見以是因緣迦葉如来於此樹內化留影像及以鏡壁示生死業時諸天衆聞天帝釋說如是事遠離疑悔

時天帝釋復示諸天宮殿之壁廣五由旬於此鏡壁初觀見於活地獄十六隔處殺生之人墮此地獄具受無量種種楚毒如前所說從地獄出生餓鬼中多起瞋恚嫉心增長以刀相害業網所繫生畜生中互相殘害為人所食以肉因緣殺害其命或受悪獸虎豹之形瞋恚增多為人所殺畜生中死生於人中常愛鬬諍其心亂悪兵刃中死不得長壽有餘善業生於天中威德色相減劣不如壽命短促若諸天衆與阿修羅共鬬戰時被傷而死於殿壁中皆悉具見如是黒繩地獄十六隔處亦如前說殺生偷盜因緣力故墮此地獄具受無量種種楚毒衆苦既畢從地獄出生餓鬼中以諸刀杖互相殺害如前所說或

正法念處經第三十二卷　第十二張　誠

食屎尿不淨之物求之難得有餘餓鬼互相斷裂身體破壞或喪身命餓鬼中死生畜生中於曠野中受遮吒迦餓鳥之身燋渴燒身畜生中死若生人中刀兵之處弊悪國土或中兵刀飢餓而死勤苦得食為他所奪設使得食食不能消從人中死若有餘業生於天中色相顏貌減劣麁悪所食之味不如餘天見餘天時生大愧恥伎樂之音皆悉不如壽命短促如是之業於此壁上皆悉見之時天帝釋復於殿壁中見衆合地獄十六隔處如前所說殺生偷盜邪婬之人墮此地獄具受無量種種楚毒受苦既畢從地獄出生餓鬼中受於食吐餓鬼之身壽命長遠若得飲食為餘餓鬼之所劫奪若有眷屬亦為餓鬼之所欺奪復有異鬼以刀斬截受大苦惱辛酸而死從此命終生畜生中受於水牛牛馬之形壽命長遠設得飲食為他所奪畜生中死若生人中壽命短促貧窮下賤妻不貞良如是之業於殿壁中皆悉具見

時天帝釋復觀業果，於殿壁中見叫喚大地獄十六隔處，如前所說。衆生偷盜邪婬妄語，墮此地獄，具受衆苦種種楚毒無量辛酸。從地獄出生餓鬼中，壽命長遠，或受錐身餓鬼之形，或受針頸餓鬼之形，隨業所受，常困飢渴。若有眷屬為他所奪，或生食毒餓鬼之中，毒火所燒。餓鬼中死生畜生中，在六曠野，手相殘害，迭相食噉。畜生中死，若生人中，身色憔悴，無有威德。若有餘業得生天中，身量形貌皆悉減劣，一切衆寶莊嚴之具光明微少，不為天女之所愛敬，天女皆叛捨至餘天，須陁勢味智慧薄少，心不正直，為餘天子之所輕笑。若諸天衆與阿修羅闘戰之時，為他所殺，以餘業故。

尒時釋迦天王復共諸天衆於寶殿壁見大叫喚地獄十六隔處，是中衆生受種種苦，如前所說。若有衆生殺生偷盜邪婬妄語飲酒醉亂，墮此地獄，具受無量種種楚毒。受苦既畢，從地獄出生餓鬼中，處處逃走，有大惡

鬼拔出其舌，出已還生。餓鬼中死，生畜生中，受迦頻闍羅鵝鳥之身，以自音聲而喪其命，以其妄語餘業緣故。畜生中死，若生人中，受業果報，如前所說，有所言說人不信受。若有善業生於天中，其聲嘶破，麁惡鄙濁，不善歌頌，一切天衆不信其言，不能宣說美愛正語如餘天衆，以本妄語餘業緣故。

時天帝釋復於殿壁觀焦熱地獄十六隔處，是中衆生具受種種無量苦惱辛酸楚毒業之果報，如前所說。受罪既畢，從地獄出生餓鬼中，受食不淨餓鬼之身，受大苦惱五倍於前。餓鬼中死，生畜生中，在於大海受摩竭魚身。畜生中死，若生人中，容貌醜陋，脣口麁大，人所惡見。人中命終，若有餘業得生天中，身光減劣，如前所說，一切天衆之所輕賤。

大焦熱地獄、阿鼻地獄，此二地獄業之果報不作化現。何以故？恐天心軟，見之喪命。若見如是二地獄者，則大怖畏，是故不化此生死報。時天王釋

觀察是已，以偈頌曰：

譬如諸微塵　在於虛空中　風吹而旋轉
諸業亦如是　和合有別離　苦樂亦如是
因業之所轉　非是無因緣　今此業化處
牟尼如實知　化無量業網　諸心之種子
心集業難知　唯除諸如來　種種諸業繫
輪轉於世間　業網有大力　能受百千万
那由他劫數　種種諸生死　譬如繩繫鳥
雖遠攝則還　業繩繫衆生　其事亦如是

尒時天帝釋示諸天子希有事已，衆生無量決定之業及不定業，現報所受、生報所受、餘報所受，復有三種善、不善業及無記業，示如是等無量業網迦葉如來所化影像。與諸天衆礼拜既訖，從此閻摩娑羅樹中而出。天衆出已，帝釋還閻娑羅樹門。帝釋既出，見餘天衆放逸遊戲以自娛樂，受五欲樂。尒時天王見此事已，心生憐愍而說頌曰：

畜生雜形類　為放逸所誑　若食若受欲
貪心常愛樂　本行於善業　天中食報盡
如是放逸人　命終何所趣　放逸怨自壞
業風之所吹　猶如樹傾倒　墮於諸道中

百千那由他　天中受生死　而不起猒離
不生憂怖心

尒時帝釋說此偈已至諸放逸天子衆中諸天子等心生敬重供養恭敬時天帝釋為攝其心與此天子遊戲種種園林之中不入閻摩娑羅樹間諸園林中遊戲受樂時天帝釋與其眷屬諸天大衆詣善法堂閻摩娑羅所住諸天受天之樂乃至愛善業盡命終還退隨業流轉墮於地獄餓鬼畜生若生人中受第一樂主大園林常受安樂以餘業故生摩羅耶國主栴檀林大富豐樂

復次比丘知業果報觀三十三天所住之地彼以聞慧見三十三天第二十五地名速行地衆生何業而生彼天見有衆生行於善業其心質直離於諂曲不惱衆生信於果報行正見業大修布施大富饒財見有衆生入於大海以求財寶以大船舫施此商人諸商人等得此船舫多獲財寶持用布施修諸福業如是船主以船施之不求恩惠不受其

報云何不盜若行道路有諸賊軍破壞村柵或畏官軍逃避村柵入此村中乃至不取糠秸草葉信業果報而生怖畏非畏王法是名不盜云何不殺生乃至濕生蚰蜒之類終不故殺心不念殺若有衆生造作罝羅罟網機撥坑陷殺諸虎狼禽獸之屬即以財物贖命令脫其心不悔亦教他人令住善道作如是等種種善業是持戒人不殺不盜憶念善業皆得成就若有所作一切天衆皆共讚善顏色清淨諸天供養是則名曰現業果報是善業人從此命終生於三十三天之上名速行地生彼天上以善業故第一莊嚴一切衆生不能分別如是天處甚可愛樂天子既生其身光明受第一樂身無骨肉亦無垢汗無有怨敵亦無怖畏無所追求離於嫉妬無不愛樂無病怖畏唯除退時無有王怖心多放逸遊戲諸地皆可愛樂五欲自娛無量境界遊戲受樂毗琉璃樓黃金欄楯種種樹林蓮花林池七寶所成鵝鴨鴛鴦以為莊嚴出於種

種微妙音聲山谷之中多饒衆鳥須弥山峯七寶莊嚴蓮花池中金銀真珠以為底沙種種寶樹如日光明金毗琉璃以為樹枝衆花莊嚴無量衆蜂以為嚴飾須弥山窟第一衆寶以為莊嚴其地柔軟七寶高峰其高峯中衆花妙香周帀嚴飾隨念而生

復有異處燈樹莊嚴如意之樹百千光明莊嚴奇特百千天女以為圍遶歌衆妙音共相娛樂如是天衆隨所觸見皆受快樂耳聞衆音心皆愛樂若聞諸香無量功德皆悉具足若以身觸無不愛樂隨心所念一切皆得無有因緣能奪其樂如是天子百千天女而為圍遶共餘天衆往詣山峯其峯名曰一切勢力一切皆是如意之樹莊嚴山峯流泉河池生衆蓮花以為莊嚴無量百千天衆圍遶毗琉璃寶以為樹枝遍覆其上百千重閣以為莊嚴無量衆鳥出妙音聲以善業故此山峯中成就如是種種諸樂善業為本非無因生亦非他作此人受報非自在天歡喜故與

尒時天子上此山峯見諸天子無量百千光明悉等與已無異於此峯中與諸天子天女作衆伎樂出妙音聲娛樂受樂此諸天衆其身光明色量受樂皆悉具足諦視瞻仰衆蓮花鬘以為莊嚴聞衆歌音心生愛樂皆服天衣無有線縷經緯之別如是諸天其身皆悉具足光明

尒時天子昇山峯已見諸地界各各差別見諸河流光明之輪以善業故於此天中住於二處種種清淨莊嚴之地衆樂成就如前所說何故名曰速行地耶如此天衆有大勢力若諸天衆與阿修羅鬪能於人中一眴目間打阿修羅還至本處三十三天故名速行以前業故得相似果以本施人速行之舩令渡大海多獲珎寶布施修福是故得此速疾果報如是天子手執器仗甚大迅速以善業故久受天樂善業既盡五衰相現身體汗流身光卒滅如燈油盡一切諸根亦復如是於五欲中悉無樂味見餘天衆即生愧耻一切天女皆悉背叛是

時天子見其天女背已趣他生二種苦一者妬嫉苦二者愛別離苦此二種苦自燒其心過於猛火若於先世有偷盜業尒時目見諸天女等奪其所著莊嚴之具奉餘天子若於先世有妄語業諸天女等聞其所說生顛倒解謂其惡罵若於先世以酒施於持戒之人或破禁戒而自飲酒或作麴釀臨命終時其心迷乱失於正念為如是等二倍悔熱之所惱乱墮於地獄若於先世有煞生業壽命短促速疾命終若於先世有邪婬業見諸天女皆悉捨已共餘天子手相娛樂是則名曰五衰相也以其持戒五種鈌故業網所縛受如業報若行放逸死王所牽如是一切鈌漏持戒為生天故而持禁戒無常速壞尒時則為業繩所縛墮於地獄餓鬼畜生如是觀天無常之樂如日所見初雖有愛畢歸磨滅動壞無常如電不住觀於一切諸欲過惡而說頌曰

飲於放逸酒　諸天嗜癡飲　退墮於地獄
大猛火園逺　初染於愛欲　瞋恚熱惱心

癡心所迷惑　但空無有實　為伎樂音聲
虛妄所誑惑　不覺退沒苦　畢竟不可免
見諸天女時　令天心轉變　畢竟當捨離
退墮於異趣　觀諸女人性　不離於女人
冨樂則親近　衰變則捨離　如野鹿信逰
信欲亦如是　後若得衰變　心輕而捨之
不念恩敬養　亦不念親友　若遭衰變時
即捨不復念　猶如衆蜜蜂　捨於萎變花
女人亦如是　衰至則捨離　不觀善愛心
輕躁念愛欲　女人性如是　如客雜毒藥
惑欲致愚癡　巧辞增癡惑　女人難可信
智者所遠離　女色誑天人　悉令心迷惑
至於未来世　不能少利益　天人及夜乂
龍阿修羅等　羅剎毗舍遮　皆為女幻誑
如是諸欲樂　從於境界生　臨至命終時
諸樂皆亡失　一切諸天衆　園林而莊嚴
為死繩所縛　欲繫而將去　欲樂不能救
何用諸婇女　溥天諸世間　死王悉將去

如是比丘觀諸天子退沒相已生慈悲心猒離欲境如是天子自業所資隨其至處業繩所牽常不放逸復有餘天放逸受樂遊戲受樂馳諸境界如人乘馬遊戲一切園林之中受放逸

正法念處經第三十卷　第三十張　誠

樂乃至愛善業盡命終還退隨業流轉墮於地獄餓鬼畜生若生人中常生樂處第一富樂多饒財寶或為國王或為大臣多有象馬駝驢騎乘行不步涉無有疲惓以餘業故

復次比丘知業果報觀三十三天所住之地彼以聞慧見第二十六地名日影照衆生何業而生彼天若有衆生能捴護持七種之戒得相似果以思惟心正見相應不煞不盜善持禁戒是持戒人作樂因故持世間戒乃至不盜微細之物離於偷盜若其住止近於海側他擿之地海潮所出珂貝魚蜂如是種種一切衆物不以盜心取此諸物此善業人信於未来畏業果報非為三法是名不盜云何不煞生是善業人信於未来畏業果報善思直心不惱衆生離惡知識以求樂故不煞衆生或遊河中或行山谷其人為於影鬼所執寧捨自身不害影鬼不以妄樂置於影中恐害鬼命雖知方便而不殘害若畢都鬼知煞方便守戒不為或以水照或以鏡照或

正法念處經第三十卷　第三十張　誠

以日光其人知煞而不加害亦不報怨自捨身命不煞衆生是善業人身壞命終生三十三天影照之地生彼天已以善業故其身光明五樂音聲受第一樂衆樂具足於須弥地遊戲娛樂與千天女以為圍遶閻浮檀金以為其地間錯莊嚴復於閻浮檀金山峯之中遊戲受樂如意之樹隨心所念悉從樹生如是久時與諸眷屬受於天樂復往詣於外影之林閻浮檀金以為樹林莊嚴園苑金樹銀葉青毗琉璃以為其果銀樹金葉毗琉璃果以為莊嚴外影林中既遊戲已復詣異處漸次遊觀孔雀衆鳥七寶雜色種種廁塡莊嚴其身天子見已入彼林中與孔雀諸鳥乎共遊戲時孔雀鳥見天子来出於種種美妙之音天女歌音十六分中不及其一是時天子作如是念我今當乘此孔雀鳥與諸天女遊戲山峯處處遊觀以善業故隨其所念孔雀天鳥即近天子化為大身有大色力端正莊嚴殊特轉勝尒時天子與諸天女乘此孔

正法念處經第三十卷　第三十四張　誠　壹

雀於須弥山處處山峯隨心所念悉往觀察一一花池一一山峯如是一切山峯花池皆遍瞻視

尒時四大天王護世界者欲至三十三天說閻浮提法以非法是時天子於虛空中路逢護世四大天王而問之言汝等相隨從何所来尒時護世答天子曰我從第一善業可愛處来其處多有蓮花園林河池具足種種莊嚴而從彼来欲詣三十三天向釋迦天王說閻浮提法以非法尒時天子聞於護世四大天王說是語已生希有心乘於衆寶大力孔雀隨念而行無所障导從天来下向閻浮提如第二日以希有心遍觀一切閻浮提中國林花池河流泉源村營城邑具足觀之閻浮提中諸婆羅門邪見外道諸相師等見此相已作如是說是八臂天乘伽樓羅金翅鳥王從天来下向閻浮提觀於世間但作如是妄分別說復有邪見異道諸婆羅門作如是說此是摩醯首羅自在天子名鳩摩羅童子之天乘於孔雀從天来

下向閻浮提擁護世間復有邪見異　正法念處經第三十一卷　第十三張　純
道諸婆羅門作如是說摩醯首羅乘
於白牛造作世間能壞世間名為作
者能作世間如是邪見外道諸婆羅門
種種分別種種讚歎造作諸論非實
見實如是一切諸婆羅門破壞正法
第一愚癡亦教他人令其邪見
尒時天子既觀察已還於天宮如是
外道以愚癡心不實說實不如實見
於劫初時此天來下外道見已不如
實知如是邪見外道諸婆羅門自生
分別轉為他說如是外道不如實見
尒時天子既至天宮向餘天衆說如
是言我至閻浮提見其國界其地平
正園林花池柔軟可愛時諸天子聞
其所說或乘白烏或乘孔雀種種騎
乘或身乘空悉遍觀察須弥山已次
第而下至閻浮提或於河池山林静
處暫下止住令諸外道婆羅門等皆
名此處為福德地在此地中苦行持
戒謂福德處如是虛妄次第相傳聞
之心著謂有真實
尒時天子初下之時有婆羅門見此
天子自生分別或言此是大梵天王　正法念處經第三十一卷　第十六張
或言此是摩醯首羅或言此是八臂
天王或言此是自在天子鳩摩羅童
子天各生分別此是梵王所住之地
此是摩醯首羅自在天王所攝之地
此是八臂天王所攝之地此是鳩摩
羅童子天所攝之地既分別已或作
邪論或作讚歎或自立宗或自說因
自說譬喻種種邪見既自邪見復以
邪見轉教他人餘人聞已展轉相教
如是次第非如實見

正法念處經卷第三十一

癸卯歲高麗國大藏都監奉
勑彫造

正法念處經卷第三十一

校勘記

一　底本，麗藏本。

一　一六五頁上一行經名、二行譯者、三行品名，石作「正法念處經天品之十」。

一　一六五頁上三行「觀天品」，資、磧、普、南、徑、清作「觀天品第六」。下至第六十三卷同。

一　一六五頁上一〇行第一〇字「主」，磧、普、南、徑作「王」。

一　一六五頁上一一行第二字「下」，磧、普、南、徑、清作「七」。

一　一六五頁上一六行「得大富」，磧、普作「得此富貴」；南、徑、清作「得富貴」。

一　一六五頁上一七行「領主」，磧、普、南、徑、清作「主領」。

一　一六五頁上一八行首字「儉」，磧、普、南、徑、清作「險」。

一　一六五頁中一七行第六字「王」，

磧、普、南、徑、清作「主」。一六六頁下六行首字磧、徑同；一六九頁中末行第一三字石同。

一六六頁上一〇行第一一字「所」，徑作「近」。

一六六頁上二一行第三字「無」，磧、普、南、徑、清作「机」。

一六六頁下一行第七字「匆」，普、南、徑、清作「無」。

一六七頁上五行第三字「令」，磧、普、南、徑、清作「今」。一七三頁上一九行第六字同。

一六七頁上一〇行第五字「者」，石作「故」。

一六七頁上一五行「生喜樂」，磧、普、南、徑、清作「無喜樂」。

一六七頁上末行「在念」，磧、普、南、徑、清作「存念」。

一六七頁中六行「至於」，石、磧、普、南、徑、清作「至此」。

一六七頁中二〇行「悉共」，石作「悉示」。

一六七頁下三行第二字「乘」，徑作「桒」。下同。

一六七頁下二〇行第八字「洗」，徑作「洒」。

一六七頁下二二行「世尊」，徑作「世間」。

一六八頁上七行末字「任」，磧、普、南、徑、清作「住」。

一六八頁中八行「地獄」，磧、普、南、徑、清作「大地獄」。

一六八頁中一二行第一二字「殘」，徑作「殺」。

一六九頁上一行第一〇字「殿」，徑作「鏡」。

一六九頁上五行「錐身」，磧、普、南、徑、清作「鑊身」。

一六九頁上二一行「妄語」，清作「妄語」。同行「讀此」，石作「讀於」。

一六九頁下二〇行第一四字「受」，石、磧、南、徑、清作「愛」。

一七〇頁上八行「法堂」，石、磧、普、南、徑、清作「法殿」。

一七〇頁上九行「愛善」，磧、普、南、徑、清作「受善」。下同。

一七〇頁上一五行第九字至一七行第四字「見三十三天第二十五地名速行地衆生何業而生彼天」，石、磧、普、南、徑、清無。

一七〇頁中一六行第一二字「光」，徑作「先」。

一七〇頁中一七行「垢汙」，清作「汙」。

一七〇頁下二二行第一三字「人」，徑無。

一七一頁上一七行「太海」，石、磧、徑作「大海」。

一七一頁下九行「不觀善」，石作「不善觀」。

一七一頁下一一行第七字「辞」，徑作「詞」。

一七二頁上二二行第一〇字「都」，磧、普、南、徑、清作「那」。

一七二頁下二行第七字「池」，磧作「妙」。

一

一七二頁下一六行第五字「池」，磧、普、南、徑、清作「果」。

正法念處經卷第三十二　誠

元魏婆羅門瞿曇般若流支譯

觀天品之十一　三十三天之八

介時天子念其天宮還於天上是時邪見外道諸婆羅門言此諸地某天某天之所攝受或作諸論或作讚歎如是林中所住邪見外道諸婆羅門見之敬重頭面頂礼但觀其相而生敬信不如實知是第二天復生分別見此天子處處遊行身如火聚謂閻浮提人身入火中以是因緣生於善道受諸天身外道邪見諸婆羅門即作邪論或自立宗或自說因自說譬喻或作讚歎既自邪見復為他說令他受行以火燒身望生天上如是不能如實見知說邪因果非實果報身壞命終墮於地獄

復次邪見外道諸婆羅門住林中者生於邪見觀此天子從天來下向閻浮提以遠見故見不明了遥見天子從於莊嚴山峯来下至閻浮提後還天上林中所住諸婆羅門見是事已自生分別謂閻浮提人投赴高巖以是因緣生於善道受諸天身是故邪見諸婆羅門自墜高巖欲求生天復以此法為他人說造作邪論或作讚歎說此邪法以為業果以其邪見妄說因果身壞命終墮於惡道地獄之中是名邪見

時林中住邪見外道諸婆羅門見此天子從天来下向閻浮提去之遥遠不見正色但見大光猶如火色妄生分別便謂閻浮提人供養火故身壞命終生於善道受諸天身何以故火是一切諸天之口是故供養火者得生天上作如是等妄生分別不如實見造作邪論或自立宗或自說因自說譬喻自作邪見復教他人令入邪見如是邪見諸婆羅門自無利益令他衰惱身壞命終墮於惡道生地獄中復有邪見外道諸婆羅門住在林中見此天子妄生分別遥見天子不飲不食時婆羅門作如是念閻浮提人不飲不食以是因緣身壞命終生於善道受諸天身我今亦當不飲不食

復敎他人令學其法造作邪論或作讚歎說此邪法以為業果以是因緣身壞命終墮於惡道生地獄中如是外道不如實知開惡道門

若此天子或住少時或須臾傾於閻浮提過於百歲外道邪見諸婆羅門便作是說如是天子常住不動不破不壞造作世界能壞世間外道見之便作邪論或作讚歎說於邪因以是因緣身壞命終墮於惡道生地獄中如是無量不如實見造作邪論不如實見自心欺誑不如實見如是比丘觀諸衆生為心誑惑以偈頌曰

心為惡軛　愛毒周遍　蟄人五體
虛生大悔　愛河廣大　五根津濟
此岸恐怖　彼岸安隱　見之妄解
不如實知　是邪見人　墮於地獄
是邪見人　非因見因　墮於地獄
顛倒見故　愚癡之人　迷於因果
有獄所縛　受諸苦惱　業之果報
則有生死　若如實見　則到彼岸
愚人求欲　為欲所惑　墮於地獄
如蛾投火　人中持戒　奉修正見

而得生天　非由苦行　此諸外道
行邪見行　恃智邪慢　誑惑他人
入於愚癡　黑暗大海　世間受苦
以邪見故　非以苦身　而得解脫
智者所說　調伏其心　燒煩惱山
則得解脫　修行正見　滅諸煩惱
見於實諦　則得解脫
一切外道　惑諸世間　無有寂滅
不妄語處　世間外道　虛誑甚多
百劫求之　無有少實　出世之法
皆是真實　世間言說　繫縛如毒
愛心造福　得無常樂　出世之法
則得常樂　不淨衆惡　因緣和合
空有言說　而無誠實　如是妄說
虛誑之人　墮於黑闇　可怖畏處

如是比丘實諦見之說如是偈云何衆生得真實知得真實見不起邪見邪見之論自無實見令他邪見以邪見論或自受行或為他說自墮地獄亦令他人墮於地獄時諸天衆觀察一切閻浮提已乘諸天鳥還歸三十三天至於天宮向餘天衆如前所說復於園林遊戲受樂妓樂自娛種種

功德皆悉具足一切衆寶莊嚴之處遊戲受樂乃至可愛善業壞盡從天命終隨業流轉墮於地獄餓鬼畜生若生人中常受安樂無有病惱離諸衰亂豐樂國土而於中生受丈夫身諸根具足或為國王或為大臣以餘業故

復次比丘知業果報觀三十三天所住之地彼以聞慧見三十三天第二十七地名智慧行衆生何業而生彼天彼以聞慧見有衆生大心持戒修行善業如實見於業之果報心有信樂常行善業捨於不善其心質直遠離惡友乃至不與同路而行不共言論不與同住如是善業悉遍修習如煉真金於現在世為一切人之所愛敬以修善故

若有比丘常修讀誦修多羅毗尼阿毗曇如是比丘精勤修習若晝若夜心不懈息若夜闇冥處其讀習若有衆生敬重佛法及此比丘施僧燈明敬重法故敬信三寶復行布施令得增長讀習之善若盛熱時以扇布施

令無闇冥亦無熱惱聞諸比丘談論聖法心甚喜悅二種功德因緣力故是善業人自利利人身壞命終生於善道三十三天慧行之地生彼天已以善業故其身光明勝於日光滿足十倍一切天衆之所供養無量百千天女圍遶供養恭敬皆是天子先所親友和悅含笑種種莊嚴其身勝妙色相威德皆悉莊嚴離於妬嫉手相愛敬不離須臾皆生歡喜親近天子手執蓮花或執金花或銀花或毗琉璃花頗梨迦花或雜寶花若金蓮花白銀為莖赤寶為鬚毗琉璃花真金為莖青寶蓮花白銀為莖硨磲蓮花青寶珠玉以為其莖赤蓮花寶金剛為鬚如是天女至天子所以所持花散天子上猶如威夏降澍洪雨諸天女等以諸寶花散於初生天子之上亦復如是

尒時天子見諸天女心生歡喜欲心即動悉欲心發從其座起得未曾有詣諸天女踊躍歡喜皆共和合娛樂受樂歌儛戲笑遊戲娛樂令此天子

欲心增長如是天女周帀圍遶遊於園林天諸園林衆寶光明一切諸欲皆悉具足於此樹下遊戲受樂種種衆鳥歌衆妙音與天女音不可分別莊嚴欲具花果充足種種流泉蓮花河池有百千種圍遶園林如是天子與諸天女遊戲娛樂受無量樂以善業故

是時天子復與天女更詣異林伎樂自娛隨念具足受天之樂聖人所愛持戒之果成就果報如是天子天女圍遶復往詣於摩尼支羅遊戲之林先舊諸天見此天子皆出往迎心生歡喜猶如見於親族兄弟安慰問訊共入林中五樂音聲受天之樂如是天子受種種樂復於摩尼支羅林中無量歡喜目視衆色心生喜樂其地園林皆以七寶而為莊嚴金色寶衣莊嚴林樹如是種種寶樹莊嚴其地柔軟無量飲食從河而流目視如是一切衆色眼甚愛悅如是初生天子與諸天衆娛樂受樂天子復詣毗琉璃地共天女衆次第見於摩尼寶衣

從樹而生其色明淨甚可愛樂微風吹動隨風上下無量色鋒以為莊嚴光色如燈諸天見之發希有心生大歡喜共天女衆往詣此樹作天伎樂遊戲受樂是時諸天於此林中心生希有即於花中出天摩偷具足一切上妙之味一切天衆昔所未見色香味觸見之皆生百倍悅樂飲天摩偷上味之酒天子飲之共諸天女遊戲受樂歌衆妙音讚天王釋以天帝因緣力故令我於此摩尼支羅園林之中受五欲樂味若摩偷色香美味從樹花出最為希有我今飲之百倍受樂尒時天子共諸天女以毗琉璃器威滿摩偷天之上味迭共相勸飲此天味此諸天衆於人中時布施持戒今得如是勝妙色香上味果報隨其本業上中下報心生愧耻樹上有鳥名飲摩偷見諸天子心生愧耻即為天子而說頌曰

衆生癡所使　飲於摩偷酒　現觀癡所繫
貪著於美味　摩偷癡羂網　飲之至命終
退墮於地獄　諸龍亦如是　若見觸嗅嘗

令人心癡醉　是故衆羂網　智者所捨離
見之生貪著　觸之則嗅嘗　嗅之心貪味
著味爲衰惱　一切繫縛中　無過貪嗜味
壞名聞色力　以其著味故　著味所迷亂
目瞢常惛醉　心迷致癡荒　不知善惡法
女人所輕笑　眠卧於糞穢　而無所覺知
不能自動發　酒能壞名聞　踰過於死畏
猶如飲毒藥　亦如死網羂　飲酒之爲患
三十有六失　既知此過惡　應當速遠離
大姓智慧人　爲酒之所汙　衆人所輕忽
如草隨風轉

如是天鳥雖是畜生毀呰諸天何況餘天此諸天子飲於天味上中下味色香具足如其善業願行種子飲已復詣陁羅殿林於此林中欲行遊戲聞種種音心生歡喜有優鉢羅以爲首鬘天子天女共相圍遶歡喜遊戲心常念欲金色光明陁羅林殿既受樂已復往詣於弥伽園林既至弥伽園林之中見百千殿天鬘莊嚴

尒時天主釋迦提婆乘伊羅婆那大白象王共諸天子天女眷屬圍遶心生喜悅爲欲利益放逸諸天時諸天

衆見帝釋來悉皆出迎皆以頭面頂礼天主於天主前出衆妙音歌儛戲笑歡喜叫呼時天王釋以柔軟言慰問諸天在於伊羅婆那白象之上告諸天曰汝以自業受於天樂我今欲還歡喜之園除阿脩羅瞋恚恃怙大力憍心時諸天衆白帝釋言天王我今亦當隨於天王除阿脩羅瞋恚憍慢時天帝釋告諸天曰汝勿急速我今自能破阿脩羅時天帝釋語諸天已入歡喜園見阿脩羅在歡喜園猶如雲聚漸漸增長時諸天衆罵詈毀呰轉增高大時諸天衆見其增長罵詈不息倍更增長顏色醜惡帝釋見之告諸天衆此阿脩羅以汝瞋故身增轉大我當方便令離瞋慢時天帝釋而說頌曰

不瞋能伏瞋　忍伏麁惡心　法能伏非法
光明破暗冥　成實勝妄語　正語伏綺語
軟語勝惡口　能破兩舌過　慈心斷煞害
布施除慳貪　正念勝邪念　善念破惡念
明能破無明　白日除黑闇　白月勝黑月
如是常得勝　智慧知真諦　勝於邪見欲

賢聖八分道　能破諸惡趣　如来四無畏
能破諸怖畏　憶念破志失　智能破愚癡
若住阿蘭若　則能破諸欲　須弥勝衆山
及以衆園林　大海勝洎流　及以諸河池
日光勝衆星　亦勝於餘宿　法式勝無法
布施破貧窮　質直勝諂曲　實能破妄語
吉能破不吉　火能燒衆薪　水能破於渴
食則能除飢　師子心勇健　勝於一切獸
知足勝悕望　智者如是說　悲愍者常勝
無悲爲減劣　智慧能調伏　智者如是說
衆惡邪見業　多作諸妄語　如是外道中
如来最殊勝　天勝阿脩羅　以其法勝故
我當破一切　何況汝一身　汝阿脩羅使
汝勿生悕望　今此師子座　智者所應住

時阿脩羅聞釋迦提婆說是語已不復增長以得聞於實語縛故減劣不增色力勇健悉不增長見其劣弱時有天子手捉其足曳令下座即時駈出天歡喜園時天帝釋心生歡喜復往詣於摩尼支羅所住之地乘於伊羅婆那大白象王騰空而遊向於摩尼支羅之林所作已辦與諸一切天子天女至摩尼地摩尼地天見天王

釋皆悉出迎頭面頂礼修敬既畢皆往詣於弥伽園林其地一切衆欲具足柔軟廣博衆花遍覆以蓮花技用為宮室一切愛處釋迦天主共諸天女種種樂音歌儛遊戲娛樂受樂乹闥婆王圍遶帝釋歌衆妙音讚歎天王五樂音聲以為娛樂時天帝釋在於伊羅婆那白象之上其象端嚴勝於寶山行步進趣如動山王其象鮮白踰於雪山如春末時日光照曜雪山之峯如是天衆天子天女圍遶帝釋遊於園林其諸園林毗琉璃寶白銀頗梨因陁青寶大因陁寶赤蓮花寶真金硨磲以為莊嚴釋迦天王共諸天衆天子天女遊戲園中閑惡趣門心生歡喜雖得見諦猶受欲樂而常思惟衆生生死既思惟已不恚不悅觀諸樂受皆悉無常破壞離散如是知已內自思惟諸天退沒因於自業為何所至受自業果業風所吹墮於地獄餓鬼畜生流轉受苦而無伴侶一切諸天及諸天女皆悉如是會當別離如是之業大作樂具戲弄一

切愚癡凡夫時天帝釋思惟是已而說頌曰

譬如虛空雲　為風之所吹　和合須臾散
生死亦如是　時時如衆花　見人有生死
一切皆磨滅　如去来亦然　如是善業熱
則受於天樂　善時既盡已　樂受則亦失
時節如樹林　生時甚敷榮　時節既過已
一切皆墮落　諸天如樹葉　樹如受樂處
受樂則有墮　無有常樂者　猶如夏降雨
不住於空中　諸樂亦如是　念念不暫停
譬如孔雀鳥　風雲則出聲　風止聲則滅
天樂亦如是　譬如以乾木　而置於火中
天樂亦如是　為時火所燒　生已復歸滅
已經百千返　為愛之所欺　而無有厭心
癡愛網所覆　一切無免者　戲弄於諸天
受諸不善業

如是天帝釋愍諸天故說是偈已乘於伊羅婆那大白象王天衆圍遶奏諸音樂出妙音聲還善法堂以得勝於阿修羅故心生歡喜諸天恭敬到善法堂摩尼支羅所住諸天受欲無厭受於色聲香味觸等遊戲園林乃至可愛善業壞盡從天還退隨業流

轉墮於地獄餓鬼畜生若生人中生大種姓受第一樂端正殊妙生在中國正法行處大富饒財子孫具足壽命延長眷屬和順世間所有一切資具皆悉具足一切衆人之所愛敬或為大王或作大臣以餘業故

復次比丘知業果報觀三十三天所住之地彼以聞慧見三十三天二十八地名曰衆分衆生何業而生彼天彼以聞知見有衆生修行善業正身口意質直不諂不惱衆生常行善意其心質直離惡知識親近善友不近惡友不共言論不與同住亦不同行常避惡人惡人所友亦不親近親近賢善聽聞正法聞已思惟心入於法善不善無記若有善法則便攝取知不善法則便捨離正念觀察調伏其心不貪不欲持七種戒微細不犯乃至小犯常懷大懼一切善業如鍊真金清淨無垢如是之人不煞不盗布施修福見煞害者救令得脫云何救於煞害衆生若有丈夫侵他婦人為官所収打惡聲皷從右門出欲斷其

命無救無護無所怖望愁悴憂惱欲至塚間將至煞處如是善人贖令得脫復行布施脩諸福德云何善人脩行福業若僧住處曠野無水渴乏苦惱如是善人或為作井或為造池若有水池若井崩壞若多細蟲為僧脩治以諸細蟲置餘水中如是微細皆不煞害若以漉囊漉諸水蟲還置水中是名不煞生云何不偷盗不以盗心取他草葉若曠野中種種果菜故村聚落疑他所護亦不故取是名不盗是人脩行一切善業身壞命終生於善道三十三天衆分之地生於右門真金為座白銀琉璃或以頗梨或車𤦲寶或赤蓮花寶以為其座青因陁寶大青寶王真珠之座如是珎寶莊嚴之座而於中生既生天巳而自思惟我以何業而來生此即自念知我於前世作斯善業供養衆僧如是善業猶如父母清涼之寶生於天上決定受樂如是天子作是念巳即自現見業之果報見果報巳讚歎善業毀呰惡業念本生巳念人業地無量

善業地如父如母尒時天子念本生巳而說頌曰

以善得人身　得巳不放逸　造作衆善業
因是得生天　人身甚難得　得巳行放逸
為放逸所迷　命終墮地獄　作三種善業
脩行七種戒　煞於三怨家　則受諸天身
若人伏煩惱　未斷於愛心　是人愛因緣
則生於天中　破壞於嫉妬　大苦之窟宅
種種行布施　是人生天中　觀他如巳身
悲愍護衆生　慈心常調伏　是人生天中
觀偷盗如火　布施於一切　以自脩其心
是人生天中　觀他妻如母　常思惟真諦
慾婬不能汙　是人生天中　火從自心起
由舌鑽燧生　若離此妄語　則生於善道
悪口破慈心　智者能捨離　常樂說軟語
則生於天上　觀綺語如刀　一切常遠離
常行於正語　是人生善道　若有行善人
不行於兩舌　實說諦知時　是人生天中
若人護如是　七種身口戒　其人諦知戒
則生於天中

如是初生天子思惟既訖說此偈巳觀本生處念生處巳著欲境界以前習故說如是偈尒時初生天子感戀

殊勝一切皆集天女見之速疾馳奔至天子所猶如衆蜂馳奔蓮花諸天女衆馳奔天子亦復如是手中執於種種伎樂琴瑟箜篌鼓衆妙音是諸天女花鬘莊嚴散以末香手執花鬘復有天女散花供養初生天子如是天女以種種供養供養天子不可譬喻勝上天女或百或千見此天子初生天中心生愛樂又見本所奉事天子死相巳現捨本天子馳向初生福德天子譬如渴牛捨於枯池走趣清水此諸天女亦復如是捨本所事馳速往詣初生天子

尒時初生天子聞諸天女莊嚴之具出美妙音欲心即發何況見色及其音聲尒時天子見諸天女及聞樂音恭敬供養心生愛樂悉忘本生猶如醉於百千生死何以故以生天中放逸地故性如是故尒時初生天子為諸天女以諸欲法種種情態不善觀故欲心增長時諸天女說於種種欲心相應不淨之語如是受於放逸之樂天子天女共相隨逐天女圍遶一

切諸欲皆悉具足如是之樂昔所未
得今既得已心生歡喜為欲所牽隨
諸天女不得自在時諸天女奉給天
子歌儛戲笑種種吟詠鄙褻調話令
此天子心意迷惑隨諸天女所至之
處常隨其後欲網所縛如鳥在網如
是天子愛欲所縛亦復如是隨其至
處天子隨之如是地處七寶莊嚴昔
所未見見之愛樂既見此地於此地
中無量天衣天鬘莊嚴愛無量樂復
往詣於度曠野林作天伎樂共此天
子至曠野林見此林中一切衆鳥種
種相貌以為莊嚴其音美妙出種種
聲與諸群鳥遊戲娛樂諸鳥亦復雄
雌相隨若至華中飲摩偷酒雄鳥隨
之若於諸花亦復如是若鳥遊空雄
雌相隨亦復如是隨其至處若食美
果鳥亦隨之若復遊戲蓮花池中亦
復如是於山峯中二鳥雙遊如是天
鳥亦為愛網之所繫縛將至異處衆
蜂之類亦復如是群鹿麕麞相隨遊
戲亦為麞鹿欲網所縛亦如天子迷
天女色辟如夏時降雨滿池充遍盡

溢是諸天子為諸天女欲愛充滿亦
復如是愛欲繫縛雖復舒緩甚為難
解如是比丘觀此事已而說頌曰

如是女欲網　繫縛甚堅牢　能令諸衆生
輪轉於有獄　身縛尚可解　心縛不可脫
心既為欲縛　常受諸苦惱　羂網尚可斷
欲網不可燒　隨其所行處　不離三惡道
羂網但縛身　愛網甚廣大　雖非是色法
能縛一切人　羂網縛衆生　尚可現覩見
如是愛縛心　求之不可見　初染生愛著
心著甚難解　人為愛所縛　不能脫生死
女色大羂網　縛衆生六根　羂但縛一身
或縛或不縛　若枷鏁杻械　聖說非為堅
癡人愛染心　繫縛甚堅牢

如是比丘毀呰愛欲尒時天子為愛
天女一切愛網之所繫縛將至園林
見種種林甚可愛樂無以可喻尒時
天子遊於花池其池名曰白鵝之池
與諸天女至此池邊天子天女遊戲
娛樂受五欲樂種種樂音出衆妙聲
衆分天子復往詣於金山之中手相
娛樂受五欲樂既受樂已作如是念
我今當與一切天衆詣善法殿遊戲

受樂作是念已與諸天衆詣善法殿
或遊虛空或乘鵝鳥或乘孔雀或乘
宮殿如是種種詣善法殿見天帝釋
種種伎樂歌衆妙音至善法堂尒時
釋迦天王聞衆樂音告諸天子大仙
如是音樂是誰樂音何地天衆来至
於此時諸天子聞是語已皆出觀之
既見天衆還善法殿白帝釋言天王
當知衆分地天衆今来至此奉問天
王時天帝釋告諸天子汝今應當發
勝歡喜以諸樂器作諸伎樂出迎衆
分所来天子種種遊戲共相娛樂時
諸天子聞帝釋勑即奉其教手執種
種琴瑟箜篌種種樂器種種天鬘莊
嚴其身其身流出種種光明身光鮮
白晃曜照明出迎衆分所来天子二
衆相見和合遊戲作諸神通種種伎
樂歌衆妙音至善法殿尒時天主釋
迦提婆坐百千柱寶殿之上其師子
座名曰得勝天王坐上安隱快樂威
德光焰百千天衆周帀圍遶受善業
果威德殊勝過於和合百日並照雖
處天宮而不放逸如是天衆既見天

王皆大歡喜過先十倍即以頭面頂礼天王釋迦提婆歌儛遊戲以諸偈頌讚歎天王

天主憍尸迦　常護於世間　法行常寂靜
境界莫能壞　以法調世間　不以非法教
順法常安樂　遠法受苦惱　行法則安樂
脩智亦如是　不侵不妄語　常受於安樂
若世間功德　出世間功德　此一切功德
天主悉具足　怖者為作歸　苦者示善道
天王持世間　天人阿脩羅　天主寂殊勝
離諸不善法　洗除三惡垢　受於三歸法
如實知三業　行勝三菩提　天王持世間
雖生放逸地　不樂於放逸
法行離欲敵

尒時衆分之地諸天子等勝智慧等讚天王時尒時釋迦提婆因陁羅觀諸天衆善言慰喻告諸天曰諸天子莫行放逸若放逸者則無利益時諸天子讚帝釋已與天帝釋乘於虛空向衆分地帝釋為首諸天隨從往詣衆分時天帝釋作如是念此諸天子心行放逸不知退苦我當示化退沒之相令生猒離時天帝釋為於遊戲

放逸諸天子等化中陰有時諸天子戲遊園林山峯花池時諸天子各各自見一切衆具勝相莊嚴皆見失壞一切樂具亦皆磨滅惶怖苦惱身被繫縛怖畏涕泣烟焰俱起來逮其身閻羅王使之所執持飢渴自燒行大怖畏火來燒身猶如燒林閻羅使者醜惡可畏種種惡色手執刀杖弓刀矛矟及捉黒繩赤棒網羂或有上昇或有下行時閻羅王所遣使者遍須弥山時諸天子見閻羅使從於天上縛諸天子加諸楚毒罵詈撾打遍身火起其焰猛熾時閻羅使手把刀戟奮目大怒手相告曰諸閻羅使速縛如是放逸天子我當截之將入地獄令其不復得行放逸如是大喚上昇虛空上須弥山遍於諸池皆令摧壞百千万億那由他數閻羅使者伺命之官醜惡獄卒遍壞諸地及以山側遍於虛空或上或下惱諸天子語諸天子汝等所受五欲之樂種種音樂今何所在汝等今為閻羅使者將詣地獄受大苦惱若諸天子將墮地獄

則見獄火來燒其身若諸天子有善業者但見地獄不見自身為火所燒時諸天子自見中陰被大繫縛尒時獄卒閻羅王使為此天子而說頌曰

汝愛於欲樂　而不作善業　是故得苦果
今日已成就　汝若樂放逸　而行於非法
至於臨終時　心乃生悔熱　悔熱喻火燒
亦喻於刀戟　從於五根生　而還自燒滅
於苦謂為樂　貪欲為親友　觀放逸如是
是故應捨離　放逸愛和合　為欲之所縛
三種大欲家　能破壞大樂　憍慢近惡友
懈怠及貪心　遠離於持戒　是地獄因緣
持戒清涼觸　得報甚清涼　愚人不脩行
臨終生悔熱　見於他妻妾　而生貪著心
飲酒行劫盜　因此墮地獄　惡口親惡友
邪見無正信　其心多躁擾　此法失人身
貪心及綺語　妄語無誠信　今世若後世
無有少安樂　遠離於善友　親近惡知識
根本無利益　不信業果報　不識業果報
苦樂非衆生　是人迷因果　臨終生悔熱
若人常妄語　恃智生憍慢　後得大衰惱
乃覺其業果　若流轉世間　具受諸苦惱
皆由無明力　大仙如是說

尒時釋迦提婆因陁羅化作如是閻羅使者為諸天子中有説法折伏呵責時天帝釋復為諸天衆示現變化若諸天子有先世業應堕畜生示於無量種種業相如印印泥中陰之相乎相殘害共相食噉生大怖畏令諸天子皆悉見之若諸天子無畜生業但見畜生乎相殘害不見自身作畜生形時天帝釋復為放逸諸天子等示化中陰若諸天子當生餓鬼為於飢渴焚燒其身長髮覆面其形醜悪此諸天子見虛空中烏鵄諸鳥来啄其眼及耳鼻舌是時天衆見向所化如是悪相生大怖畏餘天見已白帝釋言釋迦天王何故捨諸天子而自止住此諸天子皆被繫縛或阿脩羅或餘悪人將之欲去遶須弥山一切諸地我亦曾與阿脩羅鬪未曾覩見如是悪相又阿脩羅及其軍衆未曾俱来至此天中云何世間失正法耶不孝父母耶不敬沙門婆羅門耶不敬耆舊長宿耶天王今諸世間不供養如来及法僧耶不知因果不知真

諦耶如護世天王常説此法令閻浮提不脩行耶令諸天衆皆被惱乱天王何故不嚴器仗乘於伊鄁大龍為王身服鎧鉀擊大戰皷莊嚴鬪戰有諸天衆天主同業向天王釋作如是説復有諸天覩此希有未曾見事心生猒離極大恐怖諸根振動帰依帝釋作如是言唯願天王救護我等此諸天衆所住之地悉為阿脩羅之所刧奪未曾見此阿脩羅等可畏之身如是怖畏諸天子等皆向帝釋作如是説復有天子見是化已向善法殿速疾馳奔取諸器仗鬪戰之具復有天子詣雜殿林取諸鬪具向閻羅使若打若捉不能加害譬如鏡中所見色像不可捉持不可打害如是天王示如斯化

是時天主釋迦提婆復示天子化阿脩羅勝於羅睺勇健阿脩羅等被縛撾打斫刺罵詈悲泣憂惱如諸天子化受苦惱時諸天子見阿脩羅受大劇苦百千万倍過諸天子時諸天子見阿脩羅受大苦惱未曾所見生大

怖畏復往詣於釋迦天王白天王言我今不知是何丈夫有斯大力皆能繫縛諸阿脩羅王羅睺阿脩羅王勇健阿脩羅王繫撾打棒斫刺罵詈云何有此未曾有事令諸天子身毛皆竪唯願天王為我説之我今亦畏得此衰惱天王何者為知不耶諸天之衆及阿脩羅皆悉破壞一切世間恐皆摧滅天王若知願為我説釋迦天王若不知若不知者願善思惟

正法念處經卷第三十二

正法念處經卷第三十二

校勘記

一　底本，金藏廣勝寺本。

一　一七六頁中一行經名、二行譯者、三行品名及夾註，石作「正法念處經天品之十一卅三天之八卷第三十二」。

一　一七六頁中四行「天宮」，徑作「人宮」。

一　一七六頁中五行第一三字「某」，徑作「業」。

一　一七六頁下二一行第一〇字「念」，磧、普、南、徑、清作「念謂」。

一　一七七頁上一五行第四字「悔」，磧、普、南、徑、清作「海」。

一　一七七頁上一六行「此岸」，石作「此圻」。

一　一七七頁中一八行第九字「令」，南作「今」。

一　一七七頁中二一行第七字「乘」，徑作「乗」。

一　一七八頁上一一行「或銀花或」，磧、普、南、徑、清作「或執銀花」；麗作「或有銀花」。

一　一七八頁中二行第三字「天」，南作「大」。

一　一七八頁中四行第九字「女」，南作「妙」。

一　一七八頁下一〇行「天帝」，磧、普、南、徑、清、麗作「天帝釋」。

一　一七九頁上七行「死畏」，磧、普、南、徑、清作「無畏」。

一　一七九頁上一六行第九字「有」，石、磧、普、南、徑、清、麗作「青」。

一　一七九頁上一九行、二〇行「園林」，磧、普、南、徑、清、麗作「雲林」。次頁上二行同。

一　一七九頁中三行「天王」，徑、清作「天主」。

一　一七九頁中二〇行第七字「破」，磧、普、南、徑、清、麗作「禁」。

一　一七九頁下一行「恶趣」，麗作「恶道」。

一　一七九頁下一一行「如是」，徑作「如於」。

一　一七九頁下二二行「已辦」，磧、普、南、徑、清作「既辦」。

一　一八〇頁上三行「廣博」，南作「廣傳」。

一　一八〇頁上四行「天主」，磧、普、南、徑、清作「天王」。一八三頁上一〇行徑同。

一　一八〇頁上九行「山王」，磧、普、南、徑、清、麗作「玉山」。

一　一八〇頁中二行「頌曰」，南作「頌」。

一　一八〇頁中四行末二字「生死」，石、磧、普、南、徑、清作「生生」。

一　一八〇頁下二一行「見煞肉者」，磧、普、南、徑、清作「見殺衆生」。

一　一八一頁上八行「漉囊」，石作「漉帒」。

一　一八一頁中一六行「天上」，磧、普、南、徑、清作「天中」。

一　一八二頁上四行「鄙藪調話」，磧、

普、南、徑、清作「鄙媟調譁」。

一八二頁中一二行第五字「絅」，石作「縛」。

一八三頁中三行「自見」，磧、南作「目見」。

一八三頁中一三行「手把」，磧、普、南、徑、清作「手執」。

一八三頁中一七行「諸池」，磧、普、南、徑、清、麗作「諸地」。

一八三頁下六行「成就」，石、麗作「成熟」。

一八三頁下七行第一三字「喻」，石、磧、普、南、徑、清作「踰」。

一八三頁下八行第二字「俞」，石、磧、普、南、徑、清作「踰」。

一八四頁中四行「擊大戰皷」，磧、普、南、徑、清作「擊天戰鼓」。

一八四頁下四行「繫擖打棒」，磧、普、南、徑、清作「繫縛擖打」。

一八四頁下一〇行末字「惟」下，徑有夾註「疑衍若不知三字」。

趙城縣廣勝寺

正法念處經卷第三十三　誠

元魏婆羅門瞿曇般若流支譯

觀天品之十二　三十三天之九

尒時天主釋迦提婆告天子曰此諸天子以放逸行不如實知不行正法我為如是放逸天子欲令離於憍慢放逸示如是化此諸天子既生猒離其心調伏我今說法必能信受時天帝釋見諸天子心調伏已告諸天衆汝等諦聽當為汝說如此丈夫第一大力形貌醜陋能壞他人難以為敵非呪術力所能調伏一切天衆無如之何復有勝天過於汝等亦不能遮復況汝等色力減少無自在力是丈夫者名閻羅使名死時使以煩惱業縛諸衆生縛之而去將至地獄餓鬼畜生有八種法攝於一切生死衆生何等為八一者一切生者皆歸於死二者無有強健而不病惱三者一切少壯皆歸衰老四者具足財富當有貧窮五者皆由業故有諸世間業之所得隨順於業隨所作業或善不善

如是如是得業果報六者一切恩愛皆當別離無有堅固七者自作之業決定受報無有他作我受其果無有自作他受其報一切諸法決定如是八者世間放逸無有安隱必受苦果是名八法如是之法於世間中流轉生死從因緣生如是之法不可以力而觝捍之非呪術力所能調伏如是閻羅使者非力能敵非呪術力之所能遮生死之法法皆如是若人造惡能加苦惱無量楚毒諸天阿修羅人龍夜叉毗舍遮等如是閻羅使者皆能加害令此衆生墮於地獄餓鬼畜生時諸天衆白帝釋言天王我於如是閻羅使者不得自在唯願天王以方便力令我得脫閻羅使者我當隨順天王之教尒時天王釋迦提婆告諸天曰有大方便若能修者不為閻羅使者所害云何方便能得自在謂斷一法言一法者謂斷放逸復修二法謂舍摩他毗婆舍那復斷三過謂貪瞋癡觀四聖諦苦集滅道知五善護謂五境界復有六護所謂六根知七

正智謂七覺分行八聖道謂正見等知九衆生若知業得果知十一脩知十二入知十三念隨順係念知十四禪善脩其心知十五法知於十六阿那波那知十七中陰有道相續輪轉行法知十八界知十九中有知於欲界衆生所居有二十處知其行業如是知者則得自在若天若人能如是知能斷三惡道能生一切善法攝諸善法若天若人能斷惡道死則不爲閻羅使者之所怖畏是故應捨放逸之行放逸能斷一切善法猶如怨家放逸之人不得世樂及出世樂放逸覆人猶如畜生未睡如睡不知應作及不應作福德非福德親友非親友福田非福田應說不應說不知利益不知損減不知功德不知過惡是名初惡一切無利衰惱之根本也應斷放逸一切諸天皆行放逸云何不爲閻羅使者之所繫縛尒時天主釋迦提婆而說頌曰

若天人放逸　樂行於非法　至於臨終時
則見閻羅使　放逸如毒害　智者所捨離

臨於命終時　則無衆苦惱　放逸死受苦
不放逸寂樂　若欲求樂者　常應離放逸

諸天子斷一法者謂斷放逸則有六種何等爲六眼見色已生放逸心非如實見或見好色或見惡色若黄若黑若赤若白若長若短若方若圓如是世間不如實知以放逸故亦復不知出世之法以放逸意雖復見色不如實見於已身色不能正觀不樂觀於四真諦法於諸色中不實見實心放逸故不能觀於世間之法及出世法耳聞聲已不知其義或歌或語若義若非義不解如是世間之義若脩多羅若伽陁若祇夜若毗伽那若優陁那若尼陁那若毗多迦若闍多迦若毗佛略若阿浮多達摩闍如是法不解其義以放逸故命終之時爲閻羅使繫縛將去復有放逸既聞諸香鼻即貪嗅不知花香及以果香不知如是世間之香先以燒香供養布施以放逸故不知諸香復以放逸不知諸味其所食味若甘若酢若醎若苦若辛若醶若澁若滑不知差別心放

逸故不知如是世間之味及以不知出世法味以放逸故復以放逸不知身觸不作身業脩治宅舍不脩作業不作衆善是人宅舍物不具足不知世間所不應作不知出世間所不應作不近耆舊亦不恭敬礼拜問訊以放逸故

諸天子復以放逸不知心法若善不善若無記不知臨命終時死杖所害受大苦惱爲閻羅使自在將去是故天子應斷一法所謂放逸脩二法者一者賒摩他二者毗婆舍那如是二法示涅槃道賒摩他者能斷生法及未生法能令寂靜毗婆舍那者見心見法二種身故名毗婆舍那如是二法以爲善伴能斷三過若著欲者教不淨觀若瞋恚者教慈心觀若愚癡者教以智慧如是三法對治三法令其不復起於放逸若臨終時不復畏於閻羅使者云何四聖諦四聖諦者謂苦諦集諦滅諦道諦苦諦者苦有二種一者身苦二者心苦集諦者謂陰界入滅諦者所謂寂滅道諦者謂

八聖道是名四聖諦善護五境界者所謂色聲香味觸等云何六護所謂六根眼耳鼻舌身意於境界處善守護之何等七法謂七覺分如人身分亦如城分亦如衆分是名菩提分何等為七謂念覺分擇法覺分精進覺分喜覺分猗覺分定覺分捨覺分念覺分者有何等相所謂念於有為過惡念於實諦念於涅槃寂滅之法是名念覺分擇法覺分有何等相以智慧簡擇云何簡擇以如實相法簡擇此法思惟其義心念其義念念不離既思念已復修精進是名精進覺分念此法已希欲心生念如是義而生歡喜是名喜覺分復於此義心思惟已身法心法如實調伏柔軟輕樂脩行不乱是名猗覺分復於此義心思惟已緣於住心以攝其心是名定覺分復捨定意及以餘念是名捨覺分如此之法若果若智及斷煩惱皆悉差別其果亦別上上轉勝一緣而生其用各異如是天子是名七覺分若有念者能捨放逸

諸天子云何八聖道能離放逸怖畏未来以求安樂求涅槃道正見聖諦如實見正思惟聖諦正語聖諦正業聖諦正命聖諦正精進聖諦正念諦聖正見聖諦是名正見云何正思惟如實見如實法自相平等相於如是法心念種子是名正思惟云何正語思惟四種口業捨口四過護持禁戒是名正語云何正業捨於三種身不善業護持禁戒是名正業云何正命乃至失命持戒不捨是名正命云何正精進於如是義其心憶念而起精進是名正精進云何正念於如是法義憶念思惟不忘不失是名正念云何正定於如来法義以實念心一心憶念決定一相是名正定是名賢聖八聖道分若能憶念則不畏於閻羅王使復觀九種衆生居處

諸天子又觀十種大地之法何等為十一者受二者想三者思四者觸五者作意六者欲七者解脫八者念九者三昧十者慧是名十大地法共心而生各各異相汝等當知何等相如

是之法一緣而生猶如日光如是之法共

心而生有增减相想相云何名想如差別相應故名為想云何名思意緣三種善不善無記復有三種謂身口意思所依止而無相貌云何名觸三種和合而生於觸起三種受故名為觸天子當知云何三觸生三種受謂苦受樂受不苦不樂受云何名作意攝取於法故名作意云何名欲憶念所作故名為欲

云何解脫能辯了故亦名為信以能信故亦名為力以能持故云何名念若攀緣處心不迷乱是名為念云何名三昧若心一緣是名三昧云何名慧分別觀法是名為慧

諸天子復有十種煩惱大地若有受行如此法者臨命終時為閻羅使自在繫縛何等為十一者不信二者懈怠三者不念四者乱心五者愚癡六者不善觀七者邪見解脫八者不調伏九者無明十者放逸是名十法煩惱大地染生有法為閻羅王使者所

縛之因緣也諸天子如我所說云何十種不善大地云何不信不信解脫若不信於解脫之法故名不信云何懈怠捨離精進故名懈怠云何不念以忘失法故名不念云何乱心其心不正故名乱心云何愚癡無方便心故名愚癡云何不善觀不正觀察思惟非法不行正道不淨見淨故名不善觀云何邪見取顛倒法堅著不捨故名邪見云何不調伏心不寂靜故名不調伏云何無明迷於三界故名無明云何放逸不作善業故名放逸是名十種煩惱大地甚可鄙惡

諸天子復有十種染地之法何等為十一者瞋二者恨三者不悔四者堅五者幻六者諂曲七者嫉妬八者慳九者憍慢十者大慢是名十種染地法也何故名曰染地法耶大地所攝故名染地云何名瞋其心麁惡故名為瞋云何名恨其心結縛轉成怨結故名為恨云何不悔樂作衆惡作已歡喜故名不悔云何名堅作諸惡業執著不捨是名為堅云何名幻誑衆

生故為十二入之所誑惑故名為幻天子當知云何十二入所謂內外眼耳鼻舌身意是名內入外有色聲香味觸法是名外入二種分別一者相二者自體大所言相者四大因緣而生眼識是名為眼當知耳鼻舌身意分別境界各有自相云何當知自體相耶言自體者名不顛倒以五因緣而生眼識何等為五有眼有色有明有空有憶念故眼識得生耳則不尒耳識之生明闇俱知不因於明鼻舌身意亦復如是意識於明或時有用云何有用云何不用若眼識見色惑識決了是名為用云何或用或有不用眼識觀色若無光明則無所見餘根所知不因光明是名識大

諸天子復有四大因緣各各相依云何四大平共相依或增或減眼增火大鼻增地大身增風大舌增水大耳增空大此法增勝耳中空界意得取聲是故當知故有增減復次觀入何者近緣何入遠緣鼻舌及身如是三根對觸乃知眼之所見非近非遠耳

之所聞遠則不了近則能知內亦自聞鼻之所聞近則能知內亦自了如鼻內有病亦自聞臭如耳中風聲亦皆自聞如是識二種所攝眼識意識如是盡攝辟如一火隨然得名或名木火或名草火一切諸識亦復如是因於意識各各差別天子當知如是諸入既得知已莫得放逸不放逸行不貪不瞋不癡如是善人命終之時不畏閻羅王使者所縛不見可畏獄卒惡相不見閻羅王惡境界也不墮地獄餓鬼畜生常受安樂乃至涅槃成就無量歡喜安樂不放逸故

復次天子觀十二入無常苦空無我觀其依止因緣而生如是觀已離於放逸觀眼識生猶如幻法空無所有非堅非實破壞之法眼識滅已而生耳識空無所有不堅破壞如是觀內六入外六入或生或滅鬭諍愛味衰變無常從因緣生如實知之如是見已不貪於色若見愛色不生染著不放逸者諸天五欲尚不生貪何況人欲尒時釋迦天王而說頌曰

迷惑於界入　妨於涅槃道　以此放逸故
失一切善法　若有三種過　是大惡道使
癡為第一惡　放逸故流轉　愚癡放逸行
死常在手中　若有樂放逸　一切盡破壞
若人過一法　思惟於二法　知於三處相
是人則受樂　若天福德盡　放逸所破壞
墮落癡所誑　無人能救護　一法常最勝
能忍而修行　若與忍相應　悲念諸衆生
命終怖畏相　得如是大力　是故離放逸
精進修諸行　若能去無明　常守護明智
以知明無明　放逸不能壞　若人捨放逸
決定得大利　如是不放逸　則能自利益
放逸網自縛　勤修則解脫　如是縛解相
我今揔略說　天子既已知　若有行放逸
至於臨終時　乃知其果報

如是天帝釋廣說十二入相調伏放逸諸天子等若諸天子曾種善根少行放逸聞此法已心自覺悟不復放逸諸根淳熟皆能受行若諸天子根未熟者如破生癰破捺之時捺已洗治無所利益亦復如是

復次帝釋天王從一漸增次第說於十二入法十二入相已於諸天大衆

之中作神通力示希有事次第令入繫心正念覺因緣相離於放逸令其利益見此變化心生猒離時天帝釋方便利益為諸天衆廣說妙法諸天子云何諂曲心不正直堅著生死故名諂曲云何名妬於他熱惱故名為妬云何名慳慳已物盡而生貪惜故名慳是名三界染地之法分別則有三界所攝嗔恨慳妬幻欲界所繫諂曲一法遍於欲界及於梵天憍慢大慢遍於三界諸天子是名十種不善大地法也復有十種善大地法何等為十所謂不貪不癡有慚有愧有信調伏不放逸精進捨離不生侵惱是名十種善大地法如是十法各各異相謂不貪者一切善法之根本也猶如梁柱不癡善根亦復如是慚者自守正直愧者愧於他人信者於一切法其心清淨調伏者身心調善離於惡法依清淨法不放逸者勤修善法捨者於作不作因緣之中其心捨離不侵惱者不惱衆生是名十種善法大地若有心念如是法者於命終時

不畏死怖不畏閻羅使者所縛何以故攝善法故如向所說心心數法善大地法染大地法自相揔說是名十法

復次諸天子云何名為修十一法若有比丘觀於自身自見其身不愛不迷心不堅著是名初修

復次諸天子若有比丘先受所欲毀呰不味不著不念生猒離心是則名曰第二修也

復次諸天子若有比丘常不放逸不著境界盡諸結使是名修於不放逸行是則名曰第三修也

復次諸天子若有比丘憶念善法修行善法如是善法能生樂報樂因樂緣如是樂報我當受之斷不善法是則名曰第四修也

復次諸天子修行樂受生受有何力云何而生何因何緣云何因緣云何而生如是受生莫為妨导如寶觀受不堅不實空無所有是則名曰第五修也

復次諸天子若有比丘修行一切諸行無常苦空無我無所有手相因緣

而得有生非一切生如是修行如是修已心不愛樂是則名曰第六修也

復次諸天子若有比丘作如是念我生善念生善因緣既生此念異念所壞我今所緣生滅不善之念壞我善念妨我善法如是常念所緣是則名曰第七修也

復次諸天子若有比丘修第八行法相平等相住自相法不顛倒一切諸法性無垢故如是比丘復自觀察我既有生畢定當死有為之法無非三相如是修行一切諸法皆悉無常是則名曰第八修也

復次諸天子云何名為第九修耶三煩惱根三種對治所謂貪欲瞋恚愚癡貪欲之人教不淨觀瞋恚之人教以慈心愚癡之人教觀因緣是名對治如是修觀心常思念是則名曰第九修也

復次諸天子云何名為第十修耶念佛功德安樂世間是故修行利益自身是則名曰第十修也

復次諸天子云何名為第十一修從

他次第聞無常法念念不住從於處胎生滅不住如始處胎童子少年乃至老時如是比丘及餘修習既修習已臨命終時不畏閻羅王使者自在所持不見醜惡怖畏之相是則名曰十一修也

復次諸天子云何名為十三係念善修利益安樂乃至涅槃何等十三念不放逸念生住滅念不散乱如是念已若見好色若見惡色若見女人觀其身內膿血不淨之所住處大小便利不淨之處如是係念令不散乱若入城邑聚落乞求行色境界不應行處若不係念則著色欲以是因緣係心不散是名第一一心係念也

復次第二係念思惟觀外境界可愛園林及蓮華池可愛河泉遊戲之處見已作如是念如是可愛遊戲之處以愚癡心而生貪著必當衰壞樹葉萎黃失其本相彫零墮落狀似枯死陰影希疎如是有為一切無常空無所有何況愛法如是作心係念作是念已心不貪著內外境界魔不能乱

是名第二一心係念

復次第三一心係念利益安樂云何係念緣何等法若食若眼曾見美色念不分別心不係念作如是念愚癡凡夫諸根貪著不知猒足如是係念是名第三一心係念

復次第四一心係念隨何等處得供養利衣服牀褥臥具醫藥心不歡喜不喜不樂何以故供養之利利養瘡深割皮壞肉壞肉斷筋斷筋破骨破骨傷髓利養因緣能壞善法亦復如是是名第四一心係念

復次第五一心係念若遊城邑聚落村營不住城邑若有衆人往至其所不與多言不樂多語何以故若人遊行城邑聚落心則散亂不能自利如是一心係念如實觀之是名第五一心係念

復次第六一心係念見如是過於塚間樹下若草籍邊若山澗邊若住空舍無所愛著亦無親愛不親近他善法增長得自利益遠避衆人是名第六一心係念

復次第七一心係念聞說天報心不愛樂而生猒離樂聞說於地獄苦果其心無猒作如是念天退衰没為閻羅使自在將去我令不復作地獄業亦不隨喜見有作者教令捨離如是比丘聞天不喜聞地獄苦不生怖畏離憂離喜常念善法是名第七一心係念

復次第八一心係念我起善念捨不善念忘令盡壞離於餘氣生餘善法係念善法若不善念妨於善念我已斷不善念如是攀緣想念次第之數一心係念調伏其心是人能於洄澓涌波怨家之心令住境界是名第八一心係念

復次第九一心係念念佛功德念敬重法念敬信師隨善師行正意修行直視一尋利益一切衆生心念度脫如是係念得果不空乃至涅槃是名第九一心係念

復次第十一心係念善修正行如有四種大怖畏至謂衰老病死怖畏死怨不憶憶念見四種法流動無常於壽

命安隱少壯具足如是四種如前所說常有怖畏如是修無常想不樂五欲不為愛怒之所使也常行正念則能碎於煩惱大山是名第十一心係念

復次第十一一心係念不生分別此是精進此是懈怠若生是念則自毀傷不惱他人其心清淨係念調伏不惱衆生是名第十一一心係念

復次第十二一心係念常聽正法聞已受持既受持已堅持不忘是人知於善法及不善法如是之人如大闇中大燈明也善不善法於佛法中皆能了知猶如明燈是名一心係念如是一心係念不為愛怒不為魔使是名第十二一心係念

復次第十三一心係念念身受心念如是處知於自相正心係念離放逸行既不放逸不為閻羅使者自在將去以自在故不失憶念無非時行不行非處不行惡境一切係念是名第十三一心係念

復次諸天子有十四種善修其心善調伏心善清淨心離於放逸何等十

四一者知足二者精進三者寂靜四者親近善師五者離惡知識六者修習佛法七者善觀修習八者捨於懈惰九者信於因果法及非法十者念於善欲十一者不觀女色十二者不近親族十三者正住一切境界十四者畏於生死是名十四法善修其心以此因緣調伏其心臨命終時不畏惡道閻羅獄卒不開惡道門不斷正法不為閻羅使者之所繫縛隨意將去不作惡業能得一切善法者所謂善調伏心令修善業能將衆生至人天中開涅槃門後得涅槃是故諸天子汝等應善調伏其心心調伏故尚不見於閻羅使者何況將去時天帝釋為諸天衆說惡道畏見閻羅王使者怖畏我已如是一一漸增次第為汝說十四法今當為汝說十五法如我往昔從佛所聞我今當說何等十五若出家沙門毀於法式亦令他作破袈裟法所著袈裟令他愛欲樂好袈裟以自莊嚴其音麁惡猶如驢聲細步徐行端嚴威儀為愛欲故莊嚴

其身如是沙門不勤精進樂見女人懦慢自大其心輕躁欲心放逸是故所著衣服為遮寒熱纔得覆身不生貪著不為愛著放逸所誑臨命終時不生悔心是名初法

復次諸天子云何沙門知第二法知於知足持何等戒出家修行或修智慧既自知已於施主所施臥具醫藥知足受畜相應受施如法受施如是受施不妨出家沙門之法是名知於第二法也

復次諸天子云何沙門知第三法不以貪心念於臥具若聚落城邑非功德處為飲食衣服故捨離阿蘭若處入於聚落城邑妨修善法失於知足沙門法中第一勝者所謂知足及不放逸若人樂貪不樂知足為貪所誑舍於善法如是之人猶如癡狗還自食吐是名沙門第三法也

復次諸天子云何沙門知第四法所讀經典不言多讀恐於施主多設供養飲食衣服臥具醫藥恐其難消妨出家法非我所應自知止足是名沙

門知第四法復有第四少欲之法若有比丘少欲知足於何等法不放逸行如是沙門或為僧使或為病人至施主家乞求財物於施主家若飲一水妨於善法唐勞行使虛作勤勞而無福德何以故以貪味故至施主家令諸施主心生輕賤如是比丘非自利益不利病人非利衆僧此是第一輕慢因緣所謂至檀越家貪於食味輕躁不正語此三種法世間出世間之所輕賤是故知足不放逸行捨於此法是名沙門第四法也

復次諸天子云何知第五法少欲知足依止乞食受出家法唯受一食不舉宿食若舉宿食心則貪著不樂禪誦貪著食味恐後不得如是少貪妨沙門法何況比丘多貪供養若畜此法為於愛網堅牢繫縛是名沙門第五法也

復次諸天子云何沙門知第六法若有沙門大姓出家少欲知足我既出家已不自說言我是某甲大姓出家亦教弟子不令宣說若受法弟子若

出家弟子教令不說恐諸施主多設供養臥具衣服飲食醫藥若我受取妨於善法若我不受壞弟子心若生瞋恚妨其善法於未來世得不饒益如是之人知足受施不為愛攝心不散亂於正法中生正念心樂於林中修學禪觀觀身循身觀觀心循心觀觀受循受觀觀法循法觀如是比丘於有為獄則能超越以行少欲知足行故是名沙門第六法也

復次諸天子云何沙門知第七法少欲知足畏大利養捨利養已知何等法若有比丘多有知識樂多事務樂多弟子多利供養貪樂請食數見親舊如是比丘修行之人不應與之共為行伴至聚落中何故不得與其相隨恐放逸故如是比丘樂於利養衆人所知同處行故亦謂此人多貪無猒以供養故尊重其人二俱妨㝵若多事比丘受他利養若此行人不受其物令多事者其心忿恚言此比丘諂曲不實誑於聚落諸施主等謂是比丘內心貪濁以是因緣令他見者

內自毀傷是故少欲知足比丘不應與彼多事比丘同止共住行来出入以生過故

復次諸天子云何沙門知第八法少欲比丘怖畏生死遠於利養常念一心云何知法若在家時種種伎術既出家已不復自說所謂醫方工巧伎樂刀矟如是種種伎術不自談說何以故恐諸施主知我伎術多致供養妨沙門法或以如是世俗伎術心樂習行數壞善法不得一心不得禪定心不清淨妨沙門法自利利他亦皆損減不能利益調伏弟子是故應捨不說伎術是名沙門第八法也

復次諸天子云何沙門知第九法少欲比丘智慧之人遠離供養見塔寺中若城邑內若聚落中若近聚落若柵邑中若近柵邑見有僧寺若有衆多破戒比丘多欲無猒多畜飲食食不淨食飲酒放逸治生販賣不淨之物出入財產親近俗人以為知識不樂住寺多樂住於施主之家少欲比丘不應與此多欲比丘共住一寺若有

欲得寂靜之心欲離魔縛不應住於如是之處何以故恐城中人若聚落人柵邑中人知諸比丘破戒行惡謂我一人持戒第一多施供養若我受此供養之物不名少欲若我不受如是利養衆人嫌恨亦令多人瞋恨施主何故以物乃施一人不施多人知此過已少欲比丘不應共於不淨比丘同處而住是名沙門第九法也

復次諸天子云何沙門知第十法若有比丘得世俗通能示異相少欲比丘不應宣說何以故恐諸聞者謂我當是阿羅漢人多設供養妨沙門法或失神通壞少欲法是名沙門第十法也

復次諸天子云何沙門知第十一法若有比丘持佛舍利從城至城從村至村從邑至邑從鄉至鄉以實神力示於世間如是舍利是大福田當設供養如是比丘少聞無智稱美讚歎少欲比丘言此比丘多聞智慧能為汝等演說正法施主聞已敬重舍利及多聞比丘廣設供養若此比丘受

此供養非少欲法少欲比丘不應與此遊行比丘共行共住何以故諸施主等見此比丘不持禁戒謂少欲者亦破禁戒是故不應與破戒者行住坐卧恐閻羅使獄卒縛故恐放逸故是名沙門第十一法也

復次諸天子云何沙門知十二法受乞食法頭陁功德無知識處遊行乞食不行放逸捨於耆味是名沙門第十二法也

復次諸天子云何沙門知十三法知足比丘受糞掃衣知足受衣畜陳故衣於物知足是名沙門第十三法也

復次諸天子云何沙門少欲比丘知十四法知足比丘能破魔衆是名沙門第十四法也

復次諸天子云何沙門知十五法少欲比丘獨行無侶捨惡知識摧破無始煩惱堅山如是知足得第一樂臨命終時則不為於閻羅使者自在所縛不見醜惡大怖畏相心不怖畏亦時釋迦天王即說偈言

少欲知足法　出家應修行　如是持戒人

正法念處經第三十三卷　第二十七張　就字号

則近涅槃道　所作不怖望　勤求涅槃道
不為魔境縛　不至魔境界　若人常修行
不生怖望心　修行勤精進　則無有衆苦
念巳作怖畏　思惟於現在　亦知於未來
則脫煩惱縛　常樂不放逸　畏於不信法
修無垢淨智　則近涅槃住　諸天受快樂
猶起放逸行　何況愚癡人　為放逸所使
若人行放逸　是為巳死人　若不放逸行
常住智慧人　放逸懈怠心　精勤能斷除
放逸衆苦本　捨之如棄死

如是釋迦天王為諸天衆化閻羅使怖諸天子為之說法尒時帝釋如諸天子於正法中心生信樂見閻羅使漸欲消滅既見此事復往詣於釋迦天王復有諸天恐怖隱藏於園林中一切皆往詣帝釋所尒時帝釋知此諸天心之所念隨諸天衆心漸消淨漸漸滅化

正法念處經卷第三十三

正法念處經卷第三十三

校勘記

一　底本，金藏廣勝寺本。

一　一八八頁上二行「若知業」，磧、普、南、徑、清、麗作「居知十業」。

一　一八八頁中四行第五字「六」，磧、普、南、徑、清作「六種」。

一　一八八頁中末行「若酸」，磧、普、南、徑、清、麗作「若淡」。

一　一八九頁上一五行「心思」，磧、普、南、徑、清作「正思」。

一　一八九頁中四行至次行「諦聖」，磧、普、南、徑、清、麗作「聖諦」。

一　一八九頁中五行「正見聖諦是名正見」，磧、普、南、徑、清、麗作「正定聖諦云何正見如實見相應義是名正見」。

一　一八九頁中一五行「如来」，石、磧、普、南、徑、清、麗作「如是」。

一　一八九頁中二〇行「三者思」，磧、普、南、徑、清作「三者思惟」。

一　一八九頁下三行「相想相」，徑作「相應相」。同行末字「如」，石、磧、普、南、徑、清、麗作「知」。

一　一九〇頁中二行「内外」，麗作「内有」。

一　一九〇頁中一二行末字「用」，麗作「用或時不用」。

一　一九〇頁中二二行「何入」，磧、普、南、徑、清作「何者」。

一　一九一頁上六行「若天」，石作「若人」。

一　一九一頁上九行「命殄怖畏相」，磧、普、南、徑、清、麗作「命終怖畏時」。

一　一九一頁上一〇行「去無明常守」，石、磧、普、南、徑、清、麗作「捨無明當守」。

一　一九一頁中八行第二字「慳」，資、普、徑作「爲慳」。

一　一九一頁下末行「無所有」，磧、徑、清作「空無所有」。

一　一九二頁上一行「一切」，磧、普、

一　南、徑、清、麗作「一力」。

一　一九二頁中二行第七字「始」，徑作「胎」。

一　一九二頁下三行「若眼」，磧、普、南、徑、清、麗作「若眠」。

一　一九三頁上一〇行「善念」，徑、麗作「善法」。

一　一九三頁上一三行第一二字「於」，石作「捨」。

一　一九三頁中一四行「愛怒」，石作「愛奴」。

一　一九三頁中一六行「心念」，磧、普、南、徑、清作「心法念」。

一　一九三頁下一二行第五字「令」，磧、普、南、徑、清作「念」。

一　一九三頁下二一行首字「被」，石作「初」。

一　一九四頁中一七行至次行「若畜此法」，磧作「言畜生法」；普、南、徑、清作「若畜生法」。

一　一九四頁下一二行第九字「利」，徑作「離」。

一　一九四頁下二〇行「受他」，磧、普、南、徑、清作「愛他」。

一　一九五頁上三行末字「故」，磧、普、南、徑、清、麗作「故是沙門第七法也」。

一　一九五頁上一一行第三字「數」，磧、南、徑、清、麗作「毀」。

一　一九六頁上一二行第一三字「如」，磧、普、南、徑、清、麗作「知」。

正法念處經卷第三十四　誠

元魏婆羅門瞿曇般若流支譯

觀天品之十三　三十三天之十

時諸天衆心生敬重復聽帝釋所説法要合掌頂上白帝釋言我今現見此法勢力天王説法隨我等心得信清淨閻羅使者亦隨漸滅隨聞如来所説法力即皆消滅何况修行若有修行至不滅處尒時帝釋心生歡喜作如是言我於今者所作已辦我為如是放逸諸天除斷放逸得不放逸令其歡喜我今當為此諸天衆説深妙法如我往昔於大師所聞正法要解脱城門念出入息安那波那於昔舊天次第所聞既得聞已復見世尊為我宣説是故我今為諸天説雜四聖諦法於一諦中四種分别我今當説利益如是一切天衆亦自利益亦利益他生死行衆生種種方便為之説法令諸衆生心得淳熟我已如是説十五法我今次為諸天衆等説十六法阿那般那出入息法分别四聖

諦方便自因之相云何名為次第説也是修行者觀於自身縛心獼猴諸天子云何縛於覺觀心之獼猴縛何等心所謂縛識如是一心次第觀身相觀身循身觀涂不涂無記觀受善受循受觀苦受樂受不苦不樂受觀受自相觀法循法觀善不善無記如自相是名四念處是修行者入如是法一心觀察一切有為自相寂滅觀四念處是四聖諦相如是念處遍一切處所謂次第行相常無常合和聚散空無作者空無我義壞衰惱如是觀苦無常見四念處已觀四聖諦自相如實觀察生於暖法從於暖法生於智慧辟如鑽火先見烟相後乃見火如鑽如燧先生熱氣後乃生火以信樂故於一切煩惱無知法中未来能生聖法毗尼亦復如是以十六種觀四聖諦如是暖法云何生耶云何觀於四聖諦耶諸天子所謂是苦聖諦因緣有故無常敗壞故苦離人故空不自在故無我如是四種分别觀苦聖諦行者觀苦聖諦已觀集聖諦

四種分別云何分別所謂行相續轉故集相似果流轉諸有故因一切性流轉有故勢力不相似相續緣有故行者復觀苦滅聖諦四種分別諸天子云何行者分別修行苦滅聖諦捨一切衰惱故滅煩惱火離故一切法第一寂滅故清淨法出生死故行者復觀道聖諦四種分別諸天子云何行者分別觀察所謂得不退處故道不顛倒故一切聖人所住法故以無畏斷除生死衰惱出世間故是名十六種修行之法我已說之汝等天眾勤修精進觀現煖法展轉相教從出入息生於煖法從於煖法生於頂法以信係念三寶功德聚等勝過前觀如是行者云何觀察名頂法道如山頂上頂法增長次第得生忍法善根以得忍故住第三處名生現前非現法忍以現忍法故名忍法忍增長故名世間第一法於一念時心心數法名得世間第一法次第得成須陁洹如是之法我自證之若人能證如是之法不見閻羅可畏使者亦不怖畏

如是諸天子以不放逸故得如是法是故諸天子莫得放逸尒時釋迦天王而說頌曰

若於出入息　善知十六斷　煖法及頂相
忍法逆順觀　知世第一法　次第知真諦
知次第正法　不失於善道　解脫於三結
破壞八種有　勇猛斷惡道　故名須陁洹
有漏不善法　決定行惡道　流趣於涅槃
故名須陁洹

尒時天帝釋說此偈已告諸天眾如是十六種念阿那般那我已具說汝當思惟此道寂滅入涅槃城無所怖畏一切聖人之所愛念是故汝等應當決定修行此道若汝畏於閻羅使者應當次第憶念如是阿那般那十六之行

復次諸天子有十七種中陰有法汝當係念行寂滅道若天若人念此道者終不畏於閻羅使者之所加害何等十七中陰有耶所謂死時見於色相若人中死生於天上則見樂相見中陰有猶如白氎垂垂欲墮細軟白淨見已歡喜顏色怡悅臨命終時復

見園林甚可愛樂蓮花池水亦皆可愛河亦可愛林亦可愛次第聞諸歌舞戲笑次聞諸香一切愛樂無量種物和合細觸如是次第即生天上以善業故現得天樂得此樂已含笑怡悅顏色清淨親族兄弟悲啼號泣以善相故不聞不見心亦不念以善業故臨命終時於中陰有大樂成就初生樂處天身相似天衆相似如是之相生處相似如印所印亦如一切天衆色相亦如欲界六天受樂亦如遊行境界相似觸亦相似天色相似又住中陰見諸天中生處勝故即生心取愛境界故即受天身是則名曰初中陰有

復次諸天子云何第二中陰有耶若閻浮提人中命終生欝單越則見細軟赤氎可愛之色見之愛樂即生貪心以手捉持舉手攬之如攬虛空親族謂之兩手摸空復有風吹若此病人冬寒之時暖風來吹若暑熱時涼風來吹除其欝蒸令心喜樂以心緣故不聞哀泣悲啼之聲若其業動其

心亦動聞其悲啼哭泣之聲華風吹令生於異處是故親族兄弟臨命終時悲泣啼哭甚爲鄣㝵若不妨㝵生欝單越中間次第有善相出見青蓮花池鵝鴨鴛鴦充滿池中周遍具足其人見之即走往趣如是中間生於善心命終即見青蓮花池入中遊戲若於欝單越欲入母胎從花池出行於陸地見於父母染欲和合因於不淨以顛倒見見其父身乃是雄鵝母爲雌鵝若男子生自見其身作雄鵝身若女人生自見其身作雌鵝身若男子生於父生㝵於母愛染生欝單越是名第二中陰有也

復次諸天子云何第三中陰有耶若閻浮提中死生瞿陁尼則有相現若臨終時見有屋宅盡作黃色猶如金色遍覆如雲見虛空中有黃氎相舉手攬之親族兄弟說言病人兩手攬空是人尒時善有將盡見身如牛見諸牛群如夢所見若男子受生見其父母染愛和合而行不淨自見人身多有宅舍見其父相猶如特牛除去其父與母和合瞿陁尼人男子生者有如是相若女人生瞿陁尼界自見其身猶若乳牛作如是念何故特牛與彼和合不與我對如是念已受女人身是名瞿陁尼國女人受生是名第三中陰有也

復次諸天子云何第四中陰有耶若閻浮提人命終生於弗婆提界則有相現見青氎相一切皆青遍覆虛空見其屋宅悉如虛空恐青氎墮以手遮之親族兄弟說言遮空命終生於弗婆提國見中陰身猶如馬形自見其父猶如駁馬母如草馬父母交會愛染和合若男子受生作如是念我當與此草馬和合若女人受生自見已身如草馬形作如是念如是駁馬何故不與我共和合作是念已即受女身是名第四中陰有也

復次諸天子云何第五中陰有耶若欝單越人臨命終時見上行相諸天子若大葉大心心葉自在生於天上臨命終時以手攬空如一夢心夢中所見種種好花見之歡喜又聞第一上妙之香第一妙色皆悉具足第一莊嚴青黃赤白第一香氣在其手中是人見花生於貪心作如是念令見此樹我當昇之作是念已臨終生於中陰有中見蓮花樹青黃赤白有無量種復作是念我當昇樹作是念即上大樹乃是昇於須弥寶山昇此山已見天世界花果莊嚴作如是念我當遊行如是之處我今至此花果之林處處具足是名欝單越人下品受生是名第五中陰有也

復次諸天子云何第六中陰有耶若欝單越人以中葉故臨命終時欲生天上則有相現臨命終時見蓮花池甚可愛樂衆蜂莊嚴一切皆香昇此蓮花昇已須臾乘空而飛猶如夢中生於天上見妙蓮花可愛勝妙㝡爲第一作如是念我今當至勝蓮花池攝此蓮花是名欝單越人中品受生是名第六中陰有也

復次諸天子云何第七中陰有耶欝單越人以勝葉故生三十三天善法堂等三十三處從欝單越臨命終時

見勝妙堂莊嚴殊妙其人介時即昇勝殿寶非昇殿乃昇虛空至天世界見其宮殿心念即往生此殿中以為天子是名鬱單越人命終之後生於天上受上品生是名第七中陰有也

復次諸天子云何名曰第八中陰有道相續若鬱單越人臨命終時則有相現諸天子其人見於園林行列遊戲之處香潔可愛聞之悅樂不多苦惱無苦惱故其心不濁以清淨心捨其壽命受中陰身見天宮殿作如是念我當昇此宮殿遊戲作是念已即昇宮殿見諸天衆遊空而行或走或住山峯之中或身相觸處處遊戲住於中陰自見其身昇於天上猶如夢中三十三天勝妙可愛一切五欲皆悉具足作如是念我今當至如是之處作是念已即生天上取因緣有如是有分有上中下生天上已見於種種殊勝園林悕望欲得從鬱單越死生此天中如是一切鬱單越人生此天已餘業意生樂於欲樂貪五欲境歌儛遊戲受愛欲樂憙遊山峯多愛

欲樂愛一切欲何以故由前習故愛習增長如是諸天子是名鬱單越人命終生天生此天處熏習遊戲及死時相是名第八中陰有也

復次諸天子云何第九中陰有耶若瞿陁尼人命終生天有二種業何等為二一者餘業二者生業生於天上其人云何中陰受生臨命終時則有相生現報將盡或中陰有則有相生動亂如夢諸天子瞿陁尼人臨命終時以善業故垂捨命時氣不咽濁脉不斷壞諸根清淨于時次第見大池水如毗琉璃入池欲度其水調適不冷不熱洋洋而流浮至彼岸如是如是近受生處既至彼岸見諸天女第一端正種種莊嚴戲笑歌儛其人見已欲心親近前抱女人即時生天受天快樂如夢中陰即時滅壞無量亂心生已即覺見衆妙色受勝妙身是名第九中陰有也瞿陁尼人生有三品上中下業同一光明等一中陰等同一見同一生行一切相似不如鬱單越人三種受生差別相也

復次諸天子云何名曰第十中陰有也若弗婆提人臨命終時見於死相見自業相或見他業或見殿堂殊勝幢幡欄楯莊嚴於中陰有心生歡喜周遍遊戲欲近受生於殿堂外見業相似見衆婇女與諸丈夫歌頌娛樂第一莊嚴歌儛戲笑於中陰有作如是念我當出殿見諸婇女及諸丈夫共其遊戲歌儛戲笑何以故以諸婇女與諸丈夫第一遊戲歌儛戲笑念已即出入遊戲衆介時其人自知我入猶如睡覺即生天上是名第十中陰有也是名四天下中陰有也如是光明中陰有生我微細知餘不能了諸餘外道莫能知者雖世間法無人能見

復次諸天子云何名曰第十一中陰有耶諸餓鬼等以不善業生餓鬼中惡業既盡受餘善業本於餘道所作善業可愛之業猶如父母欲生天中則有相現云何盡有而心相現諸天子若餓鬼中死欲生天上於餓鬼中飢渴燒身嫉妬破壞常貪飲食常念

漿水但念飲食餘無所知命欲終時不復起念本念皆滅其身無熱柔軟清涼身有長毛遍身惡蟲皆悉墮落面色清淨涼風觸身臨至命終悉無飢渴諸根淨潔鵰鷲烏鵄諸惡禽獸常隨其眼至臨終時皆悉不近見飲食河盈溢充滿入中陰有以前習故雖見飲食不飲不食唯以目視如人夢中見食不飲不食或如夢食雖食不飽如是雖見而未飽滿唯生歡喜見天可愛如覺見色心即生念走往趣之悕望欲往至於彼處念已即趣生於天上是名十一中陰有也

復次諸天子云何名曰第十二中陰有耶希有之業以愚癡故受畜生身無量種類多癡因緣業成熟故餘業受於無量百千億生死之身業成就故墮於地獄餓鬼畜生於無量劫所作之業輪轉世間不可窮盡不可思量無始邪曲不作利益惱害衆生輪轉無窮於畜生中無量種類無量種食無量諸道無量種身無量種地有無量種諸心種子造無量業或孜他

不信作諸惡業受報既盡猶如渧於大海之水令海枯竭業海生渧畜生業盡以餘善業畜生中死生二天處或生四天王天或生三十三天於畜生惡道若報欲盡將得脫身則有相現其相所緣有無量種不可具說畜生中死生於天上其為希有非謂餓鬼地獄中也何以故以癡心故多作惡業墮畜生中於一世中所作惡業百千億生受之不盡或於一劫至百千劫生死流轉從生至生業鏁所繫流轉世間受畜生身是故寄墮地獄餓鬼不受愚癡畜生之身以是因緣畜生之中命終生天甚為難有非地獄也如是畜生苦處臨終見光明現以餘善業癡心薄少本智少增智心漸利臨命終時見光明相若見山谷見諸樹林種種流水種種河池及見飲食若憶念見世間智故見有樂處或在山中或在林間或憶飲食或見樂處即走往趣如夢所見走往趣之如是如是近受生處即受天身如從夢覺見衆色相於百千億受生之處

悉皆未曾見如是色見已歡喜發希有心此何等物云何有此何因有此以不習故諸識鈍故是故生於希有之心我當至此盡攝此物餘善業故起如是心以此因緣生如是意生此念時即生天上是名十二中陰有也第一難有第一希有第一難知戲弄之中業最第一種種業處心大幻師遊戲諸道生死之處戲弄衆生尒時諸天聞天帝釋說此語已心生深信而說頌曰

天王如父母　利益天世間　天王利我等
此世及未來　為我等說法　斷於放逸心
我等必當得　盡苦涅槃道　以現業果報
為我等宣說　以生死之法　示世令解知
天王見實諦　饒益於我等　以我愚癡故
示之以智慧　貪心愛婇女　常求於欲樂
天王示我等　生死之因緣　王如盲者導
病者大良藥　演說正法道　利益諸天衆
天王既如是　說法以利益　令閻羅獄卒
悉滅不復現

尒時諸天衆說此偈已尒時天帝釋復告諸天子云何名曰第十三中陰

正法念處經第三十四卷　第十五張　試字

有道地獄衆生希有難得生於天上餘業因緣善因緣故如業成熟第一清涼第一利益先墮地獄善為出緣從於無量苦惱之中既得脫已生受無量快樂之地地獄衆生者所謂活地獄黑繩地獄衆合地獄叫喚地獄大叫喚地獄燋熱大地獄等及衆隔處受大苦處第一可怖毛竪之處焰火熾然周帀圍遶是地獄人以業盡故將欲得脫從此地獄臨命終時則有相現云何中陰有生於天上業因緣故捨於大苦受第一樂諸天子地獄之人惡業盡故命欲終時若諸獄卒擲置鑊中猶如水沫滅已不生若以棒打隨打即死不復更生若置鐵函置已即死不復更生若置灰河入已消融不復更生若鐵棒打隨打即死滅已不生若鐵嘴烏鐵烏食噉食已不生若師子虎狼種種惡獸取之食噉食已不生是地獄人惡業既盡命終之後不復見於閻羅獄卒何以故以彼非是衆生數故如油炷盡則無有燈業盡亦尒不復見於閻羅獄

正法念處經第三十四卷　第十六張　試字号

卒如閻浮提日光既現則無闇冥惡業盡時閻羅獄卒亦復如是惡口惡眼如衆生相可畏之色皆悉磨滅如破畫壁畫亦隨滅惡業畫壁亦復如是不復見於閻羅獄卒可畏之色以如來說閻羅獄卒非衆生數故是名地獄衆生得脫地獄生於天上尒時天帝釋以偈頌曰

如人值怨家　得脫無衆難　如得多知識
一切方便利　既得脫惡業　大力獄卒處
今已得善業　生於天世間　其人生天上
無量諸莊嚴　常受於天樂　乃至善業盡
其人不自在　業盡還退沒　如燈油炷盡
光明亦隨滅　業風之所吹　從上而退下
風力之所轉　流轉於世間　若人有智慧
不為業所繫　諸業不能縛　不流轉生死
如以藕根絲　欲繫須弥山　其人度曠野
無憂及衰惱　智者不流轉　猶如須弥山

尒時天帝釋為諸天衆說是偈已復說地獄中陰有相本所不見忽於虛空中見有第一歌儛戲笑香風觸身受第一樂衆妙音聲謂樂器音種種音聲聞如是等風吹樂音聞可愛香

正法念處經第三十四卷　第十七張　試字号

見妙色相園林花池聞衆妙音自見身相忽生妙色威德第一見身香潔花鬘莊嚴一切無垢見諸虛空清淨無垢星宿滿空聞河流聲鵝鴨鴛鴦出種種音皆悉聞知如是中陰聞當生處有諸音樂琴瑟箜篌種種樂音先於無量百千億歲未曾得生如是歡喜遍生善相如自見身在於兄弟親族知識念念之中生大歡喜欲近生有或生三十三天或生四天王天至此天已見衆園林及聞香氣七寶蓮花天子端正作如是念我今當至如是之處念已即生如是有分取因緣有如是衆生惡業既盡從地獄出於不可說大苦惱處命終生於大樂之處是名十三中陰有也

復次諸天子云何名曰第十四中陰有道相續云何知耶若人中死還生人中有何等相云何怖望其人死時若生人中則有相現云何怖望若人人中於臨終時見如是相見大石山猶如影相在其身上尒時其人作如是念此山或當墮我身上是故動手

欲遮此山兄弟親里見之謂為髑於虛空既見此已又見此山猶如白氎即昇此氎乃見赤氎次第臨終復見光明以少習故臨終迷乱見一切色如夢所見以心迷故見其父母愛欲和合見之生念而起顛倒若男子生自見其身與母交會謂父妨㝵若女人生自見其身與父交會謂母妨㝵當於尒時中陰則壞生陰識起次第緣生如印所印印壞文成是名人中命終還生人中是名十四中陰有也

復次諸天子云何名第十五中陰有道相續天中命終還生天上則無苦惱如餘天子命終之時愛別離苦墮於地獄餓鬼畜生如此天子不失己身莊嚴之具亦無餘天坐其本處不見種種苦惱之相所坐之處無餘天生此天命終生於勝天若四天處命終之後生三十三天可愛勝相聞衆歌音先所未聞見五欲境皆悉勝妙次第命終見中陰有第一天女種種音聲手執蓮花色相殊勝河池流水園林勝妙昔所未覩如夢所見是中

陰有見如是事若近生有如從眠覺見於正色見五欲功德境界具足本所未見嗚呼歎言如是希有昔所未見我當往至如是之處念已即往生於天中是名第十五中陰有相續道也

復次諸天子云何名曰第十六中陰有道相續云何有耶若從上天退生下天見衆蓮花園林流池皆亦不如既見此已飢渴苦惱渴仰欲得即往彼生如是雖同生天二種陰有二種相生是名第十六中陰有相續道也

復次諸天子云何名曰第十七中陰有道相續若弗婆提人生瞿陁尼有何等相瞿陁尼人生弗婆提復有何相諸天子如是二天下人彼此互生皆以一相臨命終時見黑闇窟於此窟中有赤電光下垂如幡或赤或白其人見之以手攬捉是人尒時現陰即滅以手捼幡次第緣幡入此窟中受中陰身近於生陰見受生法亦如前說或見二牛或見二馬愛染交會即生欲心既生欲心即受生陰如是諸天子是名第十七中陰有也

汝等當知既知此法勿得放逸何以故放逸之人不得脫於生老病死於世間法不得利益如是放逸永無安樂若欲脫苦當自勉力捨於放逸若天若人有智慧者應捨放逸天子當知是名十七種中陰有道相續不斷汝等應當捨諸放逸諸天子如是十七中陰有道相續汝等應當思惟觀察既觀察已則如實知如實知已勤修精進

復次諸天子於二十法中從一漸增以為汝等次第宣說十七中陰有道相續今為汝等說十八界何等十八衆生無量信解不同無量種性怖畏三過三聚衆生三種自在微細信解種種所作種種性種種業種種道種種苦樂種種色種種增上一切衆生心界之性心界廣多身體各異如是無量衆生心界揔略處數有十八惡心過所使以廣心界故有地獄餓鬼畜生天人輪轉揔說諸法十八所攝初界性中欲為增上天之與人欲心增上一切鬼女及畜生女能變化者

惱心增上瞋恚增上以瞋心故欲心薄少是則名曰畜生非人初界性也於畜生中復有多欲欲心增上謂孔雀鳥俱翅羅鳥鳩鴿鷄雀鵝鴨鴛鴦衆蜂魚等迦陵頻伽鳥其性多欲是名上欲

復次諸天子云何第二心性界也於畜生中何等畜生名為中欲所謂貓狗猪牛水牛駱駝烏馬騾驢烏鷄鵰鷲鸚鵡鳥等是名中欲是名第二心性界也

復次諸天子云何第三心性界耶於畜生中何等畜生名下欲心所謂師子虎兕狼狗熊羆豺豹狐狸摩伽羅魚俱賒耶魚吉利斯摩羅魚摩伽羅魚毛頭摩羅魚如是等類時節行欲非時不行是名下欲是名第三心性界也諸天子於畜生中有無量種無量生處無量名字不可具說不可數知

復次諸天子云何第四心性界耶於畜生中何等畜生瞋心偏多非欲心多此第四界所謂師子虎狼狗虵黄狖兕豹熊羆角鵄烏鵰失收摩羅及

野猪等如是衆生瞋心偏多是名第四心性界也

復次諸天子云何第五心性界耶於畜生中何等畜生名為中瞋所謂牛馬水牛迦陵頻伽鳥娑林陁鳥迦盧陁鳥孔雀鷄鵄及狸鼠等中瞋恚性是名第五心性界也

復次諸天子云何第六心性界耶謂下瞋性所謂下者鵝鴨鴛鴦食魚白鳥俱翅羅鳥雀娑羅鳥鸕麃龜鱉兔鼦山烏鷹鳥蝦蟇如是等比名為下瞋是名第六心性界也

復次諸天子云何第七心性界耶於鬼神中若有神通行於欲心阿脩羅神畜生之數欲性增多名為上欲是名第七心性界也

復次諸天子云何第八心性界耶若食香餓鬼名曰中欲是名第八心性界也

復次諸天子云何第九心性界耶若悕望鬼食棄食鬼是名下欲是名第九心性界也

復次諸天子云何第十心性界耶迦

樓足天等名曰下欲瞋心則多好愛鬪諍常欲與諸阿脩羅鬪以其瞋故欲心則薄是名第十心性界也

復次諸天子云何第十一心性界耶謂鬘持天中欲中瞋中性是名第十一心性界也

復次諸天子云何第十二心性界耶所謂常恣意天欲性則多瞋恚性少不善鬪諍行使諸天多瞋少欲是名十二心性界也

復次諸天子云何第十三心性界耶所謂一切三十三天欲性則多瞋恚薄少是名第十三心性界也

復次諸天子云何第十四心性界耶謂欝單越人瞋恚心薄欲性界多是名十四心性界也

復次諸天子云何第十五心性界耶謂瞿陁尼人一切瞋恚心多欲心亦多二性同等是名第十五心性界也

復次諸天子云何第十六心性界耶弗婆提人欲心瞋心二俱雜有是名第十六心性界也

復次諸天子云何第十七心性界耶謂

正法念處經第三十四卷　第二十四張　誠字号

閻浮提人種種性種種行種種信解是名十七心性界也

復次諸天子云何第十八心性界耶一切餘天及地獄人雖受苦惱見業幻女人猶生欲心以業作故如是地獄欲心亦多四天王天衆生心性如是界如是依止如是信解是名捴說一切十八界性如是一切有欲有瞋則有癡心以癡因緣而有貪瞋若離癡心則無貪瞋以癡心故或貪或瞋如是諸天子是名分別三種之過以依過故無量分別

復次諸天子復有十八界所謂眼界色界眼識界耳界聲界耳識界鼻界界香界鼻識界舌界味界舌識界身界觸界身識界意界法界意識界如是諸天子是名十八界若天若人思惟如是十八界者能於境界護放逸行此是一切愚癡凡夫癡因緣也

復次諸天子放逸之人有十九處二種所攝所謂四禪處除淨居天有十六處欲界三處地獄畜生餓鬼人受苦多者地獄所攝是為十九

正法念處經第三十四卷　第二十五張　誠字号

復次諸天子如前所說四禪十六處人及地獄餓鬼畜生是為二十如是生死不調伏故各各差別或說十種掉悔尒時諸天衆聞天帝釋說是法已即以偈頌讚帝釋曰

天王說此法　寂靜最第一　我今受此法
怖畏故修行　若人能說法　利益於他人
其人如父母　示以涅槃城　若為他人說
一句之善法　則為善導師　為衆生所尊
天王之所說　善法價無量　此法得寂靜
非為餘實物　實物歸無常　善法增智慧
世間物破壞　善法常堅固　若有順法行
隨人百千世　雖種種實物　不能至後世
種種財實物　則可强劫奪　王賊及水火
不能劫法財

尒時諸天子讚歎供養天帝釋已於帝釋前恭敬而住尒時帝釋調伏諸天為諸天子示一切天樂皆悉無常變壞無我除滅所化時諸天衆皆生猒心還歸本宮受天之樂乃至愛集樂業既盡命終還退不墮惡道生於人中第一順法以自修行樂遊林野畏未來世得聞法已出家學道或得

正法念處經第三十四卷　第二十六張　誠字号

須陁洹或得斯陁含或得阿那含或得阿羅漢以前聞法因緣力故

正法念處經卷第三十四

正法念處經卷第三十四

校勘記

一　底本，金藏廣勝寺本。

一　一九八頁中一行經名、二行譯者、三行品名及夾註，石作「正法念處經天品之十三第三十四」。

一　一九八頁下一六行第四字「如」，南作「於」。同行第八字「熱」，石作「勢」。

一　一九九頁上一一行首字「㝵」，磧、普、南、徑、清作「礙智」。

一　一九九頁下末行第七字「唏」，磧、

普、南、徑、清作「號」。

一　二〇〇頁上一六行第四字「中」，磧、普、南、徑、清作「人中」。

一　二〇〇頁中一三行第四字及一六行第一二字「駁」，麗作「父」。

一　二〇〇頁中一三行第八字，一五、一六行第三字「草」，磧、普、南、徑、清作「驊」。

一　二〇〇頁下二一行末字「黼」，磧、普、南、徑作「若黼」。

一　二〇一頁上一六行首字「中」，磧、普、南、徑、清作「中見」。

一　二〇二頁中七行第八字「其」，石、磧、普、南、徑、清、麗作「甚」。

一　二〇三頁上一行第二字「道」，磧、普、南、徑、清作「墮」。

一　二〇三頁上一五行第二字「棒」，石作「捧」。

一　二〇三頁上一八行第一一字「烏」，資、普、徑作「鳥」。

一　二〇三頁中一六行第五字「繫」，麗作「縛」。

一　二〇三頁下二〇行末字「人」，石、磧、普、南、徑、清、麗作「生」。

一　二〇四頁上一行第一三字「觸」，南作「門」。

一　二〇四頁上二行第一一字「猶」，南作「酒」。

一　二〇四頁上三行第三字「此」，南作「比」。

一　二〇四頁中一〇行第九字「二」，南作「一」。

一　二〇四頁下九行第一〇字「如」，磧、普、南、徑、清作「如是」。

一　二〇五頁上九行第二字「猪」，石作「睹」。

一　二〇五頁上一四行第五字「狗」，磧、普、南、徑、清作「豹」。同行第九字「豹」，石、磧、普、南、徑、清作「狗」。

一　二〇五頁上末行首字「犺」，磧、普、南、徑、清作「䌷」。

一　二〇五頁上末行第七字「鵐」，磧、普、南、清作「鴟」。同行第一一字「收」，徑作「叉」；清作「扠」。

一　二〇五頁中六行第八字「狸」，磧、普、南、徑、清、麗作「貓」。

一　二〇五頁中九行第六字「下」，麗作「下瞋」。

一　二〇五頁下五行「鬢持」，徑、清作「持鬘」。

一　二〇五頁下二〇行第七字「何」，石、磧、普、南、徑、清作「何名」。

一　二〇五頁下二一行首字「耶」，南、徑、清作「耶謂」。

一　二〇五頁下末行第一四字「邪」，南作「耶」。

正法念處經卷第三十五　誠

元魏婆羅門瞿曇般若流支譯

觀天品之十四　三十三天之十一

復次比丘知業果報觀三十三天所住之地彼以聞慧見三十三天二十九地名曰隨器衆生何業生此天中彼以聞慧見有善人順法修行以正直心不惱衆生實見業果清淨持戒常樂持戒離於諂曲如煉真金清淨無垢正見修行受持善戒畏未來世布施修福所謂見有修禪比丘欲斷魔縛盛夏熱時流汗熱渴施石蜜漿或施拂扇如是善人不煞衆生或見獵師羅捕孔雀山鷄種種衆鳥獵師捕得或養或煞或以衆鳥作遊戲具是人見之恐其煞害贖此生命放之本處令得安樂是名不煞利益衆生云何不盜云何捨盜見於微細業之果報而生怖畏是持戒人若河池岸邊或於異處見有楊枝或有蜜漿為施行人是人渴乏不取不飲以慈心故是名不盜如是之人命終生於三

十三天既生天已一切諸欲皆悉具足五樂音聲遊戲園林種種衆鳥出妙音聲於蓮花中衆蜂音聲鴻鳥之音林中衆樹七寶莊嚴諸蓮花池香水充滿如毗琉璃在中遊戲其山峯中七寶焰光七寶石窟金銀頗梨因陁青寶如是種種衆鳥出妙音聲如是衆鳥七寶為翅而以莊嚴種種音聲聞之悅樂一切天衆手相隨順無量美音遍園林中於其林中可愛飲食從河而流若天見之生大歡喜歎未曾有如是林中種種衆色種種莊嚴莊嚴其身與諸玉女百千同衆遊戲受樂受於天中種種快樂其身光明威德第一如是天子受業果報與諸天女園遶受樂心生歡喜既受樂已如是思惟我當往詣毗琉璃寶莊嚴欄楯園遶林中衆寶莊嚴種種衆鳥出妙音聲充滿林中一切天衆心皆歡喜五樂音聲遊戲受樂與諸天衆及諸天女遊戲林中林中有池名曰清水清淨可愛諸天衆等於蓮花池遊戲受樂尒時初生天子與天女

衆欲至此林尒時諸天遥見天子歌儛戲笑徐步而行往迎天子詣清水池於此池邊歡娛受樂以池力故隨諸天子心之所念一切皆現若念色香衆味具足若念天飲天飲即生若念須陁色香味具亦復如是柔軟淨潔色如滿月若念林樹即生第一功德具足種種樹林鈴網弥覆微風吹動出妙音聲如乾闥婆音復次天衆作如是念我當入池作是念已即入池中没身深入見於池中種種寶珠以為欄楯莊嚴寶殿或真金白銀毗琉璃寶青寶頗梨雜寶為牀敷以天衣天子天女遊戲受樂於其池中無量種種不知猒足於五欲樂無有妬嫉互相愛敬遊戲歌儛娛樂受樂既出池水復往詣於尼單多林於其林中多有衆鳥蓮花林池具足莊嚴無量衆鳥出妙音聲遍滿林中其樹常有種種光明其林具足種種功德衆蓮花池以為莊嚴諸天衆等其身光明種種功德具足境界受天快樂愚癡凡夫第一樂者所謂天子天女娛

樂受樂愚癡凡夫為婇女羅網之所纏縛流轉生死乎相娛樂久受樂已復往詣於摩多山峯宮殿之處昇須弥峯與諸天女共昇山峯微風吹衣幡然隨風皆共上昇摩多山峯尒時天子見此宮殿殊特妙好蓮花莊嚴七寶光明嚴好山峯如山功德具足相應摩多山峯其處高峻奇特嚴好不可辟喻於此峯中遊戲歌儛娛樂受樂既受樂已見大光明過其本相其山峯中先見光明猶如日光時有異光來照山峯其光照已過百千倍天子見之怪未曾有即閉兩目但頭而住何以故先未曾見此光明故其光照之不久還滅如閻浮提見天火下衆生見之皆大怖畏時諸天子見此光明亦復如是怖畏未久心還安隱怖畏滅已一切皆共籌量此事何故有此希有之相今我等天皆生怖畏未久還滅時諸天衆怪未曾有詣善法堂與諸天女至帝釋所見天帝釋頂礼供養皆悉圍遶恭敬而住尒時釋迦天王近住天衆歌儛遊戲種

種蓮華以為莊嚴歡喜戲笑一切天衆於帝釋前歌儛遊戲旱陁羅地諸天衆等不歌不儛亦不遊戲亦不歌頌讚歎帝釋不與餘天言談語論尒時帝釋告旱陁羅所住天衆諸天子汝等何故不歌不儛不遊戲耶尒時旱陁羅所住天衆白天王言我於住處見未曾有本所未聞奇特之事尒時天王告旱陁羅所住諸天汝見何等希有之事自言昔來未見未聞時旱陁羅諸天白帝釋言天王我等遊戲摩多山峯昇彼山上見大光明從上而下一切山峯皆大焰起我見此事怪未曾有未知當有何等因緣帝釋聞之少思惟已告諸天衆有如斯事我已先聞如是之事我於尒時聞此事已即問世尊以何因緣有此奇特希有之事尒時世尊而告我言憍尸迦汝已閉於惡道之門勿生怖畏一切有為生死所攝所謂無常汝今諦聽當為汝說此是夜摩天上諸天命終夜摩諸天色量形貌及以受樂勝三十三天過百千倍以業盡故命

終還退去此無量百千由旬從上而墮其光薄少如燈欲滅光明微少如是夜摩天子於虛空中退時墮落光明微少猶尚如是況夜摩天大光明相不可具說夜摩天光三十三天所不能視何以故非境界故憍尸迦三十三天不能視於夜摩天光夜摩天衆三種業故三十三天但說二業我從世尊聞如是說汝今所見亦復如是今為汝說時諸天衆聞是語已於五欲中生猒離心此是夜摩諸天命終之時退歿相也其光去此無量百千由旬從空而下汝勿怖也尒時釋迦天王為諸天衆而說頌曰

隨如是大樂　富樂亦如是　決定當墮落
受如是大苦　業得相似果　世尊如是說
以其業勝故　其果亦如是　上上相續法
如業之所得　上上相續縛　其果亦如是
此威德上故　知業決定勝　以業上勝故
得勝命色力　一切諸天衆　業盡故還退
辟如燋敗種　種之不復生　觀心性相續
念念如燈焰　心因念念滅　諸業亦如是
無常業因故　終必有破壞　謂樂有常者

是則不可得樂若非無常不生亦不滅
正法念處經第三十五卷 第七張 誠
若有智慧者應離愛境界猒離愛欲人
則得離愛樂一切有漏法無常苦不實
若得無漏法乃名不動樂
如是天帝釋為毘陁羅諸天如實說
已復更安慰毘陁羅天令歸自地告
諸天衆汝等諸天於一切時莫得放
逸尒時諸天礼天帝釋還其所止到
夲地已受五欲樂五樂音聲種種莊
嚴園林之中受天之樂乃至愛善業
盡命終還退隨業流轉墮於地獄餓
鬼畜生若生人中生安樂處或作大
人為一切人之所愛念無有病惱生
大種姓大長者家常受安樂乃至老
死以餘業故
復次比丘知業果報觀三十三天所
住之地彼以聞慧見三十三天第三
十處名曰上行衆生何業生於此天
彼以聞慧見有衆生順法修行信業
果報行於正見布施修福持一分戒
初持多分後一切持於道行僧布施
靴鞋及施澡瓶不煞不盜或有邊地
夷人捉人欲煞是持戒人救贖令脫

若是王者或見曠野征伐得財恐犯
正法念處經第三十五卷 第八張 誠
偷盜不受其分是名不盜云何不煞
生是持戒人或是王者見有惡人欲
来害已以持戒故不斷其命如是之
人畏業果報命終生於三十三天名
上行地生此天已以善業故三千天
女以為給侍諸天女衆種種瓔珞莊
嚴其身手執種種伎樂琴瑟及種種
香種種歌頌讚歎天子向天子所欲
心親近天子見之亦向天女各各生
於歡喜之心皆共往詣常歡喜園其
林一切毗琉璃寶金銀之樹以為莊
嚴種種流泉蓮花林池莊嚴其園有
無量河而為莊嚴種種鈴網弥覆其
上無量衆鳥周遍莊嚴出於無量種
種美妙和雅之音其林如是種種莊
嚴天子天女於園林中手相扶發轉
增妙好林中有山名曰遊戲七寶所
成有無量種衆色寶鹿端正莊嚴赤
蓮花寶以為其脅真金為背白銀為
腹真金為頂珊瑚為足頗梨為角或
有一色所謂金色或有二色金色銀
色一切衆色以為莊嚴一切諸鹿於

林樹間隨天衆行出衆妙音如天女
正法念處經第三十五卷 第九張 誠
歌如是衆鹿歌衆妙聲此諸天衆既
受如是無量樂已復往詣於須弥山
峯於山峯中有一大河名曰山谷乘
種種殿種種伎樂五樂音聲勝欲具
足第一歡喜威德具足往詣須弥山
峯山谷河所於此種種河岸之間遊
戲受樂流水岸中蓮花林中園林之
中歌音悅耳受於欲樂皆生歡喜手
相愛敬多有天子及天女衆花香塗
身花鬘貫頂以善業故受天快樂以
業力故隨順遊戲如天所應受天之
樂不可辟喻今說少分一切世人不
能具說何以故不可辟喻如是天樂
無相似故人中持戒善業因故受如
是樂於此天中受五欲樂乃至可愛
善業破壞朽盡命終還退隨業流轉
墮於地獄餓鬼畜生若生人中第一安
樂近於山澤多有河林國土之中或
為大王或為大臣第一威德以餘業故
復次比丘知業果報觀三十三天所
住之地彼以聞慧見三十三天第三
十一地名威德顏衆生何業生於彼

天彼以聞慧見有衆生第一淨心布施修福持七種戒不近惡友持戒不濁護持福德常勤精進一心直心如煉真金護幾種戒所謂不殺及不偷盜云何不殺若國土荒亂手相殺害是持戒人畏破戒故寧自捨命不害他人不教他殺是名不殺生云何不盜若國土荒壞亂一切衆人競取他物是持戒人畏破戒故飢渴垂死寧自捨命不取他物

云何布施施何福田若供養佛若說法處而施與之第一修心其意正見是人命終生於天上威德顏地生此天已威德光輪周遍園遠第一勝色受相似因果以善業故五樂音聲以悅其耳常聞曷陁羅香俱賒耶舍香青蓮花香七寶花香以悅其鼻舌得種種上妙須陁天上味飲目見種種七寶山谷上妙之色身得種種勝妙天衣無有經緯優鉢羅華香以塗其身如是天子以善業故善果成就千天女衆以為圍遶園林莊嚴其林勝妙如融金色金銀枝中懸以寶鈴微

風吹動出妙音聲以為娛樂又聞種種歌頌讚歎之音受第一樂天鬘天衣以為莊嚴遊戲山谷見於無量種種衆色毗琉璃寶金銀青寶大青寶王於頗梨山峯自見其身猶如明鏡時初生天子天女圍遶入寶山峯見百千身百倍歡喜諸天女衆亦復歡喜嗚呼歎言我身如是端正莊嚴我今常樂五樂音聲受天五欲功德之樂諸天女衆心生歡喜從一山峯至一山峯從一山谷至一山谷皆於其中遊戲受樂愛毒所醉如狂病人心行不正如是天衆放逸所壞亦復如是共諸天女遊於山頂種種飲食須陁之味種種鳥音於園林中受無量樂更相愛樂一心共遊一心係念如是遊戲以天衣服瓔珞莊嚴皆共往詣如意園林或往詣於酒水河池於此河中亦優鉢羅花遍覆其上鵝鴨鴛鴦以為莊嚴時諸天衆於河岸上食於花汁或飲上味天之美飲與諸天鳥遊戲受樂見之悅曰

尒時諸天愛毒所醉復飲天酒百倍

增長愛火燒五欲薪愛欲所渴不知猒足一切皆為欲網所縛譬如有人犯官禁法為王所縛一切天衆見於無量百千愛欲見之往趣遊戲其中於飲河岸既遊戲已河中蓮花鉢頭摩花優鉢羅花拘物陁花衆鳥在中歡喜受樂池中有鳥名曰赤水七寶為身及以兩翅其身光明見諸天衆樂放逸行即為天子而說頌曰

天衆常放逸　天鳥亦復然　天衆及飛鳥
彼此無勝劣　樂行於非法　不求解脫樂
天衆若如是　與鳥無差別　若離於放逸
順法而修行　則為世間勝　以不放逸故
若天樂遊戲　禽鳥亦如是　天衆則與鳥
平等無差別　以其業勝故　受生法亦勝
若入於惡法　不得生善處　若不覺生死
一切皆無常　天衆若如是　愚癡如畜生
生苦及老苦　死苦亦如是　恩愛及別離
次第受衆苦　若人有智慧　視於無垢法
彼於世間勝　非洪放逸行　若人覺苦惱
而生淨智慧　是人名為天　非汝耆欲者
親友及兄弟　數數愛別離　若不猒生死
與鳥等無異　飲酒過雖重　酒醉尚可醒

放逸不可悟　是故應遠離　放逸破壞人
輪轉於五道　是故離放逸　第一勝方便
酒醉但一日　令人不醒悟　放逸惛醉人
流轉百千劫　若離於放逸　則得不滅處
若人樂放逸　常受於生死　若人求利益
當捨於放逸　放逸生煩惱　大聖之所說
鳥行於放逸　畜生輕心故　天何故放逸
而不能捨離

如是天鳥以善業故教化利益一切諸天如是天鳥猶如父母利益教示此諸天衆放逸心故不覺天鳥說利益法

尒時諸天復往詣於摩多羅林種種音聲手相受敬至摩多羅林遊戲受樂其林皆是七寶之樹枝葉相接無量衆鋒遊戲在於林樹之上天寶花中天衆見之皆生歡喜共天女衆遊戲歌儛天女歌音遍園林中於園林中出於響音皆如歌聲鳥音鋒音其音齊等遍須弥山其須弥山本性可受既有此音二倍轉勝時諸天衆若見若聞皆受快樂大欲成就共諸天女遊戲受樂種種莊嚴妙色具足遊戲

歌儛受天之樂乃至愛善業盡命終還退隨業流轉墮於地獄餓鬼畜生有餘善業若生人中受第一樂心常歡喜顏貌端正為一切人之所愛敬或為王者或為大臣以餘業故

復次比丘知業果報觀三十三天所住之地彼以聞慧見有天處第三十二地名威德焰輪衆生何業而生彼處彼以聞慧見此衆生善心修福不諂不幻觀於正法以正見心利益一切衆生信佛法僧其心柔軟修行福業若於僧寺或見佛塔有破壞者為之修治或時塔寺為火所燒竭力救護不惜身命或見大火焚燒佛法衆僧珎寶財物喪身救之或見有人為火所燒入火救之以悲心故能作如是難為福德去何不煞及不偷盜若見道邊遺落之物若金若銀及餘財寶取已唱令此是誰物若有人言此是我物當問其相實者當還若無人認七日持行日日唱之若無主認以此寶物付王大臣州郡令長若王大臣州郡令長見福德人不取此物後當

持與佛法衆僧是名不偷盜去何不煞若行道路見諸垂蟻蚓蛾蝦蟇及餘小垂捨避諸垂行於遠道以慈悲心護衆生故信業果報知生死過觀生滅法是名不煞生是持戒人身壞命終生於善道三十三天威德焰輪所住之地生彼天已第一善業其威德輪周匝莊嚴而受快樂不可具說今說少分其身周遍威德熾光如日之照而不矅目以善業故百千天女圍遶其人而受快樂金毗琉璃青因陁寶以為宮殿遊戲歌儛復有園林花常開敷多有衆鳥出妙音聲見色聞聲皆可愛樂

復有一林名曰開合處處諸林開冂閉目常見光明於此林中共諸天女遊戲受樂生希有心復往詣於祇多之林與無量百千天女歌儛音聲遊戲山峯以歌音故出衆響聲猶如歌音若有異天於諸林中遊戲受樂聞此歌音即出其林自相謂言是何等聲猶如第二糨迦天王出已即見初生天子天衆見之生歡喜心出迎天

子發希有心既見天子皆生歡喜命天子言善來天子汝來我所汝於天衆最為殊勝於此天中猶如第二釋迦天王

尒時餘天皆悉速往至天子所到已圍遶時諸天子歌儛戲笑心生歡喜圍遶天子皆共往詣歡喜園林遊戲受樂諸天女等圍遶天子歌儛遊戲

尒時天子須臾迴顧見諸天衆皆隨其後心生歡喜問天衆言欲至何所時諸天衆語初生天子今當往詣歡喜園林可愛之處五欲功德受於勝樂

尒時天子未曾見此奇特園林徐行往詣歡喜園林其林晃曜光明普照猶如日輪初生天子見此園林復生歡喜入此林中見此林樹有無量種甚可愛樂一林之中具四威德無量百千衆鳥音聲或有出於微妙音聲或有命言善來天子或有圍遶歡喜踊躍如是天鳥莊嚴園林復有異處於山谷中河水之聲出衆妙音真金為岸於其水中多有種種鵝鴨衆鳥出妙音聲既見此河與無量天女在

於河岸遊戲受樂五樂音聲歡娛受樂既受樂已復往詣於如意樹林見如是樹光明如月或見如日新生天子於此樹下受五欲樂不可具說既受如是無量樂已向蓮華池至蓮花池天衆圍遶如奉帝釋皆生歡喜於蓮花池既受樂已復往詣於高聚山頂歌儛遊戲天子天女手相娛樂受五欲樂至高聚頂見山頂上有蓮花池無量衆鳥共諸天衆受第一樂以善業故第一威德共諸天衆於園林中如意林中上味林中多有衆鳥莊嚴其林於此林中遊戲受樂是時天子於高聚峯與諸天衆久受樂已復觀自地新生天子生希有心百千天衆皆共圍遶復與天衆詣善法堂見天帝釋

尒時新生天子至善法堂見善法堂種種衆寶以為莊嚴衆寶欄楯如前所說尒時釋迦提婆見此天子心生歡喜而說頌曰

以善業果報　今生於此地　於此天世間
命終當墮落　業盡還墮落　隨業之所生

今若修善業　後不生悔心　放逸著欲樂
消盡於善業　以時自在故　業盡墮惡道
見餘天退沒　云何不生猒　我亦當墮落
決定無有疑　若有畏未來　隨順於法行
其人命終時　則無惡道畏　放逸無怖畏
其心行不善　後得大憂惱　臨終生悔熱
一切諸天衆　必當有退沒　既知欲無常
莫行於放逸　五欲誑衆生　為欲之所迷
欲網所纏縛　常墮於地獄　知此衰惱已
當作自利益　以心調伏故　命終心不悔
為欲虵所螫　欲如海潮波　癡人趣死路
為欲火所燒　親愛及兄弟　親友皆別離
死時衆苦集　不可得具說　死時既至已
猶如墜山巖　大力不可避　將人入惡道
大力執持人　能壞於世間　天衆既知已
當捨於放逸　諸根生貪者　而不知猒足
愛心常增長　如酥油投火　如是種種門
因愛有世間　輪轉於地獄　餓鬼及畜生
生死所擾動　苦惱自迷心　既知能離愛
則到第一道　勇健者斷愛　離憂無苦惱
則得安隱眠　以能離愛故　若人心常樂
修行於智慧　不為於生死　愛網之所縛
若人心無相　猒離於愛欲　離垢及曠野

到安樂彼岸　若人不猒苦　得樂亦不欣
是人脫苦樂　能到涅槃城　若有人修行
常起慈悲心　是人知因果　則能脫苦網
若人不分別　離意分別過　是人離衆過
能得無上道　和合則有離　盛色必有衰
有命皆歸死　一切法如是　諸天將退沒
念念欲現前　當知如是法　莫行於放逸
愚人無方便　常求於欲樂　如沙中求油
則是不可得　若人樂放逸　則不得安樂
放逸受大苦　如樹根堅牢　我為汝實說
法非法之義　汝當善思惟　勿於後生悔
若有愚癡人　不受善師教　臨終衰惱至
心必生悔熱　億千那由他　無數億地載
阿僧祇諸天　皆為放逸誑　無常大劫火
尚燒此山王　何況諸天身　如水沫芭蕉
諸行皆遷動　生法悉無常　如是諸法中
求樂不可得

如是天帝釋為新生天子方便說利益法時新生天子以放逸故不受一言尒時帝釋知其不受默然而住時初生天子合掌頂上礼帝釋已與諸天衆歌儛遊戲百衆千衆還歸自地園林花池處處遊戲遍觀住處流泉

華池莊嚴之處種種衆鳥其聲可愛種種山谷寶光焰輪與諸天衆受無量樂放逸覆心愛者欲心欲火所燒從於五根生五種焰心常住處不覺自燒與諸天女放逸遊戲覆藏怨賊謂為親友如是受樂乃至愛善業盡隨業流轉墮於地獄餓鬼畜生若有善業生於人中常受安樂第一端正無量功德生大種姓為一切人之所愛念或為人王或為大臣生處長壽乃至命終受樂不壞以餘業故

復次比丘知業果報觀三十三天所住之地彼以聞慧見三十三天第三十三地名曰清淨衆生何業生於彼天彼以聞慧見此衆生以善心故信於因果持七種戒於一切衆生起慈悲心不近惡友不與惡人言語談論常信三寶其心寂靜心無散亂意無散亂不行惡法不與下賤惡人交友於一切衆生常說愛語利益時語供養法師常聽正法隨力布施若於行路乃至不以盜心取他草葉是名不盜云何不煞生若蝦蟇若毛頭迦（兩頭虵也）

乃至目見不起煞心何以故一切衆生皆自愛命以此因緣一心係念諦視而行不傷衆生云何不煞生若有疾病恐喪其命買肉療病若於熱時或經多時內中生虫若去此虫則斷虫命寧自喪命不去此虫護虫命故如是善人乃至微細小罪見之生怖云何不盜如是善人安樂利益一切衆生若田澤園林有乾牛糞知他所攝終不故取恐犯偷盜如是之人捨於盜心持戒離垢不雜不濁離於穢結是持戒人身壞命終生於善道名清淨地如是天子生此天已受第一樂其身光明勝於日光威德熾盛受於無量天之快樂以善業故受如是樂諸天女衆百千圍遶天鬘天衣莊嚴其身七寶林中與諸天女遊戲受於第一之樂復往詣於樂座頂林見此園林可愛奇特生大歡喜問諸天曰以何因故如此園林勝諸園林花果莊嚴山窟峽谷崖岸河泉花池流水無量衆鳥出妙音聲於其山中處處多有衆寶之座種種莊嚴第一殊勝

尒時先生諸舊天等告初生天子曰天子當知如我往昔次第曾聞先世天子作如是說有轉輪聖王名曰頂生主四天下受於無量百千之樂欲無猒足以自在力来至此天從四天王天次至此天於人中數無量百千歲在此天中受於欲樂而無猒足既至此天與天帝釋分座而坐與帝釋天共出遊戲知此林中無量功德至此林中遊戲受樂以此因緣此林殊勝乃至於今勝於餘林時頂生王於此天中與天帝釋同處而坐自業盡故從天還退我昔曾從先舊諸天傳聞斯事非我自見此林具足乃至於今時新生天子聞已歡喜遠離疑惑以安樂音聲受於無量五欲之樂林中有鳥名曰怖樂以善業故為諸天子而說頌曰

以愛因緣故　欲心無猒足　多欲從愛生
心意不可滿　一切衆生類　死法常現前
設以諸方便　不能遮此法　久受無量樂
必定當退沒　是故諸天子　應隨順法行
唯有法能救　能令得善道　以法得壽命

無法則無壽　若能愛樂法　隨順於法行
從樂得樂處　則不見衆苦　若不愛樂法
樂行於非法　則墮於地獄　常受諸苦惱
如是天王界　所說諸地處　除斯更無有
其餘諸地住　此三十三天　更無微少處
而能脫死地　以無常業故　應知此因緣
種種無常法　帝釋所說法　而天不能受
善智憍尸迦　其身如妙藏　愛於俱睒花
捨離於惡衆　為諸天父母　善說於正法
愚天不受教　放逸乱心故

如是天鳥為諸天子說是偈已時諸天子性放逸故不生猒心放逸覆心不受其教還著欲樂但觀現在不觀未来於此天中受五欲樂乃至愛善業盡命終還退隨業流轉墮於地獄餓鬼畜生若有餘業生於人中常受快樂好行善法端正第一為一切人之所愛樂以餘業故

復次彼比丘知業果報觀三十三天所住地處除此三十三地更無餘地彼作是念但有如是三十三天更無餘地此是釋迦天王之地天主福力天王自在更無有餘如是觀於第二

天衆因果相似相續而生業果之鏡皆悉相應一一諸地各各差別具觀察已於無量生死怖畏生猒離心生死險處愛別離苦怨憎會苦老病死苦逼迫之處見無量苦暴河所漂心生猒離嗚呼世間甚為大苦於生老病死大險難處沒在其中而不覺知不知求出如是生死無有少樂無常敗壞變易之法衆生愚癡不知不覺以身因緣多作衆惡身雖破壞業縛不亡尒時比丘觀是事已而說頌曰

種種內供養　牀褥及卧具　此身要當壞
無人能自護　不念於恩惠　得便則傷害
智者為身怨　則不造惡業　衰病所住處
種種衆苦集　不淨穢惡聚　是故名為身
智者所觀察　死相常現前　命念念不住
須臾歸磨滅　此身念念老　終無有增長
為愚癡所迷　恃少生憍慢　恃財生憍慢
不益於自身　財物皆亡失　惡業還自燒
若不行布施　則無受樂報　財物會歸盡
貪狂故守護　若所愛財物　布施於師長
此財則堅牢　慳者財如草　淨心布施者
猶如商者導　此世未来世　能護法弱者

持戒七種福　不可破壞句　戒能護丈夫
上生於天中　第一勝智者　常欲煞煩惱
是人脫衆縛　則到不退處　有海大險難
此三堅牢筏　若得無垢心　則能到彼岸

如是比丘觀布施持戒智慧果報如實見之欲至實諦三種觀已得十八地於一切生死中心得猒離修行精進以求涅槃不住魔境地行夜叉知此事已告虛空夜叉虛空夜叉告四護世護世天王告三十三天三十三天告夜摩天如是展轉至光音天如上所說

正法念處經卷第三十五

癸卯歲高麗國大藏都監奉
勑彫造

正法念處經卷第三十五

校勘記

一　底本，麗藏本。

一　二〇八頁上一行經名、二行譯者、三行品名及夾註，石作「正法念處經天品之十四」。

一　二〇八頁上九行第一〇字「煉」，石作「練」。

一　二〇八頁中一八行第二字「欄」，石作「蘭」。

一　二〇八頁下六行「軟淨」，徑作「媆清」；清作「軟清」。

一　二〇八頁下一五行「種種」，石、磧、普、南、徑、清作「種樂」。

一　二〇八頁下一五行末字「妬」，石作「妬」。

一　二〇八頁下二二行第一二字「快」，磧、普、南、徑、清作「之」。

一　二〇九頁上五行首字「幡」，磧、普、南、徑、清作「翻」。

一　二〇九頁上七行首字「七」，南作「中」。

一　二〇九頁上一一行第六字「具」，普、徑、清作「其」。

一　二一〇頁上一〇行第一二字「愛」，磧、普、南、徑、清作「受」。下同。

一　二一〇頁上二二行首字「靴」，南、清作「鞾」。

一　二一〇頁中一行第六字「見」，石作「无」。

一　二一〇頁中一三行第一三字「園」，石作「國」。

一　二一〇頁中二一行及本頁下一一行第五字「頂」，磧、普、南、徑、清作「項」。

一　二一〇頁下四行末字「乘」，徑作「椉」。

一　二一一頁上八行第六字「壞」，徑無。

一　二一一頁上一七行第一一字「其」，石無。

一　二一一頁下二〇行「放逸行」，石作「施放逸」。

一　二一二頁上三行第九字「醒」，石作「惶」。

一　二一二頁上一四行第一〇字「羅」，石無。

一　二一二頁中八行第七字「輪」，石作「輸」。同行第九字「生」，石作「生生」。

一　二一二頁下九行第一一字「熾」，磧、普、南、徑、清作「焰」。

一　二一三頁上九行第八字「頋」，磧作「願」。

一　二一三頁上一一行第三字「天」，磧、普、南、徑、清作「天子」。

一　二一三頁中二行第一〇字「如」，石無。

一　二一三頁下一六行首字「當」，石作「常」。

一　二一四頁上二行第九字「睬」，石作「膝」。二一六頁上八行第五字同。

一　二一四頁上四行第二字「人」，磧、普、南、徑、清作「心」。

一　二一四頁上五行「有衰」，磧、普、南、徑、清作「衰老」。

一　二一四頁中末行夾註「兩頭虵也」，徑、清無。

一　二一四頁下五行首字「經」，石作「逕」。

一　二一四頁下九行第四字「澤」，磧、普、南、徑、清作「宅」。

一　二一四頁下一一行第一三字「糠」，石作「康」。

一　二一四頁下一八行末字「此」，南作「比」。

一　二一五頁上三行第一〇字「聖」，石、磧、普、南、徑、清無。

一　二一五頁上九行首字「天」，石作「火」。

一　二一五頁中一行及本頁下二一行第八字「愛」，石作「受」。

一　二一五頁下末行第八字「末」，磧、徑作「未」。

一　二一六頁上一三行經名，石無。

正法念處經卷第三十六　誠六

元魏婆羅門瞿曇般若流支譯

觀天品第六之十五夜摩天之初

又彼比丘知業果報精進不壞觀察三十三天已上復有何天在彼三十三天上住光明勝妙力命自在勝彼三十三天果報彼見聞知於彼三十三天已上復有一切法勝之堂法果報勝光明勝妙名夜摩天因三種戒故得生彼夜摩天中三者所謂不殺不盜不邪行等善修不缺不孔不穿堅固不犯一切聖人所愛讚戒報常清涼次第乃至得到涅槃猶如善親生死海中能度如橋若有上彼持戒橋者是則能度生死大海到於彼岸

彼修行者復諦思惟見彼比丘觀七種戒果報業法有下中上如前所說正觀察已又復觀察彼夜摩天須彌山上夜摩天處以何為處有何光明高幾許住如是觀察彼見聞知如不殺生及不偷盜不邪行等樂修多作自能持戒教他持戒自他利益如是衆生得生彼天

彼夜摩天可高幾許彼見聞知高六十八百千由旬彼夜摩天須彌樓上兩倍高遠

彼夜摩天凡有幾地擧高幾許何物為地彼見聞知彼一切地有三十二高五千由旬彼夜摩天住於虛空如虛空中所有雲聚為風所持如此地根下有水持水為風持名闍婆風持夜摩天如持雲聚何等名為三十二地一名勢力二名乘處遊行三名雲處遊行四名積負五名心相六名山樹具足七名廣博行八名成就九名勝光明圓十名正行十一名常樂十二名增長法十三名一向樂十四名樂行十五名種種雜十六名心莊嚴十七名風吹十八名崇高十九名沫旋行二十名百光明岸二十一名山聚行二十二名月鏡二十三名憶念量二十四名遮尸迦二十五名解脫禪二十六名慢上慢二十七名下入二十八名階行二十九名自身鏡三十名慢身光明三十一名上行三十二名林光明此等是彼夜摩天地夜摩天王名牟脩樓陀如彼三十三天之主帝釋大王名憍尸迦如是彼處夜摩天王名牟脩樓陀夜摩天王隨順法行於帝釋王法神通樂其量多少千倍為勝牟脩樓陀天王之身五由旬量光明勝妙帝釋王身一居賒量夜摩天王牟脩樓陀身量如是夜摩天王牟脩樓陀一身分力彼帝

釋王百千和合所不能及彼業因果亦復如是如是比丘既觀察已而說偈言

如負少物者　度水則不沒　少惡業之人
上昇不沉沒　如鳥翅堅牢　行空無障礙
持戒堅固者　則生於天中

彼比丘如是觀察彼夜摩天樂果報因彼夜摩天有四大山彼一切山高萬由旬何等名為四大山耶一名清淨二名無垢三名大清淨四名內像是等名為四大山也彼有其餘種種異山有無量種有無量色無量形相無量功德如是具有多千異山多饒天華具足莊嚴夜摩天中如是莊嚴三十二地有種種山種種莊嚴饒種種河蓮華水池百千園林周匝圍遶一種形相香色味具諸樹蓮華有種種味如彼帝釋三十三天所有山河蓮華水池諸園林等勝妙之事人中所有山河樹林蓮華水池所不能及彼夜摩天勝妙之事三十三天所不能及亦復如是何以故因果名故彼有無量善業福德百種功德業因緣果善業所化不可具說以何因緣不可得說種種業力動轉多故如是業果一切眾生所不能說一切善業得天化生夜摩天中如是種種不可具說彼天果報千分之中此可說一何以故若持戒者必定得果今此實說若持戒人聞已心進若修智人十倍力進以何因緣知彼持戒如是差別持戒之人生彼天中修智之人則得涅槃如是智戒功德已說若彼已知如是戒果如是智果生如是心持戒尚尒何況修智我如是得彼人聞已勤行精進如是而說有中業果

復以因緣異說有法彼天如是久住天中受第一樂無所妨礙後時猶退不得自在況人中欲多有諸過少樂少味動轉不住常不安隱能為破壞與無量罰怖畏賊等

彼如是等因緣說天我復更有餘異因緣而說彼天外道之人有如是念一切皆是摩醯首羅之所造作非業所得更無人知遮彼外道故說業果實有業果實有因生非是異作非無因有一切因果相似得果因果相似非從異因而得異果非善業因生於地獄非不善業因緣生天然彼如是因果因緣修施戒智必定業故得生天中如是說天苦樂二種不可具說天中之樂彼業一分不可譬喻此說少分

又彼比丘知業果報次復觀察夜摩天地復見聞知彼夜摩天有地分處名為勢力眾生何業生彼地處彼見聞知若人持戒微塵等惡見則生畏其心正直不諂不誑不惱他人正見不邪不癡心念觀此世間一切無常苦無我等念佛法僧不殺不盜如前所說又不邪行心離不樂不行不作乃至飛鳥鴿等行欲亦不觀看乃至欲睛心亦不念若人如是亦教他人彼人為他說業果言汝勿如是汝若作者必入地獄彼人如是真見業果如是不犯他妻婦等於業生怖彼人善業生彼地處百千天女之所圍遶纔生於彼彼諸天女即於生時歌天音聲彼天忽聞如從睡覺彼樂音聲如初出時如是化生於樂音聲如是得念彼歌音聲備有八分功德具足一者語二者稱三者甜四者善合五者相應六者善深七者一切愛樂八者百萬由旬聲不妨礙法句相應清淨不濁如是八分功德具足勝妙音聲覺善業人

彼於自身出妙光明廣五由旬青黃赤白如天上虹即彼天子初生之時有光明旋猶如日月暈輪端嚴彼既起已百千天女相隨圍遶故有第一歡喜之心天子天女共相隨從如是往入名光明林

又於彼處夜摩天中有華不萬彼華名為眼

甘露華香不壞華善色香華開華名巳心則受樂彼華則有如此勢力何處何處說彼華名彼處彼處虛空之中出彼香華名月勝華常轉行華若天念時彼天樹華出聲而生隨天行轉隨彼天子所念何處於彼處行如是天子在彼樹上行於虛空在其華中隨所念處如是而行猶如第二三十三天在堂上行如是彼處夜摩天子在於華中如是而行光明赫焰而常下觀一切諸處於一眴頃一切遍見而不疲倦

彼處復有名樂愛樹彼樹可愛於彼樹內何處可愛入其內已受天快樂園林蓮華池水之中有名隨順一切念樹樹之勢力若彼天子憶念之時彼夜摩天一切地中一切勝物皆在其地彼樹力故樹中受樂八分樂音不可稱計彼中有樹名香漂樹彼有勢力如彼天子憶念之香如是樹中香爲之出彼復有樹名華香樹在彼樹內如在房中戲樂無異有好園林蓮華水池彼夜摩天在中受樂彼夜摩天在彼樹中青黃赤紫妙色光明備有種種香色具足彼天若入有一切種妙色皆生彼天之身亦如是色彼身衣色一切盡滅唯樹色現

又彼有樹名虛空行於眼眴頃行處空中百千由旬隨念而去彼樹光明如日不異然彼天子乘彼無量種種妙樹在空而行百千天女圍遶相隨鬘香塗身彼天子身有勝光明彼天子前有諸天女種種妙衣莊嚴其身喜笑歌舞彼歌音聲周匝遍滿無量由旬彼天女中天子端正且說少分善業所得如星中月天子端正亦復如是然彼天子千功德勝種種樂聲歌舞嬉戲入香林中百千種鳥音遍彼林無量河池勝妙蓮華以爲莊嚴甚可愛樂勝於百千日之光明且以現事少分譬喻猶如人中可愛園林流水河池蓮華莊嚴於彼四天大王天處十六分中不及其一如是四天大王天處復於三十三天之處園林可愛十六分中亦不及一如是三十三天之處園林可愛於夜摩天園林可愛十六分中亦不及一如是次第善業勝故以有上上勝善業故園林可愛設使一切衆生之中善智慧人一心專意更無異作方便善巧相應辯才而亦不能說其一分何以故以非一切人境界故彼處如是非一切人心之境界設使第二三十三天共帝釋王於百千歲亦不能說彼夜摩天一地之中受樂之事何以故以非境界三十三天不曾見故不曾聞故故不能說於彼善業且說一分不可具足一切盡說此之善業一切和集決定受樂不可思議受樂之事可愛之樂唯說一分譬如一切善巧畫師若其弟子於壁等處或畫爲月或畫爲日然彼畫師而終不能畫作光明及其威德不能令行不能令照不能令涼不能令炙唯可能畫輪形而已說夜摩天亦復如是唯說樂受不能說其受樂可愛不可得其勢力之寶若彼光明若彼園林若彼勝德若歌若樂若彼端正若境界樂若光明輪若近天女種種受樂唯可髣髴說其少分比類而已

又彼天子於彼天中戲樂之處無量欲樂種種具足無量濟口園林莊嚴如是地分既觀察已五欲境界功德牽心境界力動令心不住分別流轉愛河所漂普眼所見皆悉可愛然彼天子如是見已次復往向名無量欲具足林中流水河池多有種種蓮華莊嚴無量百千衆鳥音聲到彼林已於彼林中本未曾見種種具足共諸天女既到彼已於彼蓮華河池之中有眞珠沙鐃金銀鳥其翅皆作青寶珠色在彼河岸種種妙樹莊嚴河岸天子在中遊戲受樂

天子如是既受樂已次復往向名寶岸林多有天衆天女圍遶見彼勝林殊妙七寶光明地分隨於何處寶山之峯流水河池蓮華可受百千萬峯莊嚴山谷彼地分分妙寶莊嚴善業力故令彼天子見諸天女而共嬉戲遊行受樂以善業故彼善根因相似得果有無量種如是無量種種受樂

然彼天子五欲功德受勝樂已次復往向名釋迦說地處之中彼處種種受天樂已復爲所愛境界牽心分別勢力之所迷意於彼所見境界不住彼心獼猴食天樂菓爲菓所醉見諸天女生愛樂故常行不住何風所吹令其常轉在彼夜摩天衆之中恨不知足境界之樂有無量種極甚可愛終不爲他之所侵奪他則無分亦不爲他之所能毀

又復普生妙寶蓮華如是如是種種嬉戲如是如是種種憶念彼彼如是寶蓮華中是善業得若彼天主牟脩樓陀夜摩天王如是思念我當在彼蓮華中坐共諸天衆乘空而行即生心時牟脩樓陀夜摩天王共諸天衆於虛空中飛行而去一切天衆如是飛行身不微動時一切天坐蓮華中在於虛空五樂音聲歌舞喜笑如是遊行受天之樂五欲功德

彼天如是坐蓮華中行受天樂如日欲出初沒之時於人世間虛空端嚴一切皆赤彼天蓮華光明端嚴亦復如是

彼一切天極受快樂受快樂已次復往向名拘鞞羅衆林之中名滑高山向彼頂上爲受樂故若彼天衆到山頂已彼有無量七寶莊嚴流水河池所有光明勝百千日多有端正天子天女無量七寶光明如日諸樹莊嚴彼天既到滑高山已於彼勝山嬉戲受樂遍共遊行

下彼蓮華次復更上名白峯山爲戲樂故然後方及牟脩樓陀夜摩天王向天衆所共諸天女相隨圍遶彼諸天衆見已奉迎心生歡喜歌舞遊戲相與往向牟脩樓陀夜摩天王自業得果以彼善業有下中上天樂亦尒有下中上勝色亦尒有下中上食亦如是有下中上樂亦如是有下中上如是乃至一切極劣下夜摩天所受之樂十六分中帝釋天王所受之樂不及其一彼帝釋王所受之樂尚不可說況作三倍功德之業百業行樂而當可說彼天如是唯多善業如是善業持戒之人心常歡喜有無量種如是此說夜摩天中受大快樂悕望有故

又復如是牟脩樓陀夜摩天王種種百千分別憶念無量種種功德成就不可譬喻受諸快樂牟脩樓陀夜摩天王滑高山上彼蓮華中勝妙七寶受快樂已復見蓮華如是思念我當入彼大蓮華內既入彼已一切天衆共受快樂即於念時彼蓮華臺增長寛大以善業故多有如是大蓮華臺皆入其中彼華臺內多有孔穴彼孔穴中出大光明彼蓮華內復有異天昔未曾見光明出過普百由旬其光備有無量種色夜摩天王牟脩樓陀及諸天衆見光明已生希有心是何光明於此蓮華臺中而出

尒時天王牟脩樓陀告天衆言汝見如是勢力光明如是出不天衆荅言唯然已見如是光明甚爲希有尒時如是夜摩天王又復告言一切天衆今皆共我從蓮華門入蓮華臺入已觀察尒時如是一切天衆一心白言我等皆如夜摩天王意所希樂我等意願亦復如是我亦欲入大蓮華中并諸天女相與共入尒時天主牟脩樓陀夜摩天王并諸天衆諸天女衆皆共入彼蓮華臺中皆悉欲見希有之事尒時相與欲從孔入則有光明如日光照火烊金聚更生日光照諸天身遍滿虛

空彼大蓮華臺中光明如是照耀天皆見故一切攝眼不耐光明時既入彼大蓮華中生歡喜心生希有心何因故有如是光明不可稱說而我昔來未曾覩見

尒時天主牟脩樓陀夜摩天王在天衆前天衆在後相隨而入夜摩天王心亦歡喜而共入已見有無量百千寶珠百千光明照耀顯赫多有無量遊戲之處園林莊嚴無量百千宮殿莊嚴光明遍滿有無量樹百千莊嚴復有無量七寶諸樹園林莊嚴有無量色異異形相種種衆鳥多有無量遊戲妙山莊嚴可愛無量蓮華池水莊嚴無量百千妙堂莊嚴無量百千流水河池澗谷莊嚴如說一切色量形相七寶莊嚴牟脩樓陀夜摩天王猶尚不見何況餘天彼處如是蓮華臺中河流清水彼河兩岸皆是玻瓈或有金岸或有銀岸或有寶岸或有青色寶珠爲岸或有赤色蓮華寶岸或有種種間錯寶岸

復有勝妙蓮華水池有種種寶蓮華莊嚴或有一色蓮華莊嚴有種種色妙葉莊嚴所謂青黄赤白等色蓮華莊嚴彼若青葉彼葉名爲青色寶葉若黄色者則名爲金若白色者則名爲銀若赤色者則名赤寶如是無量種種蓮華在於如是大蓮華中如是如是彼天遍共心生歡喜見彼蓮華無量百千種種諸蜂滿中莊嚴

諸天見已復向異處極大可愛園林之中遊戲之處彼處多有種種樂音既聞樂音意甚愛樂生歡喜心天衆天女彼此更互歡喜心往生希有心入彼園林多有種種衆鳥音聲七寶莊嚴其地柔軟下足則凹舉足還起一切普生歡喜之心處處遍看轉復轉勝彼天之心遍相愛樂遊戲受樂

彼天久時遍相愛樂如是遊戲受快樂已復向異處次第受樂彼處名行種種寶地既往彼處音聲娛樂種種音聲歡喜受樂六欲境界心受樂見多受欲樂而行放逸嬉戲遊行於彼地處見異功德青黄赤白無量諸種皆悉可愛

彼天如是於彼地處次第復向名嬉戲山受境界樂猶未猒足彼嬉戲山七寶莊嚴多有無量種種諸鳥種種妙色種種形相無量百千諸樹莊嚴流水河池蓮華莊嚴園林戲處山谷嶮岸峻極之處鹿鬼莊嚴天衆在彼嬉戲山中五欲功德而受快樂遍相愛念彼天之身種種光明而爲莊嚴多有無量種種莊嚴勝妙天女共相娛樂

彼處如是復於久時受大快樂未知猒足次復往向作行重樓復有行堂向彼戲樂未知猒足五功德樂亦未猒足無量分別無量種欲復更增長大增長愛復受無量種種快樂彼諸天衆諸天女衆彼此遍共歡喜受樂如是復共夜摩天王牟脩樓陀歡喜受樂彼蓮華中光明照耀過百千日所有光明勝而不熱各於其眼遍相愛樂五根受樂第一端正見者甚樂聖所愛戒善淨勝果有無量種無量分別無量境界受諸快樂遍共一心彼此更互心不相妨共相敬重遍清淨心彼蓮華中久時受樂如是之時於境界中未知猒足隨所憶念從彼蓮華臺門出去如是入故還如是出欲出之時彼滑高山其中有鳥名諦見鳥鳥見彼天欲出去故即爲彼天而說偈言

此天身色空　年少亦復然　樂念念向盡
愚癡故不覺　如此天一切　無量妙善相
時輪所劈割　令身分散壞　如彼天身命
無量百種相　以其業盡故　死王之所殺
此天受樂久　恒常心放逸　自羂之所繫
將欲壞其樂　樂及安力命　能令受別離
死王力甚大　在近臨欲至　若多放逸者

天羅臨欲到　必來奪其命　速疾壞令盡
此久時破壞　常放逸行天　著勝樂未覺
爲樂之所誑　此天失光明　諸根心劣減
墮於閻羅處　彼時則知果　此身念念變
樂念念無常　猶故染心天　無眼故不見
從愛至勝愛　恒常受行樂　若死王來至
不能到樂處　不知生死老　心見不生怖
彼後欲死時　於自業生悔　境界不猒足
諸根亦如是　若爲智燈照　則除著樂闇
常習近境界　思念無量種　如火爲風吹
熾然而增長　欲樂甚大力　常增欲火焰
智者諦思量　故能調境界　若常迷亂心
恒樂於境界　皆是癡力故　如是受戲樂
癡故樂近之　境界火增長　如薪與火合
爲風之所吹　屬欲未猒足　常爲欲所使
此天退天墮　天欲所誑故　前身受樂時
彼身集功德　念念命不住　彼壞何處去
如彼人身壞　天命亦不疑　雖久會當死
天身必破壞　此天境界樂　常著心不離
必當退此處　而不覺知苦　如此天所受
五欲功德樂　不及別天苦　十六分之一
如魚在水中　未曾有渴苦　於愛知足者
亦未曾有欲　若人不觀心　常受行欲樂
長夜久時㬉　苦惱不增減　癡故樂受樂
不覺知苦惱　後得衰惱時　乃知得何果
欲初似賢善　而實甚爲惡　此爲地獄使
專行不饒益　盲者信此欲　智眼者則離
猶嶮岸相似　如是墮地獄　謹慎第一友
常能作利益　放逸第一怨　故應近善支
欲遍一切身　如第一嚴毒　惡道第一道
所謂放逸是　若行於放逸　復染著境界
彼以愚癡心　常受諸苦惱　非不知是苦
不知觀察者　彼則與羊等　受樂天亦尒
飲食樂欲樂　羊亦有此樂　若天亦如是
與羊則不異　以心力勝故　業亦如是勝
離業功德已　勝則不可得　天不畏而戲
是故在死中　死時既到已　方知其果惡
乃至未死來　意常不錯亂　黠慧意樂法
皆隨順法行　一切命皆失　一切樂皆盡
一切愛別離　汝死時欲至　死爲第一惡
到曠野大道　更無如法歸　故應隨順法
有異法名死　所謂放逸心　放逸前破壞
然後爲死殺　由法得命樂　故說法第一
法爲不放逸　天道之導師　益不益不異
縛脫亦如是　放逸不放逸　功德過平等
由彼癡心故　令天無所知　共綵聚戲樂
智者則捨離

如是彼處名諦見鳥諦觀察已呵責彼天無量種過天未覺知以有放逸覆其心故喜樂境界五欲功德以樂受故不覺眞諦故不覺退如是天處必歸無常一切世間悉當無常而彼不覺

又復彼天坐蓮華上在滑高山并蓮華座捨出離去而身不動向名廣池有五百堂七寶莊嚴周匝欄楯處處無量間錯莊嚴復有異天於中受樂又彼堂中皆有却入在上高樓多有重數樓有諸天心生歡喜滿彼堂中無量飲食衣服牀敷遍相愛敬心不妨礙常遊受樂欲食恒豐一切時有五樂音聲彼處一切天女天衆如是受樂牟脩樓陀夜摩天王坐蓮華臺一切天衆皆共相隨向彼廣池忽尒而至既到彼已彼舊住天既見王至一切下樓復有離於蓮華處者有出堂者離构欄者一切皆從住處而出生歡喜心盡共奉迎牟脩樓陀夜摩天王皆向王走生敬重心生歡喜心既見天王在虛空中合掌在頂禮敬王已牟脩樓陀夜摩天王在天衆前一切天衆皆悉在後若歌若舞近彼廣池彼處一切功德具足無量妙堂皆悉作行種種莊嚴有

種種鳥種種音聲無量百千諸樹莊嚴所有光明勝百千日彼處多饒無量天衆常受快樂在夜摩天勝妙地上夜摩天王到已則入彼一切天心生歡喜讚歎天王牟脩樓陀牟修樓陀夜摩天王以善妙語先安慰之乃臨廣池到已次昇名見心樂勝妙堂上彼堂珍寶光明照曜周匝彼處種種間雜多有無量勝相功德百千莊嚴一切天衆之所圍遶夜摩天王昇彼堂已第一勝相微妙光明師子之座七寶莊嚴如是妙座一切樂觸具足而有天王坐上彼有第一宿舊天衆圍遶現前多有無量諸天女衆於先歌舞然從次第彼宿舊天問天王言王於何處乘蓮華座令來至此已於久時不曾見王時宿舊天於彼天王第一尊重

尒時天主牟脩樓陀夜摩天王荅天衆言我向於彼蓮華臺中見希有事我向入彼蓮華臺中一切諸天及諸天女俱共入已一切皆見時彼天王如其所見希有之事悉爲舊天盡皆具說如蓮華中種種功德悉爲舊天具足盡說時彼舊天於先已曾勝勝見來聞已不生希有之心彼蓮華中種種勝事於先已曾善見來故時彼舊天於是乃爲牟脩樓陀夜摩天王說於舊法作如是言願天王聽我先曾聞此大蓮華有大勢力此蓮華內大勢力者隨心憶念種種功德莊嚴具足此夜摩天一切處中除此更無如是樂處如蓮華中如是先聞有迦那迦牟尼世尊無上士調御丈夫天人師出現於世彼所說法初中後善義善語善獨法具足清淨鮮白演說正法所謂此色苦此色集此色滅此色滅道如是此法初中後等如是說已彼佛法中有多百千已見諦者有得果者如是次第得阿那含者斯陀含者須陀洹者如是復有得四禪者得三禪者得二禪者得初禪者彼佛安住如是人已復令餘人住十善法隨順法行令使多人乃至無量百千億人行善業已然後觀察有何等人我今調御彼以清淨過人天眼見夜摩天我應調御彼時此處夜摩天王名曰樂見彼王內藏有善種子身行放逸彼王近身多有無量諸天之衆善根淳熟而多放逸行放逸行彼迦那迦牟尼世尊以憐愍之是故來上此夜摩處天世間中爲利益天盡其苦故爲彼諸天除放逸故盡漏比丘有五千人圍遶共到夜摩天處更勝光明處處普遍彼時諸天見佛世尊若有諸天從本已來未見佛者謂佛是天於天中勝彼天於佛生希有心不知是佛而此佛色於諸天衆最爲殊勝一切功德皆悉具足無異相似光遍一切天之世間彼天既見與佛世尊相隨聲聞亦生勝上希有之心作如是念彼是何人如是形勝而共此天相隨不離圍遶而行

時彼天子即取種種勝妙蓮華向迦那迦牟尼世尊尒時世尊見天子來上昇虛空示現種種勝妙神通隨念分別無量功德身上出水色香觸味具足而有彼處天水於十六分不及其一其身頂上出火焰然有無量種無量色光遍滿虛空所謂青黃赤紫色等復現異異勝妙神通所謂一身以爲多身或爲千身或百千身或爲億身所有光明遍滿一切天處世間復令多身以爲一身世尊如是復現神通夜摩天中一切地處一一手捉舉置掌中弃諸園林流水河池擲在虛空過眼境界後還安置本所住處

世尊又復現大神通彼處大山以手撥取擲虛空中弃諸園林河池㵎谷及天女衆不知所在復還安置本所住處其中諸天不覺動轉如本不異世尊又復現異神通無量種色無量種作無量形服有無量種諸功德色現

大力勢令彼天衆種種異見或見如来在於山中或見如來在園林中或見如來在蓮華林或見如來在堂中行或見如來在於樹下或見如来在河池中或見如來在遊戲處園林之中或見如來一切禪處或見如來遍滿一切虛空之中坐禪而住或見如來於虛空中數具上坐復虛空中若坐若行若復經行還復坐禪

世尊又復示現神通如是如是音聲說法五樂音聲勝夜摩天形夜摩天所有音聲如閻浮提鳥鳥之聲彼一切天如是劣減彼天既聞如是聲已皆悉捨離能歌慢心

世尊又復現異神通所謂在彼虛空之中作諸天衆化作天女勝妙殊絕形夜摩天夜摩天女如螢火蟲光明量色如是形相服飾莊嚴園林處樂皆悉勝妙彼大天王并諸天衆見化天已心生恥愧皆見自身色少欲樂如草無異彼夜摩天生如是見

尒時世尊知其根熟知其深心知因果報無障礙見爲欲利益一切世間極大悲心如來世尊尒時即向夜摩天王樂見王所現異神通如向所現一切神通盡爲樂見悉皆現之百倍勝前尒時樂見夜摩天王一切慢心皆悉捨離

彼時樂見夜摩天王亦復坐彼大蓮華中亦如向者牟脩樓陀夜摩天王大蓮華中遊戲受樂

時彼世尊大蓮華中示現神通然後復語夜摩天等作如是言汝今所見一切皆是樂見所感世尊爲化令使離慢汝見其內遊戲之處園林蓮華河池山谷并妙堂等境界行處無量種見彼樂見王捨離慢心時彼世尊入大蓮華化作一切復於樂見夜摩天王住處之前有蓮華生億百千葉如來坐彼蓮華臺上聲聞弟子坐其葉上而現種種勝妙神通或有飛至虛空中已然後還至蓮華中者復現種種異異神通時彼樂見夜摩天王作如是念此是何人有何善業以何勢力能作如是奇特之事我之所有若多若少色光明等甚爲微劣彼則爲勝

正法念處經卷第三十六

誠六

正法念處經卷第三十六

誠六

正法念處經卷第三十六

校勘記

一　底本，廣勝寺藏金藏原配手抄本。

一　二一八頁中一行經名、二行譯者、三行品名及夾註，石作「正法念處經天品之十五夜摩天之初卷第卅六」。

一　二一八頁中三行「第六」，麗無。同行夾註「之初」，徑、清作「之一」。

一　二一八頁中二一行第一二字「知」，磧作「如」。二二四頁下二〇行末字同。

一　二一八頁下二行「三十二」，石作「廿七」。二一九頁上一二行同。

一　二一八頁下八行第一一字「圓」，石、磧、普、南、徑、清、麗作「圍」。

一　二一八頁下一一行第七字「祟」，石、徑作「崇」。

一　二一八頁下一八行第一〇字「大」，磧、清作「天」。

一　二一九頁上三行第四字「物」，石作「將」。

一　二一九頁上四行「沉没」，石、麗作「下沉」。

一　二一九頁上六行第一四字「報」，麗作「業」。

一　二一九頁上九行第一四字「彼」，磧、普、南、徑、清、麗作「復」。

一　二一九頁上一二行「夜摩天中如是莊嚴」，石無。

一　二一九頁上一八行末字「名」，徑、清、麗作「多」。

一　二一九頁上二一行「動轉」，石作「種種」。

一　二一九頁中一行第一四字（不含石）、二二〇頁下一〇行第二字「寶」，石、磧、普、南、徑、清、麗作「實」。

一　二一九頁中一一行「佈畏」，麗作「恐怖」。

一　二一九頁中二二行末字「復」，磧、普、南、徑、清、麗作「彼」。

一　二一九頁下二行第一一字「諂」，石作「曲」。

一　二一九頁下一二行第四字「如」，麗作「始」。

一　二一九頁下一八行第九字「廣」，石作「曠」。

一　二一九頁下一九行第一五字「旋」，石作「施」。

一　二二〇頁上九行「一眴」，麗作「一瞬」。

一　二二〇頁上一一行末字「何」，石作「河」。

一　二二〇頁上一九行「水池」，麗作「池水」。二二二頁上一九行同。

一　二二〇頁中一行第一四字「處」，石、磧、普、清、麗作「虛」。

一　二二〇頁中一三行第一三字「下」，石、磧、普、徑、清、麗作「不」。

一　二二〇頁中一五行第七字「亦」，石作「亦復」。

一　二二〇頁中一六行首字「處」，石作「所」。

一　二二〇頁中二〇行第二字「而」，石無。

一　二二〇頁下七行第九字「照」，石作「其照」。

一　二二〇頁下一九行第一六字「未」，石、普作「末」。

一　二二一頁上二行第一二字「殊」，磧作「珠」。

一　二二一頁上四行第五字「峯」，石作「蜂」。

一　二二一頁上六行第二字「受」，石作「愛」。二二二頁中一四行第三字、二二三頁上六行第八字同。

一　二二一頁上一三行第一二字「恨」，石、麗作「根」。

一　二二一頁上二一行「而去一切天衆如是飛行」，石無。

一　二二一頁中九行末字「共」，石作「相」。

一　二二一頁中一二行第三字「及」，石作「乃」。同行第九字「摩」，石無。

一　二二一頁中二〇行末字「當」，石作「尚」。

一　二二一頁下七行第一六字「華」，石無。

一　二二一頁下八行「彼孔穴」，石無。

一　二二一頁下一〇行第一一字「王」，石作「主」。二二三頁下一六行第一四字同。

一　二二一頁下一三行第四字「主」，石、麗作「王」。同頁下二〇行第五字磧同。

一　二二一頁下一五行第一四字「王」，麗作「主」。二二四頁上四行第一二字同。

一　二二一頁下二〇行「諸天衆」，石無。

一　二二一頁下末行第四字「烊」，石、磧、麗作「洋」。

一　二二二頁上一三行末字至一四行首字「色量」，石作「量色」。

一　二二二頁中五行「既聞樂音」，石無。

一　二二二頁中八行第一二字「凹」，麗作「容」。

一　二二二頁中九行第一三字「復」，麗作「勝」。

一　二二二頁中一二行第一五字「地」，石作「池」。

一　二二二頁中一四行第三字及頁下二行第一三字「受」，磧、普、南、徑、清、麗作「愛」。

一　二二二頁中一五行第一二字「白」，徑作「曰」。

一　二二二頁下九行第五字「眼」，麗作「根」。

一　二二三頁上一行第九字「其」，石、麗作「樂」。

一　二二三頁上二行第一四字「永」，石、南、徑、清作「末」。

一　二二三頁上三行第五字「誰」，石作「壞」。

一　二二三頁上六行第一四字「來」，石作「未」。

一　二二三頁上一三行第二字「樂」，石作「常」。

一　二二三頁上一六行第四字「天」，徑、清作「失」。

一二二三頁上一八行第一〇字「疑」，石作「癡」。

一二二三頁上末行第一二字「受」，麗作「愛」。同頁中一〇行第一一字同。

一二二三頁中一行第九字「增」，徑、清、麗作「曾」。

一二二三頁中三行第六字「而」，石作「不」。

一二二三頁中五行第三字「岸」，石作「垢」。

一二二三頁中八行末字「取」，石、磧、普、南、徑、清、麗作「界」。

一二二三頁中九行第一一字「非」，石、磧、普、南、徑、清、麗作「若」。

一二二三頁中一四行「在死中」，石作「住死口」；磧、普、南、徑、清、麗作「住死中」。

一二二三頁中一五行第一一字「點」，石、普、南、徑、清、麗作「黠」。

一二二三頁下九行第五字「欄」，石作「蘭」。

一二二三頁下一六行首字「尒」，麗作「然」。

一二二三頁下一七行「构欄」，石作「拘蘭」；麗作「鉤欄」。

一二二四頁上八行第五字「百」，石、麗作「千」。同行第一五字及一一行第一四字「園」，徑作「圍」。

一二二四頁上一二行第一四字「從」，石、徑、麗作「後」。

一二二四頁中八行「此色苦」，石、麗作「此色」。

一二二四頁中一〇行第一二字「得」，石無。

一二二四頁下六行首字「勝」，麗作「服」。

一二二四頁下一五行首字「天」，磧作「大」。

一二二四頁下一九行第一五字「撥」，石作「發」。

一二二五頁上五行「一切禪處或見如來」，石無。

一二二五頁上一五行「量色」，麗作「色量」。

一二二五頁上一七行第一四字「少」，麗作「光」。

一二二五頁上二一行第一三字「王」，磧作「生」。

一二二五頁中末行經名，石無。

正法念處經卷第三十七　　誠

元魏婆羅門瞿曇般若流支譯

觀天品之十六　夜摩天之二

尒時世尊知彼調伏心淳熟已即令聲聞以天眼力而調伏之尒時聲聞告樂見言樂見當知此佛世尊并諸天人魔及沙門若婆羅門一切世間諸天及人阿修羅師此佛世尊一切悉知一切悉見常為一切世間說法初中後善義善語善獨法具足鮮白清淨說出世法寂靜乃至到於涅槃所謂此色此色集此色滅此色滅道今者為汝夜摩天衆說法故來利益安樂饒益故來

時彼樂見夜摩天王於聲聞所如是聞已喚言大仙我今往至佛世尊所不知云何供養世尊我於今者不解儀式云何供養時彼聲聞聞已答言樂見天王來近世尊樂見聞已捨冠莊嚴心善調伏寂靜諸根一心正念整服左肩右膝著地頭面敬礼合掌向佛一切天衆皆從聲聞如是聞已

捨莊嚴具一心正念寂靜諸根一切皆詣坐蓮花臺如来世尊諸聲聞衆之所圍遶如月悉為衆星所遶又亦如彼須弥山王衆山圍遶又亦如海為諸大河之所圍遶如轉輪王八万四千小王圍遶又亦如日光明圍遶諸聲聞衆如是圍遶如来世尊第一勝妙不可稱量威德光明於大蓮花臺上而坐

尒時樂見夜摩天王身著法衣整服一肩合掌向佛正住一面世尊告言令汝今者捨離放逸尒時樂見一處坐已彼迦鄰迦牟尼世尊即出勇勝不畏音聲一切夜摩皆悉遍滿告言樂見我今說法初中後善義善語善獨法具足鮮白梵行如是而說汝今諦聽正念善思我於今者善為汝說時樂見言如是世尊願樂欲聞尒時世尊為樂見等天衆說言有九種因能生放逸於彼放逸樂行多作能壞世間愚癡凡夫身壞命終墮於惡道地獄餓鬼畜生之中以生因緣受大苦惱生死繫縛不得涅槃安隱之樂

不得利益何等九因一者所謂樂於放逸行於放逸常行放逸不近聖人不能調攝身口意業不攝根行不能自正身口意等而令行於不善境界常喜樂聞不善之法而不樂於佛之正法此是放逸行之初因能生放逸若放逸行愚癡衆生身不善行口不善行意不善行以身口意不善行放身口意等不善之業和集癡人放逸所誑身壞命終墮於惡道生在地獄餓鬼畜生若捨放逸是善丈夫常捨放逸若求善者應捨放逸此是初因能生放逸

復次樂見復有第二放逸行因能生放逸起放逸已能壞善根所謂舉動心不審諦彼眼見已則生分別數數如是憶念思惟樂於彼色更不異緣常如是作不善之行非是善念心意錯乱彼放逸者以放逸故身壞命終墮於惡道生地獄中此是第二放逸行因能生放逸

復有第三放逸行因能生放逸所謂不實未見未聞本未曾有唯有心念

心生分別或依止欲或依止癡彼如是念如是思惟心常緣彼心常念彼第一之法不善思惟以自乱心此是第三放逸行因能生放逸縛諸衆生能誑衆生令身口意行不善行身壞命終墮於惡道生地獄中

復有第四放逸行因能生放逸能令一切放逸衆生身壞命終墮於惡道生地獄中如是樂見何者第四放逸之因所謂恒常樂見婦女樂見莊嚴不實之色於不實色心生愛樂見其歌儛心生分別彼則心懽如是分別身口意等非作善業彼放逸者身壞命終墮於惡道生地獄中此是第四放逸行因能生放逸復有第四放逸行因能生放逸所謂憙樂種種園林樂蓮花池或樂種種諸花樹林見已心樂在中戲樂在中遊行不念善事不正心意彼行放逸放逸所誑身壞命終墮於惡道生地獄中此是第四放逸行因能生放逸復有第五放逸行因能生放逸如是樂見近惡知識與共和合毀破淨戒行於惡行不善

思惟造作惡行如是衆生近惡知識行放逸行身壞命終墮於惡道生地獄中此是第五放逸行因能生放逸復次樂見復有第五放逸行因能生放逸所謂衆生無量種行無量種意無決定意造作善業如是衆生無一定業如是衆生不定作業一切作業悉皆散失於世間業出世間業彼一切業不究竟作不能布施不作福德非善思惟以放逸過是故犯戒身壞命終墮於惡道生地獄中此是第五放逸行因能生放逸

復有第六放逸行因能生放逸所謂衆生捨離正法捨離聖諦乃至捨離八聖道分有所行作不善觀察如是樂見如是衆生以放逸行乱其心故身壞命終墮於惡道生地獄中此是第六放逸行因能生放逸

復次第七放逸行因能生放逸所謂貪味何處何處著彼諸味彼處彼處心樂常念隨彼心作如是衆生更無異念不作善業不持正戒心常樂他請喚與食常貪味故為味所誑不作

善業於苦無常空無我等此四種中一亦不念唯念不善顛倒之法一切所作非自利益如是衆生身壞命終墮於惡道生地獄中此是第七放逸行因能生放逸

如是樂見復有第八放逸行因能生放逸所謂衆生若得種種無量樂已於彼樂事喜樂貪著謂常不動謂常安隱謂不破壞彼常憶念如是之樂身口意業常行不善不知應作及不應作不知是法不知非法不覺不知破壞苦惱不念地獄餓鬼畜生無量百千分別苦惱一切不念不應念者而便念之如是不念死滅之法一切世間生死之中死能作乱而不知念如是衆生為樂所誑如是惡貪著樂衆生後時死至尒乃生悔悔火自燒身壞命終墮於惡道生地獄中此是第八放逸行因能生放逸

如是樂見復有第九放逸行因能生放逸所謂種種樂樂之心天人之中為愛所誑不知歸依佛法衆僧不持禁戒不聽佛法不住聖律所應作法

而不知作而常憙聞不應作法不入正法而心不畏未來世罪不見後世死後之苦失自利益怨心所誑身壞命終墮於惡道生地獄中此是第九放逸行因能生放逸樂見當知此之富樂非常非恒非不破壞如是樂見夜摩天王過去無量於此已退彼何處去彼自業果成就故尒彼以善業不善業羂所繫縛故輪轉生死以善業故生天人中不善業故生於地獄餓鬼畜生是故樂見若有欲得人身之者莫行放逸何以故身命無常富樂亦尒當如是念勿放逸行何以故多有無量百千天衆以放逸行是故退墮如是勿行放逸之道愚癡之者行於此道非善男子一切生者必定歸死死在現前老亦如是病亦如是愛離亦尒善不善業富樂亦尒如是一切不饒益過常隨不離一切衆生尒時世尊而說偈言

放逸之毒樹　三枝住在上　謂老病死物
常在其上住　老等不能惱　丈夫善行者
若不放逸行　彼行涅槃道　不放逸大斧

常能斫諸過　彼解脫過故　得無上之樂
若放逸受樂　彼樂常怖畏　若離彼放逸
彼樂常不退　如是百百倒　放逸之所誑
以未覺知故　今猶有不離　四種顛倒見
住在放逸上　捨離放逸故　則失世間忩
此無量分別　無量怖畏逼　生死轉行苦
皆由彼放逸　若離一放逸　則得樂不退
一切無漏法　放逸故能失　天中此放逸
上上而轉行　何放逸癡天　不能得解脫
彼此善思惟　種種分別已　如自利益作
後時則不悔　若天若樂受　若其餘少法
此有為相法　應知皆無常　若法有為數
彼畢竟失滅　後時必破壞　常受諸苦惱
若有憶念樂　放逸所壞者　彼於離散時
則多受苦惱

彼佛世尊如是如是無量分別種種調御樂見天王如是因緣於一切法皆不鄣㝵一切知見天衆圍遶種種調御令彼諸天捨離放逸若有諸天被放逸縛不得自在乃至退時夜摩天王二万天衆從佛世尊聞正法已一切皆得須陁洹果

尒時世尊如是思念我所應作如是

作已更何所作而利益他尒時世尊見未來世如是思量更何所作如未來世利益安樂苦惱衆生世尊如是又復於彼大蓮花內神通所化更作如是天妙神通與天一種住而不滅令有飛鳥復為說偈以彼如是天神通力調伏天已作如是言如未來世樂見天王於彼退已復有天王其王名曰牟修樓陀夜摩天王未來當生行放逸行當於彼時有善衆生彼於一時出遊戲處滑高山中徐上彼山上彼山已次復上彼大蓮花已亦坐如是蓮花臺上彼大蓮花是我所化彼天見已生希有心而入其中入彼種種甚可愛樂大蓮花中復從彼出向他天說彼時舊天於前次第先曾聞來亦復向彼牟修樓陀夜摩天王如是而說當於尒時牟修樓陀夜摩天王既得聞已信佛世尊信彼佛法善根種子於是乃至得到涅槃彼天如是信心生已不久時聞釋迦牟尼如來出世如是彼處牟修樓陀夜摩天王及於釋迦牟尼佛所得聞正法

牟修樓陀夜摩天王次第傳聞於舊天邊如是傳聞如是一切如所聞事如是一切皆悉具有如汝今見大蓮花中希有之事我於今者如是為說又復釋迦牟尼世尊於今出在閻浮提中為衆說法汝今應當到彼聽法如彼過去名迦葉迦牟尼如來世尊所說法如是得必定無疑必得解脫

尒時彼名牟修樓陀夜摩天王從宿舊天如是聞已心生歡喜生敬重心過去久遠名迦葉迦牟尼佛說次第傳來我今得聞以如是故我心歡喜心得清淨以於舊天得傳聞已故生歡喜心得清淨何況現見釋迦牟尼如來世尊從佛聞法尒時彼天如是念已八万天子相與共向波羅㮈國見佛世尊無比之色以三十七菩提分法莊嚴其身猶如金山威德焰然一切衆生皆蒙利益一切皆見無量百千眷屬圍遶而為說法四諦相應

尒時彼名牟修樓陀夜摩天王八万天衆共至佛所到佛所已頭頂礼足

尒時佛告牟修樓陀夜摩天王喚言

善來牟修樓陀汝已曾聞名迦葉迦牟尼佛法修多羅說如是聞已來到此處

尒時彼名牟修樓陀夜摩天王如是念曰佛一切智極微細智無鄣导智如我過去天中之事盡皆解知牟修樓陀念已心喜八万天衆一切皆共更礼世尊礼世尊已住在一面

尒時世尊如是告言牟修樓陀我於今者為汝說法初中後善義善語善獨法具足鮮白清淨此法門者名天乘樂汝當諦聽善思念之我為汝說

牟修樓陀夜摩天王受教而言如是世尊我今樂聞

尒時世尊如是說言何者法門名天乘樂此有十二牟修樓陀何等名為十二天道若善男子住彼道者彼正丈夫能上天道猶如世間著官道者則得入城離於怖畏離於疑慮如是不壞身口意等行十二道則得至天如是丈夫入於天中何等十二一名實道若著彼道得到天上牟修樓陀彼實道者有五功德何等為五一者

實語實說丈夫一切人信二者不壞常一切時無人能壞三者清淨常一切時名色清淨四者可重常一切時天所貴重五者上生身壞命終生於天上此有偈言

實語帝調御　恒為天供養　一切世間愛
後時得生天

牟修樓陀此初天道牟修樓陀何者復為第二天道而著彼道得到天上所謂布施清淨無垢不破不壞不怖果報如是熏思此則名為第二天道此善業人得至天中此第二道有三功德所謂三者一切人愛常自熏思心生歡喜身壞命終生於天上此第二道至天世間此有偈言

布施人所愛　亦復增長恩　後時生大富
布施果如是

牟修樓陀何者復是第三天道而著彼道得到天上所謂忍辱能忍之人有五功德所謂五者不諍不懟此初功德一切無能偷盜其物此二功德一切人愛此三功德多有悲心此四功德身壞命終得生善道天世界中

此五功德此有偈言

忍辱相應行　悲心亦不怖　一切人所愛
身壞得生天

牟修樓陀何者復是第四天道而著彼道得到天上所謂美語牟修樓陀如是美語有六功德一者一切人愛二者無怖畏處三者面常清淨四者得善名稱五者行則不廢六者身壞命終生於天上牟修樓陀此是美語六種功德此有偈言

一切人所愛　增長善名稱　普面甚端嚴
身壞則生天

牟修樓陀何者復是第五天道而著彼道得到天上所謂憐愍一切眾生此善男子乃至終得到於涅槃我說彼人無等功德此有偈言

於一切眾生　悲心如父母　彼人憐愍實
常在心中住

牟修樓陀何者復是第六天道而著彼道得到天上所謂正心正心之者能作善業善思惟者善語言說總略說此正心功德此有偈言

若善正心者　常順法觀察　不為過所使

如日光除闇

牟修樓陀凡為一切法之根本謂善正心牟修樓陀何者復是第七天道而著彼道得到天上所謂正見正見丈夫能到涅槃何況於天彼若少有身口意業一切如是利益眾生得生天中乃至涅槃此有偈言

唯正見為勝　隨何人有心　俗人亦如是
得脫生死縛

牟修樓陀何者復是第八天道而著彼道得到天上所謂遠離不善知識無三種過善人不捨為同戒故諸惡因緣一切不生餘勝大過亦更不得此有偈言

近惡知識者　彼則不得樂　近惡知識已
廣得不饒益

牟修樓陀何者復是第九天道而著彼道得到天上謂聞正法略說聞法攝七功德一者得聞未聞異法二者所聞堅固不失三者捨離一切惡業四者諸聖之所樂見五者深心信敬如來六者則得增長壽命七者身壞命終生天此有偈言

未聞者得聞　已聞者堅固　捨離諸惡業
身壞得生天
牟修樓陀何者復是第十天道而著彼道得到天上謂柔軟心牟修樓陀彼柔軟心有四功德一者於他不生忿嫌二者雖作而不堅固三者不為瞋恚所惱四者身壞命終生天此有偈言

若善淨無垢　諸過不著心　瞋妬不能汙
死後得生天

牟修樓陀何者復是十一天道而著彼道得到天上謂信業果信業果者一切惡業皆悉捨離乃至不起微塵等惡唯於惡業見則怖畏彼人善業不善業果一切皆知彼人知已造作善業捨不善業彼人恒常習作善業身壞命終得生天上此有偈言

若知業果者　常見微細義　彼惡所不染
如空泥不汙

牟修樓陀何者復是十二天道而著彼道得到天上謂於三寶深心信敬不顛倒信彼於三寶深心信敬不顛倒故無量功德多有無量百百功德

此一切德則勝一切諸餘功德謂此丈夫先受人樂終到涅槃謂天天女不放逸行若放逸天非世間樂非出世樂以是義故牟修樓陀如彼大仙名迦那迦牟尼世尊如是為彼夜摩天王樂見說法彼如是法一切如来法皆如是更不異法如汝於前舊天所聞此有偈言

深心信三寶　無量數勤修　於先得生天
終得涅槃果

此等則是十二天道恒常修行如是必定得果不疑尒時天王牟修樓陀并八万天從佛世尊聞此法門聞已皆得須陀洹果尒時天王牟修樓陀礼世尊足而說偈言

我得脫惡道　依於佛世尊　一切天孤獨
如来法救度　我朝日得果　入於佛法中
共天如是入　過生死畏處

牟修樓陀如是說已飛昇虛空并諸天衆向夜摩天所居地處彼天一切如是皆到既到天中猶故受樂遊行喜戲一生命業盡已則退惡道閉塞生於人中第一常富第一端正有勝

大心一切國土於中皆勝若有非是須陀洹者彼天退已如其業行或生地獄餓鬼畜生若餘業故得生人中彼亦如是得大富樂種種莊嚴以餘業故

又彼比丘知業果報次復觀察夜摩天中所有地處彼見聞知夜摩天中復有地處彼處名為乘處遊行衆生何業生彼地處彼見聞知若人善心善深直心不殺盜婬彼人善業身壞命終生彼地處始生彼時即見天中種種樹林清流水河蓮花池等勝妙殊異甚可愛樂衆鳥音聲聞香知味觸等皆勝可愛可樂見彼妙色聞妙聲等作如是言今此所見種種樹林種種可愛清流水河蓮花池等種種妙色昔所未有甚為可愛甚為可樂有無量種更無相似心亘猒足今此所聞種種歌聲衆鳥音等悉皆勝妙昔所未有甚為可愛甚為可樂有無量種更無相似心亘猒足令所聞者昔所未有亦甚可愛亦甚可樂有無量種更無相似心亘猒足此味亦尒

昔所未有亦甚可愛亦甚可樂有無量種更無相似心亘猒足此觸亦尒昔未曾有亦甚可愛亦甚可樂有無量種更無相似心亘猒足彼天如是内心思惟五欲境界念欲常得如是勝妙五境界樂喜戲遊行心不猒足彼處所有一切天女聞已語言此天世間法常如是一切境界一切常尒無不樂處無不樂時如此勝相處處普遍具足皆有五欲功德有無量種隨念皆得常受天樂更無與等天見此林已生如是希有之心何況入中牟脩樓陁天王之前復過於是彼處九億那由他千種種莊嚴少色天女歌舞具足歡喜心面五欲功德而為供養牟脩樓陁夜摩天王如是受樂夜摩天王牟脩樓陁天子必見何以故此處境界牟脩樓陁夜摩天王則是其主此一切天皆屬彼王我等依之猶如父母在此一切夜摩天中所有地處彼始生天既聞此已諸天女等而為圍遶入彼林中既入林已見下中色種種形服莊嚴諸天一切皆

受五欲功德行食倛樂一切皆有五功德食見彼遊戲多有無量諸天女衆共餘諸天美聲語說無量百千種種功德而為莊嚴復有七寶妙樹莊嚴復有種種行樹莊嚴彼處多有隨憶念樹天有所念從彼樹得如是具足功德寶樹彼始生天有無量種勝妙功德皆悉具足五境界樂亦皆具足彼天見已眼着甚樂生勝愛樂處處遍見如是見已共諸天女入彼大林入大林已豊飲食河百千莊嚴種種色鳥種種音聲彼諸天女歌聲普遍耳聞其樂與鳥合聲

彼始生天復於異處見蓮華林希有殊妙長三由旬廣二由旬見彼大林有金蓮花無量形相有無量色以為莊嚴辟如秋時虛空之中諸曜莊嚴如是如是百千天女多饒具足歌儛遊戲五樂音聲受諸快樂迭相心念迭相附近一念不離恒常一心迭相愛樂見園林中處處多有歡喜天衆亦見多有種種鳥群迭共戲樂迭相愛念迭相附近一念不離恒常一心

迭相愛樂如是天等遊戲受樂鳥亦如是鵝鴨鴛鴦如是等鳥有無量種無量群衆在蓮華林清淨水中處處遊戲於彼河岸其處有天摘取金葉用飲天酒共天女衆歌儛遊戲受種種樂復摘銀葉用飲赤酒酒色猶如蓮花寶色香味清冷一切具足共諸天女歌戲受樂自善業力之所感致復有異天亦在彼處蓮花林中極可愛處如是諸天五欲境界受諸快樂摘青寶色蓮花之葉共諸天女用飲天酒復有異天入彼樹下天華所覆既飲天酒怡然快樂於園林中共諸天女遊行放逸飲色香味天果美汁歡喜歌笑復有異天金銀頗梨青寶樹枝覆蔭為舍共諸天女歌笑喜戲受天快樂復有異天依止河岸鳥音聲處在柔軟地妙觸之地其處生華摘取彼華其華五色有別有合共諸天女取已嗅之彼諸天女近於天子歌儛戲笑復有異天在種種寶石地之上所謂青寶頗梨金銀如是地處喜戲遊行受諸快樂乃至集作愛善

業盡善業盡已於彼處退彼處退已墮於惡道生在地獄餓鬼畜生若有餘業得生人中常生樂處則有第一端正之色大心大富得為國主以餘業故

又彼比丘知業果報次復觀察夜摩天中所有地處彼見聞知復有地處彼處名為雲處遊行衆生何業生彼地處彼見聞知若人直心本性正直信於三寶不煞不盜不行一切不善邪行不樂不行亦不多作見諸婦女乃至不生欲意之心不念婬欲捨婬欲心亦不分別猶如捨毒此善男子身壞命終生夜摩天在彼雲處遊行之處生彼處已身之光明與日不異受善業樂受無比樂無量境界受諸快樂即初生時甚大歡喜心生思惟我今云何獨在此處即生念時見諸天女在樹林中樹種種枝具足寶鈴鈴有妙聲地色猶如火洋真金地處有如銀頗梨色多有百千妙蓮花池以為莊嚴彼地分處林樹柔軟有百千鳥出美妙聲彼諸天女如是林中

遊戲受樂即彼天子心生念時林間速出妙莊嚴具而自莊嚴以蓮花鬘莊嚴其頭其身皆著種種色衣到天子所既到近已種種莊嚴而圍遶之詠種種歌微妙音聲心極愛染娛樂天子無量樂具具足而有彼諸天女如是種種娛樂天子如是天子於彼天女本未曾見既得見已如是思惟此是何人從何處來繫屬於誰為誰而來

既來見已見其具有種種色衣有種種寶莊嚴其身其手執持無量樂器且少分喻何處何處三十三天所有天女歌樂之聲不得為比何況三種功德具足無量善業所得之果夜摩天女於彼三十三天天女歌詠音聲甚為殊勝色少勢力身之形量歌聲樂受園林諸樹流水河池須陁之食勝妙堂舍戲樂之處一切皆勝上上次第乃至他化自在天中色少勢力身之形量歌聲受樂如是等事一切皆勝何以故業果重故心戒清淨无垢染故此夜摩天如是天女不可比

類一切具足彼如是處有二種過謂無常欲唯有少分微樂可說若愚癡人受持禁戒悕望於有作如是心願我持戒得生天中為迴彼心我說無常退及愛離如是等過何以故若起少心悕望於有一切善法皆悉散失一切有中無處常者下上傍廂若常不動不破壞者無有是處一切分別無不分別以此因緣說彼天報非可愛處

尒時彼處諸天女等圍遶如是始生天子歌儛遊戲種種娛樂尒時天子本未曾見心自思惟此屬於誰而來近我隨彼天子心之所念即心念時以善業故彼天女言天為我主何以不共我等語說天是我夫隨天所須我為給使令天受樂時彼天子既得聞已作如是言汝若屬我今可來近在此林中何以故此之天處是愛樂地生此天者此處受樂時彼天女即抱天子無量種種受快樂已天女復起作如是言我共天子在園林中盧處遊行此園林中多饒無量種種天

衆隨眼所見種種可愛種種諸鳥音
聲可樂多有種種流水河池蓮花莊
嚴多有百千種種山峯其峯高峻種
種七寶多有光明莊嚴山峯種種山
谷處處嚴好多有種種諸鳥音聲在
地處處有池莊嚴如是功德悉皆具
足我共天子俱行遊戲受諸欲樂尒
時如是始生天子從彼天女聞是語
已語天女言我隨汝意皆如是作如
是說已起彼坐處為愛樂故一切天
女共彼天子園林中行種種音聲天
寶樂器在手執持共彼天子遊行
放逸
尒時天子共彼天女遊行放逸復有
其餘天子天女共行遊戲合會相逢
時二天子見則相愛迭共語說彼此
天女亦復如是心迭相愛一切和合
復向異林如是林者名戲樂林彼林
之量三千由旬彼林無量有百千億
那由他數諸天子衆滿彼林中如歡
喜林曠野無異如是具足種種功德
名戲樂林天遊行處種種具足彼兩
朋天共見彼處皆悉本來未如是見

亦未曾聞不可譬喻見彼林已生歡
喜心面眼目等皆有喜狀時始生天
及其天女即語彼天作如是言此如
是等昔來未見
如是說已兩朋天子兩朋天女頭著
天鬘身塗栴檀坐天堂殿上昇虛空
歌舞喜笑迭共遊戲相與共詣牟脩
樓陀夜摩天王如是上去復有餘天
并其天女手執蓮花坐天之處上昇
虛空歌舞喜笑迭共戲樂相與共詣
牟脩樓陀夜摩天王亦尒上去復有
餘天能微細行手執箜篌能穿無量
百千山過行不鄣㝵共諸天女歌舞
喜戲亦復向彼牟脩樓陀夜摩天王
所住殿舍心生歡喜亦尒上去復有
餘天於虛空中雨諸天花共諸天女
歌舞喜戲亦復向彼牟脩樓陀夜摩
天王所住殿舍亦尒上去彼始生天
如是無量種種差別無量遊戲皆悉
具見亦共同行在天女前如是而行
彼無量天皆以美語共其言說
尒時如是始生天子遥見遠處有勝
光明過百千日自餘凡夫眼不能覩

復聞彼處無量音聲聲有四種一者
相應二者真正三者和合四者平等
如是音聲彼天聞已心生歡喜問天
女言今見彼處勝妙可愛有大光明
在於彼處如是遥見彼處如是勝上
音聲美妙平等和合歌聲復有儛戲
云何如是尒時天女即便語彼始生
天子作如是言夜摩天王彼處受樂
多有無量百千天衆復有無量諸天
女衆一切天衆之所讚歎猶如兜率
寂靜天王受天之樂
尒時如是始生天子既聞是語則生
第一希有之心如是念言除寂靜王
如是受樂更有何處如是受樂時彼
如是始生天子既思念已語天女言
誰名寂靜於何處住我見此已當往
見之時彼天女聞其語已心則思惟
作如是念此始生故不知更有大勢
力故作如是言我見寂靜時彼天女
復語之言兜率陀天在我之上於我
為勝過百千倍我之所有受用之樂
一切業果皆悉殊勝彼於此處夜摩
天王威德勢力及餘一切種種皆勝

正法念處經第三十七卷　第二十七張　誠字号

在我上住一切凡夫皆不能往非其境界彼天一切於我皆勝若天具有福德之力大神通力則能往到非一切天皆能到彼

正法念處經卷第三十七

正法念處經卷第三十七

校勘記

一　底本，金藏廣勝寺本。

一　二二九頁中一行經名、二行譯者、三行品名及夾註，石作「正法念處經天品之十六夜摩天之二卷第卅七」。

一　二二九頁中一一行第四字「出」，磧、普、南、徑、清作「法」。

一　二二九頁中一二行第四字「色」，磧、普、南、徑、清作「色苦」。

一　二三〇頁上四行第五字「意」，磧、普、南、徑、清作「意業」。

一　二三〇頁上八行末字「放」，磧、普、南、徑、清、麗作「故」。

一　二三〇頁上一七行「彼色」，石作「彼包」，下同；磧、普、南、徑、清作「放逸」。

一　二三〇頁中一行末字「如」，石作「如如」。

一　二三〇頁中一二行第一二字「是」，石作「見」。

一　二三〇頁下八行第八字「業」，石作「未」。

一　二三〇頁下九行第一三字「德」，磧、普、南、徑、清、麗作「業」。

一　二三〇頁下一九行第二字「次」，石、磧、普、南、徑、清、麗作「有」。

一　二三〇頁下二〇行「何處何處」，石作「何處」。

一　二三一頁中三行首字「死」，石作「死死」。

一　二三一頁下八行第一三字「此」，麗作「不」。

一　二三二頁下一七行末字「正」，南作「至」。

一　二三三頁上六行第三字「帝」，石、磧、普、南、徑、清、麗作「常」。

一　二三三頁上一〇行末字「怖」，普、南、徑、清作「悕」。

一　二三三頁上一二行第一三字「有」，石作「略」。

一　二三三頁上一六行第一〇字「恩」，

磧、普、南、徑、清作「思」。同行第一四字「大」，磧、普、南、徑、麗作「天」。

一　二三三頁上二〇行第二字「五」，石無。

一　二三三頁中三行第三字「得」，磧、普、南、徑、清作「則」。

一　二三三頁中二一行第一三字「捴」，石作「揔」；清作「總」。

一　二三三頁下一八行第一三字「閒」，磧作「間」。

一　二三四頁上七行「生天」，磧、普、南、徑、清作「得生天上」。

一　二三四頁上九行第二字「善」，磧、普、南、徑、清作「修」。同行第一二字「妬」，石、磧、普、南、徑、清、麗作「垢」。

一　二三四頁上末行第二字「故」，石作「信」。

一　二三四頁中四行首字「世」，石、磧、普、南、徑、清作「世間」。

一　二三四頁中一六行第一四字「孤」、石作「狐」。

一　二三四頁中末行「常富」，石、磧、普、南、徑、清、麗作「富樂」。

一　二三四頁下八行「彼處」，石無。

一　二三四頁下一一行第六字「處」，石作「獄」。

一　二三四頁下二一行第一一字「令」，石、磧、普、徑、清、麗作「今」。同行末字「者」，徑、清、麗作「香」。

一　二三五頁上一〇行第七字「五」，麗作「丑」。

一　二三五頁上一一行第七字「天」，磧、普、南、徑、清作「大」。

一　二三五頁上一三行第六字及一九行第三字「主」，磧作「王」。

一　二三五頁上一四行第六字「千」，磧、普、南、徑、清作「百千」。同行第一一字「少」，磧、普、南、徑、清作「妙」。

一　二三五頁中一三行第四字「其」，石作「甚」。

一　二三五頁中一六行第一二字「色」，石作「包」。頁下六行第一二字、一一行第四字、一四行第八字同。

一　二三五頁中末行第三字「迭」，磧、普、南、徑、清作「隨」。

一　二三五頁下五行第六字「天」，磧、普、南、徑、清作「諸」。同行末字至六行首字「種種」，石無。

一　二三五頁下末行第一三字「愛」，磧、普、南、徑、清作「受」。

一　二三六頁中七行「如是天子」，石無。

一　二三六頁中一八行「須陁」，磧、普、南、徑、清作「穌陀」。

一　二三六頁下一六行第一〇字「夫」，磧作「天」。

一　二三六頁下二一行首字「抱」，磧、普、南、徑、清作「共」。

一　二三七頁中六行第七字「坐」，石無。

正法念處經卷第三十八　誠

元魏婆羅門瞿曇般若流支譯

觀天品之十七　夜摩天之三

尒時如是始生天子作如是念彼天大樂勝於此間夜摩天王如是思惟於須臾間心動不定於境界樂心生愛樂復更深著觀諸樂處普於天衆何者何者受樂之事一切皆見次第安詳遊歷彼處如是次近牟脩樓陀夜摩天王所住之處王於彼處無量百千多億天衆圍遶受樂多有無量諸天女衆手執蓮花圍遶供養彼天王色不可比類無與等色威德光明功德具足彼王出勝一切天衆所有光明如日勝於一切星等衆星圍遶夜摩天王亦復如是威德殊勝在師子座其座軟觸非絲等成純是妙寶希有之色形服莊嚴威德具足無量種聲歌樂之音異異喜戲聞欲功德勝心愛樂夜摩天中如是境界更無勝者勝帝釋王所有功德牟脩樓陀夜摩天王有五十聚勝妙光明從身而出皆有焰起彼帝釋王於兩肩上二處出光彼光明聚於此則劣牟脩樓陀夜摩天王六根門衆以善業故如是和合於帝釋王所有功德百倍為勝如是勝故不可比類彼色如是無可辟喻樂及境界亦如是勝不可辟喻彼王眷屬下劣威德猶勝帝釋何況天王牟脩樓陀所有威德內外清淨彼既如是云何可喻

尒時如是始生天子即於遥見牟脩樓陀天王之時色樂威德一切微劣既見天王觀自身已如是思惟我身於彼天王之身億百千倍百千千倍微劣不如以行第一勝善業故得此天王牟脩樓陀上妙之身此有如是殊勝威德何況所聞名為寂靜勝於此王牟脩樓陀所有威德皆悉具足上上天業次第勝勝轉轉微妙如是少時心思惟已而復專聽歌等音聲尒時如是始生天子更復前進安詳徐詣牟脩樓陀夜摩天王所住之處牟脩樓陀夜摩天王周帀多有勝妙身色第一莊嚴容貌端正殊勝威德

好身妙音七千天女近身歌儛喜笑遊行自餘天女小遠身者不可計數喜戲娛樂皆飲天酒彼此共迭意念同心彼諸天女各得天王牟脩樓陀共受欲樂心作是知王唯愛我更不愛餘於我得樂不於餘女唯我欲勝餘則不尒夜摩天欲口說則成身不交合彼諸天女皆有是意一一皆謂牟脩樓陀夜摩天王唯獨愛之

尒時如是始生天子更復前近牟脩樓陀夜摩天王見有無量百千天衆之所圍遶有無量種具足勝妙功德舌語調伏天衆牟脩樓陀夜摩天王於一切天若舊生者若始生者皆悉普識牟脩樓陀見始生天眼則不轉自餘舊天即便語彼始生天子作如是言大王今者如是看汝何以不跪尒時如是始生天子聞已即跪尒時天王牟脩樓陀見其跪已告言大仙汝今始生夜摩天地汝今可在夜摩天地第一樂處於中受樂汝以脩行三種善業得生此處汝今善來自善業故此中受樂於此天處久住多時勿放逸行牟脩樓陀夜摩天王爲始生天而說偈言

始初生天子　若愛此生樂　彼不及退苦
十六分中一　味少怖畏多　常誑惑丈夫
如乾闥婆城　欲樂味亦尒　此欲極爲惡
能破壞衆生　是故有智者　心常不信欲

牟脩樓陀夜摩天王如是教彼始生天子始生天子如是啓白牟脩樓陀夜摩天王而作是言實尒天王我初不知此天之中有如是過不知天中云何法行如他餘天之所行作我如是作我自不知尒時天王牟脩樓陀復說偈言

若至死到時　更無餘同伴　死後異處去
無有共行者　衆生心種種　若干心性住
如是異異業　造作生死縛　乃至即生時
必定已屬死　種種癡覆心　於此不知怖
若退時已到　能破第一有　彼癡心不覺
死苦之可畏　歡喜生放逸　數數受生死
癡者不覺知　境界能誑天　境界虵能謟
境界愛生癡　天常不覺知　退時大怖畏
生苦寂爲大　退無如是苦　如是大生苦
唯天中成就　業風之所吹　輪轉受大苦

丈夫死所將　心誑不自在　非父亦非母
非知識非親　若死時既至　無有同伴者
本性如是誑　一切無伴侶　唯意如是惡
各各迭相誑　非餘亦非親　而能爲救者
死時既到已　親亦如非親　汝若見非親
亦受大快樂　死王力自在　公奪大樂去
境界令心迷　常爲欲所使　雖未覺苦惱
必定得不疑

牟脩樓陀夜摩天王以如是等真實之法教彼如是始生天子時彼天子既得聞已心生猒離於須臾間還復歌儛戲樂喜笑更復染著一切世間愚癡凡夫心無常故心不定故以樂力勝覆其心故爲愛使故心百倍動以此因緣大放逸行以如是故乃至少法不住心中

尒時如是始生天子於彼天王牟脩樓陀堂殿之所種種戲樂共自眷屬如是歌儛種種喜戲五欲功德皆悉具有境界受樂和集還去著來時道到自所止雲處遊行本所住處既還到已復共餘天種種受樂喜戲遊行向名廣殿彼殿可愛今具足說內有

二十郵由他含有種種色異異形相寶光明集多有天衆諸天女衆如是妙殿隨天所念一切皆得如彼天子心之所念一切皆得如是之色如是形相園林花池多有無量百千鳥衆以為莊嚴七寶山峯彼殿如是天善業故若天憶念欲遊行時殿并園林蓮花河池種種天樹飛行虛空如鳥無異若天憶念此殿動去我則受樂即於念時飛行而去若天憶念起如是心隨我所須飲食具足則有河流皆是天食無量種種皆悉具足隨念而有色香味具滿河流出以彼天子本善業故若不善業無此境界

又復此天生如是念我此殿內轉更寛博廣百由旬即於念時多有無量種種可愛諸流水河妙蓮花池并諸間谷具足房舍種種園林妙蓮花等皆悉具足如是寛博彼天見已轉更歡喜生如是心我於此處遊行戲樂我心歡喜更共餘天此中受樂復令餘天於此殿中共我戲樂若夜摩王天衆來此我共受樂即彼天子心生念時牟修樓陀夜摩天王所有天衆向其殿內而共遊戲即於念時彼天發行有乘鵝者乘孔雀者復有乘於他養鳥者有乘花者有乘鴨者復有異天乘鴛鴦者復有乘於命命鳥者有乘樹者如是異異種種乘來勝歡喜心樂音遊戲復共種種形服莊嚴諸天女等喜笑歌儛蓮花妙鬘角絡其體受第一樂勝歡喜心天女讚歎乘空而行向天遊戲殿舍之中既行到已彼此迭共種種受樂如是遊戲放逸行故其心不定牟修樓陀夜摩天王見其放逸而觀察之如放逸天放逸行觀生如是心我於今者以何方便而能利益安樂如是放逸之天惟曰令令餘天須陁洹者共我相隨尒時天王牟修樓陀復微細意深思籌量語論如彼地處雲雲遊行地處之中種種受樂行於放逸云何善法攝取彼天自他利益彼此皆作令我及彼皆離過罪我為善友令彼利益說法利他是善知識若教惡業則是怨家能令和集地獄惡業尒時天王

牟修樓陀共須陁洹既籌量已自神通力化作妙殿共昇彼殿而向彼去第一河池流水具足園林諸樹皆悉備有無量種種皆悉可愛有如是等勝妙之事共向彼處雲雲遊行地處之殿則為下劣百倍不如千倍不如何以故善業力故夜摩天中一切諸天所有善業牟修樓陀夜摩天王善業最勝善業勝者神通亦勝以此因緣其殿則勝有妙光明勝於一切夜摩諸天所有殿舍譬如日殿一切餘殿不及少分如是彼殿最為殊勝餘天之殿不及少分彼如是殿自分功德皆悉具足於虛空中向彼地處雲雲遊行受樂地處須陁洹天相隨共往以須陁洹聖人之天少放逸行故與相隨向彼地處

尒時彼處放逸行天既見天王牟修樓陀生敬重心速尒前進一切皆向牟修樓陀夜摩天王相與奉迎或百或千百百千千如是一切奉迎天王尒時天王牟修樓陀既到彼殿即作神通變化力故令彼迎天忽尒之中

各不相見唯見自身獨近天王於其樂音一切不聞種種妙色皆悉不見以王神通故令使尒彼天各各有如是心唯我在此自餘諸天為何所在恒常共我坐此殿中今何處去一切不見如是念已彼天各各前向天王牟脩樓陁唯見天王及須陁洹不見餘者彼一切天各各皆生希有之心心生怖畏皆白天王牟脩樓陁作如是言我此殿中共住諸天不知今者向何處去尒時天王牟脩樓陁告彼天言如是等天一切放逸行放逸行以業盡故退墮地獄餓鬼畜生或生人中若放逸天行放逸行放逸所壞德故於境界火心念分別而自焰然為境界愛之所破壞心樂五欲諸切從自心𦂳生此熾火業風所吹若廣殿中心未猒足為五焰火所燒然已復為地獄大火所燒受種種苦自心所誑身壞命終生地獄中此放逸過一切過中最為勝上何以故為放逸過所破壞者散失一切諸善法故彼如是天自自心誑如是癡天後時心悔尒時彼處一切諸天既於天王牟脩樓陁如是聞已一一心中皆生猒離皆生怖畏各白天王牟脩樓陁而作是言天主大王去何如是一念之須一切天退此未曾有一切諸天於一念頃如是皆退雲雲遊行地處盡空此為甚苦以何方便令我不退不受苦惱不愛別離令我不受別離之苦令我不墮地獄餓鬼畜生等中尒時天王牟脩樓陁即為彼天而說偈言

行放逸道者　則不見賢善　猶如鑽水者
火則不可得　離因則無果　無因果叵得
放逸求功德　究竟不可獲　放逸破壞生
如是轉行天　彼癡失善業　墮於惡道處
若有是癡心　於愛欲受樂　後得衰惱已
其心則生悔　欲火所燒者　為境界所誑
不得寂靜道　一切上樂處　若世間欲樂
若愛所生樂　不及一內樂　十六分之一
猗生為第一　白法離生死　愛盡第一樂
畢竟不退樂　不怖畏知足　此脩者不求
如是禪定樂　更無樂無比　若不為愛縛
疑所不壞者　彼則度有海　常愛一切樂
若心住欲者　彼則不受樂　是一切苦器
入於地獄處　常為業羂縛　之所牽挽者
一切無能救　令脫此苦者　所見去來法
由業有生死　去來皆如是　業因之所得
愚癡故貪欲　乃至終退時　受生死大苦
而不能覺知　以愚癡覆故　受樂不猒足
以不知足故　如是常破壞　非初非中後
非今非後世　常脩習欲者　無明故流轉
以善業盡故　於此處必退　食放逸毒者
癡故不覺知　此身念念變　以癡故不覺
於後欲退時　乃覺知苦惱　若於苦怖畏
及怖畏死者　應念於正法　如是必得樂

尒時彼天既聞天王牟脩樓陁如是說已於放逸行少時心離復白天王牟脩樓陁而作是言天主大王此一切天皆悉不見豈一念閒皆破壞耶一切失耶願王實說尒時天王牟脩樓陁即告之言如來善業還如是去以業盡故一切業法決定如是一切衆生迭相別離心生懊惱老病死等如是三種有相對法命少無病若何丈夫或人或天心不放逸不放逸行彼於如是三種可畏則能覺知如此三種命少無病以放逸故能令皆失

一切諸天畢竟如是死未來間勤行精進作諸方便三種精進謂施戒智此三能除此三大畏無量分别常隨逐行暫時不離若不畏者彼則於後臨欲死時口面破壞眼目轉動諸根乾燥一切諸親兄弟妻子眷屬皆捨介時則為退愛别離火之所燒極大苦死彼一切天於一切時無量分别五欲現前歌儛戲笑歡喜遊行於園林中如是受樂放逸境界如見善友知識之面不覺其果彼於彼時悔火所燒我身云何不作善業何不布施何不持戒何不修智如是三種我何不作由放逸故我於今者孤獨而死捨離諸親及兄弟等為死所攝如是將去離此世間第一愛處無量境界受樂之處如是後時心生悔惱乃至如是能破壞天大力死王未來之間汝等畢竟莫行放逸捨放逸故必得安隱於彼死時不為悔火之所燒然如此之道第一安隱凡諸一切衰惱之者於施戒智樂修多作彼時依此蒙救得脱是依是救是大力伴若死至時必定不免必能破壞彼來至時不可禁制不可免離能奪一切衆生之命如是惡死何不方便精進勤修令使不來一切放逸惡未至時甚為賢善如大毒火放逸亦介汝等諸天是放逸使又復諸天皆屬放逸彼放逸怨隨逐不捨於園林中山峯之上遊戲而行一切諸法皆悉無常而謂是常生如是心我常共彼諸天女衆相隨受樂如是天女常少不老我此天女常共相隨終不能别如是常為諸境界樂之所誑惑第一大力能為破壞死王既至非諸天女能遮能救彼恩量心亦不能救常不别心亦不能救彼所思惟一切皆空一切無常不堅不牢既為放逸所破壞已生於地獄餓鬼畜生為癡所壞致此大苦又復彼天於無始時輪轉生退數數懊惱常被誑惑愚癡不覺

介時天主牟脩樓陁法相應語義相應語如是說已若彼處天有智慧者則於彼語猶如甘露無垢清淨攝取在心捨離放逸於欲深猒彼天如是心正念已即向天王牟脩樓陁而說偈言

若利益及實　如相應不異　天作如是語
是利益之因　能攝心寂靜　如是者得樂
從樂至樂處　必得樂不疑　若於此顛倒
放逸破壞天　如是癡心者　必當墮地獄

如是天子既向天王如是說已生猒離心彼諸天子又復重介問天王言我今有疑此殿舍中一切天衆為何處去介時天王牟脩樓陁見其調伏心生猒離已捨放逸即攝神通彼諸天衆迭手相見既相見已彼此迭共生歡喜心彼諸天衆心歡喜已牟脩樓陁夜摩天王而告之言汝等各各迭相見耶向來乃是我神通力所鄣㝵故而令汝等手不相見汝於今者還復迭共相見如本彼能破壞大力死王若來至者百千億劫永不相見令汝等退生在地獄餓鬼畜生更不可得如是相見是故應念不行放逸勿起異心常當攝意勿樂境界介時多天如是聞已極生猒離心猒離故得須陁洹介時天王牟脩樓陁如是

知已甚大歡喜生如是心我於今者所作已辦自意滿足捨離此處向喜戲處雲處遊行諸天衆等第一善心若有已得須陁洹者不放逸行若不得者其心則輕猶行放逸樂放逸行樂放逸樂如是園林流水河池山峯澗谷共諸天女受種種樂不慮死畏乃至彼處受樂遊戲歌儛喜笑可愛善業和集皆盡善業盡已於所應作悉皆不作復墮地獄餓鬼畜生若有餘業生於人中常一切時第一喜樂第一端正第一財物具足而有一切人愛本性心喜隨順法行喜戲歌儛而受諸樂樂行寺舍有蓮華處流水河池若王大臣王等富者一切知識皆共善友諸親兄弟心皆愛樂常不妄語心常正直一切善人常樂共行不壞威儀無量功德皆悉具足如是彼人身聚具足如是得身以餘業故

又彼比丘知業果報觀夜摩天所有地處彼見聞知彼夜摩天復有地處名為積負衆生何業生彼地處彼見聞知若善丈夫常畏業果心性正直

正見不邪修行正業捨惡知識常一切時念佛法僧微少惡業深生怖畏不煞盜婬乃至道行若見婦女若歌若儛莊嚴具聲聞已不著心不愛念心善觀察無不善心亦不喜樂見其過已心不分別彼若如是不起邪行身壞命終生於善道夜摩天中積負地處此善業人生彼處已受樂不斷恒常成就自身光明五欲境界受於快樂彼處有山名聚積崖七寶諸樹以為莊嚴滿彼山中無量百千種種鳥衆鳥有無量種種妙色莊嚴彼山在彼山處出種種聲行種種處見則可愛多有無量種種妙色種種處行無量形相滿彼山中又復更有流水河池種種蓮花諸澗谷中多有種種名憶念樹以為莊嚴交枝為舍種種花果皆悉具足其山之量三百由旬諸天子衆諸天女衆處處多饒普彼山中皆可愛樂第一天衆所住之處如是山中分分廂處彼處一切善分分處七樗七地皆有園林種種間雜彼善分處有七種寶彼七種寶各為

一廂

一廂青寶光明遍至六万由旬如是光明一切虛空普遍青色若天憶念欲上山時天自普身以種種寶間錯莊嚴在彼如是聚積崖山行於如是青寶之廂乘空而去自身種種莊嚴諸寶無有色光與山同色皆作青色及青光明與山平等青色青光皆悉第一聚積崖山一廂如是青寶之色

又復如是聚積崖山第二廂處皆是頗梨若天種種莊嚴其身種種間錯行於彼廂乘空而去舉身種種莊嚴諸寶無有光色與山同色謂頗梨色光明亦尒與山平等彼天身光如入水池

又復如是聚積崖山第三廂處悉皆是銀色及光明所遍至處五百由旬第一白光見者甚樂若何者天行於彼廂乘空而去其身種種莊嚴之色皆同白色以彼山廂光明力故

又復如是聚積崖山第四箱處一切皆是閻浮那提真金為體光色如日彼廂光明其焰圓輪滿千由旬若何

者天行於彼廂乘空而去身亦同色又復如是聚積崖山第五廂處皆鉢頭摩真寶之色一切普亦光明遍至一千由旬若何者天行於彼廂乘空而去身同赤色彼天若著赤寶莊嚴本赤色滅百倍更赤以彼寶廂光明力故

又復如是聚積崖山第六廂處皆是金剛真寶之色其光遍至五千由旬摎閒色出如天虹色若何者天行於彼廂乘空而去身亦同色以是彼山光明力故

又復如是聚積崖山第七廂處皆是七寶種種雜色光明遍至百千由旬若何者天行於彼廂乘空而去隨天之身諸莊嚴色皆悉更勝隨種種衣其色轉勝

如是勝妙聚積崖山威德普勝若須弥樓妙寶山王而欲比此聚積崖山光明可愛妙寶光明百倍不及千倍不及至百千倍亦所不及彼勝妙山如是威德何以故善業勝故彼山光明亦如是勝彼夜摩天淨戒勝故善業勝故以是勝因是故彼山普勝可愛

又復彼山普真珠網周帀遍覆第一善淨第一光明一切天見皆得利益彼真珠網如是覆山甚為端嚴有大光明彼有大城名如憶念真珠瓔珞莊嚴殊妙如是光明甚為廣博多有無量種種諸鳥名雜瓔珞住彼網中若天放逸行放逸時彼鳥說偈教誡之言

種種業因故　念生此天身　得天不知法
後則心生悔　此園林可樂　枝枸欄莊嚴
身生此處者　一切是善果　何人作何業
作業作善業　彼彼如是成　果亦如是得
汝等天現見　下中上等樂　何人如業行
彼彼如是果　癡種種莊嚴　隨逐癡行人
彼為癡所迷　不見大怖畏　若癡放逸者
不作自利益　喜樂種種欲　怖求種種果
天為癡覆故　不造作諸業　若天愛離果
彼天不持戒　辟如捨離燈　欲唯取光明
彼天亦如是　離因異求果　若以因求果
彼則常受樂　無子果叵得　無燈豈有光
無戒則無天　離智無解脫　若得解脫者
則無所怖逢　若離欲受者　慧則非我所
若業所得樂　一切是垢濁　若得盡滅樂
一切不垢濁　不得盡滅樂　垢濁則不疑
彼復經百劫　境界不知足　受境界樂故
於樂不知足　若常近於欲　數數更增長
彼增長如毒　後時與苦惱　欲能為破壞
恒常是退因　若不能捨欲　彼天甚懸怠
若知功德過　此是智慧相　不知功德過
則為愚癡相　若知功德相　過亦如是知
真知功德過　恒常不離樂　善人知此欲
境界過功德　天云何捨智　受行樂境界

彼如是鳥真珠網中利益天故已說此偈又復彼山普光明輪之所圍遶山上種種諸寶輪旋而纏遶之種種光明如閻浮提虹色相似若諸天等見彼輪旋心生歡喜則有輪旋遶身而生彼一切天見一一箱生希有心有無量寶莊嚴天身山一一箱遊戲受樂以修種種勝善業故如是受樂

又彼山中所有諸殿有四園林如須弥樓何等為四一名端正莊嚴二名峯林三名甘露端嚴四名種雜此等名為四種園林流水河池妙蓮花等種種澗谷有種種鳥音聲微妙諸樹

花敷樹鳥音聲皆悉可愛枸欄重樓種種堂殿行行相應有山名為一切布施希有殊勝到彼山已次到彼林如彼雲處遊行地處如是天子共天女衆受天五欲功德之樂而彼樹林第一可愛彼中一林皆是閻浮那提金寶其葉皆是毗琉璃寶妙蓮花寶車渠色花

復次第二林是白銀林真金色葉彼林之花有無量種第一善香熏百由旬彼天嗅之既嗅香已勝歡喜心彼第三林是毗琉璃其葉是銀其花則有種種雜色有種種香彼第四林名種雜林無量雜色無量河池有妙蓮花種種諸鳥種種音聲百千功德具足而有於彼林中種種音聲如彼第二三十三天帝釋之王如是彼處須夜摩天光明威力功德具足多有無量諸善業者於彼山中多有無量百千天衆之所圍遶而受快樂種種境界功德具足彼須夜摩天福德天第一神通第一光明第一勢力自業所化五欲功德皆悉具足五欲境界皆悉可愛六根受樂彼處如是須夜摩天彼天中勝以善業故彼山如是具足可愛彼中有鳥名一切時常歡喜鳥彼鳥如是自業口語悕望相應而說偈言

非智慧心念　亦復非悕望　唯業能與樂
樂由作業得　勝中復勝勝　可愛中可愛
持戒善果報　從丈夫作得　境界門摇動
如曲河不流　若能調御心　彼天是樂器
自作福德業　自身而修行　或受苦受樂
自身亦如是　造作惡業者　自身則如然
身善如善友　如是身自行　如河流之速
身轉變亦尒　是故應作福　無垢淨持戒
若意樂不善　常憙境界樂　猶如大闇處
作不饒益行　喜樂境界動　常隨順欲行
真此非法意　彼則受苦惱　諸苦是魔業
法樂普周遍　如是苦樂相　智者如是知
若心求樂者　隨順正法行　若有悕望苦
彼心行非法　非因不得樂　種種苦皆然
苦樂因差別　尒知自利行　若無量分別
則有無量種　彼一切業果　如是得生死
若不愛樂法　一生身空過　法能將到天
行法者得樂　若法救護者　此如是善之
離法者非善　必定入地獄　好人寧身死
而不行非法　若捨離法者　生死常轉行
離於法眼者　為癡覆於心　樂虛妄無利
如病眼看樂　法牙意如田　無心則不生
若持戒意鈍　專行於非法　依非法道已
不善使令行　久轉行生死　為心所疲惓
此心念念中　無量種種行　其體甚輕動
如幻乾闥婆　彼心有繫縛　謂智慧持戒
不縛有大力　無量種種轉　境界欲樂多
為愛使令行　是故誑惑天　令行放逸行
不覺知終退　命盡必破壞　一切無常動
盡時必失樂　一切天上樂　癡天不覺知
常輪轉生死　先無後時有　已有後還無
癡愛放逸行　如是喜樂樂　天衆愚癡故
天當必定退　世間法如是　唯有智慧者
不樂世間樂

如是彼鳥行彼山中作如是說與種種法和合相應若天先曾已於多世行善業來聞彼鳥語心念攝受若未多世一兩世來行善法者雖聞鳥語乃至一句而不覺知是故應當勤行精進常作利益修行智明除此已外無如是救無如是樂此智能遮一切

惡道乃是第一樂之種子智者應當心樂正法正念思惟而修心意若修意者是則具有如是功德和合相應次第乃至到於涅槃若天聞彼鳥音聲已於須臾間甦息放逸

又復彼天於山園林無量衆寶光明峯上彼天山中五欲功德種種和集喜戲遊行多種受樂乃至可愛善業和集一切盡已彼處復退如業而行生於地獄餓鬼畜生有生人中彼於一生常受快樂身得自在不屬於他第一大富心常愛智第一勝色端正具足為一切人之所樂見為一切人之所敬重生於可愛富樂國土或在城內或多人處親舊兄弟之所供養若王大臣其心正直隨順法行正見不邪彼餘業故

正法念處經卷第三十八

正法念處經卷第三十八

校勘記

一 底本，金藏廣勝寺本。

一 二四〇頁中一行經名、二行譯者、三行品名及夾註，石無。

一 二四〇頁中七行第五字「深」，磧、普、南、徑、清作「染」。

一 二四〇頁中一〇行第三字「天」，磧作「大」。二四一頁中九行第一一字南同；二四六頁下一七行第六字石同。

一 二四〇頁下一六行首字「殊」，石無。

一 二四一頁上二行第七字「小」，磧、普、南、徑、清作「少」。

一 二四一頁上五行第九字「王」，磧、普、南、徑、清作「天」。

一 二四一頁上一七行第九字「看」，磧作「着」。

一 二四一頁上一九行第一三字「大」，磧、普、南、徑、清作「天」。

一 二四一頁中一五行第一二字「千」，磧作「干」。同行末字「住」，磧、普、南、徑、清、麗作「欲」。

一 二四一頁下一一行第一一字「吏」，石作「申」。

一 二四二頁上五行第六字「池」，磧、普、南作「地」。

一 二四二頁上一八行首字「間」，磧、普、南、徑、清、麗作「澗」。

一 二四二頁中八行第一三字「角」，南、徑、清作「用」。

一 二四二頁下一四行第六字「於」，石、磧、普、南、徑、清、麗作「行」。

一 二四三頁上一行第一〇字「近」，石、磧、普、南、徑、清作「迎」。

一 二四三頁上一二行「放逸行放逸行」，石作「放逸行」。

一 二四三頁上一七行第一三字「若」，石、麗作「名」。

一 二四三頁上末行「自心」，石作「爲心」，磧、普、南、徑、清、麗作「心自」。

一　二四三頁中八行「不愛」，石作「愛不」。

一　二四三頁中一一行第一四字「水」，磧、普、南、徑、清、麗作「冰」。

一　二四三頁中一二行「叵得」，磧、普、南、徑、清作「頗得」。

一　二四三頁中一五行第六字「於」，石作「其」。

一　二四三頁中二一行第九字「無」，磧、普、徑、麗作「可」。

一　二四三頁中二二行首字「疑」，磧、普、南、徑、清作「癡」。同行第一二字「愛」，石、磧、普、南、徑、清、麗作「受」。

一　二四三頁下一一行第七字「念」，石無。

一　二四三頁下末行第二字「種」，石無。

一　二四四頁上六行首字「燥」，石作「[illegible]」。

一　二四四頁上一一行第九字「彼」，石、磧、普、南、徑、清、麗作「後」。

一　二四四頁中五行第七字「尒」，石無。

一　二四四頁中一八行第五字「輪」，磧、普、南、徑、清作「轉」。

一　二四四頁中二〇行第四字「主」，磧、普、南、徑、清作「王」。

一　二四四頁下一一行首字「心」，石無。

一　二四四頁下一二行第八字「相」，石無。

一　二四四頁下一五行第四字「耶」，麗作「邪」。

一　二四五頁上一一行第一三字「喜」，石、磧、普、南、徑、清作「富」。

一　二四五頁中四行第五字「具」，普、南、徑、清作「其」。

一　二四五頁中二一行第七字「廂」，磧、普、南、徑、清、麗作「地」。

一　二四五頁中二二行第六字「地」，磧、普、南、徑、清、麗作「廂」。

一　二四五頁下八行末字「悉」，石無。

一　二四五頁下九行第七字「一」，石無。

一　二四六頁上三行第一〇字「亦」，石、磧、普、南、徑、清、麗作「赤」。

一　二四六頁上二一行第三字「至」，石無。

一　二四六頁上末行第九字「天」，磧無。

一　二四六頁中一〇行第六字「念」，石、磧、普、南、徑、清、麗作「今」。

一　二四六頁中一〇行第八字「此」，石無。

一　二四六頁中一五行末字「人」，石作「天」。

一　二四六頁中末行第九字「受」，石、磧、南、徑、清、麗作「愛」。頁下三行第一一字麗同。

一　二四六頁下一六行「天見」，磧作「未見」。

一　二四六頁下一七行第八字「山」，麗作「此」。

一　二四六頁下一八行「修種種」，磧、普、南、徑、清作「種種修」。

一 二四六頁下二一行第一一字「種」，石作「雜」。

一 二四七頁上四行第三字「雲」，石作「雲雲」。

一 二四七頁上九行第二字「次」，石無。

一 二四七頁上二一行第一〇字「天」，石、磧、普、南、徑、清、麗作「大」。

一 二四七頁上二一行第一二字「德」，石無。

一 二四七頁中八行第七字「丈」，南作「犬」。

一 二四七頁中九行第四字「不」，石、磧、普、南、徑、清、麗作「下」。

一 二四七頁中一一行「亦如是」，石、磧、普、南、徑、清、麗作「如是受」。

一 二四七頁中一六行首字「真」，石、磧、普、南、徑、清、麗作「有」。

一 二四七頁中末行末字「之」，磧、普、南、徑、清、麗作「足」。

一 二四七頁下七行「種種」，麗作「種轉」。

一 二四七頁下一四行首字「常」，磧、普、南、徑作「當」。

一 二四七頁下一六行第二字「樂」，石、磧、普、南、徑、清、麗作「著」。同行第四字「閒」，石作「聞」。

一 二四八頁上末行經名，石無。

正法念處經卷第三十九　誠

元魏婆羅門瞿曇般若流支譯

觀天品之十八　夜摩天之四

又彼比丘知業果報觀夜摩天所有地處彼見聞知夜摩天中復有地處名為積負衆生何業生彼地處彼見聞知若行善業精勤持戒常不惱他持戒和合成就不缺不孔不穿堅固不壞能開一切惡道之門清涼一切惡道熱惱能作歸依猶如父母於未来世隨順而行三種功德具足相應何等三種所謂不煞不盜不婬不煞不盜如前所說不邪行者若行道邊若四出巷巷巷而行或乞食行或時餘行若見婦女種種歌儛莊嚴音聲不生愛念心不顧樂見他所作心不隨喜復他作善教他懺悔說其過失言此婦女第一過因所謂邪行以此因緣能令衆生墮於地獄如是持戒梵行清淨身壞命終生夜摩天積負地處既生彼已善業力故於中受樂謂積負山五百由旬滿中諸鳥音聲

可愛跋求之聲山中甚饒普彼山中音聲可愛然彼天子初生之時七寶樹下如是而生如閻浮提睡眠之人他人拍手聞聲覺者彼天如是聞鳥音聲可愛故覺彼天之身所有光明勝於秋時山頭出日所有光明彼日光明則為不如少分相似天光明勝而彼天子忽然覺已善業力故令使彼鳥為說善業相應偈言

離筋髓所縛　屎尿唾等處　如是婦人身
故来生此中　悶誑曲不直　見男心歡喜
心迷不定住　汝不識故来　不實語誑他
莊嚴令人樂　彼巧誑婦女　善能誑男子
婦女猶如蜂　樂種種花中　種種男子處
如是生愛樂　如蜂嗽花已　然後異處去
婦女亦如是　嗽男異處行　得物如賢善
常瞋不可調　誑惑男子已　復行於異處
以誑幻器仗　如惡毒不異　此婦女煞男
能作不利益　猶如風空火　不可執持取
種種多方便　婦女不可護　不利益病死
作不善業等　女第一因緣　能壞涅槃行
若在種種處　險遠怖畏處　世間男得苦
皆因於婦女　非少非中年　非未老寂靜

婦女性心動　如日之光明　婦女非常友
如燈焰不停　彼則是常怨　猶如畫石文
唯親近富者　無物則猒人　有物婦女近
無物婦女捨　與物與供養　作種種功德
其心如火焰　而不可秉執　男如是隨順
如心之所欲　彼如是婦女　恒常誑男子
如毬花所覆　如灰土覆火　色如是覆心
婦女亦如是　猶如見毒樹　恍眼而不善
婦女如毒花　智者應捨離　悕望見婦女
復樂於境界　彼恒不得樂　非此世他世
若普樂放逸　懈怠動諂誑　近惡友貪食
彼則不見賢　精勤大力勇　福德捨婦女
恭敬信因果　此人自得善　諸過網婦女
在於世間行　若能離婦女　則生夜摩天

如是彼天聞彼鳥聲如夢所聞無量種種勝妙功德皆悉具足說如是偈能作兩明利益善事始生天子如是聞聲如是聞已因緣生智彼智能念何處生来善持三種可愛戒来憶念来處既憶念已而說偈言

持戒来生此　婦女不可捨　勇者離婦女
則到涅槃城　非火亦非刀　非火刀非鋸
能割婦女縛　更無異方便　我本已常捨

勤心毀猒来　捨故得此樂　夜摩天勝處
異此樂之外　更復有大樂　當得不退處
必到於涅槃

介時如是始生天子既聞鳥語見鳥色已心生歡喜觀彼天處見積負山多有無量百千諸樹光明圍遶復見流水百千荘嚴聞天鳥衆種種音聲彼鳥則有種種寶翅多有妙池種種蓮花而為荘嚴蜂衆如烟如是群出荘嚴端正如是諸事本皆未見無異相似夜摩天處如是觀已如所見聞如是歡喜既歡喜已從樹下起如是起已觀察自身觀自身已自身所有威德光明種種無量見身威德諸光明已即生色慢次復更生第二慢心謂如是念我更無比隨所憶念一切皆得此第二慢次復更生餘五慢心所謂五根著五境界生如是等七種慢故令心破壞本所作法不得相續一切不念以心動故多放逸故彼心放逸而行放逸五境界羂繫縛愛頸即便上彼積負山上為受樂故彼山三地所謂下地中地上地彼下地中有五園林一名香漂二名焰勝三名光明四名常樂五名高聚彼香漂林若有物生一切香勝彼香普熏五千由旬彼焰勝林無量種焰諸色光明一切皆勝過百千日所有光明彼光明林天身光明在其中行五欲功德皆悉具足彼常樂林流水河池無量百千天香味色皆悉具足彼高聚林第一高峯七寶光明如是已說下地園林第二中地百千曠野無量七寶蓮花水池無量百千衆鳥可愛種種異聲觸味色香甚可愛樂清淨無垢滿彼地中第三上地山頂之巔彼處有城百由旬量諸天滿中城名寶林有種種河河中水流滿中飲食多有天樹妙蓮花池樹有花果無量百千具足荘嚴多有歡喜諸天女衆無量百千滿彼城中須夜摩天牟脩樓陀往到彼城於彼城中五欲功德受天快樂可愛聲味色香和合增長愛火如是彼天積負山上種種受樂遊行嬉戲種種境界種種受樂因果差別介時如是始生天子以心悕望境界

樂故向彼山上獨一無侶有一舊天既見如是始生天子心生歡喜即前近之語餘舊天作如是言此天子者是始生天餘舊天言天今去何知其始生時彼大天荅餘天言此始生天有五種相所謂一者光明覆身身無衣服心作是念勿令他天見我裸露即於念時他見有衣而實無衣此是初相始生天子又復更有第二之相所謂見物生希有心於園林等未曾見来見則遍看此第二相始生天子又復更有第三之相謂見天女弱顔著慙心生疑慮未敢正看此第三相始生天子又復更有第四之相若見餘天雖前近之心生疑慮意志不定此第四相始生天子又復更有第五之相欲昇虚空心生怖畏設飛不高安詳不速去則不遠近地而遊或傍城壁或依附城此第五相始生天子具有此相我共汝等相與往詣始生天子彼時天衆圍遶大天一切皆詣始生天子到已語言大仙當知我等諸天見汝始生相與共来以善業故

善修學戒不毀不缺不孔不穿雜垢清淨汝得生此如是語説爲始生天如是説已爲放逸故次上彼山飛空而去在虛空中種種樂音心生歡喜迭共受樂彼時如是始生天子既如是見即便思念我今獨自步行而去上積負山既思念已即尒步行入彼山所見有大衆諸天女等無量衣服莊嚴其身有無量種樂聲而歌彼諸天女見始生天各各歡喜競共前走向始生天既見其眼生希有心而觀察之復生是心我應供養應爲其婦復更近之以本未見初始見之生希有心白天子言我於今者樂見天子爲天子來天子今者自業果故共我受樂於園林中有種種林種種林中有種種山高峯澗谷復有種種異異天處七寶莊嚴光明圍遶諸樹花果遍滿山中處處皆有樹枝堂舍彼堂舍中多有種種歌樂音聲其地處色如火洋金如是妙色地處受樂復有異處流水河池種種蓮花莊嚴其處又虛空中有百千堂種種莊嚴第一

可愛我共天子在如是處受諸快樂尒時如是始生天子本善業力語彼天女作如是言我今如是共汝受樂此天地處一切欲樂不可猒足尒時彼處諸天女衆共向異林名雜殿林於彼林中種種樂聲聞彼樂音心生歡喜善業成就受樂果報彼林具足妙色境界甚可愛樂如是無量可愛之味種種勝味如是無量可愛之香如是無量可愛之觸其地柔軟故有此觸非纏所成種種天衣其觸軟滑如是種種皆甚可愛有種種鳥妙好音聲種種歌音甚可愛樂無量種聲受如是等五境界樂共諸天女種種莊嚴美妙之者以無量種受諸快樂

尒時彼林有如是等功德具足無量天衆諸天女衆滿彼林中彼天見已則生第一希有之心見種種已處處遍行於彼處處園林之中皆是車璖及青寶等莊嚴地處復有綠地鳥在中行鳥有種種七寶之色間錯其身彼鳥迭守遨戲受樂出跋求聲共彼雌鳥在其綠地如是而見綠地見已

復於水中見種種鳥多有鴛鴦諸鵝鴨等種種異色間錯莊嚴彼鳥普有第一音聲如是見已復見天子共諸天女在園林中彼園樹林有六時花一時俱生彼樹各各爭出勝花彼樹光明或攝或放如眼開合彼諸天子諸天女衆見已歡喜復見異處有青林行種種雜色見已心動心既動故種種欲樂上看虛空見有無量百千天女滿虛空中第一衣服而自莊嚴遍滿虛空種種間雜譬如壁上種種畫色或在絹上或氎等上種種異見歌儛喜咲種種遊戲彼天見已心則轉動種種分別空中見已而復迴面即時見有蓮花池林種種蓮花滿彼池中種種形相種種妙色謂青黃赤有種種鳥在彼池中彼天如是既觀察已生歡喜心尒時天衆一切處見間無空處遍滿虛空無處不有鳥及天衆亦遍水中亦遍虛空間無空處如微塵許以於往時修善業力如是見已而説偈言

此見之大海　不可得滿足　舌愛味亦尒

無有滿足時　鼻貪嗅諸香　如見不可滿
身着於善觸　不知足亦然　耳貪着妙聲
亦不曾知足　意念種種法　一切不可滿
六境界中動　離知足光明　患渴常行轉
欲地無量種　不知猒足天　猶如火投薪
若不知猒足　自體無處住　如是六火惡
起念風所吹　此常燒世間　癡者不曾覺
此放逸者地　非脩行法道　放逸令破我
入受樂境界

如是彼天念本善業憶念業故說偈已竟法尒更復染着境界多有愛聲觸味香色無量種種功德相應念念增長既增長已共天女衆處處遊行五欲功德有無量種無量分别種種受樂復共天女異處園林山谷之中多有無量百千衆鳥出妙音聲七寶莊嚴甚可愛樂到異天處欲共彼處諸餘天衆諸天女衆同受樂故到彼處已彼此迭互美聲相問如是語說如是一心迭共遨戲遊行受樂若餘劣天有万天女而圍遶之常受欲樂未知猒足而彼天女常樂遊戲亦能以欲復供無量百千諸天如是天女

受樂欲樂

以何因緣彼天之中多女少男此有因緣天世間中欲染强勝癡則為中若生彼天住中有時已見彼處天女具足既見彼已欲心增長着彼天女即便迴心取天女身彼中有者悕望樂故以心取故即便受彼天女之身以此因緣於諸天中天女則多男天則少如是有天一万天女復有餘天二万天女復有餘天三万天女復有餘天四万天女復有餘天五万天女復有餘天六万天女如是次第乃至百千万天女者或有强者天女如是多少差别

彼依地天行欲之法如人不異四天王欲如此人中男女二身迭互交合迭相觸逼無有不淨三十三天行欲之時彼此相抱根不相觸夜摩諸天行欲之時語笑則成兜率陁天相視成欲彼化樂天語說聞聲聞香成欲迭遠處者若聞其香若聞語聲欲則究竟具足成就如是他化自在諸天與化樂天一法不異若一天子一切

天女之所愛念大生敬重心不疲惓亦無病患離肉骨蟲汗等皆離天天之中有增上力和合相應彼一切時力常不壞勢力光明皆悉具足以是因緣唯一天子共多天女無量百千極相愛樂常行欲事彼天之心不守一女於一切女心皆樂見隨意所行一切天女又復如是第一欲染迭共受樂不相妨导如心憶念如是受樂又復彼天共彼天女如意所欲有無量種無量分别如天相似自業相似積負地處於長久時無量種種五欲功德遊戲受樂多饒天衆諸天女衆次第巡行復到異林名嚴風林為欲受樂遊行嬉戲見餘天子本業盡故天女衆中時至欲退彼欲退天有相出現相如有病所謂相者彼天若前近蓮花池花則不開此是初相又彼退天第二相者若近林樹若蓮花池蜂則離林離蓮花去此第二相
又彼退天第三相者若彼天子共諸天女遊戲之時聞其歌音則生猒離此第三相又彼退天第四相者若近

樹林彼樹之花一切皆萎此第四相又彼退天第五相者欲在所戲殿舍遊行不能行空此第五相如是五種是夜摩天欲退之相如彼第二三十三天欲退之時繩等所著汗出則知三十三天欲退之相地狀如是此夜摩天善業盡故有此諸相則知其退彼有十二死之大相次第見此欲死之相而彼天子欲退之時死相即現所謂彼天欲出光明光明不出還入身中猶如日沒又退相現所謂彼天見花鵙果心不愛樂又退相現所謂彼天著花在頭即便墮落又退相現所謂彼天水中看身見自身像非天身像乃見欲生何道身像若見地獄若見餓鬼若見畜生若見人色如是異見從此退已生地獄等異生相現又退相現所謂彼天水中看身既見身已則生怖畏生怖畏已身毛皆竪又退相現所謂彼天見自處醜而不端嚴又退相現所謂彼天於何等處毗琉璃處金處銀處若頗梨處若青寶處彼一切處如是處坐動搖不安

又退相現所謂彼天若風所吹則大抖擻其觸堅鞕又退相現彼天衣觸重如金剛如是見已其心則愁心既愁已於可愛聲味觸色香心則不樂既如是已即尒便近無常之火又復更有異退相現謂於處處若毗琉璃石等壁中或於鏡中或於異處看自身像則不見頭又退相現或見自頭乃在於地見如是相死近不遠

彼諸天女如是知已猒惡棄捨彼天憂愁起離別意有如是苦生来之苦不及此苦十六分一

又第十二退相現者所謂彼天意亂不定如旋火輪不念一處其心極動退愁苦故彼現命根將欲盡滅如燈油盡光明微少如是彼天知見自身將欲退沒常自隨身所行天女見其如是皆捨而去如火燒樹鳥見則離而不觀察先本已来所有功德彼諸天女見欲退天亦復如是捨離而去共餘天子相隨而行時彼天子見婦女去如是相已安心忍耐而說偈言

皆以自業故　如是受果報　婦女見欲退

捨遠而不近　以自業盡故　離於無量樂
天女見退天　則向異天去　此樂無常定
心性亦如是　婦女樂欲惡　友不相信惡
此四種大苦　一切時常逼　是故應捨離
如棄毒火等　因業故得樂　因業故得苦
由業故破壞　業故如是見　如此天大樂
受用五功德　後時福業盡　退天不自在
如是說生死　一切是業幻　示解脫道者
真諦佛所示　若有擾動心　則不見諸過
彼癡有所攝　是故婦女近　日則非闇因
不由火故冷　婦女無愛心　少愛心不住
如地住不動　如風動不住　婦女性無恩
故有如是過　丈夫於久時　多供養婦女
見衰則捨遠　如鳥捨枯池　上行者不墮
石等不能飛　山則不能行　婦女無善友
常能為妨㝵　破壞法義名　不饒益納藏
出生一切過　金剛可令軟　日亦可離熱
婦女不捨誑　本性法如是　非種種愛語
非供養非物　而能攝婦女　心如火亘近
得樂共其行　得苦則捨離　無量恩不念
一過計在心　於園林山中　成就無量樂
既得衰惱已　婦女嬈捨去

彼天既見天女如是捨離其身即便

思惟一切世間法皆如是已說此偈婦女心堅本天欲死即便離去依止餘天猶如冬時蓮花乾枯衆蜂見之即便捨離去向餘處尒時天女離欲退天向餘天去又五樂聲歌儛遊戲種種受樂在於園林蓮花水池種種鳥聲名陁念樹百千莊嚴忘前常共受樂天子共餘天子而受諸樂俄尒間忘如百千生見前天退於一念間忘其功德婦女如是捨恩不念婦女之性無所係戀唯因物故有所愛念或有所須是故近男而自體性於一切處皆不究竟一切過去未来現在皆無有能知其體性以心動故如旋火輪如乹闥婆城及陽焰等不可捉持婦女體性亦復如是不可執持如是現前捨退天子向餘天去彼欲退天本業熏故復說偈曰

若天搖動心　如放逸欲樂　於退不生怖
必定退天處　若天天處生　後必定有退
如晝日盡時　必定有夜至　晝日則如命
夜分則如退　既知此二種　應念不生死

彼天如是念本前生既生念已取人

中時用以為喻不取天時而為辟況何以故天無晝夜以自光明是故常晝尒時彼天如是久時觀察如是欲退天已還如天法決定受用善業果報又彼天子於園林中遊戲受樂五樂音聲河坎澗谷蓮花林中或在山峯如是等處共天女衆共餘異天受諸快樂依本善業受樂果報乃至所作愛善業盡善業盡已退彼天處既退天已如行而来如行而去堕於地獄餓鬼畜生若有退已得生人中常生樂處隨順脩行正法國土聰明黠慧一切人愛若作國王若作大臣若作王者其王國土不畏他國敵陣軍衆常受快樂以餘業故

又彼比丘知業果報復更觀察夜摩天中所有地處彼見聞知彼夜摩天復有地處名為心相衆生何業生彼地處彼見聞知若行善人善意直心正見不邪心常諦知善惡因果不煞盜婬不煞不盜如前所說不邪行者心不生念亦不隨喜所謂乃至見畫婦女不念不觀無不善念心不樂見

不味不著無欲愛心而觀察之亦教他人遮他人作自身不作不教他作彼能自利復利益他彼持戒人得脫熱惱常行諸善恒念自身見身不淨於自身體常念不迷不貪婦女於婦女羂而得解脫離婦女欲一切人信現前持戒相應和集得如是樂離欲邪行不樂不行不思不念彼人如是能滅欲火第一用心第一樂行彼善衆生身壞命終生於善道夜摩天中心相地處善業衆生生彼處已無量天樂而受樂行離肉骨汗自身光明常受勝樂恒常受用五欲功德一切欲樂皆悉成就於彼成就如是功德受天快樂多饒百千諸天女等之所圍遶如須弥山衆星圍遶光明勝妙而自莊嚴善業所化勝光明輪圍遶端嚴無量光明從身而出彼天女衆其數甚多娛樂受樂五樂音聲可愛聲觸味色香等而受快樂

彼如是念我復更於其餘可愛勝妙處行即於念時善業力故彼諸天女觀察其心既觀察已語言天子我今

去何住於此處異此樂處復有樂處令可相隨行向餘處名為千殿山峯之上有種種寶之所莊嚴無量百千天諸住處令可相隨共向彼處尒時彼天既聞天女如是語已如心所念極生歡喜作如是言令如汝意我如是行

尒時彼天如是語已飛行虛空向名千殿山峯之上有無量寶所莊嚴處有無量天無量天女種種妙聲歌聲遠聞五百由旬遍於虛空多饒諸天及諸天女路傍詠歌令此天子生歡喜心向名千殿山峯之上速疾而上遥聞彼處天衆天女歌儛之聲莊嚴具聲如是聞已則生希有歡喜之心速速前近

時彼天子即前近彼名千殿山到已則見種種具足可愛勝處有無量種所謂七寶諸妙園林勝蓮花池以為莊嚴心所樂見迭共受樂勝淨水池水流之聲見園林中種種勝鳥上下來去種種間雜七寶堂舍皆悉作行種種雜雜異異諸寶以為莊嚴彼堂

如是甚可愛樂山谷崖岸種種行林莊嚴殊勝多有勝妙鵝鴨鴛鴦是等水鳥種種音聲皆可愛樂種種幡幢為風所吹莊嚴可愛見者皆勝於虛空中有行殿舍若來若去若合若離有光明寶而為莊嚴復更聞有彼此迭共若歌儛等勝妙音聲聞有勝妙迭互遊戲笑等音聲有平不平七寶之聚無量種種勝妙莊嚴無量種種勝山峯處無量千種勝妙好花形相色香行住走戲若相抱等如是種種在彼天處如是天子天女之衆而為圍遶在名千殿山峯之上住虛空中下觀彼殿如是觀見彼山峯已生歡喜心告天女言汝等看此千殿山峯此殿如是甚為可愛一切種種皆悉可愛彼天女衆聞其語已白彼天言天今當知我今已見我已如是數數見來或已百到若已千到天未曾見天今善看於此勝處第一善觀

彼諸天女如是說已如是天子共諸天女從空而下臨近彼殿於彼殿中有受樂天見其來已生歡喜心有天

前迎近而看之以彼天子初始生故如是歡喜以手抱之而作是言令我天朋如是增長天衆由是則有大力汝於今者共多諸天同受快樂多有諸天多有光明牟修樓陀天王之所多有天衆多天女衆遊戲受樂

復有餘天見始生天合掌供養既供養已而語之言汝今到此山峯之上此中今有須夜摩天無量天衆諸天女衆圍遶受樂復有天王天善業故今於無量妙蓮花中迭共遊戲善業力故此處受樂此是好處汝今來此汝始生天得來至此

始生天子既聞是語語自天女作如是言夜摩天王何處遊戲五欲功德而受快樂天女聞已荅天子言我今共去向大天主牟修樓陀住受樂處彼始生天聞此語已即共天女去向天王受樂之處共天女衆歌儛遊行次前遥見牟修樓陀夜摩天王赤優鉢羅林中而住赤優鉢羅有百千葉彼葉葉中有舍如窟內有天女第一妙香共諸鳥衆種種遊戲彼諸鳥者

是水行鳥鳥有勝聲種種妙音彼處如是赤優鉢羅如是莊嚴彼大天王婦女之身普皆種種妙寶衣服其寶多有種種光明赤優鉢羅寶光明故同一赤色彼優鉢羅如是赤故令一切寶光明皆赤如是勝妙赤蓮花實過於秋時初出之日赤色之妙又復於彼赤優鉢羅諸葉之中共蜂遊戲如是具受五欲德樂

若彼赤色優鉢羅中天子天女有如是心我於今者欲飲天酒即心念時於彼赤色優鉢羅寶花葉之中勝善色香清冷之觸天酒流出有無量種與彼天主牟修樓陀而共飲之如是受樂

又復彼天更有所念欲令赤色優鉢羅中歌音聲出即於念時則有風吹而令赤色優鉢羅葉迭相觸出種種聲自餘種種五樂音聲於此音聲十六分中不及其一聞彼聲已生歡喜心既聞彼聲百倍受樂共彼天主牟修樓陀在彼赤色優鉢羅葉而受快樂

又復彼天心若憶念遊戲受樂作如是念我今住此赤優鉢羅妙寶葉中如是遊戲令欲令此赤優鉢羅行於虛空即於念時彼優鉢羅如鵝鳥飛在空而行天子在中下觀餘處諸園林等有餘諸天自善業故遊戲受樂時彼天子復共天主牟修樓陀在優鉢羅妙寶葉中遊戲受樂處處而行彼所受樂無量分別善持戒故如彼持戒相似得果而受快樂以彼持戒有下中上如是受樂有下中上彼處如是於長久時受快樂已種種見已又復行向心相地處千殿山峯時彼如是始生天子不可思議種種見已心生歡喜向彼天主牟修樓陀赤色妙寶優鉢羅中共多無量諸天女衆彼諸天女歌儛遊戲彼夜摩地五欲功德具受第一境界之樂牟修樓陀夜摩天王赤優鉢羅赤色光明照耀天主牟修樓陀大王之身亦如是赤猶如赤色阿舒伽色於天王身所有赤色十六分中不及其一如是具受無量種樂尒時如是始生天子復更

前進漸近天主牟修樓陀合掌礼拜低頭未舉牟修樓陀夜摩天王即説偈言

前所作善業　修持三種戒　彼業得此報
今者受快樂　莫行於放逸　空受彼業盡
應於餘善業　勤行勿放逸　善業則應行
不善業應捨　善行受勝樂　不善行受苦
若勤不休息　如是作善業　彼則常受樂
後時得涅槃　若行放逸行　則非善轉行
彼善業盡故　則到地獄中　若行清淨業
常勤精進者　則得第一處　彼處無苦惱
若為根所使　復為境界駈　一切縛所縛
常轉行生死　惡法不汙者　如巳煉真金
彼脱有曠野　一切處安隱　若放逸行者
此不利益本　若捨則為吉　安樂無衰惱
汝今既始生　受樂事相應　生如是心意
慎勿著垢染　放逸能使天　婦女使亦然
婦女火所燒　常受於苦惱　是故天應當
勤捨離婦女　貪欲愚癡者　為心之所縛
如是法非法　不知應作不　丈夫少福德
去涅槃大遠　輕重真實知　行法無遺餘
怖法怖法果　如是者得樂　為心所牽者
根馬不調故　若知足牽心　勇到第一處

知足縛心　如心境界尒　勇者能令住
彼是世間智　天無量愛處　得無量種樂
若不貪著欲　則到於善處　汝作善業已
得可愛境界　令得夜摩處　心勿著放逸
如是始生天　億鉢頭摩數　天衆天女衆
自業受果報　業果繩難解　從心而化出
衆生爲癡誑　依此而轉行　十二入愁家
巧能誑惑心　置在生死輪　令於世間轉
過去現未來　天處一切退　天處山常尒
衆生流轉行　毗琉璃山峯　園林等可愛
山等常不動　諸天轉不停　園林甚可愛
地處亦如是　恒尒住不壞　諸天轉不停
毗琉璃爲岸　真金甚可愛　此蓮花常尒
諸天轉不停　河池可愛樂　多諸鳥莊嚴
常如是不鬬　諸天轉不停　堂殿常不異
構欄亦如是　常尒不破壞　諸天轉不停
爲境界所誑　世間如是轉　云何此處失
心不生猒離　心行於生死　以久習故堅
如是受大苦　而猶不覺知　如屠見縛羊
置之於欄中　一一取而煞　餘者不生怖

正法念處經卷第三十九

癸卯歲高麗國大藏都監奉
勑彫造

正法念處經卷第三十九

校勘記

一　底本，麗藏本。

一　二五一頁上一行經名、二行譯者、三行品名及夾註，石無。

一　二五一頁中一行「跋求」，徑、清作「跂求」。下同。

一　二五一頁中一二行「不識」，磧、普、南、徑、清作「不戒」。

一　二五一頁中一八行「以誑」，磧、普、南、徑、清作「以諂」。

一　二五一頁中二二行「隘迮」，磧作「益迮」。

一　二五一頁下三行「唯親」，石作「雖親」。

一　二五一頁下二二行「非火亦非刀非火刀非鋸」，石作「非火亦非力非大力非鋸」。

一　二五二頁中二一行「遊行」，石作「旋行」。

一　二五二頁中末行「如是」，石無。

一　二五二頁下四行「天言」，石無。

一　二五二頁下一九行第六字「城」，磧、普、南、徑、清作「地」。

一　二五三頁上五行首字「迭」，磧、普、南、徑、清作「遞」。下同。

一　二五三頁上九行第八字「種」，石作「種種」。

一　二五三頁上二一行「洋金」，磧、普、南、徑、清作「烊金」。

一　二五三頁中一五行「美妙之者以無量種」，磧、普、南、徑、清作「美妙之音以無量種種」。

一　二五三頁中二二行「遨戲」，磧、普、南、徑、清作「遊戲」。

一　二五三頁下一二行第九字「等」，徑無。

一　二五四頁上一行「如見」，磧、普、南、徑、清作「如是」。

一　二五四頁上八行「今破我」，磧、普、南、徑、清作「令破戒」。

一　二五四頁中八行「男天」，磧、普、南、徑、清作「天男」。

一　二五四頁中二一行首字「迭」，石、磧、普、南、徑、清作「若」。

一　二五四頁下四行「力常」，磧作「力當」。

一　二五五頁上一行「皆萎」，磧、普、南、徑、清作「皆蔫」。

一　二五五頁上五行「汗出」，徑作「汙出」。

一　二五五頁上六行「兆狀」，磧、普、南、徑、清作「死狀」。

一　二五五頁中一一行末字「苦」，石、徑、清作「樂」。

一　二五五頁中一八行「則離」，南作「知離」。

一　二五五頁下一六行「納藏」，石作「纲藏」。

一　二五五頁下一八行第一一字「非」，石作「得」。

一　二五六頁上七行第四字「陁」，南、徑、清作「隨」。

一　二五六頁中九行首字「愛」，磧、普、南、徑、清作「受」。

一　二五七頁下五行「天王」，石作「大王」。

一　二五八頁上一八行第二字「令」，石作「今」。同行第八字「葉」，磧、普、南、徑、清作「華」。

一　二五八頁中二〇行「大王」，磧、普、南、徑、清作「天王」。

一　二五八頁下六行「勤行」，石、磧、普、南、徑、清作「勤作」。同行「善業」，磧、普、南、徑、清作「善行」。

一　二五九頁上一行「縛心」，石作「继心」。

一　二五九頁上六行「業果」，石作「業棵」，磧、普、南、徑、清作「業梁」。

一　二五九頁上一六行「构欄」，磧、普作「鉤欄」。

一　二五九頁上一九行至二一行「如屠兒……卷第三十九」，徑無。

一　二五九頁上卷末經名，石作「已上是卷第卅九」。

趙城縣廣勝寺

正法念處經卷第四十　誠

元魏婆羅門瞿曇般若流支譯

觀天品之十九　夜摩天之五

牟修樓陁夜摩天王如是呵責既呵責已復共無量百千天衆皆悉從彼赤優鉢羅相隨而出向餘山峯其峯名曰一切觀察五百由旬七寶莊嚴流水河池園林衆華鳥衆莊嚴有無量種功德具足牟修樓陁夜摩天王為欲遊戲受快樂故上彼山峯一切觀察妙寶山峯種種可愛所謂其根有妙水池名為愛見園遶山峯於彼池中有名角峯出在水中七寶為節節如辟玔彼七寶節有勝光明狀如竪辟五百由旬又其頭上七節枸欄周帀而有所謂七者一金枸欄二銀枸欄第三枸欄是毗琉璃第四枸欄則是青寶第五枸欄則是車璖第六枸欄赤蓮花寶第七枸欄金剛妙寶如是諸寶以為間錯有如是等妙寶枸欄而圍遶之周帀端嚴甚可愛處多有天衆多天女衆第一妙色可愛音聲如是莊嚴如是殊妙尒時天王牟修樓陁共多天衆多天女衆乃至無量百千之衆如是共到一切觀察山峯之所既往到已見彼山峯諸天衆已而說偈言

夜摩一切處　此高如擧辟　恒於一切時
多饒諸天衆　光明端正山　七寶所莊嚴
有清淨流水　有蓮花池遶　園林甚可愛
多饒諸鳥歌　此峯池中出　極高窮虛空
此處天常樂　天鼓自莊嚴　歌儛心歡喜
天女極甚多　五樂音可愛　覩者心樂見
此峯甚可樂　周帀光明圍　以所作善業
三種持戒因　天衆依此峯　遊戲受快樂
我久依此峯　遊戲受諸樂　此是欲樂地
善業之所化　此處凡癡天　有巳退今生
放逸行衆生　如羊屠者煞　自死不覺知
如羊不怖畏　若天覺知死　不應行放逸

牟修樓陁夜摩天王如是既見一切觀察妙山峯巳見多無量百千億數那由他天諸天女衆種種境界心意受樂諦見諸天業果報巳復觀諸天行放逸行為愛所漂未知猒足諸欲熾火之所燒然既見如是愚癡天巳

心生憐愍已為說偈復更前入一切觀察山峯之中自業受樂定業所牽心揺動故復與百千諸天女衆如是詳共入彼樂處彼處舊天既見天王牟脩樓陁即便奉迎有住空者有以衆香自塗身者有在鳥背堂中住者有共天子而前奉迎牟脩樓陁夜摩天王乘空行者有作五樂音聲迎者如是種種異異莊嚴各各奉迎牟脩樓陁夜摩天王尒時如是一切天等在上空中以諸花香皆悉下散牟脩樓陁夜摩天王散已前近復有餘天以金樂器出妙音聲并復歌儛亦復前近牟脩樓陁夜摩天王復有餘天手執花鬘彼花之香聞者欲醉住在空中天風所吹其衣揺動漸漸前近牟脩樓陁夜摩天王復有餘天住虚空中妙聲讃歎牟脩樓陁夜摩天王漸漸前近有如是等無量異異天種種異異殊勝莊嚴有種種色以作業時有下中上色莊嚴等亦復如是有下中上一切皆向牟脩樓陁夜摩天王各各奉迎尒時如是一切天衆皆

悉讃歎牟脩樓陁夜摩天王迎已俱到一切觀察山峯上已天王力故諸欲功德五境界樂有無量種一切增長以善業故

尒時天主牟脩樓陁共諸天衆在於園林妙蓮花池成就無量種種諸欲漸次更上一切觀察山峯之上其餘地處既到彼已善業力故即便得見惡道門開見有天女時至欲退彼欲退故先九相現所謂一者皮緩太軟以其皺故二者身動以身動故頭上著花離散墮落復有第三退相已現謂者赤花在頭則黄復有第四退相已現謂有風来吹其衣服無纏之衣則如纏成如人衣觸復有第五退相已現謂空中飛則生疲倦地行亦尒復有第六退相已現謂身汗水本清令濁復有第七退相已現謂至樹下取花取果樹枝則舉高不可得則不能取復有第八退相已現謂天子来共行欲者則見天子色醜無媚復有第九退相已現謂有風来散其頭鬘令不柔軟觸則麁澁此退相現天數

十日於人中數經二千年猶故不退彼退天女復有二種退相現已則到退時所謂一者欲心則多不能蹔住所謂二者在遊行地地不柔軟下足不容舉足不起觸不能住喚餘天女言我煩悶共我住此彼退天女又復更有退相已現所謂相者脣動不住無語因縁而動不止彼退天女又復更有退相已現所謂相者先来歌儛音聲皆忘本始生時歌儛音聲無有教者不從他學以善業故自然皆知如是退時善業盡故一切皆忘彼退天女又復更有退相已現所謂相者若前往近蓮花池水若河池水則於水中見欲生處隨於何道欲生之處見彼身像彼退天女又復更有退相已現所謂相者身著莊嚴若是瓔珞若是釧等一切皆重彼退天女又復更有退相已現所謂相者隨何處坐坐處皆變若坐金處若毗琉璃因陁尼羅如是等處彼一切寶皆變為木彼退天女又復更有退相已現所謂相者本見地等今見皆異彼退天女

又復更有退相巳現所謂相者普身一切皆悉汗出如此人中又復更有退相巳現所謂相者眼見天衆一切旋轉如是輪轉不見天身一切諸根不樂境界心作是念我今無救命欲盡故於欲生處如生處見如彼色見如前所說彼退天女命盡退時後念命盡心生中有牟脩樓陁夜摩天王如是見彼天女退巳生猒離心既見天女如是退巳而說偈言

婦女縛世閒　誑令長諍鬪　非法能壞法
是一切過處　為女欲所使　此天處被縛
彼死軍来到　破壞而將去　女以種種戲
巧誑惑男子　能令後時退　如自業而去
蓮花園林山　若河若谷中　多種戲樂巳
天女然後退　天女必定退　必定愛離別
丈夫如是見　猶行欲不止　能令世閒失
能多增長愛　為此婦女縛　不可得解脫
欲淤縛寂大　能縛此世閒　種種異思量
更無如是縛　無量種欲箭　傷天者何去
女欲使令汝　破女巳得勝

牟脩樓陁夜摩天王如是觀察於退生畏欲退天女無有方便可救令脫

觀察普遍無量種門決定退巳復觀餘天五欲功德愛種種樂於退不畏如畜相似作是思惟云何彼天死時臨到而不怖畏如是念巳自心生怖而亦不能為他天說何以故非時說法令法輕故而彼餘天境界愛樂樂境界故如是非時不可為說牟脩樓陁夜摩天王念死畏巳隨順彼天猶共戲樂復無量種遊戲受樂在於如是一切觀察山峯之中多有種種妙好園林及蓮花池共諸天衆遊戲受樂六種愛身喜樂境界於彼園林蓮花池等無量種處迭手歌儛共飲共食若觸香味如是受樂聞歌音聲甚為可愛如是受樂到彼山峯构欄之所遊戲而行彼构欄者是毗琉璃諸天入中其身光明一切皆失彼寶莊嚴彼毗琉璃寶光明故皆同一色所謂青色諸天既見皆同青色生希有心迭手各各如是說言如我先見多種殿来百千殿来初未曾見如此山峯毗琉璃寶如是光明

尒時此天如是說巳即詣天中有一

舊天向餘一切後生諸天如是說言如我次第傳所聞来今為汝說以何因緣如是光明曽於過去久遠世時兜率天王下閻浮提誠心供養正遍正知供養佛巳来過此處一切觀察山峯之中以心憐愍夜摩天故留一珠此夜摩天見珠光明諸夜摩天知業果報有輕有重則離憍心若夜摩天行於非法見此珠巳知夜摩天與兜率天有勝有負心如是知我於今者成就何樂我樂光明色量形相於兜率陁則為微劣壽命亦劣地處亦劣業果亦劣彼諸天等見彼寶珠勝光明巳則生第一勝歡喜心若放逸行則離憍心若隨法行增長彼法以此因緣兜率天王留珠在此

尒時諸天從宿舊天聞是語巳則生第一勝歡喜心於彼寶珠生希有心意樂欲見彼一切天詳共在彼一切觀察山峯之中求覔彼珠以求覔故一處見之有一百倍勝光明出能覆餘珠令使不現被覆未開猶尚如是何況不覆所謂覆者夜摩天珠覆蓋

如是大光明珠彼夜摩天却餘寶珠出此一珠時夜摩天見此一珠所有光明心則離慢又夜摩天自身所有一切光明皆悉不現復觀彼珠其中則有金書文字字有偈言

清淨無垢濁　常隨順法行　彼不放逸故
恒常受快樂　若樂若苦惱　若老若少年
若大姓小姓　死王皆能煞　若端正若醜
若大力小力　若獨若有主　死王皆能煞
若王若僮僕　若俗若出家　若堅若軟者
死王皆能煞　若富若貧窮　若功德若無
若男若女等　死王皆能煞　若行若在家
若水中若陸　若在山峯住　死王皆能煞
若睡若寤寤　若食若不食　能歷乱世間
死王皆能煞　若在下在上　若在傍廂住
時輪無鄣㝵　死王皆能煞　若吉若不吉
若法非法行　若病若不病　死王皆能煞
若惡者善者　若慳若不慳　若放逸若不
死王皆能煞　若地獄餓鬼　若畜生若人
大力不休息　死王皆能煞　若欲界諸天
若色界天等　彼天悉大力　死王皆能煞
若無色界天　三摩䟦提生　彼天悉大力
死王皆能煞　有生皆無常　一切必破壞

一切有為法　破壞則不疑　見死力如是
若見欲過患　見愛染語已　則離生死海
初時有味堅　貪著欲境界　由之入地獄
猶如舓舌舐　見此處退已　知死王大力
心則善調伏　知心有此過　園林山等中
若在堂中住　一切天皆退　為時火所燒
若為境界覆　癡故放逸行　愛羂縛此天
將入惡道去

時彼諸天大毗琉璃寶珠之中見彼金書偈句字已讀已聞已若天心有善種子者見聞是偈蹔生猒離若迷境界愚癡之天雖亦見聞猶著境界喜戲遊行受五欲樂心不生猒時彼諸天既見寶珠如是光明珠內偈說一切世間多諸過患既見聞已生希有心此勝寶珠如是光明甚為希有而彼諸天自性放逸種種遊戲種種受樂無量分別多受無量境界之樂彼樂深勝不可譬喻

尒時彼天復放逸行多擊種種歌樂音聲向一水河河名速流堅著放逸見諸境界其心堅著無始集來愛羂所繫牽向彼河種種樂聲繫縛其心

彼此迭共遊戲受樂彼速流河多有樹林蓮花所覆種種鳥聲甚可愛樂蓮花之香以熏其水彼河兩岸饒歡喜天若歌若儛彼天迭共勝歡喜心在彼河岸受諸快樂五樂音聲平等美妙有無量種五欲功德而受快樂彼河水速故名速流其河兩岸樹枝間間鳥在中住彼鳥即名樹奇間住鳥善業故彼此迭共勝歡喜心利益天故而說偈言

山河如是速　天如是失樂　癡故不覺知
如是放逸行　一切諸衆生　命樂速不停
癡者不覺知　如生盲於道　寧盲無眼目
不著欲愚癡　為樂隨欲行　趣向地獄去
非盲故地獄　以不知法故　是故寧目盲
不為欲所使　欲行不利益　常誑惑癡者
以自心癡故　而不猒離欲　若行於欲者
無智亦無知　不數欲生苦　而常樂於欲
見欲怨如友　如今波迦果　能將向死處
數數至惡道　如一切諸河　水流無迴者
天樂亦如是　巳去不復還

彼鳥如是住在樹中如葉之實巳說此偈時彼諸天善業修心聞說偈巳

心極猒離如是思惟我今乃於畜生之所如是聞法是故得知我放逸行定入惡道尒時彼天既生是心思惟念已其中有天離彼河岸在一處住而說偈言

一切衆生命　如水沫不異　如河流波動
少年亦如是　一切諸衆生　盡皆屬老死
汝等無心意　不念不知慮　諸有身未壞
諸有世間淨　若心皆作法　則不入惡道

彼天如是迭互各各心隨順法如是說偈如是念法未經久時根羸無力復不思惟見無量種可愛可樂五欲境界隨心樂已為愛樂故行向餘天彼天如是迷於境界五境界因常增天欲在於彼處受天快樂第一可愛五欲境界相應受樂乃至此愛善業盡已復為業使生於地獄餓鬼畜生若餘天退若生人中第一樂處無諸衰惱第一富樂生於第一大種姓中一切敬愛一切供養不怖不病第一聰明若他餘人若奴若婢若諸作人一切皆愛常於其人有供養心得生第一善國土中不在邊地生在知法知非法處五根具足智慧自在以彼善業作而復集聖人所愛三功德業決定生天以餘業故

又彼比丘知業果報觀夜摩天所有地處彼見聞知彼夜摩天復有地處彼處名為山樹具足衆生何業生彼地處彼見聞知謂若有人脩行善業直心正心隨順法行不壞威儀不缺威儀遠惡知識常生善心微塵等惡見則深畏正見不邪常正見行常一切時信業果報心意正直身行善業口意善業護三種戒所謂不煞不盜不婬不煞不盜如前所說不邪行者若於晝中見婦女像心不生念白日見已夜不生念心生知足於晝行時善攝其心以知足繩繫縛諸根念身而行善護其心常樂觀察諸界入陰不樂多語不於非時入他舍內不行惡肆於一切處非時不行不近惡狗不常入村不常入城若四出巷不樂常見親舊知識心不常念常勤脩行智之境界常正觀察恒常正念敬重尊長常近奉侍彼善行人如是持戒身壞命終生於善道夜摩天中山樹具足地處之中於彼生已受無量樂如印相似無量種樂皆悉具得

有二妙山圍遶彼地於彼山中有四樹林一名膩青影二名無量負三名一切上四名清淨負膩青影林青色妙寶青色之樹金銀為葉皆悉具足端嚴勝妙不可辟喻林中殿舍出青光影遠去遍滿五百由旬色如青雲彼後三林無量負林一切上林清淨負林一一皆有無量種樹無量種色無量種形無量種相無量種葉無量種鳥近於彼林於彼林中有如是等無量種樹復有其餘種種諸樹所謂多有金樹銀葉復有銀樹毗琉璃葉有珊瑚樹白銀為葉有雜寶樹雜寶為葉以樹雜故其影亦雜其枝普覆地分處處皆悉有水彼彼地處極為嚴好鋒衆莊嚴有妙音聲多有天鳥莊嚴地處彼第二林嚴好如是又第三林多有無量流水河池其河多有無量諸鳥種種音聲所謂孔雀俱耆羅等音聲可愛住可愛處

又第四林多有種種雜色寶樹園林池水種種蓮花林影光明彼諸樹林一切皆如雲母琉璃若天入中皆見自身猶如雲母琉璃之色

又彼處山有異勢力若天欲退死時將至隨業去處一切皆見彼既見已猒離於有不放逸行以見自身異生處故彼福天子於彼如是功德地生以無量種善業力故尒時得生彼處天子生在山中山名伽耶如是天子初生之時行放逸行既見退已生惡處故始生天子不放逸行如是攝心未經久時更著境界五欲之樂在於園林蓮花池中極可愛處五欲功德皆悉具足五樂音聲多有無量諸天女衆之所圍遶有無量種無量分別無量諸念彼山林中如前所說以彼天子前善業故如是種種受五欲樂彼既如是受欲樂已善業力故於彼山中則見五種希有色相何等為五謂何生處而來生此見彼來處乘何業因而來生此見彼業因於何時退見彼退時見其退已於何處生見彼

處生生彼處已成就苦樂見彼苦樂於他身事亦如是見彼天衆生復見異時或見百刧或見億刧自身之事作如是知我曾於此天中而生雖知生數不知時數何以故以智少故不能思量彼山勢力善業勢力故如是見

然彼天子見無量種希有事已畏生死過猒離善業況非福業而不猒離亦離雜業以其皆有苦惱過故以彼雜有多過惡故如是見已見彼山中希有事已於中生死過惡之處怖畏猒離於一切時增長無量種種衰惱見梁繩已則於餘樂心離不樂所謂樂者天中欲愛觸味色香如是既見觸味色香如見毒飯不以為樂彼既如是見無量種天境界樂憎惡不樂彼既如是猒離欲已向餘天說令作利益安樂之事彼天如是則善修行身口意等而行善業所謂法師若能為他說正法者於彼放逸諸衆生等具足佛語而為說法畏放逸行放逸衆生入於無量境界惡處為彼衆生說五種畏所謂五者生畏老畏病畏死畏自

業畏等此謂衆生如是作業故如是得愛樂境界怖畏離別此等諸畏若能示他非為貪物非諂曲心亦非怖望供養因緣而能為他正說佛法復有為他雜說佛法如已所聞辟喻相應畏自少聞少讀佛語推時在後異因辟喻從他聞来自思量說内心貪多種種雜語推時在後如是說法如是因緣作生死畏彼於山中見有諸業

於如是等一切法中復有勝者謂為父母尊者說法復有為於病者說法為邪見者令生正見而為說法為欲死者而說佛法若見生死無因無緣自然有者是則為之說因緣法若於生来未聞法者為之說法若行曠野若於海中大舩行者放逸行者若諸國王若王大臣若諸年少行欲放逸種種慢等令得離故而為說法若勇健者能多煞害若多殺生放逸行者為說罪過遮彼煞生若樂諍鬪望生天故欲取闘死顛倒見者為之說法遮令不作若常獵者為之說法令得

捨離若諸婦女妬嫉之者為之說法
遮其嫉妬
此如是等十二種人若有能為說法之者彼人如是真實說法身壞命終生夜摩天山樹具足地處之中既生彼已則於彼處山壁等中見生死業見已則於一切生死猒離心若不為他如是說法而生彼者一切作業皆悉不見則於後時受諸欲樂遊行喜戲五欲功德種種具足在彼地處聞歌音聲衆鳥聲音種種異異色香具足蓮華池中有無量蜂百千音聲雜雜音聲

既於彼處受諸樂已復向山中山上平處在中受樂第一端正種種功德具足天女詠天歌音甚可愛樂色味香等皆悉具足生大歡喜復飲天酒既飲酒已轉復增長放逸之樂又行放逸受諸樂已復向彼山名遊戲林普毗琉璃以為杓欄莊嚴堂舍如火洋金而為莊嚴種種七寶莊嚴之處到彼處已普於其處多饒衆鳥第一端嚴既到彼處五欲功德遊戲受樂

求知猒足心常悕望不可猒足如火得薪為風所吹染愛凡夫未知猒足亦復如是何以故愚癡凡夫於無始來如是流轉為愛所誑自境界中根不知足從本已來未曾知足彼堂第一可愛杓欄功德具足天於其中五欲功德而共受樂有若干種無量分別有無量種憶念成就尒時彼天不放逸行謹慎行者既見如是放逸行者心生憐愍而說偈言

如心之所作　還如是受得　善念斷愛欲
不善令增長　若寂靜欲者　見欲如刀毒
癡者不靜意　見欲生愛染　若根若根塵
此因緣於心　煩惱熏心故　相似流轉行
於如是染淨　勇健者不染　畢竟常見色
去何有別異　一切皆如是　境界心因緣
調心為第一　離過甚為鄙　譬如稻一種
色相各差別　和合種雜生　心亦如是轉
如機關水輪　轉故有所作　心因緣故語
此世間流轉　放逸壞衆生　心貪著欲味
亦常喜樂色　不覺相續轉　影中山林色
業故亦見身　天去何見已　貪著欲境界
若恒常有欲　終則愛別離　如是之欲愛

智者則不樂　何況無常空　自身如是空
於彼苦報中　癡者去何樂　天既退天已
為惡業將去　境界之所誑　寂靜不可得

若天如是不行放逸不放逸行不放逸天為放逸天如是說竟以自業故見寶色已於業生畏復憐愍故如是已說如是住彼山樹具足地處之天有無量種受諸快樂毗琉璃處於影像中自見身色

又復於彼山樹具足地處住天更有其餘毗琉璃林或有銀林彼林有名有名常影有名無影彼常影林是毗琉璃如是林中地分柔軟衆鳥音聲百蓮華池以為莊嚴有流水池莊嚴其處天於彼處遊行喜戲受種種樂彼常影林有五大池池有蓮華鵝鴨鴛鴦多有種種跋求之音迭共出聲聲甚可愛受種種樂於彼水中有風來吹有種種波令彼鳥身相觸相離其水清淨離於塵濁如是衆鳥蓮花藂中迭共遊行受種種樂五華池者二名樂見一名水足三名鳥樂四者常喜五名天樂彼華池中多有衆蜂

無量形色有無量種百千雜色飲蓮華汁無量美味衆蜂飲已則出第一勝妙音聲山樹具足地處之天聞其聲已走向蜂所蓮華池中彼華池水第一清淨第一色香彼諸天衆共天女衆見彼水已入彼池中遊戲受樂旣入池已共諸天女在水遊戲五欲功德種種具足復行欲樂彼處如是種種戲樂

又復更有第一勝聲種種雜聲所謂歌聲復有樂聲復有水聲種種諸鳥種種音聲此種種聲迭手相離迭手相順不相壞句合為一音如是可愛如是天衆共天女衆如是受樂如是雜雜音聲旣出異山中天遊戲受樂則不如此餘處衆鳥臨飲食時若聞此聲即便止食住耳不動聽此雜聲飲時亦尒停住不飲聽聞彼聲餘異地處所有天衆聞是聲已生希有心況餘畜生如是五處種種受樂尒時如是山樹具足地處住天於長久時五蓮華池成就樂已為飲酒故受欲樂故向餘園林園林名飲多有天酒

滿彼園林以如是義名飲園林彼諸天衆善業力故到飲園林諸有水池清淨滿者一切皆失第一香色味等具足天酒出生滿彼河中彼酒之香乃至遍滿五由旬內逆順來去如天憶念如是酒生此世間中第一樂者謂隨念樂如心憶念得自在者是為最樂唯此為樂更無有樂此隨心念是第一樂何況復有五欲功德具足之樂五樂音聲共天女衆而受快樂復有隨意自在之樂種種遊戲受種種樂彼如是酒離於酒過飲已極適不可得說

彼天如是種種受樂放逸而行共天女衆同飲天酒於長久時愛覆其心無始集來如是復集不能捨離為愛所誑彼天如是不知猒足如火獲薪如是彼中山樹具足地處之天如是思惟我於今者上此山頂彼天如是迭相憶念同一心生如是同心一切皆共和合喜心去向彼山到已即上自善業故第一光焰向彼山頂飛昇虛空而上彼山第一神通上彼山已

五樂音聲皆悉相應一切所有歌樂之聲普遍山上復有勝香普熏山上滿虛空中有妙光明在虛空中勝耀等光上彼山上以天神通上彼山已見彼山頂有無量種流水河池蓮華滿中園林衆華種種具足彼處多有衆鳥音聲第一天香

彼山頂上普皆平等光明遍照天衆上已共天女衆第一愛樂山上之天有百天女有二百者復有餘天三百天女自業作故有少中多復有餘天有少中多有一千者有二千者有三千者如是乃至有二万者種種歌儛遊戲受樂一一園林處處遊行喜戲受樂如是蓮華勝妙林中衆蜂莊嚴在彼林中五樂音聲遊戲受樂彼山多有種種妙寶而為莊嚴於彼山中處處遊戲受樂而行彼山之石一切是寶珠妙間錯光明勝日其地柔軟如閻浮提瞿耶尼中第一柔軟劫貝𣯉具綿等之軟若兜羅綿若復餘綿如是等綿又復如餘柔軟之綿下足則容舉足則平彼山頂上如是柔

軟若寶若地若樹若林若山之峯彼一切處第一柔軟極樂之觸隨眼所見皆可愛樂如是山上甚可愛樂天衆天女在上遊戲彼此迭共受種種樂諸欲功德一切具足受天快樂彼處如是久時受樂彼天和合第一音聲歌儛遊戲種種受樂於虛空中有大光明猶如天狗彼一切天皆悉同見彼勝天者見大光明未曾見聞生希有心中天見之不能眼看以手掩眼入於樹下下天見之不能忍耐生怖畏故共諸天女入自寶窟又復更有大威德天眼既見已則能忍耐諦觀察之生希有心如此意念此是何光誰有如是勝妙光明此山如是妙寶光明如是山中光明具足此異光照令不復現在空如焰我於昔來初未曾見彼更審看見大天狗如是向下有大光明遍虛空中如火焰熾如是下墮彼天上觀如大天狗從天而墮其量長短大小如是如是思量然後說言彼天狗量五千由旬一切盡空皆悉焰然不可譬喻

如是如是次第下來漸漸近下彼大勇天亦不能看何以故以非彼天眼境界故不能看彼勝大光明亦復以手自掩其眼不久之間生希有心還復却手開眼看之上觀虛空見彼天狗漸更近下一切天衆皆生疑慮彼此迭互相向說言上虛空中為是何物甚為希有在空而墮時彼天衆不能決斷而作是言此是何物尒時如是未久之間如是天狗空中滅沒不知所在

尒時怯夫知彼滅已從窟而出共諸天女離於怖畏彼此迭互相向說言此希有物為是何物我心甚疑令我見之心生怖畏如是說已彼此迭互皆不能決如是久時彼此迭互相向說言彼是何物生希有心而生怖畏如是山上遊戲受樂復心動已猶更受樂受境界樂種種受樂有無量種無量分別五樂音聲於園林中多有天衆共天女衆無量百千天衆受樂

正法念處經卷第四十

正法念處經卷第四十

校勘記

一　底本，金藏廣勝寺本。

一　二六一頁中一行經名、二行譯者、三行品名及夾註，石作「正法念處經天品之十九夜摩天之五卷第卌」。

一　二六一頁中八行「流水河池園林衆華」，石作「流河水池園林」。

一　二六一頁中一四行第四字「玔」，磧、普、南、徑、清、麗作「釧」。下同。

一　二六一頁中一五行「构欄」，石作「枸欄」；磧、普、南作「鉤欄」。下同。

一　二六一頁下九行第一三字「窮」，磧、普、南、徑、清、麗作「穿」。

一　二六一頁下一五行「癡天」，磧、普、南、徑、清作「癡人」。

一　二六二頁上四行「詳共」，麗作「相共」(下同)。同行「炎王」，石、磧、普、南、徑、清作「天主」。

一　二六二頁上一二行「前近」，磧、南、徑、清作「前迎」。下同。

一　二六二頁上一三行「歌倦」，磧、普、南、徑、清、麗作「歌讚」。

一　二六二頁上一五行首字「手」，石作「子」。

一　二六二頁上一九行第一二字「異」，石、磧、普、南、徑、清、麗無。

一　二六二頁中五行「天主」，磧、普、南、徑、清、麗作「天王」。

一　二六二頁中八行「地處」，磧、南作「現處」。

一　二六二頁中一八行「已現」，石作「已相現」。

一　二六二頁中二一行「天子」，麗作「天女」。

一　二六二頁下一行第七字「經」，石作「逕」。

一　二六二頁下五行第七字「觸」，石、磧、普、南、徑、清、麗作「獨」。

一　二六二頁下一一行末字「知」，石作「智知」。

一　二六二頁下一四行「池水」，磧、普、南、徑、清作「流水」。

一　二六三頁上二行「人中」，磧、普、南、徑、清作「中人」。

一　二六三頁上四行「如是」，石、磧、普、南、徑、清、麗作「如見」。

一　二六三頁上六行「色見」，磧、普、南、徑、清作「已見」。

一　二六三頁上一一行「諍懟」，石作「諍對」。

一　二六三頁中一三行第八字「迭」，普、清作「遆」；南作「遆」；徑作「遞」。

一　二六三頁中末行第一〇字「詣」，石作「諸」。

一　二六四頁上五行及本頁中一〇行「金書」，石作「金畫」。

一　二六四頁中一三行「喜戲」，磧、普、南、徑、清、麗作「嬉戲」。下同。

一　二六四頁下八行「間間」，石、磧、普、南、徑、清作「奇間」。

一　二六四頁下九行第七字「迭」，石作「造」。

一　二六四頁下一五行「不知」，石作「不妨」。同行「目盲」，麗作「自盲」。

一　二六五頁上一六行「愛善」，磧、普、南、徑、清作「受善」。

一　二六五頁上末行「邊地」，石作「邊池」。

一　二六五頁中一四行「畫中」，石作「畫中」。

一　二六五頁下一行「生以」，石、磧、普、南、徑、清、麗作「生於」。

一　二六五頁下三行「具得」，磧、普、南、徑、清作「具足」。

一　二六五頁下一二行「種葉」，石作「種林」。

一　二六五頁下一九行第九字「音」，石無。

一　二六六頁中一二行第六字「中」，磧、普、南、徑、清、麗作「有」。

一　二六六頁中一八行「令作」，石作

「念作」。

一　二六六頁下一行「此謂」，麗作「此諸」。

一　二六六頁下九行「彼於」，磧、普、南作「於彼」；徑作「于彼」。

一　二六七頁上一三行「雜雜」，磧、普、南、徑、清、麗作「諸雜」。

一　二六七頁上一八行「又行」，磧、普、南、徑、清、麗作「久行」。

一　二六七頁上二一行「洋金」，磧、普、南、徑、清作「烊金」。

一　二六七頁中七行「若干」，石作「若千」；徑作「若于」。

一　二六七頁中一二行「刀毒」，石作「万毒」。

一　二六七頁中一六行「因緣」，麗作「自緣」。

一　二六七頁中一八行「差別」，石作「老別」。

一　二六七頁下九行「自見」，磧、普、南、徑、清作「見自」。

一　二六七頁下一七行「跋求」，磧、清作「跂求」；徑作「攱求」。

一　二六七頁下二二行「二名樂見一名水足」，石作「一名樂見一名水足」；磧、普、南、徑、清、麗作「一名樂見二名水足」。同行「四者」，徑、清作「四名」。

一　二六八頁上一六行「飲食」，磧、普、南、徑、清作「欲食」。

一　二六八頁下九行「愛樂」，磧、普、南、徑、清、麗作「受樂」。

一　二六九頁上一行「若林」，磧、普、南、徑、清作「若枝」。

一　二六九頁上四行「迭共受」，石作「逓共愛」。

一　二六九頁上一七行「令不」，石作「今不」。

一　二六九頁中四行末字「還」，磧、普、南、徑、清作「退」。

一　二六九頁中一二行「滅已」，磧、普、南作「滅之」。

一　二六九頁中一八行「山上」，磧作「止上」。

一　二六九頁中卷末經名，石作「正法念經卷第四十」。

正法念處經卷第四十一　美

元魏婆羅門瞿曇般若流支譯

觀天品之二十　夜摩天之六

尒時天王牟修樓陀須夜摩天共諸
大衆諸天女衆無量百千那由他千
諸天大衆諸天女衆一切皆向山樹
具足地處之中伽耶山所一切天衆
坐蓮花座普遍虛空上彼山上見彼
天衆有无量種形服莊嚴無量種色
无量功德具足天女而為圍遶彼山
中天五欲功德受諸快樂尒時天王
牟修樓陀如是見已心甚歡喜共天
女衆即便速向山樹具足地處天衆
彼處天衆既見天王牟修樓陀即尒
速疾共天女衆一切奉迎鼓樂音聲
種種歌舞生歡喜心迭手相近彼此
和合遍山頂上種種歌舞讚歎天王
牟修樓陀共到山上於彼山上彼此
迭手種種音聲娛樂受樂彼諸天衆
如是受樂於長久時上虛空中見天
狗下如是天狗光明等事如前所說
尒時天衆既見如是希有事已而復
更生疑慮之心有大怖畏即尒前近
牟修樓陀夜摩天王依止附近有向
虛空直視觀者有先曾聞彼天狗者
雖放逸行共彼天主牟修樓陀誠心
礼佛復有怖畏入金窟者有依樹者
此二種天無勇无力有天走趣牟修
樓陀夜摩天王望歸求救此如是見
第一希有生疑慮心尒時天主牟修
樓陀見如是已告天衆言汝等天衆
為知不知如此光明在虛空中臨欲
墮地汝等皆来其中有天先不知者
則白天王牟修樓陀而作是言我實
不知今見如是希有之事我實不知
尒時天王牟修樓陀喚一切天而告
之言汝等天衆一切皆聽我今為說
以虛空中光炎墮地汝等天衆有怖
畏者希有心者

尒時如是一切天衆夜摩天王牟修
樓陀為之說言汝等皆聽於我此處
在上極遠復有天衆彼一切種量色
形相長命業因百倍勝我是菩薩處
第一勝淨在人中時五種持戒不孔
不穿堅固不犯有无量種勝修行故

身壞命終生於善道天世界中彼天世界名兜率陁兜率陁中若所受樂若諸園林若諸天女若諸光明若色若力若利智慧若長壽命若无量樂或身或心若所受用資生之具若天女色彼十六分此夜摩天不及其一彼天功德非我能說彼天光明形我此處夜摩天光如螢火虫於日不異若諸光明若所受用資生之具一切不及彼天久時无量種種受諸快樂彼天之樂第一可愛種種諸物五欲功德種種境界而受快樂勝於此處夜摩天樂於長久時善業乃盡无常金剛打令碎壞彼无常法一切衆生必定皆有必定種子不定種子一切衆生皆悉具有无常到已其命則盡善業盡故即便退彼兜率天處一切有為流動如燈謂生住滅一切三界無物不動而是常者一切皆動一切終盡非是常法無處是常諸有為法必定退失是故彼處兜率陁天必當退失如燈油盡及炷等盡其燈則滅燈既滅已則有闇生燈生闇滅燈滅

暗生如種滅已則有牙生如是如是彼業盡故其命則盡彼處諸天兜率陁中如是退故汝等今見彼天已死以業力故有如是相身是无記雖死而有如是光明何況復有无量善業所化光明第一勝上定定善業所化光明汝夜摩天從今應知彼相如是彼若未死有何光明有何威德有何莊嚴有何等業彼不可說無有辟喻彼天如是四倍善業之所化作如是終盡何況我此三倍持戒少業所化汝等皆生夜摩天處坏脆無常有為滓濁是故此天與彼殊絶彼天如是猶尚破壞何況汝等而不破壞介時天王牟修樓陁而說偈言

无常天狗瞬　燒兜率陁天　不自在故滅
如燈油炷盡　業力之所椎　大力十二輻
業輪之所轉　上下不停住　取種種境界
無量門莊嚴　以時滿足故　闇退不自在
時節自在故　草木如是生　彼既時到已
還復乾枯燥　天如是時到　則成就天樂
如是復時到　還退不自在　業於時到時
流轉於世間　以時自在故　樂者還受苦

若受樂受苦　勿信境界常　此一切因緣
苦樂則別別　一切皆无樂　一切業自在
苦亦介无常　皆是業因故　異異諸果生
有為法流轉　欲知此因緣　應知四聖諦
若知四聖諦　彼必得解脫　癡樂境界者
世間轉如輪　善知義知諦　彼則得解脫
不知義諦者　則无解脫期　彼若如是知
世間無常已　則起解脫意　遮不善業心

彼夜摩天如是怖畏須夜摩天有无量種无量分別彼夜摩王牟修樓陁與法相應如是說道介時彼天既聞天王智者語已心各差別有猒離者猒生死者畏生死者又復心轉喜樂境界伽耶山中種種園林種種戲處多有流水蓮花池等莊嚴之處樹枝所覆寶藏莊嚴有種種鳥音聲可愛有蓮花池種種莊嚴有大七寶而莊嚴山多有无量可愛聲觸味色香等種種境界共天女衆喜樂境界愛樂成就忘前猒離不復憶念

又諸境界初樂後苦共天女衆如是境界而受諸樂彼山處故心之獼猴以自在力於中受樂又復天衆皆共

天主半修樓陁相隨而還有乘空者
坐蓮華者有乘无量莊嚴處者所謂
有天乘孔雀者乘白象者有乘鵝者
乘鴛鴦者有如是等種種異乘天女
圍遶若歌若舞種種樂音如天相應
在其天主半修樓陁大王之前向戲
樂林半修樓陁天王住處種種深心
生意覺知有猒離者有放逸者如是
種種遊戲境界而受快樂戲樂林中
地處諸天如是差別種種不同若復
彼處山樹具足地處住天在伽耶山
頂上而住彼種種意喜戲受樂其中
有天生猒離者如是種種無量分別
天量境界而受快樂如是无量境界
受樂心不猒足如是乃至善業樂因
盡爛壞失於彼天處業盡而退如是
退已種種業繩之所繫縛生於地獄
餓鬼畜生若生人中常在樂處諸根
具足有善智慧第一大心第一大富
為一切人常所供養端正好色若為
人王若為大臣以餘業故
又彼比丘知業果報觀夜摩天所有
地處彼即聞知復有地處名廣博行

衆生何業生彼地處彼見聞知若善
男子近善知識信業果報心意正直
隨順法行受持禁戒正見不邪修正
見行常近耆宿於佛法僧生清淨信
信於生死常一切時善攝諸根不著
境界怖畏生死知愛別離生老病死
恩愛聚會恩愛離別一切皆知於五
聚陰識知其過常勤精進順行善業
離惡知識常一切時樂聞正法聞已
思惟思已知義攝持在心知離欲味
常不殺生常不偷盗如前所說復捨
邪行於婦女根眼不樂見於其歌舞
莊嚴音聲聞已不味於畫婦女若見
若聞無不善念夢見婦女覺已不樂
不生愛念不多行欲常正觀察捨離
邪婬棄於欲事如毒无異彼人如是
功德相應常行善業恒有善念離
垢染心持戒普淨善護禁戒彼人如
是身壞命終生於善道天世界中在
夜摩天廣博行處彼三功德樂修多
作愛樂淨戒持戒得果生於彼處纔
生於彼即聞天鳥種種音聲第一可
愛如䟦求聲鼻所齅香本未曾有

第一天香齅彼香已生第一樂身所
覺觸本未曾得心意清淨而不濁乱
如心迴轉正相應故則生歡喜味亦
如是有種種味本未曾得彼天如是
六識之身前受樂已如是思念此何
世間我住何處此處一切皆悉可愛
皆悉可樂與本皆異此處世間見一
切色无量好色復見自身所有光明
勝日光明離肉骨汗離諸不淨離影
離睒離脉離筋離大小節離於堅觸
身體柔軟普身諸分一切皆軟離於
疲惓自所念行若來若去皆无障㝵
離於求索離身傴曲彼此迭互不相
憎嫉身體離毛頭髮皆旋一一毛旋
眼所對囑无有妨㝵境界不劣離於
諸障聲觸味香身不增减不變不老
恒常有力天女妬嫉怖畏怯弱一切
皆離身自具足離求莊嚴離求財物
於諸天女離攝取過復何所離於園
林中處處遊行无所怖畏離怨家畏
離不淨畏離於知足見自己身則
生愛樂念念增長天无量種諸境界
樂如所悕望有樂皆得悕望樂已以

少智故心如是疑我何處來我此身者為是何身此是何處此處何名彼如是疑心中思量辟如醉人或有睡人夜有四分三分已過從睡而寤於良久時彼心疑念我是何人我何處住少時思念尒乃得知如是如是始生天子於良久時心思惟已然後乃知我人中死來生此處彼天如是於人中 時持戒勳思如是相似生於天中

若閻浮提不樂境界在彼天處初生之時亦不喜樂何以故本薰思故時彼如是始生天子於良久時如是覺知我在天處以善業故天世間生若人如是於人中死生於天中彼持戒來猶故如是不著境界如是後時天上退已生於人中本天上時所習動故有相似相如是人中以動思故後時死已生於天中不樂境界不近婬欲時彼如是始生天子以持戒故雖生彼天不近境界以餘業故令心如是不樂境界

若出地獄生天中者彼生業故在地

獄中難可得出餘善業故以少願故得出地獄生於天中以在如是苦惱處來生在天中得樂即著心生歡喜又多瞋恚喜樂園林流水河池種種蓮花勝愛樂心喜戲遊行彼於飲食愛樂心強彼意相續之所勳故

若出餓鬼有餘業故生天中者意相續勳樂食心強愛於飲食常處於冷多樂婦女彼勳意故

若出畜生有餘業故生天中者則多飲食如畜生中多食多飲生於天中亦復如是多食多飲少飲多食愛欲心強以意相續勳故如是

若无色界四處退已生彼天者以本修得三摩跋提是故生彼无色界中四地處生業盡故退生彼天中如是本意相續勳故如是愛觸味色香等如是得已而復不樂以心寂靜不多乱故彼勳心故若於色界依止初禪如是乃至依止四禪彼禪盡故退生欲界如是本意相續勳故有下中上心樂坐禪境界樂心少而不多

若欲界天欲界中退還生欲界以生

業故如是二道作衆善業若天若人如是二種欲天中退還生欲天作善業故惟欲界中一切諸天二種業熟除淨居天彼淨居天非生業熟非餘業熟如是業風常吹一切世間衆生令其流轉心羂所繫亦為種種業羂所縛无量百千異心信解无量分別次第相續於五道中流轉常行

尒時如是始生天子如是觀察如是思念然後乃知我於某道退來生此我人中退而來生此受生業故彼如是知彼業故生若餘業生如是亦知以何因緣知此天子非餘業生若餘業者久時因緣或一百刧能與果報有一千刧或百千刧少天眼者不自見知本過去生久遠之業因緣生此生業生者則知來處彼如是觀生因緣已心生慊慊未久之間善業勳故於境界中生愛著心有无量種彼天尒乃如是念知我今在於夜摩天中名廣博行地處生已即生心時諸天女衆而現在前以善業故彼天女衆速來圍遶以彼天子善業力故天女

正法念處經第四十一卷　第十二張　美字

来至若彼天女生来久者則不蓄耻近欲抱之遶彼天子共園林中而受諸樂以善業買得彼天女種種功德第一可愛而共受樂於彼地處有好山林蓮華河池澗谷流水有好平地有好金窟樹枝之舍無量百千種種諸鳥種種音聲無量百千天女之衆迭相圍遶在如是處歌舞遊戲彼處園中有七寶塵處處遊行如是種種眼所見者皆悉可愛彼處有山名為廣少彼山之峯七寶光明種種莊嚴種種寶石雜雜間錯有蓮花林皆是七寶在園林中多有河池如是種種莊嚴之處以善業故妙色莊嚴於如是處歌舞遊戲種種受樂

彼天如是同受樂已有於水中而遊戲者如是種種欲到地獄餓鬼畜生以善業故戲樂不止彼諸天等自於身中示一切天業相名字若天前世作何善業何心作業於何時作何因緣作何生處作此如是等於下中上福田具足財物具足而作善業彼一切相於自身中見其名字譬如明了

正法念處經第四十一卷　第十五張　美字号

善書畫者各各別處隨其所作歷然分明如彼名字此天好是善業畫師於業地處一切善業皆悉普畫善業彩色善淨光明見則極愛畫作彼天一切樂見知彼善業巧畫之色如是而生彼天之身以有如是畫字相現百倍嚴勝譬如第一百練真金或復其餘赤蓮花寶或青色寶於如是等種種勝寶端嚴可愛彼天身相百倍端嚴如是畫相自眼不見何以故以在領下咽上相故是以不見若彼天子心未放逸則便更互相見此相又善業因如是更互相見此相彼廣博行地處之天如是希有

彼天復有希有之相如咽之相額上亦尒以善業故有如是相種種業畫種種色相所謂相者去何而退於何時退如是退已當生何處彼種種色種種畫相彼天額中皆悉具見此希有相是業所作彼天身上如是字驗種種雜雜如是端嚴如餘異處所有諸天種種華鬘莊嚴身首端嚴殊妙此相莊嚴亦復如是

正法念處經第四十一卷　第十四張　美字

又彼諸天復有善業果報成熟自業畫身共諸天女種種畫身勝莊嚴者受諸快樂无量種種園林之內於廣博行地處之中遊戲受樂既受樂已復向一河河名善雜彼河從於雜愛山峯流出而来故名善雜有種種寶莊嚴彼河无量鳥衆種種音聲多有无量種種異樹莊嚴彼河有種種花其華雜色有百千分異色不同莊嚴河岸无量天女近彼河岸遊戲受樂又復更有殊妙河水名為雜河此河從於雜色崖岸山峯流出故名雜河如是雜河若天近之於本生處則能憶知彼天若從地獄中来到彼河岸則便憶知既憶知已有極可愛五欲功德皆悉具足有諸天女心甚歡喜遊戲受樂以心憶知曾受苦惱故於樂事一切皆忘如是猒欲而說偈言

地獄熾火中　苦切甚大苦　我等惡業盡
皆来在此處　業善果亦善　諸功德莊嚴
業惡故果苦　必定如是受　我於苦樂中
輪轉生死處　業風吹令轉　猶如海中波
若有心作惡　喜樂惡事者　彼不善行故

因緣墮地獄　得脫彼地獄　来生此天處
忘彼處苦已　而復行欲樂　此境界流轉
業樂如羂繩　而心甚堅鞕　受苦不猒惓
此彼岸和合　諸根之所誑　為愛羂所縛
一切流生死　出地獄生鬼　出鬼生畜生
出餘畜作龍　出龍生三處　業如是常行
世間轉如輪　以久来習故　猶不生疲惓
愛樂龍宮殿　不樂地獄苦　流轉於有獄
有樂不樂處　千鉾頭摩苦　百億鉾頭摩
如是時受苦　癡故不猒惓　三界皆无樂
普遍一切苦　眾生為癡誑　而不生猒惓
如是受苦已　癡故造苦因　由因故有果
如果從種子　境界所迷心　勇健有大力
眾生調彼心　令彼時寂靜　彼心調伏已
一切界轉行　輪迴於三有　不能見真諦
如以風因緣　令海水波動　如是因緣心
令世間常轉　眾生著婦女　為苦樂所執不到於善地
无苦惱之處　若憶知苦時　則生猒離心
既忘彼苦惱　遂著樂放逸　若有能憶知
地獄苦惱者　如是天中樂　猶如小微塵
彼天皆憶本　曾生處諸有　近彼離色
崖岸山峯所　出雜河岸者　則皆憶知
本曾生處苦　離去者於本　生處一切
皆忘彼復於　苦心既忘已　忘本生處

忘本生已而復樂著種種境界有无量種无異相似可愛聲觸味色香等天妙境界如是受樂

既受樂已而復更向名久欲山彼久欲山普皆可愛有第一河蓮花水池其水清淨園遶彼山鵝鴨鴛鴦在彼河池而為莊嚴種種金寶為河兩岸水流之聲有種種音彼山之中如是等河其數一万種種樹林種種眾鳥而為莊嚴彼諸河中四河㝡勝所謂四者一名速流二名金驤三名眏琉璃水四名樂漂是名為四

尒時天眾自業果熟一切如是生歡喜心種種衣服莊嚴其身遊戲受樂向速流河近彼河岸有長妙花極大樹林名无量樂其花開敷其枝窸䆿閒无空處无量百千種種色花有流水池種種諸鳥鳥身皆是種種雜寶眾鳥音聲處處遍滿彼速流河第二岸邊有蓮花池彼池名曰醉蜂巡行如日初出赤色蓮花在彼池中以為莊嚴如是蓮花有第一香普覆池水彼河二岸一有樹林一有花池彼河

長量五百由旬廣五由旬其水普清水中生花遍覆其水花葉雜色若干種種有第一香彼如是香遍五由旬

尒時彼處如是諸天隨心所念有天在於園林中者有天在於蓮花中者如心所念遊戲受樂與天女眾彼此迭共歡喜受樂自有光明以善業力在彼處生彼速流河於兩岸邊廣愽行天種種遊戲而受快樂如是一河

彼金驤河從山峯出彼山名衣又衣山峯復出此河此金驤河甚為可愛河在衣山猶如金驤故名此河以為金驤彼金驤河如是功德所謂其水患是天酒遠離酒過第一善香味色觸等皆如心意一切具足有所憶念不妨不乱尒時彼天共諸天女飲如是酒復受勝樂彼一一天皆有无量諸天女眾之所圍遶心意樂著五欲境界五樂音聲稱情美妙共諸天女隨心所念如意自在金驤河邊成就无量種種勝樂於境界中心不猒足又復歌舞種種遊戲受諸快樂從一山口至一山口從一山峯至一山峯從

一河岸至一河岸從蓮華池至蓮花池從園林處至園林處從樹根下至樹根下如是種種諸處受樂既受樂已次復往向毗琉璃水第三河所毗琉璃水第三河中其水清淨如毗琉璃彼處多有毗琉璃樹又復多有毗琉璃鳥在彼水中其水波蕩其沫如笑淨潔清水徐流不急其水極深有妙音聲善業力故毗琉璃水如是緩流天欲受樂有心念時到彼河中境界渴故種種愛貪彼天受樂不在一處有在河岸而受樂者有在水中而受樂者共諸天女第一喜戲而受快樂彼諸天衆皆悉乘鳥從一水波到一水波處處遊行從一水旋入一水旋從一迴波入一迴波有入水者入已復出更入急處又復彼天從一蓮花入一蓮花又復從一優鉢羅林更入其餘優鉢羅林如是遊行百到千到成就樂受不可譬喻

又復彼天善業力故境界寂靜毗琉璃水清淨之處見業果報若其有天持戒淨勝若智慧勝彼則能見本何

因緣如是作業得生彼天毗琉璃水清淨之處一切皆見以何因緣如是心生憶念徃事以前世時於福田中有清淨心深生信故彼一切天一各各作如是心我境界力如是動轉五染之水在愛河中如是漂我令我不覺無常退至我於此處必定當退如過去世所作業相生此之因自咽上現彼天既見如是相故知過去世作如是等善業因緣來生此處如是受樂若彼業盡於此天上必定當退如是念已彼此迭互相向而說復見五道怖畏之處見怖畏已彼一切天各生猒離毗琉璃水河岸邊處而說偈言

若過去修善　為善人所愛　今此天處受
念念向盡去　彼盡已則退　天中善報處
一切樂因緣　皆如是盡滅　既入無常手
一切皆破壞　若法无常者　令一切皆負
如是无常法　能與一切貪　愚癡少智者
貪著於欲味　癡不覺知過　如令波迦果
色聲等繫縛　愛故受苦惱　惡業迷衆生
令不得自在　以迷惡業故　則受惡業果

諸著欲味者　欲害如毒果　著欲不知足
故墮地獄中　常樂行施戒　施戒福成就
若常如是行　彼則生天上　持戒常修行
捨離不善業　恭敬修威儀　彼則生天上
愍衆生安慰　深信於佛法　攝心寂靜者
彼則生天上　若於怨家所　慈心離瞋垢
常寂靜心者　彼則生天上　若心中無瞋
彼善而無惱　勇善調伏者　彼則生天上
常實語持戒　而不多言說　知堅知不堅
彼則生天上　若不樂世間　猒離老死法
常樂於涅槃　彼則生天上　若樹下塚間
如是山谷等　常一心禪者　彼則生天上
知時敬父母　不近惡知識　常行慈心者
彼則生天上　不樂聚落城　及戲處道行
一處住知足　彼則生天上　若善自觀身
常見其不淨　知自身如是　彼則生天上
若能知法網　種種法網知　不喜樂生死
彼則生天上　若覺知諸法　无量種種生
雖見不喜樂　彼則生天上　心念念如幻
如乾闥婆城　若調伏此心　彼則生天上
若諦知一相　或善知二相　心於欲猒離
彼則生天上　於他妻如母　於一切如父
若如是平等　彼則生天上　若恒離兩舌

常樂和合他　心不堅而直　彼則生天上
於他一切物　皆如土塊等　息生知足樂
彼則生天上　若於夜於晝　常能離懈怠
勤行精進者　彼則生天上　若離愚貪瞋
復離於懈怠　如是捨離者　彼則生天上
恒不樂五塵　五塵不破戒　常護戒智者
彼則生天上　若能知四取　四諦亦如是
智者如是知　彼則生天上　若知苦苦報
亦復知苦沒　如是諦見者　彼則生天上
若得衰惱已　而不捨於法　是攝受法者
彼則生天上　若著壞色衣　及著糞掃衣
善心不行惡　彼則生天上　若一切時禪
常有出世心　恒樂空閑處　彼則生天上
若美若不美　隨他之所得　心不喜不瞋
彼則生天上　若著麁鄙色　塵土糞掃衣
如是衣知足　彼則生天上　若牀若地褥
或復在餘處　不生苦樂心　彼則生天上
於眼所見色　青黃赤白等　若如實諦見
彼則生天上　若聞愛不愛　二種聲不樂
心正不動亂　彼則生天上　調伏於六根
而不樂境界　攝心不動亂　彼則生天上
如是大饒益　恒常受快樂　若一切皆作
彼則生天上　如一切業作　是則為最勝

行无垢法者　彼則生天上　若知於業報
而能作業報　於苦常怖畏　彼則生天上

彼天如是頷下咽中見諸相已極大怖畏已說此偈於河岸邊共諸天衆本性放逸以本業故於咽中現若至餘處則不復見若有因緣則便見之若无因緣雖有不見何以故以一切法因緣生故

又復彼天本性放逸性放逸行離久欲山復向餘山山名寶園歡喜心故種種莊嚴現在生欲能牽其心不計未來所有諸畏以根搖動不寂靜故於彼天中受第一樂歌舞喜笑種種遊戲於河岸邊種種樹枝諸花具足彼處多有常歡喜鳥

復有寶山勝寶園山無量百千分分之處皆悉具有雜寶間錯而彼諸天悕望樂故欲往見之時彼天衆遙見彼山光炎圍繞如穿虛空光炎上出天不曾見忽介見之彼山光明青黃赤紫普方由旬

又復如是雜雜光明出勝其餘无量寶山所有光明如須弥山所有光明

能壞一切其餘諸山所有光明此寶園山所有光明能壞其餘寶山光明亦復如是彼寶園山眼若看者能令眼樂

又復第二能與耳樂所謂種種河池之聲有孔雀等七寶翅鳥種種音聲有如是等无量種鳥種種音聲彼有寶樹樹有鈴網風吹出聲其聲美妙不可譬喻寶園大山以如是聲能令耳樂

彼寶園山又復能與第三根樂而彼天衆猶未至山謂彼山中從無量華出无量香令天鼻樂彼寶園山如是能令第三根樂

彼寶園山又復能與第四根樂所謂能令舌根得樂色香味酒能令豐足種種美果皆令飽滿

彼寶園山又復能令天身皆得無縷衣觸无量衣服皆甚柔軟復有冷風隨念樂觸以吹其身

彼大寶山如是能與天之快樂彼天五根如是受樂如五根樂意亦如是得第一樂此寶園山於一切根皆令

爭樂如是饒益一切天衆
介時彼天既到如是寶園山已彼寶
園山光炎圍遶出无量種炎光明圍
多有无量百千蓮花流水河池以為
莊嚴金毗琉璃青色妙寶白銀寶等
種種雜雜百千莊嚴彼天既見如是
山已本性自樂見彼山故百倍受樂
共諸天女迭手各各更相受樂生歡
喜心勝勝怖望意甚欲見彼寶園山
窟窟谷谷處處皆有蓮花池林從一
山峯至一山峯從河至河須臾之處
從一寶林至一寶林處處遍見種種
鳥衆復聞其聲五樂之音遊戲受樂
彼天眼耳鼻舌身等五種境界一切
可愛彼根聲觸味色香等各各勝妙
如是諸根於境界中一一受樂如是
境界愛放逸故現在世中若苦若樂
過去世時若苦若樂皆忘忘失如前
苦果種種字畫於其咽中先所見者
一切皆忘如是遊戲種種受樂是故
皆忘本所作業彼天勝妙寶園山峯
名淨無垢如是无垢清淨之處見行
殿塵天在殿行殿所行處有妙寶塵

正法念處經第四十一卷　第二十四張　美

彼清淨處尚見殿塵何況其餘天身
等等物種種莊嚴可愛身色業盡所作
有異異種若此天衆命盡故退何業
所作以善業力咽中字畫如是皆見
彼初見已不生猒離何以故以愚癡
故初得欲味即便樂著不生猒心彼
愚鈍天若為他示或自覺知見彼欲
過即便覺知事至怖畏彼天如是貪
者味味見其過患則於後時悔火所
燒云何我本不捨此欲如毒刀火此
欲乃是地獄餓鬼畜生之因我今以
此欲因緣故必墮地獄餓鬼畜生惡趣
之中如是後時悔火所燒若修心者
則於欲味不生味樂見欲過患則於
彼欲不味不著知欲過故以有智慧
見彼過故後則不悔若不怖樂彼欲
境界失不憂者本修心故

正法念處經第四十一卷　第二十五張

正法念處經卷第四十一

正法念處經卷第四十一

校勘記

一　底本，金藏廣勝寺本。
一　二七二頁中一行經名、二行譯者、三行品名及夾註，石作「正法念經卷第卌一天品之廿夜摩天之六」。
一　二七二頁中一九行首字「迭」，石作「遞」。下同。
一　二七二頁下六行「二種」，磧、普、南、徑、清作「一種」。
一　二七二頁下一六行末字「怖」，普、南、清、麗作「悕」。
一　二七二頁下二一行「百倍」，磧作「日倍」。
一　二七三頁上四行第二字「力」，普作「乃」。
一　二七三頁中六行「定定」，磧、普、南、徑、清、麗作「決定」。
一　二七三頁下二行「別別」，磧、普、南、徑、清、麗作「差別」。
一　二七三頁下一〇行「无量」，石作

「光量」。同行「夜摩王」，磧、普、南、徑、清、麗作「夜摩天王」。

二七三頁下一九行「愛樂」，石作「受樂」。

二七三頁下二〇行「憶念」，徑作「億念」。下同。

二七四頁上六行「大王」，磧、普、南、徑、清作「天王」。

二七四頁上一二行「喜戲」，磧、普、南、徑、清、麗作「嬉戲」。

二七四頁上一四行首二字「天量」，石、磧、普、南、徑、清、麗作「無量」。

二七四頁上一八行「樂處」，石作「常處」。

二七四頁中一一行「所說」，石作「所從」。

二七四頁中一二行第六字「根」，石作「眼」；磧、普、南、徑、清作「色」。

二七四頁下九行「骨汗」，徑、清作「骨汙」。

二七四頁下一〇行「離眹」，石作「離欲」；磧、普、南作「離眨」。

二七四頁下一五行「對囑」，磧、普、南、徑、清、麗作「對矚」。

二七五頁上九行第六字「動」，石作「薰」；磧、普、南、徑、清作「熏」。下同。

二七五頁上一三行首字「彼」，磧、普、南、徑、清作「從」。

二七五頁中八行「食心」，石作「食故」。同行「常處」，石作「常愛」。

二七五頁中二二行「不多」，磧、普、南、徑、清作「復多」。

二七五頁下五行「常吹」，徑作「常次」。

二七五頁下六行首字「令」，石作「今」。

二七五頁下一〇行「某道」，石作「其道」；磧、普、南、徑、清作「善道」。

二七五頁下一一行「而来」，石作「如来」。

二七六頁上二行「園林」，石作「園林」。

二七六頁上九行「寶虙」，磧、普、南、徑、清作「寶窟」。

二七六頁中二行「好是」，石、磧、普、南、徑、清、麗作「如是」。

二七六頁中五行「知彼」，石、磧、普、南、徑、麗作「如彼」。

二七六頁中七行第一〇字「練」，磧、普、南、南、徑、清作「鍊」；麗作「煉」。

二七六頁中二〇行「字蔓」，磧、普、南、徑、清作「華蔓」。

二七六頁下一七行第八字「知」，磧作「如」。

二七七頁上三行「業樂」，磧、普、南、徑、清、麗作「苦樂」。

二七七頁上一四行第七字「彼」，石作「後」。

二七七頁上二三行「苦離」，磧、普、南、徑、清、麗作「若離」。

二七七頁下一七行第四字「受」，磧作「人」。

一 二七八頁上七行「彼水」，徑作「波水」。同行至次行「其沫如笑」，磧、普、南、徑、清作「其味甚美」。

一 二七八頁上一五行第一一字「旋」，磧、普、南、徑、清、麗作「淀」。下同。

一 二七八頁中六行首字「染」，麗作「欲」。

一 二七八頁中一八行「無掌手」，磧、普、南、徑、清、麗作「無常手」。

一 二七八頁中二一行「如今」，磧、普、南、徑、清作「如食」。

一 二七九頁上一行「不堅」，磧、普、南、徑、清、麗作「不慳」。

一 二七九頁上二行「息生知足樂」，磧、普、南、徑、清作「自心生知足」；麗作「自生知足樂」。

一 二七九頁上一五行「鄙色」，徑、清作「鄙衣」。

一 二七九頁上一六行「地樓」，磧、普、南、徑、清作「池樓」。

一 二七九頁上末行首字至末字「彼……勝」，麗無。

一 二七九頁中七行「何以故」，石作「何故」。

一 二七九頁中九行「離久」，磧作「雖久」。

一 二七九頁中二二行「雜雜」，麗作「雜寶」。

一 二八〇頁上四行「河池」，徑作「河地」。

一 二八〇頁上一一行「須陁」，磧、普、南、徑、清作「蘇陁」。

一 二八〇頁上一九行「苦果」，磧、普、南、徑、清、麗作「業果」。

一 二八〇頁上二一行第八字「天」，磧、普、南、徑、清作「大」。

一 二八〇頁中二行「業盡」，石、磧、普、南、徑、清作「業畫」。

一 二八〇頁中九行「味味」，磧、普、南、徑、清、麗作「欲味」。

一 二八〇頁中卷末經名，石無。

正法念處經卷第四十二　美

元魏婆羅門瞿曇般若流支譯

觀天品之二十一　夜摩天之七

尒時彼天次第而行上彼山峯第一无垢如鏡之地彼諸天衆業地鏡中自見其身分分明了彼諸天等若有先修身口意者業地鏡中得見自身額中所現業果生死如彼某時某處某國某因某緣某退相等一切皆見亦見他相當退之相隨何者天額中書字餘業之相或有生業彼一切相業地鏡中一切自見退夜摩天若是餘業或是生業或身惡業或口惡業或意惡業如是因緣退已當生某地獄中某餓鬼中某畜生中從畜生處既得脫已行欲放逸之所誑故業風所吹轉某處生又復如是欲過中出彼於額上字書畫中一切具見於額畫中亦如是見欲過中出如某欲法如是對治所謂修欲无光明觀不為彼欲之所能誑又復彼欲有異對治謂見此色是虛妄見於如是色隨順

見已心正觀察怖欲之心更不增長如是如是五境界中如欲過患如是諦觀彼天如是則无憙愛憙愛之心不能為妨不能為㝵喜愛乃是生死種子彼天如是欲中得出額畫字中一切皆見彼既見已若勝修身若勝修意彼能捨欲見欲過患故知出欲知出過已見先受樂境界過患如食毒來今所受欲亦如是見何以故以於境界受欲樂故墮於惡道如是修故捨離境界若於額上畫字書中見惡道業墮於惡道地獄餓鬼畜生之中見彼業已彼如是業一切皆失生善道業一切皆生善業力故彼諸天子如是見已深生信心造作善業如是乃至造作涅槃種子善業若更餘天少智慧者其心樂欲彼前作業業網自在既見業書文字相已生如是心若我此處後時退已或生人中或生天中彼天如是見生處已心不驚怖而復更入五境界彼愛河中洗以放逸故行放逸行如是天者不曾學來不曾聞來少智慧故於欲

不知不能離欲善法則滅而復更作其餘生業地獄餓鬼畜生之業何以故一切善業皆悉盡故欲所誑故而復墮於地獄餓鬼畜生之中介時有鳥名為賢語見放逸天行放逸行天善業故而說偈言

若善牽心者　如是則得善　若隨不善者
如是得不善　一切多用心　如地風水火
隨所得因緣　心如是行轉　心能速疾行
亦能速疾迴　速將至天中　速令入惡道
心速疾行善　若能防護心　一切法能作
一切業能斷　一切法行主　所謂彼心是
復以如是義　故得名為心　心常求人便
皆不應信之　體性甚懅動　大力不可持
須臾間作善　須臾作不善　如是作無記
其行不可惻　心來不可知　心去不可識
先無後時有　已有還復无　心無有處所
和集不可得　以无身體故　不可得捉持
因緣和合故　念念如是生　如珠牛糞合
因緣而生火　如是根色等　一切因緣心
非一能生心　和合故生心　如是知心已
知心難調伏　意隨正法行　慎勿憙樂欲

彼天如是既聞偈已修身修意二種

修心既修心已不樂境界隨順法行退夜摩天復生勝處不離天處若生人中或為人王或為大臣或時得種解脫種子三種菩提隨願皆得或且善業作轉輪王

若彼諸天如是希有見於業相如鏡中見心不調者彼天復墮地獄餓鬼畜生之中

又彼比丘觀此希有業畫文字果報之相彼則觀見若人精勤專意深心畫如來像若有思信寂靜之心如是書寫正法文典心意寂靜彼人生天咽中額上見則生信

又復有人心无正信或為王勑或為他遣或為取物活命因緣若書經文或畫佛像亦生天中見則不信多行放逸彼亦造作善業種子得生天中雖見不信以離信來離思來故如是无因則無業果如是一切皆從因緣相似業生

若復有天性憙放逸行放逸行受天境界五欲之樂常不猒足復於增長无量欲山寶園山中於長久時五欲

功德而受樂已共天女眾如是種種遊戲受樂後離如是五欲功德莊嚴之山復向第三珠園山去生歡喜心五樂音聲在道遊戲普勝妙事第一成就於須臾間具足受樂如意四念種種境界而受快樂既於山中本河岸邊受欲樂已方至第三珠園之山如是如是天可愛樂境界受樂如是如是喜愛增長以於彼愛不解脫故欲火所燒於彼聲觸味色香等不知猒足境界河中亦不猒足如弥郰魚如是第三名珠園山一箱則是青色珠寶次第二箱赤蓮花寶次第三箱是車𤦲寶次第四箱是白銀寶彼天見已生歡喜心迭手相向如是說言天當看此无量種種端嚴殊妙種種光明此寶光明百万由旬皆悉普覆入彼光明不可分別此勝光明青黃赤白有无量種

彼諸天眾如是說已復向餘林林名樹稠彼諸天眾諸天女眾生歡喜心無量音樂隨種種處皆悉樂見次到彼林善業成熟種種莊嚴如是遊行

種種受樂乃於久時行放逸行為愛

所使介時彼天見樹稠林諸七寶樹於彼林中見有二河第一香水勝味觸水如心意念則有水滿彼河之水隨念而轉彼河銀岸多有種種異異諸鳥彼一河者名為雜水次第二河名如意水彼雜水者本性自體如是雜水第一清淨水流盈滿彼種種水遠離醉過善業因緣其水則有无量種色是故彼河名為雜水

又第二河名如意水隨彼天心種種意念如是水生若念須陁則須陁流第一白淨第一香味須陁流滿若彼諸天意念天酒則有色香觸味具足美妙天酒滿中流出若念山澤種種異華則有色香觸等具足如是妙花滿河流出於其花中有種種蜂以為莊嚴彼華之名尚不可說如是第二如意水河種種流滿

彼處如是樹稠林中有如是花莊嚴可愛彼處諸天在兩河中處處遊戲種種受樂可愛聲觸味色香等種種受樂以善業故共飲天酒種種受樂聞樂音聲種種耳樂種種歡喜隨心

具足受種種樂遠離憂悲遠離飢儉離於怖畏於境界中常不知足如飲醎水隨增其渴有无量種無量分別有無量種受天之樂彼天如是行林河中受樂行已彼處有鳥名曰河行見天放逸而說偈言

猶如此水流　天樂亦如是　命念念不住
癡故不覺知　老病死等故　能令業盡退
天不離此法　常隨逐欲行　命則非是常
三界樂亦介　天癡為欲誑　如是不覺知
如空中水沫　必墮而不停　一切樂如是
與雨沫不異　如風吹塵土　迭手竟相推
轉於虛空中　身轉亦如是　此樂非勝樂
貪誑不常定　與愛毒和合　猶如雜毒食
彼常勝樂者　所謂不死處　无愛別離處
无冷無熱處　彼處常安隱　智者之所說
何處不生死　彼處則无苦　諸因婦女樂
一切皆有苦　彼愛為種子　復生地獄中
彼樂能生苦　云何說為樂　乃是苦中苦
彼時則如毒　若此衆生生　衆生業風吹
業網癡所覆　隨生處受樂　若善不善業
常隨後共行　處處皆逐去　如香不離花
汝如是受樂　此後時則失　如晝日時滿

日沒光隨沒

彼水行鳥天善業故已為一切放逸行天如是說已若天放逸行放逸者聞水行鳥如是偈說作如是言此鳥善語已覺悟我如此鳥說我必當得此鳥實說我放逸故行放逸行猶故如是不能捨離我於後時必定破壞得大怖畏我等從今當善心意對治放逸捨離放逸彼天如是於長久時專心善意捨離放逸知欲過患心思惟已以心動故心力大故或於多時久習欲故還復著樂彼天如是无量分別无量境界上下受樂種種諸欲具足之處種種鳥聲勝妙園林有蓮花池七寶山峯多有无量妙蓮花池以為莊嚴多有無量百千蜂衆出種種聲莊嚴妙池彼處有河滿中飲食有百千樹隨念枝網蔭覆彼河枝間有華華為堂舍種種具足彼天自身有妙光明無諸憂惱自善業故得如是報下中上天皆離妬嫉迭手相愛一心一欲彼此不妨如是如是遊

行受樂

正法念處經第三十二卷　第九張　美字号

尒時彼天既受樂已迭共籌量而作是言如我先聞此夜摩處一切諸天有主名為牟修樓陁遊戲受樂我等今者相與共去彼處諸天離彼天主牟修樓陁五百由旬遥聞歌聲以大遠故聞不了了以聲普遍一切天處是故不了若鳥音聲如是歌聲功德具足聞彼歌聲雖不了了極生愛樂不可猒足以心動故生決定意一切天衆即向天主牟修樓陁戲樂之處彼林一切功德具足彼欲行天共諸天女種種莊嚴種種衣服一切功德皆悉具足普身所著无縷天衣以自莊嚴其手皆執種種樂器迭相愛念生歡喜心有乘空者乘蓮花者復有乘於優鉢羅者彼優鉢羅有第一香多有衆蜂復有乘於拘物頭者彼拘物頭形量白色皆如月輪彼天皆共如是天女遊戲歌舞在空而行五欲境界種種愛樂不知猒足彼天善業自心所化自如是乘自業所化有下中上色亦如是有下中上樂亦如是有下中上如是受樂智慧亦尒有下中上命亦如是有下中上一切如是遍滿虛空向戲樂林无量種欲具足之處牟修樓陁天王住處堂殿之所彼如是行在道未到戲樂之林於虛空中遥見如炎復見一處青寶之色復於異處見黃白色復於異處見如火色彼天如是空中見已則生第一希有之心迭相告言天當看此虛空之中希有之事如著種種希有色衣在虛空中我未曾見彼諸天衆迭手說已生希有心小時傳往未經久時復聞有聲第一微妙美音歌聲聞音聲已復生喜心希有之心始從在地乃至遍空一切天衆共諸天女心皆樂見悉欲往看此天如是空中見者一切皆是山樹具足地處諸大彼天亦尒遥見此天

正法念處經第三十二卷　第十張　美字

山樹具足地處諸天亦向天主須夜摩天須夜摩天坐七寶座在七寶窟以大青寶瓔珞莊嚴復以勝妙蓮花之色勝大妙寶而自莊嚴又復更有第一光明妙寶勝幡光明普遍一千由旬有白光炎滿虛空中如著種種勝妙衣服在於虛空幡亦如是

正法念處經第三十二卷　第十一張　美字号

此廣博行地處諸天如是見已生希有心少時傳往須臾則知山樹具足地處諸天亦向天主牟修樓陁所住之處戲樂林所起如是心彼如是去亦如我去廣博行處勝上諸天籌量說言我今共彼山樹具足地處諸天一切和合相與俱去向彼天主牟修樓陁所住之處如是時間暫住須臾尒時彼處山樹具足地處諸天見廣博行地處天衆生希有心作如是言我今共彼廣博行處一切諸天迭共和合相與同詣牟修樓陁天王住處戲樂林中尒時如是山樹具足地處諸天共廣博行地處諸天一切天衆皆共和合遍在虛空無量幢幡皆乘寶殿在鳥背上五樂音聲五欲功德皆悉具足向戲樂林須夜摩天游戲天林多有无量諸欲功德皆悉具足不可譬喻往向彼林受天界樂五欲功德不知猒足一切功德富樂之具皆不猒足迭手相近不可猒足如

是一切皆受欲樂不知猒足然彼比
丘見彼天已無量業果皆悉諦知而
說偈言
譬如天雨水　是故河增長　如是欲雨故
天增長欲火　弥那生水中　而常患枯渴
如是樂增渴　故天不知足　如虛空无邊
亦復无盡滅　欲如是无邊　界欲不可盡
海水波旋滿　髣髴有足義　悕望於欲者
畢竟不知足　天未得境界　愚癡不知足
心常悕望樂　得已不知足　既得衰惱巳
无量到退失　由境界熱惱　是故應捨欲
既被貪欲誑　能壞信欲者　得衰惱則離
而天不覺知　境界非可足　不知足无樂
如是不知足　智者能捨離　寂靜為樂根
苦由境界起　故應修寂靜　遠離境界地
常捨離煩惱　修行无上智　從智得解脫
由煩惱繫縛　病殺繫縛等　境界所怖畏
流轉生死中　皆由於境界　若合若別離
或百或千到　生生處常尒　惟善逝諦知
生死無量樂　生死無量苦　一切由境界
生生處皆有　如是之境界　破壞癡心者
愚癡无眼故　復憙樂境界　捨慾而不退
聞名亦生慮　境界如怨家　癡故不曾捨

若為境界燒　則是愚癡者　為自業所誑
癡故不能離　如有畏火者　猶故近於火
如是境界迷　亦樂近境界　猶如食毒者
不為自受樂　近受癡亦尒　永无安隱事
如渴者於塩　䑛之不除渴　境界故闇眼
於愛不知足　天境界不足　欲心之所誑
為業風所吹　到於惡道處
彼比丘如是諦知无量道處衆生業
生次第皆知憐愍彼天已說此偈
又復彼天迭相和合一切同行心生
歡喜向戲樂林牟修樓陁天王住處
尒時彼天如是而行无量服餝無量
樂行無量業化无量園林池等受樂
无量百千天女圍遶如是而行復有
餘天百千堂殿在下而坐行虛空中
光明周遍普照虛空歌舞遊戲五樂
音聲髣莊嚴身以香塗身頸著瓔珞
頭冠天幘風吹衣裳如雲而行天女
抱之心甚喜樂復有餘天天女詠歌
及箜篌聲既聞此聲心生愛樂如是
等類若干種天種種受樂向戲樂林
空中而住悕望受樂彼地處天一切
皆向牟修樓陁天王住處惣說彼天

如業相似若戲若行若莊嚴具音聲
普遍十方充滿皆来近在王住堂殿
普彼一切夜摩天衆牟修樓陁夜摩
天王於中最勝如業之身以業勝故
其業亦勝如是因果非不相似如種
子芽一切天衆皆近天王牟修樓陁
所居堂殿彼天皆劣惟有天王牟修
樓陁於中獨勝一切諸天天之欲中
天王欲勝皆悉具足无辟喻樂且說
少分
有七寶鳥在樹林上周帀遍有嘴銜
樹心身無所依在虛空中
又復異處鐃希有鈴其聲美妙若天
聞者皆来向之如是分別心快樂故
在彼林行
又復更有七寶衆鳥間錯雜翅在彼
林外周帀圍遶嘴中銜髣繞林飛行
又復多有希有孔雀背上皆有蓮花
水池於彼池中鐃種種鳥有百千蜂
在彼池水蓮花之中蜂有音聲池名
清水彼蓮華莖種種不同或有花莖
是毗琉璃或有花莖是七寶者有餘
蓮花五由旬香如是彼鳥孔雀背上

端嚴殊妙歌樂喜戲池鳥相應彼孔雀皆亦甚希有

又復多有大希有鳥孔雀銜鬘謂其背上有大蓮花天子坐彼蓮花臺上有百天女而為圍遶種種喜戲美妙歌音而受快樂

又復多有大希有鳥孔雀銜鬘彼受樂天自業所化一一孔雀頭上皆有隨念樹生有種種花其花甚饒樹上多有七寶翅鳥其諸天子既上彼樹與天女衆共飲天酒歌舞喜戲而受快樂

又復多有大希有鳥孔雀銜鬘一一孔雀藂毛之中多諸天衆共天女衆坐受快樂迭相愛樂喜戲歌舞受天之樂天見如是孔雀銜鬘希有事故生希有心

又復更見第二希有所謂蓮花妙池銜鬘彼蓮花池其數二万離於泥濁有金銀沙八功德水盈滿彼池鵝鴨鴛鴦池中甚饒天善業故鵝說偈言

久時受此樂　此樂非常法　一切皆無常
而天不覺知　此樂且相續　必當有斷時

為欲心所誑　不覺知失壞　此樂雜苦樂
隱覆故不覺　如蓮花鬘中　毒虵不可見
猶如雜毒飯　食者被殺害　此樂一切尒
必當復地獄　如索觸為羂　眼見甚可愛
境界羂如是　見好實甚惡　如金波迦果
初甜美味多　後時則能殺　世間樂亦尒
如飛蛾見燈　其心甚愛樂　入中則被燒
此樂亦如是　愚凡夫不知　戲樂猶如燈
希樂如觸火　畢竟不得樂　如瘧患渴故
隨逐陽炎走　畢竟不除渴　此樂亦如是
過現不知足　未来亦復然　一切天境界
如是故應捨　寂樂為根樂　是智者所說
於樂根无心　彼則常受苦　梵實第一勝
忍為最寂靜　一智明是也　一慈生勝樂
不惱他最吉　正見第一善　直心最為良
捨惡業亦尒　若近於老宿　恒常敬重法
供養於師長　信業則為善　常供養三寶
正心意無垢　復供養父母　是涅槃城道
佛說一切法　出家最第一　梵行行中勝
能得一切樂　佛說諸施中　法施最為勝
勤中禪第一　則能到涅槃　於施戒智中
惟智以為最　智能到涅槃　施戒惟得樂
眼見非為最　智見則為勝　佛說八分道

諸道中寂靜　諦中四諦勝　是如來所說
於五種力中　智慧力為最　說上下八万
更无有勝者　惟如来為最　能示真法故
說一切衆生　聖衆最寂靜　以三寶福田
依止能生樂　等供養父母　第三次和上
能以法境界　開眼令觀見　非可見可取
如来如是說　此皆是樂地　依境界非樂
若能行此法　則行无垢道　行此道安隱
夜摩地非樂

彼鳥如是以善業故本人中時因法活命賣法得物以自存濟如是業因彼處為鳥本善業故雖生鳥中憶法不忘如是說偈是故應當精勤讀誦常受持法以業因緣雖作畜生本来習故善能說法得果不空

又彼一切諸夜摩天向彼二万蓮花之池種種異異別別莊嚴勝妙天女而為圍繞於彼池中先有種種異異莊嚴諸天之衆諸天女衆百千百千那由他數那由他數億億數等種種受樂共諸天女五樂音聲或有入在蓮花中者或有坐於蓮花臺者或有在於蓮花葉者或有在於蓮華鬚

者隨心意念麁細等身如眼眏頃百千由旬巳能来去如眼所見無遠无近皆一念時彼天来去亦復如是如一指面衆眼共看不妨不患如是彼天或有一百或有一千皆共聚在一蓮花鬚同坐不妨不隘不迮以善業故自業力故彼蓮花池如是勢力如是功德彼天如是於蓮花中或百或千如是喜戲如心美味天酒恣飲彼蓮花中舊住諸天共後来天和合喜戲自有光明勝百千日皆受欲樂

於如是處久時受樂尒乃前詣牟修樓陁天王林所欲入彼林彼林多有無量種色甚可愛樂牟修樓陁如心意念化作彼林如自心中如是如是種種所念如是如是化作種種異異樹林本未曾有夜摩天王善業力故

尒時天衆見如是林本未曾有本未曾見生希有心生是心巳欲入彼林漸次近之彼天種種莊嚴其身塗天栴檀著天所應如天相似種種衣服過蓮花池到彼樹林見巳善慚業如是故有如是林種種勝妙彼諸天衆

見餘林来既見彼林普遍審觀既審觀巳迭相向說迭相指示然後入中既過彼池入林中己見鸚鵡行皆悉執持種種寶曼一一鸚鵡寶珠瓔咽如是寶珠相續為曼繞彼林巳而說偈言

世衆生輪轉　自業所牽推　老死縲繩中
衆生不猒離　彼道至道行　天人阿脩羅
不知真諦故　為自心所使　世間所作輪
手推非疾轉　業手衆生輪　轉之甚為速
十二輪和合　聚在癡轂中　因緣輪迴轉
世間不覺知

彼天如是聞鸚鵡鳥所說偈巳一心善念觀察本業大懃重心念本業行作如是言彼鸚鵡鳥則為勝我我則不如彼鸚鵡鳥思惟於業我為愛壞喜戲受樂時彼諸天如是說巳為欲往見夜摩天王牟修樓陁過鸚鵡行復向名為嶮岸曼林於彼林中復有一林名曼陁羅百千色花以為莊嚴彼林多有種種鳥衆林之光明勝百千日離日熱過彼林之樹有勝光明見彼樹林則生眼樂聞鳥音聲則生耳樂齅藕根香則生鼻樂嘗食果味

則生舌樂无𩎟天衣觸生身樂諸根樂故意生喜樂五根縛心令意隨順思念諸法以二種意隨順而知如是見於曼陁羅林

曼陁羅樹一一皆饒諸天女衆如是天女種種衣服莊嚴微妙口中言說種種歌舞種種受樂彼諸天衆本未曾見

如是彼處一切地中地行諸天見彼天女在樹林中不可辟諭无量百千億衆甚多天衆天女普遍林中无有一天無一天女心不悕望欲見天主牟修樓陁一切悕望皆欲往見實心喜樂欲見天王以是天王福德力故尒時彼天如上所說和合而来行彼林中彼林多有流水河池蓮花雜林皆悉具足地分處處一切莊嚴其地柔軟皆作金色雜寶間錯如是見巳則受欲樂如是次第漸進前向夜摩天王牟修樓陁一切同心悕望欲見心皆相愛如上所說種種異乘過彼地處復入異地於彼地中有可愛山如是地中諸可愛山其數五百是遊

戲處彼一切山是毗琉璃其樹皆是赤蓮華寶金葉莊嚴復有寶樹銀葉莊嚴彼處多有珊瑚諸鳥又復更有異法莊嚴无量雜寶鹿鳥莊嚴種種河池流水莊嚴交枝為舍普遍莊嚴交枝之舍處處遍有其果金色金寶樹枝其果皆作毗琉璃色金寶之葉有百千蜂蜂有音聲美妙悅耳種種味觸飲食滿河多有寶鳥莊嚴彼河彼中地處觸則生樂復有天衆見諸寶山山名遊戲有見平地有見山峯有見窟門復有天見樹枝堂舍有見一切在蓮花池天衆天女皆悉歡喜有共天女而歌舞者或有諸天共天女衆入蓮華林遊戲樂者有歡喜心而飲酒者有以天華散平地者有結花鬘莊嚴身者有以寶冠共諸天女迭互莊嚴自有光明身无垢穢復有異天共諸天女行虛空者復有異天手執樂器口中咏歌住在平地或百或千彼天之身如是如是種種莊嚴種種光明青黄赤紫雜色光明從身而出

尒時彼天既於如是遊戲山中受快樂已欲見天王牟修樓陀更前內入彼天復見夜摩天王名集鬘地即入其中山樹具足廣博行地彼一切天地第一莊嚴并集鬘地三地諸天皆於天王牟修樓陀生敬重心是彼天王善業力故是彼天王過去修集無量善業之所感致集鬘地中有一万殿无量種色種種金柱而為莊嚴彼殿可愛金寶為辟毗琉璃寶青寶柱雜雜間錯復有異殿毗琉璃辟金寶青寶拘欄因陁羅寶以為窓牖又復多有種種寶柱雜雜間錯復有異殿毗琉璃辟金寶為門毗琉璃扇種種間錯復有樓殿甚可愛樂謂赤蓮花雜金為柱金寶為門珊瑚為窓種種雜寶間雜其地又復彼處種種間雜青寶為地紫赤金為門白銀為柱普彼殿內光明炎鬘

又復彼處牟修樓陀天王之殿種種葉化第一赤色金寶之殿金剛間錯赤蓮花寶以為殿柱七寶為窓第一光明迭相照耀重樓行殿如是如是種

種莊嚴彼天見已迴眼遍看後觀寶山彼此迭共相與同心普看山殿前向大王須夜摩天然後乃入牟修樓陁天王殿內既如是入勝勝異見種種可愛第一希有無量功德一切具足彼諸天等見集鬘已悕望欲見夜摩天主牟修樓陁一切天衆皆悉同行復入一處王所行處見大天王七千天子而為圍繞悉皆第一勝妙莊嚴身有光明一一天子威德如山天衣流動頭著寶冠肘後臂上妙寶莊嚴勝妙花鬘以嚴其胷有如是等七千天子圍遶天王牟修樓陁亦如衆山周帀圍遶須弥山王亦如諸河圍遶大海如星耀等圍遶於月如是彼天一切圍遶夜摩天王牟修樓陁如是而住夜摩天王端正殊妙光明威德勝出一切諸餘天衆

天王之殿有百千柱彼一一柱皆是七寶以莊嚴殿天因陁羅大青寶塗彼天王殿如是勢力如是如是天入彼殿如是如是轉更寬博如是如是七寶莊嚴殿內有樹名殿嚴樹彼

正法念處經第四十二卷　第二十四張　美字號

如是樹恒常有花，於六時中具足不闕。又一切時常有天果。彼殿何名？謂名樂見，七寶為辟，種種閒雜。

正法念處經卷第四十二

正法念處經卷第四十二

校勘記

一　底本，金藏廣勝寺本。

一　二八三頁中一行經名、二行譯者、三行品名及夾註，石作「法念處經天品之廿一　夜摩天之七卷第卅二」。

一　二八三頁中八行「額中」，石作「額上」。

一　二八三頁中一一行首字「書」，磧、普、南、徑、清作「畫」。

一　二八三頁中一九行首字「畫」，石作「書」。

一　二八三頁下九行「毒来」，麗作「毒粜」。

一　二八三頁下一一行「畫字書中」，麗作「書字畫中」。

一　二八三頁下一八行「既見業書」，石作「見業書」；磧、普、南、徑、麗作「既見業畫」。

一　二八三頁下二一行第一二字「彼」，磧、普、南、徑、清、麗作「波」。

一　二八三頁下二二行第二字「洗」，徑作「洒」。

一　二八四頁上一六行第五字「恻」，磧、普、南、徑、清、麗作「測」。

一　二八四頁中三行「大臣」，徑作「天臣」。

一　二八四頁中六行首字「若」，徑作「皆」。

一　二八四頁下一二行第一二字「箱」，磧、普、南、徑、清、麗作「廂」。下同。

一　二八四頁下一八行「普覆」，麗作「普遍」。

一　二八五頁上一二行第九、一〇字「須陁」，石、磧、普、南、清作「蘇陁」；徑作「酥陁」；磧、普、南、徑、清下同。

一　二八五頁中九行「盡退」，磧作「盡思」。

一　二八五頁中一四行第一一字至次行末字「此樂……毒食」，石無。

一　二八五頁中二一行「彼時」，石、磧、

普、南、徑、清、麗作「後時」。

一　二八五頁中末行「隨後」，麗作「隨彼」。

一　二八五頁下一四行「上下」，石、磧、普、南、徑、清作「上上」。

一　二八六頁上二行第九字「迭」，石作「迊」。

一　二八六頁上二一行「愛樂」，石、磧、普、南、徑、清、麗作「受樂」。

一　二八六頁上末行第三字「色」，石作「樂」。

一　二八六頁中一行「受樂」，磧、普、徑、清作「愛樂」。

一　二八六頁中九行第一三字「虛」，磧、普、南、徑、清作「處」。

一　二八六頁中一二行「小時」，南、徑、清作「少時」。

一　二八六頁中一七行「諸大」，磧、普、南、徑、清、麗作「諸天」。

一　二八六頁中一九行「天主」，磧、麗作「天王」；普、南、徑、清作「大王」。

一　二八六頁下二行「在於虛空」，磧、普、南、徑、清作「在虛空中」。

一　二八六頁下二〇行「天林」，石、磧、普、南、徑、清、麗作「大林」。

一　二八六頁下二一行「天界」，磧、普、南、徑、清、麗作「境界」。

一　二八六頁下末行首字「具」，麗作「事」。

一　二八七頁上七行「欲如」，徑作「欲知」。

一　二八七頁上二二行「不退」，石、磧、普、南、徑、清、麗作「不近」。

一　二八七頁中一五行「在下」，麗作「在上」。

一　二八七頁中一七行「全身」，磧、普、南、徑、清作「醇身」。

一　二八七頁下二行「十方」，磧作「十万」。

一　二八七頁下五行「其業」，磧、普、南、徑、清、麗作「其果」。

一　二八七頁下八行「天之欲中」，麗作「天欲之中」。

一　二八八頁上一行「喜戲」，磧、普、南、徑、清、麗作「嬉戲」。下同。

一　二八八頁上三行「銜鬘」，石作「行鬘」。下同。

一　二八八頁中四行第三字「復」，磧、普、南、徑、清、麗作「墮」。

一　二八八頁中五行第八字「實」，磧作「寶」。

一　二八八頁中九行「恚渴」，磧作「恚竭」。

一　二八八頁中一〇行第五字「走」，南作「是」。

一　二八八頁中一二行「所說」，磧作「所寶」。

一　二八八頁中一四行「是也」，麗作「是世」。

一　二八八頁中一八行第三字「意」，石作「竟」。

一　二八八頁下四行「衆生」，石、麗作「衆中」。

一　二八八頁下一一行「賣法」，石作「買法」。

一　二八八頁下一二行「憶法」，徑作「億法」。

一　二八八頁下一九行「百千百千」，石、麗作「百百千千」。

一　二八八頁下末行第五字「葉」，石作「華」。

一　二八九頁上五行「或有一千」，石作「千」。

一　二八九頁上一一行「自有」，石作「自自」。

一　二八九頁中七行「彼道至道行」，磧、普、南、徑、清作「從道至行道」。

一　二八九頁中一〇行「十二輪」，磧、普、南、徑、清作「十二輻」；麗作「十一輻」。

一　二八九頁中一五行「於業」，麗作「作業」。

一　二八九頁下一五行「而来」，石作「如来」。

一　二九〇頁上四行「庶鳥」，磧、普、南、徑、清、麗作「鹿鳥」。

一　二九〇頁中四行末字「地」，磧、普、南、徑、清、麗無。

一　二九〇頁中一〇行第一一字至次行第一三字「青……寶」，磧、普、南、徑、清無。

一　二九〇頁中一二行「拘攔」，磧、普、南、徑、清作「鉤欄」。

一　二九〇頁中一四行第一一字「扇」，磧、普、南、徑、清、麗作「扉」。

一　二九〇頁中一七行第二、三字「閙雜」，麗作「間錯」。下同。

一　二九〇頁中一八行「地䵚」，磧、普、南、徑、清、麗作「壁」。

一　二九〇頁下二行「普看」，磧、普、南、徑、清作「並看」。

一　二九〇頁下七行「天主」，磧、普、南、徑、清作「天王」。

一　二九一頁上卷末經名，石無。

正法念處經卷第四十三　羌

元魏婆羅門瞿曇般若流支譯

觀天品之二十二　夜摩天之八

尒時彼天漸更前近牟修樓陁夜摩天王若歌若舞種種嬉戲共受第一勝業果報彼一切天種種供養牟修樓陁夜摩天王既供養已坐在一處一切坐已歡喜語說既語說已天王告言汝一切天樂行放逸相隨而來自今以後護命護法勤行精進以護法故常受快樂乃至涅槃捨身已後永无苦惱常受天樂尒時彼處一切天衆皆共和合夜摩天王為說偈言

世間種種界　種種業自在　天種種道來
善業生此處　有中如是來　有中如是去
如彼來時業　如來去亦尒　諸有和合事
諸有意不亂　皆是善業作　精進勿放逸
長久時受樂　此後必定退　退為第一苦
當有則无疑　彼如是之義　我召汝為說
汝等一切聽　如如來所說

夜摩天王如是普為彼一切天和合利益已說此偈告天衆言汝等樂行

境界所迷然不覺知天則減劣而不增長此境界樂一切无常當不寂靜得不饒益所謂何者一切皆聽如汝所見六正覺知者七寶塔廟種種七寶莊嚴成就所謂六者一是尸棄正覺知者二毗婆尸正覺知者三毗舍婆正覺知者四迦鄉迦牟尼如來正覺知者五迦羅迦居村陁佛正覺知者六迦葉佛正覺知者此六佛塔天中久作次第耳聞我今供養以何因緣一切如是我不曾見我少心故彼諸世尊利益安樂諸世間故往昔曾來到此世間我以如是次第聞來得如是法

彼迦羅迦居村陁佛為夜摩天作大利益謂利益者一佛塔化是大希有如來境界令住此間若此世界不敬沙門婆羅門者天朋則減此減劣相於此佛塔光炎之中我皆現見若減若退唯我獨見汝等放逸放逸行多是故不見以着境界受欲樂故我以歌聲召汝等來為利益故汝等放逸放逸而行即是死退我恐汝等食善

業盡墮於惡道故召汝來六佛世尊利益無量諸衆生故已所說經彼諸如來於此塔中皆悉書之我已誦得天今善聽我為汝說勿後退時而生悔心尒時彼天第一敬重專心思念一切默住二種敬重一敬天王二敬重法諦意正住其心不動天王既見天衆如是善調伏故普告之言汝等始入初如來塔尸棄如來壁上書經饒益天衆利益天衆安樂天衆

彼寂勝天共其天王牟修樓陁寂初入塔見尸棄佛毗琉璃像在青寶牀加趺而坐於其壁中自書經言諸比丘若天若人有八種法障导善法何等為八諸比丘所謂一者若天若人為放逸壞不能作善若世間善出世閒善世閒法者若心懈怠若心放逸行放逸行彼世閒法一切皆壞若放逸者於善友所不能看視則為中人若是怨家怨則增長求覓其便此是放逸妨世閒法諸有懈怠放逸行者不能成就如是之業彼人業盡知友亦盡怨家熾盛增長大力室家皆失

貧窮无物為他輕賤第一凡鄙所謂貧窮諸有貧窮凡鄙丈夫善友知識親舊兄弟貪瞋邪見一切增長彼愚癡者㝡為凡鄙何以故不善行故天所棄捨一切侵陵為他侵已或時致死或時商賈亡失財物以其放逸放逸行故

若諸比丘若比丘尼若優婆塞若優婆夷如是放逸常勤修行无記禪定不得盡漏唯貪食味占相食時妨乱其心如是放逸放逸行者常一切時心不清淨貪著食味猶如畜生食吐之者其心如狗亦如受持鳥狗戒者如是之徒常放逸行不讀誦經於眷屬中於多聞中是少智者是為凡鄙為諸檀越之所輕賤離無所畏第一無畏所謂多聞能思惟法第一凡鄙所謂少聞彼少聞者為他輕賤不知自過而於他所多貪瞋癡於多聞者真實知者若於尊長若於檀主有善根者以愚癡故放逸多故生瞋心瘡不善業故身壞命終墮於惡道生地獄中放逸行者如是人中行放逸故

於世間義出世間義以為妨㝵

諸比丘云何天中放逸破壞此天自性行於放逸放逸行天其心愛樂觸味色香而行放逸不見老至不見破壞不見退沒心不思惟善業盡滅不習作法不敬重佛及法衆僧彼離善心行於放逸佛出世時不見不知心不生信怖畏近至衰禍近至死苦近至離別之苦近至不遠天女棄捨大怖近至如在嶮岸而墮墜者於先境界所受樂事不具足見於異世中不隨順行於臨死時不與其樂亦不安慰如是境界皆悉破壞无有氣勢於諸有中異處去時不共相隨若作放逸放逸行業彼於有中則隨逐行彼境界渴心未猒足放逸而死一切天捨心生驚怖迷於境界如是而死彼時相應或生地獄餓鬼畜生三惡之處是故天人一切不應行於放逸尸棄如來當尒之時而說偈言

若天一切時　成就境界樂　彼天既破壞
諸業隨逐行　樂不可常保　業聚集不失
樂所誑癡天　由業不自在　境界現生樂
後能作衰惱　染著境界天　心常乱不定
不知善福業　是生死病藥　如藥燈亦尒
為歸亦為救　有中之善業　隨逐於衆生
是故黠慧者　常應勤精進　修福德為吉
捨境界為善　若有智眼者　知畏未來世
黠慧預生怖　愚則至時畏　智者如是知
心常慮破壞　若意常愚癡　則意樂境界
為境界所迷　後則心生悔　諸有身和合
智常不濁者　皆作福德業　无福德則苦

手修樓陁夜摩天王如是示彼一切天衆尸棄如來所說偈頌辟上書字㝡初法已次第復示其餘七法作如是言我復為汝說餘七法次謂憿慯无時寤寤憿慯行者常不寤寤於天人中恒為妨㝵常妨一切世間之法出世間法云何名為妨世間義出世間義身憿慯者乱其心意一切法義意為前導是故轉行彼乱心意行不善處非所應處非時而行行邊嶮處近惡知識不自測度亦不知他不知自力不知他力以憿慯故不能作業於自家事不知籌量如狂不異不行正行一切衆中㝡為凡鄙又於諸親

兄弟等中衆為下劣彼不應作而便作之所應作者則不能作彼所應作所不應作一切不知亦復不知作與不作於法非法亦不能知又亦不知應說不說應行不行亦復不知是處非處如是一切悉皆不知以懶惰故而不能知持戒之法又懶惰故不知時節不知方處不知住心及不住心以懶惰故不知樂時不知輕重又不知真不知非真戴面而行無所畏忌

又此懶惰於出世間法義妨者云何為妨出世間義為此懶惰所妨亂者不知業因不知果報不知善道及不善道不知威儀不知方處不知時節不知裁量足與不足不知大衆雖得聞法不能修行於未聞法心不欲聞無心訪問凶頑不畏語不依理心意動亂如風動塵分散處處彼心如是常亂不定彼心意亂懶惰行者不修禪定不能攝心見色則著樂於境界或時著欲眼常動轉如是懶者不正眼故行於懶惰或因著欲或是醉亂或時禍祟或時狂病一切時亦更不

餘異彼如是故為諸世間之所詳指如是指故則為一切之所輕賤不知自過彼非饒益又非利益亦非安樂彼則於義皆不成就

云何懶惰於出世間法律為妨云何復於懶惰者中以為妨㝵謂彼人中有出家人懶惰之行最為鄙劣此法比尼能離懶惰一切端嚴不離懶惰則不端嚴彼懶惰人不能修禪不知住止常行城邑聚落等中不行好處不能說法調伏檀越唯貪飲食牀卧數數唯不善觀如是之人身壞命終墮於惡道生在地獄餓鬼畜生如是之人非世間道出世間道二處安隱懶惰有七一者色惰二者財惰三者生惰四者服飾莊嚴等惰五者為王供養故惰六者婦女親近故惰七者他妻亂心故惰此惣為惰減句殘句或復滿句此一切法彼惰為妨如是人中少有富樂微少命行懶惰何況天中此則是惰

彼天受聲觸味香色念念之中增長懶惰懶惰行故命則稍減不覺命行

不知命盡不知行盡不知善業若不善業彼一切時常恒如是乃至命盡懶惰不止次第乃至善愛業盡業盡則退臨至退時尒乃覺知起如是心境界誑我令我生染如是惰誑身壞命終墮於惡道生在地獄餓鬼畜生如是懶惰妨世間道

又復天衆以懶惰故妨出世道彼一切天愛善業故以正法故於此天處夜摩中生以天惰行不知自業不近其餘少惰行者不近一切不惰行天不樂見佛及法衆僧於正法中不信不入以於正法不隨順故行於惡道不能觀察十二因緣不敬尊長亦不親近有智慧天為欲所誑貪著境界於此天處臨欲退時乃生悔心是故天人應捨放逸應離懶惰若不捨離則如熾火燒胡麻等尸棄如來當尒之時而說偈言

放逸則破壞　為惰所迷惑　若天若丈夫
不得寂靜樂　若樂放逸行　是則名為死
諸放逸樂過　退墮地獄中　不正道行過
是則名放逸　放逸誑心天　則入於地獄

憙樂於不實　於實不憙樂　放逸垢闇故
天為欲所誑　欲所迷癡天　放逸愓亦尒
不能真實見　如生盲於道

尸棄世尊如是已說放逸愓心妨㝵世間出世間法又復第三示破戒過如是之事彼佛世尊悉知无餘如實諦知破戒過患塔中壁上次第書之尒時天王牟修樓陁示彼天衆塔中壁上不持戒過書畫文字不持戒者是諸天人第三過患非是利益非世間道非出世道世出世道一切皆非何者人中不持戒故妨世間道所謂受戒愚癡之人既受戒已應作不作一切不知亦復不知是處非處作過患已覆藏在心兄弟因緣如是破戒專為兄弟諸親舊等不顧念戒戒不取戒受已則犯不生忌難以如是故為諸親舊兄弟眷屬一切人等皆悉輕賤作如是言此不持戒不勤精進身口意戒一切不持如是諸親至兄弟等嫌賤輕薄以輕賤故時節吉凶皆不看視不與往還吉凶等會不請不喚不信不敬以如是人不受戒故

不持戒故不攝戒故本善友者則為中人若先惡者則求其便若非惡親則不攝之以為朋侶如是之人如樹根斷風吹倒地如是倒已一切物失諸親等離彼人自心本性輕動以輕動故內則懷惡於一切人多貪多瞋心邪疑慮分別悕望欲為惱乱其心常瞋一切衆生面色不好無有威德心乱不定恒常貧窮如是之人不受戒故不持戒故身壞命終墮於惡道生地獄中是故常應念作利益受戒持戒不妨世法

是持戒人以戒因緣心意堅固常正憶念信於善友若王大臣信彼人故以大貴價金寶銀寶種種寶物一切委之若隱密語信而向說若王王等寄物不侵密語不露以護戒故為人所信又復諸親兄弟眷屬一切時人信愛供養皆悉敬重過於尊長持七種戒王亦供養知識親等皆悉供養如是之人一切人信一切人愛財物具足常不貧乏皆不能與作不饒益第一大富以大富故能行布施能作

福德正意善住不壞智慧以是因緣身壞命終生於善道天世界中

彼人如是微少破戒則為輕劣何況修行出世間道如是之人意動不住於業果報盲無智眼或不持戒或破多戒唯一戒在或全无戒他謂比丘彼人唯有比丘形服猶如貝聲心常諂曲誑諸檀越作如是言我持佛戒如是之人實不持戒聖所愛戒實不成就彼是誑賊誑諸世間諸天及魔一切沙門若婆羅門諸天人等自他俱誑不如說行如是之人內空無物不實不堅如水沫聚誑一切人第一諂曲彼人多求牀臥敷具病藥所須處處多取彼人常沒生死泥中或生地獄若地獄等諸惡趣中彼人破戒取不應取以破戒故不善分攝如是之人乃至不應於僧地中行至一步以不相應非所應故何因緣尒以諸檀越修治彼地為持戒者諸比丘等不為無戒破戒比丘不為一切無善心者如是之人於彼地中行至一步亦所不應何況敷具病藥所須及餘

一切諸受用物尸棄如來當尒之時
而說偈言
若比丘無戒　是賊中之賊　內滿爛膿等
外披服袈裟　一切虛不堅　猶如水沫聚
如是空无戒　妄說是比丘　破戒屬地獄
僧寶所不攝　為心所誑故　身壞墮地獄
遠離法毗尼　自業故墮墜　垢闇之所覆
常受大苦惱　不著善法衣　裸露善人棄
以離善業故　惡將至地獄　聚集不善業
苦門則開張　生死縛堅牢　破戒故如是
為破戒火燒　彼則為極燒　如是毀戒者
必定入惡道　意受持戒故　師則能與戒
无心諂受戒　必定入地獄　彼人於日夜
常增長不善　若能持戒寶　則能壞破戒
若人空無法　唯有闇和集　彼无一念時
而斃不破壞　為破戒所纏　垢故善人捨
破戒羂常牽　捨戒不善者　无戒若破戒
親附惡知識　若習近欲者　此地獄因緣
无戒愚癡人　或復懷動人　惡業相應人
去地獄不遠　業有相似果　此云何不知
癡故自為患　而著遊戲樂　日日常增長
惡河不可渡　苦波滿其中　如是漂眾生
彼人非生善　彼人非善心　若捨離法者

則攝不善法　若身攝善法　是第一善道
行彼句之人　則到不退處　受持戒讀經
愛樂善法者　正行常調伏　彼則離苦惱
此不持戒垢　則能令燋汙　彼以壞學故
為地獄所攝　如是一切知　應勤心取戒
一切生死海　無戒是因緣
如是所說一切人等出世間道無戒
故妨云何天中無戒為妨此世間中
業果之地若於此中持七種戒攝取
和集天中受樂久行放逸乃至樂盡
然後退墮如燈油盡燈炷盡故光明
亦盡
云何妨导出世間道謂不持戒彼持
戒人生於天中生彼處已如是心念
我於人中持七種戒生於此處與天
平等此始生天以著境界愛欲樂故
一切皆忘若其餘天不忘持戒則示
此天持戒業果為其說言汝本人中
持戒具足生在此處彼始生天以心
動故著境界樂不聞語聲不入不取
不信持戒故不能取善業果報境界
勢力動其意故彼不持戒不隨法行
彼如是天破壞善法是故退墮如是

持戒生於天中或生世間或出世間
彼世間者以持戒故此是一種出世
間者則是菩提此第三法不持戒妨
何者第四天人妨导所謂懈怠樂懈
怠人若染著人如是之人一切普遍
於一切種一切世間所有諸法皆不
成就彼懈怠人七種法劣何等為七
若人懈怠无增上果則是二劣以是
劣故供養則劣財富亦劣境界智劣
如是劣故一切世間正士不近世間
人情問訊則劣彼人如是一切世間
諸事皆劣是故頑鈍一切所作皆悉
失壞如是人中世間法義懈怠為妨
云何人中而能妨导出世間法以懈
怠故此懈怠人一切家事作業皆畏
是故出家作如是言我出家已多有
敷具病藥所須飲食豐樂我於晝夜
無所為作彼懈怠故如是出家既出
家已不讀誦經不能止惡不行善法
不修禪定不持禁戒常為懈怠之所
覆蔽彼人多利多得供養食用豐足
不樂持戒不樂智慧少智過故身壞
命終墮於惡道生地獄中尸棄如來

當尒之時而說偈言

懈怠少福德　癡能破壞心　一切親等薄
善道不可得　懈怠及惡業　或為癡所覆
妨㝵涅槃道　得不善惡果　无羞无慚愧
擾動惡知識　皆是苦惱因　智者則捨離
邪及慢大慢　如是我慢等　常捨此一切
受苦惱因緣　若為懈怠覆　不憶念發動
出氣與死等　空得命无果　懈怠所患者
有命亦同死　如是懈怠人　心念死為勝
若溺懈怠泥　沒苦海不出　若人勤精進
則渡生死海　少力懈怠人　如愛飲食羊
命亦盡如死　若死入地獄　貪窮癡如羊
或為苦所攝　若人食他食　懈怠是因緣
若有懈怠者　多依他活命　多貪著美味
心惑常樂欲　彼則不知諦　唯貪著食味
死時既到已　悔火自燒心　諸有忍寒熱
乃至飢渴等　如是身受苦　後時得寂靜
莫起懈怠意　懈怠則怯弱　不能忍生死
不得脫苦惱　懈怠空在世　善人中凡鄙
未來世亦空　不曾得寂靜

懈怠之人除此過已復有異過所謂遠離出世間道懈怠之人是不善人是退沒人

云何諸天失於世間及出世間法律毗尼云何諸天妨世間道謂此懈怠復有餘業若緣善故得生天中彼天復為懈怠所壞一切愛聲觸味香色心復不樂不樂園林天可愛處不飛不走不聽歌聲自亦不作不飛虛空不從山峯至異山峯不在河中不涉波瀾乘鳥遊戲如是樂者夜摩天王有如是樂彼懈怠天亦不往詣夜摩天王所有一切諸境界樂皆悉不受普彼一切如毒如怨一切是垢此是懈怠妨㝵世間

云何懈怠而復妨㝵出世間道若復餘天常聞正法愛樂正法彼不能近遠離正法於未聞法无心欲聞設聞不持又亦不習不近尊長不學智學離一切法離一切善常樂生死常受苦惱何以故彼離道故則於有中而不得脫彼為懈怠之所壞故生於地獄餓鬼畜生彼則常為生老死等之所籠繫受諸苦惱世間流轉彼懈怠者如是懈怠則是一切不饒益事亦是一切惡道之本生死種子是故世

間一切苦惱由之而生是故世間若有欲脫生死縛者則應精勤捨離懈怠諸有一切不饒益事皆此為本此如是等一切懈怠則於苦海不可得渡此之懈怠有无量過

又復除此四種過已有第五過諸天人等妨㝵世間出世間道所謂惡貪一切世間出世間法皆為妨㝵云何天人於世間道出世間道惡貪障㝵所謂俗人以貪心故行於非法常樂財物愛物之心如河水旋亦如獼猴心愛物故欲取物故設諸方便如是如是惡貪增長如是思惟我今當設何等方便何等欺詐誑惑他人心常如是欺詐誑惑復為他人如是教示欺詐誑惑如是之人多作非法以如是法復教他人如是之人貪心則多如是思惟他所有物皆悉屬我彼人如是心思惟已復教他人教他人已即共相隨欺詐誑惑設諸方便誑惑他人取其財物如是誑已心生歡喜作如是念我善能作我能欺詐誑惑他人得其財物本是他有今則屬我起

如是心是故歡喜得其滋味如是次
第樂行多作令他苦惱惡貪覆意
破壞城郭村邑聚落多人住處或燒
城郭村邑聚落多人住處為一切人
之所棄捨一切善人之所嫌賤是諸
國土之大棘刺城之棘刺聚落棘刺
破壞國土破城破村破壞屋舍壞他
種族常一切時樂如是惡令他衰惱
如是惡人身壞命終墮於惡道生在
地獄是世間中惡貪之人是惡貪人
妨㝵世間惡貪既集又復增長如火
得薪如是如是如是惡貪增長如是如是
惡貪方便如是如是得他財物如是
如是轉復增長是故修行福德之人
勤捨惡貪何以故第一垢者所謂貪
心取他財物彼垢壞者入於地獄尸
棄如來當尒之時而說偈言
若人行欺詐　方便取他物　則是大貪心
常行不善行　彼人於晝夜　心常不清淨
為貪覆其心　常悕望他物　彼人如劫火
自體本性惡　一切所怖畏　猶如惡毒虵
若人為惡貪　常覆其心者　恒入於地獄
及在餓鬼等　大地獄火中　熱處既脫已

若生得為人　五百世貧窮　毀面而缺口
常受於苦惱　為貪壞心者　皆如是受苦
若人捨離貪　常悕求智慧　恒有神通力
則行於善道　除却心中貪　猶如閉虵窟
若為貪虵齧　必定受苦惱　若懷貪心者
念念轉增長　如火得乾薪　熾然而增長
受樂財物人　恒常悕求物　死時既到已
有物皆捨離　若作惡業已　終竟不捨失
彼人為貪縛　將入地獄去　財物則屬他
自得惡業汙　非財見為財　非樂謂為樂
惡貪住心中　見惡如善友　貪火能燒人
智者不集貪　為貪所燒人　後時入地獄
世間財如山　一切皆无常　云何為財物
如是作惡業　唯有愚癡者　能作如是惡
如是惡貪皆勿自作莫令他作如是
惡貪妨㝵世間集惡貪者日日增長
如火得薪如是如是熾然增長如是
惡貪得財物故如是增長共貪慳嫉
增長熾盛是故諸有福德之人應當
捨離汝等天衆當如是知有治生人
賤買飲食若餘物等若作齋會布施
沙門若婆羅門為令他知謂是福人
真實可信知人信已然後自物貴賣

與他此雖布施非清淨心為令他信
治生求利賤買貴賣如是方便以少
物施得物更多或得十倍或得八倍
如是惡貪善人則捨
又捨惡貪言惡貪者所謂法師說法
取物得如是物非三寶用此是惡貪
則應捨離又捨惡貪言惡貪者謂出
家人或白象牙所作佛像或刻繡像
或𦘕等上晝作佛像或刻木像或銅
等像賣如是像彼是惡貪既得物已
非法中用人中則有如是惡貪妨世
間法出世間法智者呵毀智者捨離
云何名為天中惡貪汝等天中如是
大樂猶故惡貪如是現見此金銀山
毗琉璃山青寶之山大青寶山頗梨
山中汝等一一遊戲受樂於一山中
既受樂已復向餘山共諸天女種種
受樂天衆圍遶如是一切由貪故尒
非餘所作汝等天衆愛共貪縛墮於
惡道而不覺知不生怖畏不畏死苦
不畏所愛眷屬等離不覺退時種種
衰苦汝等天衆以貪心故不畏不覺
汝等天衆如是貪心无量無邊魔業

貪心不知猒足不畏離別不畏死苦
如是惡貪妨世間道
云何天中貪心妨导出世間道此愛
聲觸味色香等憙樂受樂貪心諸天
不就其餘少貪天所聽法聞法求法
學法不欲聞法令心白淨一切善法
勝根本者所謂覺法一切法覺要由
聞法若不聞法於法不覺何故不覺
以放逸故復以何法是放逸根所謂
貪心是故應當捨離貪心若捨貪心
則到涅槃貪所覆者流轉生死天衆
當知出世間道天人之中惡貪妨导
是故智者常應精勤捨離惡貪施有
三種一資生施二無畏施三為法施
彼資生施生報天果不能布施此人
勝天非天勝人如是人身第一難得
若得人身不行布施則為虛生如商
賈人得值寶洲不知取寶而便空還
若得人身不知捨財而布施者亦復
如是
何者復是无畏布施凡有幾種无畏
布施无畏布施凡有三種一者救命
施其无畏二者妻子為他拘執方便

救攝施其無畏三者防護畏失物者
施其无畏彼救命者生人天中報得
長命護失物者生則大富所有財物
王賊水火不奪不壞若為國王或為
大臣以彼業故有大力勢有大名稱
在所生處恒常大富救妻子者若生
人中善攝妻子天上退時天女不捨
如是三種無畏布施
何者法施法施二種一世間法用以
布施二出世法用以布施彼世間法
所布施者謂以四禪世間中智和集
布施於人天中受世間樂天人中生
則生邪見
出世間法而布施者以不瞋故生天
人中或生欲界或生色界若生欲界
彼或在於一百九十八地上生隨願
生彼若生色界則得解脫以果勝故
大智慧故依處勝故則得解脫生淨
居處若因願力為轉輪王主四天下
有金輪寶寶有十四所謂七寶七相
似寶善願力故盡滅諸漏得緣覺道
以願勝故則成如來應供正遍知明行
足善逝世間解無上士調御丈夫天

人師佛世尊以法布施因緣勝故此
三種施汝等天衆一切皆無如是義
故人則為勝天為報地人為業地業
因緣果如是人中天因緣生業果則
勝如是人勝天為不如

正法念處經卷第四十三

癸卯歲高麗國大藏都監奉
勑彫造

正法念處經卷第四十三

校勘記

一　底本，麗藏本。

一　二九四頁上一行經名、二行譯者、三行品名及夾註，石作「正法念處經天品之廿二夜摩天之八卷第卌三」。

一　二九四頁上一一行末字「後」，石無。

一　二九四頁中一行「減劣」，徑作「減劣」。

一　二九四頁中四行第六字「知」，石無。

一　二九五頁上一六行第九字「離」，石無。

一　二九五頁中二二行「不失」，磧作「不大」。

一　二九五頁下二行「藥燈」，磧、普、南、徑、清作「燈藥」。

一　二九六頁上二一行第一一字「慬」，徑作「慢」。下同。

一　二九六頁中六行「妨导」，磧、普、南作「如导」。

一　二九六頁中九行「則不端嚴彼慠慢人」，磧、普、南、徑、清作「人不端嚴彼慠慢合」。

一　二九六頁下一〇行第六字「天」，磧作「大」。

一　二九六頁下二〇行第三字「則」，磧、普、南、徑、清作「前」。

一　二九六頁下二二行「樂過」，石作「樂故」。

一　二九七頁中一四行「憶念」，徑作「憶念」。下同。

一　二九七頁下七行「猶如貝聲」；磧、普、清作「唯如貝聲」；南作唯如其聲」；徑作「惟如貝聲」。

一　二九七頁下一三行末字「一」，石無。

一　二九八頁上四行第八字「虚」，石作「疲」。

一　二九八頁上二二行「苦波」，徑、清作「若波」。

一　二九八頁中四行「穢汙」，磧、普作「穢汙」。

一　二九八頁中一六行第一一字「愛」，石作「受」。

一　二九九頁上一九行「苦惱」，石作「苦悔」。

一　二九九頁下二行第三字「脱」，磧、普、南、徑、清作「斷」。

一　三〇〇頁上一八行「欺詐」，磧、普、南、徑、清作「欺誑」。

一　三〇〇頁中一行「皺口」，石作「改口」。

一　三〇〇頁中三行第一一字「恒」，徑作「行」。

一　三〇〇頁中二一行「飲食」，磧、普、南、徑、清作「飯食」。

一　三〇〇頁下七行第一三字「謂」，磧、普、南、徑、清作「諸」。

一　三〇〇頁下一二行第一二字「者」，磧、普、南、徑、清作「則」。

一　三〇〇頁下一九行「貪縛」，石作「會縛」。

一　三〇〇頁下二〇行「死苦」，磧、普、

南、徑、清作「死亡」。

一三〇一頁上四行「受樂」，磧、普、南、徑、清作「愛樂」。

一三〇一頁上二一行「凡有」，石作「凡者」。

一三〇一頁中四行「不棄」，磧、普、南、徑、清作「不斷」。

一三〇一頁中一〇行「二出世法」，徑作「二者世法」。

一三〇一頁中二一行第三字「善」，石作「若」。

一三〇一頁下四行第八字「天」，磧、普、南、徑、清作「人」。

一三〇一頁下卷末經名，石無。

正法念處經卷第四十四　羙

元魏婆羅門瞿曇般若流支譯

觀天品之二十三　夜摩天之九

又復業分若人生天不曾布施惟持於戒得生天中惟有一種功德具足五欲功德劣於餘天是業因緣人勝天劣毗婆尸佛當尒之時而說偈言

人中布施已　則生於善道　非天能布施
以是果地故　人中是業地　果地則是天
一切果因緣　無因則无果　命念念不住
如是轉不迴　業果將欲盡　應當作福德
一切是心力　能令命流轉　是故有智者
不為命作惡　一切皆不畏　未來諸苦惱
如是苦惱人　癡羂所縛故　布施持戒實
於誰心中有　若天若是人　則到於善道
有為生住滅　皆是无常故　一切有為樂
亦如是无常　雖壞而生貪　念念動不住
樂命皆如是　是故應捨離

如是此法一切有為悉皆無常苦空無我一切世間無量衰惱處處普遍有五種縛縛天縛人愚癡目盲惡欲壞心惟生愛樂一切愚癡毛道凡夫迭相愛縛如鳥在籠一切人天於生死中流轉常行以是義故若人若天或命或樂勿生常想應於世間一切諸法不生常想不作无量種種分別

又復具足十二種施如是布施天中所无惟人中有天惟食果若食果盡爛失破壞退彼天處何等十二布施具足一者方處具足二者時節具足三者功德具足四者可愛具足謂所愛物五者福田具足六者施飢渴者七者信心施與八者不求而施功德具足九者有歡喜心施妻子等十者簡擇心所敬重勝富伽羅而施與之十一者施於世間不輕賤者十二者施不望報此如是等十二種施復有持戒功德具足得生天中盡已則退是故天應捨放逸行如是十二離垢布施為轉輪王財寶富足或生於天或天相似

復有十二離垢布施何等名為十二種垢一者於多人中和合眾中或於僧中平等皆有戒智及行功德具足不平等施此是垢施得少果報二者

若男若女以欲因緣或男施女或女施男此是第二垢惡布施又復第三垢布施者以怖畏故捨物施與王家門師謂是沙門婆羅門等有如是心若我於王得衰惱者則能救我此非脩思因緣故與名為垢施又復第四垢布施者所謂癡心捨物布施如彼外道婆羅門等齋會等施此是第四垢惡布施又復第五垢布施者謂見他人所布施者不知彼人持戒以不不知彼人有智慧不有寂靜不為有禪不惟見他人如是布施他因緣故內自無思如是捨物而施與之此是第五垢惡布施又復第六垢布施者謂前乞者若求乃與此是第六垢惡布施又復第七垢布施者知他有物為令他信方便欲偷捨物與之後欲作惡種種侵損為覓其便是故與物此是第七垢惡布施又復第八垢布施者為破壞他和合之事捨物施之於他二人共為一友令使別離後覓其便則與衰惱此是第八垢惡布施又復第九垢布施者　謂為成親捨物與他或男施女或女施男此是第九垢惡布施又復第十垢布施者所謂治生多買食具種種諸物粟豆果菜一切雜物待齋會日貴賣徼利得物自用微少饒之此是第十垢惡布施又第十一垢布施者為名稱故捨物布施此第十一垢惡布施又第十二垢布施者妻子飢貧以物與之內無善思此第十二垢惡布施以一切施離思无思以無思故空无果報若思增長則能離垢譬如垢衣灰汁洗浣則便清淨如是思勳布施成就毗婆尸佛當尒之時而說偈言

十二功德具　離十二種垢　成就清淨施
相違則垢濁　或天或男子　布施得大力
離施墮惡趣　布施生善道　貪心嫉妬垢
惟親愛妻子　此人墮餓鬼　惟怖望飲食
若解貪心縛　斫伐慳心樹　除滅闇聚者
此人布施故　布施在前行　施主隨其後
布施能示道　行到他世去　施水澡浴人
以持戒香塗　智慧廣无垢　得度苦彼岸
丈夫有三燈　為利益故然　所謂施戒智
此等能除過　愛極為深廣　疑波極動亂
持戒脩智故　過如是苦海　心不調而速
一切處皆者　布施持戒法　則能縛此心
此等三藥師　能除煩惱病　布施持戒智
恒常與安樂　心有放逸過　分別曲而輕
布施持戒智　此三能縛心　三種過熾火
燒一切世間　智水滅火已　得寂滅涅槃

彼毗婆尸如來世尊如是書經在彼塔中此布施行惟人能行天則不能以此因緣人勝天劣汝等既知如是布施於諸境界心莫放逸當善持心善持心已故令煩惱大惡過患心中不生若其生者智火能燒智火燒已則到第一不退之處不生不老不死不盡如是之處應當捨離如怨放逸又復天衆更有餘事意則劣減損辱羞恥所謂食時現見故羞以業勢力有下中上果亦如是有下中上彼天不能乃至少物以施他天叵以自業迴轉與他所謂人中食時捨施或時持戒如是得食天見他食勝色勝香勝味具足如是見已心則羞恥若在園林蓮花池水遊戲之時一切受樂如業相似成就樂事見餘天面受快

樂已內心羞慚自身怪減天中則有五種羞恥何等為五一謂食時有見他天白須陁色自食則垢或時色赤相近食食見則極羞此是初羞第二羞者謂見他天端正好色形服莊嚴有多天女妙色殊絶供養餘天見已則羞第三羞者謂見他天在蓮花中空中飛行園林山峯蓮花池水金毗琉璃戲樂處行以業勝故飛行則疾若少業天行則不速不能共彼同處遊行常在他後羞天女衆第四羞者謂天入在蓮花池者以天本有如是業故則有如是蓮花池生色香觸量劣天見已於眷屬中則生羞恥第五羞者如天之業如是得報如業坐處若於本時作大善業則有妙好毗琉璃座或青寶座或時復有赤蓮花色勝坐處坐若餘劣天在彼處坐以業少故如是妙座或變為金或變為銀或為頗梨彼天既見坐處變已種種雜業輕重等業既見知已則生羞恥既生羞故威德劣減彼天如是面色減劣餘天威德面色增上自天女衆

如是見之則捨而去捨離如是少業天子依止其餘大業天去遊戲受樂天女同心一切皆共詣餘天子彼少業天極生羞恥此是天中於眷屬所第五羞恥如是不樂有為之法彼有為法能為誑惑令生貪心如棟樹菓其味甚苦和餘甜味天樂亦尒雜苦雜樂何況復在異道衆生地獄餓鬼畜生中者或定業生不定業生常苦不止有无量種大力苦生辟如海中種種雜水異異河入種種水入衆生之心亦復如是相續河流種種諸業依業河起成就大力諸苦惱生汝等天衆此量如是說一切種異苦應知惣一切苦有三種因和合相應諸苦滿足此三種苦有三對治則能除之何等為三謂智戒施毗婆尸佛當尒之時而說偈言

若心不依止　智戒施等三　彼衆生常苦
樂則不可得　如種種因緣　何等業幾種
衆生所作業　如是成就果　一切皆因緣
無不因緣者　有為不破壞　因緣不可見
為心所誑故　布施面羞慚　如是布施者

則不得樂果　和合布施勝　捨離慳嫉垢
天常受樂故　則无如是心　飢渴為大火
能燒諸餓鬼　一切慳嫉果　實知者所說
若常行布施　彼必定得樂　以施得樂果
是故布施勝　世間作光明　恒常自隨逐
布施則到天　天供養如僕　施是不誑處
如來如是說　以其是實故　常應行布施
捨慳嫉恚已　而善修於心　若能行布施
得渡生死海　施三寶福田　三種皆清淨
決定於三時　三明見彼果　初常行布施
次精勤護戒　智則能割愛　此為大樂道
若不除斷愛　世間不饒益　彼則不能到
不生死勝處　常離不施心　恒樂行布施
无施故飢渴　餓鬼中燒身　布施得大富
天乹闥婆中　因施得為王　善法轉輪王
依止布施地　智者能持戒　持戒者知時
因智得解脫　出苦之要道　一切佛所讚
勇健者智已　則常行布施　不布施生天
天中受樂少　施故生人中　從生受富樂
若生在畜生　亦常受樂果　一切布施藥
是智者所說　若在餓鬼中　彼亦有飲食
以本少施故　則得如是果　若生地獄中
餓渴不能燒　一切以施故　如是皆得果

生涯道中者　是衆生自業　布施得安樂
如見於父母　如是住施地　常行於布施
恒樂施持戒　得脫諸惡處

牟修樓陀夜摩天王如是已示放逸天衆天衆知已一切現見住戒果報攝取持戒

又彼天衆復有著慚所謂業故現前著恥見食故著園林蓮花處處遊行多天女衆而為圍遶種種樂音在於天中地上而行心樂境界五欲之樂第一勝樂不可辟喻成就樂事如是轉行飲食地處次第往到種種莊嚴端正天女如是天女之所圍繞彼天歌舞五樂音聲遊戲受樂彼天耳識不知猒足境界可愛是故受樂不可猒足

又復彼天見種種色皆悉可愛端嚴殊妙如意念色見則生樂種種光明種種異色種種形相或在遠住或在近住或中間住彼天見已有如是念彼遠住色可前近來隨心念時彼可愛色即來在近或中住色如意念來若念近者近者則來若念中者中者

則來若念遠者遠者則來業果勝故如是隨意以彼業因有下中上天報如是有下中上如是彼天愛毒所齧不知猒足如火得薪无有足時愛心之者則於境界不可猒足如是天中无量種樂皆不可足

又復天衆鼻識齅香有无量種謂園林中天妙花香又復彼花樹技中生技垂至地有種種色種種形相種種分分雜雜異異一切時花同時開敷彼如是花天女取之送與天子令得齅之或為風吹香至天子天子齅之齅已欲發則受欲樂

又復天身如是天中莊嚴殊妙與天相應頭上莊嚴寶瓔珞等隨天意念一切出生種種衣服有種種香无縷天衣其量相應彼天如是生愛心故不知猒足

又復彼天若心意念以自業故一切所須具足皆得則有第一可愛飲食天上地中有須陁食以本施時有下中上須陁亦尒有下中上

又復具有種種天飲有下中上業如

是故自業如印猶如人中人身長短隨日所在影亦如是長短似身如是如是彼天本於人中之時作如是業如是食生彼食食時天女現前則生著恥如是天中見勝天女大生苦惱如是有中一切无常無有一樂不破壞者現見一切有為皆尒如是應知

又復彼天本善業盡退時生苦若放逸天樂天欲樂退時愛離膩潤盡時欲向餘道則有相現以欲退故身心大苦若大苦生彼苦如是不可辟喻毗婆尸佛當尒之時而說偈言

種種放逸樂　為境界所誑　食欲盡退時
无與同伴者　天前放逸行　不行布施等
於後死退時　悔熱自燒心　初中後等時
心常作利益　利益常調者　死時不怯怖
有生必有死　亦有愛別離　愚者不思惟
為境界所誑　死次第念念　境界破壞天
來至天不覺　以欲著意故　若天能知此
生愛別離苦　乃至須臾間　於欲心不住
欲无常可畏　常作不利益　如是愚癡者
而猶近於欲　癡天常如是　為欲火所燒
既被欲燒已　習欲不休息　若思念真諦

不喜樂境界　若喜樂欲者　是則常啼哭
此一切三界　轉行猶如輪　一切業羂縛
天不見其實　於種種道中　處處數生死
衆生為愛迷　常受諸苦惱　欲如電火輪
暫住不可得　如夢乾闥婆　衆生虛妄取
欲如如是等　畏欲復勝是　無常苦空中
勿生我所心　此之老死輪　極惡叵調伏
辟无救衆生　無眼不覺知　牟尼說五根
空而无自體　多有无常苦　自體是病處
如是見知已　則應捨離欲　彼寂靜智慧
則近涅槃住　彼欲退天者　根心皆動亂
尒時皆受生　不可得辟喻　如是受大樂
如是愛憎心　彼天欲退時　如是受大苦
諸有死未來　諸有離八難　皆應作利益
興道能得樂　天中地處退　人地中死去
何人如是知　不猒離生死

如是天中業盡退時業羂繫縛牽令使退將向餘處生大怖畏是故有天同如畜生若天心樂境界樂行非自利益是故天衆勿放逸行莫於後時心生悔熱夜摩天王牟修樓陀如是為彼山樹具足地處行天毗婆尸佛所作佛塔見彼塔已調伏天衆為作

利益示欲過患為顛倒天四顛倒者說於正法死未來閒則示其死與其怖畏彼死畏處无量苦處示平等道以寂靜心作他利益調伏天衆於六經中毗婆尸佛所作經文第二已竟

又彼天主牟修樓陀夜摩天王共彼天衆山樹具足地處來者有修心者不修心者皆攝取之精勤修習利益他行除其放逸諦見業果令心柔軟心柔軟故生大信心信心生已示其欲過示欲過已說命无常說無常已說生死苦彼天聞已心則柔軟心柔軟故天王告言汝等天衆一切皆看此大佛塔迦迦村陁如來之塔應正遍知明行足善逝世間解無上士調御丈夫天人師佛世尊妙寶佛塔光明遍滿金珠枸欄如穿虛空高出於上一切皆見甚可愛樂第一清淨一切天衆見者心樂此諸天中高出如幢堅牢不動猶如禪住種種善寶光明勝妙如正法說第一可愛天如是見汝等天衆共我相隨往彼塔所供養礼拜或以香塗散花供養此大仙

塔有何希有今共往看若我利益乃至涅槃或身或命皆得安樂何以故如來世尊雖少說法則能利益安樂衆生一切衆生必得利益則無有疑我等今者為自利益皆共往去尒時天衆既聞天王如是語已心皆清淨信天王語白天王言我等皆去供養礼拜為自利益為自安樂尒時如是山樹具足地處諸天天王在前天衆在後向世尊塔皆共往到到已則見迦迦村陁如來之塔生尊重心礼拜供養周帀旋遶

尒時塔中衆寶光明形日光明如螢火蟲彼寶光明勝妙如是彼佛塔中見垂寶板第一光明板有經字是天神通之所為作是故不失不破不壞不可拭滅何故不失迦迦村陁牟尼如來以為利益諸天人故說此經典於天人中如是說法何以故天中乃是人之善道人中乃是天之善道天退之時怖人善道人死之時怖天善道如是天人迭為善道天之與人迭相愛樂持戒不壞則生天中持五戒

者則有二種彼持戒者以愚癡故生而不熟惟癡者作雖癡而信以心信故信於佛等修行身善口善意善非是邪見乃至命盡信業果報依法得物以自存活不惱他人敬重父母供養父母親近沙門若婆羅門恒聞正法如是癡人惟信相應彼雖癡鈍具足修行身口意等相應善業自性如是不受禁戒如是之人身壞命終生於善道天世界處終心善故得生天中若得生於夜摩天處劣於餘天身色形服及莊嚴具諸天女衆若行若欲事具足皆劣彼无智故不知取戒食一切皆劣則生著慚光明亦少一切於有戒天有智慧者知取戒者則為減劣

又彼癡故不知取戒而修戒行於佛等中生清淨信乃至不能取一日戒身行善行口行善行意行善行身口意中不能具足一切修行身行善者謂不殺生及不邪行不行偷盗此是不能一切修行口行善行惟不妄語口餘垢一切不避如是惟行一分善

行不能具一切善行若意善行惟信命盡或有餘業或時惟信夜摩天於次前者轉更劣減於餘修行受戒持戒具足之天形量身色勝莊嚴具若食若行若天女衆壽命長短聲觸色香一切皆劣自見劣故極生著恥漸於餘天受持戒者

復有愚癡不知取戒持戒相應惟心正見得聞佛法敬信三寶佛法衆僧乃至不取一日之戒聞持戒來或於知識教示聞來或於所畏生忌難故不作偷盗次第聞來若聞佛說以餘業故貧窮而生如是之人畏現在世畏未來世故不偷盗口中不說破壞之語不迭相破於破壞者令使和合愛善業故或時傳聞佛所說語彼破壞語餘業緣故親舊知識妻子奴婢一切破壞以是業因身壞命終墮於惡道生地獄中如是之人二種因緣故不兩舌彼人以是業因緣故身壞命終心有信故或餘業故或生業故信福田故生夜摩天量色形相一切劣減天女衆劣若處處行飲食等劣

聲觸亦劣味色香命一切皆劣光明亦劣於他天所則生著恥如是放逸不取戒故如是三種各生天中而有優劣惟信佛故或如是思功德勝故或時本性如是勝故或以心體柔軟勝故或正見勝深心信勝不諂不曲不熱惱他如是勝故供養父母生敬重心如是勝故或願勝故彼人如是如業之心恒常相續於福田中深心勢力意思功德有下中上如是勝業上生天中業相似果決定受得終不虛妄不疑不得如是定得何況取戒乃至涅槃決定必得終无虛妄

幾種取戒略而言之四衆眷屬四種受戒彼皆攝果何等為四所謂比丘諸比丘尼諸優婆塞諸優婆夷四衆受戒彼如是人可有幾種別別受戒彼優婆塞略有四種何等四種一一分行二半分行三數數行四一切行一分行者惟持一戒半分行者謂取三戒行於三戒數數行者不常受戒一切行者受持五戒

又復更有四種持戒何等為四一者

持戒二半持戒三悔持戒四合持戒彼優婆塞於學句海次第漸取初取三歸作優婆塞彼人修心復於久時善觀察已取一學句於彼學句堅持不缺不穿不孔

何者不缺何者不穿何者不孔彼不缺者乃至命盡受持不捨不起一念破戒之心於他作者心不隨喜遮他人作或令他人安住法中故名不缺彼不穿者如彼所受一學句戒乃於後時捨彼學句次於後時復更攝取數捨數取如是名穿彼人如是學句不穿離如是持

何者不孔云何為孔於此學句初清淨心如識邊取取已後時其心則悔不能護持心生疑惑彼疑牽心心濁而行非多思行彼人後時悔火所燒如是燒已則捨學句如是捨已更不復取此名為孔若人不作如是住者則名不孔

又彼希行優婆塞者住於缺穿孔學句戒云何為缺此心不減不破不壞善心生已則取學句如芭蕉葉如電

相似如是動心歡喜取戒信心新重後時復聞外道法已心則生悔癡垢濁心是故捨戒復於後時聞正法已還復攝取此名為缺

又復缺者此優婆塞疑於學句如是持戒有供養天憶念正法作如是心我於今者為於佛語而得清淨為於天所而得思力如是心故二皆供養如是疑心依法持戒此名為穿又復孔者內心有孔外則善行為他見故為供養故受持學句此名為孔智者如是一切皆捨希持戒行優婆塞者云何名為希持戒行優婆塞耶此優婆塞取一學句於多時中尒乃復取餘之學句如是次第非是一時不生一心不從一師　如是久時希取學句此則名為希行學句優婆塞也

又復第二半優婆塞半半取行或取二已然後取三或取三已然後取二或於後時尒乃取三或於久時方乃取二此名半行於半半中下增而行增下而行何以故半半學句弁念而取如是合行而受持者此名第二半

半合行優婆塞也

云何第三悔優婆塞前不取戒惟癡心故但於佛等生深信心彼優婆塞或比丘所聞持戒果功德无量乃至涅槃既得聞已悔火燒心方生新重乃至命盡持戒不捨此名第三悔優婆塞

又復第四合優婆塞彼持戒行一切具足云何名為合持戒行優婆塞耶此優婆塞聞正法已則得正法句句處處於經經中十二因緣十二因緣以知如是十二因法心中生念如是信已惟以舌根一切持戒攝取滿足於一時中攝取五戒堅持不缺不穿不孔乃至命盡常如是持四優婆塞如前所說

又下中上如是次第一切中勝具持五戒於一切中最下劣者謂希持戒最下持戒優婆塞者惟一念中攝取持戒天則不及天魔主等悉皆不及何以故涅槃城法能攝取故此一切天於涅槃城不怖不求

彼地夜叉見持戒者供養礼拜虛空

夜叉如是見已供養礼拜以如是人隨順法行能報恩故能調順故如是夜叉或向天說如是之人得現世果若王大臣或土田主而供養之或施財物隨後行天神通增長有大勢力諸非法行惡夜叉等不能惱乱不能破壞隨心所須種種意念皆得具足稱情受樂諸所作業皆悉成就不多病患面色清淨睡眠安隱覺時喜樂妻子奴婢及餘客等攝取不離身壞命終生於善道在彼天中量色形相一切皆勝持戒勝故如是勝生如是業力以持戒故得是大果本人中時所集善業夜摩天中放逸行故一切皆盡衆生之心業網縛故復於後時墮於地獄餓鬼畜生是故皆應勤行精進乃至未得聖印以來如是精進若心自在放逸而行彼天退時心則生悔墮於地獄餓鬼畜生善業盡故是以應當捨離放逸如是第四善優婆塞得現生樂若能次第不斷精進則到涅槃如是一種是優婆塞佛之眷屬次復云何是優婆夷佛之眷屬凡有幾種佛優婆夷優婆夷者則有四種一是有信二是種姓隨順次第三調伏行四近住行言有信者彼優婆夷種姓熏心其心柔軟善修其心彼優婆夷少聞佛語聞已能知知已得味味已則入謂入法律彼優婆夷住善心已然後受戒婦女之心不能拘執聞外道語心則不受不捨佛法乃至不與外道共語惟於佛等生清淨心具受五戒此名有信優婆夷也云何種姓隨順次第優婆夷耶種姓賢善隨順法行入法信法法救法歸法性堅不行惡業他道論師不能破壞常優婆塞種姓中生於佛等中極生信心彼種姓中若生於女彼女則能隨順次第自從生來常聞佛語供養沙門此優婆夷恒常聞義此優婆夷常一切時相續熏心受戒持戒此是種姓隨順次第優婆夷也

彼調伏行優婆夷者謂本不信佛法僧等彼若得近善知識故信於佛等近他因緣他令使信見他功德持戒具足數數取戒彼優婆夷則名調伏彼近住行優婆夷者若有女人常近外道知外道法見其威儀知威儀已介乃後時近佛弟子沙門之所見其威儀從其聞法形相行食舉動進止身著袈裟去來寂靜如是見已然後次第棄捨外道信於佛等以相近故是以調順從其受戒名近住行優婆夷也

如是四種優婆夷衆如是四種優婆塞衆略說如是有信解故心相續故他因緣故次第近故如前所說優婆塞衆所有因緣優婆夷衆亦皆如是入於法律如優婆夷所有因緣優婆塞衆亦如是入心相續故優婆塞衆優婆夷衆親行不別一切善攝正見正行彼心皆有下中上故身壞命終皆悉生於善道天中彼有生於夜摩天者如所集戒正行不同如是生於餘天之中以善持戒和集相應得生天已放逸而行不勤精進諸未得聖皆福業盡復生地獄餓鬼畜生福德盡故放逸過故若其有天不放逸行彼則到於樂中樂處彼以持戒善修

正法念處經第四十四卷　第十四張　善字號

行故是故不應起放逸心此放逸者如毒不異一切世間愚癡凡夫為貪所誑而行一切不饒益行一切生死繫縛不離是故天人應捨放逸若天若人如是持戒故得生於第一好處放逸過故福德則盡彼如是人自誑太甚或墮惡道或長久時流轉生死牟修樓陀夜摩天王如是善心示其天衆彼佛塔中板上經字作如是言彼佛世尊憐愍衆生利益天故神通所化彼天聞已第一勝心猒離生死捨放逸行如毒不異此優婆塞及優婆夷眷屬已說

正法念處經卷第四十四

正法念處經卷第四十四

校勘記

一　底本，金藏廣勝寺本。

一　三〇四頁中一行經名、二行譯者、三行品名及夾註，石作「正法念處經天品之廿三　夜摩天之九，卷第卌四」。

一　三〇四頁中三行「二十三」，磧、普、南作「三十三」。

一　三〇四頁中一〇行「因緣」，麗作「因業」。同行「命念」，磧、普、南、徑、清作「念念」。

一　三〇四頁下一五行第一二字「施」下，石有「此如是等十二布施」八字。

一　三〇四頁下二〇行「離垢」，石、麗作「離垢」。

一　三〇四頁下二一行「人中」，石作「人取」；磧、普、南、徑、清作「人聚中」；麗作「人聚」。

一　三〇四頁下二二行「戒智」，石作「或智」。

一　三〇四頁下末行「二者」，麗作「一者」。

一　三〇五頁上五行第三字「於」，徑作「與」。

一　三〇五頁上二一行「共爲一友」，石作「共一爲友」。

一　三〇五頁中八行「妻子」，石作「長去」。

一　三〇五頁中九行第一一字「以」，石、磧、普、南、徑、清、麗作「此」。

一　三〇五頁下一五行「損辱」，磧作「損益」。

一　三〇六頁上三行「須陁」，磧、普、南作「蘇陁」；徑、清作「酥陁」。下同。

一　三〇六頁上一八行第四字「坐」，磧、普、南、徑、清作「生」。

一　三〇六頁中一三行第三字「河」，磧、普、南、徑、清作「得」。

一　三〇六頁中一四行「此量」，清作「比量」。

一　三〇六頁下一行末字「垢」，石作「姤」。

一　三〇六頁下五行「恒常」，徑作「行常」。

一　三〇六頁下八行第四字「怨」，磧、普、南、徑、清作「惡」。

一　三〇六頁下一〇行「三明」，麗作「三眼」。

一　三〇六頁下二〇行末字「藥」，石、磧、普、南、徑、清、麗作「樂」。

一　三〇七頁上二行「如見」，磧、普、南、徑、清作「如是」。

一　三〇七頁上一五行首字「耳」，南作「可」。

一　三〇七頁上二〇行第七字「彼」，南作「復」。

一　三〇七頁下一四行第六字「天」，磧、普、南、徑、清作「本」。

一　三〇七頁下一六行第六字「利」，磧、普、南、徑、清作「心」。

一　三〇八頁上六行「畏欲」，磧、普、南、徑、清作「思欲」。

一　三〇八頁上七行第一三字「巨」，南作「破」。

一　三〇八頁上一二行「大樂」，磧、普、南、徑、清作「大苦」。

一　三〇八頁上一五行「死去」，石、磧、普、南、徑、清、麗作「死亡」。

一　三〇八頁中一七行「拘欄」，磧、普、南、徑、清作「鉤欄」。

一　三〇八頁中二二行第一〇字「往」，徑、清作「住」。

一　三〇八頁下四行末字「疑」，石作「癡」。

一　三〇八頁下一七行「栻滅」，石、磧、普、南、徑、清、麗作「拭滅」。

一　三〇九頁上二〇行「行善」，石、麗作「善行」。

一　三〇九頁上二一行「不行」，石、磧、普、南、徑、清作「不斷」。同行「此是」，磧、普、南、徑、清作「比是」。

一　三〇九頁上末行首字「口」，磧、普、南、徑、清作「於口」；麗作「口之」。

一　三〇九頁中一行第四字「具」，石、磧、普、南、徑、清、麗作「具足」。

一　三〇九頁中二行「夜摩天」，石、磧、普、南、徑、清、麗作「生夜摩天」。

一　三〇九頁中六行末字「漸」，石、磧、普、南、徑、清、麗作「慚」。

一　三一〇頁上一五行「如識」，石、磧、普、南、徑、清、麗作「知識」。

一　三一〇頁上二二行「不滅」，磧、普、南、徑、清、麗作「不減」。

一　三一〇頁中一行「動心」，磧、普、南、徑、清作「熏心」。

一　三一〇頁中三行「捨戒」，磧、普、南、徑、清作「捨離」。

一　三一〇頁中八行「思力」，石作「思力」；麗作「恩力」。

一　三一〇頁中二二行第一三字「念」，石、磧、普、南、徑、清、麗作「合」。

一　三一〇頁下六行「第三」，石作「第二」。

一　三一〇頁下二〇行「魔主」，磧、普、南、徑、清、麗作「魔王」。

一　三一一頁中一二行至次行「法性堅」，磧、普、南、徑、清、麗作「法性法堅」。

一　三一一頁下一五行第五字「親」，磧、普、南、徑、清作「已」；麗作「雜」。

一　三一二頁上卷末經名，石無。

正法念處經卷第四十五　美

元魏婆羅門瞿曇般若流支譯

觀天品之二十四　夜摩天之十

去何比丘及比丘尼二種眷屬彼有幾種有何功德有何等行去何持戒幾種持戒如是沙門世尊弟子或是比丘或比丘尼求涅槃行勤行精進若晝若夜能令魔衆眷屬怖畏幾比丘尼黠慧正行如法律行心无所畏向涅槃城求於實諦求實諦故持戒不越如是則能入涅槃城修何等行功德相應一切女人愛欲近欲二是功德一切善者寂初如是真實觀察男身自身見彼男身或與身等或大於身如是見已生於兄弟父母等想如是修心此婦女人欲樂為本若相近者意常怖望若晝若夜若坐若卧若眠若寤若餘所作若少若老若是中年若住平處若住惡處若苦若樂若病無病若護不護若禁不禁若大姓生若小姓生若媚若醜若道邊住若家中住若聚落中或於空處若或

莊嚴若不莊嚴若繫在獄若不在獄若夫愛樂若不愛樂若近尊長在尊長前若近卑賤若近年少若近老年一切婦女於一切時於一切處欲常縛心欲在心中辟如大熱如地之堅如風輕動如水濕潤如四大中所有自相皆不顛倒於一切時皆不自離女欲如是常隨繫縛不曾暫離如是女人復有二垢所謂妬嫉如是二垢復有餘垢共生不離所謂諛諂彼復有垢隨逐不離所謂欺誑彼復有垢隨逐不離所謂憍慢彼復有垢隨逐不離謂妻惱處妻惱處者近於富男而共行欲彼復有垢隨逐不離所謂躁擾心常不住彼復有垢隨逐不離所謂誣枉親舊知識兄弟眷屬彼復有垢隨逐不離所謂能於大會之中損壞威儀彼復有垢隨逐不離所謂兩舌彼復有垢隨逐不離所謂私語彼復有垢隨逐不離所謂貪食彼復有垢隨逐不離所謂能行不應行欲彼復有垢隨逐不離所謂亘信彼復有垢隨逐不離所謂能說他之婦女壞威

儀事彼復有垢隨逐不離所謂愛鬪彼復有垢隨逐不離所謂辱人彼復有垢隨逐不離所謂壞乱能令村柵聚落壞乱彼復有垢隨逐不離所謂近此婦女因緣墮於地獄如是婦女如屎如毒亦如利刀如墮嶮岸大火曠野惡毒虵等一切相似婦女之心悉皆如是

如是等心婦女之人既見三寶讚歎稱說聽聞佛語婦女之心則可柔軟彼復更有希有之法如是對治如是堅鞕垢惡之心對治二種謂自生心或為他教以信出家自生心者善熏心故為他教者近善知識彼如所說諸過聞聚從无始來依止心者能令散失彼初如是出家怖望比丘尼者近善知識何以故此如所說諸垢對治知識為說令其善住善能為解苦惱結縛令得解脫安隱樂住善知識者安慰示導无始來闇能令失滅示其善道拔无始來惡欲等刾於愛惡處則能救免示常不生不死不老安隱之處彼如是垢對治之處我今說之如

次第說如隨逐垢如彼對治令得寂
正法念處經第四十五卷第四張　美
靜一切如是婦女妬嫉多於男子如
是彼此逆順對治出離生死
女欲多故不淨對治如身實見身是
病藏不善之聚一切不淨糞屎等處
彼於此身或自或他如其自相如是
觀察觀其本藏此身本從何處出生
彼見精血不淨和合集聚如汁二家
惡汁合為一身如是身者不淨種子
而生此身
又復彼女如是觀身此身若從不淨
種子而得生者如此身中無少淨法
彼比丘尼復更諦求觀身九種惡瘡
不淨從身流出如婦女身男身亦尒
婦女男子九種瘡流婦女之身三種
大過何等為三所謂婦女屎門亶大
兩乳汁流是名三種
又復男女平等瘡流鼻兩孔中並皆
流涕兩目出淚兩耳孔中或有垢出
或有血出或有膿出口中氣臭或嗽
故臭唾沫流出於下分中若屎若尿
血等不淨如是如實觀察此身諸不
淨已如是憶念此身聚中无有淨物

微塵許流一切皆是不淨之物
正法念處經第四十五卷　第五張　光
如此身者何物住中何者依止若有
淨物來近此身身猶不淨身不淨故
如是淨物亦同不淨隨何等物本清
淨者若來觸身則為不淨所謂彼物
本清淨者若食第一清淨之食彼食
入身則成糞屎此身如是飲清淨物
入身成尿外物觸身由此身故一切
淨物皆為不淨所謂淨者一切香衣
若令身著汗出則臭又復如花本一
切香與身相著萎蔫氣臭彼比丘尼
復觀察身如此身者何處住來謂本
在於母身藏中母身云何為淨不淨
彼比丘尼如是觀察我母本性亦復
如是一種不淨
彼比丘尼又觀察身如此身者何處
而住於何處行彼如是處為淨不淨
如是觀已如實見知一切所有清淨
之處隨何等處如此之身若死若活
若在彼處彼如是處則有血垢髮毛
骨等能令彼處悉皆大臭以如是身
在彼處故
彼比丘尼為斷欲故復觀察身如是

身者為誰所食云何觀察如實見之
正法念處經第四十五卷　第六張　美
所謂羅剎諸惡鬼等諸不淨者之所
食噉非是鵝鴨及鴛鴦等淨潔眾生
之所食噉
彼比丘尼復實觀察如是身已則見
此身唯邪所攝顛倒分別不正觀察
闇眼現前男子相近欲繫縛心不見
不淨彼以如是決定觀察此無始來
久習堅欲皆得斷滅或令微少一切
垢中癡垢最惡一切婦女欲為最惡
欲垢因緣更生餘垢若以對治除欲
垢者餘一切垢皆滅无餘如日沒時
光明盡沒如是斷除垢根欲故餘垢
盡滅
彼比丘尼此道滅欲彼欲滅故餘共
生垢一切皆滅何者共生所謂妬嫉
若男若女所有妬嫉皆因欲故妬嫉
二垢欲是其根彼欲斷故或微薄故
彼二則滅
又彼二垢復有餘垢隨逐繫縛何者
餘垢所謂諂誑從妬嫉生妬嫉滅故
誑諂亦滅從誑諂垢復生餘垢隨逐
繫縛所謂欺誑諂誑滅故則无欺誑

正法念處經第四十五卷　第七張　英

從欺誑垢復生餘垢隨逐繫縛所謂憍慢欺誑滅故則無憍慢從憍慢垢復生餘垢隨逐繫縛謂衰惱憂憍慢滅故無衰惱憂從衰惱憂復生餘垢隨逐繫縛所謂躁擾衰惱憂滅則无躁擾從躁擾垢復生餘垢隨逐繫縛所謂誣枉躁擾滅故則不誣枉從誣枉垢復生餘垢隨逐繫縛謂壞威儀无誣枉故不壞威儀從壞威儀復生餘垢隨逐繫縛所謂兩舌一切婦女兩舌破壞不壞威儀則无兩舌從兩舌垢復生餘垢隨逐繫縛所謂私語屏處說他兩舌滅故則不私語從私語垢復生餘垢隨逐繫縛所謂貪食婦女腹内飲食則多一切婦女常貪飲食多置腹中自養其身不私語故則不貪食從貪食垢復生餘垢隨逐繫縛所謂能行不相應欲一切婦女貪欲食故則不相應惡邪欲發彼貪飲食餮垢滅故復不相應邪欲則无從彼惡邪不相應欲復生餘垢隨逐繫縛所謂叵信若有婦女不相應欲一切諸人於彼婦女皆生疑慮為一

正法念處經第四十五卷　第八張　英

切人之所不愛彼不相應邪欲垢滅叵信則滅從叵信垢復生餘垢隨逐繫縛所謂能說他之婦女壞威儀事叵信滅故則不說他壞威儀事從說他垢復生餘垢隨逐繫縛所謂愛鬪說他滅故愛鬪則滅從愛鬪垢復生餘垢隨逐繫縛所謂辱人愛鬪滅故則不辱人從辱人垢復生餘垢隨逐繫縛所謂壞乱能令村舍聚落壞乱辱人滅故則不壞乱此一切垢上上次第相住持者一切皆滅如是自體根本繫縛婦女之心更無有法能令柔軟唯除佛語知識口說從其得聞彼婦女人如是聞已如是離捨住處家業捨而出家若其不能盡滅諸漏則能專心持戒修行初修不殺不盜不婬不作妄語不破壞語不作惡口不作綺語一切善修常數數修樂修多作如是婦女身壞命終生於善道欲界天中若不猒欲樂心自在生夜摩天山樹具足地處之中得丈夫身善能如是持戒不缺如是既得彼天身已則行放逸放逸行天善業盡故

正法念處經第四十五卷　第九張　英

復墮地獄餓鬼畜生復生如是上上垢惡婦女之身尒時世尊而說偈言

欲為姤嫉地　心如電火輪　是貪慢之藏
智者則不信　心體是欲羂　如利刀火等
心如墮嶮岸　難測深於海　心常緣如網
誑惑於他人　如金剛大燒　亦如毒能殺
滿足諸過惡　无量種和集　婦女則無心
少分修持戒　以欲勢力故　婦女不持戒
若離欲勢力　於戒則能持

爭修樓陁夜摩天王如是為說本生持戒而語之言汝等男天如是人中女身持戒生此天處本婦女身持戒善業汝身男生如是生已放逸故盡汝等天衆如是自欺從今以後慎勿如是放逸而行

世尊如是已調伏天為作利益彼如是等一切正覺正遍知者四種眷屬彼眷屬中第二眷屬婦女姊妹隨順次第比丘眷屬如彼次第比丘持戒第一勝上善修心意如是比丘自他惱乱見則生畏於世間中生死之道則生猒離其心怖畏一切生死乃至微少塵許小惡見則生畏諦觀察行

無所悕望第一深心第一種姓正行
正法念處經第四十五卷　第十張　美　架
持成布施熏心於四聖諦正念思惟
幾種比丘幾種法行比丘不越四種
正法何等為四所謂一者不獨道行
是初比丘何以故獨行比丘行聚落
中則為輕賤或復自在以自在故則
破學句若於村中若城等中人衆之
處隨意念行於餘比丘不生惡難見
多婦女則生疑慮其心躁擾看彼婦
女俗人見之則生譏嫌見他譏嫌則
生瞋念如是比丘心中生此第二瞋
過如是比丘瞋欲覆故心則愚癡如
是出家獨行沙門行於人中三過增
長是故不應獨行人中此是一種
又復第二不越比丘如是比丘念身
而行此比丘行欲在道行專念自身
謂如是念我舉此足心及心數觀察
其足如是比丘從足至頭一切身分
皆悉觀察或舉右足或舉左足常觀
此身脉網繫縛脂骨皮筋繫縛足踝
業風吹行心則不斷若舉若下若舒
若屈足舉則攝足下則寬如是脚者
筋網繫縛大小五指和合為脚舊爪
新爪合為足趺
正法念處經第四十五卷　第十一張　美
觀足趺已次觀足脛猶如合汁甘蔗
之莖肉泥封塗以筋繫縛骨中孔長
筋纏其外前因緣生有毛覆皮外有
毛聚皮如繩翅以覆脛外彼如是脛
一舉一下如實觀之經行處行令身
來去
次復觀察此身二髀筋血脂肉骨等
合成如是觀察心及心數業風所吹
是故動行
又復觀察此身二髀於脛為麁多有
筋肉迭相纏縛以肉塗上以肉傅上
血爛為汁汁脂肉滿唯見外皮心生
愛染若舉一脚下蹹之時如實觀察
復舉第二舉第二脚亦如是觀足舉
則攝著地則寬或伸或屈如是次第
堅處孔處一切觀察欲行欲動或餘
種種皆是風吹兩脚已上如有瓶等中
有熟藏所謂屎尿不淨惡汁一切所
見不堅不淨二脚行故彼瓶隨去并
其所盛一切諸物皆悉隨行彼於行
時如是如是隨順繫念
又彼比丘於彼上瓶搖動共身觀察
而行作如是念我去何行上身動行
正法念處經第四十五卷　第十二張　美　架
觀大小腸彼見舉脚氣共腸動大腸
小腸一切動轉或從左廂去至右廂
或從右廂去至左廂如是腸中有風
黃冷屎尿盈滿并腸轉動
又彼比丘觀察動已如實觀察彼腸
已上所有生藏筋肉繫縛下上傍廂
脉網纏之內有爛沫飲食水汁彼食
猶如新吐冷沫為生藏覆滿生藏中
第一大臭上與咽連筋脉骨持唯有
業風共心心數相隨持行
比丘如是觀察身已觀身動行我身
上面頰骨齒骨髑髏骨等和合為頭
有二眼埦并集成頭眼中脂多常瞬
不停
我今觀此婦女之身筋皮肉縛如繩
纏木念念生滅退沒出生在於聚落
城邑等中而行乞食以養身故如養
虵医如是養身不為欲故非貪飲食
非貪著味如是比丘如是而行如是
第二精進比丘於法不越又彼比丘
村城聚落多人住處入中乞食既乞
食已如是觀身如是一切婦女男子

普皆觀察彼能如是善修習行勤發精進欲等離心不入其心如是比丘善調伏根勝而不劣如是比丘悕望利益不越法行

又復第三修行比丘所謂比丘常修正念正念比丘心不散乱是善知識常有善意有不乱意如是比丘天常隨行天魔不能與作妨乱云何正念謂知欲行心心數法已生欲生如是能知不放逸意應緣不緣一切皆知心心數法若善不善无記等法一切皆知心如是念我諸善法因緣故生所謂我當利益安樂乃至涅槃我今破壞餘不善法以我善法心心數法生因緣故則破不善此不善法若不破壞令我後時當不利益當不安樂如是善法及不善法如實而知知已思量如是等法心意所知分分觀察有五種念不味不著心不分別先所作者不念不樂何者五念謂念眼色若前境界可愛者來眼境界色若近若遠善色惡色本曾見來或他用來種種諸色如是比丘見已不味心不思

惟何因緣来捨彼因緣如人畏燒避火不異如是比丘畏欲大燒初染之時歡喜愛多後時皆多本所味色心則不念心不分別不住於心自本愛色今不復念亦不分別亦於他身憎愛之色心則不念不念於他他所念色心亦不求如是自身或弟子等自他俱遮令不味著不生隨喜令住正道如是比丘名為清淨正念不貪於不染法相應正行如是比丘眼不著色

又復比丘第二念者謂念耳聲如是比丘正念觀察若耳所聞極可愛聲若歌若舞打鼓拍手戲樂等聲曾所聞者不念不味心不樂著亦不分別何因緣聞捨彼因緣如畏燒者捨火不異如是比丘捨離彼聲或遮他人或自兄弟所聞之聲一切皆遮令住善道心不隨喜如是比丘自他利益不貪音聲以勝念故於聲不著是名比丘第二正念如是比丘耳不著聲

又復比丘第三念者謂發精進正意寂靜梵行持戒如是比丘不念不味

意不生念若本用香若復熏香若香若臭若淨不淨若遠若近一切不念於香無心何因緣来捨彼因緣若是他人若自弟子若鼻齅香生味著者如是比丘則便遮之心不隨喜自行善業亦令他人住於善法心常善念正行不貪鼻不貪香如是比丘得名除垢善修持戒心生善念又復比丘第四念者先曾所得可愛諸味若愛不愛若久時味若近時味不念彼味不味彼味心不分別何因緣来捨彼因緣如畏燒者捨火不異若於他人或自弟子若貪著味如是比丘則便遮之心不隨喜此名比丘不貪著味善念正行捨離諸惡修行善戒自他利益

又復比丘第五念者曾所得觸先已觸来彼觸染樂軟滑生垢於彼欲法不染不味心不分別何因緣来捨彼因緣如畏燒者捨火不異若他人身貪觸染著不生隨喜善觀觸法此名比丘離觸清淨名善持戒修行善法得名善住次第乃至到於涅槃

又彼比丘復有五念應當修行何等為五一念時節二念少年三念生死四念具足五失散壞五念涅槃欲到涅槃如是比丘云何念時謂彼比丘常一切時繫念修行不迷境界不為境界之所破壞不失不散比丘不念此晝此夜如是時節不念不知於覺悟時出息入息與意相應常不離意如出入息乃至一念皆決定知出入二息在我腹內是故我腹若起若滅以二息故我陰入界而得存立諸有為法一念不住陰界入等出於暎氣此共氣生共氣俱滅破壞爛盡復於後時因緣異生氣共生滅一念不住彼念比丘如是念時繫念相應比丘如是自觀此身界陰入等和合聚集一念不住唯有苦惱一切身分非有作者非有受者迭相因緣平等共生如是身者念念流轉於念念中生死老退諸行聚集如是比丘修行不空如是修行念時比丘以念時故決定必得四種清淨一心清淨心清淨故面色清淨善業清淨未來利益次第乃至到於涅槃

或復他人見其持戒彼擅越主第一歡喜生清淨心如是四種持戒比丘如是實義思惟清淨如是一切普清淨故則得安眠卧見善夢隨順於法彼常如是不放逸行不放逸故得七種法何等為七一法无㝵思惟善法彼善業者心則歡喜歡喜增長歡喜因緣身則肥盛身肥盛故名色二法迭互因緣此因緣故身則肥盛身無病患身之與心迭互相依則善聰明言聰明者念本作業如是念故聰明增長念善法故如是增長既思惟已樂亦增長樂增長故力亦增長如是增長七種法故夜則安眠夜安眠故修身修心比丘如是念於夜時

云何比丘念於晝時如是比丘念眼開合我念眼合時節已過則念已過如是時節共心心數相與俱滅皆悉散壞如是時節次第失滅或滅或生於出息須命已盡滅我今老時次第欲到我少已盡欲到餘有漸次決定欲到死時我一切命當失不久一切方

便不可得離一切眾生無因緣然欲來壞命譬如燃燈火食蘓油念念盡滅如是如是老死之火燒命蘇油念念盡滅如是繫念知無常已勤修善法此之內法如是速疾念念無常念念盡滅誑生貪者念念盡壞如此內法外亦如是一切世間有為之法速疾無常念念盡滅如是山河城邑聚落藥草園林一切人中一切天中必當失壞

如是園林蓮花河池以一切天放逸而行先已曾失今失當失彼為放逸之所壞故墮於地獄餓鬼畜生自業成熟如是比丘此如是等一切世間無量動轉破壞无常不亂其意乃至一念意常不亂堅固憶念正念不亂一心諦觀正意不亂又彼比丘正念彼時我如是威儀如是正行此時應起此時行禪如是時中親近尊者此時我食此時著衣此時我去到擅越家為其說法我於此時離擅越家如是行去如是比丘念知行時

云何比丘念於少年謂此比丘念於

自身乃至在胞胎中之時念如是少次第相續如是少身念念不停謂歌羅邏次安浮陀次肉團時次身分時次嬰孩時次童子時次中年時次老年時如是法體念念不停少身次第此念念時愚癡凡夫不覺不知放逸破壞疑水所漂在愛河中如是漂已復墮餘處同業衆中業鏁繫縛相續流轉復生餘處又自業行於自身心隨順繫縛母精血中作安浮陀次肉團時次第開張身分具足人道中生嬰孩童子少年中年及老年時次第至死如是一人如是展轉一切欲界一切道中各各老別皆以業風吹彼衆生從少年等次第而得如是自業如是差別如是比丘念於少年

又復比丘第三念者精勤修行必定當得念於何法所謂生死若晝若夜恒常修行一切衆生乃至終盡有命皆死三界衆生一切無常生死之法有為衰惱恩愛別離天中退已墮於地獄地獄中出生於天上若人中死生於地獄餓鬼畜生及天人中餓鬼

中死生於地獄餓鬼畜生人天之中如是下上傍廂生死業風所吹旋轉而行自業成就流轉在於生死海中如是比丘若晝若夜修生死念如是修已彼若念惕常令人迷樂於虛妄以正念故此惕或薄或皆盡滅第一勝念謂念生退是故欲入涅槃城者修行此念何以故以我惕故心常虛妄顛倒求常在生死中流轉常行愛羂縛故於彼常處則不可得尒時世尊而說偈言

得脱於愛畏　無有諸怖望　勇健離疑者
則能得常處　若沒於有水　心常喜樂欲
彼人心虛妄　何能得常處　若人虛妄心
境界中喜樂　彼人迷法道　則生地獄中
放逸妨乱心　不能真實見　放逸猶如火
是故應捨離　放逸故能失　一切善法藏
盡一切方便　不見八分道　十法皆失壞
樂於放逸毒　亦以放逸故　四禪盡皆失
放逸縛衆生　能縛而非色　常處則是樂
離放逸則得　若人意不迷　常畏於生死
彼則脱惡道　得安隱寂靜

如是修行念生退念如是修行生死

念已則常不迷彼觀世間一切有為生退法已猒離生死種種觀已觀生死苦有无量種此无量種世間衆生一切放逸隨何等時捨離放逸能一切時觀察無常觀察盡滅見盡滅已觀察佛念如是之人則能盡苦

又復比丘第四念者所謂修行一切具足恚皆失壞念彼具足一切失壞此念比丘不樂利養不貪檀越往返来去亦不樂見王若大臣若見王者不生樂心愛不能妨又於晝夜不生分別於他具足若卧具等心不分別不生悕求以為己物如是見已不生嫉妬心如是念如是衆生決定死亡一切具足必定失壞如是如是具足增長如是如是愛亦增長又復如是具足失故悕望更得有無量種无量分別心生苦惱彼苦惱者不可譬喻如是比丘如是觀見具足失壞既觀見已則於後時不悕天王况復人王若轉輪王何以故見無量種失壞苦故若王大臣或大長者刹利大姓種種具足更有大力能破壞之種種具

足一切皆失妻子奴婢客等捨離失財物故得大衰惱他強勝故則為劣減四出巷中處處而行手足壞裂脣乾衣破飢渴羸瘦身體枯燥從城至城從村至村從山至山從邊地處至邊地處受如是等无量種苦比丘如是既觀察已復更思惟墮於无量嶮岸惡處於生死處生猒離心

如是比丘復見人中種種具足一切失壞如是見故如是比知思惟天處若此人中如是无量多種怖畏不得自在刀賊水火王種衰惱財寶具足富樂失壞何況復於離肉骨汙天樂處生有天花鬘在頭莊嚴无量百千天衆圍繞多有無量諸天女衆遊戲歌舞喜笑受樂在天園林蓮花水池山峯則有七寶光明衆集樂行五樂音聲種種天歌七寶閒雜堂殿光明常一切時身无量種勝妙事不可辟喻天境界中受樂成就迭互相娛無有鬪諍隨所須念一切皆得五樂音聲心受快樂若如是樂具足失壞則得苦惱以業盡故復墮地獄餓鬼

畜生臨欲墮時如是生處次第无隅已於久來无量種作皆得苦惱復生異處種種苦惱如是彼天若生地獄彼地獄中大力熾火周帀燒身甚為飢渴不可辟喻受大苦惱作地獄業作業道已見於自身墮活黑繩合喚大喚熱大熱等如是七種大地獄中唯除阿鼻㝡大地獄貧生離別生大苦惱見苦惱事彼苦惱事不可得說如是比丘常一切時晝夜修行如是正念

又復比丘念彼如是財物具足資生失壞修行此念念天人中有如是事自餘三道則无財物資生之具何得有失所謂地獄餓鬼畜生人中少有相似樂受非是自在於彼人處則有五種具足失壞何等為五謂眼於色若愛若樂見則悕求悕求味著為樂攝取如此顛倒不利益者則不愛樂見不淨色彼於色中心則惡之是故無樂如是具足與彼失壞同一根本

又彼比丘隨順繫念具足失壞何者具足云何失壞謂耳聞聲耳聞聲已

隨順彼聲愛樂相應心生歡喜如是具足又所聞聲有異因緣所謂四大於四大聲心不愛樂不生歡喜與心相違不利益心是名失壞

又彼比丘聞好花香和合末香種種雜香聞鼻香等種種諸香順心愛樂彼香因緣則生樂心能令欲發又彼比丘繫念思惟彼念香者思惟彼人鼻聞諸香彼一一香有无量種所謂爛臭與心違逆聞糞屎等无量臭氣心不喜樂彼人如是此物失壞

又彼比丘專心繫念復有異種世間之中具足失壞云何繫念於人世間舌味愛樂順心喜樂食味易消消已則適得命色力樂辯才等心生喜樂若復餘味不可愛樂違心不樂食之難消心則不適於命色力安樂辯才資用則微唯生苦惱彼人如是此物失壞

又彼比丘復念身觸可愛可樂寒時得溫熱時得涼順心生樂人世間中如是具足若異因緣復令身觸不愛不樂心不生樂熱時不涼寒時不溫

正法念處經第四十五卷 第十張 英

違心受苦不喜不樂唯生苦惱世間人中如是五種具足失壞比丘如是若晝若夜繫念脩行

正法念處經卷第四十五

癸卯歲高麗國大藏都監奉勅彫造

正法念處經卷第四十五

校勘記

一 底本，麗藏本。

一 三一四頁中末行第八字「能」，磧、普、南、徑、清無。

一 三一四頁下一二行「堅鞕」，磧、普、南、徑、清作「堅鞭」。

一 三一四頁下一四行第五字「者」，磧、普作「若」。

一 三一五頁上一七行「兩乳」，磧作「兩孔」。

一 三一五頁上二〇行末字「噉」，石作「膽」；磧、普、南、徑、清作「痰」。

一 三一五頁上二二行「不淨」，磧作「處彼」。

一 三一五頁上末行「憶念」，徑作「億念」。下同。

一 三一五頁下七行「男子」，磧、普、南、徑、清作「男女」。

一 三一五頁下一五行第八字「欲」，石無。

一 三一五頁下一八行「断故」，磧、普、南、徑、清作「断時」。

一 三一五頁下二一行「諛諂」，石作「諭諂」。

一 三一六頁上一二行「私語」，磧、普、南、徑、清作「私地」。

一 三一六頁上一六行首字「飲」，普、徑作「欲」。

一 三一六頁上一九行「欲食」，磧、普、南、徑、清作「飲食」。

一 三一六頁上二〇行「饕垢」，磧、普、南、徑、清作「貪垢」。

一 三一七頁中一一行「於脛」，磧、普、南、徑、清作「於脞」。

一 三一七頁下二行第四字「膓」，石作「腹」。五行第八字、六行末字同。

一 三一八頁上一五行「此不善法」，石作「此法」。

一 三一八頁上二一行首字「前」，石作「則」。

一 三一八頁中五行末字「憎」，磧、普、南、徑、清作「曾」。

一　三一八頁中七行「如是」，磧、普、南、徑、清作「如是如是」。

一　三一八頁中一七行「不異」，石作「不畏」。

一　三一八頁下三行第一三字「若」，石作「若近」。

一　三一九頁上一〇行「若減」，磧、普、南、徑、清作「若滅」。

一　三一九頁上一二行「暎氣」，磧、普、南、徑、清作「輭氣」。

一　三一九頁上一三行第二字「共」，磧、普、南、徑、清作「若」。

一　三一九頁上一七行「一念」，磧、普、南、徑、清作「一切」。

一　三一九頁中六行第五字「不」，石無。

一　三一九頁中七行「无㝵」，石作「无破」。

一　三一九頁下二行「蘇油」，磧、普、南、徑、清作「酥油」。下同。

一　三一九頁下一八行第五字「是」，石無。

一　三二〇頁上四行「次童子時」，石重出。

一　三二〇頁上七行「疑水」，磧、普、南、徑、清作「癡水」。

一　三二〇頁上一五行「如是」，磧、普、南、徑、清作「如身」。

一　三二〇頁上一八行「當得」，磧、普、南、徑、清作「常得」。

一　三二一頁上一〇行「比知」，徑作「比丘」。

一　三二一頁中一三行「天人中」，石作「天中」。

一　三二一頁中二二行「又彼」，石作「又復」。

一　三二一頁下一五行「色力」，石作「力色」。

一　三二一頁下二一行「人世間」，石作「人間」。

一　三二二頁上卷末經名，石無。

正法念處經卷第四十六　美

元魏婆羅門瞿曇般若流支譯

觀天品之二十五　夜摩天之十一

又彼比丘復念天中可愛境界根和合生分別風吹數數增長愛火所燒諸世間人貪彼處樂起如是心天中甚樂如是比丘繫念思惟彼天失壞比丘於彼可愛境界不生貪樂離熱惱意如是比丘第一善意見六欲天皆悉失壞彼四天處有十二種失壞之事一謂力劣二謂常與阿修羅鬪彼阿修羅忽然闇至入其軍中三謂鬪時為阿修羅打彼天身所著鎧鉀四謂鬪時撥其頭上所著兜鉾令墮海中五謂壞已則生羞慚六謂鬪時見羅睺羅則生驚怖七謂退時彼天女眾捨之而去向餘天子八謂食時以自業故見食劣者則生羞慚九謂軍眾量色形相莊嚴具等自業相似於他劣者則生羞慚十謂彼天遊戲之時於彼天中所生之鳥見彼劣者亦生輕賤十一劣天向遊戲處步行

而往十二劣天所受欲觸自業相似他莊嚴具則為勝妙見他勝故則生慚恥四天王處有如是等十二失壞如是比丘善修心者不貪天樂以無垢意觀察彼天既觀察已心生厭離毀呰天欲若其有人悕求天故而行梵行如是梵行非梵行因如是等人為彼比丘之所輕賤何以故無自在故

又彼比丘觀察三十三天失壞彼見三十三天之中八種失壞何等為八一者鉀劣共阿修羅鬪戰之時雨墮不淨二者鬪時見彼敵主勇阿修羅其心退弱三者食時劣者羞慚四者劣天不為天王帝釋所識五者劣天色力形相一切下劣六者劣天聲觸色味香等皆劣不與他齊七者劣天退天之時天女捨離八者劣天若昇遊戲殿堂之時神通則劣不能速進此是八種三十三天失壞之事夜摩天中有六失壞何等為六一者食時劣者羞慚二者劣天所有教勅天女不受三者劣天少福業故彼天女眾雖供養之不如供養多福德者四者

劣天牟修樓陀夜摩天王說法之時心不愛樂此是彼中最大失壞五者劣天本業少故光明則變若天前世行善業多彼天則坐大青寶座坐已復起下劣業天在彼處坐座變為銀業種種故如是失壞六者量短如是六種是夜摩天失壞之事

兜率陀天有四失壞何等為四一者劣天兜率陀中聞法之時心不喜樂不樂鵝王說法之聲是名失壞兜率陀中鵝王常在无漏樂地彼鵝王者則是菩薩以隨意生故作鵝王如意之色鵝身七寶光明遍滿不可喻色身光周遍五千由旬有種種色兜率陀天光明不如鵝王悉勝令彼諸天心生希有彼鵝王菩薩令彼得生希有心已即為彼天說法偈言

福德業既盡　命則速減損　勤精進攝法
兜率常應尒　若捨離於法　放逸所壞天
不集福德業　後時則生悔　乃至老未來
亦未有病死　皆應作福德　莫後時生悔
若不攝福德　為放逸壞者　以放逸壞故
在地獄受苦　既得根具足　而非法行者

正法念處經第四十六卷　第四張　美

何用命與財　親舊兄弟等　常數作福德
心意攝受法　或復止惡業　或時近善人
以智慧利刀　割去惡枝葉　破壞過惡聚
斷除過相續　重智戒福德　心不悕望物
常近善男子　示真實道者　若持戒生天
為欲所迷惑　不修福業者　常在有中行
若常樂於智　持戒實莊嚴　若畏欲虵者
則是天中天　若常行法者　彼則天應礼
若顛倒行者　則入於惡道　此岸彼岸遠
既得法橋已　若不速度者　於有不得脫
智慧火能燒　無量煩惱薪　何義煩惱縛
著彼愛境界　厚重染欲垢　障导於智眼
佛語如良藥　能除彼障导　正法之大將
能破欲賊軍　口說善法語　汝應勤聽受
有四種顛倒　常能為誑惑　世間有八法
能令一切失　大力愛河中　百疑不可度
若上智筏者　度已到寂靜　若天近於欲
欲能令心癡　常在於五處　未有解脫期
欲難得易壞　如電何用為　欲生苦如刀
金波迦火毒　如是如是近　亦如是增長
欲者不可足　猶如火燒薪　癡天悕欲樂
不知畏過燒　若離不善欲　後時得大樂
癡者染欲已　為欲堅繫縛　欲如電不異

正法念處經第四十六卷　第五張　美

然後異處去　若習近於欲　欲則上上勝
彼為欲火燒　燒已到燒處　若天近於欲
此心為大癡　不悕无體法　樂中之大樂
欲者无涅槃　無樂無解脫　是故莫近欲
近欲甚為惡　若近欲境界　根則不知足
不知足無樂　寂靜不可得　應畏有為處
生死之大海　以大惡欲愛　常與衆生故
如此山峯上　種種可愛樹　依之而修禪
思惟欲生滅　四種諦寂靜　智者善修行
怖畏生老死　脫到善彼岸　愚意不思惟
樂欲故有縛　欲樂既盡已　生老死必脫
若念此大苦　於有海不倦　癡故欲箭射
墮地獄惡處　癡樂欲樂故　畢竟捨安樂
於惡不知畏　死時到如火　乃至死到時
能破壞一切　此能破壞故　破壞命種子
皆利益安隱　丈夫應精勤　得樂離憂悲
恒常作善業　若除於欲蔵　離熱得清涼
如是智不癡　則不悕望欲

如是鵝王調伏天故說如是偈若天放逸行放逸者雖聞不念心不思惟若天樂聞彼鵝所說調伏偈句向無漏地速疾而行欲聞正法聞正法已生敬重心如是天衆得聞正法心敬

正法念處經第四十六卷　第六張　美

重已速速疾走復向行堂彼行堂中所有諸天以聞正法心敬重故光明增長百倍千倍餘放逸天光明則劣如是天中得現世果樂天欲者彼天少色形服莊嚴一切皆劣此如是等兜率陁天第初失壞

又兜率天第二失壞衆集聽法无量百千億數衆會五百菩薩所住地處兜率天王名曰寂靜為衆說法所謂无明因緣行等彼諸天衆聽正法時一心專意諦聽諦聞如是聞故威德莊嚴皆悉勝上有百千倍轉更增長若天動心心則如電亦如大風吹大海水種種波動以愛因緣如是動心愛樂境界彼天威德形服莊嚴如本不異不更增長見他勝故內心慚恥此則名為兜率陁天第二失壞又兜率天第三失壞若天聞法心生敬重如說而知如法相知如是知已心念正住彼天威德形服莊嚴皆悉勝上有百千倍轉更增長若彼諸天不念法者彼天威德形服莊嚴則不增長此則名為兜率陁天第三失壞又兜率

天第四失壞若彼諸天聞正法時心生敬重專心憶念如法攝取專心受持如是修行久思惟已然後修行彼天如是敬法重法勝因緣故聞法力故威德光明形服莊嚴轉更勝上有百千倍轉勝增長若天聞已不能修行彼天見他威德光明形服莊嚴勝增長已自見已身威德光明形服莊嚴則不增長彼天見他威德光明形服莊嚴轉勝增長則生慚恥此則名為兜率陁天第四失壞

又彼比丘如是觀察兜率陁天四種失壞見失壞已觀化樂天復見失壞彼見如是天勝妙樂猶故而有四種失壞何等為四所謂一者善業盡故脚則有影普餘身分皆有光明脚上則无是故彼天脚則有影自餘諸天所有光明如山圍遶彼少光明劣天見已則避而去光明勝者見之則笑作如是言此天鄙劣善業盡故彼脚影天聞已羞慚心生愁惱如是心言我業盡故今則如是一切具足終必失壞如人世間以有日故終必有夜

如是此中一切具足終必失壞若人有命終必有死如是具足終必失壞如是世間无有具足而不失壞此失壞者是化樂天最初失壞又化樂天第二失壞如閻浮提人中所有刼貝等綿甚為柔軟足蹋則下舉則還起化樂天中地處柔軟亦復如是若天受報善業盡時地不柔軟脚蹋不下舉脚不起餘天見之知其業盡有天見之語餘天言彼天業盡退時將到此化樂天第二失壞

又化樂天第三失壞彼化樂天遊戲之時若至樹下遊戲受樂樹則雨花在彼天上此花遍在遊戲處地若天善業欲盡之時樹花不墮不散地處餘天見其樹花不墮不散地處則便說言此天業盡退時將至彼天聞已羞慚愁惱如是心言我今欲退如是失壞此化樂天第三失壞

又化樂天第四失壞彼化樂天必定失壞天中具足必定失壞彼化樂天何者第四具足失壞謂一一天住寶地處如是寶地清淨無垢如鏡不異

一天之身无量處現見種種影種種形服種種莊嚴如人界中日輪是一於無量處蓮花水池无量百千種種處現如是天身無量百千寶地之中處處皆現如身而見若其有天善業盡者彼天之身一寶地中影現而已非處處現如是失壞如是見已餘智慧天既如是見即便說言如是天者善業盡故將欲退壞此化樂天第四失壞尒時世尊而說偈言

世間樂具足　不覺知失壞　具足必有失
如日出有夜　如是具足樂　如是必失壞
於欲不知足　是故愛少時　若心愛具足
或悕望常樂　彼若捨離愛　如是常得樂
天欲樂未足　以入地獄中　一切皆由愛
是如來所說　若人入地獄　百到若千到
亦以愛網誑　故得如是惡

彼化樂天有如是等四種破壞

又彼比丘復觀他化自在天中四種失壞若彼諸天善業將盡臨欲退時則有失壞彼處天中多有種種妙鵙莊嚴天花不萬處處覆地第一善香不可辟喻彼鵙莊嚴有種種色勝妙

光明若寶光明於十六分不及其一彼鶍多有七寶翅蜂常一切時出天歌聲如是他化自在天中天業若盡欲失壞時彼寶翅蜂出不美聲捨如是天種種花香到餘處去餘智慧天以知彼天臨欲退故向之說言汝於今者以放逸故退時欲到而不覺知彼業盡天如是聞已復見彼蜂捨至餘處彼天自知有如是心我福業盡如是天子心生愁苦不可譬喻以見自樂將欲盡故如是心熱與地獄火等无有異唯除地獄更無此火此是他化自在天中最初失壞

又復他化自在天中第二失壞彼天之身第一滑觸周帀光明形人中日如螢火虫彼天之身所著瓔珞及餘種種莊嚴具等所有光明寶辟山峯皆在中現如於鏡中現見不異若彼天子欲到退時彼天身上所著瓔珞莊嚴具等山峯若辟於中不現餘點慧天如是見已語彼欲退業盡天言汝放逸行退時欲到汝身所著瓔珞莊嚴無有光明寶辟山峯於中不現彼

點慧天曾見餘天臨欲退時有如是相此是他化自在天中第二失壞

又復他化自在天中第三失壞所謂彼天退時將到彼處諸天業未盡者乘種種寶妙光明殿三處能行所謂虛空陸地水中行則速疾無所障导不搖不動若天業盡將欲退時彼殿搖動行則不速自餘諸天見其殿動而語之言汝於今者退時欲到我先曾見餘天退時有如是相彼業盡天如是聞已與天境界將欲離別愁火燒心如地獄火所燒不異此是他化自在天中第三失壞

又復他化自在天中第四失壞若彼諸天善業未盡五樂音聲莊嚴具聲皆悉美妙所有歌聲美妙可愛聞已心喜若其有天善業盡者彼天五樂音聲不妙歌聲亦尒如癡不異彼天聞已心不生喜以自業故莊嚴具中聲出說言汝於今者善業盡滅以汝放逸放逸行故汝於今者將欲到於異世間去以業縛故彼天如是以自業故聞莊嚴聲其心極愁作如是言

我於今者境界之樂福德業盡彼種種寶所莊嚴幘即時墮落如是見已生大苦惱此是他化自在天中第四失壞於三界中更无有處有物是常一切無常如是六六是失壞處彼如是天善業盡故必定當退此失壞天怖望此天持戒生者善業盡時必定當尒如是第五山樹具足地處諸天牟修樓陀夜摩天王迦迦村陀世尊塔中所有經字示彼天衆如是說言汝等天衆捨離放逸勿放逸行放逸未苦地獄中受一切欲味悉皆如是彼諸天衆聞第三佛所說經已若天放逸樂放逸者放逸則滅

於六經中迦迦村陀如來所說第三經竟

尒時彼處夜摩天主知彼天衆心生猒離而告之言汝等天衆已聞大仙所說正法能盡諸苦除捨放逸爲天人說寂靜之法汝等天衆已聞第三如來之法汝於今者聞法律已精勤修行復聽餘佛所說之法聞已攝取則得利益退此天已不墮地獄餓鬼

畜生牟修樓陀夜摩天王如是說已一切天衆皆白天主牟修樓陀而作是言唯願天王利益我等安樂我等尒時天主牟修樓陀告天衆言汝等天衆一切皆看此之第四如來之塔種種珎寶而為莊嚴无量百千光明照耀有種種寶間錯竒麗无量功德之所莊嚴光明普覆此天世閒一切遍滿尒時天衆白天王言我今已見尒時天主牟修樓陀告天衆言汝等今者一切共我詣如來塔天衆荅言如是天王尒時天主牟修樓陀并天衆等相隨而去到佛塔已其心清淨頭面敬礼如來之塔心則清涼礼已則起看毗葉婆如來之塔彼如來塔種種妙寶光明照耀如前所說

彼佛塔中實壁之上有經法字利益天人所謂說言若有人能成就七法則生天上何等為七一者所謂有善男子聞法聞義聞法修行聞法善意隨所聞法心則攝取聞已堅固聞已受持聞已愛樂心生喜樂此善男子近七功德具足知識何者七種知識功

德皆悉具足所謂一者如說而行二者近他如說行者三者則能如說而行堅固攝取四者得法堅固思惟五者住意六者謂近同善業者七者他教不取他惡近如是等七種功德具足知識云何名為如說修行如是知識善行善作若有所說知量少說能為利益時相應說方相應說不疾不遲多義少語美妙易解與法相應自他利益如是而說如彼所說如是而行云何近他如說行者常正修行身口意等意內外淨猶如真金彼人如是如說修行云何名為如說而行堅固攝取若有所作普清淨作三種作業觀察彼業善清淨已生天人中乃至涅槃如是之人或自思惟或從他聞此業報樂堅固喜樂堅固攝取如是知識堅固攝取彼善男子云何得法堅固思惟所謂善淨堅固攝取二世利益如是見已堅固思惟如是堅固思惟意者或從他所得聞堅固善業果已或自思已喜樂真諦如是喜樂真諦知識云何住意此多聞已意

則不亂此名住意云何為近同善業者謂見他人同已功德如是見已則近彼人云何他教不取他惡餘人非法似善法者所不能牽如是親近七種功德具足知識善男子者或生人閒或生天中此說初法

何等復是自餘六法成就彼法得生天上所謂多聞攝取修行不懈怠念不熱惱他不誑等六此等七法如是已說成就如是七種法者身壞命終生於善道天世界中如七大殿若王大臣乘如是殿五樂音聲歌舞喜笑妙寶莊嚴如是而行向遊戲處如是七法若人成就行向天處

何者多聞而名多聞謂聞真法聞已調伏不生憍慢如其所聞多聞增長不放逸行智不猒足常諮問他自已功德不向他說不誦已名此多聞者身壞命終生於善道天世界中此第二法隨順正入修行成就

云何第三攝取修行謂聞法已攝取修行若復有人得聞法已於非法律攝取修行唯聞法已荷法重擔不修

不行不取法果若復有人以智慧鉤調伏持戒若智不靜則彼持戒猶如畫燈无有光明不堅不實若持戒中有智和合彼人猶如火燈光明堅而復實得果不虛若修法者得說言堅非唯口中言說為堅彼人身業口業意業皆悉寂靜身壞命終生於善道天世界中此第三法

云何第四名不懈怠言懈怠者所謂不作何名不作隨所作法發已不作不能究竟彼如是法精勤不斷則能究竟若是懈怠不精勤者不能究竟少發起者於世間法出世間義不具足行若懈怠者一切所作皆悉羸劣為一切人之所輕賤毀呰嫌薄自受苦惱身壞命終墮於惡道生地獄中如是之人懈怠所壞如是懈怠應當捨離如火如刀如墮嶮岸如惡毒虵若為懈怠所破壞者則不精勤无有威德如羊不異彼則無智種種所作一切不知若智非智若法非法應行不行一切不知何以故以不讀經不聞法故以懈怠故若復有人論開心

意於智所知若法非法一切皆知應作不作應行不行一切皆知如是等法智慧所知一切皆知智及精進懈怠者无彼懈怠者如盲不異身壞命終墮於惡道生地獄中如是之人出世間義一切皆劣受第一苦他舍而乞常依他門悕望乞匃常看他面第一惡色頭髮覆眼眼目乾燥脚爪皮等一切燋枯四出巷中家家乞行至苦活命一切輕毀此因緣故應當捨離一切懈怠

與此相違勤精進者一切所作皆悉成就乃至涅槃何況其餘世間之法身壞命終生於善道天世界中以是等故若天若人一切皆應捨離懈怠勤發精進時彼世尊毗葉婆佛而說偈言

懈怠意及幻　或慯或惡口　或捨離智等
此是失壞地　親近惡知識　捨離善知識
或復邪見等　此是失因緣　不知善不善
非時而語言　或信婦女等　此不饒益地
近何人何人　何處何處食　身自不利益
此法令人輕　壞身若失念　或為王所憎

或心堅強等　此法未時死　不諦知業果
及以法非法　離善知識者　則墮於惡道
懈怠若多睡　或貪著諸味　瞋及故妄語
若惡口言說　多食若憍慢　心動捨離法
若習近婬欲　或讚婬欲法　如是有三過
懈怠是根本　若勤精進者　則无諸使過
一切精進者　必定成就果　如所應精進
業必定得果　如是三種業　能得三種果
三聚三根本　決定三有行

彼佛世尊毗葉婆塔壁上書字如是說偈毀呰懈怠天眾見已作如是言我等決定捨離懈怠從此懈怠有枝條過如佛所說懈怠之者若天若人一切作業於一切時一切減劣若天若人不懈怠者次第乃至到於涅槃此第四法人天之中多有所作多有利益

又第五法多有所作多有利益所謂念也一切法中能為妨者所謂懈怠如是一切世間之法攝涅槃者念則是根若出家者若在家者念不放逸不放逸行一切所作皆悉成就如是之人數數作業如法作業勤發精進

正法念處經第卌六卷 第十九張 美

隨所怖畏心念正行彼人五根護五境界心不迷惑眼見色已於彼色中不生欲染心不憙樂如色實見知其根本見如是色根本因緣何因緣生彼人如是知見色已心不濁乱如是彼色則不能牽以如實見如是色故若出家者若在家者若天人等知生色過欲生色過已滅色過如是念知某方某處心緣彼色如是境界之因緣故共眼生識由彼境界已生我畏此無垢念能除煩惱我以此念已除如是境界怖畏如是怖畏因緣而生於諸境界第一怖畏心正念故則能除遣无量種色境界怖畏念緣能除於念念中稍除漸除譬如世間善巧銅師以好銅器置火中已然後治之如是數數入火復治勤不休息漸漸除垢令其滑淨如是善念數數除垢尒乃清淨又如瓶師因緣合集以久習故泥團成瓶如是之人勤心發念修集因緣如緣生瓶正念觀察如所著衣從初次第念念至盡如是如是始發善念次第乃至一切過盡得見

正法念處經第卌六卷 第廿張 美

真諦聖印印心彼過過相盡過相盡故人則知之是故若有欲得善者當一切時如實正念若眼緣色念繩縛心令不動轉如調惡馬如是善念於先住持過去境界攀緣念已如是復遮現眼境界念九十八云何念住謂生欲染不正觀風不能令動如是念住如實思惟此色彼色有无量種无量形相觀四聖諦苦集滅道令彼欲染一切寂靜或令欲染一切盡滅或皆微薄此是何者善法勢力所謂繫念是其根本一切善法皆依念住如是轉行是念現在

云何復念未來世法未來未有未生未見彼境界相云何而念若得境界是則可念未來世中境界未有當云何念彼所念者雖復未來見因緣相攀緣未來如是得念謂見有人修身口意善業行者見已則念如是之人決定生天若見有天惡業行者見已則念如是天者必墮地獄如是念知此第五法於人天中多有所作多有利益

正法念處經第卌六卷 第廿一張 美

又第六法於天人中多有所作多有利益謂第六者不熱惱他若不惱他其心寂靜不生分別此有梵行此无梵行見他敷具病藥所須不生譏嫌不自言是亦不說言我能持戒若少持戒少讀誦經於檀越所不自稱說等心怨親常念三寶不朋破戒不惱持戒於諸檀越不數參承而取資用其心柔潤數數諮請說法師長常住空閑常一切時近梵行者如是功德相應之人不熱惱他如是於他不熱惱故多有所作多有利益

又第七法於天人中多有所作多有利益所謂不誑自隱功德除去惡業心意正直衣鉢知足恒常乞食山谷巖窟樹林中住行食知足其心平等无有高下非无因緣人中遊行疑有虫處不行於彼不壞澤中水岸河坎畏殺虫故不呪霹靂雷電雨等令墮傷殺不說星宿日月薄蝕諸曜吉凶而求財物飲食供養以資自命不常往返一檀越家亦不戴面仰頭而行亦不動肩詐作誦習不高聲語亦不

私竊不著閒雜鞾鞋履等不以雜繩用繫身體自身不著雜色香囊玉敷具等皆悉不畜无戒功德大衆會處則不入中不令他人到於城邑聚落等處說已持戒求望利養不種種處妨乱心意不貪不求不近村住於舊知識親眷等舍不自在入攝令屬已不彰他惡不隱他德見他實過屏處不說捨棄婦女如遠惡虵於諸婦女不共語說不與同行饒華之樹一切不往可愛園林亦不遊行畏聞可愛衆鳥聲故畏聞彼聲欲心動故是故不欲聞彼鳥聲饒聲水河不近坐禪畏聞彼聲心動乱故多熏香花不近坐禪亦不近行何以故畏鼻聞香心意動故亦不覩看種種諸鳥種種色鳥鵝鴨命命若孔雀等多欲諸鳥不看不見不近彼行畏心動故畏見畜生婦女因緣欲心發故

椰子果樹波那娑樹母拓果樹菴婆果樹毗羅果樹迦畀他樹波留沙樹佉殊羅等種種林樹不近坐禪恐畏生心貪其味故捨離果樹在寂靜村

无味可貪無多人衆在安樂行園林之中如是坐禪勤發精進共過忿鬪心恒不乱乃至不取為寺因緣墾地之土如是斷愛朽壞鐵鉢以繩連綴用受飲食而心不念銅銀等鉢不畜三梳所有袈裟不雜披者於夏天時除大小便更不餘行乃至一步畏殺虫故食奢弥果時食好果不食爛果食小棗等不看不食若食梨果佉殊羅果酸棗豌豆若朽豆等不看不食恐畏其内有諸虫故於自屋壁所生諸虫終不除却畏傷損故畏其死故坐處一坐不覩他鉢畏貪食故若行道時不近他行恐為妨故饒虫之地不大小便畏傷虫故畏殺虫故乞食行時看一尋地以直心故恒常親近正直心者如是比丘不集諸物於一切物皆不悕望於希有物心不樂見常勤坐禪彼善比丘如是不誑彼善比丘如是持戒清淨不犯如是淨命如是内心清淨善淨如是比丘如說學句堅持不犯彼善比丘如心所念如是道生常淨命故有善意生不樂

劣生顛生善道時彼世尊毗葉婆佛而說偈言

清淨命之人　寂靜身口意　坐禪而離愛
去涅槃不遠　頭陁不放逸　塚間樹林中
常如是處住　去涅槃不遠　塵土物敷具
一鉢復破壞　根果食知足　彼人安樂行
於欲解脫人　常樂於知足　善意勇健者
去涅槃不遠　不諂誑之人　遠離於塵垢
其心如虛空　去涅槃不遠

彼佛世尊如是讚歎善行比丘不諂誑者

成就如是七法之人是善男子若行欲者没生死海則是畜生形雖是人而實非人若能成就七法之者則為善人之所讚歎身壞命終生於善道天世界中受天樂已退生人中則得涅槃以餘業故第一善者此七種法所謂從初近善知識次第多聞攝取修行不懈怠念不熱惱他不誑等法如是七法非諂曲法以如是等七法寶藏之因緣故得生天中若天等中得七法已莫放逸行令福德盡天中退已墮於地獄餓鬼畜生故天不應

行放逸行以自破壞於諸有中无有
放逸行放逸行而得樂者人中成就
如是七法則生天上有三因緣天中
退已墮於地獄餓鬼畜生所謂三者
不聞正法近惡知識不信業果若不
成就此七種法墮於地獄餓鬼畜生
尒時天主牟修樓陀告天衆言此等
一切汝等已聞彼佛世尊以憐愍心
利益衆生已如是說時彼天衆一切
皆共白天王言我等今者已聞如來
此所說經彼佛世尊憐愍世間已作
利益為除放逸故如是說牟修樓陀
夜摩天王告天衆言汝聞此經勿行
放逸天放逸故生於地獄餓鬼畜生
何以故汝以大價貴重之物貿得此
間天中生處今者不應以放逸故令
其空盡如佛所說如是經法攝取正
行捨離放逸
於六經中毗葉婆佛所說經典第四已竟
正法念處經卷第四十六

癸卯歲高麗國大藏都監奉
勅彫造

正法念處經卷第四十六

校勘記

一　底本，麗藏本。

一　三二四頁上一行經名、二行譯者、三行品名及夾註，石作「正法經第四十六」。

一　三二四頁上一〇行末二字「失壞」，資作「天壞」。

一　三二四頁中五行第二字「意」，磧作「竟」。

一　三二四頁中一一行「兩墮」，石、資作「兩墮」。

一　三二四頁中二二行第七字「少」，資作「劣」。

一　三二四頁下九行「喜樂」，石作「意樂」。

一　三二四頁下一五行「悉勝」，諸本作「光勝」。

一　三二四頁下二〇行第八字「則」，石作「到」。

一　三二五頁上六行「福業」，石作「福德」。

一　三二五頁上一二行第八字「染」，石作「深」。

一　三二五頁上一七行第二字「上」，資作「止」。

一　三二五頁中一一行「必脱」，資、磧、普、南、徑、清作「不脱」。

一　三二五頁中二二行「両行」，資、磧、普、南、徑、清作「両作」。

一　三二六頁上四行「法力」，資、磧、普、南、徑、清作「汝力」。

一　三二六頁上八行第七字「身」，石作「自」。

一　三二六頁上一七行第一一字「自」，石作「目」。

一　三二七頁上五行「種種」，資、磧、普、南作「種歌」。

一　三二七頁中三行「第二」，資、磧、普、南、徑、清作「第三」。

一　三二八頁上一二行「天王」，諸本作「天主」。

一　三二八頁上二二行第一一字「此」，

一　資、磧、普、南、徑、清無。

一　三二八頁下一八行「不誦」，石作「不殉」；資、磧、普、南、徑、清作「不調」。

一　三二九頁上三行「晝燈」，磧、普、南、徑、清作「晝燈」。

一　三二九頁上一一行第八字「法」，石作「云」。

一　三二九頁中四行「如盲」，資、磧、普、南、徑、清作「如盲人」。

一　三二九頁中九行「四出巷中」，石重出。

一　三二九頁中一〇行「活命」，石作「得命」。

一　三二九頁下九行「三有行」，徑、清作「有三行」。

一　三三〇頁上一八行「令其」，資、磧、普、南、徑、清作「令得」。

一　三三〇頁中一八行「修身」，資、磧、普、南、徑、清作「終身」。

一　三三〇頁下七行第一〇字「朋」，資作「自」。

一　三三〇頁下一六行「行食」，資、磧、普、南、徑、清作「於食」。

一　三三〇頁下二〇行「薄蝕」，資、磧、普、南作「博蝕」。

一　三三一頁中六行「所有」，石作「所用」。

一　三三一頁中八行「好果」，資、磧、普、南、徑、清作「好棗」。

一　三三一頁中一〇行「耎棗」，資、磧、普、南、徑、清作「楩棗」。同行「朽豆」，石作「桓豆」；資、磧、普、南、徑、清作「秡豆」。

一　三三一頁中一一行「屋辟」，資、磧、普、南、徑、清作「泥壁」。

一　三三一頁中一六行「一尋」，諸本作「一身地」。

一　三三二頁上卷末經名，石作「正法念經卷第四十六」。

正法念處經卷第四十七　　美

元魏婆羅門瞿曇般若流支譯

觀天品之二十六　夜摩天之十二

尒時第三夜摩天王牟修樓陁示其天衆佛塔經文令彼天衆心純熟已復示生死衰惱之處无量百千諸過充滿恩愛別離近不愛者所謂老死憂悲啼哭衆過皆滿具足失壞生死乃是具足一切諸衰惱處尒時天王既見天衆心善調伏然後復以憐愍心故利益衆生如是告言汝等天衆今者應知一切諸天放逸行故必致衰惱後死到時心則生悔極大熱惱得大殃禍當於彼時无有方便而可得脫業繩繫縛如是將去獨而无伴若人若龍或地獄人將入地獄死羂所縛无有同侶惟除善法若不善法在於一切諸衆生海時彼天衆復白天主牟修樓陁而作是言如是如是當於尒時无一同侶除去非法尒時天主牟修樓陁告天衆言汝等天衆應如是知更無同伴

又復告言汝等天衆若欲增長信心種子欲得安樂畢竟除苦令此天中又復更有閻浮那陁金寶妙塔真珠網覆有七寶柱而為莊嚴種種雜寶種種光明是迦那迦牟尼佛塔我今共汝一切天衆往詣彼塔到彼塔已礼拜供養入彼佛塔入彼塔已隨彼塔中所有諸法一切遍看見已攝取得已修行以自利益出於生死次第乃至到於涅槃

尒時天衆既聞天主牟修樓陁如是語已心生敬重離放逸心諸根寂靜俱向大仙名迦那迦牟尼佛塔塔之光明如前所說尒時天衆一切皆共牟修樓陁夜摩天王詣彼佛塔到佛塔已夜摩天王牟修樓陁告天衆言彼迦那迦牟尼如來說一切法皆悉無常利益世間憐愍衆生此佛塔內化在壁上汝等天衆若得見者則生猒離見無常法必生猒離彼佛世尊所說所化此佛塔中壁上化現時彼天王如是說已共彼天衆入佛塔中彼佛塔量廣十由旬彼佛塔內一切生

死皆悉無常一切具足无不失壞自業行故不得自在異異不同五道差別各各化現佛塔壁中如鏡相似彼色明了亦如正見處處各各了了分別如雜色畫

彼處一箱見八地獄謂活黒繩合喚大喚熱及大熱至阿鼻等見天墮中自業風吹首下足上普身炎然一切身上火色猶如金舒迦樹上從天處下墮次第至地獄中高聲唱喚自心所誑善業盡故為放逸怨之所誑故天中成就第一樂已入於地獄大苦惱處惟獨無伴離於知識親舊弟兄墮於地獄无能救者

彼諸天衆最初如是塔中壁上了了而見四天王天墮於地獄四天王天有殺生過有偷盜過四天王天云何殺生謂彼天衆共阿修羅戰鬪之時殺阿修羅天得勝時阿修羅壞取其頭冠取其鐵刀隨彼所有一切皆取此業因緣或復更有餘業因緣墮於地獄為心所誑作如是業於彼天中退何時退於彼退時陰盡滅時攀緣

中陰生地獄中續彼樂處受中陰身甚大苦惱彼於如是中陰之中苦惱叵耐何況已入地獄之中受無量種極大苦惱此為大業如是戲弄此諸衆生天處退已生地獄中彼諸天衆於佛塔内如是皆見世尊所化

又彼天衆於彼塔中異處復見四天王天退天處已生餓鬼中彼天如是食樂失已生曠野中復得如是飢渴苦惱如是天衣久時著已後復頭髮覆面覆身闇眼處生彼身猶如被燒樹相裸露无衣或有身著火炎衣者在曠野中飢渴燒身唱聲叫喚乃至少水如露渧許亦不可得生三十六餓鬼之地夜摩天衆彼佛塔内壁中而見烏鳥鵰狐鷲啄其面若眼口等如是處見如是天處地觸軟滑遊戲行已後時復生餓鬼之地熱火堅地熱惱土塵和合為地多饒黒蚤有金剛鷲夜摩天衆彼佛塔内壁中而見彼鬼叫喚天處退来又復天中齅好香来或昜阤羅居世耆等異異勝香百千種香一切齅来復於後時在於

不淨屎尿氣臭死屍塚墓穢惡處行如是餓鬼齅无量種不淨之物穢惡臭氣於彼鼻中有炎蟻子彼炎蟻子滿其鼻中彼諸餓鬼餓鬼中生於彼塔内一處壁中如是而見

又復如是前生天中無量種種須陁之食可愛色味香觸具足復愛戲弄餓鬼之身如是生已第一不淨第一臭氣屎味難得於百年中不曾一得如是屎食彼塔内一處壁中如是而見如彼食屎塔内壁中如是而見又彼天身所著之衣第一柔軟第一滑觸无量諸寶間錯而成如天所應甚為可愛已於天中著如是衣復有天風吹種種花以坌其身復於後時善業盡故生餓鬼中裸形无衣自身生毛毛甚稠概堅韌色黄而覆其身百千黒蚤遍體食之多饒如是種種火蚤食其身體生餓鬼中飢渴燒身恒常羸瘦以啼哭故眼面皆爛久受無量餓鬼之苦放逸所誑從天處退墮餓鬼地

又夜摩天中山樹具足地處天衆於

彼塔中壁上異處次第復見四天王天退墮種種諸畜生道種種方處略而言之生於三處水陸空行彼水行者迭相食噉受大苦惱或受寒苦或受熱苦彼陸行者日炙燋𤎅受大苦惱飢渴燒身迭相殺害或畏繫縛受大苦惱百千種受不可得說如是畜生業風所吹受諸苦惱彼空行者若細若麁若大身鳥常樂相殺受大苦惱彼天退已生畜生中以放逸怨之所誑故

如是餘天若不放逸不放逸行作勝善業修福德者從天退已生於人中如自善業如是受報若不善業生人中者一切如是種種為作入於衰惱有下中上有貧有富依方時法若醜若美好惡等色彼佛塔內壁中而見若有善業樂修多作若修持戒八聖道業不穿不孔堅固不犯善調心意三業大力善業力勢決定受得可愛果報歸依三寶因緣力故或時布施衆生无畏或以法施因緣勢力或復其餘更異相似作諸善業淨法動思

寂靜心力次動口業或清淨心諫勸父母修施戒智自身先有善業力故能勸父母或施病人貧窮之人或欲食供給病人或以藥草施與病人無醫師者病藥所須布施力故或不殺生或不偷盜或不邪婬不飲酒等或於曠野嶮遠之處善心造井若水池等施所須者此業勢力或時供養佛法僧寶此業力故礼拜合掌作善業故或於饑人破壞國土多人畏處畏曠野死或畏刀者施其无畏或施緣時布施飢者飲食養之此業審善乃是業故或於妻子正護與樂或於儉覺阿羅漢人牀敷卧具病藥所須如至涅槃三種菩提如願得果何況生天若天上退還生天中彼復更見天中轉行如是彼天在佛塔內壁中而見彼處天中種種業網无量因緣業羂縛取无量衆生於生死中施設張之衆生入中則為所縛

尒時彼處夜摩天衆彼佛塔內壁中既見四天王天無量種退得大衰惱如彼世尊名迦鄁迦牟尼如來所化

見已復更觀察三十三天彼佛塔內壁中既見四天王天如是衰惱次復思惟三十三天為如是不時夜摩天彼佛塔內復到異處於淨壁中見彼世尊如彼世間生死之實業鏁所繫若樂若苦如化而見如是次見三十三天亦復如是如業受樂如自業行若善業行不善業行彼天如業受樂受苦或墮地獄餓鬼畜生或人或天種種差別无量業羂所繫縛已復於三十三天之中流轉而行在生死處業風所吹於三界中无處有業不受果報何況三十三天之處彼夜摩天彼佛塔內清淨壁中復見五道自業所作自業羂縛復於後時入活黑繩合喚大喚熱及大熱七大地獄惟除阿鼻審大地獄何以故天中不作阿鼻之業此因緣故天則不生阿鼻地獄天惟生在七大地獄三十三天退已若生活地獄者以殺生故或餘業故天阿修羅戰鬪之時殺阿修羅則是殺生地境界住一切諸天皆有報生四天王三十三天二皆殺生二皆

偷盗自上四天則不如是彼地界住四天王天三十三天如是作業三十三天是微細業餘天不尒如是生於三十三天微細之業及生退等山樹具足地處天衆彼佛塔内壁中見之三十三天歡喜園中波梨耶多光明林中雜殿堂中種種喜戲受境界樂善業盡故不知足羂之所繫縛入地獄中四天王天退墮地獄所受苦惱三十三天墮地獄苦十倍更多何以故諸有天中境界之樂若樂勝者離别之苦亦如是勝極為大苦相續流轉以如是業轉轉上勝如天身中一切身分處處柔軟彼眼等中以柔軟故所受苦惱亦多而勝如是彼處四天王天所受之樂三十三天樂則勝彼三十三天境界失壞所有憂苦亦多亦勝心苦惱大心苦惱多苦樂二種甚多甚勝不可辟喻天中甚樂地獄極苦業羂所縛如墮嶮岸受無量種勝重苦惱夜摩天衆彼佛塔内壁中而見三十三天放逸所壞彼夜摩天如是見已心極愁惱

又夜摩天彼佛塔内異處壁中而復更見三十三天退彼天已墮餓鬼中在歡喜林光明林中閒雜殿處遊戲之處受天快樂天須陁食具足資身充飽受樂如是久時受勝樂已復食不淨糞屎之食諸不淨虫遍其身體如是觀見放逸行天三十三天墮餓鬼中夜摩諸天如是見已心極愁惱

又夜摩天彼佛塔内異處壁中而復更見三十三天或退天已生畜生道在大海中作弥那魚或作貝虫摩伽羅魚舒摩羅魚在如是等惡虫中生迭相殺害飢渴燒身受无量苦如是空行鳥等畜生迭相殺害常有怖畏心恒畏死受諸苦惱如是澤中種種獸等相殺相食受諸苦惱

如是說已四天王天以善業故生於人中如是次第三十三天如善業故若生人中同業之處受諸苦惱生死所縛若天退時受无量種天中苦惱如是苦惱不可得說何況人中在胎藏内所有苦惱人世界中欲出胎時受諸苦惱嬰孩時苦出胎在地未能

行時倒地等苦匍匐時苦身體无力於作不作一切不知愚癡啼哭如是苦惱如是種種苦惱之事不可具說彼佛塔内壁上而見如鏡中見山樹具足地處天衆一切皆見

彼諸餓鬼如是飢渴繫屬於他不得自在有寒有熱風吹日曝處處而行在於曠野如是等苦有無量種皆悉具受不可盡說如是天中山樹具足地處天衆彼佛塔内壁中而見如是已見種種苦惱有无量種世間生死在彼壁中如善巧畫彼諸天衆見希有已心生猒離生如是心天勝於人人第一道所謂是天天第一道所謂人中人欲死時則願生天天欲退時願生人中人樂於天天樂於人於此天人二道中生如是苦惱何況其餘惡道之中業所戲弄

又復如是山樹具足地處天衆彼佛塔内異處壁中見善法堂三十三天退彼天處如業行故生五道中彼天退者如前所說業因緣故若天中退亦生天中猶不離苦如本生退若受

別離於退生畏如是畏退无量種苦彼天既見無量苦惱次復觀察彼佛塔內異處壁中見帝釋身退彼天處妙寶天鬘天衣莊嚴種種光明彼莊嚴具火鍊金色有勝光明不可譬喻勝欲具足五欲具足一切捨離自業所牽惡道門開放逸所使墮於地獄餓鬼畜生自業所作或善業牽不善業牽故如是退彼佛塔內淨寶壁中見於往世先退帝釋彼諸帝釋有三十二

初帝釋者名菴舒摩既作三十三天王已自福盡故生大海中作摩伽羅大身之魚本在人中作獵魚師常多殺魚亦常礼佛以礼佛業是故得生三十三天為帝釋王殺生因緣海中作魚以餘業故生畜生中

又夜摩中山樹具足地處天衆彼佛塔內異處壁中次第復見第二帝釋名三浮提本在人中曾作善業與病者食或清淨心與比丘食彼業因緣是故得生三十三天為帝釋王後時福盡餘業因緣不善業故作蝌蚪虫

彼前世時邪見心故外道齋中殺蝌蚪虫以彼因緣生地獄中出地獄已餘業因緣作蝌蚪虫

又夜摩中山樹具足地處天衆彼佛塔內異處壁中次第復見第三帝釋波羅迦奢是其名字受天境界五欲樂已於彼欲退本人中時供養父母病時瞻視彼業因緣是故得生三十三天為帝釋王本業盡故彼天處退生餓鬼中彼過去時於異處生時世飢儉多儲穀等貴糶與他誑惑他已心更悕望後時大儉以彼因緣是故生於黑繩地獄彼餘業故生在針咽餓鬼之中

又夜摩中山樹具足地處天衆彼佛塔內異處壁中見無量種生死衰惱生希有心如是无量種種見已次第復見第四帝釋名曰作愛天處退已生於猪中如是見已觀彼善業何業因緣為帝釋王彼前世時於他邪見婆羅門人病困欲死與藥令服憐愍心言當服此藥以是業緣生於善道三十三天作帝釋王善業盡故墮地

獄中彼處既出以餘業故生在猪中彼天復觀如是業果以何因緣復生猪中彼前世時恒常憙獵多殺衆生或多殺鹿或多殺猪彼業因緣命終生於活地獄中彼業既盡以餘業故生在猪中

又夜摩中山樹具足地處天衆彼佛塔內異處壁中次第復見第五帝釋名為善意以何業故生於彼處為帝釋王彼前世時曾見他人師子欲殺救令得脫以憐愍心將来歸家多日供養種種飲食彼業因緣是故生於三十三天為帝釋王名為善意彼處退已生於燋熱大地獄中以何因緣生彼地獄本前生時於王衆中妄語言說是業因緣墮彼地獄善意帝釋彼處退已復有帝釋次第而生名憍尸迦彼夜摩中山樹具足地處天衆彼佛塔內異處壁中而得見之彼何善業謂前世時是多財寶富婆羅門一居奢內置婆羅門設大齋會集尊重人飲食供養施其財物彼業因緣是故當来作帝釋王名憍尸迦又本

復作无量福德當作帝釋名憍尸迦又夜摩中山樹具足地處天衆彼佛塔内異處壁中見彼天處帝釋王處有佛世尊釋迦牟尼說法勢力令彼帝釋開塞惡道天中退已生於人中如是七返如是道行諸夜摩天如是見已生希有心

一切諸餘帝釋天王彼佛塔内異處壁中皆悉見其生處惡道惟獨不見彼憍尸迦帝釋惡道此何因緣介時彼處一切天衆白其天主牟脩樓陁而作是言一切諸餘帝釋惡道如是皆見何故不見彼憍尸迦帝釋惡道以何因緣見其七返而无第八

介時天主牟脩樓陁聞已告言汝等今聽為汝說彼憍尸迦道以此因緣我今欲為汝等說故將汝等来入此佛塔入此塔已我為汝等說於正法何以故汝等一切皆悉如是放逸而行天欲誑故心癡迷惑不聞正法是故我為利益汝等將汝等来入佛塔中令汝等輩現離憍慢汝放逸行此身空過於後退時心則生悔如是因

緣我於今者勸汝等輩聽聞正法以何因緣此中惟見彼憍尸迦二道生此處不生惡道又亦更無第八返生此佛塔内如是不見彼憍尸迦先放逸行大放逸行命欲盡時善業盡相退相出現有善知識而語之言汝憍尸迦退相已現今欲破壞汝清淨心以自利益如是說已憍尸迦言為我示道令我聞法此處不退介時仙人善友知識為憍尸迦如是說言憍尸迦聽有善方便令憍尸迦此處不退此閻浮提有佛出世名甘蔗氂種姓中生一切悉知一切悉見一切業果皆悉普證示導一切衆生正道无上法王為汝說法令汝此處當不退失彼知識所如是得聞既得聞已為聞法故速速疾疾向閻浮提到世尊所時憍尸迦於一念頃到世尊所見佛世尊為說正法安慰為說聞已得益示涅槃城彼所說法初中後善義善語善獨法具足清淨鮮白謂苦苦報苦滅苦證說四聖諦苦集滅道彼憍尸迦既得聞已復問世尊釋迦牟尼而

作是言大仙瞿曇今我有妨退相已現我於此處不久當退如是問已彼佛世尊言憍尸迦如是如是如汝意念汝退相現汝天妨身善業盡故放逸行故以汝身心愛自在故欲到異處在大生死曠野之中不可得度彼岸亘到一切世間愚癡凡夫無足力故生老病死悲啼號哭愁憂苦惱无可愛樂恩愛離别怨憎集會毒蟲師子種種可畏滿彼曠野遇日所炙愚癡黑闇无邊欲染以為妨身愚癡凡夫諸狩充滿无量百千分别樹林障閡擁塞无正法水離善知識所說正道多有無量邪見外道邪意異路滿彼曠野不能遠離前際後際中間寬遠五道之苦不可忍耐闇苦覆地汝憍尸迦於此生死曠野之處心生怖畏而不免離汝於先来染著欲樂是故不覺欲樂盡故今者則知汝退至時欲不能救退時臨到將墮異處彼憍尸迦聞佛說已整服一𦶜去頭天冠頂礼佛足却住一面白言世尊頗有方便令我不退此處以不令我不

正法念處經第四十七卷　第十八張　美

退復得於此三十三天為王以不彼
佛告言我有方便令汝不退何以故
更无異人而能如是决定作業生於
此中坐汝坐處而為三十三天之王
如是因緣是我所見我今見汝於此
坐處久坐不離我於今者見有因緣
汝則不退所謂得聞我所說法彼憍
尸迦聞佛語已合掌在額心生歡喜
而白佛言惟願世尊善為我說我今
諦聽彼憍尸迦如是語已彼佛世尊
為說欲味過患出離廣說如是勝修
多羅彼憍尸迦如是聞已即時獲得
須陁洹果時憍尸迦既得果已次第
退生閉塞惡道以此因緣夜摩天衆
此佛塔内壁中不見彼憍尸迦第八
生處彼帝釋王得涅槃故過第七返
第八返生則不可得如是因緣我為
汝等天衆已說尒時天主牟修樓陁
而說偈言
欲則非財物　以不資益故　戒信財中勝
畢竟得涅槃　此欲非財物　令人有曠野
若令解脫欲　乃是真財物　若不救惡處
若樂不寂靜　彼惟大癡故　非財而名財

正法念處經第四十七卷　第十九張　美

如是得言物　所示欲非物　若離非物欲
得彼真財物　若說寂靜道　彼示道第一
彼何者勝道　智慧者能到　若有不近欲
若不為愛誑　彼行善道處　不近於欲火
欲常不可足　欲亦非寂靜　共愛而和合
如火得新焰　天人若龍等　不知足則失
為地獄火燒　彼失乃是失
如是天主牟修樓陁以如是等无量
種法教示天衆擁護救攝尒時天衆
極生猒離猒離欲已復白天王牟修
樓陁而作是言惟大天王我已觀見
他未來世生處諸道今復自觀我未
來世當生何道牟修樓陁天王荅言
如是當觀天衆聞已彼佛塔内則於
異處壁中觀察見夜摩天退墮地獄
謂活黑繩合喚大喚熱大熱等見无
量種墮彼地獄有頭在下如是墮者
有舒兩臂而墮中者天身未滅如是
預見地獄生處亦見天處業盡退時
彼地獄中身體爛熟炎鐵地上無量
烏鷲滿彼地處彼處種種無量怖畏
焰沙滿地地獄衆生在地獄地極燒
極炙彼天如是墮地獄中頭則在下

正法念處經第四十七卷　第二十張　美

如是受苦第一急苦第一堅苦有无
量種受諸苦惱閻魔羅使種種呵
責既呵責已與種種苦彼諸天等皆
見自身如是受苦如是見已彼佛塔
内異處壁中復見過去夜摩天王在
地獄中受无量種堅惡苦惱為欲亂
心先樂境界已曾破壞作諸惡業去
何而作有何等相閻魔羅使皆悉具
說而語之言汝本一切愛境界故已
作惡業今於此受如過去夜摩天王
其名何等有名大業有名具足衆賢
有名威德有名不壞有名意樂有名
善色有名普樂此如是等夜摩天主
墮七地獄如善不善業果而受已受
第一境界之樂心未猒足為愛所壞
如是退墮
彼大業者本作何業生夜摩天為夜
摩王昔人中時以淨信心施緣覺食
業因緣故身壞命終生於善道夜摩
天處為夜摩王於彼天處受无量種
境界欲樂未知猒足退彼天處本偷
盜故而復墮於黑繩地獄彼前生處
僧作藥師於他病者不相應治取其

財物以彼惡業是故生於黑繩地獄觀彼大業夜摩天王過去業已次復觀察具足衆賢善不善業彼何善業生夜摩天為夜摩王彼佛塔内異處壁中次復觀見彼過去世以清淨心捨已財物施病比丘以思勳心彼業因緣身壞命終生於善道夜摩天中而作天王又復更為境界河漂善業盡故退墮叫喚大地獄中又復前世人中之時作土地主放逸而行心生憍慢有道行人共渴流汗彼王見已與甘蔗酒彼飲酒故失其本信即便犯戒失自利益如是與酒不善業故身壞命終墮於叫喚大地獄中彼天如是觀察第二夜摩天王惡業行已見於一切有為生死與焰不異彼此迭乎相向說言此大天王如善不善无量種業相應果報如是示我我等今者於此天王所得利益如於父母所得利益无有異也

彼天如是相向說已於佛塔内次復異處於寶壁中見迦那迦牟尼世尊神力所化夜摩天主名威德者本因

何業生夜摩天而為天王見彼前世人中之時不破壞他而得財物於夜暗中有說法處為佛法僧然燈照明彼業因緣身壞命終生夜摩天而為天王名曰威德久時為王既作王已隨命長短身壞命終次復生於四天王天於彼退已生欝單越彼處終已次復生於三十三天彼處退已生閻浮提得為人王有大威德有大神通彼處生已放逸行故為欲所誑心輕動故而復殺生偷盜邪婬作如是等三不善業以作如是惡業因緣身壞命終墮於燋熱大地獄中不可譬喻有无量種无量百千異異分別地獄業故於地獄中受諸苦惱作如是已為心怨所誑尒時天衆復見天中无量具足復見失壞或樂或苦如是見已迭乎相向而說偈言

極惡復甚惡　大力不可忍　癡心造此業
如是墮地獄　一切業由心　因緣在有中
為癡所壞故　皆流轉受苦　種種大力苦
遍惱不可耐　業縛在世間　而不生厭倦
天退人中生　人死入地獄　出彼生畜生

出畜生生鬼　如是業輪中　世間業風吹
流轉於世間　癡故不覺知

如是彼中山樹具足地處天衆迭相為說彼迦那迦牟尼世尊如實所化无量種業在佛塔内壁中明了

觀彼業已次復觀察夜摩天王善不善業无量種生彼佛塔内異處壁中復見善色夜摩天王彼因何業生夜摩天而為天王見彼前世人間之時生婆羅門種姓之中正見不邪不熱惱他善修持戒於繫獄中極受苦者无依主者或於儉時有餓飢者多與淨潔美好飲食以清淨心或於齋日或非齋日受戒持戒彼因緣故救彼縛者令得解脫或以物贖令其得脫彼因緣故身壞命終生於善道夜摩天中為夜摩王名曰善色於長久時作彼天王有大威德有大神通作彼王已身壞命終次復生於三十三天有无量種受大快樂至終盡時於彼三十三天處退次復生於阿修羅中其身甚大有大神通阿修羅中報盡終已生於人中作大長者有大威德

彼處終已生瞿耶尼在於人中彼處終已後於人中邊地受生心輕動故復更殺生獵殺諸狩以刀箭等多種殺害彼業因緣身壞命終生地獄中地獄大火之所燒然受無量種堅惡苦惱以作不善惡業因故

山樹具足地處天衆如是觀察彼業報已復无量種无量分別諸善惡業如是見已於佛塔內復向異處於彼辟中觀迦郍迦牟尼世尊之所化現既往到已於彼辟中復見其餘希有之事往世曾有夜摩天王名曰普樂以何業故生彼天處為夜摩王彼如是見本前生處人世界中人身之時曾有善意常礼師長心生敬重見時則起合掌供養若復餘業掃佛塔地如分布施沙門若婆羅門常於病者阿郍舍人給施供養以淨信心如是掃已泥塗散花燒香常一切時如力供養以是善業因緣力故身壞命終生於善道夜摩天中而為天王名曰普樂身體皆樂彼身光明有種種色見者心樂安隱清涼光明遍滿五百

由旬一切寶色此光明勝端嚴殊妙勝於一切不可辟喻如閻浮提人中勝者謂月光明端嚴殊妙如是一切夜摩衆中普樂天王光明最勝於長久時五欲功德成就樂已於彼處退以彼業力之餘勢故生閻浮提人中為王所王之處五百由旬於中自在生彼處已心輕動故獵殺諸狩彼業因緣身壞命終墮活地獄彼處出已不善惡業之餘勢故生於烏中

正法念處經卷第四十七

正法念處經卷第四十七

校勘記

一　底本，金藏廣勝寺本。三三四頁中一行至一四行，原版缺，以麗藏本補。

一　三三四頁中一行經名、二行譯者、三行品名及夾註，石作「正法念經第四十七」。

一　三三四頁中二〇行「除去」，諸本作「除法」。

一　三三五頁中三行「已入」，資、磧、普、南、徑、清作「久入」。

一　三三五頁中一九行「多饒」，資作「多餓」。

一　三三五頁中二二行「羅居」，資、磧、普、南、徑、清作「羅尼」。

一　三三五頁下六行「須陁」，石、資、磧、普、南作「蘇陁」；清、麗作「酥陁」。下同。

一　三三五頁下一〇行「彼塔內」，諸本作「彼佛塔」。

一　三三五頁下一七行「甚稠穊堅鞕」，石作「甚稠奇堅鞕」；資、磧、普、南、徑、清作「堅鞕」。

一　三三五頁下一八行末字「火」，石作「大」。

一　三三五頁下末行「夜摩天中」，資、磧、普、南、徑、清作「夜摩中」。

一　三三六頁上末行「動思」，資、磧、

普、南、徑、清、麗作「熏思」。

一 三三六頁下末行「四天王」，麗作「四天王天」。

一 三三七頁上七行「喜戲」，資、磧、普、南、徑、清、麗作「嬉戲」。

一 三三七頁上一四行末二字「柔軟」，徑作「柔轉」。

一 三三七頁中一二行「舒摩羅魚」，石作「舒舒摩羅」。

一 三三八頁上五行「火練」，徑、清作「火鍊」；麗作「火煉」。

一 三三八頁上末行「蜊蜴虫」，資、磧、普、南、徑、清、麗作「蜥蜴虫」。下同。

一 三三八頁中一三行第九字「業」，資、磧、普、南、徑作「等」。

一 三三八頁中二一行第六字「困」，石作「曰」。

一 三三八頁中末行第一三字「隨」，資、磧、普、南、徑、清、麗作「墮」。

一 三三九頁上二二行「現離」，石作「既離」。

一 三三九頁中一行「等輩」，石作「輩等」。

一 三三九頁中九行「聞法」，石作「聞知」。

一 三三九頁中一二行第一二字「胤」，石、資、磧、普、南作「鼠」；徑、清作「日」。

一 三三九頁下二一行第四字「聞」，石作「蘭」。

一 三四〇頁上二〇行第一一字「戒」，石作「戓」。

一 三四〇頁中一〇行「天王」，石作「天主」。

一 三四〇頁中一八行第三字「兩」，普作「雨」。同行第五字「而」，普、清作「兩」。

一 三四〇頁下一〇行「如過去」，諸本作「如是過去」。

一 三四〇頁下一五行「爲愛」，徑作「爲樂」。

一 三四〇頁下一八行「昔人」，資、磧、普、南、徑、清作「本人」。

一 三四〇頁下末行「僧作藥師」，石作「曾作樂師」；資、磧、普、南、徑、清、麗作「曾作藥師」。

一 三四一頁上一一行「其渴」，諸本作「甚渴」。

一 三四一頁上末行「天主」，石作「主」。

一 三四一頁中四行「夜摩天」，石作「彼摩天」。

一 三四一頁中五行「久時」，石作「父時」。

一 三四一頁中一五行「作如是巳」，石、麗作「如是已」。

一 三四一頁中二二行首字「遍」，普、南、徑、清作「逼」。

一 三四一頁下九行「人間之時」，石、資、磧、普、南、徑、清作「人世間時」。

一 三四二頁上二行「後於」，資、磧、普、南、徑、清、麗作「復於」。

正法念處經卷第四十八

元魏婆羅門瞿曇般若流支譯

觀天品之二十七　夜摩天之十三

彼諸天衆既見如是業果報已彼佛塔内復更觀察異處壁中覓希有法於彼壁中復見天王牟脩樓陀隨順法行不習近欲愛樂法行作諸衆生利益之行善知一切善惡等業既知業已不放逸行雖作天王而不放逸彼諸天衆觀見天主牟脩樓陀業果報已心作是念此大天王本因何業生此天處而為天王見其往世於人身時修行善法然燈佛所得聞佛法既聞法已攝取受持思惟修行如所聞法如是安住如是聞已乃至一念心不曾乱正信出家剃除鬚髮披服法衣既出家已乃至微少塵許等惡生大怖畏修行梵行以彼業因身壞命終生於善道天世界中謂在他化自在天處作彼天王名曰不壞彼處退已生於人中為轉輪王王四天下彼業盡已命終生於四天王天彼處

退已生於人中復得為王所王之土一千由旬彼命終已生弗婆提於彼為王大勝身體彼命終已次復生於阿修羅中第一神通有大勢力彼處命終而復更作大富長者恒常修行第一大施次有持戒智等具足隨所生處何處何處施戒智等三事具足彼處命盡修施戒智不斷絶故身壞命終生於善道天世界中夜摩天處為夜摩王名牟脩樓陀彼如是法次第相續不斷絶故彼心善故善調伏故不放逸行諸欲境界不壞其心自他利益无量善業隨順行故多有天衆欲所不攝尒時彼處夜摩天衆而說偈言

隨順善法行　彼則常得善　无量千億劫
善業不失壞　常增長持戒　於智轉習行
一切時布施　繫念常不斷　修行施等三
除斷三種過　捨離彼過故　勤修行功德
雖天欲具足　境界樂不壞　彼不放逸故
則不墮地獄　法常不斷絶　彼隨順法行
不隨法行者　則是大愚癡　近法戒之人
精勤修智行　能滅諸有苦　如日光除闇

能增長法者　為天人所礼　如是異處生
乃至到涅槃　若如是知法　諦思惟法相
彼則解脫有　當得到彼岸　智忍常愛語
愍一切衆生　或施種種物　此道至涅槃
惡者則近惡　或習近懈怠　堅心憎惡法
彼行地獄道　見何人皆喜　見何人皆瞋
處處皆貪著　如是故名癡　惡法所迷惑
捨離於善法　癡故入地獄　受惡法苦惱
行法推求善　常捨離於欲　牟修樓陀處
天中住无垢

彼夜摩中山樹具足地處天衆彼此如是迭相為說於愛境界而生怖畏一切衰惱皆現見已復共天王牟修樓陀彼佛塔內異處壁中次第復觀夜摩天王牟修樓陀及諸天衆此處退已當生何處在於何道時諸天衆於彼壁中皆見自身并其天主牟修樓陀天處退已生閻浮提一切皆於弥勒世尊出世之時諸根具足一切皆生大種姓中共為同侶共一國土迭相愛念生大種姓皆悉大富尊重姓生如是壁中皆見自身牟修樓陀在彼國上生在剎利大種姓中大富

大力為一切人之所供養百千億寶滿其舍內生剎利家以為長子名曰善戒尒時彼處弥勒世尊說寂靜法向涅槃城謂四聖諦功德具足初中後善義善語善獨法具足清淨鮮白所謂此色此色集此色滅此色滅道如是次第受想行識捴相略說一切衆生安隱離濁向涅槃城无有障㝵為諸世間如是說法

尒時善戒剎利王子王之長子傳聞弥勒世尊說法如是聞已如前所說諸同侶等亦如是聞前世所修善業因故彼此壽量一切皆共向彼善戒剎利子所有二万人詣彼善戒剎利王子如前所說尒時善戒聞其語已本善業故心生歡喜生敬重心面色清淨一切和合同時皆起共詣弥勒佛世尊所如是衆人旋遶善戒亦如第二三十三天圍遶帝釋在路遥見弥勒世尊有三十二大丈夫相廣說妙法利益一切天人世間并諸沙門婆羅門等如是為說入涅槃法初中後善彼法清淨猶如水池能盡諸苦

能除一切生死繫縛次第乃至到於涅槃說如是法尒時衆會廣大於海弥勒世尊在中說法

尒時世尊遥見善戒人衆圍遶告大衆言此夜摩天主牟修樓陀并其大衆此夜摩主牟修樓陀修行梵行先已曾種善法種子今者根熟此夜摩主牟修樓陀繫縛已緩多不善業一切消滅捨離於欲諸苦盡時於今將至彼人如是得聞如是口言語已心生歡喜心生敬重一切生死皆得遠離如來之色甚為希有不可譬喻牟修樓陀得見如是希有佛已頭頂礼足住在一面白言世尊我行世間生死流轉疲倦猒離

尒時世尊如應說法有十千人常近於王常共王行先同伴者得盡諸漏彼夜摩王牟修樓陀如迦那迦牟尼世尊壁中所化一切未來次第而見一切智人所化種種希有之事有无量種非餘境界并天世間魔等世間及諸沙門婆羅門等无能見者除近正士如來住者近善知識出生死中

㝡為第一
時彼天衆一切共同生歡喜心於佛
法僧生敬重心時彼天王并諸天衆
復更礼佛出彼佛塔於六經中彼迦
那迦牟尼如来世尊所化第五已竟
尒時天主牟修樓陀夜摩天王生歡
喜心見欲過患復生怖畏共諸天衆
次復觀察山樹具足地處天衆歡喜
而行彼處多有種種天衆多有園林
蓮花水池滿彼地處有無量種蓮花
滿池有可愛聲種種諸鳥聞彼聲者
則受快樂山樹具足地處多有無量
百千諸天女衆歌舞喜笑種種遊戲
多有无量功德具足有七寶樹具足
花果多有山峯皆是妙寶滿彼地處
而為莊嚴自業果報有下中上天衆
自業惟樂欲樂滿彼地處迭共同侶
不相妨㝵彼此相信多有天子多天
女衆迭相愛念多有諸河河中有欲
味甚可愛復有種種妙寶堂殿皆悉
作行雜色可愛五欲功德皆悉具足
衆寶光明迭相莊嚴彼諸寶殿爭出
勝光如火練金珊瑚硨磲多有青寶

及山峯等莊嚴地處山樹具足地
處莊嚴如是可愛牟修樓陀夜摩天
王既觀察已告天衆言汝等天衆看
彼天衆歡喜心行從山至山從一山
峯至一山峯歡喜遊戲五樂音聲歌
舞戲樂汝等皆當看彼天衆如是天
衆已於佛塔種種見来荅天王言我
等已見
尒時如是夜摩天王告天衆言如来
已說如相應說天中衰惱放逸行天
命將欲盡善業欲爛退時欲至戒果
欲壞行業如化癡不覺知放逸行天
不覺不知墮於地獄餓鬼畜生此無
量種諸苦衰惱生死流轉皆由本業
何以故以彼命行念念流動不可迴
故以業力多不可離故如此一切有
為三相生住滅等三過患故多有無
量諸衰惱事无有少味而諸天衆不
知不覺自謂大樂念念近死死時欲
至已入死門而不覺知如此一切有
為之法念念不停一切有命无常破
壞少年速變彼天退時覺知苦惱有
无量種恩愛别離時彼天衆既見天

王心生歡喜速疾速疾莊嚴其身天
衣垂挑寶冠瓔珞天妙鬘等以嚴其
身自身光明多有種種莊嚴天女百
千之衆圍遶天子種種樂音歌舞戲
笑受第一樂自善業故如是莊嚴具
足无量百千種色往向天主牟修樓
陀尒時天王如是見已隨順瞻觀即
前稍近見其遊戲諸使樂尒時天
王順其心故暫入衆中遊戲受樂非
自喜樂在他天中於須臾間喜笑遊
戲彼天心動於欲生樂遊戲樂已到
餘山峯種種珊瑚金銀等樹无量百
種妙色莊嚴有无量種衆鳥音聲有
無量種光明照曜有无量種分別異
念有無量種天妙寶性莊嚴山峯彼
天往到如是山峯到山峯已心愛受
樂彼夜摩主與本曾見佛塔諸天一
處同行共彼天衆无量境界喜樂
者行
時夜摩天主告天衆言我共汝等相
隨而去自身利益捨境界故則得利
益不捨境界則不利益我等決定隨
順法行乃至畢竟到於涅槃向彼天

衆如是說已共彼天衆以寂靜心一切皆向山樹具足地處而行到彼處已於中一處種種流水妙蓮花池有蓮花林多有衆鳥莊嚴彼池復有種種寶鋒莊嚴普皆如炎彼如是處可愛地處則有第六迦葉佛塔天主見已生希有心一切諸寶光明之中佛塔光勝穿空而出種種妙寶而為莊嚴所有光明勝百千日光明寂靜在寬博處見彼佛塔尒時天衆如是見已白其天主牟脩樓陁而作是言此是何等妙寶光明如前所見尒時天主夜摩天王聞其語已而告之言天衆皆聽如今所見此種種寶勝妙光明如前所見此是大仙第六如來應正遍知明行足善逝世間解無上士調御丈夫天人師佛世尊天中之天迦葉佛塔此佛塔者諸天本業所脩梵行本曾脩心利益饒益此佛塔內寶辟之上化現明了如餘如來所應利益此佛塔內亦復如是我共汝等諸天大衆於佛正法生敬重心作自利益夜摩天主如是說已共諸天衆

徃向佛塔到已則見具足種種妙寶光明如前所說

尒時如是夜摩天主共其天衆入彼佛塔即見大仙迦葉佛像閻浮那陁真金之像妙寶衣服无量光明毗琉璃寶為師子座佛像坐上如現在時說法之相等无有異彼像則有不可喻色如是色者形彼天色如螢火虫於日不異佛威德色如是勝妙尒時天王并彼天衆見佛像已勝歡喜心敬重深信頭面敬礼去冠瓔珞鬘莊嚴具遠離色慢止於色樂離光明慢一切憍慢皆悉捨離心離欲垢以頭頂礼彼世尊足轉轉離慢重復更礼如是礼已一切天起一心不動以業因故彼佛塔中寶辟之上佛像傍稀見有文字此脩多羅是佛神力之所化現利益天人一切世間皆悉利益正字正句善義善味次第乃至示於涅槃乃是一切諸出家人之大和上如律教學此謂比丘有十三法以為妨㝵不得坐禪讀誦經律障自利益不得涅槃若諸比丘不捨如是十三

法者於病老死悲啼號哭愁苦懊惱則不得脫人中凡下非實出家身口意等常不正行不勤精進如是比丘若於一日受他卧具病藥所須則不能消彼如是物於已為妨所謂妨者能令身瘦懈怠怖畏无所知曉如是之人則於大力速力勇猛甚深大河不能得渡如是之人自體羸瘦不能翹勤心不調伏而常懈怠不知坐禪讀誦經律怖畏無智自體無明之所覆蔽是故不能渡於五河依止境界故不能渡境界所漂在愛河中愛河漂已入生死海流轉常行无有休已何等十三所謂喜樂多語言說治病工畫聞邪惡事歌咏讚頌數星思惟思惟占相惟貪飲食求諸寶性親近王等怖壁請呼不請問他樂多知識與惡同處此十三法沙門之人坐禪讀誦則為妨㝵如是妨故失自利益利益則少失利益故生於地獄餓鬼畜生虛妄出家如是之人既非出家亦非在家捨離善法為同梵行之所輕賤惟有虛空其聲相似不聞

不知涅槃之行有所憶念悉不隨意護身之天放離而去

彼初妨者妨於坐禪能為大乱彼初喜樂多言語者初則可愛後則悔熱一切出家應捨此法所謂喜樂多語言説樂多語故心不調伏不能正行不能持戒心常動乱心動乱故則多疑網如是之人憙近惡人彼惡人者所謂乱心彼常樂見伎兒歌舞從方至方從處至處遊行不止若城若村諸聚落等常行不住看其戲樂常於節會遊戲之日處處觀看諸聚會處恒常往看近如是人以為伴侶自稱巳心意常動乱常樂言語晝夜恒尒無有休息彼人乱意不聞不知餘同梵行常所輕賤知他賤巳於彼他人持戒行者心生瞋恚彼人以是業因縁故身壞命終墮於惡道地獄餓鬼畜生之中

又彼憙樂多言語者復有大過彼惡比丘未曾多聞毀破禁戒樂多言語自高輕動雖見佛巳心無慚愧无慚愧故不恭敬佛檀越見之不生恭敬以他輕賤捨戒還俗

又彼憙樂多言語者復有大過有何者過所謂自樂多言語故而復教他餘出家者令退正法彼自破壞復能壞他彼人如是自他壞故有惡名聲障出四遠僧衆知故駈遣捨棄此善持戒諸比丘等畏彼惡者令其有失一切皆言捨此比丘言此比丘是惡知識同梵行者如是惡賤

又彼憙樂多言語者復有大過種種言語先巳聞來心樂謂樂彼惡沙門既得聞巳心生大樂彼心樂故信於非法信非法義法為非法非法為法亦信其餘非法行人此人憙樂多語人故則入邪見以彼邪見之因縁故妄語言說彼人以見惡業因縁身壞命終墮於惡道生在地獄餓鬼畜生因此樂多言語過故復有多過尒時世尊迦葉如來而說偈言

多集綺語句　能令心意乱　破壞於梵行
妨㝵涅槃道　常憙樂多語　凡鄙不持戒
其人常捨離　坐禪知諦者　不調為根本
能失於善念　亦能失梵行　令涅槃道暗

能妨於天道　復能示惡道　令向餓鬼道
令生畜生道　謂名樂多語　此為生死母
坐禪誦比丘　欲安隱則捨

彼佛世尊迦葉大仙如是巳說樂多言語有大過失

又復次說不樂多語所有功德所謂比丘善正心意惟樂正法惟知正法如是正說惟念正法思惟正法惟行正法恒常礼佛彼如是等諸比丘輩未曾見處而能見之以能捨離多語有故惟一正行怖畏生死彼語有果所謂若人說四聖諦之言語也彼身有果所謂礼拜佛法衆僧翹勤精進彼身精勤意則有果意常精勤自相同相等思惟相彼則是果三種精勤去涅槃近若其有人一切方便一切精勤捨多言語遠惡知識常不親近正心直心不動乱心如是三種則到涅槃三種道者何等為三所謂心念阿那波那觀不淨界無常破壞此一切道正心能得非不正心樂多言語非心正念妨此三道乃是惡趣地獄餓鬼畜生之行此羂縛人將入地獄餓

正法念處經第四十八卷　第十五張

鬼畜生三惡道去如是衆生為多言語之所誑惑是故憙樂多語言說如毒如刀如火如虵如墮嶮岸黠慧比丘坐禪讀誦常應捨離

彼多言語能誑多人令墮地獄畜生餓鬼彼若餘業生於人中則為伎兒常戲之人行擲絕力士舞戲種種歌等在他門傍處處行乞或復治生商賈求利或復目盲常在巷中多人之處市肆貿易以自濟命樂多言語惡虵所齧樂多言語大火所燒墮在如是樂多言語臨嶮之處為多言語惡毒所螫如是癡人樂多言語所有枝條之所迷惑一切迷惑由多言語樂多言語是大闇聚畏惡道者一切皆應如是捨離捨已次第精勤修行則得諦見是故應當作如是學空閑曠野寂靜之處無諸妨聲无唱喚聲謌聲鼓聲修智日處山谷巖窟樹根等處福德之處无聲妨處獨無餘人在一處坐一心正念壞煩惱魔如是善作以調伏心令心寂靜離於一切多語言說一切親舊知識兄弟来去相見語言皆離心不悕望惟樂獨處以為安樂常行禪誦離四顛倒彼十六種阿那波那皆悉念知无夜無晝勤發精進生死縛中能脫能走能如是者則得勝處若本未見常安隱處彼人則應離多言語有智慧人善心意者堅固修行沙門之人離於懈怠捨此一法所謂憙樂多語言說

正法念處經第四十八卷　第十六張

又斷第二妨㝵之法所不應行殺生攝故何者第二所謂治病醫師比丘不能坐禪不能讀誦如是行藥醫師比丘異道異作常覓病人常求治病作如是業大增長貪彼貪心故如是思惟悕望衆生多有諸病無量種病彼病衆生多供養我多與我物是故我於多人處行恒常受樂從村至村從城至城從邊地處至邊地處彼惡比丘既作如是思惟念已貪則增長如是比丘貪增長已心中生垢不能坐禪不能讀誦非是善行

又復治病則得垢過彼惡比丘自謂比丘若諸衆生有病患者彼惡比丘示其藥言速將油来若无油者則押胡麻押胡麻故多有虫死如是名為治病之過妄作沙門惟口自言我是沙門實非沙門

正法念處經第四十八卷　第十七張

又見病者勑瞻病人令其與肉作如是言須新殺者不用多脂不用自死不用病死不用毒死不用虵殺不用乾者不用瘦者如是約勑以約勑故彼則殺生以殺生故得殺生罪若教殺生若殺生者彼二種人同一殺業墮活地獄是故不應作治病業以貪心故

又復更有治病之過惟可口言我是沙門實是大賊是大惡人為彼衆生多病痛故處處採拾種種藥草若樹樹枝若樹果等為財物故皆悉採取彼諸藥草一切攝虫為虫所依虫在其中處處皆滿彼以貪心欲得物故地中拔取或有割取以拔取故殺地處虫或破彼虫所依止處若割取者則殺內虫彼處虫死此治病過彼心如是樂不淨命何處得有修禪讀誦彼心恒常憙樂治病

又復如是治病比丘惡心思惟有大

勝過如是比丘思惟惡法有如是心欲令多人皆有病患病者若多我則多得財物供養飲食卧具如是多利彼欲壞心不念善法不樂禪誦不近尊長不近善友亦不礼佛作不善行身壞命終墮於惡道生地獄中彼處得出以餘業故如彼善業生於人中則常病痛貧窮短命彼惡不善治病業故

又治病過依法治病亦復有過无始以来皆有三種謂風熱冷此三調停身則安樂不墮惡道是身分故以身滅故彼三亦失而彼愚癡凡夫之人未曾聞来未有智慧實非沙門而自說言我是沙門治彼三種何義何因剃除鬚髮披服法衣而便出家何故捨此无始以来欲瞋癡等非身所攝若燒身者彼三不燒不失不滅於五道中隨逐繫縛處處共行何故於此欲瞋癡等三種大過不先療治而先治彼風熱冷等此妄出家愚癡无智凡鄙之人自心所誑如有癡人无主無伴貧窮无物彼人乃有大勢力怨

日日惱乱彼愚癡者若以財物與大力怨不可遮障若以勢力亦不能防以如是怨大勢力故恒常伺求欲来殺害此愚癡人不恐彼怨知他餘人有微小怨如是彼人於微小怨則生怖畏共愚癡人以為同侶而愚癡者語同侶言我今相為除却彼怨彼愚癡者大勢力怨知其愚癡知其懈怠放逸而行如是知已即往殺之何以故以彼癡人作他事故如是如是彼沙門人自謂沙門立沙門者捨離自身大勢力怨而作他事彼欲瞋癡於无量世隨逐不離亦生死道有大力勢而无處所不可尋求唯智所知與癡同行為除如是大怨因緣捨離自身親舊知識妻子兄弟剃髮出家既出家已而於如是大勢力怨不能觀察為財物故而語他言汝之怨家風熱冷等我為除滅如是乱心愚癡之人死王来至三種怨家隨逐不離彼力大怨謂欲瞋癡彼人乃為欲繩所繫極放逸行將向他世樂作他事大貪乱意是故若人知此過已不用治

病若人治病應殺欲等則常无病尒時世尊迦葉如来而說偈言

風等無多過　欲等過則多　風等不惡道
欲等墮地獄　心過是大過　常令行惡道
是故除則樂　除風等非樂　若捨自作業
憙樂他所作　彼人速失壞　為智者所笑
風等失壞故　衆生則失身　欲等不曾失
生死无量倒　彼欲等滅樂　風等滅非樂
以欲等滅故　畢竟得勝樂　治心名治病
治身非治病　治心病難知　治風等易解

彼佛世尊迦葉如来以此因緣如是遮障出家之人不聽治病又出家人醫方治病有无量過謂生貪心見餘醫師心則生慢以不善語毀餘醫師妨廢作業心生嫉妬攝餓鬼業如是造作餓鬼道因彼人如是妬心動心生大貪心以生貪故見婦女時不善觀察以自妨乱彼人癡心見他婦女欲發壞心彼治他人風冷熱等而自增長身中諸病欲瞋癡病增欲等故是等因緣增長地獄餓鬼畜生種種苦惱彼為欲等之所破壞不善醫師則有惡見大過所縛將入地獄是故

一切出家之人常應精勤除欲等病勿治風等此等二法沙門之人欲求涅槃不應如是醫藥治病妨廢坐禪讀誦經律

又捨第三妨㝵之法所不應行何者第三所謂畫師出家業畫則非所應云何如是為除欲故捨家出家更生餘欲既知世間心業畫已而作其餘種種采畫若有不知心業畫者可作種種諸色采畫彼出家人常應如是是諦知采畫五大采色畫作五道心種雜故何等為五謂大采色畫作五道心之畫師以大白業勝淨采色畫作天道以信心故樂行大施離慳嫉妬第一白法施戒山起畫作諸天心之畫師畫作天道

又出家人復應觀知業之采畫多種業采畫作人道人則差別有下中上若是富人能持戒者彼人則是第一白業采色所畫若人大富不能持戒彼人則是黑白之業采色所畫若人貧窮而能持戒彼人則是赤白之業采色所畫若人貧窮不能持戒彼人

則是垢黑之業采色所畫若人懈怠而復多欲彼人則是黑黃之業采色所畫若人端正大種姓生彼人則是白淨之業采色所畫若人在於中種姓生彼人則是紅赤之業采色所畫若人在於下種姓生彼人則是垢黑之業采色所畫心之畫師以善業采畫作人道生於人中若為國王若為大臣而復造作不善業者如是之人白業采滅黑業采色增長出生又復若人生卑賤家若極貧窮常行布施受持禁戒如是之人黑業采滅白業采色增長出生

又復若人生中種姓有善妙色或作中業彼心畫師赤白之業采色所畫如是無量雜業采色業畫之師此人世間種種異業雜色采畫差別不同

又出家人更觀餘道所謂復觀地獄眾生心之畫師二種業采之所畫作所謂黃黑黃者謂火黑謂嫉妬生在下中地獄中生如是二種采色所畫彼比丘觀如是地獄采畫色已復觀飢渴燒身餓鬼黑業采色彼一切鬼

一一各各業色所畫

又復觀察何業采色畫作畜生謂黑赤色彼業受於第一苦惱第一怖畏是黑色畫若相殺害是赤色畫如是色者是心畫師畫如是色

又復略說畜生三處迭相怖畏畏殺畏縛被他食肉虛空行者所謂孔雀雉鵝等鳥陸地行者謂牛水牛豬馬等畜水中行者所謂魚等彼黑色畫若不畏殺彼赤色畫謂天中象如是五道五種采色彼人不能如是思惟一切世間種種苦惱天中五相人中為作畜生相殺餓鬼飢渴地獄之中受大苦惱如是種種雜業采色之所畫作愚癡少智不忌不慮是故懈怠不能坐禪不能持戒不能讀誦而能知心之畫師而作餘畫第一畫者謂世間中生老病死怨憎集會恩愛別離寒熱飢渴迭相破壞毀呰供養僮僕人主苦惱安樂地獄餓鬼畜生人天業色雜畫生死種種不能修行不能思惟心念知已不生猒離而彼比丘捨離坐禪讀誦之業餘心畫作

沙門之法禪誦為本

復有異法生死處畫不能思惟而便思惟更作異畫所謂種種根緣境界若有衆生樂境界者於長久時流轉地獄餓鬼畜生此法云何謂眼見色愛樂境界而生欲心於彼色中堅固染著彼人則攝黑業采色地獄餓鬼畜生等處如是色畫

若彼衆生眼見色已如是思惟此色无常動轉變異彼人如是不憙不樂不貪不著如是則為攝白色業天人中生乃至涅槃如是有人眼見色已不樂不緣不怖不念无心受用不生欲心彼人則以第一白業采色工畫於天人中而受快樂彼惡比丘如是癡心不思不念不禪不誦若眼見色於境界中憙樂染著如是縛者則是黑業采色工畫黠慧之人則能捨彼黑業采色惡意業畫惟應坐禪讀誦經律

又復觀察畫師沙門思惟畫時畫作何像謂耳聞聲若愛不愛彼如實觀如是聲者无常不住不堅破壞如是知已心不憙樂不生歡喜不念不樂不聽不觀如是白業采色工畫彼白色畫天人中生天中生已如是第一種種畫勝而彼畫師惡意沙門自言沙門不曾起心思惟聲畫然作餘畫而不思惟坐禪讀誦捨離禪誦不修白業

又彼聞聲癡意沙門不曾聞來愚癡无智如是思惟此聲可愛能令心喜能令我樂彼惡沙門不善觀察故觀彼聲心生怖望因之生欲於彼聲中心生喜樂此黑采色心之畫師畫作地獄餓鬼畜生彼惡沙門知業畫已而作餘畫捨離坐禪讀誦等業

正法念處經卷第四十八

正法念處經卷第四十八

校勘記

一　底本，金藏廣勝寺本。

一　三四四頁中一行經名、二行譯者、三行品名及夾註，石作「正法念經天品之廿七卷四十八」。

一　三四五頁上五行第一三字「憎」，資、磧、普、南、徑、清、麗作「增」。

一　三四五頁上一〇行第三字「住」，徑作「除」。

一　三四五頁上末行「國上」，資、磧、普、南、徑、清、麗作「國土」。

一　三四五頁中五行「獨法」，磧、普、南、徑、清作「諸法」。

一　三四五頁下八行首字「主」，南作「王」。

一　三四五頁下一〇行「聞如是」，麗作「聞如来」。

一　三四五頁下一八行「夜摩王」，麗作「夜摩主」。

一　三四六頁上末行「練金」，磧、普、

南、徑、清作「鍊金」；麗作「煉金」。

一　三四六頁下二行「垂挑」，資、磧、普、南、麗作「垂桃」；徑作「垂袾」；清作「垂袦」。

一　三四六頁下七行「膽觀」，石作「觀膽」。

一　三四六頁下一五行「寶性」，資、磧、普、南、徑、清作「寶珠」。

一　三四六頁下二〇行「夜摩天主」，資、磧、普、南、徑、清作「夜摩主」。

一　三四七頁中一六行末字「箱」，資、磧、普、南、徑、清、麗作「廂」。

一　三四七頁中一八行「皆悉」，資、磧、普、南、徑、清作「悉皆」。

一　三四七頁下一六行「寶性」，資、磧、普、南、徑、清作「寶物」。

一　三四七頁下末行「虛空」，資、磧、普、南、徑、清、麗作「虛名」。同行「其聲」，麗作「具聲」。

一　三四八頁上二行「放離」，資、磧、普、南、徑、清作「捨離」。

一　三四八頁上一七行「瞋恶」，資、磧、普、南、徑、清作「瞋恚」；麗作「瞋忿」。

一　三四八頁中六行首字「障」，資、磧、普、南、徑、清、麗作「彰」。

一　三四八頁中一六行「以見」，資、磧、普、南、徑、清、麗作「以是」。

一　三四八頁下一一行首字「有」，資、磧、普、南、徑、清作「者」。

一　三四九頁上七行第五字「行」，資、磧、普、南、徑、清作「趫行」；麗作「趬行」。

一　三四九頁上一二行「臨嶮」，資、徑、清作「危險」，磧、普、南作「危嶮」。

一　三四九頁上一七行「諦見」，資、磧、普、南、徑、清、麗作「見諦」。

一　三四九頁上二〇行「妨處」，資、磧、普、南、徑、清作「妨礙」。

一　三四九頁中一二行「常覔」，磧、普、南、徑、清作「常見」。

一　三四九頁中二一行「恶比丘自謂」，石作「比丘者自謂」；徑作「恶比丘自恶」。

一　三四九頁中末行末字「押」，資、磧、普、南、徑、清、麗作「壓」。下同。

一　三四九頁下一四行「採拾」，石作「採集」。

一　三五〇頁中四行「不恐」，石作「不忌」。

一　三五〇頁中七行「我今」，石作「我能」。

一　三五〇頁中一三行「亦生」，資、磧、普、南、徑、清、麗作「示生」。

一　三五〇頁中一五行首字「癡」，石作「疑」。

一　三五〇頁中二〇行「死王」，石作「死生」。

一　三五〇頁下一六行「妬心」，石作「垢心」。

一　三五一頁上二行「此等」，資、磧、普、南、徑、清作「此第」。

一　三五一頁上一一行首字「是」，諸本無。

一　三五一頁中一二行「受持禁戒」，石、資、磧、普、南、徑、清作「受戒持戒」。

一　三五一頁下三行「彼業」，石、麗作「彼若」。

一　三五一頁下一七行首字「能」，資、磧、普、南、徑、清、麗作「不能」。

一　三五一頁下二一行「種種」，石、麗作「種雜」。

一　三五二頁上一三行「不悕」，資、磧、普、南、徑、清作「不怖」。

一　三五二頁中七行「白業」，石、資、磧、普、南、徑、清作「自業」。

一　三五二頁中卷末經名，石無。

正法念處經卷第四十九　美

元魏婆羅門瞿曇般若流支譯

觀天品之二十八　夜摩天之十四

又惡比丘離於雜色種種畫已更作餘畫何者餘畫所謂餘者因根境界生死繫縛彼根境界或有可愛或不可愛謂鼻齅香彼觀察了鼻所齅者若香若臰於香不樂不善觀察不能壞心如是思惟此香无常念念不住不堅破壞如是實香本無後有已有還無彼如是香臭不可樂心亦不轉彼白業畫善業畫故人天中生而彼畫師惡意沙門捨如是業而作餘畫離禪誦業

又齅餘香於香憙樂心迷惑故悕望所迷不善觀察心則破壞是黑色業常集如是黑業采故畫於地獄餓鬼畜生受諸苦惱彼惡沙門捨離如是業彩色畫不能思惟而作餘畫妨廢坐禪讀誦經律

又有雜業種種采畫所謂舌味或有可愛或不可愛彼善比丘得可愛味

不喜不瞋不念不樂於此美味常善觀察无不善觀如此味者本无後有已有還无手捉彼食内於口中以舌觸之舌得食已彼食名甜即生美味熟爛腦涕額頰中下齗中而出舌頭得味與涎和合在牙閑中咀而嚼之如是繫縛愚癡凡夫彼人如是思惟舌味正觀察者是白色畫此白色畫若於人中若於天中受第一樂彼惡沙門不能觀察如是業畫而作餘畫妨廢坐禪讀誦經律彼愚癡人食味在舌甜舌觸已乃得其味作如是念此食好味第一好味勝味美味色香具足第一淨潔食愓心故身口意等行於惡業此黑業畫在於地獄餓鬼畜生三處明了彼惡沙門自言沙門不正觀察之所破壞以自妨乱捨業畫已更作餘畫以妨禪誦

復有業畫業畫世閒謂惟有根境界相者有身觸識於彼實觸心善觀察此所生觸則有三種非常不住非不破壞惟有薄皮見之生愛惟有根處非是淨潔非常非樂非有我法惟

假和合故名為身四大如篋如前入體
常妨常病一切過處如是真實觀察
身觸觸則不妨此觸惟客能為妨㝵
非自已物若能如是善觀察者白色
業畫天人中生彼惡沙門立沙門者
不作如是思惟觀察心業畫師種種
異異業畫世間彼惡比丘捨不觀察
更作餘畫妨廢坐禪讀誦經律
又復愚癡凡夫之人不善觀察而於
此觸不正觀察生如是心我此觸者
第一樂觸身體肥盛則集樂因得此
樂觸我則受樂如是愚癡凡夫之人
而於此觸不善觀察不善思惟此黑
業彩畫作地獄餓鬼畜生彼惡沙門
立沙門者捨彼業畫而不思惟更作
餘畫妨廢坐禪讀誦經律
又惡沙門立沙門者樂世間法非出
世法於出世法不思不念出世法者
謂四聖諦而於滅道十六種行阿那
波那出息入息及以四禪四種梵行四
沙門果不修不行捨此法已作餘鄙
業心不寂靜惟為少樂少彩色畫妨
廢坐禪讀誦經律更求異色不寂靜

畫彼因如是不正觀察身壞命終墮
於惡道生地獄中
又彼畫者復有大過入於惡道地獄
因緣所謂畫作端正婦女種種嚴飾
善妙之色以愚癡故心生憙樂令他
餘人見已愛樂欲發亂心何況作者
如是之人能令自他二俱欲發身壞
命終墮於惡道生地獄中尒時世尊
迦葉如來而說偈言

若不思業畫　而作餘彩畫　為畫火所燒
入於地獄中　不思無漏法　而樂於漏法
彼人染心癡　臨嶮岸欲墮　若人應禪誦
若應依林住　癡故捨所應　則墮於地獄
癡故惡思惟　作大力畫羂　為畫之所誑
將向地獄去　彩色非為雜　心畫乃是雜
彩畫兩則滅　心畫不可失　若人心不畫
彼畫不如心　業畫是大畫　畫於三界處
衆生種種色　流轉五道中　一切是業畫
心畫師所作　此之心畫師　畫作業羅網
縛一切衆生　流轉於三界　雨炙塵烟等
令畫色失滅　彼之心業畫　千億劫不失
一切地失壞　海水亦乾竭　若心畫所作
畢竟不破壞　癡者不觀察　種種自業畫

以命財物故　而作餘畫業

畫師沙門妨廢坐禪讀誦經律如是
分別有无量過樂畫作者善人不愛
不善者樂是故比丘不應畫作畫乱
其心不得涅槃乃至不能善觀察行
修一善法是故應當如是正學若諸
比丘欲求涅槃畏惡業者乃至自手
不執畫筆我今呵責此三種法沙門
之人所不當作以知彼法如是過故
又第四法沙門之人所不應作何者
第四所謂邪聞惡不善法歌咏讚誦
如是比丘捨離妻子親舊知識父母
兄弟欲斷煩惱坐禪讀誦是故出家
若不乱心常一心者能斷煩惱无能
妨乱若作歌咏讚誦愛樂種種憶念
心意則乱彼乱心故妨㝵善法不能
禪誦不近師長不聞正法不樂供養
佛法僧寶不攝威儀不能善持威儀
之戒常作歌咏心生愛樂如是歌咏
依彼所咏過去種種曾聞之法非法
所攝惟聞彼法以為耳樂非善觀察
所攝所集綺語相應彼如是法是惡
沙門之所信樂數數聞已行彼惡道

行惡道故復作俗人自壞正法樂歌咏故常作歌咏則於禪誦懈怠不勤乃至不應入衆僧中一切飲食皆不應食懈怠尚尒何況破戒入衆僧中猶尚不應何況得受牀敷卧具病藥所須或復受他礼拜恭敬懈怠之人所不應受是故比丘常歌咏者以歌咏故不樂坐禪讀誦經律樂歌咏者惟常勤心習作歌咏常一切時樂依歌咏種種方便間錯心意為種種疑之所破壞讃彼歌咏有種種咏彼人如是自乱心意命欲漸盡老死時到將欲往至未曾知處獨行無伴離出世法若常歌咏愚癡之人不覺死至甚為自誑人身難得諸根難具雖得出家徒作歌咏空无所獲虗妄而死失自利益又復比丘作歌咏者疑破壞故垢心垢行作歌咏業一切疑中婦女疑大彼婦女疑比丘不應婦女疑者少而能燒如火雖少能多焚燒彼婦女疑如是能燒愚癡軍衆彼於生中百千万處皆悉能燒彼歌咏中初讃婦女婦女在初彼婦女疑破壞

比丘種種無量不正觀察愚癡壞心讃婦女身以為供養持在心中説為淨潔彼惡比丘一切自身失正觀察復令他人不正觀察自他失故身壞命終墮於惡道生地獄中彼於所聞惡不善法歌咏讃頌繫縛過故

又聞邪法歌咏讃頌復有大過謂惡沙門聞邪惡法歌咏讃頌令意愚闇若復彼人未曾聞来未曾見来不從他人先見聞来直自貪心故作歌咏復教他人種種歌咏言我曾見言我曾聞故被繫縛以彼他人知如是人先不見来先不聞来則言如是不善之人如是妄語自心思量而作歌咏彼人如是妄語業故身壞命終墮於惡道生地獄中歌咏過故又聞邪法歌咏讃歎復有大過所謂邪聞樂於歌咏於所從聞先舊之人則生惡心憎嫉之言我歌咏勝毀呰先舊久時論師彼實大能言其不善彼惡沙門如是捨離坐禪讀誦增長瞋恚具足增長不善垢業白淨善業於未来世能與安樂此善業滅梵行之人輕賤

如是聞邪惡法而歌咏者以如是人心不正故

又聞邪法歌咏讃頌復有大過如是邪聞而歌咏者若晝若夜心意不正不念佛法而樂歌咏恒常讃頌不思正法不能坐禪又不精勤除滅煩惱如是之人非實沙門无沙門意正法難得於百千劫難得正法彼惡沙門立沙門者得如是法而不正行而不攝取

又聞邪法歌咏讃頌復有大過謂彼惡人貪作歌咏未曾聞来而便讃頌或時妄語彼人常近不正行者猶如狂人心憧動故於一切處皆悉往到讃咏歌頌繫縛邪語讃妄語者種種所説所有口業皆悉妄語不曾一實如是之人歌咏覆心復近其餘富貴惡人依止彼故作不善業如是之人近惡人故得酒供養以飲酒故不作一善其心動乱失自利益由飲酒故惡道門開彼人醉故能作一切不善惡業見婦女故不正觀察故失正心彼惡沙門作非梵行被燒福德爛臭

惡物如此頭羅有花無果猶如畫燈无光明照又如畫月無涼冷觸如是如是彼惡比丘惟以袈裟覆身而已惟有沙門形色而已身壞命終墮於惡道生地獄中彼聞惡法歌咏過故讚頌過故是故沙門聞不善法不應歌咏不應讚頌若作正法讚歎頌咏正法增長若不讚咏不損正法若稱歎佛若讚三寶增長正法令法光明如是讚者如是福德次第乃至到於涅槃彼口業果勤修習者若人所讚身壞命終生於善道天世界中彼人如是實讚歎故增長正法如是歎咏是則應作不如是作則入地獄

又第五法妨廢坐禪誦讀經律何者第五所謂比丘數星思惟實非沙門自謂沙門數星思惟則不應作如是比丘毀沙門法妨廢坐禪讀誦等故彼思惟已福德命行不覺損失何為出家不得彼法彼命終盡所作不辦不得免離衰老病死悲啼號哭愁苦懊惱彼人常在生死道中流轉而行彼於數星不得利益數星思惟不

能自救亦不救他何以故惟數業星能救自他何以故一星生人有苦有樂有醜有媚有大種姓有小種姓有依法行不依法行有貧有富有王有民有貴有賤有盜不盜有聰有蒙有愚有智有男有女或有持戒有不持戒有勤精進有不精進有為人愛不為人愛一切皆愛一切不愛惟一種星而有異種人生不同若星因緣彼一星生何故一切不皆一種如向所說前功德過一切不知不數業星數空中星愚癡之人功德與過不知不數善不善業二果不數數空中星又復彼人數星思惟而實不善亦不寂靜所謂一星或生於人或生畜生或生餓鬼差別不等非星勢力等勢力故異異而生此星思惟如是不善亦不寂靜思惟業星是善寂靜次第乃至到於涅槃

又復彼人數星思惟而實不善亦不寂靜所謂彼星力不常定更有妨故有勝劣故此星復為勝星所覆彼星異時而復更為異星所覆是故當知

數星思惟義不相應若其有人數星思惟謂星因緣有苦有樂非是自身有苦有樂彼星更有餘星所覆云何而能與他苦樂故知由業而得如是善不善果非星能與若由曜者更有曜瞋如是初曜則得苦惱如日與月羅睺蝕之則得苦惱若此日月自不能救何能救他是故沙門立沙門者數星思惟不應如是數星思惟

有三大曜謂病老死此為最大常住世間彼惡沙門不思惟此而更思惟餘世間曜彼人愚癡无有聞慧思惟世間二十八宿如是思惟則有罪過而不思惟彼出世間二十八宿若能思惟實觀察者入涅槃城二十八者所謂五陰及五取陰十八界等思惟此者到於涅槃以如實觀離欲持戒故得涅槃數星思惟則不能得

又惡沙門立沙門者復有異法數十二月如是數已不得利益亦復不能斷除煩惱猶故在於有中而行而不能知數十二入若能思惟數十二入知實義已於欲生厭以寂靜故則得

涅槃彼惡沙門立沙門者以不能數不思惟故思惟他染而數他事

又惡沙門立沙門者復有異種惡思惟染思惟六時既思惟已於病老死不得解脫為无常染之所擾亂不思惟身三十六種若思惟者彼實觀察則能捨離而得涅槃

又惡沙門立沙門者念世間時思惟彼時作如是言此時則善其念不善某時當得某時不得如是惡念惡思惟者非是寂靜則非得樂非近涅槃非得涅槃應念心時心相攀緣有善不善有記无記念世時者心不思惟此三種時若能思惟善不善心有所攀緣如是思惟我生某心善攀緣者我未來世當生善道若我未來當得涅槃我生某心不善攀緣不善染心彼當非樂當非寂靜當非涅槃不得涅槃我生某心無記攀緣得无記報

又惡沙門沙門相似念世間道思惟世時惟一念時无俟離多若一日時半月月時善不善果思惟人中命行盡時而不思惟我之命行念念中盡

彈指須盡无俟離多若一日時半月月時我之命行念念盡滅而不可避無有方便可避死時

又惡比丘復有思惟異法數時妨廢坐禪讀誦經律所謂思惟世間染法思惟星時彼人思惟樂行多作念在心中如是記說如是某星某曜来覆能與為妨能與其惡此世間中能好能惡思惟彼事則不能離妻老病死悲啼號哭愁苦懊惱不斷生死是故不應如是思惟如星曜覆復有異法異法所覆所謂生星死曜所覆无病之星病曜所覆少年之星老曜所覆愛和合星愛離曜覆生天之星退曜所覆人中生星為作曜覆樂愛之星苦受曜覆善心生星不善心生曜之所覆不淨之星欲曜所覆慈心之星瞋曜所覆觀智之星癡曜所覆彼惡沙門立沙門者於自思惟不能思惟出世思惟而不思惟此是思惟出世間星如向所說如實觀察實法之星實曜所覆如向所說既思惟已如實觀察八聖道分如是曜星思惟得果

寂靜或樂乃至涅槃若凡愚人思惟如是世間星曜或思惟曜或思惟星乃令无量多百千人入於惡道生在地獄餓鬼畜生此是世間生死因緣生貪瞋癡若有思惟出世間道時節星曜若思惟時思惟曜星思惟此已如實觀察而修行者則令无量多百千人於老病死悲號啼哭愁苦懊惱而得解脫到不退處不老不病不死不盡寂勝涅槃不退之處若如是學比丘沙門立沙門者欲得苦盡生死苦盡修星思惟修時思惟如向所說為鄙為染如是知已知非畢竟知非寂靜非得涅槃惟妨比丘坐禪讀誦比丘不應數星思惟數星思惟則不相應又第六法不應思惟所謂沙門立沙門者妨廢坐禪讀誦經律何者第六不應思惟謂思惟占相沙門之人不應思惟世間染法增欲瞋癡思惟彼相妨廢善法若諸沙門立沙門者知地動相世間染相或晝或夜如是思惟地當欲動令見有相所謂地水平等定住風吹則動雖動不濁地欲動

故風吹則濁或雨欲墮蟻子運卵日當欲蝕油脂沉水鳥在空中近地下飛日當欲蝕諸方則赤若欲安隱膩潤風起諸方无垢右旋行相見如是相則知安隱若欲有惡諸方赤黃乾无膩色有乾風起赤黃青色日暈輪起在虛空中日將欲蝕諸方則赤當有善者彼方則有潤膩風吹清淨无垢无塵霧等復見善相右旋行相相應之相當有不善則見諸方有赤黃色乾無膩色或見彼方无膩風吹見赤黃色暈輪日出在虛空中彼惡沙門立沙門者如是占相如是見故妨廢坐禪讀誦經律思量記說悕望財利種種供養思惟二王為勝不勝彼以如是求勝不勝是故心中生欲瞋癡如是三種彼為根本如是比丘得三種過既非沙門復非俗人若善沙門立沙門者不用占相以見此相增涤欲故

又復更有惡相思惟有占相師王欲鬬行問其時節彼決定記某日時中共彼鬬戰一切人破若一切人欲戰

鬬者於彼何處多殺無量百千衆生皆悉散壞或捉繫縛如是城村或國土中或多人處於彼王所迭共鬬諍迭手相破能令失壞无量百千衆生受苦彼惡沙門為王看日為王占時言某日好某時寂好王必得勝能破餘王見相已說彼惡沙門如是思惟此王若勝我則於王多得財物多得供養當於王所得如是事彼惡沙門立沙門者善法則滅所謂坐禪讀誦經律或時增長不善之法以其分別勝非勝故彼以思惟如是法故身壞命終墮於惡道生地獄中以此因緣若善沙門立沙門者則不思惟世間之相以此思惟生三種過妨善法故若不思惟此世間相思惟餘法離三種過出世間攝正念思惟此法去何所謂如彼地動相知或晝或夜如是思惟地將欲動如是之人或夜或晝何不思惟心地當動如地動時一切世間或山或河園林樹木若村城等皆悉普動如是如是心地動故自餘一切大地善法及餘法等皆悉普動是

故沙門立沙門者應先觀察如是心地當必欲動心地轉動心地震動心是心地三法所動謂欲瞋癡令心地動如地當動必先有相謂水本清風吹則濁如是如是凡夫之人或欲或瞋或癡將生其人面色或異或赤如是先濁是故沙門立沙門者應觀此相攝涅槃相觀此相者不得苦惱此心地相出世間相

又復次觀世間法相雨欲墮故蟻子運卵如是沙門立沙門者如是觀察出世間相如村城內多饒人處見有檀越若諸沙門諸婆羅門諸長者等以信佛故為聽法故往到佛所如是實相彼善沙門立沙門者見如是相即便記說今於彼處有佛世尊欲說正法如此檀越及諸沙門諸婆羅門諸長者等皆到佛所彼佛決定欲說正法今見此相非下劣相今知此相是法雨相

又惡沙門立沙門者見月耀相決定知月必當欲蝕置油水中下沉没故此如是相非善非吉亦非寂靜此如

是相非沙門相非寂靜相彼沙門相則不相應出世間相觀察相應占世間月終時剎惡知正法月當必蝕以正法油沉沒邪見人心水中此相非喜亦非清涼此第一相非是世間月蝕之相

又惡沙門立沙門者更觀世間月蝕異相如月當蝕鳥在空中近地下飛此於沙門立沙門者不相應相復有好相出世間相所謂觀察正法月蝕此是沙門正法道行謂彼沙門於下知識下憧越等下人邊行如鳥下飛在彼白衣不正行人邪見之人門下行等近下語說如在空行近地下飛時過失故一切沙門立沙門者觀察此相第一勝相不應觀察彼月蝕相則非好相

又復有相若惡沙門立沙門者以日蝕相觀世間相日將欲蝕諸方則赤當有善者彼方則有賊風所吹清淨無垢无塵霧等見彼善相右旋行相相應之相彼善沙門立沙門者不相應見以妨坐禪讀誦業以此世間相

則非寂靜則非安樂如是如是若善沙門立沙門者欲得寂靜應當觀察出世間相觀菩薩日為一切智菩提當攝或於一劫或二劫或於三劫決定當攝如是沙門見出世間菩薩之相所謂精進布施聞智赤色方相慈心憐愍一切衆生菩薩身赤當安隱者謂此菩薩第一切德皆悉具足一切智相當必圓滿當必說法諸方无垢无塵覆者離惡時過當有善者如來名稱賊風所吹如彼世間相師所見此出世間如是相師見未來相聲聞緣覺阿羅漢相右旋相者謂正觀察

又彼相師惟見如是世間法中生死之相當有不善則見諸方有赤黃色乾無賊色或見彼方无賊風吹有赤黃青暈輪日出在虛空中彼惡沙門觀如是相妨廢禪誦若善沙門出世相師為諸信人如是記說當有不善何者不善謂障正法見如此相如見彼方有赤黃色如是相者正法欲滅有如是相謂諸方人憙樂惡口妄語

兩舌殺生偷盜當有彼人乾風吹者所謂惡名若有衆生非正法行惡名風吹聞於八方四方四維皆悉普遍以諸衆生不行正行作不善業惡名風吹如是遍聞世間相師見赤黃青暈輪日出在虛空中如是師者世間相師出世相師見赤黃青暈輪日者謂惡沙門惡婆羅門如是衆會非一切智起智慢故自言我是一切智人此邪見人非是實日非一切智立一切智非好種姓凡姓中出彼如是人邪見日出一切藥草園林樹葉悉皆乾枯如是所謂一切善人正見藥草園林盡乾如是如是此出世間正法日出增長禪誦第一義諦光明勝智如是觀察出世間相先觀察已然後記說所謂為彼有信沙門諸婆羅門諸長者等如是記說作如是言諸有值遇正法日出皆應精勤作諸善業莫於後時一切正法皆悉滅沒邪見日出非是沙門自言沙門非婆羅門言婆羅門非一切智言一切智諸惡沙門惡婆羅門暈輪日出汝得衰惱

如是記說一切智法彼則相應是真相師有大勝意有能思惟如是相者不妨坐禪讀誦經律更異思惟世間相者則妨禪誦此世間道出世間道如是勝劣世間法者則攝生死出世間法次第乃至到於涅槃尒時世尊迦葉如来而說偈言

離坐禪讀誦　常憙樂占相　彼捨離善法
不可得涅槃　若捨離自法　而樂他法者
彼二法失壞　到於惡道處　若人捨自家
而喜樂他舍　人中輕被笑　速尒致貧窮
如是癡惡意　智慢自言勝　捨離自法已
而修行他法　出家而邪命　失法失名稱
人中輕如草　未来入惡趣　捨離寂靜法
而行於惡業　彼人不久間　因此失佛法
心悕望離欲　无有餘悕望　勤精進知足
如是名行禪　若心憙樂欲　常貪於飲食
是著袈裟賊　不名為比丘　若比丘說相
常思惟星曜　近王放逸行　非比丘相應
醫師畫師業　聞惡法讚咏　與惡者同處
則失比丘法　憎嫉禪讀誦　愛樂多語說
貪供養財利　則失比丘法　推求諸寶性
愛樂多知識　復貪餘財物　退失比丘法

惟貪諸飲食　我慢不聞他　悕望人請喚
退失比丘法　若不近一切　捨離於惡衆
水草食知足　是名真比丘　得諸境界已
棄之如捨火　除斷我慢過　是名真比丘
內外俱寂靜　智光明莊嚴　持戒衣覆身
是名真比丘　遠離世間法　不動如須弥
一切世間愛　是名真比丘　三宿住城內
饒人處皆尒　止住山谷中　名解脫比丘
畏惡不近他　正行心不動　智審諦寂靜
是獨行比丘　不悕常愛語　捨離惡知識
不樂多所作　名解脫比丘　彼如是比丘
得脫於有過　知世間涅槃　等心不悕望
心常憙樂智　及以善寂靜　於生老病死
悕畏中得脫

如是比丘得阿羅漢若不尒者惟名比丘為自妨㝵墮於嶮岸此第六法如是妨㝵若善沙門不應為作

又復沙門立沙門者於第七法不應為作何者第七所謂惟集飲食滿藏此多貪瞋捨離一切禪誦等業惟在大牀空坐而已衆僧所攝牀卧敷具病藥所須虛妄受用本在家時懈怠懶惰畏諸作業是故出家惟貪食味

常伺他貪求望飲食或樂境界如是比丘是死比丘所謂比丘不能坐禪讀誦經律毀破淨戒自餘死者惟棄其身毀戒比丘一切善法皆悉破壞惟能坐牀心生憍慢自謂為好惟有比丘形服而已其實無戒離於正戒所言戒者謂之心戒彼不能持彼不能作彼戒七種何等為七所謂口戒比丘如是或於比丘或於俗人口不共語惟除法事或婦女人持戒比丘除乞食行口不共語或為呪願作如是言令汝得樂得涅槃等若見母時見姉妹時惟看其足不看其面不看其服及莊嚴等尒時世尊迦葉如来而說偈言

手觸若風吹　此火久乃燒　見婦女火起
速燒不待久

是故比丘悕畏欲燒不共一切婦女語言此是一戒又第二戒所謂不近不善知識不於一處久時住止不取多利捨多供養不捨病人不見妻子瞻於何處有多利養則捨而去畏生貪故離破戒者不與同住如是七種

正法念處經第四十九卷　第二十四張　美字号

比丘不攝惟貪飲食於他財利於他供養若見若聞則生憂惱如是思惟我今當設何等方便得彼利養如是思惟心生貪著如是心濁增長貪心彼惡沙門一切善法皆悉破壞晝夜常愁心不安隱而彼比丘見餘持戒善行比丘為他供養生嫉生貪而便往到彼檀越家諂曲形服少語徐行心不寂靜外現威儀寂靜之相身披納衣復與多人不持戒者以為朋侶惟有貝聲而行惡法同伴相隨造彼檀越現持戒相如是如是隨心所行如是比丘彼檀越主謂其持戒如是念言此等比丘第一持戒彼惡比丘現持戒相令彼檀越心信敬已共諸朋侶數數往到彼檀越家如是比丘隨已所聞少知佛法共其同侶為彼檀越說所知法如是方便欲令檀越迴彼比丘所得利養而施與之如是比丘形相沙門第一大賊到檀越家方便劫奪他人財利及以供養如是比丘見他財利見他供養生貪嫉者不曾少時眼開合頃暫作善法彼惡

正法念處經第四十九卷　第二十五張　美字号

比丘破戒沙門捨離坐禪讀誦等業無一念閒不攝地獄餓鬼畜生

正法念處經卷第四十九

三五

正法念處經卷第四十九

校勘記

一　底本，金藏廣勝寺本。

一　三五五頁中一行經名、二行譯者、三行品名及夾註，石作「正法念處經天品之二十八夜摩天之十四卷第四十九」。

一　三五五頁中一七行第七字、二一行第七字「采」，資、磧、普、南、徑作「彩」。

一　三五五頁下一二行第四字「舌」，石作「虫」。

一　三五五頁下二二行末字「根」，磧作「相」。

一　三五六頁中八行第三字「墮」，南作「隨」。

一　三五六頁中一二行第八字「岸」，石作「垿」。下同。

一　三五六頁中一六行第三字「兩」，麗作「雨」。

一　三五六頁下八行第八字「責」，石

作「嘖」。

一　三五六頁下九行第五字「嗇」，資、磧、南、徑、清、麗作「應」。

一　三五六頁下一五行「愛樂種種憶念」；資、磧、普、南、清、麗作「惡事種種憶念」；徑作「惡事種種億念」。

一　三五七頁上一〇行末字「疑」，麗作「癡」。下同至末行。

一　三五七頁上一一行第一二字「咏」，資、磧、普、南、清、麗作「味」。

一　三五七頁上一五行第一三字「雖」，石作「難」。

一　三五七頁上二〇行第九字「雖」，石作「唯」。

一　三五七頁中一七行第四字「歎」，麗作「頌」。同行第一〇字「謂」，石作「誦」。

一　三五七頁下一七行「富貴」，石作「貴富」。

一　三五八頁上一行第一三字「晝」，磧、普、南、徑作「畫」。上二行第七字，普、南、徑同。

一　三五八頁上二行第二字「光」，石作「有」。

一　三五八頁上八行第六字「不」，諸本作「有」。

一　三五八頁中五行「有蒙」，磧、南、徑、清作「有懞」。

一　三五八頁中七行第六字「有」，石無。

一　三五八頁中一六行第一一字「等」，諸本作「業」。

一　三五八頁下七行第三字「蝕」，資、磧、普、南、清作「食」。

一　三五八頁下一九行第一一字「異」，石作「畢」。

一　三五九頁上九行「其念」，資、磧、普、南、清、麗作「某念」。

一　三五九頁中七行第九字「某」，磧作「其」。

一　三五九頁中一五行「樂愛」，資、磧、普、南、清、麗作「樂受」。

一　三五九頁下一行第三字「彧」，資、磧、普、南、徑、清、麗作「快」。

一　三五九頁下一八行第九字「占」，石、資、磧、普、南、徑、清無。

一　三五九頁下二二行「地水」，石作「池水」。

一　三六〇頁上一行末字「日」，資、磧、普、南、徑、清、麗作「月」。

一　三六〇頁上一一行「風吹」，資作「風次」。

一　三六〇頁上一二行第三字「色」，石、麗作「青」。

一　三六〇頁上末行第三字「鬬」，石作「斵」。下同。

一　三六〇頁中五行「王占」，石作「主瞻」。

一　三六〇頁下二行第一〇字「心」，麗作「如」。同行末字「心」，資、磧、普、南、徑、清、麗作「如」。

一　三六〇頁下六行第一一字「異」，資、磧、普、南、徑、清作「黃」；麗作「黑」。

一　三六一頁上五行第二字「喜」，麗

作「善」。

一　三六一頁上末行第一〇字「以」，資、磧、普、南、徑、清、麗作「故」。

一　三六一頁中三行「菩提」，資、磧、普、南、徑、清作「菩薩」。

一　三六一頁中四行第七字「或」，諸本作「或於」。

一　三六一頁中一〇行第四字「覆」，石、麗作「霧」。

一　三六一頁下二〇行第七字「正」，南作「王」。

一　三六二頁上四行「出世」，磧作「世世」。

一　三六二頁上一五行第一〇字「聞」，資、磧、普、南、徑、清作「間」。

一　三六二頁上二二行「寶性」，資、磧、普、南、徑、清作「實性」。

一　三六二頁中一行「請喚」，麗作「讚歎」。

一　三六二頁中一〇行「怖常」，石作「慢諸」；麗作「怖常」。

一　三六二頁中一六行第四字「自」，資作「目」。

一　三六二頁下一行第四字「貪」，諸本作「會」。同行第一〇字「樂」，徑作「藥」。

一　三六二頁下一九行第七字「又」，資、磧、普、南、徑、清作「人」。

一　三六二頁下末行第八字「與」，徑作「于」。

一　三六三頁上一一行第三字「貝」，南作「其」。

一　三六三頁中末行卷末經名，石無。

正法念處經卷第五十　美

元魏婆羅門瞿曇般若流支譯

觀天品之二十九　夜摩天之十五

又彼比丘共已同侶於檀越家先所相識持戒比丘以諂誑心說其過惡或以嫉心說其破戒或以嫉心說其无聞或以嫉心說其行相語檀越言沙門師毀破禁戒或說懈怠無聞无智愚癡如鳥少聞少智彼惡比丘向他檀越如是惡說恒常習近非法境界何處得修禪誦等業彼空無物不堅不實身壞命終墮於惡道生地獄中尒時世尊迦葉如來而說偈言

妄語言說者　惱一切衆生　彼常如黑闇
有命亦同死　語刀自割舌　云何舌不墮
若妄語言說　則失實功德　若人妄語說
口中有毒虵　刀在口中住　炎火口中燃
口中毒是毒　虵上毒非毒　口毒壞衆生
命終墮地獄　若人妄語說　自口中出膿
舌則是泥濁　舌亦如熾火　此如是羅縛
地獄之前使　破壞法橋等　皆是妄語過
彼妄語之人　則非有父母　亦不能持戒

墮於惡道中　若人妄語說　彼人速輕賤
爲善人捨離　天則不擁護　自不攝言語
速疾多瞋恚　心慢多語說　常受諸苦惱
常憎嫉他人　與諸衆生惡　方便惱亂他
因是入地獄

彼佛世尊迦葉如來如是已說妨廢禪誦七種惡法彼惡比丘於持戒者作不饒益是故天捨口中生刀爲少利故他實功德而說言无彼實无過而說有過如是之人是惡沙門自謂沙門妄語言說彼人如是常有惡意惡行惡法彼檀越主後時知已心則輕薄知其諂曲此第七法是故比丘應當捨此第七惡法所謂怖畏飲食供養皆欲在已

又復第八障㝵惡法妨廢比丘坐禪讀誦是故沙門應當捨離何者第八所謂採集種種寶性造作諸寶如是比丘怖畏生死剃除鬚髮披服法衣以信出家彼生死中多諸苦惱略而言之有二種苦依陰界入在三界中廣則五道又復廣者八大地獄餓鬼畜生欲界六天於欲界中復有枝條

種種諸苦於色界中復有心苦無色界中則有退苦故欲退時三昧則亂如是心者有无量種分別之苦彼善男子觀苦惱已心生猒離怖畏如是无量過惡剃除鬚髮披服法衣以信出家

又彼沙門復觀餘苦心生怖畏所謂身苦身苦二處謂欲色界隨有身處皆受苦惱彼色界中云何受苦謂於禪中疲惓故起起彼禪已身則疲惓彼欲退時身威德劣風觸其身如是風者本來不觸是故觸身則受苦惱唯除眼觸受樂无苦則是无記如是分別受苦不同依色身有彼善男子如是聞已知生死中一切苦惱陰界入聚和合皆苦

彼觀如是无量無邊生死苦已而便出家既出家已近不善人近彼人故同其作業聞寶性方畏何性故以信出家聞餘性故更生貪心或聞金性或聞銀性或聞寶性如是聞已不知猒足貪火所燒彼既燒已共惡知識行於山中從山至山從一山峯至一

正法念處經第五十卷　第四張

山峯如是遍行在隱密處貪火所燒晝夜常苦無有樂時以何因緣如是出家不念彼性思惟異性謂捨身性而不思惟如向所說彼人如是心意不正乱心意故妨廢禪誦失於善法彼非沙門亦非俗人為求涅槃是故出家性鬼所著則生貪心貪羂繫縛入於地獄尒時世尊迦葉如来而說偈言

觀察身性者　即是一切性　欲得涅槃者
調身性非餘　若捨離身性　貪著於餘性
彼人迷真性　不得脫苦惱　金性則不能
除捨諸苦惱　諦知真性者　得脫苦不疑
一切苦生苦　此苦難得脫　財於王賊火
一切皆怖畏　是故應捨物　如本来無物
捨離則受樂　攝取則受苦　諦知於身性
復諦知性相　喜樂於禪誦　能燒煩惱山
是故黠慧者　觀察身攝性　衆生知自相
則得涅槃樂

有智之人如是勤心觀此身性不樂經營金銀等性此是一切在家之人怖畏根本况出家人出家人者一切捨離彼財物者一切怖畏非貴財物

正法念處經第五十卷　第五張

如是得樂如是財者則非財物非財物性何者是物謂觀身性若捨身性而樂餘性非於禪誦勤精進也如是之人身壞命終墮於地獄故出家人常應修集禪誦財物不應求於世間凡物彼因緣故能增長愛是故知足第一財物餘財物者能令衆惱此第八法妨於禪誦出家沙門應當捨離

又復第九障导惡法妨廢比丘坐禪讀誦是故沙門應當捨離何者第九所謂近王出家之人不應近王何以故近王沙門一切世人嫌不供養彼親近王惡沙門者悕望財物或城或村或多人處常求財物不知猒足若不求者徒近於王妨廢禪誦如是比丘發心欲行解脫之道而復返入繫縛道中是故比丘不應近王

又復比丘不近何者所謂比丘不近惡人彼是何人謂惡知識或時淤著五塵境界所謂色聲香味觸等不善觀察懈怠愚癡住村中等一切除捨不近一切懈怠之人不近一切諂誑之人不近一切貪食味人不近一切

正法念處經第五十卷　第六張

商賈之人不近一切屠獵師等惡命活者不近一切本性妒人不近一切邪見之人不近一切不審諦人不近一切我慢之人不近一切卒富貴人不近一切博戲之人不近一切酤酒之人不近一切嗜酒之人不近一切酒肆之處不近樂見婦女之人不近一切婬女主人不近一切儲畜雜貨販賣之人不近一切厨宰之人不近一切獄卒等人不近一切捕鳥之人不近一切戲論之人不近一切信外道人不近一切衆所憎人比丘不應近如是人或與同住或共語言或同道行一切不應何以故多人疑故若出家人若離諸過清淨之人皆不應近彼生疑者謂彼比丘亦同如是以彼比丘或近彼人或同處住如是比丘他過所汙是故不應近如是等何況近王彼近王者審為凡鄙尒時世尊迦葉如来而說偈言

比丘林應住　近王審凡鄙　著袈裟近他
如奴依主命　比丘非近他　尚不應近天
飛不應近狗　以其淨潔故　無我無悕望

正法念處經第五十卷　第七張　吳

心不求一切　怖畏生死者　近王則非善
住園林塚間　若平地若山　則是善比丘
近王則非善

如是種種无量方便捨離近王若近王者諸梵行人悉皆呵毀所應近者其唯智王如是近者畢竟寂靜近智王故必得涅槃隨所得處皆悉不退近彼智王則有方便謂於禪誦堅固精進不作餘業妨廢禪誦親近尊長修習知足其心調順常无貪求以近尊長隨時諮問受持不忘於希有物不求見聞不生奇特近智王者有此方便尒時世尊迦葉如来而說偈言

近尊長供養　隨時勤請問　修行施戒智
復親近智王　天人世間中　能示安隱者
非有中苦縛　世間之凡王　若无苦惱者
此乃名為王　若常受苦惱　不得名為王

比丘應近如是智王勿近凡王近世王故妨廢禪誦若不禪誦復墮地獄餓鬼畜生此是世間凡王境界是故比丘知此過已常不近王住林之人若親近王則非所宜故應捨離此第九法妨禪誦故

正法念處經第五十卷　第八張　英

又復第十障㝵惡法妨廢比丘坐禪讀誦是故沙門應當捨離何者第十所謂比丘悕望請唤貪樂食味既於境界正修行已乃更後時在人間行捨棄林野可愛之處復於人中處處遊行如是比丘近於放逸家家村村從城至城從多人處至多人處如是遍行樂多言說妄行人中樂世俗語樂見親舊親舊知識詳共請唤得好美食既得種種美味食已妄於林中捨離禪誦放逸而行悕望飲食以常貪著種種食故不覺身盡如是著味悕望請唤心以為樂

又若比丘於境界中不如法行眼見好色心愛樂故則生染欲悕望樂見轉復愛著於彼彼處心生憙樂如是比丘行於人中失自利益禪誦之業如是失已常悕食味常到他舍眼見色故心生愛樂如是次第耳聞於聲心生愛樂鼻得香已心生愛樂如是樂著一切境界為一切縛之所繫縛為一切羂之所繫縛於一切欲隨逐而行既非在家復非出家如是之人

正法念處經第五十卷　第九張　英

身壞命終墮於惡道生地獄中是故不應樂他請唤樂他請唤有如是過是故比丘應觀此過不應常在人中遊行若須行者有五因緣得行人中一為病人推求醫藥資用因緣得行人中二為饒益尊長因緣得行人中三為佛塔自舍破壞修治因緣得行人中四為饒益衆生因緣得行人中五為他王破其國土欲化彼王救命因緣得行人中為如是因得行人中若无如是五種因緣行人中者是虛妄行妨廢禪誦如是行者於老病死悲啼號哭愁苦懊惱不能得脫彼惡沙門立沙門者徒尒出家是故比丘若心悕望欲斷愛者心應正觀寂靜諸根依憑尊長附近三寶攝心而行攝三寶故拔斷一切煩惱使根尒時世尊迦葉如来而說偈言

捨離禪誦業　唯貪著食味　是則非比丘
其心如餓鬼　除禪更无樂　智者如是說
離於禪定樂　更无樂可得　愚人捨上樂
唯貪著諸味　如是癡惡人　則得衰惱事
若人樂境界　常依境界樂　增長不善法

命終墮惡道　若人離禪誦　捨持戒布施
剛獷不調伏　有命亦如死　若順法行已
在世間不死　離法常愚癡　有命亦如死
雖有人皮覆　愚癡同畜生　以智燈光明
不照其心故　若受持戒者　可得名為人
一切破戒者　則如狗不異　若貪不布施
惡行不調伏　則不名為人　攝在餓鬼數
若人无戒智　復無布施寶　彼人雖有命
則與死不異　若行戒施禪　受持念三昧
是人亦名人　應為天所礼　有功德是人
无功德如羊　功德知功德　彼人則名天

如是功德功德者知功德人者一切憂樂若无功德彼常受苦是故比丘既聞如是勝功德已不應貪味此第十法妨廢禪誦沙門之人畏生死者應當怖畏

又第十一障导惡法妨廢比丘坐禪讀誦是故沙門應當捨離第十一者謂癡比丘我慢心故不請問他內智不開外向化說言一切智有一切智故我能說我能解義我能讀誦一切法聚是我所持百千法義我教弟子更無有人與我等者自心攝受復為

他人作如是說彼唯智慢而實无智彼人常為一切眾生說自功德是故世間一切聞者皆生貴重一切世人皆作是言此善比丘具一切智如是比丘更無與等一切世人皆如是說而彼比丘寂無所解內實空虛无所知曉心中無物猶如空器亦如秋雲離於禪誦諸少智人之所供養唯修禪誦持戒布施勤修精進攀緣善法智慧毗尼調伏莊嚴安住佛法勤不休息大悲熏心此是沙門所應行法彼惡比丘內空无智如是意念若我今者見彼比丘則示我法如是比丘輕賤於我彼檀越家常供養我若就彼學則彼檀越不供養我輕賤於我是故我今隨自所知所解多少為他宣說隨彼聞者解與不解我終不能就彼而學如是內空畏他輕賤以慢心故既自不解不請問他畏人輕賤如是慢心妄語之人失五學句何等為五所謂妄語彼未知故是以為他妄語而說此是彼人破初學句又復次破第二學句所謂偷盜彼不應受

他人供養彼檀越主為智慧故與物供養而彼愚人少於智慧而取其物如是癡人則是偷盜如是名破第二學句

又復次破第三學句所謂比丘初出家時所受學句依持戒住緣於持戒起如是心我今出家而彼比丘若不學問何有持戒為他說言我則多知如是名破第三學句

又復次破第四學句所謂難問畏他輕賤是故謗法而說非法言此是法此是第一毀破學句如是名破第四學句

又復次破第五學句所謂彼人不知法故於同梵行所說正法言非正法作如是言汝等一切不知深法汝所說者非佛所說彼人如是謗他眾僧作如是言唯我能知汝等眾僧一切不知如是謗僧畏他輕故語眾僧言汝說非法而僧說者其實是法彼惡比丘如是則失正法功德寂大妄語身壞命終墮於惡道生地獄中不請問他惡業因故

不請問他復有大過謂我慢心我慢心故不入林中畏他輕賤於示道者而不請問何者為道去何心緣何所攀緣去何忌失復攝在心如是於他不請不問慢心過故彼不能得如是道故心生疲惓結加趺坐即尒復起作如是念此法虛妄彼諸比丘唐為此業此非是道實无有禪無三摩提亦无禪果無三昧果以我慢心畏他輕賤如是誹謗彼邪見者身壞命終墮於惡道生地獄中尒時世尊迦葉如来而說偈言

知時離我慢　請問於尊長　比丘勤精進
速得於涅槃　諸從他所聞　皆為他人說
自知離我慢　彼比丘諦知　離慢離大慢
知道知非道　如是知自他　是知足比丘
我慢心甚堅　心慢而愚鈍　悕財利供養
則不得寂靜

彼以如是不請問他慢故心堅不能禪誦如是比丘常食他食以存性命彼人唯有比丘形服名字比丘身壞命終墮於惡道生地獄中或以心慢不請問他是故學者乃至有命未盡以来常請問他如是比丘心常安樂身壞命終生於善道天世界中生彼處已次第乃至到於涅槃以離慢故

又第十二障㝵惡法妨廢比丘坐禪讀誦第十二者樂多知識多知識名作不饒益如是比丘唯增長愛若有比丘多知識者則多妨乱多所作故妨乱心意心意乱故不得禪誦出家之人怨親平等猶尚不應近一知識何況復有多知識耶若懈怠者唯名比丘到他舍故即眼見時心則動乱眼見色故眼識異本心不攀緣寂靜之法不念觀察心不正直多有言說見知識已次第聞聲心則乱緣有異觀察心不寂靜不寂靜故不寂靜觀有所攀緣若見知識一念亦妨況見知識乃至久時是故沙門乃至不用有一知識況多知識若有比丘近知識者饒人處行從饒人處至饒人處如是遊行念念命盡而不覺知則失善分若失善分寂是自誑乃至不能於一念間修禪讀誦是故比丘如是學者增長染愛不應親近俗人知識

又若能令未来安隱示涅槃道導師知識坐禪同行則應親近何者同行所謂除滅一切煩惱至涅槃城此是第一勝善知識餘知識者則是怨家非真知識以非真故則非知識若見共語共行共業同有所作妨廢善業若未来世得其力者乃名知識若示梵行若令修行或教怖畏未来之世示令怖畏生於地獄餓鬼畜生名善知識令身口意造作惡業到惡道者一切勿近尒時世尊迦葉如来而說偈言

若示未来世　彼是善知識　若能遮惡處
復能救災禍　常說利益法　利益未来世
彼是善知識　作知識利益

此勝知識有無量種无量分別種種說法非多飲食礼拜入舍非示愛聲觸味香色得名知識如是知識非善知識善比丘者應當捨離尚不應近此一知識況復近多如是知識生無量過若有知識於未来世作不利益雖名知識實是怨家若有比丘近彼知識則妨自業坐禪讀誦

又第十三障㝵惡法妨廢比丘坐禪讀誦是故沙門應當捨離第十三者所謂比丘與惡同處一切比丘與惡同處妨廢禪誦與惡同處凡有五種何等為五所謂比丘善持淨戒第一善法有正直心而與第一破戒惡人同處止住不得自在此是第一與惡同處又復第二與惡同處所謂比丘不自在過或自在過與邪見人而共相隨若村若城若多人處同行同住此是第二與惡同處又復第三與惡同處所謂比丘常自樂數親舊知識欲往欲近與共相隨至在俗時先住之家此是第三與惡同處又復第四與惡同處所謂比丘畏他輕賤求知見故到惡處住論師之所共相習近此是第四與惡同處又復第五與惡同處所謂比丘心意動亂不能正行於先飲食或卧具等或先食來或先飲來或先卧來近婦人來或於先時所受用色聲香味觸如是種種憶念思惟念境界處境界處念之所破壞餘一切處皆悉可避此境界處則不

可避以是第一最惡處故以於一切禪誦等業最為妨故自餘惡處皆悉可避唯此一處最不可避境界之樂從自心起分別惡處最為難避唯除坐禪三摩提樂正觀察念如是能避尒時世尊迦葉如來而說偈言

不善觀察風　所吹熾然火　彼正觀察雨
能令滅無餘　衆生先所起　久時无明暗
如起智慧燈　能令滅无餘　欲癡火能燒
地獄愚癡人　智者則不尒　是故得涅槃
如是十三法　智光明能除　是故畏過者
常應懃持戒　拔出自身中　三種過根本
以智慧大火　燒多煩惱薪

如向所說與惡同處應設方便一切遠離出家沙門寧當獨行勿多憶念亦莫懈怠本村本城本多人處過去樂事勿憶勿樂勿念本時節會之日饒人之處本曾遊行亦勿憶念悕望欲見亦勿攝受諸惡弟子諸惡知識亦勿親近勿樂愛聲觸味香色勿生染心勿不正行心莫驚動亦勿悕望飲食敷具病藥所須勿著種種雜色袈裟亦勿方便推搗令平若洗浴時

不以脚足指蹈身體勿作種種閑雜言語如是燒滅無始闇聚極惡生死五道是門六塵境界分別焰起地獄餓鬼畜生之中常燒常炙一切世間愚癡凡夫處處流轉燒炙失壞入苦海中生死轉行猶不猒離捨行持戒若人生天第一放逸後退彼天與先同侶勝者離別生在地獄餓鬼畜生受第一苦悔火所燒无有救者放逸所壞悔火所燒生在地獄餓鬼畜生以是等故諸有怖畏未來退者一切皆應修行正法常不斷絕如是法律一切如來應正遍知為放逸天斷除放逸若人生天一切皆是持戒力故若有善修善調伏心如是之人不得言死身壞命終生於善道天世界中汝等天衆一切未知生此天因戒之輕重我為饒益示汝彼業是故說此十三法門人天世間迭互為因人世界中則能持戒天世界中則不能持人死生天若不放逸退生人中以是因緣故說此經彼佛世尊迦葉如來利益天人饒益安樂乃至涅槃如是

利益一切世間

尒時彼處牟脩樓陁夜摩天王并天衆等深生猒離雖處於欲而於欲中不行放逸皆悉成就不放逸行頂礼世尊迦葉佛塔其心清淨彼一切天如本來時還如是去

迦葉世尊第六經竟

此法名為六脩多羅山樹具足地處流行

尒時天衆一切皆出迦葉佛塔問於天主牟脩樓陁而作是言天王云何知此佛塔尒時天衆如是問已牟脩樓陁天主告言汝等天衆一切皆聽我有因緣先見此塔我於先時始生此天放逸而行憙樂境界五欲所縛周遍行此夜摩地處五欲功德遊戲受樂處處而行從一園林至一園林從山至山從巖至巖從崖至崖從一花池至一花池從一峯處至一峯處多有無量百千天子為天女衆之所圍繞彼天女衆无量百千服餝莊嚴在天子前歌舞憙笑遊戲圍繞我於尒時如是遍觀此天世間樂者境界五欲功德心生歡喜愛心所牽我三處行皆不妨㝵所謂水中在鵝背上從一鵝背至一鵝背次復在於鴛鴦背上從一鴛鴦至一鴛鴦次復乘鴨在鴨背上從一鴨背至一鴨背次復在於蓮花之中從一蓮花至一蓮花在水波中從波至波處處遊戲隨意而行無有障㝵一切嬉戲歌舞歡笑心極愛樂如是遊行

我既如是種種戲已復念餘戲謂處陸地乘於殿堂百千天女圍遶相隨從山至山從一山峯至一山峯從一山谷至一山谷從一園林至一園林從一山窟至一山窟我於尒時在如是處行不障㝵

如是次第在虛空中復乘堂殿百千天衆而為圍遶作諸天樂出妙音聲歌舞喜笑遊戲而行遍此一切天之世間見不可說種種異處多有七寶光明照曜勝妙之處如是山峯處處遍見有百千樹七寶莊嚴如是次第復見有河百千蓮華集在其岸處處皆有微妙蓮華我共天衆皆如是見在虛空中如是下觀一切諸欲功德具足

此天世間百千種殿處處皆饒我常於中行无障㝵謂在三處水陸虛空如是遊戲種種受樂

我復有時遂見六山有六光明穿空而出焰色分明不知何物我時見已生希有心專念思惟此所見者昔未曾有為是何物如是念已即并行殿一切天衆速疾前去詣六光明我既到彼六光明所并殿俱墮我先所有光明威德一切損減我於尒時心自思惟此是何物是何勢力令我自身并此天衆一切皆墮威德光明一切損減我於尒時既思惟已於天衆中有一舊天名无垢廣彼天先見如是六山六種光明而語我言天王今者莫有所畏王則无過此於天王無有不吉願王今聽以何因緣天王今者并此天衆空中而墮過去曾有无量天王曾於此處虛空中行不能得過皆如是墮天王先來未曾得聞以不知故欲如是過即便下墮威德光

正法念處經第五十卷　第三十二張　美

明一切欲滅此之因緣我今為説此處常有六佛如來應正遍知明行滿足天中之天一切世間真實知見於此山樹具足地中作六佛塔利益天人此佛塔者是所應礼所應供養礼拜供養无不得力何以故更無勝故如是佛塔不可得遇以此因緣天王今者如是下墮

我時告彼无垢廣言佛在何處彼无垢廣即荅我言今者悉無世間之中一切皆无彼一切知一切悉見知欲過惡知生死中諸苦惱已精勤修行六波羅蜜劫數滿足三阿僧祇得一切智入於涅槃此是略説欲得廣聞見此佛塔更為廣説此六佛塔今者在於山樹具足地處中住

我於尒時聞彼舊天無垢廣言生希有心見勢力已共彼宿舊无垢廣天并諸天衆到六塔所到已思惟為欲聞法度生死故入佛塔中入佛塔已聞如是法彼佛世尊之所宣説時彼天衆得聞天主牟修樓陀如是語已各辭天王向自地去牟修樓陀夜摩天王亦向先來自住之處説佛塔竟

正法念處經第五十卷　第三十三張　美　三三

正法念處經卷第五十

癸卯歲高麗國大藏都監奉
勅彫造

正法念處經卷第五十　校勘記

一　底本，麗藏本。

一　三六六頁上一行經名、二行譯者、三行品名及夾註，石作「觀天品之廿九夜摩天之十五卷第五十」。

一　三六六頁下八行「色界」，資作「色畏」。

一　三六七頁上四行第四字「惟」，資、磧、普、南、徑、清作「性」。

一　三六七頁上一二行第一二字「性」，石作「生」。

一　三六七頁上末行「非貴」，石、磧、普、南、徑、清作「非實」。

一　三六七頁中一一行第九字「則」，石作「財」。

一　三六七頁中六行第八字「增」，石作「壞」。

一　三六七頁下五行「酤酒」，資作「酤酒」。

一　三六八頁上一四行第八字「勤」，資作「難」。

一　三六八頁下七行第五字「自」，資、磧、普、南、徑、清作「寺」。

一　三六八頁下八行「衆生」，資、磧、普、南、徑、清作「衆僧」。

一　三六八頁下一六行「尊長」，資、磧、普、南、徑、清作「尊者」。

一　三六八頁下一七行「使根」，磧作「便根」。

一　三六九頁上二行第二字「獷」，石作「鑛」。

一　三六九頁上七行第五字「伏」，諸本作「根」。

一　三六九頁上二〇行第五字「化」，諸本作「他」。

一　三六九頁中九行第八字「修」，石作「發」。

一　三六九頁中一一行「大悲」，資、磧、普、南、徑、清作「大慧」。

一　三六九頁下一二行首字「此」，徑作「非」。

一　三七〇頁中一〇行第一三字「名」，資、磧、普、南作「多」。

一　三七〇頁下二行「何者」，資作「行者」。

一　三七〇頁下三行第一二字「城」，磧作「識」。

一　三七〇頁下一〇行「到惡」，徑作「則惡」。

一　三七一頁上一二行「常自樂數」，資、磧、普、南、徑、清作「常樂數見」。

一　三七一頁上二〇行第九字「人」，石作「女」。

一　三七一頁上二一行第三字「用」，資、磧、普、南作「同」。同行第一三字「憶」，徑作「億」。下同。

一　三七一頁中九行「如起」，石、資、磧、普、南、清作「始起」；徑作「始能」。同行第一四字「能」，石作「所」。

一　三七一頁中末行「洗浴」，徑作「洒浴」。

一　三七一頁下一行「閙雜」，南作「問雜」。

一　三七一頁下六行第一二字「行」，石作「被」。

一　三七一頁下九行「悔火」，資、磧、普、南、徑、清作「惱火」。

一　三七一頁下一〇行第二字「壞」，磧作「懷」。

一　三七一頁下一一行第五字「諸」，南、徑、清作「說」。

一　三七一頁下一七行第一〇字「此」，資作「生」。

一　三七二頁上四行「頂礼」，徑作「須礼」。

一　三七二頁上五行「其心」，徑作「其身」。

一　三七二頁上一一行「天王」，磧、普、南、徑、清作「天主」。

一　三七二頁上一二行第六字「時」，石作「佛」。

一　三七二頁上一九行「一峯」，石均作「一蜂」。

一　三七二頁上二〇行第九字「爲」，徑作「摩」。

一　三七二頁下一七行第八字「而」，徑作「如」。

一　三七三頁上七行第八字「遇」，資、磧、普、南、徑、清作「過」。

一　三七三頁中二行卷末經名，石無。

正法念處經卷第五十一

元魏婆羅門瞿曇般若流支譯

觀天品之三十 七十六 夜摩天

又彼比丘知業果報觀夜摩天第七地處名廣博行衆生何業生彼地處彼見聞知或天眼見若人曾知持戒善心不煞不盜如前所說復捨邪欲所謂有人或到林中近妙聲鳥彼妙聲鳥迭互相於生欲心故出欲音聲雌鳥在前雄鳥在後相隨共行彼鳥翅羽有種種色一切見者心皆歡喜欲情内發而彼見已不生欲念心不思惟況復行欲彼人如是清淨持戒捨於邪欲持戒清淨身壞命終生於善道天世界中在廣博行地處而生彼處生已一切諸欲功德和集受諸快樂有勝園林銀毗琉璃青寶之樹大青寶樹蓮華色寶種種寶樹莊嚴園林種種寶池水流盈滿若人本作善業來者行此林中種種受樂所謂林者名赤色林於彼林中有諸天衆諸天女衆若入其中彼樹光明增長轉勝種種妙寶莊嚴成就種種衣服若諸天衆入彼林中彼樹光明普皆赤色而彼樹林其色皆如赤蓮華寶或作迦鷄檀鄣寶色樹色柔軟真珠鈴網弥覆其上隨念生果隨念酒流如意念行隨天意念何處受樂彼樹枝葉即出種種勝妙樂音如是行去多有天女共諸天衆并如是樹飛虛空中隨心所向如鳥無異彼樹既飛在虛空中皆如日出一切虛空普遍嚴好又復彼樹名赤色樹水出如雨在虛空中甚可愛樂彼鈴之聲天鳥之聲天樂之聲如是種種勝妙之聲遍滿虛空

時彼天衆見樹飛行在其面前天女之衆所圍遶已同一樂心多有無量百千天女共詠歌聲飛虛空中樹在於前如示道者天衆在後與樹相隨天衆如是隨心所念起如是意我於今者上彼樹上如是念時彼樹倒迴諸天即上有在枝上而遊戲者彼天如是在彼樹上處處遊戲如是枝上在枝住天隨心念時即彼枝上生蓮華池天及天女在彼池中遊戲受樂如是樹上住枝之天共天女衆在赤林中遊戲受樂皆隨所念如是受樂復有餘天葉中住者若有所念即樹葉中出生妙堂於彼念時如是堂出種種妙寶間錯莊嚴鈴網弥覆彼一切堂有蓮華池而為莊嚴有真珠網簾其户牖天在其中共諸天女歌儛遊戲彼此迭互不相妨㝵共相愛念如是諸天善業力故迭相親友無怨無中此多親友是善業果大善業果謂多親友尒時彼天迭共同心在赤林中種種遊戲彼赤林中如是諸天一切欲樂皆悉具足大勝業故隨意所念虛空中行受無量樂

又復彼天不行虛空還向本處種種流水滿蓮華池於如是處天女圍遶遊戲受樂又復次向名稠樹林彼稠樹林甚可愛樂林中有河河中乳流如是乳河莊嚴彼林其乳勢力若天飲者憶念往世於何處生捨命而來於此處退生於何處若放逸行彼種種苦無量種苦皆憶念已心生愁惱

生愁惱故則離放逸離放逸已隨順法行此大饒益飲彼乳味勢力所致既飲如是勢力乳味而復入彼名稠樹林林有種種流水河池而為莊嚴有種種鳥在彼池中其鳥甚多樹枝饒華以華重故皆悉下垂而為莊嚴有七寶蜂其色平等飲彼華汁以自適樂從蓮華池至蓮華池從一樹下至一樹下彼樹一切皆毗琉璃蓮華寶葉有金色果如是果者天中美味蘇陁中勝如是果者是隨念果若須味時則有如是美味果生食彼果已而復歌儛行向餘處心生歡喜

復向飲林彼林之樹天酒流出美味香色甚可愛樂不可具說離於醉過如是勝酒從樹流出如雲雨墮彼天飲已復更轉生勝歡喜心彼天如是生歡喜已聞種種音飲天美酒受種種樂復有無量光明莊嚴自身天女迭共遊戲歌儛喜笑

又復次向蓮華龍林彼林之量五百由旬五寶蓮華蓮華甚香以為莊嚴蓮華龍林更無餘物唯除蓮華及有

諸龍彼蓮花中如是龍者迭互相於欲心起發食彼蓮華衆龍一心迭共為伴龍女圍遶在清水中水七功德離水衣過離泥濁過離長短過於彼觸中自意受樂如是如是龍自意念如是如是隨意水生彼龍在中共諸龍女戲樂之時亦如諸天共諸天女受樂不異

尒時天衆見彼蓮華龍林之中諸龍戲樂從空中下向蓮華林詠歌音聲及諸天女莊嚴音聲龍在池中出聲如雷普彼天處如一歌聲以彼天處如是歌聲令諸山谷皆有響聲餘處諸天聞其聲故一切皆来同向蓮華龍林之所種種光明莊嚴其身饒天女衆如是同向蓮華龍林

尒時彼天於先在彼蓮華龍林種種遊戲復有餘天山谷等處異異處来彼一切天迭相見已歡喜之心轉勝增長如是諸天并天女衆及彼諸龍并龍女等共在水中遊戲受樂彼天天女龍龍女等如是受樂至於久時如是遊戲歌儛喜笑彼天如是放逸

而行善業盡故命欲盡故彼天天女善業福德欲盡之時若七蓮華蓮花不勝如是蓮華没於水中即便破壞如是諸天若諸天女福德盡相如是應知

又復彼天若彼天女福德盡相謂彼諸天若彼天女以遊戲故上龍背上龍不能忍墮彼龍背此是彼天若彼天女福德盡相放逸行天放逸所壞如是相出尒時彼天若有本来不大放逸先知彼相知彼相故而說偈言

久時已過去　欲到命盡時　死時臨欲到
癡天不覺知　而心不知足　貪著境界樂
根不知足故　增長境界欲　五根樂境界
為欲破壞心　福田業將盡　癡天不覺知
此大運時輪　常剖衆生命　轉疾臨欲至
癡天不覺知　此死火甚惡　為業風所吹
命盡時將至　癡天不覺知　生死有為中
無親無非親　死羂甚可畏　無能令免者
諸有死未来　諸有命未盡　皆應捨放逸
而作自利益　死杖不久聞　必破衆生命
大力既来至　能令命失壞　境界癡所盲
遠離法燈明　是故不見知　大可畏死羂

癡者不能知怖畏於死時以心著境界
為愛所誑故退退而復生從道復至道
衆生癡所壞故受自業果甚惡而極速
能破諸世間云何於死時而不生怖畏
衆生豈無心為當是無畏如是癡不知
怖畏於死時退相極顯現如現見不異
如是知不久於天中則退
彼天如是見退相已諦知退相心意愁惱不向共餘未退天說欲退天說以未退者五境界中受諸欲樂恐其不信後時退故何以故於境界中放逸癡故或意迷故於彼天衆命欲盡者若放逸者不應為說亦不應示介時彼天如是知已嘿然不言捨蓮華池向餘處去

彼天於後復樂境界受境界樂彼欲退者大羞相出大畏相出癡不覺知不憚不畏龍中遊戲在蓮華中共諸天女彼處久時受快樂已復共如是無量百千諸天之衆更向一山彼山名為常樂鬘山到已欲上有天金銀天毗琉璃天蓮華寶㝡勝天寶妙門之堂有百千數莊嚴彼山復有百千

勝妙蓮華而為莊嚴如是山中第一勝樂一切具足百千樂音恣耳所聞多著種種無縷天衣自身光明迭相看面有妙色聲觸味香等如心所愛而受快樂自意念行不可說樂皆悉成就天河流水園林莊嚴見則生樂

彼天如是次第復上常樂鬘山既上山已有在堂中坐於床者有乘鵝者有天在於蓮華臺上跏趺坐者天共天女在鳩婆羅葉中而住種種嬉戲若歌舞等五樂音聲坐受快樂其心欲在虛空中行共諸天女處處遍看於彼天處處處可愛隨心所樂稱意而去有處如焰金銀蓮華妙寶光明有處多有鳩婆羅葉青色膩影有處則是天毗琉璃青寶光明有處是銀頗梨真珠光明可愛

次復有河有真珠沙出寶山峰有七功德清冷水流見彼峰河有水旋流其狀猶如真珠瓔珞如是觀察見彼處已飛於虛空復見異處七寶蓮華莊嚴水池無量蜂衆莊嚴蓮華如是見已復觀異處有園林池甚為可愛

見有鳥獸獸種種色有銀色者有金色者寶角可愛蓮華寶眼真金色背兩脅白銀頗梨色甲背腳均平復有餘獸羣隊相隨七寶妙色皆無所畏羣羣遊戲自受快樂業所作故形軀殊妙以其業故皆食天食

又園林中餘處復見孔雀命命名無縷鳥名戲論鳥名大眼鳥名動翅鳥如是等鳥群群遊行在山峰中出入園林園林中見既到如是常樂鬘山臨欲上時見如是鳥彼山一廂則是青寶彼第二廂是蓮華寶彼第三廂則是金寶彼第四廂則是銀寶青寶廂處有妙寶堂名曰雜影堂中則有毗琉璃樹其華下垂猶如大蓋流水河池而為莊嚴蓮華之林乃有百千百千種鳥雜色莊嚴多有天女甚為端正在彼堂中

彼第二廂蓮華寶處有名笑林彼林銀樹其葉是金有赤蜂羣無量百千羣鳥音聲有流水河河水有香微風徐動如是普遍莊嚴笑林彼第三廂金寶之處有妙寶林名樂寶林有頗梨

樹而為莊嚴其樹金枝枝網普覆有無量鳥百千音聲有流水河而為莊嚴彼處多有歡喜天衆歡喜天女在中歌舞一切妙欲功德具足而為莊嚴彼第四廂銀寶之處蓮華寶樹青色寶枝而為莊嚴多有種種妙音聲鳥多饒無量天及天女無量百千蓮華莊嚴有無量種無量分別有無量種隨眼所見見則受樂彼林彼樹彼河彼水彼寶枝等彼蓮花池彼鳥彼獸彼蓮華等種種色香種種形相甚為端嚴常樂鬘山處處皆有如是諸大及天女衆乘空上彼常樂鬘山普光彼山處一切皆見此勝念山有雜色光彼天既見眼則樂著普欲上山共天女衆五樂音聲五欲功德而受快樂勤行善業修多作可愛善業持戒善寶聖所愛果如是受樂皆欲上彼常樂鬘山臨欲上時名實語鳥為說偈言

此河水速流　善業樂亦尒　癡者不覺知
境界貪所誑　如是時来時　死亦如是来
樂迷放逸故　天癡不覺知　癡者無智故

不覺命已過　亦迷於善業　而愛不可盡
衆生不離愛　有中隨順行　彼癡愛衆生
不覺善不善　善果甚可愛　若天受快樂
如是見不善　在惡道苦處　若捨善不善
復能離諸過　則至不退處　不生不死處
彼樂得解脫　欲樂非得脫　夜摩及餘天
葉盡故得脫　無常則不住　常則為第一
悕望有中樂　退墮不可樂

彼實語鳥為彼天衆欲上山者如是說已彼天聞已於天衆中若其有天不大放逸彼天則聞若放逸者以放逸過是故不聞猶著境界彼放逸天一切不取天鳥所說如是鳥語真實利益時彼天衆復歡喜心向第一山上彼山頂峯上有堂在堂而坐如前所說彼一山峯名普見山彼普見山一千山中最高最上是故彼山名曰普見共天女衆上彼山頂種種樂音歌舞受樂多有天衆及天女衆上彼山峯見無量色善業所化光明水池彼光明池有可愛水其水清淨中有金魚見者眼樂水波乱動有鵝鴛鴦鴨等鳥羣此種種鳥可愛音聲水中

甚多又彼水中多有蓮花拘婆羅耶拘物頭華尼鄉陁花迦吒摩羅如是等花遍覆池水有種種綵出種種音又復多有曼陁羅華多有金珠而為間錯其水清淨又彼如是可愛池中復有蓮華名曰沐鬘有百千葉一一葉中出無量葉有蓮華葉青寶色者有蓮華葉頗梨色者有蓮華葉黄金色者有蓮花葉白銀色者有蓮華葉是車𤦲者有蓮花葉迦雞檀鄉有金剛華第一善香彼如是等異色葉中各各有臺其色光明如初出日彼種種臺有無量色無量色葉遍彼池中所謂青黄赤白黑色臺白而赤其香可愛滿一大臺尒時天衆從虛空下向光明池下已入池池有金鳥天既入池在鳥背上有天在於蓮花臺上共多天女遊戲受樂有天在於拘婆羅耶蓮花之上復有餘天在水中者有在鵝背入於水中而遊戲者有在陸地共天女衆而遊戲者五欲功德皆悉具足迭共喜笑遊戲受樂有在堂中共諸天女異處遊戲同飲天

酒離於醉過現樂功德味觸色香皆
悉具足其中諸天有以珠器而飲酒
者所謂青寶銀寶金寶毗琉璃寶蓮
華色寶及頗梨等種種珠器有共天
女金蓮華葉而飲酒者有以開葉不
穿不破拘婆羅耶而飲天酒詠歌音
聲生歡喜者有天受用蘇陀之食色
觸香味皆具足者各各別別共自眷
屬種種受樂有於異處共諸天女五
樂音聲種種歌儛遶光明池而遊戲
者有共天女在於水中而遊戲者彼
水之味隨天念轉若天心念欲令此
水色香味觸若冷若煖善業力故應
念而有善不善業果報如是非有作者
又復彼天若如是念此水為酒令我
得飲即於念時皆是天酒觸味香色
皆悉具足離於醉過天既飲之增長
勝樂善業力故心生歡喜然彼諸天
自業力故如是受樂自業所化一切
所作善業不失業羂之師人身繫閉
於三界中種種戲弄愚癡凡夫不覺
不知如是諸天五欲功德皆悉具足
而受快樂於彼天中名實語鳥為說

偈言

如油盡燈滅　身命亦如是　以本業盡故
天中必定退　如壁破壞時　依壁畫亦滅
如是業盡故　天樂則無有　天於彼天處
福業盡則退　一切法無常　衆生悉破壞
皆無常不定　命速不久住　死力勢甚大
而天不覺知

彼實語鳥利益天衆以彼諸天善業
力故如是已說若彼諸天未於多時
放逸行者既聞鳥語於少時間正心
思惟若放逸者亦如不聞以乱心故
雖聞不受
於彼池處如是久受境界樂已各如
所乘向彼山頂共諸天女飛空而往
復見餘處有無量山種種形相一切
山中常樂鷄山最為高出復有一山
名平等聚復有一山名曰普見此三
山量於夜摩處一切山中最為高大
天衆如是觀察彼山其山光明遍彼
天處天衆既見即得上彼常樂鷄山
上已則見種種間雜諸妙寶樹金樹
銀樹毗琉璃樹莊嚴彼山彼樹根根
莖莖節節枝枝葉葉皆是七寶莊

嚴殊妙彼樹根莖七寶莊嚴諸節次
第寶別不同一節則是毗琉璃寶一
節則是蓮華色寶次節銀寶次節金
寶次節則是頗梨之寶次節則是車
𤦲之寶次節則是迦鷄檀梛彼樹如
是節節各各莊嚴不同自從根莖乃
至於葉一切皆是七寶莊嚴
彼樹不遠復有寶堂行而不乱皆同
一色如人世間日之光明彼諸天衆
為戲樂故次向彼堂彼堂之數有十
百千如心意量如意念行如意念作
彼天之中有如是堂近彼堂處有蓮
華池其數多少亦如彼堂如是蓮華
節節次第七寶莊嚴
又於彼處復有衆鳥三功德行何等
為三一是水行二是陸行三是樹行
言水行者謂名鴛鴦泥盧賒大胡盧
鵝鴨摩鳩羅等是水行鳥言陸行者
彼山頂處出妙音聲謂名二拔名歡
喜聲名一切忍有鳥名為一切鳥聲
名一切時恒常受樂如是等鳥是陸
行鳥天音聲中此鳥音聲最為美妙
言樹行者謂俱翅羅名命命鳥名孔

雀鳥名鸚鵡鳥名普眼鳥不眴眼鳥名普行鳥名實語鳥名知時鳥如是等鳥是樹行鳥人中有半彼天皆有於彼天中有如是等無量衆鳥種種音聲如是天中三種行鳥出妙音聲又常樂驕大山頂上更復有鳥行虛空中身是七寶若彼諸天行放逸行放逸壞時彼鳥說偈呵責之言

放逸所壞天　為境界所誑　愛心所迷亂
死王臨欲到　深著欲樂故　不知善不善
一切衆生癡　境界欲所誑　行於種種道
造作種種業　為種種心使　流轉於五道

如是彼鳥見放逸天放逸行故已說此偈而呵責之猶如父母調伏諸子而彼諸天雖如是聞不受不取猶故受樂遊戲歌舞乃至一切善業皆盡則於後時退彼天處退天處已如自業行墮於地獄餓鬼畜生若餘業故生於人中同業處者則生第一富樂之處有勝上意心常歡喜在好國土迦鄉鄉洲若師子國富樂處生生長者家以餘業故

廣博行地第七已竟

又彼比丘知業果報觀夜摩天所有地處彼見聞知夜摩天中復有地處名曰成就衆生何業生彼地處彼見有人信佛世尊善心持戒不煞不盜如前所說復捨邪婬於先所行共婬婦女心不憶念彼善男子如是持戒善意熏心身壞命終生於善道夜摩天中成就處地生彼處已自業相似而得果報所謂園林蓮華池水池有種種鳥美妙音聲種種莊嚴妙身天女而為圍遶生如是等天樂之處五樂音聲種種遊戲不可譬喻勝妙聲觸味色香等而受快樂譬如水池有五水漬皆悉是水在水池畔水入池中不遮不异如是如是五根愛著五愛之身常隨五處不知猒足譬如五處皆悉置火一切焰然風吹普熾若以乾薪如是如是著五火中彼火如是熾然增長如是如是此根愛然如火增長憶念風吹不正觀焰境界乾薪五根火焰如是如是此五根火得境界薪如是如是根火熾然如世間火飛蛾入中則被燒然如是如是若

有入於愛境界火則為所燒一切愛著皆如飛蛾不覺不知一切諸天如彼飛蛾為火所燒墮五境界共天女衆園林中行從蓮花池至蓮華池從蘇陁處至蘇陁處從飲酒處至飲酒處從美音處至美音處從香花林與花香已次復往到勝香花林從一林處至一林處見林眼樂復向其餘眼見樂林如是遍入諸境界火

彼山如活彼天見之如見命物彼諸天衆如是見山如是如是處處普見如火得酥其焰熾然如是彼處始生天子見如是處七寶莊嚴見無量種心則生樂見彼山處無量百千諸天女衆如是天女甚多甚饒彼一切處多有天女種種莊嚴遍滿彼處天衆亦介遍滿彼處歌舞遊戲迭共受樂五樂音聲遊戲受樂若下劣天如是種種莊嚴天女可有一万如是次第三万二千如是次第有四万者有五万者如是次第乃至百千諸天女者介時如是諸天女衆於彼天子迭共相愛不生猒心一切天女一一各各

作如是知天子愛我彼天如是愛於欲樂不知猒足如火得酥焰起熾然彼放逸行諸天子等園林樹木蓮花池中於河水中可愛天女共受快樂如是次第復於後時共彼天女入鵝林中如是林者於彼天中猶尚希有況於餘處謂彼林中有鵝莊嚴如是鵝者在彼林住彼鵝銀翅有金翅者蓮花寶足復有餘鵝蓮花寶髆乃金寶間腹有金身鵝背則是銀迦鷄檀那勝寶之足其髆亦是迦鷄檀那復有餘鵝頗梨為背胷是車𤦲腹是青寶足則是金復有餘鵝七寶雜身有鵝純色謂如銀色有頗梨色有純金色有車𤦲色有青寶色復有餘鵝大青寶色復有餘鵝迦鷄檀那勝寶之色如葉心盡如是受樂如是鵝者復共勝妙端正雌鵝處處遊戲或在池中如是遊戲如是次在蓮華林中山河等中或於陸地蓮華林中柔軟地處有種種華共彼雌鵝如是受樂尒時諸天入彼鵝林多饒種種莊嚴天女共彼天女遊戲受樂彼天既見如是

鵝已生希有心轉勝歡喜迴眼普看如是勝林彼諸天女隨順天心既知天子心歡喜已語天子言天今當知此名鵝林如是鵝林甚可愛樂種種寶樹光明殊妙有種種寶莊嚴此林希有功德皆悉具足種種蓮花而為莊嚴無量百千山峯莊嚴有種種華莊嚴彼林如是種種名尚叵說有蓮華池莊嚴彼林

於彼林中有鵝王住名曰善時鵝如天主牟修樓陀住此天中彼善時鵝乃是一切鵝中之王住此林中在名廣池遊戲受樂

牟修樓陀夜摩天王恒常來至此鵝王所共此鵝王種種遊戲勝共一切天衆戲時所受之樂共餘一切諸天遊戲皆悉不如共鵝遊戲彼天子言以何因緣夜摩天王恒常共彼善時鵝王而遊戲耶天女答言如是因緣一切天衆皆悉不知天子今者如是心念我今共去向彼善時鵝王之所入彼林中乃至到池盡見林已見彼天王牟修樓陀及見鵝王彼始生天

於天女衆如是聞已作如是言我今共去到彼鵝王牟修樓陀天王之所尒時如是諸天女衆共始生天向彼林間水池之中鵝王之所未至鵝王已見種種天妙樹林多饒種種鳥獸羣衆有種種色種種鳥獸鳥共雌鳥獸共牝獸如所應食種種不同食天根果皆七寶身莊嚴勝妙中間平地於樹林中窟穴之中若平地處或於河岸蓮華池岸或在池中或山谷中群群遊戲或出音聲彼始生天見已心喜又生希有未曾有心眼則眴動諸天女衆而圍遶之詠歌音聲如是遊戲入彼鵝林

復於一處見孔雀羣在園林中彼諸孔雀有咽起者有以咽項相揩摩者如是露處種種遊戲復有孔雀七寶之身在闇林中屏處遊戲有共樹心而遊戲者種種孔雀如天所應始生天子共諸天女如是見已欲入鵝林見多無量百千億數諸天女衆在鵝林中復見餘林甚可愛樂所謂有河第一清水普河兩岸多有諸天及天

女衆七功德水盈滿彼河所謂河者名欲水河寂靜水河歡喜流河名酒流河有河名為葡萄酒流有名隨攝一切念水名鳥音聲可愛樂河彼大林中如是河流彼岸行鳥飲冷水已而說偈言

故業勿令盡　數數造新業　以本業盡故
則於天中退　若人造新業　三種三時生
故未盡造新　則不墮惡道　若畏未來世
不貪著現在　不樂過去者　不久聞得脫
若心不動轉　苦樂不經心　彼智者捨身
餘處則得樂　若愛故業樂　而不造新業
故業受盡已　癡者死時知　若彼癡心天
受行境界樂　若勤佛功德　不為欲所使
若有得如是　大過患之身　能不著現樂
則是智慧者　若不為欲使　畏過不貪著
復畏於惡道　則是勇健者　若心貪著樂
而不畏惡道　此癡愛樂行　由愛故退失
貪著於諸欲　得已心歡喜　修欲不得力
後時墮惡道　如電如陽焰　如乾闥婆城
如是說欲惡　能誑惑一切

彼岸行鳥見始生天放逸行故如是說偈彼始生天新著欲故雖聞不受

尒時彼天聞彼鳥語既不受已復入鵝林更受無量境界之樂始著欲故鵝林勝故雖聞不取如是鵝林枝網覆故實與不實一切不知

彼鵝林中見寶珠林遠處遙見第一光明復有百千光明羅網其處諸天尚不能看況下地天三十三天四天王天而能看耶彼天珠林如是光明若天欲發如是寶珠為作堂舍行虛空中珠內有孔天坐其中飛行虛空遊戲受樂以善業故珠為堂舍行於虛空如是珠中有天園林蓮華水池種種樹林分分地處多有山峯鵝鳥音聲如是彼天在虛空中音聲娛樂六欲功德一切成就遊戲受樂

正法念處經卷第五十一

癸卯歲高麗國大藏都監奉
勑彫造

正法念處經卷第五十一

校勘記

一　底本，麗藏本。

一　三七五頁下七行至八行「網簾」，徑作「簾網」。

一　三七五頁下一一行「無中」，資、磧、普、南、徑、清作「無害」。

一　三七六頁上二二行「五寶」，磧、普、徑、清作「天寶」。

一　三七六頁中一四行「来同」，資、磧、普、南、徑、清作「共來」。

一　三七六頁中二一行「共在」，徑、清作「共住」。

一　三七六頁下一五行「福田」，資、磧、普、南、徑、清作「福德」。

一　三七六頁下一七行第八字「火」，資、磧、普、南、徑、清作「大」。

一　三七六頁下二二行「來至」，資、磧、普、南、徑、清作「來生」。

一　三七七頁中一五行第一一字「膩」，磧、徑、清作「[illegible]」。

一　三七八頁上二一行「此河」，資作「此何」；磧作「北河」。

一　三七八頁中一行第七字「迷」，諸本作「失」。

一　三七八頁中一〇行「天衆」，資、磧、普、南、徑、清作「大衆」。

一　三七八頁下一一行第三字「華」，石、資、磧、普、南、徑、清作「葉」。

一　三七九頁下一九行「二技」，磧、普、徑、清作「二枝」。

一　三八〇頁上一〇行第五字「到」，磧作「去」。

一　三八〇頁中九行第一三字「池」，資、磧、普、徑、清無。

一　三八〇頁中一四行「是水」，資、磧、普、南、徑、清作「是木」。

一　三八一頁上一七行第四字「晝」，資、磧、普、南、徑、清作「盡」。

一　三八一頁中一二行末字「名」，磧、普、南、徑、清作「於」。

一　三八一頁下一六行第四字及第九字「咽」，資、磧、普作「胭」。

一　三八一頁下末行「兩岸」，徑作「雨岸」。

一　三八二頁上一一行「經心」，石作「逕心」。

正法念處經卷第五十二

元魏婆羅門瞿曇般若流支

觀天品之三十一 夜摩天之十七

又復彼天若心有念欲下虛空即心念時共諸天眾從空而下還至下已自住處住如是寶珠還復如本有大光明彼諸天女為始生天如是說已尒時如是始生天子為欲羂縛復樂境界向寶珠林見不遠處有黃赤白無量百千種種光明滿珠林中彼寶珠林不遠之處則有鵝林尒時如是始生天子於天女邊如是聞已向寶珠林共彼天女如是往到既前到已見珠光明乃有無量當尒之時始生天子如是憶念如彼異天入寶珠林虛空中行遍見天處我亦如是入寶珠林如是而行即於念時隨心所念珠為堂舍在虛空中彼始生天空中見已共天女眾入寶珠堂如自善業見彼堂中種種可愛彼寶珠中有流水河蓮華水池園林山峰滿珠堂內眼見心樂

復於諸處見有諸鳥鳥聲可愛彼如是處有種種色形相香華復見異處種種鳥獸有河平岸有河峻岸皆悉可愛在彼河邊復見異處多有天子及諸天女歌儛喜笑遊戲受樂彼如是處諸園林等一切皆如向來所說天子始見共天女眾遊戲受樂放逸而行受不知足又行異處次復行到蘇陁食處為食食故如自善業相似得食食彼食已為境界火之所燒然復向酒河共諸天女受波所漂去向彼河飲酒地處到彼處已乃以珠器盛酒而飲彼既飲酒歡喜之心轉更增長受境界火之所燒然為五境界之所迷惑復共天女歌儛遊戲

彼處如是受天樂已復向水池蓮華之林為欲在彼池中遊戲共天女眾受諸欲樂是故向彼蓮華池林到已復更受境界樂共諸天女水中遊戲第一勝樂不可譬喻受如是樂又復欲發悕望欲樂欲聞音聲貪著境界五樂音聲心念悕望聞天女眾歌詠之聲五樂音聲聞已心樂不可稱說

更無異法可以為喻彼受如是五欲功德種種勝樂不知猒足以有愛故愛不知足如火得薪無有足時如是欲者欲不可足常無量種無量分別而受諸樂於長久時既受樂已而復更於鵝林之中珠堂上坐共諸天女下彼珠堂在鵝林中而復更見未曾有處如是如是見彼處已如是如是心生喜樂如是如是種種見已而於境界猶不知足如是流水蓮華河池園林等處若天天女見無量種五樂音聲如是遊戲又復鵝王住寬廣處天共天女向彼鵝處如是彼處見種種天無量百千歌儛遊戲而受天樂更無餘物可為譬喻形世間日如螢火蟲唯除光明更無譬喻彼處如是不可譬喻境界受樂彼受樂天譬喻叵得人世界中第一美味所謂蜜味合樂之酒甘蔗肉等閻浮提中此味第一一切和合於赤蘇陁如極苦味藥味不異人中勝味於彼天味如是劣減如是味勝少分譬喻天中之味不可譬喻彼天之香亦不可喻如人

世間第一善香謂栴檀香若沉水香末香塗香瞻波迦華尼居私帝蘇摩那華如是乾陁婆離師迦憂鉢羅華拘物頭華尼朱羅等此一切華皆悉和合猶亦不如天中之華於彼天中莊婆色華十六分中不及其一如是天中香亦如是不可譬喻又彼天中觸亦如是不可譬喻人世界中一切國土平等勝觸謂憍奢耶綃及烏氊若劫貝等如是種種彼人中觸一切和合於彼天中極微劣觸謂金寂堅猶勝人中所有勝觸於天下觸十六分中不及其一如天中所有諸觸不可譬喻又彼天中聲亦如是不可譬喻人世界中第一聲者所謂琵琶箏笛箜篌齊鼓歌等如是諸聲一切和合猶亦不如彼天之中莊嚴具聲於彼天中莊嚴具聲十六分中不及其一分如是天中所有音聲不可譬喻如是譬喻唯可得與四天王天以為譬喻若於第二三十三天則非譬喻於夜摩天亦非譬喻人中欲樂唯可得況四天王天所受欲樂四天王天

所受欲樂唯可得況三十三天所受欲樂三十三天所受欲樂唯可得況夜摩天中所受欲樂如是次第勢力勝故六欲天中次第轉勝諸天境界音亦如是天樂轉勝意地之樂有無量種一切和合如是天子彼鵝林中遊戲受樂次第漸前遂近鵝王見彼鵝王在廣池中種種遊戲共彼雌鳥住蓮華林天衆圍遶彼大鵝王有一蓮華一由旬量七種蓮華金剛為鬚其觸極軟及香色等不可譬喻無量光明從華而出有百千葉彼大鵝王在彼如是蓮華中住於節會時節會之時夜摩天王牟修樓陁并天衆等鵝為說法彼鵝王者以願力故生夜摩中如是利益生夜摩天為夜摩天如是說法令離放逸尒時如是始生天子次第漸前往到廣池善時鵝王既見如是始生天子為說偈言

以有渴愛故　於欲不知足　由心動諸根
不覺時已過　所愛著欲樂　無常法所攝
以樂見婦女　不覺時已過　為愛所迷故
繫屬於生死　如是愚癡者　不覺時已過

為欲毒心故　没在癡闇中　瞋所繫縛者
不覺時已過　繫縛在地獄　不生猒離心
放逸毒所迷　不覺時已過　不調不知書
恃姓生憍慢　心貪不知足　不覺時已過
五繩羂所縛　六法之所迷　三時中常癡
不覺時已過　不知惡趣道　惡羂所破壞
若有如是心　不覺時已過　初得欲則樂
後則不利益　以心著欲故　不覺時已過
不知前世苦　而樂著天樂　未知愛別離
不覺時已過　為業網所縛　如魚在網中
是故失善道　不覺時已過　愚癡者無心
不知有過患　没在於癡闇　不覺時已過
衆生業羂縛　獨而無伴侶　見天女故迷
不覺時已過　乗騎諸根馬　迷失於善道
貪著三界味　不覺時已過　不知戒非戒
或復多瞋恚　失意亦失道　不覺時已過
不知利益不　迷於作不作　如小兒戲拤
不覺時已過　如河水速流　在園林池處
常受欲樂故　不覺時已過　在山頂堂中
若在蓮花林　常受欲樂故　不覺時已過
於業業報中　未曾有知解　唯貪著食味
不覺時已過　業風之所吹　常在此三界
流轉猶如輪　癡故不覺知　常在於惡處

上高梁纜上　如是愚癡者　不勤捨離過
若能捨離欲　是第一精進　離一切悕望
則無諸煩惱　彼初中後時　若得佛法已
寂靜修行故　是無煩惱者　若得於欲樂
彼樂必破壞　因欲得苦報　知欲非勝法
是故有智者　心不樂於欲　彼則能斷除
生死苦因緣

彼大鵝王為始生天如是說偈毀呰欲法如是說故彼始生天漸漸前進近於鵝王彼始生天雖聞勝法而心不受境界迷故漸近鵝王而不攝法猶著境界受諸欲樂現見鵝王在水中戲入蓮華林割取蓮華共天女衆擲而拂之善時鵝王而語之言此安隱語而不肯受汝於後時為向所得尒時鳥處始生天子復聞遠處有勝妙聲勝於天聲聞彼聲已心生愛樂其聲普遍琵琶箜篌齊鼓笛等如是種種可受音聲尒時彼天在廣池邊種種遊戲既聞聲已一切迴面向彼聲聽尒時遠見有百千堂周帀圍遶天歌音聲甚為可愛聞者欲發端嚴殊妙如星遶月如是如是堂行圍遶

戒身光明周帀輪行一切天衆見之心樂百千天女詠歌音聲夜摩天主在百千菜七寶蓮華臺上而坐無量天女之所圍遶為聽法故向彼善時善薩鵝王所住之處

尒時鵝王善時菩薩見已遠迎共餘雌鵝并餘雄鵝無量百千勝妙七寶間錯其身一切同時皆在虛空飛向天主牟修樓陁復有餘鵝詠歌音聲如是二王一是鵝王二是天王迭相敬重出美妙語迭相問訊鵝王善時以本願故為夜摩天除放逸故生夜摩天善時王言天王久時不來在此廣池之所我於餘天聞如是言牟修樓陁夜摩天王不放逸行共諸天衆在彼山樹具足地處看六佛塔礼拜供養化力書經在彼佛塔讀說彼經示諸天衆此因緣故我今來迎汝於彼處說法之時我亦在此廣池之側為遊戲天如應說法謂第一義寂靜安隱能除放逸畢竟利益以此因緣我今如是来迎天王我以愛法離於慢心敬重故来

彼時如是牟修樓陁夜摩天王聞是語已作如是言鵝王普為饒益一切夜摩諸天利益一切夜摩諸天故在此處令共迴還到廣池所說是語已牟修樓陁夜摩天王無量天衆諸天女衆之所圍遶善時鵝王無量百千鵝衆圍遶如是二王各并其衆彼此和合於虛空中種種音聲心皆無垢猶如寶珠於放逸地不放逸行有大威德共向廣池到廣池已彼廣池所一切天衆既見天王暫止放逸不作音聲不相娛樂不於水中種種遊戲生敬重心

夜摩天王知彼天衆心調順故語鵝王言善時鵝王此時寂善今可說法天衆見我心皆離慢并天女衆一切無慢可為說法尒時鵝王自念本生曾於往世有佛名為迦迦村陁於彼佛所聞諸法門所聞法中唯以一法為天衆說語天王言天王善聽我今為說有五種法若天若人放逸行者是根本過何等為五謂放逸者其心則乱意念異法口宣異言若有所說

不實無義前後相違動轉不定他則不受何以故以其放逸心動乱故自不能知為何所說為誰而説彼則輕毀彼則不受以如是故則於一切便為自輕是放逸過放逸過故墮於悪道於三悪趣隨相應生此是初過

又彼放逸有第二過何者第二所謂不知應作不作放逸意故不知何者是所應作不知何者所不應作不知何業不知何果以不知業故不知果彼愚癡者迷業果故身壞命終墮於悪道生地獄中以放逸故得如是過此第二過

又彼放逸有第三過何者第三若人若天以放逸故近悪知識不敬三寶不求於智不敬尊長於過功德不覺不知於生死苦不生猒離不知雜業謂種種業不能翹勤常喜睡眠不能持戒身壊命終墮於悪道生地獄中以放逸故得如是過此第三過

又彼放逸有第四過何者第四謂於天中若於人中即初生時命行不住即生即滅善業亦尒生已即盡死王

欲至共誰放逸彼必別離此有四法必定離別何等為四一者少年二者安隱三者壽命四者具足如是四種必定離別智者常觀如是四種若放逸者則不能知若天若人放逸行者一切不知以不知故墮於悪道以放逸故得如是過此第四過又彼放逸有第五過何者第五謂於第一不可信處而便信之不可信中審可信者所謂婦女而愚癡者信於婦女彼愚癡者雖信婦女然彼婦女於其不信乃至命盡心不離誑一切婦女皆多諂誑皆多幻偽多垢破壊其心多傷破戒心濁如是等過一切婦女心皆不離如火之熱一切婦女不離此法若愚癡者信彼婦女雖有語言然無一實以愛貪故為欲所牽是故近之如是略說放逸之行五種過患如是五過不離放逸是故天人應捨放逸此放逸行障涅槃門放逸行者身壊命終墮於悪道生在地獄餓鬼畜生以放逸故得如是過此第五過是故智者應離放逸若捨放逸有五功德

何等為五所謂正行心意正信作所應作不應作者則便不作恒常用意於一切時皆作利益捨離放逸如妻不異善知三世此不放逸最初功德不放逸故得此功德

又不放逸第二功德何者第二謂知輕重近善知識常行善業遠悪知識不作悪業以彼悪業善人嫌毀若見悪人則皆捨離見功德人則便親近如是修行善意行故不入悪道此不放逸第二功德不放逸故得此功德

又不放逸第三功德何者第三所謂謹慎乃至捨命不属婦女不信其言常一切時形相可見一切婦女有二種縛繫縛世間唯見其色不信其語彼有智者如是如實觀察婦女如是如實正觀察已雖見歌儛喜笑遊戲莊嚴具等心不貪著一切放逸皆因婦女一切婦女是半放逸若有能離婦女放逸則能渡於生死大海人世界中人皆說言不放逸者得名好人此不放逸第三功德不放逸故得此功德

又不放逸第四功德何者第四所謂謹慎不放逸者謂於富樂欲等不信觀知無常作如是知此欲無常轉動不定則不可信不久破壞不久失滅如是不信安隱之事故不放逸一切安隱為病所壞如是於少亦不生信一切少年為老所壞是故於少不生憍心如是於命亦不生信不生憍心不作惡業何以故必為死王所刼奪故是故不信一切有為生死之法以不信故不放逸行此不放逸第四功德不放逸故得此功德

又不放逸第五功德何者第五所謂恒常親近聖人愛樂智故歸依三寶聞法思義彼臨死時不生怖畏以知死相知退相故不生怖畏聞義天子則知退相人欲死時則知死相如是知故知生惡道知生善道作如是知我生善道我生惡道若臨死時惡道相出則能方便令心清淨心清淨故惡道相滅善道相現此不放逸第一勝果甚為難得諸親善中此亦最勝此不放逸第五功德不放逸故得此

功德尒時彼處善時鵝王頌彼如来迦迦村陁佛所說偈言

已離欲如来　讚歎不放逸　毀呰放逸行
所至生死處　不放逸解脫　放逸故受苦
此放逸繫縛　愚者不能斷　不放逸善人
則生於天中　於天中放逸　故退時心悔
一切放逸者　生死不得脫　放逸第一羂
能縛令流轉　作所不應作　不作所應作
一切放逸者　所作皆顛倒　尚不作世法
何況出世法　是故諸智者　不讚放逸行
以是故不應　行放逸之行　如是放逸行
是惡道初使　若有能捨離　苦惱之藏處
如是勇健者　能渡有大海

善時鵝王為彼天主牟修樓陁并諸天衆如是已說過去舊法利益天人又彼鵝王現為天主牟修樓陁復更說法作如是言有五種法對治沙門放逸之行何等為五所謂一防放逸行者皆受苦惱如是之人隨何放逸能致苦惱捨彼放逸知彼過已修行功德捨離彼故無不饒益不受苦惱不善惡業則不增長修行正行此是沙門初對治法放逸對治

又復沙門第二對治對治放逸何者第二謂見實義實見之人一切心意皆悉決定如實而見如實見故不行放逸以如實見放逸過故此是第二放逸對治

又復沙門第三對治對治放逸何者第三所謂親近不放逸者受戒持戒如彼所行如是而行如彼所作亦如是作於持戒者常與同處於破戒者捨而不近是故放逸一切皆無此是第三放逸對治

又復沙門第四對治對治放逸何者第四謂求智故常近智者常樂智者捨離放逸近不放逸如是謹慎不放逸者樂近苦遠彼善男子恒常如是不放逸行此是第四放逸對治又復沙門第五對治對治放逸何者第五所謂有王若王大臣執放逸者與其罪罸或斷其命或時盡奪一切財物或時與杖或截其手如是種種與放逸者異異刑罸彼既見已心生怖畏以怖畏故捨離放逸不放逸行如是對治捨離放逸以見他人受如是罸生

怖畏故隨順法行畏行放逸墮於地獄是故不作一切惡行此是第五放逸對治如是放逸於天於人則非安隱彼多天衆聞是經已捨離放逸牟修樓陁夜摩天王既聞鵝王所說經已起隨喜心復共天衆飛昇虚空如其本來還如是去自餘諸天有在賷池更受樂者有向林中而受樂者既入園林種種受樂如是乃至愛善業盡善業盡故於彼處退彼處退已如自業行或墮地獄或墮餓鬼或墮畜生若以餘業生於人中則生第一富樂之處黠慧利根多所知見有智慧命以有智慧是故大富為王所愛以餘業故

成就地竟

又彼比丘知業果報觀夜摩天所有地處彼見聞知復有地處名光明園衆生何業生於彼處彼見聞知或天眼見若善男子曾聞法義受戒持戒正見不邪不惱亂他心意正直不煞不盜如前所說復捨邪婬畏邪行故乃至不觀畫婦女像常行善業善修

淨命如是之人身壞命終生於善道天世界中光明園處生彼處已善業力故天妙境界五欲功德種種受樂六根所使樂見園林如是如是見種種法如是如是六根增上以增上故則能駈使地處平正第一柔軟七寶間雜甚可愛樂彼地之中若有樹生觸極軟滑金果銀葉勝觸香味皆悉具足如是天果如意出香如意生味彼處諸天若有是心欲令彼果如意出酒即有觸香色味具足天之美酒從果流出在於樹下時彼諸天共天女衆執珠寶器承而飲之如是天酒有下中上香味觸等業無量故如彼業因如是得酒有下中上又復餘天有無量種受五欲樂為放逸繞樂見園林歌儛喜笑處處遊戲相隨而行向彼園林如是如是隨所行道見異異種微妙之色彼所得味有無量種無量分別種種勝味彼所齅香有無量種無量分別種種妙香與心相應彼憶念觸有無量種無量分別受樂相應天妙之觸彼天所聞天妙音聲

有無量種無量分別心樂相應聞已歡喜第一持戒勝善業故五欲功德皆悉具足而受樂行彼天如是受樂行故乃經久時如是受樂不知猒足復更遠見名心樂林無量百千寶樹莊嚴彼心樂林如是可愛枝葉根莖各各別別一廂銀林其白如雪名銀樹林其光猶如閻浮提中月之光明彼一一樹端嚴殊妙天若見者心則愛樂又復一廂赤色猶如迦鷄擅郍甚赤無比有赤光明其葉赤赤如是葉等和合成林如是赤林極為可愛彼林赤故遍照虚空一切皆赤又復一廂名常樂林其林一廂有青園林其林普青青影光明彼林一廂如是光明端嚴殊妙如閻浮提虚空不異是毗琉璃寶之光明如是彼處名常樂林復次一廂是頗梨林光明清淨根莖枝葉多有無量流水河池皆悉具足又彼大林次復一廂青寶樹林根莖枝葉青色光明於樹枝中有種種鳥鳥種種聲多有種種妙蓮花池而為莊嚴彼天園林如是光明端嚴

勝妙

尒時彼處光明園地一切諸天自身光明為欲遊戲受諸樂故向心樂林於彼林中遊戲受樂愛林所繫五欲功德受天快樂不知猒足又復遊戲種種受樂入心樂林彼林之內有種種色有種種味有種種香花果具足多有妙蜂莊嚴其林處處普遍又復多有可愛鳥衆種種可愛妙蓮花池種種可愛樹枝屋舍散華遍地地觸柔軟甚可愛樂多有無量百千天衆是故彼處如是端嚴樹枝屋舍多有蓮華流水池河種種山谷多有諸樹歌儛喜笑種種遊戲莊嚴具聲猶如歌音微風動林枝花垂挑是故彼林如是嚴好尒時彼天入彼林中轉勝歡喜復更歌儛遊戲喜笑迭共受樂於一切時心樂境界其心恒常念行放逸

彼諸天衆如是受樂乃至久時復入七寶毘陁羅林彼林可愛林中最勝猶如山王所有光明勝百千日繞蓮華池以為莊嚴毘陁羅林有孔雀王

名曰雜色種種七寶間錯斑雜所出音聲普遍彼林實是菩薩以願力故生彼天中為放逸天除放逸故見彼諸天五境界火之所燒故住樹枝中勇猛無畏生憐愍心告彼天言此諸天等多放逸行不慮後退此樂欲盡無常不住一切天樂速疾已過如山中河其流迅速而不覺知心常著樂以愛故尒時雜色孔雀鳥王而說偈言

所作如夢見　住處如見焰　城如乾闥婆
天如是著欲　天為愛所生　終竟必破壞
謂樂不可盡　天如是著欲　樂不久則失
如河流速過　為欲城所誑　天如是著欲
如風吹動水　彼水中見月　猶如旋火輪
天如是著欲　如電之流動　如鹿愛之焰
如水沫不堅　天如是著欲　如芭蕉葉動
又亦如爲耳　不善人所愛　天如是著欲
如金波迦果　如有食鐵鉤　如幻之無常
天如是著欲　皆虛誑無物　暫時不停住
初時味則甜　天如是著欲　唯放逸一味
是有縛之因　速使入惡道　天如是著欲
愛惡物謂好　常可畏常妨　如毒如刀等

天如是著欲

彼心樂林如是孔雀名雜色王為調伏天如是說偈善意願故於天中生彼孔雀王用人中物以為譬喻為天衆說何以故令天聞已憶本生故以憶本生知業果故修行無常修無常故不放逸行是故雜色孔雀鳥王以人中譬為天說法說何等法謂無常法為說欲過說欲無常

尒時有天聞所說法憶本前生以憶本生知業報故於少時中不放逸行生於善意彼天少時生於善意不放逸行少時利益少時安隱種未來世無量百千安隱生處善業種子是故菩薩雜色鳥王說如是法尒時天衆猶故著樂入彼林中以蓮華鬘莊嚴身首自身光明莊嚴其身五樂音聲種種受樂於彼林中無量河池水流盈滿具足莊嚴天衆見已放逸而行於生老死不生怖畏歌儛遊戲不知猒足更入餘林彼林名鬘鬘林之樹無量百千其樹枝葉種種異色間雜不同有無量種形相色香種種妙花

枝枝具足如是妙華大小均等希奇得所於彼林中有七寶峯其音可愛在彼華中共天遊戲彼諸天等取彼華鬘共天女衆相擲嬉戲天及天女本自端正以著如是妙花鬘故十倍勝本迭互一心於彼林中遊戲受樂折取花枝其花香氣遍五由旬有十由旬二十由旬三十由旬如是彼林天香具足無量種花和集而有

尒時彼天如是遊戲受諸樂已復向酒河河名歡喜其河甚大彼酒音聲觸味香色皆悉具足在河而流彼天見已坐河岸上取而飲之彼復有鳥名為常樂見彼諸天在歡喜河而飲酒故為說偈言

没入放逸海　貪著諸境界　此酒能迷心
何用復飲酒　為境界火燒　不知作不作
園林生貪心　何用復飲酒

彼常樂鳥見樂酒天在河飲酒為調伏故如是說偈彼天聞已猶故飲酒不休不止心生歡喜自身光明周圍如鬘復以花鬘莊嚴身躰飲酒遊戲不知猒足五欲功德五樂音聲歌舞遊

戲次第復向華枝舍林悕望欲樂故到彼林共天女衆歌舞喜笑

尒時彼天見彼樹林衆花具足心生歡喜以先聞故見則歡喜如是勝妙可愛園林有七寶峯而為莊嚴天衆見已生希有心迴眼普看不生猒足彼天女衆皆亦如是見五千種百千分別華舍具足彼諸天女見則入中歌舞遊戲而受快樂彼樹枝葉甚可愛樂密覆如屋彼衆樹枝是種種寶所謂枝者毗琉璃枝金葉所覆若金枝屋毗琉璃葉之所覆蔽迦鷄檀那妙好色果具足而有迦鷄檀那青寶樹枝銀色葉覆若頗梨樹金果具足若彼有樹迦鷄檀那以為枝者青寶葉覆金果具足若頗梨樹頗梨枝屋金葉密覆大青寶果具足而有隨念莊嚴皆悉可愛峯衆圍遶音聲美妙遶華枝屋彼枝舍內如是嚴好天欲受樂則入其中以善業故

又枝舍外種種具足有蓮華池蓮花金葉皆毗琉璃青寶為鬚白銀為臺周遍林外無量峯衆而為莊嚴鵝鴨

鴛鴦迦曇婆羅出妙音聲聞者心樂是故彼林甚為微妙彼蓮花林其外華池如鬘不異寶花枝舍周圍彼林處處普遍

蓮華輪外復有樹林如是林者有鳥獸住心皆歡喜有在樹下依樹坐者有遊行者有在林中食天美果華根等者果花根等有第一色香味觸等和合具足如是鳥獸雄雌牝牡皆各相隨又彼鳥獸聞天歌已開眼張耳羽毛皆竪歡喜心樂又彼鳥獸雄雌牝牡各各相隨在於樹下柔軟觸地迭相看面而受快樂或共遊戲諸獸髆咽牝牡同處迭相看面共受快樂其身皆是七寶間雜在於林中如是受樂

正法念處經卷第五十二

癸卯歲高麗國大藏都監奉
勅彫造

正法念處經卷第五十二

校勘記

一 底本，麗藏本。金藏廣勝寺本原版存十八版，殘損嚴重，今採其中可用者共六版，即三八五頁上至三八六頁中及三八八頁中。

一 三八四頁上五行「還至下已」，資、磧、普、南、徑、清、麗作「下已還至」。

一 三八四頁上一七行第九字「念」，資、磧、普、南、徑、清作「尒」。

一 三八四頁中二二行「音聲」，石作「五聲」。

一 三八四頁下一五行第一三字「如」，普作「光」。

一 三八四頁下一九行第六字「蔗」，石作「遮」。

一 三八四頁下二一行「蘱味」，石作「藥味」。

一 三八五頁上一二行第一一字「下」，清作「中」。

一 三八五頁上一三行第七字「如」，石、資、磧、普、南、徑、麗作「如是」。

一 三八五頁上一九行第二字「分」，石作「名」；資、磧、普、南、徑、清、麗無。

一 三八五頁中五行首字「音」，資、磧、普、南、徑、清作「悉」；麗作「意」。

一 三八五頁中七行第九字「遂」，資、磧、普、南、徑、清作「遠」。

一 三八五頁中八行「雌鳥」，資作「雖鳥」。

一 三八五頁中一〇行「七種」，普、徑作「七寶」。

一 三八五頁中一四行「天衆」，石作「大衆」。

一 三八五頁中二〇行「渴愛」，石、資、磧、普、南、徑、清作「愛渴」。

一 三八五頁中二一行第七字「愛」，石作「樂」。

一 三八五頁下四行第二字「姓」，徑作「性」。

一 三八五頁下一八行第一四字「池」，資、磧、普、南、徑、清作「地」。

一 三八六頁上一行「愚衰」，磧、徑作「愚癡」。

一 三八六頁上二行首字「若」，資作「常」。

一 三八六頁上一六行第三字「鳥」，資、徑、清作「鵝」。

一 三八六頁中六行第一二字「迎」，資、磧、普、南、徑、清作「近」。

一 三八六頁中一〇行「王一」，石作「一王」。

一 三八六頁中一七行第四字「書」，石作「晝」。

一 三八六頁中一八行及二二行「来迎」，石、資、磧、普、南作「來近」。

一 三八六頁下四行第九字「池」，普、南作「地」。

一 三八六頁下四行第一一字「説」，石作「作」。

一 三八六頁下一〇行第七字「到」，資、磧、普、南、徑、清作「至」。

一 三八七頁上二行第七字「其」，資、

磧、普、南作「具」。

一　三八七頁上四行第五字「受」，石、資、磧、普、南、徑、清作「愛」。

一　三八七頁上六行第六字「隨」，資、磧、普、南、徑、清作「墮」。

一　三八七頁中九行「寂可」，諸本作「最叵」。

一　三八七頁下三行末字「毒」，資作「意」。

一　三八八頁中二行第五字「佛」，資、磧、普、南、徑、清無。

一　三八九頁上九行「愛善」，資、磧、普、南、徑、清作「受善」。

一　三八九頁上一六行「成就」，徑、清作夾註「成就第八」。

一　三八九頁上一八行末字「圍」，磧、南、普、徑、清作「園」；本頁中二行第七字、及次頁上二行第七字，普、徑、清同。

一　三八九頁中八行第六字「銀」，資、磧、普、南、徑、清作「金」。

一　三八九頁中一三行「珠寶」，資、磧、普、南、徑、清作「珍寶」。

一　三八九頁下八行「中月」，磧作「千月」。

一　三九〇頁上四行第一〇字「林」，石作「枝」。

一　三九〇頁上一四行「具聲」，清作「其聲」。

一　三九〇頁上一五行「垂挑」，資、磧、普、南作「垂柳」；徑、清作「垂仰」。

一　三九〇頁上一七行第五字「歌」，南作「欲」。

一　三九〇頁中一行「斑雜」，磧、徑作「班雜」。

一　三九〇頁中八行「迅速」，資、磧、普、南、徑、清作「峻速」。

一　三九〇頁中一一行第八字「如」，石作「女」。

一　三九〇頁中一六行第八字「之」，石作「枝」。

一　三九〇頁下五行第一〇字、六行首字、一〇行第九字及末字「憶」，徑作「億」。下同。

一　三九〇頁下一一行第二字「生」，資、磧、普、南作「住」。同行「逸行」，資、磧、普作「遊行」。

一　三九〇頁下一八行第三字「受」，徑作「愛」。

一　三九一頁上一行末字「奇」，磧、普、南、徑、清作「概」。

一　三九一頁中七行「五千」，資、磧、普、南、徑、清作「百千」。

一　三九一頁下五行第三字「輪」，磧、南、徑、清作「林」。

一　三九一頁下九行及一二行「牝牡」，資作「牡牡」；磧、普作「牝牝」。

一　三九一頁下一四行第四字「咽」，諸本作「呵」。

正法念處經卷第五十三　愼

元魏婆羅門瞿曇般若流支譯

觀天品之三十二 夜摩天之十八

又復彼鳥種種形相見者愛樂種種憶念種種受樂所謂樂者有銜蓮花耳聽歌音周迴而行雄雌相隨而遊戲者有鳥羣住縱身任縮聽彼樹枝屋舍中聲一心聽者有以觜銜勝光明寶在於處處遍遊行者有七寶身從於山中聞歌音故揚翅飛來爲聽歌音向華枝舍普遍虛空皆悉嚴好心歡喜者復有餘鳥在餘林中種種妙寶莊嚴兩翅以觜折取種種敷華銜來向彼華枝屋者復於餘鳥聞歌音已共銜寶鬘有種種色勝妙光明如是來向華枝屋舍普遍虛空皆悉嚴妙如是來者

如是彼林內外鳥獸有種種色種種形相種種具足皆可愛樂彼林殊妙嚴好如是彼諸天衆在彼林中種種受樂

介時彼天五樂音聲在彼林中久時

遊戲愛火所燒猶不猒足復向餘林彼林名爲鳥音聲樂無量天女以自圍遶如是歌儛喜笑遊戲在虛空中手彈箜篌如是飛行有在鵝背如是去者復有餘天乘孔雀者有在空中坐蓮華臺如是去者復有餘天乘七寶鳥在虛空中如是去者一切皆向鳥聲樂林彼如是行在路未至種種勝樂皆悉具足欲至彼林名寶語鳥爲說偈言

乘中業乘勝　餘乘則不然　人以業乘故
能遍行三界　何誰於何處　何業去何作
彼則於彼處　如作受苦樂　業種種雜雜
心因緣所作　無物叵得者　久時必皆得
種種異異樂　由業因緣起　以業因盡故
種種樂亦無　諸有不亡失　先所作善業
若欲常得樂　皆應作餘業　若心常懈怠
放逸毒所悶　放逸天不覺　未來苦惱處
一切樂離別　到大苦惱處　以能破陰界
是故名爲死　彼速疾欲來　能令命盡滅
天境界所迷　是故不覺知

彼寶語鳥以善心故憐愍天衆如是偈說真實之法利益彼天而天不取

愛覆心故轉復歡喜而更前入鳥聲樂林一切天衆心皆樂見鳥音聲林如是林者名既如是復有如是鳥音聲樂彼林中樹一切是寶所謂金銀毗琉璃樹有白銀樹有頗梨樹有青寶樹是平澤中蓮華之林彼諸蓮華猶如燈樹一切種種甚可愛樂有種種鳥有無量色無量形相寶間雜翅不可具說何以故以心善業無量種故鳥之形相如是種雜以心雜故雜作善業善業雜故得如是果不可具說以心微細速流轉故以是因緣不可具說一切天法皆不可說天業果報今說少分有好妙欲境界放逸園林流水蓮華河池種種山峯蓮花之林鳥及寶等天女可愛以業果故天世界中如是化現彼此因緣說天可愛如彼善業所作果報不失不滅若不作者果不可得復以此因如是說樂又復彼天如是種種鬘莊嚴身以香塗身自身光明而受快樂勝歡喜心如是觀察鳥聲樂林如是觀見七寶諸樹光明如炎有種種鳥圍遶彼林

彼鳥詠歌若天聞之昔未曾聞如是
音聲既得聞已心喜愛樂彼一切天
聞已皆樂彼如是鳥有住樹中而詠
歌者有鳥在於蓮花林中而詠歌者
有在花中而詠歌者有鳥在於蓮華
池中而詠歌者彼天聞已心生喜樂
若天天女迭共和合種種歌音一切皆
止聽鳥歌聲心生愛樂如是彼鳥詠
歌音聲普遍山峯諸山峯中一切諸
獸自體本性憙樂歌音聞彼歌已或
百或千皆悉前近既前近已耳明不
動聽其歌音有在樹底住聽歌者有
對天草無心欲食聽歌音者於彼林
中鳥歌音聲如是可愛鳥聲樂林可
愛如是又彼林中香甚可愛種種華
香有種種色隨念皆有香色聲等隨
念皆得箜篌齊鼓箏笛歌等種種美
音是天音聲彼鳥之音勝彼天聲一
根境界如是勝故彼林可愛
又彼林中復有一根境界可愛所謂
天味隨意所念得勝果味或天酒味
天藥草味如是彼林隨念得味如是
林中諸味具足

又彼林中復有勝法所謂有山遊戲
彼山枝網普覆種種重樓皆是枝網
行而不乱有無量種七寶雜辟有無
量種彩畫皆遍多有種種莊嚴天女
在重樓上彼林如是種種莊嚴又彼
園林復有莊嚴彼林功德具足已說
今復說山莊嚴可愛具足之相謂毗
琉璃莊嚴其山山有七種功德具足
何等為七所謂色聲觸味香等隨念
皆得有隨念樹七種具足彼處諸天
見彼功德癡惑迷乱不見不聞彼鳥
說法彼說法鳥猶如父母所說之法
皆悉決定天者境界不聞不覺境界
迷故不受鳥語行愛曠野復向大林
為三種火之所燒然五慾所使喜愛
所誑迷於實道唯有苦樂苦相似樂
以着如是虛妄樂故不覺不知利益
說法不受不取而聽其餘三處行鳥
詠歌之聲謂水行鳥天可愛色可愛
形相七寶之身種種間雜鵝鴨鴛鴦
如是等鳥種種音聲并水音聲彼天
樂聞美妙聲歌一切時樂放逸而行
一切諸天愛彼音聲如是彼天更聞

餘鳥種種音聲不聞法音所謂林行
種種諸鳥孔雀白鴿莊嚴樹鳥山谷
巖窟所住之鳥出美妙聲一切鳥聲
皆與相似妙聲之鳥七寶身鳥以莊
嚴山兩兩並飛在虛空中同共出聲
觀彼諸鳥如見莊嚴彼鳥光明見者
常樂生愛著心如是勝勝衆鳥音聲
彼天樂聞有語聲者有歌聲者有響
聲者如是無量種種分別跋求之聲
種種異聞天有欲心為天女衆之所
圍遶聽彼音聲
於長久時聞聲愛樂更有勝愛覆蔽
其心復飲天酒第一味香皆悉具足
如天所應從巖窟中如是流出多有
妙蜂皆集酒上彼諸天等迭手一心
同飲天酒不相妨㝵復有餘天向蓮
華林蓮華叢中多有天酒第一天味
香觸具足隨念美味諸天天女恣意
共飲歌儛戲笑迭手一心共同欲意
彼諸天等於勝林中遊戲受樂於境
界中心不猒足而復更向毗琉璃寶
莊嚴之山彼山多有鵝鴨鴛鴦普皆
青影覆万由旬皆是青影其山舉

高三百由旬多有園林饒蓮華池流水盈滿有第一鳥見者皆愛於彼山中有好平地有好山谷有好巖穴河泉源窟多有行林蓮華水池具足諸華有三種鵝在岸出聲所謂有鵝頗梨寶色七寶間錯或自體白如是鵝者山中甚饒莊嚴彼山毗琉璃山普有流水水色清淨猶如寶珠彼山多有種種香華多有無量百千諸鳥種種雜鳥以此諸鳥嚴蓮華池彼種種物勝勝希有上上希有可愛妙色莊嚴彼山聲觸香等無量種物以莊嚴山六根受樂普山莊嚴

彼諸天衆為欲受樂往到彼山普遍處處歌儛遊戲以蓮華鬘瓔珞其身一切時樂心常歡喜心常愛樂五境界怨如五火燒愛縛其咽向彼山頂為受樂故悕望欲見種種憶念種種分別漸漸欲到漸近彼山見有山窟是毗琉璃彼山窟者青色光明可有一万以為莊嚴普第一樂勝妙光明若住山天入彼窟中種種遊戲若彼諸天入窟中者彼如是窟如是如是

轉轉寬博如彼天心如是如是種種憶念如是如是皆於窟中具足而得彼窟名為如念得窟住彼窟天共天女衆恒常受樂不知猒足彼諸天女種種莊嚴以善業故見彼天女心極愛樂形服莊嚴姿媚殊絕歌儛喜笑受天之樂夜摩天王牟修樓陁利益天故佛所說偈書在彼山寶窟門上偈如是言

死王吞衆生　衰老飲少年　病至滅强健
世間無知者　有無量種生　有無量種退
如生老亦然　世間無知者　無有一念間
無一時一日　死無時處住　世間無知者
已數數受生　亦曾數數退　癡天迷境界
世間無知者　此有輪如籠　貪著於愛欲
愛繩縛將去　世間無知者　愛過旋波中
多有分別鳥　此愛河寬廣　世間無知者

彼寶窟門為利益天書佛偈頌其法如是有天見之則便尋讀讀彼偈已憶自本生於少時間不放逸行以善業故於須臾間正心思惟增長未來無量百千多生之樂增長淨分減損染分彼天如是少時正念能滅無量

百千生數若有見彼寶窟門上所書偈者則生猒離不放逸行若天入窟不讀偈者則為唐入

若見不見一切入者皆放逸行在內一處見寶珠聚謂金剛聚青寶珠聚摩伽羅多寶珠之聚大青寶聚而彼寶窟體性自明以寶珠故光明更勝第三復以天入中故天身光明令彼寶窟光明轉勝如是彼窟甚為可愛彼寶窟中天天女衆五欲功德受諸欲樂安隱離惱離於熱惱遠離憂悲自善業故受無量種天勝妙樂彼天既見彼寶地已生歡喜心歌儛遊戲五樂音聲而受快樂

又彼寶窟入其中者則見有河第一香觸具足天酒盈滿其中酒河兩岸饒飲酒鳥以為莊嚴如是鳥者謂名歡喜有名常樂有名常戲名無異味名見可愛名審諦心有鳥名為異處不樂名飲香樂此等諸鳥復有餘鳥在彼酒河遊戲飲酒天善業故鳥說偈言

初飲美味酒　飲已多作惡　未來得惡果

在於地獄中　飲已能令癡　癡故造惡業
癡作惡業故　入於地獄中　初時生歡喜
後乃得惡報　初時能除渴　後時甚大熱
初時口意失　後時則失樂　是故有智者
則不應飲酒　若常飲酒者　則如鳥無異
飲酒能令癡　說酒為大毒　若見酒如毒
彼見不退處　若飲不味酒　則為飲鐵汁
一切惡一分　說酒為一分　是心過所作
一切戒根心　飲酒心不正　不能思惟法
比丘飲酒故　非阿蘭若行　飲酒令心亂
不調不知着　失法空無福　失現在未來
不知脩威儀　不知時及處　障㝵於正法
唯言說無義　自既不能知　不知何所說
自口語如屎　亦自不能知　令世間輕賤
令法不增長　見貪者飲酒　如火之炎然
過事皆忘失　於現事皆迷　況思惟未來
飲酒三時失　能失壞名色　或失眾生身
能生無量過　飲酒障㝵法

如是彼處住山窟鳥心常歡喜以業因緣為天說偈彼天聞已若有善業隨順法行而生彼者憶本前生憶本生故則知酒過知酒過故則不飲酒不放逸行

自餘天眾不受鳥偈猶故飲酒生歡喜心五樂音聲歌儛受樂乃至久時彼山窟中種種受樂既受樂已於入時道還如是出如是出已猶於境界不知猒足放逸而行樂見園林共天女眾復於一切園林之中河岸山谷種種遊戲如是諸天以善業故如是受樂彼處如是不可譬喻天樂具足彼諸天等於境界中受諸欲樂不知猒足廣多受故所言廣者自體廣故彼不曾攝恒常開舒是故名廣又於境界不知猒足以諸境界廣無量故以根常渴不曾斷故如是彼天五欲功德轉轉增長不斷不絕常受欲樂心生希有可愛功德不可譬喻是故彼天不知猒足如海吞流無有足時天不知足亦復如是常一切時於彼天處如是受樂行於種種園林之中欲水所漂共諸天女遊戲受樂彼天如是乃至作集受善業盡至於後時退彼天處如自業行業繩繫縛如是樂處業盡退已墮於地獄餓鬼畜生若有餘天餘善業故生於人中在閻

浮提大富樂處第一種姓歌儛喜笑種種遊戲常受快樂身色殊妙形服端嚴種種具足勝國土中或為國王或為大臣或迦奢國憍薩羅國在安隱洲彼餘業故

夜摩天攝勝光明園處第九地竟

又彼比丘知業果報觀夜摩天所有地處彼見聞知或天眼見復有地處名曰正行眾生何業生於彼處彼見有人隨法正行第一清淨報亦清淨業清淨故受樂果報聖人所愛勝善布施少於智慧以布施故生於天中受天愛果所謂天處向人得彼天中果報所謂有人善心清淨生敬重心柔軟之心不殺不盜如前所說復捨邪婬所謂耳聞先時有人曾共婦女而行婬欲如是聞已心不喜樂於先欲事心不思念不生覺觀復能遮他不聽思念如是成就清淨業行身壞命終生於善道夜摩天中正行地處受本所脩善業果報生彼處已受樂種種香味觸等無量境界行園林中天蓮華池百千天女之所供養在於

園林蓮花之池流水處行無時暫住先所未見不可辟喻不可具說種種天樂具足受彼無量種樂於境界中心不知足

又於彼處有無量種天妙園林如是彼處始生天子少婦女衆而圍遶之於餘園林有天女衆在中遊戲見始生天心則欲發行則異本以天衣踼種種莊嚴見始生天即便前近始生天子見彼天女五倍欲發即前往近彼諸天女始生天子迭相雜合彼此共受無量種樂同心一意不相違逆如是天女一切共歌歡喜儛笑彼諸天女生如是心此始生天是我夫主始生天子有如是心此諸天女是我之婦如是天子共諸天女彼此相信不相疑慮喜笑歌儛迭相愛樂在園林中從一園林至一園林從一山峯至一山峯從蓮華池至蓮花池從一枝舍至一枝舍從一藂樹至一藂樹從一池去復至一池如是池者青寶之色彼池多有鵝鴨鴛鴦種種音聲有如是等無量諸鳥種種音聲耳聞

心樂如心意念如是水生色香味具在彼池中有無量種歌儛遊戲受諸快樂既受樂已復見餘處有異天衆歡喜遊行始生天子見之即往共天女衆五樂音聲歌儛遊戲如是而去尒時彼天既見如是始生天子而說偈言

山園林等中　或在蓮花池　一切重樓處
共天女受樂　或於金山中　或毗琉璃峯
或園林藂樹　共天女受樂　隨念可愛樹
或在流水河　或在寬廣池　共天女受樂
七寶間雜處　或在山河中　或平地好處
共天女受樂　曷陁羅樹林　青優鉢羅林
種種鳥音處　共天女受樂　種種地分處
或於寶林中　或在可愛堂　共天女受樂
或五樂音聲　令心樂清涼　常歌儛遊戲
共天女受樂

彼諸天等為始生天如是說偈始生天子聞說偈已彼處復有名實語鳥如法利益令正行故為說偈言

山園林等中　或在蓮華林　癡為愛所迷
共天女俱墮　或在金山中　或毗琉璃峯
食善業盡已　共天女俱墮　隨念可愛樹

或在流水河　遊戲善業盡　共天女俱墮
七寶間雜處　或在山河中　為境界所迷
共天女俱墮　曷陁羅樹林　青憂鉢羅林
著樂癡所盲　共天女俱墮　種種地分處
或於寶林中　不修行善法　共天女俱墮
或五樂音聲　令心樂清涼　貪著故時過
共天女俱墮

彼實語鳥為利益天隨順饒益令天安隱令正行故如是說偈彼天放逸雖聞不受彼諸舊天猶尚不取況始生天

彼新舊天為放逸毒之所傷故普皆歌儛心生歡喜在園林中處處遊戲受境界樂自身光明不假餘照彼一切天共天女衆復向一山名山踼山彼山踼山多有無量種種寶性有種種寶而為莊嚴普山光明百千蓮華如日初出以為莊嚴有百千億流水泉池彼山四廂有四藂林所謂一名百池流水二名大光三名嚴山四名普香此名四林在彼山廂彼山一廂百池流水藂林之中有隨念樹有百千池金銀青寶迦雞檀鄉諸寶色魚普

遍池中其池之水清淨涼冷如意念水盈滿彼池多有園林圍遶彼池鵝鴨鴛鴦音聲可愛聞者心樂有一切時常歡喜鳥見彼天衆而說偈言

一切命無常　少年不停住　此天處亦尒
而天不覺知　諸法念不住　次第皆失壞
在園林遊行　退時將欲到　世間不覺知
業繩所繫縛　世間不覺知　千億諸天衆
六欲諸天等　放逸受愛樂　一切皆失滅
世間不覺知　樂如水沫聚　如夢所得物
速滅不久停　世間不覺知

彼處諸天欲上山時彼一切時常歡喜鳥以利益心天善業故如是說偈彼諸天等樂境界故不聽不取不覺不知不能見諦不看彼鳥如生盲者有道不見

尒時彼天次向第二大光聚林彼林光明勝於一百日之光明彼林諸樹有勝光明或樹光明或寶光明勝妙功德皆悉具足光明炎然彼大光林三種光明普遍彼林彼如是林普皆可愛流水河池而為莊嚴有隨念樹莊嚴林處如是林處各各差別彼諸

天衆各在異處五樂音聲歌儛遊戲種種受樂善業漸盡於彼山中復在異處受境界樂如大醉為如是林中久時受樂

又彼天衆於彼山中自心動故次第復向巖山之林於中復受五境界樂為放逸煞之所迷惑不知畏退無有方便而可得脫唯初時樂後則衰惱聲味色香受諸欲樂愛乱心故處處遊行

復見餘林普彼林外有蓮華林周帀圍遶有隨念樹莊嚴彼林百千種華而為莊嚴有餘大樹有殊妙香而莊嚴之又復多有流水河池而為莊嚴又復多有種種鳥獸七寶枝舍而為莊嚴又復多有種種香美飲食之河彼諸天衆到如是山或百千到歌儛遊戲迭共為伴同一欲心俱到彼林共天女衆久時受樂彼此迭互悕望境界

又復彼天未知猒足於彼山處次復更見大可愛林名曰普香彼林甚香樹枝華香金枝華蓋覆彼林上有居

尸奢第一妙香又彼林中曷陁羅華第一妙香香氣流布普百由旬天聞彼香生希有心彼諸天衆嗅如是等無量妙香入彼林中彼諸天衆迭相愛樂同一心欲受境界樂不知猒足處處遊行無量種行

彼天如是處處遊行遊戲而行如是漸向山驝山頂遂尒前到百百千千彼山頂上見有大城城甚可愛其城縱廣五百由旬普彼城中有行重樓金寶殿舍銀寶殿舍毗琉璃舍車𤦲之舍如是種種妙寶殿舍而為莊嚴行巷相當門狀可愛皆是妙寶普彼城中饒蓮華池彼諸天衆入如是城心生歡喜種種功德具足受樂在寶舍中寶園林中或復在於蓮華池中枝華舍中或華林中或復在於蓮華池中或復在於饒華地處或復在於山窟之中或復在於山谷之中或復在於山脊之處彼天如是或在城中或在餘處山頂之上共諸天女處處受樂無量種樂多種受樂五樂音聲功德具足如是遊戲種種受樂彼受樂時

鳥見之故為說偈言

諸天本善業　一切必當盡　後受苦惱時
乃知放逸過　心樂著欲者　唯受微少樂
彼樂未久間　後時必當壞　樂境界樂者
常有悕望心　見婦女放逸　後時必當壞
天者境界樂　不慮退時苦　至後破壞時
乃知退苦惱　天若近婦女　而共放逸行
終至後退時　彼一切捨離　一切欲退天
無與共行者　唯有一切業　隨後與同行
常應修善業　常捨不善業　常離於放逸
常行不放逸　放逸是有根　不放逸寂靜
放逸不放逸　如所說其相　勇者常思惟
修行善業樂　常修行法者　則不受諸苦

彼鳥如是利益天故已說此偈彼諸天等放逸行故不聽不受而復更為境界所盲行園林中種種遊戲或在園林或在可愛寶城等中受種種樂彼天在於山鬘山中既受樂已而復更向千峯之山悕望欲見彼寶山故樂天境界是故次往天善業因而受快樂見彼寶山生勝愛心一切欲樂皆悉具足於一切時多有華果流水河池蓮華之林具足而有彼一切天

於彼樂處見則受樂行亦受樂食亦受樂見彼勝山生希有心謂山鬘山彼大勝山復有眾山周帀圍遶皆是寶山是故彼山名曰山鬘彼山多有園林華池有流水河多有寶鵞無量眾鳥種種音聲如是諸鳥皆是寶身種種形相皆悉可愛莊嚴山峯普彼山峯光明悉遍彼諸光明有百千種如是寶山在諸山中見彼寶山頂挿虛空有大光明微妙殊勝彼諸天等上如是山共天女眾五樂音聲遊戲受樂心生歡喜上彼山上如意念行有在空中而遊行者有共天女同一欲心於五境界受諸欲樂愛河所漂不暫停者若寂靜樂則是常樂捨未來世如是寂靜利益安樂而樂天樂如是天樂如雜毒蜜而諸天眾心生樂著初時似賢後則不善實非是樂與樂相似彼天不知心生樂著共天女眾五樂音聲隨心遊戲上彼山頂如是如是上彼山上如是如是見彼山處隨見何處轉勝可愛如是寶山普皆可愛樹林河池種種諸鳥在園

林中滿彼山處無量百千種種園林莊嚴彼山七寶光明周帀圍遶普彼天眾共諸天女歌舞遊戲徐上彼山並行並看天及天女種種形服鬘莊嚴身更無異心心常樂樂放逸而行彼諸天眾自身光明共自光明無量形服莊嚴天女圍遶同行安安詳詳如心意行上彼山上善業力故自作善業自得樂報決定自受遊戲歌舞在河池中有無量種受諸快樂徐上彼山五樂音聲離病無倦心生歡喜如是遊戲彼如是行見無量種山谷嵠嶼各各差別隨自意行隨何處行皆無所畏如是次第漸上山上

彼山鬘山復有異處有大鵞王住在其中彼鵞王者寶莊嚴身名曰善時見彼諸天行放逸行彼諸天等勝善業故得彼樂命應怖畏時而便喜笑尒時菩薩善時鵞王為利益彼一切天故住山窟中隨順修行寂靜善業饒益天故為除放逸畢竟利益彼諸天故第一勇勝種種微妙一切天愛美音聲語覆一切天所有音聲而說

偈言

愛欲染心癡 常樂著境界 彼天則不知
利益未來世 此餘少福德 臨欲至退時
退已到異處 受自業果報 百千生中間
為業鎖所縛 此業縛眾生 須集道資粮
若天恒受樂 常作不善業 彼因不相似
癡者住心中 為欲所迷惑 唯食而待死
若不能諦知 不能利眾生 為欲所迷惑
唯食而待死 若為身樂故 壞法是愚癡
一切時一心 常勤修善業 捨離不善者
此是智慧相 放逸不持戒 食本前業盡
以放逸行故 不久退天處 彼常如是意
為時所催駈 後為悔火燒 無有能救者
惡不可得避 眾生決定受 後到於死時
知已寂靜行

善時鵝王第一勇勝自體如是美妙音聲為彼天眾如是說偈如是鵝王菩薩音聲為一切天作無量種無量音聲章句示現皆悉相應菩薩之聲美妙勢力勇而復勝蔽天音聲彼處如是一切天眾復聞遠處有大音聲無量天女之所圍遶種種莊嚴勝妙寶殿一切時華一切時果皆悉具足

無量蓮華遍覆其處多天女眾歌聲可愛妙寶瓔珞光明照耀七寶間錯園林水池而為莊嚴幢幡拘欄種種莊嚴百千天女妙音聲歌五樂音聲聞者心樂毗琉璃寶大青寶柱真金柱等之所莊嚴大師子座之所莊嚴如是寶殿行虛空中夜摩天王在彼殿上多有無量百千天女供養天王百千合掌讚歎天王在虛空中分明如畫勝歡喜心向山鵙山為欲往見善時鵝王如是鵝王以大願力為利益天生在夜摩憶本前生是故天王生敬重心而來向之為聽法故為於自身并為天眾利益安樂饒益自他不墮惡道離放逸故

爾時彼天山鵙山中遊戲受樂在種種處山園林中或有在於平處住者或有在於山谷中者或有在於蓮華林者或有在於池水中者或有在於殿堂上者或有在於寶舍中者或有在於山峯中者或有在於河岸處者或有在於山頂上者或有在於華林中者或有在於果林中者或有在於

隨念樹者或有在於毗琉璃金隨念樹者或有在於無量到數見則可愛樹林中者一切皆悉共天女眾或共多眾或共少眾一切天眾速生喜心歌儛嬉笑看彼天王見大天王坐勝殿上成就無比天之快樂見已疾走一切天眾盡力而走既見天王牟修樓陀普皆並走心眼俱樂眼觀不捨轉轉前近彼諸天眾如是思惟夜摩天主牟修樓陀為欲聽法是故來詣善時鵝王我今往見供養天王彼諸天眾如是思惟既思惟已一切皆近夜摩天王五欲功德境界之樂一切具足天衣天鬘以為莊嚴彼一切天皆悉前向牟修樓陀夜摩天王行虛空中

若天在於一千峯山遊戲樂者如是見已天衣莊嚴一切皆前到天王所禮拜供養既供養已轉勝歡喜歌儛戲笑近王面前一切皆與夜摩天王和合一處共向鵝王菩薩之所彼鵝王菩薩第一聰明有大智慧以本願力為彼諸天除放逸故生在夜摩彼

一切天皆到鵝王菩薩之所夜摩天王既見菩薩生敬重心敬重法故共天女衆從殿而下鵝王菩薩常說大法常作法吼既見天王牟修摟陁則正法吼彼大鵝王法勢力故於一切天衆為勝妙光明殊絕法威力故

正法念處經卷第五十三

癸卯歲高麗國大藏都監奉
勅彫造

正法念處經卷第五十三

校勘記

一　底本，麗藏本。

一　三九四頁上一行經名、二行譯者，石無。

一　三九四頁上五行首字「憶」，徑作「億」。下同。

一　三九四頁上一七行第二字「妙」，資、磧、普、南、徑、清作「好」。

一　三九四頁中一六行「先所」，磧作「已所」。

一　三九五頁上一一行「耳明」，諸本作「耳眼」。

一　三九五頁上一三行第三字「草」，資、磧、普、南、徑、清作「果」。

一　三九五頁下八行至次行「有響聲者」，資、磧、普、南、徑、清無。

一　三九五頁下一五行「迭乐」，資、磧、普、南、徑、清作「迭共」。

一　三九六頁中八行第八字「在」，徑作「夜」。

一　三九六頁中一九行第一一字「讀」，資作「誦」。

一　三九六頁中末行「能滅」，資、磧、普、南、徑、清作「能減」。

一　三九七頁上四行第五字「失」，徑、清作「適」。

一　三九七頁上六行「大毒」，石作「大酒」。

一　三九七頁上九行「不正」，資、磧、普、南、徑、清作「不止」。

一　三九七頁中三行第一一字「樂」，石作「業」。

一　三九七頁中九行第九字「受」，石作「愛」。

一　三九七頁中二〇行「愛善」，諸本作「善愛」。

一　三九七頁下一行「喜笑」，石作「戲笑」。

一　三九七頁下六行第八字「園」，資、磧、普、南作「圍」。

一　三九八頁上六行「婦女」，資、磧、普、南、徑、清作「天女」。

一　三九八頁中一行第六字「念」，資作「合」。

一　三九八頁中一一行第三字「流」，石作「琉」。同行「廣池」，資、磧、普、南、徑、清作「廣處」。

一　三九八頁中一四行「音處」，資、磧、普、南、徑、清作「音聲」。

一　三九八頁中一六行及頁下六行「清涼」，資、磧、普、南、徑、清作「清淨」。

一　三九八頁中二二行第七字「在」，石作「於」。

一　三九八頁下四行第二字「樂」，資、磧、普、南、徑、清作「欲」。

一　三九九頁中一行第四字「在」，石作「各」。

一　三九九頁中五行首字「又」，資、磧、普、南、徑、清作「入」。

一　三九九頁下三行「是等」，磧、普、南作「某等」。

一　三九九頁下一二行末字「行」，資、磧、普、南、徑、清作「街」。

一　三九九頁下一四行「蓮華」，資作「運華」。

一　三九九頁下一五行「受樂」，徑作「愛樂」。

一　三九九頁下二二行第四字「樂」，資、磧、普、南、徑、清作「種」。

一　四〇〇頁中五行「寶蜂」，資、磧、普、南、徑、清作「寶峯」。

一　四〇〇頁中九行末字「插」，資作「埵」。

一　四〇〇頁中一九行第九字「心」，資、磧、普、南、徑、清作「故」。

一　四〇〇頁下一四行「漸上山上」，資、磧、普、南、徑、清作「漸漸上山」。

一　四〇一頁上五行第三字「鑠」，石作「瓅」。

一　四〇一頁上一二行第五字「故」，資、磧、普、南、徑、清作「者」。

一　四〇一頁中一〇行「如盡勝歡喜」，資作「如畫勝歡喜」。

一　四〇一頁下八行第三字「普」，資、磧、普、南、徑、清作「並」。

一　四〇一頁下一一行「天王」，清作「大王」。

一　四〇一頁下一七行「峰山」，資、磧、普、南、徑、清作「山峯」。

一　四〇一頁下一八行第九字「皆」，清作「智」。

一　四〇一頁下二二行首字「王」，資、磧、普、南、徑、清無。

一　四〇二頁上三行末字「大」，清作「天」。

一　四〇二頁上五行首字「正」，資、磧、普、南、徑、清作「止」。

正法念處經卷第五十四　慎

元魏婆羅門瞿曇般若流支譯

觀天品之三十三夜摩天之十九

尒時鵝王見彼天王夲修樓陁作如是言今者善来種種語言問訊供養既供養已讚言善哉夜摩天王乃能如是不放逸行甚為希有在此第一放逸之處而能如是不行放逸不放逸行此為希有復有希有一切天主皆於天中百倍受樂不行放逸此甚希有離樂因緣則不可得

如是菩薩善時鵝王憶自本生尸棄佛所曾聞經法念彼經已而為天主夲修樓陁如是說言汝大天王獲得善利不放逸行為聞我聲是故来此甚為希有汝今善聽我為汝說如彼世尊尸棄如来所說而說當於尒時我作人王聞如来說如本所聞今為汝說汝今諦聽善思念之有一法門名王法行如是法門則能利益灌頂受位剎利大王王得此法於現在世常得安樂常有利益正護國土能護自身善人所讚身壞命終生於善道天世界中為夜摩天王

灌頂受位剎利大王成就何業於現在世常得安樂常有利益正護世間大富大力能護自身善人所讚身壞命終生於善道天世界中為夜摩王有大神通大富大力所謂此王具足成就三十七法於現在世常得安樂常有利益正護世間護世間故大富大力一切餘王不能破壞能護自身善人所讚身壞命終生於善道天世界中為夜摩王

何等名為三十七法一者軍衆一切淨潔二者依法賦稅受取三者恒常懷忍不怒四者平直斷事不偏五者恒常供養尊長六者順舊依前而與七者布施心不慳惜八者不攝非法行者九者不近不善知識十者貞謹不屬婦女第十一者聞諸語言不一切信第十二者愛善名稱不貪財物第十三者捨離邪見第十四者恒常惠施第十五者愛語美說第十六者如實語說第十七者於諸臣衆若无

因緣不舉不下第十八者知人好惡第十九者常定一時數見衆人第二十者不多睡臥二十一者常不懈怠二十二者善友堅固二十三者不近一切無益之友二十四者瞋喜不動二十五者不貪飲食二十六者心善思惟二十七者不待後時安詳而作二十八者法利世間二十九者恒常修行十善業道第三十者信於因緣三十一者常供養天三十二者正護國土三十三者正護妻子三十四者常修習智三十五者不樂境界三十六者不令惡人住其國內三十七者於一切民若祿若位依前法與是等名為三十七法若成就此三十七法得名受位剎利大王於現在世常得安樂常有利益大富大樂有多財寶能護國土能護自身善人所讚身壞命終生於善道天世界中為夜摩王以如是等三十七法善業因故

何者名為剎利大王軍衆淨潔所謂善心利益他人於對諍者依法斷事不違法律依法正護不違本要忠心

諫主主行利益順成讚善依法護國所設言教依量利益旦起直心不惱於他依法事主不唯畏罰心無貪慢於一切法皆順不違為未來世隨法而行怖畏生死信業果報捨三惡業不樂多欲不憙行罰正意不亂如是自他二皆能度能利益王若如是者是王軍衆如是軍衆與王相應是故令王於現在世常得安樂常有利益能護國土能護自身善人所讚身壞命終生於善道天世界中為夜摩王以諸軍衆一切淨潔是故令王不生惡心善業因故

又復受位剎利大王次第二法應勤修習成就相應於現在世常有利益能護國土能護自身善人所讚身壞命終生於善道天世界中為夜摩王何者第二所謂依法賦稅受取以供衣食云何依法或國或城或村或邑或人集處於一切時常依舊則依道理取彼王如是若國壞時若天儉時則不賦稅取時以理不逼不罰依先舊來常所用稱斗尺均平如是受取

依法不違不逼不罰不侵不奪如是國王則是憐愍一切衆生王若如是依法受取功德因緣於現在世常得安樂常有利益能護國土能護自身善人所讚身壞命終生於善道天世界中為夜摩王以常依法賦稅受取善業因故

又復受位剎利大王有第三法應勤修習成就相應不逼國土現在未來二世利益何者第三所謂恒常懷忍不忿心如是念隨何因緣令我瞋忿如是因緣一切皆捨身雖自在見他瑕疵不譏不調於諸臣僚眷屬僕使有罪過者不重刑罰於他愆人若他親善不說其過不說其惡若於軍衆起瞋心時則念忍辱念忍辱故瞋心則滅口說美語更說異言令彼軍衆不憂不怖恒常如是一切法中一切時忍自體實忍非因緣故如是不瞋如是不忿王若如是心懷忍辱功德因緣於現在世常得安樂常有利益能護國土能護自身善人所讚身壞命終生於善道天世界中為夜摩王

以能於人恒常懷忍善業因緣
又復受位剎利大王有第四法應勤修習成就相應現在未來二世利益何者第四所謂平直斷事不偏王善心意於一切民猶如父母不以物故不以用故不以親故不以恩故不以友故不以貴勢有囑及故不朋如是一切因緣依法斷事不偏不黨於諍對者怨親平等利益語說實語而說王若如是平直斷事功德因緣於現在世常得安樂常有利益不失國土不失名稱一切軍衆皆無罪罰能護國土不畏他輪他王不能久時為王王領國土能護自身善人所讚身壞命終生於善道天世界中為夜摩王以心平直斷事不偏善業因故
又復受位剎利大王有第五法應勤修習成就相應現在未來二世利益如是乃至到於涅槃何者第五所謂恒常供養尊長何者尊長謂尊長者如實而見持戒智行利益衆生常作善業身口意等恒常寂靜自心無垢令他離垢如是尊長王應親近既親

近已聽法聞法常住供養受其所說受其言教如其所說王應受持如所說行以一切時供養尊長功德因緣於現在世常得安樂常有利益能護國土能護自身善人所讚身壞命終生於善道天世界中為夜摩王以一切時供養尊長善業因緣
又復受位剎利大王有第六法應勤修習成就相應現在未來二世利益何者第六所謂順舊依前而與若父先與若祖先與或復先祖於先舊與若地若金若銀等物彼受位王以不濁心以清淨心隨順歡喜愛樂彼法如是依舊隨順讚善教他令與王若如是依前而與功德因緣於現在世常得安樂常有利益能護國土能護自身善人所讚身壞命終生於善道天世界中為夜摩王以常順舊依前而與善業因故
又復受位剎利大王有第七法應勤修習成就相應現在未來二世利益何者第七所謂布施心不慳悋何者布施布施者名少壯老時恒常布施

布施一切一切種施一切時施利益一切饒益一切安樂一切常念地獄餓鬼畜生一切道中受飢渴等種種苦惱布施之時願如是等三處衆生早得解脫生人天中王若如是得現世報何者現報所謂名稱若遭難時奴僕軍衆則不捨離他國土人常來供養餘人見已不能破壞一切怨敵乃至不能得其少便於他常勝如是布施得現世報非福田處如是布施尚得如是現世果報況於福田物思具足勝善布施常閉惡道常受樂報彼無量種布施而與何者无量謂法布施資生布施無畏布施王如是等種種布施若施沙門施婆羅門如是布施功德因緣於現在世常得安樂常有利益能護國土能護自身善人所讚身壞命終生於善道天世界中為夜摩王以彼布施善業因故
又復受位剎利大王有第八法應勤捨離成就相應現在未來二世利益何者第八所謂不攝非法行者不令在國以剎利王自隨法行是故不攝

非法行者不令住國何者名為非法行者所謂有人種種方便劫奪他物或扠他咽令其悶絕而取其物或與惡藥令無覺知而取其物或設方便盜偷他物或復私竊盜取他物或在道路或在市中作諸方便而取他物買真賣偽種種欺誑而取他物或復有人姧欺無道壓善舉惡進非退是謟枉賢良黨助不肖或有邪見或有斷見或復有人苦煞衆生望得解脫若外道齋於大會中屠煞羊等望有福德或復有人揵割衆生令使不男或復有人婬於男子或復有人不能供養父母師長如是等人不令住國何以故若共同國令諸善人心意壞故相倣習故同處住故善人壞故令王無力失增上力非時降雨時則不雨五穀熟時五穀不熟所有國土一切破壞惡人過故以此因緣不令惡人住在國內此因緣故不攝一切非法行者不令住國依法行者攝令在國攝法人故隨時降雨日觸順時是故五穀至時善熟不壞國土離於怖畏不生憂愁一切國土利益之事是攝法人因緣力故能斷一切生死苦惱令有福人在己國住以近如是福德人故行法人故第一梵行所謂安住有福德人近福德人順法行人是故一切有智慧王近行法人令住國內王若如是不攝一切非法行者功德因緣於現在世常得安樂常有利益能護國土能護自身善人所讚身壞命終生於善道天世界中為夜摩王以彼不攝非法行者善業因故

又復受位剎利大王有第九法應勤捨離成就相應現在未來二世利益何者第九所謂不近不善知識不善知識是惡知識彼惡知識略有八種一切王者皆應捨離何等為八一者斷見所謂有人如是心言無業無施無有此世無有他世此是最初惡知識也又復第二惡知識者所謂有人如是心言一切婦女依時共行不破梵行又復第三惡知識者所謂有人如是心言若以火燒得大福德若與衆生則無福德又復第四惡知識者所謂有人如是心言乃至未死有命以来得名為人若身死已善不善業一切皆失如風吹雲更無可集衆生如是無有罪福又復第五惡知識者所謂有人常教他人破壞父母亦復不聽供養尊長又復第六惡知識者所謂有人言煞生善若煞老人若煞盲人惡病之人長病人等棄其命故得生樂處又復第七惡知識者所謂有人如是心言於山崖上自投身下若火燒身若自餓死或五處火以炙其身如是取死有無量福後得天上無量眷屬無量天女之所供養又復第八惡知識者所謂有人如是心言一切由天非業果報如是八種惡知識者一切不聽住在國內眼亦不看唯攝一切實語說人從如是人聽聞正法聞已攝取受持修行王若如是不近一切不善知識功德因緣於現在世常得安樂常有利益能護國土能護自身善人所讚身壞命終生於善道天世界中為夜摩王以彼不近不善知識善業因故

又復受位剎利大王有第十法應勤捨離成就相應現在未来二世利益何者第十所謂有法應當捨離捨何者法所謂婦女有智之人不屬婦女一切世間屬婦女者於世間中寂為凡鄙若餘凡人屬婦女者猶尚凡鄙豈况國王人中第一一切婦女能破壞人一切國土一切人民一切王者皆由婦女而致破壞以貪心故能令王等皆失利益能棄其物令行非法不聽布施以貪心故能令王等一切懈怠以樂欲故常近不離能令丈夫失自利益婦女如雹能害善苗一切婦女樂破壞語慢妬之藏屬婦女人行同婦女屬婦女人國土亦失是故不應繫屬婦女若屬婦女則為凡鄙以婦女法是鄙惡故屬婦女人亦為鄙惡屬婦女者失一切法屬婦女者常入苦處若屬婦女善人捨離以欲過故如是之人婦女所誑一切婦女皆恚欺陵軟弱之人體性尒故不知恩養能與衰惱多貪妬嫉婦女如是皆不可信若屬婦女彼人則於城邑聚落一切人中寂為凡鄙何况五者其損更深是故不應繫屬婦女王若如是毁婦女過功德因緣於現在世常得安樂常有利益能護國土能護自身善人所讚身壞命終生於善道天世界中為夜摩王以離婦女善業因故

又剎利王復有一法是第十一應勤修習成就相應現在未来二世利益第十一者謂鬪言語不一切信一切世間人心不同迭相破壞性憙破壞作時能壞成時能壞本性自體治故破壞常樂諍鬪故相破壞以近親故共相破壞自體破壞以國土過是故破壞自輕因緣故相破壞彼此迭互闇地相說各為自朋故相破壞欲令自勝令他不如故相破壞如是等語王皆不信違道理故前後相違以從惡心次第来故以愛自朋如是說故先被教来於先囑来先有恩来先有怨来迭相破壞来向王說此如是等前說因緣迭相瞋故作如是說王不普信是以國土則不破壞如是王者心性本好不違不亂依道理瞋心不横瞋於破壞語心不生信彼王自有如是功德不信於他自心所樂少於瞋恚一切衆生於王愛樂心善思量隨順法行心意正直多攝州土王若如是不可一切信功德因緣於現在世常得安樂常有利益能護國土能護自身善人所讚身壞命終生於善道天世界中為夜摩王以不普信善業因故

又剎利王復有一法是第十二應勤修習成就相應現在未来二世利益第十二者謂愛善名不貪財物以王之心不貪財物不急拳手不動眉面不慈眼目不惡語說其心終不無因緣瞋又心亦不無因緣喜心意堅固王若如是得善名稱亦得財物如是得已於財物中不大歡喜得名稱故勝歡喜心王法不妨一切人愛怨不得便財物多故又復更有十種因緣得美名稱何等為十一者美語二者能捨三者審諦四者他國遠人来看五者近之則得安樂六者以時給施左右七者敬尊奉施所須供給善人

極濟孤獨八者淨行九者好心不惱亂他十者正見不生邪見得此十法行如是法復教他人行如是法以如是行得此法故得善名稱王若如是愛善稱不貪財物功德因緣於現在世常得安樂常有利益隨順法行他不能勝異人近之則得安樂彼人久時作人中王能護國土能護自身善人所讚身壞命終生於善道天世界中為夜摩王以愛善名不貪財物善業因故

又剎利王復有一法是第十三應勸捨離成就相應現在未來二世利益第十三者謂捨邪見邪見者名一切衆生不安隱本此顛倒見一切因緣皆不生信彼不信處一切憎惡一切毀呰王則應捨若王不捨則邪見行一切人憎一切不信一切諸人皆不順行不順行故一切人捨得衰惱時依法行天一切捨離天捨去已无所能為是故王者應捨邪見王若如是正見不邪功德因緣於現在世常得安樂常有利益能護國土能護自身善人所讚於一切時作正利

益為一切人之所供養一切人愛依法行天常不捨離一切國人如王意行一切分別一切心念皆悉具得彼王心意本性不亂能於久時王領國土安隱無患身壞命終生於善道天世界中為夜摩王以捨邪見善業因故

又剎利王復有一法是第十四成就相應現在未來二世利益第十四者謂世間法出世間法王根本法所謂惠施王若大臣能行惠施一切國人敬愛不捨心生敬重不捨其國向餘國土若餘國人以王能施共自妻子并其軍衆一切皆來歸屬於王多人來故令王國人增長更多自餘諸國不能破壞以人多故無能破壞如是施者世間布施於世間中第一安隱又復更有出世間施第一好施若人布施為天所攝有大力能有大威德布施沙門若婆羅門貧窮等人莊嚴未來現在好色何以故心清淨故食則清淨食清淨故面色清淨面色淨故端正可憙此等皆是布施之力又復有法現得果報何者現報所謂布

施心無憍慢離貪離嫉信於因緣信因信報信未來世供養尊長其心柔軟正意思惟捨種種物攝大富因攝離慳嫉信於福田福田功德福田種子王若如是善語薰心第一淨心功德因緣於現在世常得安樂常有利益能護國土能護自身善人所讚久時為王王領國土久時受樂國土不亂恒常安隱不怖不憂身壞命終生於善道天世界中為夜摩王以能惠施善業因故

又剎利王復有一法是第十五應勤修習成就相應現在未來二世利益第十五者謂勤愛語愛語王者一切皆愛一切皆近若與財物不能如是攝取衆生如此愛語更無能令歡喜清涼如愛語者一切衆生如是因緣故愛語說先愛心生然後發語此因緣故口說愛語如是王者能取他城他國土等自國自城他不能得一切人愛王若實語離有愛語設有怨家亦為親友何況中人本來親者王若如是愛語言說功德因緣於現在世

常得安樂常有利益怨成親友不作中人一切人愛一切供養能護國土能護自身善人所讚一切人中久時為王身壞命終生於善道天世界中為夜摩王以彼愛語善業因故

又剎利王復有一法是第十六應勤修習成就相應現在未來二世利益第十六者謂修實語實語者名一切生死解脫之因不須物買不可窮盡乃是大藏無能劫奪心海中生第一叵見一切善人之所讚歎一切世間次第流出此法乃是涅槃城門於一切時用不可盡增長功德能滅諸過一切人信能除貧窮若能實語雖復醜陋於餘一切端正人所則為最勝以實光明而自莊嚴一切下姓若能實語則勝一切大姓之人如是實語實語莊嚴種姓一切人信一切人近一切人見如見兄弟隨何處行於彼彼處為人供養如父如母如王不異雖行曠野險惡之處猶故愛樂隨行何國為王供養如供養主若村若城多人住處一切諸人及大長者皆悉

供養自餘國土所不行處流名遍滿彼處諸人作如是言彼處若王若王大臣實語善行如高幢幡名聞六天彼善男子天常供養隨後而行不見惡夢第一勝天供養如天若更貧窮以實語故後還大富一切憶念皆具足得念念漸老諸根不衰得好神通大力身體作長命業成就相應一切諍對以其為量以其為證若犯王法被收縛者以物寄之唯此一人最為可信如是富者以物寄之以實語故心意不動怨親之人不能令動唯以實相而自娛樂生歡喜心以實語食而自充飽實語之愛數數思惟或瞋或喜不動其心此王則是第一大仙常作世間及出世間二種利益不起所作實盡之丈常以實水澡浴清淨常著鮮白無纇實衣實名之香十方遍嗅一切世間未相見者皆成知友何況見者善名流布過須弥峰雖是年少老人見之供養如父以實老故亦復能作長命之業乃至造作無上菩提大智之業何況能造夜摩天王

世間之業王若如是修如實語功德因緣於現在世常得安樂常有利益能護國土能護自身善人所讚身壞命終生於善道天世界中為夜摩王以修實語善業因故

又剎利王復有一法是第十七應勤修習成就相應現在未來二世利益第十七者謂於臣衆若無因緣不舉不下是王重意彼王不知他戒形相及不知意則不生信為王之法細意思惟然後乃作王於臣衆若不於先深細思惟或下或舉彼則非王若為王者則不久滅唯可單有王名而已不思惟作心意少動意輕不住若說舊法衆則不信言王妄語是故於王不生愛心或以餘人換其王位是故王者知此過已不作妄語如是妄語現在未來不能利益是故現在無量種過知此過已不妄語說餘人若介亦不相應況復王者如是如是失於王法如是如是亦失世間若王有福勝世間人一切皆勝王常實語則護世間護彼樂故王法不妨一切善法

實為根本若不實說則於臣衆無有因緣或舉或下若常實語則於仕人若無因緣不舉不下王若如是則於王位不動不失一切臣衆知王如是則不捨離向他國土深生敬重如父如母一切時樂生歡喜心彼王則有堅意住意有不動意有一廂意與臣衆樂王若如是不無因緣或舉或下功德因緣於現在世常得安樂常有利益能護國土能護自身善人所讃身壞命終生於善道天世界中為夜摩王以無因緣不舉不下善業因故

又剎利王復有一法是第十八應勤修習成就相應現在未來二世利益第十八者謂能識知人之善惡此大智慧數數修故若能知者則為第一寂勝天王王知彼人是智非智若如是知則是世間一切地器任為王者一切他王不能破壞若勤所作如所應處安置使令彼如是業皆得成就不失財物於所作法次第增長王見人中若非法行王則不攝貪食之人不知恩人王則不攝多人怨人邪見

之人無憐愍人妄語之人他王怨人惡律儀人不知時人難調伏人常惡業人著境界人曲因說人其體本性不知足人恒常不作利益行人常於他所先作惡人惕心之人常樂怨人躁躍之人語動之人意動之人如是等人王則不攝攝何等人所謂隨法修行之人不諂曲人不我慢人實語之人聰明智人柔軟心人不惱他人不誑他人於三寶所能供養人得信之人知足之人調伏之人不懈怠人常作業人少食之人一切愛人有慈心人有悲心人精進之人正見之人智慧之人依法律人生來清淨身口意人信因緣人知業報人不飲酒人不多睡人近善友人樂慧施人有戒之人有智之人如是等人王則應攝如是等人王於其中知輕知重堪為何業則令營作彼王如是更無餘王能為破壞無量財實富樂具足隨順法行隨法行故則能布施能為福德供養三寶王若如是知人好惡功德因緣於現在世常得安樂常有利益能

護國土能護自身善人所讃身壞命終生於善道天世間中為夜摩王以識別人善業因故

又剎利王復有一法是第十九應勤修習成就相應現在未來二世利益第十九者謂定一時數見衆人若剎利王常定一時數見衆人如是王者久時為王一切國人皆不嫌恨能知一切人之善惡能令國人一切行法强不陵弱一切國人隨時見王財物具足以此方便增長熾盛財法富故不屬他王以安隱故隨順法行供養沙門婆羅門等從其聞法既聞法已法行轉勝以定一時數見人故修法之行轉勝增上如是如是隨法行故如是如是富樂增長大富樂故能大布施廣作福業精勤持戒王若難見彼王則無如是功德是故王者應定一時常數見人王者若能常定一時數見人者則能行法是行法人有大福德王若如是常定一時數見衆人功德因緣於現在世常得安樂常有利益能護國土能護自身善人所讃

身壞命終生於善道天世界中為夜摩王以定一時數見衆人善業因故

又剎利王復有一法是第二十應勤修習成就相應現在未來二世利益第二十者謂少睡眠少睡眠故心善思惟意不錯謬不愚不鈍然不得便恒常一意所作決定決定作故善思惟作王若如是善思惟作隨何等法皆速成就不經久時彼王晨朝則不放逸不放逸故壽命則長善思惟故一切國人心則慕樂不生猒惡國內人民一切軍衆一切僮僕左右百官諸大臣等皆悉熾盛財物豐饒多臣民故則多財物多財物故有大威德有大威德故則能布施修行福業能善持戒王若如是少於睡眠功德力故於現在世常得安樂常有利益能護國土能護自身善人所讚身壞命終生於善道天世界中為夜摩王以少睡眠善業因故

又剎利王復有一法是二十一應勤修習成就相應現在未來二世利益二十一者謂一切時常不懈怠不懈怠王堅固精進如法修業隨何所作一切皆能究竟成就隨心制御皆業屬已他不能壞他不能奪一切國人愛王心意皆生敬重其王國土一切皆善一切具足若城若村多人住處遍滿國內間不空曠不懈怠王堅固精進有大勢力如是如是隨何所作彼彼所作一切成就何以故不懈怠故法時處等方便具足不懈怠王於世間業出世間業皆能成就乃至能成涅槃之業何況餘業若勤精進而不懈怠時處方便所作具足彼王則勝一切餘人種種具足彼王如是世間所作皆悉成就如是共智而復能作出世間業皆悉成就出世間者謂施戒智王若如是常不懈怠所德因緣於現在世常得安樂常有利益能護國土能護自身善人所讚施戒智等唯如香氣身壞命終生於善道天世界中為夜摩王以不懈怠善業因故

正法念處經卷第五十四

正法念處經卷第五十四

校勘記

一 底本，金藏廣勝寺本。

一 四〇四頁中四行第八字「王」，麗作「主」。中一八行第四字，南同。

一 四〇四頁中九行及一三行「天主」，南、徑、清作「天王」。

一 四〇四頁下二行「天王」，麗作「王」。

一 四〇四頁下一八行「貞謹」，徑、清作「真謹」。

一 四〇五頁上一六行第五字「剎」，徑作「利」。

一 四〇五頁上二〇行「三十七」，石作「三十五」。

一 四〇五頁中一行第八字「成」，徑作「城」。

一 四〇五頁中二行第九字「旦」，資、磧、普、南、清作「但」；麗作「且」。

一 四〇五頁中末行第七字「斗」，徑作「升」。

一　四〇六頁上一行「因緣」，麗作「因故」。

一　四〇六頁上七行「不朋」，麗作「不用」。

一　四〇六頁上一三行第六字「輪」，資、磧、普、南、徑、清、麗作「論」。同行「不能」，麗作「不勝」。

一　四〇六頁中七行「因緣」，石作「因故」。

一　四〇六頁中一〇行「第六」，徑作「不六」。

一　四〇六頁中一三行「愛樂」，石作「受樂」。

一　四〇六頁中末行第六字「名」，資、磧、普、南、徑、清作「若」。

一　四〇六頁下四行「三處」，麗作「三趣」。

一　四〇六頁下一八行第一一字「天」，磧作「人」。

一　四〇七頁上三行第四字「咽」，資、磧、普、南、清作「胭」。

一　四〇七頁上一〇行「苦熱」，資、磧、普、南、徑、清作「屠殺」。

一　四〇七頁上一三行末字「能」，石作「復」。

一　四〇七頁上一六行第三字「做」，石作「恲」；資、磧、普、南、徑、清、麗作「做」。

一　四〇七頁下六行第八字「復」，資、磧、普、南作「後」。

一　四〇七頁下二一行第五字「善」，資作「苦」。

一　四〇八頁上一四行第八字「妬」，石作「姤」。

一　四〇八頁上二二行第四字「與」，磧、普、南、徑作「興」。同行「妬嫉」，石作「嫉妬」。

一　四〇八頁中一二行第七字「闘」，石作「對」。

一　四〇八頁中一五行「自朋」，麗作「自明」。

一　四〇八頁下五行第六字「可」，資、磧、南、徑、清、麗無。

一　四〇八頁下一三行第九字「拳」，石作「捲」，資作「擁」。

一　四〇九頁上五行第三字「稱」，諸本作「名稱」。

一　四〇九頁下四行至五行「福田種子」，石、資、磧、普、南、徑、清作「種福種子」。

一　四〇九頁下一七行「清涼」，資、磧、普、南、徑、清、麗作「清淨」。

一　四〇九頁下二一行第七字「雜」，磧、普、南、徑、清作「親」。

一　四一〇頁上一一行首字「叵」，磧、普、徑、清作「正」。

一　四一〇頁上一八行「實語」，諸本無。

一　四一〇頁上二一行「愛樂」，資、磧、普、南、徑、麗作「受樂」。

一　四一〇頁中七行「得好」，資、磧、普、南、徑、清作「得妙」。

一　四一〇頁中一四行第三字「充」，徑作「克」。

一　四一〇頁中一六行末字「起」，石、麗作「越」。

一　四一〇頁中一七行第四字「盡」，石作「晝」。

一　四一〇頁中一八行「實衣」，麗作「寶衣」。

一　四一〇頁下五行首字「以」，資、磧、普作「少」。

一　四一〇頁下一三行第六字「滅」，資、磧、普、南、徑、清作「時」。

一　四一〇頁下一四行第一二字「住」，石作「任」。

一　四一一頁上二行第三字「或」，清作「成」。

一　四一一頁上七行第三字「住」，磧作「生」。

一　四一一頁上一七行「天王」，諸本作「大王」。

一　四一一頁中五行末字「踊」，資、磧、普、南、徑、清作「勇」。

一　四一一頁下二行「世間」，資、磧、南、徑、清、麗作「世界」。

一　四一二頁上九行第六字「經」，石作「逕」。

一　四一二頁上一五行第二字「大」，諸本無。

一　四一二頁中二行末字「業」，諸本作「悉」。

一　四一二頁中一六行「所德」，資、磧、南、徑、清、麗作「功德」。

一　四一二頁中一九行「唯如」，麗作「猶如」。

正法念處經卷第五十五　慎

元魏婆羅門瞿曇般若流支譯

觀天品之三十四之二十夜摩天

又刹利王復有一法是第二十二應勤修習成就相應現在未來二世利益二十二者善友堅固友堅固王善思惟作久時為王遠離諸過他不能壞如樹多根長而深入堅牢善住不可傾轉風不能壞如彼牢樹風不能壞王亦如是知友堅固好心善意一切人愛所共敬重世間法中堅固不壞功德善友有十三種功德具足何等十三一者善知王若有惡能令清淨二者堪能審難作者能為王作三者有智若彼善友復有善友則令為友四者心盡所有財物善友皆知五者盡意知於善友有利益事勤心作之六者心歸忽尒相見不捨威儀七者究竟若得衰惱乃至失命則不捨離八者稱意隨心所須如心為作九者不匿隨家所有一切不隱隨其所須索者不悋十者共心若見善友多

有具足則生歡喜第十一者若得苦惱則共同苦設使大瞋心亦不變隨有何食一切同食同共遊戲第十二者於所有物不劣根求若自有物不苦求與第十三者若知家中消息好惡乃至諍鬪如是等事一切盡說不忌不難自家中事乃至諍鬪亦皆盡說如是十三功德善友如是功德具足善友則是世間如是世間功德具足十三善友王成就一則有大力況復有多是故智王應當勤攝如是善友王若勤攝如是善友一切所作可愛之事皆悉成就又因善友復能成就出世間道略而言之有十功德具足善友何等為十一者能遮非法之行二者能教修行布施三者能教受戒持戒四者示智能教修智五者好心遮近惡友六者正信示業果報七者若見迷惡道時教住善道八者若見毀犯戒時能為除滅九者教令供養父母十者恒常數數教誡如是十種出世善友一切惡道皆能擁護猶如父母堅固善友常於善友若善友朋

不生慢心如是善友非現在世是未來世是故王者應堅善友王若如是善友堅固則修善業功德因緣於現在世常得安樂常有利益能護國土能護自身善人所讚身壞命終生於善道天世界中為夜摩王以堅善友善業因故

又刹利王復有一法是二十三應勤捨離成就相應現在未來二世利益二十三者所謂不近無益之友言無益者所謂一切誑惑之人不近一切博戲之人導惡行人若惡思惟思惟已作近如是人大不饒益所失甚大失中大者所謂誑惑誑惑有二一者私密二者公彰彼公彰者謂博戲等種種誑惑彼私密者詐設形服猶如惡人不識別者心謂之好如是等人外道所攝并實外道外道棘刺誑惑自親亦誑他人不畏後世現善形相實是大賊如是等人尚不應見不應共語何況親近以為知識善人應捨彼尚不能利益自身況能利他王者應當捨如是等不善知識無益之友不

近一切誑惑之人不近一切博戲之人如是等人不與相識正念所作正思惟作王若親近善知識行善知識熏功德因緣於現在世常得安樂常有利益能護國土能護自身善人所讚身壞命終生於善道天世界中為夜摩王以不親近無益之友善業因故

又剎利王復有一法是二十四應勤修習成就相應現在未來二世利益二十四者所謂瞋喜所不能動若剎利王能持瞋喜彼王國土牢固不壞一切國人皆悉務樂不生䭬惡無能破壞無能得便王若不瞋思惟而作非不思惟非無因緣退人職位非无因緣進其官爵與財利等以不瞋故密語不彰非無因緣而舉下他於歡喜處心不高舉如是王者身有實意不作諸惡不攝惡人平等重意彼王如是世間法中瞋喜不動而得安隱云何復於出世間道瞋喜不動而得安隱王若不瞋則為能持生死一垢王若不喜能持力垢彼王如是能持力垢持生死垢若人能持如是二垢

彼人則能持癡力垢王若如是能持三垢智忍堅意有決定意功德因緣於現在世常得安樂常有利益能護國土能護自身善人所讚身壞命終生於善道天世界中為夜摩王瞋喜不動善業因故

又剎利王復有一法是二十五應勤修習成就相應現在未來二世利益二十五者所謂不著飲食二法不多貪著何以故貪多飲食於王則妨常念飲食在腹内故彼諸國人左右軍衆心生䭬賤有如是念彼王心意同如畜生唯除飲食更無餘心無餘業心恒常如是貪樂飲食心常愛樂飲食味故則不思惟法與非法於國土事不能籌量思惟計校不思惟人不能調伏一切左右内外軍衆於大臣等一切國人不能次第如彼相應與其官爵於所作事不知輕重彼王財物唯有損減財物減故則少財物財物少故飲食則盡無飲食故一切輕毁以貪飲食故致貪窮貪多飲食不自節王如是妨㝵世間饒益云何復

為出世間妨謂心貪著樂多飲食常愛諸味不正思惟不能念身不能念受不能念心不能念法不能思念苦集滅道自餘一切皆不思念如是貪著飲食境界同如畜生無有差別是故應當依順道理相應飲食如相應行相應語說清淨諸根如應轉動思惟正道身受心法苦集滅道如是法中心善調伏能思能念心正念故根轉清淨相應飲食身則調停身調停故心亦調順心調順故能念善法是故不應愛著諸味若以飲食内於身中調適相應則為安隱恒常依法而修習之如是彼王能調伏心心則正念心正念故能作善業王若如是不貪飲食功德因緣於現在世常得安樂常有利益能護國土能護自身善人所讚身壞命終所修善業唯如香氣生於善道天世界中為夜摩王以不貪著飲食二味善業因故

又剎利王復有一法是二十六應勤修習成就相應現在未來二世利益二十六者謂善思惟善思惟王則於

正法念處經第五十三卷　第七張　慎

世間及出世間安隱之事一切皆得何以故心功德故善思惟者於現在世若未來世常得勝樂隨何等事善思惟作則無諸過意如是念貪欲等垢常行惡道應令盡滅以不淨法除貪欲垢以慈悲法除瞋恚垢以觀智法除愚癡垢如是皆以心善思惟故能除滅非不善意而能除也若惡思惟不能成就世間之法要善思惟則能成就是故當知一切諸法善思惟作則得成就王若如是心善思惟功德因緣於現在世常得安樂常有利益能護國土能護自身善人所讚身壞命終生於善道天世界中為夜摩王以善思惟善業因故

又剎利王復有一法是二十七應勤修習成就相應現在未來二世利益二十七者謂不待時安詳而作若作世間作出世間利益之法久時乃作則不可作既不可作而作之者則不成就辟如有病不時速治久乃治者則不可治不可治故則能煞人如是復有無量作法不時速作久乃作者

正法念處經第五十五卷　第八張　慎

難作叵作不可得作如是能障出世間道微少煩惱亦如彼病不速治故煩惱不斷以不斷故則入惡道是久乃作之大過患如是障㝵出世間道微少煩惱不時斷故漸次增長猶如毒芽久則增長燒一切身能令衆生若墮地獄餓鬼畜生是故不應安詳待後久時乃作如是王者若諸餘人若諸比丘若諸俗人若大富人若貧窮人一切不應安詳待後久時乃作若人待後久時乃作彼人生過速得衰惱乃經久時不能除滅不能破壞不能斷絶以不斷故自得衰惱若人不觀久時乃作則速失壞并根普拔如是之人無彼過故畢竟得樂住世間道出世間道如是之人若過始生即能除滅如毒芽生見即除者彼毒芽者喻如煩惱久則增長過生則多是故若有斷始生過則為真知而得安隱彼人常樂王若如是不待後時安詳而作功德因緣於現在世常得安樂常有利益能護國土能護自身善人所讚彼人常樂身壞命終生於

正法念處經第五十五卷　第九張　慎

善道天世界中為夜摩王以不待時安詳而作善業因故

又剎利王復有一法是二十八應勤修行成就相應現在未來二世利益二十八者所謂以法利益國土非是非法彼多法王能自利益能利益他自利益者若王持戒能護國土非不持戒是自利益利益他者謂見有人不隨法行令住法中王者如是正護國土護國土故法財名三皆和合得既能如是令他依法何況自身不隨法行如是王者則得財物云何得物所謂決定於國土中一切財物六分取一是以國土則為大富以正護故若國大富王有急事一切人民以愛王故知王有急須用財物皆悉多與此是王者第二功德具足成就如是王者正護國土左右軍衆敬愛於王一切方處稱王善名王若如是法財名等和合具足於現在世常得安樂常有利益能護國土能護自身善人所讚身壞命終生於善道天世界中為夜摩王以自他利善業因故

又刹利王復有一法是二十九應勤修習成就相應現在未來二世利益二十九者謂常修行十善業道彼十善道第一樂報以要言之則有三種謂身口意身則有三殺盜邪行口則有四妄語兩舌惡口綺語意地有三貪瞋邪見如是十種不善業道顛倒則名十善業道名為慧道名為正道不善業道則無有慧善道有慧故名慧道攝人天生次第乃至到於涅槃彼王如是自身能住復令他人軍衆等住如是王者於諸衆生猶如父母能到涅槃隨自所願何道皆得彼王如是一切所念皆悉成就常為天護無有刀劍怨敵等畏一切國土常不壞亂一切五穀隨時善熟如天時節日月調和普照一切國土所用一切具足多饒人衆彼王如是正護國土後時無常身壞命終生於善道天世界中受何業報受何等樂略而言之夜摩天中不殺業故天命則長有下中上如是天命於六欲天不偷盜故天中大富七寶具足園林山峯種種

可愛在如是處遊戲受樂不邪婬故諸天女衆於餘天子悉皆不往乃至未退有命以來不往不近彼諸天女一切端正一切好色光明勝妙眼見心樂若人邪行彼生天中所有天女共餘天行如是異異業報成就此如是等身善業行善護不犯樂修多作生於天中受天樂報次復第二口四善業樂修多作生於天中口何者業生於天處受何樂報謂修四種口正行戒不妄語故滿語美語種種實語常一切時第一妙語隨口所說彼語則樂隨語皆得不妄語故不兩舌故所有軍衆常不破壞於一切時隨順供養不惡口故常聞美妙歌儛遊戲喜笑等聲第一悅耳美妙之聲不綺語故常出義語一切諸天愛樂其語皆信其語彼於天中如是成就口業果報何者意業如是天處受何樂果以不貪故一切憶念一切所須隨念皆得得已不失自餘諸天不能侵奪唯自受用此果報者不貪業故以不瞋故一切天愛第一端正可意妙色不

邪見故所求皆得如所求得不變不異如所念得未曾不得常具足得如是略說十善業道所得果報若布施者則得勝報以布施故富樂轉勝以智勝故勝一切天一切樂受願是根本若癡樂者則非是樂心自在故福田力故時自在故物自在故信解力故以自在故有一善業亦生天中乃有衆生入於涅槃何況生天如是業報第一微細何人不知則迷業報迷業報故入於地獄此如所說十善業道若王修行或國土人或王軍衆以王因緣皆行十善王若如是修十善業功德因緣於現在世常得安樂常有利益能護國土能護自身善人所讚身壞命終生於善道天世界中為夜摩王以行十善善業因故

又刹利王復有一法是第三十應勤修習成就相應現在未來二世利益第三十者謂信因緣信因緣王若大臣等不迷業報意常正念於境界中不放逸行彼因名為果種子因緣於時處具足和合彼名信因若信因者

亦信於果彼以如是諦見因果不作惡業猶如種子與芽為因如是諦見信因緣故不迷業報彼如是業有善不善生死相續不斷不絕種種苦樂能令衆生處處受生有中流轉如是有中相續輪轉在於地獄餓鬼畜生天人之中有三種行一福業行二罪業行三不動行謂四禪行彼福業行是天人因彼罪業行地獄等因彼不動行是色界因彼三種界王若於中唯諦知因彼王不迷生死曠野如是一切此有為中所謂因果王信因果過不能壞以能畏過故不造作不善之業常作善業王若如是信於因緣功德力故於現在世常得安樂常有利益能護國土能護自身善人所讚身壞命終生於善道天世界中為夜摩王以信因緣善業因故一切衆生第一勝法謂信因緣是故王者應當精勤修習此法受持此法謂信因緣

又剎利王復有一法是三十一應勤修習成就相應現在未來二世利益三十一者謂供養天以何因緣供養

彼天善業行故得生天中有大神通若我造作不善業道能遮止我若夜若晝恒常供養一切所作皆能調伏能於夢中示善不善一切國土不饑益時能為作護令入善法彼天如是能遮不善若夜若晝常能擁護猶如父母無量方便種種擁護應供養天彼能作善是故王者供養彼天以愛法故離於惡業不為侵他非邪見故無如是意離天無業此天造作一切世間無如是心一切苦樂皆天所作無如是心供養於天如是供養為利益我不失饒益非謗因果非邪見心彼王如是供養天故得他供養王若如是常供養天功德因緣於現在世常得安樂常有利益能護國土能護自身善人所讚身壞命終生於善道天世界中為夜摩王以供養天善業因故

又剎利王復有一法是三十二王者應作成就相應現在未來二世利益三十二者謂一切時正護國土正護國王隨順法行猶如父母一切畏處施

與無畏施無畏故晝夜常恒善法增長一切軍衆皆忠敬愛心不捨離國內人民或獻財物或復讚歎稱王善名或時晝夜心常思惟欲令其人得安隱樂彼王如是利益一切諸衆生故是以令王自在增長多自在故五穀成熟國土增長一切軍衆皆忠增長國內耆宿願王熾盛彼如是王正護國土法財名三日日增長和合相應王若如是正護國土於一切時利益國土離瞋離貪功德因緣於現在世常得安樂常有利益能護國土能護自身善人所讚身壞命終生於善道天世界中為夜摩王以護國土善業因故

又剎利王復有一法是三十三王者應作成就相應現在未來二世利益三十三者謂一切時正護妻子護妻子故妻子得樂王若大臣無量福德多種福德和集增長若有財物有何者物何處何時有物不惜給與妻子若與財物若與飲食若與牀敷若與衣服若或抱持愛語信任令心歡喜

施與無畏如力分與施與妻子舍內得福作無量種舍內福德此護妻子有大福德若復有人無憐愍心或為貪覆不憐妻子彼人之心甚於惡獸煞生食肉食屎獸等若人不能出家住法彼人應當如力如分正護妻子令得安樂若自有力無憐愍心不護妻子如是之人不名在家不名出家是故應以資生布施及餘物施若教持戒王若大臣能令妻子受戒持戒教令布施教令習智更餘次第正護其樂次第如力王若大臣如是作者久時受樂久時壽命王若如是正護妻子功德因緣於現在世常得安樂常有利益能護國土能護自身善人所讚身壞命終生於善道天世界中為夜摩王以護妻子善業因故

又刹利王復有一法是三十四應勤修習成就相應現在未来二世利益三十四者謂常習智習智者名一切苦滅出離一切生死之因若能決定習智者好彼智者名於入大闇墮在闇中得無量種衰惱之者照明如燈

生死曠野嶮道資粮盲者眼目無力者力無伴者伴無救者救病者良藥迷者導師生死曠野嶮道遠行飢渴乏者之清冷水之飲食也繫縛生死牢獄之者出要之因無親友者則能與作利益親友與無目者作光明眼能於死時而作强伴閻摩羅人来近至時於死滅時作大力伴一切惡處能為閉塞於欲墮墜大嶮岸者如手接取若作同侶得一切樂於裸露者是好衣服無能刧奪若有怖畏破戒罪火熱惱逼者能作無量多枝葉花清冷蔭影具足之樹一切衆生眼所矚者皆生愛樂是故智勝於無始来流轉世界諸衆生等能與現在未来世樂更無餘法能作樂因如一智也常應識知種種修習心行正道心善思惟心中安住共餘法動无量種意初中不善智則能除能示實道此則安隱一切饒益皆能成就示涅槃城常應修習以修習故善識知故生人天中為王為勝智火能燒一切煩惱乃至後時得寂滅樂更無異法能令

出離一切生死如此智者是故悕望一切地者應當思惟修習此智為他人說王若如是常修習智為他而說樂修多作功德因緣於現在世常得安樂常有利益能護國土能護自身善人所讚後正流轉身壞命終生於善道天世界中為夜摩王以能修習多智因故終得涅槃

又刹利王復有一法是三十五應勤捨離成就相應現在未来二世利益三十五者所謂不樂一切境界若刹利王樂於境界如是王者不得安隱若王樂聲觸味香色一切方便不得安隱亦復不能正護國土亦復不能正護自身常樂境界常著心故失法物名三皆退壞樂境界王餘王能破他破壞故自軍衆等皆生猒惡不復愛樂以猒離故則失王位而得衰惱得衰惱故或失壽命是故王者不用縱心樂著境界若不縱心大樂境界彼王則能正護自法或時心淨正攝色聲香味觸等不能動心久時為王王領國土一切軍衆不猒不捨是故他王不能破壞

命住久時不得熱惱久時受樂令旣受樂後生樂處王若如是不樂境界功德因緣於現在世常得安樂常有利益能護國土能護自身善人所讚身壞命終生於善道天世界中為夜摩王不樂境界善業因故

又剎利王復有一法是三十六王不應作成就相應現在未來二世利益三十六者所謂不令惡人住國不調伏者不令住國若諸惡人惡業破戒令住國者彼王則不久時為王則於彼人必得殃禍彼大過故國人破壞自在劣減五穀不登人不作業王則不能正護國土一切國人於王不樂住國土天不生憐愍以其國內惡人住故以其國有不調人故彼調伏人亦不調伏第一修業福德之人近惡人故彼則有失是故王者不調伏人不令住國若王不令不調伏人住其國者惡法行人則不住國以不住國則無上過又復常能正護國土一切國人皆悉知王不令惡人住在國內則不作惡一切國人皆修行法不作

非法彼能如是隨法行王一切意念皆悉成就一切國人皆知法律依法律行餘不饒益不生不起彼王如是以法為救以法為伴王若如是以法為本不令惡人住其國內功德因緣於現在世常得安樂常有利益能護國土能護自身善人所讚身壞命終生於善道天世界中為夜摩王以離惡人善業因故

又剎利王復有一法是三十七王應勤修多獲福德一切國人皆不猒惡成就相應現在未來二世利益三十七者所謂依前過去舊法不斷先得依法而與使人軍眾一切人民先來得者不斷不奪若地若物依本常與若有何人種姓次第先來得者隨相應與一切人民則於其王不生猒惡左右軍眾一切不能迭相妨㝵王不憂悔不生熱惱王位不動國土不亂恒常正住一切職人不偏斷事强不陵弱不違法律一切國人如自業作心生歡喜天心喜故以時降雨寒暑隨時常豐不儉無刀兵劫龍心不瞋

一切善天不捨其國行於餘國彼王國土以行法故餘天不壞以人因緣是故有天以人力故天則有力彼王旣知如是過已依先舊與不斷不奪若王善行第一法行於國內人依次第來隨相應與依祖父來隨所應與若王國土令法久住依法正護如彼次第依分而與如是次第依法王者一切天衆不求其便護其國土彼王大富國土具足以大富故布施作福持戒修智王若如是依隨法行功德因緣於現在世常得安樂常有利益能護國土能護自身善人所讚身壞命終生於善道天世界中為夜摩王以不違法善業因故

若王成就此如是等三十七法攝取彼法安住彼法一切功德皆悉具足彼從樂處復得樂處尒時彼名善時鵝王為說過去尸棄如來所說偈言

若王軍衆淨　法行制諸根　彼則有法慧
生天世界中　若王時賦稅　依法而受取
彼則捨離貪　為夜摩天王　若王忍愛語
瞋喜不能動　彼護國土故　生天中最勝

若王不朋諍　不看友非友　彼則心平等
得天眾中勝　若王勤敬宿　供養諸尊長
彼意堅不貪　得為天中王　若王依先世
隨祖父法與　彼不棄眾生　得為天中王
若王修施戒　說法制諸根　彼護國土人
天世界中貴　若王捨非法　攝取行法者
彼正法持戒　生天中寂勝　若王離婦女
唯親近善人　彼則無垢意　生天中為王
若王不普信　唯攝取善人　彼命終真見
夜摩天中勝　若王愛善名　不貪著財物
彼離貪垢故　為夜摩天王　若王不邪見
心愛樂正見　彼淨見不動　為夜摩天王
若王勤施戒　亦常修行智　彼得諸國土
後生為天王　若王常愛語　生他人寂樂
彼得土清涼　生天中寂勝　若王實語說
不動如須弥　彼登實階梯　天眾中如幢
若王無因緣　不舉下軍眾　彼王民不猒
命終為天王　若王知好惡　亦知有力無
彼王有慧力　生夜摩為王　三界第一勝
所謂名三寶　王若能供養　彼王則生天
若王時見人　能利益國土　彼離慢心儉
生天中寂勝　若王離睡垢　則離於癡過
彼智境相應　決定為天王　若王離懈怠

常堅固精進　彼能竭過海　来世為天王
若王友堅固　常隨法行者　彼善友圍遶
生天為天王　若王離惡友　常捨離不近
彼則離諂毒　生天為天王　若王持瞋害
不樂作惡業　彼離惡垢故　常為天中王
若王不貪味　唯愛樂善法　彼能示善道
黠慧生勝處　若王善思惟　隨順善法行
彼如法見道　到夜摩天處　若王時速作
依如是法行　彼速離諸苦　為夜摩天王
若王法利國　或以王法護　彼為人所讚
生天天亦讚　若王行十善　是如来所說
彼是修行法　生天為天王　若王信因緣
如是道非道　彼則離見垢　黠慧生天勝
若王供養天　如所應而作　彼得天供養
生天中寂勝　若王護妻子　心意不濁乱
彼自妻知足　生天中寂勝　若王遠境界
愚癡所愛者　彼則是持戒　當生天為王
若王捨惡人　近依法行者　彼是善法王
應為夜摩王　若王依法行　是護國土主
應一切地主　亦堪夜摩主

如是彼名善時鵝王以願力故生彼天中而作鵝王既見天主牟修樓陀念本生時從尸棄佛所聞經法為令

天主牟修樓陀心歡喜故如是說巳語天王言天王當知業如是故得此天處以大法勝故得此處若得此處不放逸行於後退時心不生悔命盡死時醜面可畏地獄之使不来現前汝夜摩王慎勿放逸勿放逸行汝於彼處聞我音聲故来至此汝既捨離一切境界為聽法故而来至此若苦惱者隨順法行則非奇特若受天樂不放逸行此則為難汝夜摩主牟修樓陀若不著欲則為大樂若更餘天近汝愛汝隨汝而行為軍眾者善得生處以得近汝善知識故恒常得樂近惡知識樂不可得汝夜摩主牟修樓陀於此天眾多作利益此諸天眾以近汝故得二種樂謂今世樂後涅槃樂汝等諸天一切軍眾各各還向自地處去我今復欲更向其餘放逸天處為除放逸

善時鵝王如是說巳彼諸天眾於山頂上飛昇虛空牟修樓陀夜摩天王聞說法巳隨喜讚歎上天宮殿天眾圍遶上昇虛空共諸天眾諸天女眾

之所圍遶復有餘天住山𡾰山千峯之中遊戲受樂如是放逸放逸而行境界所迷愛樂境界為愛所壞於園林中蓮花水池意念樹林如是如是迭共同伴遊戲受樂五樂音聲天樂之音不可譬喻在飲食河遊戲受樂一切時華一切時果衆鳥音聲皆悉具足饒蓮華池具足之處自業化果受第一樂如是乃至愛善業盡作集業盡善業盡故如自業行或墮地獄或墮餓鬼或墮畜生若以餘業得生人中同業之處第一富樂或近海畔或在其餘饒流水處作大富人饒多商賈或作國王常在海畔船舶具足多有財物多有人衆一切人愛

正法念處經卷第五十五

癸卯歲高麗國大藏都監奉
勅彫造

正法念處經卷第五十五

校勘記

一　底本，麗藏本。

一　四一五頁上四行第一〇字「第」，資、磧、普、南、徑、清無。

一　四一五頁下六行第一〇字「王」，石作「天王」。

一　四一五頁下一三行第一一字「失」，石作「夫」。

一　四一六頁上一二行第七字「務」，磧、普、南、徑、清作「豫」。

一　四一六頁上一八行第三字「諸」，石作「語」。

一　四一六頁中一一行第六字「内」，南、徑、清作「因」。

一　四一六頁中末行第三字「王」，資、磧、普、南、徑、清作「量」。

一　四一六頁下二行首字「愛」，石作「受」。

一　四一七頁中一行第三字「叵」，磧作「回」。

一　四一七頁中二一行第三字「而」，石作「如」。

一　四一七頁下二〇行第二字「等」，徑作「稱」。

一　四一八頁上六行第五字「兩」，石作「雨」。

一　四一八頁中二〇行第七字「憶」，徑作「億」。

一　四一九頁上一一行第四字「因」，磧、普、南作「因果」。

一　四一九頁上一三行第七字「畏」，石作「果」。

一　四一九頁中一行「大神」，資、磧、普、南、徑、清作「天神」。

一　四二〇頁上三行第六字「復」，石作「其」。

一　四二〇頁中一四行首字「矚」，資、磧、普、南、徑、清作「觸」。

一　四二一頁上一行首字「命」，磧、普、南、徑、清作「令」。

一　四二一頁上二一行第五字「又」，磧、普、徑作「天」。

一　四二一頁中二行「皆知」，資、磧、普、南、徑、清作「皆如」。

一　四二一頁中三行第三字「餘」，資、磧、普、南、徑、清作「除」。

一　四二一頁中一八行第九字「迭」，磧、普、南、清作「迊」。

一　四二一頁下一六行「三十七」，石作「三十五」。

一　四二一頁下二一行「依法」，磧作「依我」。

一　四二二頁上五行第二字「王」，磧、普、徑、清作「有」。

一　四二二頁上一四行第二字「生」，石作「主」。同行「寂樂」，諸本作「耳樂」。

一　四二二頁上一五行「彼得土清涼」，石作「彼國土清涼」；資、磧、普、南、徑、清作「彼國土清淨」。

一　四二二頁上一六行第八字「實」，磧、普、南、徑、清作「寶」。同行第九字「階」，石作「陛」。

一　四二二頁上一九行「第一」，磧、普、南、徑、清作「等一」。

一　四二二頁中四行末字「言」，諸本作「喜」。

一　四二二頁中一六行第五字「足」，石作「之」。

一　四二二頁中一七行「當生」，諸本作「常生」。

一　四二二頁中一九行第八字「依」，資作「修」。

一　四二二頁下九行第一三字「天」，普作「大」。

一　四二三頁上八行「化果」，磧、普、南、徑、清作「華果」。

一　四二三頁上九行第九字「愛」，磧、普、南、徑、清作「受」。

一　四二三頁上末行經名，石無。

正法念處經卷第五十六　　集　音

元魏婆羅門瞿曇般若流支譯

觀天品之三十五　夜摩天之二十一

復次比丘知業果報觀夜摩天所住之地彼以聞慧或以天眼見夜摩天復有地處名曰常樂衆生何業而生彼地彼見若人不煞不盜如前所說常離邪婬乃至見畫女像不念欲想於彼畫女不生勝相見畫女時不生念想似某女人心亦不生可愛之想不如是觀不以欲心觀畫女像心不迷惑心依正法以正念故捨離欲心遠避女人自毀其身既自思念不邪婬已心生歡喜未生欲心常作方便令使不生勸邪婬者令住正道為說欲過不可愛樂若能如是捨離邪婬則是第一清淨身業正見不貪身壞命終生於善道天世界中在夜摩天常樂之地彼在中陰乃至天處皆因善業五根受樂色聲香味觸皆悉具足次第生天於彼天中三處化生一者生於蓮花臺中二者生於拘婆羅

耶驤中三者生於曼陀羅花

若於拘婆羅耶驤中生者光明及色亦如其花或赤或青或種種色七寶莊嚴亦如拘婆羅耶之驤云何七寶雜色莊嚴青毗琉璃以為其髮目睫眼瞼皆亦如是銀色爪甲赤白紅色齒如真珠其身猶如閻浮檀金膚下毛色如因陀寶自餘身分處處雜色心之畫師如畫所作

若在蓮花臺中生者色亦如是如閻浮檀真金之色髮青寶色脣色猶如赤蓮華寶或車𤦲色其甲猶如蓮花寶色膚下毛色如紺車𤦲唯說少分若於曼陀羅花中生者其身衣服有種種色在中生故還似其色謂相似者如現見法隨何色草其中生物所生之物即同其色在中生故相類亦然隨其生處即同其色亦復如是以在花故一切相似天子生已常具衆樂不斷不絕常受天樂不可譬喻於彼樂中但說少分譬如海中一渧之水此所說樂亦復如是若於人中作善業者聞此天樂心則精勤何以故

知業果故望此樂報勤修善業如為解脫勤精進者為破有中無量苦故破壞愛毒彼見有中無有少樂以是因緣說善業果此說天樂不為有果尒時天子既生此天常樂地處常於其中五欲功德遊戲受樂百千天女歌詠讚歎而供養之於園林中蓮華河池在如是處種種歌儛共相娛樂不相妨㝵自業受樂在園林處平地山峯蓮華林中常受天樂時諸天子為天女衆之所圍遶於一一處一一園林一一可愛遊戲之處一一七寶山峯之中受天欲愛不知猒足見諸可愛妙蓮華池聞妙音聲食天上味服於細軟上妙天衣所受之香久受五欲共相愛樂尒時有鳥名曰覺時為於放逸諸天衆故以偈頌曰

於三有聚中　一切皆當死　愚者於生死
不能生猒離　一切必有死　皆當勤方便
死怨既來至　無有能救者　能斷一切樂
能加衆苦惱　離別一切愛　是故名為死
能與衆生畏　能與大苦惱　能令意迷惑
是故名為死　能斷保命心　能破壞諸根

衆生不能破　是故名為死　衆生不能壞
諸業不能勝　令衆生失壞　是故名為死
衆生皆悉有　决定能熱害　能令愛别離
是故名為死　天夜叉樂神　鬼龍羅刹等
時輪皆能煞　是故名為死　惱乱難調伏
於一切如火　堅强不可避　是故名為死
能壞於陰入　命氣及心意　時法大勢力
是故名為死　其行甚駛速　破壞諸衆生
當勤修福業　勿得行放逸

此覺時鳥為放逸天說於死法决定無疑時諸天衆以放逸故雖聞此法不生猒離諸根自體性輕動故受樂多者諸根輕動則亦難伏以樂勝故諸根輕動不可調伏以此因緣此諸天衆雖聞真實堅固利益然於此義不覺不知設有覺知愛毒所害雖覺不受以此因緣雖聞實語利益真語而不攝受不受法故初者美境受諸欲樂五樂音聲嬉笑歌儛種種遊戲於園林中蓮花池處共諸天女以善業故在於無量七寶莊嚴可愛山峯常受快樂不斷不絶一切天欲功德具足共相娱樂種種珎寶莊嚴之地

常受快樂如是遊戲種種受樂次第遊行到於廣池其池縱廣一百由旬有一蓮華其花柔軟七寶間錯毗琉璃莖金剛為鬚其花開敷遍覆大池此諸天衆本未曾見既見此花生希有心令此天中甚為可愛所見之處皆可愛樂諸天見之百倍歡喜迭互相示皆共瞻仰圍遶一面共行遊戲心生歡喜觀此蓮花一切皆生希有之心共相謂言汝觀汝觀可愛蓮華昔所未見有大光明多有無量七寶衆蜂莊嚴如是大寶蓮華此大蓮華遍覆大池周匝遶花少分見水於廣池岸真珠間錯青因陁寶赤蓮華寶白銀色寶間錯莊嚴大蓮華臺高五由旬廣十由旬隨天所念善業力故於天遊戲受樂之時隨天心念若大若小如天心念於大池内蓮華之心皆悉具足是故此池名隨念池其花名為隨念蓮華如是二事同名隨念尒時天衆初始見時心生歡喜足一百倍以善業故在彼池岸歌儛戲笑五樂音聲一切共受如是天樂

時諸天衆既遊戲已復飲諸天上味之飲離於醉過既飲上味受樂功德如念即得如意念香如意念色如意念味如其憶念種種寶器於彼池中即有寶器上味充滿從池而出美妙天酒從池流出此諸天衆飲斯上味飲上味已復向異處遊戲而行見蘇陁聚色香味觸皆悉具足意欲食之歡喜往趣既至食所皆共食之或以手食或用寶器如葉相似食須陁已隨其來處還向廣池彼此迭共生歡喜心天衆圍遶五樂音聲歌儛喜笑遊戲而行到廣池中見大蓮華光明殊勝過百千日彼一切天妙寶光明於華光明十六分中不及其一尒時天衆見大蓮華心極歡喜天衆圍遶王樂音聲歌儛遊戲圍遶大池皆共循行如是如是隨其遶池周遍循行復見池中希有之事於花池上多有種種可愛妙色七寶衆蜂雄雌娱樂而受快樂共飲花汁花汁美味不可譬喻並飲花汁以偈頌曰

若作種種業　則生種種果　種種受生者

以業種種故　心雜故種種　造種種依處
種種業盡故　不久則失壞　此所受天樂
不可具足說　無常力自在　不久須臾至
樂如水泡沫　如陽炎非水　諸樂亦如是
一切必破壞　極惡不可遮　衆生皆怖畏
死王將欲至　其力不可壞　破壞一切樂
及斷於命根　業鏁所繫縛　將至於餘世
若樂已過去　是樂不可念　若樂在未來
亦不名為樂　若樂住現在　與愛境界雜
無常所遷動　一切皆破壞　若樂屬三界
智者所不讚　云何諸天衆　愛樂如是樂
此身不久停　死火必來至　能燒滅一切
如火焚乾薪　諸樂速遷滅　莫行於放逸
勿於臨終時　而生於悔心　無量百千生
業樂皆已過　如夢至何所　如風念不住
愚著樂無猒　如火得乾薪　是故所著樂
則非為常樂　解脫渴愛者　能離於欲過
修禪不放逸　得無垢淨樂　得如是樂者
乃可名為樂　諸有雜名樂　猶如雜毒餐
如是著樂者　心恒求欲樂　欲樂非常樂
是故非寂靜
如是衆蜂以善業故為諸天衆說如
此偈時諸天衆雖聞此法而不攝受

復觀此池心生愛樂共諸天女遊戲
歌舞處處遍觀久於此處遊戲受樂
復欲觀彼池中蓮花輕便四大自在
力故業勢力故蓮華池中自在遊行
或有天衆入花葉中遊戲受樂或有
入於種種妙寶間錯華臺共諸天女
而受快樂於花臺中隨心所念昇花
葉上時蓮華葉如是如是轉更增長
以善業故蓮華增長二百由旬三百
由旬乃至千由旬以天善業意念力
故臺亦如是漸更增長二百由旬其
大蓮華光明亦尒漸更增長尒時天
衆各各在於餘花葉中共天女衆遊
戲受樂此諸天衆既上花葉葉即
增長
尒時天衆遊戲受樂作如是念我今
於此遊戲止住應生酒河及須隨食
即於念時蓮花葉中即生酒河及須
隨食皆悉具足復作是念我今飲酒
食須隨味即共天女飲於天酒食須
隨味
尒時天衆久受樂已復作是念我於
此處止住遊戲此花葉中應生園林

以善業故隨其所念即生園林七寶
雜樹有種種鳥種種音聲寶樹蔭覆
猶如宮室花果具足所念花果隨時
皆得有種種河泉池流水勝妙可愛
種種妙聲寶鈿地處多有妙花色香
相貌皆悉可愛華有三種所謂青色
優鉢羅花拘物陁花婆摩羅郍花蘇
支羅花香葉花離泥花具足欲花羅
婆羅花君荼羅花有如是等水生之
花於花光中多有衆蜂如是等花隨
念雜色有青寶色周遍皆生如是天
花莊嚴其林復於陸地生種種花其
花種種色貌相類甚可愛樂生此林
中彼諸天衆住在如是蓮花葉中所
謂樂光明花天子天女喚之即來復
有一花名曰見樂復有一花名種種
色歡喜開敷柔軟葉花一切光明勝
莊嚴花朱多藍花無猒足花憶念樂
花有如是等陸生之花隨天念時一
切現前於樹林中復有諸花所謂曼
陁羅花與喜樂花香觸愛花香味可
愛花吱多羅花五葉之花龍林香華
遮抹羅花林鳥之華須摩郍花光明

之花闍香飽花一切愛花山騶之花山峯騶花如是等華有生樹下有生榛林此諸天等蓮花中住遊戲之時善業力故生此諸花尒時天衆共諸天女住蓮花林遊戲花葉受種種樂彼大蓮花隨念廣池勢力如是

時諸天衆蓮華葉中作是思惟令於此處應有衆山種種寶峯從此出生光明具足種種鳥衆種種妙聲在山峯中巖窟河池平處嶮岸寶鈿之地如是等處我應遊戲復作是念我今住此大蓮華葉此處若有巖窟河池平地流泉我當於中遊戲受樂善業力故即於念時多有園林花池山峯巖窟平頂皆可愛樂七寶光明而為莊嚴種種樹枝甚可愛樂見之心樂過一百山天花果樹枝條蔭覆猶如宮室甚可愛樂百千寶窟生在山中以為莊嚴時諸天衆離蓮華葉與千天女而自圍遶上妙天華色香觸等皆悉具足無有萎變莊嚴天女美妙歌聲音曲齊等聞者心樂如天所應五欲具足安詳徐步而昇大山顧眄

遍觀時諸天衆遊戲受樂飲於食河飲於流味既食無量諸飲食已即於河邊取曼陀羅花俱施耶舍花莊嚴其身復嚴天女歌舞遊戲於五欲中久受樂已於可愛境界受諸欲樂不知猒足愛河所漂復向廣池大蓮花中此諸天衆或百或千諸天女衆而為園遶種種莊嚴到於大池各至所住蓮花葉中各各遊戲受於可愛勝妙之樂如印所印各如自業受相似樂尒時天衆復作是念此處應有種種山谷種種衆鳥種種色貌行食相類見之心樂七寶之身出妙音聲一切處行皆無障㝵或在水中或在陸地或行空中而無疲惓若有此鳥来至此處我當乘之行虛空中與諸天女遊戲空中下觀常樂地處諸天歡娛受樂遍觀察已共諸天女復受勝樂

時諸天衆作是念時有種種山種種山峯種種山谷種種山窟種種樹林種種鳥衆善業力故隨念即来種種相貌種種莊嚴種種勝妙跋求之聲種種七寶雜色衆鳥天女見之一切

皆生希有之心其音美妙遍滿虛空皆来向此蓮華葉中天遊戲處遍覆虛空尒時天衆及諸天女既見彼鳥心轉歡喜以歡喜故共天女衆欲昇虛空尒時諸鳥知天所念来近天衆時諸天子共諸天女昇於鳥上鳥即飛行遍於虛空手執箜篌歌衆妙音箜笛鼓吹甚可愛樂聞之心樂復觀自地天衆受天欲樂喜愛著心不念退沒以善業故唯受天樂尒時有鳥名曰實語為調放逸諸天衆故以偈頌曰

暴風鳥集飛　其行甚速疾　一切衆生命
遠疾過於此　風行或迴旋　鳥去時有返
命根既壞已　則無有還期　以業速盡故
遠到於死時　必定離天處　愚者不覺知
大力不可遮　極惡憎衆生　死王甚勇健
必定須臾至　天多行放逸　為樂之所誑
不覺必當得　無量大苦惱　一切法無常
畢定當破壞　諸有法如是　是最可怖畏
老能壞壯色　死能喪身命　敗壞破資具
相對法如是　於如是大惡　衰惱大怖畏
如猶行放逸　是名無心人　若畏未来世

則名有智眼　若與此相違　是為大愚癡
一切心所誑　令意皆迷乱　業盡則失壞
如油盡燈滅　無量境界樂　此樂皆無常
本作業盡故　必當歸磨滅
是實語鳥以善業力為令諸天心調伏故說如是偈時諸天衆以放逸故愚癡不覺心不信解亦不攝受復觀如是常樂地處可愛山谷河泉流水花池園林一一花林山峯峪谷天衆充滿遊戲空中聞諸歌音遍滿虛空時諸天衆復見異處衆多天子及天女衆在花池岸飲天上味於如意樹五樂音聲而受快樂復行異處見有宮殿在於虛空天子天女天鬘莊嚴天之五欲皆悉具足遊戲受樂見二天衆合為一會在虛空中遊戲受樂乘於七寶莊嚴之鳥鞞羅林天住於宮殿此二天衆一切和合在虛空中共相娛樂於虛空中久遊戲已復昇山峯久於山峯遊戲受樂復向廣池念花而去或有乘鳥滿虛空中騰躍而行歌天妙音是諸天衆念勝樂故復向廣池既到池已從鳥而下入於

廣池蓮花葉中如前所說種種遊戲而受快樂

尒時天衆在於廣池大蓮花中久受樂已復作是念令我此處應生枝葉蔭覆宮室俱翅羅鸖種種妙寶花林莊嚴種種寶色枝葉蔭覆以為宮室我當於中遊戲受樂以善業故即於念時種種妙寶光明莊嚴第一妙花色香具足以覆其上所謂白銀毗琉璃寶大青寶王赤蓮花寶頗梨色寶如是乃至金色寶等微妙第一見之悅樂如是種種衆寶枝葉蔭覆宮室善業力故隨念而生尒時天衆見此枝葉蔭覆宮室心生歡喜入此宮室歡娛受樂一切天女而為圍遶天衣天鬘莊嚴其身一切天欲皆悉具足其心和順不相妨㝵離於妬嫉鬪諍瞋恚而受樂行以善業故受此天樂五樂音聲一切齊等於枝葉蔭覆宮室之中共諸天女而受欲樂心無猒足受毒所燒受五欲樂不知猒足不可譬喻枝葉蔭覆宮室之中受天勝樂深樂成就如是枝葉蔭覆宮室衆

寶所成毗琉璃樹真金為葉赤蓮花寶以為其果青因陀寶以為其枝或白銀葉頗梨為果或青寶葉赤蓮花果或雜寶葉雜寶為果或真金葉白銀為果金葉金果亦復如是種種枝葉蔭覆宮室以善業故隨天所念皆悉具足尒時天子共諸天女心生歡喜入於枝葉蔭覆宮室闐然而住共衆天女遊戲受於種種之樂如魚處水不知猒足於此枝葉蔭覆宮室生希有心在宮室中嬉戲歌詠娛樂受樂既受樂已復作是念我今此處枝葉蔭覆宮室之內應生第一色香味觸天之上味從葉流出共天女衆飲之快樂以善業故即於念時天上味飲色香味觸最為第一從葉流出共諸天女飲之受樂心不知足以愛欲心久時歌舞遊戲受樂以放逸地不知猒足先所作業臨欲退時遊戲受樂渴愛境界不知猒足

復作是念令我此處花葉之中應生第一須陁之味具香味觸以善業故即心念時第一須陁具香味觸從葉

中出出已食之時諸天衆久受樂已復作是念令我此處寳樹枝中應生寳珠瓔珞莊嚴勝妙天冠光明具足辟莊嚴等諸天種種嚴餝之具光明莊嚴從樹枝出作是念時善業力故出生種種天莊嚴具光明嚴餝

尒時天衆著莊嚴具久受天樂不知猒足共諸天女受五欲樂不知猒足雖久受樂於境界中轉增渴愛以心不定復生異念令於此處應有香風來吹樹葉互相摽觸出妙音聲勝於歌音作是念時以善業故種種香風吹動樹葉互相摽觸出妙音聲天女歌音十六分中不及其一時彼天衆共諸天女歌儛遊戲久時受樂猶不知足

尒時天衆復作是念我今於此所住之處應生種種七寳雜色莊嚴宮殿一切天欲皆悉具足隨念出生如是生已於此廣池周匝普遍在虛空中共諸天女歌儛遊戲喜笑受樂作是念時即有種種七寳宮殿雜色莊嚴真珠瓔珞以為莊嚴其殿四面種種

衆寳勝妙欄楯觀之可愛其欄楯上或有鵝鳥或有孔雀或命命鳥種種衆鳥住在其上處處皆有衆鳥止住如心所愛種種衆鳥而現其前天衆見已共諸天女昇此宮殿遊戲歌儛一切皆往向廣大池在宮殿中下觀大池見諸蓮花生希有心此大蓮花種種寳葉種種光明種種妙色以為莊嚴所謂金剛青因陁寳赤蓮花寳毗琉璃寳大青寳王金光明葉見之受樂

時諸天衆在於虛空宮殿之中復有餘天住於廣大蓮花葉中共諸天女歌儛遊戲互相娛樂或有在於虛空宮殿或有在於大蓮花葉是諸天衆作無量種不可辟喻遊戲受樂如是種種遊戲歌音其聲遍滿五百由旬五欲功德皆悉具足五樂音聲受无量樂自作勝業所集業盡猶不覺知善業將盡退時欲至行於異處當生何道受何等苦受何等樂善不善業令當將我至何等處示我何道為在地獄為在餓鬼為在畜生為在人中

為生畏處為不畏處以没放逸黒闇中故於如是等不覺不知若至覺時善業已盡無常大風吹令墜墮如是天衆多行放逸如怨詐親非實利益詐為利益善業既盡將受異果尒時乃覺作如是念我作不善多行放逸如是終時尒乃覺知以多習行此放逸怨不生畏難復於花池遊戲歌儛善業力故極生愛樂而復樂觀蓮花葉中遊戲諸天及住虛空宮殿天衆彼此和合而共受樂尒時有鳥名水波輪以善業力為於放逸諸天衆故以偈頌曰

衆生命不住　猶如水濤波　無堅如水沫
而天不覺知　若无風吹皷　水沫或久住
無常天福盡　速滅不久停　辟如燈油盡
光明亦皆无　業盡亦如是　天樂則隨滅
無有所作業　而不失壞者　如是諸衆生
愚癡不覺知　凡諸有生類　有生必歸滅
一切有為法　皆亦復如是　衆生自業故
流轉於生死　云何此世間　放逸所破壞
放逸失善法　放逸為堅縛　以其放逸故
退墮於地獄　若有一因縁　謂從放逸生

是故求樂者　應離放逸行　若離放逸者
則得不死處　以不放逸行　則近於涅槃
以不放逸故　得至涅槃處　是故智者說
放逸為苦因　一切放逸者　猶如狂病人
現為他所輕　死則入惡道　一切放逸者
於業果報中　及以生死處　無不顛倒行
放逸大熾然　燒地獄眾生　若欲脫地獄
當離放逸行　若欲離放逸　當樂修智慧
則脫煩惱縛　常得安樂處　五根生三垢
心流轉三界　已離放逸者　說放逸如是
放逸藏甚苦　不放逸藏樂　是故求樂者
應離放逸行

如是水波輪鳥為彼天眾捨離放逸善調伏故說如是偈時諸天眾以放逸故於如是等真語實語雖聞此法不能聽受復於虛空廣池之內蓮花葉中共相娛樂遊戲受樂作天伎樂天妙音聲及餘境界堅著色聲香味觸等不知足猒如飲鹹水雖復數飲不能斷渴此諸天眾亦復如是雖受無量種種天樂而不知足

尒時天眾於虛空中久受樂已復於廣池與彼天子及諸天女於大蓮花

葉中遊戲受樂五樂音聲彼此和合一處同心同欲共相娛樂其心堅著六欲境界久於此處歌儛喜笑以無量種無量差別而受天樂如是等樂隨心所念具足成就以善業故隨其所念一切諸樂隨念差別皆得成就是諸天眾為無量念覺觀波淪大河所漂生歡喜心一切天眾久在大池大蓮花中成就天樂受天無量放逸之樂

時夜摩天王牟修樓陀知諸天眾著放逸樂生憐愍心欲除諸天放逸行故為之現化斷除色慢去廣池不遠化作大山名曰清淨猶如善淨真琡琉璃無量金銀種種雜寶而為莊嚴遍於彼山有遊戲林周匝圍遶多有無量百千流泉水皆清涼其山寶峯光明普照一切林樹以為莊嚴多有花池無量種花以為嚴飾無量千數枝葉蔭覆猶如天宮如是勝山周遍莊嚴夜摩天中常樂地處所住天眾皆悉見之

夜摩天王牟修樓陀復更思惟化作

天眾如天怨家顏色端正其行速疾歌儛戲笑勝常樂地過踰十倍或復化作勝妙天女勝常樂地一切天女亦過十倍此地天女一切不如何等一切所謂相貌端正顏色殊妙嬉笑歌儛種種遊戲皆悉殊勝其清涼山一切皆是琡琉璃山如前所說

尒時勝天在於化山住於第一最高山峯於此峯中化作天子及化天女歌詠伎樂音聲美妙聞者愛著彼化天眾及化天女從化山峯次第而下遊戲歌儛來向實天尒時實天聞諸化天歌詠之音如前所說十倍殊勝美妙音聲共天女眾歌詠遊戲時諸化天亦復同作一類歌詠漸漸來下近實天眾尒時二種天眾既相見已化天歌詠漸增轉勝時實天眾見勝色故即離色慢既破實天形服色慢尒時化天即出音聲而詠歌頌時諸實天為於化天歌詠所覆化天香氣色量形貌及化天女量色形貌一切皆勝時諸實天五欲境界一切欲樂為彼化天五欲境界欲樂所覆以夜摩

正法念處經第五十六卷　第二十三張　愼

天王方便力故令諸實天諸偈漸薄
介時化天與實天衆共集一處令實
天衆威德光明皆悉隱蔽如閻浮提
日光既現星宿月光一切皆滅化天
威德令實天衆光明悉滅亦復如是
時化天衆出勝歌音令實天音隱蔽
不現於化天音如閻浮提人中歌音
比於天聲量色形貌所有勝相亦復
如是如夜摩天勝人色相時實天衆
著覆心故向廣池岸時化天衆在彼
池中大蓮花上歌儛嬉笑天中所有
五欲功德皆悉具足樂事成就於廣
池上大蓮花中歌儛戲笑共相娛樂
時化天衆一切樂具皆勝實天以離
歌頌為實天衆而說偈言
一切業相似　得天中樂報　天命及樂受
業盡則失壞　是故諸未失　天中種種樂
皆由福德因　無福則大苦　命速不暫停
上色亦如是　死來甚迅速　勿行於放逸
放逸能破壞　衆生一切樂　命為死所滅
勿得行放逸　諸根不可制　境界不可遮
智者於境界　則能得自在　故應捨愚癡
常修行智慧　常遠離諸過　无利之根本

正法念處經第五十六卷　第二十三張　愼申智

放逸生諸欲　由欲造苦因　生死皆是苦
生滅法如是　若捨離放逸　則不樂境界
能離於諸過　則得解脫樂　放逸是苦樹
是太苦之根　放逸能破壞　一切諸衆生
是色等無常　非樂非和合　得已而復失
諸有皆如是　隨有樂境界　皆是繫縛因
隨得轉增長　如火得乾薪　如是無猒足
則不名為樂　若得離愛樂　乃可名為樂
若離生死樂　介乃得常樂　若為欲所使
則不名常樂
如是夜摩天王牟修樓陁以方便力
壞彼天偈如是歌詠第一妙聲昔所
未聞誘諸天衆欲令實天聞其歌聲
因得聞法時諸天衆既得聞已牟修
心力之所熏故即便覺知如斯歌義
既覺知已心生猒離作如是言彼天
於我一切皆勝自離放逸而說偈頌
況我畢劣而行放逸時夜摩天王牟
修樓陁以方便力令諸天衆生猒離
心斷除放逸第一方便為作利益以
此天衆色樂憍慢是故不知天當退
没至後退時悔火自燒後為地獄大
火所燒夜摩天王以是方便令實天

正法念處經第五十六卷　第二十四張

衆心生猒離而得利益

正法念處經卷第五十六

癸卯歲高麗國大藏都監奉
勅彫造

正法念處經卷第五十六

校勘記

一　底本，麗藏本。

一　四二五頁上二行譯者，石無。

一　四二五頁上一〇行第四字「某」，資、磧、普、南、徑、清作「其」。

一　四二五頁上一一行首字「不」，清作「彼」。

一　四二五頁中五行第一二字「髮」，磧、普、南、徑、清作「鬒」。

一　四二五頁中七行第一三字「齋」，石作「齊」。

一　四二五頁中一六行第九字「菓」，資、磧、普、南、徑、清作「草」。

一　四二六頁上一行第五字「破」，磧、普、南、徑、清作「救」。

一　四二六頁上七行「時法大勢力」，石作「持法大熱力」。

一　四二六頁上八行「駿速」，資、磧、普、南、徑、清作「迅速」。

一　四二六頁上一九行第四字「樂」，石作「欲」。

一　四二六頁中二行第一〇字「廣」，石作「曠」。

一　四二六頁中一九行「之心」，資、磧、普、南、徑、清作「之中」。

一　四二六頁下二行第二字「飲」，資、磧、普、南、徑、清作「酒」。

一　四二七頁上七行第七字「鑠」，石作「瑣」。

一　四二七頁上一三行第九字「遞」，磧、普、徑作「遷」。

一　四二七頁中一七行「須陁」，資、磧、普、南、徑、清作「蘇陁」。下同至二〇行。

一　四二七頁下五行第六字「細」，資作「填」。

一　四二七頁下末行第二字「抹」，資、磧、普、南、徑、清作「株」。

一　四二八頁下九行第六字「天」，徑、清作「諸」。

一　四二八頁下一三行第四字「集」，石作「阜」；磧、普、南、徑、清作「隼」。

一　四二八頁下二二行第三字「法」，資、磧、普、南、徑、清作「治」。

一　四二八頁下末行首字「如」，資、磧、普、南、徑、清作「汝」。

一　四二九頁上二行第九字「迷」，石作「悉」。

一　四二九頁上四行第九字「磨」，磧、普、南、徑、清作「摩」。

一　四二九頁中一三行末字「此」，南作「寶」。

一　四二九頁中末行第二字「深」，資、磧、普、南、徑、清作「染」。

一　四二九頁下三行至四行「赤蓮花果」，資、磧、普、南、徑、清作「蓮華爲果」。

一　四二九頁下八行第九字「閒」，石作「闇」，磧、普、南、徑、清作「晏」。

一　四三〇頁上一〇行第二字「定」，資作「足」。同行第七字「今」，磧作「念」。

一　四三〇頁上一一行及一三行「撲」

觸」；石作「棠觸」；資作「穀觸」；磧、普、南、徑、清作「振觸」。

一　四三〇頁中一〇行第八字「王」，徑作「玉」。

一　四三〇頁中一一行「受樂」，資、磧、普、南、徑作「愛樂」。

一　四三〇頁中一三行第三字「住」，資、磧、普、南、徑、清作「往」。

一　四三一頁上三行末字「說」，資、磧、普、南、徑、清作「身」。

一　四三一頁上一九行「足猒」，諸本作「猒足」。

一　四三一頁下二行「常樂」，資、磧、普、南作「樂常」。

一　四三二頁上三行第三字「威」，石作「盛」。

一　四三二頁中一五行第五字「熏」，石作「動」。

一　四三二頁中一九行第一二字「生」，石無。

一　四三二頁下二行經名，石無。

正法念處經卷第五十七　愼

元魏婆羅門瞿曇般若流支譯

觀天品之三十六夜摩天之二十二

時夜摩天王牟修樓陁知諸天衆心生猒離復為現化令增猒離化作天衆於華葉中遊戲歌儛諸寳天衆本未曾見如是天衆遊戲受樂有無量種無量差別為寳天衆得離慢故時寳天衆聞諸化天歌樂音聲心生著耻止不歌儛不能遊戲不受欲樂一心正住觀化天衆見化天衆作無量種歌儛戲笑無量差別無量可愛更無相似可以辟喻時諸化天蓮華葉中歌儛遊戲種種受樂

尒時天王牟修樓陁見寳天衆心離憍慢善調伏已復於蓮華葉中化天歌儛有一華葉滿中化天忽然墜落墮大池中或有沉没更不復出或有涌出在於水上或如死屍浮在水上或有相抱二俱沉没皆唱是言救我救我迭手相喚或有相抱發聲大叫或有相抱而便沉没諸寳天衆在大池岸觀諸化天見化天衆退没乱壞極生怖畏極大愁惱

尒時池中一蓮華葉既墮落已復有一蓮花葉化天滿中而復墜落墮大池中或有沉没或有少力浮在水上發聲大叫或有沉没不知所在或有死已没於水下或有死已浮在水上猶如舩栰或有叫喚或共天女相抱猶如人間在惡水中舩栰壞時人皆大叫或為天女兩手急抱而没水中沉没此化天衆住花葉中與葉俱墜清淨水中没在大池亦復如是

尒時復有一蓮花葉化天滿中而復墜落墮大池中如石墮水不復更出

尒時復有一蓮華葉多有化天住在其中而復墜落墮大池中迭共相抱皆大叫喚或没半身久時叫喚然後盡没如是百百千千有無量種安詳徐墮大池水中猶如沉石令寳天衆皆悉見之無量天衆没已不出

尒時復有一蓮華葉滿中化天臨欲墮落發聲大叫如大山崩或如地動或如大海潮波之聲化天墮時出大

音聲亦復如是時實天衆在彼岸上聞化天衆如是音聲見如是等諸衰惱事皆生猒離心大恐怖周匝遶池觀此化天心極猒離共相謂言如此之事本所未見有如是等一切天衆極大衰惱昔所未聞昔所未見此大怖畏作是語已或有思惟極生猒離尒時復有一蓮華莖滿中天女而復墜落墮大池中驚怖求哀唱如是言救我救我復相謂言若天放逸則得如是衰惱殃禍墜落退没手相告已時諸實天心得調伏皆生猒離不行放逸心得隨順

時夜摩天王牟脩樓陀見實天衆心調伏已為利益他自隱其身入蓮花臺共諸調伏不放逸天入蓮華臺令實天衆不見天王王及天衆第一善心為利天衆皆共入於蓮花臺中餘實天衆不見其身觀諸實天作如是念彼天去何為調伏不為離慢不

尒時天王知諸天衆心善調伏乃至心中不念放逸皆生怖畏今正是時應為説法而攝取之知此事已於大

池中大蓮華内復作變化令生怖畏化作蓮華有無量莖及諸化天在蓮華莖墜於大池墮於水時出無量種怖畏之聲而復化作無量大衆死屍狼藉夜摩天王牟脩樓陀心自思惟如是天衆極大怖畏或當馳走奔於餘地即復化現令其不去唯觀化天轉轉復生大猒離心如是一切種種化現皆悉作已與其天衆入花臺中復更觀察遍觀察已第一悲心為利天衆出蓮花臺共諸天衆出華臺已即攝神力化事皆滅安慰天衆作如是言若天放逸一切皆當得此衰惱一切怖畏放逸為本不放逸天則不怖畏不得衰惱尒時天王牟脩樓陀為諸天衆以偈頌曰

愚癡樂放逸　常受諸苦惱　若離放逸者
則得常安樂　一切諸苦樹　放逸為根本
是故欲離苦　應當捨放逸

尒時實天見夜摩天王牟脩樓陀心皆安隱歡喜馳趣夜摩天王共相謂言我今得主夜摩天王今者坐於大蓮華臺天衆圍遶能救護我能攝受

我如是各各共籌量已一切皆走向大蓮華上蓮花臺牟脩樓陀天王住處師子之座與蓮華臺二俱同色夜摩天王共餘天衆住華臺中天衆到已白天王言誰令天衆如是破壞如是衰惱如是墜墮沉没水中唱聲叫喚誰能如是與諸天衆種種苦惱

尒時天王牟脩樓陀告天衆曰此放逸過一切衆生必定皆有汝等天衆皆悉未知尒時天主牟脩樓陀為諸天衆以偈頌曰

一切諸衆生　皆悉不能破　一切諸業行
無有能勝者　能令諸世間　一切皆失壞
以有如是力　是故名為死　彼能壞世間
能破陰界入　死王從此世　將至未來世
無力能拒捍　無有能救者　唯有法能救
是故法名救　命速不久停　壯色亦如是
死來甚迅速　不應生放逸　一切衆生樂
皆為無常壞　命為死所滅　不應樂放逸
若善業盡時　必至三惡趣　既知如是過
不應樂放逸　世間屬無常　皆有三毒刺
有生故有死　不應樂放逸　死能破壞命
老能令衰變　病能壞安隱　不應樂放逸

業繩縛衆生　心依繩闇道　流轉三有中
不應樂放逸　樂者必受苦　苦者苦轉勝
切夫為妻子　不應樂放逸　毋亦為妻室
妻亦為怨家　此等輪轉行　不應樂放逸
於園林山谷　天女衆圍遶　世間皆當盡
不應樂放逸　一切天受樂　皆當歸破壞
虛妄不可信　不應樂放逸　有生皆是苦
是老死之器　決定必當得　不應樂放逸
諸根難調伏　無有能調者　一切樂皆盡
不應樂放逸　少年必當老　諸欲猶如夢
是故有智者　不應樂放逸　猶如芭蕉莖
如電不久住　一切皆破壞　不應樂放逸
諸根難調伏　樂者諸境界　唯有智慧者
能住自境界

如是天王牟修樓陀以諸天衆心得猒離為利益他說如是偈。尒時天王牟修樓陀復為天衆說放逸過作如是言汝等天衆云何没在放逸闇中不見大惡不見大畏汝等皆見如是等天以放逸故皆悉破壞歸於死滅無能救者彼諸天衆一切樂具皆悉勝汝色量形貌富樂光明天女歌詠僻戲皆勝汝等現見彼諸天衆以放

逸故一切磨滅汝等天衆皆應思惟遠離放逸一切世間惡龍池中放逸池中境界惡龍冣為大惡諸風火惡中放逸之火與憶念風冣為甚惡一切闇聚無量時集無始来集放逸闇聚冣為闇冥一切求便諸惡怨中放逸大怨求境界便冣為大惡諸利刀中放逸利刀冣為傷害墮惡道刀一切大惡毒虵之中放逸毒虵貪欲之毒能煞一切愚癡衆生毒中冣惡一切怨家詐親善中放逸怨家詐現親善冣為大惡以起一切親故愛故一切杻械枷鏁及以繩索繫縛之中放逸繫縛冣為堅固過堅難故一切曠野無水無樹無果無蔭無量衆生於中遭苦諸曠野中放逸曠野冣為大惡以離樂水離善人樹離持戒蔭能與世間一切衆生無量苦惱一切不實虛妄見中妄見為實如旋火輪乹闥婆城㢈愛炎中放逸虛妄冣為不實境界樂動不停不住無有如實唯虛妄見如旋火輪乹闥婆城㢈愛炎中放逸冣為虛妄不實一切嶮岸顛

墜之中放逸嶮岸冣為可畏必定當墮大惡道故汝等天衆當知如是一切五道所攝衆生以放逸故三趣衆生行惡業故墮大惡道是故一切畏苦惱者應當勤心捨離放逸此放逸者一切苦本尒時天王牟修樓陀為諸天衆以偈頌曰

不放逸得脫　放逸常受苦　放逸不放逸
已略說其相

如是天王牟修樓陀調伏諸天為說正道時諸天衆一心諦聽心調伏故折伏諸根諸根寂靜夜摩天王牟修樓陀於蓮花臺坐師子座時諸天衆白天王言願為我說畢竟利益畢竟安樂令我得此畢竟利益畢竟安樂我云何行

尒時天王告諸天曰有佛世尊具一切智解脫之師一切諸過皆悉解脫一切功德皆悉具足於一切衆生中冣為殊勝若能歸依則能斷除汝等苦惱佛無放逸汝當歸依能救汝等無量無邊生死怖畏

尒時天衆聞天王教一切胡跪及諸

天女生敬重心攝伏諸根於佛世尊生敬重心合掌頂礼受三歸依一切天衆以誠實心歸依佛歸依法歸依僧以善淨心毀呰放逸誠心悔過以見化天有無量種衰惱滅壞不能堪忍無量苦惱

尒時天王牟修樓陁見諸天衆心生猒離復為化現無量神通於須臾間能示一身以為千身於千身中現百千身於須臾間於一形相現於無量種種形相於須臾間飛昇虛空種種妙寶嚴餝其身種種形服於須臾間没於水中現一千頭種種寶冠種種寶印莊嚴其身光明勝於千日於須臾間化作大山園林具足在園林中一切天衆之所圍遶天衆皆見或見在於大蓮華中無量百千光明天女之所圍遶是諸天女身出光明時實天衆皆不能覩天王之身及天女衆

尒時天王牟修樓陁復現神通為令天衆離放逸故從其口中出於百千諸天大衆或有坐於七寶宮殿種種妙寶光明之身種種容服共諸天女莊嚴端正詠天歌音以為圍遶一切皆從牟修樓陁天王口出或有坐於蓮花之中如蜂歌音飲於天酒香味相應共諸天女或百或千以天衣鬘而為莊嚴身出光明皆從天王口中而出

時牟修樓陁復現神通從口而出或有天衆乘七寶鳥遊戲歌詠五樂音聲共諸天女歡娛受樂從於天王口中而出天之莊嚴不得為比光明功德皆悉具足

尒時天王牟修樓陁復以神力從其口中化天踊出坐於拘婆羅耶中作天伎樂出妙音聲諸天女衆之所圍遶皆飲天酒歌頌戲笑共諸天女或百或千或億百千不可喻色殊勝天女而為圍遶種種遊戲天園林中遊行空中行如道路歌頌音聲勝於實天足一百倍歌音色樂種種功德皆悉具足令天衆聞時實天衆未曾見此希有之事見已皆生希有之心或生歡喜或有生疑作是思惟此天云何從於天王口中而出甚為希有時實天衆如是思惟或共論說不知云何

尒時天王牟修樓陁復現神通從其口中出化仙人種種容貌或有長鬚或作螺髻或有身著樹皮之衣或有手中執持澡瓶或著天衣華鬘莊嚴或著黒色鹿皮之衣有如是等種種色貌諸大仙人從口中出或百或千出已住於虛空之中而說偈言

一切衆生心　如幻法不住　一切必歸死
有中莫放逸　一切可愛中　愛心轉增長
終必歸破壞　有中莫放逸　有中更無處
有生而復滅　一切樂皆畏　有中莫放逸
一切所見中　謂五欲可愛　一切皆如夢
有中莫放逸　喜愛難調伏　常為衆生怨
速將入地獄　有中莫放逸　雖數受欲樂
得已而復失　必當皆壞滅　有中莫放逸
初中後不善　能壞於世間　業鏁所繫縛
猶如鈎釣魚　雖種種方便　欲斷於業鏁
一切天非天　不能斷業鏁　生死鏁極長
首尾不可見　是愛甚堅牢　以縛愚癡人
我及餘天衆　若人阿脩羅　一切皆無常
癡盲不能見　業身遍一切　常流轉諸有

一切愛縛心　智慧乃能斷　從於愛木中
生於五鑽燧　覺觀風力故　為時火所燒
愚癡無智慧　貪苦中妄樂　迷故顛倒取
流轉五道中　喜樂於妻子　及種種富樂
常保此妄樂　為死王將去　如虎狼煞鹿
害之不疲猒　死王大勢力　煞害亦如是
一切諸有中　無量多種苦　為癡所迷惑
而心不疲惓　若人依止惡　不名自愛身
既不自愛身　世間更何愛

如是天王牟修樓陀從口所出變化仙人為寶天眾除放逸故說如此偈畢竟利益尒時天王牟修樓陀復為利益神通變化從其智中示現踊出大蓮華池甚可愛樂其池多有鵝鴨鴛鴦而為莊嚴第一清淨八功德水其蓮華池有百千億七寶蓮華以覆其上其花香氣滿百由旬其蓮華臺王在其上種種妙寶莊嚴天冠種種光明種種寶衣莊嚴其身種種寶印莊嚴其辟種種婇女而為圍遶坐師子座其諸婇女手執白拂侍立左右復有諸人讃歎王言勝妙增上猶如帝釋第二天王有如是等百千化王

夜摩天王以憐愍心利益他故為令一切諸寶天眾離放逸故化作帝釋轉輪聖王及餘無量百千諸王

尒時天王牟修樓陀為利益故復示變化從其齊中出大蓮華廣百由旬百千億葉七寶蓮華種種寶葉多有眾蜂出歌詠音聞者心悅見之愛樂夜摩天王從其齊中所化蓮華其蓮華莖長五千由旬毗琉璃莖金剛間錯青因陀寶所共集成而以莊嚴勝天紅色甚可愛樂大蓮華內有諸化人種種衣服莊嚴其身第一勝樂執犁耕地而說偈言

一切犁地者　心皆悕望果　癡心悕利故
不覺當有死　愚者悕利心　念念常增長
而不覺諸行　念念歸滅盡　老罸時欲至
能令少壯盡　病苦若来至　能壞於安隱
此三種惡罸　破壞天非天　速来時欲至
愚者不覺知　天龍阿修羅　揵闥緊那羅
羅剎毗舍闍　皆為老死壞　能令貪愛者
捨離於親里　癡愛相繫縛　輪轉於諸有
子孫及子孫　如是種子等　人為愛所誑
一切皆當失

如是化人為利益他說如此偈時寶天眾聞是偈已心念思惟於境界中不多愛樂尒時天王牟修樓陀為利天眾復作現化於其一切身分之中種種莊嚴種種容貌種種寶冠无量種色無量種形無量種相天乹闥婆若人若龍阿修羅等各以自法衣服莊嚴從天王身毛孔中出各如本色如其形相如其自法自共婇女歌儛嬉笑娛樂受樂天王受樂與人相似富樂歡悅自相愛樂歌儛嬉笑歡娛受樂復有諸龍種種莊嚴或有一頭或有二頭乃至七頭有種種色種種形相勝妙寶冠莊嚴其首種種音聲歌詠遊戲生歡喜心娛樂受樂如是勇健羅睺阿修羅等皆盡化出

天帝釋樂減夜摩天共諸婇女園遶供養第一莊嚴阿修羅女圍遶供養五樂音聲聞之可愛阿修羅王住在宮殿從於天王牟修樓陀身分而出受第一樂

又復化現欝單曰人住雲駛等十大山中富樂自在少減第二三十三天

園林花池多有種種諸飲食河種種歌舞遊戲受樂從於天王牟修樓陀身中而出復化瞿耶尼人自樂成就歡喜遊戲亦復如是時實天衆見如是等無量種類無量差別夜摩天王成就如是第一神通為除放逸勝利益故作如是化非不利益令放逸天現見無常心則柔軟是故示化種種具足先示欲味後示其過令其猒欲以是因緣夜摩天王為實天衆示化欲味受種種樂歌舞遊戲衣服莊嚴飲食婇女親近供養五根受樂如心所念具足皆得是名欲味云何欲過若得欲已心生愛樂求之不得共他而有非獨屬已愛別離苦无量種苦為强力者之所侵奪復有五種强力所奪所謂王賊水火怨家復有餘苦常為怨侵常畏他奪守護怖畏或心憂愁死生貪樂身心常苦如是欲過終至於死有無量種衰惱諸苦愚癡之人於此欲過衰惱苦中不生猒離復有欲過有何等過為欲因緣毋子鬭諍住不同處一切皆由欲因緣故

若兄弟鬭諍互相憎嫉若打若縛一切皆由欲因緣故是為欲過若王者共諍無量國土互相攻伐互相打縛若煞若害加種種苦一切皆由欲因緣故是為欲過是故當知皆由於欲繫縛一切在於生死

尒時天王牟修樓陀為實天衆化作如是無量差別人中欲過王者共諍無量方便及以餘人以欲因緣入於海中若共鬭諍若繫若縛憂悲苦惱怖畏鬭諍不饒益事一切皆由欲因緣故一切人中皆因欲過不得安隱云何天中因於欲過所謂諸天共阿修羅鬭戰相壞一切皆由欲因緣故若阿修羅共天鬭諍亦復如是由欲因緣有如是等是為欲過以此因緣牟修樓陀夜摩天王為實天衆除放逸故示如是化

若諸龍等共龍鬭諍國土失壞震雷放雹一切皆由欲因緣故若諸畜生互共鬭諍煞縛捕得一切皆由欲因緣故是名欲過於鬼神中以食因緣或欲因緣互相撲打以刀相斫一切

皆由欲因緣故是為欲過以此因緣夜摩天王為實天衆除放逸故示如是化

於地獄中互相燒打互相煞害受諸苦惱於人中時由欲因緣造作惡業鬭諍憎嫉以其念本女色因緣共相憎嫉以是惡業墮地獄中身體裂壞如是地獄皆由欲過以此因緣夜摩天王為實天衆捨離欲故示如是化遍於五道示欲過患令猒生死示於人中所有欲味一切皆失夜摩天王為示天衆欲味欲過化作蓮花百葉墮落破壞摩滅復廣示現天人之過既示過已復示出離解脫種子利益安樂諸天衆故

夜摩天王復為饒益諸天衆故示於欲過何以故聞異欲過則於生死生猒離心以異見故以此因緣為諸天衆復示欲過若天若龍阿修羅等示欲味已復示欲過於退沒時得諸衰惱是諸天人龍阿修羅於一切處受無量種諸欲樂已至於退時隨諸天等所應受者皆悉示其種種退法所

謂高山嶮峻崖岸有無量種師子鬲
豹野狐豬兔牛驢鳥馬駱駝猫牛失
牧摩羅魚摩伽羅魚龜黿之屬或有
一頭或有二頭或復多頭口中含土
手中執火復有遍身烟焰俱起或有
雨火或有放於金剛惡雹遍衆多處
其聲嘷呴甚可怖畏如一百山同時
俱崩無量種類身色黲黷頭如大山
色相可畏舉身毦鬚焰火熾然或有
百辟或有千辟於其手中或有執羂
或執刀杖或執金剛見者大怖滿大
山谷如是等衆從大山出走趣化天
奮目大怒眼赤如血從其口中出諸
火焰黃赤朱紫無量種色如黑雲中
電光乱起
復化死王閻羅伺命色貌可畏走向
化天手捉赤繩及諸器仗所執器仗
頭皆火然發大惡聲猶如震雷其身
熾然滿十由旬或有伺命有一百眼
或四百眼乃至千眼眼皆焰出青赤
黃鴿種種雜色其火熾然至於十里
種種相貌一切衆生之所怖畏醜陋
可惡從化山中嘷呴而出凸腹下垂

脇如山谷頭如山峯或有縮咽入兩肩
中或有長鬚鬚皆直竪咽火燄起或
有長爪火焰熾然或有身毛焰然火
起或有遍體大火猛熾如燒大山皆
從大力化山中出放金剛雹復有死
王閻羅伺命其頭狀如鳥鷲鵄鵰野
干狐狗駱駝之面遍身火然惡垂霞
身以怖天衆從於大黑化山中出一
切疾走猶如猛風吹大黑雲熾電俱
起走趣化天尒時死王閻羅伺命漸
近化天捉得化天焰火鐵繩返縛其
手縛已牽挽尒時化天見餘化天身
被繫縛極大怖畏各各散走時死王
使尋逐捉之舉置頭上昇空而去不
復可見過眼境界嘷呴之聲甚可怖
畏或有伺命捉得化天以焰鐵繩而
繫其頭入地而去復有死王閻羅伺
命捉餘化天擲著水中呴喊唱叫喊
諸化天其身不没住在水上為諸化
天而說偈言

愚癡憍慢心　為放逸所使　樂時既已過
今當就死苦　無量境界林　惡毒滿其中
愛牙甚廣大　求善應捨離　不作衆善業

而常癡放逸　死時既已到　竟為何所作
没在愛水中　不能度衆苦　以没生死故
永無有安樂　一切有生者　死常隨其後
云何愚癡人　而樂放逸行　難知不可遮
常有大勢力　是大力死軍　世間不覺知
非是鬪戰力　無方能捨離　衆生放逸故
不覺死怨至　死使有三種　遍行於世間
謂老病衰壞　愚癡不覺知

如是死王閻羅王伺命說此偈頌呵
責天衆百返千返加諸苦惱時實天
衆見衰惱已得離一切放逸之心受
三歸依時夜摩天王知諸天衆心已
調伏復示變化令實天衆心得猒離
是等化王所著天冠一切欲具皆從
天王牟脩樓陁身中而出共諸婇女
隨順供養如前所說上色具足復為
衰老之所毀壞鬚白面皺遍身脉現
柱杖而行羸瘦燋悴一切諸葉皆不
能作依他而行為諸愚人輕拤戲笑
上氣不樂諸根變熟一切力盡衆所
輕賤行步數倒死時將至近他而行
身極羸瘦依他杖持身色醜惡行於
池側未經幾時身中多有種種病起

所謂熱病下利咳嗽瘷烝壹病脉腫
疽瘻癩病垂近死地身大穢惡是大
惡病不可療治死相已現其王具嬰
如是諸病得如是等極大苦惱然後
命終既死之後膖脹臭爛多有無量
百千種虫時諸天衆見此死屍復有
鵰鷲諸惡貪鳥從山飛来取諸死屍
而敢食之或有取屍騰空而去時諸
天衆見是事已其心猒欲一心正念
尒時天王為利天衆復示神化示於
羅睺阿修羅王勇健阿修羅王等一
切皆在大海水下至夜摩天住天王
所去王不遠住在一面大聲叫呼既
叫呼已顛墜墮地尋即命終如木如
石不動不覺諸阿修羅王諸婇女等
見是事已極生苦惱皆悉圍遶叫喚
啼哭於啼哭時有鳥飛来取諸死
屍猶如木石衆鳥取之不覺不動阿
修羅女既啼哭已一切皆死復為鵰
鷲烏鵄衆鳥競共取之從空而去令
諸天衆不復見之夜摩天王為利天
衆示化如是啼哭悲泣
尒時夜摩天王復化龍王如前所說

復示無常或有龍王熱沙所燒猶如
焰火如佉陀羅炭入乾草聚是諸龍
王熱沙所燒亦復如是復有龍王龍
女圍遶為金翅鳥搏撮將去諸龍女
衆發聲大叫復有龍王為鋸所解悲
聲唱叫愁心相斫互相加害如是化
龍為死將去時諸天衆見是事已心
極猒離
時夜摩天王復化弗婆提人瞿陁尼
人無量百千皆悉裹惱及諸女人亦
復如是老極須臾皆歸於死既死之
後多生諸虫偃卧於地甚可惡賤時
實天衆見此諸事無量差別大惡有
過見死苦已皆生猒離互相謂言此
諸衆生有苦而死此諸衆生老病死
盡終竟不知當詣何處為誰將去一
切資具皆悉無常一切諸樂皆雜有
過無常不住敗壞之法不可保信一
切諸法皆悉破壞無有少樂如是實
天互共論說皆生猒離
時夜摩天王知諸天衆心生猒離復
化丈夫自在離惕決定上生謂欝單
曰人少減天福受第一樂復化令作

老病身死身既死已無量百千諸虫
敢食其屍若有見者皆生猒惡猶如
屎聚夜摩天王為利放逸諸天衆故
示如是化欝單曰人
尒時天王復作化示令實天見謂中
陰有無量有網化中陰有如衆生死
以業因緣生於地獄餓鬼畜生人天
之中化中陰有令諸天衆皆得現見
無量種種心行之業有因緣生無量
百千五道生死為諸實天得猒離故
於大池中示如是化不可思議希有
之化無等無比令天現見於池水中
具見一切五道衆生以業煩惱因緣
力故流轉而行從一道死復生一道
輪轉生死無救無歸無有伴侶輪轉
諸有輪迴地獄餓鬼畜生及以人天
令實天衆見於種種生中陰有見已
驚怖極生猒離復見夜摩諸天中陰
之身見夜摩天以盡業故從天退墮
悔火所燒貪放逸故天身則滅中陰
身生足上頭下如印中陰以惡業故
生地獄陰見生死業故極大怖畏共
相謂言是業因緣甚大戲時夜摩天

正法念處經第五十七卷　第二十四張　隱

衆時實天衆見是事已生猒離心是名見地獄中陰非生有陰牟脩樓陁亦如是化以何義故不示生陰以天心軟不能堪忍若見生陰不可辟喻不可說苦即失身命是故示化不示生陰是名實天觀夜摩天退欲入地獄中陰之身時夜摩天王復以希有神化中陰示夜摩天放逸過惡之所傷害以業盡故墮餓鬼足上頭下如印相似業繩所牽隨所作業如是成熟時實天衆復見如是第二中陰復次第三見化中陰如夜摩天復為放逸之所傷害業盡還退惡業所縛欲墮畜生足上頭下如是中陰如印所印生畜生中無量種類相似中陰是名第三道中陰有相見之怖畏復生猒離驚愕惶怖手相觀視以偈頌曰

微細難解知　遍行一切處　是業使衆生
流轉於諸趣　若人謗賢聖　好行邪見業
不信於業果　死則入地獄　若人內懷惡
以法諂誑人　世間所不愛　死則入地獄
若人著欲樂　常行於惡業　以樂誑其心
死則入地獄　若得畢竟樂　乃得名安隱

正法念處經第五十七卷　第二十五張　隱

若樂有苦報　是不名為樂　放逸諸天衆
退失夜摩王　若法具足者　智者所讚歎
遊戲園林中　樂見諸天女　欲境無猒足
以是故退没　以樂增長故　渴愛轉增長
智慧人所說　斷愛為第一　我見世中陰
今生大猒離　誰當救護我　令我得解脫

時諸天衆見如是等種種中陰生猒離心時夜摩天王牟脩樓陁知諸天衆心調伏已皆滅化天示以自身寂滅莊嚴諸天見之其心安隱往詣天王到已圍遶住在一面心生敬重歡喜踊躍作如是念我今得主時實天衆見無量惡皆生猒離

正法念處經卷第五十七

正法念處經卷第五十七

校勘記

一　底本，金藏廣勝寺本。

一　四三五頁中二行譯者，石無。

一　四三五頁中一〇行「恥止」，徑作「心正」。

一　四三五頁中一八行「沉没」，資、磧、普、南、徑、清、麗作「深没」。

一　四三五頁中二一行第二字及本頁下一五行第一一字「迭」，磧、普、南、徑、清作「遞」。

一　四三五頁下八行及一〇行「舩栰」，徑作「船筏」。

一　四三五頁下一一行末字「墜」，石作「墮」。

一　四三六頁上一〇行第六字「相」，石作「有」。

一　四三六頁中四行「大衆」，石、資、磧、普、徑、清、麗作「天衆」。

一　四三六頁下一六行「扠扗」，石作「抵捍」，資、磧、普、南、徑、清、麗作「拒捍」。

一四三六頁下一八行第四字「迅」，石、資作「逡」。

一四三七頁上三行首字「功」，資、磧、普、南、徑、清、麗作「公」。

一四三七頁上二二行第六字「貌」，石作「狼」。

一四三七頁中一行「天衆」，資作「天衣」。

一四三七頁中四行第七字「憶」，徑作「億」。

一四三七頁下四行第二字「行」，南、徑、清作「得」。

一四三八頁上七行「天王」，麗作「天主」。

一四三八頁中一九行「行如」，麗作「而行」。

一四三八頁下一一行「愛心」，資、磧、普、南、徑、清作「處心」。

一四三八頁下一三行「復滅」，磧、普、南、徑、清作「必滅」，麗作「不滅」。

一四三八頁下一九行末字「鏁」，石作「璅」。下同。

一四三九頁上一行「木中」，徑、麗作「水中」。

一四三九頁上二行第四字「鑽」，石作「欑」。

一四三九頁上一四行第三字「華」，石無。

一四三九頁中八行第七字「齋」，石作「齊」。

一四三九頁中一一行第二字「紅」，資、磧、南、徑、清、麗作「虹」。

一四三九頁中一五行「不覺」，石、資、磧、普、南、徑、清作「不觀」。

一四三九頁中二〇行第五字「闇」，石作「遮」，徑作「闇」。

一四三九頁中二二行第四、五字「子孫」，磧、普、南、徑、清作「孫子」。

一四三九頁下七行「衣服」，資、磧、普、南、徑、清作「衣服莊飾」。

一四三九頁下一〇行第七字「天」，石作「人」。

一四三九頁下一五行第二字「詠」，石作「咲」。

一四四〇頁下二二行第八字「至」，石作「去」。

一四四一頁上二行「猫牛」，資、普、南、徑、清作「犛牛」，磧作「犛牟」。

一四四一頁上三行首字「牧」，資、磧、普、南、徑、清、麗作「收」。

一四四一頁上末行第一一字「凸」，石作「亞」。

一四四一頁中六行第一〇字「烏」，資、磧、普、清、麗作「鳥」。

一四四一頁中七行第一一字「然」，麗作「熾」。

一四四一頁中一八行第一〇字「响」，石、麗作「訽」。

一四四一頁下四行「難知」，磧、普、南、徑、清作「雖知」。

一四四一頁下七行「三種」，麗作「二種」。

一四四一頁下一八行「柱杖」，石作「任仗」。

一四四一頁下二一行「近他」，麗作

「近池」。

一　四四一頁下二二行第八字「持」，麗作「侍」。

一　四四一頁下末行首字「池」，資、磧、普、南、徑、清作「他」。同行第四字「經」，石作「逕」。

一　四四二頁上一行「不利咳嗽」，石作「下利咳嚬」；麗作「下痢欬瘷」。同行「脉腫」，資、磧、普、南、徑、清作「水腫」；麗作「脉腫」。

一　四四二頁中一〇行「女人」，資、磧、普、南、徑、清作「天人」。

一　四四二頁中末行首字及本頁下四行第七字「曰」，徑、清作「越」。

一　四四二頁下三行「利放逸諸天衆故」，徑無。

一　四四二頁下八行第五字「陰」，徑無。

一　四四二頁下一九行「盡業」，資、磧、普、南、徑、清、麗作「業盡」。

一　四四三頁上九行第七字「墮」，磧、普、南、徑、清、麗作「欲墮」。

一　四四三頁中二行第五字「王」，麗作「天」。

一　四四三頁中六行首字「今」，徑作「令」。

一　四四三頁中一二行第一一字「主」，資、磧、普、南、徑作「生」。

一　四四三頁中末行經名，石無。

正法念處經卷第五十八 愼

元魏婆羅門瞿曇般若流支譯

觀天品之三十七 夜摩天之二十三

介時夜摩天王告天衆曰汝今何故不於園林華池無量衆寶莊嚴山峯歌舞戲笑天王如是觀諸天衆為生猒離不猒離耶時諸天衆聞夜摩天王說此語巳白天王言當於何處園林七寶山峯之中而有樂處我見無量生死衰惱無量差別不可堪忍我自目見一切諸欲皆悉無常後皆致苦此欲無常不住不久敗壞無堅無樂介時夜摩天王聞天衆說而告之曰汝今當知一切欲樂後皆致苦時諸天衆白天王言我今巳解欲為大苦時夜摩天王告諸天衆我能宣說一切生死無量諸苦今當為汝略說少分令億千劫不復放逸常行人天二種善道若斷放逸是為智慧若放逸緣來即應遠離若不為放逸之所使役則不墮地獄餓鬼畜生復告天衆今當為汝說三惡道二種善道二善

道者天之與人三惡道者所謂地獄餓鬼畜生如是五道大勢力苦我能宣說不可廣說今當略說以要言之於天人中有十六苦何等十六天人之中善道所攝一者中陰苦二者住胎苦三者出胎苦四者悕求食苦五者怨憎會苦六者愛別離苦七者寒熱等苦八者病苦九者他給使苦十者追求營作苦十一者近惡知識苦十二者妻子親里衰惱苦十三者飢渴苦十四者為他輕毀苦十五者老苦十六者死苦如是十六人中大苦於人世間乃至命終及餘衆苦於生死中不可堪忍於有為中無有少樂一切無常一切皆盡一切敗壞初生中陰識如香氣有何等苦業風所吹非宍眼見天眼所見而無所㝵若生人中生種姓家有下中上以布施持戒智慧果報而欲生者此識香氣中陰亦得如是之食若欲生於貧窮種姓所食麁澁色香味觸皆悉麁惡身量減劣少布施故不得勝報是名人中生初中陰苦

復次第二苦若生胎中以業煩惱因緣故住生貧窮家母食麁澁苦酢之食膜衣筩中薄少食味入其腐中令胎中子身羸惡色氣力劣弱母疲極故子於胎中則受大苦轉向兩脇走避苦惱母食冷熱則受痛苦無力無救不能叫喚沒屎尿中受無量苦是為善道人中第二大苦何況地獄餓鬼畜生

復次第三苦從胎出生胎藏逼迫猶如壓油嬰兒出胎欲墮逼迫亦復如是是為大苦復次以初生時其身柔軟如生酥摶亦如芭蕉又如熟果母人瞻產以手捉之其手堅澁皴裂劈拆猒惡麁面指甲長利面目醜惡以手捉之猶如火燒亦如刀割如是嬰兒身躰細軟母人觸之得大苦惱若得新衣麁澁厚重或得故衣補納破裂孔穴穿露狹小單薄止於草蓐寒時大冷受大寒苦熱則大熱猶如火燒以本布施不清淨故受斯苦惱從胎而出受大苦惱復以不淨布施因緣令母少乳所食苦澁母食劣故其乳

則少或母食麤惡故令乳少羸瘦惡
色唯筋皮骨以為其身飢渴病故身
躰無力若無所食敢從他乞求人所
輕賤少得飲食色香味薄依他而食
辛苦繼命如是乏食令身苦惱以本
所行不善施故乃至命盡常不充足
以乏食故常受苦惱復次第四苦惱
以悕望食而得苦惱飢餓所惱或作
盜賊作諸惡業作無利益或作勇健
因致失命或次死苦諸苦之重所謂
飢渴尒時夜摩天王牟修樓陁為諸
天衆以偈頌曰

生死大苦惱　無與飢渴等　衆生以飢苦
作諸不善業　從自身起火　故名飢渴苦
飢渴燒三處　如劫火燒林　世間大焰火
不能至後世　飢渴大難斷　至於百千劫
愚人造不善　行於嶮惡道　皆為飲食故
智者如是說　飢渴有大力　過於大猛火
一切三界中　以食因緣轉　若於人世間
有種種財物　一切以食故　成就三有海

如是夜摩天王牟修樓陁為諸天說
復次天衆於人世間有第五苦謂怨
憎會有六種苦何等為六謂眼見怨

等心不愛樂心不憐愍見其身色心
意惱亂於心心數而起怖畏生不利
益心心數中而生苦惱一切惡中初
第一惡所謂見怨家色及惡知識
復次第二怨憎會苦若聞其聲不得
利益不愛不順心生惱亂是為怨憎
會苦第一惡聲謂所聞攝不正法聲
憎惡聲故身壞命終墮於地獄餓鬼
畜生若聞不愛不利益聲聞已生於
惡心惱亂不愛不樂心不憐愍是為
人中怨憎不愛合會之苦
復次第三怨憎不愛會苦謂鼻聞香
不愛不樂心不隨順聞之心惱或生
深苦是為大惡不愛合會諸天子等
是名人中不愛合會若人愚癡無有
智慧或行或住心生貪著輕慢不敬
若人以香供養法僧其人便以欲心
嗅之身壞命終墮於地獄餓鬼畜生
如是惡人以身因緣以貪身故身心
不淨身壞命終墮於地獄諸天子是
為人中不愛怨憎合會之苦復次第
四不愛會苦所謂世間愚癡惡人因
於味故而作惡業以惡業故身壞命

終墮於地獄若非沙門現沙門像內
懷腐爛猶如蠡聲或在僧寺或白衣
舍實非沙門著沙門服常貪美食為
味所縛以是因緣身壞命終墮於地
獄復有懈怠比丘捨離禪味為美食
故處處遊行心常樂食以懈怠故身
壞命終墮於地獄諸天子是為人中
以著味故不愛合會而生苦惱
復次諸天子人中第五不愛會苦所
謂身觸以此縛心不善思惟不順法
行意不正念如是惡人惡境所縛身
壞命終墮於地獄諸天子是為人中
不愛合會而生苦惱
復次天衆人中第六不愛合會而生
苦惱所謂有人心意躁動不能止住
心意不正多有散亂常思惡業不樂
善法樂不善法無利益事以是因緣
身壞命終墮於惡道生地獄中諸天
子是為人中不愛合會而生苦惱及
餘種種無量諸苦人中具受復有三
種怨憎會苦謂近怨家恐害其命如
眼中刺常不隨順是為第一怨憎會
苦復次第二怨憎會苦與惡知識共

同業是名第二怨憎會苦
復次第三怨憎會苦內懷瞋恚得便傷害是名第三不愛怨憎會苦諸天子是為人中無量種苦時夜摩天王牟修樓陀復為天衆得猒離故說於第六人中大苦所謂愛別離苦二世利益是名為愛善友別離是為大苦若離父母兄弟姊妹妻子親里及餘所愛有恩之人別離大苦如墮刀火燒其身心受大苦惱是為愛別離苦夜摩天王為利天衆演說此法時夜摩天王復為天衆說於第七人中大苦所謂寒熱二苦諸天子去何人中寒熱二苦以於人中飲食不調應冷而熱應熱而冷久坐則苦久立亦苦多飲亦苦不瞑亦苦若於昏夜右脇而臥久眠亦苦左脇亦尒初樂後苦於人世間以貪樂故為樂所誑而修善業以樂誑故入於地獄諸天子人中之樂如苦無異如是夜摩天王牟修樓陀為利益諸天衆說如是法汝等天衆勿生此意謂人中樂應生猒離為離生死說法利益除天放逸故

復次夜摩天王為夜摩天衆復說第八人中大苦所謂病苦無量差別無量病起所謂熱病下痢上氣欬逆四百四病害諸衆生復有病苦害諸衆生憂悲愁惱等病人中大苦時夜摩天王牟修樓陀為利益天衆復說第九大苦令離生死示於人中生死大苦所謂人中為他所使是為大苦同道同生同根同歲同力以業劣故為他所使若晝若夜不得自在常受大苦是名人中使役之苦
復次為他使苦若人第一種姓精勤色力讀誦智慧具足無乏以貧窮故為下賤人之所使役時夜摩天王牟修樓陀為夜摩天衆得利益故復為說法以業下劣無布施業人所輕毀晝夜辛苦為人所使無施因緣常受苦惱手足破裂貧窮無食衣服垢壞飢渴所惱寒熱辛苦如是無量苦惱不可堪忍晝夜使役不斷不絕人中復有種姓色貌勢力下劣而多財富復有種姓色力智慧一切皆勝而常貧窮以貧窮故親近賤人為業所誑

為心誑故受大劇苦諸天子是為人中使役之苦復次為他使苦若貧窮人順法而行以貧窮故親近惡行不善之人近不善故同其惡業雖不喜樂為他所使而造惡業身壞命終墮於惡道生地獄中為他使故二世受苦復次天衆人世界中受大苦惱所謂第十追求大苦無量苦惱為求財故入於大海入敵鬪戰經營造作言辭辯說親近下賤耕田種殖商賈販賣畜養畜生遊方行使為貨所使昇大山巖處處遊行依附他人如此所作一切追求皆為財物嚴餙衣服或貧窮人或愛著人如是追求愛網所縛乃至命盡或作惡業或作妄語誑惑他人輕秤小斗欺誑於人沽酒販賣糴賣胡麻及以賣毒作如是等惡律儀行治生販賣或破國土城邑聚落軍營人衆及餘種種衆惡之業以妻子飲食敷具財物故追求之苦無量百千乃至千歲說不可盡諸天子是名人中追求之苦如是夜摩天王為利益天衆猒離有故說究竟法

諸天子勿於人中起悕望心當生猒離若貪諸有不得利益以是因緣說於人中一切衰惱若生人中以追求故作不善業以是因緣或墮地獄或墮畜生或墮餓鬼既生惡道受種種苦如是夜摩天王復說十一人中大苦告諸天衆人中大苦所謂近惡知識皆無利益一切苦因近惡知識無惡不得造身口意一切惡業以是因緣身壞命終墮於惡道生地獄中受無量苦於未來世或墮餓鬼畜生之中受無量苦觀於人中地獄餓鬼畜生過已遠於天衆悕望人有說一涅槃寂滅之處

復次夜摩天王為欲利益夜摩天衆說人中苦所謂人中第十二妻子親里衰惱大苦所謂妻子親里繫縛鞭打飢渴貧窮種種苦惱所愛之人受苦惱故亦得苦惱是名衰惱於人道中以妻子親里眷屬因緣而得苦惱以是勿樂生於人中一切有生必歸於死隨有死處皆是苦惱於生死中最大苦者謂生老死人中具有諸天

子既知人中如是大苦不可堪忍勿生欣樂以如是等無量善寂滅無上道義示諸天衆於人道中無利益事種種有網不可辟喻況三惡道無量百千億不可辟喻大苦充滿不比人中若天退時少放逸天為之說言汝當生於人善道中若人臨終親里知識願其生天善道之中二種善道猶尚如是況三惡道受大苦惱如是利益攝他常不放逸夜摩天王說無量種無量差別無量方便無量種法涅槃勝法說妻子苦已復為夜摩天衆說第十三人中大苦所謂飢渴苦由飢渴故作無量惡其餘衆苦無如飢渴以飢渴故入衆惡處大種姓人為飲食故合掌垂淚哀聲親近下賤小人說慈愛語如是一切皆由飢渴畏飢渴故不顧其命入危嶮處刀刃之間及惡為敵一切皆由飢渴苦故或入大海經於無量百千由旬無量惡魚鯷弥鯢魚洪波惡處自捨身命乘於艜舟而沉大海如是一切皆由畏於飢渴之苦復有無量種種差別不

可具說如是諸苦為口腹故若人執縛從右門出打惡聲鼓嚴以死驛灾標在前怖畏愁惱將詣煞處命在須臾雖復大苦未過飢渴是故應當以淨善心於福田中以好財物而行布施時處具足於生死畏中勤修精進善心布施天中少飢一切生死皆依飲食以除飢渴是故一切應行布施諸天衆是名人中飢渴苦惱無量差別於天道中苦微而軟天樂覆之福德多故飲食易得而天不覺遍於欲界飢渴焰火之所覆蔽畏於苦火諸天子如是觀於人中種種生老病死之苦勿生欣樂如是夜摩天王牟修樓陀見夜摩天衆其心調伏多調柔軟既觀察已復為天衆說人中苦勤修利他自利則易牟修樓陀以不斷力為利他故為夜摩天衆數數宣說無量種法說第十四人中大苦所謂他輕賤苦不可堪忍種種差別於貧窮人輕毀偏多有十種苦種姓親族兄弟富人之所輕賤以貧窮苦依他而食綺語不實親族空語無義之語

依他住食衣服塵垢他人輕毀若入城邑若節會日人見輕毀人道之中有如是等無量輕毀大苦世間之人無薪之火住在心中謂輕毀火親里知識兄弟火燒最為尤甚無福德故得此十苦遍燒其身大惡怖畏以燒乾身氣如烟起諸天子應生知足勿於人中而生欣樂人中少樂甚大苦惱衰惱短壽輕毀垢汙唯於人中多有輕毀非四道中於人道中輕毀最重得他輕毀一切身分猶如中毒隨本所得供養之處後更輕毀若人先常得好供養後得少利得少時供若善男子如是輕毀過於死苦諸天子是為人中難忍大苦復次第十五人中大苦所謂老苦當為汝說人中老苦老者能令一切身分羸瘦減劣諸根皆熟破壞少壯拄杖而行無有氣力輕毀住處背傴鼻戾鬢白死使身意減劣雖未命終猶如畜生諸天子是則名為人中老苦名色戲弄不久必死若見老苦而不怖畏當知是人名為無心猶如木石以無心故雖復

人身猶如畜生諸天子於人道中生為大苦以有生故是故老苦既知老苦勿於人中起欣樂心復次第十六人中無量種受生生則有苦何等苦也所謂死苦死已復生身根入壞命根斷滅不復見於兄弟知識色身滅已復行異處以自業果而為資粮一切衆生必歸終盡命盡棄身受中陰有是名為死一切有生皆歸於死若死而不生生而不死無有是處諸天子勿於人中而生樂心介時夜摩天王牟修樓陀以偈頌曰

於人世界中　有陰皆是苦　有生畢歸死
有死必有生　若住於中陰　自業受苦惱
長夜遠行苦　此苦不可說　沒於屎尿中
熱氣之所燒　如是住胎苦　不可得具說
常貪於食味　其心常悕望　於味受大苦
此苦不可說　小心常悕望　於欲不知足
所受諸苦惱　此苦不可說　怨憎不愛會
猶如大火毒　所生諸苦惱　此苦不可說
於恩愛別離　衆生起大苦　大惡難堪忍
此苦不可說　寒熱大苦畏　生無量種苦
大苦甚暴惡　此苦不可說　病苦害人命

病為死王使　衆生受斯苦　此苦不可說
為他所策使　常無有自在　衆生受斯苦
此苦不可說　愛毒燒衆生　追求受大苦
次第乃至死　此苦不可說　若近惡知識
衆苦常不斷　當受惡道苦　此苦不可說
妻子得衰惱　見則生大苦　出過於地獄
此苦不可說　飢渴自燒身　猶如猛火焰
能壞於身心　此苦不可說　常為他輕賤
親里及知識　生於憂悲苦　此苦不可說
人為老所壓　身羸心意劣　傴僂拄杖行
此苦不可說　人為死所執　從此至他世
是死為大苦　不可得宣說　衆生莫能見
諸業不能遮　能壞諸衆生　是故名為死
大力難堪忍　能令諸衆生　獨行大怖畏
是故名為死　衆生畢竟有　時火不可避
能斷衆生命　是故名為死　死王所破壞
能斷人命根　盡於陰界入　是故名為死
生必有別離　知識及兄弟　別已不復合
是故名為死　及死未至時　應當修善行
死惡無慈愍　未至應修善　是死甚卒暴
極惡無慈愍　未至能修善　乃為天中真
若法中生慧　是名善命人　若人不離法
是為命中命　若人心念佛　是名善命人

正法念處經第五十八卷　第十六張　慎

不離念佛故　是為命中命　若人心念法
是名善命人　不離念法故　是為命中命
若人心念僧　是名善命人　不離念僧故
是為命中命　若人心念實　是名善命人
不捨離實故　是為命中命　若人心念道
是名善命人　不捨離道故　是為命中命
若人常憶念　趣向於涅槃　尒乃得名天
非樂欲樂者　若常一心念　樂修禪定業
此樂能離有　非謂者欲樂　既知此有過
於欲生猒離　精勤求涅槃　是名真實天

如是夜摩天王以無量種利益諸天令諸天衆心得清涼斷除惡道尒時天衆白天王言天王如天王說我等現見色力形貌十倍勝者皆受衰惱而況我等夜摩天王聞此語已而告之曰如汝所見此諸天衆少衰惱耳汝等夜摩天衆當墮地獄餓鬼畜生百倍過此以汝天衆行於非法放逸行故若諸天衆順法而行遠離放逸則閉一切惡道之門常於天人受種種樂當離憂悲老病死苦得常住處永無如上所說諸苦以是因緣勿行放逸如是欲樂比無漏智禪定之樂

正法念處經第五十八卷　第十七張　慎

百千分中不及其一尒時天衆聞天王說現見諸過復作是言天王說法利益我等我今攝受令我不受如是生死衰惱之苦尒時夜摩天王牟修樓陀以偈頌曰

若有自作業　非是他人受　若自善調伏
是則得常處　若有作異業　無及善業者
無量百千生　業常隨順行　廣作諸福德
修行於善法　則得最勝處　永離老病死
如是自善業　天衆應思惟　若修行善業
此是勝資粮

如是夜摩天王牟修樓陀說是偈已告諸天衆自今已去勿為貪著色聲香味觸故而起放逸遊戲園林時諸天衆聞此語已白天王言願我未來見弥勒佛無上士調御丈夫天人導師出興於世我生人中見彼世尊在初會數得聞法已盡諸有漏復有天衆願求阿耨多羅三藐三菩提作是願已歸佛法僧七萬天子及餘天衆必生人中見弥勒佛得聞法已諸漏永盡復有餘天先見佛塔發阿耨多羅三藐三菩提願復有餘天發緣覺

正法念處經第五十八卷　第十八張　慎

心一切皆願當來得果尒時夜摩天王作如是念我已為他作大利益令諸天衆離放逸行時夜摩天王知諸天衆意善調伏各令還宮時諸天衆恭敬圍遶夜摩天王捨池而去夜摩天主牟修樓陀為諸天衆作利益已復詣餘地為餘天衆而作利益

夜摩天常樂地第八牟修樓陀天化經具足竟

復次比丘知業果報觀夜摩天所住之地彼以聞慧見夜摩天處名增長法衆生何業生於此地彼見若人善心持戒不煞不盜如前所說復離邪婬微細亦捨乃至見畫男女不生憶念如是之人不觀不念不味不著不濁心念恐犯淨行亦不思惟不念不善遮於心過為他人說邪婬業果以遮其心令其不喜不愛不樂此邪婬果不應習近非寂滅道不可愛樂行善之人不應喜樂為他宣說微細之果持戒梵行於微塵惡見之生怖如是之人身壞命終生於善道天世界中增長法地生彼天已善業行故受

果成就所謂園林金山峯中流泉河池衆寶莊嚴衆鳥妙音其池四岸七寶莊嚴青毗琉璃青因陁寶閒錯其地多有衆蜂種種色聲相類各異見之可愛其聲美妙聞之悦樂於園林中增長愛樂復於異處金剛青寶頗梨為石莊嚴山谷於光明山聞流水音而受快樂如意所作音聲自在受無比欲無量百千天女圍遶常受欲樂增長欲樂受於無量差別不可喻樂種種金山毗琉璃峯行虛空中種種衣服嚴飾其身戲笑歌儛種種妙色諸天女等以為圍遶具天五欲若見天色無量差別生無等樂隨意遊戲是名色欲若聞音聲隨其所念共諸天女戲笑歌儛所聞諸香無量差別風吹花池蓮花之香及餘異花山谷風吹種種花香以悦其鼻舌得無量種種天味隨念具足醎淡苦甘辛酢等味有無量種不可譬喻如意之味如是身觸無量種業如意即得冷暖温凉柔軟細滑衣無縷綖種種色寶而以莊嚴無量寶光照十由旬二

十由旬乃至百由旬光明寶珠而受觸樂天園林中或有花香天子聞之以善業故受樂希有非不作生非無因生所作不失非是意生非是他與亦非他作而我受報以因緣故而生果報業果成就是持戒人隨心所念受心悕望天衆妙色天之細色中色近遠時生遠時中時隨念成就無量樂法以是丈夫善持戒故如是天衆其心著於六欲境界欲河所漂而行遊戲一一園林一一山峯七寶莊嚴園林流泉出妙音聲百色衆鳥出衆異音是善業者遊戲其中種種妙色種種相貌種種功德種種嚴飾令生欲火天女圍遶種種山峯天鬘天衣莊嚴其身塗香末香以嚴其身共諸天女於山峯中遊戲受樂隨其所念生無量欲復與天女而共往詣等不等地其地可愛真金白銀青毗琉璃青因陁寶車𤦲為地鈴網音聲衆鳥莊嚴尒時有鳥名不放逸見此天子行放逸處說偈呵責

但受故業　不作新業　業盡則墮

諸法如是　業將欲盡　壽命念念
死來卒暴　愚者不覺　天子天女
不覺欲染　念欲時過　退時將至
得失多返　因欲境界　於衰惱中
云何惡意　汝以善業　成就受樂
復作善業　將至善道　若樂境界
則沒有海　若離境界　則得解脫
境界彼力　起於愛河　智者捨離
趣涅槃城　勇人捨欲　而求真諦
能知愛境　三有洄澓　捨離境界
勿生心念　如甄波迦　果報甚苦
人心著樂　貪馳境界　集不善業
流轉惡道　常應護心　輕動為獷
常著境界　愛境所覆　心馳諸境
不覺衰惱　衰惱既至　乃知業果
既知此業　及境界過　常應捨離
世間諸縛

如是不放逸鳥說此偈頌而此天子不聽不受與天女衆共受欲樂此諸天女生死因緣生大苦因於無識者與之共遊常行嶮惡愛心不停常求男子心如惡毒如惡嶮岸能然一切男子心火與如是等可畏天女共受

天樂以愚癡故而不遠離若有智者怖畏生死欲求樂者離諸天女愚癡迷惑欲覆心故雖知因於女人而得苦惱不能捨離與諸婇女共受欲樂貪欲愚癡瞋恚所覆没生死泥與諸天女遊戲受樂而不攝受無量利益遮於惡道為心所誑於法不覺遊戲園林與不正行諸天女衆愛網受樂復詣異地金毗琉璃青因陁寶大青寶王周遍莊嚴遊無量處聞歌詠音解其章句言音美妙五樂音聲勝德具足無比妙音昔所未聞新生天子既聞此音與諸天女馳往趣林其林無量寶樹具足林名大歡喜長百由旬廣三十由旬如是大林衆寶具足具大功德無量天衆百百千千歌儛遊戲娛樂受樂

時新生天子見此大林毗琉璃樹有大光明無量香花功德花鬘無量種色種種相貌見此事已復見異樹毗琉璃樹真金為葉青寶為枝白銀為果天味功德皆悉具足青因陁寶校餝其樹種種色花以嚴樹枝復見異

樹青寶為樹真金為枝毗琉璃葉無量衆蜂種種色貌出美妙音以為莊嚴見之悅樂時新生天子復見寶花猶如開目觀之可愛花中衆蜂出妙音聲復見黃金枝葉蔭覆猶如宮室百千衆蜂其音美妙甚可愛樂復見毗琉璃枝青寶為葉蔭覆宮室第一寶珠種種色鳥而以莊嚴其地柔軟寶鈿莊嚴熏以天香多有天女

新生天子復見虹色以嚴其地觀之可愛覆以七寶平正可愛及見天女新生天子所見諸色皆悉可愛所聞音聲皆可愛樂其所聞香有無量種皆亦可愛隨所得味令心愛樂無量種味天味具足隨其所觸無量諸觸令心受樂隨其所念種種諸法適念即得如是天子一切欲縛欲樂不斷無量可愛無量寶地寶鈿莊嚴聞天鳥音聲共諸天女入大林中復見花池種種莊嚴分分差別或有蓮花毗琉璃莖真金為葉金剛為鬚青因陁寶以為其臺花皆柔軟復有蓮花真金為莖毗琉璃葉白銀為臺赤蓮花

寶以為其鬚種種衆蜂出妙音聲復有蓮花七寶合成真金為葉七寶間錯以為其臺所謂因陁青寶赤蓮花寶毗琉璃寶紅蓮花寶車𤦲之寶大青寶王如是種種衆色光明以為其臺如一花臺無量花臺皆亦如是天子見之觀無猒足隨其所見種種境界轉轉增長如以蘇油灌於大火不知猒足不知猒足云何有樂以非樂故亦非寂滅非愛心者得寂滅心隨所得樂愛心增長隨愛增長不知猒足以無猒足則入近苦以於苦中而生樂想愛火所燒復入林中見山谷中無量林樹無量種光見之諦視於五境界欲火之中不知猒足復入摩尼寶石之池真金頗梨色觸柔軟五種柔軟無有水衣衆鳥音聲澄靜淵深復見異處有蓮花池頗梨色水充滿其中周帀寶石以砌四面光明普遍鵝鴨鴛鴦以為莊嚴蓮花嚴餝林樹園遶林中多有美音之鳥如是種種莊嚴其池新生天子見此池中種種衆蜂七寶為翅岸生香樹色貌具

足以為莊嚴新生天子復前入林見有大河須陁充滿新生天子復見異處有乳粥河清淨飲河河流之聲如琴樂音或百或千處處流行多有衆鳥飲上味酒出妙音聲

時新生天子復見陸地種種衆花色貌具足香蜂遍滿衆花之中莊嚴大林其林先香以花香故轉增百倍新生天子與諸天女復見林中有大山峰衆寶莊嚴無量流水以為嚴餝樹枝蔭覆猶如宮室種種寶光無量百千衆鳥妙音見之可愛俱翅羅音無量百千衆花普熏光明端嚴如閻浮提日月光明在於虚空無量光明莊嚴天處光明殊勝無量光明莊嚴山峯天子見之復共天女入山峯中隨入山峯觀林轉勝歌音齊等漸近轉勝聞此歌音速疾往詣昔所未見如斯天衆舉目視之復見可愛莵菀林樹毗琉璃樹青因陁樹皆悉端嚴新生天子復入七寶蓮花莵林於此林中多有天子及諸天女妙色具足嚴身之具隨念而生一一天衆各各異

住共諸天女飲天上味離於醉亂種種寶林莵菀之中遊戲受樂入七寶池共諸天子五樂音聲歌儛戲笑歡喜受樂以愛覆心不知猒足樂著五欲入蓮花林以蓮花葉飲天上味而不醉亂復有天子心樂色聲香味觸等復有天子住河兩岸而共遊戲新生天子復見寶殿莵菀如林毗琉璃寶以為欄楯皆同欲心以上中下善業力故得上妙色五樂音聲受樂無等樂不可辟喻

尒時新生天子本未曾見如此天衆遊戲受樂既見此已與天女衆以歡喜心向天衆所尒時天衆見此天子衣服嚴餝上妙色身得未曾有生歡喜心亦向天子二衆和合心無妨㝵共天女衆一一莵林一一金峰一一花池一一酒河一一流水如是愛樂不可具說如是一切天衆受樂

時諸天衆久受樂已復向一切堅固之山其山七寶無量河池流泉具足新生天子天女圍遶共諸天衆常樂音聲山河流泉周遍充滿無量百千

莵菀宮殿甚可愛樂周匝蓮花而以圍遶猶如燈樹如意之樹以為莊嚴天衆見之生希有心其山一面毗琉璃寶其第二面真金所成其第三面因陁青寶其第四面大青寶王四面嚴餝皆悉平等於平正處峰谷莵菻皆悉具足若念觸樂欲遊戲時便上此林百百千千一一天子有千天女以為眷屬天五樂音無量音聲無量和合歌儛遊戲百百千千共新生天子於園林中花池流泉所見勝上百千億樹以為莊嚴七寶光焰蓮花林莵此諸天衆於此諸處歌儛戲笑安詳徐步向彼大山𠇍相愛樂善業為伴善業所資以善業故無有骨肉及以垢汙共遊須陁食河之上及遊飲河以善業故色香味觸皆悉具足天子食之樂五境界食之發欲處處受樂衆欲具足受於無等無量之樂欲昇彼山見其大山殊勝之處歎未曾有久乃至此大山之頂遊戲山處甚可愛樂於此山頂多有無量遊戲之處衆寶莊嚴林樹河池拘物頭花遍於

香林滿山頂上諸欲具足隨心所念無量種愛皆得如意皆可愛樂他不能攝如是天子久受天樂如是受樂處處遍觀復往詣於七寶山谷七寶林覆光明善樂見衆天鳥出妙音聲寂靜之窟園遶花池池名寂靜行處以於先世不具持戒生此池中於先世時其心堅固能說法要而身不能如說修行猶如伎兒說業果報從於地獄餓鬼中出生此池中多作鵝鳥以本生處寂靜行故生寂靜池七寶為翅身出光明其音美妙食於蓮花雄雌相隨以自娛樂菩薩鵝王名曰善時多住此池夜摩天王牟修樓陀多住於此山窟之中為天說法鵝王在池為鳥說法尒時諸天衆遊戲歌儛分為二分一分天衆以善業故至此池所一分天衆入放逸林遊戲歌儛歡娛受樂有善業者往至大池鵝為說法見諸天衆為說偈言

若人雖說法　不能如說行　此愚人空說
常受諸苦惱　若但為他說　不能如說行
語堅而無義　名為空無心　放逸故生欲

因欲故生瞋　斯人入惡道　馳赴於地獄
若樂已過去　非現前可得　若現受當受
是亦不名樂　愚人樂放逸　愛於現在樂
自業果所誑　則入於地獄　三世愛所誑
常作無利益　生死縛衆生　智者不應信
愚者所親友　被害如大怨　縛世間衆生
智者不應信　若為枷鎖縛　猶尚可斷壞
常求欲愛人　不能斷愛縛　若人斷愛縛
而受於常樂　斯人離愛境　行智慧境界
智觀樂光明　說愛大闇苦　智者持光明
則能破諸闇　以智慧利刀　斫伐於愛樹
能伐愛樹人　得無上樂處　斷伐愛過林
及以多流泉　既斷愛林樹　得脫於諸有
三道大愛河　放逸水洄澓　若昇智慧船
到安隱彼岸　昇智慧山峯　持戒谷莊嚴
以無量智眼　悉見諸有過　若人遠離法
斯人內外空　若人不樂法　不堅如水沫
若有人堅實　內外如金剛　以法行寂靜
益利他衆生　若没放逸泥　樂於境界樂
境界蛇所螫　常受諸辛苦　是故求樂者
不應行放逸　若脫放逸者　則近無量樂
若有智慧人　不信於放逸　若為放逸螫
流轉於五道

如是鵝鳥為調諸天說此偈頌時諸天衆以著欲樂而不聽受亦不攝取復作歌儛遊戲受樂

正法念處經卷第五十八

癸卯歲高麗國大藏都監奉
勑彫造

正法念處經卷第五十八

校勘記

一 底本，麗藏本。

一 四四六頁下三行第四字「箣」，資作「筋」。

一 四四六頁下一三行第五字「摶」，磧、清作「搏」。

一 四四六頁下一四行至一五行「劈坼」，石作「壁坼」；資作「擘坼」。

一 四四六頁下一九行「草蓐」，資作「草褥」。

一 四四七頁上二行第一一字「渴」，石作「得」。

一 四四七頁上一八行「大力」，資作「人力」。

一 四四七頁中一四行首字「深」，資、磧、普、南、徑、清作「染」。同行末字「等」，石、普無。

一 四四七頁下七行第五字「於」，石作「北」。

一 四四七頁下二一行「恐害」，資、磧、普、南、清作「怨害」。

一 四四八頁中三行「不痢」，石、資、磧、普、徑、清作「下利」。同行「欬逆」，資、磧、南、徑、清作「嗽逆」。同行第一三字「逆」，石作「⿰足屰」。

一 四四八頁中七行第二字「大」，諸本無。同行第一四字「大」，石作「炎」。

一 四四八頁中八行第一一字「大」，石作「人」。

一 四四八頁中一六行第四字「業」，南、徑、清作「當」。

一 四四八頁下七行第一〇字「中」，資、磧、普、南、徑、清作「中第十」。

一 四四八頁下八行「第十」，資、磧、普、南、徑、清作「第一」。

一 四四八頁下一一行「爲貧」，資、磧、普、南、徑、清作「爲他」。

一 四四九頁中二一行第二字「鞮」，石、普、南、徑、清作「堤」；資、磧作「提」。

一 四四九頁中二二行第五字「沉」，石作「汎」；南作「過」。

一 四四九頁下二行末字「灾」，資、磧、普、南、清作「尖」；徑作「鑯」。

一 四四九頁下二二行末字「他」，清作「位」。

一 四五〇頁上二〇行「畜生」，石作「異生」。

一 四五一頁上七行第四字「憶」，徑作「億」。下同。

一 四五一頁上一一行末字「天」，石作「人」。

一 四五一頁上一三行第八字「王」，石、磧、普、南、徑、清作「主」。

一 四五一頁下八行「天化」，諸本作「大化」。

一 四五一頁下一五行「不味」，磧作「不未」。

一 四五二頁上二行第二字「温」，石作「嗢」。

一 四五二頁中三行「受樂」，諸本作「愛樂」。

一 四五二頁中一四行第四字「⿰犭皃」，

石作「狼」。

一　四五二頁中二二行「呵責」，石、資作「呵嘖」。

一　四五二頁下一二行第六字「馳」，石作「駞」。

一　四五三頁上九行第七字「琉」，資、磧作「珠」。

一　四五三頁上一九行「花鬘」，資、磧、普、南、徑、清作「花鬚」。

一　四五三頁中九行第二字、一八行第一〇字及本頁下三行首字「鈿」，資作「填」。

一　四五三頁中一〇行「虹色」，資作「紅色」。

一　四五三頁中一八行第一〇字及本頁下三行首字「鈿」，石作「揁」；同行第一三字「聞」，諸本無。

一　四五三頁下一行「衆蜂」，普、南、徑、清作「衆峯」。

一　四五三頁下三行首字「鈿」，資、磧、普、南、徑、清作「填」。

一　四五四頁上一三行第七字「熏」，資作「勳」。

一　四五四頁上一九行「笐筣」，普、南、徑、清作「筅箣」。下同。

一　四五四頁下一行「周匝」，資、磧、普、南、徑、清作「周編」。

一　四五四頁下一二行首字「億」，資、磧、普作「意」。

一　四五四頁下一六行第二字「汙」，資、磧、普、南、清作「汗」。

一　四五五頁上五行首字「林」，諸本作「枝」。同行第六字「藥」，磧、普、南、徑、清作「樂」。

一　四五五頁中二一行第一〇字「者」，石、資、普、南、徑、清作「有」。

正法念處經卷第五十九　愼

元魏婆羅門瞿曇般若流支譯

觀天品之三十八　夜摩天之二十四

尒時菩薩鵝王名曰善時攝諸鵝衆以正念心利益一切衆生之心觀諸鵝衆心受快樂獨在一處思惟念法如是善時鵝王愛念法樂為他說法以為悅樂復有餘鵝亦思念法尒時天衆以歡喜心為求樂故來向此處觀此大池周遍可愛一切時樹花果具足天衆觀之及天女衆歡喜歌儛遊戲受樂百倍增長圍遶大池尒時菩薩鵝王見天衆已以成就慧而說頌曰

智者不放逸　能斷於放逸　則昇智慧臺
得無上安隱　若斷於放逸　得勝寂滅道
入此廣大道　智慧到涅槃　放逸能障道
令心過相續　以是放逸故　破壞法橋梁
能壞於善念　失於解脫道　以是放逸故
將人至惡道　以放逸亂心　不覺時利益
不知語作法　不覺如死人　雖住於天身
如畜生無異　放逸癡所壞　或儛或歌笑

或生或退沒　當生已復滅　三界諸衆生
放逸故轉行　造作一切過　惡業之所縛
迷惑一切法　放逸怨所轉　以放逸所害
不知於內法　亦不知外法　不覺失其心
智者所輕笑　而天子行之　無羞無人罰
為放逸所害　心樂於遊戲　亦常樂歌儛
於境界無猒　退失於天處　為放逸所誑
於怖處而笑　猶如盲冥人　不知道非道

如是善時菩薩鵝王利益他故觀天衆已住於第一可愛說法鳥衆之中說調伏偈而諸天衆雖聞其說而不聽受歌儛戲笑受五欲樂遶池而住樂觀境界夜摩天中有三大士常為放逸行天夜摩天衆而演說法何等為三一者夜摩天王牟修樓陀二者善時鵝王菩薩三者種種莊嚴孔雀王菩薩是三大士常為利他而演說法或有令得聲聞菩提或有令得緣覺菩提如是大士起魔境界時魔波旬作如是念此諸大士空我境界欲捨我去人中沙門四天王中四大天王三十三天中憍尸迦夜摩天中牟修樓陀善時菩薩種種莊嚴菩薩兜

率陀天寂靜天王及其眷屬此等諸人雖住我境而不屬我六天及人我使能敗除化樂天雖我境界而有大力我不能乱我今當遣智慧大臣至夜摩天往乱其法作是念已即與大臣而共籌量汝當往詣夜摩天王牟修樓陀善時菩薩種種莊嚴菩薩所而敗壞之汝等三人善能言語善能變化有大勢力其三人者一名歡喜二名放逸三名欲迷汝去當至夜摩天王牟修樓陀善時菩薩種種莊嚴菩薩所說法敗之時三大臣聞是語已即下往詣夜摩天衆至善時鵝王所到已見此鵝王威德勇健勝相無畏其聲調伏為諸天衆說偈頌曰

此非放逸時　不應生歡喜　此二法生癡
死時有大力　善烟放逸火　燒无量天衆
境界所迷惑　無目不覺知　能斷於相續
及以衆生行　為境界所迷　不覺知利益

時三大臣聞是語已而說偈言

放逸棄歡喜　一切樂緣轉　放逸故生愛
云何如是說

善時鵝王以偈荅曰

無放逸歡喜　一切樂緣轉　放逸生苦惱
故說蓮花池
時魔大臣放逸復說偈言
樂及於境界　放逸諸天女　及以諸技術
為第一可愛
善時鵝王復以偈答
若法生放逸　一切皆是苦　能失諸善根
行於三惡道
尒時放逸復說偈言
或處於園林　若在蓮花池　或於重閣處
放逸故受樂
善時鵝王復以偈答
於山園林中　曠野寂靜處　無放逸寂靜
能斷於魔縛　放逸入地獄　或墮畜生中
復生於餓鬼　放逸癡心故
如是善時鵝王說是偈頌答放逸時半修樓陁於金窟中遠離放逸而修禪定及餘天子遠離放逸亦修禪定半修樓陁既知此事來向大池无量百千天女圍遶遍滿虛空歌儛作樂出衆妙音近於天王不放逸天不歌不儛於荅難時忽然而至尒時半修樓陁問鵝王說一切偈頌憶念知已

魔王大臣名曰放逸三人同侶我於餘天聞其至此一名放逸二名歡喜三名欲迷於癡人所增長重或我當為此放逸大臣說十一法荅難法門破此魔衆

尒時夜摩天王思惟此事與善時鵝王共籌量已從空而下坐蓮花臺與无量放逸行天而自圍遶說此十一種勝上荅難法門告諸天衆汝今諦聽放逸之過我從往昔曾見无放逸天子名曰安隱為我宣說令我得聞如此之法乃是迦葉如来之所演說汝今諦聽善思念之一切天衆說法鳥衆善時鵝王及魔王衆放逸大臣顛倒說者為諸世間作无利益住魔伴黨一切諦聽十一問難勝上法門所謂十一白法斷於十一垢染之法欲求真實欲求涅槃欲離魔界畏生死縛住於寂靜阿蘭若處獨一无侶欲求實諦欲滅黑闇一心諦聽何等十一勝上法門斷十一法一者以調伏斷於憍慢二者正心不乱斷除二種破戒三者精進能滅懈怠四者

白法能斷垢法五者白法能斷惡法六者知足能斷多欲七者以遠離住斷近親里八者以正語斷无義語九者正住斷於輕掉十者布施斷於貧窮十一者智慧斷於無知如是十一垢染之法縛人著於放逸樹枝欲離魔境應當斷滅畏生死者應斷放逸夫放逸者是生死本不放逸者是解脫因尒時迦葉如来欲令一切諸衆生等離生死故說如是法我昔從於先舊天子聞說此法如是天子亦從迦葉如来聞如此法為我宣說次第傳聞我為汝說以何等法調伏憍慢調伏之人一切衆生之所愛重住調伏故斷此憍慢麁惡之法憍慢有五何等為五所謂若入聚落城邑或行道路其行速疾不慎威儀或行道路或行非道或抖擻衣或佯跛行正心之人見之生瞋云何此人行不順法為醉為狂是則名為第一憍慢如是憍慢云何而斷應正直行不轉不顧直視一尋威儀齊整不抖擻衣不高舉足限齊四指不通肩披衣袈裟

齊等行不掉髀此不放逸能斷放逸
復有四種放逸諸比丘比丘等應當斷
離所謂說无益語心不思念不知多
少至施主家不喚突入亦不彈指在
上而坐說於无量無義之言而不覺
知於靜坐處發大音聲觀衆女人无
緣而瞋左右顧視不觀前後眷屬憍
慢盜入他家如是比丘一切世人皆
患不愛寂靜行者說此比丘名為憍
慢在家出家皆亦如是如斯等過云
何斷除若於施主及以餘人說正法
語前後相應觀人而說觀心而說依
時處說不相違說軟語而說令易解
說法相應說如說而行不觀女人彈
指而入知時出入亦知其相不抖擻
衣不掉髀行不作高喚不大音聲美
語說法待問而說不斷他語少言美
說以法語說是名毗尼斷於憍慢復
次第二調伏能斷憍慢云何調伏所
謂比丘及比丘等入於他家若聞歌
伎作樂戲笑遊戲之中於他言笑不
聽不樂不味不顧不作多語不說他
惡不自嚴餙而至他家不數數入不

常乞求如是比丘入於他家若本施
主若至異家以此調伏而斷憍慢復
次第三比丘至施主家離說法語說
世俗語說國土論說生天論說於遊戲
歌儛之論說於過去染愛之事近女
人坐着雜色衣而入他家若比丘等
如是憍慢熾然增長何等毗尼能斷
滅之所謂若比丘比丘等入於他家
說出家法說布施論說持戒論讚智
功德說於无常敗壞之法說老說病
說愛別離說自業作說死離別說知
足法說調柔法說苦說集說滅說道
說地進退說破戒過說猒離法說斷
慳法色憍慢人為說色過為說食過
無常破壞說少壯過必歸老壞觀人
深心相應而說如是比丘以調伏故
破壞憍慢復次第四調伏斷除憍慢
不數受於多諸飲食若更有人貪著
食味不知猒足喜至他家亦不親近
隨其所得衣服飲食臥具醫藥若多
若少知足受畜不念他樂亦不味着
不生覺觀一心而行調伏而行正威
儀行調伏比丘及比丘等調伏之法

如是憍慢以調伏法而斷滅之一切憍
慢放逸故生放逸為本於諸功德皆
无利益是故欲求涅槃應斷放逸如
是夜摩天王牟修樓陀善時鵝王為
魔王大臣名放逸等現前為說往昔
天子從迦葉如來三藐三佛陀次第
傳聞為魔衆說云何第二問荅所謂
於不持戒正念現前而斷滅之戒有
二種世間出世間略說心為能持戒
有多種略說二種一者性重戒二者
離惡戒若破性重戒則非迦葉如來
弟子性重戒者所謂煞生非梵行偷
盜具滿三鉢梨沙槃或盜佛物或盜
法物盜已食之心不悔過亦不還償
覆藏不說如是比丘則非迦葉如來
弟子腐爛敗壞不名法器但以妄語
莊嚴衣服是名破於性重之戒以放
逸故是故迦葉如來告諸比丘應離
放逸如是夜摩天王為善時鵝王菩
薩說法鵝衆及魔王衆放逸臣等坐
蓮花臺牟修樓陀說如是法
復次第三離惡略說九種何等為九
一者淨修一行二者常速悔過三者

順行四者半行五者多行六者輕犯即悔七者說道盡行八者破壞行九者一切行是名九種離戒一切愚癡凡夫或沙門沙門等以放逸故名不學者名无智者惡不淨行云何一行云何離惡輕慢惡見以放逸故毀破輕戒破已復悔所謂掘地斷草是名一行

若沙門沙門等若放逸行毀破輕戒還復悔過如是沙門破一行戒或一或二或三破輕戒已我還悔過如是數作數悔是名捨離惡戒非敬重法非離放逸心常散乱是名破戒悔過行云何順行放逸增長輕心輕戒不勇猛學戒能說能知破戒因緣知實不實於戒法中知破重戒得大重罪堅持不犯若有難緣破於輕戒不持不敬不重正法是名破戒悔過比丘

若沙門沙門等云何半行唯學戒法知重知輕或持不持其心思念護餘戒衆如是攝心行於半戒餘戒不行是名半行比丘行放逸行放逸所使住放逸境不能速得涅槃

云何多行若比丘比丘尼或沙弥沙弥尼優婆塞優婆夷具足持戒如是順法多行多持離戒不缺不穿不空雖堅固持不能盡護是名多行

若沙門沙門等云何輕犯速悔如是比丘或放逸故或近惡友於戒慢緩速悔令淨或畏地獄惡道之苦尋即悔過令心清淨於僧前說我作不善心不覆藏悔已不作是名比丘犯已隨悔

云何比丘說道盡行若比丘比丘等或於重戒中或破或緩或以放逸或近惡友遠向師悔或布薩時向衆僧說心不覆藏衆僧示導得聞道故不復更作畏三惡道不破不緩是則名為善時鵝王說道盡行

云何破壞行盡形慢緩離於禪誦心不愛樂遊天廟中為求衣服飲食處處遊行施主之家親近俗人為其駈使以求安樂是名破壞行如是比丘身壞命終墮於地獄

善時云何一切行信一切法毗尼為他人說於輕戒中或不能持一戒二戒或以性故或无習故不能具持非

不敬重作已悔過善時是名一切行其惡薄少若比丘比丘等少惡破戒一切皆由放逸過故如是夜摩天王住蓮花臺為善時鵝王說法鳥衆魔王大臣名放逸等說如是法尒時夜摩天王牟修樓陀以偈頌曰

為放逸所害　飲於放逸毒　放逸之所縛
將入於地獄　若人放逸行　世間所輕賤
現得不利益　命終入地獄　癡人於晝夜
或住或道行　一切放逸者　不得一念樂
以其放逸故　流行於欲界　輪轉五道中
或從禪中退　若得世間定　生於无色處
輪轉於諸有　皆由放逸故　一切三界中
為於愛網羂　放逸之所縛　癡人不覺知

如是夜摩天王於往昔時從舊天子次第得聞迦葉佛經為善時鵝王說法鳥衆及魔大臣放逸等說於十一法中已說三法何等為三一者調伏斷於憍慢二者正心不乱斷除二種破戒一者性戒二者離戒若種善根親近善友破性重戒近善友故得脫生死何況離戒是故智者應當勤求近善知識三者捨離一法云何一法所謂懈

怠捨離懈怠勤行精進若能精進則能滅於一切懈怠猶如放逸於一切法能作无益一切善法親近善友以為根本

復次第四白法能斷垢法何等白法以勤精進斷於懈怠譬如光明滅一切闇以勤精進斷除懈怠亦復如是夫懈怠者害一切法隨生懈怠轉轉增長能壞世間出世間法現在未來不可稱說无量諸法懈怠之人勢力薄少人所輕賤亦復不能修理家業貧窮下賤不能營作治生負易耕田種殖及以餘事悉不能作不能親近善友知識以懈怠故人所輕賤皆共指笑不學智慧癡无所知不知時處不知自力不知他力若依時節應有所作現在未來一切應作皆不成就若人精進則能斷除如是懈怠衆人所愛衆所敬重初夜後夜心不疲惓離睡易覺知時而起知時而卧知時相應思惟而作堅固精進精進為伴以精進水澡懈怠垢一切所作離垢成就有所作業或得衰惱精進不退

不怯不惓不間不息若作大事精進伴故則能成就而不毀壞凡所造作不假他人識好惡人知自他力善人所讚衆人供養或王大臣之所供養大富大力一切鬬諍无敢為敵諸大力人不能破壞善友為伴知識增長多善友故有大勢力多受安樂隨所行處若至異方常得安隱若遊餘方善人親近隨所有人親近其人致敬供養以礼待之離懈怠故得如是等无量功德被大堅固精進之鎧離懈怠垢能破魔軍能出生死一切善人之所愛敬發勤精進為同伴故復得出世間无漏無垢得涅槃道初堅牢惡塵垢之處緩而難脫以此家宅縛諸世間妻子眷屬姊妹兄弟奴婢田宅財物倉庫大愛瀑河精進為伴則能離於生死怖畏捨家出家服三法衣精進為伴於家縛中勤精進故而得出離得无住道勤修禪定習誦正法欲入涅槃而得解脫知時所應發勤精進如實知於身口出沒諦知自相如實知於陰界諸入生滅等相畫

夜不息精進不懈親近善師以智方便發勤精進習道盡過斷无始流轉生死之縛如是懈怠一切无利猶如闇冥一切衆生不利益事是堅固惡以精進故則能滅之其人如是隨所得道隨其所得發勤精進則能散滅一切和合不樂煩惱染縛境界誑惑一切愚癡凡夫愛詐親善是色香味觸境界之中猶如惡賊劫善法財物破壞善法能作一切无利益事不愛果報非愛財物惱乱一切愚癡凡夫能令迷乱是故應當捨離境界不應味著修解脫道令心清淨隨心清淨則能精進正念无疑以正修行破壞怨家復以精進為伴侶故能斷貪欲瞋恚愚癡正觀察斷不受諸有煞怨家已如閻浮提中觀於虛空淨无雲翳日月清淨光明顯耀其人清淨亦復如是如病得差如貧得財猶如盲人行大曠野失於正路得道得眼其人如是以持禁戒正修行故修行現證我生已盡梵行已立所作已辦不受後有如是離於塵垢於一切縛而得

解脱度於彼岸智慧勇猛離於塵垢一切皆由精進伴故是故發大精進能斷懈怠及以放逸生死諸縛尒時夜摩天王牟修樓陀以迦葉佛偈而說頌曰

發於精進念　常樂獨靜處　得脫於惡業
智慧得涅槃　發精進為伴　離於懈怠垢
得脫曠野怖　是人得常樂　懈怠及放逸
能障一切法　以此大過故　令衆生苦惱
若求現未樂　應離於懈怠　放逸懈怠人
如狗等无異

如是夜摩天王為善時鵝王說法鳥衆魔王大臣放逸欲迷等說彼迦葉如来經典從昔天子傳聞而說

復次第五白法能斷惡法何等惡法所謂樂入城邑聚落常習憒丙不樂住於阿蘭若處壞沙門法云何壞法如是比丘離於修禪及以讀誦或入聚落或入城邑處處樂住白衣之家或共男子或共女人多有言說若共女人言語談說能繫縛人失一切利益或生欲心何以故女人如火近之轉近若近女人漸令心乱以是義故

比丘不應入於聚落城邑之中若共丈夫言語談說失於一切自利之事於无漏法心不清淨如是比丘自壞其法

復次若有比丘樂入聚落及以城邑得多過咎得何等過以入他家令心惱乱見白衣舍富樂飲食牀褥卧具心生貪著猶如食吐離阿蘭若遊於人間捨道入俗捨閑靜樂為家所縛行貪瞋癡以是過故復墮地獄餓鬼畜生以何因緣得如是苦由其樂入城邑聚落是故比丘若欲得地應離此過

云何捨離以住阿蘭若故能攝一切无住功德无住所攝第一安隱若有比丘獨住在於阿蘭若處諸根寂靜其心清淨意如鍊金第一寂靜善護諸根離於怖畏離於垢汙第一安隱得无漏樂六欲天中一切欲樂作善業故一天之樂可愛无等況復六天一切諸樂若得盡漏一念之樂无分譬喻一切思量筭數不能譬喻是故若求第一義樂應離憒丙不入聚落以求禪定三昧正受常獨行於山谷

巖窟阿蘭若處若草聚邊獨一而行求无漏樂遠離知識親里眷屬當觀知識親里之樂无常无住是別離法非無住處獨垢惱乱无有自在多懷怖畏是故若有愚人智慧薄少捨第一義樂求有漏樂名相似樂其人則為遠離光明而求黒闇癡人退没以其不知功德過相是故應當捨離聚落城邑之樂常獨住於阿蘭若處如是離於聚落城邑住林樹間得无住樂是名第五以白淨法斷於垢業若欲求樂欲離魔境以白淨法斷除垢法如是牟修樓陀知說法鳥衆其心調善善時菩薩利益他心為說迦葉佛經從昔天子次第傳聞為魔王大臣放逸等說十一法中已說五法餘有六法今當次說汝集一心今正是時汝今已得離難具足若不說法若不聽法是大欺誑是故已得離難具足諸根具足當為說法三種惡道地獄餓鬼畜生之中云何說法云何聽法畜生之中互相殘害餓鬼飢渴地獄苦逼云何聞法若人天中不放逸行則

能聞法我離放逸汝善信心汝今諦聽當為汝說法難得聞難具足亦復甚難復次第六垢濁欺誑云何垢法所謂多欲夫多欲者第一垢染惡貪住處云何而滅當以知足則能滅之若多欲者在家出家不得安樂若在家出家其心多欲常於晝夜不得安樂若得物已心不寂靜所得財物不知猒足在家多欲未足為妨如出家人若出家多欲不名在家不名出家云何名為出家人也斷除憍慢嫉妬多欲以要言之若多欲者一切輕毀若有比丘意多所欲常悕財物如是比丘於善法中心不清淨心不淨故諸根不淨行亦不淨若以憍慢經行僧地乃至一步則入地獄何況卧具病瘦醫藥而无罪過純地獄行者破戒多欲而行惡法實非沙門自稱沙門猶如野干著師子皮如虛僞寶聲如蚉聲內空无物若多欲比丘自稱我是迦葉如來聲聞弟子迦葉如來法中出家多欲所燒過於大火多欲迷悶過毒入身多欲傷人過於衰

老多欲利刀伐於善樹過於刀害多欲之患過於惡病多欲之心常求人便欲斷人命過於怨家求便害人是故當知此多欲過破壞二世應當捨此多欲垢穢晝夜思惟終不得樂尒時夜摩天王牟修樓陀說迦葉如來所說偈言

多欲如利刀　斬害愚癡人　捨之如刀劍
煞害盲冥人　多欲大惡瘡　若生於心中
其人貪欲故　晝夜不得樂　欲火憶念薪
愛風之所吹　猛火大熾然　焚燒眾生心
以貪覆心故　令人心輕動　愛著財物故
而與其身命　若人於世間　造作諸惡業
皆由貪慢故　智者如是說　若人心勇決
能入大火中　皆由貪心故　自作无利益
若刀惱亂苦　若種種鬪諍　皆由心因緣
親近愚人故　當知此衰惱　皆由貪過故
不應親近貪　智者如是說

如是牟修樓陀為善時鵝王說法鳥眾魔王大臣名放逸等說此大過云何斷除當以白法云何白法所謂少欲夫少欲者名曰一切安樂之法若人少欲常得安樂其人不畏王賊水

火多欲之人愛財物故親近他家以求財物近於小人以求財物若人少欲則不至於惡人門下不作妄語不作虛誑歌儛戲笑不作綺語不作惡業不為貪財欲火所燒見他得樂不生憂惱不為貪財近惡知識不生疑慮若行道路不畏盜賊離於怨家人不求便不畏罰戮在家之人若能如是則无所畏離諸怖畏一切安隱何況出家遠離過畏離在家法住林樹間若復来至在家人所多有所求當知是人食吐无異於沙門中第一供養所謂少欲少欲比丘知足清淨名稱普聞唯受一食唯著糞掃衣唯獨无侶遊於山谷巖窟草聚唯處空閑於食三分唯食其二若乞食時遠避知識不近親里唯畜一鉢執持錫杖隨得供養以智思惟捨之而去若行道路前視一尋不左右顧眄捨離美味不食宿飯於聚落中限至三宿於城邑中乃至七宿不坐寶餝床挍之座於本親里眷屬知識捨之不往不念王者甘味美饍牀褥卧具不說勝

正法念處經第五十九卷　第二十二張　慎

姓親近善友性行同類與同戒者言談語論如是比丘離惡離濁少欲知足能斷魔縛若有多欲破戒比丘而著袈裟天及世間无間大惡如病如賊知足比丘諸根不行色聲香味觸境界之中住於露地則能利益一切衆生攝持心意修於身法受心念處攝持心意於生死中守護諸根以知足故名為比丘若有比丘欲行少欲不放逸故則能少欲以放逸故則生多欲在家出家皆亦如是介時夜摩天王以偈頌曰

若不放逸者　則得解脫果　若其放逸者
則墮於地獄　放逸不放逸　此說其勝果
若月若闇冥　若解脫若縛　放逸不放逸
其義亦如是　少欲則安樂　多欲則苦惱
如斯苦樂相　智者之所說　若多欲衆生
其心常如火　少欲如涼池　澡浴離貪人
如火得乾薪　燒之无猒足　多欲人貪財
無猒亦如是　貪人於晝夜　常无有安樂
以其多樂欲　愛箭射其心　過去无量王
貪財無猒足　未來亦如是　一切皆磨滅
是故智者說　少欲最為樂

正法念處經第五十九卷　第二十三張　慎

如是夜摩天王住蓮花臺為善時鵝王說法鳥衆魔王大臣名放逸等說迦葉如來第六經法

正法念處經卷第五十九

癸卯歲高麗國大藏都監奉
勅彫造

正法念處經卷第五十九

校勘記

一　底本，麗藏本。

一　四五八頁上一行經名、二行譯者、三行品名及夾註，石作「正法念經天品之三十八卷第五十九」。

一　四五八頁上七行「愛念」，諸本作「受念」。

一　四五八頁中一五行「牟修樓陁」，石作「牟修輪陁」。下同。

一　四五九頁中一六行第一〇字「問」，磧作「閒」。

一　四五九頁下二行「知足能斷多欲」，資、磧、普、南、徑、清作「以少欲斷於多欲」。

一　四五九頁下一七行「不慎」，石作「不順」。

一　四五九頁下一八行「或佯」，資、磧、普、南、徑、清作「或揚」。

一　四五九頁下二一行「云何而斷」，石作「如是憍斷」。

一　四六〇頁上一行「掉辟」，石作「挑臂」。

一　四六〇頁上二行「比丘等」，資、磧、普、南、徑、清作「比丘尼等」。下同。

一　四六〇頁上一四行「而行」，資、磧、普、南、徑、清作「如行」。

一　四六〇頁上一八行首字「説」，資、磧、普、南、徑、清作「語」。

一　四六〇頁中一三行「説地」，資、磧、普、南、徑、清作「説他」。

一　四六〇頁中一八行「多諸」，石、磧、南、徑、清作「多請」。

一　四六〇頁下二行「故生」，南作「放生」。

一　四六〇頁下二二行「第三」，磧、普、南、徑、清作「第二」。

一　四六一頁上三行「離戒」，石作「雜戒」。

一　四六一頁上五行首字「學」，資、磧、普、南、徑、清作「覺」。

一　四六一頁中一行「云何」，石作「名何」。

一　四六一頁中三行末字「空」，諸本作「虛」。

一　四六一頁中七行第一三字「即」，資、磧、普、南、徑、清作「則」。

一　四六一頁下末行「三者」，資無。

一　四六二頁上二〇行首字「離」，資、磧、普、南、徑、清作「雖」。

一　四六二頁下九行末字「物」，石作「能」；資、磧、普、南、徑、清無。

一　四六三頁上四行第一二字「佛」，石無。

一　四六三頁上一三行第九字「迷」，資、磧作「逮」。

一　四六四頁中三行末字「是」，資、磧、普、南、徑、清作「定」。

一　四六四頁中二〇行「大臣」，石作「大王」。

一　四六四頁中二一行「當以」，磧作「常以」。

一　四六四頁下一四行第五字「受」，磧作「愛」。

一　四六四頁下一九行「九右」，諸本作「左右」。

一　四六四頁下二〇行「宿飯」，諸本作「宿飲」。

一　四六五頁上四行首字「著」，資、磧、普、南、徑、清作「所著」。

一　四六五頁上七行「修於」，資、磧、普、南、徑、清作「循於」。

一　四六五頁上一五行「若月」，磧、普、南、徑、清作「若日」。

趙城縣廣勝寺

正法念處經卷第六十

元魏婆羅門瞿曇般若流支譯

觀天品之三十九 夜摩天之二十五

復次夜摩天王善時鵝王及說法鳥衆現前為令魔王大臣放逸等得伏故說迦葉如来修多羅從昔天子傳聞而說已說六種白法斷除塵垢我今當說第七垢法白法能斷何等垢法所謂見本生處而生樂心樂見親里遠離斷之知識親里心常樂見常念親近晝夜不離不樂修禪習業不近善師供養三寶不念未来業於三業中不為他說亦不自作但念親里欲見親里知識親舊去何脩理生業以何自活作是念已憂愁所覆雖為解脫住林樹間不隨順行是為無智心入憂海既入憂海復入无等生老病死大憂海中欲見親里親舊知識入魔網中見親里故增長愛心家家請食便生貪心隨俗所作聞在家者有所言說心則樂著以心樂故如其所作失自利益愚癡故退不畏未来惡道之苦亦不思惟地獄餓鬼畜生及餘生處亦不思惟現在怖畏老病死苦愛別離苦怨憎會苦亦不思惟一切所愛皆當別離以怖親里知識親戚而行出家還復習近樂於親里知識親舊愛他飲食數至他門身壞命終墮於惡道或生地獄或生餓鬼或生畜生所為出家皆悉退失既墮地獄餓鬼畜生受大苦惱親里知識莫能救護是故一切比丘若畏地獄餓鬼畜生不應樂見生處親里及諸知識以近此故得无利益為念愛盡義故而行出家斷除愛網以愚癡故習近愛網如人畏火捨之逃走更入大火如是畏家捨家出家還入畏處亦復如是捨離親里入林樹間還復習近是為無眼无知所閉諸根不調是名染法去何而斷若不能以智慧斷除或不能遮或不能持應當長久遠避遮之若无智人不能以餘方便斷愛當遠避之一切人愛以不見故斷一切愛法皆當別離至於死時无人能救唯除善業無量百千生處

善法之業最為能救非諸親里能救於人亦非兄弟如是比丘捨離親屬獨處閑居能斷垢法老病死時非諸親里而能救護比丘如是思惟斷一切愛或得微薄是名比丘斷親里愛

復次在家出家斷於第八染法何等染法而謂无義語以正語斷之若在家人空无義語衆人輕賤猶如草芥有義之言第一財物諸餘財物所不能及无義之言雖復富樂猶名貧窮空无義語空而無實人所輕賤猶如白羊無言說時智人視之猶如畜生第一輕毀如是等法云何而斷空無義語所謂正語正語有二何等為二一者嘿然二者四種正語何等為四一者不妄語二者不惡口三者不兩舌四者不破壞語是名正語在家出家若能如是則不輕毀在家出家有六因緣速為人輕何等為六一謂無義語突入人家貪愛他食坐於尊處虛說無實如是六法人所輕笑在家出家應離此法

復次第九垢染白法能斷云何白法

斷於垢法謂輕掉法正住能斷輕掉法者障一切法心性輕掉以掉動故不信不覺不知世間所作不知言語不知時節不近善友以輕掉放逸故於世間法不能了達如是輕掉惡垢能敗現在及未來世不得利益在家出家應以正住白法斷除輕掉在家出家若身口意離掉正住衆人供養正戒正智正意離魔境界善法滿足終得涅槃於世間法智者讚歎世間所作皆能成就衆所供養所至之處常得安樂所作成就如是在家出家離於輕掉為一切人之所讚歎

復次夜摩天王牟修樓陀為說法鳥衆善時鵝王及以魔王放逸大臣等以本曾從舊天子所次第傳聞迦葉佛經為天衆說

復次第十垢法可輕可毀智人所捨何等垢法所謂貧窮貧有二種一者貧戒二者貧智復有二種一者貧施二者貧慧復有二種一貧種姓二者貧見復有二種一貧寶物二貧師尊復有二種一貧親族二貧親舊一切

貧窮皆可輕毀若男若女云何而斷所謂布施一切貧窮布施能斷譬如燈明能滅諸闇一切愚癡智能滅之一切異見正見能斷如是非法法能斷之第一最勝一切智者之愛攝斷衆惡道現在未來二世安隱云何布施施有多種所謂智施戒施法施安慰施亦正道施失道路者示道路施於道行者亦以水施命施資具施无畏施實語施斷疑施五戒施出家戒施具足戒施病醫藥施眼目等施如是等種種布施能利現在及未來世猶如父母常思修已斷諸貧窮斷於惡道於天人中而受安樂既受樂已終得涅槃如是布施能斷貧窮是故智者應行布施

復次第十一闇法能縛生死闇障諸法何等闇法所謂无智无量無知乃至无明闇縛一切生一切闇聚以縛其頸无知如刀如火如毒无知亦如一切無明一切無明因緣而起能令流轉一切地獄餓鬼畜生能縛衆生令其流轉如是愁垢云何斷除謂无

漏智摧如明燈為救為歸於諸衆生如父如母猶如醫師亦如良藥斷无知縛更不復生如斷樹根樹則不生如火燒薪不復更生亦如流水不復更返以无漏智燒於无知亦復如是不復更生是故應當於一切時勤修精進以无漏智斷除無知如此所説十一種法放逸根本隨逐放逸放逸故生是故應斷一切放逸一切放逸根本皆无利益能成放逸辟如依大地故有一切藥草樹木藂林流水河池隄防城邑聚落園林及須弥山王皆依大地一切地獄餓鬼畜生亦復如是皆依放逸是故智者應當捨離

尒時夜摩天王以偈頌曰

老人身皮皺　无力柱杖行　老而不知法
皆由放逸故　以病破壞身　偃卧於牀席
而不生猒離　皆由愚癡故　若遇於飢渴
若入險惡道　而不生猒離　皆由放逸故
若得愛別離　而生於苦惱　一切放逸故
如来如是説　若於五道中　具受種種苦
衆生常苦惱　以其愚癡故　嗚呼不猒離
生死諸世間　諸業大輪轉　循環不暫停
三界皆無樂　亦无有少常　如是愚癡人
不知生猒離　境界皆虚空　三界猶如夢
一切皆悉苦　無目不見知　如是愚癡人
為放逸所害　死畏欲至時　无有能遮救
為於不善觀　惱乱其心意　死王欲將去
而人不覺知　死王將欲至　奪人保命心
三種無利益　惱害諸衆生　老病死等苦
以放逸故生　追求惱人中　放逸害諸天
飢渴惱餓鬼　地獄苦所惱　畜生多愚癡
迭互相殘害　如是衆苦惱　惱害諸衆生
以順非法行　放逸愚癡故　猶如依大地
生諸藥草等　放逸亦如是　增長諸煩惱
此魔王軍衆　第一大臣等　摧以智金剛
如日光除闇　於此所説中　知功德及過
放逸畢受苦　无放逸果樂　如是夜摩王
無量分別説　放逸之過惡　不放逸功德
老病死諸苦　愛別怨憎會　无量諸衰惱
遍滿生死中　若人知方便　遮於未来苦
惡業是苦因　不作惡業樂　滅煩惱寂樂
智者如是説　此是涅槃道　真智所演説
調伏不放逸　住於閑靜處　勇猛離貪心
去涅槃不遠　離怨及親友　滅除於有欲
境界不放逸　去涅槃不遠　若人捨離惡
修行慈悲心　怖畏生死者　去涅槃不遠
以智斷煩惱　智慧心清涼　度於懈怠垢
去涅槃不遠　與四諦相應　斷於三種過
於諸根自在　去涅槃不遠　知阿那般那
修行二種相　解了智所知　去涅槃不遠
若脫於過畏　若樂不縛心　以能度彼岸
是故名牟尼

如是夜摩天王為說法鳥衆善時鵝王說迦葉如来正法經典離放逸故如是無量正法調伏妙音勇勝說法尒時魔王軍衆放逸大臣聞正法已作如是念我今不能轉動夜摩天王如此之法難知深法不可迴轉作是念已具告同伴令此牟修樓陁此法道中不可轉動乃至一句如是魔臣共思惟已勢力劣弱本念破壞失大威德飛昇虚空於須臾須還至他化自在天宫魔波旬所到已時一切魔問使臣言汝所作事如憶念不事究竟不時三大臣聞是語已白魔王言天王我失勢力夜摩天王牟修樓陁有大智慧於正法中乃至一句不可動轉及其天衆亦復如是我不能乱時

魔波旬聞此語已作如是念放逸行天我能令其住於欲中雖有大力以放逸故住我境界作是念已告魔衆言却後我能破夜摩天汝勿急速我有大力悉能壞乱一切天衆後當破之時魔波旬說是語已復受无等六欲之樂於放逸地轉增无量成就大樂夜摩天王共善時鵝王及說法鳥衆說無量種法魔軍放逸既已退還時諸天衆所作已辦

尒時新生天衆遊戲歡娛於園林中來向天王說法之處及善時鵝王說法鳥衆

尒時夜摩天王見此天衆告善時言汝觀如是放逸行天今來向此我令當遊寂靜園林說是語已飛昇虛空入寂靜林此諸天衆放逸遊行五欲具足園林池中娛樂乃至愛業所集業盡隨業流轉墮於地獄餓鬼畜生若有餘業生於人中財富具足為世大人或為大王或為大臣大樂之處衆人所愛以餘業故

復次比丘知業果報彼以聞慧見夜摩天所住地處名一向樂衆生何業生彼地處彼以聞慧見有善人持戒不煞不盜如前所說復捨邪婬不犯邪行第一難持能捨不作若見禽獸牝牡和合不生心念捨不欲見亦不思惟於邪行報生怖畏心是故捨離見邪行者勸令不作說邪行報令住善道以此因緣說如是法言是邪婬得不愛報畢定墮於地獄之報既自不作教他不作如是之人自利利他身壞命終生於善道夜摩天中一向樂地以善業故樂常不斷无量諸樂皆悉增長於此地中有諸園林見之愛樂如意之樹一切欲樂隨念皆得於園林中愛樂受樂新生天子有諸園林一名光明樂二名流水樂三名山聚樂有蓮花池名曰雜池有名香流復有園林山池復有異山天之功德無數具足林池可愛新生天子遊戲受樂千倍功德所謂摩尼欄楯池次名衆鳥音樂池次名天歡喜池次名常遊戲池次名受樂池次名无濁池次名寶有池次名見當有池此池周遍有諸天鳥出妙音聲色量具足充滿池中如意之樹遍於池側无量功德皆悉具足以善業故與无量天女受五欲樂諸天之色隨念順行樂觀不離次第觀之受五欲樂以其持戒集善業故得如是報於花池中遊戲歌儛受五欲樂如是五欲渴愛刺林復以天女而自圍遶於摩尼莊嚴間錯之池復往詣於餘蓮花池莊嚴之山遊戲受樂天鬘天衣五境界樂日視可愛昇此山上欲受快樂所上山峯名曰山谷甚可愛樂於彼山上復有餘天天鬘天衣以自莊嚴從金山下天衆圍遶遊戲而來百百千千相隨而下新生天子見諸天衆問天女言如彼天衆共諸天女遊戲受樂我亦如是遊戲受樂諸天女言願隨其意時初生天子知天女心共諸天女圍遶遊戲第一歡喜五樂音聲以為歌頌二衆共集遊戲受樂不知猒足山上有鳥名曰山狩孔雀王為諸天衆以偈頌曰

世間業莊嚴　天亦業莊嚴　天處无常故

業盡還破壞　世間愛和合　不愛於別離
和合必有離　世間法如是　心愛樂諸樂
為境界所誑　諸天命速盡　如心之生滅
老病死破壞　離別一切人　常有此死法
愚者不覺知　老使次第来　死時垂欲至
為病軍能破　愚者不覺知　六種失人身
五根能破壞　如人失正道　處處皆障㝵
若人念因果　常念而不失　是人見實果
於後不生悔　若人於境界　實見不貪著
此人於愛境　則能速得脫　若脫於愛網
則度惡曠野　能遠放逸火　是人大智慧
五種大怖畏　壞一切世間　以其自業故
老病死離別

如是山谷鳥種種莊嚴孔雀王菩提薩埵以願力故受孔雀身利益他人及利孔雀為天說法斷除放逸

尒時天眾見新生天子心生歡喜以放逸故於善法語心不信受或歌或儛遊戲受樂五樂音聲於山峯園林有无量種不可譬喻金光明窟如意之林莊嚴此山無量衆鳥百千山河花林莊嚴共諸天女具一切欲天樂具足無量遊戲如是天衆遊戲次第昇雜摩尼間錯之山於此山上有七寶樹如意之樹莊嚴其山縱廣五由旬於其林中有孔雀王名種種莊嚴住在此林為天說法為令天子諸天女等離放逸故愛說法故遊園林中蓮花林中種種雜林河泉流水山峯之中寶莊嚴處百千衆鳥妙音之處一切天衆莊嚴之處諸天女衆莊嚴之處多有天子天女和合受樂此孔雀王則至其所以善業故受種種樂一切遊戲如是遊戲无量差別不可譬喻隨念皆得

尒時孔雀王於摩尼間錯山峯之中見諸天衆受放逸樂為令天衆離放逸故以偈頌曰

現在若未来　色境无猒足　憶念火所燒
數數求境界　雖得生天上　生已還歸滅
為業網所縛　復墮於地獄　出受鬼畜生
受无量苦惱　衆生行五道　以業因緣故
衆生種種業　甚多不可量　故得種種果
天中无量樂　業盡故還退　有生則有滅
見於真諦者　能見天退滅　此死時欲至
其命則破壞　一切能惱乱　愚者不覺知
以種種調伏　種種說利益　天衆樂所迷
而不生猒離　善語法相應　二世得安樂
愚者不攝受　復則生大海　以多法調伏
語真義亦明　而天者放逸　不知真利益
死怨害天命　大力無能救　大力速馳奔
死時欲来至　諸天龍夜叉　乹闥眦舍闍
一切無能敵　是故死力大　若知力無力
是人真知業　不為惡業汙　不行於惡道
常修行諸善　離不善境界　如是作業人
則無衆苦惱　隨順於法行　增長信精進
三昧力相應　如母利益子　善法於五道
一切救能護　非父非母力　能行於彼處
信順於正法　能救惡道苦　隨其所至處常有大力信
如燈能除闇　如病得良藥　如盲者得眼
如貧人得財　如水漂溺人　信為大船栰
若人放逸行　信為能除滅　死時得信故
能除生有海　則得寂滅處　古世牟尼說
以得信力故　名正智修行　集智近善友
信及不放逸　精進知止足　慈心利衆生
此六解脫因　施戒善寂滅　輕躁近惡友
及行悲喜捨　此法得因緣　此法地獄因
麁獷喜妄語　邪見放逸行　心常貪他物
慳嫉苦惡語　放逸行離善　愛欲遠正法
聖說餓鬼因　近癡離智慧

貪食樂睡眠　佛說畜生因　若人身口意
作三種不善　如是無智人　則墮於地獄
若作如是因　受果則不差　如種穀得穀
善惡業如是　見此衆多人　作生死苦因
如是惡天衆　而猶不覺知　放逸初雖樂
後則大苦惱　若法後時苦　智者應捨離
乃至未解脫　終无有少樂　若得解脫者
常樂得成就　無常放逸樂　智者所不說
若得常樂者　智者說為樂　上上次相續
諸業皆如是　其果亦如是　上上而不斷
旣知業果已　應捨離放逸　當起智慧心
此樂為無上

如是孔雀王菩薩種種方便為天說法斷除放逸種種無畏美妙音聲悉敵諸天歌詠之音以善業故其聲遍滿二万由旬聞者悅樂法樂相應

尒時諸天衆為求樂故空中旋轉如四天王行使天等或去或來此諸天衆亦復如是

尒時兜率陁諸天衆聞此聲已七万天衆從上而下敬重正法放逸薄故向夜摩天種種莊嚴孔雀王所時種種莊嚴孔雀王菩薩知兜率陁天以

心歡喜告諸天子善来真人少放逸故能来至此求未来果若欲得聞種種法要汝當速下如我所聞寂靜之法當為汝說我已修集能至涅槃我於往昔所聞之法一切師等本所不聞我於迦羅村陁佛所得聞此法生生之處以願力故常不忘失為他人說

尒時兜率陁天聞孔雀王說是語已從空中下敬重正法於山峯中大衆共會山峯之中無量蓮花池无量流泉無量寶性無量衆鳥出妙音聲於摩尼間錯山峯之中園遶孔雀王四面而住威德殊勝色相具足一切光明勝夜摩天如夜摩天比閻浮提人兜率陁天勝夜摩天亦復如是時夜摩天見兜率天破壞色慢及自在樂往詣孔雀王菩薩所有樂遊戲入於林中未曾見於兜率天故瞻仰而住或上山頂欲求遊戲復有諸天園遶孔雀王四面而住

尒時孔雀王菩薩告諸天衆有二十二法我今當說我所敬習利益天人第一安樂一切衆生令得正行此二

十二法利益安樂天人愛法現在未来天人愛法能斷放逸滅令不生若諸天人能離放逸常得安樂乃至涅槃此法利益父母利益所不能及何等二十二一者悔心二者畏惡道三者忍四者精進五者說法六者悲心七者軟心八者調伏九者信業十者不住壞處十一者住心十二者畏惡名十三者不樂者十四者獨行十五者心不散乱十六者念死十七者離色冨財種姓憍慢十八者軟語十九者於一切衆生起平等心二十者知足二十一者畏於境界二十二者捨不信心此二十二法若天若人如實修行不墮惡道速得涅槃云何名悔云何悔已而得安隱旣生悔已斷不善法云何生悔若見他人造作不善身口意業他作身業而呵毀之應生悔心不共同住若有因緣自起不善覺觀之心隨生即捨不生憶念不味不著內心生慚愧於他人勸修精進令其不生不受覺觀心呵惡覺觀辟如大坑滿中糞屎死狗不淨有清

淨人入中求淨既入坑中不淨浸咽介時其人心生猒惡若有起於不善覺觀其心生悔亦復如是辟如異人常求淨行以不知故誤食糞穢或有强力怨家强令食糞食已惡賤心生悔恨後更不食若有行於善業之人慚愧呵毀不善覺觀亦復如是勤修精進斷除覺觀是名初法不生放逸斷除放逸破壞放逸是故天人應當修學若有善人欲求真諦怖畏生死若生微少不善覺觀應生悔心不生願心不生放逸不放逸人能起悔心放逸之人則不能悔如是一法是諸善業之根本也所謂斷除不善覺觀而生悔心是名初法

復次第二善法增長善法所謂畏於惡道名大出法滅於放逸能斷放逸一切人天畏惡道行若有沙門若婆羅門若復餘人若畏惡道不作惡業若見他作亦不隨喜知不善業墮於地獄餓鬼畜生是故不作惡不善業惡業之因墮於惡道何以故於少惡業習近喜樂令惡增長墮於地獄餓

鬼畜生是故沙門若婆羅門及餘畏惡道者應如是學常應怖畏不善果報甚為大惡成就地獄餓鬼畜生放逸行人少智之人若能如是畏惡道者不作放逸不作身口意三種惡業如是之人常修善業捨不善業是名畏惡道辟如有人知自他力畏於毒虵及以刀火能斷人命畏惡道者怖畏惡業亦復如是如是之人於微細業捨而不作不行放逸捨放逸故生天人中受大富樂受富樂已後入涅槃以勝樂故無死無變無退無盡是故常應怖畏惡道若有沙門若婆羅門及餘行者能如是行得无上處彼時世尊說此偈言

若人畏惡道　應捨放逸垢　修善求功德
則到涅槃城　若人畏惡道　其人心正直
以其正心故　從樂得樂處　若不畏惡道
則多造惡業　為惡火所燒　將入於地獄
辟如微少火　雖小亦能燒　惡道亦如是
經劫猶得報　若人欲得樂　應畏於惡道
怖畏救惡道　則能得安樂

如是法中若天若人若沙門婆羅門

及餘善人若畏惡道於少不善尋即悔過心不隨喜亦不思惟心念地獄餓鬼畜生怖畏苦果念已畏於三不善道捨十惡業止而不作不教他作亦不隨喜不近如是惡業之人修行善業捨一切惡行淨无垢捨離放逸止一切惡於不善法流轉有中而得解脫於一切法得解脫已解脫諸過則能安隱度有彼岸是故應當常畏惡道當如是學一切天人若愛此法能至涅槃

復次彼佛世尊說離放逸能至涅槃利益安樂一切天人我於先世人中得聞憶念不忘我今當為諸天眾說云何名為第三忍法如是忍者第一善法第一清淨佛所讚歎忍有二種一者法忍二者生忍云何法忍緣法道行思惟白法忍堅固法思惟善道勝故能忍故名為忍辟如大地忍諸世間山河園林無量種類忍之不疲一切法忍亦復如是能到涅槃一切法忍堅固最勝白淨善法涅槃道攝故名法忍如是之人堅固世間忍故

能至涅槃

復次第二忍所謂若沙門婆羅門若復餘人欲起瞋恚忍令不起知瞋過故作是思惟若起瞋恚自燒其身其心嗔毒顏色變異他人所棄皆悉驚避衆人不愛輕毀鄙賤身壞命終墮於地獄以瞋恚故无惡不作是故智者捨瞋如火知瞋過故能自利益為欲自利利益他人應當行忍辟如大火焚燒屋宅有勇健者以水滅之智慧之人忍滅瞋恚亦復如是能忍之人第一善心能捨瞋恚衆人所愛衆人樂見人所信受顏色清淨其心寂靜心不躁動善淨深心離身口過離心熱惱離惡道畏離於怨憎離惡名稱離於憂惱離怨家畏離於惡人惡口罵詈離於悔畏離惡聲畏離无利畏離於苦畏離於愓畏若人能離如是之畏一切功德皆悉具足名稱普聞得現在未來二世之樂衆人視之猶如父母是忍辱人衆人親近是故瞋怒猶如毒虵如刀如火以忍滅之能令皆盡能忍瞋恚是名為忍若有善

人欲修行善應作是念忍者如寶應善護之如是忍者能破瞋恚正法忍光猶如炬火能滅瞋闇如盲者眼貧正法者之財賄除邪見之貧窮猶如父母利益其子瞋恚沒溺忍為大船墮惡道者忍為救拔忍如大水滅地獄火忍力能斷餓鬼慳悋飢渴之惱若墮畜生互相殘害忍力則能施其身命應樂行忍常習不捨若畏惡道當勤精進思惟忍力尒時孔雀王菩薩以偈頌曰

若人忍莊嚴　諸莊嚴中勝　財物可刧盜
忍則不可失　若人修行忍　一切衆所愛
後時得安隱　忍為第一戒　若人修行忍
捨一切瞋恚　現在及未来　當得安隱處
忍辱戒智慧　如是三種財　此財最第一
非珍寶能辟　若人修行忍　一切應供養
善人所讚歎　是故應行忍　忍樂為第一
能除於瞋恚　忍能滅瞋恚　令其不復生
闇覆愚癡人　忍為勝光明　如燈能除闇
忍示於正道　若離正法財　流轉於五道
若有忍財物　於世最豪富　瞋恚大曠野
黑闇甚難度　忍資粮具足　能過无留難

若迷正法路　忍能為正導　怖畏惡道者
忍力為救護　常令衆生樂　能滅於苦惱
常得安隱樂　永離諸怖畏　善人之所愛
能生信功德　和集善吉祥　捨離不善法
亦入正解脫　能滅生死畏　昇天之階陛
滅除地獄火　餓鬼畜生界　忍為能救護
忍能滿功德　令衆生寂滅　欲得吉祥樂
當修行忍辱

如是忍者名第一法以修行故現在未来常得安樂身壞命終生於天上後得涅槃是故為不放逸生天人中常修行忍

復次第四善業能離放逸若沙門婆羅門及餘善人作何等善業所謂精進勤求善法與善相應道法精進正時相應時處寂靜修習世間出世間法相應寂靜非不相應若沙門婆羅門於世間出世間法初夜後夜知時止息知時知處及知方便如是則得安隱而住精進能破一切懈怠若沙門婆羅門為破煩惱勤修精進既生精進於色聲香味觸境界不起著心若得因緣持心令住正心精進二法為

伴攝心令離一切境界若不善力起精進遮之正念斷除一切法中精進第一以此二法為同伴故令諸善法堅固不壞而得果報正心精進功德力故終得涅槃若沙門婆羅門及餘善人知此功德當勤精進於世間中精進寂勝若世間業以勤修故而得堅固以勤修故而得果報久住於世他不能壞若人精進於命終時其心清淨亦不怯弱心不散乱不恐不怖雖得衰惱不休不息常勤修習諸善增長悉不能壞无有人能說其過惡隨所作業具足成就如是世間善業精進智者所讚何況出世正智精進而不勝妙是故一切法一切時一切智有智和合現前精進知時知處正見勤修發精進故得一切樂若行顛倒則得无利衰惱憂患若無智慧雖復勤苦不名精進尒時孔雀王菩薩以偈頌曰

時處相應故　令作業增長　如法勤精進
則得善果報　雖法處作業　捨離於正法
作業不成就　以離精進故　如法勤正進
智慧得涅槃　如空中投戟　即生於天上
若人勤作業　而修行精進　所作皆和合
得廣大成就　若於世間義　若出世間義
皆由精進力　一切得成就　若離精進力
及離於正法　彼人无富樂　如求月中垢
賢聖八分道　念為能守護　精進大力人
能到第一道　精進得菩提　精進故生天
一切諸道果　无非精進得　既知此功德
精進調諸根　意發勤精進　無與精進等

如是孔雀王菩薩為兜率陁天衆夜摩天衆說於本生所持經法時諸天衆皆志聽受離於放逸諸根調伏一心諦聽時孔雀王知諸天心生大歡喜發勤精進以清淨心為之說法令集安隱寂滅涅槃利益安樂一切諸天一切菩薩法利衆生

正法念處經卷第六十

正法念處經卷第六十

校勘記

一　底本，金藏廣勝寺本。

一　四六七頁中一行經名、二行譯者、三行品名及夾註，石作「正法念處經天品之三十九卷第六十」。

一　四六七頁中五行至次行「得伏故」，資、磧、普、南、徑、清、麗作「得調伏故」。

一　四六七頁下三行「怨增」，諸本作「怨憎」。

一　四六八頁上七行「而謂」，諸本作「所謂」。

一　四六八頁中一四行「牟修樓陁」，石作「牟修輪陁」。下同。

一　四六八頁下五行「之愛」，資、磧、普、南、徑、清、麗作「之所愛」。

一　四六八頁下二〇行「其頭」，石作「其項」。

一　四六八頁下二一行「而起」，資作「而知」。

一　四六九頁上一一行第二字「故」，資、磧、普、南、徑、清作「故故」。

一　四六九頁上一二行「隄防」，資、磧、普、南、徑、清作「堤塘」。

一　四六九頁中二行「虛空」，石作「虛妄」。

一　四六九頁中五行「將去」，麗作「將至」。

一　四六九頁中六行「欲至」，資、磧、普、南、徑、清作「欲去」。

一　四六九頁中一五行第三字「畢」，麗作「果」。同行「果樂」，資、磧、普、南、徑、清作「畢樂」。

一　四七〇頁上三行「魔衆」，資、磧、普、南、徑、清作「天衆」。

一　四七〇頁中五行「牡牡」，資作「牡牝」；磧、普、南、徑、清、麗作「牝牡」。

一　四七〇頁中一四行及次頁中二行「之樹」，麗作「之林」。

一　四七〇頁中一五行「愛樂受樂」，石作「受樂成就」。

一　四七〇頁中一七行「離池」，石作「新池」。

一　四七一頁下三行「復則生大海」，資、磧、普、南、徑、清、麗作「後則生大悔」。

一　四七一頁下六行「毗舍闍」，石作「毗舍遮」。

一　四七一頁下一二行「救能護」，諸本作「能救護」。

一　四七一頁下二一行「輕躁近惡友」，石作「輕捺近惡友」；徑、清作「輕躁近惡人」。

一　四七二頁上五行「惡天衆」，資、磧、普、南、徑、清、麗作「愚天衆」。

一　四七二頁上七行第二字「至」，徑作「智」。

一　四七二頁上九行「上上」，資、磧、普、南、徑、清作「上下」。下同。

一　四七二頁中一行「真人」，麗作「真天」。

一　四七三頁上七行「覺觀」，資作「觀覺」。

一　四七三頁上一三行第一二字「是」，資、磧、普、南、徑、清無。

一　四七三頁下一七行「二者」，徑作「一者」。

一　四七四頁中四行首字「貧」，徑、清作「獲」。

一　四七四頁中六行「忍如」，徑、清作「忍爲」。

一　四七四頁中一五行「當得」，資、磧、普、南、徑、清、麗作「常得」。

一　四七四頁中一六行「此財」，資作「此則」。

一　四七四頁中一八行「忍樂」，麗作「忍藥」。

一　四七四頁中一九行「瞋恚」，麗作「瞋毒」。

一　四七四頁下八行首字「當」，資、磧、普、南、徑、清作「常」。

一　四七四頁下一一行「爲不」，石作「不爲」。

一　四七四頁下一二行首字「常」，資、磧、普、南、徑、清、麗作「當」。

一　四七五頁上末行「正進」，諸本作「精進」。

正法念處經卷第六十一　終

元魏婆羅門瞿曇般若流支譯

觀天品之四十　夜摩天之二十六

復次第五聞法利益安樂一切人天，謂何等法，所謂說法說於一切布施之法說諸善法一切尊中聞法最勝能斷一切憍慢根本所謂說法能調憍慢說法聞法尊敬重法說於信法說受持法說修行人不離說法諸佛如來以法為師何況聲聞緣覺說法有十功德多所利益何等為十時處具足分別易解與法相應非為利養為調伏心隨順說法說施有報說生死法多諸障𠩆說天退沒說有業果若說法人有此十法令聞法者得多功德利益安樂乃至涅槃是聽法者及說法人隨所作願各得成就一切種種布施之中法施最勝乃至能令一切眾生得涅槃樂

復次聞法功德成就深心信根清淨一向淨心信於三寶詣聽法處為聞正法隨舉一足皆生梵福若人供養

說法法師當知是人即為供養現在世尊其人如是隨所供養所願成就乃至得阿耨多羅三藐三菩提以能供養說法師故何以故以聞法故心得調伏以調伏故能斷無知流轉之闇若離聞法無有一法能調伏心如聞說法有四種恩甚為難報何等為四一者母二者父三者如來四者說法法師若有供養此四種人得無量福現在為人之所讚歎於未來世能得菩提何以故以說法力令憍慢者得調伏故令貪著者信布施故令麁獷者心調柔故令愚癡者得智慧故以聞法力令迷因果者得正信故以聞法力令邪見者入正見故以聞法力令樂殺生偷盜邪婬業者得遠離故以此說法調伏因緣終得涅槃以此因緣說法法師甚為難報父母之恩難可得報以生身故是故父母不可得報若令父母住於法中名少報恩如來應等正覺三界最勝度脫生死無上大師此恩難報唯有一法能報佛恩若於佛法深心得不壞信是名

報恩以此供養亦自利益爾時孔雀王菩薩說經偈曰

以說法因緣　得安隱涅槃　能斷一切縛
眾生之大師　以說寂靜法　能斷愚癡網
如是勝導師　能示眾生道　若法令眾生
超度諸有海　此法最殊勝　世法莫能及
若人能供養　此四種福田　斯人得善果
導師如是說　既得具諸根　亦得聞佛法
若行於非法　後悔無所及　處處生愛著
常求於欲樂　恒貪愛妻子　不覺死來至
念念多諸惡　種種過所亂　以心縛眾生
將趣三惡道　是惡難調伏　常求天人便
是心不可信　眾生之大怨　以善聞善見
無量種修習　以法調伏心　如馬得銜勒

如是第一深厚福田具善功德應修供養利益天眾說如是法及說業道尊重讚歎說法之師孔雀王菩薩以願力故生彼天中利益諸天時諸天眾既聞法已心得清淨皆悉一心聽其所說作如是言此孔雀王所說相應非不相應與兜率陀寂靜天王所說相應無異無別思惟此法初中後善第一清淨第一善法第一安隱利

正法念處經卷第六十一　第四張　終

益安樂一切天人令得寂滅

尒時孔雀王聞兜率陁天說是語已心淨歡喜一切悲心安忍利益一切天衆乃至涅槃復說第六深勝法門能至涅槃如是之法第一安隱第一寂勝衆人所愛所謂悲心一切人愛令人生信安慰生死怖畏衆生心不安隱令得安隱於無救者為作救護若有悲心是人則去涅槃不遠悲心柔濡無欺誑心無麁獷心能斷瞋心悲潤心故又悲心者名大莊嚴於五道衆生若起悲心能破瞋惱云何於地獄衆生而起悲心此諸衆生云何為於自業所誑由心怨家之所造作得不可喻種種大苦鐵鉤鐵杵融銅熾然惡虫所敢難度瀑河漂沒衆生鵰鷲烏鵲之所啄食入劒樹林及灰河中受種種苦不可具說所謂活地獄黑繩地獄衆合地獄叫喚地獄大叫喚地獄焦熱地獄大焦熱地獄乃至阿鼻地獄及其隔處大地獄等一百三十六處衆生墮中圮裂劈坼斷截燒煮自心所誑業網所縛愛火所

正法念處經卷第六十一　第五張　終

燒無救無歸東西馳走求哀自免以求救護我當何時得度如此大苦惱海於此衆生而起悲心若種如是悲心種子則為天王或作轉輪聖王一切衆生之所愛重悲心之人愛樂善業是名觀地獄衆生受大苦惱而起悲心則得增長無量梵福

復次若沙門婆羅門及餘善人利益衆生觀諸餓鬼當起悲心云何衆生墮餓鬼中種種飢渴自燒其身如燒藂林四面馳走手相搪突炎火焚燒遍體熾然無救無歸處處遍走以求救護無能救者此諸衆生何時當離種種苦惱何時當斷飢渴乏苦是名觀餓鬼苦而起悲心

復次若沙門婆羅門及餘善人觀於畜生而起悲心餓鬼之中無量苦惱手相殺害畜生三處所謂空行水行陸行死法無量手相殘害手相食噉此諸衆生何時當脫是名觀畜生苦而起悲心若有能生如是之念則生梵天以悲心念諸衆生故悲念衆生於三惡道大苦惱處於㝡大惡業果

正法念處經卷第六十一　第六張　終

之地興悲心已復於六欲諸天而起悲心於六欲天受天之樂不可辟喻種種山谷山峯園林而受快樂蓮華林池共諸天女遊戲受於百千種樂既受樂已業盡還退生在苦處受大苦惱墮於地獄餓鬼畜生此生死處戲拚衆生愛鏁所縛東西馳走迷亂無知受大苦惱是名觀諸天苦而起悲心

復次若沙門婆羅門及以餘人觀於人中而起悲心以種種業生於人中受苦樂果上中下衆生種種作業種種心性種種信解或有貧窮依恃他人憎嫉妒辱畏他輕賤追求作業以自存活如是觀人世間而起悲心如是悲心第一白法能得涅槃如是觀五道衆生五種苦已而興悲心如是之人得勝安隱則得涅槃尒時孔雀王菩薩說迦迦村陁如來頌曰

若人心柔軟　悲心自莊嚴　為一切所護
衆人所稱歎　如是柔軟心　諸根常悅預
此正見善人　去涅槃不遠　若悲心莊嚴
則為人中天　若人無悲心　是則常貧窮

若人柔軟心　調伏如真金　若悲在心中
此寶無窮盡　若人常精進　恒修行正法
此人心智光　猶如大明燈　若人於晝夜
心常住於法　斯人之悲心　晝夜常不離
其人心清淨　利益諸眾生　既受安樂已
後得於涅槃　悲心清淨施　牟尼所讚歎
能斷一切過　悲財無窮盡　功德勝莊嚴
能斷一切過　牟尼悲潤心　故至不滅處
悲因隨所在　如蜜乳和合　瞋恚及熱惱
不能住其心　既具悲心械　哀矜心勇健
能度於有海　三毒大洄澓　功德勝營邑
無勝此莊嚴　善人之所愛　故名為悲心

如是孔雀王菩薩為天說法初中後善相應寂滅一切天眾樂集聽受

復次彼佛世尊說第七法謂何等法與之相應而得解脫斷於放逸以何等業謂柔軟心斷輕躁過攝諸功德若有人能柔軟深心離一切垢涅槃解脫猶如在手軟心之人心如白鑞修行善業眾人所信無獷之心如金剛石恒常不忘怨結之心行不調伏眾人所憎不愛不信若起惡心堅執不捨心不安樂不樂禪誦不近善人

不生善法如沙鹵地不生種子又如沙中不出麻油無獷心人亦復如是不生善法如搆角乳如月中暖如石女兒如空中花無獷惡業誑詐無智自誑誑他五有所沒近不善人捨離三寶此生盲人不覩正法明慧之日甚可哀愍生老病死憂悲苦惱眾苦之聚入大曠野愛無量苦遠離柔軟甘露之味如是惡人沒於苦海去涅槃遠何以故不行涅槃道因行故以是義故常不得樂若有人能柔軟其心其人一切定得涅槃譬如麻性出油日性光明月光性冷火熱地堅風動水濕四大各各自相不倒軟心之人調伏其心信心精進不顛倒見信於因果則於涅槃如在現前尒時孔雀王菩薩以佛經偈而說頌曰

若人心柔軟　猶如成鍊金　斯人內外善
速得脫眾苦　若人心器調　一切皆柔軟
斯人生善種　猶如良稻田　一切諸眾生
不能盡斯藏　能破於貧窮　及以多誑詐
利根寂靜人　常修行禪定　不著放逸境
永離諸苦惱

如是孔雀王菩薩說是偈時夜摩天眾兜率天眾樂聞無猒復欲聞法合掌恭敬白言大聖願為我等具說二十二法我等為欲利益他故當一其心聽尒時孔雀王菩薩為諸天眾說二十二最勝法門已說七法今當次第說第八法若有沙門婆羅門及餘善人心生思惟有何等法謂調伏法能與一切作莊嚴法一切調伏毗尼相應若沙門婆羅門若復餘人在家出家若老若少調伏相應以此莊嚴能令端正若離調伏猶如野干烏鵄鵰鷲出家之人云何調伏出家之人初以袈裟而自調伏當行七事何等為七一者如其國法受糞掃衣隨所住國在家之人所棄之衣若在塚間有死人衣死屍所壓則不應取若於塚間得破壞衣則應受用是名袈裟調伏之法

復次第二調伏若入聚落觀地而行前視一尋念佛影像一心正念諸根不亂數出入息係心身念入於聚落不觀一切所須之具不覩種種器物

亦不觀他莊嚴幃帳不與女人言論語說不抱小兒不數動足亦不動脣及其牀座不手摩頭不數整衣不抖擻袈裟不按摩手亦不彈指是名第二調伏之法

復次第三調伏入施主家於飯食時齊腕澡手若受食時不大舒手當前一肘不滿口食亦不太少若於食時不輕挊不調戲謂不知足失他淨信令他輕慢當觀他心若所揣飯不大不小不大張口不令有聲不大出氣所應之食但食二分食知止足不觀他鉢而生貪心所受飲食不壞他心自觀其鉢不左右顧視食已離鉢澡漱清淨守攝諸根正心說法心念審諦不遲不速不曲不直不非時說不多不少護施主心不壞其信是名第三調伏之法

復次第四調伏若於食時若於聚落或於城邑先所見食不生心念不數言說亦不悕望所受數具如法受畜不求上勝是名第四調伏之法

復次第五調伏一切所作不倚不著不惜身命於所用具不多聚積不行邊

方危怖之處不異服餝不樂請喚不偏樂於一家往返是名第五調伏之法

復次第六調伏不斷草木及掘生地不著雜色草屣雜色衣服若他破戒不謗不說心不悕望王者之饍不親近於憒閙比丘是名第六調伏之法

復次第七調伏若有比丘同意同法應當親近利益令有常度欲棄魔境寂滅調伏守攝諸根如此比丘應當親近若於山窟若於山澗樹下露地常修行空無相無願是名第七調伏之法若有比丘能如是行則能捨離一切諸縛而得解脫尒時孔雀王菩薩為諸天衆以偈頌曰

調伏法相應　修行智境界　怖畏生死過
則不空出家　學處不毀缺　不念於本樂
常觀於諸陰　應住靜林中　軟語寂滅人
現趣於涅槃　持戒莊嚴身　與出家相應
於自他法中　若能不迷惑　業報非業報
道非道亦然　離於惡業行　苦樂不怖畏
於家得解脫　衆苦不能縛

如是孔雀王說於調伏無量功德令諸天衆皆得信解一切天衆一心諦聽尒時孔雀王菩薩為夜摩天衆兜率陁天衆說法心不休息知諸天衆敬重法故復說第九無垢淨法云何名為無垢淨法若沙門婆羅門及餘世間信於業報信業報故則得大法若沙門婆羅門及餘世間信業果報此人則能知身惡業於身惡業不習增長不愛不樂以其得果在於地獄餓鬼畜生惡境界故如是於口惡業不習增長不愛不樂以其當受地獄餓鬼畜生惡果報故如是於意惡業不習增廣不愛不樂以其當受地獄餓鬼畜生苦故若沙門若婆羅門先作惡業念已生悔止不更作親近師長從其聞法云何得脫惡業果報如是師長有智調伏為說因緣以方便說令悔所作過去惡業則為盡滅以其如是念善業故不作惡業觀業因緣從何所起如是觀之不作惡業能令一切不善之業漸得消滅或令輕薄現在所作身口意惡不善之業以

心輕故作已速悔不復更作如是悔心若業成就一切惡業皆悉消滅若沙門婆羅門及餘世間如是知業作是思惟我以習惡當作身口意惡不善之業報熟之時墮於地獄餓鬼畜生彼於未生惡不善業以正方便令其不生沙門婆羅門若能如是信業果報設有地獄惡業成就應久在地獄受大苦惱或得薄少或皆消滅復次勤精進故若有惡業應墮餓鬼久在餓鬼飢渴大苦或少時受或皆消滅如是沙門婆羅門及餘衆生若有應墮畜生惡業久在畜生互相食敢或少時受或一切滅唯除作習決定成就隨於何道若於地獄餓鬼畜生境界之中定受果報

復次信業果報思惟難解微細業果於三種惡業作已懺悔不復更作以不定業生畜生中如是思惟若地獄業若餓鬼業受畜生身悔心清淨能破重業以心力故或一切滅或斷少分若有應受畜生惡業心悔能滅自業能滅不受長命畜生之身不受大

苦或以勝心能斷惡業以此因緣當信業果若沙門婆羅門及以餘人信業果報則能到於生死彼岸何以故一切生死五道之中以善不善業果報故有是故應信實業果報一切衆生一切業果因緣故與是故若男若女應勤精進晝夜思惟業之果報於生死中第一堅牢

復次第十若沙門婆羅門及以餘人應當思惟思何等法所謂住處所宜若沙門婆羅門及以餘人少智慧者住處所宜其心樂著情戀不捨或僧伽藍或僧住處或在聚落或住國土或住城邑及以異處常樂懈怠樂於非處不至寂靜阿蘭若處不行異處不名在家不名出家於非法處乃至命終如是之人為何因緣而行出家不至一切所應山林阿蘭若處乃於非處而盡身命為修禪故而行出家不入山林寂靜之處而住非處若沙門婆羅門住於非處為諸施主之所輕毀不樂親近不修供養亦不樂見若住非處過失彰顯為諸凡俗之所

輕笑互共論說言某沙門某婆羅門及以餘人樂住非處不名在家不名出家不樂山林阿蘭若處貯畜財物樂見俗人親近在家猶如奴僕為諸白衣之所輕賤是故此人不名在家不名出家住非處故設令無過為他所謗無有一人住於非處不為施主之所輕賤數見白衣或近在家雖不輕慢或生異過若沙門婆羅門住非法處以住非處得無利益是故沙門婆羅門不應住於破壞之處常樂住處常樂獨處樂住樹下樂住塚間樂住靜處以修禪默或在山谷獨一而行乃至盡命應避非處捨離一切非法之處能得解脫住非處者不得解脫尒時孔雀王菩薩而說頌曰

比丘住非處　人視如僮僕　輕之如草芥
亦失自利益　比丘住非處　非在家出家
於禪誦法中　其心不喜樂　比丘住非處
貯積諸財物　貪心著財寶　不覺死時至
身命念念盡　而不能覺知　不知所作業
能受未來報　比丘住非處　常樂見俗人
常行於非處　死則入惡道　心無所樂著

一切不怖望　能脫一切貪　是名為沙門
若在山樹下　常修習禪觀　則得清淨智
遠離一切過　遠離一切貪　不為境界惑
則能滅煩惱　如火焚乾薪　獨修行比丘
攝持於五根　如實知身相　則得涅槃道
常念勤精進　遠離一切過　是人到涅槃
如至遊戲處　常求於涅槃　常怖畏生死
如是清淨心　則不樂非處

比丘如是住於非處得衆多過是故比丘應當捨離非法之處若有比丘住於非處凡俗無異若有俗人住於非處得無量惡何況沙門近在家故則與一切善法相違是故應當遠離非處時孔雀王菩薩復為夜摩天衆及兜率天說迦迦村陀如來第十一法如是善法甚可愛樂能至涅槃何等善法所謂住心若比丘有住心者能持善法人所讚歎住心之法離一切惡無始流轉心過羅網結使周遍繫縛堅固非是少時少精進少定能斷如是大惡羅網若有比丘薄少住心則不能斷心地過網無有異法能斷生死如住心法唯修行者有住心

法若不善法起攝心令伏不樂惡業精勤斷除勇猛精進斷不善法若貪欲心起修不淨觀是名相應是惡欲心不淨能斷不樂不著若起瞋恚攝心修慈若起癡心攝心觀於十二因緣尒時孔雀王菩薩以偈頌曰

若不樂住心　隨樂起諸愛　若為愛所縛
失於二世利

如是孔雀王菩薩為夜摩天兜率陀天說不住心無量過惡尒時天衆聞二世利樂聽無猒作如是言孔雀王未曾有也乃能為我演說深法初中後善能至涅槃於種種生死能生猒離第一安隱唯願為我次第宣說我等當共一心聽受自利利他時孔雀王聞是語已知諸天衆一心樂聞踊躍歡喜其心怡悅第一利他美妙音聲告諸天衆若沙門婆羅門及以餘衆心念於法既念法已勤修怖畏修何等法所謂畏惡名稱若有比丘畏於惡名則離諸過所謂不入女人戲笑之處不入酒肆不近沽酒不與共語不近嗜酒人亦不與語不近賊人

不近先作大惡之人不近好鬪人不近陰惡懷毒人不近無恒數捨道人不近博戲人不近伎樂人不近小兒不近繫縛女色人不近輕躁人不近不護口人不近貪人不近販賣欺誑人不近巧偽市道世所惡賤人不近決掘河池人不近黃門女人同路一步不近調象人不近魁膾人不近調馬人不近斷見人不近無戒人如是惡人比丘一切不應親近何以故近如是人失比丘法世間之人作如是念如是比丘近如是人必與同行與如是人習近共行生一切人如是之念是故比丘當畏惡名不應與此不淨業人同路行於一足之地尒時孔雀王菩薩以如來偈而說頌曰（上兩文中少第十二種文或今或闕本同未詳）

若人近不善　則為不善人　是故應離惡
莫行不善業　隨近何等人　數數相親近
近故同其行　或善或不善　一切人求善
當近於善人　如是能得樂　善則非苦因
近善增功德　近惡增尤苦　功德及惡相
令如是略說　常近於善人　則得善名稱
若近不善人　令人速輕賤　常應親善人

遠離於惡友　以近善人故　能捨諸惡業

時孔雀王菩薩復為諸天說如是言：若有比丘有七功德，則離惡名。何等為七？一者離衆人；二者不樂供養之利；三者知足，能令施主得清淨心；四者樂住山谷靜處，攝諸善業；五者離於多語；六者若入聚落，不至酒家；七者不作販賣貿易。比丘若有如是功德正行相應，則無惡名，衆人所敬。是故畏惡名者為最第一。若有比丘不畏惡名，所得過惡過於白衣，隨意而作，隨意而說，於所破戒，心無慚愧。是破戒人身壞命終墮於地獄。畏惡名者樂空閑處，不樂近於聚落城邑，以知足故不壞他信，遠離一切憒丙之處，於微小過，心常怖畏。如是怖畏惡名，比丘得世間善。

復次第十三法能多利益。何等善法？所謂不樂著法。此法可愛。若有比丘離著清淨，意能無著，樂於閑靜，安住淨命，離於憂惱，第一安隱，攝心一處。若遭苦厄，心不怯怖；若他罵辱，不起瞋恚；逢喜不喜，於毀不畏；不親宗族，

自失利益。隨所作事皆悉究竟，於先所作諸惡之業不生喜樂，不樂觀看遊戲歌舞，從一聚落至一聚落，從城至城，從邑至邑，從家至家，心不樂著。睡安覺安，不樂著故，清淨正行，猶如耆老，魔不得便。不著於色聲香味觸，亦不樂著供養之利，得已捨於不善覺觀，精勤斷除，令其不生。若生惡覺，尋即除滅，令不惱心。如是比丘尚能精勤滅不善覺，況復麁過而不斷除。有三種法應當修行。何等為三？所謂已生不善法，妨於悲心，為斷除故勤行精進；未生不善法，為不生故勤行精進；已生善法，念當精勤修習增廣。若有比丘心不樂著，正意清淨，欲求愛盡，欲求厭離，欲求安樂，無得樂著。若有比丘心不樂著，則得第一最勝之樂。

爾時孔雀王菩薩以偈頌曰：

常修於禪定　心無所樂著　心常清淨故
意正不錯亂　若人正憶念　諸惡不能染
以能離諸過　是名得安隱　一心正憶念
覺觀莫能亂　以離惡覺觀　是名善安住

若人意寂靜　常樂於涅槃　其人諸根中
遠離諸不善　若有修行者　得禪三昧樂
皆由一心念　修行之所得　若樂獨比丘
樂從內心生　此樂於諸樂　第一無等倫
一心係念者　其心則清淨　得脫諸過網
心意常寂滅　常一心係念　攝持於五根
斯人智慧水　能滅愛毒火　解脫愛縛人
常得清淨樂　現前得勝處　無盡亦無壞
覺觀亂其心　處處受生死　一念緣相應
三昧力能持　是故此勝道　能到涅槃城
以一心念故　能破魔王軍　堅固智光明
繫縛心逸馬　到第一彼岸　無垢清淨處
第一勇健者　修行到彼岸　以一心係念
能至不壞處

如是孔雀王菩薩為諸天衆無量說法，利益安樂。復為兜率陁天、夜摩天衆不斷說法，能至涅槃。告諸天衆：一切善法中第一真法，所謂第十四獨行。比丘好行善業，行林樹間，善寂滅行，所謂獨行。比丘寂靜調伏，心無所畏，一切處樂，若在山谷，若在山窟，若草積邊，心無偏著，其心正直。獨行比丘有七法利益。何等為七？一者知足，

心常歡喜二者心常清淨三者世間所敬諸天所護四者離惡塵垢五者善法增長六者一心正念淨身口意解脫現前七者離於垢法成就白法以獨行故能破無量無始流轉煩惱怨家獨行比丘一心正行怖畏煩惱於微少惡心生怖畏常勤精進威儀寂靜尒時孔雀王菩薩為利諸天以偈頌曰

輕躁堅牢惡　大力難調伏　勇健調伏心
則得第一樂　如是三種過　破壞諸世間
智水能除滅　則得第一樂　若人不愛法
雖人而非人　不住於真道　不至涅槃城
既得此人身　切德所依處　云何不昇栰
度諸有流海　一切衆生命　如電旋火輪
如乾闥婆城　速過不暫停　是身念念壞
常畏於老死　速滅無堅住　如何起身慢
此身為病城　是大憂悲處　善不善之地
是故名為身　若人施戒智　而自莊嚴身
於人中最勝　成就善果報　若人有七真
其人與佛等　施戒智精進　悲忍善調伏
若人於無量　不可數時劫　修六波羅蜜
斯人名為佛　若人捨離欲　三界最第一

以捨諸欲故　常得大安樂　若人貪著欲
衆苦常現前　欲為衆苦因　是故應捨離

如是孔雀王菩薩為兜率陁天夜摩天衆說如是法尒時孔雀王復為天衆說第十五利益之法若沙門婆羅門及餘世間心不散亂則得利益若散亂心善攝心意令心正住常樂親近同梵行者常勤精進以求安隱離諸惡道若比丘心不散亂折伏六根不著境界怖畏生死捨離一切不善之法捨離一切不善法故常得安樂若有比丘於色聲香味觸法中心不散亂是名比丘心意正念心正念故善法增長正念之人不樂生死常勤精進樂修三昧以正念故則能得道既得道已勤修衆行以勤修道發起衆行正憶念故而得道果心常正念修習道故斷除衆結滅於諸使斷何等結所謂愛結恚結無明結慢結始結慳結皆斷此結滅何等使所謂欲染使恚使有染使無明使慢使見使疑使此使皆滅以此結使大力因緣流轉諸道三界所攝若心不散一心念於見道修道皆悉能滅若沙門婆羅門若復餘人欲得安隱一切善不善法心為根本是故宜應精進修道怖畏有過攝心正念能滅煩惱無有餘法能滅如是無始流轉煩惱稠林如正念心尒時孔雀王菩薩以一切智偈而說頌曰

一心念現前　怖畏於諸惡　能生無漏法
猶如畦種稻　一心念現前　精勤修習道
斷除不善法　如日除闇冥　若一心現前
常正念寂滅　則不畏衆過　如金翅鳥毒
如是散亂心　如風有大力　智者能調伏
猶如調象師　戒三昧智慧　猶如大猛火
與風共和合　焚燒諸惡林　是故應修智
斷除於愚癡　離於老死患　得無上勝處
若能勤攝心　修行於精進　以其攝心故
能斷一切惡　心常緣境界　勇猛能攝持
諸欲不能壞　如毒藥在手　如是勤精進
能調伏其心　三道大愛河　速度勿停住

如是孔雀王為利夜摩天衆兜率天衆說於善行時諸天衆聞是法已怖畏生死捨離一切境界之樂

正法念處經卷第六十一

癸卯歲高麗國大藏都監奉
勅彫造

正法念處經卷第六十一

校勘記

一　底本，麗藏本。

一　四七八頁上一行經名、二行譯者、三行品名及夾註，石作「正法念處經天品之四十卷第六十一」。

一　四七八頁上九行第八字「人」，資、磧、普、南、徑、清作「法」。

一　四七八頁上一六行「乃至」，徑作「乃是」。

一　四七八頁中一七行「終得」，資、磧、普、南、徑、清作「令得」。

一　四七八頁下五行第三字「勝」，資、磧、普、南、徑、清作「真」。

一　四七八頁下一二行「常求」，資、磧、普、南、徑、清作「當求」。

一　四七九頁上一五行「融銅」，資、磧、南、徑、清作「鎔銅」。

一　四七九頁上一六行「瀑河」，資、磧、普、南、徑、清作「暴河」。

一　四七九頁上一七行「烏鵲」，徑作「烏鵲」。

一　四七九頁上末行「業紭」，資、磧、普、徑、清作「業繩」。

一　四七九頁中一一行「搪突」，資、徑作「踼突」。

一　四七九頁中一四行「乏苦」，石、資、磧、普、南、徑、清作「之苦」。

一　四七九頁中一七行「餓鬼」，磧、普、南、徑、清作「畜生」。

一　四七九頁下二一行「衆人」，徑作「衆生」。

一　四八〇頁上六行「清淨施」，資、磧、普、南、徑、清作「清淨池」。

一　四八〇頁上一九行「白鑞」，石作「白臘」。

一　四八〇頁上末行「善人」，資、磧、普、南、徑、清作「善友」。

一　四八〇頁中一行「善法」，資、磧、普、南、徑、清作「戒法」。同行「又如」，資、磧、普、南、徑、清作「亦如」。

一　四八〇頁中三行第六字「搆」，資、磧、普、南、徑、清作「穀」。

一　四八〇頁下四行「利益」，資、磧、普、南、徑、清作「自利利」。

一　四八〇頁下一二行「烏鵄」，石作「烏鴟」。

一　四八一頁中末行第二字「家」，磧、普、南、徑、清作「寂」。

一　四八一頁下四行第二字「陁」，資、磧、普、南、徑、清無。

一　四八一頁下一五行第一〇字「若」，資、磧、普、南、徑、清無。

一　四八一頁下二二行末字「輕」，石作「漸」。

一　四八二頁上一六行「定受果報」，石作「必定受報」；資、磧、普、南、徑、清作「畢定受報」。

一　四八二頁上二二行末字「自」，諸本作「白」。

一　四八三頁中九行至次行「陁天」，徑作「陁天第十二」。

一　四八三頁下一六行夾註，資、磧、普、南、徑、清無。

一　四八三頁下二一行「尤苦」，資、磧、普、南、徑、清作「尤甚」。

一　四八三頁下末行第八字「速」，資、磧、普、南、徑、清作「近」。

一　四八四頁上四行第八、九字「一者」，資、磧、普、南、徑、清作「二者」。

一　四八四頁上一二行「破戒」，資、磧、普作「受戒」。

一　四八四頁上一六行「如是」，資、磧、普作「如是如是」。

一　四八四頁上末行「於畏不畏」，資、磧、普、南、徑、清作「於苦不畏」。

一　四八四頁下一七行「說法」，資、磧、普、南、徑、清作「法說」。

一　四八五頁上二行「離惡」，資、磧、普、南、徑、清作「離諸」。

一　四八五頁中八行至次行「離諸」，資、磧、普、南、徑、清作「永離」。

一　四八五頁中一九行末字「姤」，磧、普、南、徑、清作「垢」。

一　四八五頁下八行第三字「畦」，石作「㙰」。

一　四八五頁下一〇行「正念」，資、磧、普、南、徑、清作「念正」。同行末字「毒」，資、磧、普、南、徑、清作「王」。

一　四八五頁下一三行「修智」，資作「修習」。

一　四八五頁下卷末經名，石作「正法念經卷第六十一」。

趙城縣廣勝寺

正法念處經卷第六十二　終

元魏婆羅門瞿曇般若流支譯

觀天品之四十一　夜摩天之二十七

時孔雀王菩薩知天衆心復為宣說第十六法告諸天衆復有善法可愛樂法能制放逸猶如鐵鉤應念修行何等善法所謂念死若人念死常勤修習不休不息無等大惡惱亂一切諸衆生等無能逃避決定無免有生必死能令一切恩愛別離令人喪滅生於異處或有從樂生於苦處業繩繫縛自業所資墮於地獄餓鬼畜生於命終時無有伴侶唯有善業及不善業以為同伴所作善業猶如父母將至樂處不善惡業猶如大怨將至地獄餓鬼畜生以是義故應修善業捨離諸惡若能如是修行念死其心則不著於境界不著貪欲瞋恚愚癡怖畏死故不為妻子眷屬因緣作不善業一切在家若修此念尚得寂靜何況出家若有沙門修於念死則不犯戒不樂境界不處憒丙若處憒丙心則散亂多言之本多見女人能生一切貪欲之處應當捨離思惟念死若處憒丙心意不善於命終時當得一切無利衰惱不得安樂臨死之時刀風劔風之所解截無歸無救業繩所縛將至餘世非父母兄弟妻子眷屬所能救護若能如是修念死相是人則樂持戒智慧如是修行是則能令善業增長不善消滅以善業故受人天樂後得涅槃若男若女知此功德若在家出家若沙門婆羅門常應念死以念死故其心怖畏不作一切不善之業心作是念一切衆生皆當歸死天人地獄餓鬼境界無處不死若能如是修行念死畏未來世其心不著色聲香味觸如是境界非常不變非不壞法常念無常苦空無我若心念死不為諸惡之所惱亂常當數數修不淨觀善觀增長數數念死修習增長係念無常無有常處而不破壞不變不滅可愛山峰百千万億乃至須弥山王劫火所燒皆當摧滅況人天身大海無邊一切大河一切龍

王所住之處一切諸龍及阿修羅七

日既出則皆乾竭何況我身舉要言之欲界色界無色界一切三界無常變動皆當破壞況我身命當是常住不動不破壞法若能如是心意常念意善觀察如是修心無處可樂無處可貪無處可瞋貪瞋淨故癡亦隨滅離三過故得第一處不老不死不盡不滅如是念死無所緣念是故念死於一切念寂為第一修念死想復有切德若沙門婆羅門如是修行諦觀此身猶如虎攫云何觀苦如我此身身心病惱為老所壞死王將去死網所縛為何所作不能修行布施持戒及修智慧是故應當於死未至修行施戒及以智慧不久死至壞於一切衆生之命若沙門婆羅門如是係心念於死想所作不空必得涅槃復次念死所謂此身唯有無常一切諸行皆悉無常苦空無我念念變壞速疾不停破壞之法空無所有非堅固法如旋火輪乾闥婆城一切諸行皆亦如是我之身命亦復如是無有堅固猶如水沫乾闥婆城如是死法一切

皆有畢定來至甚可怖畏是故當修堅固之法攝三善業捨三不善當作如是念於死想若沙門婆羅門自心修念修是念故得大益利尒時孔雀王菩薩以先佛偈而作頌曰

此六惡怨家　破壞於世間　老病死不斷
由於三毒故　五境界大賊　能劫於善財
此怨詐親善　行於嶮惡處　放逸不善心
堅著於境界　能將諸衆生　疾至三惡道
若有能覺知　苦等真實諦　是人則能得
安隱寂靜處　拔斷諸毒根　增長切德行
應離懈怠心　莫近惡知識　若比丘精進
勤修念死觀　則得無上處　永離老病死
若有能如實　覺知於根塵　依止正智慧
則能度有海　念死常生怖　離慢及懈怠
親近智慧人　衆惡不汙心　精進心柔軟
修法離衆惡　正見心不動　此人應親近
若近惡知識　則不得善法　若近於勝者
則不畏衆過　一念及須臾　晝夜常不離
智者常念死　無有逃避處　念死寂殊勝
諸念無與等　修行得寂滅　永離諸塵垢
若有念死畏　則不起心惡　心離一切過
常得寂滅處　不放逸勝果　世尊如是說

若常念死畏　則離諸不善

時孔雀王菩薩為諸天衆說如斯法

復次第十七法能多利益沙門婆羅門有何等法所謂離於色慢種性之慢及財富慢若有色慢種性之慢及財富慢是愚癡人口行惡業身行惡業意行惡業以此因緣身壞命終墮於地獄餓鬼畜生於彼生處處處輪轉無量生死受大苦惱不可稱說既知過已不起色慢種姓之慢及財富慢若有人能離於色慢種姓之慢及財富慢當知是人則不造作身口惡業如實見色無常苦空無我空無所有無有堅固是不淨器髮毛爪齒皮肉和合無量骨璅筋髓脂肉屎尿膿血充滿其中我此色身初亦不淨中亦不淨後亦不淨無量業煩惱因緣所生無堅無常無實無我今我此身若至死時不為我伴乃至一步棄於塚閒或以火燒或為鵰鷲烏鵄狐狗之所啖食若人如是思惟憶念於色慢中或滅或薄

復次若沙門婆羅門起種姓慢自言我種姓勝若以實觀於真諦中無有種姓但妄分別以愚癡故妄生分別此種姓勝此種姓不如如實不然何以故以有生故是故有姓如是變易隨何等人有實布施持戒智慧定心調伏有此功德其人雖生下姓之中名大種姓何以故以有功德勝種姓故非生種姓功德因緣非生因緣若無功德則無因緣是故沙門婆羅門不應起於種姓憍慢

復次觀於色慢若沙門婆羅門及餘行人觀我此色於嬰兒時雖有色貌昂面不動非動時色動時之色非匍匐色乃至少年色非中年色中年之色非老年色老年之色非死時色如新死色非久死色如我死屍衆蠅唼食蛆虫所啖風吹日曝雨漬濕爛一切破壞分散狼藉滿於塚間此身分散為無量分骨節分張髑髏異處咽喉肩臂手指爪甲諸節異處脊骨臗骨髀骨脛骨踝骨足骨指骨以斯如實觀於色故離於色慢云何如實觀財富慢觀已遠離一切世間如實觀知一切世間皆無自在無量種法皆無自在云何此法當有自在以一切有為諸法因緣所轉不得自在從因緣生譬如屋宅集衆材木摶墼合和互相依止名之為屋身亦如是皮肉脂骨筋髓和合名之為身無有自在身身色相亦無作者如是沙門婆羅門如實觀察色慢種姓慢財富慢一切皆滅或令薄少復次以不實觀故起種姓慢若如實觀如是種姓但有分別無目之人妄生憶念若布施持戒智慧淨行正見和合如是種姓則為殊勝非如愚癡妄起慢心念種姓勝若沙門婆羅門及以餘人若能如實知於種姓於種姓慢一切皆滅或令薄少尒時孔雀王菩薩以迦迦村陁如來經偈而作頌曰

若有人常起　色姓財富慢　是人如醉象
不見嶮惡岸　一切諸憍慢　放逸亂諸根
現在人所輕　命終墮惡道　若人起憍慢
色富慢所盲　其人則無樂　命終墮惡道
若持色富慢　非為如實見　愚癡無智慧
不能度苦海　色種姓財富　及以諸樂具
一切皆無常　智者不應信　若離施戒智
則無有種姓　若有施戒智　是種姓最勝
愚者不名富　非善道種姓　是故智為因
離智無種姓　若有持淨戒　猶如清涼池
斯人大種姓　是名勝種子　布施戒及智
勇猛實精進　能與此相應　是名勝種姓
若離於正法　非剃髮種姓　名之為沙門
名為婆羅門　若修於正法　有施戒智慧
乃名為沙門　乃名婆羅門　老能奪壯色
死能斷命根　財物必散壞　一切法如是
病能壞強健　令衆生流轉　若有智慧者
應離色財慢　知如是惡已　誰有起憍慢
是故色財慢　智人所捨離　以修行善法
則無諸苦惱

如是孔雀王菩薩為諸天衆如是說法

復次沙門婆羅門復有行法謂第十九於一切衆生起平等心若沙門婆羅門及以餘衆若平等心得第一樂一切衆生之所愛敬身壞命終生於善道天世界中云何於一切衆生起平等心若沙門婆羅門捨於諍論不

與人諍既捨諍亂於一切衆生得平等心是故沙門婆羅門能捨諍論則於一切衆生得平等心復次有法能令沙門婆羅門於一切衆生得平等心觀一切衆生皆為衰惱觀於怨家猶如親友此諸衆生生死所攝生死不斷以有生故有老病死憂悲苦惱寒熱飢渴打縛鞭撻怨憎會苦愛別離苦如是觀於苦惱衆生得大衰惱於怨親中修平等觀若沙門婆羅門作是觀已於一切衆生中得平等心若沙門婆羅門復作是念此諸衆生衆苦所惱所謂疾病惱諸衆生身心疾病以病衰惱得大苦惱於怨親中如是思惟作是念故心得清淨以心淨故面則清淨以面淨故顔色清淨一切諸根皆亦清淨如是觀察得現果報一切衆生之所樂見愛敬瞻仰以是因緣身壞命終生於天上復次沙門婆羅門復以異法觀諸親友猶如怨家一切衆生無有不死不離生死生已復死如是衆生以自業故墮於地獄餓鬼畜生此等衆生諸苦所惱

如是思惟利益一切衆生心則清淨心清淨故面則清淨面清淨故顔色清淨顔色淨故端正無比一切衆生愛樂瞻仰得現果報身壞命終生於善道天世界中如是比丘修大善業於諸衆生起平等心復次沙門婆羅門及餘世間復以異法修平等觀此諸衆生業與業藏因業流轉如業所作或善不善皆悉成就以善業故生人天中以惡業故墮於地獄餓鬼畜生若沙門婆羅門及餘人如是修行心則清淨心清淨故面則清淨面清淨故顔色清淨顔色淨故一切衆生愛樂瞻仰身壞命終生於善道受諸天身必得涅槃心清淨故於一切衆生起平等心得如是果

復次若沙門婆羅門復有異法於一切衆生修平等心何等異法所謂一切衆生共愛別離一切衆生生死所攝無一衆生非愛別離此愛別離甚為大惡如是修行心則清淨心清淨故面則清淨面清淨故顔色清淨顔色淨故端正無比以端正故一切人

見心得清淨愛樂瞻仰 以於一切衆生起平等故得現果報身故命終生於善道受諸天身以餘業故後得涅槃復次若沙門婆羅門及以餘人復以異法於一切衆生修平等心何等異法所謂是心輕慢速行不住若欲心起修不淨觀若瞋心起修慈心觀若癡心起當觀察思惟十二因緣是三種心三法對治於一切衆生起平等心於怨親中修平等心意清淨故一切行處心無疑慮則得第一清淨樂行覺安卧安諸天所護無能得便有大威德以心淨故血則清淨血清淨故顔色清淨顔色淨故端正無比一切衆生愛樂瞻仰於一切衆生起平等心得現果報身壞命終生於善道天世界中受諸天身以是業故終得涅槃尒時孔雀王菩薩以偈頌曰

若於怨親中　其心常平等　如法無偏黨
牟尼說智慧　若人心清淨　不為過所汙
獨行林樹間　牟尼說無貪　心無悕望垢
遠離一切濁　不樂諸境界　牟尼說寂靜
一切無常等　如實諦觀察　知世間明闇

牟尼說勇猛　不猒世間法　而修行善法
於苦樂平等　牟尼說離垢　心常知止足
常遠離諸欲　不怖重供養　牟尼說清淨
不近惡親友　不行非義處　獨行自堅心
牟尼說正業　遠離喜及畏　愛力不能壞
諸根悉寂靜　聖說不悕望　平等平等心
境界常不等　於一切平等　牟尼說智慧
了知一切法　善不善業集　捨於善不善
牟尼為人說　精進斷諸惡　常修身念處
如實知受生　牟尼說為智　若人畏生死
時處常作業　法語攝諸根　牟尼說寂滅

如是孔雀王菩薩為夜摩天兜率陀天眾以無量種方便說法時諸天眾一心正念捨諸欲樂以柔軟心樂聞說法

時孔雀王知諸天眾心調伏故復為說法復次若沙門婆羅門及餘世間心當念法念何等法所謂第二十知足之法知足法者利益安樂若沙門婆羅門身心知足知足為伴知足為救成就安樂知足之人於一切處無所追求第一安樂眼不貪色於無量色不生悕望亦不分別若見色相心

不憶念不求過去可愛之色不愛不樂亦不悕求不生欲心亦不生念不生味著若沙門婆羅門如是知足常得安樂如是耳聞可愛之聲不愛不樂亦不心念於過去境界若起貪欲心不分別如實觀之此聲非常非樂非我但有分別宮諸眾生愚癡凡夫妄念分別聲至耳根令心惱亂如實觀之如是善觀如實知足如實觀聲空無所有無堅無實但有分別如是觀察於一切愛美妙音聲一切愛境不生貪著以知足故得如是樂若沙門婆羅門及以餘人鼻所聞香不生分別不起惡覺亦不思惟鼻聞香已如實觀之如此香者無常敗壞變易不實空無所有若著此香則不能脫惡覺亂心是名知足若沙門婆羅門鼻不愛樂如是境界皆悉觀察以知足故則得第一清淨之樂修習增廣得第一樂

復次若沙門婆羅門及以餘人於舌味中心不貪著不念不分別於過去味不念不思惟不善憶念亦不悕求

非不知足如實觀味此味無常敗壞變易但以分別而生貪著謂為可取若如實觀於味不樂心不貪著不生味愛若能如是於味知足則得安樂復次沙門婆羅門及餘世間如實觀觸如此觸者非有自性無常敗壞變易之法如是觸者空無所有無堅無實先無今有已有還無若能如是如實觀觸於過去觸不生係念不愛不樂於觸不求隨何等觸來觸其身離貪欲觸是名知足

復次若沙門婆羅門觀於意法愛以不愛如實思惟觀法無常敗壞變易空無所有無堅無實此法無常苦空無我先無今有已有還無一切磨滅如是憶念愛不愛法則知止足於不愛法不生憎嫉於可愛法不生喜樂於過去法心不係念亦不味著如是善觀意所樂法於一切意法不念不味不愛不樂諸沙門婆羅門以知足故於六愛中而得解脫介時孔雀王以偈頌曰

若能觀知足　脫六愛境界　不念不悕望

是人常得樂　若以正念心　如實觀於色
其人於色愛　不能亂其心　鼻與境相應
若能不貪著　其人意清淨　鼻過不能亂
智者得舌味　正觀不貪著　其人於味過
不能汙其心　身受種種觸　得之不貪著
其人知觸故　常得安隱樂　於愛不愛法
其意不貪著　善住如大山　是意世所讚

若沙門婆羅門行知足法能離如是六種之愛佛所讚歎如是孔雀王菩薩為夜摩天兜率陁天衆說斯真法

復次若沙門婆羅門思惟念法念何等法所謂第二十一畏於境界畏惡境界不實之見不得利益若沙門婆羅門如實觀色境界如眼緣色而生眼識意識決了分別觀察若境界來生於貪欲如是貪欲境界來惱亂我當生恐怖若見境界斷欲貪愛而不觀視如所分別意亦如是或貪或瞋皆如實知若煩惱起如實觀起得無利益現在未來以此煩惱不得安樂一切衆生由此煩惱不得利益不得安樂如此煩惱悉能繫縛一切衆生沙門婆羅門若能如是觀境界者貪

欲心生一切能滅或令薄少如是如實觀於眼色復觀於耳因緣和合而生耳識因耳因聲而生於念或生苦受或生樂受如是觀識或復多生貪瞋與癡或生餘識猶如然燈觀不善念我生不善念知不善念知不善念從緣而生當斷滅之若斷不善善法滿足實觀境界善念增長不善之念喜愛共生有愛共生皆悉令滅以滅除故而得清淨離濁惡垢得一切樂是故沙門婆羅門及餘世間初觀境界中若生惡欲即應斷滅觀於善法滅諸不善如是於耳聲中如實了知應生善念

復次若沙門婆羅門及餘世間鼻所聞香云何生識因鼻因香而生鼻識若不善念生知不善念若沙門婆羅門作如是念我今若生不善之念不得利益不得安樂今當斷滅如實觀察則能斷滅不善之念作是念已如實觀香生於善念以善念故則能滅於共喜生愛如是觀已於一切香不生樂著以斷著故而得安樂如是如

實知於境界則得如實安隱之處若能如是如實觀香鼻雖聞香於香不樂若沙門婆羅門舌得味時若生不善貪欲如實念知因舌因味而生舌識作是念時於味不樂不貪不著如實知舌識若知舌識喜愛於味於識得脫得第一樂如是如是實知境界如是如是得無上樂不為喜愛之所壞也於舌味中如實觀已復觀身觸因身因觸而生身識三法和合而生於觸以共觸故生受想思若沙門婆羅門如實觀觸此觸無常動壞變易若生不善覺觀得無利益不得安樂如實知觸善念觀察不為喜愛之所惱亂不樂境界以諸方便觀身觸已復觀意法云何而生因意因法而生意識或善不善或無記若緣不善起不善念如實了知我緣不善而生意識我生喜愛不得利益惱亂不安如是思惟觀法出沒則順法行順法行故如實見於一切諸法自相同相不為喜愛之所惱亂以愛薄故而得解脫以解脫愛故得第一樂知一切法

皆悉生滅以能如是觀諸境界則生正智能滅一切諸結煩惱煩惱盡故得無漏智以得無漏智相應故得第一處是故沙門婆羅門莫信境界一切境界猶如怨家一切衆生境界如融若人未得無漏智慧莫信境界境界輕動猶如怨賊詐為親友如此境界悉能繫縛一切衆生尒時孔雀王菩薩以偈頌曰

若實知境界　如以鐵鉤持　馳散輕動故
作諸不利益　悕望逮境界　樂於分別心
死網羂欲至　能斷衆生命　為境界所牽
令人心躁擾　為愚癡所誑　而不能覺知
境界無定實　如乹闥婆城　能增長衆苦
為地獄因緣　境界火所燒　愚癡欲所誑
輪轉不停息　不覺燒其身　因念故生欲
因欲生瞋恚　瞋恚覆人心　死則入地獄
是故有智者　離欲滅瞋恚　速遠愚癡心
則能到涅槃　知境界如怨　遮之而不樂
智者猒境界　畢定到涅槃

是為孔雀王菩薩為諸天衆說佛經法

復次第二十二法得大利益何等法耶所謂不信心若沙門婆羅門及餘善人乃至盡命不應信心如此心者輕躁難攝自性曲戾不住一境樂於異境一切愚癡凡夫以此心故流轉地獄餓鬼畜生此心一切不可親友輕躁緣境迷惑一切愚癡凡夫令其流轉在於地獄餓鬼畜生雖常流轉而不猒離如此惡習於生死中受大苦惱是故不應信此惡心乃至未得聖印所印不得須陁洹閉惡道門若不如是遍行諸道受一切苦一切繫縛一切羂縛諸使和合甚難調伏是故沙門婆羅門不應信心尒時孔雀王菩薩以偈頌曰

深速而無垢　遍一切衆生　是心猶如王
流轉諸世間　難見甚可畏　輕躁造惡業
若人能攝心　則至第一道　能將至善處
亦至於惡道　若調伏離垢　則至於涅槃
心能作苦樂　心勢力流轉　能作種種業
調伏則得樂　是故應護心　護之則得樂
若人於境界　諸根心寂滅　脫生死憂悲
則到無住處

如是孔雀王為諸天衆說迦迦村陁如来真法

尒時諸天衆皆悉歡喜敬心圍遶作如是言善哉善哉大士快說妙法初中後善為天衆說能至涅槃

尒時孔雀王復為天衆說如是言我於迦迦村陁如来所聞二十二法以義利益安樂天人能到涅槃我以此法利益天衆是故宣說時諸天衆歡喜讃歎合掌敬礼供養孔雀王菩薩既礼拜已夜摩天衆入蓮花林遊戲受樂兜率天衆上昇虛空歸兜率天尒時夜摩天衆於園林中遊戲受樂乃至愛善業盡隨其自業墮於地獄餓鬼畜生若有餘業生於人中生大種姓常順法行顔貌端正財富具足處好國土或王大臣以餘業故

復次比丘知業果報觀夜摩天所住之地彼見有地名曰樂行衆生何業生於彼地彼見聞知若人大心善行直心持戒不殺不盗如前所說復離邪婬若見素畫女人不生邪觀見作勸捨令住持戒常為衆生數數說法令住法中為一切衆生說邪婬過說

正法念處經卷第六十二　第二十張　終字号

業果報若人邪婬甚為下賤身壞命終墮於地獄以是業報受大苦惱作是觀已不應邪婬勿於後悔邪婬之罪受報大苦為諸衆生說如是法令住正行救惡道行如是之人自利利他持戒依戒盡形持戒不破戒不缺戒不穿戒不外實内空身壞命終生於善道夜摩天中名樂行地生彼天已受無等樂有一大池名曰樂行縱廣五百由旬其池清涼湛然清淨復有摩偷甜美飲樹周遍皆是毗琉璃樹真金為葉青寶玉枝圍遶此池五百由旬蓮華充滿遍覆池水其諸蓮華真金為葉毗琉璃莖琉璃為鬚復有蓮華七寶莊嚴種種蓮華遍覆池中種種衆鳥七寶莊嚴出妙音聲無量百千天子天女圍遶此池一一天子無量百千天女以為眷屬與此天子娛樂受樂自善業故復於池邊有七寶林名曰心樂於此林中有種種鳥一百流水而以莊嚴無量衆寶莊嚴其林天子天女或在樂池或於此林於五根中受境界樂以善業故生

此天中聞歌所牽向於岸林復有餘天於此天中命終退歿有諸天女天衣莊嚴見新生天子速馳往趣求為給事是諸天衆不殺不盜不行邪婬善業果報生此天中不邪婬故命未終時天女不捨趣於異天命終乃去四天王天三十三天不離邪婬未命終時天女背叛捨之而去如捨晝燈往趣餘天與新生天子而共娛樂歌舞遊戲時彼天子臨欲命終見諸天女背叛趣他心生嫉妬生大苦惱如地獄苦以心瞋故墮於地獄夜摩天中離邪婬故無此果報以是因緣先退天子諸天女等皆共往詣新生天子到已圍遶入大林中為受欲樂向諸天衆時諸天衆見新生天子心皆歡喜與諸天衆及諸天女或万或億往詣園林其園林中如意之樹以為莊嚴多有無量種種衆樹無量百千蓮華莊嚴鵝鴨鴛鴦充滿池中無量百千功德大池久於此池作天伎樂受五欲樂久受樂已於境界中不知猒足復與新生天子向普光明山遊

戲受樂歌舞戲笑一一華池一一園林一一流泉一一山峯一一山原一一山谷一一榛林一一花林一一河中一一山窟一一如意林中一一樹枝蔭覆宮室一切天衆五樂音聲受五欲樂不可為喻以其自業相似相應一切往詣普光明山歌舞遊戲下相娛樂於境界樂不知猒足一切歡喜諸欲具足向普光明山尒時山中有舊住天聞歌音聲生希有心觀諸天衆時諸天衆即皆昇於普光明山舊天見之皆大歡喜初来天衆皆昇虚空無量莊嚴威德光明手相瞻仰一切天衆於此可愛山峯之中河泉流水華池園林七寶光明莊嚴宮殿林樹莊嚴諸樂行天而受快樂或在華池或在河岸或在林中或在如意林樹之間或在虚空飛至異處或有歌舞或有無量天女圍遶飲天上味離於醉亂既飲上味轉增歡喜為如是等二種所轉境界火燒歡喜如烟尒時有鳥名曰寶智見諸天衆受放逸樂以偈頌曰

五炎遍熾然　愛風之所吹　諸欲所迷惑
放逸火焚燒　故業將欲盡　而不作新業
業盡故還退　諸天皆如是　若至欲退時
苦惱破壞心　無有能救者　唯除於善業
喜樂於富樂　常愛諸天女　自心之所誑
當至大惡處　為無常所壞　云何不覺知
終至於命盡　一切皆別離　以心貪境界
為自業所誑　天命念念過　以愛破壞心
譬如畫壁滅　彩畫皆亦亡　以其業盡故
天報亦隨失　五根貪境界　未曾有猒足
如蘇油投火　熾然無猒足

如是實智鳥為斷天眾放逸心故說偈頌法時諸天眾以放逸故迷惑不受以放逸心共諸天女或飛虛空或有昇大普光明山昇彼山已其身光明勝百千日其山先有七寶光明以天光故山轉殊勝山中無量眾寶園林以天光故十倍轉勝復有餘天在園林中或蓮華中或在枝葉蔭覆宮室眾寶光明莊嚴之處遊戲歌舞受天之樂見此光明得未曾有尒時天眾於園林中既遊戲已一切皆向樂蓮華池遊戲受樂平相愛樂不起嫉

妒安詳昇於七寶光山歌舞戲笑歡於怖畏離瞋憂悲離他所攝隨念而行受第一樂音聲遊戲歌舞如意所念須陁之食上味美飲第一歡喜遊戲娛樂受自業樂如是久時受天樂已向喜見池其蓮華池長十由旬廣五由旬甚可愛樂多有眾鳥鵝鴨鴛鴦充滿池中金色蓮華遍覆池水一切皆以青毗琉璃青因陁寶大青寶王赤蓮華寶以砌池底於此池岸周遍生樹黃金為莖白銀枝葉或青寶枝赤蓮華葉毗琉璃樹頗梨為枝黃金為葉大青寶樹白銀為枝黃金為葉青寶為枝金毗琉璃以為其樹大青寶枝真金硨磲二寶為葉或有金樹金葉金枝勝於日光或有金樹毗琉璃枝毗琉璃葉猶如雲聚莊嚴可愛或有金樹金枝金葉猶如火聚或有銀樹銀枝銀葉光明端正如月盛滿或青寶王樹青寶王枝青寶王葉如沉水烟色相端嚴或有寶樹種種枝條以為莊嚴或白銀枝青寶校餝復有寶樹金銀校餝復有寶樹金銀

頗梨三種校餝復有寶樹赤蓮華寶白銀校餝復有寶樹種種諸色眾花具足曼陁羅花俱賒耶舍花以為莊嚴復有果樹果汁之味天上味酒所不能及復有花樹熏百由旬復有聲樹微風吹動其音勝於乹闥婆音復有眾樹見之悅樂其樹色相彩畫莊嚴所不能及復有寶樹名曰香烟種種香烟從樹而出諸天齅已皆大歡喜多有如是種種寶樹遶喜見池時諸天眾見此池已得未曾有或食其果或飲果汁或共天女採花莊嚴或有入於天園林中飲於上味與諸天女戲笑歌舞或有入於蓮華林中遊戲受樂或有食於須陁味食或有天子與諸天女飛昇虛空或有天子共諸天女昇七寶殿受諸欲樂如是天眾於蓮華池受五欲樂於境界中不知猒足以愛心故不知猒足如蘇投火如燒乹薪於愛欲境不知猒足亦復如是時蓮華池多有眾鳥有一鵝王名曰善時是大菩薩以願力故生夜摩天無量百千鵝眾圍遶如閻浮提

滿月處空衆星圍遶如是鵝王衆鳥圍遶亦復如是為利天衆以偈頌曰

如是去來住　遊戲歌舞笑　無比寂大惡
不覺死欲至　隨其所至處　死怨不可避
如是愚癡人　而猶不覺知　不擇於貧富
少壯及老年　若在家出家　無不為死壞
樂人及苦人　功德無功德　有戒及無戒
無不為死壞　若持戒破戒　智慧及愚癡
諸王及庶民　皆為死所壞　若天若地獄
若餓鬼畜生　放逸不放逸　皆為死所壞
若生於欲界　色界無色界　如是三界中
皆為死所壞　業網老所壞　病苦有大力
是死如夜叉　攝縛諸衆生　如是死怖畏
第一大暴惡　天為欲所迷　應泣而更笑
如是習近欲　欲為苦惱因　習近轉增長
如蘇油投火　欲能壞善法　初味後不安
欲為衆苦因　後得大衰惱　欲初無安隱
中後亦如是　非怖望非得　非為寂靜因
諸根於塵境　迷著各差別　愚人愛欲樂
是故墮地獄　若共癡受樂　隨受得苦惱
此怨詐親善　能害一切人

如是善時鵝王為放逸諸天說如是偈時諸天衆為欲所迷雖聞鵝王說如此法而不聽受於園林中蓮華林中果樹林中樹枝蔭覆香淨之室無量百千衆蜂妙音天衆天女各共歌舞出妙音聲不可辟喻復有天衆坐天寶地觀於可愛蓮華之池愛自業果遍觀天衆菩薩鵝王作是思惟此諸天衆無心識耶不知必定受大苦惱天中欲退有五怖相何等為五一者一切可愛可樂愛重天女與天同業不復和合愛別大苦是為初苦二者可愛可樂天之境界不復和合與之離別是為第二退沒大苦三者退時見異天衆遊戲受樂自觀己身如燈將盡業風所吹不知何趣心生苦惱過於地獄是名第三退沒大苦四者欲退沒時隨所生處或生地獄餓鬼畜生了了自見見生處故心生大悔悔火所燒受無量苦是名第四退沒大苦五者退時受大苦惱作如是念我本曾聞知識說法以放逸故貪著境界而不聽受亦不修行以放逸故貪境界故復作是念我作惡法不聽受法不持禁戒不集智慧我從生來放逸所誑今為悔火而燒我心業繩繫縛而將我去由放逸故是為諸天於退沒時五種大苦如是天衆不覺不知放逸所誑貪心所壞善時鵝王一心思惟欲設方便我當以何方便為天說法令得善業尒時菩薩鵝王久思惟已為利他故說頌偈言

常行於戒施　哀愍諸衆生　成就一切事
是故應持戒　與慈悲和合　遠離於怖望
利益諸衆生　所作必成就　勇猛無虛誑
常行於法施　遠離慳嫉妬　所作必成就
持戒寂滅人　尊重供養師　知應作不作
所作必成就　不諂曲憎嫉　常說於愛語
誠實不虛誑　所作必成就　知處及知時
知可作不作　知有力無力　所作必成就

如是鵝王知法修行為說法師以法成就利益衆生此天放逸我當云何為之說法令離放逸久思惟已憶念本生我於往昔生閻浮提於迦鄉迦牟尼世尊所曾聞之法我今應說我於尒時生閻浮提大長者家作長者子名優鉢羅多達彼佛如來知我命終生夜摩天樂行之地願生鵝王當

為放逸諸天子等宣說我法令正是時當為宣說尒時鵝王思惟是已以清淨心利益天衆以慈悲心念阿耨多羅三藐三菩提心故往詣天衆受五欲處與諸鵝衆圍遶而住見彼天衆遊戲山林或遊花園或遊枝葉蔭覆宮室或於虛空坐寶宮殿或有天子共諸天女食須陁味尒時菩薩鵝王作如是念今正是時當為放逸諸天說法我今當以美妙音聲演說偈頌掩蔽天子天女歌音天子天女著欲放逸不得聞法聞我音聲耳識愛樂必至我所作是念已出妙音聲念佛功德起慈悲心昇七寶山鵝衆圍遶滿十由旬無等妙音以偈頌曰

及死時未至　應修行福德　勿自保其命
於後生悔恨　若行於放逸　是名為死處
若不放逸行　第一不死句　若行於放逸
此道非寂滅　依不放逸故　智慧得涅槃
天衆莫放逸　放逸非寂滅　非寂滅行故
則墮於地獄　若已失當失　若今現在失
皆由放逸過　如来如是說　是故一切時
當勤加精進　遠離於放逸　則得寂滅法

如是菩薩鵝王昇彼山上以美妙音說此偈頌令天女歌皆悉掩蔽其聲不美時諸天衆聞鵝王音皆生愛樂遍於山上一切諸天得未曾有謂是歌音以貪著心非敬重法一切皆来向山峯中至鵝王所尒時菩薩鵝王復以偈頌如前所說時諸天衆天子天女聞其音聲心皆隨順如是鵝王於人中時大長者子名優鉢羅達多於迦鄉迦牟尼佛所得聞正法而来生此今以妙音敷揚宣說勝妙無等天子天女一心諦聽鵝王所說

正法念處經卷第六十二

正法念處經卷第六十二

校勘記

一　底本，金藏廣勝寺本。

一　四八八頁中一行經名、二行譯者、三行品名及夾註，石作「正法念處經天品之四十一」。

一　四八八頁中八行「無等」，資、磧、普、南、徑、清作「死等」。

一　四八八頁中一一行「異處」，資、磧、普、南、徑、清作「畏處」。

一　四八八頁下五行「劒風」，石作「鈒風」。

一　四八八頁下八行「是則」，徑作「時則」。

一　四八八頁下二二行「摧滅」，徑作「催滅」。

一　四八九頁上一〇行第一二字「想」，諸本作「相」。一八行第四字同。

一　四八九頁上一三行第五字「爲」，徑作「猶」。

一　四八九頁中三行第二字「固」，資

作「問」。

一　四八九頁中五行「益利」，資、磧、普、南、徑、清、麗作「利益」。

一　四八九頁中七行「怨家」，資、磧、普、南、徑、清作「寃家」。

一　四八九頁中一六行「念死」，資、磧、普、南、徑、清作「念苦」。

一　四八九頁中末行「一切過」，磧、普、南、徑、清作「一切惡」。

一　四八九頁下五行「種性」，磧、普、南、徑、清、麗作「種姓」。下同。

一　四八九頁下一六行「骨璅」，資、磧、普、南、徑、清、麗作「骨鏁」。

一　四八九頁下二一行「烏鵄」，資、磧、普、南、徑、清作「梟」。

一　四八九頁下二二行「憶念」，徑作「億念」。下同。

一　四九〇頁上一二行「復次」，徑、清作「復次第十八」。

一　四九〇頁上一五行第七字「色」，資、磧、普、南、徑、清、麗無。

一　四九〇頁上一七行「嘍食」，石作「吓食」。

一　四九〇頁上一八行第一二字「爤」，石作「灡」。

一　四九〇頁中四行「所轉」，資、磧、普、南、徑、清作「所縛」。

一　四九〇頁中五行「合和」，磧、普、南、徑、清作「和合」。

一　四九〇頁中一一行第三字「慢」，石作「薄」。

一　四九〇頁中一二行「無目」，資、磧、普、南、徑、清作「無智」。

一　四九〇頁中一八行「而作」，資、磧、普、南、徑、清無。

一　四九〇頁中二〇行「嶮悪岸」，資、磧、普、南、徑、清作「險悪道」。

一　四九〇頁中末行「若持」，資、磧、普、南、徑、清、麗作「若恃」。

一　四九〇頁下四行「爲因」，徑作「無因」。

一　四九〇頁下七行「種姓」，資、磧、普、南、徑、清作「種子」。

一　四九〇頁下一五行末字「惱」下，麗有夾註「上顯文中少第十八標文或合或闕本同未詳」。

一　四九〇頁下二〇行第七字「若」，資、磧、普、南、徑、清作「若起」。

一　四九〇頁下二一行「命終」，徑作「紷終」。

一　四九一頁上一行「諍亂於」，資、磧、普、南、徑、清作「諍論」。

一　四九一頁上一六行第二字「面」，石作「靣」；麗作「血」。下同至本頁中二二行第六字。

一　四九一頁中七行「復以」，資、磧、普、南、徑、清作「次以」。

一　四九一頁中八行「因業」，資、磧、普、南、徑、清作「因緣」。

一　四九一頁中一一行「及餘人」，資、磧、普、南、徑、清作「及以餘人」；麗作「及餘人天」。

一　四九一頁下二行「身故」，資、磧、普、南、徑、清、麗作「身壞」。

一　四九一頁下六行「輕慢」，資、磧、普、南、徑、清、麗作「輕轉」。

一　四九一頁下一三行第九字及第一三字「血」，資、磧、普、南、徑、清作「面」。

一　四九一頁下一九行「如法」，資、磧、普、南、徑、清作「知法」。

一　四九二頁上七行「不等」，資、磧、普、南、徑、清、麗作「平等」。

一　四九二頁上九行「諸惡」，資、磧、普、南、徑、清作「諸過」。

一　四九二頁上一〇行「說爲智」，資、磧、普、南、徑、清作「爲說智」。

一　四九二頁中一九行首字「足」，徑作「是」。

一　四九二頁下一〇行「不求」，資、磧、普、南、徑、清作「不求不念」。

一　四九三頁上一九行「得無」，資、磧、普、南、徑、清作「則無」。

一　四九三頁中一行「或令」，資、磧、普、南、徑、清作「或貪」。

一　四九三頁中二行末字「即」，磧、普、南、徑、清、麗作「而」。

一　四九三頁中一三行「不善」，資、磧、普、南、徑、清作「不善法」。

一　四九四頁上一八行「愚癡心」，資、磧、普、南、徑、清、麗作「離愚癡」。

一　四九四頁中二〇行「護之」，麗作「護心」。

一　四九四頁下一三行「愛善」，資、磧、普、南、徑、清作「受善」。

一　四九四頁下一五行「種姓」，資、磧、普、南、徑、清作「姓種」。

一　四九四頁下一九行「聞知」，石、資、磧、普、南、徑、清無。

一　四九四頁下末行首字「令」，磧、普、南、徑、清作「念」。

一　四九五頁上一一行「甜美」，資、磧、普、南、徑、清作「甘美」。

一　四九五頁上二〇行「心樂」，資、磧、普、南、徑、清作「志樂」。

一　四九五頁中二行「退殁」，資、磧、普、南、徑、清作「退沒」。

一　四九五頁中八行「畫燈」，磧、普、南、徑、清作「燼燈」。

一　四九五頁中一八行首字「往」，石作「住」。

一　四九五頁中二一行「久於」，資、磧、普、南、徑、清作「又於」。

一　四九六頁上五行「富樂」，資、磧、普、南、徑、清作「富貴」。

一　四九六頁上一六行「七寶」，清作「十寶」。

一　四九六頁中二〇行「青寶王枝青寶王葉」，石作「青寶玉枝青寶玉葉」。

一　四九六頁下七行「見之」，磧作「見人」。

一　四九六頁下一三行「飲於」，資、磧、普、南、徑、清作「食於」。

一　四九七頁中五行「受自」，資、磧、普、南、徑、清作「愛自」。

一　四九七頁中七行「受大」，石、資、磧、普、南、徑、清作「受諸」。

一　四九七頁中一八行「悔火」，資、磧、普、南、徑、清作「爲火」。

一　四九七頁下七行「說願偈言」，石、資、磧、普、南、徑、清作「說偈頌曰」。

一　四九七頁下二二行「羅多達」，資、磧、普、南、徑、清、麗作「羅達多」。

一　四九八頁上四行「往詣」，資、磧、普、南、徑、清作「往諸」。

一　四九八頁中九行第五字「大」，資、磧、普、南、徑、清作「作」。

正法念處經卷第六十三　終

元魏婆羅門瞿曇般若流支譯

觀天品之四十二　夜摩天之二十八

介時魏王告諸天衆常當聽法勿行放逸當近善友能利他者詣之聽法聞正法已以敬重故是人善心乃至涅槃漏盡大樂有二種人生於梵福一者善觀察持二者求漏盡復有二種一者常說法二者常聽法如是法師猶如父母為人說法能出生死得究竟善法如是法師猶如父母說法之人以法布施法之施主令他聞法既聞法已心得清淨直心敬重聽法之人得三十二功德何等三十二法師說法於聽法人猶如父母於生死中猶如橋梁所謂聞所未聞聞已覺知知已思惟既思惟已則修行入既修行已則能安住安立他人共彼思量若得衰惱其心不動未種善根能種善根思量增上令根熟者而得解脫令邪見者入於正見若不善念生能令斷滅增長善心斷不善因緣不放逸行親近善人離慳諂曲供養父母信業果報集長壽業世人稱歎諸天所護所念成就得如法樂離於懈怠發勤精進知恩報恩常修念死於命終時心不悔恨終得涅槃如是聽法三十二功德說法之師猶如父母說法示人畢竟利益不濁心說以清淨心利益衆生通達智慧聞是法已如佛利益於生死中而得解脫是聞法者於無始來流轉生死未曾聞法於法師所初得聞已發希有心如生盲人良醫決膜得見世間種種色像本所不見種種妙色見已歡喜如是衆生於無始來流轉生死癡力所盲得聞正法於覺分地種種善根可愛四聖諦本未曾聞經義光明見之歡喜如生盲人見色歡喜見覺分地心生歡喜亦復如是是名聞法第一功德

正法念處經卷第六十三　第二張　終　疑

復次第二聞法功德以聞法故內心思惟法有何義若自不解從他諮問如是法者有何等義是聞法者從他聞法復自思惟以思惟故修習增長說法義故前後相應至心受持數數觀義以觀察故心則歡喜如是如是隨所思惟憶念觀察通達深義是為聞法第二功德

正法念處經卷第六十三　第三張　終

復次第三聞法功德隨所聞法聞已思惟如此之義為何意說如此之義何因緣說如是之義為調伏衆生是故宣說復與同心同行之人而共思量思惟前後得大利益終得涅槃是名第三聞法功德

復次第四聞法功德思量前後說法之義了知而受了知受者名曰如所說義身口意業攝受修行作三善業修習增長攝取說法以清淨心既受持已句句思量尋其因緣隨其所思隨思則得未曾有義以得義故則能滅諸煩惱結使悉能攝受無量功德戒施智慧深心勝故戒施智故是名第四聞法功德當樂習行修習增廣

復次第五聞法功德善聞善攝三種之業自修堅固聞法安住若沙門婆羅門若在家人說某善男子安住正法如說修行如是修行能知自住又

攝受法隨其所住能滅百千億那由他劫百千万億億億生死能滅無量百千万億地獄餓鬼畜生之苦是名聞法大功德聚修習親近得多利益說法之人示人涅槃如佛世尊令住法中是為聞法第五功德聽正法故

復次第六聞法功德何等功德所謂自住法中建立他人令成法器令猒生死示安隱處說苦集滅自他二身俱生福德利益他故得大功德隨所聞法轉轉增長隨滅煩惱亦復如是煩惱滅故而得涅槃以聞正法得此功德是名第六聞法功德

復次第七聞法功德修習增廣何等功德所謂若逢衰惱其心不退聞業報故雖逢衰惱心不退沒不作惡業不作惡口不惡思惟不壞勇猛是名第七聞法功德

復次第八聞法功德云何功德或見他人或知他人来從求法或求聞法或從求戒或求智慧離於憍慢為之解釋隨其所說種種分別令其淺易是名第八聞法功德

復次第九聞法功德聞正法者種善根子譬如稻田封畔不壞故以清流下種芽生往法師所聽聞正法以善種子種於耳田心之封畔亦復如是至於熟時多收果實救於地獄餓鬼畜生飢儉惡怖救三惡故一切衆苦皆得斷滅住於曠野解脫一切怖畏處故得入無上寂滅之處因說法故得入涅槃說法之人猶如世尊是故聽法功德出生死中最為第一常當親近專心聽法聞已修行是名第九聞法功德

復次第十聞法功德云何功德既已種於聞法種子當善護持令其成熟若人聞法善根種子常習行故則得成就譬如稻田以時下種以日光照時至則熟聽法之人種諸善根以智慧日令得成就亦復如是以是因緣常應詣於說法之處聽受正法是名第十聞法功德

復次第十一聞法功德何等功德如是成就以心善根常詣法會聽聞正法聞法受持思惟攝受以是因緣令

心調伏能滅煩惱煩惱盡故則得解脫以解脫故猒有為法應作是念我生已盡梵行已立所作已辦不受後有一切皆由聞法功德是故應當常聽正法是名第十一聞法功德

復次第十二聞法功德有異方便是大功德解脫之因何等功德所謂令邪見者入於正見無始流轉在生死中聞於惡法攝受邪見以邪見故墮於地獄餓鬼畜生若聞正法樂習親近修令增廣能捨邪見修行正法增長正智得第一樂無諍之樂以聽法故修習增長是名第十二聞法功德

復次第十三聞法功德何等功德習修增廣所謂若生微少不善念心即能除斷若生欲覺修不淨觀而斷滅之若生瞋恚修慈心觀若愚癡覺應當觀察十二因緣對治斷滅以聞法故知對治法非不聞法以聞法故尚滅如是三不善根微細覺觀況隨煩惱是故聞法是大功德是名第十三聞法功德

復次第十四聞法功德以聞法故滅

於不善覺觀之心猶如日光滅於闇冥智亦如是能滅一切不善之闇令法增長煩惱損滅離聞正法則不能滅是為第十四聞法功德

復次第十五聞法功德所謂能令善心增長以此聞法功德力故非唯滅於不善覺觀復增善觀善覺增故則得智慧譬如少火置草木中以風吹故火則增長少善根生亦復如是以智慧故而得增長若聞正法聽受其義生一念善能滅無量百千劫生死令不復生既知如是聞法功德當勤聽法無有異法能作此護以聞法故作大施主行於布施以聞法故捨離非法以聞法故而得智慧既觀如是聽法功德能出生死應當精勤乃至盡壽勤聽正法如是聽法第一救護第一歸依能出有海是名第十五聞法功德

復次第十六聞法功德何等功德所謂能避不善因緣若不善緣生觀惡道是智慧之人觀已捨離怖畏生死若不善緣生避而不行為不生故勤

行精進持戒智慧若生貪心應行布施若生慳心不貪減之以智慧心破壞愚癡以如實見滅不善觀以正見心斷於邪見以正覺觀斷妄分別若起樂覺當觀眾苦若起實覺當修空觀若起我覺當觀無我是為如實對治覺觀若因緣生當遠離之若細若麤若中當斷滅之一切不善因緣生者聞正法故能遠避之若不聞法則不能避一切聞法如安隱藏是名第十六聞法功德

復次第十七聞法功德何等功德所謂放逸之人以聞法故滅惡覺觀行不放逸不放逸人能攝諸根一切善法皆得增長不放逸人能斷一切不善之法其人則去涅槃不遠得一切安樂以何因緣斷於放逸謂聞正法聞正法故知放逸過則能遠避聞正法故能調諸根調五根故則能攝心善念增長滅惡覺觀以善觀故得第一樂一切煩惱放逸為本亦如一切善法之中不放逸心以為根本聞正法故斷除放逸是故眾生常應一心

聽受正法聞已修行修習增長是名第十七聞法功德

復次第十八聞法功德何等功德所謂聞正法故親近善友供養善人愛重尊敬思惟籌量近善友故得大功德若近惡友多招過咎無有餘法得近善友如聞正法聞正法故得近善友是故第一梵行謂近善友是名第十八聞法功德

復次第十九聞法功德何等功德所謂聞正法故能斷諂詐慳嫉之心若近善友得何功德近善友故得勝功德所謂能斷諂詐慳嫉以聞法故能如實信業及果報若有眾生諂詐慳嫉身壞命終墮於惡道或墮餓鬼或墮地獄若本多行諂詐慳嫉以聞正法即能捨離毀之不行於先所作猒離悔過見他諂詐勸令不作令他猒離悔本所作令住善道以聞正法得此功德於人天中第一堅固謂聞正法是為第十九聞法功德

復次第二十聞法功德何等功德所謂得聞法已供養父母知業果報知

於福田是上功德第一福田所謂父母以是知業果報因緣能為種種供養父母多設敷具病瘦醫藥所須之具隨其所作供養父母能生梵福以福德故後得涅槃又以聞法供養父母衆人所愛於現在世為一切人之所讚歎命終之後生於善道受諸天身聞法力故終得涅槃是故智者知此功德乃至失命常當供養父母福田正行正意一心敬重是名第二十聞法功德

復次第二十一聞法功德所謂知業果報知業報故不樂異法以聞正法能知業果若念不善知不善念善心念善知心念善如實知於業之果報若心緣念不善之法知不善念後得不善不愛果報墮於地獄餓鬼畜生以是知故不復生於不善之心以此不善定知當得不愛果報墮於地獄餓鬼畜生以作如是惡業緣故我身必當墮於地獄餓鬼畜生此三種業以聞正法而得了知離聞法已餘無能知是故智者乃至失命常應聽法

若常聞法修習善業則不造作不善之業是名第二十一聞法功德

復次第二十二聞法功德何等功德所謂能集增長長命之業聞正法故信業果報不作殺生偷盜等業隨何善業樂修增廣生天人中壽命延長以聞正法樂修增廣是故復得如此功德壽命延長以此聞法因緣生天人中若生天上於餘天衆最為長壽飲食遊戲受第一樂以聞法故若生人中種種色力財富長壽生好國土常習正見以聞正法樂習增廣必得出苦若人能以善心聽法第一福德為聽法故若行一步皆生梵福聽正法者常行聽法得善身業聞已讀誦得善口業聞已心淨得意善業是聽法者三業善故生天人中受於第一最勝富樂壽命長遠終得涅槃如是一切諸大功德皆由聽法非餘能得是故聞法第一安隱是名第二十二聞法功德

復次第二十三聞法功德何等功德謂聞法者一切衆人之所稱歎持戒

功德及以多聞調伏勝慧一切世人皆共恭敬礼拜問訊於一切人美言直心如是之人功德相應於微塵惡常生怖畏衆所知識一切讚歎若得惱亂衆人救護是聞法者世所讚歎是名第二十三聞法功德

復次第二十四聞法功德何等功德所謂諸天之所護念聞法之人善業相應身行善業口行善業意行善業以此功德諸天所護以此人故衆人安隱此人命終無量人衆不得利益護此人故魔衆損減正法增長見此因緣是故諸天晝夜守護常隨其後隨其所作一切成就天恩力故以善業故互相為因彼所作業既得成就隨所作業轉修增廣一切善業皆得成就如是次第二世利益如是聞法功德即是第一安隱之藏是名第二十四聞法功德

復次第二十五聞法功德何等功德所謂一切憶念皆得成就是順法行智慧之人持戒布施現前業報一切憶念皆得成就隨其所作皆得成就

無能刼奪若其所作易得成就如法受用離五種難正命清淨不為他攝身壞命終生於善道受諸天身是名第二十五聞法功德

正法念處經卷第六十三　第十三張　終

復次第二十六聞法功德何等功德所謂如法富樂同持戒者豪富之人悉來親近同持戒故送相齎遺所得財物非害人得非壓他人順法得財施法行人其人布施功德上上增長二世利益二世安樂以聞法故得此功德是名第二十六聞法功德

復次第二十七聞法功德何等功德所謂智慧遠離懈怠以聽正法聞懈怠過以懈怠故於諸世間出世間法義不得成就以聞法故捨離懈怠一切所作常勤精進正念不亂離懈怠人一切所作方便疾成如時所作如法所作一切成就二世利益若離懈怠常勤精進一切所作皆悉究竟一切發心無不成辦若本懈怠聞正法故知懈怠過速捨離之如捨刀火以懈怠故能壞一切世間作業聞懈怠過一切義利皆得成就以聞正法功德力故是名第二十七聞法功德

正法念處經卷第六十三　第十四張　終

復次第二十八聞法功德何等功德所謂次第聞法起報恩心知他恩分聞正法中說報恩故思念報恩知恩報故一切親友悉皆堅固以功德故一切怨家猶如親友若人少恩常念不忘知恩報恩得大功德是名第二十八聞法功德

復次第二十九聞法功德何等功德所謂修行念死第一勝念所謂念死以常念死則懷怖畏以怖畏故不造惡業設見美色不念分別聞諸樂音亦不憶念若聞衆香不貪不樂亦不憶念若舌得味不貪不樂亦不憶念若身得觸不貪不樂亦不憶念意思惟法不貪不樂亦不憶念斷離如是一切有網如是之人怖畏死故觀諸世間悉無堅固一切皆苦一切無我一切皆空實見之人於一切處若天若人無有著心何況地獄餓鬼畜生於五道中悉斷悕望而得解脫於一切生死苦中不復欣樂怖畏猒離以猒離故而得解脫得解脫智我生已盡梵行已立所作已辦不受後有若離聞法不得如是梵行立等猒離功德是故應勤聽受正法親近師長供養聽法現在未來二世利益所謂近善知識聽聞正法以此二法而得安隱是名第二十九聞法功德

正法念處經卷第六十三　第十五張　終　玄

復次第三十聞正法功德何等功德所謂以聞法故死時不悔修念死者若有過起則能速斷若三種垢貪瞋癡起生死因緣以念死故則能斷除以斷三垢不生不死不退不出無有異法能斷此法以得聞法功德力故得如是法一切安隱功德之中聞法功德第一根本尒時釋王菩薩說迦葉迦牟尼所說經法為天衆說正法相應是為第三十聞法功德

復次第三十一聞法功德何等功德所謂死時心不悔恨若得聞於正法之義行善業故於命終時心不生悔隨所聞義既得聞已憶念思惟既思惟已於佛法僧增長淨心以心淨故血則清淨血清淨故顏色清淨身心淨故臨命終時見於善道有白光明

可愛天處見生處故轉增淨心隨其淨心信佛法僧轉生勝處若作四天王業心淨信故生第二天若有三十三天之業生夜摩天若有夜摩天業生兜率陀天如是展轉乃至第六他化自在天以心淨力故得增勝處如是一切皆由聞法若離聞法終不能得若聽正法於命終時為救為歸是名第三十一聞法功德

復次第三十二聞法功德何等功德以聞法故終得涅槃聽法功德於一切功德最勝最上何等勝上所謂涅槃以聽正法修習增長如說修行如實成就其人決定能斷煩惱到於涅槃如是善時鵝王菩薩為斷夜摩天眾放逸行故以無等音說於真法天眾皆生希有之心爾時天眾聞佛法故心得清淨一切天眾白鵝王言於此天中汝是天主以有智慧辯才力故我等天眾猶如畜生以放逸故樂於境界常為欲愛自害心故鵝王音聲我等歌音所不能及爾時鵝王菩薩說於正法相應頌曰

以聞正法故　能止於惡法　以離惡法故
常得安隱處　以聞正法故　其心得清淨
能令心安住　不作眾惡業　聞法能摠持
聞法不造惡　聞法知業果　後得於涅槃
聞法故知法　聞法故信佛　智者聞法故
能解脫眾苦　以聞正法故　能知真法相
是故有智者　當勤聽正法　聞如來說法
能離於生死　斷離三種愛　得至無盡處
以聞正法故　知四法因緣　及諸法生滅
聞法皆能知　以聞正法故　了知陰界入
如是二種相　智者應修行　第一大力過
縛一切生死　以聞正法故　一切皆能知
以惡大力故　縛一切生死　以聞正法故
一切皆能滅　於一切轉相　一切不轉相
以聞勝法故　一切皆能知　若死時欲至
則受大苦惱　以念聞法故　死苦不能亂
以聞智慧故　燒諸煩惱樹　以智火燒故
滅已不復生　聞法不放逸　則得一切樂
聞法故安隱　是故應聽法　得聞正法已
近智及耆老　能到無上處　永離老病死
聞故不造惡　聞故順法行　聞法故離苦
聞法最第一　以聞正法故　得三業清淨
若求清淨者　當勤聽正法　以依聞法故

堅固勤精進　是則能速度　廣大三界海
聞法之財富　世間最第一　多財不知義
智者說貧窮　遠離於師長　失聞正法財
是人無命果　為惡所破壞　放逸懈怠人
親近惡知識　是人無命果　如殖種沙鹵
遠離見聞法　是則為盲人
若人遠離法　而行於非法　是人捨離樂
攝取於疾病　若人近善友　增長無量法
猶如注大雨　河流皆增長　順法寂靜行
夙興念正法　必定得安樂　不為放逸誑
既知智功德　智者應修行　非是無智者
而得受安樂

如是善時鵝王為諸天眾種善根故數數為說利益之法斷無利益說佛經法爾時天眾既聞法已生敬重心生歡喜心放逸薄少天同業故復詣異處而受天樂善時鵝王既以迦鄉迦牟尼所說經名集無量功德聞法堅固經為諸天眾具演說已復詣異處思惟念法樂行地天五樂音聲受五欲樂乃至愛善業盡以惡業故墮於地獄餓鬼畜生若有餘業與人同業生於人中大富安樂善持禁戒常

樂聞法第一順法聡慧正見或為王者或為大臣以餘業故

復次比丘知業果報觀夜摩天所住之地彼以聞慧見夜摩天名種種雜地衆生何業生此地處彼見有人造作善業身口意善正見正命遍行善行直心樂實不殺不盜遠離邪婬若在夢中見於女人心不親近晝亦不念濁心覺觀如我此身以捨邪婬得善果報離邪婬故得生天上與諸天女園遊受樂捨離女人悕望天女以求天女名濁梵行望生天故捨離邪婬我先與女人歌笑舞戲是為不善當墮惡道以是義故於本所習不生貪欲覺觀之心不念本習歌舞戲笑若心生念尋即斷除以是因緣命終生於種種雜地既生此地善業果成五欲和合天子生已以善業故一切天處雜寶光明自然而生所謂無量金剛種種山峯種種光色如毗琉璃因陁青寶大青寶王車𤦲頗梨赤蓮花寶及餘種種百千光明周遍天處初見如是種種光明眼識樂著本末曾見見之樂著種種音聲歌衆樂音不可譬喻復聞種種天之妙香新生天子初為如是三種境界無等無比心生樂著退光明林諸天女衆見新生天子從林中出其林種種光明莊嚴如是天子以善業價得天女時諸天女種種莊嚴皆悉端正種種妙色種種歌詠天樂音聲尒時天子為諸天女無始愛欲引其心故以歡喜心近諸天女或有天女手執樂器作衆妓樂歌衆妙音復有天女聞妙花香愛眼含笑以視天子復有天女在於地上手執樂器出妙音聲復有天女手執妙花馳赴天子復有天女手擎種種上味天飲色香味具離於醉過到天子所以蓮花葉盛天上味色香味具飲已增悅過踰十倍是為心着第四境界先著妙色次聲香味又復身受種種樂觸隨意所念之即得是名新生天子着五欲樂尒時新生天子共諸天女往詣一切隨順欲林受五欲樂尒時新生天子天女圍遶觀諸天衆種種遊戲或有遊戲在

於㯶林或有在於山峯遊戲或有遊戲作五樂音或有天子共諸天女種種莊嚴在虛空殿遊戲娛樂或有天子手攀樹枝歌舞戲笑五樂音聲尒時新生天子見諸天衆如斯遊戲心生歡喜天女圍遶共入天衆和合遊戲新生天子共諸天女遊戲受樂自業相似受五欲樂久受樂已從林中出復昇種種寶莊嚴山共相娛樂遊戲受樂或在流泉或在園林種種寶石莊嚴之山清涼泉水以為莊嚴遊戲其中時諸天衆心行放逸尒時有一天遊戲鳥名流水行為放逸天以偈頌曰

以種種業故　而受樂果報　天中受報已
業盡當還退　愚人現得樂　而不觀怖畏
後得衰惱至　尒時乃知業　放逸之所縛
苦樂等無異　以天業盡故　後生大悔心
放逸如毒害　是故應捨離　放逸害諸天
將入於地獄　和合生欣慶　離別則大苦
和合必有離　一切法如是　世無有一法
有生而不壞　一切生滅法　出沒法如是
隨所見諸天　而受於天樂　放逸毒所迷

正法念處經卷第六十三　第二十二張　緣

一切皆歸滅　一切放逸樂　初謂為可愛
後得衰惱至　乃知為大怨　放逸著女色
智者說大怨　著色喪身命　修羅龍亦然
嗜酒著女色　貪於諸境界　躁擾懈怠心
是放逸根芽
如是流水行鳥為放逸天說如是偈
尒時天衆雖聞此偈而不覺知境界
所害歌笑遊戲入光明林其林可愛
枝葉遍覆多有種種樹林欝茂甚可
愛樂時諸天衆共新生天子五樂音
聲遊戲受樂於園林中及芫蒭樹種
種流水蓮花林池種種地處樹枝蔭
覆猶如宮室種種林中種種意樹種
種山谷七寶光明種種莊嚴殊勝宮
殿昔所未見天衆見之生希有心況
新生天子如是新生天子皆悉遍觀
與天女衆遊於林間於新境界極生
渴愛欲火所燒放逸為烟天女圍繞
燒已復燒於園林中處處遊行無量
愛力境界所燒久與天女圍繞愛樂
復向種種雜蓮花池其蓮花池可愛
無比所謂種種雜色鉢頭摩花毗琉
璃為莖真金為葉赤蓮花寶以為其臺

正法念處經卷第六十三　第二十三張　終

白銀為鬚青因陀寶以為衆鋒莊嚴
花池復有蓮花白銀為莖青因陀寶
以為其葉真金為莖青因陀寶以為
其葉赤蓮花寶以為其鬚白銀為臺
赤蓮寶鋒以為莊嚴復有蓮花莖葉
鬚臺一切皆赤赤鋒莊嚴復有蓮花
銀莖銀葉銀鬚銀臺銀鋒莊嚴復有
蓮花一切青色如青蓮花青葉青莖
青鬚青臺青鋒莊嚴
復有蓮花種種雜色一一蓮花七寶
間錯種種相貌種種妙香種種色葉
而以莊嚴所謂青黃赤白紺色莊嚴
種種衆葉衆鋒莊嚴如是種種雜蓮
花池其水清涼其味甘美甚可愛樂
多有蓮花天色妙香衆相具足新生
天子共天女衆五樂音聲受五欲樂
種種雜色蓮花池岸有諸林樹圍繞
花池以樹莊嚴百倍殊勝其樹具足
雜花莊嚴具一切花從根至條青黃
赤白紺色衆花皆悉具足其蓮花池
出大光明滿十由旬多有衆鳥出美
妙音蓮花池岸復有林樹名曰宮殿
天善業故有大勢力若天昇樹念生

正法念處經卷第六十三　第二十四張　終　七七

宮殿隨念即成以善業故七寶花葉
化為宮殿七寶莊嚴多有河池園林
山嶽處處多有嚴餝宮殿昇此宮殿
衆寶嚴身共諸天女歌舞遊戲或飛
虛空觀夜摩天所住諸地隨意遍觀
如是等花岸樹力故復有種種雜色
花池於池岸上復有異樹名摩尼音
種種衆鳥以為莊嚴以樹勢力若諸
天衆遊戲花池微風吹動互相振觸
出妙音聲寶珠如花從樹而墮光遍
虛空如閻浮提日月光明於虛空中
寶珠光明亦復如是
蓮花池岸復有異樹名授飲食若諸
天衆遊戲花池以天善業從樹果中
出天美飲色香味具天子飲之十倍
增悅無有醉亂共諸天女歌舞遊戲
復有林樹出須陀食如業所得於池
岸邊復有異樹名葉歌音若諸天衆
遊戲此池以善業故微風來吹而受
快樂風吹樹葉互相振觸出妙音聲
如天女音不可分別一切諸樹所出
音聲亦復如是
於蓮花池岸復有異樹名曰鳥樂以

正法念處經卷第六十三　第十五張　終　之

樹勢力鳥在樹上若天入池遊戲受樂五樂音聲手相娛樂或昇寶樹或乘天鳥為觀天衆可愛之處隨其所念鳥在其前即於鳥上有大宮殿多有流泉衆蓮華池枝葉宮室皆悉具足復有異鳥為諸天衆以偈頌曰

持戒人安隱　破戒勿久壽　寧受下賤身
不欲入地獄　智者次第行　漸漸念念修
淨治我見垢　如工匠鍊金

正法念處經卷第六十三

癸卯歲高麗國分司大藏都監奉
勅彫造

正法念處經卷第六十三

校勘記

一　底本，麗藏本。

一　五〇二頁中七行「示人」，石作「視人」。

一　五〇二頁中一二行「决膜」，磧、南、徑、清作「抉瞙」；普作「决瞙」。

一　五〇二頁下二二行第八字「某」，石作「其」。

一　五〇三頁中四行「耳田」，磧、普、南、徑、清作「身田」。

一　五〇三頁中七行「住於」，石作「斷於」。

一　五〇三頁下一四行至次行「習修」，徑、清作「修習」。

一　五〇四頁中四行「断妄」，資、磧、普、南、徑、清作「受妄」。

一　五〇五頁下一一行至次行「此人命終無量人衆不得利益」，資、磧、普、南、徑、清作「此人命未終無量人衆常得利益」。

一　五〇六頁中五行「堅固」，石作「堅恩」。

一　五〇六頁中一四行「若舌」，石作「若香」。

一　五〇六頁下八行「聞法」，資、磧、普、南、徑、清作「聞正法」。

一　五〇六頁下二〇行「憶命」，石、資、磧、普、南、徑、清作「憶念」。

一　五〇六頁下二二行首字及第五字「血」，資、磧、普、南、徑、清作「面」。

一　五〇七頁上一四行第一二字「到」，磧、普、南、徑、清作「則」。

一　五〇七頁中一行「止於」，資作「正於」。

一　五〇七頁中二行「清淨」，石作「清涼」。

一　五〇七頁下七行末字「藥」，資、磧、普、南、徑、清作「樂」。

一　五〇七頁下八行第八字「近」，石作「遠」。

一　五〇七頁下二〇行「念法」，資、磧、普、南、徑、清作「於法」。

一五〇七頁下二一行「愛善」，資、磧、普、南、徑、清作「受善」。

一五〇八頁上一行「聡慧」，資、磧、普、南、徑、清作「智慧」。

一五〇八頁中二〇行「五欲」，石作「六欲」。

一五〇八頁下一六行「愚人」，徑作「愚癡」。

一五〇八頁下二一行「一法」，資作「一切」。

一五〇九頁上四行「嗜酒」，資、磧、普、南、清作「躭酒」，徑作「酖酒」。同行「諸境界」，石、資、磧、普、南、徑、清作「境界樂」。

一五〇九頁上一一行「笐筣」，資作「行列」；徑、清作「笐箣」。

一五〇九頁中三行「以爲其葉」，石作「以其爲葉」。

一五〇九頁中五行第二字「蓮」，資、磧、普、南、徑、清作「蓮華」。

一五〇九頁中六行「赤赤」，資、磧、普、南、徑、清作「赤」。

一五〇九頁中一一行「闊錯」，徑作「河錯」。

一五〇九頁中一九行第五字「具」，資、磧、普、徑、清作「其」。同行「至條」，徑作「至赤」。

一五〇九頁下九行「振觸」，石、資作「搮觸」。下同。

一五〇九頁下一〇行「光遍」，資、磧、普、南、徑、清作「先遍」。

一五〇九頁下一四行「樹果」，資、磧、普、南、徑、清作「樹華」。

一五〇九頁下一五行「美飲」，資、磧、普、南、徑、清作「美酒」。

一五一〇頁上六行第一二字「頌」，徑無。

正法念處經卷第六十四

元魏婆羅門瞿曇般若流支譯

身念處品第七初

尒時世尊遊王舍城在鞞羅帝婆羅門聚落告諸比丘我今為汝說身念處初善中善後善善義善味純備具足清淨梵行所謂身念處法門汝今諦聽善思念之當為汝說諸比丘言唯然世尊願樂欲聞佛告諸比丘云何名為身念處法門所謂內身循身觀比丘觀已則不住於魔之境界能捨煩惱如實觀身既得知見證如是法我說是人涅槃所攝如是比丘實見身已不為諸惡之所亂也能斷眼耳鼻舌身意內染及外色聲香味觸法如是循身觀能到涅槃如是比丘眼雖見色不生分別不起染欲歡喜之心如實觀身此身唯有髮毛爪齒薄皮脂血筋肉骨髓生藏熟藏黃白痰癊冷熱風病大腸小腸屎尿不淨肝膽腸胃脂髓精血涕唾目淚頭頂髑髏如是觀身隨順係念若如是念則不著色聲香味觸外境界也初觀眼色如實見眼但是肉摶四大所成云何行者如實觀眼觀於眼根此內

堅分內有覺法是名眼根肉摶內地界也復觀眼根肉摶之中內有覺法目淚濕等是名眼根肉摶之中內水界也復觀眼根肉摶之中內有覺法有暖有熱是名眼根肉摶之中內火界也復觀眼根肉摶之中內風輕動是名眼根肉摶之中內風界也於內風界如實觀察耳鼻舌身隨順觀察亦復如是如是觀已於可愛色不生樂著不為愛境之所破壞

復次修行者內身循身觀如此身者念念生滅生老病死此身如幻空無所有無實無堅如水泡沫眾苦集處眾苦所依眾苦之藏如是身中無有少樂一切皆苦一切無常一切破壞衰變之法磨滅不淨復次修行者觀身循身觀如是身者孰為其本云何順行誰為救護云何而住是比丘如實觀察復作是念如是身者以業為本由業順行業為能救若集善業生天人中惡業相應墮於地獄餓鬼畜生如是身者不淨不堅無常不住如是比丘如實觀身於愛欲中不復生念

復次修行者如實觀眼如閻浮提人所有眼根有虛空處得見色像餘方所見如是不耶若諸弟子或聞我所說或以天眼智慧觀察閻浮提人見色之時有眼有色有明有空無导有意念心五因緣故而得見色鬱單越人則不如是設無空處亦得見色猶如魚等水中見色鬱單越人於山障外徹見無导亦復如是

復次修行者隨順觀身如閻浮提人耳之所聞愛不愛聲近則了了遠則不了大遠不聞鬱單越人則不如是是比丘如實觀於鬱單越人耳之所聞若近若遠若大若小若愛不愛以報勝故而皆能聞譬如日光近遠麁細若淨不淨光明悉照鬱單越人所聞音聲亦復如是

復次修行者隨順觀身如閻浮提人鼻根所聞鬱單越人如是不耶彼以

正法念處經卷第六十四　第四張　終

聞慧或以天眼見鬱單越人以報勝
故但聞衆香不聞臭氣辟如水乳同
置一器鵝王飲之但飲乳汁其水猶
存鬱單越人亦復如是但聞衆香不
聞臭氣
復次修行者隨順觀身如閻浮提人
舌所得味鬱單越人如是不耶彼以
聞慧或以天眼見閻浮提人上中下
食鬱單越人則不如是鬱單越人無
我所心常自行善自然粳米其食一
味閻浮提人則不如是
復次修行者隨順觀身如閻浮提人
種種色身鬱單越人如是不耶彼以
聞慧或以天眼觀閻浮提人種種色
身鬱單越人則不如是以善業故純
一色身遂等身等其色猶如閻浮檀
金其身圓直柔軟端正其報不比閻
浮提人閻浮提人無量種業其行不
同是故則有無量種身無量種色如
是比丘於二天下人世界中隨順觀
已次觀第三弗婆提國如閻浮提人
鬱單越人所有諸入與弗婆提人諸
入所見為同不耶彼以聞慧或以天

正法念處經卷第六十四　第五張　終

眼見弗婆提人於黑闇中亦見衆色
如閻浮提中猫虎兕馬角鵄之屬無
光明處能見衆色弗婆提人亦復如
是於夜闇中如眼境界能見一切麁
細衆色
復次修行者隨順觀身云何觀於閻
浮提人如前所說如閻浮提人所聞
之音弗婆提人如是不耶彼以聞慧
或以天眼見弗婆提人聞怖畏聲耳
識所緣盡一箭道以福德故不聞遠
處怖畏之聲
復次修行者隨順觀身已觀三天下
衆生住處如閻浮提人鬱單越人鼻
識所緣弗婆提人如是不耶彼以聞
慧或以天眼見弗婆提人晝所聞香
鼻識齅已夜亦如是以報勝故
復次修行者隨順觀身如閻浮提人
鬱單越人舌識知味如是弗婆提人
所得之味如是不耶彼以聞慧或以
天眼見弗婆提人一食踰盧迦三日
不飢弗婆提人乃至命終身無病惱
以法勝故若臨命終遇病五日尒乃
命終復次修行者隨順觀身如閻浮

正法念處經卷第六十四　第六張　終　晉

提人鬱單越人身之形相弗婆提人
如是不耶彼以聞慧或以天眼見弗
婆提人其身圓滿如尼俱陁樹復次
修行者隨順觀身於三天下如實觀
已觀於第四瞿陁尼人所住之處云
何瞿陁尼人緣身境界彼以聞慧或
以天眼見瞿陁尼人眼識所緣山辟
無㝵如於頗梨琉璃之中見衆色像
瞿陁尼人亦復如是
復次修行者隨順觀身如閻浮提中
鬱單越中弗婆提中三天下人聞聲
差别瞿陁尼人耳識緣聲如是不耶
彼以聞慧或以天眼見瞿陁尼人眼
識聞聲如閻浮提中蚰蜒之類眼中
聞聲瞿陁尼人亦復如是如隔障㝵
聞衆音聲見衆色像亦復如是以法
勝故
復次修行者隨順觀身如閻浮提人
弗婆提人鼻識緣香瞿陁尼人如是
不耶瞿陁尼人齅香法異眼等別緣
云何瞿陁尼人鼻識緣香彼以聞慧
或以天眼見瞿陁尼人若眼見色即
亦知香若眼不見亦聞其香以法

勝故

復次修行者隨順觀身云何瞿陁尼人舌識縁味彼以聞慧或以天眼見瞿陁尼人食於稗子飲於牛味如閻浮提人飲甘蔗酒蒲桃之酒瞿陁尼人飲牛五味能令惛醉亦復如是瞿陁尼人食於稗子如閻浮提人食粳粮飯充足飽滿

正法念處經卷第六十四　第七張　終

復次修行者隨順觀身云何觀於瞿陁尼人身之量耶彼以聞慧或以天眼見瞿陁尼人其身長短半多羅樹如業相似自業色身

復次修行者思惟觀察四天下中何等住處性等相似意等相似行等相似乎對觀察彼以聞慧或以天眼見四天下衆生心意無有一人心意相似無有一人行等相似無有一人身等相似一切無有一人相似是名比丘隨順觀身

復次修行者隨順觀身云何四天下人頗有一人無業無因來生不耶無業藏耶無業流轉耶頗有不行習欲法耶如是比丘不見一人無業藏者無有一人無業而生無有一人無業流轉無有一人不習欲法隨所作業或善或不善隨業受報無有一人不為怨親中人所攝是名修行者隨順觀身

正法念處經卷第六十四　第八張　終　晉

復次隨順觀身云何集業而得天身云何天中受五欲樂彼以聞慧或以天眼觀諸衆生生四天王天處受天五欲眼視美色不知猒足或細或麁自以天眼見万由旬若化神通能見無量百千由旬如是修行者觀天無量善業勢力四天王天所見色貌皆悉可愛心生愛樂不見惡色

復次修行者隨順觀身云何四天王天耳聞音聲彼以聞慧或以天眼見四天王天若聞天聲甚可愛樂若以報耳聞三千由旬若化神通則能聞於二万由旬所聞音聲皆可愛樂

復次修行者隨順觀身云何四天王天鼻聞香耶彼以聞慧或以天眼見四天王天自報鼻根聞於衆香二百由旬若化神通聞於百千由旬之香

復次修行者隨順觀身云何觀於四天王天舌根充滿彼以聞慧或以天眼見四天王天舌根無猒亦無不愛如業所得以善業故於味不猒

正法念處經卷第六十四　第九張　終

復次修行者隨順觀身云何觀於諸天身耶若麁若細若速疾行彼以聞慧或以天眼見諸天身有大勢力神通微細於一手中置五百天在手而住各令諸天身不妨㝵亦不迫隘譬如一室燃五百燈其燈光明不相逼迫諸天手中置五百天亦復如是不迮不妨

復次諸天若化大身無量由旬若好若醜若有見者或怖不怖

復次修行者隨順觀身云何觀於速行天耶彼以聞慧或以天眼見速行天一眴目頃能行無量百千由旬還至本處隨天憶念所往之處無所障㝵若有所欲皆悉具足無能奪者於一切處所得之物皆悉自在於他無畏無能為㝵天境界樂念念增長以善業故受五欲樂是名行者隨順觀身

復次修行者隨順觀身云何觀於三

十三天身耶去何緣於境界受樂彼以聞慧或以天眼觀三十三天如四天王天受境界樂三十三天受於愛色聲香味觸勝四天王天足一千倍何以故三十三天所作之業勝愛大力可愛樂故勝於四天王天所作業故以三十三天所作業勝是故四天王天不及上天如是三十三天所受樂勝不可具說是名修行者隨順觀身

復次修行者隨順觀身云何觀於地獄地獄眾生所受之身謂活地獄黑繩地獄大合地獄叫喚地獄大叫喚地獄燋熱地獄大燋熱地獄阿鼻地獄彼以聞慧或以天眼見諸眾生所作之業不可愛業不喜樂業不善之業謂三種業於身口意造集業故墮地獄中集惡業故受地獄苦於地獄中受諸劇苦乃至惡業不盡終不得脫是名修行者隨順身觀復次修行者作是思惟作何等業墮於地獄彼以聞慧或以天眼見此眾生習近殺害樂習增長以是因緣墮活地獄又

見眾生習近殺生偷盜喜樂習近增長斯惡以此因緣墮黑繩地獄又見眾生習近殺生偷盜邪婬習近喜樂增長斯惡以是因緣墮眾合地獄又見眾生習近殺生偷盜邪婬妄語習近喜樂增長斯惡以是因緣墮叫喚地獄又見眾生殺生偷盜邪婬妄語勸人飲酒以是因緣墮大叫喚地獄又見眾生殺生偷盜邪婬妄語飲酒邪見以是因緣墮燋熱地獄又見眾生殺生偷盜邪婬妄語以酒飲人邪見不信或破比丘比丘尼戒以是因緣墮大燋熱地獄又見眾生作五逆業五種惡業以是因緣墮阿鼻地獄云何五逆若有眾生殺父殺母殺阿羅漢破和合僧若以惡心出佛身血如是五種大惡業故墮阿鼻地獄思惟如是地獄業報於諸眾生起悲愍心

復次修行者隨順觀身云何眾生墮餓鬼道彼以聞慧或以天眼見無量餓鬼以慳嫉故墮餓鬼中在於地下五百由旬無量餓鬼惡食無食或食

不淨手相食噉飢渴所逼受大苦惱上雨大火以燒其身此諸餓鬼隨惡業故受如是苦

復次修行者隨順觀身彼以聞慧或以天眼見畜生道彼見無量種種畜生略說三處一者水行所謂魚等二者陸行所謂象馬牛羊麞鹿豬等三者空行所謂無量眾飛鳥等

復次修行者隨順觀身彼以聞慧或以天眼觀於畜生有幾種生彼以聞慧或以天眼見諸畜生有四種生何等為四一者胎生所謂象馬水牛牛羊之類二者卵生所謂虵蚖鵝鴨鷄雉種種眾鳥三者濕生蚤虱蚊子之類四者化生如長面龍等是修行者如實觀畜生已若天若人若地獄餓鬼畜生不見一處不為恩愛別離所惱一切眾生輪轉生死或作怨家或為親友無有一處不生不滅如是比丘於生死處不生愛心如是心不喜樂如是猒離不隨如是破壞如是滅法不可久住一切眾生眾苦之處是故比丘生死之中多苦少味無常破壞當

應猒離猒離生死便得解脫如是那羅帝婆羅門聚落比丘修行者內身循身觀觀於內身於此身中分分不淨如實見身念念思惟從頭至足循身觀察是修行者初觀頭頂彼以聞慧或以天眼觀頭髑髏以為四分於頭骨內自有虫行名曰腦行遊行骨內生於腦中或行或住常食此腦於髑髏中復有諸虫住髑髏中若行若食還食髑髏復有髮虫住於骨外食於毛根以虫瞋故令髮墮落復有耳虫住在耳中食耳中肉以虫瞋故令人耳痛或令耳聾復有鼻虫住在鼻中食鼻中肉以虫瞋故能令其人飲食不美腦涎流下虫食腦涎是故令人飲食不美復有脂虫生在脂中住於脂中常食人脂以虫瞋故令人頭痛復有續虫生於節間有名身虫住在交牙以虫瞋故令人脉痛猶如針刺復有諸虫名曰食涎住舌根中以虫瞋故令人口燥復有諸虫名牙根虫住於牙根以虫瞋故令人牙疼是名內修行者循身身觀是十種虫住於頭中

復次修行者觀身循身觀頭內中有幾骨耶彼以聞慧或以天眼見髑髏骨頭有四分額骨頰骨合有三分鼻骨一分支牙二骨頤有一骨牙齒合有三十二骨齒根亦介咽喉二骨如是項中有十五骨

復次修行者內身循身觀云何頭內以食增長和合有覺彼以聞慧或以天眼觀於頭內則有四分兩頰二分咽喉及舌肉段一分上下兩唇及其兩耳皮肉四分其舌根者名為脉肉貪著上饍樂於六味

復次修行者內身循身觀有何等虫住在何處作何等業或病或安彼以聞慧或以天眼初觀咽喉咽喉有虫名曰食涎咀嚼食時猶如歐吐涎唾和雜欲咽之時與腦涎合喉中涎虫共食此食以自活命若虫增長令人瘷病若多食膩或多食甜或食重食或食醋食或食冷食虫則增長令人咽喉生於疾病觀涎虫已如實知身

復次修行者內身循身觀觀於唾虫能消諸唾或能為病或令安隱彼以

聞慧或以天眼見消唾虫住咽喉中若人不食如上膩等虫則安隱能消於唾於十脉中流出美味安隱受樂若人多唾虫則得病以虫病故則吐冷沫吐冷沫故胷中成病觀唾虫已如實知身

復次修行者內身循身觀觀於吐虫云何令人安隱疾病住在何處食何等食彼以聞慧或以天眼見於吐虫住人身中住於十脉流注之處若人食時如是之虫從十脉中踊身上行至咽喉中即令人吐令人生於五種歐吐何等為五一者風吐二者陰吐三者唾吐四者雜吐五者蠅吐若虫安隱食則調順入於腹中云何吐虫生於風吐彼以聞慧或以天眼見食輕冷若無膩食則發風病令人大小便利難通眼不能睡風入咽喉風動吐虫以此過故是名風吐觀吐虫已如實知身

復次修行者觀內身循身觀云何吐虫令人吐陰彼以聞慧或以天眼見

人食辛鹹熱和合令人發熱惱於吐虫從其住處動而上行令人吐陰觀吐虫已如實知身

復次修行者觀內身循身觀云何吐虫令人吐唾彼以聞慧或以天眼見人食於甜冷重食膩滑之食或食已睡眠令唾增長唾增長故唾虫增長為咽喉病令身沉重則有冷唾觀吐虫已如實知身

復次修行者觀內身循身觀云何吐虫生於雜吐彼以聞慧或以天眼見食輕冷無膩之食辛酢鹹食滑冷重膩能令吐虫行咽喉中以是三過能令人吐觀吐虫已如實知身

復次修行者觀內身循身觀云何蠅吐令人歐吐彼以聞慧或以天眼見蠅食不淨故蠅入咽喉令吐虫動則便大吐觀吐虫已如實知身

復次修行者觀內身循身觀彼以聞慧或以天眼見醉味虫行於舌端乃至命脉於其中間或行或住微細無足若食美食虫則惛醉增長若食不美虫則萎弱此虫食時如蜂食花微

細甜味以用作蜜耆味虫食亦復如是然其所食雖復微細亦得充足若虫得味我亦如是得此食味若虫憶食我亦憶食若我不食如是醉虫則亦病若不得安隱觀醉虫已如實知身

復次修行者觀內身循身觀觀放逸虫云何此虫為我病惱或作安隱彼以聞慧或以天眼見放逸虫住於頂上若至腦門令人疾病若至頂上令人生瘡若至咽喉猶如蟻子滿咽喉中若住本處病則不生是名觀於放逸之虫觀放逸虫已如實知身

復次修行者內身循身觀觀於貪嗜六味之虫云何病惱云何安隱彼以聞慧或以天眼見六味虫所貪嗜者我亦貪嗜隨此味虫所不嗜者我亦不便若得熱病虫亦先得如是熱病以是過故令於病人所食不美無有食味觀味虫已如實知身

復次修行者內身循身觀觀抒氣虫住於頂下彼以聞慧或以天眼見抒氣虫以瞋恚故食腦作孔或咽喉痛

或咽喉塞咽喉風噎生於死苦此抒氣虫共咽喉中一切諸虫皆悉擾乱生諸病惱此抒氣虫常為唾覆其虫短小有面有足觀抒氣虫已如實知身

復次修行者內身循身觀彼以聞慧或以天眼見憎味虫住於頭下咽喉根中云何此虫為我病惱或作安隱彼見此虫憎嫉諸味唯嗜一味或嗜甜味憎於餘味或嗜酢味憎於餘味或嗜辛味憎於餘味或嗜鹹味憎於餘味或嗜苦味憎於餘味或嗜醶味憎於餘味隨所憎味我亦憎之隨虫所嗜我亦嗜之舌端有脉隨順於味令舌乾燥以虫瞋故令舌瘖瘂而腫或令咽喉即得嗽病若不瞋恚咽喉則無如上諸病觀憎味虫已如實知身

復次修行者內身循身觀見嗜睡虫其形微細狀如牖塵住一切脉流行趣味住骨髓內或住肉內或髑髏內或在頬內或齒骨內或咽骨中或在耳中或在眼中或在鼻中或在鬚髮

此嗜睡虫風吹流轉若此虫病若虫疲極住於心中心如蓮花晝則開張無日光故夜則還合心亦如是虫住其中多取境界諸根疲極虫則睡眠虫睡眠故人亦睡眠一切衆生悉有睡眠若此睡虫晝日疲極人亦睡眠觀睡虫已如實知身

復次修行者內身循身觀見有腫虫行於身中或住頭中或住項中行於血中或行脂中其身微細隨飲血處則有腫起瘤瘤而疼或在面上或在項上或在咽喉或在腦門或在餘處所在之處能令生腫若住筋中則無病苦觀腫虫已如實知身如是鄰羅帝婆羅門長者聚落比丘修行者觀虫種類從於頭中舌耳腦門毛孔髮中皮肉骨血筋脉之中如實觀之既觀察已於舌味中生猒離心於後生處不復愛味於無量無邊由旬愛縛味海能生猒離以猒離故不為食愛之所亂惱不復親近豪貴長者離於多欲於食知足取得支身以是義故不嫉他人得供養利不樂多言不樂

住寺不起身慢不生色慢不恃衣服而生憍慢不恃袈裟鉢盂而生憍慢不恃弟子而生憍慢不恃聚落而生憍慢不恃親里而生憍慢獨一無貪遠離塵垢住寂靜處近於涅槃若貪嗜美味没於味海為魔所攝去涅槃遠是修行者觀諸虫已於味猒離不貪飲食

復次修行者內身循身觀如實觀於脊骨彼以聞慧或以天眼見其脊有四十五骨胸十四骨左右脇肋各十二骨節亦如是胞骨亦然如是分別觀骨節已復觀從肩至髖幾分肉臠如是左右各十二臠作是觀已如實知身

復次修行者內身循身觀有幾許筋連綴(綴下)縛彼以聞慧或以天眼見左右脇除於皮肉一百細筋以為纒縛觀筋纒已如實知身

復次修行者內身循身觀觀於此身從髆至髖有幾許脂彼以聞慧或以天眼自見已身以食因緣脂則增長以食因緣令脂損減極羸瘦人摩伽

陁等有五兩脂既觀察已如實知身

復次修行者內身循身觀觀我此身有幾許水彼以聞慧或以天眼自見身中有十掬水從毛孔出名之為汗於諸根中眼則出淚名為濕界以食因緣脂血增長觀身水已如實知身

復次修行者內身循身觀觀其身中幾許糞穢彼以聞慧或以天眼見其身中有七掬屎有六掬唾作此觀已如實知身

復有修行者內身循身觀觀我身中幾許痰癊及尿彼以聞慧或以天眼見其身中五掬黄癊尿有四掬除其病時或增或減如是觀已如實知身

復次修行者內身循身觀觀我身中幾許脂髓不淨穢精彼以聞慧或以天眼見其身中十二掬脂髓有一掬精有一掬如是觀已如實知身

復次修行者內身循身觀觀其身中有幾許風彼以聞慧或以天眼見身空處有三掬風如是觀已如實知身

復次修行者內身循身觀觀其身中幾脉常流飲食消化彼以聞慧或以

天眼見其身中有十三脉若脉流注令身肥悦辟如櫟樺沒水流注溉灌令其增長身脉溉灌亦復如是何等十三一名命流脉二名隨順流脉三名水流脉四名汗流脉五名尿流脉六名糞流脉七名十流脉八名汁流脉九名肉流脉十名脂流脉十一名骨流脉十二名髓流脉十三名精流脉觀流脉已如實知身

復次修行者内身循身觀如彼流脉與誰為本令身肥悦復有諸虫處處遍行彼以聞慧或以天眼見命流脉心為其本隨順流脉兩脇為本水流脉者生藏脾心以為根本汗流脉者毛根及脂以為根本尿流脉者根胞為本糞流脉者熟藏下門為本十流脉者咽喉及心以為其本汁流脉者肺為其本肉脂流脉者筋皮為本骨流脉者一切績節為本髓精流脉者卵及身根為本如是行者觀流脉已如實知身

復次修行者觀身循身觀有何等虫何處流行或為疾病或為安隱從於髓骨乃至遍身彼以聞慧或以天眼見十種虫至於肝肺人則得病何等為十一名食毛虫二名孔穴行虫三名禪都摩羅虫四名赤虫五者食汁虫六名毛燈虫七名瞋血虫八名食血虫九名瘖瘖虫十名酢虫此諸虫等其形微細無足無目行於血中痛痒為相

復次修行者内身循身觀一一諸虫在於身中為何所作彼以聞慧或以天眼見食毛虫若起瞋恚能噉鬚眉皆令墮落令人癩病若孔行虫而起瞋恚行於血中令身瘡澁頑痺無知若禪都摩羅虫流行血中或在鼻中或在口中令人口鼻皆悉臭惡若其赤虫而起瞋恚行於血中能令其人咽喉生瘡若食汁虫而起瞋恚行於血中令人身體作青瘀瘦或黑或黃瘀瘓之病若毛燈虫起於瞋恚血中流行則生病苦瘡癬熱黃疥癩破裂若瞋血虫以瞋恚故血中流行或作赤病女人赤下身體搔痒疥瘡膿爛若食血虫瞋而生病腦頭旋迴轉於咽喉中口中生瘡下門生瘡若瘖瘖虫血中流行則生疾病瘦頓困極不欲飲食若酢虫瞋恚亦令其人得如是病如是一切諸虫及其種類既觀察已如實知身

復次修行者内身循身觀觀十種虫行於陰中何等為十一名生瘡虫二名剌虫三名閑筋虫四名動脉虫五名食皮虫六名動脂虫七名和集虫八名臭虫九名濕虫十名熱虫

復次修行者内身循身觀觀何等虫住我身中或為疾病或為安隱彼以聞慧或以天眼見於瘡虫隨有瘡處諸虫圍遶噉食此瘡或於咽喉而生瘡病觀瘡虫已如實知身

復次修行者内身循身觀觀於剌虫作何等病彼以聞慧或以天眼見於剌虫若生瞋恚令人下痢猶如火燒口中乾燥飲食不消其身剎剎木入熱藏晝夜不睡於熱藏中撓攪糞穢令尿冷等與尿和合住如是處作下痢病令不憶食劣弱不健若人愁惱虫則歡喜齧人血脉以為衰惱或下

赤血或不消下痢如是觀刺缶巳如
實知身

正法念處經卷第六十四

癸卯歲高麗國分司大藏都監奉
勅彫造

正法念處經卷第六十四

校勘記

一 底本，麗藏本。

一 五一二頁上一行經名，二行譯者，石作「正法念經卷第六十四」。

一 五一二頁上三行品名，石無；徑、清作「身念處品第七初之一」。

一 五一二頁上九行「佛告」，資、磧、普、南、徑、清作「佛言」。

一 五一二頁上一八行「唯有」，資、磧、普、南、徑、清作「雖有」。

一 五一二頁上二〇行「痰癊冷熱」，石作「膽膸冷勢」。

一 五一二頁上二一行「頭頂」，資、磧、普、南、徑、清作「頭項」。

一 五一二頁中四行第三字「內」，石作「肉」。

一 五一二頁中二一行第三字「誰」，石作「雖」。

一 五一三頁上二行「水乳」，徑作「水浮」。

一 五一三頁上四行首字「存」，資、磧、普、南、徑、清作「在」。

一 五一三頁上七行「欝單越人」，徑作「欝單越單」。

一 五一三頁上末行首字「入」，徑作「人」。

一 五一三頁下八行「之中」，磧作「之色」。

一 五一四頁上一二行「自業」，資、徑作「自葉」。

一 五一四頁上二一行「一人」，石作「人人」。

一 五一四頁下一七行「所徃」，石作「所住」。

一 五一四頁下二二行「觀身」，資、磧、普、南、徑、清作「身觀」。

一 五一五頁上五行「勝愛」，磧、普、南、徑、清作「勝受」。

一 五一五頁上一三行「大合」，資、磧、普、南、徑、清作「衆合」。

一 五一五頁中末行「恶食」，資、磧、普、南、徑、清作「有食」。

一　五一五頁下四行第五字「者」，石作「諸」。

一　五一五頁下一二行末字「牛」，磧、普、南、徑、清作「豬」。

一　五一五頁下一三行「卯生」，諸本作「卵生」。

一　五一五頁下一八行「怨家」，資、磧、普、南、徑、清作「寃家」。

一　五一六頁上八行首字「内」，資、磧、普、南、徑、清作「肉」。

一　五一六頁上末行第二字「内」，資、磧、普、南、徑、清作「内觀」。

一　五一六頁中二行「肉中」，資作「内中」。

一　五一六頁中四行「頷骨」，石作「頭骨」。

一　五一六頁中五行「一分」，石、徑作「一切」。同行「交牙二骨頭有一骨」，石作「交身二骨項有一骨」；資、磧、普、南、徑、清作「交牙二骨項有一骨」。

一　五一六頁中一七行「歐吐」，資、磧、普、南、徑、清作「嘔吐」。

一　五一六頁下一三行「令人吐」，徑作「令人唾」。

一　五一六頁下一四行「陰吐」，資、磧、普、南、徑、清作「癊吐」。

一　五一六頁下末行「吐陰」，石作「吐膾」；資、磧、普、南、徑、清作「吐癊」。下同。

一　五一七頁中一〇行「頂上」，資、磧、普、南、徑、清作「項上」。

一　五一七頁中一八行「不便」，資、磧、普、南、徑、清作「不嗜」。

一　五一七頁中二一行第一二字「抒」，石作「杼」。下同。

一　五一七頁下一行「風噎」，資、磧、普、南、徑、清作「氣噎」。

一　五一七頁下三行「病惱」，資、磧、普、南、徑、清作「疾惱」。

一　五一七頁下一五行「而腫」，石作「而重」；資、磧、普、南、徑、清作「而動」。

一　五一七頁下一六行「瘶病」，石作「嗽病」。

一　五一八頁上四行「疲極」，石作「疲瘀」。下同。

一　五一八頁上六行「睡虫」，資、磧、普、南、徑、清作「睡眠虫」。

一　五一八頁上九行「住頭中」，磧作「在頭中」。

一　五一八頁上二二行「取得」，資、磧、普、南、徑、清作「趣得」。

一　五一八頁中八行「飲食」，石作「欲食」。

一　五一八頁下九行第一二字「此」，石無。

一　五一八頁下一一行「復有」，諸本作「復次」。

一　五一八頁下一二行「痰癊」，石作「澹膾」。

一　五一八頁下一三行「黃癊尿」，石作「黃膾尿」。

一　五一八頁下二一行「三搊風」，資、磧、普、南、徑、清作「三種風」。

一　五一九頁上一四行「髀心」，資、磧、

普、南、徑、清作「肝心」。

一　五一九頁上一八行「流脉」，資作「脉流」。

一　五一九頁中二行「得病」，資、磧、普、南、徑、清作「得病疾」。

一　五一九頁中一八行「痶瘦」，石作「痶瘦」。

一　五一九頁中一九行首字「黃」，石作「黑」。

一　五一九頁下二行「困極」，石作「困瘀」。

一　五一九頁下七行「陰中」，石作「腌中」，資、磧、普、南、徑、清作「癊中」。

一　五一九頁下八行第六字「閉」，石作「門」。

一　五一九頁下一二行「疾病」，石作「疾疾」。

一　五一九頁下二〇行「撓攪糞穢」，石作「托撓韮穢」；資、磧、普、南、徑、清作「托撓臭穢」。

一　五二〇頁上卷末經名，石作「己上第六十四卷」。

正法念處經卷第六十五　終

元魏婆羅門瞿曇般若流支譯

身念處品之二

復次修行者內身循身觀觀閉筋虫彼以聞慧或以天眼見閉筋虫或行麁筋或行細筋若覺虫行筋則疼痛若不覺行筋則不疼痛一切骨肉皆亦消瘦筋中疼痛若虫瞋恚人不能食若住筋中而飲人血令人無力若食人肉令人羸瘦觀嚙筋虫已如實知身

復次修行者內身循身觀彼以聞慧或以天眼觀動脉虫是虫遍行一切脉中其身微細行無障㝵若虫住人食脉之中則有病過令身乾燥不憙飲食若虫住在水脉之中則有病生令口乾燥若在汗脉令人一切毛孔無汗若在尿脉令人淋病或令精壞或令痛苦若虫瞋恚行下門中令人大便閉塞不通苦惱垂死觀動脉虫已如實知身

復次修行者內身循身觀觀食皮虫彼以聞慧或以天眼見食皮虫以食過故虫則瞋恚能令人面顏色醜惡或生惡疱或痒或赤或黃或破或復令其鬚介墮落令人惡病或皮斷壞或肉爛壞觀食皮虫已如實知身

復次修行者內身循身觀觀嚙脂虫彼以聞慧或以天眼見動脂虫住在身中脂脉之內若食有過若多睡眠此虫則瞋不消飲食或生疥瘙或生惡腫毛根瘭病或得癭病或脉脹病或乾消病或身臭病或食時流汗如是觀動脂虫已如實知身

復次修行者內身循身觀觀和集虫於我身中作何等業或病或安彼以聞慧或以天眼見和集虫集二種身一者覺身二不覺身皮肉骨血脂髓精等是名覺身鬚毛介齒名不覺身是名和集二身以食過故虫則無力人亦無力不能速疾行來往返睡眠矇瞢或多燋渴皮肉骨血髓精損減觀和集虫已如實知身

復次修行者內身循身觀彼以聞慧或以天眼觀於臭虫住在肉中屎尿之中以食過故虫則瞋恚身肉屎尿涕唾皆臭鼻中爛膿或眵淚爛臭隨虫行處皆悉臭穢若衣若敷若食住齒中以虫臭故食亦隨臭衣敷盡臭舌上多有白垢臭穢身垢亦臭觀臭虫已如實知身

復次修行者內身循身觀彼以聞慧或以天眼見濕行虫行背肉中知食消已入胃三孔取人糞穢汁則成尿滓則為糞令入下門觀濕虫已如實知身

復次修行者內身循身觀觀十種虫行於根中一切人身皆從中生何等為十一名瘖瘖虫二名僁僁虫三名苗花虫四名大諂虫五名黑虫六名大食虫七名暖行虫八名作熱虫九名火虫十名大火虫此諸虫等住陰黃中何等是虫為人疾病或作安隱彼以聞慧或以天眼見瘖瘖虫以食過故虫則瞋恚食人眼睫令人眼痒多出眵淚此微細虫若行眼中眼則多病或令目壞若入精中眼生白瞖其虫赤色為眼生病若虫不瞋則無此

病觀瘖瘖虫已如實知身
復次修行者內身循身觀彼以聞慧
或以天眼見擬擬虫住在人身行於
陰中一切身中行無障㝵陰黃覆身
如此虫者若入骨中令人身體皆大
柔熱若行肉中晝夜常熱手足皆熱
若入皮裏身則汗出觀擬擬虫已如
實知身
復次修行者內身循身觀彼以聞慧
或以天眼見苗華虫行住陰中利觜
短足身如火藏不欲食飲若以食過
虫行異處隨所行處則大熱爛身血
增長其身大熱猶如烟起身皮破壞
如火燒瘡若虫順行則無此病觀苗
華虫已如實知身
復次修行者內身循身觀彼以聞慧
或以天眼見大諂虫住在身中行陰
黃中或安不安以食過故虫則瞋恚
從頂至足行無障㝵能令身中一切
熱血生於熱瘡若血若陰從於口中
耳中流出或死或次死或身青黃熱
病口苦若虫不瞋則無此病觀大諂
虫已如實知身

復次修行者內身循身觀彼以聞慧
或以天眼見於黑虫住在身內行於
黃陰中或安不安以食過故虫則瞋恚
令人面皯或生多癬或黑或黃或赤
或令身臭或令雀目或口中生瘡或
大小便處生瘡若虫不瞋則無此病
觀黑虫已如實知身
復次修行者內身循身觀彼以聞慧
或以天眼見大食虫住在身中或作
安隱或為疾病彼以聞慧或以天眼
見大食虫以食過故則生瞋恚住陰
黃中隨食隨消身大力故一切身及
身分眼耳鼻舌於自境界皆悉減劣
見不明了以食過故根不正緣若虫
不瞋則無此病觀大食虫已如實
知身
復次修行者內身循身觀彼以聞慧
或以天眼見暖行虫常愛暖食憎於
冷食此虫云何與人疾病云何安隱
彼以聞慧或以天眼見暖行虫若我
食冷或以飲冷或食或味虫則瞋恚
口多出水或極或重或寐或睡或心
陰蓋瞢或身疼強或復多唾或咽喉

病若虫不瞋則無此病觀暖行虫已
如實知身
復次修行者內身循身觀彼以聞慧
或以天眼見於熱虫住在身內行於
陰中作何等病云何安隱彼以聞慧
或以天眼見於熱虫住人身中若食
重食以食過故病垢增長妨出入息
以食過故令身麁大或咽喉塞令大
小便患皆白色不愛寒冷不愛酸食
觀熱虫已如實知身
復次修行者內身循身觀彼以聞慧
或以天眼見火食虫住在身內行住
陰中此虫寒時則便歡喜熱時萎弱
寒歡喜故人則憶食熱時火增不欲
飲食於冬寒時陰則清涼熱則陰發
如是火食虫如是增火觀火食虫已
如實知身
復次修行者內身循身觀見大火虫
此虫云何令人疾病或令安隱彼以
聞慧或以天眼見大火虫若人性所
不便而強食之以食過故虫則瞋恚
敢身內虫以是過故令人腸痛或脚
疼手疼隨食虫處則皆疼痛若虫不

瞋則無如上所說諸病觀黃陰虫已如實知身

復次修行者內身循身觀彼以聞慧或以天眼觀於骨中有十種虫何等為十一名舐骨虫二名嚙骨虫三名剖節虫四名赤口臭虫五名爛虫六名赤口虫七名頭頭摩虫八名食皮虫九名風刀虫十名刀口虫如是骨虫云何疾病云何安隱彼以聞慧或以天眼見舐骨虫住於骨外住多骨處或住髀骨脛骨𩪽骨脊骨如是一切骨中或行脉中以食過故虫則瞋恚令骨疼痛或令骨動令人色惡食近骨肉令骨大疼若虫不瞋則無如向所說諸病觀骨虫已如實知身

復次修行者內身循身觀彼以聞慧或以天眼見嚙骨虫遍住一切身骨之中若虫嚙骨諸大乾消其聲破散下痢不調或兩脇痛鼻塞歐吐不憶飲食若虫不嚙一切諸骨其人則無如是等病觀嚙骨虫已如實知身

復次修行者內身循身觀彼以聞慧或以天眼見剖節虫以食過故虫則

瞋恚或身身分頭痛心痛或於城邑聚落多人之處謂為空廓鼻塞心悶以痛悶故於好色聲香味觸中心不愛樂若剖骨虫調順不瞋則無如向所說諸病觀剖節虫已如實知身

復次修行者內身循身觀彼以聞慧或以天眼見於臭虫住在身中或為疾病或作安隱彼以聞慧或以天眼見此臭虫以食過故虫則瞋恚令身重熱或生赤色黑色瘓瘓身汗多出不能睡眠即成癩病一切身分皆悉爛臭若虫不瞋則無如向所說諸病觀臭虫已如實知身

復次修行者內身循身觀彼以聞慧或以天眼見爛骨虫住在身內或為疾病或作安隱彼以聞慧或以天眼見爛骨虫以食過故虫則瞋恚或一歲二歲乃至多年或年少時被傷瘡瘢雖復除差至老猶發如是爛虫久久乃發令骨壞爛體生赤瘡如優曇鉢羅果臭爛可惡其瘡大痒多有膿血從瘡流出衆蠅封著蚊虻唼食若爛骨虫調順不瞋則無如向所說之

病觀爛骨虫已如實知身

復次修行者內身循身觀彼以聞慧或以天眼見赤口虫住身骨中作何等病云何安隱彼以聞慧或以天眼見赤口虫以食過故則生瞋恚其虫赤色過於火色令人身體日夜汗流作血癖病若赤口虫調順不瞋則無如向所說之病觀赤口虫已如實知身

復次修行者內身循身觀彼以聞慧或以天眼見頭頭摩虫住在骨中行於骨中云何此虫令人疾病云何安隱彼以聞慧或以天眼見頭頭摩虫以食過故虫則瞋恚能令人身周遍生瘡若虫行時令人頻申心動忪忪或如失身或身動搖不能睡眠身體痒相猶如虫行目視不明得寒熱病或身體腫若頭頭摩虫不瞋則無如向所說諸病觀頭頭摩虫已如實知身

復次修行者內身循身觀彼以聞慧或以天眼見食皮虫住在身中或為疾病或為安隱彼以聞慧或以天眼見食皮虫以食過故虫則瞋恚脣口

及眼皆生諸瘡兩脇生瘡若行筋中或復嚙筋能令其人咽喉乾燥或復聾塞耳中膿出或髑髏上剎剎而行或非時頭白咽喉𤸷病非時睡眠或憎飲食不樂一處樂行空地心或多亂狂説是非虫食皮故一切身分廝裂破壞塵土坌身若虫不瞋則無如向所説諸病觀食皮虫已如實知身

復次修行者内身循身觀彼以聞慧或以天眼見風刀虫行於骨中以虫瞋故或為疾病或為安隱彼以聞慧或以天眼見風刀虫以食過故虫則瞋恚猶如虵蟄痛毒難忍所謂頭頂咽喉心胞大小便處手足甲中亦如針刺以虫嚙嚙鼻則失香舌不知味其目瞤動不憶飲食以虫瞋故與骨行虫共害其身以痛多故晝夜不睡若虫不瞋則無如向所説之病觀風刀虫已如實知身

復次修行者内身循身觀彼以聞慧或以天眼見刀口虫住在身中此虫或為疾病或作安隱彼以聞慧或以天眼見刀口虫始於母胎初出生時

此虫初生以法勝故始出胎藏飲母乳故是時此虫盡食餘虫後還雜食以是因緣餘虫還生觀刀口虫已如實知身此十種虫行於骨中如實觀之如實觀已眼離塵垢離凡夫過心生猒惡離我我所離疑清淨離於邪見如實知身乃至涅槃

復次修行者内身循身觀彼以聞慧或以天眼見十種虫行於屎中何等為十一名生虫二名針口虫三名白節虫四名無足虫五名散汁虫六名三㸌虫七名破腸虫八名閉塞虫九名善色虫十名穢門瘡虫其色可惡住糞穢中作何等病云何安隱彼以聞慧或以天眼見於生虫行糞穢中若虫燒熱我身亦熱若虫冷病我亦冷病下痢白膿令身損減顏色萎黄若此生虫調順不瞋則無如向所説之病觀生虫已如實知身

復次修行者内身循身觀彼以聞慧或以天眼見針口虫行糞穢中其身長大從於熟藏行趣生藏一切諸虫皆不能遮復從生藏上至咽喉唾吐

俱出或作心痛或令不安以火弱故與糞俱出須臾即死觀針口虫已如實知身

復次修行者内身循身觀彼以聞慧或以天眼見白節虫行糞穢中身短白色多虫相續冷而大臭破壞人力隨糞俱出衆蠅封愛有此病者糞穢益多不憶飲食觀白節虫已如實知身

復次修行者内身循身觀彼以聞慧或以天眼見無足虫住在身中此虫云何為人疾病云何安隱彼以聞慧或以天眼見無足虫以食過故虫則瞋恚吹一切風氣塞大小便若塞生藏不能歐吐亦不能嚏不能頻申疲極不安不能睡眠不耐飢渴以虫停故多生諸病觀無足虫已如實知身

復次修行者内身循身觀彼以聞慧或以天眼見散汁虫住在身中為消食故於汁流處撥令分散於身分中與汁俱行乃至於足從足至頂一切身分汁遍流故衆人説之以為好色若汁不流色則醜惡觀散汁虫已如實知身

復次修行者內身循身觀彼以聞慧或以天眼見三燋虫住在身中若我熱病虫增垢惡生藏不安火大增動以熱病故虫亦熱病遍身奔走熱惱自燋以虫瞋故味淶之脉皆悉乾燥渴病頭痛觀三燋虫已如實知身

復次修行者內身循身觀彼以聞慧或以天眼見破腸虫住在身中此虫云何而作疾病云何安隱彼以聞慧或以天眼見破腸虫若人多食飲食味故諸虫逼迫虫則生瞋齧破人腸或心脹痛或令風脹或令熱脹或令冷脹得如是等種種苦惱是破腸虫傷害人腸若虫調順則無如向所說之病觀破腸虫已如實知身

復次修行者內身循身觀彼以聞慧或以天眼見閉塞虫住在身中此虫云何為人疾病云何安隱彼以聞慧或以天眼見閉塞虫行糞穢中若我飲食其虫亦食食已閉塞以食過故傷害淶脉傷於火大所食腸脹屈腸戾腸或時令人心痛腸痛觀閉塞虫已如實知身

復次修行者內身循身觀彼以聞慧或以天眼見善色虫住在身中此虫云何而為疾病云何安隱彼以聞慧或以天眼見善色虫若我食時或食好肉或食惡肉或食重食虫於身中為作安隱口中取味走徧身中令無病惱氣力增長斷除諸病住在身中以福德故虫有大力人則有色氣力充足若虫無力人亦瘦瘠色貌憔悴觀善色虫已如實知身

復次修行者內身循身觀彼以聞慧或以天眼見下門瘡虫住在身中云何為我而作疾病云何安隱彼以聞慧或以天眼見下門瘡虫以食相違虫則瞋恚生種種瘡或生濕瘡或生乾瘡或前生瘡或後生瘡或生熱瘡若虫瞋恚閉塞穢門糞淶之脉若血淶脉若汁流脉或以火少不消飲食以火少故穢門生瘡以虫瞋故作種種病若虫不瞋則無如向所說諸病觀穢門瘡虫已如實知身

復次修行者內身循身觀彼以聞慧或以天眼見十種虫行於髓中有行

精中何等為十一名毛虫二名黑口虫三名無力虫四名大痛虫五名煩悶虫六名火色虫七名下流虫八名起身根虫九名憶念虫十名歡喜虫

復次修行者內身循身觀彼以聞慧或以天眼見有髓虫名曰毛虫一切身分皆悉生毛若此虫瞋令髓傷害既與其過便食人髓令人癩病顏色醜惡骨髓疼痛皆失氣力若毛虫調順不生瞋恚則無如向所說諸病觀毛虫已如實知身

復次修行者內身循身觀彼以聞慧或以天眼見黑口虫住於髓中一切身中行無障导若虫瞋恚能令髓融以傷髓故令人色惡曲脊身傴行步不便拄杖而行顏色憔悴身體振掉若黑口虫調順不瞋則無如向所說諸病觀黑口虫已如實知身

復次修行者內身循身觀彼以聞慧或以天眼見少力虫住在身中此虫食髓若髓不足虫則無力虫無力故人亦無力復有餘虫亦食人髓為於強虫之所陵逼人則苦惱觀無力虫

已如實知身

復次修行者內身循身觀彼以聞慧或以天眼見大痛蟲遊行髓中流轉常行遍諸身界此蟲能為諸病因緣遍諸根中膿汁流出不能睡眠觀大痛蟲已如實知身

復次修行者內身循身觀彼以聞慧或以天眼見於悶蟲住在身中行於微細心流脉中與脉為妨以妨脉故則得心病心悶欲吐顏色弊惡不欲飲食或熱病心痛猶如刀割見外蟲時心悶欲吐觀悶蟲已如實知身

復次修行者內身循身觀彼以聞慧或以天眼見有諸蟲名曰下流行精流脉中若食好食發欲之食令精增長如此蟲等於尿流脉中引精令出觀下流蟲已如實知身

復次修行者內身循身觀彼以聞慧或以天眼見起根蟲住在胞中若尿滿胞蟲則歡喜既歡喜已以尿因緣令身根起此是一切愚癡凡夫不善觀門觀起根蟲已如實知身

復次修行者內身循身觀彼以聞慧

或以天眼見憶念歡喜蟲作何疾病云何安隱若蟲歡喜有力多見諸夢或善不善以蟲過故以蟲流行於心脉故夢見眾相觀憶念蟲已如實知身

如是那羅帝婆羅門長者聚落修行比丘作是觀已如實觀身如是身者何者是常不動不壞何者為樂何者是我何者是淨何者可恃彼以聞慧或以天眼見此身中若麁若細無有一法是常不動不壞若樂若淨若我而可依恃譬如有人求日中闇若麁若細皆不可得身亦如是若有求其常樂我淨亦不可得是名修行者內身循身觀作是觀時遠離魔界近涅槃道愛不能亂及餘煩惱不能為辱是名內身循身觀

復次修行者內身循身觀有何等風住在身中若調不調作何等業彼以聞慧或以天眼見心轉風住在身中云何心風能運轉身彼以聞慧或以天眼見心轉風以風調故能轉其身或行或住或俯或仰或作眾事以風力故或安或危觀心轉風已如實知

身是名內身循身觀

復次修行者內身循身觀有何等風住在身中若調不調作何等業彼以聞慧或以天眼見爪甲風住在身中若不調順為何所作彼以聞慧或以天眼見手足甲以風因緣而得增長乃至老朽是名觀於爪甲之風如是修行者觀身內風以風堅故手足爪甲亦成堅實速得增長比丘如是觀身爪甲如實知身

復次修行者內身循身觀有何等風住在身中若調不調作何等業彼以聞慧或以天眼見足下風住在身中若不調順為何所作彼以聞慧或以天眼見足下風若不調順能生搔痒既生搔痒能令生瘡或於行時蹈地有聲令足骨堅耐於寒熱又此足筋通於眼脉以油灌鼻以油塗足令眼明淨觀足下風已如實知身

復次修行者內身循身觀有何等風住在身中若調不調作何等業彼以聞慧或以天眼見不覺風住在身中或調不調為何所作彼以聞慧或以

天眼見不覺風住於皮內令跱瘡瘡以風力故令跱皮內猶如蟻行若以手捺瘙如蟻虫觀不覺風已如實知身

復次修行者內身循身觀有何等風住在身中若調不調作何等業彼以聞慧或以天眼觀見有風名曰破骨住在身中若不調順為何所作彼以聞慧或以天眼見破骨風或晝或夜或行或住或在園林或在寺舍或疲極時破骨苦痛不得睡眠手足不便不能屈申觀破骨風已如實知身

復次修行者內身循身觀有何等風作何等業彼以聞慧或以天眼見有一風名曰破行住在身中若不調順為何所作彼以聞慧或以天眼見破行風若不調順此風則發以為惱亂不能行步去来進趣觀破行風已如實知身

復次修行者內身循身觀有何等風住在身中若調不調作何等業彼以聞慧或以天眼見破踝風住在身中為作何等彼以聞慧或以天眼見破節風若得冷觸令膝骨疼遍於身中觀破節風已如實知身

復次修行者內身循身觀有何等風住在身中若調不調作何等業彼以聞慧或以天眼見破膝骨風住在身中若不調順為何所作彼以聞慧或以天眼見破髀骨風若不調順令其膝內汁流之脉洪麁甚壯令脚屈申兩髀相近肉重腿起如是觀破髀風已如實知身

復次修行者內身循身觀有何等風住在身中若調不調作何等業彼以聞慧或以天眼見有節風住在身中為何所作彼以聞慧或以天眼見有節風於兩肩四節咽喉二節頷骨二節鼻骨一節頤骨一節牙齒骨有三十二節上腭一節交牙二節項十五節兩膊二節兩肘二節兩腕二節脊骨數有四十五節胷十四節左右脇肋各十二節兩脇肋端各有脆骨二十四節攢骨一節跨骨二節身根一接兩髀二節兩膝二節兩踝二節足跟二節足趺二節兩手二足上下合有六十節手足介甲合二十節此是節風之所依也若我有病或致喪命或致苦惱觀節風已如實知身

復次修行者內身循身觀有何等風住在身中若調不調為何所作彼以聞慧或以天眼見髀頑風住在身中若不調順為何所作彼以聞慧或以天眼見髀頑風若不調順不能屈由不能行来以病過故觀髀頑風已如實知身

復次修行者內身循身觀有何等風住在身中若調不調作何等業彼以聞慧或以天眼見身行界風住在身中若不調順為何所作彼以聞慧或以天眼見身界風調順安隱則有氣力氣行出入能消飲食身有顏色眼耳鼻舌身皆安隱所食消化若不調順身色麁惡五根減劣飲食不消顏色不悅眼等諸根於境劣弱不產子孕如是觀身行界風已如實知身

復次修行者內身循身觀有何等風住在身中若調不調作何等業彼以聞慧或以天眼見抽筋風住在身中若不調順為何所作彼以聞慧或以

天眼見抽筋風若風調順諸有所作若眠若住一切身色皆悉光澤皆是筋風之所為作若不調順不能修作若眠若住一切不能有所施作觀筋風已如實知身

復次修行者內身循身觀有何等風住在身中若調不調作何等業彼以聞慧或以天眼觀見有風名曰往返住在身內若不調順為何所作彼以聞慧或以天眼見往返風若不調順閉身流脉令作淋病一切身分皆悉疼痛腹痛身根疼痛不能飲食精血竭盡不產子孕若風調適則無此病觀往返風已如實知身

復次修行者內身循身觀有何等風住在身中若調不調作何等業彼以聞慧或以天眼觀見有風名節行惱乱住在身中若不調順為何所作彼以聞慧或以天眼見節行惱乱風若不調順令人生癬或生痔病便利苦惱四大枯悴或令頭痛飲食不消下風不通身體燋悴生諸瘡病或生熱病若行節風調順則無如上所說

諸病觀行節風已如實知身

復次修行者內身循身觀有何等風住我身中或調不調作何等業彼以聞慧或以天眼觀見有風名破毛爪糞住在身中若不調順為何所作彼以聞慧或以天眼見破毛爪糞風若不調順諸根瘦損或復頭痛或一眼一耳乜面疼痛或目視眩眩或復鼻塞不知香臭面色萎黃欬逆歐無見不淨時即便歐吐其心多乱不能禪思常念身心無病安隱人身之中受想行識四陰住處此身所攝一切無常作是觀已知生死法觀破毛爪風已如實知身

復次修行者內身循身觀有何等風住我身中作何等業彼以聞慧或以天眼見乱精沫風於小便中能令其人精尿俱出細如芥子與尿俱出或大便疼作如是病惱乱其心不得專一若風調順則無此病觀乱精風已如實知身

復次修行者內身循身觀有何等風住在身中或作安隱或不安隱彼以

聞慧或以天眼見有老風住在身中隨風轉增漸就衰老氣力微弱不能去來須臾欲起極不從心行住坐卧疲極頓乏猶如他身心睡惛濁若風調順則無此病觀老風已如實知身

復次修行者內身循身觀有何等風住我身中或為安隱或不安隱彼以聞慧或以天眼見塞胞風住在身中若不調順身內瞤動身羸心痛屎尿閉塞便利澁難妨於修禪得大苦惱心意散乱識不安隱不能觀法以身苦故不能念法若風調順則無如向所說諸病觀塞胞風已如實知身

正法念處經卷第六十五

癸卯歲高麗國分司大藏都監奉
勅彫造

正法念處經卷第六十五

校勘記

一　底本，麗藏本。

一　五二三頁上一行經名、二行譯者、三行品名，石作「已下正法念經身念處品之二卷第六十五」。

一　五二三頁上三行「身念處品」，資、磧、普、南、徑、清作「身念處品第七」。以下各卷同。

一　五二三頁上七行「不疼痛」，諸本作「不疼」。

一　五二三頁上一八行「無汙」，資、磧、普、南作「無汗」。

一　五二三頁上一九行「痛苦」，資、磧、普、南、徑、清作「病苦」。

一　五二三頁上二〇行「不通」，石作「不痛」。

一　五二三頁中五行第三字「爛」，石作「瀾」。下同。同行末字「身」，徑作「可」。

一　五二三頁中一〇行「瘰病」，石作「螺病」。

一　五二三頁下一七行第一三字及五二四頁上四行首字「陰」，石作「䏙」；資、磧、普、南、徑、清作「癊」。下同至次頁上一行第一二字。

一　五二三頁下一八行第四字「是」，諸本無。

一　五二三頁下二二行「精中」，徑、清作「睛中」。

一　五二四頁上六行「肉中」，諸本作「皮中」。

一　五二四頁上七行「汗出」，磧作「汙出」。

一　五二四頁上一三行「大熱」，石作「承熱」；資、磧、普、南、徑、清作「蒸熱」。

一　五二四頁上一七行至次行「陰黃」，資、磧、普、南、徑、清作「黃癊」。

一　五二四頁中四行「面皯」，石作「面披」；資作「面皺」。

一　五二四頁中一一行第二字「大」，磧作「次」。

一　五二四頁中二一行「飲冷」，磧作「欲冷」。

一　五二四頁中末行「疼強」，諸本作「疼腦」。

一　五二四頁下一二行「火食」，石作「食火」。

一　五二四頁下一六行「憎火」，石作「增火」。

一　五二五頁上五行及一〇行「舐骨虫」，石作「蚳骨虫」。

一　五二五頁下六行「汗流」，資、磧、普、南、徑、清作「汁流」。

一　五二五頁下一七行第一一字「得」，資、磧、普、南、徑、清作「作」。

一　五二六頁上一五行「嚙嚙鼻則失香」，資、磧、普、南、徑、清作「嚙齒鼻不識香」。

一　五二六頁下一五行末字「停」，資、磧、普、南、徑、清作「瞋」。

一　五二七頁上三行「火大」，資作「火火」。

一　五二七頁上二二行「腸痛」，資、磧、

普、南、徑、清作「腹痛」。

一　五二七頁中一六行「熱瘡」，徑作「熱瘡」。

一　五二八頁上一〇行「心病」，資、磧、普、南、徑、清作「心痛」。

一　五二八頁上一九行第一一字「胞」，資、磧、普、南、徑、清作「泡」。二〇行第二字同。

一　五二八頁中八行「是我」，資作「是樂」。

一　五二八頁下一〇行首字「身」，資、磧、普、南、徑、清作「手」。

一　五二八頁下一六行「能令」，資、磧、普、徑、清作「能令人」。

一　五二九頁上一行「令蹲」，資、磧、普、南、徑、清作「令腨」。下同。

一　五二九頁上九行第一〇字「在」，徑作「極」。

一　五二九頁中一四行第一〇字「二」，徑、清作「一」。一七行第四字同。

一　五二九頁中一五行「頤骨」，石作「項骨」。

一　五二九頁中二一行首字「接」，清作「節」。

一　五三〇頁上三行「筋風」，諸本作「抽筋風」。下同。

一　五三〇頁上二〇行「便利」，資、磧、普、南、徑、清作「便痢」。

一　五三〇頁中八行「䀮䀮」，磧、普、南、徑、清作「𥈭𥈭」。

一　五三〇頁中一三行第一二字「毛」，資、磧、普、南、徑、清作「毛爪」。

一　五三〇頁下五行「調順」，諸本作「調適」。

一　五三〇頁下九行「身肉」，石作「身內」。

一　五三〇頁下卷末經名，石作「正法念經卷第六十五」。

趙城縣廣勝寺

正法念處經卷第六十六　終

元魏婆羅門瞿曇般若流支譯

身念處品之三

復次修行者內身循身觀有何等風住我身中或作安隱或不安隱彼以聞慧或以天眼見乾糞風若我多食風則不調能令苦惱入於身分筋脉之中令糞乾燥或二日三日四日五日乃一便利乾燥少織而甚苦痛若風調順則無此病觀乾糞風已如實知身

復次修行者內身循身觀有何等風住我身中或為安隱或不安隱彼以聞慧或以天眼見兩傍風若不調順為何所作彼以聞慧或以天眼見兩傍風行於身側血則乾燥以血乾燥受大痛苦若風調順則無此病觀兩傍風已如實知身

復次修行者內身循身觀有何等風住我身中或作安隱或不安隱彼以聞慧或以天眼觀何等風住我身中作何等業彼以聞慧或以天眼觀見

有風名塞九孔住在身中若不調適能令九孔閉塞不通頭有七孔及大小便九孔既塞身則病苦入息出息不得安隱若風調順令身安隱乃能行法以風持故身得去来觀九孔風已如實知身

復次修行者內身循身觀彼以聞慧或以天眼見何等風住我身中作何等業彼以聞慧或以天眼見有一風名斷身分若不調順為何所作彼以聞慧或以天眼見斷身分風若不調不順手指則攣不得造作手足皆攣脞筋急痛九處筋脉弦弦而急身分搖動疲極無力斷身分風若調順者則無如是所說諸病觀斷身分風已如實知身

復次修行者內身循身觀有何等風住我身中或作安隱或不安隱彼以聞慧或以天眼見內有風名曰害火住在身中為何所作彼以聞慧或以天眼見此風力能除火熱令食不消不消食故不復憶食不能食故則無顏色何故無色血乾燥故以血乾燥

肉則消盡肉消盡故筋則拳縮不復生脂不生脂故骨亦乾燥骨乾燥故髓亦乾燥髓乾燥故遍身精盡心中氣力風吹故動若宫火風調順安隱則無如上所說病苦觀宫火風已如實知身

復次修行者内身循身觀有何等風住我身中作何等業彼以聞慧或以天眼見有風名作一切身分冷風為何所作彼以聞慧或以天眼見一切身分冷風令身臭涅堅澁惡色身體皴減羸瘦毛竪身生黑瘡膿出爛臭擔齘汁流或生赤創或大烝熱或生白瘡遍身麁大或復其身如白象皮麁澁生瘡或復口齒希踈黧黑手足生瘡猶如工師疲極頻之身生瘡癬手足常熱堅鞕麁惡或生瘡爛爪甲惡色鼻柱萎倒眼睫墮落人所惡賤一切施主之所惡見衆蠅封著爪甲墮落若睡眠時氣息憒濁鼾睡大聲不欲飲食或食不消舌不得味如是一切身分冷風令身爛壞若一切身分冷風調順則顏色可愛細軟滑澤衆人所敬暖涅津液出於毛孔則無如上所說諸病觀一切身分冷風已如實知身

復次修行者内身循身觀有何等風住我身中或調不調作何等業彼以聞慧或以天眼見有一風名破強健住我身中若不調順令心怯怖一切身分皆悉苦痛或身挺直頻申不樂出息入息悉不安隱身體振掉不能衣服苦患頭痛若習禪觀不得一心或見惡夢心悶歐吐於好色中生顛倒見近見為遠焦渴憔悴若破健風調順和適則無如上所說諸病觀破健風已如實知身

復次修行者内身循身觀有何等風住我身中作何等業彼以聞慧或以天眼見身瞤風住我身中或調不調作何等業彼以聞慧或以天眼見身瞤風若不調適耳中鳴喚髀肉瞤動一切身分皆亦瞤動處處逃走不樂一處更無餘病若一切身瞤風調順則無如上所說諸病觀一切身瞤動風已如實知身

復次修行者内身循身觀有何等風住我身中彼以聞慧或以天眼見有熱風住我身中或調不調作何等業彼以聞慧或以天眼見此熱風若不調順所食入口咽之則燒以是因緣四大不調不得增長或所食味不作二流濁穢不淨若有淨流四大增長唯有濁穢則無病苦若熱風不調所食皆濁不作清淨是故得病若熱風調順若清若濁二種食流四大平等以平等故則不為病觀熱風已如實知身

復次修行者内身循身觀有何等風住我身中作何等業彼以聞慧或以天眼見有一風名曰集虫此集虫風遍身分中能集能散開塞上下從頂至足有十種虫一名頭行虫二名骨行虫三名食驗虫四名耳行虫五名鼻內虫六名脂內行虫七名節行虫八名食涎虫九名食齒根虫十名歐吐虫

復有十虫在咽喟中一名嗽食虫二名食涎虫三名消唾虫四名歐吐虫

五名十味流脉中行虫六名甜醉虫七名嗜味虫八名抒氣虫九名憎味虫十名嗜嗛虫復有十虫生於血中肉中而行一名食毛虫二名孔穴虫三名禪都虫四名赤虫五名食汁虫六名毛燈虫七名瞋血虫八名食血虫九名痻瘠虫十名酢虫如是十虫生於血中其虫形相或短或團微細無眼復有十虫作苦痛相生於肉中一名劖味虫二名慑慑虫三名閉筋虫四名動脉虫五名食皮虫六名動脂虫七名和聚虫八名臭虫九名浑行虫十名熱虫如是等虫從肉中生復有十虫行於黄中一名黒虫二名苗花虫三名大諂曲虫四名蘇毗羅虫五名烏虫六名大食虫七名行熱虫八名大熱虫九名食味虫十名大火虫如是等虫行於陰中諸身分中有十種虫一名舐骨虫二名嚙骨虫三名斷節虫四名臭虫五名消骨虫六名赤口虫七名頭頭摩虫八名食皮虫九名刀風虫十名刀口虫復有十種虫行於糞中一名生虫二名針口虫三名白節虫四名無足虫五名散糞虫六名三燋虫七名破腸虫八名閉塞虫九名善色虫十名穢門瘡虫其色可惡是名糞中十種虫也復有十種虫行脂髓中何等為十一名毛虫二名黒口虫三名失力虫四名大痛虫五名煩悶虫六名火色虫七名下流虫八名起身根虫九名憶念虫十名歡喜虫如是等虫遍行一切身分之中如意能行一切身中行一切界隨其行處皆作過惡是集虫風一切身中如意遍行此身如是以風因緣諸虫流行觀集虫風巳如實知身

復次修行者内身循身觀有何等風住我身中作何等業彼以聞慧或以天眼觀見有風名曰上下住在身中或安不安為何所作彼以聞慧或以天眼見上下風若不調適行於五處作何等業作出入氣人說為命行於心頂遍於身中自在無㝵是為風力第一分也若風不調能破壞身是風亦令口中多唾令身羸瘦飲食不腸逆歐而出是為風力第二分也住於心胷為何所作若氣在心或憂或喜若氣從咽喉上至於頂下入舌根隨其所念則能有語能說文字思惟諸義是為風力第三分也復有常為身火惱乱令身流浑是為風力第四分也是風遍身瞼眼視眴動一切身思惟遍身依男女根能生子息若男女行欲如此風力能集精血能令女人髓骨多力男女精血和合共集鉀羅婆身薄精之時風吹令厚而作肉揣作肉揣巳次生五胞生五胞巳或方或圓隨身長短識亦遍滿隨種種相辟如有人鑽酪出蘇有酪有水有瓮有鑽鑽之出沫知其巳熟取生蘇如是風力及業煩惱能集成身亦復如是是為第五風力分也若飲食氣味於舌根中咽喉脉中飲食充滿乃至遍於毛根爪甲氣力增長作色香味若風不調下風上行作四種惡氣塞難出遍身若惱若離本處一切諸根一切識中皆得惱乱喪失身命既捨身巳失三種法一命二煗三識是故

偈言

若捨此身時　失命暖及識　更無所覺知

猶如瓦木石

是則名為第一惡也若不調適作第二業喘息麁重不能調順一切遍身苦惱所逼逼之苦極則捨身命是則名為第二惡也是上行風若不調順作第三惡既惱諸根一切遍身而作惱乱喪失身命是則名為第三惡也是上行風若不調適作第四惡或大喘息或復微少或致命終或但嘔身而不失命是則名曰第四惡也若睡眠時氣息出入以時命根如是觀上下風已如實知身

復次修行者內身循身觀有何等風或安不安作何等業彼以聞慧或以天眼觀見有風名曰命風住在身中或令身肥或令羸瘦令心審諦若風不調心則輕動所知皆失曾聞亦忘失見境不了於聲不聞如是鼻不知香舌不知味身不覺觸意不知法不識自他觀命風已如實知身

復次修行者內身循身觀有何等風作何等業彼以聞慧或以天眼見乱心風住於身中若調不調為何所作彼以聞慧或以天眼見於此風若我心過風不調順隨心所行或動或頑乾消癡乱或所食味邪流不正如是惱乱其心令於善法不生愛樂流涅多唾不耐冷觸若見色相以有病故不能如本如實見色身重難攝身毛皆竪若風調順則無如向所說之病觀乱心風已如實知身

復次修行者內身循身觀有何等風住我身中或安不安作何等業彼以聞慧或以天眼見有乱風住在身中若不調順多見惡夢睡眠驚悟雖住溫煗而常覺冷若見城邑村落人民見為空聚或見黃色少於言語不樂臥處本曾聞法皆悉忘失四大惱乱其所食味住於心中無緣生猒忘見丘聚若風調順則無如上所說諸病觀乱風已如實知身

復次修行者內身循身觀有何等風作何等業彼以聞慧或以天眼見視眴風住在身中若不調適不得眴目更無餘風速於如此視眴風者行一切處遍迷諸根若不調順則生此病若風調順則無如向所說諸病觀視眴風已如實知身

復次修行者內身循身觀有何等風或調不調作何等業彼以聞慧或以天眼見有一風名互相閉欲命終時有五風起或調不調為作何業彼以聞慧或以天眼見眼耳鼻舌身心壞故於自境界色聲香味觸法中不能緣了若風不發命則不斷發則失命觀五閉風已如實知身

復次修行者內身循身觀有何等風或調不調作何等業彼以聞慧或以天眼見壞胎藏風住在身中若人初識入於母胎先業因緣歌羅羅時即壞其命若歌羅羅時不壞其命至肉揣時乃斷其命冷風入胎令其破壞若肉揣時不斷其命身分具足乃斷其命若身分具足不斷其命諸根具足乃斷其命隨其宿世殺業輕重於胎藏中而斷其命若於宿世不殺衆生如所說風不能殺害觀壞胎藏風

已如實知身

復次修行者内身循身觀有何等風或調不調作何等業彼以聞慧或以天眼見有一風名轉胎藏住在身中或亂不亂作何等業彼以聞慧或以天眼見轉胎風以此衆生先世邪業若是男子轉為女人或作黄門或胎中死以惡業故若於先世無惡業者莫能為害觀轉胎藏風已如實知身

復次修行者内身循身觀有何等風住在身中作何等業彼以聞慧或以天眼見去来走擲風住在身中或亂不亂為何所作彼以聞慧或以天眼見去来走擲風若不調順手足躄身傴曲脊不能行来飲食仰他不能自食身根智慧悉不清淨若風調順身則能行去来進止能走能擲上下騎乘觀去来走擲風已如實知身

復次修行者内身循身觀有何等風或調不調作何等業彼以聞慧或以天眼見眼耳鼻舌身五根別風業之所作業風所次一風與眼共緣四大之中風力強故故名為風是風能令

眼根四大清淨見衆色像一風耳中能令聞聲鼻香舌味身觸亦復如是如是五風如實觀之若風調順於五境界無所障㝵若不調順則多障㝵不能如實知於境界如是觀於眼耳鼻舌身五種風已如實知身

復次修行者内身循身觀有何等風或調不調作何等業彼以聞慧或以天眼見有刀風住在身中或亂不亂作何等業彼以聞慧或以天眼見命終時刀風皆動皮肉筋骨脂髓精血一切解截令其乾燥氣閇不流身既乾燥苦惱而死如千尖刀而刺其身十六分中猶不及一若有善業垂死之時刀風微動不多苦惱觀刀風已如實知身

復次修行者内身循身觀有何等風或調不調作何等業彼以聞慧或以天眼見針刺風住在身中或調不調為何所作彼以聞慧或以天眼見命終時風不調順遍身諸節及一切脉一切筋中一切枝骨一切毛孔一切肉中一切骨中一切髓中如燒炎針

遍於身中業逼入身如百千炎針皆刺其身十六分中不及其一若於宿世有善業者於命終時是針刺風則不大苦觀針刺風已如實知身

復次修行者内身循身觀有何等風或調不調作何等業彼以聞慧或以天眼觀見有風名曰惡黄住在身中若調不調為何所作彼以聞慧或以天眼見惡黄風若不調順則生黄病口中乾燥遍身皆黄面目抓甲一切皆黄腹脹垂大於其腹上青黄脉現其身無力食不能消口苦屎黄身體羸瘦目視衆色皆作青黄不能起止腹中常鳴若黄風不調則生此病若黄風調順則無此病觀惡黄風已如實知身

復次修行者内身循身觀有何等風或調不調作何等業彼以聞慧或以天眼見有一風名曰破腸或調不調為何所作彼以聞慧或以天眼見破腸風若不調順若多飲食而復頻申能破其腸或雜骨食肉入其腸中能破其腸食則流出腹大增長生大苦

痛不能飲食食力少故身體微劣手足皆腫下門烝熱一切身分恒熱不定口中乾燥常見惡夢腹中風動一念不住若破腸風調順和適則無如向所說諸病觀破腸風已如實知身

復次修行者內身循身觀有何等風或調不調作何等業彼以聞慧或以天眼見有一風名曰冷唾若調不調為何所作彼以聞慧或以天眼見冷唾風若不調順口中味甘其心忪忪不憶飲食若欲坐禪則生癡忘舌重難語或咽喉痛氣噎臭惡心中臭氣上衝咽喉氣澁難出不覺飢渴咽喉閉塞若冷風調順則無如上所說諸病觀冷風已如實知身

復次修行者內身循身觀有何等風住在身中或調不調作何等業彼以聞慧或以天眼見有一風名曰傷髓住在身中若不調順為何所作彼以聞慧或以天眼見傷髓風若不調順令身振動身多疲極不能遠行常多病疾顏色醜惡身體瘠瘠不能多語其心怯弱是人晝夜骨體常疼身毛

皆竪諸脉劣弱常患頭痛以此風故常動腦虫以虫動故猶如針刺若風調順則無如上所說諸病觀傷髓風已如實知身

復次修行者內身循身觀有何等風住在身中或調不調作何等業彼以聞慧或以天眼觀有有風名曰害皮住在身中若不調順為何所作彼以聞慧或以天眼見害皮風若不調順令我身皮其色醜惡皆悉麁澁身皮破裂設以蘇油而塗其身速疾乾燥身體手足皆悉竪直難可屈申夢中多見埀墮嶮岸暖飲食味口中覺冷舌瘡破裂不能飲食若害皮風調順和適則無如向所說諸病觀害皮風已如實知身

復次修行者內身循身觀有何等風住在身中或調不調作何等業彼以聞慧或以天眼見有一風名曰害血住在身中若不調順為何所作彼以聞慧或以天眼見害血風住在身中若不調順行於肺中作二種過或上或下若血上行令眼耳鼻血脉不調

諸大不安大不調故身體失力顏色麁惡不能去來鼻中常臭同梵行者不與同行同處而坐若血下行至大小便流血而下作三種過一者痔病二者苦惱三者下血若害血風和順調適則無如上所說諸病觀害血風已如實知身

復次修行者內身循身觀有何等風住在身中或調不調作何等業彼以聞慧或以天眼觀見有風名曰害肉住在身中若不調順為何所作彼以聞慧或以天眼見害肉風若不調順令人身中生諸癰病臭惡遍身破已臭惡多有濃汁耐冷惡熱不耐辛苦宜輕甜冷一切身動臭爛流出若風調順則無如向所說諸病觀害肉風已如實知身

復次修行者內身循身觀有何等風住在身中或調不調作何等業彼以聞慧或以天眼觀見有風名曰害脂若不調順作何等業彼以聞慧或以天眼見害脂風若不調順令脂增長身生皰肉高下不平塠阜凹凸或堅

或滑或有頑癡無所覺觸若宮脂風和順調適則無如上所說諸病觀宮脂風已如實知身

復次修行者內身循身觀有何等風住在身中或調不調作何等業彼以聞慧或以天眼見宮骨風若不調順為何所作彼以聞慧或以天眼見宮骨風若不調順令骨疼痛其聲破散晝夜不睡項頸疼痛一切筋骨皆緩不治筋骨無力身常疼痛疲極苦惱不能起止無一念樂若風調順則無如向所說諸病觀宮骨風已如實知身

復次修行者內身循身觀有何等風住在身中或調不調作何等業彼以聞慧或以天眼見有一風名曰宮精住在身中若不調順為何所作彼以聞慧或以天眼見宮精風若不調順誑惑於人若人眠睡戲拃於人示人種種諸惡之念以妄想心作非梵行風不調故夜行鬼女虛誑破實夢為其犯令不憶食觀宮精風已如實知身

復次修行者內身循身觀有何等風住在身中或調不調作何等業彼以聞慧或以天眼見有一風名曰皺風住在身中若不調順為何所作彼以聞慧或以天眼觀於皺風若不調順若足下足上若踹若髀若髖若背若脇若乳若咽若項若肩若髀若耳若眉一切身分皆悉皺減其身深皺或開或合其足尸破設油塗身尋即乾燥令如老人觀皺風已如實知身

復次修行者內身循身觀有何等風住在身中或調不調作何等業彼以聞慧或以天眼觀見有風名曰白髮住在身中若不調順為何所作彼以聞慧或以天眼觀白髮風若不調順能令少年髮白羸瘦猶如老人若在家人所生之子如父速老其子病故無復子孕以風力故令年少者如老無異是白髮風起於惡劫隨諸衆生不順法行風則增長若有福德風則調順若無福德風則不調觀白髮風已如實知身

復次修行者內身循身觀有何等風

或調不調作何等業彼以聞慧或以天眼見有一風名曰損膩住在身中若不調順為何所作彼以聞慧或以天眼觀損膩風若不調順不憶飲食令人衰弱不憙膩食病之所起因於晝寢風不調順不樂甜食醬苦酢味若不食膩風則調順身不疲極觀宮膩風已如實知身

復次修行者內身循身觀有何等風住在身中或調不調作何等業彼以聞慧或以天眼見有淋風住人身中若不調順為何所作彼以聞慧或以天眼見淋病風若不調順常多淋瀝不能如意身體無力其出入息麁澀不調身色痿黃羸瘦憔悴若風調順則無如向所說諸病觀淋風已如實知身

復次修行者內身循身觀有何等風作何等業彼以聞慧或以天眼見有一風名食相應若調不調為何所作彼以聞慧或以天眼見食相應風若不調順所食四分五分之中三分歐吐令人心乱失於食力不能視眴以

風力故意法不定若風調順則無如向所說諸病觀食相應風已如實知身

復次修行者内身循身觀有何等風住在身中或調不調作何等業彼以聞慧或以天眼見有一風名壞牙齒住在身中為何所作彼以聞慧或以天眼見壞牙風若不調順牙齒疼痛毀壞墮落斷中血瀾脣口生瘡上腭生瘡鼻塞不通若風調順則無如向所說諸病觀壞牙齒風已如實知身

復次修行者内身循身觀有何等風住在身中或調不調作何等業彼以聞慧或以天眼見有一風名曰喉脉住在身中若不調順為何所作彼以聞慧或以天眼見喉脉風若不調順令咽項痛或咽喉腫或其聲澁若風調順則無如向所說諸病觀喉脉風已如實知身

復次修行者内身循身觀有何等風住在身中或調不調作何等業彼以聞慧或以天眼見有一風名曰下行住在身中或調不調為何所作彼以

聞慧或以天眼見下行風若不調順令食過惡力少不消飲食消故皮肉骨髓精血增長若食不消風令黃病恙不調順是下行風若不調順則失食力食力少故顏色憔悴若風調順則無如向所說之病觀下行風已如實知身

復次修行者内身循身觀有何等風住在身中或調不調作何等業彼以聞慧或以天眼見有一風名曰上行住在身中為何所作彼以聞慧或以天眼見上行風住於頂上若風調順從頂而出猶如烟氣從上而出若住日中若住陰中若晝若夜常出不斷凡人皆見若風不調則氣不出若復頂氣斷已三日不出決定命終觀上行風已如實知身

復次修行者内身循身觀有何等風住在身中或調不調作何等業彼以聞慧或以天眼見有傍風住在身中若調不調為何所作彼以聞慧或以天眼見於傍風若不調順閉出入息一切筋脉皆令攣縮或聚或散或牽

或挽或鼻瞤動或怱怱作聲後得大苦若傍風調順則無如向所說之病觀傍風已如實知身

復次修行者内身循身觀有何等風住在身中或調不調作何等業彼以聞慧或以天眼見有一風名曰輔筋住在身中若不調順為何所作彼以聞慧或以天眼見輔筋風若不調順令手筋脚筋大小便筋背筋遍身諸筋皆恙捲弁合為一處堅急頑鈍無所覺知若風調順則無如向所說諸病觀輔筋風已如實知身

復次修行者内身循身觀有何等風住在身中若調不調作何等業彼以聞慧或以天眼見有一風名曰壞毛住在身中若調不調為何所作彼以聞慧或以天眼見壞毛風若不調順一切身分所有諸毛皆恙墮落身體痿黃設更生毛即隨墮落若風調順則無如向所說之病觀壞毛風已如實知身

復次修行者内身循身觀有何等風住在身中若調不調作何等業彼以

聞慧或以天眼見有一風名似少風若風調順為何所作彼以聞慧或以天眼見似少風以調順故十時風力形貌色力屈申俯仰分分相似若風不調於其身中心意流脉則便擾動而發狂癡心乱不正若其心意流脉調順則不狂乱觀似少風已如實知身

復次修行者内身循身觀有何等風住在身中若調不調作何等業彼以聞慧或以天眼見有一風名瞢睡眠若不調順為何所作彼以聞慧或以天眼見睡眠風若不調順於聽法時令人惛睡聞不善法心則樂聞若晝若夜欲正觀察則為所乱樂至酒肆若風調順則無此病觀睡風已如實知身

復次修行者内身循身觀有何等風住在身中作何等業彼以聞慧或以天眼見有一風名曰瞋風住在身中若不調順為何所作彼以聞慧或以天眼見瞋恚風若不調順以少因緣而起大瞋為瞋所使一切世人起大瞋怒身毛皆竪心衝動乱所見不了以近為遠見於日月生顛倒心謂日為月以月為日若風調順則無此病觀瞋風已如實知身

復次修行者内身循身觀有何等風住在身中作何等業彼以聞慧或以天眼見有一風名曰名字若調不調為何所作彼以聞慧或以天眼見名字風若其調順能有言說緣心數法舌風言說隨心而行能說無量名字句義如是舌說名字之風若不調順則少言語或口瘖不語觀舌名字風已如實知身

正法念處經卷第六十六

正法念處經卷第六十六

校勘記

一　底本，金藏廣勝寺本。

一　五三三頁中一行經名、二行譯者、三行品名，[石]作「正法念經身處品之三卷第六十六」。

一　五三三頁下一〇行「名断身分」，[資]、[磧]、[普]、[南]、[徑]、[清]作「名曰断身分風」。

一　五三三頁下一二行首字「不」，[石]無。

一　五三四頁上一一行第二字「分」，[石]無。同行第八字「湼」，[資]、[磧]、[普]、[南]、[徑]、[清]、[麗]作「汗」。下同。

一　五三四頁上一二行「毛竪」，[石]作「毛堅」。同行第一三字「瀾」，[資]、[磧]、[普]、[南]、[徑]、[清]、[麗]作「爛」。下同。

一　五三四頁上一三行「擾𧿹」，[磧]、[普]、[南]、[徑]、[清]作「擾抓」。

一　五三四頁上一六行「身生」，[石]作「生身」。

一 五三四頁上一九行「封著」，資、磧、普、南、徑、清作「封唼」。

一 五三四頁中一〇行「衣服」，資、磧、普、南、徑、清作「服衣」。

一 五三四頁下八行第六字「無」，麗作「爲」。

一 五三五頁上八行「或圍」，石作「或圓」。

一 五三五頁上一三行「肉中」，石作「虫中」。

一 五三五頁上一八行「陰中」，資、磧、普、南、徑、清作「癊中」。

一 五三五頁中一行「白節虫」，資、磧、普、南、徑、清作「百節虫」。

一 五三五頁下三行「頂下」，徑、清作「項下」。

一 五三五頁下七行「瞼眼」，資、磧、普、南、徑、清作「斂眼」。

一 五三五頁下一〇行「錍羅婆」，麗作「鉀羅婆」。

一 五三五頁下一八行「充満」，石作「満足」。

一 五三六頁上一一行「傴身」，資、磧、普、南、徑、清作「迂身」。

一 五三六頁上一三行「以時」，資、磧、普、南、徑、清作「以持」。

一 五三六頁上一九行「亦忘」，資、磧、普、南、徑、清作「亦悉忘」。

一 五三六頁中一二行首字「住」，資、磧、普、南、徑、清、麗作「住於」。

一 五三六頁中一八行「忘見」，資、磧、普、南、徑、清、麗作「妄見」。

一 五三六頁下二行「遍迷」，資、磧、普、南、徑、清、麗作「悉遍」。

一 五三七頁上八行「悪業者」，資、磧、普、南、徑、清作「諸悪業」。

一 五三七頁上一四行「聽躄」，資、麗作「攣躄」，磧、普、南、徑、清作「癵躄」。

一 五三七頁上一五行「身傴」，石作「身迂」。

一 五三七頁中一三行「尖刀」，資、磧、普、南、徑、清作「焰刀」；麗作「炎刀」。

一 五三七頁中二二行「枝骨」，磧、南、徑、清作「肢骨」。

一 五三七頁下一行「業逼」，資、磧、普、南、徑、清、麗作「來逼」。

一 五三七頁下一〇行「抓甲」，諸本作「爪甲」。

一 五三七頁下一四行「常腸」，資、磧、普、南、徑、清、麗作「常脹」。

一 五三八頁上一〇行「忪忪」，石、資作「衝衝」。

一 五三八頁上一一行「癡怠」，資、磧、普、南、徑、清作「疲怠」。

一 五三八頁上一二行「難語」，資、磧、普、南、徑、清作「語難」。

一 五三八頁上一五行「冷風」，諸本作「冷唾風」。

一 五三八頁上末行「骨體」，資、磧、普、徑、麗作「骨髓」。

一 五三八頁中七行「有有風」，資、磧、普、南、徑、清、麗作「見有風」。

一 五三八頁中一二行「竪直」，資、磧、普、南、徑、清、麗作「堅直」。

一五三八頁中二二行「胏中」，石作「脯中」。

一五三八頁下一行「不調」，資、磧、普、南、徑、清作「不安」。

一五三九頁上一五行「住在」，資、磧、普、南、徑、清作「住於」。

一五三九頁上一九行「眠睡」，石作「眠睡戲」。

一五三九頁中六行「若蹲」，資、磧、普、南、徑、清作「若腨」。

一五三九頁中一三行「有風」，石、資、磧、普、南、徑、清作「有一風」。

一五四〇頁上九行「断中」，資、磧、普、南、徑、清、麗作「斷中」。同行「脣口」，資、磧、普、南、徑、清作「脣中」。

一五四〇頁上一七行第一二字「溢」，資、磧、普、南、徑、清作「歆歆」。

一五四〇頁中一五行末字「復」，石、磧、磧、普、南、徑、清無。

一五四〇頁下一行「惚惚」，資、磧、普、南、徑、清作「歆歆」。

一五四〇頁下六行「輔筋」，資、磧、普、南、徑、清、麗作「轉筋」。

一五四〇頁下一〇行「捲并」，石重出」。

一五四〇頁下二〇行「之病」，資、普、徑、清作「諸病」。

一五四一頁中一行「心衝」，麗作「心忪」。

一五四一頁中一二行「少言語」，麗作「少言誤語」。

一五四一頁中卷末經名，石作「正法念經卷第六十六」。

正法念處經卷第六十七　終

元魏婆羅門瞿曇般若流支譯

身念處品之四

復次修行者內身循身觀有何等風住在身中若調不調作何等業彼以聞慧或以天眼見有一風名曰壞味住在身中若不調順為何所作彼以聞慧或以天眼見壞味風若不調順令人舌中嗜甜虫動以虫動故一切好食美饍悉不能食以不食故身體劣弱不能讀誦修學禪思及修善法身不調故心不樂法名色和相因緣如是名色各各相依如是行聚食因緣住如水和麨名為麨聚各各有力而住猶如束竹相依而住相依力故名色得住若風調順則無如向所說之病觀壞味風已如實知身

復次修行者內身循身觀有何等風住在身中若調不調作何等業彼以聞慧或以天眼見有一風名曰肺過住在身中若調不調為何所作彼以聞慧或以天眼見肺過風若不調順

食欲消時夜則患痛令食酢氣乃至食消一切身體皆悉無力脉如綱縛若風調順則無如向所說諸病觀肺風已如實知身

復次修行者內身循身觀有何等風住在身中若調不調作何等業彼以聞慧或以天眼見有一風名臭上行若調不調為何所作彼以聞慧或以天眼見臭上行風令身鼻口一切皆臭能令臭氣從毛孔出從於熟藏上衝生藏令一切身堅鞕大苦食不消化不能坐禪晝夜不能修行善法若臭上行風和順調適則無如向所說之病觀上行風已如實知身

復次修行者內身循身觀有何等風住在身中若調不調作何等業彼以聞慧或以天眼見有一風名大便處若調不調為何所作彼以聞慧或以天眼見大便風若不調順於三肉胞則成痔病所下之血如赤豆汁身體燒熱惛瞢瞞眼筋脉拘急食不能消舌不得味若風調順則無此病觀大便處風已如實知身

復次修行者內身循身觀有何等風住在身中若調不調作何等業彼以聞慧或以天眼見有一風名曰忘念住在身中若調不調為何所作彼以聞慧或以天眼見忘念風若不調順令念忘失習誦多忘不能憶持於四方面所見顛倒已過之事忘失不憶所食速飢而不能食身毛麁澁爪甲亦然不耐寒熱所食隨忘若風調順則無如是所說之病觀忘念風已如實知身

復次修行者內身循身觀有何等風住在身中若調不調作何等業彼以聞慧或以天眼見有一風名曰生力住在身中若不調順為何所作彼以聞慧或以天眼見生力風若不調順雖復多食美饍飲食身常無力如毒壞身以風不調故有此病若風調順則無此病觀生力風已如實知身

復次修行者內身循身觀有何等風住在身中或調不調作何等業彼以聞慧或以天眼見有一風名生身心力住在身中若不調順為何所作彼

以聞慧或以天眼見生身心力風若風調順始從胎中身心漸增令心強健以風調故知作不作久時所作皆能念知去来進止強健不怯耐於飢渴寒熱衆苦身體充滿其身頭髮不非時白若不調順則失此法觀生身心力風已如實知身

復次修行者内身循身觀有何等風住在身中或調不調作何等業彼以聞慧或以天眼見有一風名曰妨咽喉語住在身中若不調順為何所作彼以聞慧或以天眼見妨咽喉語風若不調順則生身病以餘不調則便失音或時耳聾或手足攣躄或身曲傴僂兩目失明以風不調生如是病觀妨咽喉語風已如實知身

復次修行者内身循身觀有何等風住在身中若調不調作何等業彼以聞慧或以天眼見有一風名曰睡風若不調順為何所作彼以聞慧或以天眼見有睡風若不調順所見顛倒惱乱流脉令其動變一切骨節皆悉疼痛觀睡風已如實知身

復次修行者内身循身觀有何等風住在身中若調不調作何等業彼以聞慧或以天眼見有一風名曰持命住在身中若調不調為何所作彼以聞慧或以天眼見持命風若不調順令人失命捨於覺知一切衆生第二之命能持於身依於識心以不調故能斷人命依持一切衆生命根若風調順則不夭命觀持命風已如實知身

復次修行者内身循身觀有何等風住在身中若調不調作何等業彼以聞慧或以天眼見有一風名曰損壞一切身分住在身中若不調順為何所作彼以聞慧或以天眼見壞身風始從住胎以此風力令其身分破壞損傷身曲傴脊凸臆戾髖若風調順則無此病觀壞身風已如實知身

復次修行者内身循身觀有何等風住在身中作何等業彼以聞慧或以天眼觀見有風名曰攝皮住在身中為何所作彼以聞慧或以天眼見攝皮風若為外風所觸若冷若熱若香

若臭或下或上或大力小力隨時来觸悉能覺知觀攝皮風已如實知身

復次修行者内身循身觀復有何風住於身中彼以聞慧或以天眼離於垢濁清淨所緣離疑度疑度於曠野如實不疑於此身中更無異風此風聚集此風和合如此風流緣於根界共業煩惱和合而住能持於身或為妨言是修行者遍觀一切身内諸風具足見已猒離欲心愛不能壞不入魔境近於涅槃以智慧日破無始流轉貪瞋癡闇離疑曠野不染色聲香味觸等於境界中如實見之一切三界皆悉無常苦空無我如實見之如是鄯羅帝婆羅門長者衆落修行比丘如實知此樂修身念知生滅法不念餘觀觀一切身知一切縛及以解脫

復次修行者復以異法觀察是身失壞盡滅云何此身當失壞耶於命終時云何風虫能壞此身云何惱乱於一切界幾時命終云何上下逆順風吹如是比丘内身循身觀彼以聞慧

或以天眼見臨終時一切諸虫先被惱乱虫既死已人乃命終一切有為決定失壞如是死法必當有此堅牢大惡如是比丘觀於頭中有十種虫為風所殺一名頂內虫為足甲風之所殺害二名腦內虫為於兩足傍風之所殺害三名髑髏骨虫為不覺風之所殺害四名食髮虫為破骨風之所殺害五名耳內行虫為行蹈地風所殺害六名流涕虫為於跟風之所殺害七名脂內行虫為破脛風之所殺害八名交牙節虫九名食涎虫為破足腕節風之所殺害十名食齒根虫為破髀骨風之所殺害一十

復次有十種虫行於咽喉下至胷中為風所殺何等為十一名食涎虫為破力風之所殺害二名噑虫三名吐虫四名行十味脉虫為行轉風之所殺害五名甜醉虫為害節風之所殺害六名嗜六味虫為破毛爪甲屎風之所殺害七名杼氣虫為正跳風之所殺害八名憎味虫為破壞風之所殺害九名嗜睡虫為胞中風之所殺害二十

復次有十種虫住於血中為風所殺一名食毛虫為乾糞風之所殺害二名孔行虫為二傍風之所殺害三名禪都虫為六竅風之所殺害四名赤虫為斷身分風之所殺害五名蛔母虫為惡火風之所殺害六名毛燈虫為一切身分風之所殺害七名食髮虫八名瞋血虫為破揵風之所殺害九名瘤瘤虫為一切身動風之所殺害十名酢虫為於熱風之所殺害生於血中其形短促團圓無足微細無眼能作身痒慅慅而動其虫味鹹於人死時如是等虫為風殺已血則乾燥其人即死是故人說死人無血血欲乾故得大苦惱臨命終時心懷大怖受大苦惱恐捨此身行於異處捨離親族知識兄弟妻子財物癡愛無智愛結所縛無有救護無善法伴唯獨一身一切身分血脉乾燥受於身心二種大苦十三

復次修行者內身循身觀有何等虫為風所殺得何苦惱彼以聞慧或以

天眼見十種虫住在肉中何等為十一名生瘡虫為於行風之所殺害二名刺虫為上下風之所殺害三名閉筋虫為於命風之所殺害何故名之以為命風若出身中人即命盡故名命風四名動脉虫為於開風之所殺害五名皮虫為乱心風之所殺害六名動胎虫為惱乱風之所殺害七名和集虫為視眴風之所殺害八名臭虫為於閉風臨命終時五閉風之所殺害十四

復次修行者內身循身觀云何死時白汗流出如是諸虫行於陰中何風所殺是修行者觀十種虫行於陰黃中何等為十一名瘤瘤虫為壞胎藏風之所殺害若男若女欲命終時此風斷脉二名慅慅虫為轉胎藏風之所殺害若男若女令失氣力或於口中出一掬黃猶如金色三名苗華虫為去來行住風之所殺害四名大諂虫五名行孔穴虫六名黑虫七名大食虫八名行熱虫為壞眼耳鼻舌身風之所殺害如是次第九名大熱虫

為於刀風之所殺害十名食味虫為
針刺風之所殺害十一名火虫為惡
黄風之所殺害十二名大火虫為破
腸風之所殺害十五
復次修行者内身循身觀觀於骨虫
臨命終時為何等風之所殺害彼以
聞慧或以天眼見一切身分骨内有
十種虫何等為十一名舐骨虫為黄
過風之所殺害二名齧骨虫為於冷
風之所殺害三名斷節虫為傷髓風
之所殺害四名赤口臭虫為傷皮風
之所殺害五名消骨虫為傷血風之
所殺害六名赤口虫為傷内風之所
殺害七名食皮虫為傷骨風之所殺
害八名風刀虫為害精風之所殺害
九名刀口虫為皮皺風之所殺害十六
復次修行者内身循身觀觀屎中虫
臨命終時為何等風之所殺害彼以
聞慧或以天眼見十種虫何等為十
一名生虫為生力風之所殺害二名
針口虫為傷汗風之所殺害二名白
節虫為於痳風之所殺害四名無足
虫為傷汗風之所殺害五名無足虫

為食相應風之所殺害六名散糞虫
為破齒風之所殺害七名三燋虫為
喉脉風之所殺害八名破傷虫為下
行風之所殺害九名閉食消虫為上
行風之所殺害十名黄虫為二傍風
之所殺害十一名消重食虫為輔筋
風之所殺害是風及虫令糞乾燥惱
乱諸界互相動發互相衝擊風皆上
行惱身界已破壞斷氣撓攪其身令
其乾燥奮刀殺之人死之時受大苦
惱無法可喻一切世人皆當有死决
定無疑十七
復次修行者内身循身觀觀髓中虫
臨命終時為何等風之所殺害彼以
聞慧或以天眼見於髓中有十種虫
何等為十一名毛虫為害髓風之所
殺害二名黑口虫為似少風之所殺
害三名無力虫為睡見乱風之所殺
害四名痛惱虫為不忍風之所殺害
五名心悶虫為名字風之所殺害六
名火色虫為於緊風之所殺害七名
滑虫為於肺風之所殺害八名下流
虫為臭上行風之所殺害九名起身

根虫為識門行風之所殺害十名憶
念歡喜虫為忘念風之所殺害十八
復次修行者内身循身觀已見無常
不淨無我前已一虫為傷肺風之所
殺害如是等虫臨命終時為風所殺
如是比丘内身循身觀以無漏明斷
除無始流轉闇黒畢竟常滅以世間
相似業而得此法以其久修七種之
念現前見故何等為七一者念佛二
者念法三者念僧四者念戒五者念
天六者念死七者念無常
復次修行者内身循身觀觀死幾種
壞一切業彼以聞慧或以天眼觀死
四種所謂地大不調水大不調火大
不調風大不調云何地大不調而斷
人命若地大不調身中風氣地大堅
故舉身皆閉互相破壞互相逼惱辟
如二山堅如金剛於二山間置生酥
摶有大黒風吹此二山互共相擊壓
生酥摶地大風大如彼二山一切身
命皮肉骨血脂髓精氣身莚盛之猶
如生酥為地大風大打壓加害破壞
身界得大苦惱不能念佛念法念僧

現陰將盡為中陰繫相續不斷一切愚癡凡夫之人以心相似相續緣生如印所印死亦如是現陰將盡以相似心生亦相似以心獼猴因緣力故受諸生死

復次修行者內身循身觀觀命終時云何水大不調令我及一切愚癡凡夫而喪身命彼以聞慧或以天眼見水大不調舉身筋脈一切皮肉骨血脂髓精氣我及衆生臨命終時一切皆爛膿血流出乎相逼迫一切皆動如兩山壓亦如前說以生酥摶置於海中黑風所吹洪波相擊不可止住無堅無牢如是水大破壞其身亦復如是不能復念佛法僧寶餘念之心相續不斷一切愚癡凡夫緣心相似而受生身如印所印於命終時現陰既盡受相似生亦復如是以心獼猴而受生死引入生死

復次修行者內身循身觀云何火大不調而斷人命彼以聞慧或以天眼見命終時火大不調一切身脈一切諸筋一切輔筋皮肉骨血脂髓及精

一切燒煑熱炎熾然譬如燒於佉陁羅炭火聚如山投以生酥燒之炎起如是身者猶如酥摶投之死苦亦復如是不能復念佛法僧寶現陰將盡心念相續一切愚癡凡夫以心緣念相似受生如印所印於命終時現陰既盡而心受生亦復如是以心獼猴因緣力故而受生死

復次修行者內身循身觀云何死時風大不調而斷人命彼以聞慧或以天眼見臨終時風大不調一切身分一切筋脈一切身界所謂皮肉骨血脂髓精氣皆悉散壞乾燥無膩乎相割裂從足至頂分散如沙譬如酥摶黑風所吹散壞失膩於虛空中分散如沙人命終時風大不調死苦所逼亦復如是不能復念佛法僧寶一切凡夫盡有緣心相續而生如印所印於命終時有盡心生亦復如是以心獼猴因緣力故而受生老病死之身是名四大不調有四種死行者見已觀察無常苦空無我如是見已不近聚境近涅槃道於染愛色聲香味觸不

樂不著不起愛心離於塵垢離於曠野不著色聲香味觸不起色慢不恃少年不恃命慢不憙多語不入城邑無所偏著常念死畏於微細罪心生怖畏如實知身知生滅法於一切染欲心得猒離樂行正法心不懈怠如是鄔羅帝婆羅門長者聚落修行比丘觀察修行

復次修行者內身循身觀云何修行觀內外身所謂觀外法已觀於內身循身觀觀察種子如種生芽從芽生莖從莖生葉從葉生花從花生實是名外觀

復次修行者觀於內身前識種子共業煩惱入不淨中名安浮陁從安浮陁名歌羅羅從歌羅羅名曰伽那從伽那時名為肉摶從於肉摶生於五胞所謂兩手兩足及頭從於五胞生於五根如是次第乃至老死

復次修行外身隨順觀云何草木前見青綠後漸變黃終時墮落身亦如是初見嬰兒次至中年漸至於老則歸於死

復次修行者外身隨順觀外諸種子云何生耶從地生於一切藥草及以叢林而得增長彼以聞慧或以天眼見是諸法各各因緣各各力生若內若外一切有為除三種法所謂數緣無為非數緣無為虛空無為云何諸法各各力轉所謂無明緣行行緣識識緣名色名色緣六入六入緣觸觸緣受受緣愛愛緣取取緣有有緣生生緣老死憂悲苦惱如是一切大苦聚集若無明滅則行滅行滅則識滅識滅則名色滅名色滅則六入滅六入滅則觸滅觸滅則受滅受滅則愛滅愛滅則取滅取滅則有滅有滅則生滅生滅則老死憂悲苦惱大苦聚滅如是唯有大苦聚滅如是諸法若內若外互相因緣而得生長如是修行者內身循身觀三種外身界隨順觀觀內如外觀外如內如實觀察如是修行者觀內外法先觀閻浮提為增長正法修內法觀分別觀察一一觀察人天合觀別觀無覺內因於外一切四大外因於內心心數法有內

法外法增長若有內法內法平了若內法增長見外則了云何內法因外增長林褥臥具病瘦醫藥所須之物皆悉具足比丘則能增長善法若無臥具病瘦醫藥不能增長一切善法增長非有作者非常不變非無因生無心悕求如是內外互共相因而得復次修行者觀於外身云何一切三界衆生外法因緣而得增長有一法增長一切有為所攝衆生有四種食何等為四一名摶食二名思食三名觸食四名愛識食欲界之食四大種子因於外食而得增長內善禪樂是名初觀外法增長內法云何外法增長內法彼以聞慧或以天眼觀劫初時衆生所食何因何緣八分具足何等八分所謂愛味色聲愛聲樂濡堅固色貌外法者謂林褥臥具湯藥能增長身樂修善法如是修行者外身隨順觀若蚊虻蟻等不惱觸身內法增長若風雨寒熱若不妨㝵得求內法若聞不愛不樂醜惡之聲聞之無㝵名增內法若聞臭氣不可愛樂不

以為㝵名增內法若聞愛香無所障㝵名益內法五根皆悉內因外入有五內入是名外身觀賢聖弟子如實知身

復次修行者觀於外身云何六識而取於法彼以聞慧或以天眼見於外法無所障㝵則能知法何等六識所謂眼識耳識鼻識舌識身識意識是名內法了知外法是內外法互相因緣譬如飛鳥遊於虛空隨其所至影常隨身內外諸入亦復如是若一切身一切內法增長心亦增長心為一切法之因緣各各相因而有諸法如是修行者不見一法是常不變不破壞者

復次修行者外身隨順觀觀閻浮提人壽命云何減損云何增長彼以聞慧或以天眼見劫初時光音諸天下閻浮提食於地皮如三十三天須陀之味以劫初時人善心故地皮好色好香善觸離一切過衆人食之壽命八万四千歲唯有三病一者飢二者渴三者悕望至第二時如是人等以

不善心取於地皮遂令地皮䊍濁不淨所謂飢渴及以怖望欲命終時熱病而死如是觀閻浮提人因於外食而得壽命無病無惱

復次修行者外身隨順觀云何閻浮提人於第三時一切因食而得色命彼以聞慧或以天眼觀第三時地皮皆滅以食過故風冷熱等皆不調順無量病起一切有為行衆外食因緣內入增長由內因緣外法增長觀外身因內內法緣外

復次修行者隨順觀外身云何第四鬪時閻浮提人食何等食彼以聞慧或以天眼見閻浮提人於鬪戰時食於莠子或食䳺豆或食魚肉或食菜根一切好味皆悉滅没多有病苦非時而老於鬪戰時人無氣力

復次修行者外身隨順觀云何劫初時閻浮提人壽命長短彼以聞慧或以天眼見劫初時閻浮提人壽命八万四千歲身長五百弓（今人身等一弓）

復次修行者外身隨順觀云何閻浮提人於第二時壽命色量彼以聞慧或

以天眼見閻浮提人於第二時壽命四万歲人之身量長二百弓

復次修行者外身隨順觀云何觀於閻浮提人於第三時壽命色量彼以聞慧或以天眼見閻浮提人於第三時其人壽命一万歲人之身量長一百弓

復次修行者外身隨順觀觀閻浮提人壽命色量彼以聞慧或以天眼見閻浮提人於鬪戰時其人壽命受一百歲身長一弓

復次修行者隨順觀外身觀末劫時無十善時一切人民但自擁護無福德時云何壽命壽幾許命彼以聞慧或以天眼見於惡劫無法之時一切好味皆悉磨滅所謂塩酥及安石榴蜜與石蜜甘蔗稻粮六十日稻如是等味世間勝者一切皆滅一名赤稻次名鳥將來稻次名飛虫稻次名迦叱波稻次名赤芒黃米稻次名易洛稻次名斑稻次名白真珠稻次名速稻次名鐵芒稻次名垂穗稻次名赤色稻次名朱叱迦稻次名樹稻次名

水陸稻次名陸地稻次名正意稻次名海生稻次名雙穗稻次名等嘆稻次名燋熱稻次名鸚鵡不食稻次名日堅稻次名命稻次名一切處生稻次名師子稻次名無垢稻次名大輕稻次名一切生稻次名大力稻次名生香稻次名割䖻稻次名罽賓稻次名山中稻次名近雪山生稻次名離縛稻次名迦陵稻次名大迦陵伽稻次名如雪稻次名大貝稻次名善德稻次名流稻次名不學稻次名不曲新陁稻次名負黑稻次名波斯主稻次名多得稻次名鴦伽梨稻次名量稻次名長稻次名雜稻次名非人稻次名惠稻次名日種稻次名庫伽陁稻次名水沫稻次名時生稻次名無康稻次名第一稻次名暖稻次名漢稻次名黃色稻次名婆薩羅稻次名縛相稻次名舌愛稻次名澁稻次名堅稻次名須陁稻次名麥色稻卄次名少稻次名六種藏稻次名無皮稻次名甘稻次名黑色稻次名青色稻如是稻中有二種子一者自生二者種

殖及餘一切香花於惡世時盡皆滅没以滅没故閻浮提人皮肉脂骨悉皆減少一切身骨㸦陋短小食味薄故一切内外互相因緣皆悉耗減是修行者如是外觀一切無常無樂無淨無我亦無作者非無因生非異因生非是一作亦非二作非三非四非五非六邪見外道之所造作如是觀外境界隨順身觀如是修行者觀初後時如上廣說如實隨順觀於外身

復次修行者隨順觀外身云何觀四天下山河城邑國土海魚由旬之身須弥山王四面大洲謂閻浮提國欝單越國弗婆提國瞿陁尼國有八大地獄餓鬼畜生六欲諸天如是隨順觀於外身

復次修行者初觀閻浮提東方大海山河國土彼以聞慧或以天眼見有大山名曰無減高十由旬縱廣三十由旬於此山中有恒伽河有國名迦尸復有二河一名安輸摩河二名毗提醯河憍薩羅國有六國土名他矞伽國名毗提醯國廣百由旬安輸國

廣三百由旬迦尸國一万四千聚落城廣二由旬金蒲羅國人民衆多林樹具足郍梨吱樹多羅樹多摩羅樹莊嚴其城佉珠羅樹波郍婆樹多有衆果是修行者復觀異人謂取衣人賖婆羅人穿其脣口以珠莊嚴駱駝面人其國縱廣一百三十由旬觀彼國土隨順觀外身復觀閻浮提山河聚落彼以聞慧或以天眼見盧醯河出佉羅山廣三由旬長百由旬入於東海多有人民城邑莊嚴

復次修行者隨順觀外身閻浮提中何等山河彼以聞慧或以天眼見有大山名弥斫迦高一由旬長一百由旬復有一山名為高山高五由旬長百由旬山上有池池有大力廣半由旬其池有河長二百由旬入於大海

復次修行者隨順觀外身閻浮提中何等異河彼以聞慧或以天眼見閻浮提中有一大河名迦毗梨多有大花莊嚴其河謂迦多吱花般遮花阿殊郍花迦陁摩花南摩梨迦花阿提目多迦花以為莊嚴復有第二河名

瞿摩帝以多饒牛故名牛河如是二河廣半由旬長三百由旬入於大海（瞿摩帝者名牛）

復次修行者隨順觀外身閻浮提中復有何等山河彼以聞慧或以天眼見閻浮提有山名曰生念其山有河名娑羅婆帝河邊有城名俱尸郍其河不駃洋洋而流其山方圓三十由旬山中有人名吱羅陁邊地惡人心無慈愍其山復有取衣之人住在其中善能水行於大海水能過能度山水饒魚以宿習故唯食血肉以自存活

復次修行者隨順觀外身過閻浮提復有何等山海渚耶彼以聞慧或以天眼見有寶山住於海邊高千由旬種種衆寶之所成就所謂青寶大青寶王金剛車渠赤蓮花寶以為莊嚴往昔有諸法行商人入於大海為大風力將至寶山其大海水廣万由旬海中多有提弥魚堤弥鯢羅魚失收摩羅魚捉影魚不為其難得度大海至金髀渚真金為地諸羅刹等住在

此渚其形可畏有大勢力過此渚已復有一海廣二千由旬過此海已復有一山名曰二一其山三峯高七由旬縱廣三百由旬七寶莊嚴青寶金剛青毗琉璃車𤦲諸寶赤蓮花寶莊嚴其山

復次修行者隨順觀外身過此山已復有何等山海渚耶彼以聞慧或以天眼見有大海名曰黑水廣一万由旬諸阿修羅遊戲其中龍及龍女亦遊其中其黑水海觀之可畏有羅剎鬼名曰捉影攝阿修羅令其劣弱退入水下其黑水海水下無山水如黑雲多有諸龍住在其中是修行者既觀察已如實外觀行者復觀過黑水海有何山海彼以聞慧或以大眼見有大海名赤寶水充滿其中海岸有樹名閻浮樹一切樹中最為高勝樹高九十由旬迦樓羅鳥王金剛為觜住在其上去閻浮樹一百由旬名青水海於此海中有諸羅剎名曼頭呵身長十里水中有山此諸羅剎住在山中

正法念處經卷第六十七

癸卯歲高麗國分司大藏都監奉

勅彫造

正法念處經卷第六十七

校勘記

一 底本，麗藏本。

一 五四四頁上一行經名、二行譯者、三行品名，〔石〕作「正法念處經身念處品之四」。

一 五四四頁上八行第九字「味」，〔石〕無。

一 五四四頁上二〇行及末行「肺過」，〔石〕作「脯過」；〔資〕、〔磧〕、〔普〕、〔南〕、〔徑〕、〔清〕作「晡過」。

一 五四四頁中三行末字「肺」，〔石〕作「脯」；〔資〕、〔磧〕、〔普〕、〔南〕、〔徑〕、〔清〕作「晡過」。

一 五四四頁中一三行「臭上行」，〔石〕、〔資〕、〔磧〕、〔普〕、〔南〕、〔徑〕、〔清〕作「上行臭」。

一 五四四頁下九行「所食」，〔資〕、〔磧〕、〔普〕、〔南〕、〔徑〕、〔清〕作「所念」。

一 五四五頁中九行「夭命」，〔南〕、〔徑〕、〔清〕作「失命」。

一 五四五頁下七行第七字「如」，〔石〕無。

一 五四六頁上三行「死法」，〔資〕作「死去」。

一 五四六頁上一五行「復次有」，諸本作「復有」。

一 五四六頁上一六行「一名食涎虫」，〔資〕、〔磧〕、〔普〕、〔南〕、〔徑〕、〔清〕作「一名嗽食虫二名食涎虫」。

一 五四六頁上一七行至次行「二名唼虫三名吐虫四名行十味脉虫」，〔資〕、〔磧〕、〔普〕、〔南〕、〔徑〕、〔清〕作「三名消唼虫四名嘔吐虫五名行十味流脉虫」、

一 五四六頁上一九行至末行「五名」、「六名」、「七名」、「八名」、「九名」，〔資〕、〔磧〕、〔普〕、〔南〕、〔徑〕、〔清〕分別作「六名」、「七名」、「八名」、「九名」、「十名」。

一 五四六頁上二〇行「六味虫」，〔資〕、〔磧〕、〔南〕、〔徑〕、〔清〕作「味虫」。

一 五四六頁上末行第二字「宮」，〔石〕無。同行「胞中」，諸本作「泡中」。

一 五四六頁中二行「復次有」，〔資〕、〔磧〕、

普、南、徑、清作「復有」。

一　五四六頁中六行第一三字「姻」，石作「蛔」。

一　五四六頁中八行至次行「七名食髮虫八名瞋血虫」，資、磧、普、南、徑、清作「七名瞋血虫八名食血虫」。

一　五四六頁中九行第九字「揵」，資、磧、普、南、徑、清作「健」。

一　五四六頁中一二行「圍圓」，石作「圍圍」。

一　五四六頁中一八行「親族」，諸本作「族親」。

一　五四六頁下七行「皮虫」，資、磧、普、南、徑、清作「食皮虫」。

一　五四六頁下一〇行首字「虫」下，資、磧、普、南、徑、清有「九名汗虫十名熱虫」八字。

一　五四六頁下一三行第一一字「陰」，石作「膾」；資、磧、普、南、徑、清作「瘡」。下同。

一　五四六頁下一四行「十種」，石作「十二種」。

一　五四六頁下一五行「爲十」，石作「爲十二」。

一　五四六頁下二一行「五名行孔穴虫六名黑虫」，資、磧、普、南、徑、清作「五名行孔穴黑虫」。

一　五四六頁下二一行至次頁上二行「七名」、「八名」、「九名」、「十名」、「十一名」，資、磧、普、南、徑、清分別作「六名」、「七名」、「八名」、「九名」、「十名」。

一　五四七頁上二行「火虫」，資、磧、普、南、徑、清作「大火虫」。

一　五四七頁上三行第七字至次行第六字「十二名……所殺害」，資、磧、普、南、徑、清無。

一　五四七頁上九行「齧骨虫」，資、磧、普、南、徑、清作「呀骨虫」。

一　五四七頁上一四行「七名食皮虫」，資、磧、南、徑、清作「七名頭頭摩虫八名食皮虫」。同行末字「殺」，石無。

一　五四七頁上一五行「八名」，資、磧、普、南、徑、清作「九名」。

一　五四七頁上一六行「九名」，資、磧、普、南、徑、清作「十名」。同行「皮皺風」，石作「皮皺虫」。

一　五四七頁上二一行末字「白」，資、磧、普、南、徑、清作「百」。

一　五四七頁上二二行「麻風」，諸本作「淋風」。

一　五四七頁上末行第一〇字至本頁中一行第九字「五名……所殺害」，資、磧、普、南、徑、清無。

一　五四七頁中一行至六行「六名」、「七名」、「八名」、「九名」、「十名」、「十一名」，資、磧、普、南、徑、清分別作「五名」、「六名」、「七名」、「八名」、「九名」、「十名」。

一　五四七頁中三行「破傷虫」，資、磧、普、南、徑、清作「破腸虫」。

一　五四七頁中六行「輔筋」，資、磧、普、南、徑、清作「轉筋」。

一　五四七頁中一〇行「奮刀」，石作

「奪刀」；資、磧、普、南、徑、清作「奮力」。

一　五四七頁中二〇行第六字「爲」，資、磧、普、南、徑、清作「爲舌」。

一　五四七頁中二二行「肺風」，石作「脯風」；資、磧、普、南、徑、清作「晡風」。

一　五四七頁下一六行第三字「若」，資、磧、普作「苦」。

一　五四七頁下一九行「相擊」，石作「相繫」。下同。

一　五四七頁下末行第四字「大」，資作「困」。

一　五四八頁上九行「水大」，資、磧作「水火」。

一　五四八頁上二〇行第一〇字「觀」，石作「觀觀」。

一　五四八頁中一五行第一二字「中」，石無。

一　五四八頁下二〇行「修行」，資、磧、普、南、徑、清作「修行者」。

一　五四八頁下二二行至次行「則歸於死」，資、磧、普、南、徑、清作「老則歸死」。

一　五四九頁中一二行「愛識」，資、磧、普、南、徑、清作「識」。

一　五四九頁下二〇行「好色」，徑作「如色」。

一　五五〇頁上二一行夾註「身等」，資、磧、普、南、徑、清作「身長」。

一　五五〇頁中一五行「惡劫」，磧、普、南、徑、清作「惡世」。

一　五五〇頁中一七行「稻糧」，資、磧、普、南作「粳糧」；徑、清作「秔糧」。

一　五五〇頁下七行「割虵稻」，資、磧、普、南、徑、清作「割地稻」。

一　五五〇頁下八行「雪山」，資、磧、普、南、徑、清作「雷山」。

一　五五〇頁下一二行「貟黑稻」，資、磧、普、南、徑、清作「負黑稻」。

一　五五〇頁下一七行「康稻」，磧、普、南、徑、清作「穅稻」。

一　五五〇頁下一八行「婆薩羅」，石作「娑薩羅」。

一　五五〇頁下一九行「縛相稻」，諸本作「縛稻」。

一　五五一頁上三行「短小」，徑作「短少」。

一　五五一頁上二二行第一二字「名」，資、磧、普、南、徑、清作「多」。

一　五五一頁中四行「婆樹」，諸本作「娑樹」。

一　五五一頁中一四行「彌斫迦」，石作「彌破迦」。

一　五五一頁中一六行「大力」，資、磧、普、南、徑、清作「大石」。

一　五五一頁下三行夾註「瞿摩帝者名牛」，徑、清無。

一　五五一頁下六行「生念」，資、磧、普、南、徑、清作「生金」。

一　五五一頁下一六行「千由旬」，徑、清作「十由旬」。

一　五五一頁下二一行「提彌魚」，諸本作「堤彌魚」。

一　五五二頁上卷末經名，石作「正法

念經卷第六十七」。

正法念處經卷第六十八　終

元魏婆羅門瞿曇般若流支譯

身念處品之五

復次修行者外身隨順觀過青水海復有何等山海渚耶彼以聞慧或以天眼見有大海名曰清淨縱廣五百由旬海中有山名光明鬘高一百由旬縱廣三百由旬白銀所成金華莊嚴有蓮華池名曰善意長三十由旬廣十由旬鬘持諸天摟迦足天諸天鵝鴨鴛鴦莊嚴

復次修行者隨順觀外身過清淨海復有何等山河海渚彼以聞慧或以天眼見有大海名曰大波廣五千由旬水下風起衆生因緣一切大海及以洲渚諸海波出過二由旬閻浮提人說名海潮大波海中有大魚住首如猶頭

復次修行者外身隨順觀過大波海復有何等大山海耶彼以聞慧或以天眼見大波海北有一大山名阿奴摩鄉廣十四由旬白銀莊嚴如第二

日天曼陀華拘賒耶舍花毗琉璃華及天園林以為莊嚴

復次修行者隨順觀外身過阿奴摩山復有何等大山海耶彼以聞慧或以天眼見阿奴摩鄉山東有一大海名曰澄淨去水不遠須弥山側毗琉璃面有山名優陀延向弗婆提金色生光閻浮提國毗琉璃故其影青色

復次修行者隨順觀外身過優陀延山更有何山彼以聞慧或以天眼見有大山名曰善意一切閻浮檀金廣大金華以為莊嚴廣十由旬高五百由旬多有金樹真金禽獸紫磨金色波羅賒樹多有諸天乾闥婆王鬘持天三箜篌天如其業相上中下業自業果故至善意山見閻浮提是名閻浮提東方山海

復次修行者隨順觀外身云何閻浮提南方山海彼以聞慧或以天眼見民陀山廣八百由旬有河名曰南摩多廣半由旬長二百由旬有大毒龍住在河中河中多有失収摩羅龜伽羅摩復有大河名曰濤波復有大河

名曰鞞伽於此河邊多有林樹復有六河名黑賓挐廣三由旬長三百由旬入於大海復有大河名曰大盧陀有大毒龍住在其中摩羅耶山多有栴檀其山廣長五百由旬高三由旬有一大河名登祇尼出摩羅耶山廣一由旬長一百由旬入於大海復有一河名質多羅種種林樹種種衆鳥以為莊嚴廣一由旬長五十由旬入於大海

復次修行者隨順外身觀閻浮提彼以聞慧或以天眼見有國土名弥佉羅種種樂處其國縱廣四十由旬復有一國名詣迦羅廣五十由旬多有種種美果之樹呿鄉迦果波鄉婆果無遮樹果毗邏樹果迦早他果不樓迦果婆陀羅果阿殊鄉花梅咤迦華莊嚴其國次名迦陵伽國其土縱廣九十由旬多有林樹多有稻田次名躭婆婆帝國其土縱廣一百由旬多有樹林多有稻田復有一國名檀荼迦其土縱廣二千由旬空曠無人昔仙人瞋故令國空也

正法念處經卷第六十八　第四張　修　習存

復次修行者隨順觀外身觀閻浮提中於南方面復有何等山河大海彼以聞慧或以天眼見有大河名瞿陁婆利其水清淨廣一拘賒長二百由旬復有一國名曰烏荼其土縱廣二十由旬復有一國名安陁羅其土縱廣四十由旬復有一國名曰鷄羅其土縱廣五十由旬其國多有牛及水牛多有稻田林樹花果近南海濱有國名迦俱羅摩一切林樹皆悉具足其土長三百由旬廣五十由旬有一大河名迦毗梨種種樹林以為莊嚴其水清淨廣一由旬長五由旬多有可愛迦俱羅樹難多迦樹莊嚴其河甚可愛樂

復次修行者隨順觀外身過閻浮提復有何等山海洲渚彼以聞慧或以天眼見有大海名不梨耶蓮華葉覆縱廣一万由旬風吹不動以蓮華葉遍覆水故過此海已復有一渚縱廣五百由旬有諸羅刹住在其中其形醜悪甚可怖畏過羅刹渚有一大山名摩醯陁縱廣四十由旬高十由旬

正法念處經卷第六十八　第五張　修

多有衆樹謂多羅樹娑羅樹諸阿修羅諸龍龍女遊戲其中或復在於園林遊戲於閻浮提六齋之日四天王天住此山上觀閻浮提何等衆生孝養父母隨順法行何人齋日受持齋戒有何等人信佛法僧有何等人與魔共戰誰行直心誰行布施何人不慳誰不惱他何人知恩何人信業誰行十善誰近善友何人信於邪見外道如是四天王於摩醯陁羅山觀閻浮提若閻浮提順法修行四天王天至帝釋所白如是言天王應生歡喜破壞魔軍增長正法及諸天衆一切閻浮提人行於善法時釋迦天王及諸天衆聞其所說皆大歡喜若閻浮提人不順法行時四天王天則皆愁惱向三十三天作如是說閻浮提人不順法行增長魔軍減損天衆

復次修行者隨順觀外身過摩醯陁羅山復有何等山海渚耶彼以聞慧或以天眼見過摩醯陁羅山見有一渚縱廣一百由旬有一足人住在此渚飲食根果以自存生壽命五十歲

正法念處經卷第六十八　第六張　修　惠之

樹葉為衣不為屋宅住在樹下於此國中多有師子猛悪之獸其師子身皆有兩翼土田調適無寒無熱一切女人皆如猶面口出妙音過此洲已有一大海縱廣二万由旬海中有山名摩利那羅金銀頗梨毗琉璃寶之所成就多有種種金色之鳥曼陁羅花俱賒耶金華六時常具有神通力大阿修羅於此山中遊戲受樂受愛色聲香味觸等山長五千由旬高一百由旬有十五峯皆是白銀諸天女等在中受樂為阿修羅之所惱乱以此因緣諸天初共阿修羅鬪一切天人愚癡凡夫皆為女人之所使役

復次修行者隨順觀外身過多梨耶羅山復有何等山海渚耶彼以聞慧或以天眼過彼山已見有大海縱廣五千由旬水中有魚長一由旬於此海中有諸水人身長五由旬或作牛頭或作豬頭或水牛頭或駱駝頭或師子頭或作虎頭或作豹頭或獼猴頭遍似一切畜生之面如印所印過此海已有一大山名曰輪山一切諸

欲皆悉具足天蓮花池上味之果若食其果生樂七日緊郁羅王住此山中以自業故心常歡喜上中下業乐相娛樂遊戲受樂其日輪山縱廣二千由旬過此山已復有一山名軍闍摩其山皆以白銀成就毗琉璃石如天莊嚴其山有樹名曰女樹於此山中遍山諸樹天欲明時皆生嬰兒日出能行至於食時皆成年少至日中時身色盛壯至日晡時年已朽老拄杖而行頭髮皓白如霜者樹至日没時一切皆死一切衆生共業而行随所作業随業受報

復次修行者随順觀外身過軍闍羅山復有何等山海渚耶彼以聞慧或以天眼見於南方過此山已有一大海於海水下五百由旬有龍王宮種種衆寶以為莊嚴毗琉璃寶因陁青寶頗梨欄楯七寶莊嚴光明摩尼種種衆寶莊嚴殿堂重閣之殿猶如日光有如是等無量宮殿德叉迦龍王以自業故住此宮殿是德叉迦龍王日夜常修念佛念法念僧過此寶堂

五百由旬有大惡海一切衆生見者惶怖多瞋惡龍以為圍遶過此海已復有一山名曰牛王其山具有一切衆生於此山中出於牛頭栴檀之香第二旃檀名曰黄色其旃檀相如日光明一切凡人不能得見若人順法轉輪聖王出現於世或有如法小王出現於世如轉輪王則能得之乾闥婆王住此山中歌舞喜戲以自娛樂過牛王山五百由旬有一大海名大水沫大風音聲過此海已有一大山名曰三峯一曰金峯二曰銀峯三曰頗梨峯其峯有池名曰沫輪金沙布底天華莊嚴鵝鴨鴛鴦充滿池中風吹海水擊三山峯多殺大魚以自業故被打而死

復次修行者随順觀外身過大海已復有何等山河渚耶彼以聞慧或以天眼過前大海見閻羅王決罪福處一切衆生證業果處是閻羅王所住境界閻羅王法治諸罪人是諸衆生自心所誑住黒闇處過此住處一百由旬但有虚空過百由旬至閻羅王

所住宫殿其王宫殿閻浮那提金之所成就一切衆寶以為莊嚴河泉流水蓮花嚴飾縱廣一百由旬其殿光明如第二日過此住處無日月光一切黒闇海廣大故日光不現以地獄衆生悪業因故一切黒闇目無所見不知東西

復次修行者随順觀外身遍觀衆生所住之處若地獄處若河若山若樹若海若諸天處若畜生道若餓鬼道八方上下頗有衆生不生不死不生不滅頗有恩愛而不别離無有一處不壞不變無常恩愛要當别離如是比丘不見一處非愛别離於五道中無一指地非愛别離随諸衆生所住之處無非生死生滅無常是故於此有為生死諸行之中應生猒離此是誑惑躁動障㝵多有憂悲速疾不停破壞磨滅得已還失如幻如夢得之還失此恩愛處誑惑愚癡無始流轉欲瞋癡處猶如怨家詐為親友愛欲住處是故應離有為起猒離心捨於乱心於無常境界勿生喜樂莫與愚癡

而共遊戲如是修行者教諸衆生如實隨順觀於外身四十住處無一衆生不依業生無一衆生非業流轉無一衆生不為業縛如所作業或善不善而得果報彼比丘如是觀時不見一衆生非業故生無一衆生非業藏者無一衆生非業流轉如所業作或善不善而得果報彼比丘觀察業已如實外身隨順正觀

復次修行者隨順觀外身云何觀於閻浮提中西方國土山河海渚彼以聞慧或以天眼見有大河名曰富那有諸花樹婆鳩羅樹婆籌迦樹佉殊羅果吱多迦花那梨吱羅樹多摩羅樹有如是等種種衆樹莊嚴其河多有山谷河邊有國名吱迦移過此國界名辛頭河河邊有國名蘇毗羅人民豐樂食赤稻米其國安樂山林流水過此國界復有一國名蘇羅沙咜過此國界復有一國名波羅多其土縱廣二十由旬國中多有石榴蒲桃其國有城名弥多羅蒲迦過此大城有五大河共合而流從此以西乃

有大海多饒種種惡魚惡獸甚可怖畏是修行者見西海中有一大洲名曰迦羅縱廣一百由旬種種衆鳥住在此洲種種園林甚可愛樂是毗荼他之所住上遊戲受樂城名鉢利多第二住處名曰長髮其處可愛此迦羅渚重閣殿堂多有流水過此住處有辛頭河入西海口有一大山名曰蘇棄住在海中於此山中多有珊瑚若有商人至此寶山多獲珎寶富樂無窮

復次修行者隨順觀外身過此山已復有何等山海渚耶諸羅剎等住何等處彼以聞慧或以天眼見有大海多有大魚五千由旬多有蚤貝摩伽羅魚提弥魚提弥鯢羅魚撓攪海水風鼓大海令魚亂行行者復觀過此海已有一大洲名曰周遍可愛衆師子國其國有鮑身長十里飛空而行無所障㝵壽命千歲不相憎嫉行者復觀過此洲已復有一海名曰可愛縱廣五由旬於此水中多有蓮花衆蜂莊嚴花臺廣大有諸羅剎名鳩迦

羅住此海中食蓮花臺恣意充足行者復觀過此住處有一大山名曰曠野縱廣一百由旬於此山中多有白象及迦陵頻伽鳥出妙音聲如是美音若天若人若緊那羅若阿修羅無能及者唯除如来

復次修行者隨順觀外身過此大山復有何等山河海渚彼以聞慧或以天眼見有大山高五十由旬其山多有毗琉璃林有諸師子羽翼具足守護寶林恐曼提呵羅剎来奪其處

復次修行者隨順觀外身過閻浮提復有何等山河海渚彼以聞慧或以天眼復見西海縱廣一万二千由旬於彼大海無山無城水中唯有象頭魚身睹頭魚身行者復觀過此海已有一大山名曰金山其山光明照大海水令大海水猶如金色莊嚴其山山高三百由旬廣五十由旬有乾闥婆名閻浮摩利住在其上心常悅樂壽命二千歲亦有中夭無量百千乾闥婆衆住此山中身如金色一切色相與天相類食於樹果其性勇健一切

阿修羅住於水下無能棄此乾闥婆
衆所有根果
復次修行者隨順觀外身過此海已
復有何等山海渚耶彼以聞慧或以
天眼見此大海過五分已有大輪山
真金所成高千由旬廣五百由旬金
剛爲頂於此山中有緊那羅及阿脩
羅住在此山是緊那羅園林可愛河
流泉池多有花果獼猴遊戲河名金
水廣半由旬於此河中多有金魚游
洋曜鱗行者復觀過輪山已有一大
海縱廣一万由旬其海有渚名曰寶
渚於此渚中種種衆寶無有土石徧
於渚上皆是珎寶行者復觀過此海
渚復有何等山河海渚彼以聞慧或
以天眼見有大山名曰白山多有林
樹其色白淨水沫圍繞高一千由旬
縱廣五百由旬行者復觀過此山已
見有大山名曰善雲高百由旬廣六
十四由旬空無人住若夜叉若緊那
羅畏阿修羅悉無住者過此山已有
頗梨山高三千由旬縱廣千由旬河
池林果一切具足如天之山過此山

已有大清水縱廣百由旬多有疊貝
其水難行過此水已有仙光山諸阿
修羅住此山中常畏天衆多有婇女
種種莊嚴酒河流溢飄波迦果及粘
那果生仙光山其味甚美食之殺人
復次修行者隨順觀外身復有何等
山河海渚彼以聞慧或以天眼見六
万金山紫磨金樹周遍山中禽獸充
滿於此山中處處多有金蓮花池出
大光明一切金山須弥山王住在其
中諸鬘持天樓迦足天三箜篌天四
天王天住此山上於此山上有如意
樹隨天所念皆從樹生一切禽獸身
皆金色多有衆花曼陁羅花拘賒耶
花於山四陲有四大林一名歡喜林
二名雜殿林三名鮮明林四名波利
耶多林歡喜園中有大樹王名波利
耶多於此樹下夏四月時受五欲樂
遊戲自娛四天王天於歡喜園遊戲
受樂四天王天於此園中歡娛受樂
故名歡喜園鮮明林者衆彩莊嚴故
名鮮明林雜殿林者種種雜殿天子
乘之遊戲受於可愛色聲香味觸等

故名雜殿林波利耶多林歡喜林中
一切天衆受五欲樂須弥山王向閻
浮提一方之面毗琉璃寶以毗琉璃
光照力故令閻浮提仰觀虛空皆作
青色第三方面鮮明林中諸天欲共
阿修羅鬪於此林中集共議論須弥
山王向瞿陁尼一方之面真金所成
令瞿陁尼仰觀虛空皆作赤色第二
方面有雜殿林於此殿中感天鬪具
須弥山王向弗婆提一方之面白銀
所成令弗婆提仰觀虛空皆作白色
須弥山王向欝單越一方之面頗梨
所成令欝單越見空清淨白光明色
行者復觀四天王天壽命幾歲以閻
浮提中五十年爲一日一夜如是壽
命滿五百歲亦有中夭
復次修行者隨順觀外身須弥山上
復有何等異天止住彼以聞慧或以
天眼見須弥山王有三十三天住在
山頂所受樂行不可具說城名善見
縱廣十千由旬七寶莊嚴因陁青寶
金剛車𤦲赤蓮花寶柔軟大寶以爲
莊嚴有善法堂廣五百由旬毗琉璃

珠以為攔楯真金為壁一切門戶亦復如是以一切莊嚴嚴餝殿堂釋迦天王住善法堂以善業力受相似樂人中百歲為第二天一日一夜如是壽命滿一千歲亦有中夭須弥西面名日沒山日至此山閻浮提人謂之日沒故名沒山

復次修行者隨順觀外身觀須弥山王其量高下彼以聞慧或以天眼觀須弥山高廣八万四千由旬阿修羅王住在其側居此水下以衆生業之所住持令日旋轉有大尊神名曰健疾常在前導於晌目頃能行十千一百五十由旬周匝旋轉以日為度知諸衆生壽命長短

復次修行者隨順觀外身觀四天下人所住之處閻浮提國弗婆提國瞿陁尼國欝單越國幾許量耶彼見閻浮提國七千由旬弗婆提國八千由旬瞿陁尼國九千由旬欝單越國十千由旬隨四天下地之形相人面亦尒像其地形閻浮提人面之形相上廣下狹像其地形其餘三方弗婆提

人面像地形猶如半月瞿陁尼人面像地形猶如滿月欝單越人面像地形其面正方如是外觀觀四天下人之形相如實了知

復次修行者隨順觀外身云何觀於閻浮提國北方國界山河海渚彼以聞慧或以天眼見閻浮提北方有國名曰娑嵬其土縱廣滿十由旬次第二國名民陁羅其土縱廣二十由旬次第三國名首羅斯鄰其土縱廣一百由旬次第四國名阿梯梨其土縱廣一百由旬次第五國名曰陁羅其土縱廣一百由旬次第六國名曰鳩留其土縱廣一百由旬次第七國名摩陁羅其土縱廣五十由旬次第八國名乹陁羅其土縱廣一百由旬次第九國名曰賒迦其土縱廣一百由旬次第十國名婁陁羅迦其土縱廣二百由旬次第十一國名陁羅陁其土縱廣一百由旬於此國中多有山崄次第十二名娑佉邏國其土縱廣一千由旬次第十三名毗師迦國其土縱廣二百由旬次第十四名摩醯

沙國其土縱廣二百由旬次第十五名曰漢國其土縱廣一千由旬官屬都合一千由旬真漢唯有二百由旬次第十六名都佉國其土縱廣五百由旬次第十七名跋跋羅國其土縱廣二百由旬次第十八名究頗羅國其土縱廣五十由旬次第十九名鳩留摩國其土縱廣滿五由旬次第二十名甘滿闍國其土縱廣一百由旬自餘小國及以空地悉不在數

復次修行者隨順觀外身觀閻浮提北方國界復有何等山王彼以聞慧或以天眼見有大山名曰雪山種種山峯其山眷屬廣千由旬山中多有盧陁羅樹松樹栢樹天木之樹娑羅樹多摩羅樹多有夜叉多緊那羅多毗舍遮夜叉之屬其山可愛修學禪者多依此山河流甘美大力龍等住在山中多有吱羅多人住在此山

復次修行者隨順觀外身觀閻浮提北方國界復有何等山河海渚彼以聞慧或以天眼見雪山東名懸雪山多有可愛禽獸滿中松栢之樹及天

木樹那迷流林婆鳩流樹闍摩迦樹過此山已復有一山名多摩伽羅縱廣二十由旬有一千窟過此山已有百由旬空曠之地多有河池無有藥草及以樹木過此處已有白銀山名雞羅娑金峯圍遶毗留勒天王住在其上於山峯中河池清涼多有蓮花青優鉢羅花池中多有鵝鴨鴛鴦而以莊嚴過雞羅娑山有一大山名曰峯山緊那羅王在其山下歌舞遊戲於此山上有五金峯三頗梨峯十白銀峯無量天花香氣可愛山中有河名鳩摩羅從山流出多有鵝鴨鴛鴦充遍河中過此山已復有大山名弥那迦縱廣五十由旬多饒阿修羅住此山中常樂歌詠

復次修行者隨順觀外身觀閻浮提復有何等山河海渚彼以聞慧或以天眼過此山已見有大海縱廣一万由旬多有大龍及提弥魚那迦羅魚蠡貝之類過此海已有一大山名曰善意山中有池名曰凝酥縱廣一由旬其池可愛於此池中多有鵝鴨鴛

鴦迦陵頻伽鳥其山縱廣五十由旬山中有河名憍尸迦多有水鳥莊嚴其河過此山已有一大海縱廣二万由旬甚可怖畏雷聲常吼惡龍瞋恚互相攻戰或雨刀火放大熾電以瞋心故吐毒相殺

復次修行者隨順觀外身觀閻浮提過海龍已有一大洲名躭婆迦縱廣一百由旬多有諸大惡羅刹等食魚自活彼有地獄名躭婆迦焚燒衆生有一大河名憍尸迦滿河流血頭髮骸骨隨河而流地獄縱廣五百由旬受大劇苦過地獄已有一大海狀如地獄縱廣一万由旬其水青黑無龍夜叉無乾闥婆過此海已北方有海名曰寶滿衆山圍遶林樹無量松栢栴檀如意之樹山中復有無量果樹過此山已有一大山名曰彼岸縱廣五千由旬於此山中多梨那羅果吱羅樹果一切時果六時具足河池充滿鵝鴨鴛鴦諸大仙人住在山中山有千峯種種衆寶莊嚴其山山有種種毗多羅樹皆是金樹種種衆香過

此山已有一大河名曰石水於此河中一切衆生若草若木若人非人若禽若獸入者如石其河兩岸生諸竹林名曰吱遮風吹相揩自然生火燒殺無量百千衆生行者復觀過此河已有一大河名曰斯陁廣十由旬長三百由旬無人能度以水鹹故若有入者身即碎裂過此河已有渚名閻浮摩有乾闥婆名曰常樂住此渚上多行布施淨持禁戒心常歡喜離於憂惱欲果具足於此渚上金樹具足毗琉璃花充滿池中近須弥山以山勢力一切河水及諸禽獸皆作金色多有無量優鉢羅花拘物陁花處處酒河洋洋溢流自然稻米不須種殖其渚縱廣二千由旬過此渚已無有一切山河樹林有一大海名水沫輪海中多有火毒惡龍名曰電光過此海已有一大山名涅塞沙山中有窟名提弥沙黑暗之窟窟中多有化生龍女初夜化生端正具足莊嚴其身壽命一夜於日出時則皆老死殺生餘業故受斯報過此山已復有一山

名曰蘇摩柭利縱廣五百由旬過此山已有一大山名須弥等縱廣五百由旬於此山北有一大林名㕦多迦林有羅剎名曰惡夢住在此林其行速疾於眴目須能行至於百千由旬為諸衆生作不利益作不安樂

復次修行者隨順觀外身觀閻浮提欝單越二國中間復有何等山河海渚何處頗有不生不死非退非滅非業因緣非愛別離非怨憎會是故於生死中得生猒離應離縛着者以求解脫猒於生死於生死中勿生貪樂莫與愛心而共遊戲勿以愛網而自纏縛莫樂生死一切生死熾然大苦憂悲苦惱愛別離苦怨憎會苦大火熾然於地獄餓鬼畜生天人之中無常變壞癡人貪著謂之為樂應生猒離莫住魔境勿與煩惱而共遊戲後生悔心如是修行者隨順觀外身如實見於生死不住魔境離於垢濁離疑曠野

復次修行者隨順觀外身觀閻浮提北方復有何等山河海渚彼以聞慧

或以天眼見有大山名俱翅羅㕦羅縱廣三十由旬高十由旬於彼山中無量百千俱翅羅鳥青無憂樹赤無憂樹七葉花樹軍陁羅樹賢迦曇婆婆花鞞摩利花金佘提迦花蘇摩那花深婆羅花多羅花單陵伽花鳩迦花瞻婆花軍陁親命花婆利師迦花隨其時節皆自敷榮或於異時鐃持天衆離本住處遊戲此山有諸夜叉住此山中歡喜受樂不惱天衆於此山中多有俱翅羅鳥過此山已有大海濱名曰鵝住其中多有百千鵝群無量蓮花如是海濱鵝鴨鴛鴦珠雋之鳥民鞞羅鳥咽喉鳥等其蓮花色如融金衆十千由旬諸峰圍遶遍覆其上過此以北有欝單越有一大海縱廣千由旬多有大魚提弥鯢魚鞞迦羅魚失収摩羅蚥魚龜等滿大海中其水青色猶如虛空深十千由旬蚤貝之母住此水中身廣十里水下有山蚤有大力敵千象力墮山峯上則皆破碎過此海已有一大海名曰乳海縱廣五千由旬洪波常起大

惡毒龍常如雷聲

復次修行者隨順觀外身觀閻浮提北復有何等山河海渚彼以聞慧或以天眼見諸大山其數五百金銀頗梨一千由旬近欝單越多有蓮花如日初出過此山已有一大國名曰乳旋山河園林多有鳥獸夜叉止住心常歡喜多有花樹衆物具足

復次修行者隨順觀外身觀閻浮提北復有何等山河海渚彼以聞慧或以天眼觀閻浮提及欝單越二國中間更無有國欝單越國縱廣十千由旬三十六億聚落可愛三十六億所受之樂少減四天王天天無骨肉垢汗天亦不眴欝單越人有骨肉垢汗目有視眴無我我所亦無我慢死則決定生於天上離慢諂曲不起嫉妬心常歡喜不畏夜叉羅剎毗舍遮鬼鳩槃荼鬼師子虎豹夜叉惡龍惡蟲之類亦無荒儉寒熱飢渴疾病遠離一切怨家恐怖㸦相愛敬不為妨导無有王賊水火刀兵之畏金樹光明晝夜不別金鳥銀鳥珊瑚之鳥若樹若

鳥種種雜色歡喜女人雖無心識亦如人法

正法念處經卷第六十八　第二十五張　終

復次修行者隨順觀外身觀欝單越復有何等可愛味耶彼以聞慧或以天眼見欝單越有十大山何等為十一名僧迦賒山二名等峯山三名陁摩勿力伽山四名白雲持山五名高聚山六名普騐山七名時節樂山八名持歡喜山九名如意山十名俱賒耶舍山是名十大山欝單越國大海周匝如閻浮提有四大山何等為四一名雪山二名民陁山三名摩羅耶山四名雞羅娑山欝單越國十種大山亦復如是

正法念處經卷第六十八

癸卯歲高麗國分司大藏都監奉
勅彫造

正法念處經卷第六十八

校勘記

一　底本，麗藏本。

一　五五六頁上一行經名、二行譯者、三行品名，石作「正法念處經身念處品之五卷第六十八」。

一　五五六頁中一四行第一二字「夔」，石作「獶」。下同。

一　五五六頁下末行夾註「令國空也」，資、磧、普、南、徑、清作「令國空」。

一　五五七頁中九行「信於」，資、磧、普、南、徑、清作「離於」。

一　五五七頁下八行「耶金華」，資、磧、普、南、徑、清作「耶舍華」。

一　五五七頁下一二行「阿修羅」，資、磧、普、南、徑、清作「諸修羅」。

一　五五七頁下一八行、五六四頁中末行「五千」，資、磧、普、南、徑、清作「五十」。

一　五五七頁下二〇行第六字「或」，資、磧、普、南、徑、清作「或作」。

一　五五八頁上七行至次行「山中」，石作「中山」。

一　五五八頁上九行「年少」，諸本作「少年」。

一　五五八頁中九行「喜戲」，資、磧、普、南、徑、清作「嬉戲」。

一　五五八頁中一五行「山峯」，諸本作「峯山」。

一　五五九頁上四行末字「不」，資、磧、普、南、徑、清作「或不」。

一　五五九頁上五行「不見」，資作「不無」。

一　五五九頁上末行「而流」，諸本作「而流過」。

一　五六〇頁上一一行「曜鱗」，磧、普、南、徑、清作「躍鱗」。

一　五六〇頁中一行「蠡貝」，石作「蠡具」。

一　五六〇頁中五行「光山」，徑作「先山」。

一　五六〇頁中一四行末字「耶」，資、磧、普、南、徑、清作「耶舍」。

一　五六〇頁下一三行「明色」，石作「眼色」。

一　五六一頁中一行「半月」，諸本作「滿月」。

一　五六一頁中二行「滿月」，資、磧、普、南、徑、清作「半月」。

一　五六一頁下五行「跋跋羅」，徑、清作「跂跂羅」。

一　五六一頁下九行「甘滿闍」，資、磧、普、南、徑、清作「甘蒲闍」。

一　五六一頁下一五行「娑羅」，資、磧、普、南、徑、清作「婆羅」。

一　五六二頁上六行及九行「羅娑」，資、磧、普、南、徑、清作「羅婆」。

一　五六二頁下四行「生火」，資、磧、普、南、徑、清作「出火」。

一　五六三頁上一一行第一二字「者」，資、磧、普、南、徑、清無。

一　五六三頁中八行首字「隨」，資、磧、普、南、徑作「夏隨」；清作「各隨」。

一　五六三頁中一五行至次行「遍覆」，資、磧、普、南、徑、清作「覆遍」。

一　五六三頁下三行「北復」，資、磧、普、南、徑、清作「北海」。

一　五六三頁下九行第一一字「覩」，資、磧、普、南、徑、清無。次頁上三行第一一字同。

一　五六三頁下一五行「垢汙」，磧作「垢汙」。

正法念處經卷第六十九　終

元魏婆羅門瞿曇般若流支譯

身念處品之六

復次修行者隨順觀外身十大山中復有何等河池流水華果鳥獸彼以聞慧或以天眼見僧迦賒山僧迦賒樹六時之華其樹晝夜光明不斷如閻浮提燃大炬火其香普熏滿一由旬如閻浮提所有林樹少分相類如是僧迦賒山有四大林一名青影林二名鳥音林三名温涼林四名鋡毗羅林若至此林其花如雲從空而下合和聚集故名僧迦賒山（僧迦賒言聚集）青影林者隨有一切白色衆鳥住在此林以林力故如琉璃色故名青影林鳥音林者若入此林如意所念鳥出妙音讚單越人見之生大歡喜故名鳥音林温涼林者若人有寒入則温暖若有熱者入此林中即得清涼林中有鳥名曰風行是命命鳥以鳥力故一念能行一千由旬若人見鳥憶念欲行即乘此鳥一念能至一千由旬

其命命鳥能解四天下人所有語言亦能宣說如人受樂如人欲樂其身七寶莊嚴兩翼青寶車渠頗梨赤蓮華寶莊嚴其身見者歡喜觀僧迦賒山有第二林名曰鸚鵡林鳥歡喜有蓮華池涌覆其上若閻浮提轉王中熱而死生此池中如閻浮提轉王住阿那婆達多池中種種衆鳥住在此林中鵝鴨鴛鴦鵁鶄之鳥恒荼摩那婆鳥黃鳥鳩鴿乇頭醯鳥香鳥三婆闍鳥瞿耶沙吒鳥聲歡喜鳥六時行鳥喜月明鳥月出歡喜鳥日色孔雀鳥若見雷時歡喜出聲生樂鳥少黃色鳥俱羅婆鳥那提背鳥泥均蕎陀鳥陀婆迦鳥雜身鳥衆蜂旋鳥其音能滿至一由旬如閻浮提蜂住於樹林鳥鳥山舞鳥第一音鳥鵝鳥婆羅羅鳥華覆身鳥住蓮華鳥青優鉢羅鳥遊沙鳥頻伽項鳥般舟吒鳥樂婆羅鳥常音聲鳥箜篌音鳥見雲歡喜鳥僧迦摩鳥見闘歡喜鳥白雲鳥復有異鳥觀之可愛離瞋恚鳥住林樹間讚單曰人見之歡喜觀彼衆鳥住林中如實知外身

復次修行者隨順觀外身僧迦賒山有何等林彼以聞慧或以天眼見第三林名鋡毗羅林枝葉相覆蔭影涼厚讚單越人爲遊戲故入此林中林名班華樹次名龍華樹次名菴婆羅次名拘鞞陀羅樹次名娑羅樹次名喜愛樹次名鳥息樹次名婆羅多羅次名賒摩樹次名尼沙迦毗陀樹次名周多樹次名迦羅樹次名毗羅迦樹次名旗隣陀樹次名婆鳩羅樹次名喜香樹次名憍樂樹次名奚多羅樹次名多摩羅樹次名鳩羅迦樹次名青荊香樹次名月輪樹次名曜行樹次名常開敷樹次名尼均輪樹次名開樹次名阿濕波他樹次名甄叔迦樹次名賒摩梨樹次名楊柳樹次名毗邏樹次名迦畢樹次名那梨吱羅樹次名波那娑樹次名無遮果樹次名阿殊那花樹次名迦曇婆羅樹次名泥周羅樹次名天木香樹次名乘攝樹次名水生樹華次名曼陀羅樹華次名俱賒耶舍樹花次名金色

華次名銀色花次名毗琉璃樹次名孔雀止息樹次名異處行樹次名洲生樹次名迦離賒合樹次名婆迦賒樹次名于相映厚樹次名滑樹次名肩生樹次名因陁羅長樹次名岸生樹次名巷生樹次名珊瑚色樹次名鵄摩騷樹次名悚樹次名應時生樹次名煙色樹次名燈明樹次名風動樹次名芭蕉樹次名俱翅羅樂樹次名散華樹次名花未覆樹次名開烏弥羅樹次名憶念樹次名如飯樹次名優曇鉢羅樹次名頭頭摩樹次名鋒旋樹次名負峰樹次名涼風樹次名動搖樹次名無憂樹有如是等六十種樹勝過餘樹不説中下鵨毗羅林流水華池甚可愛樂欝單越人無有怖畏憂悲病苦無有君王亦無熱惱離於怨對妬嫉之患於僧迦賒山鵨毗羅林歡喜受樂觀僧迦賒山已如實知外身

復次修行者隨順觀外身觀欝單越國僧迦賒山第四林名曰温涼彼以聞慧或以天眼見温涼林種種涼池

亦如上説花葉果樹河流具足謂清涼河廣一由旬其水甚深一名清淨河次名無濁河次名乳水河次名蒲桃汁河次名蘇摩河次名美乳埿白水河次名憶念河次名鵝王河次名鴨河次名鴛鴦河次名妙音聲河次名花流河次名弱楊河次名濤波流河次名駛流水樂河次名迦曇婆翅河次名珠寶河次名饒龜河次名赤魚旋行河次名車毗羅河次名魚旋河次名華流河次名沫輪河次名水笑河次名平岸河次名雨聲河次名音曲流河次名隨時轉河次名無力河次名山峯河次名金色水河次名銀色水河次名銀石河次名真珠沙河次名山流河次名雲轉河次名車渠莊嚴河次名珊瑚樹河次名春歡喜河次名秋清水河次名山谷流河次名峯輪笑河次名雪水河次名日不照河次名速流河次名洄澓河次名尼均輪陁流河次名香水河次名雞多迦香熏河次名雨歡喜河次名毛頭摩河次名周遍旋轉河次名無

量流河次名濆水澆岸河次名婆鳩羅河次名減水河次名歡喜旋流河次名壞山河次名雲行河次名歌音河次名鼓音河次名雷音河次名龍女喜樂河次名夜叉所愛河次名仙人所愛河是名僧迦賒山第四温涼林有如是等七十大河不説其餘無量小河林樹華果功德具足觀清涼林已如實知外身僧迦賒山第五名修吉龍王德叉迦龍王齒毒龍耀大震雷雲鼓龍遊戲雲鼓所謂難瞋婆電光興雲普覆隨順法行有如是等七千大龍於欝單越以時降雨澍於平地欝單越人猶如諸天

復次修行者隨順觀外身如前所説若樹若花若果若實若河若石窟若地方處若草若山谷若山窟如是等處無針鋒許衆生所住不生不死不退不出百返千返一切愛樂種種衆生無不破壞恩愛别離惱乱心悔無不曾為怨親中人無不合和無量生處百生千生或在水性或生陸地或行虛空於畜生中無一衆生不相敢

食不相殘害無一衆生不作怨結如我此身無處不生如是比丘不見針鋒之地非生死處如前所說觀僧迦賒山已如實知外身

復次修行者隨順觀外身復有何等勝妙山林彼以聞慧或以天眼見第二山名平等峯猶如天上歡喜之園平等山峯所有河池花果林樹如前僧迦賒山中廣說復有何勝其等山峯三百金峯光明如日五百銀峯亦如前說功德勝前欝單越人其身光明猶如滿月名離怖畏實無怖畏故名無畏欝單越人住此山中歡娛受樂如四天王夏四月時於歡喜園受五欲樂有何等勝四天王天無骨無肉無有汗垢欝單越人所不能及欝單越人遠離怖畏勝四天處四天王天住高山頂宮殿而居猶懷恐畏欝單越人無有宮宅無我所心是故無畏欝單越人命終之時一切上生是故無畏四天王天則不如是欝單越人復有勝法離怖畏故勝四天處平等山中所有樹林如第二日離怖畏

人隨心所念皆從樹出衣無線縷瓔珞莊嚴或念飲食於百千河飲食盈流鳥音可愛如前所說金翅青毗琉璃無量百千鵝鴨鴛鴦無量衆鹿真金為身珊瑚為角車𤦲為目青玉為甲及餘異獸無量種類住在山中樹枝相蔭交互而生如真珠網俱翅羅鳥孔雀妙音百千流水無量河岸以為莊嚴一切河流八功德水何等為八一者具味二者清淨三者香潔四者除渴五者涼冷六者飲之無猒七者無垢八者飲之無患無惡魚過於此山中有種種花池所謂有名廣博山花池次名衆沙花池次名五樹花池次名鴛鴦岸花池次名鵝水花池次名扇翅花池次名饒百鳥花池次名大珊瑚花池次名竹樹花池次名深花池次名月愛花池次名上月花池次名雜水花池次名洄澓花池次名竹林花池次名仙愛華池次名魚旋華池次名三波陀魚遊華池次名峯中花池次名池髻花池次名旋轉花池次名淨水花池次名月光花池

次名月輪花池次名離垢花池次名乳水莊嚴花池次名清涼花池次名月愛花池次名頗梨旋花池次名速旋花池次名澄靜花池次名不動花池次名天愛花池次名歡喜花池次名善味花池次名如意味花池次名樂花池次名雜珠婆花池次名甘露上流花池次名龍花池次名樂花池次名阿殊那花池平等山峯有如是等四十七池於平等山中最為殊勝其池皆是八功德水如前所說其山高勝如破空出以山高故有勝園林功德具足所謂清涼之林色白如月廣百由旬多有銀樹色白如雪於此林中有蓮花池名離水衣花池次名蜂覆華池次名貝色花池次名常水花池次名半見花池次名歡喜花池次名迦躭婆菩提迦花池次名鵝翅花池次名遊戲花池次名可愛花池次名見峯花池次名樂遊戲花池次名常樂花池次名常蓮花池次名常歡喜花池次名雲花池是名第一最勝十六花池除其中下無量百千無

名者一切清淨無有泥濁亦無水衣鵝鴨鴛鴦可愛音聲令欝單越人常得歡喜命命孔雀於園林中出妙音聲修行者觀平等山峯已如實知外身

復次修行者隨順觀外身信解四聖諦觀平等山峯頗有一處是常不變若樂若我而不空者如前所說一切生死所攝衆生頗有不死不生一切所愛不離不別不破壞耶彼修行者觀平等山峯不見一處是常不動若樂若我若不空者一切衆生所住之處無不生死為愛別離之所破壞如是一切生死無常衆生無針鋒處不生不死不生不滅念四聖諦觀欝單越平等山峯已如實知外身

復次修行者觀欝單越更有何等可愛之處彼以聞慧或以天眼見第三山名曰勿力伽具足莊嚴如前所說僧迦賒山及平等山峯具足莊嚴此山轉勝勿力伽山流水具足石蜜河水意樹具足所謂金樹六時花果敷榮蔚茂光明如日勿力伽山有光明林所謂金光旋林次名銀聚林次名普山林次名柔軟林次名金光旋林廣百由旬真金林樹多有衆蜂次名銀聚林縱廣三百由旬無量銀樹其林光明如百千月多有師子無量衆鳥心常歡悅如前所說勿力伽山有第三林謂常樂林林中有鳥名常遊戲受樂歡喜其國有人名曰解脫常樂林中歡喜自在隨意遊樂無人遮㝵如諸天衆而受悅樂勿力伽山有第四林名曰柔軟金樹銀樹珊瑚之樹多有衆鳥名曰解脫其林縱廣五百由旬常多欲人住在此林其地柔軟如兜羅綿花果之樹及蓮花池無量百千衆蜂圍遶修行者觀勿力伽第三山已如實知外身如前所說

復次修行者隨順觀外身觀欝單越更有何等可愛之處彼以聞慧或以天眼見第四山名白雲持縱廣千由旬純淨白銀之所成就光明踰月如閻浮提滿月出現衆星失光白雲持山亦復如是欝單越人住此林者名常發欲常樂遊戲白雲持山蓮花嚴身離於怖畏憂悲疲極寒熱飢渴常愛歌戲於蓮華間遊戲受樂於山峯中共衆婇女遊戲娛樂常行愛欲常離憂悲白雲持山有諸園林謂鼓音聲林次名鴨音林次名憶念林次名水聲林鼓音林者鬘持天衆擊於天鼓出美妙音譬如箜篌笙笛和合出聲擊天鼓音復過於此閻浮提音十六分中不及其一鳥獸園林華池地界金銀流水功德如是天鼓音聲如前所說常欲之人聞天鼓音常受愛色聲香味觸如迦樓足天於歡喜園受天之樂有第二林名鴨音聲其林花池有百千種不可具說鴨音聲林有衆寶處次名鞞鄰婆處次名寶莊嚴處次名調伏處次名樂音聲處次名大色處次名賒羅處次名能投巖處次名山峯行處次名遮波羅處次名普眼處次名迦吱多鄰寶處次名金角處次名銀側處次名風力處次名食樹葉處次名住水音聲處次名行林處次名珊瑚處次名凹窟處次名細青處次名黑皮處次名賒輸多鄰處

次名日光明鬘次名柔軟鬘次名白鬘有如是等二十五種鬘常欲樂人與鬘遊戲種種自業於白雲持山中受相似樂復有第三憶念之林人名樂欲若有所念從樹而得一切園林荘嚴可愛亦如前說白雲持山有第四林名水音聲種種仙人住此林中遊戲受樂若有汗熱入池水中遊戲受樂有諸仙人一名無㝵仙人次名力仙人次名徐行仙人次名虛空行力仙人次名窮雲行仙人次名行日道仙人次名行量仙人次名白色仙人次名删鄉多仙人次名鳩尸迦仙人次名山無㝵仙人次名常樂仙人次名乹陁羅仙人次名行虛空仙人次名富物仙人次名内住仙人次名闍窟仙人次名常力仙人次名鵝殿仙人次名龍殿仙人次名放電光仙人次名住摩羅耶仙人次名雞多迦鍮仙人次名樂婇女仙人次名樂酒仙人次名住弥樓山仙人次名三車鄉仙人次名常遊戲仙人次名常歡喜仙人次名垂荘嚴仙人次名飛行仙人次

名呪藏仙人是名三十仙人止住在於白雲持山種種荘嚴遊戲在於水音聲池歌舞戲笑自業受樂自業力故共相似婇女遊戲受樂如是遍觀白雲持山諸林樹已如實知外身觀白雲山中頗有一法是常不動不變不壞涅槃所攝如是比丘不見一法是常是樂不動不變不破壞者一切諸法皆悉無常破壞磨滅猶如日光破諸闇冥無常世間初味後苦深流不出愛果無樂如甄波迦果如毒如刀得時甚樂悅目須臾如電不住如水駛流無常不住如乹闥婆城誑惑於人一切人貪如果必墮如雜毒食消時大苦如蜜塗刀亦如利戟誑惑無量百千衆生猶如河岸臨峻大樹諸欲無常亦復如是是修行者如實觀欲生猒離心正念觀察滅除塵垢復次修行者隨順觀外身欝單越國更有何等可愛山河彼以聞慧或以天眼見第五山名曰高山縱廣一千由旬光明普照有真金樹毗琉璃葉白銀為樹珊瑚為葉毗琉璃樹真金

為葉光明如燈復有異樹無量種樹蓮花林池園林遊戲種種摩鬘種種山峯亦如前說住須弥山鍮持天衆三箜篌天從須弥山至此高山遊戲受樂其高山峯皆是衆寶之所成就有五大峯一一山峯高五十由旬縱廣二百由旬第一金峯於山谷中生一切寶謂毗琉璃珊瑚車𤦲頗梨迦寶赤蓮花寶柔軟寶青因陁寶大青寶王自然天衣第二銀峯銀樹具足峯中多有牛頭栴檀若諸天衆與阿修羅共闘戰時為刀所傷以此牛頭栴檀塗之即愈以此山峯狀似牛頭於此峯中生栴檀樹故名牛頭第三山峯名天女樂金銀毗琉璃以為園林其地柔軟歡喜遊戲愚癡凡夫為愛所誑離聞正法常愛欲樂第四山峯名曰生色四大天王於蒲桃園遊戲受樂一切禽獸夜叉仙人欝單越人皆悉受樂蒲桃酒河盈滿而流其味如蜜有如石蜜或有辛味或有雜味其峯河岸多諸生色所謂水牛牛羊牂狗野狐象馬駝驢龍虎熊羆師

子咒豹如是種種無量寶色峯名生色生諸生色故名生色第五山峯毗琉璃林有蓮花池毗琉璃莖其花柔軟所謂少滿蓮花池次名衆多蓮花池次名轉行蓮花池次名花覆蓮花池次名日照蓮花池次名柔軟岸蓮花池次名無比蓮花池次名蜜林蓮花池次名香風蓮花池次名常水蓮花池是名十種花池住此峯中復有大河處處而流六味具足一切意樹而以莊嚴衆樹花果河池具足亦如前說彼比丘觀第五山第五峯已如實知外身

復次修行者隨順復觀高山知業法果報知衆生業法果報衆生自業住自業流轉以自業故而生此山善業盡故不善業故墮於地獄餓鬼畜生若有善業生天人中高山四面所住之人名樂善樂常悕望欲常不知足如是比丘以偈頌曰

辟如火得薪　如海受衆流　受欲難猒足
是故應捨離

如是修行比丘以清淨眼見此衆生

於大憂悲愁毒之中猶復歡娛衆生不知一切皆苦無我無常一切法空一切闇冥一切生死無有常樂非寂靜非寂滅一切資具要當破壞此法不實終墮地獄餓鬼畜生辟如日出必當有沒一切衆生亦復如是有生之類必歸於死辟如春時一切大地山樹藥草叢林平地至於秋時大地山樹藥草叢林陂澤花池一切衰變少如春時老如秋時欝單越人不能覺知一切少壯皆歸衰老辟如夏時天降洪雨河有崖岸諸水臻集盈溢充滿至於孟冬一切減少富樂具足猶如夏時富樂破壞猶如孟冬辟如水泛蓮花池中衆蜂所樂歡喜受樂霜雹既降蓮花萎爛衆蜂捨離人亦如是若無病惱如花新開衰病既至如花萎爛衆蜂圍遶猶如富樂親友臻集衆生如是為愛所誑不覺自壞如是比丘觀於高山園林花樹河泉陂池仙人禽獸山谷已如實知外身

復次修行者隨順觀外身彼以聞慧

或以天眼見欝單越國復有何等可愛山耶彼以聞慧或以天眼見第六山名鬘莊嚴於其山中有種種莊嚴其山朱緑青黄種種色樹所謂雜花林樹復有花樹名曰無憂復有花樹名曰金葉復有花樹名曰枝覆復有花樹名阿提目多迦金莖金葉風吹動摇水中復有尼均輸陁樹毗琉璃葉有芭蕉珊瑚為葉見日則起復有提羅迦樹若見月光即便開敷復有花樹名拘牟陁無日則開復有花樹名半月喜復有花樹名鄣羅迦羅復有花樹名三歡喜復有花樹名槃頭時婆復有花樹得咽增長復有花樹名曰無憂女人觸之花即為出復有花樹名曰軍陁其性柔軟復有花樹名尸利沙得人足蹈即便增長復有花樹名鞞多婆暖則有香復有花樹名鳩鳩摩流轉異國復有花樹名曰見吉復有蓮花名曰善意天人所愛復有蓮花名青優鉢羅生在水中復有蓮花名常開敷復有花樹名曰師子迦曇鉢羅復有蓮花名曰水芺足

躡則生復有花樹名赤無憂女人足

躡以得女人色香味觸花則為出復
有花樹名阿吒迦如是花樹二十有
二周遍花鬘以為莊嚴或有金色毗
琉璃色或白銀色或有黃色或有緑
色或有雜色或在池中或在樹下或
在榛林或有周遍行一切處復有衆
鳥真金為身白銀為翅或白銀身黃
金為翅或珊瑚身毗琉璃翅毗琉璃
身青寶王翅或頗梨身真金為翅或
有衆鳥真金為腹白銀為翅毗琉璃
背或有衆鳥七寶為身謂青寶王摩
伽羅寶頗梨迦寶車𤦲珊瑚摩蘇鳩
留摩利寶赤蓮花寶如是自業種種
雜色種種音聲無量種身欝單越人
自業力故有無量種雜色樹林山河
花池甚可愛樂如心所念種種衆寶
之所莊嚴先世善業所化飲食河池
林樹周遍莊嚴欝單越人於鬘莊嚴
山處受樂住此山人名常遊戲於鬘
莊嚴山常遊戲人猶如諸天於夏四
月在波梨耶多拘鞞陁樹下歡娯受
樂唯除覞眴身有骨肉及有垢汗自

餘悉等

復次修行者觀業果法衆生三種憍
慢放逸不作善業何等為三一者恃
色而生憍慢二者恃少而生憍慢三
者恃命而生憍慢不作身善業不作
口善業不作意善業以勝善業上生
天中從天還退墮於地獄餓鬼畜生
人中之愛如蜜雜毒受第一苦第一
繫縛第一惡處愛縛衆生不知生從
何來去至何所一切諸欲如甄波迦
果初雖少甜後致大苦猶如覆網衆
生不覺墮於嶮岸愛別大苦如火自
焚壯色不停如山峻水無常不住變
易衰壞於五道中無有一處不為惡
業風之所吹流轉諸有然諸衆生於
生死中猶不生猒觀鬘莊嚴山常遊
戲人已如實知外身
復次修行者隨順觀外身欝單越國
復有何等可愛山河花池彼以聞慧
或以天眼見欝單越有一大山名曰
時樂廣千由旬高三十由旬六時常
鮮一者孟冬二者季冬三者孟春四
者季春五者孟夏六者季夏於第一

時有何等花於孟冬時有常開樹名

不合華次名堅花次名楝花次名鞞
覆花次名娑佉羅花次名善香花次
名無芽花次名鴨音花次名第一花
次名可愛花次名涼冷具足花次名
深生花次名夜開花次名第一堅花
次名曰花是為孟冬寒時十五種花
生時樂山第二季冬復有蓮花生欝
單越時樂山中以善業故阿提目迦
花隨念墮落所謂鳩羅婆迦花次名
鉢頭摩花次名鉢摩迦花次名究羅
婆迦花次名多香花次名鞞旋花次
名三摩柘花次名無憂花次名甄叔
迦花次名青無憂花次名不合花次
名香拘物陁花次名阿弥荼迦花次
名窟生花次名河岸生花次名尼支
藍花次名赤花次名婆鄉帝花次名
烏愛花次名常開花次名百葉花有
如是等二十種花生於季冬及孟春
時阿提目迦花等經於二時欝單越
國時樂山中復有諸花生於季春謂
瞻蔔花次名蘇摩鄉花次名善色集
花次名徒摩羅花次名香花次名鞞

遵花次名除飢香花次名尸利沙花
次名赤花次名等香花次名常香花
次名躭婆羅味花次名風萎花次名
百葉花次名畏曰花次名諸蘭帝花
次名護色花次名闍智羅花時樂山
中有如是等二十種花生於季春以
欝單越人善業力故時樂山中於孟
夏時復有諸花名吱多迦花次名鳩
吒闍花次名賖多婆嘌臓花次名迦
曇婆花次名尼朱羅花次名由提迦
花次名蘇摩耶花次名龍舌花次名
無間愛樂花次名善味花次名善香
花次名普葉花次名一切攝取花次
名轉花次名鼻境界花次名五葉花
次名愛雨花次名愛觀花次名塗摩
花次名水流花次名雪色花有如是等
二十種花於時樂山生孟夏時以欝
單越人善業報故時樂山中於季夏
時復有異花所謂笑花次名蘇摩耶
花次名常瞻蔔花次名林生花次名
虛空轉花次名夜可愛花次名一切
方花次名流花次名遊戲地花次名
樂花次名山谷花次名陸生花次名

迦曇婆花次名早陽伽花次名鵝旋
花次名修留毗花次名多摩羅婆花
次名水花次名月花次名嶮岸上花
有如是等二十種花生於季夏欝單
越國時樂山中樹林花果蓮花河池
時轉普遍此時樂山如餘山中一切
花果此山常有時樂山中所住之人
名曰陁利支摩(魏言闇遲)
復次修行者知業果報云何衆生先
業既盡不作新業而不知於時節輪
轉衆生食命時如大火焚燒命薪時
如惡雹摧壞命矢時如師子戢害人
獸時如駃河拔人樹根漂至異處一
切死法不可逃避云何衆生而不覺
知不見老病死戲排破壞一切少壯
及一切欲破一切力一切衆人之所
輕笑羸瘦之本能滅眼耳鼻舌身意
涎涕流溢身曲不端牙齒髑髏骨節
筋脉皆悉慢緩不能去來洗沐清池
為諸年少之所輕毀欲入死城失於
氣力不安隱處不善之地數大小便
多樂眠卧衆生云何不見此老而行
放逸以放逸故不見決定當有疾病

以疾病故四大不調諸根失樂一切
筋肉皮血脂膚及以精髓皆悉乾竭
憎一切味不能坐起憶念醫師以求
安隱一切飲食入口皆惡頓乏疲極
不能起止欲多睡眠身體羸瘦唯有
皮骨一切親族及其妻子不能為伴
如死怖畏而此衆生不知不覺是修
行者觀放逸行衆生已起悲愍心以
悲愍故修四梵行謂慈悲喜捨是修
行者如是觀欝單越人起悲愍心觀
身威儀如賊無異身如水沫諸識如
幻富樂如夢作是觀已生猒離心
復次修行者隨順觀外身觀欝單越
復有何等殊勝可愛山林河池彼以聞
慧或以天眼見欝單越有一大山名
歡喜持其山有林名曰周遍縱廣五
百由旬一切寶性之所莊嚴所謂金
性銀性銅性寶性酒性瑿性六味之
性及餘異性其林普遍毗琉璃花蔓
鬚纏遶金葉蓮花白銀為莖金銀葉
花毗琉璃莖蓮花充滿如日初出有
種種鳥莊嚴其池所謂鵝鴨次名鴻
鳥次名婆伽鳥次名金鳥次名白咽

正法念處經卷第六十九　第二十五張　終　覺

鳥次名遮沙鳥次名摩頭求鳥次名
鴛鴦鳥次名波婆鳥次名鸛鳥次名
阿嗟鳥次名娑羅娑鳥次名堤弥羅
鳥次名婆求鳥次名時鳥次名畏熱
鳥次名夜行鳥次名樂鉢頭摩花堂
鳥次名辛頭波鳥次名住水波鳥有
如是等二十種鳥住蓮花池過普遍
林歡喜持山半山之中五百由旬復
有五百由旬名竹岸人住在此山其
山有樹名曰軍持出妙歌音天女聞
之住空而聽園林河池蓮花皆悉具
足如前所說

正法念處經卷第六十九

癸卯歲高麗國分司大藏都監奉
勅彫造

正法念處經卷第六十九

校勘記

一　底本，麗藏本。

一　五六六頁上一行經名、二行譯者、三行品名，石作「正法念處經身念處之六卷第六十九」。

一　五六六頁上一三行夾註，徑無。

一　五六六頁中六行「涌覆」，資、磧、普、南、徑、清作「遍覆」。

一　五六六頁中二一行「白雲鳥」，諸本作「白露鳥」。

一　五六六頁下六行「菴婆羅」，資、磧、普、南、徑、清作「菴婆羅樹」。

一　五六六頁下七行「娑羅樹」，資、磧、普、南、徑、清作「婆羅樹」。

一　五六六頁下八行「婆羅多羅」，資、磧、普、南、徑、清作「娑羅多羅樹」。

一　五六六頁下一一行「旗隣」，資、磧、普、南、徑、清作「辛隣」。

一　五六七頁上一三行「蜂旋樹」，徑作「風旋樹」。

一　五六七頁上一九行第九字「覩」，資作「現」。

一　五六七頁中八行第四字「駚」，資、磧、普、南、徑、清作「駛」。下同。

一　五六七頁中一九行「雪水」，諸本作「雪冰」。

一　五六七頁中二一行第五字「陁」，資、磧、南作「池」。

一　五六七頁下六行「温涼」，資、磧、普、南、徑、清作「鈴毗羅」。

一　五六七頁下一〇行第四字「䮃」，資、磧、普、南、徑、清作「鬘」。下同。

一　五六七頁下一二行「電光興雲」，石作「雷光興雲」。

一　五六七頁下一六行「若實」，石作「若寶」。

一　五六八頁上八行「山峯」，諸本作「峯山」。下同至次頁上四行。

一　五六八頁上一三行「歡娱」，資、磧、普、南、徑、清作「歡喜」。

一五六八頁中一五行第六字「岸」，石作「圻池」。

一五六八頁下八行「龍花」，石作「親花」。

一五六八頁下一五行「離水」，石作「離水」。

一五六八頁下一六行「貝色」，諸本作「具色」。

一五六九頁上一〇行「所愛」，資、作「所處」。

一五六九頁上一九行第三字「曰」，諸本無。

一五六九頁下六行「擊於」，石作「繫於」。

一五六九頁下一五行第三字「次」，清作「一」。

一五六九頁下一七行第一二字「巖」，石作「嚴」。

一五六九頁下二二行「凹宷」，石作「凹察」；資、磧、普、南、徑、清作「凹床」。

一五七〇頁上八行「汗熱」，資作「旱熱」。

一五七〇頁上九行「有諸」，資、磧、普、南、徑、清作「諸有」。

一五七〇頁上一六行「闇窟」，諸本作「閻窟」。

一五七〇頁中六行第三字「山」，資、磧、普、南、徑、清作「持山」。

一五七〇頁中一〇行第一三字「深」，石作「染」。

一五七〇頁中一八行「正念」，徑作「止念」。

一五七〇頁下五行「受樂」，徑作「愛樂」。

一五七〇頁下一七行第四字「離」，資、磧、普、南、徑、清作「雖」。

一五七一頁上九行第九字「住」，資、磧、南、清作「注」。

一五七一頁上一八行第六字「人」，石作「之」。

一五七一頁中一五行「水泛」，石作「外法」。

一五七二頁上二〇行第二字「處」，資、磧、普、南、徑、清作「處處」。

一五七二頁中一五行第五字「吹」，資作「次」。

一五七二頁下三行「娑佉羅」，資、磧、普、南、徑、清作「婆佉羅」。

一五七二頁下四行「無茅」，南、徑、清作「無葉」。

一五七二頁下八行第四字「山」，資、磧、普、南、徑、清作「山中」。

一五七三頁上一二行「無閒」，資作「無聞」。

一五七三頁中二行「羅婆」，資、磧、普、南、徑、清作「羅娑」。

一五七三頁中五行末字「池」，磧作「他」。

一五七三頁中八行夾註「魏言間遊」，資、磧、普、南作「魏言閒旋」；徑、清無。

一五七三頁中一三行第六字「拔」，南作「校」。

一五七三頁中一四行「死法」，清作「死去」。

一　五七三頁中一五行第六字「死」，石作「爲死」。

一　五七三頁中一九行「洗沐」，徑作「洒沐」。

一　五七三頁下三行首字「憎」，石作「增」。

一　五七四頁上三行「娑羅娑」，資、磧、普、南、徑、清作「娑羅婆」。

正法念處經卷第七十　　終

元魏婆羅門瞿曇般若流支譯　　咸

身念處品之七

復次修行者觀諸衆生業之果報如此衆生應當啼哭如何乃作歌舞戲笑而不觀於放逸衆生地獄受苦啼哭悲哀不知衆生愛網所縛以身口意作惡業故墮於地獄餓鬼畜生受大苦報憂悲啼哭受種種苦如其業行墮活地獄黑繩地獄衆合地獄叫喚地獄大叫喚地獄焦熱地獄五種愛故受於色聲香味觸故為之所縛流轉在於生死大海如是修行者觀行岸住人已如實知外身

復次修行者隨順觀外身觀欝單越復有何等可愛山林彼以聞慧或以天眼見欝單越有一大山名曰心順縱廣一千由旬於此山中常有緊那羅女於山峯中歌衆妙音河岸園林平處山谷多有華池有諸林園所謂吱多吱林次名龍林次名郁梨吱羅林次名婆郁婆林次名佉羅林次名

菴婆林次名無遮林次名金毗羅林次名迦畢他林次名孔雀林次名俱翅羅林次名鸚鵡林次名河池林次名蓮華林次名優鉢羅林次名辛頭波利多林次名鳩羅婆迦林次名命命鳥林次名多羅林如是林中一切珎寶美妙之音一切人聞歡喜受樂婬愛所覆轉增愛火若有聞此緊那羅女歌頌之音百倍增長若有飢虗食草在口聞此歌音不覺遺墮飛鳥在樹雙鳥遊戲啄食美果聞此音聲皆悉止住衆蜂聞聲不飲美味若有仙人在虛空中聞其歌音即住不行如是心順山中緊那羅女歌頌之音甚可愛樂其山皆是毗琉璃寶金銀為石珊瑚為樹真珠為沙鉢娑羅池以頗梨寶為憂鉢羅多有白鵝其色如貝復有諸處七寶莊嚴於園林中有俱翅羅孔雀命命其音可愛復有池水衆蜂莊嚴如是心順山中一切衆人若見若聞心生愛樂遍於山上一切男女歡喜戲笑心生悅樂此心順林復有第二可愛之事如須弥山

所出光明上照二百由旬心順山中光明上照二千由旬其光白淨金樹光明以毗琉璃山光力故皆作白色如須弥山王金色光明草木近之皆作金色如是心順山光令一切禽獸河池華樹皆作白色以心順山光明力故山有人住名曰白人光明亦白住在此山大力端嚴心常歡喜第一清淨妙香塗身華鬘莊嚴歌舞戲笑愛樂音聲不生嫉妬無我所心亦無我慢一切光明皆作白色種種末香以散其身種種歌音聞之悅樂如意之樹出香美酒飲之無患隨其所念衣從樹出衣無線縷經緯之別種種飲食種種莊嚴種種衆鳥出妙音聲令人睡息復有妙音種種衆鳥令其覺寤種種花池生種種華如是白光明人受業果相如其所作上中下善業受樂成就

復次修行者隨順觀外身觀此衆生云何現見他善業盡而就死苦云何不覺初不生苦於受生時父母精血於尿道中識生受胎業風所集和合

動之七日一變名阿浮陁阿浮陁中以於先世不殺生故識心不滅不爛第二七日名伽那身煩惱癡識不壞不滅如是七七日名曰肉團住在胎中屎尿之間若母動身若母飲食被壓辛苦如壓蒲桃復以業風吹動肉團肉團增長生於五皰所謂兩手兩足及頭復以業風所動增長生於膜衣從膜衣中有脉如箭上衝生藏若其母食冷食熱食或美不美從箭孔中入其齊中為胎中命令其不死如是胎中受大苦惱若於胎中不死不壞為尿月水之所穢汙十月住胎如在牢獄苦惱逼迫一切身分猶如山壓從胎中出既生之後風日所觸受大苦惱棄之於地隨意捨行自啑其指指中生乳以自增長而得壽命增長嬰兒轉成盛年漸至衰老時風所滅衆生業故業藏流轉如業所作或善不善諸業成就如此衆生現見業法果報苦惱而猶放逸於生死中苦受之本所謂生也寒熱飢渴疲極病瘦愛別離苦怨憎會苦於生死中生

為大苦破壞生與生死流轉無常苦空生滅無我云何欝單越人而不覺知如此山谷園林花果河池蓮花一切皆當無常破壞歸於虛空如是衆生一切皆死生於天上天上命終隨其本業墮於地獄餓鬼畜生是修行者如是觀於業法果報見生死過於白光明人生悲愍心

復次修行者隨順觀外身欝單越國復有何等可愛山林彼以聞慧或以天眼見欝單越有一大山名俱賒耶舍縱廣千由旬有蓮花池名曰清涼縱廣五百由旬金色蓮花充滿其中無有泥濁於此池中多有衆蜂鵝鴨鴛鴦以為莊嚴蓮花池中有天俱賒耶舍之花曼陁羅華林樹華果河谷園林清涼之池如前所說於俱賒耶舍山半山之中五百由旬有八万四千殿奇特可愛真金為殿白銀欄楯白銀為殿真金欄楯頗梨為殿毗琉璃寶以為欄楯毗琉璃殿頗梨欄楯青寶玉殿車𤦲欄楯車𤦲寶殿青因陁寶以為欄楯如是諸寶欄楯千相

間錯鈴網弥覆歌舞戲笑伎樂音聲心常歡喜蒲萄蔓覆猶如天中善見大城天善法堂俱賒耶舍莊嚴大山亦復如是八万四千殿園林河池樹林花果一切具足俱賒耶舍山中所住之人名曰雜色心常歡喜歌舞戲笑飲食樂故

復次修行者觀業果報如是衆生何故不見愛別離苦一切衆生恩愛別離行於異處不知一切皆當死滅隨業受報若有善業生人天中若不善業墮於地獄餓鬼畜生此雜色人心懷放逸不知猒足愛著色聲香味觸樂為愛所縛愛河所漂欲火所燒而不覺知無常死滅入大黑闇不見老苦破壞少壯不見死火欲來燒人能令永離一切親愛死如大火燒人命樹焚衆生林

復次修行者隨順觀外身欝單越人以何業故生十山中何等十山一名僧迦賒山二名平等峯山三名勿力伽山四名白雲持山五名高聚山六名騎莊嚴山七名因陁羅樂山八名

歡喜持山九名心順山十名俱賒耶舍莊嚴山彼以聞慧或以天眼見此衆生前世善業生此山中不殺不盜不邪婬不飲酒行十善業生此山中

復次修行者觀業果報以何業故彼諸衆生色力形相勝餘衆生彼以聞慧或以天眼見此衆生正見行施心不諂曲不惱衆生直心憐愍順法修行親近正法以是因緣身壞命終生於善道四天王天三十三天於彼命終生於此間此間命終生於彼處

復次修行者觀業果報此諸衆生以何業故而受勝報彼以聞慧或以天眼見此衆生以前世時於怖畏者施以無畏見人就死出於右門反縛而出將至塚間打惡聲鼓遣旃陀羅欲斷其命贖之令脱以是因緣身壞命終生於善道若四天王天三十三天若夜摩天

復次修行者隨順觀外身此諸衆生以何業故於勝天中勝於餘天色相可愛衆人供養彼以聞慧或以天眼見此衆生於前世時樂聞正法聽佛

正法聖法毗尼讀誦佛法乃至一偈讀誦思惟以聞一句正法因緣作轉輪王主四天下從此命終生於天上一返二返乃至七返於六欲天謂四天王處三十三天夜摩天兜率陀天化樂天他化自在天從天命終來生此間以善心故受於色聲香味觸樂還生天上天上命終先聞法故於未來世得初禪定生梵身天若梵衆天若大梵天復以聞法種子因緣力故於未來世得第二禪從此命終生少光天無量光天光音天復以聞法種子因緣力故於未來世得第三禪生遍淨天福德生天復以聞法修行因緣問難思惟於未來世得第四禪以離者智火燒煩惱樹生無量善天遍善天廣果天復以聞法因緣種子修行讀誦問難思惟為邪見說令住正見盡一切有度於險難得緣覺道若發阿耨多羅三藐三菩提願則成無上正覺明行足善逝世間解無上士調御丈夫天人師佛世尊以聞正法因緣力故聞正法者謂聞布施持戒

以為根本何以故此聞法者若在家出家聞布施果既了知已而行布施知布施果聞持戒果而持禁戒聞智慧果修集智慧聞已即得生天終得解脱是聞法者生天涅槃之種子也於一切施若資生施若無畏施若以戒施聞正法施最為第一若聽正法第一持戒若聞正法為他人說令捨不善令法增長是正法父

復次修行者隨順觀外身過欝單越復有何等人住彼以聞慧或以天眼見欝單越北有國縱廣二千由旬一名迦賒毗利縱廣三百由旬有河名迦賒毗梨人所住處亦名迦賒毗梨河池蓮花花果園林枝葉相覆如前所說過此國已有河名阿弥多其邊縱廣七百由旬園林華池皆悉具足亦如前說阿弥多河邊有五國土一名天冠池國二名波羅賒池國三名鬚衣國四名孔雀音國五名山幗住國天冠池國縱廣一百五十由旬波羅賒池國縱廣一百五十由旬其鬚衣國縱廣二百由旬孔雀音國縱廣

一百由旬山嵎住國縱廣一百由旬
復有十國一一國土各百由旬何等
為十一名拘登伽國二名持香國三
名黑腹國四名轉目國五名山嶮岸
國六名順行國七名四方國八名圓
國九名髮覆國十名僧伽多國復觀
此國河池園林花果具足亦如前說
彼洲四方人面亦然如閻浮提人面
像大洲上廣下狹欝單越人面像大
洲亦復如是觀欝單越國一切洲渚
山谷園林華果河池禽獸具足如是
觀已如實知外身
復次修行者隨順觀外身過欝單越
國瞿陁尼國二國中間復有何等山
林海渚彼以聞慧或以天眼見欝單
越國瞿陁尼國二國中間有一大海
名曰普眼廣一万由旬有一水眼廣
一由旬龍勢力故過此大海有一大
山名遊戲鬘縱廣十千由旬色如聚
墨龍氣燒故過此山已有一大海名
具思弥縱廣一千由旬多有大魚提
弥魚提弥鯢羅魚軍毗羅魚那迦羅
魚如是等魚充滿海中其海甚深見

者怖畏於此海中有樂住龍離於瞋
恚過此大海有一大海名曰水雲縱
廣十千由旬於此海中大波涌出或
十由旬二十由旬三十由旬過此海
已有一大洲名真珠給多有真珠若
魚若龍於水中死棄於此洲其洲縱
廣一千由旬過此洲已有一大山名
曰寶山縱廣正等五千由旬七寶山
峯毗琉璃等猶如第二須弥山王過
此山已有甄叔迦林縱廣二千由旬
種種園林花果具足過此林已有一
大山縱廣五千由旬金蓮華池鵝鴨
衆蜂出衆音聲過此山已有一大海
縱廣十千由旬金色之水充滿其中
出金色光海有金山名曰金水高五
百由旬過此山已有瞿陁尼縱廣九
千由旬有十億聚落一万二千城第一
大城其數五百如閻浮提有三百餘
大城所謂波吒梨弗多城如是瞿陁
尼大雲聚等五百大城其大雲聚城
縱廣十二由旬四交街巷屋宅樓閣
充滿城中住於中國第一大城名曰
百門次名欄楯次名泥目羅次名光

明次名山谷有如是等第一大城攝
於中城復有大國名伽多支次名僧
羗那多國次名摩尼國次名銀國次
名幡國有如是等第一大國辟如閻
浮提中第一大國謂迦尸國憍薩羅
國摩伽陁國瞿陁尼國第一國土亦
復如是次有中國謂尼棄羅國次名
單持國次名遮都羅國次名俱蘭荼
國次名鞞多婆國次名窟行國瞿陁
尼界有如是等第一中國有二十五
國攝一切國如閻浮提十八大國瞿
陁尼國有五大河一名廣河二名均
周師波帝河三名月力河四名樂水
河五名僧吱那河如閻浮提四大河
所謂恒伽河辛頭河婆叉河斯陁河
瞿陁尼國有五大山何等為五一名
龍飛山二名三峯山三名珠門山四
名百節山五名堅山如閻浮提中有
四大山何等為四一名雪山二名民
陁山三名摩羅耶山四名鷄羅娑山
瞿陁尼國有三大池一名深岸池二
名無間池三名放光池如閻浮提阿
那婆達多池及瞻波池

復次修行者隨順觀外身觀瞿陀尼何所受用彼以聞慧或以天眼見瞿陀尼多饒牛犢一切女人皆有三乳如閻浮提女人十月乃産瞿陀尼人亦復如是如閻浮提女人二乳流汁瞿陀尼女人三乳流汁亦復如是如閻浮提園林具足花果河池一切具足其果半味其華半香河水半味

復次修行者隨順觀外身衆生何業生瞿陀尼以下中業生瞿陀尼彼以聞慧或以天眼見餘生處少戒少施少業少順法行云何少戒於前生處以貧窮故受雇持戒或畏刑罰以清淨心礼佛法僧親近國王得財布施以近王故不讀誦經施非福田貪邪見人謂為福田十善垢濁行不清淨業因縁故閻浮提死生瞿陀尼如是不知善不善故食半味食少智少慧貪著女人先業因縁生瞿陀尼一切衆生以業藏故由業故行業故流轉如其所作善不善業得如是果若作善業生人天中若不善業墮於地獄餓鬼畜生以業因縁得相似果如種

種子辟如種穀得穀種麦得麦稗子生稗如以種子種於薄地収果減少若以種子種之良田多収果實如種赤稻不生餘物種豆得豆種苷蔗者則得苷蔗以田勝故得果亦勝如三種田一者福田施二者福田苦施三者苦施福田施者名之為上福田苦施名之為中苦施為下除思功德辟如外三種田一者饒石亦多水衣名為中田二者其水豊足無有草穢又無水衣亦無稂䆊名為上田三者多有水衣草穢其水不調又多稂䆊是名下田若諸田夫勤加功力則得果實此内外法以業藏故隨業流轉業轉而行各各勢力各各因縁各各受生瞿陀尼人不修淨業故生於此處命終自業流轉生死如是修行者觀外法業已如實知外身

復次修行者隨順觀外身過瞿陀尼復有何等山河海渚彼以聞慧或以天眼見瞿陀尼國弗婆提國兩洲中間有一大海名清淨水縱廣一万二千由旬清水盈滿多有蚉貝提弥魚

提鯢羅魚那迦魚摩伽羅魚軍毗羅魚失収摩羅魚魚亦青色過此海已有珊瑚山縱廣五千由旬毒害衆生住在山中過此山已有熱水海多有毒虵毒虵氣故令海水熱無有一衆生以虵毒故衆生皆死以毒熱故過此海已有一大海名曰赤海縱廣一万五千由旬龍阿修羅住此海下以飲食故互相瞋恚常共鬪諍有龍名曰摩多梨那有阿修羅名僧伽多過此海已有一大洲名羅剎女國縱廣二千由旬有羅剎女名曰長髮住在此洲敢食火燒香花及肉一念能行二千由旬常求人便心常憶念是羅剎洲骸骨血肉狼藉臭穢充滿其洲過此洲已有一大洲名毗舍遮鬼女國縱廣五千由旬毗舍遮鬼名曰鬘覆住在此洲過此洲已有一大山名曰饒山縱廣五百千由旬多饒樹林所謂那梨吱羅樹次名波那婆樹次名無遮果樹次名多羅樹次名多摩羅樹次名甲耶羅樹次名俱羅迦樹次名陀婆樹次名佉提羅樹次名提

羅迦樹次名阿殊鄃樹次名迦曇婆樹次名泥荼羅婆樹次名佉殊羅樹次名菴婆羅樹次名畢末槃陀樹次名婆多利樹次名婆吒樹次名甄叔迦樹次名龍樹次名無憂樹次名驥隣陀樹次名支多迦樹次名迦尼迦羅樹次名阿提目多迦樹次名鄃浮摩利迦樹次名波吒迦樹次名波吒羅樹次名迦畢他樹次名毗羅婆樹次名天木香樹次名波頭摩樹次名瞻波迦樹次名迦羅毗略迦樹次名青無憂樹次名鳩羅婆迦樹次名軍陀樹次名婆陀羅樹次名鳩吒闍樹多有如是種種果樹處處流泉乹闥婆王遊戲彼林過此山已有一大海縱廣五百由旬名曰乳水其水色味如乳無異海有大魚長五由旬住在海中過此海已有一沙山縱廣一千由旬無有林樹及諸藥草過此山已有一大海名曰龍滿縱廣六千由旬海有諸龍名栴遮羅住此海中自相鬪諍樂注大雨過此海已有一大海名蘇無陀羅縱廣二千由旬其水不

動清淨湛然多有軍毗羅魚鄃迦羅魚失叉摩羅魚蠡貝之屬

復次修行者知業法果彼以聞慧或以天眼見如說處山河海渚林樹之處無有一處不生不死不生不滅一切恩愛無不別離無有一處非業故行無有一處而非業藏無有一處非業流轉受自業果或生或死無有山河海渚非生死處山河海渚無鍼鋒許非我生處百千千億億億百千生死之中皆愛別離怨憎合會百千千億億億百千生死之處墮於地獄餓鬼畜生無始無終貪瞋癡網之所繫縛流轉生死是故應當猒離生死勿生貪著此生死者甚為苦惱久受堅牢痛苦難忍老死憂悲苦惱愁毒一切有生必當墮落歸破壞門於生死中無有少常辟如日出無有少闇觀生死中亦復如是如是修行者觀外身得如實知外身

復次修行者隨順觀外身過平等海復有何等山河海渚彼以聞慧或以天眼見弗婆提國縱廣八千由旬多

有眷屬小洲具足聚落城邑河池林樹洲渚山窟行列樹林花果禽獸一切具足有六大山一名大波賒山二名新鬚山三名孔雀集山四名獸峪山五名海高山六名真珠鬚山遍弗婆提如閻浮提有四大山如前所說大波賒山縱廣三千由旬於此山中有三大林其一一林皆悉縱廣一千由旬一名須弥林二名流水林三名峪鬚林衆樹具足所謂呵梨勒樹次名平面樹次名峪生樹次名技等樹次名崖生樹次名石生樹如閻浮提樹說住此山者名大鬚人山中有河名婆盧河次名流沙河次名狹流河次名速流河次名龍水河次名光林河次名征迦河第二大山名曰林鬚縱廣一千由旬此山有林名鳩吒林次名行林次名天木行林次名烟林次名久垂林山中有河一名多羅覆次名角園河次名愛水河次名攝念河次名烟笑河林鬚山中所住之人名俱知羅

復次修行者觀第三山名孔雀聚縱

廣千由旬此山有四大林一名雲林二名百池林三名高乳林四名真珠輪林復有大河所謂泥均輪陁河次名大喜河次名愛林河次名先流河次名吉河於孔雀聚山有住人名曰青咽

復次修行者觀弗婆提有第四山名獸峪此山有林名闍知羅林次名可愛林次名弥伽林花果具足亦如前說林中有河名涅茂迦次名普奐次名歌羅羅林中有獸名曰調伏次名普影次名毛獸次名見走次名為馬次名無道次名仙獸次名多羅頭犂次名好耳次名象頭次名第一兒次名愛影次名兎毛次名駞身次名黑尾次名白頭次名端正次名虵舌次名狗牙次名伽婆耶次名甜婆次名碓井井如是等獸閻浮提中或有或無具足亦如前說一切華池如閻浮提獸峪山中園林流池華果樹木一切住獸峪山人名曰速力

復次修行者觀弗婆提國有第五山名曰海高縱廣一千由旬園林流池

華果具足亦如前說此山有林名曰三渧次名咽喉閇林次名山林林中有河名曰三甬次名高奐次名石聲人住海高山者名遮抹羅觀海高山已如實知外身

復次修行者隨順觀外身觀弗婆提有何等山彼以聞慧或以天眼見第六山名真珠鬘縱廣一千由旬園林流池周遍具足種種花果禽獸具足亦如前說真珠鬘山出一大河名不見岸廣一由旬有人住於真珠鬘山名曰普眼如是弗婆提六山園遶弗婆提國有三大城一名善門城二名山樂城三名普遊戲城一一大城廣三由旬中下之城有六十三有一中城名鳩吒舍次名大波含次名普乳城有如是等中城之中第一最大下城名一切負次名大音城次名曠野孔穴城有如是等小城之中第一最大復有三億五十万三千五百五十六聚落第一聚落名迦尸摩羅次名水沫次名根村次名樹啼村次名一切人次名葉聚落次名毗頭羅次名

波迦村次名毗吒聚落次名摩摩聚落次名鄣提次名伽吒覓次名徒呵次名林聚落次名赤旋次名阿叉次名風吹次名鬘村次名頂樹次名黑飯有如是等第一聚落此等衆人其面圓滿像地州形閻浮提人耳皷莊嚴欝單越人眼為莊嚴瞿陁尼人項腹莊嚴弗婆提人肩髀莊嚴四天下人自身嚴好

復次修行者觀業果報衆生何業生弗婆提有上中下業彼以聞慧或以天眼見此衆生先世不知業法果報以不知故施非福田或難乞求介乃施與或勤苦求亦如前說以此業故名下品生若有衆生持中品戒若近國王法故不殺衆生非清淨心以此因緣身壞命終生於天上從天命終生弗婆提名中業生上人上業聞於正法受持讀誦為他人說而生隨喜如說修行無有一法能度生死險道曠野如聞正法受持讀誦為他人說諸施中勝所謂法施第一持戒謂聞正法智最為第一正法者亦

如前說觀弗婆提業果報已如實知外身

復次修行者觀弗婆提內復有何等山河海渚彼以聞慧或以天眼過弗婆提八千由旬見有大山名曰磁石縱廣三千由旬此山四面一万由旬有微少鐵皆悉速赴走奔此山過此山已有一大海七千由旬名曰波行圍遶五山猶如環玔何等為五一名鐡口山二名大藏山三名多吒迦山四名䖘多山五名歡喜山過此山已有一大洲名陁吒迦曼荼縱廣三千由旬多有夜叉緊那羅住在此洲河池樹林花果具足甚可愛樂閻浮提中弗婆提中所有禽獸此洲悉有過此洲已有一大海名多星宿海中有山名優陁延有十三峯遶此大海去須弥山不遠外道說言與閻浮提人善不善業為增上緣善不善風於優陁延山中出於星宿諸婆羅門外道論師失於業報不知真諦於人王所說言星宿諸曜所作非業果報是諸外道婆羅門論師邪見倒說星曜所

作非業果報若星曜所作非業果報日月勝故善不善時節流轉一切時節而有華果日月若勝何故日月為餘曜所覆所謂曰莎婆奴月羅睺一切星宿為曜所覆曜為餘覆以是善不善故宿曜亦有善不善業是故善不善業衆生自業非星曜作

復次修行者隨順外身觀曜星宿見業果報非曜等作觀多星宿海已觀須弥山優陁延山峯已如實知外身

復次修行者觀多星海縱廣七千由旬過此海已有諸神仙住在此洲山河林樹花果具足如閻浮提其洲縱廣三千由旬仙人夜叉之所住止一切如意樹花果具足過此洲已有大圍山及有大海三千由旬在閻浮提弗婆提二國中間如是大海名冷暖水縱廣三千由旬多有蠡貝提弥魚提弥鯢羅魚鄉迦羅魚摩伽羅魚失收摩羅魚黿鼉之屬住大海中過此山海有一大海名曰赤海去閻浮提不遠縱廣五千由旬赤水滿中多有大魚其魚赤色手相食噉以魚血故

令海水赤故名赤水過此海已有一大海名曰清水縱廣七千由旬山河具足多有大魚第一極深過此海已有一大海名曰寶渚縱廣三千由旬一切衆寶集在此渚金沙車𤦲真珠珊瑚蘇摩羅寶種種具足有摩偷果名亂心毒生在樹上若閻浮提人取果食之七日如死若有飛鳥食之即死過此渚已有一大海名曰攎縱廣七千由旬多有蠡貝真珠䗯蛤提弥魚提弥鯢羅魚軍毗羅魚鄉迦羅魚充滿其中復有諸龍夜叉羅剎毗舍遮鬼皆住水中水下多有無量諸山此閻浮提洲五百小洲以為圍遶略說勝者所謂金地洲次名寶石洲次名幢髻洲次名迦郍洲次名蠡貝洲次名真珠洲次名圓洲次名光明洲次名翳沙波陁迦洲次名康白洲次名普賢洲次名心自在洲次名黑雙洲次名香髻洲次名三角洲次名須犀拏洲次名賒郍斯都洲次名阿藍迦洲次名拐迦洲有十二山羅剎所住次名弥留毗羅迦洲次名山住洲

正法念處經卷第七十　第二十五張　結

次名赤貝洲次名赤真珠洲次名璽旋洲次名沙塵違洲次名無道洲次名五銅洲次名覆洲次名賒吉帝力洲次名女國洲次名饒樹洲次名鬱沙波陁洲次名丈夫洲閻浮提界說安是等寂勝小洲此閻浮提縱廣七千由旬周遍可愛如前所說

復次修行者隨順觀外身觀日月光照何等處彼以聞慧或以天眼見日月光照須弥山王四面四天下及照大海照須弥山王八万四千由旬光照山側但周其半斫迦婆羅金剛之山周圍三十六億由旬難忍業火燒然金剛斫迦婆羅山乳海之水近則成酪轉近此山則成生酥漸漸復近則成熟酥漸漸近之為地獄火燒之磨滅是故不滿閻浮提等是修行者觀於欲界如實見之猒離欲意不見一處常不破壞不變易法於一切處無始生死自業果報因緣力故自業果報之所截拌無有一處不生不死若百若千若百千返無量無邊生死無間觀內外身猒離欲愛於色聲香味觸心不愛樂如是郁羅帝婆羅門長者聚落修行比丘修身念處不住魔境聞說如是念處已有衆多人破我見垢無上法中得法眼生說身念處無上之法若於山谷若在山窟若在塚間若在露地若草積邊修學禪定無得放逸於命終時致有悔恨是我所教時諸比丘聞世尊說皆大歡喜於世尊說生信樂心歡喜奉行

正法念處經卷第七十　第二十六張　終　守

正法念處經卷第七十

癸卯歲高麗國分司大藏都監奉
勅彫造

正法念處經卷第七十

校勘記

一 底本，麗藏本。
一 五七七頁上一行經名、二行譯者、三行品名，石作「正法念處經身念處品之七卷第七十」。
一 五七七頁上一四行首字「行」，磧、普、南、徑、清作「竹」。
一 五七七頁中七行「人閒」，資、磧、普、南、徑、清作「聞」。
一 五七七頁中一九行「命命」，資、磧、普、南、徑、清作「命命鳥」。
一 五七七頁下九行第八字「鬚」，資、磧、普、南、徑、清作「髮」。下同。
一 五七七頁下一四行「經緯」，石作「經緝」。
一 五七七頁下二〇行末字「生」，石無。
一 五七七頁下二一行第六字「善」，徑作「善善」。
一 五七八頁上二行「不爛」，石作「不

灡」。

一 五七八頁上七行「五虵」，諸本作「五胞」。

一 五七八頁上一八行「盛年」，石作「上年」。

一 五七八頁中八行「悲愍」，石作「悲念」。

一 五七八頁下七行末字「故」，石作「欲」。

一 五七八頁下一七行「永離」，磧、普、南、徑、清作「乖離」。

一 五七九頁中五行第二字「王」，資、磧、普、南、徑、清無。同行末字「天」，石無。

一 五七九頁中一五行「問難」，資、磧、普、南、徑、清作「難問」。

一 五八〇頁上二一行「具思彌」，磧、普、南、徑、清作「目思彌」。

一 五八〇頁中一七行第一二字「千」，石無。

一 五八〇頁中末行「次名」，石作「次曰」。

一 五八〇頁下七行「尼棄羅」，石作「尸棄羅」。

一 五八〇頁下九行「鞞多娑」，資、磧、普、南、徑、清作「鞞多婆」。

一 五八〇頁下一七行「三峯」，磧作「二峯」。

一 五八一頁上一三行第一三字「以」，資、磧、普、南、徑、清作「非」。

一 五八一頁下一行首字「提」，資、磧、普、南、徑、清作「提彌」。

一 五八一頁下五行第一〇字「熱」，石作「勢」。六行第一二字同。

一 五八一頁下一五行「臭穢」，資、磧、普、南、徑、清作「穢臭」。

一 五八一頁下二〇行第一二字及末行第四字「婆」，資、磧、普、南、徑、清作「娑」。

一 五八二頁上三行「末檕」，磧、普、南、徑、清作「末槃」。

一 五八二頁上五行末字「騏」，諸本作「斯」。

一 五八二頁中六行「別離」，諸本作「離別」。

一 五八二頁中二〇行第二字「得」，資、磧、普、南、徑、清無。

一 五八二頁下一三行「大鬘」，資、磧、普、南、徑、清作「火髻」。

一 五八二頁下一八行第三字「行」，資、磧、普、南、徑、清作「林行」。

一 五八二頁下一九行「夂垂」，諸本作「夂乘」。

一 五八三頁上八行第六字「林」，諸本無。

一 五八三頁上一四行「象頭」，石作「象顧」。

一 五八三頁上一七行末字「碓」，諸本作「雄」。

一 五八三頁上一八行「或有」，石無。

一 五八三頁上二〇行「華池」，資、磧、普、南、徑、清作「林池」。

一 五八三頁中二行「三渧」，資、磧、普、南、徑、清作「滴林」。

一 五八三頁中八行「一千」，諸本作「千」。

一　五八三頁中一六行第五字「含」，資、磧、普、南、徑、清作「舍」。

一　五八三頁下二行「那提」，資、磧、普、南、徑、清作「删提」。

一　五八三頁下九行「嚴好」，資、磧、普、南、徑、清作「莊嚴」。

一　五八四頁上五行「礠石」，資、磧、普、南、徑、清作「慈石」。

一　五八四頁上九行「環玔」，資、磧、普、南、徑、清作「環釧」。

一　五八四頁上一〇行「鍼口」，諸本作「鐵口」。

一　五八四頁中一一行第八字「星」，資、磧、普、南、徑、清作「星宿」。

一　五八四頁中一三行「林樹」，資、磧、普、南、徑、清作「樹林」。

一　五八四頁中二〇行首字「收」，石作「牧」。

一　五八四頁下一二行「復有」，石作「復有龍」。

一　五八四頁下二一行「犀拏」，石作「犀奴」；資、磧、普、南、徑、清作「摩拏」。

一　五八五頁上八行第五字「者」，石無。

一　五八五頁中三行第六字「是」，石無。

一　五八五頁中六行「塚間」，石作「壞間」。

一　五八五頁中末行經名，石作「經卷第七十」。

佛本行集經卷第一　宜

三藏法師闍那崛多譯

發心供養品第一

歸命大智海毗盧遮那佛

如是我聞一時婆伽婆住王舍城迦蘭陁鳥竹林之内與大比丘僧五百人俱尒時如来住於佛行無復煩惱故名者那得一切智行一切智知一切智住於天行住於梵行住於聖行心得自在依諸世尊欲行諸行悉皆得行在於比丘及比丘尼諸優婆塞及優婆夷四衆之中受大供養恭敬尊重又諸國王大臣宰相種種外道及諸沙門婆羅門等佛得如是種種利養飲食衣服牀鋪湯藥四事充滿皆悉具足冣勝冣妙無與等者智慧第一名稱遠聞雖受利養而心無染猶如蓮華不着於水世尊名号說法音聲於世間中冣上冣勝更無過者如是世尊多陁阿伽度阿羅訶三藐三佛陁十号具足能於現在天魔梵釋沙門婆羅門等一切天人世間之中神通遍知知已說法行於世間前後及中言語皆善文義巧妙理趣精微相好莊嚴具足無缺清淨梵行宣揚顯說

尒時尊者大目揵連於晨朝時整衣持鉢入王舍城欲行乞食時目揵連獨立思惟今日晨朝乞食尚早我今先當至淨居天尊者目連作是念已辟如力士屈伸辟須從王舍城没身不現至於淨居諸天宫所忽然立住

尒時無量淨居諸天既見目連安庠而至心生歡喜各相謂言我等今者可共往迎尊者目連發是語已相随至於目連所頭面頂礼目揵連足却住一面白目連言尊者目連希有希有尊者目連於世間中難見難值謂佛世尊多陁阿伽度阿羅訶三藐三佛陁於無量百千万劫懃修諸行而說偈言

於百千劫中　懃求菩提道　過於多時来
衆生中大寶　世間難見者　唯有佛世尊

尒時尊者大目揵連從淨居天間是

偈已遍體戰慄身毛皆竪而作是念希有希有不可思議難見難值謂佛世尊多陁阿伽度阿羅訶三藐三佛陁世間難逢無量百千万億劫中時一出現尒時尊者大目揵連於淨居天為彼天衆說無量種微妙之法顯現無量清淨法義宣通無量深審法要令諸天心各生歡喜教化顯示尊重法已即没身迴此閻浮提辟如力士屈辟還舒一念之頃到王舍城次第乞食還至本處飯食訖収衣鉢洗足已詣於佛所到佛所已頂札佛足却坐一面復自坐已向佛而說所行來處世尊我旦乞食到王舍城便至首陁婆娑天上天語我言如來世尊於世間中難見難值如前所說具白佛言世尊我聞如是希有語已實難思議所謂諸佛多陁阿伽度阿羅訶三藐三佛陁於無量百千劫中時一出世

尒時佛告目揵連言目揵連淨居諸天少知少見以狭劣智乃能得知百千劫事所以者何目揵連我念往昔於無量無邊諸世尊所種諸善根乃至求阿耨多羅三藐三菩提目揵連我念往昔作轉輪聖王身值三十億佛皆同一号号釋迦如來及聲聞衆尊重承事恭敬供養四事具足所謂衣服飲食卧具湯藥時彼諸佛不與我記汝當得阿耨多羅三藐三菩提及世間解天人師佛世尊於未來世得成正覺

目揵連我念往昔作轉輪聖王身值八億諸佛皆同一号号然燈如來及聲聞衆尊重恭敬四事供養所謂衣服飲食卧具湯藥幡盖華香時彼諸佛不與我記汝當得阿耨多羅三藐三菩提及世間解天人師佛世尊目揵連我念往昔作轉輪聖王身值三億諸佛皆同一号号弗沙如來及聲聞衆四事供養皆悉具足時彼諸佛不與我記汝當作佛如上所說目揵連我念往昔作轉輪聖王身值九万諸佛皆同一号号迦葉如來及聲聞衆四事供養皆悉具足乃至不與我受記汝當得作佛如上所說

目揵連我念往昔作轉輪聖王身值六万諸佛皆同一号号燈明如來及聲聞衆四事供養皆悉具足乃至不與我受記汝當得作佛如上所說目揵連我念往昔作轉輪聖王身曾供養一万八千諸佛皆同一号号娑羅王如來及聲聞衆四事供養皆悉具足然後出家作如是念為未來世當得佛道護持禁戒時彼諸佛不與我記乃至作佛如上所說目揵連我念往昔作轉輪聖王身曾供養一万諸佛皆同一号号能度彼岸如來及聲聞衆四事供養皆悉具足乃至不與我受記汝當得作佛

目揵連我念往昔作轉輪聖王身曾供養一万五千諸佛皆同一号号日如來及聲聞衆四事供養皆悉具足乃至不與我受記汝當得作佛目揵連我念往昔作轉輪聖王身曾供養二千諸佛皆同一号号憍陳如如來及聲聞衆四事供養皆悉具足乃至不與我受記汝當得作佛

目揵連我念往昔作轉輪聖王身曾

供養六千諸佛皆同一号号龍如来及聲聞衆四事供養皆悉具足乃至不與我受記莂當得作佛目揵連我念往昔作轉輪聖王身曾供養一千諸佛皆同一号号紫幢如来及聲聞衆四事供養皆悉具足乃至不與我受記莂當得作佛

目揵連我念往昔作轉輪聖王身曾供養五百諸佛皆同一号号蓮花上如来及聲聞衆四事供養皆悉具足乃至不與我受記莂當得作佛目揵連我念往昔作轉輪聖王身曾供養六十四諸佛皆同一号号鏢鵦如来及聲聞衆四事供養皆悉具足乃至不與我受記莂當得作佛

目揵連我念往昔作轉輪聖王身曾供養一佛号正行如来及聲聞衆四事供養皆悉具足彼佛亦不與我受記當得阿耨多羅三藐三菩提及明行足一切世間解

目揵連我念往昔曾供養八万八千億辟支佛幡蓋香華四事具足乃至彼佛滅度之後為起塔廟供養如前而不與我受於記莂汝當得阿耨多羅三藐三菩提

目揵連我念往昔有一如来号曰善恩多陁阿伽度阿羅訶三藐三佛陁於彼佛所弥勒菩薩最初發心種諸善根求阿耨多羅三藐三菩提時弥勒菩薩身作轉輪聖王名毗盧遮那尒時人民壽八万歲目揵連彼善恩如来初會說法九万六千億人得阿羅漢道第二會說法八万四千億人得阿羅漢道第三會說法七万二千億人得阿羅漢道

目揵連彼毗盧遮那轉輪聖王供養於彼善恩如来及聲聞衆恭敬尊重幡蓋花香四事具足目揵連時毗盧遮那轉輪聖王見彼如来具足三十二大人相八十種好及聲聞衆佛刹莊嚴壽命歲數即發道心自口稱言希有世尊願我當来得作於佛十号具足還如今日善恩如来為於大衆聲聞人天恭敬圍繞聽佛說法信受奉行一種無異弥勒又言願我當来為多衆生作諸利益施與安樂憐愍一切天人世間目揵連弥勒菩薩在於我前四十餘刼發菩提心而我然後始發道心種諸善根求阿耨多羅三藐三菩提目揵連我念往昔有一佛名示誨幢如来目揵連我於彼佛國土之中作轉輪聖王名曰牢弓初發道心種諸善根求阿耨多羅三藐三菩提我時供養彼佛世尊滿一千年及聲聞衆恭敬尊重礼拜讚歎四事充足持五百具妙好衣裳一時布施及至彼佛般涅槃後起舍利塔高一由旬廣半由旬七寶莊嚴所謂金銀頗梨琉璃赤真珠等車𤦲馬瑙而以挍餝復持種種幡蓋幢鈴香花燈燭以用供養目揵連我設如是諸供養已晝夜精懃發廣大誓願於當来得作佛時有諸衆生不孝父母不敬沙門及婆羅門不識家内親踈尊卑無信敬心不信三世因緣業果不信現在有於聖人無一法行唯行貪欲瞋恚愚癡具足十惡唯造雜業無一善事願我於彼世界之中當得阿耨多羅三藐三菩提憐愍彼等諸衆生故說法教化作多利益救護衆生慈

悲拔濟令離諸苦安置樂中為彼天人廣說於法目揵連諸佛如来有是苦行希有之法為諸衆生

目揵連諸菩薩等凡有四種微妙性行何等為四一自性行二願性行三順性行四轉性行目揵連云何名為自性行若諸菩薩本性已来賢良質直順父母教信敬沙門及婆羅門善知家内尊卑親踈知已恭敬承事無失具足十善復更廣行其餘善業是名菩薩自性行云何名為願性行若諸菩薩發如是願我於何時當得作佛阿羅訶三藐三佛陁十号具足是名菩薩願性行云何名為順性行若諸菩薩成就具足六波羅蜜何等為六所謂檀波羅蜜乃至般若波羅蜜是名菩薩順性行云何名為轉性行如我供養然燈世尊依彼因緣讀誦則知是名菩薩轉性行目揵連是名菩薩四種性行

尒時世尊在舍衛國祇樹給孤獨園以得作佛住於佛行略說如上時佛食訖七日入定念於往昔諸佛世尊

多陁阿伽度阿羅訶三藐三佛陁尒時阿難過七日後詣於佛所頂礼佛足却坐一面白佛言世尊希有如来身體清淨面色巍巍如我前見今復倍常光明增威世尊諸根無量寂靜坐何三昧念何法相尒時世尊告阿難言如是阿難如汝所說多陁阿伽度阿羅訶三藐三佛陁若入定住念於往昔諸佛如来得大自在神通智已欲住一刧若減一刧念百千億諸佛智慧而如来智無有障㝵何以故如来以具諸佛智慧度彼岸故阿難如来一食訖已或住一刧或減一刧欲住多少隨意自在無有疲惓何以故如来具得諸佛三昧度於彼岸諸三昧中此寂為勝

佛告阿難我念往昔無量無邊阿僧祇刧時世有佛号帝釋幢多陁阿伽度阿羅訶三藐三佛陁能為一切无量衆生作歸依處能為衆生作慈悲宅善能憐愍一切衆生能與一切衆生安樂有大威德無量聖衆前後圍繞阿難彼帝釋幢如来有五百億諸

聲聞衆悉皆得證阿羅漢果壽五千歲彼帝釋幢如来授一菩薩記次當作佛号上幢如来阿難彼上幢如来復授一菩薩記次當作佛号幢相如来阿難彼幢相如来復授一菩薩記次當作佛号喜幢如来阿難彼喜幢如来復授一菩薩記次當作佛号十幢如来阿難彼十幢如来復授一菩薩記次當作佛号難伏幢如来

阿難彼難伏幢如来復授一菩薩記次當作佛号明燈如来阿難彼明燈如来復授一菩薩記次當作佛号善明燈如来阿難彼善明燈如来復授一菩薩記次當作佛号建立如来阿難彼建立如来復授一菩薩記次當作佛号善建立如来阿難彼善建立如来復授一菩薩記次當作佛号龍仙如来阿難彼龍仙如来復授一菩薩記次當作佛号無比威德如来

阿難彼無比威德如来復授一菩薩記次當作佛号聖所生如来阿難彼聖所生如来復授一菩薩記次當作佛号妙勝如来阿難彼妙勝如来復

授一菩薩記次當作佛号仙勝如来阿難彼仙勝如来復授一菩薩記次當作佛号普陰如来阿難彼普陰如来復授一菩薩記次當作佛号預相如来阿難彼預相如来復授一菩薩記次當作佛号上旋如来阿難彼上旋如来復授一菩薩記次當作佛号自境界如来

阿難彼自境界如来復授一菩薩記次當作佛号無等如来阿難彼無等如来復授一菩薩記次當作佛号拘留孫如来阿難彼拘留孫如来復授一菩薩記次當作佛号大光明如来阿難彼大光明如来復授一菩薩記次當作佛号離憂如来阿難彼離憂如来復授一菩薩記次當作佛号捨洪水如来阿難彼洪水如来復授一菩薩記次當作佛号大力如来阿難彼大力如来復授一菩薩記次當作佛号至彼岸如来

阿難彼至彼岸如来復授一菩薩記次當作佛号日如来阿難彼日如来復授一菩薩記次當作佛号寂滅如

来阿難彼寂滅如来復授一菩薩記次當作佛号大震聲如来阿難彼大震聲如来復授一菩薩記次當作佛号自王如来

阿難彼自王如来復授一菩薩記次當作佛号寶王如来阿難彼寶王如来復授一菩薩記次當作佛号宿王如来阿難彼宿王如来復授一菩薩記次當作佛号微妙如来阿難彼微妙如来復授一菩薩記次當作佛号梵音如来

阿難彼梵音如来復授一菩薩記次當作佛号功德生如来彼功德生如来有七十億聲聞弟子皆悉證於阿羅漢果其佛壽命足七万年般涅槃後正法住世滿三千歲

阿難彼功德生如来復授一菩薩記次當作佛号龍觀如来彼龍觀如来得菩提已為諸衆生住世一劫

阿難彼龍觀如来復授一菩薩記次當作佛号無畏上如来阿難彼无畏上如来復授一菩薩記次當作佛号龍上如来阿難彼龍上如来復授一

菩薩記次當作佛号天德如来阿難彼天德如来復授一菩薩記次當作佛号身分上如来

阿難彼身分上如来復授一菩薩記次當作佛号無比月如来阿難彼無比月如来復授一菩薩記次當作佛号因上如来阿難彼因上如来有一千六百聲聞弟子皆阿羅漢阿難彼因上如来復授一菩薩記次當作佛号紫上如来

阿難彼紫上如来復授一菩薩記次當作佛号多伽羅尸棄如来阿難彼多伽羅尸棄如来復授一菩薩記次當作佛号蓮花上如来阿難彼蓮華上如来復授一菩薩記次當作佛号憍陳如如来阿難彼憍陳如如来同名号者有一百佛所住之劫名小蓮花彼憍陳如如来各各皆有三百億衆聲聞弟子皆阿羅漢彼諸如来一一住壽各三百歲佛涅槃後正法住世亦三百歲

阿難其最後憍陳如如来復授一菩薩記次當作佛号栴檀如来阿難彼

栴檀如来復授一菩薩記次當作佛号明燈如来

阿難彼明燈如来復授一菩薩記次當作佛号利益如来

阿難彼利益如来復授一菩薩記次當作佛号善德如来彼善德如来以佛眼觀一切衆生為欲憐愍諸衆生故不斷佛種住世千劫彼善德如来多陁阿伽度阿羅訶三藐三佛陁有三十二億那由他聲聞弟子皆阿羅漢阿難彼善德如来復授一菩薩記次當作佛号明星如来

阿難彼明星如来復授一菩薩記次當作佛号護世知足如来彼護世知足如来過於無量那由他劫然後作佛阿難彼護世知足如来有二十億聲聞弟子皆阿羅漢

阿難彼護世知足如来復授一菩薩記次當作佛号尸棄如来阿難彼尸棄如来成佛之處劫名蓮華於彼劫内同号尸棄多陁阿伽度阿羅訶三藐三佛陁有六十二次第得佛阿難其尸棄如来寂在於後得菩提者復授一菩薩記次當作佛号出生如来

阿難彼出生佛多陁阿伽度阿羅訶三藐三佛陁憐愍一切諸衆生故住世教化滿二千劫

阿難彼出生如来復授一菩薩記次當作佛号善目如来

阿難彼善目如来復授一菩薩記次當作佛号商主如来

阿難彼商主如来復授一菩薩記次當作佛号善生如来阿難彼善生佛多陁阿伽度阿羅呵三藐三佛陁壽命少時唯住一日於其中間教化八万四千聲聞悉皆令得阿羅漢果阿難彼善生如来復授一菩薩記次當作佛号梵德如来阿難彼梵德如来有三十二億聲聞弟子皆阿羅漢彼梵德如来般涅槃後正法住世滿三万歲

阿難彼梵德如来復授一菩薩記次當作佛号青蓮花如来

阿難彼青蓮華如来復授一菩薩記次當作佛号善見如来阿難彼善見佛多陁阿伽度阿羅訶三藐三佛陁有三千億聲聞弟子皆阿羅漢

阿難彼善見如来復授一菩薩記次當作佛号見真諦如来阿難彼見真諦如来復授一菩薩記次當作佛号根如来阿難彼根如来復授一菩薩記次當作佛号紫色如来阿難彼紫色如来復授一菩薩記次當作佛号為他如来

阿難彼為他如来復授一菩薩記次當作佛号南斗宿如来阿難彼南斗宿如来復授一菩薩記次當作佛号娑羅如来阿難彼娑羅如来復授一菩薩記次當作佛号主領如来阿難彼主領如来復授一菩薩記次當作佛号大主領如来

阿難彼大主領如来復授一菩薩記次當作佛号智勝如来阿難彼智勝如来復授一菩薩記次當作佛号普賢如来

佛本行集經卷第一

佛本行集經卷第一

校勘記

一　底本，金藏廣勝寺本。

一　五八八頁中二行譯者，資、磧、普、南、徑、清作「隋天竺三藏法師闍那崛多譯」；麗作「隋天竺三藏闍多那崛多譯」。以下各卷同。

一　五八八頁中三行「第一」，徑、清作「第一之一」。

一　五八八頁中三行與四行之間，資、磧、普、南、徑、清有「北天竺揵達國婆羅門沙門闍那崛多」及夾註「隋言德志」一行。

一　五八八頁下一二行「安庠」，徑作「安詳」。

一　五八八頁下一五行「目連」，磧、普、南、徑、清、麗作「目揵連」。

一　五八九頁上一一行「戰慄」，資作「戰慄」。

一　五八九頁上一八行「思議」，資、磧、普、南、徑、清作「思說」。

一　五八九頁中四行第六字「号」，磧、普、南作「如」。

一　五九〇頁中三行至次行「善恩」，麗作「善思」。下同至本頁中一九行。

一　五九〇頁下一〇行「及至」，麗作「乃至」。

一　五九一頁上三行「之法」，諸本（不含石，下同。以下各卷同）。作「之事」。

一　五九一頁中三行「却坐」，磧、普、南、徑、清作「却住」。

一　五九二頁上一七行第七字「彼」，諸本作「彼捨」。

一　五九二頁中一五行「七万」，磧、普、南、徑、清作「十万」。

一　五九二頁下一八行「三百」，資、磧、普、南、徑、清作「五百」。

佛本行集經卷第二　　宜

隋天竺三藏闍那崛多 譯

發心供養品中

阿難彼普賢如來復授一菩薩記次當作佛号月如来阿難彼月如来復授一菩薩記次當作佛号分陁利如來阿難彼分陁利如来復授一菩薩記次當作佛号無垢如来阿難彼無垢如来復授一菩薩記次當作佛号證我如来

阿難彼證我如来復授一菩薩記次當作佛号大雨如来阿難彼大雨如来復授一菩薩記次當作佛号無畏如来阿難彼無畏如来復授一菩薩記次當作佛号自光明如来阿難彼自光明如来復授一菩薩記次當作佛号大力如来

阿難彼大力如来復授一菩薩記次當作佛号日如来阿難彼日如来復授一菩薩記次當作佛号秋光如来阿難彼秋光如来復授一菩薩記次當作佛号熱光如来阿難彼熱光如

来復授一菩薩記次當作佛号相如来阿難彼相如来復授一菩薩記次當作佛号無比如来

阿難彼無比如来復授一菩薩記次當作佛号勝上如来阿難彼勝上如来復授一菩薩記次當作佛号相上如来阿難彼相上如来復授一菩薩記次當作佛号娑羅王如来阿難彼娑羅王如来復授一菩薩記次當作佛号身上如来

阿難彼身上如来復授一菩薩記次當作佛号無處畏如来阿難彼无處畏如来復授一菩薩記次當作佛号化如来阿難彼化如来復授一菩薩記次當作佛号寂定如来阿難彼寂定如来復授一菩薩記次當作佛号勝王如来

阿難彼勝王如来成佛之處其劫名賢有三百佛皆同号号勝王如来阿難彼勝王如来最在後佛復授一菩薩記次當作佛号一切事見如来阿難彼一切事見如来有三億衆聲聞弟子皆阿羅漢

阿難彼一切事見如来復授一菩薩記次當作佛号無憂如来阿難彼無憂如来復授一菩薩記次當作佛号龍上如来阿難彼龍上如来復授一菩薩記次當作佛号閻浮上如来阿難彼閻浮上如来復授一菩薩記次當作佛号尼拘陁如来阿難彼尼拘陁如来復授一菩薩記次當作佛号廣信如来阿難彼廣信如来復授一菩薩記次當作佛号救脫如来阿難彼救脫如来復授一菩薩記次當作佛号勝上如来

阿難彼諸世尊多陁阿伽度阿羅訶三藐三佛陁各各次第傳相授記至於最後勝上如来我身悉皆供養承事尒時世尊而說偈言

彼等諸如来　釋迦大師子　以佛清淨眼
一切皆覩見　如是如来智　不思議佛行
諸天諸人等　悉不能得知　因果及佛智
諸法顯現相　唯諸佛境界　凡夫不能知
所說諸佛名　顯現諸佛行　有大威德相
以佛眼普見　若有智慧人　當發求菩提
應讀此佛名　不久得作佛

尒時阿難白佛言世尊我曾聞佛金口所說聞已繫心憶持不忘所謂諸佛智無有㝵無等等無障㝵世尊如来實知如是智不

尒時世尊告阿難言如来智慧具足了知是故知見無障無㝵如来欲作境界寬狹念諸佛智分齊少多隨意皆得

尒時阿難復白佛言世尊猶如尊者阿尼盧豆得淨天眼過於人眼如是尊者阿尼盧豆以淨天眼能得見於一千世界如来說言我見無邊此義云何佛時默然如是再問乃至過三然後方荅

佛告阿難汝莫以於聲聞智慧欲比如来何以故我今以於清淨天眼過於人眼見此東方恒河沙數佛剎之中諸菩薩等初發道心種諸善根或見東方恒河沙數諸佛剎中無量菩薩得受記莂或見東方恒河沙數佛剎之中諸菩薩等行菩薩行或見无量諸菩薩等於諸佛邊修行梵行後得生於兜率天宮從兜率下入於母胎或見菩薩從母右脇誕育而生或見菩薩行童子法或見菩薩在於宮内示行欲法或見菩薩捨於轉輪聖王之位出家修道或見菩薩降四種魔或見菩薩菩提樹下證得阿耨多羅三藐三菩提或見菩薩得菩提已受解脫樂或見菩薩端坐思惟二種分別或見菩薩轉法輪時或見菩薩為諸衆生捨於壽命欲入無餘涅槃之時或見菩薩般涅槃後正法住世像法住世久近多少延促之時阿難我如是見東方佛剎恒河沙等諸佛成道及滅度後正法像法悉皆没盡如東方剎南西北方四維上下亦復如是也

尒時世尊告阿難言我念往昔過於無量無邊阿僧祇不可數不可說劫是時有一轉輪聖王名曰善見降伏四方如法治世彼王所統悉皆豐樂不行鞭杖亦無煞害兵戈偃息如法化人阿難彼善見王所居住城名閻浮檀其城東西十二由旬南北面各有七由旬

阿難彼閻浮城清淨莊嚴殊特妙好悉用四寶之所莊餝黃金白銀頗梨琉璃其外別更有七重城彼城皆悉高於七尋各厚三尋而彼城頭周匝皆有七重欄楯彼諸欄楯彫刻精麗殊妙少雙亦用四寶之所成就黃金白銀琉璃頗梨若黃金欄黃金勾柱白銀窓臺若白銀欄白銀勾柱黃金窓臺若頗梨欄頗梨鈎柱琉璃窓臺若琉璃欄流璃勾柱頗梨窓臺而彼七重一一城內皆有七重寶多羅樹行列圍繞彼樹枝葉花果扶踈蓊欝敷榮人所樂見其樹根莖皆是四寶黃金白銀頗梨琉璃金多羅樹金根金莖銀枝銀葉花果悉銀銀多羅樹銀根銀莖金枝金葉花果悉金若是頗梨為多羅樹頗梨根莖琉璃枝葉琉璃花果若是琉璃為多羅樹琉璃根莖頗梨枝葉頗梨花果彼多羅樹皆有羅網其羅網間悉懸寶鈴其諸鈴網皆七寶成所謂金銀琉璃車𤦲馬瑙珊瑚頗梨彼諸城外有七重塹周匝圍繞彼塹甚深八功德水湛然盈滿

種種名花所謂優鉢羅花波頭摩花拘勿頭花分陁利花弥覆水上彼諸塹底皆是金沙彼塹岸邊周匝皆有七寶羅網弥覆其上阿難彼閻浮城四面各有一十六門彼諸城門四寶所成黃金白銀頗梨琉璃金門銀扇銀門金扇若頗梨門琉璃為扇若琉璃門頗梨為扇彼諸城門各各皆有却敵樓櫓層閣飛欄垂珠羅網亦以七寶之所莊嚴微妙精奇人所喜見其諸城門皆有七重四寶門障安住不動發起開閉顯曜光明可愛可樂所謂金銀頗梨琉璃彼諸城門遠觀洞徹門若開時風自吹開門欲閉時風自吹閉彼七重障風若開時門門相當悉皆通見門欲閉時風自吹閉七重門障遽然還遮阿難彼閻浮檀城之處中有一大池名曰歡喜彼池東西廣一由旬南北廣半由旬其池四岸四重塼累彼塼端正微妙可喜四寶所成黃金白銀琉璃頗梨彼池四面皆有閣道而彼閣道端正可喜亦為四寶之所合成黃金白銀琉璃

頗梨黃金閣道白銀階級白銀閣道黃金階級琉璃閣道頗梨階級頗梨閣道琉璃階級彼閣道上悉有却敵而彼却敵嚴餝可喜七寶所成黃金白銀車𤦲馬瑙珊瑚琥珀及以琉璃彼池四邊皆有勾欄端正可喜亦皆四寶所共合成黃金白銀琉璃頗梨其池東面黃金勾欄其次南面白銀勾欄其次西面琉璃拘欄其次北面頗梨勾欄黃金勾欄黃金為柱白銀窓臺白銀勾欄白銀為柱黃金窓臺頗梨勾欄頗梨為柱琉璃窓臺琉璃拘欄琉璃為柱頗梨窓臺

阿難彼歡喜池周匝圍繞有多羅樹七重行列彼樹間中悉有羅網七寶莊嚴其羅網間皆懸寶鈴多羅樹外有七重塹端正可喜然彼池中有種種花所謂優鉢羅花波頭摩花拘勿頭花分陁利花其池岸上有陸生花所謂瞻婆華阿地目多華婆利師花揵陁婆利師花彼歡喜池八功德水之所充滿諸鳥渴時皆得平飲彼池水底皆布金沙七寶羅網以覆池上

彼妙羅網節節皆懸七寶之鈴阿難彼閻浮城街巷平整其街兩邊有多羅樹多羅樹間悉有羅網其羅網間節節皆懸七寶之鈴其七寶鈴微風吹動出妙音聲令人樂聞心生歡喜譬如人作五種音樂阿難彼閻浮城所有人民皆悉純直彼諸人民欲相娛樂更無別音聞彼鈴聲即便歡喜自然歌舞更不憶念其餘音樂

阿難彼閻浮城常有種種微妙音樂所謂鍾鈴螺鼓琴瑟箜篌箏篥笳簫琵琶箏笛諸如是等種種音聲復有無量微妙鳥音所謂鸚鵡鵝鴨孔雀拘翅羅鳥命命鳥等無量無邊種種諸鳥皆出微妙殊異音聲無時暫息地上皆散種種妙華所謂優鉢羅花拘勿頭華波頭摩華分陀利花及諸陸地種種雜花阿難彼城無有苦惱通切不如意事一切備悉無所減少是物豊饒飲食無乏衆味具足悉滿家居無有空地人民熾盛威德巍巍所住之城譬如北方毗沙門王阿羅迦城等無有異阿難時彼世中有一佛出名曰寶體多陀阿伽度阿羅訶三藐三佛陁十号具足阿難彼寶體佛未得道前作菩薩時常樂清淨彼城人民亦樂清淨時寶體佛居止側近閻浮檀城若於晨朝欲行乞食入於城邑聚落之中則有無量千万諸天下来供養圍繞侍衛寶體如来欲入城時足按城門時彼城內所有人民皆悉爲於諸天護持神通力故供養於彼寶體佛故掃除糞穢香湯灑地香泥塗地散雜香花滿於地上處處皆安妙好香鑪燒無價香張懸種種幡幢盖等如是無量供養之具以用供養寶體如来

尒時有一城外村人共城內人欲結婚娶来入城邑彼人見城端嚴殊妙世所希有從小已来眼所未覩心大驚怪問於城內居住人言此城今者欲作何事彼城內人報村人言此處有一如来出世名曰寶體多陀阿伽度阿羅訶三藐三佛陁不久欲入此城乞食以如是故灑掃庄嚴更復向於村人廣說如来功德無量无邊亦讚佛德多陁阿伽度阿羅訶三藐三佛陁十号具足如是復歎法寶有德如是復稱僧寶有德彼人聞於三寶功德心生歡喜踊躍無量作如是念寶體世尊多陁阿伽度阿羅訶三藐三佛陁希現於世我今可詣寶體佛所彼人內心作是念已即共他邑諸聚落人相將往詣寶體佛所至佛所已作如是念若是如来得一切智見我心者應先共我語言慰喻

時寶體佛知彼人心於先即共彼村人語時彼村人得彼如来於先語已心生歡喜踊躍無量既滿其願即請如来後日施食時佛默然受彼人請時彼村人得於如来受已請已復生歡喜速向自家具辦飲食時四天王及梵釋等諸天大衆賷持種種天諸供具来獻如来時彼村人至於自家其夜辦具種種美食飡噉舐嗽可食之味辦具已訖起明清旦於家地上掃除清淨香泥塗地以妙香水重灑其上復散種種雜妙好花敷置床座即遣使人往白佛言如来若知時節

至者頭赴我家時寶體佛於晨朝時者承持鉢與千億衆盤闍比丘前後圍繞至受請家到彼家已諸比丘等各隨大小依次而坐時彼村人見寶體佛安坐已訖即將種種妙好飲食自手擎持以奉如來白言世尊唯願諸佛及比丘僧隨意飽食及諸大衆受食訖已食不可盡彼人生念此百味食既不可盡必是如來威神德力令使充溢餘食既多我今可喚所眷如來白衣人衆布施此食皆食飽滿然後我心得大歡喜復生此念希有希有不思議法此寶體佛威德力大令我眷屬不喚自來佐助於我我亦不曾借倩一人又我亦復不用多功衆事一時皆得辦具時寶體佛飯食訖已為彼村人如應說法使其歡喜生希有心安置彼人於正法中及彼大衆皆聞說法悉各歡喜或得道者乃至起還歸向本處

時彼村人聞寶體佛說法教化聽受法已歡喜踊躍心發弘誓作如是言願我未來如似寶體如來所得一切諸法我皆具足又願我於大衆之中如是說法令一切人歡喜信受如今世尊寶體如來將比丘衆安庠而行一種無異時彼村人供養如來具足尊重恭敬心已隨佛向寺剃除鬚髮捨俗出家得成比丘時彼寶體如來住世為諸衆生說法已訖入般涅槃涅槃之後無量無邊天人衆等闍維佛身復將無量供養之具於闍維所而設供養時彼比丘既聞如來入般涅槃生大憂惱作如是念我今可往至闍維所若至彼處應得異法是時比丘速疾往詣彼闍維所到彼處已即得異寶初得之時謂彼珎寶不甚清淨少有塵垢

介時比丘細刮拭者即知清淨真琉璃寶價數直於百千兩金彼摩尼寶安置之處晝夜無異夜如日現一切房舍一切院落皆悉光明是時天人收彼寶體佛舍利已起造於塔時彼比丘亦生心念我今可以此摩尼寶安置淨畐承露盤上作於寶瓶生此念已至於塔所至彼所已作如是念我此摩尼寶珠價直百千兩金我今以是摩尼寶珠安於塔上為彼如來是我之師是故我今持此摩尼置於塔上彼摩尼寶光明照於彼塔之上無量千歲而彼比丘復然無量種種燈明足滿千年供養彼塔恭敬尊重滿千年已心常不捨念佛三昧彼比丘持清淨戒故加復供養如來塔故以是因緣命終之後在生死中无量無邊百千万世受於人天福樂果報不曾墜墮於惡道中

阿難時彼比丘過於百千無量無數阿僧祇劫復值一佛出現於世号曰能作光明如來時彼比丘供養於佛修持禁戒梵行清淨出家如前復發此心願我未來籍此功德生生世世莫生惡道時作光佛知彼比丘心所願已即與授記語言仁者汝於來世過於百千無量無數阿僧祇劫當得作佛多陁阿伽度阿羅訶三藐三佛陁号曰然燈彼然燈佛作菩薩時於未後身生兜率天從兜率天降神來下從右脇入託於母胎住居十月滿

佛本行集經第二卷　第十四張　宜

十月已一心正念欲生之時放於光明照彼佛刹皆悉遍滿介時菩薩既將欲生其母誥王智者主言大王當知我意欲往園林之内遊戲觀看王聞夫人如是語已即出勑告城内大臣及諸豪富長者居士商賈人言我今夫人欲出園林觀看遊戲汝等當家可各莊嚴城内街衢悉令清淨所有穢惡瓦礫糞堆並宜除却辦具香湯灑散於道香泥塗地以妙香花布散其上處處安置妙寶香鑪燒衆名香又復安置種種寶瓶盛諸香水著好淨花優鉢羅華波頭摩華拘勿頭花分陁利華置於瓶内處處安置芭蕉之樹隨芭蕉樹大小高下各懸雜色種種幡幢其諸幡幢衆色間雜其幢樹内復各垂於七寶網羅真珠瓔珞網羅鄣目悉有寶鈴若夜淨天星辰出現又於處處悉各施懸衆寶明鏡猶如日月或懸種種雜色流蘇或處處垂金銀寶帶彼城街巷如是種種精麗莊嚴等彼天神揵闥婆城一種無異時王夫人共千

左右乘寶輦輿伎樂引導種種音聲前後圍繞塡滿街巷從宮殿出四面觀看安庠而行威德特尊勢力廣大處在衆中無與比者向彼園林既到園林漸趣河岸至河岸已即上於船遊入河中至中流已忽然自有一大燈明上下縱廣十二由旬其燈明内有莎草藂高下四指其色艾白柔軟猶如迦耶隣提出妙香氣又如瞻婆波利師華其園林内出種種華及種種果種種樹木天上人間所有樹木名華美果悉滿此園時菩薩母仰觀虛空安庠右手攀引樹枝枝即垂下時王夫人即以右手捉於樹枝從右脇間出一童子端正可憙名曰然燈自然而合手十指掌童子生時放大光明照彼佛刹皆悉充滿天上即雨無量諸花所謂曼陁羅花摩訶曼陁羅華曼殊沙華摩訶曼殊沙華優鉢羅華波頭摩華拘勿頭華分陁利花又雨無量栴檀散香充滿遍布十二由旬復雨種種無量無邊天諸伎樂不鼓自鳴又出無量歌讚音聲音聲

之内言辞唱云無量作燈明無量作燈明是彼菩薩瑞應之號故稱然燈介時然燈菩薩大士諸根具足相好圓滿無所乏少日日長大在於樓上受五欲樂然彼童子受五欲時雖復歡樂忽自生念世間愛欲虛幻暫時須臾破壞不久磨滅思惟此已從家内出剃除鬚髮身服袈裟得於出家出家之後欲求菩提漸向樹下修習正覺證正覺後以佛眼觀一切世間即生此念有誰寂得初聞正法即見世間空無化者再觀三觀亦見世間無有聞法及可度人彼佛在世經三千年獨一無侶端坐過於三千年後彼然燈佛多陁阿伽度阿羅訶三藐三佛陁作如是念此衆生輩者耽五欲放逸多時迷荒無猒我今當化令彼覺知作是念已從燈炷城出住空中化作一城名閻浮檀於彼城内化作種種琉璃諸屋於其城外又復化作種種七寶多羅之樹七重行列七寶莊嚴如上所說城莊嚴事其城縱廣東西南北五千由旬又其城内莊

嚴之具如忉利天一種無異彼城内人壽三千歲此閻浮提諸衆生等悉遥觀彼一切人民受於歡樂自恣五欲悉見悉知悉聞悉羨

時然燈佛如是過於三千歲後生是念言我今可作神通變化令閻浮人生厭離想

時閻浮人見然燈佛所居之城四壁皆出猛火焰熾生大恐怖共相謂言嗚呼彼城自然燒盡不久漸滅時閻浮提一切人民諸根成熟應得佛化彼等人民見彼化城四面火起熾盛燒然怖畏驚恐求歸依處無救護者欲求解脱無能度者發此言已願於彼城下來至此或復此城上至於彼我等一切當滅彼火是時天龍夜叉乹闥婆人非人等出於彼城告我等言何故此城自出火然時彼城前忽尒自然出三階道一金所成二銀所成三頗梨成其階道間各有雜寶多羅樹行彼多羅樹出大聲云汝等人輩宜速聚集會於一處若汝心欲見然燈佛多陁阿伽度阿羅訶三藐三佛陁者彼佛不久欲下閻浮提時閻浮提一切人民皆悉往詣彼階道所見然燈佛從城内出於階道下時諸梵釋四天王等前後圍繞閻浮提人見彼佛已皆大歡喜各生是心我等前者欲覩如來今已得見復更生念我各於先問佛是事此城何故如是火然如來應為我等解釋時然燈佛足蹈地已其諸人民悉各皆念我獨頭面頂禮於佛而發是言我得於先頂禮佛足

時然燈佛坐師子座坐已為彼衆生說法所謂讃歎布施之事持戒之事離欲之事得漏盡法說於出家功德之利助清淨法如來見此閻浮提人聞佛說法信樂聽受生歡喜心心意柔軟心得無㝵如來更復為說諸法如往昔佛知於衆生機根說法令其歡喜所謂苦集滅道世尊今復為閻浮人具足說此四諦之法時然燈佛初日說法教化度脱六百億人悉皆漏盡證阿羅漢心得自在第二日化五百億人第三日化四百億人第四日化三百億人第五日化二百億人第六日化一百億人第七日化五十億人悉皆如上得阿羅漢至於第二一七日内教化度脱百一億人㝡後第三一七日内復度七十五億衆生悉得上利漏盡意解成阿羅漢彼然燈佛住世一劫共諸比丘聲聞弟子為世間人作利益故迦葉遺師作如是說

阿難諸佛次第相傳受記其然燈佛初種善根求阿耨多羅三藐三菩提乃至轉法輪住世一劫化衆生故摩訶僧祇師作如是說

阿難其然燈佛為菩薩時在於船上雖受五欲於世間中深生猒離作如是念我可坐船渡河彼岸亦發此心即生一大清淨蓮花然燈童子於其華上結加趺坐坐已蓮華即自還合猶如像蓮時諸婇女求覓童子莫知所在即奏大王

尒時大王遣使四方推求尋覓東西南北不知其所乃至四維亦不知處然燈菩薩以天威德神通力故在彼船上蓮華臺中結加趺坐而身不現

即得五通飛騰虛空乃至向於菩提樹下得一切智及轉法輪說法度脫六十八億百千人俱皆悉共住在於世間教化衆生尼沙蜜師作如是說

佛本行集經卷第二

癸卯歲高麗國大藏都監奉
勅彫造

佛本行集經卷第二

校勘記

一　底本，金藏廣勝寺本。五九五頁中、五九九頁下、六〇〇頁上及六〇二頁上共四版，原版殘缺，以麗藏本換。

一　五九五頁中三行品名下，[徑]、[清]有「第一之二」。

一　五九六頁上一四行「傳相」，[麗]作「轉相」。

一　五九六頁下一五行末字「也」，[磧]、[普]、[南]、[徑]、[清]無。

一　五九七頁上一行「莊嚴」，[資]、[磧]、[普]、[南]、[徑]、[清]作「端嚴」。

一　五九七頁上七行、八行及一〇行「勾柱」，[資]、[磧]、[普]、[南]、[徑]、[清]作「枸柱」，[麗]作「鉤柱」。

一　五九七頁上二二行「彼諸」，[資]、[磧]、[普]、[南]、[徑]、[清]作「於彼」。

一　五九七頁中五行「彌十」，[磧]、[徑]、[麗]作「一十」。

一　五九七頁下六行「勾欄」，諸本作「構欄」。下同至一三行。

一　五九七頁下二〇行「阿地」，[麗]作「阿陁」。

一　五九八頁上一三行「鸛鴿」，[資]作「鸜鴿」。

一　五九八頁下六行「希現於世」，[資]、[磧]、[普]、[南]、[徑]、[清]作「希有現於世間」。

一　五九八頁下七行「念已」，[資]作「念之」。同行「他邑」，諸本作「城邑」。

一　五九九頁上七行「諸佛」，[磧]、[普]、[南]、[徑]、[清]作「請佛」。

一　五九九頁中三行及次頁中三行、一三行「安庠」，[徑]作「安詳」。

一　五九九頁下一行「寶珠」，[資]作「寶殊」。

一　五九九頁下三行「持此」，[磧]、[普]、[南]、[徑]、[清]作「捨此」。

一　五九九頁下四行「彼塔」，[磧]、[普]、[南]、[徑]、[清]作「寶塔」。

一　五九九頁下六行「彼塔」，[磧]、[普]、南、徑、清作「此塔」。

一五九九頁下一八行「授記」，資、磧、普、南作「受記」。

一六〇〇頁上四行首字「主」，資作「王」。

一六〇〇頁中八行「艾白」，磧、普、南、清作「艾白」。

一六〇〇頁下一六行「著躭」，諸本作「躭著」。

一六〇一頁下九行「受記」，麗作「授記」。

一六〇一頁下一二行夾註右末字「作」，資、普、南無。

一六〇一頁下一六行第三字「一」，資無。

一六〇一頁下二二行第六字「天」，資、磧、普、南、徑、清作「大」。

趙城縣廣勝寺

佛本行集經卷第三 宜

三藏法師闍那崛多譯

發心供養品下

尒時世尊在舍衛城告阿難言阿難諸佛菩薩晝夜常說一切諸法有四種攝而攝衆生何等為四一者布施二者愛語三者利益四者同事

尒時阿難從座而起整理衣服偏袒右肩合十指掌右膝著地而白佛言世尊如来往昔供養幾佛求阿耨多羅三藐三菩提於何佛邊種諸善根為未来世求於菩提佛告阿難諦聽諦受善思念之今當為汝說彼如来諸佛名字并及所種善根之處

阿難我念往昔有佛出世号曰然燈多陁阿伽度阿羅呵三藐三佛陁於彼佛邊種諸善根求未来世阿耨多羅三藐三菩提

次復一佛出現於世号世無比我時供養彼佛世尊種諸善根求未来世阿耨多羅三藐三菩提次復一佛出現於世号蓮華上我時供養彼佛世尊種諸善根求未来世阿耨多羅三藐三菩提

次復一佛出現於世号寂上行我時供養彼佛世尊種諸善根求未来世阿耨多羅三藐三菩提次復一佛出現於世号德上名稱我時供養彼佛世尊種諸善根求未来世阿耨多羅三藐三菩提

次復一佛出現於世号釋迦牟尼我時供養彼佛世尊種諸善根求未来世阿耨多羅三藐三菩提次復一佛出現於世号曰帝沙我時供養彼佛世尊種諸善根求未来世阿耨多羅三藐三菩提

次復一佛出現於世号曰弗沙我時供養彼佛世尊種諸善根求未来世阿耨多羅三藐三菩提次復一佛出現於世号見一切利我時供養彼佛世尊種諸善根求未来世阿耨多羅三藐三菩提

次復一佛出現於世号毗婆尸我時供養彼佛世尊種諸善根求未来世阿耨多羅三藐三菩提次復一佛出

佛本行集經第三卷 第一張 宜

現於世号曰尸棄我時供養彼佛世尊種諸善根求未来世阿耨多羅三藐三菩提

次復一佛出現於世号毗沙門我時供養彼佛世尊種諸善根求未来世阿耨多羅三藐三菩提次復一佛出現於世号拘留孫我時供養彼佛世尊種諸善根乃至梵行求未来世阿耨多羅三藐三菩提

次復一佛出現於世号拘那含牟尼我時供養彼佛世尊種諸善根乃至梵行求未来世阿耨多羅三藐三菩提

次復一佛出現於世号曰迦葉我時供養彼佛世尊種諸善根乃至梵行求未来世阿耨多羅三藐三菩提

阿難我於弥勒菩薩之邊種諸善根求未来世阿耨多羅三藐三菩提而有偈說

此佛大威德　離欲得寂靜　釋迦牟尼佛
皆悉供養来

尒時阿難白佛言世尊如来供養彼等諸佛多陁阿伽度阿羅呵三藐三佛陁將於何等供養之具供養彼佛

種諸善根求未来世阿耨多羅三藐三菩提

佛告阿難我念往昔過無量世有一國王名曰降怨是刹利種紹灌頂位其王福德壽命極長端政可憙名稱遠聞阿難彼降怨王居住之處有一大城名曰蓮華彼王於此城中治化安置宮殿彼城東西十二由旬其南北面經七由旬土地調適雨澤以時五穀豐熟無所乏少多有人民填滿充塞閒無空處園苑樹林華果具足泉流池沼水常堪然街巷兩邊皆安居肆去来市買無暫時停猶如北方毗沙門城名阿羅迦東西南北等无有異彼蓮華城如是莊嚴種種具足阿難彼降怨王有一豪富大婆羅門名為曰主勇健強力多饒財寶象馬奴僕六畜牛羊種種皆豐無所乏少其庫藏内純是異類黃金白銀真珠珎寶車渠馬瑙珊瑚虎珀悉皆備具一如北方毗沙門王阿難時彼日主大婆羅門特為彼王心所愛重恒相伴偶不曾暫離日日相見無猒惓心

阿難彼降怨王時有一事將付日主婆羅門判令好斷决日主如法分判已後入彼王意王於日主婆羅門所倍生歡喜分割半國與婆羅門封授為王令其治化時降怨王為彼日主婆羅門王別更立城名為埏主東西南北街衢巷術城郭莊嚴如蓮華城一無有異阿難彼日主王有一夫人名為月上阿難然燈菩薩從兜率下降神之時於日主宮月上夫人右脅入胎端坐出生成道說法化人皆得阿羅漢果如上因緣然燈菩薩本行經說時然燈佛在彼二城次第居住說法度人

時父日主常以四事供養彼佛尊重恭敬如佛所歎

阿難其降怨王漸漸傳聞彼埏主城日主王宮第一大妃月上夫人生一童子名曰然燈端政可憙世閒無雙衆相具足譬如金像童子生已將詣相師國内大智婆羅門所教令占相童子如是相貌云何彼相師言此童子者福德莊嚴若在家内為轉輪王

化四天下作大地主具足七寶一金
輪寶二神珠寶三王女寶四者象寶
五者馬寶六主兵臣寶七主藏臣寶
復有千子悉皆端政具丈夫相能摧
怨敵威被大地四海山林無不降伏
國土安寧雨澤以時五穀豐熟人民
安樂無有苦惱無有疾病不用兵戈
如法治化若捨出家當得作佛多陁
阿伽度阿羅呵三藐三佛陁十号具
足名稱遠聞阿難彼童子捨家出家
乃至得成阿耨多羅三藐三菩提及
轉法輪名稱遠聞如上所說
時降怨王作如是念希有世尊出世
甚難時時一聞復難覩見是時降怨
王即遣使人向日主所作如是言我
今傳聞王大夫人生好童子衆相具
足如上所說我今欲請彼然燈佛多
陁阿伽度阿羅呵三藐三佛陁至我
所住蓮華之城受我微供王若遣来
彼此蒙益如其不放我當嚴備四種
兵往時彼使人受是語已往挺主城
日主王所具以此語白日主王
時日主王聞此語已悵怏憂愁心懐

不樂時日主王集聚群臣具以上事
向而說之汝等思惟彼有是言欲何
報荅時諸群臣共白王言大王當知
如此之事還可諮問於然燈佛何以
故然燈世尊多陁阿伽度阿羅呵三
藐三佛陁有大慈悲時日主王報諸
臣言我心亦有如是憶念時日主王
共諸群臣躬自往詣然燈佛所乃至
彼佛慰諭王言大王安心莫驚莫怖
莫生憂愁何以故我今亦欲遊行他
國教化民人慈愍一切諸衆生故
時然燈佛多陁阿伽度阿羅呵三藐
三佛陁遊向彼國化衆生故即共無
量無數百千諸比丘衆相隨而行時
日主王供養供給然燈如来四事具
足無所乏少在後隨從送佛到於自
境界已頂礼佛足三匝圍繞泣淚而
還歸於本宮
時降怨王聞然燈佛来蓮華城及於
無量聲聞比丘百千之衆皆是漏盡
大阿羅漢聞已喜歡嚴治道路所有
雜穢悉使耘除挍飾莊嚴如上所說
乃至等彼乾闥婆城一種無異時降

怨王出勑告示其城内外十二由旬
禁斷一切所有人民不聽私賣諸香
花鬘其有之處我自採買欲持供養
彼然燈佛時降怨王將四種兵具大
威德從城而出迎然燈佛

佛本行集經受決定記品第二上

尒時彼國雪山南面有一梵志名曰
珎寶父母清淨婆羅門種乃至先祖
七世已来不曾雜穢無有人能輙敢
譏毀然其種姓皆為智者之所讃譽
又為其餘諸導師等之所恭敬三種
行具能教一切毗陁之論四種毗陁
皆悉取盡又闡陁論字論聲論及可笶
論呪術之論受化之論世間相論世
間祭祀呪願之論具足備有大丈夫
相自生善家復有五百善姓家兒為
其弟子圍繞供承阿難當知尒時珎
寶婆羅門者現今弥勒菩薩是也時
彼五百諸弟子等常從是師讀誦祭
祀呪術之法時彼五百弟子之中有
一大姓婆羅門子号名為雲於彼衆
中而作上首衆行具足少小從師時
年十六端政可憙得善種生父母清

淨乃至七世無有穢濁無能譏呵其家種族乃至具足大丈夫相世間無比身黃金色頭髮亦然其聲清淨如梵天音從彼珎寶仙人之邊受誦呪術摠利速疾所得真正一聞便領語言辯了字句分明所有一切婆羅門家種種呪術工巧伎能皆悉洞解解已語彼梵志師言大師和上我今習學已盡和上所有德術意欲還家其和上心戀雲童子不欲別離即語之言汝摩那婆我有一論名為毗陁乃是往昔諸仙所說一切外道婆羅門等未曾知聞况復得見及以教他摩那婆言唯願和上為我解說

時彼梵志即復更教彼摩那婆秘要呪術時摩那婆亦悉受得復更重白彼梵志言我今已得和上呪術方法盡解復更何作梵志復告摩那婆言我婆羅門種姓相承復有家法若有弟子從師學問必須報恩將諸財物以用布施摩那婆言和上為我解說家法將何報恩和上今心欲須何等梵志語言汝摩那婆欲報我者可

將一好清淨傘蓋革屣金杖金三叉木金瓶金鉢上下舍勒五百金錢如是與我

尒時童子白梵志言和上大師我無如上所說之物可奉和上請乞放我四方求索得即將来供養和上梵志報言汝若知時當隨所去時雲童子頂礼師足圍繞三匝辭別而行時雲童子聞有一處去此雪山五百由旬其城名為輸羅波奢時彼城內有一種姓大婆羅門名祭祀德居住彼城彼婆羅門大冨饒財甚足資產彼祭祀德大婆羅門欲為六万諸婆羅門奉設一年無遮之會俻辦六万布施之具為一一人人一傘蓋一三叉木革屣瓶鉢上下舍勒及錢物等供身之具皆悉俻足別為上座一婆羅門造於金柄上妙傘蓋冣勝革屣純金為杖金三叉拄金瓶金鉢上下舍勒價數各直百千兩金五百金錢一千牸牛各并犢子一牛一搆得一斗乳其牛角上皆以金裝五百童女皆珠瓔珞莊嚴其身其諸女中有一童女

名曰善枝冣為上首其般遮會年歲已滿唯一日在

時雲童子從雪山下安庠而至輸羅波城無遮會所時彼六万諸婆羅門遥見童子即發大聲唱言善哉是處善造此般遮會今梵天至自来受此般遮布施時雲童子語彼六万婆羅門言汝等莫喚我作梵天我是於人實非梵天婆羅門言汝是阿誰雲童子言汝可不聞雪山南面有一梵志名曰珎寶種種通達教授門徒五百弟子乃至如上次第所說彼衆之中有一上足弟子名雲年始十六智慧聰明德術具足與師無異乃至其聲如梵天音汝等聞不婆羅門等皆荅言聞雲童子言即此身是婆羅門衆既識知已更復歡喜發大聲言善哉善哉善建立此無遮之會得雲童子来受此供

時祭祀德婆羅門女善枝之身及諸童女樓上遥望見雲童子端政少雙見已喜歡向四方礼諸天諸神心自審念願此童子論議第一勝舊上座

諸婆羅門令我遠離此不善人莫與如此不善之人共為夫婦時雲童子至於會所圍繞三匝繞三匝已至於上座婆羅門前美言慰喻問言仁者誦持何論時此六万諸婆羅門同聲共荅雲童子言仁者莫問我此上座誦於何論何以故今此上座可是我家婆羅門法呪術諸論悉皆誦持雲童子言婆羅門輩汝此上座雖復誦念婆羅門家醫方伎藝但我師資婆羅門學别自有法要須相問汝等有論名先有不時彼六万婆羅門衆各共荅言我等此名尚未曾聞何況得有何况得誦雲童子言我師法中教我有此一毗陁論名為先有我亦誦得時彼人會婆羅門言請為解說我等樂聞時雲童子在於上座敷設處立以梵音聲誦彼先有毗陁之論時會六万婆羅門衆歡喜踊躍同聲唱言稱適我心稱適我意甚大歡喜告雲童子言汝摩那婆今可為我作於上座坐我座首受我上座嚫勝之水受我上座嚫 初之食時雲童子推彼上

座令向下坐即於勝座承嚫初水受於先食食稱意食食訖已後隨其所須布施之具依上座法而為受之其不須者辭而不受時祭祀德大婆羅門心自念言我今建此無遮之會不依聖法所有一切布施之物不依聖教何以故此會達嚫所有一切布施之物為雲童子不領我意具足而受時祭祀德大婆羅門長跪諮白雲童子言大德童子汝可受此我之布施一切之物莫令我會施不具足時雲童子語祭祀德婆羅門言大婆羅門汝善布施衆事具足非是不善此無遮會無有闕少唯我須者我今受之所不須者徒取無益時彼上座舊婆羅門心生此念我久時乞願得如是布施之具决望先取云何今者為此幼歲摩那婆來推我向下奪我利養若我生来所有一切持戒精進苦行果報是果報緣生生世世共此童子相會集處為其奪我利養之事報此怨讎終不捨離阿難當知尒時雲童子者我身是也祭祀德者現今檀陁

波尼是也時彼上座婆羅門者即今提婆達多是也阿難以是因緣提婆達多愚癡之人往昔共我世世生生恒作怨讎不相捨離

時雲童子將其所得種種施物欲向雪山以奉梵志經諸聚落村邑國城或住或行如是觀看於後漸漸至蓮花城入彼城內見城莊嚴殊特妙好不可思議如上所說即生是念何故今者此蓮花城如是莊嚴不可思議或當有人欲於此城作無遮會或復祭祀諸星宿天或作吉祥或作福業或是時節婆羅門會或當是此城內人民聞我名聲多解多知謂言我来於此欲共諸婆羅門問難論義而復無有一人念我或復恭敬礼拜於我時我即問彼一人言仁者此城何故莊嚴如是微妙

尒時彼人即報我言大智童子汝可不聞然燈世尊多陁阿伽度阿羅呵三藐三佛陁不久欲来此蓮華城說法教化為是事故我王降怨約令人民各使莊嚴時諸人等欲造福業布

設如是種種雜飾擬欲供養然燈如来阿難我時生念如我法中有此言說若人具足三十二相彼人即有二種果報若在家者必定得作轉輪聖王若捨出家修學聖道必定當得阿耨多羅三藐三菩提名稱遠聞威德自在此是無疑阿難我於尒時更生是念我今先應向此停住供養礼拜然燈世尊求於未来阿耨多羅三藐三菩提然後別報梵志師恩我又生念將何等物供養於佛以何事業種諸善根尒時我心作是思惟諸佛世尊不尚錢財以為供養唯法供養聖所稱譽我未有法義無空見今可買覓上妙好華持以奉獻願未来世得作於佛我時即至一鬘師家語彼人言仁者可賣此花與我尒時彼人報於我言仁者童子汝可不聞降怨大王出勑告下所有華鬘悉不聽賣與於他人何以故王欲自取持供養佛我聞彼人如是語已復更至於餘鬘師居求索花買彼還荅我如前不異如是處處買華不得於街巷裏私竊

訪求見一青衣取水婢子名曰賢者密將七莖優鉢羅華內於瓶中從前而来我見彼已心生歡喜即語之言汝將此華欲作何事我今與汝五百金錢汝可與我瓶內七莖優鉢羅華彼女復言仁者童子汝可不聞然燈世尊多陁阿伽度阿羅呵三藐三佛陁今欲入城受此地主降怨王請王於佛所生尊重心復欲建立諸功德故宣令國內十二由旬所有香油華鬘之屬不聽一人私竊盜賣若有賣者唯王得買自將供養以我比舍有一鬘師名曰怨讎彼有一女私從我邊取五百錢即盜與我此七莖華我既違禁得於此華自欲供養然燈世尊多陁阿伽度阿羅呵三藐三佛陁實不可得時我復更語彼女言善女所說因緣我今已知汝可取我五百金錢與我五莖優鉢羅華兩莖還汝尒時彼女即荅我言仁者童子汝取此華欲作何用我時報言如来出世難見難逢今既遭遇欲買此華上然燈如来多陁阿伽度阿羅呵三藐三

佛陁種諸善根為未来世求於阿耨多羅三藐三菩提尒時彼女復語我言我觀童子內外形容身心勇猛愛法精進汝必當得阿耨多羅三藐三菩提摩那婆汝若許我未得聖道於其中間生生世世為汝作妻若汝得道我當剃除出家學道求阿羅漢為汝弟子修沙門行若如是者我今與汝此五莖華不者不與我時復更語彼女言善女我今此身是婆羅門種姓清淨通達四種毗陁之論我毗陁中作如是說若人欲求阿耨多羅三藐三菩提行菩薩行彼人應於一切衆生生憐愍心安樂之心所来求者不應悋惜乃至身命亦須施人況復所愛婦兒妻子及餘財物不得慳貪善女我今發願求於菩提為欲安樂諸衆生故憐愍救濟一切衆生或有人来索我妻子我以布施汝愛戀心若作障㝵則我割捨心願不成復於汝邊得無量罪汝若作願能於彼時一切所有資財寶物我布施時不作難者我當許汝為我作妻尒時彼女

佛本行集經第三卷　第十八張　冥字號

即語我言摩鄉婆假使有人来向汝邊乞我身者我亦不生慳貪之心況復男女及餘財物我語彼女必能如是如汝所願許當来世與我作妻是時彼女從我邊受五百金錢即授五莖優鉢羅花持以與我其餘兩莖為我布施與汝同作未来因緣復語我言汝欲種植善根之處將此二華散於其上常願共汝生生同處莫相捨離時然燈佛多陁阿伽度阿羅呵三藐三佛陁從外来入蓮華城中我時賫此七莖蓮花遥見佛来漸漸至近覩彼佛身端政可憙清淨光明照耀於世調伏諸根其心寂定安住不動六根澄靜若琉璃池進止威儀猶如象王復有無量百千万億諸天大衆前後圍繞各散無量天諸雜華及天無量栴檀末香優鉢羅華波頭摩花拘勿頭花分陁利花於然燈佛多陁阿伽度阿羅呵三藐三佛陁上尊重供養時降怨王倫從威儀四種兵衆出彼城門迎然燈佛尒時彼處衆集無量無邊異類人及非人天龍八部諸

佛本行集經第三卷　第十九張　冥字號

鬼神等所將香末種種雜花以散佛上無有一華墮落於地並在然燈如来頂上虛空之中成大寶蓋佛行隨行佛住隨住我時見彼然燈如来生信敬心生殷重心生敬心已將此七莖優鉢羅花散於佛上發此願言若我来世得作佛時如今然燈如来得法及於大衆無有異者所散之華住虛空中花蘂向下花莖向上當佛頂上成於華蓋隨佛行住我見如是神通德力倍復生於信敬之心

阿難時彼無量無邊人衆各將無價妙好衣裳布於道上所謂微細迦尸迦衣細白疊衣細蒭摩衣微妙細軟拘周摩天及妙繒綵憍奢耶被為欲供養然燈佛故覆地令滿阿難我於是時見彼無量無邊人衆將無價衣悉皆覆地時我身上唯一鹿皮我將鹿皮布於地上而我鹿皮覆地之處為彼人衆惡罵瞋嫌挫我鹿皮遠擲他處我生此念嗚呼世尊然燈如来可不憐愍慈念我耶生此念已佛知我心憐愍我故

佛本行集經第三卷　第二十張　冥字號

時然燈佛以神通力變一方地如稀土泥時彼人衆見此路泥各各避行無有一人入於泥者我時行見速住泥所見彼泥已即生此念如是世尊云何令踐此泥中行若泥中行泥汙佛脚我今乃可將臭肉身於此泥上作大橋梁令佛世尊履我身過我時即鋪所有鹿皮解髮布散覆面而伏為佛作橋一切人民未得踐過唯佛最初蹈我髮上如是供養然燈佛多陁阿伽度阿羅呵三藐三佛陁故復生是念願此然燈如来世尊及聲聞衆足蹈我身及頭髮上渡於此泥復發此願願未来世得作佛時如今然燈如来無異如是威德如是勢力作天人師又願我今盡此身命若然燈佛不授我記我終不起於此泥中當是童子布身髮時是時大地六種震動所謂東踊西没西踊東没南踊北没北踊南没中踊邊没邊踊中没

佛本行集經卷第三

佛本行集經卷第三

校勘記

一 底本，金藏廣勝寺本。

一 六〇四頁中三行品名下，徑、清有「第一之三」。

一 六〇五頁中九行第三字「經」，資、磧、普、南、徑、清作「逕」。

一 六〇五頁中一二行「堪然」，諸本作「湛然」。

一 六〇五頁中一三行首字及六一〇頁上二二行第二字「居」，諸本作「店」。

一 六〇五頁中一三行第一三字、一四行第一二字「北」，資作「此」。

一 六〇六頁上二行「王女」，徑、清、麗作「玉女」。

一 六〇六頁上一四行第一一字「是」，資、磧、普、南無。

一 六〇六頁中八行「躬自」，磧、普、南作「躬身」。

一 六〇六頁下六行品名，徑、清作「受決定記品第二之一」。

一 六〇六頁下一一行「三種」，磧、作「二種」。

一 六〇六頁下一四行「受化」，諸本作「受記」。

一 六〇六頁下二〇行「祝呪術之法」，資作「祀呪術」；磧、普、南、徑、清作「祀呪術法之」。

一 六〇七頁下一行「其般」，資、磧、普、南、徑、清作「時般」。

一 六〇七頁下一五行「皆答」，麗作「皆各答」。

一 六〇八頁上一六行「人會」，諸本作「大會」。

一 六〇八頁中二二行「捨離」，諸本作「相捨」。

一 六一〇頁上九行「常願」，麗作「當願」。

一 六一〇頁上二一行「威儀」，諸本作「羽儀」。

一 六一〇頁中一五行「摩天」，諸本作「摩衣」。

一 六一〇頁下一九行第五字「踊」，諸本作「涌」。下同。

佛本行集經卷第四　　亘

隋天竺三藏闍那崛多譯

受決定記品下

尒時然燈如来多陁阿伽度阿羅呵三藐三佛陁知於我心與大比丘百千人俱及彼天龍千万億衆左右圍繞来向我所足蹈我身及鬏髮上安庠而行如大龍王觀看左右告諸比丘汝等比丘不得共我同路而行是摩那婆身及鬏髮無有一人堪可蹈者此人身髮唯除如来乃堪踐耳何以故此是菩薩身及髮分時然燈佛即語我言善哉善哉汝摩那婆發廣大心擔願如海汝所求者為諸衆生作利益故為諸衆生作安樂故摩那婆汝既求此如是大願利益安樂一切世間憐愍無量無邊衆故能為天人作引導故發大精進勇猛之心乃能滿足如是等法志求金剛不惜身命是故汝今以身荷負如来而行汝於當来乃至不得慳惜身命何况餘財汝摩那婆求於阿耨多羅三藐

三菩提此是初相汝能發起如是弘願汝一切捨所有之物汝摩那婆所行布施不得求於未来世報唯求出世無上菩提勿生貪心見他資財不得奪取汝持禁戒勿令缺犯不得穢濁不應取相勿自譽讚誹謗他人及毀自身汝當忍辱設有他来打罵禁繫殺害之者皆須忍受乃至節節支解於汝身體之時汝於如是怨讎等邊應當忍辱生慈悲心不得殺生不得劫奪他身命財於他財物常遠捨離於自營求亦當知足莫近他人婦女妻妾於自所有亦須不貪遠離妄語乃至命盡不得向他非實而說不得鬪乱親者令踈見破壞人恒教和合不得悪口常以美言不得綺語必有利益時語法語汝行正見一切邪道皆當捨離汝摩那婆若能荷擔如是諸事汝所求願無不具足汝應於彼一切衆生生一子想哀愍衆生調伏心口莫作諂曲應當供養尊重之人汝莫憿愓令心放逸常須寂定三昧正受觀無我法勿斷未来菩提種

性汝當如是利益衆生安樂一切摩那婆汝若能辦如是等事口可自唱稱言我能時我尒時即白佛言世尊我能

時然燈佛多陁阿伽度阿羅呵三藐三佛陁既知我心即時微笑彼佛有一侍者比丘從座而起整理衣服偏袒右髆長跪合掌白言世尊以何因緣如来微笑時然燈佛告比丘言比丘汝見是摩那婆持七莖花供養於我伏身被髮泥上作橋令我踐渡以是事故此摩那婆過於阿僧祇劫當得作佛号釋迦牟尼多陁阿伽度阿羅呵三藐三佛陁十号具足如我无異阿難我於是時聞然燈佛為我授於決定記已身心輕便不覺自騰於虛空中高七多羅樹以清淨心合十指掌向佛作礼阿難我於彼時遍身喜悅不能自勝阿難時然燈佛即告我言摩那婆汝可觀於東方世界時我即觀見彼東方恒河沙等剎土諸佛皆悉為我授決定記汝摩那婆於未来世過僧祇劫當得作佛号釋迦牟

尼十号具足如此東方南西北方四維上下亦復如是

阿難我於尒時從空而下安立住地頂礼然燈世尊佛足却住一面即生此念我今可於然燈佛邊求索出家即白佛言唯願世尊聽我出家受具足戒我於佛邊修行梵行佛語我言汝摩郁婆今正是時即得出家剃除鬚髮除鬚髮已無量諸天取於我髮為供養故十億諸天共得一髮阿難自我得成阿耨多羅三藐三菩提已來不見一衆生不供養諸佛而得安樂者無有是處阿難我於彼時猶尚具足諸煩惱縛貪欲瞋恚愚癡未盡無量百千億諸衆生取於我髮各持供養而得解脫況復今日離欲瞋癡而於我邊作諸功德不得解脫无有是處是故阿難一切衆生應當發心供養如来

阿難我從彼来在煩惱中行菩薩行不捨精進勇猛之心常行布施常作功德我以如是諸善業故於彼无量百千世中得作梵王作於帝釋或作

百千轉輪聖王以彼善根因緣力故今得作佛多陁阿伽度阿羅呵三藐三佛陁得轉無上寂妙法輪阿難我以福德智慧力故現今所有一切剎利及婆羅門長者居士沙門智人信受我語依我法行阿難汝觀我語終無二言如然燈佛授我決記教示於我我依修行今得阿耨多羅三藐三菩提尒時世尊而說偈言

假使天落地　此大地變壞　一切諸衆生
猶得常住身　須弥山王崩　大海水乾竭
阿難汝當知　諸佛無二言

尒時世尊說此偈已復告阿難諸佛世尊常有此行假使光明無量无邊為諸衆生住持一尋從是一尋為諸衆生復現無量無邊光明何以故畏諸衆生不知晝夜一月半月一年半年春夏秋冬四時八節恐其忘失阿難彼然燈佛十号具足明照業成常光無暗是故彼佛号曰然燈常有光明照耀天下自餘因緣如上所說

阿難我念往昔有一如来出現於世号勝一切多陁阿伽度阿羅呵三藐

三佛陁我以金華散彼佛上發如是言願我未来得微妙身具足相法如今世尊尒時彼佛知於我心即時微笑侍者比丘整衣白佛乃至佛告彼侍者言比丘汝見是人將於金花散我上不時彼比丘荅言我見佛告比丘是人過於一億劫後當得作佛号釋迦牟尼多陁阿伽度阿羅呵三藐三佛陁十号具足阿難我於彼時得授記已不捨精進勇猛之心倍更增長修餘福業我以如是善因緣故無量世中生梵天上及於帝釋轉輪聖王又作一王名曰善見彼王城郭却敵門樓宮室殿堂純是黃金園苑樹林泉流池沼皆金挍飾彼業因緣我今得成阿耨多羅三藐三菩提轉於无上清淨法輪

阿難我念往昔有一如来出現於世号蓮花上多陁阿伽度阿羅呵三藐三佛陁我將銀華散彼佛上發如是願乃至彼佛告侍者言汝見是人將於銀花供養我不比丘言見佛告比丘是人未来過十万劫當得作佛号

釋迦牟尼多陁阿伽度阿羅呵三藐
三佛陁我於彼時聞授記已不捨精
進勇猛之心倍更增長作諸功德我
以如是善果報故無量世中作梵天
王又於帝釋轉輪聖王又我過去曾
作一王名大善見所居之城名拘尸
那彼城樓櫓却敵窗牖皆為白銀之
所成就園苑樹林泉池諸水悉是白
銀莊嚴挍飾乃至彼業因緣報故令
得作佛多陁阿伽度阿羅呵三藐三
佛陁乃至轉於無上法輪
阿難往昔以来有如是法凡諸菩薩
初生之時東西南北各行七步無人
執持阿難彼蓮花上佛初生時兩足
蹈地其地處處皆生蓮花面行七步
東西南北所踐之處悉有蓮花故号
此佛為蓮花上當於彼時无量无邊
百千万衆天龍夜叉乹闥婆阿脩羅
摩睺羅伽人非人等一時大唱處處
出聲發如是言此大菩薩名蓮花上
因於天人唱此聲故彼佛世尊号蓮
花上
阿難我念往昔有一如来出現於世

号㝡上行多陁阿伽度阿羅呵三藐
三佛陁尒時我將一把金粟散彼佛
上乃至彼佛語侍者言是人過於一
千刧後當得作佛号釋迦牟尼我於
彼時聞授記已不捨精進增長善業
彼功德果報因緣故無量世中作梵
釋天轉輪聖王又復曾作一轉輪王
名曰頂生我於彼時宮殿之內經由
七日雨金粟雨没於人膝縱廣弥滿
以是善業因緣力故我今得成阿耨
多羅三藐三菩提乃至轉於無上法
輪阿難彼㝡上行如来欲至聚落城
邑乞食足步虛空去地六尺是時天
龍人非人等高聲唱言此佛世尊名
㝡上行以是因緣号是如来為㝡上
行阿難我念往昔有一如来出現於世
号上名稱多陁阿伽度阿羅呵三藐
三佛陁我時布施彼佛一室又比丘僧
而乞願言乃至彼佛告侍者言是人
於後滿五百刧當得作佛号釋迦牟
尼我於彼時得授記已不捨精進業
因緣故經無量世作梵釋天轉輪聖
王又是報故我時作一轉輪聖王名

曰善見時天帝釋毗首羯磨下来為
我化作一殿名一切勝以是善業果
報因緣我今得成阿耨多羅三藐三
菩提乃至轉於無上法輪
阿難我念往昔有一如来出現於世
号釋迦牟尼多陁阿伽度阿羅呵三
藐三佛陁與我同号種姓父母名字
壽命一切悉同我將一掬蘇摩那華
散彼佛上（迦葉遺所說言將金一掬）發如是願乃至
彼佛語侍者言是人於後滿一百刧
當得作佛号釋迦牟尼我於彼時得
受記已不捨精進增長功德無量世
中作梵釋天轉輪聖王以是善業因緣
力故以三十七助菩提分法莊嚴我身
令我得成阿耨多羅三藐三菩提乃
至轉於無上法輪
阿難我念往昔有一如来出現於世
号曰帝沙多陁阿伽度阿羅呵三藐
三佛陁我將一掬碎末栴檀散彼佛
上乃至彼佛告侍者言是人過於九
十五刧當得作佛号釋迦牟尼
我於彼時得授記已不捨精進增長
功德無量世中作梵釋天轉輪聖王

以是善業因緣力故我得名為寂上戒行清淨具足以是善業果報因緣我得名為寂上智見功德具足（迦葉遺師如是說言我以善業因緣力故得於寂上戒行功德名稱遠聞乃至得於寂上智見功德遠聞）我今得成阿耨多羅三藐三菩提乃至轉於無上法輪

阿難我念往昔有一如來出現於世号曰弗沙多陁阿伽度阿羅呵三藐三佛陁時彼佛在雜寶窟内我見彼佛心生歡喜合十指掌翹於一脚七日七夜而將此偈讚歎彼佛而說偈言

天上天下無如佛　十方世界亦無比
世間所有我盡見　一切無有如佛者

阿難我以此偈歎彼佛已發如是願乃至彼佛語侍者言是人過於九十四劫當得作佛号釋迦牟尼我於彼時得授記已不捨精進增長功德無量世中作梵釋天轉輪聖王以是善業因緣力故我得四種辯才具足無有一人能共我論降伏我者我得成於阿耨多羅三藐三菩提乃至轉於無上法輪

阿難我念往昔有一如來出現於世

号見真理多陁阿伽度阿羅呵三藐三佛陁我於尒時將種種花散彼佛上（迦葉遺師說言彼佛号曰見一切理）乃至彼佛語侍者言是人過於九十三劫當得作佛号釋迦牟尼我於彼時得授記已不捨精進增長功德無量世中作梵釋天轉輪聖王以是因緣我今獲得寂上之名具持戒行乃至得名解脫知見一切具足證於阿耨多羅三藐三菩提乃至轉於無上法輪

阿難我念往昔有一如來出現於世号毗婆尸多陁阿伽度阿羅呵三藐三佛陁我於尒時將一掬小豆散彼佛上乃至彼佛告侍者言是人過於九十一劫當得作佛号釋迦牟尼十号具足我於彼時得授記已不捨精進增長功德無量世中作梵釋天轉輪聖王以是善業因緣力故我又曾作轉輪王名為頂生得四天下復得帝釋半座而坐以是果報今得成於阿耨多羅三藐三菩提乃至轉於無上法輪

阿難我念往昔有一如來出現於世

号曰尸棄多陁阿伽度阿羅呵三藐三佛陁我於彼時將無價衣覆彼佛上及聲聞衆發如是願乃至彼佛告侍者言是人過於三十一劫當得作佛号釋迦牟尼我於彼時得授記已不捨精進勇猛之心常行布施造作福業我以如是善業因緣無量世中作大梵王及天帝釋轉輪聖王今日復得種種衣服所謂迦尸迦衣芻摩妙衣劫波妙衣憍奢耶衣拘沉婆衣我今得成阿耨多羅三藐三菩提乃至轉於無上法輪

阿難我念往昔有一如來出現於世号毗舍浮多陁阿伽度阿羅呵三藐三佛陁我於尒時將好種種百味飲食布施彼佛及聲聞衆發如是願乃至彼佛告侍者言是人過於三十劫後當得作佛号釋迦牟尼我於彼時得授記已不捨精進勇猛之心常行布施造作福業我以如是善根因緣無量世中作大梵王或作帝釋轉輪聖王今得種種百味飲食乃至得成阿耨多羅三藐三菩提轉於無上清

淨法輪

阿難我念往昔於拘婁孫多陁阿伽度阿羅呵三藐三佛陁邊行於梵行求未來世阿耨多羅三藐三菩提故

阿難我念往昔於迦那迦牟尼多陁阿伽度阿羅呵三藐三佛陁邊行於梵行求未來世阿耨多羅三藐三菩提故

阿難我念往昔於迦葉多陁阿伽度阿羅呵三藐三佛陁邊行於梵行求未來世阿耨多羅三藐三菩提故

阿難我念往昔於弥勒菩薩邊賫持種種微妙四事供養之具供養恭敬尊重讃歎自恣奉獻求未來世阿耨多羅三藐三菩提故阿難我念往昔將無量種供養之具所至到處即持供養過去無量諸佛菩薩及聲聞衆種諸善根求未來世阿耨多羅三藐三菩提故

阿難往昔過百阿僧祇劫是時有佛出現於世号曰然燈多陁阿伽度阿羅呵三藐三佛陁

阿難如是次第過百億劫時有一佛

出現於世号一切勝多陁阿伽度阿羅呵三藐三佛陁

阿難如是次第過五百劫時有一佛出現於世号㝡上名稱多陁阿伽度阿羅呵三藐三佛陁

阿難如是次第過一百劫時有一佛出現於世号釋迦牟尼多陁阿伽度阿羅呵三藐三佛陁

阿難如是次第九十四劫時有一佛出現於世号曰弗沙多陁阿伽度阿羅呵三藐三佛陁

阿難如是次第九十三劫時有一佛出現於世号曰見義多陁阿伽度阿羅呵三藐三佛陁

阿難如是次第九十一劫時有一佛出現於世号毗婆尸多陁阿伽度阿羅呵三藐三佛陁

阿難如是次第三十一劫時有一佛出現於世号曰尸棄多陁阿伽度阿羅呵三藐三佛陁同是劫中又有一佛復出於世号曰神聞多陁阿伽度阿羅呵三藐三佛陁

阿難此賢劫初第一拘婁孫馱如來

出現於世

第二拘那含牟尼如來出現於世

第三迦葉如來出現於世

第四我身釋迦牟尼如來今現在世

阿難彼然燈多陁阿伽度阿羅呵三藐三佛陁出現於世生大婆羅門家

一切勝佛出現於世生大刹利王家

蓮華上佛出現於世生大婆羅門家

㝡上行佛出現於世生大刹利王家

德上名稱佛出現於世生大婆羅門家

釋迦牟尼佛出現於世生大刹利王家

帝沙如來出現於世生大婆羅門家

弗沙如來出現於世生大刹利王家

見真義佛出現於世生大婆羅門家

毗婆尸佛出現於世生大刹利王家

尸棄如來出現於世生大刹利王家

神聞如來出現於世生大刹利王家

拘婁孫馱佛出現於世生大婆羅門家

拘那含牟尼佛出現於世生大婆羅門家

迦葉如來出現於世生大婆羅門家

阿難我今在於刹利種姓大王家生出現世間

阿難然燈佛多陁阿伽度阿羅呵三藐三佛陁壽命八百四千万億歲住世利益諸世間故尼沙婆師如是說迦葉遺師復言然燈如來壽命一劫住世及聲聞衆利益諸世間故

阿難一切勝如來住世八万億歲利益一切諸世間故尼沙婆師如是說迦葉遺師復言一切勝如來住世一劫利益世間故

蓮華上佛住世八万歲為利益故

寂上行佛住世八万歲為利益故

上名稱佛住世六万歲為利益故

釋迦牟尼佛住世八万歲為利益故

帝沙如來住世六万歲為利益故

弗沙如來住世五万歲為利益故

見真義佛住世四万歲為利益故

毗婆尸佛住世八万歲為利益故

神聞如來住世六万歲為利益故

拘婁孫駄佛住世四万歲為利益故

拘那含牟尼佛住世三万歲為利益故

迦葉如來住世二万歲為利益故

阿難我今多陁阿伽度阿羅呵三藐三佛陁住世八十歲為利益故而說偈言

有佛以神通　住世受供養　或神通及業

盡已入涅槃

阿難然燈如來有於二百五十万億聲聞弟子大衆集會如來滅後法住於世經七万歲未後十年諸比丘等不生敬信無慚愧心營理世務樂於諸業所有持疑不相諮問各恃已能矜生憍慢恒聚非法諸惡知識不善之人以為朋友共相狎習圍繞遊從是等癡人行不純故使彼如來佛法僧寶速疾隱沒不現世間所有經書悉皆滅盡

一切勝佛有万四千聲聞弟子大衆集會如來滅後正法住世經於少時

蓮華上佛有七万衆聲聞集會如來滅後正法住世經十万歲

上行如來有六万衆聲聞集會如來滅後正法住世七万七千歲

德上名稱佛有二万衆聲聞集會如來滅後正法住世經五百歲

釋迦牟尼佛有於一千二百五十聲聞集會如來滅後正法住世經五百歲像法住世亦五百歲

帝沙如來有六万億聲聞集會如來

滅後正法住世經二万歲

弗沙如來有無量億聲聞集會如來滅後正法像法乃至法住乃至法滅

見一切義佛有三十二億那由他衆聲聞集會如來滅後正法暫時不久住世

毗婆尸佛三會說法度聲聞衆第一大會一百六十八百千人第二大會有十万人第三大會八百千人如來滅後正法住世經二万歲

神聞如來唯有二會度聲聞衆第一會度有七万人第二會度有六万人如來滅後正法住世經六万歲

拘婁孫駄佛有四万衆聲聞弟子如來滅後正法住世經五百歲

拘那含牟尼佛有三百万聲聞集會如來滅後正法住世二十九日

迦葉如來有二万衆聲聞集會如來滅後正法住世經於七日

阿難我多陁阿伽度阿羅呵三藐三佛陁有一千二百五十聲聞集會我滅度後正法住世有五百歲像法住世亦五百歲今當略說優陁那偈而

說偈言
說施及年數　種姓并壽命　聲聞衆集會
正法與像法　彼等諸世尊　住世般涅槃
釋種大師子　揔說悉已訖

佛本行集經賢劫王種品第三上

尒時佛在王舍大城竹林精舍迦蘭陁鳥所居之處與大比丘五百人俱尒時世尊依諸佛法乃至說於清淨梵行告諸比丘汝諸比丘諦聽諦受如世尊教諸比丘言我等歡喜信心奉持佛告比丘此賢劫初地建立已有一冣尊豪勝富貴大首領人轉輪王種名衆集置既安置已時諸大衆白地主言我大地主當為我等治罰惡人賞於良善仁者當分稻田與我我各種之我等種已當各割分奉輸仁者時彼地主受大衆請即為如法依平撿按惡者治罰善者賞之人得稻田各加守護佃熟已後隨分受之佛告比丘時彼大衆如是集會和合共推扶彼仁者持為地主以為大衆商量舉故故号彼為大衆平章又彼地主為諸大衆如法治化令衆歡喜同心愛樂得共和合各各處分故名為王又復守護一切稻田熟取衆人稻田分故名剎利王剎利王者名為田主汝等當知以是因緣劫冣初時大衆所立王種是也

佛告比丘時彼大衆所立之王後生一子名曰真實為轉輪王王四天下作大地主七寶自然千子具足備三十二大丈夫相威德勇猛能摧怨賊彼王治化在世之時大地及海無有荊棘丘陵高下五穀豊熟人民安樂無諸恐怖及以艱難不用兵戈諸方自伏如法治化

諸比丘彼真實王千子之內有一長子名曰意喜亦名自用此子亦作轉輪聖王如上所說七寶千子乃至大地如法治化

諸比丘彼自用王千子之內有一長子名曰智者衆人号之名為受戒彼智者王亦紹父位作轉輪王如上所說七寶千子乃至大地如法治化

諸比丘彼智者王千子之內冣初長子名曰頂生亦紹父位作轉輪王如上所說乃至大地如法治化

諸比丘彼頂生王千子之內冣初長子名為大海亦紹父位作轉輪王如上所說

諸比丘彼大海王千子之內冣初長子名為具足衆人又唤名之為數次紹王位如上所說

諸比丘彼具足王千子之內冣初長子名為養育次紹王位如上所說

諸比丘彼養育王千子之內冣初長子名曰福車次紹王位如上所說

諸比丘彼福車王千子之內冣初長子名曰解脫次紹王位如上所說

諸比丘彼解脫王千子之內冣初長子名善解脫次紹王位如上所說

諸比丘彼善解脫王有子名曰逍遥次紹王位如上所說

諸比丘彼逍遥王有子名大逍遥次紹王位如上所說

諸比丘彼大逍遥王有子名曰照曜次紹王位如上所說

諸比丘彼照曜王有子名大照曜次紹王位如上所說

佛本行集經卷第四

癸卯歲高麗國大藏都監奉
勑彫造

佛本行集經卷第四

校勘記

一　底本，麗藏本。

一　六一二頁上三行品名下，徑、清有「第二之二」。

一　六一二頁上七行至八行「安庠」，徑作「安詳」。

一　六一二頁下一二行「是事」，磧、普、南、徑、清作「是我」。

一　六一二頁下一五行第一三字「授」，資、磧、普、南、徑、清作「受」。

一　六一四頁中六行「報因緣」，資、磧、普、南、徑、清作「因緣報」。

一　六一五頁中一三行第五字「於」，資、磧、普、南、徑、清無。

一　六一七頁上三行夾註「遺師」，資、磧、普、南、徑、清作「師」。

一　六一七頁上九行「八万」，資、磧、普、南、徑、清作「七万」。

一　六一七頁中一八行「二万」，資、磧、普、南、徑、清作「二千」。

一　六一七頁下八行「二百」，資、磧、普、南、徑、清作「一萬」。

一　六一八頁上五行品名，徑、清作「賢劫王種品第三之一」。

一　六一八頁上二一行「持爲」，資、磧、普、南、徑、清作「特爲」。

一　六一八頁上二二行「平章」，資、磧、普、南、徑、清作「平等」。

佛本行集經卷第五　宜

三藏法師闍那崛多譯

賢劫王種品下

諸比丘彼大照耀王有子還名意憙次紹王位如上所說

諸比丘彼意憙王有子名曰善喜次紹王位如上所說

諸比丘彼善喜王有子名曰滿足次紹王位如上所說

諸比丘彼滿足王有子名大滿足次紹王位如上所說

諸比丘彼大滿足王有子還名養育次紹王位如上所說

諸比丘彼養育王有子還名福車次紹王位如上所說

諸比丘彼福車王有子名人首領次紹王位如上所說

諸比丘彼人首領王有子名曰火質次紹王位如上所說

諸比丘彼火質王有子名曰光炎次紹王位如上所說

諸比丘彼光焰王有子名善辟冠次紹王位如上所說

諸比丘彼善辟冠王有子名曰空冠次紹王位如上所說

諸比丘彼空冠王有子名曰善見次紹王位如上所說

諸比丘彼善見王有子名大善見次紹王位如上所說

諸比丘彼大善見王有子名曰須弥次紹王位如上所說

諸比丘彼須弥王有子名大須弥次紹王位如上所說

轉輪聖王統四天下海等大地具足七寶乃至如法治化人民諸比丘如是等王皆是過去轉輪聖王具足修習無量福業深種善根以是果報並得食於此四天下一切大地受諸福樂壽命難量不可筭計諸比丘汝等當知我今更說彼轉輪王種姓苗裔世世相承并餘小王子孫継襲住處名字次第少多為汝略說彼等氏族汝等善聽

諸比丘大須弥王治化已来世世相承子子孫孫有一百一小轉輪王悉

皆住在褒多鄰城治化人民受於福樂

彼諸王內宮後一王名師子乘師子乘王世世相承子子孫孫有六十一小轉輪王悉皆住在波羅㮈城治化人民受於福樂

彼諸王內宮後一王名曰女乘彼女乘王世世相承子子孫孫有五十六小轉輪王悉皆住在阿踰闍城治化人民受於福樂

彼諸王內宮後一王名嚴熾生嚴熾生王世世相承子子孫孫合有一千小轉輪王皆悉住在迦毗梨耶城治化人民受於福樂

彼諸王內宮後一王名曰梵德彼梵德王世世相承子子孫孫有二十五小轉輪王皆悉住在阿私帝鄰富羅城治化人民受於福樂彼諸王內宮後一王名為象將彼象將王世世相承子子孫孫有二十五小轉輪王皆悉住在德叉尸羅城治化人民受於福樂

彼諸王內宮後一王号名為護而彼護王世世相承子子孫孫一千二百

小轉輪王皆悉住在奢耶鄰城治化人民受於福樂

彼諸王內宮後一王名能降伏能降伏王世世相承子子孫孫合有九十小轉輪王皆悉住在迦鄰鳩闍城治化人民受於福樂

彼諸王內宮後一王名為勝將彼勝將王世世相承子子孫孫二千五百小轉輪王皆悉住在於瞻波城治化人民受於福樂

彼諸王內宮後一王名曰龍天彼龍天王世世相承子子孫孫有二十五小轉輪王皆悉住在於王舍城治化人民受於福樂

彼諸王內宮後一王名為作闍彼作闍王世世相承子子孫孫有二十五小轉輪王皆悉住在拘尸鄰竭城治化人民受於福樂

彼諸王內宮後一王名大自在天彼大自在天王世世相承子子孫孫有二十五小轉輪王悉皆住在審婆羅劫波城治化人民受於福樂

彼諸王內宮後一王還名大自在天

彼大自在天王世世相承子子孫孫有二十五小轉輪王悉皆住在檀多富羅城治化人民受於福樂

彼諸王內宮後一王名曰善意彼善意王世世相承子子孫孫有二十五小轉輪王悉皆住在多摩婆頗梨多城治化人民受於福樂

彼諸王內宮後一王名無憂鬘彼無憂鬘王世世相承子子孫孫八万四千小轉輪王皆悉住在寨(士秋反)滯(他梨反)羅城治化人民受於福樂

彼諸王內宮後一王名毗紐天彼毗紐天王世世相承子子孫孫一百一王皆悉住在毗褒多鄰城治化人民受於福樂

彼諸王內宮後一王還名大自在天彼大自在天王世世相承子子孫孫合有八万四千諸王還在於彼寨(士秋反)滯(他梨反)羅城治化人民受於福樂

彼諸王內宮後一王名曰魚王比丘當知諸如是等小轉輪王悉有福德皆種善根具足受於世間福報無與等者其化所被大地及海一切諸山

悉皆統攝諸比丘彼轉輪王各各皆有粟散諸王我今說之

諸比丘魚王有子名曰真生彼真生王父祖已来修習善根得紹繼王福報盡故便失王位時人見彼王化失道無有福德共相謂言此王人中最好貧劣人中單薄人中可愍人中可掘是故世人皆号之為可掘之王掘王有子名為平等行王平等行王子名闍火闍火王子名為焰熾焰熾王子名為善辟善辟王子名為虛空虛空王子名為戒行戒行王子名為無憂無憂王子名為離憂離憂王子名為除憂除憂王子名為勝將勝將王子名為大將大將王子名為胎生胎生王子名為明星明星王子名為方主方主王子号名為塵彼塵王子名為善意善意王子名為善住善住王子名為歡喜歡喜王子名為大力大力王子名為大光大光王子名大名稱大名稱王子名為十車十車王子名二十車二十車王子名為妙車妙車王子名為步車步車王子名為十弓

十弓王子名為百弓百弓王子名二十弓二十弓王子名妙色弓妙色弓王子名為罪弓罪弓王子名為海將海將王子名為難勝難勝王子名為茅草茅草王子名大茅草大茅草王世世相承子子孫孫苗裔合有一百八王還住在彼褒多那城治化人民受於福樂

彼一百八最在後王大茅草者其王無子作如是念上世已來我之種姓粟散諸王見自頭鬚生白髮時各以諸子灌頂為王別取勝上最好一州以用布施剃除鬚髮捨於王位出家修道我今無兒當以誰紹嗣我王後誰堪增長我之種姓或復我今斷諸王種復生此念我今若不出家修道則斷一切諸賢聖種思惟是已時大茅草即以王位付諸大臣大衆圍繞送王出城剃除鬚髮服出家衣王出家已持戒清淨專心勇猛成就四禪具足五通得成王仙壽命極長至年衰老肉消背曲雖復拄杖不能遠行時彼王仙諸弟子等欲往東西求覓

飲食取好軟草安置籠裏用盛王仙懸樹枝上何以故畏諸虫獸来觸王仙時諸弟子乞食去後有一獵師遊行山野還見王仙謂是白鳥遂即射之時彼王仙既被射已有兩滴血出墮於地即便命終彼諸弟子乞食来還見彼王仙被射命終復見有血兩滴在地即下彼籠將王置地集聚柴木焚燒王屍收骨為塔復將種種雜妙香華供養彼塔尊重讚歎承事畢了介時彼地有兩滴血即便生出二苷蔗牙漸漸高大至時蔗熟日炙開剖其一苷蔗出一童子更一苷蔗出一童女端政可憙世無有雙時諸弟子心念王仙在世之時不生兒子今此兩童是王仙種養護看視報諸臣知時諸大臣聞已歡喜往至彼林迎二童子將還入宮召喚解相大婆羅門教令占相并遣作名彼相師言此童子者既是日炙熟苷蔗開而出生故一名善生又以其從苷蔗出故第二復名苷蔗生又以日炙苷蔗出故亦名日種彼女因緣一種無異故名

善賢復名水波時彼諸臣取甘蔗種所生童子幼少年時即灌其頂立以為王其善賢女至年長大堪能伏事即拜為王第一之妃

時甘蔗王有第二妃絶妙端政生於四子一名炬面二名金色三名象衆四名別成其善賢妃唯生一子名為長壽端政可憙世間少雙然其骨相不堪作王時善賢妃如是思惟甘蔗種王有此四子炬面等輩兄弟群強我今唯有此之一子雖極端正世無有雙然其相分不堪為主作何方便令我此子得紹王位復作此念是甘蔗王今於我邊無量敬愛深心染著縱情蕩意我今可更窮極婦人莊飾之法所謂淨潔摩拭身體香湯沐浴使氣芬芳鬚塗澤蘭面著脂粉花鬘瓔珞種種莊嚴令甘蔗王心於我邊重生耽緬愛戀娛樂若得如心我於屏處當乞求願思惟是已如上所說莊嚴自身令極殊絶至於王邊王見妃來生重愛敬縱逸其心妃見王生如是心已二人眠卧妃白王言大王

當知我今從王乞求一願願王與我王言大妃隨意不逆從心所欲我當與妃時妃復更重諮王言大王自在若與我願不得變悔若變悔者我不須此王語妃言我一與妃心之所願後若悔者當令我頭破作七分妃言大王王之四子炬面等輩願儐出國遣我生子長壽為王時甘蔗王即語妃言我此四子無有過失不横求財無有罪患豈可無辜枉得駈遣遠儐他土於我治化國境之内有何非祥不聽其住妃又白言王已先誓語若悔者頭破七分王告妃言我如前言與妃所願妃若知時任隨妃意時甘蔗王過此夜後至明清旦集聚四子而告勅言汝四童子今可出去我治化内不得居住遠向他國

時四童子胡跪合掌白父王言大王當知我等四人無有罪惡無諸過咎不作非法取他錢財又復不造其餘惡業云何父王忽然儐我出於國界王勅子言我知汝等實無過失不横取財如上所說此非我意駈儐於汝

此是善賢大妃之意彼妃乞願我不違彼令汝出國時四王子所生之母聞甘蔗王欲儐其子令出國界聞已速疾往至王所至王所已白言大王聞王欲逐我之四子令出國界為實尒不王言實遣諸妃各復白於王言善哉大王我等各求乞隨兒去

王報諸妃隨汝意去時諸妃妹復白王言我姊外生今既出國我亦乞去王各報言任隨汝意時諸大臣公卿輔相亦白王言王今斥遣此四王子令出國者我等諸臣亦求隨去王言任意時王典當諸象馬臣亦求隨從王言隨意復有石將弩將獄將諸典當羊畜牧等將諸臣之子又復諸餘主藏兵將遊軍壯士善射之將奴婢僕使及其子等聞甘蔗王欲逐四子令出國界俱白王言我等並求隨從王子東西而去王言隨意又復國内竹匠皮匠瓦師塼師造屋木師造酒食師剃鬚髮師染洗衣師屠兒按摩治病合藥釣魚等師聞王欲駈四子出國審如是不王言實尒我等求去

王言隨意時甘蔗王勅諸王子作如是言汝等王子從今已去若欲婚姻不得餘處取他外族還於自家姓內而取莫令甘蔗種姓斷絕時諸王子白父王言如大王勅彼諸王子受父教已各各自將所生之母并姨姊妹奴婢資財諸馱乘等即向北方到雪山下經少時住有一大河名婆耆羅洟渡於彼河上雪山頂遊涉久停時四王子在彼山頂射獵捕諸禽獸而食漸漸前行至山南面見川寬平無諸坑坎堆阜陵谷丘墟溝渠荊棘塵埃及沙礫等其地唯生軟細青草清淨可愛樹林花果蔚茂敷榮猶如黑雲光澤儵鑠林木遍滿其間少空所謂娑羅樹多羅樹鞞多摩羅樹阿說他樹尼拘陁樹優曇婆羅樹千年棗樹迦梨羅樹等垂諸枝柯各相蔭映又有種種諸雜妙花所謂阿提目多華瞻波華阿輸迦華波多羅花婆利師迦華拘蘭鞞華拘毗陁羅花檀奴沙迦梨迦花目真隣陁華蘇摩鞞等一切諸華或有已開或有未開或初

欲開或開已落復有無量衆雜果樹所謂菴婆羅果閻浮果陵拘闍果波鞞婆果鎮頭迦果呵梨勒果毗醯勒果阿摩勒等種種諸果或始結子或子欲熟或子已熟堪可食噉

復有無量諸雜野獸所謂伊泥耶獸麞鹿水牛鞞羅迦獸野牛白象及師子等復有無量種種飛鳥所謂鸚鵡及拘翅羅鸜鵒孔雀迦陵頻伽命命鳩鵠山鷄白鶴遮摩迦鳥及蘭摩等一切雜鳥復有無量諸水陂池其池各有種種雜花所謂優鉢羅華波頭摩花拘勿頭華分陁利華悉滿諸池池岸四邊復有諸華垂覆池上其水清淨無有濁穢湛然弥滿不深不淺易度易行周匝四邊種種諸樹池內復有種種諸虫所謂魚鼈黿鼉龜鼇螺蚌一切水性復有小鳥所謂鳧鴈鵝鴨白鷗鸕鷀及鴛鴦等一切諸鳥然其彼處舊有一仙在中居止名迦毗羅彼諸王子見是處已共相謂言可於此間造城治化

尒時王子既安住已憶父王語於自

姓中求覓婚姻不能得婦各納姨母及其姊妹共為夫妻依於婦禮一欲隨從父王教令二恐釋種雜乱相生尒時日種甘蔗之王召一國師大婆羅門来謂之言大婆羅門我四王子今在何處國師荅言大王當知王之四子已各自將母姨姊妹馱乘人物速出國外向於北方乃至已生端政男女時甘蔗王為自所愛諸王子故心思欲見意情歡喜而發是言彼諸王子能立國計大好治化彼等王子是故立姓稱為釋迦以釋迦住大樹蓊蔚枝條之下是故名為奢夷耆耶以其本於迦毗羅仙處所住故因城立名故名迦毗羅婆蘇都時甘蔗王三子没後唯一子在名尼拘羅(隋言別成)為王住在迦毗羅城治化人民受於福樂其尼拘羅王生於一子名曰拘盧還在父王迦毗羅城治化而住其拘盧王復生一子名瞿拘盧亦在父城為王治化其瞿拘盧王復生一子名師子頰還在父城治化人民師子頰王生於四子第一名曰閱頭檀王(隋言淨飯)

第二名為輸拘盧檀那（隋言白飯）第三名為途盧檀那（隋言斛飯）第四名為阿彌都檀那（隋言甘露飯）復有一女名甘露味師子頰王家初長子閱頭檀者次紹王位還在父城治化人民受於福樂

時迦毗羅相去不遠復有一城名曰天臂彼天臂城有一釋種豪貴長者名為善覺大富多財積諸珎寶資產豐饒具足威德稱意自然無所乏少舍宅猶如毗沙門王宮殿無異彼釋長者生於八女一名為意二名無比意三名大意四名無邊意五名髻意六名黑牛七名瘦牛八名摩訶波闍波提（隋言大慧亦云梵天）而此梵天於諸女中年最幼小初生之日為諸能相婆羅門師觀占其體云此女嫁若生兒者必當得作轉輪聖王王四天下七寶自然千子具足乃至不用鞭杖治民

時善覺女年漸長成堪欲行嫁白淨王聞自國境內有一釋氏甚大家富生於八女端政少雙乃至相師占觀其女當生貴子時淨飯王聞是語已作如是言我今當索是女作妃令我

苗裔轉輪聖王苗裔不絕（此是律攝作如是說又言大慧是菩薩母者此依阿波陀那經文又言輸頭檀王是我之父摩耶夫人是我之母如阿波陀那經撿諸經文此義是實）

時淨飯王即遣使人往詣善覺大長者家求索大慧為我作於波闍波提（波闍波提者隋言生活本）尒時善覺語彼使言善使仁者為我諮啓大王是言我有八女一名為意乃至第八名為大慧何故大王求最小者大王且可待我處分七女竟已當與大王大慧作妃時淨飯王復更遣使語長者言我今不得待汝一一嫁七女訖然後取於大慧作妃汝八頭女我盡皆取時善覺釋報大王言若如是者依大王命隨意將去時淨飯王即遣使人一時迎取八女向宮至於宮已即納二女自用為妃其二女者第一名為意及以第八名大慧者自餘六女分與三第一人與二並妻為妃時淨飯王納意姊妹內於宮中縱情恚戲歡娛受樂依諸王法治化四方

佛本行集經上託兜率品第四上

尒時護明菩薩大士從於迦葉佛世

尊所護持禁戒梵行清淨命終之後正念往生兜率陁天何以故或有衆生命終之日為於風刀節節支解受於楚痛或氣欲盡喘息不安以是因緣受大苦惱失於本心忘其宿行不能專正寂定其心菩薩不然命欲終日正心思惟緣其前世託生處所有如是等希奇之法又諸菩薩復有一法命終之後必生天上或高或下不定一天而其一生補處菩薩多必往生兜率陁天心生歡喜智慧滿足何以故在下諸天多有放逸上界諸天禪定力多寂定軟弱不求於生以受樂故又復不為一切衆生生慈悲故菩薩不然但為教化諸衆生故生兜率天下界諸天為聽法故上兜率天聽受於法上界諸天復為法故亦有下來兜率陁天聽受於法

然此菩薩亦生兜率其兜率陁所居諸天即喚菩薩名為護明以是因緣号為護明諸天展轉稱喚護明其聲上徹至淨居天及到阿迦膩吒天頂時諸天等皆同唱言護明菩薩已來

生於兜率天中此聲下至三十三天乃至達到四天王天并復徹諸阿修羅宮各共相謂護明菩薩已得上生兜率陁天揔下至於阿修羅宮㝡上到彼阿迦尼吒皆悉来集兜率陁天衆於護明菩薩宮所聽受於法護明菩薩既生兜率共兜率陁諸天宮殿光明照耀自然莊嚴更復出於無量無邊莊嚴之事皆由護明菩薩功德威神力故大梵天王及大威德阿修羅等皆悉集來兜率天中前後圍繞護明菩薩復有無量無邊衆生託生兜率得見㝡勝㝡妙五欲心迷忘失不憶本行及以先業護明菩薩生兜率天設見㝡勝㝡妙五欲心不迷惑不曾忘失正念本緣乃至為化諸衆生故住兜率天天數壽命滿四千歲為彼諸天說法教化顯示法相令心歡喜自餘衆生生彼天者或以往昔不清淨業故生其中或復損死不滿天壽護明菩薩過去修行清淨業因復為教化諸衆生故盡兜率天所有壽命是故釋言希有希有不可思

議又復得於不思議法護明菩薩盡彼天年尒時護明菩薩大士天壽滿已自然而有五衰相現何等為五一者頭上花萎二者腋下汗出三者衣裳垢膩四者身失威光五者不樂本座時兜率天見彼護明衰相現已出大音聲嗚呼嗚呼共相謂言苦哉苦哉護明菩薩不久應當捨離於此兜率天宮退失威神我等今者何可得住是時彼處兜率天衆唯聞哭聲諸大宮殿聲響相接此聲乃至上色界頂首陁會天阿迦膩吒諸天衆等各相謂言嗚呼哀哉護明菩薩今已現於五種衰相不久墜落從兜率下及修羅宮嗚呼之聲其音遍滿處處唯聞不久墮落是時諸天聞此聲已阿迦膩吒他化自在色欲天等並各下来至兜率天夜摩諸天四天王天聞此聲已皆悉集聚上兜率天上如是乃至龍王夜叉乾闥婆阿修羅迦樓羅緊陁羅摩睺羅伽鳩槃茶羅剎等地居諸天屬色欲界諸天攝者皆悉飛騰上兜率天集聚一處共相謂言

我等今見護明天子欲從兜率下生人間其兜率天衰相現時即人間數有十二年時首陁會一切諸天作如是念我昔曾見補處菩薩兜率天下生人間時與此無異彼等諸天今見護明菩薩大士五衰相現必定知下於閻浮提即發大聲唱如是言人等莊嚴於此剎土菩薩大士不久從彼兜率天來下生此處掃治掃治佛欲下生是時此間閻浮提地有五百辟支佛在一林中修道居住時彼五百辟支佛聞此聲已飛騰虛空相共往詣波羅㮈城至彼處已各各示現五種神通踊身虛空出於烟焰次第說偈捨於壽命入般涅槃尒時護明菩薩大士見彼天衆及梵釋天護世諸龍毗舍闍等觀察彼衆心意泰然不恐不驚不疑不畏出柔軟語而告之言汝諸仁者各各當知如我今見有此五種衰相出時不久從於兜率天下生於人間時梵釋等諸天報言尊者護明如尊所見五種衰相出現之者尊必不久當下兜率生於人間尊

可憶念昔本行願時彼無量百千天衆發是語已遍體戰慓身毛皆竪心大驚怖合十指掌頂礼護明

介時護明告彼衆言我今必下决定無疑時今已至是故汝等應念无常當想未来恐怖之事汝等善觀身體織汙心強愛著以是諸欲共相纏繞於生死中不得出離如是臭形甚可猒惡汝等一切合十指掌觀我身體及諸衆生相與未能免脫此法是故汝等為我莫愁為我莫苦彼諸天言尊者護明准願尊者慈悲普覆亦莫更生其餘諸心但念往昔本捨因緣億劫生身尊亦曾受天人業果往昔所造善業因緣憶念彼施善根法行於諸衆生生慈悲心護明菩薩報諸天言汝等當知一切衆生於世間中及以生處但令是有但令是生不免分離況復於我又諸衆生皆悉無常恩愛別離云何得脫

是時諸天復更白言希有希有尊者護明難可思議能於無常境界之中臨捨壽時心得辯才一種達解無有

別異尊者護明又復一切自餘諸天見此五種衰相現時心即憂愁失於正念護明菩薩復更重告諸天衆言一生補處諸菩薩等善根增長知諸有處於功德中寂定其心若来逼切不生諸惱乃至不隨諸苦而行能於一切諸衆生邊起大慈悲時諸天言如是如是尊者護明一切衆生於彼人間種諸善根生此天宮此處福盡還即退下

護明菩薩復告天言我以是故見人天中有是過失我今從此下生人間為諸世間一切衆生滅盡諸苦是時彼中有一天女愛樂慈者護明菩薩復更別告一天女言我等可至閻浮提中觀我大家護明菩薩於何處生彼天女言我今亦樂於閻浮提何以故我之大家欲生彼處是故我亦願在彼間時二天女復相謂言我亦不為此大家故願往生彼何以故我此大家往閻浮提則有無量無邊衆生種諸善根於中信受而行教化復有無量無邊衆生修諸福業来生此處

佛本行集經卷第五

佛本行集經卷第五

校勘記

一　底本，金藏廣勝寺本。

一　六二〇頁中三行品名下，徑、清有「第三之二」。

一　六二〇頁中末行第一〇字「名」，資、磧、普、南、徑、清作「名曰」。

一　六二一頁下六行「多摩婆」，資、磧、普、南、徑、清作「多摩娑」。

一　六二二頁上一七行「爲塵」，資、磧、普、南、徑、清作「爲塵王」。

一　六二二頁上二一行及頁中二行「王子」，資、磧、普、南、徑、清作「子」。

一　六二二頁中三行第一、二字「王子」，磧、普、南、徑作「王」。

一　六二二頁中一一行「頭鬚」，磧、普、南、徑、清作「頭鬢」。

一　六二三頁中三行「重諮」，資、磧、普、南、徑、清作「重質」。

一　六二三頁中四行「悔者」，磧作「悔是」。

一　六二三頁下九行「外生」，資、磧、普、麗作「甥甥」；南、徑、清作「外甥」。

一　六二三頁下一四行「石將」，資、磧、普、南、徑、清作「名將」；麗作「弓將」。

一　六二四頁上一七行第九字「娑」，諸本作「婆」。

一　六二四頁中三行第一一字「果」，資、磧、普、徑無。

一　六二四頁中一七行「諸虫」，徑作「諸蠱」。

一　六二四頁中一八行「小鳥」，資、磧、普、南、徑、清作「水鳥」。

一　六二四頁下八行「速出」，諸本作「遠出」。

一　六二五頁上二〇行「家富」，麗作「豪富」。

一　六二五頁中三行夾註右「陁那經」，諸本作「陁那經說」。

一　六二五頁中一三行「八頭」，資、磧、普、南、徑、清作「八顆」。

一　六二五頁中二〇行「熹戲」，磧、普、南、清、麗作「嬉戲」。

一　六二五頁中二二行品名，徑、清作「上託兜率品第四之一」。

一　六二六頁上二一行「修行」，資、磧、普、南、徑、清作「修行布施」。

一　六二六頁中一九行第一二字「上」，諸本無。

一　六二六頁中二一行「緊陁羅」，徑作「緊那羅」。

一　六二七頁中二〇行「徃生」，資、磧、普、南、徑、清作「徃至」。

佛本行集經卷第六

隋天竺三藏闍那崛多譯　亘

上託兜率品下

尒時兜率天衆之中有一天子名曰金團往昔已來數曾下到閻浮提地護明知已告金團言金團天子汝數下至閻浮提中汝應知彼城邑聚落諸王種族一生菩薩當生何家金團天子報言尊者我甚知之尊者善聽我今當說護明言善金團說言此之三千大千世界有一菩提道場處所在彼閻浮摩伽陁國境界之內是昔諸王成阿耨多羅三藐三菩提處尊者護明彼中有河名為恒河其河南岸有於一山是舊仙人所居停處然其彼處名毗闍羅亦名般荼婆毗富羅者闍崛山共相圍繞以為眷屬彼山牢固其色猶如綠摩尼寶中有聚落名曰山饒去山不遠有　大城名為王舍其城往昔有一王仙名優荼波梨種姓以來常為王治妃是善見大王之族為大夫　人其子為王名婆

奚迦今現治在摩伽陁國繼彼優荼王仙之後尊者護明往生閻浮堪為彼王作於長子護明菩薩報金團言雖有此理但彼王種父母不淨其城處邊地勢堆阜高下不平紆是溝坑土沙礫石荊蕀諸草少有泉池諸河流水樹木苑圃花果園林是故汝今可更別觀餘刹利種金團天子復作是言尊者護明彼迦尸國波羅奈城善光王仙有子名為善文夫王彼王堪為尊者作父護明菩薩報金團言此理雖然但迦尸國善文夫王有四種法染著邪見是故汝今可更別觀其餘王種堪我生處金團天子復作是言尊者護明憍薩羅國舍婆提城彼城有王名岐（居反）婆羅耶是憍薩羅大國之主其身巨力多有人民尊者堪為彼王作子護明菩薩報金團言此理雖然但彼國主憍薩羅王是摩登伽苗裔種類父母不淨雜穢而生兼上世来非是王種小心下賤意氣不高又其家中資財薄少雖有七寶金銀琉璃瑪瑙真珠不能具足是故汝

今別更為我觀諸刹利堪我生處

金團天子復作是言尊者護明彼跋蹉國拘睒弥城王名千勝其王有子名為百勝彼王多有象馬七珎四兵具足尊者堪為彼王作子護明菩薩報金團言此理雖然但跋蹉王母不賢良從他丈夫生於是子非正王種然其彼王亦長宣說斷見之事是故汝更觀餘刹利我何處生

金團天子復作是言此金剛國有一城邑名毗耶離穀米豐饒無有飢饉人民安樂國土莊嚴辟如天宮一種無異彼城國王樹王之子種姓清淨無可譏嫌彼國王宮庫藏之内多有金銀珎寶等物一切具足無所乏少尊者堪為彼王作子護明菩薩報金團言此理實然毗耶離主上世已来真是王種但彼國人心性剛強各各自用稱我是王憍慢熾盛放逸自高不共其餘異類相雜又無尊卑大小禮節自言我解自言我知雖復有王不肯承事云自法是不從他求是故汝今更觀餘處刹利王種我生何家

金團天子復作是言尊者護明彼辟
波賬提國有優閣耶郝城明燈王子
名為滿足居住彼城其王身體大有
威力多諸左右能破一切敵國怨家
尊者堪為彼王作子護明菩薩報金
團言此理雖然但彼國王無有一法
可軌之行嚴酷暴惡不信因果是故
汝今可更別觀餘王種姓任我生處
金團天子復作是言尊者護明彼閻
浮提摩頭羅城有一大王名曰善辟
其子稱為自在健將尊者堪為彼王
作子護明菩薩報金團言此理雖然
但彼國王邪見家生以如是故一生補
處菩薩大士不得生彼邪見之家是
故汝今可更別觀餘王種姓我何處生
金團天子復作是言尊者護明此
白象城般紐王種勇健威猛可憙端
正世無有雙能破強隣一切怨敵尊
者堪為彼王作子護明菩薩報金
團言此理雖然但般紐王種姓清淨
為彼雜類之所擾乱何以故彼王長
子名踰地師絺羅是於梵天法王之
子第二名為毗摩斯郝風神王子第

三名為頻紕郝者是帝釋子復有二
子別母而生　名郝拘羅二名婆呵
提婆此二子者是星宿天阿輸郝子
是故汝今可更別觀餘王種姓我何
處生
金團天子復作是言尊者護明彼閻
浮提寐湊羅城寐湊羅種王名善友
多饒象馬車乘牛羊一切資生悉皆具
足無量衆寶庫藏豊盈金銀真珠未
嘗乏少彼王有友常樂勤修法行之
事尊者堪為彼王作子護明菩薩報
金團言此理實然其善友王雖有如
是具足之法但彼國王年老衰邁更
不復能營理國務又其王今多饒諸
子是故汝今可更別觀餘王種類我
何處生
金團天子復作是言此等並是中國
之王復更別有邊地之國邪見諸王
毗紐海洲有一國主婆羅門種治化
在於毗紐之上名月支王父母種姓
清淨具足兼解祭祀諸天之法四毗
陁論皆悉了知尊者堪為彼王作子
護明菩薩報金團言此理雖然但我

下生出家成道要須剎利不欲生彼
婆羅門家是故汝今唯覔剎利我生
何處
金團天子復作是言我於閻浮一切
諸國處處聚落處處諸王處處村舍
處處城邑處處剎利各住諸城而是
剎利造種種業我為尊者經歷已来
生於無量疲極苦惱心迷意乱更不
復能觀看餘處設復觀察口亦不能
如是宣說護明菩薩報金團言實如
汝語然汝要須為我選覔一剎帝利
清淨之家堪我生處金團天子復作
是言我為尊者苦惱愁憂處處觀察
忽然忘失一剎利家護明菩薩問金
團言其名云何金團白言有一剎利
元本已来從於大衆平量安立世世
轉輪聖王之種乃至甘蔗苗裔已来
子孫相承在彼迦毗羅婆蘇都釋種
所生其王名為師子頰王其子名為
輸頭檀王一切世間天人之中有大
名稱尊者堪為彼王作子護明菩薩
報金團言善哉善哉金團天子汝善
觀察諸王家種我亦念在於此家生

我今深心如汝所說金團當知我定往生彼家作子金團往昔一生補處菩薩所託家者有六十種功德具足滿於彼家何等六十彼家本來清淨好種一切諸聖恒觀彼家二彼家不行一切惡事三彼家所生悉皆清淨四彼家種姓真正無雜五彼家體胤嫡嫡相承無有斷絕六彼家昔來不斷王種七彼家所生一切諸王皆是往昔深種善根八生彼家者常為諸聖之所讚歎九彼家生者具大威德十彼家多有端正婦女十一彼家多有智慧男兒十二彼家所生心性調順十三彼家所生無有戲調十四彼家生者無所可畏十五彼家生者不曾怯弱十六彼家生者聰明多智十七彼家生者多解工巧十八彼家生者皆畏過罪十九彼家所生不與世間工巧雜合亦不貪財以為活命二十彼家所生常存朋友二十一彼家所生不以煞害諸虫諸獸以自活命二十二彼家種姓恒知恩義二十三彼家種族能修苦行二十四彼家所生不隨他轉二十五彼家所生不曾懷恨二十六彼家所

生不結癡心二十七彼家生者不以怖畏隨順於他二十八彼家生者畏煞害他二十九彼家生者無有罪患三十彼家生者乞食得多三十一至彼家者無空發遣三十二彼家剛強難可降伏三十三彼家法則恒出禮律三十四彼家常樂布施衆生三十五彼家建立因果勤劬三十六彼家所生世間勇健三十七彼家恒常供養一切諸仙諸聖三十八彼家恒常供養神靈三十九彼家恒常供養諸天四十彼家恒常供養大人四十一彼家歷世無有怨讎四十二彼家名聲威振十方四十三彼家一切諸家為最四十四彼家生者上世已來悉是聖種四十五彼家生者於聖種中最為第一四十六彼家生者恒是轉輪聖王之種四十七彼家生者是大威德人之種姓四十八彼家生者多有無量眷屬圍繞四十九彼家生者所有眷屬不可破壞五十彼家生者所有眷屬勝一切人五十一彼家生者悉孝養母五十二彼家生者皆孝順父五十三彼家生者悉皆供養一切沙門五十四彼家生者悉皆供養諸婆羅門五十五彼家生者豊饒五穀倉庫盈溢五十六彼家生者多有

金銀車渠瑪瑙一切資財無所乏少五十七彼家生者多畜奴婢象馬牛羊一切具足五十八彼家生者不曾事他五十九彼家生者如是一切衆事具足於世間中無所乏少六十

金團天子凡是一生補處菩薩處於母胎彼母若有三十二種相具足者乃能堪受菩薩在胎何等名為三十二事一彼母人正德而生二彼母人支體具足三彼母人德行無缺四彼母人所生得處五彼母人為行庶幾六彼母人種類清淨七彼母人端正無比八彼母人名字德稱九彼母人身體形容上下相稱十彼母人未曾產生十一彼母有大功德十二彼母恒念樂事十三彼母心常隨順一切善事十四彼母無有邪心十五彼母身口及心自然調伏十六彼母心無所畏十七彼母多聞總持十八彼母極女工巧十九彼母心無諂曲二十彼母心無誑詐二十一者彼母人心無有瞋恚二十二者彼母人心無有嫉妬二十三者彼母人心無有慳悋

二十四者彼母人心無有急速二十五者彼母人心難可迴轉二十六者彼母人體有至德相二十七者彼母人心能懷忍辱二十八者彼母人心有慚有愧二十九者彼母人行薄婬怒癡三十者彼母人行無女家過三十一者彼母人行孝順向夫三十二者彼母出生一切諸德一切諸行皆悉具足如是母人乃能堪受一生補處後身菩薩菩薩欲入母胎之時取鬼宿日然後乃入於母胎中其受一生補處菩薩胎母已前其母必須受八關齋然後菩薩入於彼胎

護明菩薩復作是言我今受有不為世間一切錢財五欲快樂故下人間受此一生唯欲安樂諸衆生故哀愍苦惱諸衆生故

爾時衆中有一天女告於其餘一天女言我等大家護明菩薩必下人間我等此宮違離護明菩薩大士云何令我心樂此處第二天女即報之言奈何奈何我等今者共作何事令於我等得往人間善觀彼家護明菩薩

所生之處第三復有一天女言願我等今捨此天壽令我等往彼處受生何以故我等亦願至於彼處共我護明菩薩同生第四復有一天女言汝等相與莫生悔心何以故我等大家護明菩薩尚捨天壽生於人間況復我等更復有一天女稱言尊者護明今者下生於閻浮提唯願大士莫忘我等時護明菩薩告於彼等諸天女言汝等莫大生於苦惱我前已為汝等說於一切有處皆悉無常如芭蕉莖無有堅實如借物用必須還他非我已有猶如陽焰幻化水泡一切有處皆是誑惑愚癡之人謂言常生

爾時衆中有一天子悵怏心愁口復唱言觀此菩薩所說生處無常不真咄哉我等何假須樂於此生處我等今見護明菩薩如是功德具足之體生兜率天此兜率宮如是福聚如是端正如是微妙如是莊嚴護明菩薩捨離下生咄哉我等云何獨在此無常境

爾時復有第二天子荅彼第一初天

子言善哉天子如是如是如汝所說而作偈言

我此護明大菩薩　往昔在於諸有中
常捨極所愛婦兒　奴僕象馬財珎寶
或復割截身骨肉　頭目髓腦血皮膚
如是來索悉不違　或百或千皆施與

爾時衆中復有天子而說偈言

咄哉我等身　在此天宮生　常恐今當墮
人怖死亦然　何有生法中　福業不盡者
諸是無常界　衆生悉命終

護明菩薩告諸天言汝等天人須知一切世間別離生死為本汝等為我莫苦憂愁何以故我往昔來不造凡業今欲令我久住世間終不可得我於過去佛法僧邊種諸善業常發道心乞求大願今得善報當成菩提汝應歡喜何得苦惱時彼諸天聞是語已各相謂言汝等諸天熟視護明菩薩大士而此護明菩薩大士今者不久下於人間口復唱言尊者護明尊者不久生於人間此兜率宮所有威德及諸天福尊悉將去尊受人間末後有身我等諸天云何奉事護明菩

薩告彼一切諸天衆言我前所生五
種衰相汝等復說無常因緣如是法
門汝等常須繫念在心勿令忘失我
今此處下生人間當得阿耨多羅三
藐三菩提轉於無上寂妙法輪汝等
諸天可各願下人間受身生彼處已
汝等當得解脫一切諸煩惱苦
尒時護明菩薩觀生家已時兜率陁
有一天宮名曰高幢縱廣正等六十
由旬菩薩時時上彼宮中為兜率天
說於法要是時菩薩上於彼宮安坐
訖已告於兜率諸天子言汝等諸天
應來聚集我身不久下於人間我今
欲說一法明門名入諸法相方便門
留教化汝寂後汝等憶念我故汝等
若聞此法門者應生歡喜時兜率陁
諸天大衆聞於菩薩如此語已及天
玉女一切眷屬皆來聚集上於彼宮
護明菩薩見彼天衆聚會畢已欲為
說法即時更化作一天宮在彼高幢
本天宮上高大廣闊覆四天下可憙
微妙端正少雙威德巍巍衆寶莊飾
一切欲界天宮殿中無匹喻者色界

諸天見彼化殿於自宮殿生如是心如
冢墓想時護明菩薩已於過去行於
實行種諸善根成就福聚功德具足
所成莊嚴師子高座昇上而坐護明
菩薩在彼師子高座之上無量諸寶
莊嚴間錯無量無邊種種天衣而敷
彼座種種妙香以熏彼座無量無邊
寶鑪燒香出於種種微妙香花散其
地上高座周匝有諸珎寶百千万億
莊嚴放光顯耀彼宮彼宮上下寶網
羅覆於彼羅網多懸金鈴彼諸金鈴
出聲微妙彼大寶宮復出無量種種
光明彼寶宮殿千万幡蓋種種妙色
映覆於上彼大宮殿垂諸流蘇無量
無邊百千万億諸天玉女各持種種
七寶音聲作樂讚歎說於菩薩往昔
無量無邊功德護世四王百千万億
在於左右守護彼宮千万帝釋札捶
彼宮千万梵天恭敬彼宮又諸菩薩
百千万億那由他衆護持彼宮十方
諸佛有於万億那由他數護念彼宮
百千万億那由他劫所修行行諸波羅
蜜福報成就因緣具足日夜增長無

量功德悉皆莊嚴如是如是難說難
說彼大微妙師子高座菩薩坐上告
於一切諸天衆言汝等諸天今此一
百八法明門一生補處菩薩大士在
兜率宮欲下託生於人間者於天衆
前要須宣暢說此一百八法明門留
與諸天以作憶念然後下生汝等諸
天今可至心諦聽諦受我今說之一
百八法明門者何
正信是法明門不破堅牢心故
淨心是法明門無濁穢故
歡喜是法明門安隱心故
愛樂是法明門令心清淨故
身行淨行是法明門三業淨故
口行淨行是法明門斷四惡故
意行淨行是法明門斷三毒故
念佛是法明門觀佛清淨故
念法是法明門觀法清淨故
念僧是法明門得道堅牢故
念施是法明門不望果報故
念戒是法明門一切願具足故
念天是法明門發廣大心故
慈是法明門一切生處善根攝勝故

悲是法明門不煞害衆生故
喜是法明門捨一切不喜事故
捨是法明門厭離五欲故
無常觀是法明門觀三界欲故
苦觀是法明門斷一切願故
無我觀是法明門不深著我故
寂定觀是法明門不擾乱心意故
慚愧是法明門內心寂定故
羞耻是法明門外惡滅故
實是法明門不誑天人故
真是法明門不誑自身故
法行是法明門隨順法行故
三歸是法明門淨三惡道故
知恩是法明門不捨善根故
報恩是法明門不欺負他故
不自欺是法明門不自譽故
爲衆生是法明門不毀呰他故
爲法是法明門如法而行故
知時是法明門不輕言說故
攝我慢是法明門智慧滿足故
不生惡心是法明門自護護他故
無障㝵是法明門心無疑惑故
信解是法明門決了第一義故

不淨觀是法明門捨欲染心故
不諍鬪是法明門斷瞋訟故
不癡是法明門斷煞生故
樂法義是法明門求法義故
愛法明是法明門得法明門故
求多聞是法明門正觀法相故
正方便是法明門具正行故
知名色是法明門除諸障㝵故
除因見是法明門得解脫故
無怨親心是法明門於怨親中生平等故
陰方便是法明門知諸苦故
諸大平等是法明門斷於一切和合法故
諸入是法明門修正道故
無生忍是法明門證滅諦故
身念處是法明門諸法寂靜故
受念處是法明門斷一切諸受故
心念處是法明門觀心如幻化故
法念處是法明門智慧無翳故
四正懃是法明門斷一切惡成諸善故
四如意足是法明門身心輕故
信根是法明門不隨他語故

精進根是法明門善得諸智故
念根是法明門善作諸業故
定根是法明門心清淨故
慧根是法明門現見諸法故
信力是法明門過諸魔力故
精進力是法明門不退轉故
念力是法明門不共他故
定力是法明門斷一切念故
慧力是法明門離二邊故
念覺分是法明門如諸法智故
擇法覺分是法明門照明一切諸法故
精進覺分是法明門善知覺故
喜覺分是法明門得諸定故
除覺分是法明門所作已辦故
定覺分是法明門知一切法平等故
捨覺分是法明門厭離一切生故
正見是法明門得漏盡聖道故
正分別是法明門斷一切分別無分別故
正語是法明門一切名字音聲語言知如響故
正業是法明門無業無報故
正命是法明門除滅一切惡道故

正行是法明門至彼岸故
正念是法明門不思念一切法故
正定是法明門得無散乱三昧故
菩提心是法明門不斷三寶故
依倚是法明門不樂小乘故
正信是法明門得寂勝佛法故
增進是法明門成就一切諸善根法故
檀度是法明門念念成就相好莊嚴佛土教化慳貪諸衆生故
戒度是法明門遠離惡道諸難教化破戒諸衆生故
忍度是法明門捨一切瞋恚我慢諂曲調戲教化如是諸惡衆生故
精進度是法明門悉得一切諸善法教化懈怠諸衆生故
禪度是法明門成就一切禪定及諸神通教化散乱諸衆生故
智度是法明門斷無明黑暗及著諸見教化愚癡諸衆生故
方便是法明門隨衆生所見威儀而示現教化成就一切諸佛法故
四攝法是法明門攝受一切衆生得菩提已施一切衆生法故

教化衆生是法明門自不受樂不疲惓故攝受正法是法明門斷一切衆生諸煩惱故福聚是法明門利益一切諸衆生故
修禪是法明門滿足十力故
寂定是法明門成就如來三昧具足故
慧見是法明門智慧成就滿足故
入無㝵辯是法明門得法眼成就故
入一切行是法明門得佛眼成就故
成就陁羅尼是法明門聞一切諸佛法能受持故
得無㝵辯是法明門令一切衆生皆歡喜故
順忍是法明門順一切諸佛法故
得無生法忍是法明門得受記故
不退轉地是法明門具足往昔諸佛法故
從一地至一地智是法明門灌頂成就一切智故
灌頂地是法明門從生出家乃至得成阿耨多羅三藐三菩提故
尒時護明菩薩說是語已告彼一切諸天衆言諸天當知此是一百八法

明門留與諸天汝等受持心常憶念勿令忘失

佛本行集經卷第六

癸卯歲高麗國大藏都監奉
勅彫造

佛本行集經卷第六

校勘記

一 底本，麗藏本。

一 六二九頁上三行品名下，徑、清有「第四之二」。

一 六二九頁中七行「苑圃」，資作「苑園」。

一 六二九頁下一四行「穢嫌」，諸本作「譏嫌」。

一 六二九頁下末行「何家」，諸本作「何處」。

一 六三〇頁中一〇行「有友」，諸本作「善友」。

一 六三〇頁下六行「城邑」，資作「城色」。

一 六三一頁中一〇行「大人」，諸本作「丈夫」。

一 六三二頁中一四行「常生」，諸本作「常住」。

一 六三二頁中一五行「尒時」，諸本作「時彼」。

一 六三二頁下六行「來索」，諸本作「求索」。

一 六三三頁上六行第三字「可」，諸本作「子」。

一 六三三頁中六行「天衣」，諸本作「名衣」。

一 六三三頁中二一行「他數」，諸本作「池衆」。

一 六三三頁中二二行第一二字「行」，諸本無。

一 六三三頁下四行末字「在」，資無。

一 六三三頁下八行「至心」，諸本作「志心」。

一 六三三頁下一四行「淨行」，諸本作「正行」。

一 六三四頁中五行第一一字「門」，諸本無。

一 六三四頁中七行第八字「具」，諸本作「真」。

一 六三四頁中一二行首字「陰」，諸本作「除」。

一 六三四頁下一六行「一切生」，諸本作「一切法」。

佛本行集經卷第七　亘

隋天竺三藏闍那崛多譯

俯降王宮品第五

介時護明菩薩冬分過巳至於最勝春初之時一切樹木諸華開敷天氣澄清温凉調適百草新出滑澤和柔滋茂光鮮遍滿於地正取鬼宿星合之時為彼諸天說於法要悉令其心愛樂歡喜踊躍充遍不能自勝誠勸諸天使行此法教令厭離一切有為生老病死求無上法

是時護明菩薩大士觀彼天衆如師子王欲下生時其心安隱不驚不怖不畏不亂復更重告諸天衆言汝等諸天一切當知此我最後受後邊身是時菩薩正念一心從兜率下如餘諸天捨天壽時離五欲故生大憂苦忘失正念菩薩下時則不如是菩薩下時具足一切不可思議希有之法護明菩薩從天下時時彼諸天憶菩薩故一時號哭嗚呼苦哉嗚呼苦哉我等既失護明菩薩我從今去永更

不復得聞正法減損我等功德之利生死根本今益增長時淨居天告彼一切諸天衆言汝等今見護明菩薩欲下生時莫生憂惱何以故彼下生時必定當得成阿耨多羅三藐三菩提成巳還來至此天宮為汝說法猶如往昔毗婆尸佛尸棄如來毗舍浮佛迦羅迦孫䭾佛迦那迦牟尼佛迦葉如来彼等諸佛皆從此去憐愍汝故悉各還来到此天宮為汝說法攝受汝等今此護明菩薩大士還如是来攝化於汝如前不異

介時護明菩薩大士於夜下生當欲降神入於摩耶夫人胎時時彼摩耶當其夜白淨飯王言大王當知我從今夜欲受八禁清淨齋戒所謂不煞生不偷盗不婬逸不妄語不兩舌不悪口不無義語又願不貪不瞋恚不愚癡不生邪見我當正見諸如是等禁戒齋法我當受持我今繫念恒常懃行於諸衆生當起慈心

時淨飯王即報摩耶大夫人言如夫人心所愛樂者隨意而行我今亦捨

國王之位隨汝所行而有偈說

王見菩薩母　從座恭敬起　如母如姉妹
心不行欲想

時護明菩薩一心正念從兜率下託淨飯王最大夫人摩耶右脇安庠而入護明菩薩正念正知從兜率下入母胎時是時天人魔梵沙門婆羅門等一切世間光明普照復世界外黑闇之處日月如是有大勢力有大威神如是幽隱光明不照德不能及此菩薩光悉能遠照彼處所有一切衆生各相謂言云何此闇忽有衆生是時此地六種震動所謂東涌西没西涌東没南涌北没北涌南没邊涌中没中涌邊没如是乃至起覺吼等十八種相悉皆普現次復有千須弥山王皆悉震動千尼民陁羅山王千持威德山王千佉羅伽陁山王千毗那耶迦山王千馬頭山王千弥尼陁羅山王千善見山王千鐵圍山王千大鐵圍山王如是等山悉皆震動并及一切諸餘小山涌没低昂嵬嶵峨峩出大烟氣四千大海及餘諸池浩汗

奔濤洪波沸涌其四大河恒河辛頭斯多愽叉及餘諸水皆悉逆流一切叢林一切樹木一切藥草一切時苗皆悉肥濃長養滋茂其下乃至阿鼻泥梨苦惱衆生皆蒙快樂

以是因緣菩薩從於兜率初下放大光照一切世間幽昏黑闇悉令明著欲為後時成佛道巳以四真諦智慧光明普照一切愚瞑衆生作先瑞相

菩薩初從兜率下時大地六種十八相動及諸山王出大烟氣四千大海涌沸濤波是故如来為未来世諸惡衆生没在煩惱垢濁淤泥佛成道巳欲拔出置於涅槃岸

菩薩初從兜率下時一切諸水皆悉逆流是故如来為未来世諸惡衆生隨順没溺煩惱流者佛成道巳說法度脱一切衆生令其反本逆生死流

菩薩初從兜率下時悉能增長一切樹木藥草叢林皆令肥膩滋茂之者為未来世諸惡衆生未種善根令種善根巳種善根令得解脱

菩薩初從兜率下時乃至阿鼻地獄

衆生皆受快樂佛成道巳令諸衆生解脱苦惱受於快樂以是因緣於先示現是等瑞相

又復菩薩兜率下時右脇入胎自餘衆生從産門入佛得成道為諸衆生說清淨法迴邪入正此是於先示現瑞相

菩薩正念從兜率下託淨飯王第一大妃摩耶夫人右脇住巳是時大妃於睡眠中夢見有一六牙白象其頭朱色七支拄地以金裝牙乘空而下入於右脇夫人夢巳明旦即白淨飯王言大王當知我於昨夜作如是夢當入於我右脇之時我受快樂昔所未有從今日後我實不用世間快樂此夢瑞相誰占夢師能為我解

時淨飯王召一宫監内侍女人而告之言汝速疾来至外宣勅語我國師大那摩子令急追喚八婆羅門大占夢師所謂祭德鬼宿德自在德毗紐德梵德等并老迦葉三子速来時彼使人白於王言如大王勅不敢違逆是時使人奉大王命至宫門前大聲

唱言誰在門前頗有入宫婆羅門不時彼門前有一當直婆羅門子姓婆陁氏名羅耶那（隋言埿盆）報於宫監内使人言我在於此其使人言大王有勅遣喚八大諸婆羅門能占夢者所謂祭德迦葉子等其使傳告乃至國師大那摩子承彼屋室使人之言即便召喚八大占夢婆羅門師及大那摩國師之子同入宫中時淨飯王告諸占夢婆羅門等作如是言昨夜夫人有此異夢是何瑞相有何徵感時彼占夢婆羅門等聞王語巳善知諸相善占夢祥即具諮白淨飯王言大王善聽所夢瑞相我當具說如我所見往昔神仙諸天經書典籍所載而說偈言

若母人夢見　日天入右脇　彼母所生子
必作轉輪王　若母人夢見　月天入右脇
彼母所生子　諸王中最勝　若母人夢見
白象入右脇　彼母所生子　三界無極尊
能利諸衆生　悉親悉平等　度脱千万衆
於深煩惱海

尒時占夢婆羅門師白大王言夫人所夢其相甚善大王今者當自慶幸

夫人所產必生聖子彼於後時必成佛道名聞遠至時淨飯王聞諸占夢婆羅門師說此頌已心大歡喜踊躍無量不能自勝時王倍辦無量饌饍百味飲食唼啑舐啜諸甜果等種種施設彼婆羅門自恣而噉飯食訖已時淨飯王復將無量錢財寶物以用布施

時淨飯王聞此相師占觀妃夢云是吉祥瑞相之後即於其國迦毗羅城四門之外并衢道頭街巷所陌有人行處安大無遮義會之所人來須者盡皆布施須食與食須飲與飲須衣與衣須香與香須鬘與鬘塗香末香衣服床敷氍毹房舍屋宅牛羊象馬及車乘等是人須者皆悉與之作如是等種種布施悉為資益於菩薩故設是供養

尒時彼處有一仙人名阿私陁能立外道種種諸義以捨五欲有大威神有大德力具足五通常能到於三十三天集會之所自在能入彼仙多住南天竺國遮脉伍城聚落名恒河怛

去彼不遠有一藪林名曰增長是時仙人在彼林中修學仙道摩伽陁國一切人民咸皆謂此阿私陁仙是阿羅漢摩伽陁國一切人民貴敬彼仙尊重承事時彼仙人有所知解悉以教人自知見已教他令見時彼聚落有一童子名那羅陁彼那羅陁年漸長大至於八歲其母將付阿私陁仙令作弟子時彼童子供養恭敬尊重師事阿私陁仙盡弟子禮無暫休息時彼仙人在增長林晝夜精進攝心坐禪及那羅陁童子一處其那羅陁侍者童子在仙人後侍立執拂駈逐蚊蝱菩薩從於兜率陁天正念下至淨飯王宮夫人右脇入於胎時放大光明遍照人天一切世界復此天地具足六種十八相動時阿私陁見未曾有希奇之事異種光明復見此地六種震動心大驚怖毛孔悉竪自心念言今有何緣此大地動有何果報時彼仙人少時思惟默然而住正念正定思惟知已心生歡喜踊躍無量不能自勝作是唱言希有大聖不可

思議世間當出大富伽羅

菩薩初從兜率下時入母右脇受胎訖已時有一天名曰速往至諸地獄大聲唱言汝諸人輩一切當知菩薩今從兜率天下入於母胎是故汝等速發誓願願生人間地獄眾生聞此語已所有眾生往昔已來曾種善根復造雜業以惡強故墮於地獄彼等各各面相覩見厭離地獄復得光明身心安樂復得聞於速往世間諸天之聲捨地獄身即生人中所有三千大千世界諸眾生等往昔已來種善根者皆來於此迦毗羅城四面託生菩薩入於母胎訖已時天帝釋及四天王提頭賴吒及毗留勒叉毗留博叉毗沙門等各相謂言仁者當知菩薩已從兜率天下入在母胎我等今須擁護守視莫令其餘或人非人惱亂菩薩或覓其便令此菩薩唯是極大威德諸天乃能守護非是世間人所能守此是菩薩未曾有法如來有此四種護持具足無缺此是於先守護瑞相

世有衆生入母胎時不能正念或住

母胎亦復不能專心正念或復生時
亦不正念或有衆生入母胎時能專
正念住於胎中亦能正念出胎之時
亦能正念或有衆生入胎正念住胎
正念出胎之時不能正念菩薩入胎
心亦正念住胎正念出胎正念此是
菩薩未曾有法如來得成於佛道已
說法教化無忘無失知於衆生機根
而說此是往昔希有瑞相菩薩在於
母胎之時常住右脇不曾移動自餘
衆生以不定故或至右脇或至左脇
以是因緣其母患痛受無量苦菩薩
在胎處於右脇不轉不動起立坐卧
不損母胎此是菩薩未曾有法如來
得成於佛道已行菩提法悉得成就
此是往昔於先瑞相
菩薩在胎不驚不怖得大無畏惡物
不染所有不淨涕唾膿血黄白痰癊
不能織汙自餘衆生在母胎時種種
不淨如琉璃寶以天衣裹置不淨處
亦不染汙如是如是菩薩在胎一切
不淨不汙不染此是菩薩未曾有法

如來得成於佛道已於一切法不染

不著此是往昔於先瑞相
菩薩在於母胎之時其菩薩母受大
快樂身不疲乏自餘衆生入於母胎
或復九月或復十月母受負重身體
不安菩薩在胎母若行坐若眠若起
皆得安樂身不受苦此是菩薩未曾
有法如來得成於佛道已速得阿耨
多羅三藐三菩提正得諸通及一切
智此是往昔於先瑞相
菩薩在胎母受禁戒心常奉持戒行
而行自餘衆生在母胎時母行雜行
菩薩在胎母持禁戒不行雜行此是
菩薩未曾有法如來得成於佛道已
及聲聞衆最勝持戒於世間中出大
名聞沙門瞿曇持戒無比持戒分勝
此是往昔於先瑞相
菩薩在胎其母不生欲染之想不為
欲火之所惱亂時菩薩母恒行梵行
自餘衆生入母胎時不久其母欲心
熾盛倍多於前菩薩在胎其菩薩母
於自夫邊猶尚厭離不行婬欲何況
餘人此是菩薩未曾有法如來得成

於佛道已眼根善伏善藏善護善覆

善熏復能因此如上所知為他說法
如是耳根鼻根舌根身根意根乃
至善熏復能如是令他斷故修習說
法此是往昔於先瑞相
菩薩在胎其菩薩母不貪異味自餘
衆生在母胎時其母貪嗜不知厭足
菩薩在胎其菩薩母不患寒熱及以
飢渴不惱其身此是菩薩未曾有法
如來得成於佛道已知四種食此是
往昔於先瑞相
菩薩在胎其菩薩母志習庶幾樂憙
行檀自餘衆生在母胎時其母慳貪
不憙布施慳惜財物
菩薩在胎其母意樂行於布施心意
闓解居自家內此是菩薩未曾有法
如來得成於佛道已說不慳法此是
往昔於先瑞相菩薩在胎其菩薩母
常行慈悲能於一切諸衆生邊但是
有識有命之類悉皆慈念自餘衆生
在於母胎其母不仁威德少故行諸
不善惡口罵詈
菩薩在胎其菩薩母恒於一切諸衆

佛本行集經第七卷　第十三張　宜

生邊作大利益安樂之心此是菩薩未曾有法如來得成於佛道已能於一切諸衆生邊行平等心此是往昔於先瑞相

菩薩在胎其菩薩母如前端政種種相貌悉皆可喜自餘衆生在於母胎其母損瘦體不洪滿氣力羸弱倍於常人菩薩在胎其母常生歡喜之心戒行威德身色最勝最妙最尊此是菩薩未曾有法如來得成於佛道已見身巍巍不可瞻仰體黃金色衆相莊嚴此是往昔於先瑞相

菩薩在胎其母欲觀於菩薩時即見菩薩在於胎中身體洪滿諸根具足譬如明鏡鑒於面像其母見已歡喜踊躍充遍於體不能自勝自餘衆生在於母胎被歌羅邏及阿浮陀之所覆蔽而不能現菩薩初入母胎之時身體充滿五支五根皆悉具足此是菩薩未曾有法

菩薩在胎其菩薩母所見衆生若男若女被鬼所持若得見於菩薩母者一切魍魎一切鬼神皆悉遠離還得

佛本行集經第七卷　第十四張　宜

本心若體舊有諸餘雜病或瘧黃病或風癲病或痰癊病或等分病或餘諸病所謂白癩丁瘡惡腫疥瘙消瘦癰疽癬瘻瘿腫寒熱眼耳鼻舌咽喉及頭一切諸病所侵惱者彼等衆生來至摩耶大夫人邊其大夫人右手摩頂摩其頂已皆得安樂諸病悉除若有重病不能來見摩耶夫人摩耶夫人或取草葉或取樹葉或取草莖右手摩捋送彼病人其病人得此等諸物或食或觸或置身上即得斷除一切諸病便受安樂身體輕便菩薩在胎有如是等無量無邊威神德力未曾有法

佛本行集經樹下誕生品第六上

尒時菩薩聖母摩耶懷孕菩薩將滿十月垂欲生時時彼摩耶大夫人父善覺長者即遣使人詣迦毗羅淨飯王所摩訶僧祇師云摩耶夫人父名善覺奏大王言如我所知我女摩耶王大夫人懷藏聖胎威德既大若彼產出我女命短不久必終我意欲迎我女摩耶還來我家安止住於嵐毗尼

佛本行集經第七卷　第十五張　宜

中共相娛樂盡父子情唯願大王莫生留難乞垂哀遣放來我家於此生產平安訖已即奉送還

時淨飯王聞善覺使作是言已即勅有司其迦毗羅城及提婆陁訶兩間之中平治道路除却一切荊棘沙礫糞穢土塠香湯灑地持於種種雜妙花香散於其地又復光餝摩耶夫人以諸種香諸種花鬘諸種瓔珞莊嚴其身備諸音聲作唱伎樂持大王力大王威風從諸宮內一切婇女欲向其父善覺之家於先遣使往彼報知令來迎接

是時摩耶大夫人身安然端坐大白象上時象背上諸天化作微妙寶帳摩耶夫人坐寶帳裏詣其父家到於提婆陁訶城內是時摩耶夫人初始欲向提婆陁訶城時時淨飯王辦具一万大力香象皆被金鞍七寶挍餝莊嚴其身並悉精麗備擬以送摩耶夫人復有一万善好良馬皆紺青色頭黑如烏皆悉披鬉尾垂著地真金鞦轡鞍鐙留纓悉亦金餝一切雜寶

莊嚴其身復有一万妙好寶車並駕四馬其車周匝張懸幡蓋及衆寶鈴鐸鎆相和如是辦具皆隨摩耶夫人之後復有二万勁勇力士一人當千威猛捷健端政絶殊能破強怨身著鎧甲手執弓箭刀杖鬪輪及諸戟矟種種戰具隨夫人後復更別有一万寶車十千妃嬪皆坐其上持諸瓔珞種種衣服莊嚴其身左右圍遶摩耶夫人時淨飯王重更切勑宮監大臣好加防衛不聽非司其餘猥人逼近摩耶夫人之車及諸妃嬪勿令雜合唯遣童女牽車進奉如是次第摩耶夫人象乘處中一万寶車各各一妃坐於其上左右圍繞前後導從摩耶夫人最為上首其外復有一万香象一万力士皆服鎧甲隨從夫人左右前後鹵簿而行皆各坐於香象之上又復一万步行力士亦著鎧甲手執種種戟矟諸仗翼衛夫人如是莊嚴摩耶夫人詣向父所無量象馬皆悉嘶鳴又有無量龍頭大鼓無量小鼓種種樂器出微妙音無量莊嚴無量威

德向於提婆陁訶之城時彼善覺大臣長者共自眷屬從城而出逆前迎女摩耶夫人又持無量莊嚴之具引夫人前是時善覺大臣有妻名嵐毗尼彼婦諮白夫善覺言大聖釋子若當知時諸釋種族各皆自有園果樹林遨遊觀瞻至於其中自相娛樂我大聖子今可造作清淨園林我等當共聖子娛樂受於歡樂時善覺釋摩耶大妃夫人之父於迦毗羅及提婆陁訶兩城之間近自境内為婦造作一大園林以善覺婦名嵐毗尼為彼造立此園林故以是因緣即名之為嵐毗尼園彼園樹木蓊欝扶踈世間無比其中多有種種花樹種種果樹以為莊嚴復有種種渠流池沼種種雜樹無量無邊摩尼諸寶遍滿園苑尒時善覺釋種大臣於彼春初二月八日鬼宿合時共女摩耶相隨向彼嵐毗尼園欲往觀看大吉祥地到彼園已摩耶夫人從寶車下先以種種微妙瓔珞莊嚴其身復以種種雜好熏香用以塗拭衆多婇女伎樂音聲

前後圍遶安庠徐步處處觀看從於此林復向彼樹如是次第周匝而行然其園中別有一樹名波羅叉其樹安住上下正等枝葉垂布半綠半青翠紫相暉如孔雀項又甚柔軟如迦隣提衣其花香妙聞者歡喜摩耶夫人安庠漸次至彼樹下

是時彼樹以於菩薩威德力故枝自然曲柔軟低垂摩耶夫人即舉右手猶如空中出妙色虹安庠頻申執波羅叉垂曲樹枝仰觀虛空時菩薩母摩耶夫人立地以手攀波羅叉樹枝之時時有二万諸天玉女往詣摩耶大夫人所周匝圍遶合十指掌共白摩耶大夫人言

夫人今生子　能斷生死輪　上下天人師
決定無有二　彼是諸天胎　能拔衆生苦
夫人莫辝惓　我等共扶持

尒時菩薩見於其母摩耶夫人立地以手攀樹枝時在胎正念從座而起自餘一切諸衆生母欲生子時身體遍痛以痛因緣受大苦惱數坐數起不能自安其菩薩母憘怡坦然安靜

佛本行集經第七卷　第十九張　丘

歡喜身受大樂是時摩耶立地以手執波羅叉樹枝訖已即生菩薩此是菩薩希奇之事未曾有法如來得成於佛道已無乏無疲不勞不倦能拔一切煩惱諸根割斷一切諸煩惱結猶如截於多羅樹頭畢竟不生無相無形無後生法此是如來往先瑞相

又復一切諸衆生等生苦逼故在於胎內處處移動菩薩不然從右脇入還住右脇在於胎內不曾移動及欲出時從右脇生不為衆苦之所逼切是故菩薩此事希奇未曾有法如來得成於佛道已盡其後際修行梵行永無有異常得快樂無復諸苦此是如來往先瑞相

菩薩初從母胎右脇正念生時放大光明即時一切諸天及人魔梵沙門婆羅門等一切世間悉皆遍照乃至各各共相謂言云何此處忽有衆生此是菩薩希奇之事未曾有法如來得成於佛道已裂破無明黑闇之網能出明淨大智慧光此是如來往先瑞相

佛本行集經第七卷　第二十張　冩

菩薩初從右脇出已正心憶念時菩薩母身體安常不傷不損無瘡無痛菩薩母身如本不異菩薩生時種種資益以是因緣母無患苦身口及心無有一惱辟如有一大身衆生有大威德有大氣力卧於地上宛轉自撲其地不損若減若破如是菩薩在母右脇正念生時其菩薩母如是因緣無瘡無損是時彼處有一婦人合掌諮白菩薩母言大德夫人生兒之時身體得無痛苦已不菩薩母言以是大人威神力故令我身體不覺痛痒我令身體無缺無減以是因緣此是菩薩希奇之事未曾有法如來得成於佛道已行於梵行不缺不減具足不少此是如來往先瑞相

菩薩初從母胎出時無苦無惱安庠而起一切諸穢不能汙染或屎或尿黃白痰癊或膿或血皆不穢著自餘衆生出母胎時諸惡雜穢菩薩不尒不同於彼諸衆生類一切諸穢皆不染著正心正念安庠而起從胎出生辟如如意琉璃之寶用於

佛本行集經第七卷　第二十一張　畫　實

迦尸迦衣裹時各不相染如是如是菩薩在於母胎之時一心正念安庠而起清淨出生無一切穢乃至膿血屎尿臭處不穢不染此是菩薩希奇之事未曾有法如來得成於佛道已在於世間住於世間世所有法世間穢濁不汙不染此是如來往先瑞相

菩薩初從母胎出時時天帝釋將天細妙憍尸迦衣裹於自手於先承接擎菩薩身此是菩薩希奇之事未曾有法如來得成於佛道已創為娑婆世界之主大梵天王於先勸請如來說法此是如來往先瑞相

菩薩初從右脇生時四大天王抱持菩薩將向母前示其母言世大夫人令可歡喜夫人生子既得人身諸天猶尚歡喜讚歎況復於人是故菩薩希奇之事未曾有法如來得成於佛道已無量衆多一切比丘及比丘尼諸優婆塞及優婆夷皆向如來聽受於法依如來教不違不背此是如來往先瑞相

菩薩生已立在於地仰觀於母右脇

佛本行集經第七卷　第十二張　宜

之時口作是言我此身形從今日後不復更受於母胎中不入胎卧此是於我最末後身我當作佛此是菩薩希奇之事未曾有法如來得成於佛道已口作是言我今生分一切已盡梵行已立所作已辦不受後有此是如來往先瑞相

佛本行集經卷第七

癸卯歲高麗國大藏都監奉
勅彫造

佛本行集經卷第七

校勘記

一　底本，麗藏本。

一　六三七頁中三行「天衆」，諸本作「大衆」。

一　六三七頁中一八行「不無」，諸本作「無不」。

一　六三七頁下五行「安庠」，徑作「安詳」。

一　六三七頁下末行「浩汗」，徑、清作「浩澣」。

一　六三八頁上七行末字「著」，磧、普、南、徑、清作「者」。

一　六三八頁中二二行「違逆」，諸本作「違遻」。

一　六三九頁上末行「名恒河恒」，諸本作「名曰恒河」。

一　六四〇頁中四行「入於」，諸本作「在於」。

一　六四〇頁中六行「胎母」，徑作「母胎」。

一　六四〇頁中九行「正得」，諸本作「證得」。

一　六四一頁中一五行品名，徑、清作「樹下誕生品第六之一」。

一　六四一頁中一九行夾註「摩訶……善覺」，諸本作正文「摩訶僧祇師云摩耶夫人父名善智」。

一　六四二頁上一三行「牽車」，徑、清作「牽連」。

一　六四二頁中九行「歡樂」，磧、普、南、清作「歡喜」。

一　六四二頁下五行「相暉」，諸本作「相暈」。

一　六四二頁下一四行「合十指掌」，諸本作「胡跪合掌」。

一　六四三頁中一一行「得無」，諸本作「無得」。

一　六四三頁下一一行第七字「於」，資作「初」。

佛本行集經卷第八　　宜

隋天竺三藏闍那崛多譯

樹下誕生品下

菩薩生已無人扶持即行四方面各七步步步舉足出大蓮華行七步已觀視四方目未曾瞬口自出言先觀東方不如彼小嬰孩之言依自句偈正語正言世間之中我為最勝我從今日生分已盡此是菩薩希奇之事未曾有法餘方悉然初生之時無人扶持於四方面各行七步如來得成於佛道已得七助道菩提法分此是如來往先瑞相

菩薩生已觀視四方如來得成於佛道已具足而得四無畏法此是如來往先瑞相

菩薩生已口自唱言我於世間最為殊勝如來得成於佛道已一切世間諸天及人悉皆尊重恭敬承事此是如來往先瑞相

菩薩生已口自唱言我斷生死是最後邊如來得成於佛道已一如語行此是如來往先瑞相

菩薩生已諸眷屬等求覓於水東西南北皆悉馳走終不能得即於彼園菩薩母前忽然自涌出二池水一冷一煖菩薩母取此二池水隨意而用又虛空中二水注下一冷一煖取此水洗浴菩薩身此是菩薩希奇之事未曾有法如來得成於佛道已得奢摩他毗婆舍那遠離欲事不假勞苦求其資財一切自然此是如來往先瑞相

菩薩初生時諸天等持於金床與菩薩坐坐已菩薩澡浴其身雖是人身諸天扶持此是菩薩希奇之事未曾有法如來得成於佛道已得彼四種蓮華之座扶持如來此是如來往先瑞相

菩薩初生放大光明障蔽一切所有光明此是菩薩希奇之事未曾有法如來得成於佛道已無有一人能如法論勝如來者此是如來往先瑞相

菩薩初生身放光明障蔽日光猶如晝星此是菩薩希奇之事未曾有法如來得成於佛道已於諸聲聞弟子

眾邊自在獲得最上供養最上名聞此是如來往先瑞相

菩薩初生一切樹木一切藥草隨時開敷此是菩薩希奇之事未曾有法如來得成於佛道已有諸眾生未得信解即得信解已信解者復得增長此是如來往先瑞相

菩薩初生上界諸天持其白繖真金為柄大如車輪此是菩薩希奇之事未曾有法如來得成於佛道已以不瞋故而得解脫離欲饒益不勞勤苦而獲資財此是如來往先瑞相

菩薩初生上虛空中一切諸天各持白拂悉用眾寶以為其柄拂菩薩上

菩薩初生虛空清淨無有烟雲無有塵霧但聞雷聲

菩薩初生於上空中無諸雲霧有微細雨清淨香水具八功德令諸眾生皆受快樂

菩薩初生四方空中起微妙風清涼無惱一切八方清淨光澤無有烟雲塵埃翳障

菩薩初生於上空中無有人作自然而出妙梵音聲

菩薩初生於上空中自出種種諸天音樂種種歌聲雨種種花種種諸香日光雖曝不能令萎此是菩薩希奇之事未曾有法如來得成於佛道已為諸世間以諸智慧現大神變清淨諸通世間無比如來為首此是如來往先瑞相

菩薩初生於上虛空一切諸天各持無量優鉢羅花鉢頭摩華拘物頭華分陁利華諸如是等種種雜華復持雜種微妙諸香復持種種衆寶花鬘散菩薩上散已更散如是相續菩薩初生時有五百諸天玉女持諸天華所熏之油詣向菩薩母前而立安慰問訊發如是言善生菩薩無疲惓耶

菩薩初生時有五百諸天玉女持天塗香詣向菩薩母前而立安慰問訊作如是言善生菩薩無疲惓耶

菩薩初生時有五百諸天玉女持天種種寶微妙衣詣向菩薩母前而立安慰問訊作如是言善生菩薩無疲

惓耶

菩薩初生時有五百諸天玉女持天種種雜寶瓔珞詣向菩薩母前而立安慰問訊作如是言善生菩薩無疲惓耶

菩薩初生時有五百諸天玉女持天種種微妙音聲詣向菩薩母前而立安慰問訊作如是言善生菩薩無疲惓耶

菩薩初生時此大地具十八相六種震動一切衆生皆受快樂當於彼時無一衆生而生欲心無復瞋恚及以愚癡無憍無怖無一衆生造惡業者一切病者皆悉得愈飢者得食渴者得飲皆令飽滿無所乏少惛醉衆生皆得醒寤狂者得正盲者得視聾者得聞不完具者皆得具足貧者得財牢獄繫閉皆得解脫地獄衆生皆得休息畜生衆生除諸恐怖餓鬼衆生皆得充足菩薩初從右脇生時有如是等無量無邊希奇之事未曾有法

佛本行集經從園還城品第七上

尒時有一大臣國師姓婆私吒名摩

訶那摩共諸國師婆羅門等俱共往詣嵐毗尼園至彼園已在門外立時婆私吒語諸國師婆羅門言汝觀於此大地何故如是震動辟如乘船在於水上日月覆蔽失本光儀狀如晝星纔有形影一切樹木隨時開敷於上空中清淨皦潔無諸雲翳但聞雷聲又虛空中澄靜朗曜而有殊妙微細香雨功德具足自然而含八種之味又從八方起微妙風其風清涼冷煖調適一切諸方悉皆清淨無有烟雲塵霧黤黮又虛空中無有人唱自然而聞深梵之聲復虛空中聞於種種諸天音樂復聞天歌天讚天詠雨天香華日光雖曝不能令萎

時一國師報彼大臣婆私吒言此事雖然不足為恠何以故地性如是有何不祥又一人言今此大地六種震動虛空幽冥隱蔽日光猶如從來晝看星宿復雨天花衆光雖照不能令異甚為希奇

其婆私吒共彼國師議是事時時彼園中有一女人從嵐毗尼疾走而出

来到門外時彼女人至門外已見婆私吒及以國師歡喜踊躍不能自勝語婆私吒及國師言諸釋種子汝可速往至大王所是時大臣及國師等見彼女人作如是言無復歡喜不能自勝問彼女言汝今我等至大王所當何聞徵為奏歡喜疑怪恐怖不祥事乎彼女報言汝釋種子我今白汝一大慶幸歡喜之事其摩訶那及國師等問彼女言有何喜慶彼女荅言國大夫人產一童子端正可愛世間少雙然此童子直是真天所以處處散於天花放天光明時大臣等聞是語已心大歡喜踊躍充遍不能自勝是時大臣即解衆寶妙好瓔珞賜彼女人為聞如是歡喜事故解賜已後更復思惟令此女人是王宮內時幸之人王見是女極大愛敬我今解身瓔珞賜與後脫為患即還收取取已轉持施彼國師捨已呪願作如是言令以瓔珞施於國師所有功德迴施彼女以何因緣聞喜事故

時彼大臣摩訶那摩語於國師婆羅

門言大婆羅門汝今可還向大王所奏是喜事府大摩那發遣於彼婆羅門已更復重問彼女人言汝先語我國大夫人產童子者是天似天放天光明汝復更見有何異相時彼女人荅大臣言唯願善聽彼童子者相貌過人有大威德致令摩耶國大夫人立地之時童子自然從右脇出國大夫人身脇腰身不破不缺童子生時一切諸天從於虛空持好細妙迦尸迦衣周匝遍裹於童子身持向母前作如是語國大夫人當自慶幸倍生歡喜何以故今大夫人產育聖子當是童子初欲出時仰觀母脇而說是言我從今日不復更受母人之胎此即是我最後邊身從是已去我當作佛即立於地無人扶持即行七步足所履處皆生蓮華一切四方正眼觀視目不暫瞬不驚不怖正立東面言辭辯淨字句圓滿非如孩童而說是言於諸世間我為最勝我當濟拔一切生死煩惱根本童子在彼所立地處以是童子身清淨故從虛空中二水

注下一煖一冷復持金床令童子坐澡浴其身童子生已身放光明障蔽日月上界諸天持其白蓋具金為柄大如車輪住虛空中又有諸天手持白拂衆寶為柄搖童子上又虛空中一切音樂不鼓自鳴復聞無量無邊微妙歌詠之聲又雨香花處處遍滿日光雖照鮮潔如常不能令異

尒時大臣摩訶那摩聞此語已即自思惟希有希有於此惡時而感大士出興於世我今應當自往淨飯大王之所奏聞如是希有之事

時彼大臣取善調馬行疾如風駕馭寶車從嵐毗尼園門外發徑至於彼迦毗羅城未見於王在先撾打歡喜之鼓盡其身力而扣擊之

時淨飯王坐寶殿上輔相弼諧治理國政群臣卿士百辟官僚或後或前左右圍遶皆悉聞彼歡喜鼓聲時王驚問諸群臣言卿諸臣等是誰忽然敢能擊我苷蔗種門歡喜之鼓盡其力打出是大聲時守門臣前白王言大王當知王之大臣婆私吒姓摩訶

那摩駕四馬車迅疾如風從嵐毗尼園門外来忽跳下車盡其身力即擊大王歡喜之鼓更無言語直云我今欲見大王時淨飯王語諸臣言有何喜事宜速喚彼婆私吒姓釋種大臣摩訶那摩来急到我前臣奉王勅白言大王謹依教命星速往喚彼釋大臣摩訶那摩勅令急疾到於王所

時摩訶那摩聞王勅已即至王前高聲唱言願王常勝願王常尊今奉此言增益身力時淨飯王聞此語已告大那摩釋種大臣作如是言汝釋大臣何故忩遽速疾而来盡於身力打歡喜鼓時彼大臣摩訶那摩即報王言彼天辟城嵐毗尼園大王夫人在中遊戲於彼樹下生一童子身黄金色其狀似天乃至端政放天光明

時淨飯王復更重問審實相好其事云何時彼大臣復報王言夫人立地乃至右脇不裂不壞童子生已自立於地諸天各持迦尸迦衣遍裹其身仰觀母腸口如是言我當作佛拔斷生死苦惱根本澡洗放光障蔽日月

樹木藥草依時開華虛空諸天持白蓋拂搖童子上虛空雷聲微細天雨涼風四来不見其形梵響樂音不鼓自唱華照不萎如上所說一一次第具諮白王大王當知我見是等希有之事是故我今以歡喜緣擊歡喜鼓敢遍告知時彼大臣復持諸天供養餘華敬奉大王如是備說

時淨飯王聞是語已告大臣言汝既持是歡喜之事白我令知如汝深心欲求何願我當盡與隨意不違其婆私吒大臣荅言臣蒙王恩無所乏少

時淨飯王復告大臣法當乞願必當相與大臣復更重白王言願王歡喜臣蒙王恩無所乏少

時淨飯王復告大臣汝今不應違於王勅要須乞願我當與汝時婆私吒大臣白言大王若當必定歡喜乞臣願者唯願大王聽臣奉事太子左右隨時給侍所以者何此之童子今既生已必定還續昔蔗日種轉輪聖王苗裔不絕時淨飯王報大臣言善知時者隨意所樂

時淨飯王告諸臣言汝等大臣應當如彼婆私吒臣之所典掌國法吉祥次第具錄勿令缺減時淨飯王告大那摩釋大臣言大臣汝来我國既生如是太子今當為是勝上太子作於生法時淨飯王大威德力以王威神諸臣百官左右圍遶猶如半月左右侍立及摩訶那摩諸大臣等發向於彼嵐毗尼園欲迎菩薩至其中路時淨飯王告摩訶那摩及大臣言汝等大臣我聞生子復見如是希有之事未曾有法豈不歡喜覆自憂愁摩訶那摩大臣復言大王要當歡喜自慶不須懷愁何以故天人所生有如是法不可思議大希有事大王可不聞往昔有一婆羅門名多虱吒迦華生彼生已後不從人學自然能解四種毗陁

又復大王可不聞於往昔有一頂生之王從父頂生生已還如孩童一種漸漸長大王四天下

又復大王可不聞於往昔有一王名毗迦從父掌生非母腹出

又復大王可不聞於往昔有一王名

留娑從父睦生
又復大王可不聞於徃昔有乇名迦轄婆從父辟生
又復大王可不聞於大王先祖從昔以來名昔蔗王從昔蔗生是等諸王雖生人間不可思議
時淨飯王復更語於摩訶郍摩釋大臣言汝大郍摩彼等諸王皆是大明有大威德此不方彼摩訶郍摩以歡喜心復白王言大王當知此太子者必定勝彼一切諸王淨飯王言有何勝相摩訶郍摩大臣荅言彼等輩生此太子生臣比挍量知相大勝王復語言汝勿戲調所以者何凡人父者可不欲子寂勝於他或多見聞或廣知解或善修行或備禮義或明治道或懃精進有如是者心則歡喜時淨飯王說是語已漸漸至彼嵐毗尼園至彼園已在大門外即遣使人白夫人言夫人福德善生聖種夫人宜於太子生處作吉祥事敷設莊嚴速令訖了吾欲面親觀視太子是子在胎吾雖覩見於先種種希奇瑞相未曾

有法但我今心愛念子故自欲徃看是時摩耶國大夫人為於童子備辦種種世所應為吉慶之禮皆悉訖了即遣使人奉報王言大王知時應入是園時有女人見淨飯王已入園內抱持菩薩將詣王所作如是言童子今可敬礼父王王言不然先遣礼我師婆羅門然後見我是時女人抱持菩薩先將徃詣婆羅門所是時國師婆羅門等見菩薩已白淨飯王因呪願言唯願大王常尊常勝如見子勝願王釋種芽葉常與大王此子必當得作轉輪聖王
時淨飯王復問國師婆羅門言所以知然是時國師復白王言如我所見毗陁羅論所說諸相合此子法是事真實時淨飯王復問國師婆羅門言若如是者我之釋氏轉輪聖王昔蔗之種必當增長何以故今世諸王於其福德苦行精懃皆悉缺咸若今生是童子有於此等福力如昔刧初諸王福德大力勇健相具足者是則我家必當興盛還如刧初諸轉輪王

時菩薩母摩耶夫人見淨飯王并及國師婆羅門等面色煕怡即便詣白淨飯王言大王示我轉輪聖王相貌云何善哉為我略說其要令我心喜
時淨飯王問於國師婆羅門言仁者大師願為解釋轉輪聖王形狀相貌
時彼國師及婆羅門報淨飯王及夫人言唯願大王諦聽我說我從先聖諸論相傳說轉輪王所有自在功德悉具若轉輪王治化人民彼轉輪王必能飛騰虗空而行住於地上若時亢旱隨念即雨若王界內有於瞋恚諸惡衆生更迭相嫌心懷恨者以轉輪王威德力故國內衆生各各歡喜轉輪聖王七寶具足所謂金輪神珠象馬玉女主藏典兵臣等是名七寶轉輪聖王壽命長遠終無撗死少病少惱身體端嚴世閒無比於其境內一切人民愛敬是王猶如一子轉輪聖王愛護人民過於赤子時淨飯王復白國師婆羅門言大婆羅門如仁所說夫為轉輪聖王之者皆有是事然非我耶

時菩薩母摩耶夫人復更重白淨飯王言大王是事未足為恠所以者何此童子者今日生於甘蔗種姓剎利家故時淨飯王復作是言希有之事轉輪聖王生於人間但彼轉輪聖王威德如是大受果報勝業我心生恠往昔一切轉輪聖王無有如是諸奇特相所謂甘蔗日種生王尼拘羅王憍拘羅王瞿瞿羅王或復我父師子頰王及以我身無有如是奇特之相其事云何復有何因是時國師及婆羅門復更諮白淨飯王言大王當知有前有後未足為恠大王可不聞於往昔有一國王名耶耶坻一切功德悉皆具足父名婆流其有一子名為不流不流有子名毛頭摩羅毛頭摩羅有子名迦乂福迦乂福有子名阿羅柢不阿羅柢不有子名昮帝鎵耶尼昮帝鎵耶尼有子名因羅婆毗羅因羅婆毗羅有子名頭䟦般鄰如是等王具大威德然不得作轉輪聖王彼等最後頭䟦般鄰生於一子名婆羅陁其婆羅陁方始得作轉輪聖王往

昔劫初有剎利種名摩訶三摩多從天而下然不得作轉輪聖王其後次第展轉相承到於頂生轉輪聖王王領乃至三十三天祖父子孫苗裔繼續猶自退減不得作於轉輪聖王時淨飯王復作是言大婆羅門此言為善何以故我亦欲得我子如此亦願我子如汝彼言時淨飯王自心思惟我今若將童子入城作何輦轝時淨飯王生是心已是時工巧毗首羯磨即時化作七寶輦轝自然而成不由人作端嚴微妙殊特少雙時淨飯王即出嚴勑勒令修理迦毗羅城灑掃耘除一切荊蕀沙礫彊石糞穢土塠惡露不馨悉令淨潔其迦毗羅種種莊嚴猶乹闥城一種無異其城所有種種雜戲一切樂人能歌能舞巧為幻化或有拚珠或能出水或莊嚴身以為婦女如是種種變化所能彼等一切皆悉雲集時彼大眾或有踊身擲在虛空或復騰鈴或復打鼓或著屩屐或緣竿頭或復倒行首下足上或復反擲猶如旋輪或懸虛空上繩

而走或復賬渠或復跳（音調）刀諸如是等無量無邊種種戲笑種種示現或有揚聲大叫大唤或復吹指或弄衣裳尒時護世四大天王各變其身作婆羅門悉並幼年端政可喜頭為螺髻躬擔菩薩寶轝而行是時釋天亦隱本形化作童年婆羅門子端政如前頭旋螺髻身著黃衣用其左手執金澡瓶復以右手擎持寶杌在菩薩前斷於人行口發是言卿諸人輩宜各避道寂勝眾生今欲入城（上來四句梵本再稱以明心重）尒時色界大梵天王述往昔偈讚菩薩言

天上天下無如佛　十方世界亦復然
世間所有我盡觀　一切更無如佛者

尒時菩薩從天辟城嵐毗尼園初欲入於迦毗羅時一切諸天灑掃道路復有五千諸天玉女各各手內執一金瓶盛滿香水以用灑地在菩薩前次第而行

復有五百諸天玉女各持諸天微妙掃箒在菩薩前掃地而行

復有五百諸天玉女各持諸天雜寶

香爐焚燒種種微妙之香在菩薩前供養菩薩引道而行
復有五百諸天玉女持金寶瓶盛滿妙香在菩薩前引道而行
復有五百諸天玉女各各執持天妙多羅樹葉之扇在菩薩前引道而行
復有五百諸天玉女各各執持孔雀王尾用以爲拂在菩薩前引道而行
復有五百諸天玉女各各執持多羅樹葉所作蓋搩在菩薩前引道而行
復有五百諸天玉女各各手執諸天胡床在菩薩前引道而行
復有五千諸餘天女各執金鈴時時搖動揚聲大唱吉祥之音在菩薩前引道而行
復有二万五千香象悉金鞦韆金爲鞍韉皆被金甲一切挍餝悉是純金其莊具上復籠金網在菩薩後次第而行
復有寶馬其數二万悉皆青色頭黑如烏騣披垂地一切鞦韆鞍韉鐙具純金莊嚴天金羅網以覆其上隨菩薩後次第而行復有二万象寶妙車

駕以駟馬幡蓋莊嚴天金羅網以覆其上在菩薩後次第而行復有四万步兵壯士皆悉勇健各敵於千並好丈夫有大筋力能破怨隊身被甲鎧手執弓刀或把鐵輪或持戟槊如是次第在菩薩後翊從而行
復有無量無邊色界最大威德諸天衆等在於菩薩右廂而行
復有無量無邊欲界最大威德諸天衆等在於菩薩左廂而行
復有無量無邊龍王夜叉揵闥婆阿修羅迦樓羅緊那羅摩睺羅伽鳩槃茶羅刹毗舍遮等出現半身各各執持衆雜妙華滿虛空中隨菩薩行
復有無量無數無邊億百千万諸天神王歡喜踊躍皆悉遍滿不能自勝揚聲叫喚或復吹指或舞或歌發殊異音或弄衣裳或弄手足作諸戲樂或持種種末香塗香花鬘瓔珞募陁羅等種種諸華各自手擎在菩薩上於虛空中行散菩薩散已復散一切諸天以是菩薩威德力故不聞人氣一切諸人雖覩天色亦不驚恠復不

放逸
尒時一切釋種眷屬將四種兵車兵馬兵象兵步兵圍遶菩薩或前或後或左或右從菩薩行充塞遍滿迦毗羅城其淨飯王持大王力大王威德擊無量鼓大鼓小鼓復吹無量無邊蠡貝諸如是等無量無邊種種異類雜妙音聲娛樂菩薩導引將入迦毗羅城
時迦毗羅去城不遠有一天祠神名增長彼神舍邊常有無量諸釋種族童男童女跪拜乞願恒得稱心時淨飯王將菩薩還至彼天舍告諸臣言令我童子可令礼拜是大天神尒時乳母抱持菩薩詣彼天祠時更別有一女天神名曰無畏彼女天像從其自堂下迎菩薩合掌恭敬頭面頂礼於菩薩足語乳母言是勝衆生莫生侵毀（此上兩句梵本重攝）不應令彼跪拜於我我應礼彼何以故彼所礼者能令於人頭破七分

佛本行集經卷第八

癸卯歲高麗國大藏都監奉

勑彫造

佛本行集經卷第八

校勘記

一 底本，麗藏本。

一 六四五頁上三行品名下，徑、清有「第六之二」。

一 六四六頁上二行第三字「妙」，資作「好」。

一 六四六頁上二〇行與二一行之間，諸本有「菩薩初生時有五百諸天玉女持天種種寶詣向菩薩母前而立安慰問訊作如是言善生菩薩無疲勸耶」。

一 六四六頁上二二行「微妙衣」，南、清無。

一 六四六頁中三行「種種」下，南、清有「寶微妙衣詣向菩薩母前而立安慰問訊作如是言善生菩薩無疲勸耶菩薩初生時有五百諸天玉女持天種種」。

一 六四六頁中二二行品名，徑、清作「從園還城品第七之一」。

一 六四七頁上一二行第七字「直」，磧、普、南、徑、清作「真」。

一 六四七頁上一七行「時幸」，諸本作「所幸」。

一 六四八頁中四行第二字「唱」，諸本作「鳴」。

一 六四八頁下二行「如彼」，磧作「如是」。

一 六四九頁下九行「功德」，諸本作「功能」。

一 六四九頁下一八行「世聞」，資、磧、清作「世間」。

一 六五〇頁上一七行第一一字「有」，諸本無。

一 六五〇頁中一六行「軋闥城」，諸本作「軋闥婆城」。

一 六五〇頁中二二行首字「屩」，資、磧、普、南、徑、清作「蹻」。

一 六五〇頁中末行第七字「旋」，資作「施」。

一 六五〇頁下一行夾註「調音」，徑、清無。

一 六五〇頁下九行「寶机」，諸本作「寶杖」。

一 六五一頁中四行「能破怨隙」，資作「能却怨郄」；磧、普、南、徑、清作「能却怨隙」。

一 六五一頁中一五行「千万」，諸本作「千萬億」。

一 六五一頁下六行「復吹」，磧、普、南、徑、清作「復次」。

一 六五一頁下七行第二字「貝」，徑、清作「具」。

一 六五一頁下一〇行及一五行「天祠」，諸本作「天寺」。

佛本行集經卷第九　　宜

隋天竺三藏闍那崛多譯

從園還城品下

尒時迦毗羅城有諸釋種五百大臣皆悉是於菩薩眷屬還復造立五百精舍擬菩薩坐當於菩薩初入城時各各立在自家門前以歡喜心合掌恭敬而作是言願天中天入我精舍願大船師入我精舍願身金色清淨衆生入我精舍願施一切歡喜心者入我精舍願名遠聞無毀缺者入我精舍願德最尊無等等者入我精舍時淨飯王為如是等五百親眷生憐愍故將於菩薩次第巡歷入其精舍悉皆周遍然後始將入於自宮

尒時菩薩當生之日即有五百諸釋種子同日而生其菩薩䰠䰠最為初首

復有五百諸釋種女亦同日生耶輸陁羅而為上首

復有五百諸釋奴僕亦同日生淨飯王宮車匿為首

復有五百釋種婢媵亦同日生淨飯王宮侍衛太子

復有五百鮮白馬駒亦同日生淨飯王廐犍陟為首

復有五百大香象王色白如雪齊有六牙在王宮門忽然而現

復有五百大臣伏藏周匝四面繞迦毗羅自然而現

復有五百妙好園林流泉浴池種種花果皆悉遍滿並現在於迦毗羅城四面周匝悉是太子威德力故

復有五百大商賈主積諸錢財多饒珎寶相隨来詣迦毗羅城

復有五百微妙金蓋五百金瓶並是五百粟散諸王遣使送来上淨飯王作如是言今以是物奉獻大王慶賀太子

復有五千諸婆羅門及刹利種大富長者各持己女將来奉上於淨飯王

時淨飯王凡所須者皆悉備具

時淨飯王自心思惟我生太子今作何名復更思惟彼生之日一切衆事皆悉自成今我可為太子立名名為成利時淨飯王即開藏出百億兩金供養成利為立名字是故偈言

如是王宮內　衆事悉豐饒　今作太子名
應當名成利

佛本行集經相師占看品第八上

時淨飯王即召相師解占觀者呼使前来令看太子作如是言汝諸相師婆羅門等占是太子在我族中為好為惡汝等好看吉凶之相

是時諸相師婆羅門等聞王勅已一心瞻仰太子形容各依先聖所有諸論共相量宜量宜訖已白於王言大王今者大得衆利何以故此太子者有大威德是大衆生今生王家大王當知此太子身有三十二大丈夫相凡有一人具三十二丈夫相者於世間中則有二種果報不差更無餘異何等為二一若在家受世樂者則得作於轉輪聖王王四天下護持大地七寶具足乃至不用刀杖化人自然如法遍於海內若捨王位出家學道得成如來應正遍知名稱遠聞充滿世界

時淨飯王聞是記已復更重問婆羅門言太子何處具大丈夫三十二相

婆羅門言三十二種大人相者一者太子足下安立皆悉平滿二者太子雙足下有千輻輪相端正處中可喜清淨三者太子手指纖長四者太子足跟圓好五者太子足趺高隆六者太子手足柔軟七者太子手足指間具足羅網八者太子踹如鹿王九者太子正立不曲二手過膝十者太子陰馬藏相十一太子皮膚一孔一毛旋生十二太子身毛上靡十三太子皮膚細軟如兜羅綿十四太子身毛金色十五太子身體淳淨十六太子口中深好可喜方正十七太子頰車方正如師子王十八太子兩膣廣闊十九太子身體上下縱橫正等如尼拘樹二十太子七處滿好二十一者具四十齒二十二者諸齒齊密二十三者齒不踈缺不齴不齵二十四者四牙白淨二十五者身體清淨純黃金色二十六者聲如梵王二十七者舌廣長大柔軟紅薄二十八者所食之物皆為上味二十九者眼目紺青其三十者太子目眼睫如牛王三十

一者眉間白毫右旋宛轉具足柔軟清淨光鮮三十二者頂上肉髻高廣平好大王此是太子三十二種大丈夫相如是具足若有一人具足此等丈夫相者是人所得二種果報在家出家如上所說

時淨飯王聞諸相師說是語已心大歡喜遍體踊躍不能自勝即出種種百味飲食設彼相師婆羅門等令其自恣隨意飽滿復以種種雜妙衣服種種諸寶及餘資財而布施之時淨飯王於迦毗羅大城之內四衢道頭及諸街巷處處遍滿立無遮會凡所須物皆悉給與須食與食須飲與飲須衣與衣須香與香須床敷與床敷須房舍與房舍須資財與資財須馱乘與馱乘所有功德皆悉迴施並為資益於太子身

是時菩薩在天辟城嵐毗尼園從於母胎初出生時正憶正念放大光明遍滿世界又此大地六種震動俻十八相爾時地居諸天諸仙見此瑞已歡喜遍身不自勝持揚聲叫喚發大

語言今日閻浮嵐毗尼中菩薩出生為於一切天人世間作大安樂為諸無明黑闇衆生作大光照時四天王聞彼地居諸天諸仙發大聲已其四天王所在諸天傳聞此語復大歡喜發大音聲戲弄衣裳作如是言今於人中菩薩出生為諸世間安樂明故三十三天聞四天王叫喚音聲亦大歡喜如是乃至須夜摩天從忉利聞至兜率陁從夜摩聞化自樂天從兜率聞他化自在從化樂聞展轉復至色界梵天從他化聞梵衆天從梵天處聞梵輔天從梵衆天聞大梵天從梵輔天聞光天從彼大梵天聞少光從彼光天處聞無量光天從少光聞光音天從無量光聞淨天從彼光音天聞少淨天從淨天處聞無量淨天從少淨聞遍淨天從無量淨聞廣天從彼遍淨天聞從於廣天至少廣天從少廣天至無量廣從無量廣至廣果天從廣果天至於熱天從於熱天至無熱天從無熱天至無比天從無比天至善現天從善現天如是次

第一剎那須乃至到於阿迦尼吒一切諸天各各唱言今日菩薩生於世間為於天人作大安樂為於黑暗盲瞑衆生作大燈明尒時有一阿私陁仙在三十三天上安居見彼諸天歡喜踊躍不能自勝或弄衣裳揚聲如前見已即問彼諸天言仁者大德三十三天今以何故歡喜踊躍遍滿身中不能自勝復大叫喚手弄衣裓說是語已三十三天報彼仙人阿私陁言阿私陁仙大德不聞今人世間閻浮提地當於北方雪山之下有釋種城名迦毗羅彼城有王名為淨飯彼王家大夫人生子極大端正可喜絕殊身色黃金頭如傘蓋鼻高圓直兩臂下垂形體端嚴六根具足處處皆充如鑄金挺具三十二大丈夫相俗八十種微妙之好大仙彼之菩薩決定得成阿耨多羅三藐三菩提成已決定轉於無上清淨法輪而彼菩薩能於一切天人魔梵沙門婆羅門等諸世間中自證諸通證諸通已闡揚正法其法秘密初中後善義味深妙

具足說於清淨梵行彼說法時所有一切諸衆生等以聞法故有生法者斷絕生法受老法者斷其老法受病法者得斷病法受死法者得斷死法憂愁苦惱悲得斷除滅其根本阿私陁仙從彼三十三天聞已心生重信即於彼天隱身來下現增長林

尒時復有說如是言南天竺地有一城名優禪耶尼去城不遠山名頻陁於其中間更有一山名阿私陁是時仙人於彼山居以彼山故即稱仙人名阿私陁其仙人從忉利天下在彼山時阿私陁仙將一侍者名那羅陁從彼山中隱身來此迦毗羅城去城不遠下而立住作是思惟我昔於此迦毗羅城聞衆國師及婆羅門云淨飯王生菩薩子彼是天人及我等師不得輕忽若我今於迦毗羅城現神通入無有此理何以故迦毗羅城不同往昔今日若往應當更現其餘異相我應敬彼如事尊神我寧步行入彼城內時阿私陁及其侍者那羅陁身徒步共入迦毗羅城從小巷裏私

竊欲向淨飯王所到宮門前時迦毗羅人民稠鬧處處遍滿間無有空為菩薩故作大莊嚴

時諸大衆見彼仙人步行而來入迦毗羅復從小巷趣向淨飯大王宮門見已無量無邊人民雲雨而集隨逐仙人心生驚愕怪不敢問以何義故仙人致此時彼大衆城內人民或在自家門前而立或在窓邊或倚枸欄或在堂頭或在屋上觀彼仙人各相謂言往昔此仙來入迦毗羅婆城時乘大神通騰空而行到於淨飯大王宮中今日步行而來入城我等不知以何義故步涉而來

時阿私陁至淨飯王宮門前已語當門人作如是言我婆羅門久來耆耄猶如祖父今日步行翻似年少二十小兒及那羅陁童子而來其那羅陁年始八歲汝可為我白淨飯王時守門者語仙人言如尊者教我當奉諮即入宮門漸漸而行到於王前具以白王時淨飯王聞此語已心大敬仰歡喜無量即從座起語彼通事守門

人言汝急疾引仙人將来勿使淹遲時守門者還仙人所而作是言大仙知時宜速入宫時阿私陁聞彼語已即共侍者那羅陁入淨飯王宫時淨飯王遥在殿見阿私陁仙漸漸而行將至王所是時大王即從座起詣仙人所承事迎接扶持其腋將好最勝最妙第一希有寶座安置令坐坐已礼拜口唱是言我今恭敬礼拜尊者是時仙人口即呪願淨飯王言唯願大王常得安樂時淨飯王白仙人言尊者何求故屈到此為須衣耶為須食乎為復求須其餘諸事須者但道我悉備具必與不違時阿私陁諮白王言大王當知今我来者無所乏少不求衣食一切諸事悉所不須然我今者故從遠来欲見大王最勝童子大王慈恩願當示我善勝童子是時童子在於寶座睡卧眠寢淨飯王語阿私陁言尊者大仙少時留心童子今眠猶未覺寤願待須臾時阿私陁即白王言大王莫說如是語言稱童子睡何以故我等雖寤猶如睡人大

王童子久来断除無復眠睡晝夜恒為諸衆生等得安樂故大利益故而入禪定

時淨飯王知童子眠寤時欲至即入宫内勑令莊嚴宫舍殿堂淨水灑地掃除糞穢香水重灑花散其上在在處處安置香鑪燒雜妙香復懸種種繒綵幡蓋垂諸旒蘇竪大寶幢復懸無量真珠瓔珞真珠羅網種種寶鈴垂覆其上懸衆雜寶猶如日月星宿之光復掛種種妙寶衣裳喻如飛天手持花瓔復懸雜色朱紫紅黃種種衆毦諸如是等校餝精麗莊嚴宫中如乾闥城一種無異復召釋種内外眷屬最大最勝威德尊者令来入宫使共摩耶夫人一處是時摩耶詣童子所至已持手抱童子頭令向仙人擬如礼拜仙人之足是時童子威德力故其身自轉足向仙人時淨飯王更復共扶迴童子頭令拜仙人童子力故足還自轉向彼仙人時淨飯王復迴童子頭向仙人還復轉足如是至三其阿私陁遥見童子是時童子

放常光明照觸大地童子威德端正可喜色純黃金頭如寶蓋鼻直而圓脩臂下垂支節正等無缺無減具足莊嚴

時阿私陁即從座起白於王言大王莫將童子聖頭迴向於我何以故彼頭不合頂礼我足我頭應當頂礼彼足復唱是言希有希有大人出世最大希有大人出世我本從天所聞之者即此童子真實定是如彼不異時阿私陁整理衣服偏袒右髆右膝著地伸其兩手抱持童子安其頂上還復本座本座坐已還下童子置於膝上是時摩耶國大夫人即白大仙阿私陁言仁者尊師當令童子礼大仙足阿私陁仙報夫人言國大夫人莫作是語令是童子不應礼我我及一切諸天世人應當接足礼拜童子

時淨飯王即持種種雜妙珍寶以用嚫施阿私陁仙時阿私陁持自澡罐以水洗手受此施物受已即持迴奉童子時淨飯王白阿私陁大仙人言尊者大仙我以此物施於尊者唯願

納受仙人報言大王施我我今迴施寂勝童子淨飯王言我知大仙福田勝故供養大師阿私陁仙復報王言我今見是勝因緣故迴施童子淨飯王言大聖尊仙我今不解尊師此意仙人復言大王當知我今身心深自歸伏於此童子淨飯王言何因何緣願為解釋時阿私陁即報王言大王諦心善聽是義我當為王說其本末大王當知我昔在於忉利天上安居行道忽見忉利一切諸天歡喜踊躍充遍其身不能自勝俳弄衣襟跳躑悅豫我時於彼即便問言諸天仁者何因何緣歡喜騰躍不能自勝執持衣冠俳弄躑躅作是語已忉利諸天即荅我言大德仙人汝今知不於下世間北方地內雪山之下有釋種城名迦毗羅彼城有王名為淨飯彼王寂大第一夫人產一童子端正可喜人所樂見身黃金色頭圓鼻直足滿辟長猶如金像備具三十二大人相八十種好必定得成阿耨多羅三藐三菩提當轉無上清淨法輪今此童

子相貌具足決是無疑今此童子以自神力能知此世及以過去未來世等天人魔梵沙門婆羅門等一切世間自證知已分別法相乃至略說種種苦惱可解脫者令得解脫大王我於彼時聞是語已故來至此觀看童子時淨飯王報仙人言若如是者大憐愍我大饒益我無覆憂愁更有何法過四種行四行過已能勝能寂今此童子既人所生能於未來得無上道阿私陁仙復白王言大王當知彼等一切諸婆羅門在在處處云何得勝而證知耶時淨飯王復更諮白於仙人言我今在於大仙之前願為解說令我樂聞時阿私陁荅言大王如我相傳婆羅門家四毗陁經說往昔有一婆羅門名曰殺羊復有婆羅門名拔迦利復有婆羅門名拔伽婆復有婆羅門名末檀地復有婆羅門名迦吒羅剎復有婆羅門名般適尸棄彼等皆得阿修羅王筭計之法得勝得上復有仙人名阿帝利耶復有一王名鉢羅摩檀那復有一王名闍那

迦此等諸人皆得除滅身苦方便大王當知如是如是今此童子雖生人間而過於人得勝人法大王往昔復有一王名婆伽羅大海奔濤波浪如山甚難得渡非祖非父彼身能渡大王諸如是等雖生人間有大威德以威德故過諸天人

時淨飯王報仙人言若如尊師所宣說者我無有疑但我愛子其心狹劣故生驚恐阿私陁仙復語王言大王所有心狐疑者今可諮問悉為決之時淨飯王白言大師我實懷疑如彼往昔有調浮王多羅求王知離婆王達離波王諸如是等不曾得見不曾得知我此童子云何得知得見此事願說因緣時阿私陁復報王言大王我亦知王有是疑惑不得言無何以故大王但聞他所說事以意消息筭量取之用自決疑凡其前後所作諸王未必一向有於證驗大王彼等諸王子及父祖勝劣不同是故大王不可種姓獨取其勝不可以家獨取其勝不可以先生故而勝後為不如或

有後出而勝先生大王辟如天曉之
時先現明相然後出日論其明相未
能照明其日後出普光大地破一切
闇無有遺餘大王世間如是如是或
時生子勝父勝祖時淨飯王白仙人
言大德尊師善以辟喻證明於事慰
解於我令得決疑心大安隱大仙尊
師善攝受我時阿私陁復白王言大
王當知我齒衰邁餘殘無幾今此童
子幼稚少年春秋方盛長大成就當
向山林出家學道恨我朽耄不覩慈
顏時淨飯王白仙人言大仙尊師今
是童子決出家耶阿私陁仙報於王
言大王今者不須疑慮時淨飯王迴
頭顧視看國師面時阿私陁問於王
言大王內心欲作何語淨飯王言大
德尊仙此我國師婆羅門等曾語我
言今此童子必定得作轉輪聖王阿
私陁仙復白王言大王如我意者終
不虛妄我今所語誠實至真時淨飯
王聞是語已復更白言大仙尊師若
審然者乃令我心更大憂愁切割我
心肝腸惱沸時阿私陁復報王言大

王智慧勿作是言大王往昔高曾祖
父以行福業功德緣故得度衆生到
於彼岸如是匹導託作王兒不但獨
為治化人民令得安樂而為王子時
淨飯王復白仙言大師我意亦然思
惟如是今此童子種我王世荷負重
擔代我所憂我至老年出家入山當
修古道

時淨飯王復白仙言大師我意欲令
我子常在云何方便及今幼年勿使
捨我阿私陁仙復白王言大王我實
不能尊正決定說是方便令作障㝵
時淨飯王復語仙人作如是言大師
善聽我今當作種種方便設方便已
下令我子從今幼稚及到盛年不聽
暫離捨我出家阿私陁仙即問王言
大王今者因何事故說如是語時淨
飯王報彼仙人阿私陁言尊師當知
如我國內所有相師婆羅門等皆語
我言若是童子在家當作轉輪聖王
以是因緣我如是語阿私陁仙復白
王言大王當知彼等相師皆大妄語
何以故如是勝相非是轉輪聖王之

相今此童子有百善相八十隨形挺
特殊好分明炳著皆悉具足時淨飯
王問仙人言大師何等是此童子八
十隨形之好時阿私陁具白王言
大王當知今此童子兩手掌內有金
剛文

大王今是童子諸指爪甲薄而且軟

大王今是童子諸指爪甲其色赤紅
猶如銅鍱

大王今是童子諸指爪甲悉皆潤澤

大王今是童子諸指妙色

大王今是童子諸指皆傭

大王今是童子踝骨不現

大王今是童子兩膝團圓有大光澤

大王今是童子進止雍容安詳徐步

大王是童子行如師子王

大王是童子行猶如牛王

大王是童子行猶如鵝王

大王是童子行安詳徐步猶如耳璫

大王是童子行安庠如住

大王是童子身形體挺直

大王是童子身形體柔軟

大王是童子身形體滑澤

大王是童子身膚體上充
大王是童子身出妙熏香
大王是童子身膚體無上
大王是童子身膚體瑩肅
大王是童子身膚體無戾
大王是童子身支節分解各自分明
大王是童子身膚體顯現如大梵王
大王是童子身膚體清淨無有黑黚古汗切
大王是童子身無有諸病
大王是童子身圓滿正等
大王是童子身七處齊滿
大王是童子身具足諸好
大王是童子身遍體端正
大王是童子身行處淳淨
大王是童子身最勝無垢諸毛清淨
大王是童子身無有垢障能出淨光
大王是童子身常光一尋
大王是童子腰猶如弓弝百雅切
大王是童子腹無有破壞謂其皮皺攝等
大王是童子齊深隱妙好
大王是童子齊團圓不散
大王是童子齊猶如車輪
大王是童子齊分明右旋

大王是童子手不麁不澁
大王是童子手如兜羅綿
大王是童子手掌心之中文理晝深
大王是童子手文理冊畫柔軟光澤
大王是童子手文不破散
大王是童子手所有冊文分明次第
大王是童子手兩腕闊大
大王是童子頭猶如髁骨
大王是童子口脣色猶如頻婆羅果
大王是童子面顏貌寂靜
大王是童子舌薄而且長如赤銅色
大王是童子聲深而清亮

佛本行集經卷第九

癸卯歲高麗國大藏都監奉
勑彫造

佛本行集經　卷第九

校勘記

一　底本，麗藏本。

一　六五三頁上三行品名下，徑、清有「第七之二」。

一　六五三頁上一四行「巡歷」，諸本作「歷巡」。

一　六五三頁中六行第六字「巨」，資無；普、徑作「臣」。

一　六五三頁中二一行「復更」，諸本作「覆復」。

一　六五三頁下四行品名，徑、清作「相師占看品第八之一」。

一　六五四頁上六行末字「聞」，諸本作「間」。

一　六五四頁上七行第九字「踹」，諸本作「腨」。

一　六五四頁上九行「十一」，諸本作「十一者」。

一　六五四頁中一〇行第八字「以」，諸本作「持」。

一　六五四頁中一三行首字「及」，磧作「至」。

一　六五四頁下一一行第三字「他」，南作「從」。

一　六五四頁下一五行首字「光」，諸本作「光天」。

一　六五四頁下一九行第八字「從」，諸本無。

一　六五五頁上一七行「金挺」，磧、普、南、徑、清作「金鋌」。

一　六五五頁下八行第三字「致」，磧、普、南、徑、清作「到」。

一　六五五頁下九行「構欄」，資作「鉤欄」。

一　六五六頁上二一行「覺寤」，資作「寤寐」。

一　六五六頁中八行第七字「旒」，諸本作「流」。

一　六五七頁上一二行末字「躑」，諸本作「擲」；一五行第五字「躑」，資同。

一　六五八頁上二〇行第八字「誠」，資、磧、普、南、徑作「成」。

一　六五八頁中一五行第八字「稚」，資作「雉」。

一　六五九頁上一九行夾註左「皺攝」，諸本作「不皺懾」。

一　六五九頁中六行「次第」下，磧、普、南、徑、清有夾註「竺本分明顯現」。

一　六五九頁中七行第六字「手」，資、磧、南、清無。

佛本行集經卷第十　宜

隋天竺三藏闍那崛多譯

相師占看品下

大王是童子音言語哀美清揚遠震
大王是童子口四牙廣大
大王是童子牙悉皆鋒利
大王是童子牙不缺不破
大王是童子鼻端立圓直如鸚鵡鳥
大王是童子眉齊平而密
大王是童子耳穿環垂埵
大王是童子耳不乖不戾
大王是童子耳不麤不澁
大王是童子眼無有缺減
大王是童子眼無有傷損
大王是童子身諸根寂定
大王是童子面頟寂勝上
大王是童子髮純紺青色
大王是童子頭髮色潤澤
大王是童子髮不麤不澁
大王是童子髮不稠而厚
大王是童子髮齊而細密
大王是童子髮不缺不破

大王是童子髮拳卷而旋
大王是童子髮圓而右旋狀如卍字
大王是童子頭其上肉髻猶如山頂
大王是童子頭顱類堅鞕
大王是童子頂若人非人不可破壞
大王是童子頂巍巍甚高無人能見（本闕三好）

大王若有一人身體具足三十二大丈夫之相復有如是八十種好彼人一向決定得成阿耨多羅三藐三菩提得菩提已轉於無上最妙法輪

尒時尊者阿私陀仙為王說已作是思惟今此童子幾時出家得成佛道轉於最上勝妙法輪彼作如是思惟之時自心生智即能知見從今已去三十五年此之童子必得成於阿耨多羅三藐三菩提轉於無上最勝法輪時彼仙人因此繫念思惟之時復自見已諸根純熟復自呵責如是歎言嗚呼嗚呼我今在於如是童子法教之外不值此時如是觀已悲號啼哭歔欷哽咽淚流滿面時淨飯王見阿私陀仙人如是啼哭懊惱不能自勝王亦悲哀失聲而哭摩耶夫人既

見是已亦復流淚鯁塞嗚咽彼諸釋種大臣眷屬皆各號咷失聲叫吼宮內大小亦悉悲啼流涕如雨時淨飯王涕淚交橫潸然滿面白阿私陀大仙人言大德尊師此之童子初欲生時即有五百釋種童子同日而生略說乃至五百童女同日而生五百奴僕五百婢媵五百馬駒五百白象皆悉六牙一時同日集宮門外五百伏藏自然涌出五百園林在迦毗羅城之四面自然而現五百商主從諸方來迦毗羅城五百傘蓋五百金瓶外方諸王隣境珠珎悉來送我復跪拜我復有一万天諸童女並在長者及婆羅門剎利家生大仙尊師童子生日我一切利皆悉得成我心願者皆滿具足我喚國內諸善解相婆羅門等明吉凶者悉皆召集彼等見此童子形容皆大歡喜踊躍充遍不能自勝唯獨尊師今見童子何故悲啼何故流淚而今我等眷屬狐疑大師為我辯說此由為我童子有於災禍不祥事乎為自身祟為從外來

佛本行集經第十卷 第四張 亘

時阿私陁見淨飯王涕淚交瞼愁憂
悵怏而白王言大王今者莫愁莫憂
所以者何我今非是見於童子有灾
有變亦不見有諸餘苦惱不見身內
及外不祥大王當知今此童子長壽
巍巍有大威德端正可喜黃白金容
頂如傘蓋鼻若截筒身體洪滿支節
自稱猶如金像身有三十二大夫相
大王此之童子兼有八十微妙種好
大王如是諸相非是轉輪聖王之種
大王如是相者皆是諸佛菩薩之相
大王是故我見童子決定得成阿耨
多羅三藐三菩提轉於無上清淨法
輪為彼諸天世間人等說法安樂一
切衆生而彼法實初中後善乃至說
於清淨梵行若於是邊聽受法已應
生衆生即斷生法應老衆生即斷老
法應病斷病應死斷死憂悲苦惱一
切衆生皆蒙解脫大王我今自恨年
耆根熟衰朽老邁當於尒時不得覩
見失此大利是故我今悲惋自傷非
彼不吉即為大王而說偈言

自恨我有六顛倒　不值此當得道時

佛本行集經第十卷 第五張 亘

空過一生無所聞　豈非是我失大利
我今年老根純熟　死時將至不復奢
念此生分得遭逢　所以一喜一憂懼
大王釋種方興盛　誕此童子福德人
一切諸苦逼世間　此悉能令得安樂

大王無量無邊諸衆生等為貪恚癡
諸火惱時此當能滅能與微妙甘露
法水無量無邊諸惡衆生已入邪見
曠野澤中不見正道迷惑之時此當
能與導直涅槃平坦好道無量無邊
諸苦衆生閉在煩惱牢獄之中此當
能解一切業縛無量無邊愚癡衆生
長夜昏闇覆翳重盲此當為生大智
慧眼無量無邊染著衆生以被煩惱
毒箭所射此當拔濟令免其苦我今
年垂身心退敗慨恨彼時不見此法
是以啼泣大王如優曇花無量無邊
億千万年時一出現諸佛如是無量
無邊千万億劫出世甚難大王今此
童子決定得成阿耨多羅三藐三菩
提決定轉於無上法輪我自傷過不
值此時今當背彼是故悲泣大王彼
等衆生大得財利大得福業若能見

佛本行集經第十卷 第六張 亘

此六聖童子在彼地方菩提樹下坐
降四魔能得覩者彼等衆生大得善
利大得度脫大王若能見此大聖童
子得菩提已漸漸至於波羅㮈國當
轉無上最妙法輪一切衆生大獲勝
果大王此之童子莊嚴清淨是閻浮
提諸聖沙門皆悉教令得阿羅漢作
其弟子是故我啼大王彼等衆生善
得人身善來此世大得財利大種福
業又復得見童子至於三十三天諸
天園遶乘七寶梯而下彼處無量無
邊衆生礼拜大王王今亦善得此人
身大得財利及以法利若王當見自
子得道於天人中說是妙法獲證無疑

佛本行集經私陁問瑞品第九

時淨飯王從彼仙人阿私陁邊聞此
語已生大歡喜即從座起整理衣服
右膝著地合十指掌向於仙人歡喜
倍常得未曾有遍身毛竪頂礼其足
却住一面將二十具上妙衣裳布施
仙人時阿私陁於所施衣二十具中
唯受一具稱已用者而為受之受一
具已自餘諸衣還持迴施於淨飯王

而作是言大王當知我出家人婆羅門種無多威德少欲無求應須知足大王國主賜賚處竟財物有限當任意用自他已然大王童子在於母胎希有之事理應無邊生育已前所有瑞相唯願大王為我盡說我得聞已是大布施令我歡喜踊躍充遍不能自勝此則是我大得財寶時淨飯王白仙人言聖師諦聽專心諦受我為聖師次第而說童子在胎希奇之事未曾有法及童子生所有異相我悉說之大仙尊師我念一時童子之母在於樓上臥妙床敷睡眠之中安庠覺起而語我言大王聽我夢所見事令向王說我於昨夜夢見有一白象六牙身鮮頭赤七支拄地形體端嚴然其六牙皆是金裝飛行虛空從北方來入我右脇入已我身即受快樂快樂希有於世間中無物可喻耳不曾聞又快樂來於世間事我心不樂亦不更願共於大王一處受樂一切五欲皆悉願捨

大仙尊師我於彼時即廣召喚諸婆

羅門有能占相善語先賢依經援書而教變出即語之言我大夫人夜所夢見事相如前果報云何為我解說是時一切諸婆羅門即依先書諸聖所說占此夢相而白我言大王今可特意歡喜是夢大善大有吉祥此大夫人必生童子於世間中大得名聞天下豪尊無有雙匹時我聞是諸婆羅門如是語已設大美食持好財寶布施彼等而發遣之我於彼時在此城內所有街陌四衢道頭或復坊巷隨有處立大無遮會所有財寶皆悉布施須食與食乃至資生五行調度皆令滿足願此功德迴施童子莊嚴其身

復次大師童子在胎有四天王來至我家在於四方各嚴守護童子之母

復次大師童子在胎童子之母受大快樂身體數愉無疲無惓

復次大師童子在胎母常持戒諸根調伏無有瞋根

復次大師童子在胎童子之母無有欲心亦不曾為欲心所惱身口唯行

清淨梵行

復次大師童子在胎童子之母不患寒熱不苦飢渴

復次大師童子在胎其母庶幾所有錢財珍奇寶物人所須者恣意與之心生歡喜不生慳悋

復次大師童子在胎其母恒行慈悲憐愍於一切命

復次大師童子在胎童子之母端正可喜世無有雙先時光澤倍更增進轉勝於前

復次大師童子在胎其母欲觀童子之時即見童子在於胎內身體洪滿諸根完具可喜端正猶如淨鏡見其面像母見此已生大歡喜踊躍遍身不能自勝

復次大師童子在胎諸有病人來欲到於童子母所其童子母以手摩觸或以草葉或持樹菜送於彼邊彼等眾生皆得安樂身體無患無諸苦惱

大師童子在胎有如是等無量種種希奇之事未曾有法

復次大師時童子母摩耶夫人父善

覺釋遣使語我大王知時我女懷孕此勝衆生威德甚大若彼出巳我女不久必取命終我意今者欲喚自女來向我園嵐毗尼中共我相娛受於快樂亦望是處得保吉祥唯願大王善好發遣我聞彼使如是語巳即時宣告嚴駕發遣摩耶夫人乃至從此迦毗羅城到彼天辟雨城中間耘除一切荆棘砂礫種種糞穢皆令清淨香湯灑地持諸妙花而散其上餝童子母以諸妙香諸種花鬘莊嚴其身作諸音樂持王勢力持王威神及其宮內一切婇女前後圍遶乘大白象歸向善覺天辟城中其童子母摩耶夫人遥見迎來即持種種無量無邊莊嚴之具相隨共入嵐毗尼園逍遥娛樂時童子母摩耶夫人從白象下宮內婇女左右圍遶前後侍衛安庠進入嵐毗尼園觀視林樹從此樹下如是次第到波羅叉樹下之時伸舉右手攀彼樹枝安庠而息是時童子見於其母摩耶夫人手攀枝巳從彼胎中一心正念安庠徐起從右脇出

其母右脇亦無疼痛亦無患難不劈不裂是時童子右脇生時身放大光照曜世間大師是名童子在母胎內初生之時有如是等希奇之事未曾有法

復次大師童子在胎不憂不愁從其胎內安庠徐起身體鮮淨不為種種涕唾痰癃屎尿淤血之所穢汙

復次大師童子初從胎內出時一切諸天以迦尸迦細褁其身懷抱執持將向母前而語母言大德夫人今應歡喜夫人今日生於聖子天人中尊

復次大師童子初生無人扶持住立於地各行七步凡所履處皆生蓮花顧視四方目不曾瞬不畏不驚住於東面不似孩童呱然啼叫言音周正巧妙辭章而說是言一切世間唯我獨尊唯我最勝我今當斷生老死根

復次大師童子生時即於是處忽有二池一暖一冷隨童子母恣意取用上界虛空復流二水冷暖如前洗浴童子

復次大師童子生時有真金搨坐童

子身令童子浴

復次大師童子生時身放光明翳障一切諸寶火燄一切光明

復次大師童子生時身放光明蔽日月光狀如星宿

復次大師童子生時一切樹木隨時敷榮花果茂盛非時諸樹亦復開鮮

復次大師童子生時虛空諸天持其白蓋真金為柄覆童子上

復次大師童子生時虛空諸天復持白拂摩尼為柄拂童子上

復次大師童子生時虛空清淨無雲無霧及諸烟塵但聞雷聲

復次大師童子生時虛空無雲而下細雨清淨妙水八味具足

復次大師童子生時一切諸方涼風忽起其風調適不為惱患諸方清淨無有烟雲及諸氛翳

復次大師童子生時於上空中出大梵聲非人所作自然而響

復次大師童子生時於童子上自然而有無量音聲非人所作復聞無量歌樂之聲復雨無量種種花香日光

所照常鮮不異
復次大師童子生時於上虛空一切
諸天雨於種種天諸妙花優鉢羅花
分陁利花拘物頭華波頭摩華復持
無量種種末香復持無量種種殊妙
㝡勝華鬘散童子上散已更散
復次大師童子生時自然忽有无量無
邊諸天玉女持種種香及種種油塗
香末香天妙衣服種種天樂或歌或儛
出種種聲漸漸而行詣向摩耶童子
母前而問訊言善生童子得無疲惓
復次大師童子生時於此大地六種
震動十八相具
復次大師童子生時三千大千一切
世界諸衆生等一時受樂
復次大師童子生時我得成就一切
大利種種吉祥隨我心願莫不具足
復次大師彼時我臣婆私吒子摩訶
那摩来向我邊而語我言唯願大王
常尊常勝國大夫人産生清淨㝡勝
童子
次有人来復語我言唯願大王常勝
一切家室隆盛於諸釋種眷屬之中

復各生於五百童子
次有人来復語我言唯願大王常滿
一切令日釋種眷屬之中復各生於
五百童女
次有人来復語我言乃至宮中一時
産生五百奴僕
次有人来復語我言乃至産生五百
婢媵
次有人来復語我言乃至産生五百
馬駒
次有人来乃至自然五百香象身白
如雪齊有六牙在宮門外
次有人来乃至五百金藏隱伏自然
顯現
次有人来乃至此處迦毗羅城自然
而有五百園林忽尒出現
次有人来乃至他方五百商主多賷
財寶来至於此迦毗羅城
次有人来乃至將於五百白蓋五百
金瓶粟散諸王送来奉獻并復遣人
諮白我言我等皆待大王教命依勑
而行
次有人来而語我言願王常勝有万

童女在於剎利及婆羅門長者家生
大師我於尒時如是思惟我作何乘
將我童子安隱還向迦毗羅城是時
空中有一天轝七寶所成非人工造
忽然而現端正可喜種種莊嚴
大師我於彼時作是思惟誰負此轝
是時四方自然而有四天子来来已
各各擔負寶轝離地不遠乘空而行
我於尒時將是童子入於宮殿㝷復
思惟令我童子作何名也我更思惟
其生之日我一切利自然而成我時
知已便作名字号悉達多
大師尒時我復於此城内諸有相師
能占吉凶一切召喚示此童子令其
觀看汝等一切諸婆羅門為我好觀
此之童子有何相貌復有何相而相
師等聞我語已共瞻童子各各相議
而報我言大王汝得大利如是童子
有大威徳生大王家具足三十二大
人相若當有人具足如是丈夫相者
此人則有二種之行若其在家必定
當作轉輪聖王王四天下七寶具足
乃至不用一切兵戈如法治化若其

捨家修學聖道必得作佛多陁阿伽度阿羅呵三藐三佛陁名聞遍滿一切世間

大師我於尒時將百味食設彼一切諸婆羅門皆悉充足自恣布施種種衣服

大師我於彼時在此城內所有街巷四衢道頭皆行布施須食與食資財五行皆持施與乃至所得諸功德者迴施童子為供養故大師童子在胎初生之時有如是等種種瑞相希奇之事未曾有法諸如是等在胎生法我今具白大師令知令奉大師如是布施唯願大師領受歡喜

尒時尊者阿私陁仙從童子父淨飯王邊聞此微妙諸瑞相等生大歡喜不能自勝從座而起辭王出宮步至門外即以右手執那羅陁童子左臂從門隱身騰虛而行向南天竺下阿槃提聚落之時阿私陁仙語那羅陁童子作是言汝那羅陁童子當知有佛出現於今世間汝當彼邊出家學道修習梵行久遠之時大得利益大得

安樂時阿私陁覆復思惟我滅度後所有利養世間名聞一切皆是那羅童子悉收斂得是故此之那羅童子因利養故世名聞故盡其道行不得精進不得正念不得信行於三寶邊不能分別此是佛陁此是達摩此是僧伽是故名聞損彼自身

尒時尊者阿私陁仙更復思惟是淨飯王悉達童子在何國地當得成於阿耨多羅三藐三菩提復在何處轉於清淨無上法輪如是少時思惟訖已內心明見知是童子其後於彼摩伽陁國當得阿耨多羅三藐三菩提波羅㮈國轉於法輪我於今者當應將此那羅童子詣波羅㮈造一精舍安置立已晝日三時夜三時向彼為其說佛名号汝那羅陁佛出於世汝那羅陁佛出於世如是三稱汝應彼邊出家修道懃行梵行汝當後時有大利益得大安樂時阿私陁作是念已將那羅陁向波羅㮈為造精舍安置立已晝夜六時作是唱言汝那羅陁佛興於世晝夜六時如是三唱

汝當出家乃至後時得大安樂時阿私陁如是方便住世無量而取壽終時阿私陁命終之後其那羅陁侍者童子於世間中得大利養得大名聞時那羅陁著世利養貪名聞故心不自定不能增進以求利養不知足故不能自念不能自信不能分別此是佛耶此是法耶此是僧耶彼阿私陁命終之後時淨飯王語諸國師婆羅門言大師當知今此太子既生王宮不久必當行於聖行證得聖道猶如尊者大阿私陁仙人授記此言真實恐當不虛必應如是大師我王種族若為嗣立當大損減其婆羅門諸國師報淨飯王言大王今者莫作是念如我授記此之太子必當定作轉輪聖王如我等語終無有異

時淨飯王語國師言仁等大師汝於今者非阿私陁聖師之言此語虛謬時彼國師婆羅門等更報王言彼仙人語若其不虛言是實者大王今應須作方便及年少時增益世事當觀太子著於何者漸漸更加如是則彼

自愛家居不向山林脩於苦行
時淨飯王復問國師婆羅門言此事
云何時國師等復白王言大王當知
往古諸仙或飲風露或食花果或食
根藥著樹皮衣少欲知足彼等諸仙
猶愛俗事一着於世尚生放逸況復
太子日日習近一切諸根自然染著
以王勢力具足功德住在家內能捨
出家無有是處時淨飯王復作是言
此事如是如大師語世間亦有方便
之事如大師說但彼大仙阿私陁說
必不虛言是故我心常生疑惑時淨
飯王思惟如是未來之事心疑猶預
即集群臣諸釋種族而告之言我勅
汝等若見太子增長之時莫向彼前
說阿私陁授記之事所以者何太子
若聞如此語者其喜不捨菩提之心
時淨飯王復更重告諸臣等言卿諸
臣等為我太子國內所有禁繫囚徒
皆悉放赦令得解脫乃至一切諸禽
獸等亦並放捨復告國師婆羅門言
大師若知所有精進婆羅門等或百
或千聚集之處隨意所須悉皆布施

所有天祠及神廟堂皆令修治依法
祭祀為我太子令得大福尒時國師
婆羅門等即依王命四方召得三万
二千諸婆羅門日別令入淨飯王宮
所有資財悉持布施滿七日夜所有
功德迴施太子願令增進而有偈說

淨飯王心大歡喜　以生福德太子故
一切群臣皆聚集　天下囚繫普放恩
誕育既稱適本心　慇重欲為作生法
持彼百千乳牛犢　皆金裝角銀鎊蹄
年齒悉壯毛色鮮　各各從犢隨其後
膚體充肥多乳汁　一頭一捋得十斗
更有無量種珎奇　錢財穀帛諸雜物
為令太子增益故　布施於彼婆羅門

佛本行集經卷第十

癸卯歲高麗國大藏都監奉
勅彫造

佛本行集經卷第十

校勘記

一　底本，麗藏本。
一　六六一頁上三行品名下，[徑]、[清]有「第八之二」。
一　六六一頁上七行第六字「牙」，諸本作「齒」。
一　六六一頁中一行第七字「拳」，[磧]、[普]、[南]、[徑]、[清]作「鬈」。
一　六六一頁中一四行第五字「生」，諸本作「出」。
一　六六二頁上一行第一二字「瞼」，諸本作「臉」。
一　六六二頁上七行第八字「筒」，[資]作「銅」。
一　六六二頁上一九行「自恨」，諸本作「自慨」。
一　六六二頁中八行第八字「惡」，[磧]、[普]、[南]作「苦」。
一　六六二頁中二二行第六字「背」，[磧]、[普]、[南]作「偕」。

一　六六二頁下一五行「佛本行集經」，徑、清無。

一　六六二頁下二〇行第五字「將」，徑作「奉」。

一　六六二頁下末行第一〇字「施」，諸本作「歸」。

一　六六三頁上一三行「安庠」，徑、清作「安詳」。下同。

一　六六三頁中一行第一〇字「典」，磧、普、南、徑、清作「夢」。

一　六六三頁中五行第九字「我」，諸本作「王」。

一　六六三頁中八行第八字「正」，諸本作「匹」。

一　六六四頁上四行第四字「圍」，資作「國」。

一　六六四頁中八行「疾癃」，資作「淡陰」。

一　六六四頁中一二行「天人」，清作「大人」。

一　六六四頁中一三行第九字「無」，諸本作「天」。同行「扶持」，資、磧、普作「扶侍」。

一　六六四頁下一行第三字「令」，清作「今」。

一　六六四頁下一八行第七字「氣」，磧作「氣」。

一　六六五頁上一五行「一時」，諸本作「一切」。

一　六六六頁上一三行第七字「令」，諸本作「今」。

一　六六六頁上二一行第三字「作」，諸本無。

一　六六六頁中一四行第五字「轉」，徑作「輪」。

一　六六六頁下一二行及一六行「授記」，諸本作「受記」。

一　六六七頁中一行「天祠」，諸本作「天寺」。

一　六六七頁中一二行末字「斗」，諸本作「升」。

佛本行集經卷第十一　令

隋天竺三藏闍那崛多譯

姨母養育品第十

尒時太子既以誕生適滿七日其太子母摩耶夫人更不能得諸天威力復不能得太子在胎所受快樂以力薄故其形羸瘦遂便命終

或有師言摩耶夫人壽命筭數唯在七日是故命終雖然但往昔來常有是法其菩薩生滿七日已而菩薩母皆取命終何以故以諸菩薩㓜年出家母見是事其心碎裂即便命終

薩婆多師復作是言其菩薩母見所生子身體洪滿端正可憙於世少雙既覩如是希奇之事未曾有法歡喜踊躍遍滿身中以不勝故即便命終

尒時摩耶國大夫人命終之後即便往生忉利天上生彼天已即有勝妙無量无邊諸天婇女左右圍遶前後翼從各各持於無量无邊供養之具曼陁羅等諸菩薩所處處遍散為欲供養於菩薩故從虛空下漸漸而墜

到於人間淨飯王宮到王宮已語淨飯王而作是言大王當知我得善利善生人間我於往昔胎懷於彼清淨衆生大王童子滿足十月受於快樂令我生於三十三天還受快樂如前不異彼樂此樂一種無殊大王從今已往願莫為我受大憂苦從今已去我更不生時彼摩耶即以天身而說偈言

一切怨親平等心　精進勇猛無暫息
善思真如實諦理　念無錯乱有始終
形體炳著真金容　諸根寂靜善調御
我子巧能說諸法　善行頂礼寂勝尊

尒時摩耶說此偈已即便隱身忽然不現還彼天宮

時淨飯王見其摩耶國大夫人命終之後即便喚召諸釋種親年德長者皆令雲集而告之言汝等眷屬並是國親今是童子嬰孩失母乳哺之寄將付囑誰教令養育使得存活誰能依時看視瞻護誰能至心令善增長誰能憐愍愛如已生携抱捧持以慈心故功德心故歡喜心故時有五百

釋種新婦彼等新婦各各唱言我能養育我能瞻看時釋種族語彼婦言汝等一切年少盛壯意耽色慾汝等不能依時養育亦復不能依法慈憐唯此摩訶波闍波提親是童子真正姨母是故堪能將息養育童子之身亦復堪能奉事大王彼諸釋種一切和合勸彼摩訶波闍波提為母養育

時淨飯王即將太子付囑姨母摩訶波闍波提以是太子親姨母故而告之言善来夫人如是童子應當養育善須護持應令增長依時澡浴又別簡取三十二女令助養育以八女人擬抱太子以八女人洗浴太子以八女人令乳太子以八女人令其戲弄

其淨飯王産生二子一者太子字悉達多二名難陁

其白飯王亦有二子第一名難提迦第二名為婆提唎迦

其斛飯王亦有二子第一名阿難多第二名為提婆達多

甘露飯王亦有二子第一名為阿尼盧豆第二名為摩訶那摩

淨飯王妹名阿弥多質多羅
生於一子名為底沙
是時摩訶波闍波提太子姨母白淨
飯王作如是言謹依王勅不敢乖違
時波闍波提依於王命養育太子辟
如日月從初一日至十五日清淨圓
滿養育太子亦復如是漸漸增長又
復辟如尼拘陁樹得種好地而漸增
長後成大樹太子如是日日增長從
其太子出生已來淨飯王家日日增
長一切財利金銀珎寶二足四足無
所乏少而說偈言
五穀及財寶、金銀諸衣服　或造或不造
自然得充足　童子及慈母　乳酪酥常豐
慈母少乳者　悉皆得盈溢
時淨飯王所有怨讎自然皆悉生平
等心平等心已漸生親厚既生親厚
共王同心即便牢固一心一意同願
同行風雨隨時無諸災雹亦无擾乱
少種多収彼諸苗稼一切藥草樹木
園林隨色長色諸香豊足隨味具味
依限成熟終不過時皆是太子威德
力故一切城內所懷妊者安隱得生

又諸人民無衆疫横亦无夭死以此
太子威德力故側近所有一切人民
長者居士各各自守不相求及無此
求彼彼當與我設令因事所須少多
貸擧假借彼應多與不生是念須若
干者即與若干城內人民各各相尊
孝養父母敬事師長以是太子威德
力故亦如往昔如法行一切諸王
人民士庶皆依法行悉持十善具足
而行國內無怖五穀豊登遠離飢儉
如是如是淨飯王國一切境內無有
飢儉亦無驚怖五穀豊饒一切人民
如法而行種種布施作諸功德造諸
園林造諸大義井泉池渠皆悉自現
天舍廟堂曹局省府皆亦自然人無
枉横一切人民皆並歡喜猶如天上
無有差殊以於太子威德力故如是
諸事莫不成就如偈所說
人民順尊教　不慳亦不惜　無不如法行
慈心不起煞　飢渇既得解　飲食皆充足
一切悉歡喜　並受如天樂
時淨飯王過軫宿辰取角宿日為大
子作衆寶瓔珞所謂手腕指脛釧鐶

首飾雜寶勝妙花鬘頭繫種種瓔珞
珠璣印文指環辟渠胥珮金縷為帶
金鈴寶網種種摩尼為莊嚴具靴履
草屣雜寶庄嚴其天寶冠最勝殊妙
復有五百釋種諸親為於太子各造
一具雜妙瓔珞如上莊嚴作已將詣
淨飯王所而白王言善哉大王我等
所造此妙瓔珞七日七夜唯願大王
以此瓔珞莊嚴太子當令我等不空
疲勞時淨飯王於其晨朝鬼宿之日
共一國師婆羅門名優陁耶鄰是優
陁夷比丘之父并及五百諸婆羅門
皆唱是言甚大吉祥共將太子至彼
一園名曰無垢清淨莊嚴往昔已來
貴之如塔時彼園內復有無量无邊
百千一切衆生男子婦人童男童女
相喚雲會集聚彼園欲觀太子復更
別駕一乘大車載置種種瓔珞金銀
飲食衣服悉令充備於迦毗羅城內
街術四衢道頭及諸小巷諸如是處
設大布施高聲唱言凡所須者皆悉
給與如是駕在太子前行復有八千雜
種音樂作種種聲虛空自雨無量无

邊雜妙花雨復有無量百千諸女皆以種種諸寶瓔珞莊飾其身在於閣上或在高臺或在却敵或在城頭及女墻邊或城樓上或窓牖中或居堂脊或立屋頭手執諸花觀看太子以花逆散於太子前復有八千諸天寶女手執拂箒身體莊嚴在太子先掃除道路一切釋種眷屬諸親並悉莊於淨飯王側及太子前次第而行是時摩訶波闍波提懷抱太子安置膝上坐輦乘中如是種種無量无邊莊嚴倚已將引太子往詣彼園尒時國師優陁夷父共彼五百諸婆羅門人人各以無量无邊吉祥之言稱讚太子持諸瓔珞繫太子身繫瓔珞已太子身相皆悉隱障彼之瓔珞並各昏暗無復精光猶如聚墨不能照曜无復光顯辟如無價閻浮檀金欲於其邊安置丸炭如是如是彼諸瓔珞繫太子已猶如畫墼不能自現所有瓔珞至太子身不顯不現不照不曜亦復如是時彼人衆見此太子有如是等希奇之事未曾有法各各唱言嗚

呼嗚呼希有希有各各歡笑人人拍手歌儛叫嘯擲弄衣裳時彼園內有一天神名曰離垢然彼天神在於虛空隱身不現而說偈言

假使此大地　及城邑聚落　山河諸樹木
皆成閻浮金　佛一毛孔光　具足威德相
翳彼如聚墨　百福莊嚴滿　瓔珞光相滅
若人具諸相　第一勝報果　不須瓔珞嚴

時彼天神說此偈已即持種種無量天花散太子上還其本宮

尒時釋種諸親族等即持無價碎末栴檀及細磨者雜色牙席雜種諸藥具滿諸器持與太子令莊嚴身復持鹿車真金為轝種種船舫諸雜野獸乃至馬駒雜寶所作具施太子恣令嬉戲具足八年如是歡樂娛樂太子增長養育然其不似世之嬰孩洟涕不淨無諸糞穢亦不吮啼呻吟頻顣不飢不渴諸母養育常生歡喜

時淨飯王作是思惟今我太子端正少雙未知其力竟復何如今可試看驗其強弱尒時大王即共無量釋種童子同坐飲食持一純金雕鏤之鉢

盛歡喜丸具足充滿復以真金作諸環鏁置諸一切衆童子前教令爭食又復聚於諸小白象令與童子共相覺食語諸一切衆童子言汝等當知如是白象將奪汝食時諸童子斷衆白象爭力不如遂令象食然後始語太子令知太子汝食今被他奪是時太子即以兩手執彼金鉢出少身力而壞彼鏁令象却頓不如太子

時淨飯王復為太子多集羖羊安置宮內為令太子生歡喜故真金為鞍雜寶莊飾種種瓔珞以嚴其身金羅網覆是時太子乘彼羊車至於園林及其親叔甘露飯等自餘諸釋各為諸子莊諸羖羊具足如前彼諸童子亦乘羊車隨意遊戲

佛本行集經習學技藝品第十一

時淨飯王知其太子年已八歲即會百官群臣宰相而告之言卿等當知今我化內誰寍有智誰具技能種種悉通堪為太子作於師匠教使學書及餘諸論時諸臣等即報王言大王當知今有毗奢婆蜜多羅善知諸論

寂勝寂妙如是大師堪教太子種種
書論時淨飯王即遣使人呂彼毗奢
婆蜜多羅而告之言尊者大師汝能
為我教此太子一切技藝諸書論不
時蜜多羅報言大王謹依王命我今
堪能時淨飯王心生歡喜即占好日
善宿吉時共大釋種耆舊有德令其
莊飾一切禮儀種種所須悉令充備
復嚴五百諸釋種童前後左右周匝
圍繞更復別有無量无邊童男童女
隨從太子將昇學堂時彼大師毗奢
蜜多遥見太子威德力大不能自禁
遂使其身從座忽起屈身頂礼於太
子足礼拜起已四面顧視生大羞慙
時蜜多羅生慙愧已於虚空中有一
天子名曰淨妙從兜率宫共於無量
无邊寂大諸天神王恒常守護是大
子者在彼虚空隱身不現而說偈言
世間諸技藝　及餘諸經論　此人悉能知
亦能教示他　是勝衆生者　隨順世間故
往昔久習來　今示從師學　出世所有智
諸諦及諸力　因緣所生法　生已及滅無
一念知彼等　名色現不現　猶尚能證知

況復諸文字
尒時天子說此偈已以種種華散太
子上即還本宫時淨飯王即持種種
無價珎寶以用布施諸婆羅門復持
種種百味飲食施設衆座諸婆羅門
將是太子付彼大師毗奢蜜多留諸
乳母令侍太子即還王宫
尒時太子既初就學將好寂妙牛頭
栴檀作於書板純用七寶莊嚴四緣
以天種種殊特妙香塗其背上執持
至於毗奢蜜多阿闍梨前而作是言
尊者闍梨教我何書 元少一書
或復梵天所說之書 今婆羅門書正十四音是
佉盧虱吒書 隋言驢脣 富沙迦羅仙人說
書 隋言蓮花 阿迦羅書 隋言節分
瞢伽羅書 隋言吉祥 耶寐尼書 隋言大秦國書
鴦瞿梨書 隋言指書 耶那尼迦書 隋言馱乘
娑伽婆書 隋言特牛 波羅婆尼書 隋言樹葉
波流沙書 隋言惡言 毗多荼書 隋言起屍
陁毗荼國書 隋云南天竺 脂羅低書 隋言裸形人
度其差那婆多書 隋言右旋
優伽書 隋言嚴熾 僧佉書 隋言算計
阿婆勿陁書 隋言覆 阿㝹盧摩書 隋言順

毗耶寐奢羅書 隋言雜 陁羅多書 烏場邊山
西瞿耶尼書 隋言無 珂沙書 疏勒
脂郝國書 大隋 摩郝書 斗升
未荼叉羅書 中字 毗多悉底書 尺
富數波書 花 提婆書 天
郝伽書 龍 夜叉書 隋言无
乾闥婆書 天音聲 阿脩羅書 不飲酒
迦婁羅書 金翅鳥 緊郝羅書 非人
摩睺羅伽書 大蛇 弥伽遮迦書 諸獸音
迦迦婁多書 烏音 浮摩提婆書 地居天
安多梨叉提婆書 虚空天
欝多羅拘盧書 須弥北
逋婁婆毗提呵書 須弥東
烏差波書 舉 膩差波書 擲
娑伽羅書 海 跋闍羅書 金剛
梨伽波羅低梨伽書 往復
毗柰 蹀音 多書 食殘 阿㝹浮多書 未曾有
奢娑多羅跋多書 如伏轉 伽郝郝跋
多書 算轉 優差波跋多書 舉轉
尼差波跋多書 擲轉 波陁梨佉書 足
毗拘多羅波陁郝地書 從二增上句
耶婆陁輸多羅書 增十句已上
末荼婆哂尼書 中流 梨沙耶娑多波

佉比多書諸仙苦行陁羅尼畢义梨
書觀地　伽伽那畀䴡义尼書觀虛空
薩藲沙地尼山陁書一切藥果因　沙羅僧伽
何尼書總覽　薩婆婁多書一切種音
尒時太子說是書已復諮毱多阿闍
梨言此書凡有六十四種未審尊欲
教我何書是時毗奢婆蜜多羅闍於
太子說是書已內心歡喜悅豫淵怡
密懷私慙折伏貢高我慢之心向於
太子而說偈言

希有清淨智慧人　善順於諸世間法
自已該通一切論　復更來入我學堂
如是書名我未知　其今悉皆誦持得
是為天人大尊導　今復更欲覓於師

尒時復有五百釋種諸臣童子俱共
太子齊入學堂學書唱字以是太子
威德力故復有諸天神力加故諸音
響中出種種聲
唱阿字時諸行無常出如是聲
唱伊字時一切諸根門戶閇塞出如
是聲
唱優字時心得寂定出如是聲
唱哩字時諸六入道皆證知故出如

是聲
唱嗚字時當得渡於大煩惱海出如
是聲
唱迦字時當受諸有業報所作出如
是聲
唱佉字時教拔一切煩惱根本出如
是聲
唱伽字時十二因緣甚深難越出如
是聲
唱咺字時諸無明盖覆翳甚厚當淨
除滅出如是聲
唱俄字時如來當得成佛道已至餘
諸方恐怖眾生施與無畏出如是聲
唱遮字時應當證知四真聖諦出如
是聲
唱車字時今者應當所有諂曲邪惑
意迷皆悉除滅出如是聲
唱闍字時應當超越出生死海出如
是聲
唱社字時魔煩惱幢當碎破倒出如
是聲
唱若字時當令四眾皆順教行出如
是聲

唱吒字時其諸凡夫一切眾生憂處
畏敬此言無常出如是聲
唱咤字時應當憶念此之咤字若根
純熟不聞諸法即得證知出如是聲
唱荼字時應當得彼四如意足即能
飛行出如是聲
唱嗏字時作合歡華如嗏言語散唱
諸行及十二緣生滅之法無常顯現
出如是聲
唱拏字時其得道人受利養時無一
微塵等諸煩惱而不散滅堪應他供
出如是聲
唱多字時當向苦行出如是聲
唱他字時一切眾生其心若斧諸塵
境界猶如竹木當作是觀出如是聲
唱陁字時當行布施行諸苦行即得
和合出如是聲
唱他字時當有法聲出如是聲
唱哪字時當須用彼食飲活命出如
是聲
唱數字時真如實諦出如是聲
唱頗字時當得成道證於妙果出如
是聲

唱婆字時解一切縛出如是聲

唱嘍字時說世間後更不受有出如是聲

唱摩字時說諸生死一切恐怖最為可畏出如是聲

唱耶字時開穿一切諸法之門為人演說出如是聲

唱囉字時當有三寶出如是聲

唱邏字時斷諸愛枝出如是聲

唱婆字時斷一切身根本種子出如是聲

唱奢字時得奢摩他毗婆舍那出如是聲

唱沙字時當知六界出如是聲

唱娑字時當得諸智出如是聲

唱訶字時當打一切諸煩惱却出如是聲

尒時彼諸五百童子作如是唱諸字門時以是太子威德力故兼復諸天護持所加出於如是微密秘奥諸法門聲

時淨飯王又復集聚群臣議言卿諸臣等一切誰知何處有師最便武技

善巧軍戎兵仗智略堪教於我悉達太子時諸臣等奉報王言大王當知此處有釋名為善覺其善覺子羼提提婆（隋言忍天）堪教太子兵戎法式其所解知一切凡有二十九種善巧善妙技術精微所作輕便勁捷勲勇二十九者所謂騰象跨車跳坎越馬射妙走疾志猛性剛身體輕便所為諦審善能調習捉象搭鉤巧解安施擲象羂索又工將養飲飼畜生處分指撝善捴兵馬諳練曲直斜正山川手握拳牢脚蹋地穩拆頭結髮斬固甚牢能破能開能劈能斬射不虛落挽勒无雙遥聞響聲射即懸著所放之處箭入甚深黠慧聰明辭清辯捷謀謨策筭巧解多知討古論今方便善詐諸如是等所有兵家秘要神能悉皆通達唯應是彼乃可堪教大王太子一切戎技

時淨飯王聞是語已心大歡喜即勑諸臣令喚忍天其忍天至王勑之言羼提提婆汝能教我悉達太子戎仗智不是時忍天即白王言臣甚能教

王復勑言汝若知時好教我子令得成就時淨飯王為於太子欲遊戲故造一園苑名曰勤劬是時太子入彼苑內遊戲歡娛或令按摩時彼五百諸釋種自悉為其兒各造園苑擬以戲笑按摩遨遊時忍提婆將引太子入勤劬園教戎仗智彼諸釋種各各自入其園苑中遊戲學習時忍提婆將其數種兵戎器仗欲教太子太子見已悉皆棄捨即語忍天作如是言汝教其餘諸釋種子我自解此不須更學時忍提婆即以教於其餘釋種此戎仗智而彼學已不久人人悉得成就二十九種並皆通達所謂騰跳白象車馬乃至挽強於一切處皆成就得最第一智輕便最能聰明智慧又如是等諸王技中最善最勝所謂書筭解諸計數雕刻印文宮商律呂儛歌戲笑騃（士洽反）䶩（魚洽反）漫談或造諸珎瓌奇異寶染衣出色圖畫草菜種種諸事和合熏香或弄手筆草正諸書能制文章又復能於白象背上能迴能轉旋鞍騙（疋苐反）馬所有象駞

頭項尾脚種種諸技並悉便能又於車邊亦善巧弄出諸異法刀槊弓箭身中得悉意氣容與相撲扨腕捔力擲斤按摩築擿（壯皆反）扨脛擗躃能擲能走乃至不空及聞聲射入鞹挽強箭連如雨太子於此一切諸技皆悉棄捨更不肯學去我自解何假須教復欲教習諸王要法所謂天大祭祀占察懸射前事謌語巧誦知諸獸音達於聲論造作諸技因伎報荅呪術雜事十餘種名治化古先一切書典教於太子及自他釋亦如是教又復世人積年累月所學問者或成不成彼等衆技一切諸論太子能於四年之中及餘釋種皆悉學得通達無㝵一切自在是時忍天即為太子而説偈言

汝於年幼時　安庠而學問　不用多功力

須臾而自解　於少日月學　勝他多年歲

所得諸技藝　成就悉過人

佛本行集經卷第十一

癸卯歲高麗國大藏都監奉

勑彫造

佛本行集經卷第十一

校勘記

一　底本，麗藏本。

一　六七〇頁中一五行第六字「局」，資作「局」。

一　六七一頁中一二行第一〇字「席」，資、磧、普、南作「𢂁」。

一　六七一頁下二行第二字「鏁」，普、清作「瑣」。

一　六七一頁下一七行「佛本行集經」，徑、清無。

一　六七二頁上六行首字「堪」，磧、普、南、徑、清作「甚」。

一　六七二頁上一二行及本頁中六行、一一行「蜜多」，諸本作「蜜多羅」。

一　六七二頁上一三行第七字「忽」，普作「忽」。

一　六七二頁上末行「猶尚」，南、徑、清作「猶上」。

一　六七二頁中六行首字「將」，諸本作「持」。

一　六七二頁中一二行夾註「元少一書」，資、磧、普、南作「梵本元少書」；徑、清無。

一　六七二頁中一八行夾註「牸牛」，磧作「牸」。

一　六七二頁中一九行「毗多荼書」及夾註與二〇行「陁毗荼國書」及夾註，諸本互易。

一　六七二頁中二〇行「羅伍」，資作「羅極」。

一　六七二頁下三行夾註「斗升」，諸本作「升斗」。

一　六七二頁下四行首字「未」，普、南、徑、清作「末」。同行夾註「尺」，諸本作「人」。

一　六七二頁下一六行第五字「伍」，諸本作「極」。同行夾註「徃復」，諸本作「往後」。

一　六七二頁下一七行夾註「音喋」，諸本無。

一　六七三頁上二行夾註「虛空」，磧、

普、南作「虚」。

一 六七三頁上三行夾註「一切藥果因」，諸本作「一切藥草因」。

一 六七三頁上四行夾註「揔覧」，諸本作「總覺」。同行正文第五字「婆」，磧、普、南、徑作「娑」。

一 六七三頁上二〇行「閑塞」，諸本作「開塞」。

一 六七三頁中二〇行第五字「魔」，資、磧、普作「摩」。同行第八字「憧」，磧、普作「幢」。

一 六七三頁中二二行「皆順」，諸本作「皆須」。

一 六七三頁下一〇行第二字「拏」，諸本作「喏」。

一 六七三頁下二一行第二字「簸」，資作「皷」。

一 六七四頁上六行第五字「開」，資、磧、普、南作「關」。

一 六七四頁中一行第六字「仗」，資作「伎」。

一 六七四頁中七行第九字「坎」，諸本作「坑」。

一 六七四頁中九行「搭鉤」，磧作「揄鉤」。

一 六七四頁中二一行第三字「令」，資、磧、普作「今」。

一 六七四頁中二二行「戎仗」，諸本作「戎技」。下同。

一 六七四頁下一九行正文第五及第六字「𩤲」與「鹹」，諸本作「唊」與「喻翁」。

一 六七四頁下二〇行「瓌奇」，資、磧、普、徑、清作「瑣琦」；南作「瑣奇」。同行「圖盡」，諸本作「圖畫」。

一 六七五頁上三行第四字「悉」，諸本作「志」。同行「拗腕」，諸本作「扲捥」。

趙城縣廣勝寺

佛本行集經卷第十二　令

三藏法師闍那崛多譯

遊戲觀矚品第十二

爾時太子生長王宮孩童之時遊戲未學年滿八歲出閣詣師入於學堂從毗奢蜜及忍天所二大尊邊受讀諸書并一切論兵戎雜術經歷四年至十二時種種伎能遍皆涉獵既通達已隨順世間悅目適心縱情放蕩馳逐聲色曾於一時在勤劬園遨遊射戲自餘五百諸釋種童亦各在其自己園內優遊嬉戲時有群鴈行飛虛空是時童子提婆達多彎弓而射即著一鴈其鴈被射帶箭遂墮悉達園中時太子見彼鴈帶箭被傷墮地見已兩手安徐捧取已加趺安鴈膝上以妙滑澤柔潤水波卍字輪文福德之手細軟猶如芭蕉嫩葉左手擎持右手拔箭即以蘇蜜封於其瘡是時提婆達多童子遣使人來語太子言我射一鴈墮汝園中宜速付來不得留彼是時太子報使人言鴈若

佛本行集經卷第十二　第二張　令字号

命終即當還汝若不死者終不可得時提婆達復更重遣使人語言若死若活决須相還我手於先善巧射得遇墮落彼云何忽留太子報言我已於先攝受此鴈所以然者自我發於菩提心來我皆攝受一切眾生況復此鴈而不屬我以是因緣即便相覔集聚諸釋宿老智人判决此事是時有一淨居諸天變身化作老宿長者入釋會所而作是言誰養育者即是攝受射著之者即是放捨時彼諸釋宿老諸人一時印可高聲唱云如是如是如仁者言此是提婆達多童子共於太子家初搆結怨讐因緣復有一時其淨飯王共多釋種諸童子輩并將太子出外野遊觀看田種時彼地內所有作人赤體辛勤而事耕墾以牛縻繫彼犁檽端牛若行遲時時搖掣日長天熱喘嗽汗流人牛並皆困乏飢渴又復身體羸瘦連骸而彼犁傷土墢之下皆有虫出人犁過後時諸雀鳥飛下來食此虫豸太子覩茲犁牛疲頓兼被鞭撻犁輻研領鞅

縲勒咽血出下流傷破皮肉復見犁人被日炙背裸露赤體塵土坌身烏鳥飛來爭拾虫食太子見已起大憂愁辭如有人見家親族被繫縛時生大憂愁太子憐愍彼諸衆等亦復如是見是事已起大慈悲即從馬王揵陟上下下已安庠經行思念諸衆生等有如是事即復唱言嗚呼嗚呼世間衆生極受諸苦所謂生老及以病死兼復受於種種苦惱展轉其中不能得離云何不求捨是諸苦云何不求猒苦寂智云何不念免脫生老病死苦因我今於何得空閑處思惟如是諸苦惱事

時淨飯王觀田作已共諸童子還入一園是時太子安庠矚盻處處經行欲求寂靜忽見一處有閻浮樹條幹滑澤端正可憐欝蓊扶踈人所樂見見已即語諸左右言汝等諸人各遠離我我欲私行是時太子發遣左右悉令散已漸至樹下到樹下已即於草上加趺而坐諦心思惟衆生有於生老病死種種諸苦發起慈悲即得

心定彼時即便離於諸慾棄捨一切諸不善法思惟境界分別境界慾界漏盡即得初禪我身亦自有如是法未免此法未度此輪當思惟時有五神仙飛騰虛空自在而行有大威德有大勢力具足巧通毗陁之論善解諸術從南向北經彼園林閻浮樹上而欲飛過即不能去各相謂言我等往昔去來自恣穿過須弥出諸神通種種示現乃至到於毗沙門宮大天王所或至阿羅迦槃多城亦能穿過彼城多有種種夜叉諸惡神等我亦曾經彼上飛過而此樹端我亦曾經無量過度不曾有㝵不失神通今日以誰威德力故令於我等退失神通不能得過彼等仙人即觀其樹遂見太子在樹陰下加趺而坐威光巍巍顯赫難觀彼等見已作是思惟此坐是誰將非是彼大梵天王世間之主或復是彼吒沙鄉天慾界之主或天帝釋或毗沙門大庫藏主或月天子或日天子或復是於轉輪聖王或此坐者得非是佛出現世乎然今此人

威德甚大

尒時彼林守護之神告諸仙言諸仙人輩此非大梵世間天主非吒沙鄉欲界之主亦非天帝及毗沙門庫藏之主亦復非是日月天子此之太子名悉達多是淨飯王釋種童子諸仙當知大梵天王所有威德其吒沙鄉天主帝釋毗沙門王庫藏之主月天日天轉輪聖王諸威德等比悉達多太子所有一毫威德彼諸威德十六分中不及其一是故汝等至此樹林欲上飛過神通有限不能得度時彼諸仙聞護林神如是語已從虛空下住太子前各各說偈讚歎太子時一仙人而說偈言

世間煩惱火熾然　此能出生法池水
既得如是微妙法　滅彼煩惱火燼無

復有一仙而說偈言

世間愚癡甚黑暗　此能出生智慧光
既得如是微妙法　照彼昏盲一切世

復有一仙而說偈言

憂惱曠野大澤中　此大馱乘能勝致
既得如是微妙法　能度三有諸衆生

復有一仙而說偈言

一切世間煩惱纏　此能方便令解脫
既得如是微妙法　能脫一切諸縛羈

復有一仙而說偈言

世間所有生死病　此大醫師能救療
既得如是微妙法　能治一切生死疣

時諸仙人各各說偈歎太子已接足頂礼右繞三匝飛騰虛空相隨而去時淨飯王須臾之間不見太子心內即生不喜不樂而問人言我之太子今在何處（此上兩句從本重錯）忽然不見是時諸臣東西南北交橫馳走尋覓太子莫知所在時一大臣遙見太子在彼閻浮樹陰之下思惟坐禪復見一切樹影悉移唯閻浮陰獨覆太子時彼大臣見於太子有是希奇難思議事即大歡喜勇躍充遍不能自勝急疾奔馳走詣王所至已長跪依所見事即說偈言

大王太子今在於　閻浮樹陰下端坐
加趺思惟入三昧　光明照曜如日山
此實真是大丈夫　樹影卓然不移動
唯願大王自觀察　太子相貌坐云何

譬猶大梵諸天王　亦如忉利天帝釋
威神巍巍光顯赫　遍照於彼諸樹林

時淨飯王聞已即詣閻浮樹所遙見太子在彼樹間結加趺坐辟如黑夜覩山頂頭大聚火光出猛明炎威德顯著炳照巍巍如重雲間忽出明月亦如暗室然大淨燈時王見已生大希有奇特之心遍體戰慄身毛悉竪即頭頂礼於太子足歡喜勇躍而作是言善哉善哉我此太子大有威德說偈讚曰

如夜大火聚山頂　似秋明月敞雲間
今見太子坐思惟　不覺毛張身戰慄

時淨飯王說偈讚已更復頂礼於太子足重說偈言

我今再度屈此身　頂礼千輻勝妙足
從生已来至今日　忽復得見坐思惟

時有輦挾輦蹄小兒隨從大王啾唧戲笑有一大臣咄彼小兒作如是言汝小兒輩幸勿唱叫時諸小兒報彼臣言何故不聽我等喧適尒時大臣即以偈頌荅彼一切諸小兒言

日光雖極熱猛盛　不能迴彼樹陰涼

復有寂妙一尋光　威德世間無有匹
思惟端坐於樹下　不動不搖如須弥
悉達太子內深心　樂此樹陰當不捨

佛本行集經捔術爭婚品第十三上

尒時太子漸向長成至年十九時淨飯王為於太子造三時殿一者暖殿以擬隆冬第二殿涼擬於夏暑其第三殿用擬春秋二時寢息擬冬坐者殿一向煖擬夏坐者殿一向涼擬於春秋二時坐者其殿調適溫和處平不寒不熱復於宮內後園之中堰水流渠造作池沼栽蒔種種衆雜名花所謂優鉢羅花波頭摩花拘物頭華分陁利華為於太子作喜樂故復有無量无邊諸人各自職司侍衛太子或復有人按摩太子或復有人柔軟太子或復有人以諸香油塗茶太子或復有人洗浴之時揩拭太子或復有人澡浴之時供香湯者或有滌髮梳頭髻者或復有人執鏡照者或執塗香或執眼藥或復有執熏衣香者或執牛黃或執華鬘或復有執種種雜色微妙衣服立太子前常擬供奉太

子者者其衣悉是迦尸迦衣執巳曲躬須者即進其太子父輸頭檀王所者衣裏若迦尸迦外表則用其餘諸物太子不然所服之衣內外悉用迦尸迦作太子左右及執作人僮僕男女諸後從等皆悉饒以粳粮之飯雜宍羹䐗或臛或羹太子一身別置妙好香美粳粮精細簡擇羹臛雜莫百味蘭餚種種珎着及諸麩果如是無量日別恒常晝夜修營各皆新造以擬太子又持白盖覆太子上或畏夜戲零露風霜或復晝遊塵埃日照

時淨飯王既見太子年漸向大心中復憶阿私陁仙授記之語集諸耆舊釋種大臣而作是言汝等親族曾聞知不我此太子初生之時占諸解相及婆羅門阿私陁等皆記之言其若在家定當得作轉輪聖王若捨出家必得成就於無上道而我等今作何方便令此童子得不出家諸釋親族即報王言大王今當速為太子別造宮室令諸婇女娛樂嬉戲是則太子不捨出家而有偈說

阿私陁所記　决定無移動　諸釋勸立殿
望使不出家

如是方便我等釋種可得興盛能令一切恭敬尊重不為眾散諸王所欺

時淨飯王復語釋種諸親族言汝等當觀誰釋女堪與我太子悉達為妃

尒時五百諸釋種族各各唱言我女堪為太子作妃（上兩句梵本悉再稱今略）

時淨飯王復自思惟若我今日不共太子如是籌量忽取他女與其作妃脫不稱可則成違負若我今共太子語論太子意深終不肯道我今狐疑作何方便復更思惟我今可以種種雜寶作無憂器持與太子令太子用施諸女人密遣使覘觀察其意看於太子眼目瞻矚在於誰邊我即娉取與其作妃

時淨飯王即遣造作雜寶玩弄無憂之器所謂金銀種種雜飾造巳即於迦毗羅城振鐸唱言從今巳去至七日來我太子欲見於釋種一切諸女見巳欲施一切雜寶種種玩弄無憂之器城內所有一切諸女悉可來集於我宮門

尒時太子六日巳過至第七日於先出在王宮門前據筌蹄坐是時城內一切諸女皆以種種雜寶瓔珞各嚴其身来集宮門欲見太子復欲受取種種諸寶無憂之器是時太子見諸女来即持種種寶器施與彼等諸女從四方来見太子者以是太子威德大故諸女不能正看太子但取寶器各各低頭速疾而過寶器盡巳寅後有一婆私咤族釋種大臣摩訶那摩其女名為耶輸陁羅前後侍從衆多婢媵圍遶而来遥見太子俄俄注睛舉目雅步瞻覩直眄目不斜關漸進前趍来近太子如舊相識曾無媿顏即白太子作如是言太子今可與我雜寶無憂器来太子報言汝来既遲皆悉施盡彼女復更白太子言我有何過汝今欺我不與寶器太子荅言我不欺汝但汝後来自不及耳是時太子指邊有一所著印環價直百千從指脫與耶輸陁羅耶輸陁羅白太子言我於汝邊可止直於尒許物耶

佛本行集經卷第十二　第十二張　合字号

太子報言我之所著自餘瓔珞任意所取彼女白言我今豈可剥脱太子只可莊嚴於太子身語於太子作是言已心不喜歡即迴還去

尒時世尊成道已後尊者優陁夷而白佛言世尊云何如来在王宮時將身一切無價瓔珞脱持施與耶輸陁羅不能令彼心生歡喜佛告尊者優陁夷言汝優陁夷至心諦聽我當說之耶輸陁羅非但今世與其瓔珞令不歡喜其往昔来曾因少緣生瞋恨故雖復多種珎寶布施猶不歡喜優陁夷言甚奇世尊此事云何願為我說

尒時佛告優陁夷言我念往昔無量世時迦尸國波羅㮈城時有一王信邪倒見而行治化彼王有子造少罪愆父王駈擯令出國界漸漸行至一天寺中共婦相隨居停而住時彼王子所將食粮皆悉喫盡王子遊獵煞捕諸虫以用活命所獵之處見一鼉虫趣而煞之即剥其皮内水中煑其欲向熟汁便竭盡是時王子語其婦

佛本行集經卷第十二　第十三張　合字号

言宍未好熟卿更取水彼王子婦即便取水婦去已後王子飢急不能忍耐即食鼉肉一切悉盡不留片殘時王子婦取水迴還問其夫言此中鼉肉今在何處王子報言鼉忽然活今已走去其婦不信何忽如是鼉煑已熟云何能走婦心不信而意思念必是我夫飢急食盡誑我言走情懷瞋恨心常不歡於後數年其父命終時諸大臣即迎王子灌頂為主既作王訖所得衆寶及諸奇珎種種衣裳無價之物皆悉與妃其妃雖納而面顏色不悅如前尒時彼王語其妃言我一切寶無價之物以持賜妃何故顏色而不歡悅如前不異時其夫人即說偈頌以報王言

冣勝大王聽　往昔遊獵時　執箭或持刀
射煞野鼉死　剥皮煑欲熟　遣我取水添
食肉不留殘　而誑我言走

告優陁夷此汝當知尒時王者我身是也其王后者今日耶輸陁羅是也我於尒時少許犯觸續於後時多以財寶與望和適而其懷恨猶不喜歡

佛本行集經卷第十二　第十四張　合字号

今日亦然雖將無量諸種錢帛亦不能令其心歡喜

時淨飯王所遣密使察太子者一心覷於太子眼目其所瞻偶共於諸女相當語對而彼密使委悉皆知知已即時往詣王所而白王言大王當知有釋大臣摩訶那摩其女後来太子共語數番往復兼且微笑停住少時調戲言語太子彼女二顔俱悅彼此荅對四目相當時淨飯王聞彼密觀如是語已心内思惟太子意欲得彼女耶

時淨飯王看好吉宿良善之日即喚國師婆羅門来使向釋種摩訶那摩大臣之家而作是言知卿有女今可與我太子作妃是時國師聞王語已即詣釋種摩訶那摩大臣之家作如是言摩訶那摩王勑如是時釋大臣報國師言我釋迦法相承如是若有伎能勝一切者於彼人邊即嫁女與若無伎能不得與女大王太子生長深宮躭婳嬉戲未曾學習無有伎能弓射天文兵書戎仗一切戰鬪捔力

拳挺悉未工閑我何故令無藝人邊而嫁女與

是時國師聞是語已還至王所將如是語具白於王時淨飯王聞此語已心懷愁惱如是思惟摩訶那摩此語如法向我實論無一虛妄雖作是念而王內心悵怏默然迷悶而住其狀如似坐禪思惟太子是時見父王面失於容色悵怏不歡猶如坐禪思惟一種見是事已漸至王所而問王言未審父王以何緣故如是愁惱獨坐思惟作是語已時淨飯王荅太子言子不須問我如此事太子再問父王重止太子如是三問父王大王要須報我所以解我心疑時淨飯王三見太子問如是事即向太子如前所說太子知已問父王言父王頗知父王城內有人能出與我共試伎藝已不時淨飯王聞此語已即大歡喜踊躍遍身不能自勝即更重審問於太子作如是言善哉太子汝實能捔諸伎藝不太子荅言大王善聽我今實能大王但當速集諸釋一切童子共我

捔試諸有伎藝

時淨飯王勑迦毗羅城內街巷四衢道頭悉教振鐸大聲唱令從今以去計至七日我之儲宮悉達太子今欲出其所有諸伎若有解者悉令聚集共捔試看時六日過至第七日五百釋種諸童子等悉達為首並皆聚集聚集訖已相共出城至一寬地是諸童子出伎能處時釋大臣即好莊嚴耶輸陁羅為上勝埒作如是言誰能善通一切伎藝最勝上者即以此女與其作妻時淨飯王共諸釋種耆舊長德於先而至復有無量無邊雜姓男子女人童男童女皆悉聚集詣彼試場寬地之所欲觀太子及諸釋種一切童子捔試伎能誰最為勝是時有諸釋種童子文學使者先共太子試於手筆時有釋種相共謂言今者宜令毗奢蜜多為作試師即語之言汝可觀察諸童子內手筆誰勝或復快書疾書善書解多種書尒時毗奢蜜多大師先知太子於諸書中最勝最上熈怡微笑而說偈言

一切人間及天上　乾闥脩羅迦樓羅
所有文字諸書典　太子遍歷皆通達
我身及以汝等輩　不知如此書藉名
人間悉解我試來　定知其勝汝不如

尒時彼等釋種徒衆詳共齊白淨飯王言我今已知大王太子於書典中最為勝上筭計須試得知誰明是時衆中有一最大筭計之師名頞誰那一切筭計最為第一時釋衆喚頞誰那來將往試驗語言尊者汝好觀看諸童子中是誰筭計為最第一時太子筭令一釋種明了童子對下筭籌而不能供更二童子下猶不供三童子下亦不能供乃至一十童子俱下而亦不供二十三十四十五十一百共下而亦不供二百三百四百五百一時盡下猶尚不供是時太子作如是言汝等今筭我當為下時一釋種童子唱筭太子為下不能筭得太子復言二人雙計復不能及太子復言乃至一百一時共計猶不能及太子復言汝等何假如是相覓但此等輩一切一時各自計唱我當為下時諸

釋種五百童子一時俱唱太子為其一時齊下如上所數從於一起乃至盡數太子不錯亦復不亂安庠審諦次第而下彼等一切諸釋童子盡力共筭不能及逮悉達太子万分之一時頻誰那國大筭師心密驚惟極生歡喜而說偈言

善哉捷利深憶持　分明唱下無有錯
五百釋童稱解筭　一時共對不能當
如是智慧正念心　筭計疾速甚深奧
是等筭師計天下　巨海渧數悉應知
汝等黙然且禁聲　不須與彼相捔覔
其既解知如是術　應得共我相挍量

時彼釋衆一切皆生希有之心從坐而起合十指掌頂礼太子讚悉達多太子大勝真實大勝同聲復白淨飯王言善哉大王大得善利善生人間大王今生如是聰叡大福德子智慧之子舌根如是輕便囀滑成就口業時淨飯王濆怡微笑語太子言善哉太子汝今能共此頻誰那大筭之師計筭世間方便智能得相入不是時太子荅父王言大王我能

時淨飯王語太子言汝若能者當白知時時頻誰那大計筭師語太子言仁者太子汝知億上筭數已不太子荅言我甚知之時頻誰那筭師復言汝知云何為我說之太子荅言凡入億中筭計數者汝等諦聽我今說之一百百千是名拘致（隋數千万）其百拘致名阿由多（隋數十億）百阿由多名那由他（隋數千億）百那由他名波羅由他（隋數十万億）百波羅由他名恒迦羅（隋數千万億）百恒迦羅名頻婆羅（隋數十兆）百頻婆羅名阿芻婆（隋數千兆）百阿芻婆名毗婆婆（隋數十万兆）百毗婆婆名蔚曽伽（隋數千万兆）百蔚曽伽名婆訶那（隋數十京）百婆訶那名那伽婆羅（隋數千京）百那伽婆羅名帝致婆羅（隋數十万京）百帝致婆羅名畀婆婆他那波若帝（隋數千万京）百畢婆婆他那波若帝名醯兜奚羅（隋數十垓）百醯兜奚羅名迦羅逋多（隋數千垓）百迦羅逋多名醯都因陁羅陁（隋數十万垓）百醯都因陁羅陁名三蒱多羅婆（隋數千万垓）百三蒱多羅婆名伽那那伽尼多（隋數十秭）百伽那那伽尼多名尼摩羅闍（隋數千秭）百尼摩羅

闍名目陁婆羅（隋數十万秭）百目陁婆羅名阿伽目陁（隋數千万秭）百阿伽目陁名薩婆婆羅（隋數十穰）百薩婆婆羅名毗薩闍波帝（隋數千穰）百毗薩闍波帝名薩婆薩若（隋數十万穰）百薩婆薩若名毗浮登伽摩（隋數千万穰）百毗浮登伽摩名婆羅極叉（隋數十溝）入於如是筭計之數其須祢山若欲筭知斤兩銖分悉可得知自此已上復有一筭名陁婆闍伽尼民那此之已上復有筭計名奢睺尼此尼已上復有筭名波羅那陁此上復有筭名伊吒此上復有筭名迦樓沙毛咩多此上復有筭名薩婆尼叉波至於此計恒河沙等一切筭數捴覽盡取此上復有筭計數名阿伽婆婆此數數於一恒河沙億百千万恒河沙數計取悉皆捴入於此而於此上復更有計名波羅摩兜毗婆奢時頻誰那上大計筭師語太子言如是已知其入微塵數筭之計更復云何今亦須知太子荅言汝等諦聽我今說之凡七微塵成一窓塵合七窓塵成一兎塵合七兎塵成一羊塵合七羊

塵成一牛塵合七牛塵成於一蟣合於七蟣成於一虱合於七虱成一芥子合七芥子成一大麦合七大麦成一指節累七指節成於半尺合兩半尺成於一尺二尺一肘四肘一弓五弓一杖其二十杖名為一息其八十息名拘盧奢八拘盧奢名一由旬於此衆中有誰能知幾許微塵成一由旬（依嵩數計得二百八十四里一百三十步）時頞誰那大笇計師報太子言大德仁者我尚不知如是之數我今聞說猶生迷悶況復自餘少智少聞愚癡之人雖然唯願太子為我等說幾許微塵成一由旬

佛本行集經卷第十二

佛本行集經卷第十二

校勘記

一　底本，金藏廣勝寺本。

一　六七七頁中一六行第九字「取」，磧、普、徑、清、麗作「取取」。

一　六七七頁下二行「提婆達」，磧、普、南、徑、清、麗作「提婆達多」。

一　六七七頁下一八行第七字「構」，麗作「耩」。

一　六七七頁下一九行首字「摇」，磧、普、南、徑、清作「捶」。同行「喘嚇」，磧、普、南、徑、清作「喘呷」。

一　六七七頁下二一行第二字「傷」，磧、普、南、徑、清作「瘍」。

一　六七七頁下二二行第三字「雀」，磧、普、南、徑、清、麗作「鳥雀」。

一　六七七頁下末行第一一字「輣」，磧、南、徑、清作「棡」。

一　六七八頁上一行「勒咽」，磧、普、徑、清作「勒胭」；南作「勤胭」。

一　六七八頁上七行「經行」，磧、普、南作「逕行」；徑、清作「徑行」。

一　六七八頁上一九行末字「遠」，南作「速」。

一　六七八頁中一三行末二字「曾經」，磧、普、南、徑、清作「嘗經」。

一　六七八頁中末行第三字「得」，磧、普、徑、清作「將」。

一　六七八頁下二二行首字「憂」，磧、普、南作「優」。

一　六七九頁上三行「縛羇」，磧、普、南、徑、清作「結縛」；麗作「結羈」。

一　六七九頁上二一行「日山」，磧、普、南、徑、清作「日出」。

一　六七九頁中一八行「啾唧」，磧作「秋呋」；普、南、徑、清作「啾呋」。

一　六七九頁中二〇行「唱叫」，磧、普、南、徑、清作「唱呁」。

一　六七九頁下四行品名，徑、清作「捔術争婚品第十三之一」。

一　六七九頁下七行「殿涼」，磧、普、南、徑、清作「涼殿」。

一　六七九頁下一五行「侍衛」，磧作「恃衛」。

一　六七九頁下一七行「塗茶」，磧、普、南、徑、清作「塗搽」。

一　六八〇頁上六行第三字「後」，磧、普、南、徑、清作「僕」。

一　六八〇頁上八行「粳粮」，磧、普、南作「粳梁」。

一　六八〇頁上一二行第八字「畫」，磧、普、南、麗作「晝」。

一　六八〇頁上一四行「授記」，磧、普作「受記」。

一　六八〇頁下一三行「俄俄」，磧、普、南作「睋睋」；徑、清作「睋睋」；麗作「峨峨」。

一　六八〇頁下一四行「舉目雅步」，磧、普、南、徑、清作「舉眉雅出」。

一　六八一頁上一六行第五字「國」，磧、普、南、徑、清、麗作「國內」。

一　六八一頁上二〇行第八字「喫」，磧、普、南、徑、清作「嫯」；麗作「嫠」。

一　六八一頁上二二行「皮內」，徑、清作「皮肉」。

一　六八一頁中一〇行「爲主」，徑、清作「爲王」。

一　六八一頁下四行「瞻僑」，磧、普、南、徑、清、麗作「瞻矚」。

一　六八一頁下二二行第四字「媔」，磧、普、南、徑作「湎」。

一　六八二頁中一〇行第九字「垛」，徑、清作「者」。

一　六八二頁中一八行末字「令」，徑作「今」。

一　六八三頁中二〇行夾註「十万」，磧作「千万」；徑作「万」。

一　六八三頁下八行第四字「欲」，磧、普、南作「次」。

一　六八三頁下一九行第四字「上」，磧、普、南、徑、清、麗無。

一　六八四頁上九行夾註「二百八十四里一百三十步」，麗作「三百八十四里一百三十步」。

佛本行集經卷第十三　令

三藏法師闍那崛多譯

捔術爭婚品下

尒時太子報頞誰那大筭師言汝等諦聽其一由旬微塵多少漸漸積滿一阿菟婁如是更復一那由他更復二十億那由他百千復六十億百千復三十二億復五百千復一百千如是等數微塵多少揔計足滿此一由旬如是次第展轉而數由旬大小此閻浮提縱廣正等七千由旬西瞿耶尼八千由旬東弗婆提九千由旬北欝單越十千由旬是一三千大千世界由旬之數縱廣如是次第大小依此由旬如是計取若干百由旬若干千由旬若干百千由旬其一由旬復有若干微塵之數揔計可得所以者何此之計數過一切數故名筭計不可數得不可計知諸微塵等三千大千世界之內所有之者

時頞誰那大筭計師及諸釋種一切宗族生大歡喜踊躍無量遍滿其體不能自勝身上唯留一箇單衣餘衣悉解以施太子復脫無量无邊瓔珞散施太子而讚歎言善哉善哉太子甚深快知快解如是次第於筭計中太子復勝所謂書數智計測玄太子無比彼等諸釋而作是言我等已知今此太子於書筭中㝡勝無比其次戎仗兵法須試是誰㝡勝是誰㝡勝

尒時彼諸釋種宗族推其姓中一大臣名婆呵提婆置為證察而白之言大德和上願好用心觀何童子武伎之中誰㝡勝妙所謂不空及聞聲等射遠射剛挽強牽辟

尒時戲場為阿難陁童子置立安施鐵皷去於射所二拘盧奢以為其表提婆達多童子所射安置鐵皷四拘盧奢乃至為於難陁童子安置鐵皷六拘盧奢為於大臣婆私吒氏摩訶那摩安置鐵皷八拘盧奢如是次第自餘童子各各相去隨遠及近安置射表為於悉達太子安置十拘盧奢牢剛鐵皷以為射表

捋阿難陁彎弓射彼二拘盧奢所置

鐵皷纔得中及以外更遠則不能過提婆達多童子所射四拘盧奢安置之皷射而即著更不能過摩訶那摩大臣所射八拘盧奢鐵皷得著遠不能過是諸釋子各各所立鐵皷遠近悉皆射著其分已外不能越過

尒時次第至悉達多太子欲射有司進上所奉之弓太子暫欲以手施張按弓強弱挊弦牢靭其弓及弦應時碎斷悉達太子即便問言此之城內誰有好弓堪我牽挽禁我氣力時淨飯王心懷歡喜即報言有太子問言大王言有今在何處王報太子汝之祖父名師子頰彼有一弓見在天寺常以香花而供養之然其彼弓一切城內釋種眷屬乃至不能施張彼弓況復牽挽太子語言大王速疾遣取弓來是時使人將彼弓來既至衆中先持授於一切釋種諸童子輩所執之者不能施張況復欲挽其後欲將付與摩訶摩那大臣時彼大臣盡其所有一切身力不能施張彼弓之弦

況復牽挽然後乃將奉進太子太子執已安坐不搖微用少力不動身體左手執弓右手捋弦以指纔挽而挊作聲彼聲遍滿迦毗羅城城內所有一切人民悉皆恐怖各各問言此是何聲或復有人從他聞言悉達太子取祖父師子頰王所用之弓而暫施張牽挽作聲為此因緣淨飯大王將於無量无邊諸物用供太子是時太子施張彼弓右手執箭出現如是微妙身力牽挽彼箭平胷而射過阿難陁及提婆達乃至大臣摩訶那摩三人等皷其箭射逮十拘盧奢所安置處皆悉洞過沒於虛空尒時諸天在於虛空而說偈言

如是㝡勝善地中　坐於往昔諸佛座
摩伽陁國人民衆　今覩剎箭善勝弓
六度成就智慧力　降伏一切諸怨敵
天魔煩惱及陰等　當得常樂我淨因
不退菩提真實道　永斷生死苦根栽
病老憂畏悉蠲除　證彼涅槃微妙智

尒時諸天說是偈已各將種種天妙雜花散太子上散已忽然沒身不現

是時太子所射之箭天主帝釋從虛空中秉執將向三十三天至天上已為此箭故於彼天中建立箭節常以吉日諸天聚集以諸香華供養此箭乃至於今諸天猶有此箭節日

尒時釋種諸眷屬等復作是言悉達太子射技㝡遠已勝衆人今更須試射勒之物是誰能過是時彼地相去不遠自然而有多羅樹行其中或有諸釋童子用一箭射即穿過於一多羅樹或有穿過二多羅樹或三或四及過五者是時太子執箭一射即便穿過七多羅樹彼箭穿七多羅樹已箭便墮地碎為百段時諸釋種復更別立鐵猪之形其內或有釋種童子執箭射一鐵猪形過或二三四及過五者太子執箭一射便穿七鐵猪過七猪過已彼箭入地至於黃泉其箭所穿入地之處即成一井於今人民常稱箭井時諸釋族復更立於七口鐵甕滿中盛水其中或有釋種童子熟燒箭鏃極令猶赤而用射於一鐵甕徹或二或三止至四五太子執彼燒熱

赤箭一射便過七鐵水甕去甕不遠即有一大娑羅樹林其箭過已悉燒彼林一時蕩盡時諸釋族復作是言射靶伎能太子已勝今復試斫須一下斷其中或有諸釋種子手執利劒一下斫一多羅樹斷或二或三乃至四五太子之手執於劒已一下斫七多羅樹斷而彼七根多羅之樹雖復被斫其樹不倒彼諸釋種作如是言太子不能斫一樹徹是時色界淨居諸天即便化作大猛威風吹彼樹倒其次難陁將一束竹来太子前其内密置按摩所用鐵棒著中以奉太子太子見此一束之竹不謂其間有於鐵棒不用多力左手執劒一下彭斷辟如壯士手執利刀斫一莖竹或斫一簡如是如是太子彭彼按摩鐵棒謂言竹束左手執劒不用多力一下斬斫隨時徹過時諸釋種復作是言已試斬斫太子寂勝今復更須作諸象伎跳擲上下誰復為能其中復有諸釋童子從象鼻前跳上象背或有童子從脚跳上或有童子從尾跳上

其跳上時或手執持麁大鐵棒或執鐵輪或執鐵排或執戟槊或執長刀左執跳上上已右接即以擲地太子跳時脩立却走脚蹹象牙上於象頂左手執持種種諸器或棒或輪或排或槊及以長刀左執右擲右執左擲而投於地諸釋種族既不能及復作是言今須馬上更共相試其中或有釋種童子手執槊騰上或執箭跳從於一馬騎第二馬騰槊弄刀或復以箭射於指環或有過中或不著者或有釋子跳過二馬騎第三馬乃至射著及以不著或跳三馬跳已即便騎第四馬射著不著或跳四馬騎第五馬及著不著太子是時手持於槊或執弓箭跳過六馬騎第七馬箭射乃至頭髮毛端皆悉得著如是次第或於車上示現輕便或現筋陡如是種種或試音聲或試歌儛或試相朝或試湧話戲謔言談或試染衣或造珎寶及真珠等或畫草菜和合雜香博弈摴蒱圍碁雙六握槊投壺擲絕跳坑種種諸伎皆悉備現如是伎能所

試之者而一切處太子皆勝時諸釋種復作是言我等今知悉達太子一切伎能悉皆精勝今須相撲得知誰能是時太子却坐一面其諸釋種一切童子雙雙而出各各相撲如是次第三十二黠諸童子等相撲各休却住一面次阿難陁忽前著来對於太子欲共相撲太子始欲手執難陁太子身力及威德力而彼不禁即便倒地其後次至提婆達多童子前行以貢高心我慢之心不曾比數悉達太子欲共太子捔覓威力欲共太子一種齊等挺身起出巡彼戲場面向太子疾走而来欲撲太子

尒時太子不急不緩安詳用心右手執持提婆達多童子而行擎舉其身足不著地三繞試場三於空旋為欲降伏其貢高故不生害心起於慈悲安徐而撲卧於地上使其身體不損不傷太子復言咄汝等輩不假人人共我相撲饒汝一切一時盡来共我相撲尒時彼諸釋種童子一切皆起憍慢之心並各奔来走向太子而欲

撲之是諸童子各以手觸彼等以是太子身力復威德力各各不禁皆悉倒地尒時彼釋一切皆生奇特之心各相謂言希有希有從生已來不曾學習今日乃出於如是等種種諸伎時彼場內所有人民觀看之者悉唱呼呼叫唤之聲或出種種諸異音聲弄珠瓔珞及衣服等於上虛空無量諸天同以一音而說偈言

十方一切世界中　所有勇健諸力士
悉皆力敵如調達　不及太子聖一毛
大人威德力無邊　暫以手觸皆倒地
聖者威神力廣大　汝等云何欲比方
假使不動須弥山　大小鐵圍甚牢固
并及十方諸山等　一觸能碎如微塵
鐵等強鞕金剛珠　及以諸餘一切寶
大智力能末如粉　況復撲此少力人

尒時諸天說此偈已將種種華散太子上於虛空中隱身不現如是次第悉達太子一切處勝時淨飯王知其太子所有伎能皆悉勝彼一切諸人自眼既見心復證知踊躍喜歡遍滿其體心意適悅不能自勝以尊上心

勑嚶白象瓔珞莊嚴辦具悉竟而作是言我息太子乘此白象將入城內敕大白象擬太子乘從城門出是時提婆達多童子城外而入見此白象而問人言此象誰許欲將何處其人報言欲將出城擬悉達乘欲入城內時提婆達以釋意氣種姓尊豪我慢興盛倚身力強縱逸放蕩無諸忌憚兼復妬嫉於彼象前少許地走便以左手執於象鼻右手築頷一下倒地宛轉三匝遂即命終白象卧地塞彼城門衆人往來不通出入道路填咽調達過已於後又復有童子至名曰難陁相續而來欲入城內見此白象卧在城門死已大身塞於道路諸人民過不能得行即問諸人誰作是事人輩咨言此大白象為於提婆達多所煞左手執鼻右手築頷一下倒地三旋命終難陁思惟提婆達多童子識其自身之力以煞白象但此象身極大極麤汙泥城門妨人出入即以右手執彼象尾牽取離門可七步許其難陁後次太子來欲入城內見此

白象在於城門見已借問諸行人言誰煞是象衆人報言提婆達多一築而煞太子即言提婆達多此為不善何故煞也太子復問誰牽離門衆人復言難陁童子以其右手執彼象尾而牽離門至於七步太子復言善哉難陁作事善也太子思惟彼等二人雖能示現其自氣力但此象身甚大麤壯於後壞爛臭熏此城作於如是思惟訖已左手舉象以右手承從於空中擲置城外越七重墻度七重塹既擲過已離城可有一拘盧奢而象墜地即成大坑乃至今者諸人相傳詺於此處為象墮坑即此是也尒時無量无邊百千諸衆生等一時唱言希有希有如是之事甚大可恠各各皆唱善哉善哉大人大士希有希奇未曾聞見而說偈言

調達築煞白象已　難陁七步牽離門
太子手擎在虛空　如以土塊擲城外

尒時大臣摩訶那摩見於太子一切伎藝勝妙智能冣為上首而作是言唯願太子受我懺悔我於先時謂言

太子不解多種伎巧藝能令我心疑不嫁女與我今已知願受我女用以為妃尒時太子占良善日及吉宿時稱自家貧而辦具度持大王勢將大王威而用迎納耶輸陁羅以諸瓔珞莊嚴其身又復共於五百婇女相隨而往迎取入宮共相娛樂受五欲樂是故偈言

耶輸陁羅大臣女　名聞蓋國遠近知
占卜吉日取為妃　迎將來入宮殿內
太子共其受欲樂　歡娛縱逸不知猒
猶如天主憍尸迦　共彼舍脂夫人戲

尒時世尊得成道已尊者優陁夷白佛言世尊如來云何往昔之時初欲納於耶輸陁羅不以其生大家故取不以種姓大故而取不以富貴多財故取不以端正華色故取唯以伎藝而取得彼耶輸陁羅用以為妃是時佛荅優陁夷言汝優陁夷至心善聽非但今日耶輸陁羅我取之時不以大姓尊豪故取乃至不為端正故取唯用伎藝而取得之往昔亦然優陁夷言世尊此事云何願為說之尒時

佛告優陁夷言我念往昔過於無量无邊世時波羅捺城有一工巧鐵作之師其有一女端嚴可喜身體正等面目廣平世所少雙多人敬愛尒時彼國波羅捺城有一長者其子可喜端正如前所說無異而於一時其長者子見彼工巧鐵師之女在於樓上窓內現面向外觀看彼長者子見此女已即生愛心彼長者子私心之中記此女已速往歸家告其父母作如是言某工巧家有於一女我意貪愛欲取為妻彼子父母報其兒言汝今不須取此工巧鐵師之女汙辱我門我當別覓長者之女或大臣女或居士女與汝為妻彼長者子作如是言我求不用餘人之女以為我妻我意唯欲取此工巧鐵師之女我若不得此女為妻必自害身終不用活時長者子父母心愁畏兒沒命即喚於彼工巧鐵師來至其家而語之言汝所有女今可嫁與我子為妻工巧鐵師作如是言我今不與非工巧者共作婚姻其長者子父母荅言仁者何用

工巧之人共作婚為莫愁汝女飢寒辛苦不豊衣食鐵師復言雖知如是但我今覓同類之人若解工巧我與彼女假令無大資財之具但取彼有工巧之伎隨家所辦我即當與時長者子父母聞彼如是言已即語其子如前所說時長者子既共彼女心意相當兼復足解工巧之事精心細意使便作針即於別時造作多針以油脂洗善好明淨作一大束置竹筒中詣向工巧鐵師之家到近巷已在於道頭唱此偈頌以賣其針偈言

不澁滑澤鐵　光明洗清淨　巧人所造作
誰能買此針

尒時彼家工巧之女在於樓上窓門內聞長者子說偈賣針聞已即復以此偈荅長者子言

咄哉狂顛人　汝甚無心意　忽來鐵師舍
而唱欲賣針

時長者子更復說偈報彼女言

可喜端正女　我實非顛狂　性是巧智人
善能造針作　汝父若知我　妙解如是事
必將汝妻我　兼送無量財

尒時鐵師工巧之女聞長者子如是語已速疾而往其父母前作如是言願耶孃聽外有一人如上說偈向父母陳善解造針高聲唱說時彼工巧鐵師父母喚於彼長者子來入至家内而問之言善哉童子汝實善解造作針乎童子報言我甚能為鐵師復言出汝針来我試觀看時長者子從竹筒裏拔出一針示彼鐵師此是汝看時彼鐵師既見針已作如是言善哉童子汝巧作針大能穿孔時彼童子語鐵師言此針非是竹筒所出別更復有勝於此者更出一針示彼鐵師鐵師看已復讚歎言大能善穿童子復言非此為好更有勝者第三別復更出一針以示鐵師鐵師如前美言稱讚善能善穿童子復言此亦未精更有勝者第四更出一針以示鐵師看已復讚歎言大能造作大能鑽孔童子復言此猶未善更出一針示現鐵師看已復言作善穿童子復言此非巧者第六復出一針以示鐵師復言此實最勝最妙善穿時長者子

還取彼針置於手上一一次第下著水中而針悉浮時彼鐵師覩是希有未曾見事歡喜踊躍向長者子而說偈言

我未曾聞見　能造如是針　今以歡喜心
嫁女與於汝

尒時佛告優陁夷言優陁夷欲知尒時長者子者今我身是工巧之女今耶輸陁羅是當於尒時我取於彼以為妻時不以大家不以種姓乃至不以端正故取但以工巧試驗故得今亦復然耶輸陁羅不以種姓端正故得乃至以於工巧而得

佛本行集經常飾納妃品第十四上

尒時釋種所有童子皆悉端正殊妙可喜世間少雙多為衆人之所樂見並皆先通一切諸伎無有能勝所謂書畫筭計造印及聞聲著諸神射等一切悉解捷利巧智聰明黠慧彼童子内其悉達多最為初首第二難陁第三即是提婆達多唯除於此童子三人餘更無勝

時迦毗羅城内有一釋種大臣姓檀

荼氏名曰波尼彼臣大富錢帛豐饒資財倍具如法而得不違理求五穀七珎積如山岳二足四足象馬牛羊奴婢僕僮作使受雇衆事自滿皆悉充盈復更別有無量无邊金銀琉璃摩尼真珠車𤦲碼瑙珊瑚虎珀如是等寶須者稱心無所乏少彼之大臣家内猶如毗沙門宮無有異也時彼波尼有於一女名瞿多弥彼女端正可喜少雙不短不長不肥不瘦不白不黑不偉不纖處在幼年為國内寶時淨飯王聞其化内有釋大臣檀荼波尼有如是女聞已選擇良善宿日即喚國師諸婆羅門使向波尼大臣之家作如是言聞汝有女名瞿多弥彼女今可與我太子悉達為妃其難陁父復聞大臣檀荼波尼有女欲為悉達太子求娉為妃聞已亦遣使人語彼檀荼大臣作如是言汝瞿多弥可與我子難陁作妻若不與者我必損汝提婆達多復聞檀荼波尼大臣有女欲為悉達太子求娉作妃彼亦遣使語檀荼言汝瞿多弥今可媒嫁

與我作妻若不與我我當為汝生於大禍

尒時檀荼波尼大臣如是思惟此等三人釋種童子皆悉端正可喜無雙一切伎能並各具足悉達太子最為第一其次難陁復為第二提婆達多即是第三我唯一女今若偏與悉達太子彼二童子必當為我作大怨讎若與難陁則為悉達及以提婆作於嫌隟若與提婆達多童子則為悉達及以難陁搆造怨惡是時檀荼波尼大臣如是不悅憂惱懐愁顔色不怡思惟而坐自念我今作何方便時瞿多弥見父如是默然而坐至其父邊而作是言阿耶今者何故不樂憂愁而坐作是語已其父報女瞿多弥言汝瞿多弥莫問此事非尒所知其女第二復問父言其父又報非尒所聞第三復問又報如前乃至第四其女重問阿耶必定須語女知不得藏隱尒時檀荼波尼大臣以女懃懃顧問不已第四乃報其女是言汝瞿多弥三問於我汝今諦聽我當說之今淨

飯王遣使語我知汝有女名瞿多弥可嫁與我太子為妃難陁童子復遣使來索瞿多弥持欲作婦若不與我必當損汝提婆達多亦遣使人索瞿多弥欲得作婦若不與我要當生禍彼三使人如是索汝我聞愁悶作是思惟與一太子則二童子與我作怨是故我今悵怏不樂懐愁而坐時瞿多弥語其父言阿耶莫愁我當自作智慧方便必使一人為我作主事理雖然阿耶但且放女恣我當自嫁

尒時檀荼波尼大臣聞瞿多弥作是言已即奏王知然後乃於迦毗羅城四衢道頭振鈴告白一切遠近從今日後至第七日釋種有女名瞿多弥當求自嫁誰欲取者過六日後至第七日當共集聚聞此語已至第七日五百釋種諸童子輩悉達為首皆悉在於宮門集聚時淨飯王將諸耆舊釋種大臣復有無量无邊人衆若男若女童男童女並皆集聚在王宮門是時悉達所有左右自餘童子所有左右皆共觀看瞿多弥女取誰作夫

尒時釋氏女瞿多弥六日已過至第七日於晨朝時澡浴清淨將好種種微妙之香用塗其身著於種種雜色衣服種種瓔珞莊嚴其身復著種種香華之鬘多將侍從左右圍遶復有乳母及諸宮監部領導引前後遮擁漸至宮門安庠而行入宮門內彼諸釋種童子難陁提婆達多最為上首皆於晨朝香湯沐浴以種種香用塗其身如前所說莊嚴之事唯除悉達不莊嚴身服於常服唯著耳璫頭上三重細金華鬘時瞿多弥有一乳母語瞿多弥作如是言女欲取誰以為夫主其瞿多弥次第觀看五百童子報乳母言阿母當知此諸童子極大瓔珞莊嚴其身猶如婦女我女人意情下所見此相怯弱非是男兒大丈夫相此是婦女媚惑之飾男兒不假莊嚴其身丈夫相者自有服飾悉達太子自身威光不以瓔珞莊嚴其身非假外物用為客飾自有內潤丈夫之相是故我心樂彼悉達以為我夫時瞿多弥右手執持須摩那鬘遍歷

大衆向悉達所到已立住將此華鬘繫悉達頸串已抱項而作是言悉達太子我今取汝以為我夫悉達荅言如是如是如汝所言是時悉達還復將一須摩那鬘繫於彼女瞿多弥頸作如是語我今取汝用以為妃汝今應當作於我妃

時淨飯王見於如是希有之事心生歡喜踊躍無量遍滿其體不能自勝時其衆中所有人民或有心中愛悉達者彼等一切高聲唱唤跳躑躃轉大叫大呼大歡大喜儛弄珠瓔衣冠服飾自餘諸釋五百童子及其左右彼等眷屬所圍遶者面失顏色慘慘無光皆悉不歡低頭赧愧各懷悵怏四散而還是時悉達稱意所有珎寶資財衆雜廣營種種禮事莫不辦具復以種種妙好瓔珞莊嚴顯飾瞿多弥身即遣使將五百姝女圍遶迎入宮內為妃娛樂受於五慾之樂

佛本行集經卷第十三

佛本行集經卷第十三

校勘記

一　底本，金藏廣勝寺本。

一　六八六頁中三行品名下，徑、清有「第十三之二」。

一　六八六頁下八行末字「勝」，磧、普、南、徑、清作「能」。

一　六八六頁下一一行末字「伎」，磧、普、南、徑、清作「仗」。

一　六八六頁下末行首字「持」，磧、普、徑作「時」。

一　六八七頁上一〇行第八字「⿰革卯」，磧、普、南、徑、清、麗作「靳」。

一　六八七頁上二一行「欲將」，磧、普、南、徑、清、麗作「次將」。

一　六八七頁中三行第七字「捋」，磧、普、南作「將」。同行末字「拼」，磧、普、南、徑、清作「嚮」。

一　六八七頁中七行首字「取」，磧、普、南、徑、清、麗作「取其」。

一　六八七頁中一二行「提婆達」，磧、普、南、徑、清作「提婆達多」。

一　六八七頁中一三行第七字「逮」，磧、普、南、徑、清作「達」。

一　六八七頁下二一行「熱燒」，徑、清作「熱燒」。

一　六八八頁上九行第八字「諸」，南、徑作「樹」。

一　六八八頁中九行第九字「上」，麗無。

一　六八八頁下六行第五字「⿰番去」，磧、普、南、徑、清作「般」。

一　六八八頁下一五行「安詳」，磧、普、南作「安庠」。

一　六八九頁上一三行末字「方」，南、徑、清作「力」。

一　六八九頁上末行第一三字「上」，磧、普、南、徑、清作「尚」。

一　六八九頁中七行「提婆達」，麗作「提婆達多」。

一　六九〇頁中一六行第二字「求」，麗作「永」。

一　六九〇頁下四行「但取」，南、徑、

清作「佚取」。

一　六九〇頁下一六行首字「内」，磧、普、南、徑、清、麗作「之内」。

一　六九一頁上五行第五字「喚」，磧、普、南、徑、清、麗作「即喚」。

一　六九一頁上二一行第八字「作」，磧、普、徑、清、麗作「善作」。

一　六九一頁中一四行品名，徑、清作「常飾納妃品第十四之一」。

一　六九二頁下五行「侍從」，磧、普、南、徑、清作「徒從」。

一　六九二頁下七行「安庠」，徑、清作「安詳」。

一　六九三頁上二行第五字「串」，麗作「擐」。

佛本行集經卷第十四　令

隋天竺三藏闍那崛多譯

常飾納妃品下

尒時世尊於後㝡初得成道已時優陁夷即白佛言未審世尊往昔之時與瞿多弥釋種之女有何因緣乃能令彼捨餘童子直取如来用以為夫而心娛樂云何得尒時佛告彼優陁夷言汝優陁夷至心諦聽其瞿多弥釋種之女非但今世嫌餘釋童而樂於我過去世時亦復如是不用彼等諸釋童子取我為夫時優陁夷即白佛言唯然世尊願為我說此事云何我今樂聞

尒時佛告優陁夷言我念往昔雪山之下多有雜類無量无邊諸獸群遊各各相隨任取所食時彼獸中有一牸虎端正少雙於諸獸中無比類者彼虎如是毛色光鮮為於無量諸獸求覔欲取為對各各皆言汝屬我来汝屬我来復有諸獸自相謂言汝等且待莫共相爭聽彼牸虎自選取誰

即為作偶彼獸即是我等之王時諸獸中有一牛王向於牸虎而說偈言

世人皆取我之糞　持用塗地為清淨
是故端正賢牸虎　應當取我以為夫

是時牸虎向彼牛王說偈荅言

汝項䏶領甚高大　止堪駕車及挽犁
云何將是醜身形　忽欲為我作夫主

是時復有一大白象向於牸虎而說偈言

我是雪山大象王　戰鬪用我無不勝
我既有是大威力　汝今何不作我妻

是時牸虎復以偈荅彼白象言

汝若見聞師子王　膽懾驚怖馳奔走
遺失屎尿狼藉去　云何堪得為我夫

尒時彼中有一師子諸獸之王向彼牸虎而說偈言

汝今觀我此形容　前分闊大後纖細
在於山中自恣活　復能存恤餘衆生
我是一切諸獸王　無有更能勝我者
若有見我及聞聲　諸獸悉皆奔不住
我今如是力猛壯　威神甚大不可論
是故賢虎汝當知　乃可為我作於婦

時彼牸虎向師子王而說偈言

大力勇猛及威神　身體形容極端正
如是我今得夫已　必當頂戴而奉承

尒時佛告優陁夷言汝優陁夷應當悟解彼時師子諸獸王者即我身是時彼牸虎今瞿多弥釋女是也時彼諸獸現今五百釋童子是當於彼時其瞿多弥已嫌諸獸意不願樂聞我說偈即作我妻今日亦然捨諸釋種五百童子既嫌薄已取我為夫

時淨飯王為其太子立三等宮以擬安置於太子故第一宮内所有婇女當於初夜侍衛太子第二宮内其諸婇女於夜半時供承太子第三宮内諸婇女輩於後夜時侍奉太子其第一宮耶輸陁羅㝡為上首二万婇女圍繞侍立

第二宮中摩奴陁羅（隋言意持）而為上首諸師復言此意持妃唯聞其名不見現在及往緣事

第三宮内即瞿多弥而為上首如是次第侍御太子諸婇女等合有六万復有師言侍太子者諸婇女等合有十万以為三宮二万悉是釋刹利種

所餘八万並是衆雜異姓諸女
時淨飯王念阿私陁仙人所說故於
宮内復更別造一大好殿猶如秋雲
皚皚光潤作事微妙實難思議順一
切時而受快樂鉤蘭閣道一切正等
無有偏頗何以故恐畏太子處處遊
行見諸濁穢復教宮内色別置立諸
雜音聲各各千數其中所謂一千箜
篌一千具箏一千五絃一千小鼓一
千具筑一千張琴一千琵琶一千細
皷一千大鼓一千具笛一千具笙一
千銅鈸一千具簫一千篳篥一千具
篪一千具蠡諸如是等一切音聲種
別一千一千種歌一千種儛其手及
聲常於宮内晝夜不絕猶大雲内出
於隱隱甚深之聲如是太子在於宮
妙宮勝婇女百千之中前後圍繞受
諸快樂恭敬侍養一切皆以種種瓔
珞莊嚴其身復以金釧七寶集環串
於手辟而作音聲猶如帝釋受諸玉
女娛樂歌儛宮勝宮妙語言姿媚相
囑相笑相抱相鳴相觀相盻或傾側
顧或斜項看工解顰眉巧開頬睞五

色綺靡四目㛹娟能令太子歡娛受
樂不須遠涉出宮外遊如帝釋天玉
女娛樂如是如是太子在於女寶之
中受諸歡樂乃至其中諸婇女等巧
解五慾常能洝弱令太子歡不聽更
出至於宮外
時淨飯王為增太子諸功德故建立
苦行斷於一切諸邪惡法行一切善
布施諸物造衆福業脩行苦行以此
善根迴資太子為令增長諸功德故
願莫出家是故偈言
大王增長太子故　復以私陁授記因
苦行調伏捨諸非　恒共智臣坐思念
如是次第太子在於父王宮内唯獨
一人具足五慾娛樂逍遥嬉戲自恣
足滿十年不曾外出
尒時南方摩伽陁國有一大王姓種
達尼名頻婆娑羅畏懼怨敵心内恒
愁集聚群臣常相議論作如是語汝
等諸臣出入去来觀境内外莫使更
有一人勝我若勝我者恐彼人来奪
我王位時諸臣等即差兩人令巡境
界時彼二人聞王勅已歷自境内及

隣界首周匝欲還聞有人言從此巳
北有一軍大高峻雪山彼山麓下有
別種姓稱為釋迦族内初新產一童
子其人端正善得生地蕪彼姓氏第
一特尊眷屬豪強衆事具足身有三
十二丈夫相亦復脩於八十種好彼
生之日有諸解相婆羅門等以授其
記令此童子身體具有三十二相八
十種好炳著分明其若在家必定得
作轉輪聖王統四天下十善化民七
寶充備不用兵仗自然歸降若捨出
家當得作佛多陁阿伽度阿羅訶三
藐三佛陁十号具足乃至說於清淨
梵行
時彼使人履涉迴還即向其王頻婆
娑羅白於是事乃至梵行如上所說
是故大王及其幼年速當起兵滅彼
童子莫令於後来奪我等大王之位
作是語巳摩伽陁王頻婆娑羅即告
於彼二使人言卿等二人莫作是說
何以故若如汝言脫彼童子必定得
作轉輪聖王如法治化我當敬奉伏
接隨從依彼威神我等受樂安隱治

化若彼捨家得作佛者慈悲憐愍度脫衆生我等為其作於聲聞受法弟子今觀如是二種果報福德因緣不可興心加害於彼

時淨飯王於其太子所住宮院周匝別更造立子城唯置一門名為野獸彼門下闢安施機發開閉之時有五百人扶持擁衛方得開闔其門聲動聞半由旬次第二重中院宮閤亦開一門其關鍵鑰皆安機發開閉之時有三百人其聲聞徹一拘盧奢次至內宮太子坐殿復有一門鍵鑰累關亦安機發開閉聲振有二百人禦備轉嚴非人間比其聲聞及半拘盧奢彼之三門內外悉羅壯士防守身著鎧甲精銳牢強手並執持種種戒具所謂弓箭鉞斧長刀劍戟三叉鐵捉鐵棒鬪輪槊矛禁衛宮闈如是警嚴恐畏太子捨離棥房踰越出家遁竄山藪

佛本行集經空聲勸猒品第十五

尒時虛空有一天子名曰作瓶彼天見是太子十年在於宮內受五欲樂

作是思惟此之護明菩薩大士縱極多時在彼宮內受諸五欲莫為貪著是五欲故心醉荒迷情放盈溢百年迋速時不待人護明菩薩今須覺察早應損棄捨俗出家我若不先為彼作於猒離之相則彼躭湎未有醒寤發出家心我今應當讚助其事為成就故作瓶天子即於夜半而說偈言

身自被縛欲解他　辟若盲人引群瞽
已身解脫乃免彼　猶如有目能導人
善哉仁今年盛時　宜速出家令願滿
應當利益天人等　五欲行者不可猒
沒溺六塵境捨難　唯有出世行大智
乃能猒離此五欲　是故仁今可損棄
衆生多有煩惱患　仁當為作大醫師
說妙種種法藥王　速疾將向涅槃岸
無明黑暗所障蔽　諸見羅網種種纏
速然智慧大燈明　早使天人得淨眼

尒時空中作瓶天子說此偈已威神感動發勸因緣復以太子宿世善根福德力故令彼宮內婇女伎兒所作音聲歌曲不順五欲之事唯傳涅槃住持信解微妙之聲自然而述說於

思

偈言

世間事無常　猶如雲出電　尊者今時至
應捨家出家　一切行無常　如瓦坏瓶器
如借他物用　如積乾土城　不久便破壞
猶如夏泥壁　如河兩岸沙　緣生不能久
猶如燈出炎　生已速還滅　如風無暫住
急疾不曾停　恒常無真實　猶如芭蕉心
幻化誑人意　空拳誘小兒　一切諸行者
皆悉因緣生　各各有緣因　愚癡輩不覺
猶如人索繩　手木成因緣　如因子生芽
離子芽不生　二相離不成　復非常無常
諸行因癡生　彼不住無明　无明亦非彼
本性來空寂　生滅無體故　如印成印文
非彼非離彼　諸行亦如是　眼不離於色
識眼色因生　此三不相離　三亦不真實
空淨不淨法　眼等分別生　此顛倒分別
皆悉由識生　若有巧智人　推求識所生
知彼無去來　知我如幻化　如兩木出火
第三因於手　若無此三因　則不得火用
若智推求者　彼亦無去來　諸方尋求已
不見火來去　陰入諸界等　因貪癡業生
和合因衆生　真如無衆生　咽喉脣口舌
而出諸文字　字非是咽喉　亦非離彼等

彼等和合故　出語隨於智　語言不在智
亦復無色形　生處及滅處　智人求不得
所觀悉空寂　語言如響聲　因木因諸絃
人智三合故　箜篌而出聲　彼聲三處無
若有智慧人　求彼聲來去　諸方求覓已
去來不可得　因及有緣者　諸行如是生
有諦了之人　空觀應如是　陰入及諸界
內外悉皆寂　求一切處我　如虛空無形
如是諸法相　仁於定光佛　往昔已證知
今為天人說　顛倒分別故　欲等火焚燒
應起慈悲雲　施甘露法雨　仁昔於億劫
念施及持戒　我得無上道　聖財分諸世
尊者念往昔　聖財施貧窮　以將聖財攝
調御莫慳惜　仁昔持淨戒　窮急不偷財
願開甘露門　為諸眾生說　憶念往昔行
當閉地獄門　善開解脫路　戒行心願成
往昔修忍辱　聞他毀罵等　建立忍辱故
觀諸行悉空　念此往行故　世間嗔恚多
教住於忍辱　莫捨彼願力　仁者行精進
當得我淨智　在於煩惱海　度眾到彼岸
念於往昔願　拔眾四苦河　出大精進力
度脫厄難等　往昔修習禪　為斷諸煩惱
諸根不調者　教令調伏故　仁念於往昔

愍眾在煩惱　寂靜諸慧等　調伏彼諸根
仁昔修智慧　願破煩惱暗　愍眾在無明
開示真如眼　仁念於往昔　眾生煩惱瞋
閉無濁癡明　仁寂勝智慧　應愍諸眾生
方便教令出
三界生老病火熾　飢渴熱炎不曾休
應當為世作大橋　濟渡令歸到彼岸
眾生流轉煩惱海　猶如蜂在竹孔間
三有猶復若秋雲　上下往還無止息
亦如戲場諸幻化　又似山川迸水流
眾生老病死亦然　或生天人三惡道
諸有慾癡不自在　展轉五道無覺知
猶如陶師旋火輪　處處五欲自纏縛
猶如飛鳥犯羅網　亦如獵師布羂縢
貪他財寶無猒足　如魚吞餌遇釣鉤
諍覓忿怒結怨讎　煩惱染著受諸苦
五慾過患如利刀　亦如妙器盛毒藥
應當棄捨如糞穢　貪著愛戀失正心
是因諸有相續生　增長欲垢不曾斷
六塵境界炎熾盛　猶如乾草猛火燒
速起捨離早出家　智人觀察諸慾境
可畏猶如猛火坑　亦如魁膾屠刀机
亦如深泥忽溺人　利刃蜜塗將舌舐

如觸蛇頭及攬屏　聖人觀慾亦復然
如箭如槊如劍戟　如毒射肉難可食
一切怨讎慾為首　五慾功德如水月
如影亦如山谷響　亦如戲場眾幻師
猶如夢裏見喜事　智人見慾亦復然
境界諸塵悉空誑　怖畏不能得自在
譬如陽炎無有實　亦如水上聚浮漚
此事皆從分別生　智人應觀如是等
凡人處世年少時　端正可喜著諸慾
及至年老頭鬚白　為眾棄薄如枯河
富貴饒財多放逸　如是之人多樂慾
於後失財貧窮苦　以不自在捨於慾
如樹多饒華果故　眾人競來悉採摘
人喜布施亦復然　為他歸投無猒足
其人財盡年老至　從他乞求不喜見
色美財多氣力充　人喜愛見聚集樂
財盡行乞人不喜　年過腰脊手執杖
如雹折樹無人愛　如是可畏衰老法
汝當速出求正覺　自證已後為人說
老病瘦損諸人輩　如摩樓迦遠大樹
衰老身力無精進　乾枯猶如朽爛木
老奪好色生惡色　怡悅顏面皮膚皺
老壞華色為悴色　欲樂奪樂令無樂

老衰威勢到命終　衆病至如鹿投穽
汝見世間百病已　速訴解脫方便處
猶如冬天風雪雨　摧折樹木軟枝柯
世間老病多種至　諸根損瘦亦復然
老至令人盡倉庫　世間欺苦莫過老
死命鬼奪人氣去　如日沒山不復現
死命令人恩愛離　使人憎嫉不喜會
欲共恩愛之人合　忽失如菓墮大水
死至令人不自由　命去如水漂一草
人到彼世無有伴　隨其業緣而受有
死命鬼飲無量衆　猶如摩竭吞海舟
若金翅鳥噉大龍　如猛火燒乾草澤
如是苦惱逼切已　大士往昔起弘捨
念彼願力今時至　捨慾應當速出家
憶往昔行檀　戒忍及精進　寂靜禪智等
為他不為自　時至今願滿　速出復脫他
仁昔施諸珎　金銀及瓔珞　恒立無遮會
隨他所須願　乞子與其子　索孫即與孫
求女與他女　乞位捨王位　乞資財不違
仁昔作一王　名為大閻德　復一大德王
名尼民陁羅　復名阿私陁　復名為師子
此等諸王輩　布施千種財　昔復有大王
名常思諸法　復一大德王　名為真實行

此等思惟法　往昔有大王　精進名聞月
復有一王子　名日福業光　庚幾大威德
得至知恩義　仁昔一大王　名為月色仙
復名健猛將　次名實增長　次名求善言
次名有善意　次名調伏根　如是等諸王
法行大精進　仁往昔作来　仁昔作大王
名為月光者　其次名勝行　其次名連兜
其次名方主　其次名健施　次名迦尸王
次名寶鬘王　如是諸大王　即仁是非異
種種珎寶貨　来乞皆隨與　仁彼世財施
今勸捨法財　仁昔於過去　見佛如恒沙
彼諸佛世尊　仁恚曾供養　無量供養具
布施無慳悋　求道不休息　衆生解脫故
今正是其時　速出莫住家　仁昔初覩佛
名日不空見　持毗奢迦華　喜心供養彼
往昔有一佛　名毗盧遮那　一時歡喜視
往昔有一佛　名日微妙音　將一呵梨勒
供養彼世尊　往昔有一佛　名日白栴檀
立於彼佛前　暗然一草莖　往昔有一佛
名日速兒者　欲入大城時　一掬末香散
次佛名法主　説法唱善哉　聞法言快談
仁稱説無量　尊應當供養　其次觀一佛
名日普示現　仁見讚歎彼　其次有一佛

名日熾盛分　仁以歡喜故　觀察彼佛身
又將金華鬘　供養於彼佛　令可憶念彼
勿令心忘失　其次有一佛　名日光相幢
持一掬小豆　用供養彼佛　往昔有一佛
号名日智幢　仁持輪迦華　以供養彼佛
次復有一佛　名日調伏車　仁見彼佛已
於前立讚歎　次佛名寶勝　前然無量燈
施妙無量樂　佛名一切勝　曾施真珠瓔
次見大海佛　布施諸蓮華　至蓮花藏佛
布施大帳蓋　師子兩佛邊　曾施軟草鋪
於娑羅王佛　布施諸所須　到敷華佛前
布施微妙乳　耶輸陁佛所　施拘陁羅華
寶見佛覩已　歡喜布施食　昔佛名智山
屈身礼彼佛　有佛名龍德　施彼佛已子
高飛空行佛　曾施旃檀末　次佛名帝沙
珠寶及赤花　曾供養彼佛　見大莊嚴佛
持瞻蔔香華　而供養彼佛　曾見光王佛
持衆寶供養　昔見釋迦丈　持妙多銀花
而供養彼佛　其次帝釋相　見已喜讚歎
昔有佛名曰　廣大日天面　多持衆花嚴
供養彼世尊　其次復有佛　号名為勝尊
持妙多銀華　莊嚴彼佛上　往昔有如來
名日能勝者　然燈照彼佛　留沙如來邊

曾施白氎敷　樂師王佛邊　持寶蓋供養
佛名大牟尼　復有師子相　世尊勝功德
持寶網供養　有佛名迦葉　雜音聲供養
昔佛名解脫　供養雜末香　寶相佛世尊
天華而供養　阿茟婆諸佛　勸請坐像輿
世間王尊佛　供養以華鬘　尸棄佛世尊
捨王位布施　有佛名難降　一切香供養
大然尊佛邊　布施自身體　蓮花上佛前
布施諸瓔珞　法幢如來上　散諸妙花香
然燈世尊邊　五青蓮奉施　如是等諸佛
自餘無有量　難說不思議　往昔諸世中
仁並曾供養　復持無量種　衆妙供養具
供彼過去佛　無有疲倦心　今念彼供養
思惟往諸佛　為諸衆生輩　生慈解脫故
覺悟莫戀家　尊於過世時　在然燈佛所
供養彼佛已　逮得上無生　及獲五神通
復證順法忍　於後仁尊者　供養佛勝前
僧祇數僧祇　如是諸劫數　彼諸劫皆盡
諸佛亦滅度　仁往昔諸身　彼世中所受
種族及名字　亦皆悉滅无　諸行法非常
世間相不定　速捨空誑境　疾宜早出城
生老病死隨　難當甚可畏　猶如劫火起
炎熾燒世間　無常火亦然　燒盡一切世

如是諸苦逼　云何可暫停　應觀諸衆生
沒在煩惱暗　愚癡無慧眼　不能自覺知
發大精進心　令功德圓滿　為諸衆生輩
速出莫住家

時彼宮內諸婇女等作音聲時其音聲內皆出如是諸法之聲欲令太子猒離世間心生覺悟

佛本行集經出逢老人品第十六

尒時作瓶天子欲令太子出向園林觀看好惡發猒心故漸教捨離於彼宮中是時宮中所有婇女作諸音聲歌唱疲極自然次第更復讚歎園林功德其音稱言聖子諦聽園林之地甚可愛樂所謂其地布青軟草樹木可喜枝葉扶踈華果敷榮蓊欝滋茂復有諸鳥所謂種種鴻鶴孔雀鸚䳇鸜鵒及拘翅羅鴛鴦等鳥出於如是微妙之聲

尒時太子聞是聲已發出遊心即喚馭者而謂之言汝善馭者今可速疾嚴飾莊挍賢直好車我今欲向於彼園林觀看善地是時馭者聞此語已白太子言謹依命教不敢有違是時

馭者速疾即奏淨飯王言大王當知太子今欲出向園林觀看善地時淨飯王出勑宣令迦毗羅城一切內外悉遣灑掃清淨莊嚴除却土坮砂礫瓦石穢濁糞聚皆使端平以妙香湯灑散地上滅諸塵埃又以香泥用塗其地復持種種香華散上於諸街巷處處皆燒雜妙好香其諸街巷四衢道頭置滿瓶水安諸雜華以芭蕉樹處處莊嚴於諸樹間懸雜色幡復於樹上或以寶物或以繒綵作蓋作幢用莊嚴樹樹間復懸真珠瓔珞七寶羅網而覆其上其羅網目節節復懸金銀寶鈴和風吹動出微妙聲或以七寶作日月像及諸天形各持瓔珞廁羅網間於羅網間又復更懸白猫牛尾及雜氍等時淨飯王如是教勑雜妙莊嚴迦毗羅城精麗猶如乹闥婆城一種無異莊嚴城已復飾園林除却沙石及諸糞穢乃至交珞懸衆寶鈴如上所說其諸樹中有男名者以男瓔珞而莊嚴之若女名者以女瓔珞而莊嚴之復教打鼓振鈴遍告城內

人言汝等悉皆除却道上或老或病
或復死亡盲聾瘖瘂六根殘缺不具
足者悉令駈逐但是心意所不好喜
及非吉祥並令除擗勿使太子於路
見之是時馭者莊飾車乘駕善調馬
悉嚴備已白太子言聖子當知今已
駕被車馬訖了正是行時可乘而出
觀看善地
尒時太子從座而起至輦乘所登上
寶車上已秉持大王威神巍巍勢力
從城東門引導而出欲向園林觀看
福地是時作瓶天子於街巷前正當
太子變身化作一老弊人傴僂低頭
口齒踈缺鬚鬢如霜形容黑皺膚色
黧黮曲脊傍行唯骨與皮無有肌肉
咽下寬緩如牛垂頡身體萎攉唯仰
杖力上氣苦嗽喘息聲麁喉內吼鳴
猶如挽鋸四支戰排行步不安或倒
或扶取杖為正如是相貌在太子前
順路而行太子見彼老人身體如是
戰慄不祥衰相如上所說於太子先
困苦匍匐太子見已即問馭者此是
何人身體皺皺肉少皮寬眼赤涕流

極大醜陋獨尒鄙惡不似餘人兼其
頭顱鬚稀脫落如我所見餘人不然
又復眼深與衆特異口齒缺破無可
觀瞻即向馭者而說偈言
善馭駕乘汝今聽　此是何人在我前
身體不正頭鬚稀　為生來然為老至
尒時馭者因被作瓶天子神力白太
子言大聖太子如此人者世名為老
太子復問於馭者言世間之中何者
名老馭者即辜報太子言凡名老者
此人為於衰耄所逼諸根漸敗無所
覺知氣力綿微身體羸瘦既到苦處
被親族駈無所能故不知依怙兼且
此人亦不能久非朝即夕其命將終
以是因緣故名老壞即為太子而說
偈言
此老名為大苦惱　劫奪美色及娛樂
諸根毀壞失所念　支節舉動不隨心
尒時太子聞此偈已問馭者言此人
為是獨一家法使其如是為當一切
諸世間相悉皆如斯是時馭者報太
子言聖子當知此人非獨自一家法
使其如斯但是一切世間衆生皆有

是法太子復問彼馭者言我今此身
亦當如是受老法耶馭者荅言如是
如是大聖太子貴賤雖殊凡是有生
悉皆未過如是老法即今人身具有
如是老弊之相但未現耳太子復問
於馭者言若我此身不離是老老法
未過有是醜陋衰惡相者我今不假
向彼園林遨遊戲笑宜速迴駕還入
宮中我當思惟作何方便得免斯苦
是時馭者荅太子言如聖子勑我不
敢違即迴車乘還入於城是時太子
至其宮內坐本座上正念思惟我亦
當老老法未過去何縱逸自放身心
時淨飯王問馭者言汝善馭者今從
太子從宮內出至於園中遊戲觀看
恣情極目歡樂以不其馭者跪報於
王言大王當知太子出遊至於半道
勒駕迴還不到園苑時淨飯王問馭
者言太子何故不至園林中道而返
馭者荅言大王當知太子欲向園林
遊戲始至半路忽於道傍見一老人
乃至身體戰慄拄杖或倒或起不能
正行太子如是見彼人已即勑迴車

還入宮内加趺而坐正念思惟時淨飯王即心念言希有希有此之形相阿私陁仙授記語言必定真實决恐太子捨家出家我今宜應更為太子增益五欲若其廣見五欲之事充足心眼染着情迷不捨出家稱適我意時淨飯王即為悉達加足種種五欲諸事悉令增廣使太子心着於愛樂不聽出家而有偈說

彼宮内中多受樂　欲出遊戲見老人
還入宮内心憂愁　嗚呼我未脫此老
父王聞此語言已　心思畏子捨出家
增益五欲及宮人　令着恩愛紹王位

尒時太子在於宮内充足五欲娛樂遊戲無有疑難尊重貴勝唯獨一人

佛本行集經卷第十四

癸卯歲高麗國大藏都監奉
勑彫造

佛本行集經卷第十四

校勘記

一　底本，麗藏本。

一　六九五頁上三行品名下，徑、清有「第十四之二」。

一　六九六頁上五行「鈎蘭」，磧、普、南、徑、清作「枸欄」。

一　六九六頁上二二行首字「噣」，磧、普、南、徑、清作「矚」。

一　六九六頁上末行第一三字「映」，普作「映」。

一　六九七頁上二一行「佛本行集經」，徑、清無。

一　六九八頁上一九行「仁者」，磧、南、徑、清作「仁昔」。

一　六九八頁中四行「穢明」，磧、普、徑、清作「穢眼」。

一　六九八頁中二〇行第五字「炎」，磧、普、南、徑、清作「災」。

一　六九八頁下一七行「膢脊」，磧、普、南、徑、清作「僂脊」。

一　六九九頁上二行「汝見」，磧、南、徑、清作「汝觀」。

一　六九九頁上四行第七字「至」，磧、普、南、徑、清作「生」。

一　六九九頁中八行末字「王」，磧、普、南、徑、清作「主」。

一　六九九頁中一九行「有一」，磧、普、南、徑、清作「見一」。

一　六九九頁中二二行「無量」，磧、普、南、徑、清作「無虛」。

一　六九九頁下三行末字、五行第五字及次頁上九行第七字「憧」，磧、普、南、徑、清作「幢」。

一　六九九頁下八行第五字「樂」，磧、南、徑作「藥」。

一　六九九頁下一〇行「草鋪」，磧、普、南、徑、清作「草敷」。

一　六九九頁下一六行「珠寶」，磧、南、徑、清作「珍寶」。

一　六九九頁下一七行第二字「瞻」，磧、普作「簷」。

一　七〇〇頁上八行「大然」，磧、普、

南、徑、清作「大燈」。

一　七〇〇頁中八行「佛本行集經」，徑、清無。

一　七〇〇頁中末行「命教」，磧、普、徑、清作「教命」。

一　七〇〇頁下一六行「猫牛」，磧、普、南、徑、清作「犛牛」。

一　七〇〇頁下二〇行「交珞」，磧、普、南、清作「交絡」。

一　七〇一頁上四行「除擗」，磧、普、南、徑、清作「除辟」。

一　七〇一頁上一六行首字「咽」，磧、普作「胭」。

一　七〇一頁下四行「即今」，徑作「即令」。

一　七〇二頁上六行「不捨出家」，磧、普、南、徑、清作「不出家者」。

一　七〇二頁上九行「倡説」，磧、普、徑、清作「倡言」。

佛本行集經卷第十五　　今

三藏法師闍那崛多譯

淨飯王夢品第十七

尒時作瓶天子以神通力欲令太子發出家心即於其夜與淨飯王七種夢相時淨飯王眠臥床上於睡夢裏見如是相第一所謂夢見有一大帝釋幢其幢周匝有於無量无邊人衆從迦毗羅城東門出第二所謂夢見太子乘十大象駕馭衆車從迦毗羅城南門出第三所謂夢見太子駕駟馬車端坐其上從迦毗羅城西門出第四所謂夢見雜寶莊嚴一輪從迦毗羅城北門出第五所謂夢見太子在迦毗羅城之中央大街衢內手執一搥撾打大皷第六夢見此迦毗羅城之處中有一高樓太子坐上四面散擲無量諸寶而其四方復有无量無邊億數諸衆生來將此寶去第七夢見此迦毗羅城外不遠有於六人舉聲大哭號咷流淚各以兩手自拔頭髮宛轉于地

時淨飯王於夢裏見如是之相心大惶怖恐畏毛竪遍體戰慄驚悸疑恠忽然而寤覺已見喚所當宮內諸大臣來而勑彼等作如是言卿等知不我於今夜夢見如是大恐怖事七種次第如前所列皆悉說之復勑語言汝等善持此等諸夢莫令忘失明日坐殿可於衆內奏我令知而諸臣等聞王勑已即白王言謹如王勑實不敢違天曉王坐即於衆中具以夜夢諸奏王知時淨飯王聞臣白已即召國內善解占夢諸婆羅門而告之言汝等大智解我所夢有何果報我夢如是如前所說彼等大智諸婆羅門聞王勑已各共思惟量宜可否而白王言大王當知我等未曾聞如是夢我等聞已心意迷荒不知此夢有何果報時淨飯王聞諸占夢婆羅門等作如是語心復憂愁作如是念或我太子不得作於轉輪聖王莫復得已而還墜落轉輪王位令我心內極大憂愁誰能决我如此疑結

尒時作瓶天子在於淨居宮殿之內

遥見淨飯大王如是憂愁不樂見已忽然從彼天宮隱身而来化作一梵婆羅門身頭有螺髻以鹿為冠智慧聰朗端正盛少著黑鹿皮以為衣服立在淨飯王宮門外唱如是言我能善解淨飯王夢決斷所疑時當門人聞婆羅門作此語已速疾往詣淨飯王所長跪諮白淨飯王言大王當知門外有一婆羅門立口稱是言我善能解一切諸夢時淨飯王即便勑喚此婆羅門令入宮中入已歡喜即宣勑問彼婆羅門作如是言汝巧智慧大婆羅門今知已不我於昨夕夜半之時見如是等七種夢相第一見有一帝釋幢無量无邊百千人民左右圍遶共舉此幢從迦毗羅城東門出乃至去此迦毗羅城道里不遠見有六人舉聲大哭以手拔髮我今恐怖心意迴遑夢相既然未知善惡汝可為我一一解之時淨飯王作是說已默然而住聽其解釋

尒時作瓶天子即白王言大王當知王所夢見一帝釋幢有於無量无邊

人民左右圍遶共舉此幢從城東門而將出者此是大王悉達太子與於无量百千諸天左右圍遶當捨太子從宮閤內踰城出家此夢是彼於先瑞相

又復大王所見太子乘十香象駕馭衆車從城南門而出行者彼出家已即便證得於薩婆若及以十力此夢是彼於先瑞相

又復大王所見太子乘駟馬車從城西門而出行者彼出家已證薩婆若具足而得四無所畏此夢是彼於先瑞相

又復大王所夢雜寶莊嚴一輪從城北門而出行者彼出家已證得阿耨多羅三藐三菩提後於天人前轉於無上微妙法輪此夢是彼於先瑞相

又復大王所夢太子在迦毗羅城之中央四衢道內手執一搥擊大鼓者彼出家已證得菩提轉法輪時諸天各各揚聲唱言其音上徹乃至梵天傳相告知響遍色界此夢是彼於先瑞相

又復大王所夢太子在迦毗羅城之處中樓上而坐四面散擲種種寶者彼成阿耨多羅三藐三菩提已於諸天人八部衆前當散如是衆妙法寶謂四念處及四正勤四如意足五根五力七覺八道種種諸法此夢是彼於先瑞相

又復大王所夢去此迦毗羅城其外不遠見有六人舉聲大哭手拔髮者太子出家當得阿耨多羅三藐三菩提得菩提已而於彼時有諸六師其心應當生大憂惱所謂富蘭那迦葉摩娑迦羅瞿奢子阿耆那只奢甘婆羅波羅浮多迦吒耶那那闍夷毘耶私致只子尼乾陀若低子等此夢是彼於先瑞相

尒時作瓶天子為淨飯王解說夢已白大王言大王宜應心生歡喜勿懷恐怖憂畏不樂何以故此夢吉祥獲善果報須自慶幸慎莫有慮如是安慰淨飯王已忽然不現

時淨飯王聞婆羅門如是解夢說古吉祥善果報已即為太子更重增加

五欲之具令太子心染著愛戀望不出家尒時太子在於宮内恣意而受五欲之事不可思議

佛本行集經道見病人品第十八

尒時作瓶天子復更思惟此之護明菩薩大士在彼宮内著於五欲放逸情蕩已經多時世間無常盛年易失護明菩薩應當早捨宮内出家我今可先為其作相勸請覺悟令速猒離如是念已作瓶天子神通力故亦是護明菩薩大士宿福因緣坐於宮内忽然發心欲出園林觀看遊戲

尒時太子呂喚馭者而告之言謂善馭者汝可速疾莊嚴好車我欲出城向於園苑遊戲悅目觀看藂林是時馭者白太子言如聖子勅我不敢違馭者既聞太子如是教令語已即往奏白淨飯王言大王當知太子今欲出向園林觀看善地時淨飯王出勅宣令國内人民悉使莊嚴掃灑清淨迦毗羅城並遣除却一切諸草沙礫荆蕀朽木土埳糞穢臭處皆令平坦乃至園内所有女名樹木之者還令

以女瓔珞之具而莊嚴之男名樹木以男瓔珞而用挍飾乃至道上於太子前或老或病不聽出現莫使太子見已生於猒離之想是時馭者莊挍車已進太子言已嚴車訖唯願聖子善自知時是時太子即乘寶車乘已執持大王威神巍巍盛德從城南門漸漸而出欲向園林觀矚嬉戲

尒時作瓶天子即於太子前路化作一病患人連骸困苦水注腹腫受大苦惱身體羸瘦躃脛纖細痿黃少色喘氣微弱命在須臾卧糞穢中宛轉呻喚不能起舉欲語開口纔得出聲唱太叩頭乞扶我坐是時太子見彼病人乃至口言唱扶我起太子見彼病患人已問馭者言謂善馭者此是何人腹肚極大猶如大釜喘息之時身遍戰慄躃脛纖懦身體尫羸痿黃無色或復唱言嗚呼阿孃或復稱言嗚呼阿耶悲切酸楚不忍見聞依託他身方能起止時作瓶天子以神通力教馭者報於太子言願聖子聽此名病人太子復問彼馭者言稱病人

者此是何名馭者報言大聖太子此人身體不善安隱威德已盡困篤无力死時欲至無處歸依父母併亡無處告訴已无歸依無告訴故此人不久自應命終欲得求活極大困苦必當不濟望覓老日無有是處唯待時耳大聖太子以是因緣故名病也而有偈說

太子問於馭者言　此人何故受是苦
馭者奉報於太子　四大不調故病生

太子復問於馭者言此人為當獨一家法為當一切世間衆生悉有是法馭者報言此之病法非獨一家一切天人衆生雜類皆悉未免太子復言我亦此病未過未脫會當似彼成如此事嗚呼可畏太子即告其馭者言謂汝馭者若我此身不脫是病具茲病法難得度者我今不假至彼園林遊戲受樂可迴車駕還入宮中我當思惟馭者荅言如太子勅是時馭者既受教已迴車向宮是時太子還入宮内端坐思惟我亦當病病法未現豈得縱情

時淨飯王問馭者言太子遊園受歡樂不馭者報言大王當知太子欲向城外出遊觀看池沼而於半路見一病人乃至口言願扶我起見已即勑迴車而還宮中靜坐思惟繫念時淨飯王聞此語已心內思憶阿私陁仙受記之語決定真實太子莫復捨家出家我今可為太子更加五欲之事增長太子令者五欲不捨出家時淨飯王即益太子五欲之事復倍增長而有偈說

太子久住宮閤中　欲出向園受五欲
路見一瘦羸病者　便生猒離欲想迴
端坐思惟老患因　我今未超何得樂
色聲香味等諸觸　㝡妙㝡勝不可猒
大士昔行善業緣　今受極樂無有比

如是次第太子在於宮內之時具足而受五欲功德晝夜無絕

佛本行集經路逢死屍品第十九

尒時作瓶天子復於一時發如是念此之護明菩薩大士在於宮內極意歡娛今時已至護明菩薩宜早出家我今可為彼大士故勸請令出猒離

五欲捨家出家是時作瓶天子心欲勸發於護明故作意令從宮內而出向彼園林觀看善地是時太子告馭者言謂善馭者汝可速駕駟馬寶車我欲出城詣園遊戲是時馭者聞太子命即疾往奏淨飯王言大王當知太子欲出觀看園林時淨飯王勑令莊嚴迦毗羅城掃灑街巷荆蕀沙礫朽木土堆糞穢瓦石皆悉淨除乃至園內所有諸樹是女名者女瓔珞嚴男名字者男瓔珞飾復振鈴鐸唱如是言莫令更有一人不祥在太子前或老或病乃至太子眼見之後生於猒離是時馭者即為太子嚴備好車訖已進上白太子言聖子善聽莊挍車訖唯願知時太子坐車威神大德從城西門出向於外觀看園林時作瓶天子於太子前化作一屍卧在牀上眾人轝行復以種種妙色㲲衣張施其上作於斗帳別有無量无邊姻親左右前後圍遶哭泣或有散髮或有搥胷或復拍頭交橫兩髀或復二手取於塵土持坌面頭或出種種悲

咽音聲淚下如雨大叫號慟酸哽難聞太子覩之心懷慘惻問馭者言謂善馭者此是阿誰卧之牀上以種種華莊嚴圍遶乃至雜色㲲摩衣服作於斗帳人轝而行大眾周匝稱寃叫哭說偈問言

王子妙色身端正　問善馭者此是誰
卧於牀上四人轝　諸親圍遶叫喚哭

尒時作瓶天子以神通力令善馭者報太子言大聖太子此名死屍太子復問善馭者言死屍是何馭者報言大聖太子此人已捨世間之命無有威德今同石木猶如墻壁無有別異捐棄一切親族知識唯獨精神自向彼世從今已後不復更見父母兄弟妻子眷屬如是眷屬生死別離更無重見故名死屍向於太子而說偈言

已捨心意等諸根　屍骸無識如木石
諸親號咷暫圍遶　恩愛於此長別離

太子復問善馭者言謂善馭者我亦有此死法以不又此死法我已超未馭者報言大聖太子太子尊身於此死法亦未免脫世間一切若天若人

所有親族眷屬識知各各有是別離
之事彼不見此此不見彼而說偈言
一切衆生此盡業　天人貴賤平等均
雖處善惡諸世間　無常至時無有異
尒時太子聞說此已報馭者言若我
此身同有是死死法未過又我即令
不得見天及以天中所有眷屬彼等
又亦不見於我我今何假向彼園林
遊戲快樂可速迴車還入宮內我當
思惟是時馭者聞太子命如是言已
即迴車駕還向宮中尒時太子至宮
內已端坐思惟我當必死既未能得
超越死法繫念默然思惟如是世間
果報會歸無常而太子初欲入宮時
有一無智愚癡相師立在大王宮門
之外熟視瞻仰太子面顏上下形容
丈夫之相大聲唱言汝諸人輩一切
當知從今日後至七日內此之太子
七寶自然成就來應時淨飯王問馭
者言汝善馭者引導太子至園林中
頗得稱心受歡樂不馭者長跪奉報
王言大王當知太子今出不至園林
時淨飯王問馭者言太子何故不至

園林馭者白言大王善聽太子出宮
於其中道見一死人卧在牀上四人
杠轝乃至親屬圍遶哭泣見已即迴
還入宮內思惟不樂時淨飯王聞此
語已心內思惟阿私陁仙所記必實
太子莫復捨我出家我今可更增益
太子五欲之事令其染著勿使出家
時淨飯王與其太子增加服玩種種
充足而有偈說
無量劫海功德行　太子以見命終人
心大悵怏懷憂愁　還入宮內思當死
昔置此城宮殿妙　太子年盛極端嚴
五欲稱心甚自娛　猶在千目歡喜苑
如是次第太子在於宮內具足而受
五欲恣意歡喜

佛本行集經耶輸陁羅夢品第二十上

尒時作瓶天子見太子出觀死屍迴
猒離世間五欲之事還宮內坐經六
日後復更如是重思惟言此之護明
菩薩大士以著五欲心迷放逸不肯
棄捐今時已至護明菩薩應須速疾
捨離出家我今可為作勸請緣時作
瓶天子為發太子出家心故亦是作

瓶天子宿福因緣感動自令太子興
意欲向園林內遊
尒時太子召喚馭者而勑之言謂善
馭者急嚴駕乘我欲入園馭者受命
即往啓奏淨飯王言大王當知太子
今欲出向園林遊戲觀看時淨飯王
勑令清淨種種莊嚴迦毗羅城如前
不異乃至振鐸告城內言莫使一人
在太子前老病及死六根不具令太
子見生猒離心馭者受教進好賢車
太子知時即坐車上威德尊重從城
北門引駕而去
尒時作瓶天子以神通力去車不遠
於太子前化作一人剃除鬚髮著僧
伽梨偏袒右肩手執錫杖左掌擎鉢
在路而行太子見已問馭者言謂善
馭者此是何人在於我前威儀整肅
行步徐庠直視一尋不觀左右執心
持行不似餘人剃髮剪鬚衣色紕赤
以樹皮染不同白衣鉢色紺光猶如
石黛時作瓶天子以神通力教彼馭
者白太子言大聖太子此人名為出
家之人太子復問彼馭者言稱出家

者此行何行馭者報言大聖太子此人恒常行善法行遠離非行善平等行善布施行善調諸根善伏自身善與無畏能於一切諸衆生邊生大慈悲善不恐怖於諸衆生善不煞害於諸衆生善能護念於諸衆生太子以如是故名為出家太子復問彼馭者言汝善馭者此人善能造作諸業向以故言法行者此是善行乃至善能不害衆生是故汝今將車向彼出家人邊馭者承命白太子言如太子勑即引車向出家人所是時太子至已諮問彼出家人作如是言尊者大士汝是何人時作瓶天子以神通力教令名為出家之人太子復問仁者何故名出家人彼復報言太子我見一切世間諸行盡是無常觀如是已捨於一切世俗衆事遠離親族求解脫故捨家出家作是思惟行何方便能活諸命此事知足善行法行乃至善能不行煞害一切諸命太子以如是故我名出家太子又言仁者所為此

葉大善汝若能觀一切諸行是無常法能知如是乃至善與一切衆生无怖畏者乃至心能不起煞害於諸衆生又能活命施其安隱而有偈言

觀見世間是滅法　欲求無盡涅槃處
怨親已作平等心　世間不行慾等事
隨依山林及樹下　或復塚間露地居
捨於一切諸有為　諦觀真如乞食活

尒時太子為敬法故從車而下徒步向彼出家人所頭面頂礼彼出家人三匝圍遶還上車坐即勑馭者迴還宮中是時宮內有一婦人名曰鹿女遥見太子歸來入宮因於欲心而說偈言

淨飯大王受快樂　摩訶波闍無憂愁
宮內婇女極姝妍　誰能當此聖子處

尒時太子聞此解脫偈頌聲已遍體戰慄淚下如雨心內愛樂涅槃之樂清淨諸根趣向涅槃而作是言我今應當取彼涅槃我今應當證彼涅槃我今應當行彼涅槃我今應當住彼涅槃

尒時淨飯王在宮殿內諸臣百官左

右圍遶太子忽然入到王邊合十指掌曲躬而立白父王言唯願大王今可聽我我欲出家志求涅槃大王當知一切衆生皆有別離時淨飯王聞其太子作是言已如象搖樹遍體戰動支節怡解淚下盈目語聲鳴咽報太子言我子太子此意且停子今非是此出家時我亦曾經年少之時諸根動時而亦未見世間衆患不行法行又亦未曾見諸惡欲而行苦行子起是心甚不堪忍我子童子年少之時心意未定諸根未伏而欲住彼阿蘭若時不堪苦行我子童子待我年老我若時至欲行法行我當捨國付子王位而入空閑行於苦行我子童子若子反逆不順我心違我語言行於法行子於現世得不善法以違尊語是故我子此精進心且急捨離住於宮中安意家內行於俗法我子童子凡世間人先須受於五慾之樂然後發意向出家之心太子報言大王今者不可得障子出家心何以故辟如有人從彼焚燒熾然猛燄火宅之

中欲走出者此是健人不可遮断大王諸有生者會有别離若人覺知世間之中皆有别離而不能捐别離法者此非善利又如有人作事不成死時將至而不疾為此非善智即為父王而說偈言

若觀一切決無常　諸有之法終歡壞
寧忍世間諸親别　死命欲至事須成

時淨飯王更復慇懃重語太子我子童子决定不得捨我出家又諸大臣依昔世論各以所見諫太子言大聖太子可不聞乎劫初已來髙隨論中昔諸王輩年少之時各在自境如法治化至年老時嫡胄相承各將世子以紹王位然後向山修行法行以是義故大聖太子不得獨違先王之法時淨飯王聞諸大臣作是語已淚下如雨一心諦觀太子之面眼精不瞬是時太子心内狐疑憂愁不樂還入宮中太子至宮諸婇女等遥見太子皆悉歡喜從坐而起或手合掌或面嫣姿或儛或歌或身承奉見太子坐各以慾心嬈態熾盛圍遶太子相共

娱樂如自在天在於宮内威德巍巍衆相顯赫歡樂亦然

尒時太子以共同生諸相諸好一齊等者恒常莊嚴日夜遊戲又見太子如是諸相顯赫炳著心生如是希有之想此是月天自下於地彼等婇女見於太子如是相貌極起羡心或復揚眉或有目視或口謦語或手相招以是太子威神力故令其慾心不能熾盛復不能笑太子亦從父王邊出時淨飯王即喚馭者而告之言謂善馭者太子不至彼園林乎馭者報言大王當知太子欲向彼園林中於其半道見有一人剃除鬚髮身服染衣執杖持鉢見彼人已迴車入宮端坐思惟

尒時淨飯王聞是語已如是思惟大仙秘陁言不虚妄定恐太子捨家出家我今更可增益五慾令其染著勿使出家時淨飯王更加五慾教住宮内心受快樂不許出家重說偈言

太子道見出家人　身體著衣樹皮染
覩已志求無上道　深心唯樂在出家

觀老病死苦無邊　又見出家乞食活
猒離世間捨三患　慕樂解脫求無為
生老病死諸瘡疣　太子欲離彼等苦
道上見彼出家者　心生大喜此是真
欲捨貪等諸恚根　我應剃除入山藪
太子欲求至真法　見彼沙門大喜歡
乘善駟馬調御車　欲出三界故觀苑
半路見彼捨俗服　心喜此是上菩提

尒時淨飯王更為太子廣設五慾所有功德事事加益悉使增多復於舊宮城郭之外四面周匝守護牢防别更築於崇巨高壘遶於舊院坑塹極深其墉堞頭安置種種七寶羅網羅網節目悉懸鳴鈴宮閤門扉嚴加禁衛晨夕出入開閉之時使有大聲聞徹四遠門外復置無量兵車象馬及人團隊相捉皆被鞍甲悉使精牢其次復於宮院之外安置無量百千壯士形容端正可喜無雙悉能破他所有怨敵身帶甲胄手執三叉弓箭長刀戟槊鑹棒諸如是等種種武仗防護太子内外城門復教宮内嚴加約勑諸婇女等晝夜莫停奏諸音樂顯

佛本行集經卷第十五　第二十五張　令字

現一切娛樂之事所有女人幻惑之能悉皆顯現以慾枷縛使著慾心勿捨出家

佛本行集經卷第十五

佛本行集經卷第十五

校勘記

一　底本，金藏廣勝寺本。

一　七〇四頁中八行末字「轝」，麗作「舉」。

一　七〇四頁下三行「見喚」，磧、普、南、徑、清、麗作「即喚」。

一　七〇五頁上四行「聰朗」，麗作「聰明」。

一　七〇五頁上一六行及頁中一行「共轝此幢」，磧作「共轝此幢」；麗作「共舉此幢」。

一　七〇五頁中六行及一〇行「所見」，磧、普、南、徑、清作「所夢」。

一　七〇五頁下一三行「摩娑迦羅」，磧、普、南、徑、清、麗作「摩婆迦羅」。

一　七〇五頁下一四行「那那」，磧、普、徑、清作「那刪」。

一　七〇五頁下一八行第五字「大」，磧、普、南作「天」。

一　七〇六頁上四行「佛本行集經」，徑、清無。

一　七〇七頁上四行末字「勑」，磧、普、南、清作「勒」。

一　七〇七頁上六行「思憶」，磧、普、南、徑、清作「思惟憶」。

一　七〇七頁上七行「受記」，麗作「授記」。

一　七〇七頁上一〇行「之事」，麗作「之具」。

一　七〇七頁中二行「今從」，磧、普、南、徑、清、麗作「令從」。

一　七〇七頁中一九行第四字「轝」，麗作「舁」。下同至次頁中三行第二字。

一　七〇七頁中二一行「左左」，磧、普、徑、清、麗作「左右」。

一　七〇七頁下二行「覩之」，磧、普、南、徑、清作「視之」。

一　七〇七頁下五行「人轝」，磧、普、南、清作「人舉」。

一　七〇七頁下一四行「知識」，磧、

普、南、徑、清作「識知」。

一　七〇八頁中三行「杠擧」，磧、普、南、徑、清作「扛舁」。

一　七〇八頁中一五行「歡喜」，磧、普、徑、清作「歡樂」。

一　七〇八頁中一六行品名，徑、清作「耶輸陁羅夢品第二十之一」。

一　七〇八頁下一〇行「賢車」，磧、普、南、徑、清作「寶車」。

一　七〇八頁下一二行「而去」，磧、普、徑作「而出」。

一　七〇九頁上八行末字「向」，磧、普、南、徑、清、麗作「何」。

一　七〇九頁中一一行「即勒」，麗作「即勑」。

一　七〇九頁中一七行「解脱」，麗作「所説」。

一　七〇九頁下二一行第七字「之」，磧、普、南、徑、清、麗無。

一　七一〇頁上一八行「眼精」，磧、普、清、麗作「眼睛」。

一　七一〇頁中八行「詧語」，磧、普、南、徑、清作「切語」。

一　七一〇頁中二〇行「教住」，徑、清作「教行」。

趙城縣廣勝寺

佛本行集經卷第十六　　今

三藏法師闍那崛多譯

耶輸陁羅夢品下

尒時國師有於一子名優陁夷隨聦辯聦明智慧衆論辯巧時淨飯王即遣喚彼優陁夷来来已王語作如是言汝優陁夷黠慧多智今可往侍悉達太子以方便力教我太子令心安隱愛樂宮中勿使猒離捨欲出家時淨飯王更復召喚一切釋種眷屬聚集而語之言汝等宗族我意疑慮悉達決定不住家居汝等今者佐助於我作何方便令其不離時諸釋種報大王言我等評共守護太子其有何力能強出家

尒時淨飯王及諸釋種於迦毗羅城東門外安置五百勇健童子善能用兵巧解神射多有方便悉皆大力猶如壯士力敵少雙一一童子有五百車而自圍遶一一車邊復有五百勁捷壯夫各各圍遶如是次第南西北門亦復如是乃至各有五百人防如

上所說復有宿老諸釋大臣悉皆各住十字街巷四衢道頭遍共守護悉達太子時淨飯王別置五百最勝壯健諸釋侍官其身悉皆帶持鎧甲乘象乘馬四面遶淨飯王宮各各在於閤門內外通夜持更

尒時國大夫人摩訶波闍波提憍曇弥在於宮內集聚婇女而語之言汝等當知從今出去晝夜莫睡將諸明寶置高幢上勿令夜暗又復處處別然蘇油香燈騰燭恒數覆火勿使滅無諸門管鑰好牢關閉非時不得令人擴開身體莊嚴皆著瓔珞各各連手猶如鈎鏁相捉而住圍遶太子莫聽浪行若執弓刀或持叉棒或拄戟槊如是坐立或執或對種種器仗晝夜用心勿令不覺太子行動彼若出家我宮空虛無可娛樂

時優陁夷國師之子侍衛太子入儲宮內見於太子住於殿中思惟而坐宮內婇女皆悉默然見如是已語彼諸女作如是言汝等一切巧解談論語言戲謔善承人意變威為歡端政

可怜世間無比各各自有如是伎能今日云何默然而住可忘失耶如是功能應當如彼北欝單越國土所作莊嚴之事又復汝等堪為北方毗沙門天護世大王而作妃后況復人間宮内不堪汝等婇女豈可令此太子離欲若如汝等猶能令於真正聖人教行五欲況復今日不能令此釋迦太子染著世間汝等婇女能作美言迴怒令喜巧取他心婦人之身所有方便幻惑之術假使女人亦能行欲況復男兒不著汝等若世間人得共汝等同於一處能不行欲終無是處而說偈言

汝等婇女輩　大有方便力　巧能幻惑他
善示汝境界　假使離欲人　真正諸仙等
得見於汝者　必應生欲心　況復此太子
觀汝等娛樂　不能行五欲　終無有是處

如是汝等自境界中巧解方便我見汝等具足皆有如是方便而遂不能令王太子於汝等邊欲心染著我甚不悅汝等更可人人加意出巧方便而令悉達太子見已於汝等邊別生

欲心勿令猒離汝等婇女可不聞乎昔迦尸國有一仙人名提波耶鄉(隋言天生)被孫陁梨婬女誑惑而彼仙人如天無異諸天猶尚不能奈何被孫陁梨婬女惑故隨彼步行來入城中又復往昔有一仙人名為獨角仙人之子生小已來未經欲事當於彼時有一婬女名曰商多(隋言寂定)誑惑彼仙遂令失禪及五神通又復昔有仙人名曰毗商塞多(隋言化叉)多時苦行經於十年無所噉食當於彼時有一婬女名弥迦鄉(隋言一者)極大端政彼仙亦復被其誑惑諸如是等大神仙人多有被於諸婬婦女之所誑惑牽取教行世欲之事況復今日悉達太子盛壯少年身體柔軟大王之子善解諸事汝等至心承事供養令於汝等生染著心勿使其斷王之體胤彼等婇女於國師子優陁夷邊聞是語已向於太子亦現種種巧媚幻惑令生增上勝妙欲心或有婇女示現儛形或有婇女出微妙聲唱頌歌讚或作音樂或出可笑奇異面形或造百種語言辭句

或復有於太子之前亦現逶迤巧妙行步或復有將雜異種種妙好鮮華以奉太子或作種種百和之香塗太子身或於口中吹指造作種種鳥聲或復諮白作如是言聖種王子願聽我等所作種種世俗欲情語言謿調而王太子在於宮内聞如是等諸種欲戲作是思惟世間之中被於苦逼所謂生老及病死等惱患既然不知猒離捨彼等苦求歸依處我今云何巧作方便能捨此等世間諸苦生老病死又復彼等諸婇女輩多種示現歌儛音聲或復種種諸妙欲事而彼悉達太子見已不生希有戀著之心時宮女中有一婇女自手將一末利華鬘前出繫於太子頸下而太子眼熟視不瞬觀彼女人即還自解末利華鬘解已手持從窓牖中擲棄於外時國師子優陁夷見太子端坐正念思惟不著世間有為境界又不染愛妙色聲香如是見已其優陁夷聰明智慧巧解種種殊方善論諫太子言大聖太子我被大王勅來至此友娛

太子我今諮白願太子聽我以太子
於世事中心意不動而說偈言

我略說友相　惡諫善勸行　厄難相救濟
是名真善友

時優陁夷說此偈已復作是言大聖
太子我今既是聖子之友諸事好惡
須共平量見異默然而欲捨我不名
為友是故我今欲向太子有所諮白
依如友心唯願領納太子當今盛壯
年少我今觀看太子之心不作善事
而欲捨離諸婇女等嫌恨其邊有何
可惡凡繫縛心隨順是也愛著之情
慾態為本婦女之體唯以丈夫敬重
為歡若太子心必不愛著五慾之事
世間富貴榮華是難但當以口美言善
語慰喻宮人令其意悅而說偈言

婦人敬是樂　敬為樂最上　無敬唯有色
如樹無有花

尒時太子從國師子優陁夷邊聞是
語已即作種種善巧語言哀愍之聲
猶如雲陰隱隱雷震微妙之聲猶如
善美和合音聲柔軟報荅優陁夷言
汝優陁夷我亦知汝為我良朋為我

善友好心開發諫曉我意我今亦知
汝意向我親密厚重我今亦不違逆
汝心汝今見我有如是過我今順汝
但我非是不知世間五慾之樂我觀
世諦一切諸事了達分明我以世間
無常敗壞以是義故此處可畏心意
不樂而說偈言

世榮雖快樂　有生老病死　此四種若無
我心誰不樂

是時太子說是偈已復更重語優陁
夷言汝優陁夷當觀於此諸婇女等
既被老奪盛壯色已各各相覩意不
喜樂況有癡人欲於是處生愛樂心
而說偈言

生老病死法　住此生老病　若住生樂心
共鳥獸無異

尒時太子共國師子優陁夷等往復
来去言論之時日遂至没太子既見
日光没已便入宮中共諸婇女行於
五慾快樂歡喜相共聚集圍遶而住
其太子妃耶輸陁羅即於是夜便覺
有娠又當其夜太子姨母憍曇姓氏
摩訶波闍波提眠中夢見一白牛王

在於城中揚聲吼喚安庠而行無有
一人能當彼前而作障㝵又復其夜
淨飯大王亦夢城內處中竪立一帝
釋幢以多雜種衆寶莊嚴復持種種
瓔珞挍飾莊麗猶如須弥山王從地
踊出在於虛空彼帝釋幢其中又復
出大光明四方皆悉周匝照耀又復
四方興起大雲俱来至於帝釋幢上
降注大雨霶霈灌洗彼帝釋幢又於
空中雨於種種無量无邊妙華之雨
其帝釋幢周匝復有无量種種微妙
音聲不作自鳴更復有一鮮白傘蓋
衆寶為竿黃金為子端政可喜自然
覆於帝釋幢上四方復有四大天王
及諸眷屬来向城中開門將彼帝釋
幢出

尒時其夜耶輸陁羅疲極睡眠無所
知曉卧夢覩見有二十種可畏之事
心戰身動恐怖不安疑恠驚惶忽然
而寤時太子問耶輸陁言汝耶輸陁
何故如是驚怖戰悸氣喘心忪忽尒
而起何故如是汝耶輸陁今者又不
在尸陁林又復不為諸屍所繞亦不

在山不居曠野今此城內無量无邊
兵仗守護在於王宮此處深牢不懼
野獸亦復不慮盜賊来驚此中安樂
是無畏處我今見汝耶輸陁羅心大
驚怖心大憂愁心生疑畏忽然覺寤
此事何因
尒時太子妃耶輸陁淚下如雨恐怖
悲咽報太子言大聖太子我於今夜
夢見如是二十種變唯願諦聽我當
說之
聖子我向夢見一切大地周匝震動
聖子次復夢見有帝釋幢崩倒於地
聖子次復夢見虛空日月及諸星宿
悉皆墮落
聖子次復夢見有一㝡大鮮潔傘蓋
是我從来依蔭之處守護我者憐愍
我者而彼婢生車匿之子忽以壯力
奪我將行
聖子次復夢見我頭髮髻為彼諸寶
所莊嚴者刀截而去
聖子次復夢見我身體上所有瓔珞
為水所漂
聖子次復夢見我之身形微妙端正

忽成醜陋
聖子次復夢見我身體上所有手足
自然墮落
聖子次復夢見我此身形忽然斥露
聖子次復夢見我之從来常所坐牀
我坐之時承事聖子彼牀忽然自搶
於地
聖子次復夢見我常所共聖子眠卧
受樂之牀彼牀四脚並皆摧折
聖子次復夢見有一衆寶所成大山
鐵利四楞無量高峻被火所燒崩頹
墮地
聖子次復夢見淨飯大王宮內有一
微妙之樹被風吹倒
聖子次復夢見朗月圓圍衆星圍遶
在此宮中忽然而没
聖子次復夢見淨日照明千光圍遶
在此宮內忽然而没彼隱没後世間
黑暗無有光明
聖子次復夢見此宮城內有一火炬出
向城外
聖子次復夢見此城從来所護之神
遍體種種瓔珞莊嚴可喜端正彼忽

悲啼舉聲大哭住在門外
聖子次復夢見迦毗羅城忽為曠野
可畏如夜心無慶樂
聖子次復夢見迦毗羅城所有諸池
水悉皆濁所有樹林華果枝葉並皆
墮落遍散於地無可觀瞻
聖子次復夢見所有壯士手執刀杖
身著甲鉀周匝四方交横馳走聖子
我見如是二十種夢心大恐怖驚疑
不安此何徵祥為凶為吉是何果報
為復我身壽命欲盡為共聖子恩愛
別離是故我今心如撞擣戰動忙怕
不能自持於睡眠中忽然驚起
尒時太子聞此語已自心思惟我今
不久捨世出家是故今此耶輸陁羅
見於如是大恐怖夢是時太子即報
其妃耶輸陁言妃耶輸陁汝雖見彼
一千帝釋幢崩倒卧地於汝何傷設
復見於一千日月及諸星辰墮落於
地汝亦何苦雖見千傘婢生車匿力
揭將行既是夢奪非關白日汝心何
乱不假憂愁汝善大妃莫驚莫怖莫
作分別世間法中自有如是虛妄之

夢不須懷愁但當安隱依常眠睡汝
善大妃年時嫩少身體柔軟為尒憂
懼恐畏疲勞耶輸陁羅以受身樂未
曽經苦既聞太子如是語已還卧而
眠太子為欲安慰慰喻耶輸陁故以
五慾樂共相娛樂更同睡眠

尒時太子其夜自復見五大夢第一
夢見席此大地持用作檢以須弥山
安為頭枕東方大海安左手辟西方
大海安右手辟南方大海安置兩足

第二夢見有一草莖名曰建立從齊
而出其頭上至阿迦膩吒

第三夢見有四飛鳥作種種色從四
方来在於太子兩足之下自然變成
純一白色

第四夢見有四白獸頭皆黑色從足
已上乃至膝頭舐太子脚

第五夢見有一糞山高大峻廣太子
自身在彼山上周匝經行不為彼糞
之所汙染

佛本行集經捨宮出家品第二十一上

尒時太子在於宮内夜睡眠時有一
宿衛守官之臣告諸一切持更人言

汝諸人輩行更之時宜各如是喚金
毗羅（金毗羅者隋言可畏）或喚目帝羅（目帝羅者隋言解脫）或
喚鶩伽那（鶩伽那者隋言落髮）汝等人輩在此已
不彼等報言我等在此是時大臣復
更語彼諸人輩言汝等並宜用心持
更汝等並宜用心持更今夜已深所
有諸類或住水中或居陸地或在樹
上或處窟間或山谷傍或屋舍裏皆
悉疲乏染着睡眠汝等諸人今夜持
更悉執器仗共守門閤應須警慎好
加製持自餘當鋪持更之人莫令睡
眠大王嚴重有如是勑何以故恐畏
太子捨此城邑剃髮出家若保宫内
此聖太子必當得作轉輪聖王統四
天下大仙國師如是授記作是語時
初夜已過至於半夜漏刻之人大唱
而言我聖大家恒常尊勝願我大家
長命吉安初分已過次入中夜漏刻
未半尒時色界淨居諸天下来至於
迦毗羅城是時城内所有人民皆悉
迷悶沉重睡眠淨飯王身并諸左右
及太子厩當馬諸臣宫人婇女皆悉
被惑疲乏重眠是時衆中有一天子

名曰法行来至宫内以神通力令諸
婇女身體服飾縱横不正或復褰袒
不能収斂其中或有諸婇女輩或以
手柱頰頤而眠或有婇女擲却箜篌
置於一邊而身倚卧或有婇女以其
兩髀抱鼓而眠或以兩手内著窓中
而其半身露出而睡其中或有各以
兩髀相抱而眠或有婇女目睫不交
精瞳睆睆熟視而睡或有婇女倚諸
瓔珞垂哆而眠或有宫人形容端正
從来俯仰具知慚愧一切功能皆悉
備足今以重睡因緣所纏放氣出聲
大小麁細臭處遂動都不覺知或有
脫身諸瓔珞具或有擲却諸雜華鬘
或棄衣裳張目而眠猶如死屍一種
無異傍人觀看不作活想或有仰卧
長展手脚張口而眠或有乱擲手脚
一邊交横而眠或有拳縮手辟胳胵
繚線而眠或有立地倚壁而眠身體
棹動猶如醉人或有覆頭軃睡而眠
或有蹲坐縮項而眠或有面孔青白
失色極醜而眠或有婇女以細腰鼓
懸於項上絡腋而眠或有婇女以於

箜篌搭項而眠或有婇女齩齒齘齘
嗚喚而眠或有垂頭讇語而眠或有
伏面猶如塜間死屍而眠或有失於
大小便利不淨而眠

尒時太子忽然而寤觀其宮內膏燭
及燈或如拳麁或如臂大顯赫朗耀
極甚光明見諸宮人如是睡卧或執
銅鈸箜篌笳簫琴筑琵琶竽笛疊貝
口出白沫鼻涕涎流見如是等種種
相貌見已太子作是思惟婦人形容
止如是耳不淨惡露有何可貪外飾
粉脂瓔珞衣服華鬘釵釧假莊嚴身
癡人不知横被誑惑於色境界妄生
慾心若有智人正念觀察婦人身體
性如是空無有主猶如夢幻是中應
無有厶可得放逸生貪以邪念故无
明所縛而說偈言

世間不淨衆惑迷　無過婦人之體性
衣服瓔珞莊嚴故　愚癡是邊生慾貪
有人能作如是觀　如幻如夢非真實
速捨無明勿放逸　必得解脫功德身

尒時太子更復專念如是思惟咄哉
世間有是大患咄哉可畏有何可貪

以慈哀心愍衆生故舉聲大哭此處
繫縛愚癡之人猶如屠兒割斷諸命
此處不淨愚癡之人妄生愛樂如畫
瓶中盛滿糞屎此處虛假愚癡之人
埋沒沉滯猶如弱泥溺於諸象此處
臭穢愚癡之人以為香美猶如豬在
廁溷之中此處空誑愚癡之人横生
深著猶如狗抱無肉骨頭此處損害
愚癡之人爭競投入猶如飛蛾奔赴
燈燭此處有毒愚癡之人貪著愛好
猶如魚鼈吞食餌鉤此處萎黃愚癡
之人樂著親近如濕生華離水日曝
此處危脆愚癡之人行來履涉猶如
老牛入在深泥此處懸嶮愚癡之人
墜墮沒陷猶如盲者落大峻崖此處
循環愚癡之人流轉生死猶如瓦匠
旋器之輪此處纏綿愚癡之人被其
繫縛如犬著枷不得自在此處無潤
愚癡之人被炙乾枯猶如夏天盛熱
旱草此處衰耗愚癡之人日就消滅
猶如月虧漸將至末此處無利愚癡
之人善根用盡猶如慱戲輸他錢財
尒時太子如是觀察諸婇女身復更

思惟我今分明見如是相應當歡喜
勇猛勤劬發精進心增長福德起弘
誓願濟拔世間無救衆生為作救護
無養育者為作歸依无舍衆生為作
室宅今所辦事已現我前不久決當
得果斯志何以故此諸婇女皆捨羞
慙著重眠睡

尒時作瓶天子於夜半時既見太子
睡眠已覺安庠而至向太子所白太
子言太子往昔成就具足真實之事
又復太子昔在人間發如是心願我
捨身生兜率天太子彼願時節已過
又復昔時在兜率天願生人間受於
母胎彼願成滿在胎之時願早生出
彼願亦畢生已增長在於宮中童子
受樂遊戲自在彼願又過弱冠之時
欲得精勤學諸伎藝彼願已成壯年
縱心欲受世樂彼願現驗不宜久躭
今日一切諸天諸人願令太子捨離
出家修學聖道

尒時太子聞彼作瓶天子如是語已
即自著其八千億斤金價衆寶所作
革屣串於脚已欲起迴顧觀其所生

合掌寶牀而發如是大語言云此是我身最後受於五慾之處從今已後當更不受此是我身最後受於五慾之處從今已後當更不受

尒時太子舉右手褰衆寶所成羅網幃帳從宮中出安庠徐步始行少地在於殿内東面而立合十指掌至心念於一切諸佛念已舉頭仰瞻虛空及諸星宿

尒時護世四大天王及天帝釋知於太子出家時至各隨其方辦具欲来

尒時提頭賴吒天王主領所部乾闥婆等一切眷屬百千万衆前後導從作諸音樂從東方来三匝圍遶迦毗羅城下於地上却住其方合十指掌低頭曲躬面向太子

尒時毗留勒叉天王主領所部鳩槃荼等一切眷屬百千万衆前後導從手執寶瓶盛滿種種微妙香湯從南方来三匝圍遶迦毗羅城下於地上却住其方合十指掌低頭曲躬面向太子

尒時毗留博叉天王主領所部諸龍

王等一切眷屬百千万衆前後導從手執種種妙真珠貫復持種種諸雜珎寶燕起種種香雲華雲及以寶雲復起微妙柔軟香風從西方来三匝圍遶迦毗羅城下於地上却住其方合十指掌低頭曲躬面向太子

尒時毗沙門天王主領所部諸夜叉等一切眷屬百千万衆前後導從手執火珠或執燈燭或執火炬熾盛猛燄身着鎧甲或執弓刀箭矟器仗及鉾戟等從北方来三匝圍遶迦毗羅城下於地上却住其方合十指掌低頭曲躬面向太子

尒時天主釋提桓因與其眷屬一切諸天百千万衆前後導從將天華鬘末香塗香或復執持幡幢寶蓋或執種種諸妙瓔珞從彼三十三天而来三匝圍遶迦毗羅城却住上方合十指掌低頭曲躬面向太子

尒時太子觀見諸方仰瞻虛空及諸星宿并覩護世四大天王以諸上妙種種瓔珞莊嚴身體頭載天冠次第而行安庠徐步共乾闥婆及鳩槃荼

一切諸龍并夜叉等百千眷屬左右圍遶各從其方東南西北而来至此依方面住復見天主釋提桓因將領百千諸天眷屬前後閙塞在於虛空周匝集聚復見鬼星已與月合時諸天等唱大聲言大聖太子鬼宿已合今時至矣欲求勝法莫住於此人王師子時至速疾棄捨出家諸天如是更復佐助讚唱此言出莫住

尒時太子仰瞻虛空如是思惟今中夜靜鬼宿已合諸天大衆地及虛空並皆佐助決定我今時至不虛宜出家也太子如是心思惟已即喚同日所生奴子車匿告言車匿汝速疾来莫違於我急被帶我同日所生馬王乾陟將前者来勿令我家所有眷屬一釋種子聞彼馬聲是時車匿聞於太子如是言已仰瞻虛空如是思惟今始中夜心即生疑遍體戰慄身毛皆竪悚懼不安白太子言大聖太子云何中夜遣我被帶乾陟馬王有何恐怖有何怨敵有何急疾或復城外或今城内有好惡耶是時太子語車

匿言謂汝車匿我今悉疾恐怖怨敵
被諸苦逼汝都得知但速被帶我同
日生馬王乾陟時疾將来

佛本行集經卷第十六

佛本行集經卷第十六

校勘記

一　底本，金藏廣勝寺本。

一　七一三頁中三行品名下，徑、清有「第二十之二」。

一　七一三頁中四行「隨言聽辯」，磧、普、南、徑、清無。

一　七一三頁中二一行首字「揵」，磧、普、徑作「健」。

一　七一三頁下五行第六字「遶」，磧、普、南、清、麗作「圍遶」。

一　七一三頁下九行「出去」，磧、普、南、徑、清、麗作「以去」。

一　七一三頁下二〇行「住於」，麗作「住在」。

一　七一四頁中一七行「供養」，普、南、徑、清、麗作「供奉」。

一　七一四頁下八行「被於」，磧、普、徑、清作「被其」。

一　七一五頁上一三行「慾態」，磧、普、南、徑、清作「慾能」。

一　七一五頁上二〇行「哀愍」，磧、普作「衆愍」。

一　七一五頁下一行「安庠」，徑作「安詳」。下同。

一　七一五頁下九行第一二字「幢」，磧、普作「種」。

一　七一六頁中四行「斥露」，磧、普、南、徑、清、麗作「赤露」。

一　七一六頁中六行末字「榻」，磧、普、南、徑、清作「塌」；麗作「踏」。

一　七一六頁中一一行「鐵利四楞」，磧、普、南、徑作「鐵利四種」；麗作「鐵利四楞」。

一　七一六頁下八行第四字「鉾」，磧、普、南、清作「鍪」。

一　七一六頁下一二行「撞搗」，磧、普、南、徑、清作「舂擣」。

一　七一六頁下一七行第二字及二二行第九字「妃」，磧、普、南作「如」。

一　七一七頁上三行「身樂」，磧、普、南、徑、清、麗作「樂身」。

一　七一七頁上九行「頭枕」，磧、普

作「頭枕」。

一　七一七頁上一一行末字「齊」，磧、普作「𪗋」；清、麗作「臍」。

一　七一七頁上二一行品名，徑、清作「捨宮出家品第二十一之一」。

一　七一七頁中一五行「授記」，磧、普、南、徑作「受記」。

一　七一七頁中一七行第五字「大」，磧作「人」。

一　七一七頁中末行「被惑」，磧、普、南、徑、清、麗作「迷惑」。

一　七一七頁下四行「頗頤」，磧、普、南、徑、清作「頤頷」；麗作「頗頷」。

一　七一七頁下九行「精瞳晥晥」，磧、普、南、麗作「睛瞳晥晥」；徑、清作「睛瞳晥睅」。

一　七一七頁下一〇行「垂哆」，磧、普、南、徑、清、麗作「垂嚲」。

一　七一七頁下一一行「𢀖𢡓」，磧、南、清、麗作「羞慚」。

一　七一七頁下一三行「蓬勃」，磧、普、南、清作「蓬悖」。

一　七一七頁下一五行「一種」，徑作「種種」。

一　七一七頁下一八行至次行「瞎膣𦄂緳」，麗作「瞎膣𦄂緳」，磧、普、南作「瞎膣𦄂㾷」；麗作「眵膣𦄂緳」。

一　七一七頁下二二行「失色」，磧、普、南作「尖色」。

一　七一八頁上二行「諰語」，磧、普、南、徑、清作「𤺋語」。

一　七一八頁上一一行「止如」，磧、普、南、徑、清作「正如」。

一　七一八頁中五行第七字「弱」，磧、普、南、徑、清作「溺」。

一　七一八頁中一四行「深泥」，磧、普作「深沉」；南作「深坑」。

一　七一八頁中一八行第四字「犬」，磧、普、南作「大」。

一　七一九頁中二行「珠貫」，徑、清作「珠寶」。

一　七一九頁下四行「閦塞」，磧、普、南、徑、清作「閉塞」；麗作「閡塞」。

一　七一九頁下九行「出莫住」，磧、普、南、徑、清、麗作「逮出莫住」。

一　七一九頁下一六行「軋陟」，磧、徑、清作「犍陟」。下同。

佛本行集經卷第十七　令

三藏法師闍那崛多譯

捨宮出家品下

尒時車匿既聞太子如是語已自心思惟聖子今者决欲出家不肯住也如是念已故發大聲大言大語問太子言望使宮人覺知太子聖子恒常知諸時節所作之事常依順時今是何時而喚索馬聖子若欲往詣園林觀看善地遊戲之者此非其時何用馬為聖子今日無有怨讎復無違逆叉叛之人四方安靜復無有人擾攘離乱邊壃一切無有逃亡外方隣邽亦無侵奪欲共聖子鬪戰之者聖子覆蓋一切大地唯一無二今何假須馬王乹陟聖子今日此處宮內諸婇女等共相圍遶歡娛受樂猶如天主歡喜園中釋提桓因共諸天女周匝圍遶聖子亦然在此宮內寶牀上坐何用於馬但願安心於此百千婇女之中聽作音聲娛樂而住是時車匿口如是言又復以手拔諸婇女頭髮

令寤又以脚蹹彼婇女身但彼婇女不覺不知以上諸天神通力故尒時太子心內生疑畏衆人覺私密細聲以於此偈告車匿言

我觀宮內如塚墓　同生車匿汝當知
如與羅刹同共居　亦似蛆虫穴無異
又類受胎初泡水　東西南北狼藉眠
心意不願在此宮　車匿我見五慾苦
以見老病及死屍　若遊諸方我不喜
我今决欲出家去　車匿速將乹陟来

尒時車匿聞於太子如是言已猶如猛獸著於毒箭生大苦惱大聲而哭白太子言聖子今可捨諸尊乎太子報言善生車匿我今欲求勝上之處寧捨現前諸尊親族勿令未来我及眷屬入於死命鬼口之中更為車匿而說偈言

我當求於涅槃故　寧捨親族向出家
未来死鬼劫奪人　命一入口悉食盡

尒時車匿重聞太子如是言已復更慇懃白太子言大聖太子一切世人謂言太子决定得作大轉輪王云何欲捨太子又斷車匿此言咄汝車匿

莫如是語我昔在於兜率天上勝於此處曾作天王悉領於彼三十三天我於是時猶不樂於彼處之樂何以故以見生死無常患故况復今日此人間乎少時在於此人境界多有患濁處此王位雖復治世暫時自在而不得離病死之怖但世間中有死命鬼治世之處彼之諸王即不能得自在安樂車匿復更報太子言大聖太子雖復太子不用世位但淨飯王今已年老太子盛壯勿令大王心生苦惱太子報言善生車匿我今於此大父王邊心生愛敬如父愛我我倍愛父大王奇特敬愛親族我亦不欲捨諸親族我於親眷亦復不作諸餘異心但我大畏大怖大驚諸有之中受生死苦今日欲求解脫法故而暫捨離所愛重親當來世中能慇懃護諸眷屬故又未來世不相離故

尒時車匿白太子言大聖太子心決定耶要須捨俗求出家乎太子報言善生車匿我已立要車匿又言為何事故太子荅言我見世間無常過故

意欲專求彼勝處耳車匿復問何以緣故覔彼勝處太子荅言若使世間無生无死無老无病無愛別離无怨憎會得王位已愛諸功德無有无常境界真實一生人中無有濁穢若如是者可令我於此處心樂汝善車匿莫違我心我已勑汝急速被帶我同日生馬王乹陟車匿白言如太子勑不敢有違其車匿聞太子如是勑語言已亦識太子深心之意亦復先知淨飯王勑嚴制禁重但以諸天神力加故發心欲取乹陟將來太子之前而有偈說

車匿以天神力加　忍違大王勑命制
兼以菩薩昔願滿　發意遂取馬莊嚴

尒時車匿即至廐中於槽櫪上搦取乹陟即以紫金作迦毗遮七寶莊嚴串於馬口牽出離槽別繫餘橛刮刷其背先以柔軟輕細之物覆於脊上以金所成七寶莊嚴鞍韉而被上覆金網如是具足被帶馬已即牽將向太子之前是時乹陟同生馬王遥見太子身力壯故遍體歡喜出大鳴聲

時其乹陟馬王吼喚出聲之時聞半由旬時首陁會一切諸天以神力故令此馬聲隱没不聞恐畏有人障㝵太子不得出家

是時太子歡喜踊躍遍滿其體即以右手柔軟網縵手指猶如蓮花葉赤色如紫礦摩拭馬王脊背之上而勑語言汝同日生乹陟馬王我今欲求甘露之法汝須努力如是善行勿令有人作我障㝵汝善乹陟鬪戰之時尚出死力欲勝他故今日與我善為佐助求出世樂世間之樂暫時歡喜不久還失生大憂惱為法出力此事甚難我今欲為一切世間求解脫故出家修道汝善努力出勇猛筋捷疾而行我今出家為諸世間及汝等輩作大利益

尒時太子正念立地發大弘願作如是言此我家後在家乘也我從今去更不復乘如是之乘發誓願已控鞁即乘乹陟馬上乘已重語乹陟馬言汝乹陟馬努力負我審後負荷我今為諸天人世間作利益故發心出家

太子亦坐乾陟馬王鞍上之時一切無量阿脩羅衆迦婁羅緊那羅摩睺羅伽羅刹衆毗舍遮地居諸天及首陁會乃至阿迦膩吒天等隨逐乾陟馬王而行是時諸天手持白蓋復以種種諸寶莊嚴蓋柄周匝以諸衆寶真珠羅網懸於其上其網目間悉懸金鈴擎持以覆太子之上是時太子乘乾陟馬漸向宮門乾陟行時蹄足聲聞一俱盧奢首陁會天以神通力隱彼鳴聲不令遠聞畏有障㝵太子出家

是時太子出家之時其虛空中有一夜叉名曰鉢足彼鉢足等諸夜叉衆在虛空中各以手承馬之四足安徐而行太子初欲發足出家有一天子唱如是言願善吉利大法船師今欲度脫無量衆生於煩惱海復有一天唱如是言願無障㝵大聖世尊今欲出家渡生死海

是時太子語車匿言善生車匿汝今可在我前而行示現我道出宮内門彼門關鑰欲開之時其聲聞於一拘

盧奢非人至門開彼關鑰其開之時首陁會天以神通力隱蔽彼聲不令人聞恐畏太子出家之時有諸障㝵

是時車匿白太子言大聖太子宮門已開太子報言門已開也决定我心所願求利必當得成無有疑慮

尒時車匿白太子言大聖太子希有甚奇此之宮門以前開時大用氣力而方得開聖子今者至已即開大聖太子亦至門邊辟如猛風吹彼雲隊開散兩邊是時太子從内宮門出於外已作是唱言此我㝡後出於宮門從今已去當更不出

尒時太子從宮出已安庠而至毗耶羅門其門邊有一夜叉將名曰善入共其五百夜叉眷屬既見太子安庠徐步向門而来見已各各共相謂言今此悉達大聖太子夜半非時来向門下我等今者欲為彼不時夜叉衆各相謂言我等可為太子開門隨彼稱意東西行動脱彼如心所願成就得甘露道既自證已復為天人世間當得作大利益是時善入夜叉之將

忽疾開彼毗耶羅門其門已前開閉之時其聲鳴徹至半由旬時淨居天以神通力隱蔽門聲不使諸人得聞其響恐為太子作出家障

太子從此迦毗羅城毗耶羅門初出之時彼門所有守門諸將或有執捉關鑰之者彼等諸人或著睡眠不覺太子出彼宮時或復是彼諸夜叉神之所迷惑或是諸天神力迷惑所有家慎善持更人彼等一切悉重睡眠不覺人出

尒時欲界魔王波旬見於太子初出家時為欲恐怖於太子故以神通力化作諸聲所謂虛空出現大雲雲中復更出大雷聲及霹靂聲更復化作諸大水河吹於大石出没奔流太子之前復作大山其山高峻現大崖岸又復化作大猛火聚炎爀熾然

尒時淨居諸天以神通力隱彼大雲雷電霹靂一切諸聲及彼大山河石高峻崖岸猛火皆令不現將彼魔王波旬擲著無量百千由旬之外勿使障㝵太子出家

尒時太子從城門出至外邊已迴身觀看迦毗羅城出師子吼唱如是言我今寧自擲棄身形墮大石崖飲諸毒藥而取命終亦不飲食若我未得隨心願求度脫衆生於生死海我終不入迦毗羅城其諸天聞太子如是師子吼聲皆悉隨喜

尒時太子出此師子吼聲之時所有守護迦毗羅城諸鬼神等或守城門或守墻壁或守敵樓皆悉大唱如是之言如是如是願如太子所出師子無畏吼聲成就滿足以歡喜心各舉兩手語太子言大勇健兒出已迴觀迦毗羅城

是時太子聞此言已不驚不怖以歡喜心身毛皆竪更作是言此城我今終不迴入若我得於甘露之句諸聖所歎已斷生死煩惱之流證涅槃道然後乃入太子城外出此師子吼言要誓證彼真實真如菩提然後還來入城教化出此聲處在後諸人造作於塔名曰太子出師子吼而彼處所有一聚大尼拘陁樹彼樹有神其神

以偈語太子言

若人欲伐於樹木　要必當盡其根本
如斫物頭須斷絶　渡水宜令達彼岸
言語一竟不得虛　作然亦訖莫復喜

尒時太子以偈報彼護樹神言

雪山處所可動移　海水或使其枯竭
虛空可令崩落地　我吐言語終不虛

尒時淨居諸天而說偈言

此處今出大藥王　當治衆生煩惱毒
若有被愛箭所射　此匠今悉能拔除
此處今出大醫尊　善治一切衆生患
若人有老病死疾　此設療治悉能愈
此處今出大智炬　燭彼顛倒癡衆生
所在愚瞋黑闇中　即皆覩見大光照
此處今出大顯赫　能為世間作大明
以智圓滿慧眼光　普照十方諸境界
此處今出大舩師　當度未度衆生類
牢裝方便智舟檝　濟度無量億天人
此處今出大商主　欲教一切度大磧
所有迷惑無量衆　示導令從正路行
此處今出是大王　世間法王無上王
建立法幢大法相　令知是法及非法
此處今出是大尊　能伏一切諸世間

其未調伏諸天人　一切當能善調伏
此處今出是大主　出世法主無上主
當轉微妙大法輪　摧伏一切諸外道
此處今出是大覺　當覺世間未覺者
其有被諸煩惱纒　能斷一切縛令脫
此處今出大帝幢　當雨無邊大法雨
十力具足世無雙　能降一切諸外道
此處今乘大白象　得度無明遠廣磧
執持利智金剛杵　當破外道一切邪
此處今出大梵王　憐愍世間一切衆
為利愚騃衆生輩　當鳴大法鍾疊鼓
此處今出是大龍　當雨世間大法雨
潤益三界諸衆生　除其熱惱諸邪病

尒時淨居諸天說此偈已即口稱言南無尊者大丈夫身礼拜太子隨太子行時淨居天各隨先業果報所得微妙之身威德勇猛志力精進難作已作為於太子放身光明滅除暗瞋顯示道路譬如重雲日從中出放大光明如是如是淨居諸天從其身體放諸光明為於太子示現道路亦復如是

尒時欲界諸天子等皆各化作端

可喜摩耶婆身在太子前引導太子平坦道路

大梵天王共諸梵眾眷屬圍遶在於太子右邊而行

忉利天王共諸釋眾三十三天眷屬圍遶在於太子左邊而行

四大天王各以種種微妙瓔珞莊嚴其身以妙天冠莊嚴其首垂諸瓔珞復共無量乹闥婆眾鳩槃茶眾諸龍夜叉無量百千左右圍遶身帶種種堅牢鎧甲手執弓箭或執利劍或執長刀或執鐵棒或執矛戟或執三叉執槊執鉤擎持排楯在太子前引道而行語太子言大聖太子從於此道速行莫住上虛空中復有無量无邊諸天百千億眾歡喜踊躍遍滿其身不能自勝將天水陸所生之花散太子上并及栴檀諸妙沉水多伽羅等天諸末香自餘更有種種雜香散太子上復有塗香末香燒香太子行時各各手持散太子上以用供養於太子故

尒時太子宮內所有婇女睡寤忽然

唱言不見太子不見太子耶輸陁羅既覩卧牀獨自一身不見太子而大唱叫作如是言嗚呼嗚呼我等今被聖子誑逗即大叫喚以身投地把擲塵土以散頭上又舉兩手自拔髮毛搣折打破身諸瓔珞以撲於地以手指爪劚裂四支身體皮肉所著衣服皆悉掣毀舉聲大哭出於種種酸楚痛言又以諸餘種種苦惱逼切縈纏自身支體

尒時宮內婇女侍人奏淨飯王作如是言大王當知今夜睡寤不見太子其當馬人既失乹陟亦復諮奉淨飯王言大王當知今夜廐上亦復不見馬王乹陟時淨飯王聞此語已大聲叫喚而口唱言嗚呼嗚呼我所愛子如是唱已悶絕倒地傍臣手持栴檀冷水以灑其上少時還蘇復其本心然後出喚防守城將而勑之言卿等速疾莊嚴四兵善著鎧甲速求太子令知所在時彼防衛守城將軍聞王如是嚴重勑已從宮內出遍告諸餘六征將言汝等諸將各各當知淨飯

大王有如是勑所在境界百官大臣其有受食我封禄者或有依我而活命者如是人輩皆悉集聚速疾分頭行求太子若得見者善言慰喻勿聽住彼山林磧谷迎將迴還

尒時百官諸群臣等聞彼防衛守城將軍如是言已即時各於迦毗羅城內外衢道振鈴告言汝等一切所有臣民食於淨飯大王國土封禄之者及依大王而活命者諸臣百官悉皆速出迦毗羅城為求太子若得見者慰喻教迴還入宮中

尒時釋種諸臣百官并及一切迦毗羅城所居人民其有食禄及不食者皆從城出行求太子

尒時守城大臣遍告所行諸人如是言已漸次至於太子當馬大臣之家告彼當馬臣如是言淨飯王勑速求太子出城而行彼大臣言我當太子所居之處而不得行時彼守城大臣重更語如是言淨飯大王如是嚴勑所有太子侍衛左右悉皆禁縛彼當馬臣如是報言仁者若欲縛於我者

但先自縛汝之所有眷屬妻兒兄弟姊妹姑姨舅氏合皆禁縛時彼城內大衆人民皆悉出求太子而行

尒時太子以諸天神威力障故求覔太子不能得見

佛本行集經剃髮染衣品第二十二上

尒時太子從迦毗羅城門出已勅其車匿作如是言謂汝車匿我今語汝汝於我前引導直向羅摩村行是時車匿白太子言如太子勅不敢有違引前直向羅摩村邊其馬乹陟輕便行疾舉足安穩從夜半行至明星出行十二由旬摩訶僧祇師如是言馬半夜行十二由旬或復諸師作如是言從夜半起至明星出行百由旬至一聚落名弥尼迦至日出時到跋伽婆仙人居處到彼處已問車匿言謂汝車匿此何處所尒時車匿報太子言大聖太子此之處所去羅摩村勢不遥遠

尒時太子見此樹林乃往仙人所居之處并諸鳥獸流水井泉池渠河等知其車匿及馬乹陟行來巳乏告車

匿言汝善車匿今若知時宜於此處停下歇息是時太子從其馬王乹陟而下口如是稱大弘誓願此今是我家後所乘所下處也此今是我家後所乘所下處也是時太子下乹陟訖以美言語慰喻車匿作如是言車匿世有僕使其心雖復孝向大家而無自由復有僕使心雖自由而無孝順復有僕使心不孝順兼且無力復有僕使而心孝順復有大力善生車匿如汝今日希有希得恭敬孝順好心向我復有大力車匿我今向汝亦大歡喜以如是業汝於我邊心大孝順大愛敬我如是愛我汝今事我不求利故凡世間事富貴之人還有愛著而求事他汝今事我其義不然世又有人見富貴時而欲事他為求物故亦見貧賤即復背捨汝今不然而說偈言

畜兒為立家　事父為養育　為利營田作
皆以求報為

尒時車匿聞此偈已問太子言大聖太子凡是奴僕向富貴人所有諸事

欲發心作不能一一借問所以但我今日既見聖子來入此山是故敢欲諮問聖子以何緣故發如是心而來至此是時太子報車匿言汝善車匿我欲語汝汝今亦復何須用知車匿復言大聖太子我雖是賤交與聖子同日而生是聖子奴隨順聖子不違逆意是時太子語車匿言汝善車匿我今語汝汝能作不其車匿言大聖太子我今既是聖子奴僕親事聖子何敢不作

太子復言汝善車匿我今棄捨聖王之位不以其餘畏怖他故唯求解脫離繫縛故車匿我今不取如是王位而心歡喜車匿一切王位是大恐怖我今內心如是明見車匿我見出家有如是利故割斷彼來入山林莫復更為生死所拘我今欲求解脫生死汝善車匿今可迴還將馬乹陟歸向王宮我今出家心意巳决而說偈言

不復更假多言語　識知我意愛汝心
我以割捨親愛來　汝今速將乹陟去

尒時車匿白太子言大聖太子凡人

出家見四種事然後捨離去何為四或身年老或復帶病或時孤獨或無資財而聖子今此四種中現無有一

又復聖子初生之時一切解相婆羅門等有能占觀諸巧智人多讀經書善解衆論昔曾授記如此童子必當得作轉輪聖王統四天下作大地主具足七寶彼七寶者所謂輪寶珠寶象寶馬寶女寶主藏臣寶主兵臣寶如是復生一千聖子悉皆勇健能破他怨彼轉輪王統此大地一切海等如法降伏而得治化聖子若得金輪寶時此寶天成非人所作端正可喜於虛空中在前而行王當乘空逐彼寶輪諸親族等左右圍遶從空飛行是時身當轉輪王位受大功德是時聖子以明月珠摩尼之寶於夜暗時照七由旬其地周匝而得光明是時聖子如是無量受王位樂大聖太子仁今若乘白象之時其象七支皆拄於地其六白牙皆悉以金裝挍鏤飾被金鞍韉鞦鞦隱起以金瓔珞嚴服其上復以羅網而弥覆之具足神通

飛騰自在乘是象已亦堪能行遍此大地聖子是時受彼王位甚大快樂

又復聖子若當来世乘彼馬王而其馬王遍體紺青頭烏黑色騣尾甚長被金鞍韉鏤寶鞦鞦純金瓔珞莊嚴其身以金網羅弥覆其上彼馬神通自在無㝵善能飛躍虛空而行若欲行時聖子乘上行此大地周匝能遍聖子尒時受是王位甚大快樂

又復聖子若當来世得女寶時眼目端正面首可憐行步安庠寂勝寂妙猶天玉女當自出現聖子尒時具足而受自恣五欲轉輪王位甚大豐樂

又復聖子若當来世得主藏寶彼主藏臣得天眼故能從地出金銀藏等一切諸寶將與聖子尒時當受五欲具足功德

又復聖子若當来世得主兵寶其主兵臣善巧多智聰明利根閑解便能領四兵衆一念之頃知太子心皆悉能令著於鎧甲一切具足無所乏少部分將徃諮聖子邊隨意而用聖子尒時受其王位甚大快樂

又復聖子若當来世具得如是七種之寶當於尒時此閒大地并諸四海一切山河及林泉等無有不屬其諸怨敵一切天下悉来歸降既降伏周無處有畏无處有疑一切人民悉各豐足無有不賓險難之處亦不須用刀杖兵戈如法而行既如法行治化天下尒時太子受聖王位快樂無極

尒時太子聞如是等諸語言已還復報問於車匿言汝善車匿其相師等諸婆羅門唯有如是受於我記為復更有餘授記乎是時車匿報太子言更有其餘別受記事太子問言是何授記車匿荅言彼諸相師婆羅門等復授記言此之童子若捨王位而出家者必定得成阿耨多羅三藐三菩提成菩提已即轉無上微妙法輪

尒時太子語車匿言謂汝車匿慎莫妄語應須真實當於彼時阿私陁仙一向授記此之童子必成阿耨多羅三藐三菩提一向授記我當轉於無上法輪是時車匿聞是語已心驚戰怖身毛遍竪白太子言大聖太子能

憶如是授記語乎此記釋等諸眷屬華私竊而聞勿令聖子得知此說恐畏聖子發菩提心是時太子語車匿言車匿我昔從彼兜率天下入於母胎及在胎中所有諸事我心憶持猶尚不忘況復生已受我記忘終無是理車匿諸天復語我如是言仁者太子速疾出家必定當得阿耨多羅三藐三菩提成菩提已決定轉於無上法輪車匿是故我知決定當得成就阿耨多羅三藐三菩提決定當轉無上法輪車匿我今實言向汝而說車匿我今寧被刀割身肉寧食毒死寧入大火寧投大崖寧自經死我今終不未得免離生死之法而還向家何以故如是世間五欲境界皆悉無常不久停住是破壞法

佛本行集經卷第十七

佛本行集經卷第十七

校勘記

一　底本，金藏廣勝寺本。

一　七二二頁中三行品名下，徑、清有「第二十一之二」。

一　七二二頁中一三行「隣邽」，磧、普、南、徑、清、麗作「隣邦」。

一　七二二頁中一六行「乹陟」，徑、清作「揵陟」。下同。

一　七二二頁下九行「若遊」，磧、普、清作「并遊」。

一　七二三頁中一行「何以」，磧、普、南、徑、清、麗作「以何」。

一　七二三頁中二行「寬彼」，磧、普、南、徑、清作「爲彼」。

一　七二四頁中一六行「安庠」，徑、清作「安詳」。下同。

一　七二四頁下一行末字「閇」，磧、普、南、徑、清作「關」。

一　七二六頁中九行「又以」，普、徑、清作「及以」。

一　七二六頁中一三行「諮奉」，磧、普、南、徑、清、麗作「諮奏」。

一　七二七頁上一行首字「但」，磧、普、南、徑、清、麗作「且」。

一　七二七頁上六行末字「上」，磧、普無。同行品名，徑、清作「剃髮染衣品第二十二之一」。

一　七二七頁上一三行「十二由旬」，磧、普、南、徑、清作「二由旬」。

一　七二七頁上二一行第九字「乃」，磧、普、徑作「及」。

一　七二七頁下一三行「唯求」，磧、普作「欲求」。

一　七二八頁上六行「授記」，磧、普作「受記」。下同。

一　七二九頁上二行「此說」，麗作「此記」。

一　七二九頁上一〇行第八字「知」，磧、普、南、徑無。

一　七二九頁上一四行「經死」，麗作「剄死」。

佛本行集經卷第十八　　今

三藏法師闍那崛多譯

剃髮染衣品下

爾時太子以手從其天冠頭髻解天無價摩尼之寶付與車匿作如是言車匿我今與汝此摩尼寶汝將此寶還於我父淨飯大王至王邊已無量頂礼汝知我意我付囑汝汝當信我我今令汝將此寶還至父王邊啓白令除一切愁苦復好為我諮啓父王作如是言我今不以被人所欺而忽捨離父王足下又亦不以瞋恨心故亦復不為求覓資財又亦不以少封祿故亦不欲求生於天上唯見一切諸衆生等在不正路迷惑黑暗邪逕而行欲作光明欲除如是生死之法欲求利益世間之句無愁憂處欲斷無常有漏之行求出家耳大慈父王見我如是樂出家故不應憂愁而說偈言

假使恩愛久共處　時至會必有別離

見此無常須臾間　是故我今求解脫

爾時太子說此偈已作如是言我今欲離此憂苦故棄捨出家是故諮啓我父大王不須愁憂若世有人緣愚愁故為於五慾而繫著者彼等諸人應須憂愁所以者何世多有人父生於子為求財故所以養育報於父母施法財者世子難有若父王意作如是心我子今者非出家時唯願父王莫如是念凡求法者無有時節所以者何人居世間命無限齊知如是者是故智人決須捨求勝上行處此是我心決定之語譬如有人共死命然同居一室言我壽長無有是處車匿汝至我父淨飯王邊作如是等多種語言令王意定汝至彼處善作如是方便慰喻莫令憶我車匿雖然我復語汝若至我父淨飯王邊但說於我愚逆之事無德行處太子如是无有恩義無愛者心莫說於我孝順之處所以者何已捨愛故即捨一切憶念憂愁

爾時車匿聞於太子作如是等諸語言已遍體熱惱滿面淚流合十指掌

向於太子而作是言大聖太子如太子教但前所言於諸親族及父王邊大生憂愁我意不喜心情斷絶如大象王没在深泥不能自出聞是語已誰不淚流復作是言精進之心餘人聞說猶尚大驚况我車匿小來共於聖子同日一時俱長愛敬之心相樂不已而說偈言

假使用鐵持作心　以聞如是言誓語
人誰不心酸楚毒　况我愛戀同日生

尒時車匿說是偈已白聖子言我將馬王與聖子乘以彼諸天神通力故强令我心遣被與来非我自意我今云何能斷聖子是出家事我今既是同日生奴及此馬王一種無異豈能遠離聖子須臾獨還宮也然无是處聖子亦不合放於我乹陟向家而復令我傳此憂悲愛別之語向大父王說如是事而聖子今亦不合偖捨老父王而自出家彼法非是更無有法絶妙越殊過是尊者能勝孝養所生父母亦不應捨乳哺𡛟母摩訶波闍波提以是而論聖子亦成無恩義人

而不憶舊育養之時聖子正妃耶輸陁羅貞潔之女諸德具足亦復不合棄捨相離雖然若聖子今捨離一切釋種親族我今既是同日生奴亦不合放但是聖子足蹈之地我常隨順不得偖捨大聖太子是故我今意中不忍將此熾然憂悲之火所燒心情迴向於城而放聖子獨在此處空閑林野令我自返脫至城邑淨飯大王責我何言又復聖子既不還家我獨去時聖子所有朋友識知并及宮内婇女妃后問我何言聖子復語我作是言汝今將我惡辭毀辱非法之事向眷屬說令我眷屬遺忘於我憎惡於我而我何敢妄說於此毀辱之言我心可不自慚自羞自愧自恥我之心意及以口舌若為欲說聖子惡言雖我妄言欲說聖子誰當信我妄言之事聖子辟如有人說彼月天種種惡事毀辱之言叵有人聞如此事者能信以不但聖子今恒常習行慈悲之心聖子囑託此言不善聖子既行大慈悲行恒常美言慰喻衆生今捨

諸親此是非善是故善哉聖子迴心向家受樂

尒時太子見其車匿如是憂悲苦惱之語聞已復報彼車匿言車匿汝今應須捨別離苦莫作憂惱何以故一切衆生有生有老悉有別離車匿一切衆生所有愛著染惑之心其在胎内養育之者皆悉是虛會有別離彼非是我我非是彼而說偈言

辟如大樹衆鳥群　各從諸方来共宿
後日別飛各自去　衆生離別亦復然
猶如盛夏起大雲　暫聚以復還離散
衆生離別法皆尒　須臾聚合復分離
既相隨来生此閒　今者各各還歸本
勿言我與汝有異　剩作彼此去住情
一切去来無所依　但隨衆生有愛著
强作分別自他意　猶如樹木枝葉莖
各各別有色形容　此緣本来無染汙
况復無常衆生類　辟如樹募生果蓏
隨其熟時則墮落　人命脩短亦如是
長年促壽死終無　往昔一切諸仙人
恒說如是無常事　設使壽命八大劫
至於無常敗壞時　必死更無有疑慮

猶如諸方各自来　至河同共欲飲水
或復上舡渡彼岸　既至岸上還復分
父母生子亦復然　并及眷屬諸朋黨
少小雖同在一處　長大須臾各别離
雖復業果同共家　其受苦樂報不等
及至無常事催促　各各相捨無親䟽
尒時太子說此偈已告車匿言善生車匿是故汝今莫惱自心决定還去所以者何汝今止為愛著大家不能捨者汝若到家還来覔我若汝迴至迦毗羅城見我親族為我愁者汝告彼等作如是言汝等眷屬於太子邊宜應割捨愛著之心何以故我今知彼有要誓言尒時太子即說此偈囑車匿言
假使我今身血肉　并及支節筋脉皮
一切磨滅盡消亡　或復性命不全保
我若不捨此重擔　越度諸苦達本源
未證解脫坐道場　終不虛尒還相見
尒時車匿既聞太子說此偈已即以自身四布於地持其兩手前者抱於太子兩足而作是言善哉聖子今乞歡喜莫作如是苦切誓言大聖太子我有何力有何神德能令聖子迴還本宮但我從此獨自向家聖子眷屬必當打我或復聖子父王淨飯并及姨母摩訶波闍波提必應問我我妙梵聲聦慧之子汝今將向何處擲来
尒時太子報車匿言車匿莫作是言莫作是言我之父母及諸眷屬見汝從此獨自迴還終不打汝所以者何我眷屬等一切悉皆愛念於汝車匿速起速起上来所論有如此法世若有人將所愛人言語意氣向彼道時必得賞賜汝决定須速還至家我之父王見汝還已心得蘇醒然我父王見我捨家闇道出家大生苦逼父王之身及諸眷屬一切𠴨咷悲咽哭泣城內大小一切人民為於我故生重苦惱彼等若得見汝還者心少喜歡尒時車匿從地而起合十指掌淚下如流舉聲大哭白太子言以如是故我今欲將聖子還家勿令大王種姓斷絶是時車匿從地起已馬王乹陟前膝胡跪出舌舐於太子二足兩眼流淚是時車匿白太子言大聖太子此馬雖復是畜生身猶尚慈悲垂淚而泣況復聖子諸眷屬心當見何殃唯願聖子正觀於此乹陟馬王今見聖子不欲還家是以胡跪屈前兩膝開口出舌舐聖子足以慈愍心二目淚下
尒時太子以諸功德万字莊嚴千輻相輪猶如芭蕉內心柔軟金色右掌網縵手指摩其馬王乹陟頂上而語之言乹陟汝今具作馬事以得度於大負重任從今已後汝乹陟馬還家自食此今是我最後從家騎乘之務行大遠路賴汝今日得濟於我乹陟汝今莫生憂惱莫泣莫悲汝所載我當得大報我今欲求阿耨多羅三藐三菩提於後證時當將甘露分布與汝而有偈說
太子以右羅網指　万字千輻輪相現
金色柔軟清淨手　用摩馬王乹陟頭
猶如兩人對語言　汝同日生馬乹陟
莫過悲啼生懊惱　汝作馬功已訖了
我若當證甘露味　所可負載於我者
分別審教甚深法　報荅於彼終不虛

介時車匿白太子言大聖太子今日已得廣大王位聖子具足一切諸相五女之寶所莊嚴宮普皆顯現自餘多種五欲之事最勝最妙人間難辦今已得之何故聖子捨此妙樂愛於諸獸百鳥充滿曠野之内又復是處多有怨賊恐怖之事獨行獨坐遠離諸樂云何悅心太子報言汝善車匿所語不虛其理雖然汝今諦聽我為汝說世間五慾會歸無常非究竟法不令心安若得還失速疾如流不暫停住如草上露不久消散猶如空拳誑於小兒如芭蕉心無有真實如秋雲起乍布還收如閃電光忽出還滅如水上沫無有常定如熱陽炎誑惑於人而說偈言

諸五慾之事　猶如魁膾机　如刀刃塗蜜
如借他器用　如新死哭泣　如夢見快樂
寤後覓還無　猶如弗貫人　如樹果子熟
不久當墮地　如惡人刀仗　煞然無慈心
猶如割肉臠　當受大苦惱　如執大火炬
不慎而燒身　妙色人天果　久長受樂已
心無有猒離　已得復能求　猶如人熱渴

更復飲鹹水　求諸五欲等　不猒離亦然
是故若智人　欲離諸五欲　猶如毒虵頭
若求長壽命　遠離如毒藥　亦如大火聚
若有智慧人　應當遠捨離　諸有生死者
一切不堅實　念念不暫停　世法應如是
壽命無自由　决至向死鬼　如是思量已
莫住於世間

介時太子說此偈已告車匿言車匿五欲之事有如是等多種過患車匿王位亦然以種種苦衆患雜亂我見如是可畏相故寧住於此曠野之中共諸飛禽走獸盜賊恐怖之處獨起獨行遠離欲樂我意樂此彼非所願車匿汝聞我作如是語已莫復違我此之大事車匿我於如是法行之内當開法眼汝須隨喜不應障我是時車匿白太子言大聖太子太子若定作是心者我今不敢違聖子勅如聖子教我還向家

介時太子讚車匿言善哉善哉大善車匿汝今如是順從我意獲大善利汝作事善是時太子身上所有諸寶瓔珞皆悉自解口作如是大弘願言

此是我今最後在家莊嚴身飾此是我今最後在家莊嚴身飾解已手持將付車匿付車匿已復作是言車匿汝將此等諸寶瓔珞歸付與我諸眷屬等是時車匿即取彼等諸寶瓔珞受已更問於太子言聖子若我至家將此瓔珞付於聖子諸眷屬時脫彼眷屬問於我言車匿汝今何故將我太子送至他國而捨獨來車匿悉達太子復更囑託我等何事彼等若問我如是事當作何報太子又言車匿汝若至家為我頂礼父王淨飯并及姨母摩訶波闍波提自餘尊者一切眷屬悉皆問訊車匿為我諮啓淨飯大王作如是言我今實知父王恩深但我為證阿耨多羅三藐三菩提故所以違離若得證已即當還家奉見大王又別為我諮白姨母摩訶波闍波提國大夫人勿為我故生大憂愁聖子必得成大善利迴還共母歡喜相見又我宮内一切婇女及諸親族時年童子并餘釋種作如是言我今欲破無明暗網當得智明得智明已

我當迴還入迦毗羅
尒時太子從車匿邊索取摩尼雜飾莊嚴七寶把刀自以右手執於彼刀從鞘拔出即以左手攬捉紺青優鉢羅色螺髻之髮右手自持利刀割取以左手擎擲置空中時天帝釋以希有心生大歡喜捧太子髻不令墮地以天妙衣承受接取尒時諸天以彼勝上天諸供具而供養之
尒時淨居諸天大衆去於太子不近不遠有一華嚮名須㝵鄉其須㝵鄉華下化作一淨髮師執利剃刀去於太子不遠而立太子見已作如是言謂淨髮師汝能為我淨髮以不其淨髮師報太子言我甚能為太子報言汝若能者今可知時
尒時彼化淨髮之師即以利刀剃於太子無見頂相紺螺髻髮當剃頭時帝釋天王生希有心所落之髮不令一毛墜墮於地一一悉以天衣承之受已將向三十三天而供養之從此已来今諸天上因立節名供養菩薩髮髻冠節至今不斷

尒時太子自解其身一切瓔珞及以天冠剃去髮鬚剪落既訖觀於體上猶有天衣見已念言此衣非是出家之服出家之人在於山閒誰能與我袈裟色衣如出家法居在山林須如法衣時淨居天知太子心如是念已應時化作獵師之形身著袈裟染色之衣手執弓箭漸漸来至太子之前相去不遠默然而住
是時太子見彼獵師身著袈裟手執弓箭見已即語作如是言山野仁者汝能與我此之袈裟色衣已不汝若與我我當與汝迦尸迦衣此衣價直百千億金復為種種栴檀香等之所勳修汝何用是麁弊衣服袈裟色為可取如是迦尸迦衣而說偈言

此是解脫聖人衣　若執弓箭不合著
汝發歡喜心施我　莫惜共我博天衣

尒時獵師報菩薩言善哉仁者我今與汝實不悋惜是時化人即與菩薩袈裟之衣從菩薩取迦尸迦衣價數直於百千金者復以種種栴檀所勳菩薩尒時心大歡喜受袈裟衣深自慶幸即脫身上迦尸迦衣與彼獵師時淨居天所化之人從菩薩邊取迦尸迦微妙衣已即於其地以神通飛上虛空中如一念頃還至梵天為欲供養彼妙衣故於菩薩前以天神通乘空而行菩薩見已生大歡喜希有勝上奇特之心於此袈裟染色衣邊復更倍生慇重至到歡喜之心
尒時菩薩以剃頭訖身得袈裟染色衣著形容改變既嚴整訖口發如是大弘誓言我今始名真出家也是時菩薩遣車匿還淚流滿面以送車匿分別訖了獨一無雙體上既披袈裟色服安庠徐步向跋伽婆仙人居處是時車匿曲躬頂礼菩薩兩足圍遶菩薩三匝而迴車匿既見菩薩割意不肯還家兼其身體著袈裟衣頭無天冠鬚髮悉剪身體復無諸寶瓔珞并及微妙迦尸迦衣如是一切種種悉無既遥見已上舉兩手大叫盡聲號天而哭投身撲地心意悶絶良久乃蘇蘇已還起諦觀立地視菩薩行更復舉聲稱寃而哭以其兩手抱軋

陟須悲咽哽塞大聲呼嗟良久哭已觀見菩薩心意不迴無可冀望將諸瓔珞及以衣裳并牽馬王乾陟迴返欲向家歸此是身還實非心捨其行道路或時思惟或舉聲哭或復悶絕躃倒於地或處直立不能前行或處思慕不樂而坐車匿如是心懷愁惱多種自現諸苦相已漸漸次到迦毗羅城其乾陟馬數數迴頭觀看菩薩作聲鳴喚逐車匿後淚下而行其馬已前多足氣力歡喜踴逸以見菩薩捨家出家剃鬚髮故苦逼憂愁恒常懊惱身形羸瘦氣力消盡假使是馬瓔珞莊嚴以心離別於菩薩故無有威神無有威德迴顧數觀占看菩薩而作大聲淚下滿面悲鳴而行在於路上不食水草以飢渴逼行步羸弱威力威神悉皆减損不復能行其眼中淚恒常不乾菩薩初騎所發到處止半夜行今以苦逼身羸弱故迴還八日始得至家而有偈言

菩薩初出半夜行　車匿辭別牽乾陟
以苦逼切失威勢　迴還八日乃到家

佛本行集經車匿等還品第二十三上

尒時車匿將馬乾陟辭別太子迴還歸至迦毗羅城當初入時譬如有人入於空宅其迦毗羅城之內外四面周匝或復園林或復泉池或復渠河或復菀圃以太子捨行出家故無有威神彫悴枯竭其迦毗羅城內所居人民大小遥見車匿將領馬王乾陟還歸不見太子以不見故悉隨車匿及乾陟後次第而行諮車匿言悉達太子今在何處是時車匿流淚滿面哭泣哽咽不能得言時彼城內一切人民悲泣啼哭隨逐車匿及以乾陟行則隨行心為疑惑而問車匿作如是言其王子者今在何處於我國內生大歡喜今汝何處捨離而來是時車匿隨行隨報彼諸人言我實不敢捨背聖子而彼聖子捐棄自宮捨俗衣形并發遣我及馬乾陟令使來還太子獨自在山出家是時城內一切人民聞此語已心生奇特希有之事而讚助言未曾有法各各對面共相謂言悉達太子難行能行時彼城內

一切人民口雖如是稱說彼言而其淚下猶如流水復各呵身作如是言咄我今者可共隨其相逐出家至於彼處看人師子徒步行者我今寧應至彼隨行勿令一日離別聖子而存活命所以者何此城今無彼聖子故無有威神无有勢力此城以無於太子故寂寞今與曠野無異彼所居處以有太子威神力故山澤藂林還成聚落而有偈說

城內人民聞此言　口稱希有如是事
此無悉達成曠野　彼有太子如國城

尒時馬王乾陟鳴喚城內所有一切人民悉在自家各聞其聲聞已一切所有人民及兩宮內諸婇女等作如是心謂言太子迴還入城是時人民及以宮內所有婇女或開窓牖或豁門簾以歡喜心遥望太子時彼人民及宮婇女唯見馬王及以車匿離別太子獨自而來見已各還閉窓門戶退入家內稱寃大哭時淨飯王以愛苦惱逼切身故思惟欲見悉達太子即入齋堂潔戒淨心修持苦行憂愁

悵怏內心日夜求守一切諸天諸神復作種種方便因緣欲求見子以慰心故尒時車匿苦惱憂悲淚下如雨手執乹陟并及太子纓身瓔珞無價寶冠擎持將入淨飯王宮辟如王子於戰鬪場被怨敵煞其從左右將馬瓔珞入於王宮如是如是其奴車匿離別太子將馬眼玩兩淚而入大王宮中亦復如是車匿入時其馬乹陟在淨飯王宮門之外欲入門內觀瞻太子左右行動坐卧之處不見太子淚下如流咆地大鳴辟如有人於大衆中説苦惱事時淨飯王宮內所有種種諸鳥孔雀鸚鵡鸜鵒命命俱翅羅等種種諸鳥聞乹陟聲亦謂言是太子歸家彼等歡喜各自出聲和雅而鳴如是乹陟作於聲已所有大王廐內餘馬聞乹陟聲亦謂太子歸来向家一切歡喜皆悉鳴喚其淨飯王宮內婇女衆多百千摩訶波闍波提等復有太子宮內婇女六万餘人及其大妃耶輸陁羅等念太子故大生憂惱塵淚滿面各任本容不復洗梳

身體衣裳皆悉垢膩捨諸一切妙好瓔珞憂愁悵怏心意不安或哭或啼或思惟坐聞乹陟鳴各相謂言如是乹陟作是鳴聲决定是我太子歸家無有疑也彼等既聞乹陟聲已心大歡喜渴仰欲見於太子故摩訶波闍波提耶輸陁羅等多千婇女各於自房或在樓上或在殿中或在室內欲見太子渴仰忽起急走集聚向於車匿及乹陟邊彼諸婇女唯見車匿及馬乹陟離別太子而来向宮彼既見已各舉兩手叫喚大哭流淚滿面口唱太子種種諸德而有偈説

彼等婇女心苦切　渴仰欲見太子還
忽覩車匿馬空迴　淚下滿面叫喚哭
解絶瓔珞妙衣服　散被頭鬓身瘦羸
各舉兩手無承望　啼號不眠徹天曉

佛本行集經卷第十八

佛本行集經卷第十八

校勘記

一　底本，金藏廣勝寺本。

一　七三〇頁中三行品名下，徑、清有「第二十二之二」。

一　七三〇頁下四行「緣着」，磧、南、徑、清、麗作「縛着」。

一　七三〇頁下一〇行「限齊」，磧、南、徑、清作「限劑」。

一　七三二頁下一二行「自食」，麗作「自養」。

一　七三三頁上三行「普皆」，磧、南、徑作「並皆」。

一　七三三頁上一一行「不令心安若得」，磧、南、徑、清作「不令心安亦得」；麗作「不合心安若得」。

一　七三三頁上一九行「弗貫人」，磧、南、清作「非貫人」；麗作「劓貫人」。

一　七三三頁上二二行「人天果」，磧、南、徑、清作「天人果」。

一　七三四頁上三行「把刀」，磧、南、徑、清作「靶刀」。

一　七三四頁上二二行第三字「令」，磧、南、清作「今」。同行第一〇字「名」，磧、南、徑、清作「名名」。

一　七三四頁中一六行「可取」，磧、南作「何取」。

一　七三四頁下七行「勝上」，磧、南、清作「勝尚」。

一　七三五頁上一五行「占看」，徑、清作「瞻看」。

一　七三五頁上末行「到家」，徑、清行「到宮」。

一　七三五頁中一行末字「上」，磧、普、南無。同行品名，徑、清作「車匿等還品第二十三之一」。

一　七三五頁中一四行「心爲」，磧、南、徑、清、麗作「心生」。

一　七三五頁下一行「而北」，磧、南、徑、清、麗作「而其」。

一　七三六頁上一二行「爮地」，磧、南、徑、清作「跑地」。

一　七三六頁上末行「塺淚滿面」，磧、南、徑、清作「瀝淚滿目」。

佛本行集經卷第十九　　　今

三藏法師闍那崛多　譯

車匿等還品中

尒時摩訶波闍波提及瞿多弥既見太子髻裹明珠傘蓋撗刀并摩尼寶庄嚴魋拂自餘瓔珞乾陟馬王及車匿等如是見巳心大驚怖各舉兩手搥拍身體憂愁而問於車匿言今我所愛子悉達多留在何處汝自迴還車匿報言國太皇后悉達太子棄捨五欲為求道故出家入山遠離親族剃髮染衣思惟苦行是時摩訶波闍波提聞於車匿如是語巳譬如牸牛失其犢子悲泣號哭不能自勝其摩訶波闍波提從車匿聞太子之語亦復如是即舉兩手心驚怖裂口大唱言嗚呼我子嗚呼我子涕淚滿面遍體戰慄忽然悶絶身躃倒仆宛轉土中如魚出水在於陸地跳躑苦惱摩訶波闍波提亦復如是躃地宛轉嗚噎而語問車匿言車匿我今不見自身有過及心口失負持於汝汝今何

故忽將我子擲棄曠野猶如擺木汝將我子置彼林內令共種種諸惡蟲獸恐怖之中獨自而住汝棄捨來不憐我子而身背乎車匿報言國大夫人奴身不敢棄捨太子夫人太子自棄捨奴太子付我乾陟馬王及諸瓔珞教来迴還速疾向家畏大夫人心生憂愁令得安隱無惱患故時彼宮中諸婇女等各各啼哭而口唱言嗚呼阿耶或復唱言嗚呼兄弟或復唱言嗚呼大家或復唱言嗚呼我夫以此種種愛戀酸言欲染大叫哭苦身或有婇女轉目而哭或有婇女相視而哭或有婇女迴身而哭或有婇女舉頭而哭或有相觀面目而哭或有兩手拍肚而哭或有兩手撫心而哭或以兩髀相交而哭或舉兩手拍頭而哭或以灰土坌頭而哭或有散髮覆面而哭或拔鬢髮低頭而哭或舉兩手仰天而哭或有婇女以悲苦故東西南北交撗馳走猶如野鹿被毒箭射或有婇女以衣覆面叫喚而哭或有婇女遍體戰慄猶如風吹芭蕉

樹葉亙昂而哭或有倒地悶絕不知少有餘命纔出聲而哭或有婇女如魚出水擲置陸地宛轉而卧微有喘息劣餘殘命綿惙而哭或有婇女猶如搦樹倒卧在地宛轉而哭諸如是等種種苦惱以逼切身號哭太子是時車匿及馬乾陟并彼無量百千婇女哭泣之聲不可得聞摩訶波闍波提流淚悶絕小蘇即便大哭太子口唱是言嗚呼我子嗚呼我子汝身本時以種種香摩塗拂拭威神大德而用莊嚴今者云何在於山谷為諸蚊虻細小毒虫唼嗽汝身能忍此苦住於曠野嗚呼我子汝身恒以迦尸迦衣熏香所覆今者云何麁澁臭衣能忍著身嗚呼我子汝在家時清淨妙香百味所作種種羹臛粲白之食自餘悉雜不曾向口今者云何忍食麁澁冷淡食飲或飯或麨或麪或漿云何空食此能得下嗚呼我子在於宮內細滑牀敷柔軟氈褥或覆天衣或復兩邊挾置倚枕或卧或偃隨意自在今者云何在赤露地或棘針叢

麁草之上忍得卧眠嗚呼我子在家之時或有奴婢或有左右恒常供承哀愍之心或有倚身或有胡跪或有立地向汝面觀而得奉事無所乏少今者云何瞋恚之人或有貧窮或有憔煎向汝無慈汝何能觀取其意氣嗚呼我子在於家內以妙華色可喜端正婇女群隊左右圍遶而受快樂汝今云何在於山曠猶如野獸恒常恐怖獨坐獨行心乃娛樂嗚呼我子善生羅網所覆長直脚指柔軟脚髁膞脛猶如鹿王掌底柔軟如蓮華葉二輪莊嚴分別顯著今汝云何如是脚跡徒跣蹹地或有棘針或有沙礫或時冰凍或時炎埃何忍東西將此行涉

是時摩訶波闍波提作如是等無量無邊諸種語言哭太子已心薄穌醒得復本念從地而起問車匿言車匿此事已然我子悉達行路之時向汝何囑車匿我子所有柔軟青色紺黑頭髮復誰剃也車匿我子頭髮今在何處車匿報言國大夫人妃子悉達

囑語我言車匿汝至我家為我慇懃再拜問訊我母摩訶波闍波提若再拜已作如是言諮啓大母願莫大愁莫生苦惱莫憶於我子不久得如心所願得即迴還奉覲大母其聖子手自拔於刀左執頭髻右手持刀而自剖截擲於虛空諸天接取將還天宮為供養故是時摩訶波闍波提既聞車匿作是語已復更重哭太子髮髻嗚呼我子頭髮甚長柔軟螺髻極能端正一一毛孔一毛旋生不亂不斷堪著王冠受於王位汝今何忍剖截擲棄嗚呼我子兩髀甚長行步庠序如師子王兩目圓滿猶如牛王身體金色胷髆寬大聲音隱隱如鼓如雷如是人者何堪出家居在山野令我此地無有福相如是人者行如法行此地倒已復不能起為世作主我願一切有德之人諸功德具值於法王出現於世令諸大衆安隱快樂而有偈說

必其此地無有福　不應生是智慧人

既現如是功德身　應當為世作聖主

尒時耶輸陁羅大聲叫哭一瞋一駡雜種語音呵責車匿作如是言車匿我婦女人年少夜半睡眠況重無所覺知汝今把我心中所愛如意聖夫將何處置車匿去此近遠我之聖主善大丈夫并汝及馬三乎等行車匿乾陟唯二獨來在於我前不見我心所愛聖主是故我今身心戰慄車匿汝非善人不潤益我車匿我今要言假使酷暴極瞋怨家猶尚不能如是損害似汝今日蹤頓於我車匿如汝是我所歸依者應覆護我應養育我汝今去何見我夜半惛亂睡眠汝私竊偷將我聖主向何處者車匿卽汝今是最大怨讎所作之事今已訖了汝復何須懊惱啼哭汝宜拭面何用強悲虛瀝目淚車匿汝不善業今作已竟不假須哀車匿以汝為我聖夫善友禁節入出可行則行不可則制今又相從令我聖主隨意而出車匿用汝何為汝今作是不善事已應須歡喜我知汝今大獲果報大得福利車匿凡世間人寧取有智以為怨家

不將愚癡共作朋友車匿汝雖於我夫處為友而汝作事不曾思惟所以者何車匿汝於我家今已造作不利益事汝今應當生大慶幸車匿此諸宮殿高峻莊嚴猶如雲隊復以種種瓔珞廁填財寶充滿今為汝故悉皆空虛卽向車匿而說偈言

凡人寧近智慧怨　莫取愚癡作朋友
由汝作事不思審　令我合家苦惱煎

尒時耶輸陁羅說是偈已重語車匿作如是言車匿我今何得心不憂愁向者我夫若當相對今日此等諸婇女輩色白如雪脣赤如朱可憙少雙端正第一解身瓔珞脫妙衣裳應須共同受諸欲樂誰知一朝忽成孤寡以無主故眼淚晝夜恒如水流啼哭呼嗟常無斷絕車匿又此乾陟與我長夜恒作怨憎不為利益見我夜半睡眠不知負我心中所愛之主從城而出此馬作業極深不善何故今者在於我前苦痛而鳴令聲遍滿大王宮內其先將我聖子出時此不善馬何故默然飲氣而行若初去時如是

鳴喚彼時卽應聞其聲響諸人睡覺我今亦應不見如此大苦惱事此不善馬假使箭射穿穴其身或以杖箠應不合出行向山林是故此馬不為我家作於利益正以畏懼少鞭杖故將我內心所愛最上聖主丈夫出向山藪我今此宮以無主故堂殿房室聚落城隍國邑街衢樓閣窓牖門閤欄楯曲尺琅玕半月殿形微妙殊勝最上華麗今悉空虛為此馬王惡乾陟故令我皇閣猶如曠野舉目瀰地無處可貪耶輸陁羅作於如是多種苦切痛楚悲泣酸哽言時不可聞見迷悶暫停其車匿聞耶輸陁羅作是言已低頭屏息合十指掌垂淚大哭報聖子妃耶輸陁羅作如是言妃今不應呵責乾陟亦復不合瞋駡於我我無過失我及乾陟實無罪咎妃之聖夫初始去夜我作多種衆諸障㝵所謂唱叫我於尒時大聲喚妃以種種語作如是言大妃速起大妃速寤今夜此宮妃所愛夫欲將於我及乾陟去手執頭髮一一出示耶輸陁羅

此之頭髮尒時我拔某婇女取此是某甲婇女頭髮此是某乙婇女頭髮各各稱名而告語彼尒時不覺自餘婇女一切悉然此乹陟馬聖子去時亦作障㝵一千餘遍出聲鳴喚以蹄蹹地前却不行又以領車張鼻震吼此馬鳴時其聲所聞至半由旬其蹄聲聞一拘盧舍我於尒時唱語妃言妃之所愛今夜去矣妃及其餘諸婇女等自不覺知如是等聲又是諸天神力隱没不令得聞大妃湏知我及以乹陟實不敢將聖子去也如是測度知妃聖主取我語不聖子若依我語而行終無是事即向於妃而說偈言

我今不忍眼淚流　合掌低頭更諮白
妃實不合呵責馬　并及我邊不得瞋

大妃我昔亦知淨飯大王舊有嚴勑一切左右善加用心守護太子我雖先知有如是教但不自由諸天力強迷我心意所欲作事不得從心聖子所行並天神力唱冝出家

尒時心念城門自開彼諸宮門從来各有多千人衆心不放逸守護諸門

彼等皆著睡眠不覺聖子初出宮門之時如日初昇放大淨光破一切暗我於尒時自知此是諸天所作大妃我於尒時聖子出城行路之時我家在前徒步而走我於尒時身不知乏大妃此乹陟馬行於路時脚不蹹地猶如有人舉而將行其作聲時亦不遠聞大妃我於尒時私心思念亦知此是諸天所作

大妃我於尒時聖子如法樂沙門衣袈裟色服從他乞取其自身衣解付與他鬚髮割截擲虛空中而不落地諸天接取我於尒時心念知是諸天所作大妃以如是故妃今不應於我輩邊生於瞋恨所以者何不由我故亦不關馬將聖子出

尒時大妃耶輸陁羅卧於地上少時思惟以種種語悲啼𪗾哭作如是言嗚呼我主何故今者我如法行孝順向夫捨我而去向彼欲求於法行者彼無正法以其不能隨法行故嗚呼我主可不聞彼往昔諸王欲向山林求法之時將婦及兒相隨而去彼等

諸王無妨聖道亦得成就嗚呼我主彼豈不知有如是法諸人猶尚共婦剃頭出家修道精勤苦行將於好馬祭祀諸天作無遮會於未来世二人同受上妙果報若知韋陁論中說法何故今者獨於我邊作法慳惜不共行法咄咄空徃徒生人中若知世間共於婦人有恩愛情去何棄捨欲生於彼三十三天貪於玉女等我意今見如是之事彼天玉女有何可貪有何端正有何五欲歡樂事情若其不貪於彼快樂捨此王位威神功德及與我等諸婇女輩既棄捨已出家而入空閑山林欲行苦行我今不取天上果報亦不羨天玉女之身我心知足我有是力我在於此不用生天但於此處修行苦行乞如是願若在人間若在天上唯願伏事如汝之主彼心决定如是對御若捨我等入於空山閑靜林野我心亦然堅固不轉如石無異㝡牢㝡實若如我今無夫之婦以見自主從家而出行至山林使我孤單獨在空室何得令心而不破

裂即說偈言

我今身心甚大對　如鐵共石無有異
主捨入山宮內空　何故我今心不破

尒時耶輸陁羅如是因緣為於太子苦惱逼切而心迷悶忽然躃地須臾還起或時舉聲悲哀號哭或時默住低頭思惟或時忽驚狂言漫語彼之我夫今何方去彼我聖主今何處停使我孤煢獨居宮內棄我捐我捨偝我行我從今日不得聖子不卧本牀亦復不以香湯澡浴亦復更不莊嚴自身不揩摩拭不脂粉塗又更不著雜色衣服從今已後不著雜種諸瓔珞具不以香華熏佩於身不食美食不飲美漿一切酒等悉皆不飲常食勝食今更不食頭上素髮更不嚴治雖在於家恒常作於山林之想而行苦行乃至不見彼之最上勝大丈夫我見一切諸園林池泉水殿堂悉滿塵土猶如曠野一種無異以迦毗羅聖子無故一切宮閣一切樓觀悉無精光猶如沙磧以此憂愁苦惱心故不能自持失於正念無復慚恥无復

羞慚其耶輸陁羅卧於地上作於如是苦惱宛轉狂語之時宮內所有諸婇女等悉皆同聲叫喚大哭流淚滿面而有偈說

如是苦惱逼切彼　婇女及妃耶輸陁
各各相觀眼淚流　猶如盛夏降大雨

尒時車匿見耶輸陁羅作於如是諸苦惱已諫言大妃莫生如是酸切懊惱莫大悲苦應須暫停莫憶聖子聖子出時雖在人間與天無異威神氣力與天不殊聖子出時諸天圍遶右邊則是諸梵天王及梵眷屬左邊帝釋及諸三十三天眷屬其東方有提頭賴吒乾闥婆王其南方有毗婁勒叉鳩槃荼王其西方有毗婁博叉及諸龍王其北方有毗沙門天領諸夜叉左右圍遶其身悉著金對鎧甲或執弓箭或執戟槊或復在於聖子之前示現道路或復在後防衛聖子或在於左或復在右隨從而行其虛空中常有無量諸天玉女百千万衆悉大歡喜遍滿其體不能自勝將天雜華散聖子上散已復散是時聖子見於

彼等諸天玉女內心亦復不喜不樂不愛不瞋不取不觸其聖子情如是不著彼等所用國母大妃聖子出時諸天如是示現神通所有諸事供養聖子我今難可一一具說說是語已時第二妃瞿夷聖女辟如大樹枝折下垂不能自舉瞿夷聖女為於太子受大苦惱其心煩毒為彼憂愁熱火所燒遍體戰慄卧於地上宛轉大哭口唱是言嗚呼我主心常歡喜嗚呼我主面如滿月嗚呼我主端正少雙嗚呼我主最上最勝諸相具足嗚呼我主清淨之身世間無比支節不缺次第善生猶如金像嗚呼我主功德最勝嗚呼我主大慈大悲天人所供嗚呼我主勇健多力如那羅延無有怨敵能降伏彼嗚呼我主梵音微妙出聲猶若迦陵頻伽嗚呼我主名稱遠聞嗚呼我主百種莊嚴福德之聚於天人世無與等齊嗚呼我主功德圓滿諸仙見者悉皆喜歡嗚呼我主名聞上下四方四維悉皆尊遍供養之聚如智慧林嗚呼我主於世間中

舌味最上嗚呼我主口脣紅赤如頻婆果嗚呼我主雙目紺鮍如青蓮華嗚呼我主口四十齒清淨潔白如乳如練如雪如霜嗚呼我主鼻高隆直猶鑄金鋌嗚呼我主眉間白毫正住清淨嗚呼我主兩髆圓厚寬廣齊平腰細纖長猶如弓弝手足柔軟嗚呼我主髀脛髀肘猶如象鼻手足正等爪皆紅赤嗚呼我主此之瓔珞香日所作吉星吉宿大淨飯王造作之時生大歡喜今者何故乃得離別我今亦復不憙見於此等瓔珞時瞿多弥以苦惱心數數恐怖數數驚惶猶如野鹿被他駈逐落於圍內手執刀槊或復弓箭用射其身受大苦痛東西馳走觀察四方無能救護可令免脫時瞿多弥心亦復然語言不正在於宮內自許殿中東西南北求覓不得悲泣叫聲淚流滿面無有救護受大苦惱復大唱言聖子在此此處猶如忉利天宮一種無異諸物具足亦如帝釋威德巍巍光明熾盛今悉失盡今以聖子忽然無故其城猶如尸陁

之林或如山澤或如曠野我在於此宮殿之中共於聖子受無比樂生大歡喜無有猒離今聖子無意不樂者譬如魚鼈出於水中居在陸地無有暫樂何況意樂我亦如是聖子無故有何樂心猶如過春諸鋒無樂以華無故不著彼林不貪彼樹我今亦然無聖子故此之室內有何歡樂嗚呼我主坐起之處恒作音聲宮中婇女以歡喜心作大歌儛今此宮殿一種不殊而今於我忽生憂苦心意不歡何況伎樂嗚呼我主身著微妙種種香華瓔珞自嚴塗香末香隨時供足無所乏少應正受樂稱心歡喜去何忽然棄捨而去譬如虛空起大雲隊閃電雷鳴放大雹雨忽然不現聖子亦然次受王位應須受樂無所短乏棄捨而去必我往昔精妙施已心還生悔以心悔故今得是報雖受果報無量深善忽然復失以悔業故今成寡身我今薄福失於如是最上勝人咄此恩愛會無多時須臾便失猶如戲場作大歡樂忽然還散現事如此

又傳聞道往昔王仙修習寂靜制伏諸根證於禪定至彼空林斷一切煞身專苦行食諸妙藥及於甘果隱處山藪共婦相隨而行梵行今彼何緣獨向山野而自精勤

時瞿多弥抱乹陟頭舉聲大哭嗚呼乹陟無慈之馬共汝一時同生聖子今在何處汝復何故夜半將去不語我知呵責車匿而作是言咄汝車匿特無慈心我既睡眠何故不喚此既是我心中所愛今忽捨去汝以何故不語我知令我久長獨眠獨坐真實大苦咄汝車匿為我論說聖子去時去何而行復誰將引在於此宮是誰導出行向何方今至何所妃瞿多弥如是呵叱責車匿已復更和軟語車匿言事既以然汝善車匿汝親送來知聖子處汝將我等往詣彼所我等身當隨於聖子修習苦行專精求道還望來生共於聖子同生天上

介時車匿聞瞿多弥如是種種嗔喜言已心生悵怏倍更憂惱苦痛熾盛逼切其身淚流滿面強自抑忍安庠

慰喻瞿多弥心作如是言願妃善聽但莫憂愁亦復不須如是哭泣計應不久得見聖子所以者何當於聖子遣我還時而語我言汝車匿去至於宮內為我問訊一切眷屬并我妃等及諸釋種童子知親我故遣汝迴還向宮慰喻彼等為我語彼作如是言我今已除貪恚癡網不久當成智慧等覺成已即許迴返還入迦毗羅城我知聖子快得利智稱心等願迴還不疑定知如是冣勝眾生不虛妄語時淨飯王如是苦惱於其宮裏祭祀諸天所作已辦遙聞太子宮闈之內大叫哭聲王便從自宮殿而出是時車匿即將太子瓔珞傘蓋并馬乾陟牽詣王前一一顯示承太子命慇重囑故頭面頂礼淨飯王足涕淚交流嗚咽滿面依具奏知

時淨飯王見其太子諸寶瓔珞并及傘蓋馬乾陟等兼復聞於太子所囑恩慈言語不覺忽然大叫唱喚失聲大哭作如是言嗚呼我子中心所愛誰期如是時淨飯王念太子故憂苦

切身迷悶倒地無所醒覺而有偈說

王聞菩薩誓願重　及見車匿乾陟還
忽然迷悶自撲身　猶如帝釋喜幢折

尒時淨飯王宮所有釋種諸親族等見淨飯王身撲倒地彼等皆悉大生憂苦心無暫樂各自舉聲號咷而哭口唱種種悲苦之言大叫大呼如上所說時迦毗羅城內所有人民大小以其別離聖太子故各各稱寃大聲而哭思念太子如是次第諸眷屬等齊共慰喻於淨飯王

時淨飯王憶太子故憂惱之心不能暫捨諸親族等或有言說開解王者或有扶王令起坐者而王雖坐少時還倒悶絕不醒或時暫蘇啼淚滿面而勅車匿作如是言汝之車匿何故不遣太子還宮時其車匿即白王言大王當知我亦大作慇懃方便欲令聖子降意歸還但聖子心無所染著於世間中所有俗法一切棄捨無有樂心即語我言汝莫諫我我今不用一切五欲棄捨一切眷屬國城唯樂山林泉流靜處

時淨飯王重聞車匿作是語已兼見太子諸瓔珞具在於地上身即頂礼滿面淚流大聲而哭語車匿言我今力窮無復意氣手足悉折猶如杌株我今別離此愛子故如樹無枝唯根擀在於外諸國今見輕欺又我單身無所能作如樹被雹為諸小兒之所戲弄嗚呼我子冣上冣勝微妙丈夫可喜形容端正無疋柔軟童子違離心願何故出家棄捨五欲心所樂者備我而去嗚呼我子諸相具足百福莊嚴一一相中皆並悉備嗚呼我子身體諸好皆悉遍滿嗚呼我子伺諸婇女睡眠不覺忽然而出嗚呼我子昔在宮內我無一愁嗚呼我子諸王家勝嗚呼我子上世以来恒在諸王上族中生嗚呼我子何故忽捨王位出家嗚呼我子恒為多人之所喜見若男若女老嫗丈夫眼瞻視時無不歡悅嗚呼我子善巧多智嗚呼我子棄捨四方及諸七寶一切眷屬獨自出家嗚呼我子猶如白象破大樹木背宮出家嗚呼我子汝出宮時所有

佛本行集經卷第十九　第二十一張　今字号

城門難開難閉設開閉時其聲遠徹去何今者使我不聞汝當諸天隱蔽彼響嗚呼我子今此處所迦毗羅城諸釋種子無所可望以汝悉達捨出家故嗚呼我子迦毗羅城諸釋種子所有資財金銀珎寶穀麦倉庫自餘錢物能得棄捨猶如涕唾背而出家嗚呼我子我以為汝造諸時殿春夏秋冬汝今去何棄而行娛樂曠野無人之處唯與諸獸山林為樂嗚呼我子昔者諸仙二種受記以是因緣我昔歡喜遍滿其身不能自勝我於尒時不覺頂礼兒之二足嗚呼我子汝今出家護城諸神悉皆棄捨此城而去嗚呼我子面圓如月嗚呼我子牙齒白淨目如牛王嗚呼我子昔聞汝語心生喜歡今日憶想反成憂苦嗚呼我子恒以妙好多伽羅香栴檀沉水牛頭栴檀用塗其身種種瓔珞所莊嚴身末香熏香燒香所熏柔軟之體今忽不見嗚呼我子愛戀之心徹我皮肉筋脉骨髓而在中住今忽捨出入山林間

佛本行集經卷第十九

佛本行集經卷第十九　第二十二張　今字号

佛本行集經卷第十九

校勘記

一　底本，金藏廣勝寺本。

一　七三八頁中三行品名，徑、清作「車匿等還品第二十三之二」。

一　七三八頁中一〇行「國太」，磧、南、麗作「國大」。

一　七三八頁中一八行第二字及七四三頁下九行第五字「戰」，磧、普、南、徑、清作「顫」。

一　七三八頁中末行第九字「持」，磧、普、南、徑、清作「特」。

一　七三八頁下四行「國大」，南、徑、清作「國太」。

一　七三八頁下一二行第一〇字「大」，磧、普、南、徑、清、麗作「根本」。

一　七三八頁下一六行第三字「拍」，磧、普、南、徑、清作「指」。

一　七三八頁下一九行「鬚髮」，清作「鬢髮」。

一　七三九頁上二行第八字「而」，磧、

普、南、徑、清、麗無。

一　七三九頁上四行首字「息」，磧作「怠」。

一　七三九頁上一三行「蚊𧈪」，磧、普、南、徑、清作「蚊蟻」。

一　七三九頁中四行第二字「地」，磧作「此」。

一　七三九頁中一二行「髆脛」，磧、普、南、徑、清作「腨脛」；麗作「踹」。

一　七三九頁中一三行第六字「別」，磧作「明」。

一　七三九頁中末行「妃子」，磧、普、南、徑、清作「太子」。

一　七三九頁下九行第一一字「太」，麗作「大」。

一　七三九頁下一三行第一三字「庠」，徑作「詳」。七四四頁下末行末字同。

一　七三九頁下一七行第七字「如」，麗作「若」。

一　七四〇頁上二二行第一二字「得」，徑作「德」。

一　七四〇頁中二二行第八字「子」，磧作「主」。

一　七四一頁上一行第九字、二行首字及第九字「某」，磧、普、南、徑、清作「姓」。

一　七四一頁上八行「拘盧舍」，磧、普、南、徑、清作「拘盧奢」。

一　七四一頁上一一行第一〇字「妃」，磧、普、南、徑、清作「妃妃」。

一　七四一頁上一二行首字「以」，麗無。同行末字「測」，磧、普作「則」。

一　七四一頁上二〇行首字「逮」，磧、普、南、徑、清作「惑」。

一　七四一頁中五行末字「乏」，磧、普、南、徑、清作「之」。

一　七四一頁中一〇行第五字「介」，磧、普、南、徑、清作「彼」。

一　七四一頁下九行第一一字「等」，磧、普、南、徑、清、麗無。

一　七四一頁下一五行及次頁中二一行「玉女」，磧作「王女」。

一　七四一頁下一八行第一一字「汝」，磧、普、南、徑、清作「法」。

一　七四一頁下一九行第七字「鞹」，磧、普、南、徑、清作「硬」。

一　七四一頁下二一行末字「之」，磧作「大」。

一　七四二頁上一〇行第六字「日」，磧、普、南、徑、清作「去」。

一　七四二頁下六行第六字「姨」，普、清作「夷」。下同。

一　七四二頁下二二行首字「名」，磧作「右」。

一　七四三頁上五行第四字「挺」，磧、普、南、徑、清作「鋌」。

一　七四三頁上六行第九字「圍」，磧、普、南、徑、清作「圓」。

一　七四三頁上一八行第四字「許」，磧、普、南、徑、清作「諸」；麗作「討」。

一　七四三頁中一一行第四字「今」，磧、普、南、徑、清、麗作「令」。

一　七四四頁上二行首字「但」，磧、普、

一　南、徑、清作「且」。

一　七四四頁上九行第五字「即」，磧作「那」。

一　七四四頁上一〇行第五字「快」，磧、徑、清、麗作「決」。

一　七四四頁上一三行第一二字「闇」，磧、南作「門」。

一　七四四頁上二一行第一二字「呴」，麗作「呼」。

一　七四四頁上二二行首字「大」，磧、普、南、徑、清作「啼」。

一　七四四頁中三行末字「折」，磧作「引」。

一　七四四頁下一行「淨飯王」，磧、普作「淨飯三」。

一　七四四頁下一〇行末字「者」，徑作「著」。

一　七四五頁上九行第七字「棄」，磧、普、南、徑、清、麗作「棄捨」。

一　七四五頁中一行「出入山林閒」，磧、普、南、徑、清、麗無。

佛本行集經卷第二十

三藏法師闍那崛多譯

車匿等還品下

時淨飯王復作是言我今心願所有四方護世神王護諸衆生令為我子成利益故恒相佐助天上帝釋千眼天主舍脂之夫大力天王及諸天衆左右圍遶願為我子所有心求願作佐助又世諸神風神水神火神地神四方四維彼等諸神皆作佐助汝寂勝者無上丈夫何故棄捨四大天下彼之我子今捐家出志慕無上極妙聖果其所欲求願速成就阿耨多羅三藐三菩提道使早證明其淨飯王臥於地上以種種語呵責乾陟作如是言汝不善馬從來多種為我所作愛樂之事今日何緣忽不饒益如是損害於釋種家我之太子恒常愛汝與我心合常作歡喜汝今如是汝須覆滅汝可將我向太子處我共愛子共行苦行我今離別所愛子故命在須臾不久存活而說偈言

乾陟汝馬速疾行　將我詣彼還迴返
我無子故命難活　如重病人不得醫

佛本行集經卷第二十　第二張　令字号

時淨飯王說是語已因愛子故苦切所逼臥在於地作如是等受苦惱事舉聲大哭乍撲乍起言音哽咽

介時有一智慧大臣并及國師婆羅門等見淨飯王宛轉于地左倒右扶心大愁毒悲苦纏迫意不暫歡身心一時生大熱惱某等欲開解王意故故現顏色自無憂愁共白王言大王今者宜可捨諸憂愁苦惱定於自心須作健想不應如是悶絶自撲猶如凡人涕泣流淚所以者何大王當知如昔過去多有諸王棄捨王位如姿華鬘脩而入山又復大王太子悉達宿緣當受如是業報大王今者應憶往昔阿私陁仙預授其記白大王言彼童子者不可拘以人天果報并及轉輪聖王之位而期待之使令貪愛暫住於世大王今者若決定欲喚太子還但勑我等二人令去當隨王命終不敢違

時淨飯王即報之言汝等二人若知

時者可速疾往至太子邊若不尒者我今身命無有吉祥為諸苦惱之所纏逼是時大臣并及國師婆羅門等聞淨飯王如是勑已即共發行詣太子所而說偈言

太子應受如是業　王當念昔秘陁言
記彼不貪天轉輪　寧樂人間五欲樂

時彼大臣及國師等說是語已相與俱行其馬乹陟處處聞於如上苦切呵責言已意甚憂愁生大熱惱以熱惱故無暫時歡心既不歡即便命盡命盡之後應時上生三十三天既生彼天後知如來得成道已即從彼天捨來下生中天竺國於鄉波城其城有一婆羅門種具行六法即為彼家而作子息乃至漸大至如來邊如來知彼往昔之時作於馬身命終生天時佛即說彼馬因緣既聞法已漏盡解脫入般涅槃

佛本行集經觀諸異道品第二十四

尒時太子自手執刀割於頭髮剃除鬚髮身著袈裟即時無量百千諸天生大歡喜遍滿其體不能自勝以喜

歡心齊出聲叫大歌大嘯哮諸衣裳口大唱言悉達太子今已出家悉達太子今已出家其定當得阿耨多羅三藐三菩提得已一切生法衆生當得解脫於彼生法乃至應受苦惱別離諸衆生等悉得解脫於此繫縛

尒時菩薩割髮之處其後起塔名割髮塔菩薩身著袈裟之處後起塔稱受袈裟塔車匿乹陟辭別迴還向宮之處後起塔名車匿乹陟迴還之塔菩薩行路諦視徐行有人借問默然不荅彼等人民各相語言此仙人者必釋種子因此得名釋迦牟尼

尒時菩薩自心發起如是思惟我今既已捨於王位捐自眷屬境界國城不可生悔此事成已是滅相法如是念已心轉勇猛

尒時菩薩從彼阿尼弥迦聚落漸漸欲向於毗耶離中路有一仙人居處彼舊仙人名跋伽婆(隋言凡師)菩薩入彼仙人處時光明顯爀照彼山林菩薩既除諸瓔珞具并捨一切迦尸迦衣直是身威猶尚出光耀彼山林諸仙

人眼而有偈說

菩薩象王師子行　除捨妙衣及瓔珞
直著袈裟麁法服　身猶威耀彼諸仙

時其林內所有持行婆羅門仙行住坐卧或手執持隨威儀住彼等一切向菩薩面起恭敬心愛樂尊重或復生疑瞻仰菩薩然彼林內有諸耆舊婆羅門仙或取華果樂木草根其餘他行未集聚者彼等未見不生疑心但遠遙聞菩薩之聲既聞聲已心驚速疾來還林中本所住處應所作者更不復作應所取者更亦不取其餘華果及藥草根設已取者亦悉捨之但心速欲來菩薩前

時彼林內所有諸鳥所謂鴻鶴鵝鴨鸚鵡鸜鵒鴛鴦命命孔雀及迦陵伽俱翅羅等一切諸鳥彼諸鳥等見於菩薩入林中已各各自出和雅之音作微妙聲又彼林中所有虫獸其等一切悉捨水草不食不飲歡喜來向於菩薩前

是時彼林諸婆羅門為祭祀故攝諸犉牛取於乳汁彼等犉牛雖復捋訖

而其乳汁猶更如初自然流下

時彼一切諸婆羅門各相謂言曾聞有八婆娑婆天此人莫非是於其一或復有言諸婁宿天此是其一何以故自從其來入此林中此林放光皆悉明耀如日初出照於世間而說偈言

或八婆娑此是一　或二婁宿中一天
若不此林何故光　辟如世間日初照

尒時彼等諸婆羅門修習仙法居彼林者隨林所出供養之具將如是等諸供養具請於菩薩各各一心齊頂礼足同共白言善來聖者我等諸仙欲請聖者住於此處此處所有華果樹林藥草根莖流泉冷水隨時堪可納受充用此是古仙之所居處欲求解脫易得安心此處空閑經行寂靜

尒時菩薩以微妙語辭采音句美麗可觀聲隱隱深猶如雷鼓隨所堪受問訊相訓是時諸仙衆中有一婆羅門仙善巧居林苦行之法彼見菩薩好容儀已別更告一婆羅門言仁者知不此天童子洞識人心善解方便何以故凡世間人各相謂言我生諸

子應當養育諸子長成則能為我興立家計販賣求財造作生活我於當時求智求道若負他債悉償令了如是思惟諸恩愛故養育諸子此則不然為他求道不計自死不求自利

時彼衆中復更別有一婆羅門告彼已前婆羅門言仁者仁者如是如是如汝所言世間之人不自覺知不自辦了常不知足但言我今須如是辦明日復須作如是辦我行法時猶尚未至如是一切諸世間人以迷惑故既不辦於此世自利然未來世亦復不得成就諸利

尒時菩薩從兜率天下來之時入釋種胎欲受生日彼時先於其跋伽婆仙人林中所居之處自然踊出二金色樹時彼二樹高峻長大而彼二樹當於菩薩出家之夜忽然沒地一時不現其跋伽婆仙人見彼二樹同夜沒不現已心大憂惱悵怏低頭思惟念言必我衰時相貌所至或復更有惡相來耶菩薩見彼跋伽仙人如是憂愁低頭悵怏心不歡樂漸至彼邊

而白仙言尊者何故顏色憂愁低頭而坐

時彼仙人報菩薩言天善童子此我居處往昔以來有二金樹從地踊出彼樹高峻嚴麗可觀我見彼樹今忽不現以其沒故我今憂愁心意不樂如是低頭思惟坐耳菩薩即問彼仙人言尊者彼等二樹出來幾時仙人荅言到今已來二十九年菩薩又問彼樹滅沒尒來幾時仙人報言昨夜半時始歿不現菩薩即語彼仙人言彼二樹者是我福力果報故生若我當作轉輪聖王我於此處作一善地園林之所我今既其捨離出家以是義故彼樹昨夜沒而不現以是因緣尊者勿復自生憂愁

尒時菩薩為於彼等一切諸仙左右圍遶於前行至彼所居處隨意遊行觀看種種坐起安禪苦行精進求道之處時彼林內有一仙人恒修苦行在菩薩後隨逐而行

尒時菩薩入彼林中至於仙人居坐處已東西南北觀看彼中行住坐卧

苦行居所欲求彼等最勝處故問於彼等諸仙人言我今始入求道未久是故我欲借問諸仙唯願如法為我解說汝此法行我曾未知汝等示現為我宣說我得聞已如法奉行此處求利真實行者如於汝等所有苦行我亦依行彼等諸仙荅菩薩言仁問我等一切苦行及求道法我等為仁次第解釋凡行苦行此之衆內或有食菜或有食莠或食尼拘陁樹枝者或食頭拘羅樹枝者或食迦尼迦羅枝者或復止食一樹之枝或食牛糞或食麻滓雜果藕根或食雜種諸樹軟枝或復飲水而用活命或如蜣蜋而自活命或復有如麞鹿食草而以活命或有立地而用穪心或有坐地而穪消適或食四口食而活命或復有持麻作衣者或黑羊毛而作衣者或草作衣或以野蚕綿作於衣或龍鬚草以用作衣或以莎草持作於衣或鹿皮作或以破故皮作衣者或亂鬉作或毛毲作或以死人幡作於衣或糞掃衣或復裸形卧棘刺上或卧

板上或卧株上或卧杵上或復住於尸陁林中或住蟻垤猶如虵居或住露地或復入水或復事火或逐日轉或舉兩手安然立住或地蹲坐或不洗拭身坌塵土或復螺髻或拔頭髮或拔髭鬚然我等輩以如是行自住持已次或觀時思惟而行或復願欲求生天上或復有欲求生人間以苦行故然後其身始得安樂所以者何求法甚難要修苦行以為根本而說偈言

如是修習苦行時　自有三十三天報
苦行精進後得樂　是故苦為諸樂因

尒時菩薩雖聞諸仙如是苦行而眼未見其法極處心不喜歡而知此言未是真善還綴聲報彼仙人言我今觀看汝法雖有然苦須滅而後果報更無所去唯當生天又其一切諸天宮殿所有果報是無常法以行如上少果報故如是苦行既須損捨所愛親族復去世間一切諸樂行於苦行遠離諸樂以求樂故乃更入於大牢獄中而說偈言

汝捨愛親及世樂　行於苦行欲生天
雖復謂言此出界　不覺未來還入獄

尒時菩薩說此偈已復作是言若當有人為苦逼身悕求勝處欲生天上以天中受五欲樂故不知猒離於未來世不免煩惱之所患害彼等仙人以苦行故還求大苦是諸衆生命終之時見大怖故求後好生以求生故還復不離於彼無常所以者何何處世間有諸恐怖還復染著彼之處所以於此世苦切逼故求欲生天受於樂故悕望渴仰願求生彼所作未辦還復墮於無利益處而亦不求猒離苦行亦不求離苦身之法欲覔勝處過天上樂

若有智人離此五欲漸漸須覔勝上之處如足步前以諸勝處更須求過彼最勝處若其苦身以得法者此苦身法是名非法若苦身故天上得樂是因行法得於非法但此身動由心故行是故應當先調於心莫苦其身而說偈言

此身動時由心轉　應先調心莫苦身

身如木石無所知　何故隨心而困體
尒時菩薩復作是言若前所說因於斷食當得福者其野獸等應得大福又復貧人以其先業果報微淺不深植故資財乏少猶如世間無功德人常求地上一切神祇功德之水以澡浴身望應得於如心所願其事不然
尒時彼諸苦行師等白菩薩言明智仁者仁於此處見何等患菩薩荅彼苦行師言汝今行此苦行之事後日還來入此有處其苦行師復更詳共問菩薩言我此處有如是法行菩薩報言云何得知如此苦行還入有處汝等此行非究竟入非無畏處
時苦行師復更重白於菩薩言大德仁者唯願仁者莫作如是說我今此居所行道路是無畏處有大功德若人依此道路行者捨此惡形得勝妙身
菩薩報言雖捨惡形後得妙身而實未是離有之法因今苦身得於後身然彼後身亦未離苦所以者何雖復行於多種苦行望欲求樂而不離苦

其苦行師復更執理白菩薩言仁者不然不以苦行後還得苦但以我等苦此身故後世決定得於快樂菩薩復荅如此之言亦是無智何以故譬如有人欲求於利不知其內而有大失以知失故欲求利者此非智人
尒時彼有一婆羅門在於衆中高聲唱言希有希有此之王子是真實智譬如有人得美飲食而和雜毒誰樂欲噉如是此事後雖得樂而未離於有為生老病死之法此豈非是還求後生
尒時菩薩復作是言苦苦世間憎死命鬼復求後生此大癡騃苦行師言善哉王子仁慎莫深諦觀此行此行過去無量大德共行此行此之居處往昔無量諸王仙等百千万億行此苦行而共求於後世之樂菩薩又言如汝今言千万歲者希有大癡嗚呼妄語此處大德以苦行故分別境界求後世樂於未來世受生死有不曾知足於煩惱中不作所作展轉其中以其世間求於樂故又多得苦

時苦行師復作是言仁者王子此境界主寐七私反漇隨梨反羅城其王欲作無遮之會祭祀諸天煞害衆生其數不少求後受樂菩薩復言凡以煞害而得法者可名行乎其苦行師又復白言我相承來祭祀諸天法用如是菩薩報言何有苦他名為法也有塵坌身還將塵拭能得淨乎有血塗身還以血洗豈能得淨有行非法當得於法無有是處苦行師言實有是處菩薩又言有何因緣苦行師言依違陁論往仙所說菩薩又言此是何義苦行師言若有諸人祭祀諸天是名為法
菩薩又言我但問汝世間近法若人煞羊祭祀天已得如法者何故不煞所愛親族而祭祀天是故我知煞羊祭祀無有功德汝行雜法意欲如是
尒時菩薩遥見去此坐處不遠有一棄樹如尸陁林菩薩見已告彼苦行諸師等言尊者但看彼地處所名何苦行而彼林下或有死屍諸鳥所食或有死屍白骨而聚今者現見或有

死屍以火焚燒成一聚骨或有死屍懸著樹上或有死屍被其眷屬之所殺害莊嚴其坐依法而葬後生慚愧或有死屍眷屬圍遶相送來向尸陁林中安置於地訖還歸舍其苦行師又復更言仁者王子然其彼處尸陁林者四輩共同無有簡選平等施身福德之地名為曠野此處地方布施身者不用苦力速生天上求世勝處速得受樂或有仁者投身絕崖或燒或施而生天上

菩薩復言若當如是修行行者後求冨貴嗚呼大癡嗚呼無常而求後世多有怨讎求後冨貴嗚呼大苦還求大苦彼等癡愚無智之人入大火聚入大虵口菩薩如是辯才之舌向諸仙人說解脫言作微妙語如是說時日將向没

是時菩薩還彼仙人所居之處一夜停宿後日天曉更餘處行彼等諸仙隨菩薩後次第而行

尒時菩薩少時行已見彼諸仙隨後而行菩薩見已即便依一樹下而坐

彼等諸仙圍遶菩薩或坐或立

是時彼諸衆仙之中冣老仙人向於菩薩生希有心而白之言仁者王子自汝來至我所住處時彼地方而自莊嚴仁者出已彼處如今即成曠野以是義故唯願仁者莫捨於我所坐之處何以故凡人欲得疾生天上在此福地而修行者不久即生向於天上是故仁者不應捨此如是微妙先聖所行清淨之所而行餘處而說偈言

仁來我林威德嚴　令去忽然成曠野
是故不應相棄背　如人愛命莫捨身

尒時諸仙說是偈已即更白言仁者王子今在此處得不見於無有恩義鄙惡人乎或見墮於雜行之人或復見於不淨行人若不如是仁者何故不樂於我所居停處我等諸仙欲隨仁者作於善友隨順不逆奉教隨行欲共仁者求勝妙處假使歲星共仁者居猶得勝處何况我等苦行諸仙

尒時菩薩得彼諸仙上首請欲同求解脫見其意已即說自心本所誓願

兼復讚歎彼等苦行一切諸仙而語之言仁者諸仙今者已得無导之辯而身久來習行如法內心淨故能於未曾所識人邊生大慇重敬念之心今若欲捨猶如親愛乃生大愁其事雖然但仁者輩所求之法為生天果我不然也我今乃欲志求解脫不欲取有我之意願决定如是我心既觀如是相已見於汝等所居之處心不願樂一欲求還一欲求去此二甚遠然我亦非不樂此處又亦不復憎嫉他人亦非見於他人過咎而不住此捨背行也然汝等輩皆住於法隨昔仙聖有所言說汝等一切皆悉已得大仙之法是時彼等諸仙人見菩薩所求解脫勝上於菩薩所更生慇重愛敬心想

尒時彼衆其中有一梵志仙人恒卧灰中或編椽上身著死屍糞掃衣服耳目青黃鼻長身白手執軍持聞菩薩說如是語已向菩薩面歡喜以報歎菩薩言仁者所語極大微妙冣上揩頭汝今乃能年少之時未受五欲

見諸過患若不渴仰欲生天者豈能得知天上後患如是觀已而求解脫彼人不久便得解脫若當仁者有如是意決定欲求彼解脫者汝今宜應速疾而行去此不遠有一仙人住止之所名曰穿藏彼有一仙名阿羅邏彼仙已得決定正智清淨之眼仁者可至彼邊諮問應聞至真方便行路仁者若聞此之方便必至彼真如我意觀仁者所見必過於彼如今仁者心想及身一切相貌決定當度諸智彼岸勝於往昔諸仙人等未曾證者今悉得之

尒時菩薩報彼梵志仙人等言願如仁者所述可也

是時菩薩捨彼仙人慇懃勸請背之而行意欲向於阿羅邏所而有偈說

摩訶釋種聖王子　善巧美語慰諸仙
決欲前向羅邏邊　所有諸仙還自住

佛本行集經王使往還品第二十五上

尒時國師大婆羅門及一大臣二人齊共受淨飯王悲哀歷涙啼號勑已即便莊嚴賢善好車駕馭而立奉承

大王威德勢力從所住城迦毗羅出出已尋逐菩薩脚跡速疾而行漸漸至於彼跋伽婆仙人住處其跋伽婆遥見使来漸將向近即起前迎而口唱言善来仁者云何忽至来到此間願且消息少時停止此草鋪上解歇暫坐我當具辦甘果冷水隨意飲食時二使人即便頂礼彼跋伽婆仙人之足礼已却退坐於一面坐安隱已其跋伽婆種種慰勞王二使人

尒時大臣即便逆止跋伽婆語而問之言大仙尊師我等今被彼菩薩種大淨飯王勑命而来我身即是彼王大臣指國師示此是彼王國之尊師大婆羅門彼菩薩王有一太子字悉達多以畏生老病死之故欲求解脫捨宮入山傳聞導其已至此處我等求彼故来至此作是語已跋伽婆仙即便報彼二使人言實有此事然其脩辟功德具足勝上丈夫曾至此處至此處已而問於我所脩行法我依實說彼既知已即去此雖勝於人間其後還来入生死中非是究竟解脫

之處嫌故捨去欲求出離解脫生死今者進向於阿羅邏仙人居所而說偈言

脩辟丈夫功德具　至此聞我法非真
欲求至極大涅槃　背我今向阿藍所

尒時二使大臣國師婆羅門等聞跋伽婆仙人語已以至孝心於淨飯王慇重敬故不覺疲乏無有懈勌不食甘果不飲水漿依跋伽婆仙人之語即共相尋向菩薩所彼等漸至到菩薩邊遥見菩薩在於林中於一樹下鋪草而坐除其一切諸寶瓔珞身體放光巍巍顯赫而自莊嚴辟重雲中忽然日出照耀天下滿林樹間見已相與從車而下安庠徒步向菩薩邊至已頂礼於菩薩足口同唱言唯願聖子一切常勝更自前立近菩薩邊

尒時菩薩慰勞彼等隨於彼等所能堪受勞謝語言而慰問已菩薩命令相近而坐二使坐已白菩薩言大智太子聖子之父淨飯大王以心愛敬於聖子故大受苦惱所以者何當於聖子出宮之日大王聞已立地自撲

佛本行集經卷第二十 第二十一張 金字

迷悶而絶全不覺醒以水灑噴良久乃蘇既復本心流淚滿面憶念聖子其狀如是今遣我等來聖子邊唯願聖子正心專聽王如是勅我以知汝正意樂法我以知汝不住我宮必應出家求無上道其理雖然但今非是汝入山時我既見汝非時入山是故我今憂愁苦毒全身被然猶如猛火焚燒大林汝今且可割意還來入於我宮暫捨於汝受法之心受我愛重若如此者是汝法行若汝不還至我目下令我受苦如是增長辟如大河長速流注於一時須兩岸崩頹其水被塡忽然斷絶又如猛風吹大雲陣辟如熱天火燒乾草辟如旱月煎涸諸泉辟如雹摧威春苗稼善子我今心亦如是以為憶念恩愛汝故心大怫惱煎燒破碎是故汝且迴還向宮享受王位治化天下於後若見有善惡事當任汝心入山求法

佛本行集經卷第二十

佛本行集經卷第二十

校勘記

一 底本，金藏廣勝寺本。

一 七四八頁中三行品名，徑、清作「車匿等還品第二十三之三」。

一 七四八頁下九行第七字「某」，磧、普、南、徑、清、麗作「其」。

一 七四九頁上九行第一三字「若」，南、徑、清、麗作「苦」，

一 七四九頁上二〇行「佛本行集經」，徑、清無。七五五頁上二〇行同。

一 七四九頁中一一行第一一字「咔」，磧、麗作「弄」。

一 七四九頁下二二行第一三字「搆」，磧、南、徑、清、麗作「犎」。

一 七四九頁下末行第一三字「捋」，磧、普作「將」。

一 七五〇頁中一六行第一一字及頁下四行第一三字「踊」，磧、清、麗作「涌」。

一 七五〇頁中末行「歡樂」，磧、普、南、徑、清作「歡喜」。

一 七五一頁上二一行「破故」，磧、南、徑、清、麗作「故破」。

一 七五二頁上一三行「如此」，磧、徑、清作「汝此」。

一 七五二頁上一七行第一一字「大」，磧作「太」。

一 七五二頁下二行夾註「亡私反」，磧、普作「亡移反」；徑、清無。夾註「陁梨反」，徑無。

一 七五二頁下一五行第六字「但」，磧、普、南、徑、清、麗作「且」。

一 七五三頁上七行第九字「簡」，磧、普、南、徑、清作「揀」。

一 七五三頁中一二行「仁來」，徑作「仁者」。

一 七五三頁下一〇行末字「速」，磧作「遠」。

一 七五三頁下一二行「過各」，磧、普、南、徑、清作「過咎」。

一 七五四頁上六行「名曰」，麗作「名日」；磧、南、清作「名自」。

一　七五四頁上一九行末字「住」，磧、普、南、徑、清作「在」。

一　七五四頁上二〇行末字「上」，磧、普、南無；徑作「之上」；清作「之一」。

一　七五四頁上二二行「歷淚」，磧作「歷淚」；徑、清作「瀝淚」。

一　七五四頁中五行第一〇字「至」，磧、南、徑、清、麗作「屈」。

一　七五四頁下一五行第八字「庠」，徑作「詳」。

一　七五五頁上一〇行「受法」，磧、普、南、徑、清、麗作「愛法」。

一　七五五頁上一二行第三字「今」，磧、普、南、徑、清作「令」。

佛本行集經卷第二十一　　　榮

三藏法師闍那崛多譯

王使往還品下

時淨飯王復如是言我智慧子汝今雖於諸親族邊無愛戀心但取我意還求向家勿令我今為於汝故憂愁懊惱取於命終善子凡人行法行者皆於一切諸衆生邊生慈悲心如是乃得名為法行豈但獨自身入深山始名法行所以者何我昔曾聞往古巳来或有諸人在自巳家不脫瓔珞種種嚴身長養鬚髮具足功德求解脫故在於家內亦能得於解脫之法凡是修習解脫行法唯須智慧及以精進如此即是解脫正因汝今違我而入山者如此乃是避於五欲驚畏之法然其彼等諸人在家以諸瓔珞莊嚴自身得解脫者今當為汝略而說之昔有仁者名曰隨常仁者力金剛仁者多有仁者流行仁者大冨仁者邊天人復有於毗提訶國王名能生耶耶㡳王（隋言行行）仁者淨仙又羅摩

王（隋言作喜）有如是等无量无邊在家諸王悉得解脫汝今須知在於家中求解脫法亦能令得未必出家是故汝可速来還家滿二種願一汝得受五欲之樂二令我心常得喜歡凡世閒人受王位者若令心得如願功能是名真王我今能為汝滿此願王位難捨我為汝故此難捨事能捨與汝灌於汝頂汝若建立如是因緣則我歡喜便即辭退捨世出家入山求道而說偈言

王位親密實難捐　今悉割斷持付汝
見汝堪治世閒故　我生歡喜即入山

尒時大臣并及國師婆羅門等宣淨飯王如是口勑所說之偈悉具委曲諮菩薩已復更别以三種意事諫菩薩言大智聖子此是聖子父王淨飯流淚嗚咽向我等勑慇切之語是故聖子今聞父王如是苦勑堪應供養恭敬父勑不得違逆聖子父王今以没溺大深苦河無人能拔出於智岸唯有聖子能作救護堪拔彼苦猶如墮於嶮極深水唯大舩師乃能拔出

如是如是聖子父王今以没深大苦惱海更無有人能拔出者唯聖子耳又復聖子小嬰孩時增長養育唯憍曇弥兼其復是聖子姨母莫令孤寘使其命終令為憶念於聖子故受大苦惱辟如牸牛失犢子故悲喚而鳴如是如是彼憍曇弥以眼不見於聖子故苦悲嗚咽常恒啼哭是故聖子不應捨離復以往昔養育之恩猶如彼牛愛戀其子并及宮内婦女眷屬亦然受苦又迦毗羅城内一切釋種男女人民大小為愛聖子心煎迫故被苦惱火之所燒然是故聖子今可還家見於彼等辟如大地被焚燒時在上諸天降大甘雨滅彼燋熱苦劇之火

尒時菩薩聞父王使如是語已少時思惟以調身心口喘氣已報使人言我亦久知人父向子皆有愛心我知我父淨飯大王向於我邊極大憐念憶戀着心我今但以怖畏世間生老病死自身見没豈能救況欲求度脱故捨離彼諸眷屬耳誰復樂捨此之

親愛可不欲得恒相見也若世間中無愛別離誰不樂世雖復久住共諸親聚會當別離是故我今捨於一切所愛親族及以父母志求菩提若汝所言因愛我故致令父王生大苦惱我聞此言實不戀著如是恩愛所以者何辟如有人於睡眠中夢見親愛聚合集會覺還別離若是凡人不解方便心生苦惱此是无識愚癡衆生若有智人能自思念親愛合會猶如路行道上結伴相與共行隨逐近遠到所至處各散還本以是事故親愛眷屬聚集有離何須愁惱又前世時曾為眷屬捨已来此此處眷屬捨至後世後世捨已復至後世如是展轉更互相捨此諸眷屬愛戀之心從何處来去至何處凡世間人從初受胎至一切處如是念念剎𨚗時間悉皆有於死命鬼逐如此何者是時非時今乃語我我子即今非是入山求道之時何況在家受五欲時若當問我時非時者今當略之所以者何彼死命鬼於一切時攝諸衆生無不攝時是故我今欲求離彼生老病死以如是故無時非時

菩薩復言若當我父喚子但来我必與子灌頂王位我父必有大弘願心如是難事以能與我可惜於道令我不修但我不欲受此王位親愛繫縛非解脱道辟如患人不思美食云何智人貪是世樂其無智想愚癡之身大有苦惱故乃能受此王位耳既居王位放逸自在躭荒酒色不能捨離辟如金屋猛火熾然辟如美漿和諸毒藥辟如花池而有蛟龍如是如是王位快樂意所娛樂諸患隨逐不覺不知以是因緣我今不樂亦非是法而說偈言

辟如金屋火熾盛　如食甘美毒藥和
如滿池花有蛟龍　王位受樂後大苦

尒時菩薩說是偈已復作是言以如是故往昔諸王得王位已年少之時治化受樂後至老年猒離五欲棄捨宮殿便入山林凡人寧當在於山林食草活命不居宮殿受五欲樂如養黑虵後受其殃初受樂時不知患害

後時瞋發遂便螫人寧捨居家入於山林莫捨山林還入家居何以故爲於先聖所譏嫌故我今既得生於善家應修善法莫如癡人行不善法自縱恣心既剃鬚髮著袈裟衣止住山林修道學問而彼於後捨袈裟衣不懷慚愧是名無著愚癡之人或爲貪故或爲瞋故或爲癡故或爲畏他如是反退我今不羨天帝釋宮況復還欲入自己宅辟如有人已得美食食訖已後吐變此食棄之於地復欲還喫可得以不如是如是若人捨彼五欲出家或爲諸緣還欲入家亦復如是辟如有人以離火宅還欲入來如是如是以見俗患捨白衣形入山修道迴還亦尒而說偈言

如人捨於火宅走　後時忽復更迴還
既見俗患離出家　從林反歸亦如是

尒時菩薩說此偈已告二使言汝等前稱父王所說往昔諸王在家修法得解脫者此事不然何以故此之二事因緣相乖甚大懸遠所以者何求解脫人其心寂定微妙之處乃得居

傳若在宮中五欲情蕩出外治民酒行鞭撻瞋責罪罰於是心中求解脫者無有是處若人意樂無爲寂靜彼則不貪世間王位設在位時應須捨離若樂王位其人心意不能寂靜若樂寂定復貪世務此二相乖天地懸遠辟如水火不得共居如是如是求解脫法復著五欲終無是處是故我今決定知彼往昔諸王捨王位已然後乃得寂定之法若居王位教化之時其智未成且學用心治理民耳不必專求解脫之法其事雖然後等諸王各隨其意或求解脫或受五欲我今不然不學彼等亦復不曾發如此心我今已斷往家欲鎖得於解脫不復貪著世間五欲豈得還家

時二使人聞於菩薩如是等說無滯著言專正決定至真之語更復詳共白菩薩言大聖王子今者捨願求無上法此是真實非無道理但知此行今未是時所以者何聖子父王今憂如是憂愁苦惱是故聖子違背此心非是正法而說偈言

今求法藏寶是利　雖有正理未合時
父王愁毒切割心　孝德既乖是何道

尒時二使說此偈已重白聖子作如是言大聖王子如我所見此意非是細觀法行於世財利及以五欲非巧方便所以者何聖子今者未曾見因去何求果現得果報而便捨背方求未來大聖王子凡是世間一切書典各各皆自有於悉檀或有人言有未來世或有人言無未來世然此義中人多有疑是故聖子以得果報現在且受若無來世何須精勤求彼解脫復有人言決定世間有善有惡未來世受以是義故精勤修行求解脫道是名爲癡若使諸根決定破壞親愛別離怨憎聚會境界相合自然捨離生老病死何假須作勤劬方便當知此義無有實也又在胎時手足胷背腹肚鬚爪諸節支脉自然而成或復有人得成身已還復破壞或有人言既破壞已還自然成故先典中有如是語棘針頭尖是誰磨造鳥狩色雜是誰畫之此義自然無人所作亦復

不可欲得即成世間諸物不得隨心
即使迴轉而有偈說
棘刺頭尖是誰磨　鳥狩雜色復誰畫
各隨其業展轉變　世間無有造作人
復有人言世間作者一切皆由自在
大作若自然者人亦何須勤劬作業
可不是因流轉自來及其去時還是
彼因流轉自去
復有人言以分別故則我相生故受
於有有盡亦然若受有時不假勤求
自然而受若有盡時自然而盡亦不
假滅
復有人言世間欲受人身之時其父
不負他人之債則便得生生天生仙
一切悉然若此三處不負債者此人
不用勤劬而求自然而得彼處解脫
如是次第諸經典中各各恣擅自說
如是各得解脫其有智人精勤欲求
勝處之時必損其心是故我知聖子
若欲求解脫者依理依法應如是求
解脫之路如古書典恣擅所說若如
是者必定當得無有疑也聖子慈父
淨飯大王為聖子故受愛心苦當得

除愈聖子今者還宮之時意中若見
宮殿患厭此事亦復不須思惟何以
故昔諸王仙棄捨家已至山林中後
還迴向自家宮中言彼王者各有名
号所謂菴婆梨沙王（隋言虛空箭）捨離家已
在山林中諸臣百官閙諫曉喻左右
前後圍遶而還其羅摩王（隋言能喜）既見
大地被諸惡人之所毀敗各各相奪
迭相煞害心不忍看從山出來如法
擁護又復往昔毗耶離城有一大王
名徒盧摩（隋言樹）亦從山林下來本國護
持世間往昔又有一梵仙王名娑扠
（居岐反）梨佉（隋言離言）又羅扠提婆王（隋言喜天）達摩
耶舍王（隋言法稱）諸如是等梵仙諸王无量
无邊各捨山林還來本宮綏撫本地
是故聖子聞此往昔諸王本事今者
還宮無有患苦而說偈言
如是名稱諸王等　各捨婇女入山林
後並棄山還本宮　聖子今迴有何過
介時菩薩聞彼二使如是語已告彼
大臣并及國師婆羅門言有無之義
疑與不疑我自知耳但此二義所有
真理隱之與顯我忍受之其慱聞者

既無因緣何由可信若有智人應不
依他虛說而行猶如盲人欲行道路
既無道者不見真實云何得行心自
不決若善非善彼盲癡人假令淨法
心見不淨以無智故我今寧發精進
之心而雖未得甘從果報長受苦惱
實不忍在五欲淤泥迷沒沉溺為於
諸聖之所譏訶躭受快樂又汝等言
往昔已來虛空箭王及能作喜並從
山林還入家者彼等諸王我不取於
解脫法中用為證明何以故彼等諸
王以其所學盡神通故別更無有苦
行之法是故彼等迴反還宮汝等今
者莫作是心我當立誓假使日月墮
落於地此雪山王移離本所我若未
得正法之寶貪世事故以凡夫身還
入本宮無有是處我今寧入熾燃猛
炎大熱火坑不得自利而還入宮無
有是處
介時菩薩作是誓已從座而起捨棄
此林背彼二人獨自而行時彼二使
聞彼菩薩如是言已復見決定捨諸
親族發如是願知必不迴舉身自撲

從地而起流淚滿面大聲而哭隨菩
薩行欲近菩薩是時菩薩威德甚大
彼等二人不能得逼猶如日光耀彼
等目不能覩見菩薩之身
尒時使人復更重諮菩薩是言唯願
聖子莫作如是剛鞕志意願定我等
戀慕之心我等愛心既未降斷不忍
棄捨聖子而去彼等二人愛菩薩故
兼復重意向淨飯王以是因緣隨菩
薩後東西而行或住或著或行或走
時彼二人更復別教四人隱身隨菩
薩後左右而行汝等人輩莫離聖子
看至何處如是教已時彼二人心中
愁毒受大苦惱啼哭叫喚各相問言
我等今者云何至城見大王面大王
心情為聖子故大受苦惱我等此言
云何得奏若至王邊復作何語能解
王心而有偈說
彼等二使知聖子　決定不還至自宮
別遣四人逐後行　自迴見王云何說
佛本行集經問阿羅邏品第二十六上
尒時菩薩捨其父王大臣使人并及
國師婆羅門時兩俱流淚既分別已

漸漸前行安庠而向毗舍離城未至
彼城於其中路有一仙人修道之所
名阿羅邏姓迦藍氏時彼仙人有
弟子遥見菩薩向已而来見已生大
希有之心從生未曾覩見斯事見已
速疾走向其師所坐之處至已向彼
諸同學等摩郍婆邊大聲唱喚彼等
姓名各各自言仁者跋伽婆仁者弥
多羅摩仁者設摩諸如是類摩郍婆
等皆悉告言汝等今者可各喜歡心
應捨離祭祀之法今此處所有遠方
客大德仁来應須迎接然此仁者已
能厭離諸結煩惱欲求最上至真解
脫即是釋主淨飯王子諸相端嚴猶
如金柱身光明曜巍巍堂堂脩臂下
垂手過于膝足趺下蹈千輻之輪行
步安庠如牛王視圓光威德猶如日
輪身若黃金衣袈裟服我等福利最
上之尊漸漸自来向我等邊我等今
者應須辦具隨力所有供養承事勿
令虧少恭敬尊重頂戴奉迎尒時彼
摩郍婆即以偈誦歎菩薩言
安庠善巧能行步　顧盻猶若大牛王

衆相滿足莊嚴身　一切諸毛皆上靡
足下圓輪具千輻　眉間宛轉妙白毫
脩臂洪直自在垂　此是人中大師子
尒時彼摩郍婆口說此偈歎菩薩已
重告彼諸摩郍婆言汝等一切諸摩
郍婆可共相隨向於師所諮白此事
是時彼諸摩郍婆等即便相隨往詣
其師阿羅邏邊到已委具諮白於師
如前等事言語既訖
尒時菩薩安庠而行忽然来至阿羅
邏邊其阿羅邏仙人遥見菩薩近来
見已不覺大聲告言善来聖子菩薩
前至阿羅邏所二人對面相共問訊
少病少惱安隱已不相慰問訖其阿
羅邏請菩薩坐草鋪之上而有偈說
二人相見大喜歡　各各問訊少病惱
相對語言時未幾　清淨草坐即便鋪
尒時菩薩坐草鋪已其阿羅邏諦心
觀察菩薩之身上下覩已生大歡喜
希有之事即對菩薩以美音辭往来
談說稱讚菩薩作如是言仁者瞿曇
我之承聞仁者丈夫能捨王位踰城
出家割絶親愛滌穢羅網辟如大鳥

斷牢鐵鏁或鞠皮繩頓絶之後自在走出隨心所行如是如是仁者今日乃能猛心捨宮入山於一切處知足少欲大有智慧仁者瞿曇既得如是希有之事世間富貴果報功能得已能棄剃落山林此實難辦往昔諸王雖得王位果報具足備受五欲至年老時喚於世子付囑王位灌頂為王於後方捨宮內而出至於山林行求於道彼不為難亦非希有如我所見仁今年少不受五欲捨是富貴功德之事能辦是心來此求道既得如是不可思議大聖王位最勝境界正盛年時能撥心意不著諸欲志求解脫不被縛者不為諸根境界所染能知有中一切諸患不被諸有之所縛繞何以故往昔有王名曰頂生彼王已得繞四天下猶不知足騰上至彼三十三天得於帝釋半座而坐以其內心不知足故五欲境界便即失盡墮落於地

復有一王名那睺沙亦得王領於四天下還復上至三十三天治化諸天

猶尚不足亦失王位墮落於地諸如是類羅摩王陁盧呼弥王阿沙羅吒迦王等又多有諸轉輪聖王以得王位不知足故皆失境界富貴王位悉皆滅盡世間無人得境界已心知足者猶如大火得薪熾盛其阿羅邏作是語已菩薩言仁者大仙我見世間如是相已復觀一切猶如芭蕉心內不牢後還破壞以得境界恐不知足不求自利厭離欲事我知是已尋求正路處處遊行猶如有人行於曠野失伴迷路心惑諸方不得導師以求導故處處遊行今我亦然

尒時菩薩作是語已時阿羅邏更復諮白於菩薩言仁者瞿曇我久見於大士心相仁於解脫堪作大器

尒時衆中有一摩那婆是阿羅邏仙人弟子合掌白師歎於菩薩作如是言希有此人不可思議能辦此心往昔諸王年少之時坐於宮內當受五欲於後得年頭白老時各喚太子付囑王位灌頂為王於後捨家而入山林行行修道而得王位此者不然盛

年少壯正是快意受五欲時少病少惱氣力充足頭髮烏黑身體柔軟勇猛具足無所乏少父王年老不貪王位厭離世間不貪果報而能出家入山求道

時阿羅邏白菩薩言仁者發心欲求何事欲辦何道乃能發心來於此處菩薩報言尊者大師我以見此世間衆生以為生老病死纏縛不能自出今發如是精勤之心時阿羅邏復作是念仁者瞿曇乃能生於如是慧眼發如是想此義真實所以者何而說偈言

一切法勝唯有行　清淨寂定不過心
染著恩愛最怨家　諸有恐怖是老死

尒時阿藍說是語已而彼衆有一摩那婆是阿羅邏仙人弟子白菩薩言仁者今捨親愛眷屬皆而來此有何心意菩薩報言世界所有集聚合會決有別離我知如是故發此意欲求至真

時阿羅邏仙人重更白菩薩言仁者今以得於解脫所以者何衆生所沒

此涅槃度世間所縛此牢強繩仁者已能獨辦此心我當說此解脫法門所謂愛心仁須遠離言愛心者是世間中大惡蛟龍於心水內居止停住失一切利以如是故我今觀知世間之人非是正行其能取於正行之法唯有智人遠離愛染應須發心斷見有相作於無相

菩薩荅言大仙尊者我受是語如尊所言阿羅邏仙復問菩薩仁云何受菩薩報言世間之人以作相縛其相縛者凡是父母生子養育為立家故養育兒息有能增長成就我家以是緣故父母養子若無因緣自許眷屬猶不親近況復他人凡親近人貪求利故而暱於人終無處覓阿羅邏仙復更讚言善哉仁者仁今已知世間諸法瞿曇沙門乃尒明證一切諸智

時彼衆有一摩郍婆亦是羅邏仙人弟子白菩薩言仁者瞿曇仁今以得是最上樂何以故能漸離於一切愛相即得世間諸無惱法所以者何我見世間少有人能不怜婦兒不求財

物不舉兩手哭於世間多見有人以不少欲不知猒足愛惜資財常起貪心染著世利家家盡皆舉手大哭而說偈言

世間罕見知足人　少欲無求不受苦
所有哭泣恩愛者　多是貪著聚資財

時阿羅邏白菩薩言希有仁者瞿曇如是廣大智慧是故仁今辦是勇猛制伏諸根不令增長於諸欲染勿為所牽是時菩薩問於尊者阿羅邏言大仙尊者諸根何故如是不定欲降伏者方便云何唯願尊者為我解說其阿羅邏仙人報言沙門大士凡人在世欲猒離生我今當為大士略說方便之相大士諦聽而有偈說

大尊仙人阿羅邏　發遣菩薩神智心
於自己論患檀中　分別要略而宣說

瞿曇大士凡欲除於諸根體相及根境界應須如是思量分別何以故是諸根等一切境界既分別知患須捨捨乃至諸根境界之內有諸愛染彼愛所染即能令著以此著故則令衆生沉沒世間不能得出諸凡夫人受

於貪愛繫縛等苦一切皆由境界故得如是等事大士當知何因緣尒而說偈言

山羊被煞因作聲　飛蛾投燈由火色
水魚懸鉤為吞餌　世人趣死以境牽

尒時菩薩聞此偈已復更問言尊者今說調伏諸根方便相貌共因緣生體性虛空誑惑無實猶如火坑猶如夢幻如草上露我今心想以如是知

時阿羅邏仙人復問菩薩大士仁何故言諸境界內無利益想菩薩報言凡人欲依諸境界住受果報者猶如有人造立屋舍欲蔽日光或避風雨如人以渴故求於水又如人飢故求覓食如人垢穢欲洗浴身如人露形求衣覆體如人困乏故求乘騎欲得除寒故求於暖欲得除熱故求於涼欲去疲勞故坐床鋪如是等事諸所求者皆為以苦來逼身故所以推求如似病人為患重故方覓良醫世間之人一切患皆如是悕望

時阿羅邏讚言瞿曇希有此心大德云何於世間中能作如是速疾即生

無常之想希有希有能見真實大德利根聡敏易悟若能如是明了見者是名真見若異見者是名誑惑如仁所言為飢求食避藏風雨以此寒熱變易奪故世間人心即生樂想又復歎言仁者瞿曇真是法橋任持大器我雖傳聞先觀弟子堪受法不若能堪受然後為說種種諸論如我所見仁者今日則不復然俯仰之為深得進止不假須觀如我論中有真實義盡為仁說

佛本行集經卷第二十一　第二十張　榮字号

尒時菩薩聞阿羅邏仙如是語已生大歡喜而重問言尊者大仙今日未知我之孝心忽為我作如是妙說我知是相雖未即益今以得利所以者何譬如有人欲見於色而得光明如人遠行須得善導如度彼岸須得船師尊者今日顯示我心亦復如是唯願尊者更為我說尊者所知云何度脫生老病死

佛本行集經卷第二十一

佛本行集經卷第二十一

校勘記

一　底本，金藏廣勝寺本。
一　七五七頁中三行品名，徑、清作「王使往還品下第二十五之二」。
一　七五七頁中四行第一〇字「智」，磧作「有」。
一　七五七頁中六行第二字「求」，諸本作「來」。
一　七五七頁中二一行第四字「人」，諸本作「又」。
一　七五七頁中末行夾註「隋言」，徑、清作「此言」。下同。
一　七五七頁下八行至九行「與汝灌於汝頂汝」，磧作「是天龍於汝願故」。
一　七五八頁中九行第二字「便」，資作「更」。
一　七五八頁中一八行第一〇字「那」，資作「心」。
一　七五八頁下五行第五字「以」，麗作「易」。
一　七五八頁下八行第一〇字「想」，資、磧、普、南、徑、清作「相」。
一　七五九頁上八行第六字「或」，資作「故」。
一　七五九頁中八行第一一字「處」，資作「故」。
一　七五九頁中一二行第一二字「後」，諸本作「彼」。
一　七五九頁中二〇行第一二字「知」，資、磧、普、南、清、麗作「如」。
一　七五九頁下一四行第五字「義」，磧、普、南作「我」。
一　七六〇頁上一五行第七字「三」，磧、普、南、徑、清作「之」。
一　七六〇頁中七行夾註左「能喜」，資、磧、普、南、徑、清作「能善」。
一　七六〇頁中一〇行第一〇字「城」，磧作「或」。
一　七六〇頁中一三行首夾註「居岐反」，徑無。同行夾註左「離言」，資、磧、普、南、徑、清作「雜言」。

一　七六〇頁中一五行第一三字「本」，諸本作「大」。

一　七六〇頁中末行第一二字「慱」，諸本作「傳」。

一　七六〇頁下三行第三字「道」，諸本作「導」。

一　七六〇頁下一四行第五字「心」，資、磧、普、南、徑、清作「念」。

一　七六〇頁下二二行第二字「彼」，諸本作「於」。

一　七六一頁上六行第八字「鞆」，磧、普、南、徑作「鞕」，清作「鞭」。下同。

一　七六一頁上七行第一一字「降」，諸本作「除」。

一　七六一頁上一〇行第一〇字「着」，諸本作「看」。

一　七六一頁上二〇行第五字「逐」，磧、普、徑、清作「遂」；南作「隨」。

一　七六一頁上二一行品名，徑、清作「問阿羅邏品第二十六之一」。

一　七六一頁中一行第六字「庠」，徑作「詳」。下同。

一　七六一頁中三行末字「有」，磧、普、南、徑、清作「有一」。

一　七六一頁中二二行第七字「誦」，磧、普、南、清、麗作「頌」。

一　七六一頁中末行第九字「眄」，清作「盻」。

一　七六一頁下二二行第二字「之」，諸本作「久」。

一　七六二頁上一一行末字「德」，磧、普、南、徑、清作「能」。

一　七六二頁上一六行第一三字「縛」，諸本作「纏」。

一　七六二頁上一八行第二字「繞」，諸本作「統」。

一　七六二頁中七行第六字「言」，資、磧、普、南、徑、清作「報言」。

一　七六二頁中末行第九字「位」，諸本作「仙」。

一　七六二頁下一一行第二字「念」，諸本作「言」。

一　七六三頁上一六行第九字「處」，資、磧、普、南、徑、清作「虛」。

一　七六三頁下一九行第七字「來」，資、徑、清作「求」。

佛本行集經卷第二十二　榮

隋天竺三藏闍那崛多譯

問阿羅邏品下

尒時尊者阿羅邏仙人善知菩薩心有至德更述已論决定悉檀而說偈言

瞿曇沙門善諦聽　我論中說悉檀
如今雖在煩惱中　如後自然還解脫

尒時阿羅邏說是偈已作如是言凡衆生者此有二義一者本性二者變化合此二種揔名衆生言本性者即是五大其五大者所謂地大水火風空我及無相名本體性言變化者諸根境界手足語言動轉來去及以心識此名變化若知如是諸境界者名知境界言能知彼諸境界者是我能知思惟我者是智人說而說偈言

若有能識諸根塵　是名善知彼境界
言知一切境界者　智慧人說思惟知

尒時阿羅邏作如是言思惟我者其人即是迦毗羅仙及其弟子以自度量此意境界波闍波提仙人之子名曰深意所見亦然如人數數生老病

死受諸苦毒深諦知已為他解說念其遠離思惟此理應當了知一切無相又復說言因煩惱者所謂無智愛著諸業如是等業屬煩惱因此煩惱因則有四種此人不能解脫生死以其未離諸煩惱故四種云何一者無信二者著我三者有疑四者無定以有餘殘則無方便深著世間恒常墮落以如是故處處受生

言無信者常行顛倒應如是知而反不知是名無信

言著我者云此是我稱彼非我我如是說我如是受我行我住我相我身如是名我不自覺知是名著我

言有疑者此是以不惑疑一切止是一物猶如泥團是名為疑

言無定者如是如是是是亦然非是亦然心意覺想一切諸業是衆是我是彼是此是名無定

又餘殘者未知勝處未覺始覺未證自性始證知故是名餘殘

又復說言無方便者即是無智以無智故不解方便無方便故不能顯示

以是義故名無方便

又染著者謂無智人見聞觸覺即生染著或時意著身著語著或意業著一切境界應不著處而感著之是名為著

又墮落者我是彼處彼處是我若有如是思惟念者是名墮落以是因緣墮於煩惱是名無德是名無智是名五處苦惱無樂此無樂處所謂黑暗愚癡大癡有二雜住是名五處言黑暗者所謂嬾惰言愚癡者所謂生死言大癡者所謂行欲所以者何此處假使有大德人猶尚迷惑不知醒悟故名大癡二雜住者所謂瞋恚復二雜住所謂懈怠無明衆生不如是修迷没染著此五處所住於煩惱苦海之中順生死流我見我聞我證我作我教他作我如是至以如是心如是意故輪迴没溺於煩惱海如是四種纏繞畢結於煩惱中言無因果大德瞿曇仁應當知如是諸事而說偈言

若人欲得正見知　四禪清淨解脫處
心若覺了彼智已　知諸真聖及非真

如上分別應當宣　是故名為四禪解
能捨諸行及無行　此即知無字句名
以是彼處大梵天　説於世間諸梵行
若能行此梵行者　即當得生於梵宮

尒時菩薩聞阿羅邏如是語巳復更重問其方便行若行方便所至之處及以梵行修行當行行處行法尊者為我一切解説

尒時阿羅邏依巳惣論義例宗體一切皆向菩薩而説仁者瞿曇凡欲修行應捨宮宅依出家儀乞食活命發弘大誓修持戒行住於知足隨所堪辦衣食卧具閑靜住處獨行獨坐如諸論中智所知見貪欲瞋恚愚癡過咎見巳遠離猒惡諸欲受寂快樂調伏諸根入於禪定當於尒時遠離諸欲遠離諸患空閑之處生離分別即得初禪得初禪巳還復思惟如是分別漸漸得樂既得樂巳生是寂定還依因此寂定之力意重猒離欲瞋恚等既數猒離心轉喜歡既加喜歡增長於智是時即得生大梵宮生彼處巳還更如是思惟分別此乱我智還

復棄捨既棄捨巳得第二禪生大歡喜得歡喜巳見心被大歡喜所逼轉求勝上即至光音至光音天見受樂處至彼處巳猒離喜樂既離喜樂即得三禪到三禪中即轉勝下遍淨諸天一向受樂若能如是得樂巳捨不受不著即遠離諸苦樂之處得第四禪既離苦樂及攀緣心一切皆捨復有人以自慢心故求解脱相欲得出過四禪果報故内思惟此四禪法廣果天中所受果報此是麁智思惟觀之又如是言彼人思惟如是事巳從三昧起見其身色有諸過患欲捨色身求上勝智故發是心彼人如是捨諸禪巳進求勝處而發此心如前所説捨諸欲事如是捨離麁色身故發猒離心彼時即得身中所有虛空無邊分別於彼一切色相又色相内及樹木等所有諸物悉皆分別无邊虛空得如是等一切色處明了分別無邊空巳即證勝處而有偈説

如是微妙大梵處　一切無相常無言
智人説彼解脱因　即此名為涅槃果

尒時阿羅邏説是語巳白菩薩言仁者瞿曇此即是我解脱之處及其方便我今為仁顯示巳訖仁若心意喜樂此法如我所説仁可領受而説偈言

如是清淨解脱法　我今知巳復廣宣
仁者心意若喜歡　唯願依此領納受

時阿羅邏復更説言乃往昔時耆沙仙人（隋言求勝）毗踰闍耶仙人（隋言離別聖）波羅奢羅仙人（隋言他荷）等及餘諸仙皆共稱説是解脱法亦復同乘此解脱法而得解脱仁者既是大智丈夫堪行此法行此法巳能得善處解脱報果

尒時菩薩聞阿羅邏仙人所説梵行之法受持而行欲沙門行求沙門果故行此法即便證知而菩薩從阿羅邏口下聞説法巳信行此法不違不背亦復不言我先自知但受持巳思惟此法增進更發堅固智心求於勝處既見勝處亦不生慢譏毀彼仙但自思惟非獨阿羅邏有此信行我今亦有如是信行非獨阿羅邏有精進行正念三昧及諸智等我亦有之乃至智等我今可求如阿羅邏所知證法巳

向他說分別顯示及作勝處

介時菩薩於阿羅邏所說法行皆悉證已知見而行然菩薩聞彼等諸法無多勤勞須臾時頃而盡得之如行能說宣通顯示一種無異介時菩薩即更前至阿羅邏邊作如是言尊者阿羅邏尊能如是自證法智向他人說所謂求生無想之處作是語已時阿羅邏報菩薩言長老瞿曇如是法智我自證已向他顯說宣通開示

菩薩復言我從尊者聞此法已如尊所說我信知行已證此法若有智者知行境界亦應不捨如此之法但我所見此法雖妙未盡究竟所以者何我意如是觀察思惟此法猶有變動之時但此境界本性如是知已此智雖是無智更欲生別其餘諸法然尊者說雖言我得清淨解脫若分別觀是因緣法過緣還生非真解脫猶如種子非時而種藏在地中若未順時無有水雨芽則不生若依時種潤澤調適諸緣具足和合則生今此亦然但以無智著於愛業如是等法捨已

分別言我解脫但有著我皆悉須捨即便捨是無智愛等業無合處此等捨已雖得勝前未至真處但行分別有我之處彼等微細三事會有以彼微細諸煩惱故復更別有不用之處壽命長遠分別故言我得解脫而說偈言

因諸過患微細故　所以受不用處身
壽命劫數既久長　便即說我得解脫

菩薩復言如尊前說我已捨我既自稱言我已捨我是則不名真實捨我若依分別未解脫者彼不可言無有患累以是當知有患累處亦不可言得於解脫無我之處有我之患不可作異猶火色熱熱不離色色不離熱此二各體以先無故合若有者無有是處如我既然一切諸患皆如是此解脫已至於彼處還復被縛為以於智取境界故彼滅色已但有於識彼知我識即名是有以是有故不名解脫是我悉攝境界大小如是知彼還得如是求勝處所以是義故何須分別此我非我如木如壁重重相捨

既各重重有於智故我思惟悉須放捨一切境界令得自利而說偈言

重重次第悉皆捐　是乃名為捨境界
一切根塵悉放故　是名自利及利人

介時阿羅邏徒眾之中有一弟子白菩薩言大德瞿曇今來至此我等住處悉成好器又復得於八種自在菩薩報言此處云何得有自在

時阿羅邏止弟子言汝今且莫思量此事所以者何言自在者於諸事中能作決定不共他人無有等侶內身自證寂定得故乃生歡喜菩薩報言此事不然

阿羅邏言其義云何菩薩即言如是如是阿羅邏言仁者但說莫秘此語菩薩報言若依尊者說言此行無有迴也阿羅邏言仁者何故立於此問何處有疑菩薩報言我今心已猒離生故欲問真正

阿羅邏言仁者瞿曇欲得聞者我當為說凡欲開化於世間者即我是也唯有名字不生不老不退不還無邊無中無前無後是名為我自在能入

輪轉在於生死之內亦不㪅住彼法
非法彼天彼人及諸有趣彼能遠行
彼能作乘乘彼乘者能渡深有海流
轉去來能作生死亦能變化自在寂
勝寂妙寂大能作世主攝化一切

菩薩問言如此化者是有以不阿羅邏言我觀仁者所問音聲必欲不受如此之義或當仁者意不貪樂菩薩報言我無有患阿羅邏言大德瞿曇勿作疑心隨意所樂但自論說所向之義善思惟入以自明照若自見知不被他誑不受他教不隨他義如是證者名得自利餘人不能若不定心隨諸論師而取義意其智減損仁者聞已真正思惟各各讀誦觀察深義審自證知知已有疑隨意問我我當為說

菩薩復問尊者所言能化作世得自在者於是義中我心有疑阿羅邏言如仁者意此義不然菩薩復言我如是見阿羅邏言何因如是菩薩復言此緣唯一所以者何若自在化作此世者則不得依次第相生現見來者

其煩惱輪不應如是次第而轉亦應衆生心不喜利而自然得應一衆生不得雜患應諸世人供養自在如父如母自餘諸天不得供養其貧窮人應不說彼所有毀辱善惡之業悉應在彼應諸衆生無處依著應無處求應無所作世人應不如是思惟自在有也自在無也世人如是分別有無應作不作諸業應得自然果報彼自在天若行苦行得成自在世間亦應共受此業一切亦應俱名自在若彼無因作自在者無處無人非不自在彼若非是自在建立亦不名有豈可得言自在建立其阿羅邏讚菩薩言大德瞿曇智慧深遠善能顯亦承受諸論惣言惣體悉以智力分別能知是故平等見諸悉檀真實之路願為我說莫辞疲勞慳惜法寶

菩薩復言我今應當供養尊者阿羅邏言師有多種仁者供養何由可遍然今仁者既為上首亦可堪能供養彼等菩薩復言尊者但當為我解說如此等義阿羅邏言彼等實勝於一

切世間未有彼等先生仁者善意深自思惟為業在前為身在前菩薩報言此義云何阿羅邏言此是大患所以者何若業在前非身先者應不受身身應無業業自不生誰造此業若身在前非業先者應無有業若無有業何故復有衆生受身誰復有能開化世者彼應不損一定常存三界所縛是諸衆生生本應生自身若不能自在者其一切人所愛樂身應自具辦若自具者於一切處應當自有菩薩報言我如患人求醫師療我今亦復不難此義

尒時衆中有一苦行是阿羅邏仙人弟子白菩薩言善哉瞿曇尊師語言唯願仁者莫難其義如此之義計不須爭若其爭者此非利益仁但受取如尊師說菩薩報言我不難也但欲問彼相承所來須知其義彼仙人言隨此因緣仁者受持取其真義若欲生疑心中諍論是大非法未來得罪時彼苦行仙人弟子即說偈言

凡人聽受語莫聽　心意不亂義乃定

若當持疑懷諂曲　是則爭競覔人非
二彼求過即成怨　兩怨相爭口言惡
智者欲斷口業過　說理不作相競心
論議求勝是名貪　爭名伏他使人耻
多言顯過此大患　諂意聽義成自憍
慢心瞋恚其罪增　各說是非相毀呰
應作不作不作作　二相競故是大怨

尒時菩薩聞是偈已語彼仙言實有如此相爭競過非道言無但我欲尋本来相承成就之事非故窮盡說是語已時彼仙人心猶不忍阿羅邏言大德瞿曇解脫道路仁者憎乎如此事緣非本来也菩薩報言若欲求彼解脫之時須如是求

尒時阿羅邏仙人弟子復作是言沙門瞿曇仁者離此欲求解脫徒損身耳菩薩報言人求世間无常樂故猶尚有乏況復欲求不還解脫時阿羅邏仙人弟子復更白言仁者今既言不還来可常行也菩薩報言今行之處既是意樂今至彼處當復何還阿羅邏言莫行至彼莫還来此可不得乎菩薩報言希有此事尊者前說後受

於有何故復言更不還也阿羅邏言實然仁者此大希有而彼真如寂靜之體無始無終無有邊際無初無後不定其行不可盡形然無相師禪定主者之所建立大梵天是

菩薩復言我今更問大仙尊者若刧盡時此諸大地及以叢林須弥山等帝釋宮殿悉被刧火之所焚燒尒時彼天復在何處是誰字誰去何語言功德果報云何而住又刧盡時諸物皆盡彼何不燒

尒時羅邏默然微笑久時阿羅邏仙人弟子白菩薩言仁者智慧今既最勝仁者可不自知過去一切諸仙得正道也所謂尊者波羅奢羅仙人頗羅墮仙人阿須梨耶仙人跋陁郍仙人迦始婆陁郍仙人陁郍達多仙人達利多耶郍仙人般遮羅波帝仙人阿沙陁仙人跋摩達多仙人郍侯沙王子耶耶坻仙人韶波梨仙人波羅婆遮郍仙人脾提阿仙人闍郍迦仙人阿睺伍國羅伍提婆仙人闍祁沙毗耶仙人提毗羅仙人毗陁呵毗耶仙

人婆奴仙人提婆耶郍仙人泥沙多郍耶仙人耶若多郍仙人足耶薄都仙人呵梨伍仙人跋闍羅婆睺仙人諸如是等一切仙人皆入日光而取正路

尒時菩薩報彼仙言今者既云入於日光求解脫者此義是何我今應當礼彼諸有我實不用如是自在是時菩薩作是語已內自思惟阿羅邏法非是究竟心不喜歡時阿羅邏仙人弟子量度既知菩薩心已即從座起白菩薩言仁者今於此法已外意欲更求勝解脫也菩薩報言我意願當證如是法無地無水無火無風及無虛空無色無聲無香無味無觸無相無安無畏無死無病無老無生無有非無有無常非無常非語言說無有邊際而說偈言

本無生老病死過　并及地水火風空
湛然三世無師教　常淨自然證解脫

尒時羅邏仙人聞是語已白菩薩言仁者瞿曇我今所有自證之法以向他人宣揚顯說仁者今亦自證此法

向他人說我所解法仁者亦解如我今日作此衆師仁者亦堪如是之師瞿曇今可共我同心我等二人領此大衆教化顯示是時羅邏雖名為師但取菩薩平等行分自以半座分與菩薩供養菩薩隨於菩薩意所堪須供養之具生大歡喜寂勝寂妙心意熈怡遍滿其體不能自勝

尒時菩薩如是思惟此之法者不能令人得至涅槃亦復不能遠離諸欲越度煩惱不能寂定盡於諸漏而得神通又復不能自覺覺他作沙門行不能滅除諸惡煩惱所以者何行於此法唯生非想而作諸業故知此法非是究竟至極之果作是念已即便背捨羅邏而行而有偈言

菩薩思惟此諸法　其心不甚大歡喜
知非究竟好出昇　即背羅邏而行去

尒時羅邏仙人徒衆即共菩薩分別相辭作如是言唯願仁者行行之處常得吉祥

佛本行集經答羅摩子品第二十七

尒時於此閻浮提地復更別有一大

道師名曰羅摩其命已終彼徒衆主即摩長子名曰優陀羅羅摩子主領彼衆其優陀羅常為彼衆說生非想非非想法近王舍城一阿蘭若林中而住是時菩薩遥聞其名勝前羅邏所說之法聞已思惟我今應當至優陀羅羅摩子邊行於梵行

尒時菩薩從阿羅邏居處而出安庠而行渡於恒河借問既知即到其所而白之言仁者優陀我於仁邊欲受教誨行於梵行時優陀羅告菩薩言大德瞿曇如我所觀見於瞿曇既是智人堪受我法而行梵行若欲受法行梵行時須順我法清淨業果而得行報

尒時菩薩於優陀羅羅摩子邊受法行行求沙門法沙門事故恭敬合掌白言仁者未審仁者所行之法至何境界為我解說其優陀羅告菩薩言大德瞿曇凡取於相及非相者此是大患大癰大瘡大癡大闇若細思惟即得受彼微妙有體能作如是次第解者此名寂定微妙寂勝寂上解脫其

解脫果謂至非想非非想處我行於此寂勝妙法其優陀羅又復更言於此非想非非想處過去之世無勝寂定現在既無當來亦無此行寂勝寂妙寂上我行此行

尒時菩薩聞此法已思惟不久即證此法是時菩薩從於彼邊隨口所出聞已心信隨順彼語而作是念如此之法我亦可得我亦可知實語無虛我今所可見即能見知即得知復語於彼優陀羅言非但仁者昔父羅摩獨有信行我今亦有如是信行非彼獨有精進正念禪定智慧我今亦有乃至智慧我於今者行彼法行學於羅摩自證法已為他顯說知彼法故見彼法故更欲求勝

尒時菩薩證是法已白優陀羅羅摩子言仁者父昔於此非想非非想處自證知見向他說耶優陀羅言大德瞿曇我父如是菩薩報言仁者優陀我今已通證知奉行其優陀羅白菩薩言大德瞿曇若其然者仁與我父羅摩無異大德瞿曇仁今若知此等

諸法已奉行者可如我父羅摩仙人
須此大衆教亦宣通時優陁羅既自
修行梵行不闕但取菩薩同行建立
菩薩若同法智增上供養最勝供養
菩薩心生歡喜不能自勝
尒時菩薩語優陁羅作如是言仁者
此法不能究竟解脫諸欲滅於煩惱
寂定一心盡諸結漏及諸神通成沙
門行到大涅槃此法還迴入於生死
所以者何既生非想非非想處報盡
還迴入於煩惱作是語已其優陁羅
白菩薩言大德瞿曇可不聞知我父
羅摩雖證此法而一切處不覺不知
已生非想非非想故而還來入於生
死者無有是處不取後生亦復不見
生之處所其優陁羅雖得如是寂靜
之法奢摩他行而不辦求最上勝法
唯口稱言我父羅摩作如是說菩薩
如是思惟此法非是究竟我今不應
專著此法捨優陁羅即便背行而有
偈說
菩薩思惟觀此法　羅摩往昔雖復行
既非解脫究竟乘　即便背行而捨去

佛本行集經卷第二十二　第十九張

佛本行集經勸受世利品第二十八上
尒時菩薩從優陁羅羅摩子處辞別
而行安庠漸至向般茶婆山（廣言黃白色）到
彼山已於山麓間求平整處於一樹
下加趺而坐端身住心正念不動辟
如有人頭上火燃急疾速滅而擲於
地是時菩薩心求斷除煩惱邊際亦
復如是尒時菩薩內心如是思惟籌
量我於何時當得散此大煩惱聚我
於何時當得破此大愚癡藏證於阿
耨多羅三藐三菩提又諸衆生沒在
生死復於何時悉令解脫如是念已
威德儼然時彼山中多有雜人或取
草柴拾乾牛糞或復捕獵耕墾作田
或放牧人及行道路彼等諸人遥見
菩薩在般茶婆山樹下坐猶如雜寶
妙金為光見已各生希有之想共相
謂言汝諸仁者此非常人從何方來
到於是處或言此是般茶山神或言
此是般茶婆山所居仙人或言此是
何處神明或言此是毗富羅山所護
之神或言此是耆闍崛山守護之神
或言此是大地之神從地涌出或復

佛本行集經卷第二十二　第二十張

有言此是虛空上界天子來下於此
我等如是心各懷疑何以故此神身
體光明熾威威德巍巍遍照此山猶
如日月光明遍照諸娑羅樹花悉開
敷此非是人人之光明不能顯現如
是之事

佛本行集經卷第二十二

癸卯歲高麗國大藏都監奉
勑彫造

佛本行集經卷第二十二

校勘記

一　底本，麗藏本。

一　七六六頁上三行品名，徑、清作「問阿羅邏品第二十六之二」。

一　七六六頁上六行第一二字、一〇行第六字「摠」，徑、清作「總」。

一　七六六頁中一行末字「念」，諸本作「令」。

一　七六六頁中一八行第六字「想」，諸本作「相」。七六九頁上八行第六字同。

一　七六七頁上一二行第八字「住」，徑作「往」。

一　七六七頁上一七行第一一字「離」，諸本作「雜」。

一　七六七頁下三行第一〇字「仁」，諸本作「仁者」。

一　七六七頁下八行夾註右「隋言」，徑、清作「此言」。下同。

一　七六八頁上四行第一三字「如」，資、磧、普、南、徑作「知」。

一　七六八頁上二二行「和合則」，資作「和合即」；磧、普、南、清作「合和即」；徑作「合和則」。

一　七六八頁中一六行第九字「合」，諸本作「今」。

一　七六九頁下九行第八字「應」，諸本作「能」。

一　七六九頁下一四行第九字「是」，諸本作「是彼」。

一　七七〇頁中一二行第三、四字「羅邏」，諸本作「阿羅邏」。下同。

一　七七〇頁下二〇行首字「湛」，徑作「堪」。

一　七七一頁上二二行「佛本行集經」，徑、清無。

一　七七一頁中二行第二字「摩」，諸本作「羅摩」。

一　七七一頁中八行末字「庠」，徑、清作「詳」。下同。

一　七七一頁中二二行第五字「妙」，諸本作「細」。

一　七七二頁中一行品名，徑、清作「勸受世利品第二十八之一」。

佛本行集經卷第二十三　　榮

三藏法師闍那崛多譯

勸受世利品中

尒時菩薩過是夜已於晨朝時正著衣服從般荼山安庠而行至王舍城為乞食故觀諸陰等苦空無常欲求無餘大涅槃故視地一尋調伏諸根所染着處皆悉除斷不令黙汙復作是念我今乞食無有鉢器若我得食於何處盛是時菩薩左右前後求器未得忽見一處有大花池見已即語傍一人言仁者汝可乞我此中池蓮藕葉彼人聞已即便入池取彼藕葉以奉菩薩是時菩薩受彼藕葉向城乞食時王舍城內外人民觀見菩薩如是詳審復見菩薩威神巍巍見已各生大希有心共相謂言此是三目大自在天來至於此其中或有遠行諸人欲營事故至於他方彼等既見菩薩還迴向菩薩所或復有人欲造作事中道既見菩薩形容便捨其業來向菩薩若有坐人見菩薩已不覺自起速疾來詣向菩薩所或復有人合十指掌恭敬一心向菩薩者或復以頭礼菩薩者或復有以微妙音聲讚菩薩言善來善來時王舍城所有人民見菩薩者無有一人不生歡喜愛樂之心其王舍城或多舌人乱言綺語彼等諸人在菩薩前默然而住隨菩薩行又王舍城周匝四方或男或女丈夫婦人欲營餘者悉捨來看生希有心觀看菩薩眼目不瞬所觀菩薩支節面額眉目肩項手足行步於一一處各皆愛樂不能更觀其餘處相

尒時菩薩威壯少年可喜端正興樂花艷花色之時捨宮出家眉間毫相宛轉右旋眉細脩揚目寬長廣威德遍滿其體光明巍巍堂堂普照遠近手足羅網皆悉普縵其二十指善能治化一切天人菩薩威神世間無比而有偈說

菩薩行於道路上　所有一切諸看人
但覩身之一分光　見以即便生愛著
雙眉細楊若初月　兩目青紺似牛王

身體常放大光明　諸手足指有羅網
觀者以見微妙色　衆人不覺隨後行
睹此殊妙相莊嚴　各各心生大歡喜
尒時王舍守護城神見於菩薩有是威儀心生驚怖戰慄不安謂言此是何處大神欲來奪我此閒生處

尒時菩薩以彼無量無邊人衆左右圍遶或後或前諸人觀看安庠徐步漸漸而行向王舍城欲乞於食舉動俯仰進止雍容躡足前趍不遲不疾專注平視斂攝諸根辟肘臍齊衣被整肅擎蓮荷器其葉不萎寂定一心人見歡喜最上最勝得奢摩他柔軟調和如制伏象無有濁穢猶清淨地難身一尋常光明照如娑羅樹衆花開敷若金爲形從地涌出具足圓滿諸相莊嚴如夜虛空衆星圍遶菩薩日月朗於世閒

時王舍城有諸人輩彼等皆悉生大歡喜發希有心見菩薩行於街巷裏城內商賈估販交關一切自停不復市買若在店舍醉乱心迷悉得醒悟不復飲酒各捨一切讌會音聲奔走

皆來向菩薩所或復隨逐左右而觀或復在前迴顧而視或復在後順菩薩行其王舍城无量无邊諸婦女等或倚門側或立窻門或在樓中或居屋上舊作生活今悉不爲並廢事緣遥觀菩薩家家出户各各喜歡共相謂言今此是誰從何來到是誰種族其名字誰如是端正可喜行動我等昔來未曾得見或復沙門或婆羅門相貌如是容止異常稱歎之聲遍城內外

尒時摩伽陁國王舍城主姓施尼氏名頻頭娑羅未作王時曾乞五願一者願我年少之時早得王位二者若得王位已後願我化內有佛世尊出現天下三者若佛出現世時願我自身承事供養四者若得承事已後唯願爲我如應說法五者佛若爲我說法我聞法已願莫謗毀得證法已依而奉行

尒時頻頭娑羅王在高樓上與諸大臣圍遶而以遥見菩薩爲諸大衆前後導從安庠而行入王舍城頻頭娑

羅既覩菩薩心生大疑即從樓下出宮門外見菩薩身威儀舉動端正無疋乃至猶如夜空衆星爲諸觀者之所愛樂如摩尼寶內外光明表裏洞徹菩薩之身亦復如是威德熾盛照耀巍巍時頻頭王見於菩薩如是相已勑諸臣言我生已來未曾見人如是形貌身色面目頂額廣平皎潔分明顯赫照曜如蓮花葉在於水中而不爲水之所點著是身威德毛悉右旋眉間相毫如珂瑀淨亦如白珂亦如泡乳色炎光具如滿月輪其二足趺蹈地千輪步舉文現跡不差移不怖不驚不戰不慄智慧安靜猶如須弥從何所來忽然至此汝諸臣下應當觀看此誰種姓誰之兒子何國土生名字何等端正可喜歷此遊行

尒時彼諸大臣衆等或有說言此是天王或言帝釋或復有言是大龍王或復有言毗摩質多阿脩羅王或復有言此是婆梨阿脩羅王或復有言是毗沙門護世神王或復有言此是日天或言月天或勝有言大自在天

或復有言此是梵天
復更別有諸餘占相婆羅門言大王當知如我等諸先後所說此人必成轉輪聖王何以故今此大士身體遍滿一切諸相
尒時諸臣大衆之中別有一臣而白王言大王當知實有斯事所以者何去此不遠十由旬外正在北方雪山之下有一種姓稱為釋氏然彼釋氏有一國界名曰迦毗羅婆蘇覩彼國土中有一王治名為淨飯是釋種王彼王生子字悉達多既釋種生姓瞿曇氏其彼太子初生之日父王即便召集解相婆羅門等遣占相之時諸相師既占看訖白大王言大王當知今此太子具二種相若在家者必當成就轉輪聖王王四天下守護大地乃至如法治化世間若捨王位必定得成多陁阿伽度阿羅呵三藐三佛陁名遍十方大王當知此必是彼太子不疑所以者何其人現今剃除鬚髮身黃金色著袈裟衣捨國出家遊行到此而說偈言

彼國相師說此言　不居王位定作佛
斯必是彼釋種子　出家苦行求菩提

尒時大臣說是語已是時其王頻頭娑羅內心思惟如我往昔曾發誓願若如是者我願得成時頻頭王勅二臣言卿若知者速往彼看此出家人居停何方在於何地汝等驗已速報我知然後我當自至於彼覲看供養諮受未聞
時彼二臣奉王勅已即便相共隨逐菩薩所向而行不暫捨離
尒時菩薩在王舍城乞食之時見彼大衆處處充滿內心思惟如是方便此諸大衆無有歸依无救无護常為生老病死所纏不畏不驚不怖不恐亦復不知求究竟道無有導師愚迷惛闇沒溺煩惱癡無有智日日減損染著諸陰苦空無常不知厭離
尒時菩薩作是念已起慈悲心便更增加精進勇猛折伏其意作是念言我今當作一切世間歸依之處我當救護苦惱世間當為世間說於生老病死盡處
尒時菩薩舉目唯觀前一犁尼默然諦視徐徐動步齊整容儀遍王舍城次第乞食既得食已從王舍城庠序而出漸漸至彼般茶婆山其山麓下有一泉池坐彼水邊正念安置隨得麁細如法噉之食訖歛衣洗於手足即便進上般茶頂頭上已向於山南觀看求覓林樹妙好枝條蓊鬱扶踈饒諸鳥狩飛走遊戲花果泉流擇好樹間安施草鋪向於東面端身正心結累加趺儼然而坐猶如師子入孔穴中不畏不驚著袈裟服其光顯赫巍巍堂堂熾盛照曜如日初出而有偈說

彼山蓊鬱饒樹林　鳥狩相娛受諸樂
身披袈裟人月者　光明熾盛如日初

尒時菩薩坐彼樹下如是思惟我此處學更無有人無富伽羅無衆生無壽者無命者無禪兜無摩㝹闍無摩㝹婆無養育者此之五陰一切皆空無命無識一切諸法唯有假名名衆生耳
尒時頻頭娑羅王所使二臣隨逐菩

薩恒不捨離共一臣去菩薩不遠於前而坐一臣速還摩伽陁國頻頭王邊到已長跪而白王言大王當知彼出家人從王舍城乞飯食訖到般荼山及至端身南面而坐如前所說大王今者若欲觀者宜須疾往

尒時頻頭娑羅王聞其使人如是語已即便莊束賢善好車坐於其上嚴駕而往向般荼婆時頻頭王既至彼山遥見菩薩可喜端正心甚愛樂乃至猶如夜空衆星如暗山頭大猛火聚如大雲裏出閃電光摩伽陁王見於菩薩在彼樹下亦復如是見已生大希有之心歡喜遍體身毛皆竪下乘徒步詣菩薩邊到已問訊白菩薩言少病少惱四大安乎而有偈說

王見菩薩如帝釋　身光明曜心喜歡
問訊起居四大和　少病少惱身無患

尒時菩薩以微妙口和軟語言如梵天音辯才字句不滲不著告摩伽王頻頭娑羅慰勞問訊作如是言善治大王大吉祥從何遠來可坐憩息營求何事而詣此乎

尒時頻頭娑羅王聞於菩薩如是語已進菩薩前在一石上安隱而坐王欲度量菩薩意故白菩薩言仁者今若不辭疲勞我欲諮問心内所疑唯願仁者為我決断即便問言仁者何也為天為龍為梵為釋為人為神

尒時菩薩以無憍慢貪欲恚心除斷一切煩惱諸剌不諂曲語報摩伽陁頻頭王言大王當知我非天也非龍非梵我是於人大王我以求寂靜故所以出家時摩伽王頻頭娑羅白菩薩言仁者比丘我今見仁甚大歡喜是故我今欲有發問我為愛敬於仁者故欲說一言唯願聽受所以者何仁今壮少正在盛年端正無雙身體微妙堪當嬉戲遊縱之時今者何為發如是意行作沙門猒離王宮空山獨坐又仁者身如是相貌止可合塗赤栴檀香不應著此袈裟之服仁之二手乃可指㧑治化世間百味盈前隨時飲噉豈可執器從他乞行而說偈言

仁身合塗赤檀末　不應服此麤袈裟
手指正可㧑世間　豈宜從他乞食活

時頻頭王說是語已白菩薩言仁今若為愛敬父故不取王位捨出家者我今請仁在我境界受於五欲種種所須當隨仁意須財與財及諸婇女若佐助我我當與仁分國半治可居我境受我王位我承事仁不令乏少何以故仁者沙門身體柔軟不應住於空閑蘭若若坐草鋪在於地上損仁者身恐畏成病但經少時仁父喪敢還可自受本國王位是故仁今若愛念我憐愍我者受我王位住我境中如其仁者嫌大種姓嫌我境狹土地纖雜我及群臣諸百官等更别為仁開拓他國使令寬廣與仁共治又我願得仁者貴族共作因緣親厚眷屬願不生疑謂為非實而說偈言

仁者若嫌大種姓　嫌我境狹不肯停
我共諸臣及百官　當更吞併令寬廣

時摩伽王說是語已更復重白於菩薩言我於仁邊有愛敬心尊重之心仁者今既乞食活身但當努力發寬廣意受法受財受五欲樂所以者何

受此三種在於宮中觀諸婇女歡娛受樂亦能令人得現世報未來亦然若人不受此三種法但捨一事彼人現世或復未來終不能得具足果報設其受之必有缺減是故仁者若弘廣心所以應須具足受此三種之樂受三樂故用年少時端正果報受法受財及受諸欲世間丈夫受欲之時生子繼立此是大財是故仁者勿令空過

又復仁者如是辟譬堪牽弓弩莫令徒捐如斯一世

又復往昔頂生之王以勇健故王四天下及忉利宮如是仁者堪當此事所以者何我今亦為憐愍一切諸衆生故如是勸請我亦不為自王位故勸請仁者我今見仁身體端正悲酸流淚情懷不忍為是倍更生希有心所以慇懃如是苦請仁今盛年且行世欲待後衰老可行法時乃可捨家

又復仁者先祖以來自種姓內到年老時乃依國法以王化事付其太子或復大臣方始捨位出家入山

又復仁者往昔諸仙作如是說凡年少時先行欲事中年求財以自養活至老耄時乃可棄捐修學於法如是乃能建立一切又人年少不行諸欲不求覓財此是身怨亦名為賊毀敗諸根難得攝受

又復仁者假使年少欲求法時但為諸根牽著五欲至於老時內心思惟斷絕衆事能攝諸根心生慚愧意得寂靜

又復仁者世間少年正放逸時不見遠道多有過失至中年時血氣漸弱放逸已過辟如人行度於曠野止而歎息言我已越此之處所是故仁今正年少時正放逸時隨意多少願且受欲

又復仁者年少之時諸根難迴仁者若欲行於法事愛樂法者依仁家法祭祀諸天因祭祀故亦得生天在於家內莊嚴自身金銀諸寶挍飾兩辟衆寶放光猶如明燈

又復仁者往昔諸王頭戴寶冠嚴飾身體常在家內祭祀諸天行於法行

立無遮會或有入山行大仙行而求解脫仁者今既學於彼等順時而行其摩伽王如是種種辟喻語言方便欲將勸請菩薩

尒時菩薩聞摩伽王如此語已不怖不驚不怯不畏猶如山王身心不動寂然安住守攝諸根不生餘意三業清淨報彼王言而有偈說

摩伽陁王諫菩薩　猶諸朋友利相教
菩薩清淨三業行　如花不著水報彼

摩伽大王吐辞不善此說猶如無智人語不稱天下王法之言王若於我有真正心此語實識非深利益亦非慜我於我甚損世有惡人無有慈心猶如富貴怯弱之人若欲利益於世間者應當教示如彼往昔相承來事是名朋友是名增長凡人若見至於厄難不相捨離三業等同是名知識我意如是富貴之時誰不能作朋友知識若人得財依法處分不令散失是名知識是人久後能用財寶教授之時彼不取語或以先業自失於財後不生悔王若與我為知識意愛敬

我者顯示是事我或歎王或不歎王
尒時菩薩作是語已更復為王說如
是言大王當知我今求道止為怖畏
生老病死以是義故欲求解脱故愛
此形親族眷屬實可愛戀可敬難捨
流淚滿面啼泣懊惱或為我故捨於
命者我已棄背來至此處然其世間
五欲之事貪惜染著多因不善
又復大王我今實不畏彼毒虵亦復
不畏天雷霹靂亦復不畏於猛火炎
被大風吹燒野澤者但畏五欲境界
所逼何以故大王當知諸欲無常猶
如劫賊盜諸功德虛空無真猶如幻
化現於世間觀者諸實體是誑惑世
人不知強以心着况復正行其五欲
者尒時菩薩即說偈言
五欲無常害功德　六塵空幻損衆生
世間果報本誑人　智者誰能蹔停住
愚癡天上不滿意　况復人間得稱心
欲織染着不覺知　猶如猛火然乾草
往昔頂生聖王主　降伏四域飛金輪
復得帝釋半座居　忽起貪心便墮落
假令盡王此大地　心猶更欲攝他方
世人嗜欲不知猒　如巨海納諸流水
尒時菩薩說此語已復更告言大王
當知往昔有一轉輪聖王其王名曰
鄉睺沙王統四天下及忉利天化惣
天人猶不知足以是義故還墮世間
又復伊羅轉輪聖王亦復如是王四
天下及忉利天不知足故而取命終
又復婆梨阿修羅王既得王位因共
帝釋鬬戰不如遂被侵奪帝釋得已
人復傅為彼鄉睺沙轉輪王奪鄉睺
沙王既獲得已還復更被天帝釋奪
如是天人境界飜覆並皆无常誰功
德勝至於彼邊若有智人能作如是
思惟觀察无常境界變易須臾去何
可信唯有山林居住諸仙食諸藥草
根果花菜身著樹皮或復衣諸死狩
毛草形體羸瘦唯皮骨在欲得度脱
出離世間一切諸苦希求解脱涅槃
無為若縱五欲之所纏逼墜墮還來
有智之人誰樂貪此若著五欲如自
求怨尒時菩薩更說偈言
居住山谷諸仙輩　食果飲水衣樹皮
雖復螺髻身體羸　規求解脱離欲故
彼等不能自制伏　猶被五欲之所牽
如是無常諸欲怨　有智之人不應著
尒時菩薩說是語已復更告言大王
當知欲界之內欲取味故而作和合
得彼已後而不知足若無智者現受
諸欲不知足故受大苦惱復於來世
更受其殃是故智人不取欲想是以
智者見有人行黒業法者受於大苦
欲自安隱莫作莫樂一切諸欲應須
捨離若有集會即知離别縱欲恣情
則心放逸放逸若增便造不善不善
成就即墮泥犁過去世時作大苦行
現得諸欲得諸欲後懃劬保持不能
守護還當失落
又復大王如是諸欲若有智者作是
思惟世間人天猶如假借既非常物
何故心貪此之天人一切果報如草
上露如毒虵頭如彼空林死屍骸骨
又如婦女初胎肉揣如夢如幻猶如
火聚如是種種多諸患殃恒為一切
苦惱逼迫智人應不愛樂着心
又復大王如諸論說乃往昔時寐梯
羅城於彼城内有一瞽王其王名曰

提頭賴吒王雖無目多育諸子滿一
百人並有才智王弟別復有子五人
伯叔弟兄足一百五其父各沒爭作
國王以欲報緣相煞害盡
又復大王如檀荼迦空曠野澤被火
燒時其頞誰栅煞諸雜類
又復如彼須弥山下有阿修羅煞其
兄弟各為貪故受一玉女二人相爭
而自鬪戰傷害俱死
又如世間屠膾之所竪立諸木懸於
雜類諸畜生形而行宰截諸欲如是
智者云何而心貪樂便說偈言
往昔修羅兩兄弟　為一王女自相殘
骨肉憐愛深著情　智人觀知不貪欲
菩薩又言大王當知或復有人為五
欲故或欲生天或生人間既得生已
著五欲故投身趣水或復赴火如是
無常誑惑境界為五欲故自求怨讎
何意戀樂又說偈言
癡人愛欲故貧窮　繫縛傷煞受諸苦
意望此欲成衆事　不覺力盡後世殃
菩薩復言摩伽陁王我知五欲如是
種種多諸過患王今不可以是五欲

而勸於我我今欲行無畏道路王若
是我真好善友應當數數勸諫於我
作如是言仁之所發弘誓大願願早
成就速離煩惱何以故我既不被他
人趂逐而入山林亦復不為怨敵所
駈亦非他奪王位而走又亦不求往
昔古仙而欲還退是故我今不取王語
又復大王若有人執瞋毒虵頭既放
捨已復還欲捉可有得不如猛火炬
以燒手放放已更捉如是如是我已
捨彼五欲出家今復還取亦復如是
又復大王譬如明眼有目之人豈可
羨於盲瞎人不譬如解脫無事之人
豈可羨於牢獄繫縛有事人不譬如
饒財巨富之人豈可羨於貧窮飢凍
乞索人不譬如明了黠慧之人豈可
羨於狂顛人不然其彼等猶有可羨
我今已離如是五欲無一可貪
又復大王如王前言住我境界受我
五欲隨意娛樂我與多財幷及婇女
大王當知我今不取世間五欲如上
所說一切諸事
又復大王我在本宮多饒五欲已能

棄捨六万婇女出家入山大王當知
諸欲如是有於無量無邊患害牽人
直向大地獄中餘報復來畜生餓鬼
現身又離一切善根不為聖人之所
讚美
又復大王世間諸欲猶如浮雲無有
定住如猛風起須臾不停如山水流
洊濤迅急
又復大王若人愚癡躭染五欲不知
奔際沉淪生死被煩惱縛不能得解
如遠行人困苦疲極乃飲鹹水更增
其渴如是如是受五欲人不知其患
亦復如是
又復大王我今要說若當有人得天
五欲及以人間上妙五欲清淨具足
是等諸欲一人得已不知猒足更復
增長諸處尋求
又復大王如王前言共我治化摩伽
陁國我當減半分治天下或復說言
受我王位我悉捨與我亦承事或復
興兵開拓境土使令清淨寬廣莊嚴
又復大王我今已捨彼四天下一切
豐足無所乏少舊有七寶棄捨出家

佛本行集經卷第二十三　第十八張　廣字号

我今豈更為此一國細小王位而貪羨乎。又復大王辟如大海娑伽龍王果報既得大海水停以為宮殿寬博具足七寶莊嚴豈可復貪牛跡水耶大王當知如是如是我今既已發勇猛心捨四天下七寶宮觀染衣剃髮出家入山今若還貪世間王位亦復如是

佛本行集經卷第二十三

佛本行集經卷第二十三

校勘記

一　底本，金藏廣勝寺本。

一　七七四頁中三行品名，[徑]、[清]作「勸受世利品第二十八之二」。

一　七七四頁中五行第八字「庠」，[徑]、[清]作「詳」。下同。

一　七七四頁下四行首字「讚」，[麗]作「白」。

一　七七四頁下一六行第八字、末行第四字「楊」，[磧]、[普]、[南]、[清]、[麗]作「揚」。

一　七七五頁上一四行末字「地」，[資]作「法」、[磧]、[普]、[南]、[徑]、[清]、[麗]作「池」。

一　七七五頁中二行第六字「頋」，[普]作「願」；[南]作「頭」。

一　七七五頁中四行第八字「門」，諸本作「間」。

一　七七五頁中二二行第五字「以」，諸本作「坐」。

一　七七五頁中末行第五字「庠」，[南]作「詳」。

一　七七五頁下八行第一〇字「平」，[磧]作「乎」。

一　七七五頁下一一行「相毫」，[麗]作「毫相」。

一　七七五頁下一三行第四字「輪」，諸本作「輻」。

一　七七五頁下末行第八字「勝」，諸本作「復」。同行第一二字「自」，[麗]作「目」。

一　七七六頁上二行「諸餘」，諸本作「餘諸」。

一　七七六頁上三行第六字「諸」，諸本作「論」。同行第一〇字「說」，[資]、[磧]、[普]、[南]、[徑]、[清]作「記」。

一　七七六頁中二行「苦行」，[普]作「若行」。

一　七七六頁中五行第九字「時」，[磧]作「持」。

一　七七六頁中一九行第一三字「便」，諸本作「倍」。

一七七七頁上五行第二字「及」，資、磧、普、清、麗作「乃」。

一七七七頁上二二行第五字「祥」，資、磧、普、南、清、麗作「大祥」。

一七七七頁下一一行第一二字「仁」，資、磧、普、南、徑、清作「仁者」。

一七七七頁下二一行「尊重」，資、磧、普、南、徑、清作「重尊」。

一七七七頁下二二行第七字「活」，磧、普、南、徑、清作「治」。

一七七八頁上一二行第二字「損」，磧、普、南、徑、清作「捐」。

一七七九頁上三行第一一字「止」，資、磧、普、南、徑、清作「正」。

一七七九頁上一四行第八字「諸」，諸本作「謂」。

一七七九頁上二二行「忽起」，資、磧、普、南、徑、清作「忽起」。

一七七九頁中一〇行首字「人」，資作「大」；磧、普、南、徑、清、麗作「又」。同行第三字「傳」，麗作「轉」。

一七八〇頁上八行第九字「玉」，清作「王」。

一七八〇頁上二〇行第一三字「諸」，資、磧、普、南、徑、清作「者」。

一七八〇頁下五行第二字「美」，資、磧、普、南、徑、清作「羑」。

一七八〇頁下一〇行首字「奔」，磧、南、徑、清作「本」。

一七八一頁上五行第一〇字「蹄」，資、磧、普、南、徑、清作「跡」。

佛本行集經卷第二十四　榮

三藏法師闍那崛多譯

勸受世利品下

尒時菩薩又告王言如王前說仁者比丘身體柔軟莫住蘭若空閑林中眠卧坐止草鋪之上大王當知我在自宮以妙種種諸寶為床偃坐而生厭離巳棄捨出家所以者何大王須識此身危脆敗壞無常非牢固形是破散法隨有地處捨之而行猶如泥摶一種無異又復大王若有智人既覩死屍可還拾不若欲更取終無是處

又復大王如王前言於我邊生憐愍者應須隨喜而忽嫌我乞食活命此事不然大王當知慈愛我者莫作是心何以故我今欲過生老病死苦惱之海行行入道是故作此比丘之形為求寂滅安樂處故要須受此毀好服形又未來世欲除一切諸過患故大王當知若復有人於現在世受彼五欲功德果報深著於愛彼等諸人事須憐愍若當有人於現世中不得寂定安樂之心其未來生決受諸苦彼等衆生心須憐愍

又復大王我今驚畏煩惱之苦故捨出家欲求寂定涅槃真實假使我得帝釋天宮意亦不樂況復人間麁弊果報而說偈言

我被煩惱箭所射　欲求寂滅膏藥塗
設使得天帝釋宮　意猶不貪況王位

菩薩復言大王當知如王前言凡天下人在於世間一切須取三時利者如我意觀此則非是真利益言所以者何求財得多會必有盡求欲轉欲無厭足時若言求法此是真利利有深淺要必須求求之則有功能五種而說偈言

若無生老病死患　此是真實大丈夫
求財嗜欲悉世情　我捨二求唯取法

菩薩復言大王當知如王前言但且治民取於王位乃至未老正少年時且可受彼五欲法者此亦不然何以故若少年時是常住者一切衆生應無有老在在處處應不為彼死命之

鬼念念所牽以諸衆生壽命無定是故智人若求寂定解脱法者不可得取世間王位五欲之樂是故一切若在少年若在中年或復老年但須速求應所辦者早令得辦欲求解脱或求於禪莫使淹遲宜速疾作

又復大王如王前言須依家法作於祭祀及行布施隨意規求彼未來世諸果報者大王當知我今不取如是之樂若苦来逼為切故求而得樂者此非真樂凡夫求於後世果報祭祀諸天并及火神必須煞害他衆生命此則非理所以者何若人行慈應不損害他身命根假使祭祀一切諸天及於火神煞害衆生得彼常樂定果報者猶尚不可煞害於命而用祭祀況復一切所得果報皆是無常破壞盡滅非牢固法

又復大王凡人欲行解脱法者無有别利或無行行或無持戒或無禪定猶尚不可損害他命而求未来利益果報又諸凡夫在於世間以煞生故假使得於安樂果者此亦不善所以者何以無慈故況復未来望得善報終無是處而說偈言

假使人生在世間　煞害他命以得樂
智者稱説此非善　況復来世求人天

尒時摩伽陁國頻頭娑羅王聞於菩薩如是語已便生希有奇特之心在菩薩前以慈悲故作如是言善哉善哉沙門瞿曇大有難行苦行之德於世間中能捨諸欲仁者比丘從於何方忽然而来何聚落生是何種姓父母何處自名字誰作是語已至心諦聽

尒時菩薩正心直視温和言氣而報王言大王當知去此北方雪山之下有大聚落名曰釋種彼有一城名為迦毗羅婆蘇都（隋言黄頭居處）彼城有一釋種之王号名淨飯是我之父我是其子母名摩耶（隋言幻）　我名悉達（隋言成利）

時頻頭王聞此語已泣涕悲啼經少時頃拭面淚已白菩薩言希有比丘既生如是大種姓家云何在此林内獨行諸狩猛悪可畏可怖此林不善獨自娱樂無有伴侣云何得住坐起自安

尒時菩薩報頻頭言大王當知我今不畏諸悪禽狩亦復不驚不怖不怯設欲来者亦復不能動我一毛大王當知我今唯畏生老病死之所逼切故来在此諸悪狩中驚畏林内獨一無伴而自娱樂

大王當知老㝡可畏所以者何老来逼時能奪年少盛壯將去摧折身形膂脊傴僂不能行步猶如枯樹誰喜樂看此㝡可畏

又復大王其病来者是名可畏所以者何平健之時不知不覺一朝痛切宛轉呻吟花色充鮮忽然悴減煩冤楚毒眠坐不安當於是時誰能代者卧在牀枕勢不從心以是因緣病㝡可畏

又復大王死㝡可畏所以者何死来之日减我壽命忽掠將去雖復力能統四天下金輪摧伏七寶導前利刃強兵不能遮制爭奪可得以是義故死㝡怖人

尒時頻頭娑羅王復更問於菩薩

言大聖太子仁今求何菩薩報言摩伽大王我今求者唯是阿耨多羅三藐三菩提得已當轉無上法輪是故尒耳

時頻頭王白菩薩言大聖太子如我所見仁心勇猛勤劬精進決定得成阿耨多羅三藐三菩提終無有疑又決能轉無上法輪善哉太子我今見仁善哉太子我聞仁名善哉太子仁善出家仁釋種子我從今日當常承事大聖太子我今請仁恒常日日來至我宮願數見我仁之所須四種事者我當供養不令乏少時頻頭王作是語已菩薩報言大王當知我今不久從此移去更詣餘方

時頻頭王聞是語已合十指掌白菩薩言大聖太子仁心所求唯願莫有諸魔障㝵所覬獲者願早成辦仁釋種子願仁若得阿耨多羅三藐三菩提時我於仁邊恭敬供養見仁身已即當為仁作於聲聞如法弟子即便說偈而讚歎言

我頻頭王合掌讚　唯願太子道速成

若所作辦憶念言　為諸衆生賜憐愍

尒時菩薩聞此語已即報王言善哉大王願如王言所作稽願彼此俱善

時頻頭王合十指掌一心頂禮白菩薩言善哉太子今可為我受於懺悔我以無智惱亂大聖太子離欲以為不淨我心染欲以欲為淨唯願恕量除我此罪

尒時菩薩煕怡微笑報頻頭王作如是言善哉大王如是如是我以受王清淨懺悔願王安樂少病少惱謹慎身心更莫放逸恒行善法捨離非法若如是者王得安隱多受吉利是時菩薩慰喻頻頭娑羅王心法義說故令其歡喜勸請教示顯說宣揚從座而起漸行餘處

時頻頭王即前頂禮菩薩二足圍遶三匝立地而住面向菩薩觀瞩少時即從彼處迴還到宮而有偈說

菩薩印可頻頭說　我得成道當度王
思惟大聖行喜歡　不覺從山還本國

佛本行集經精進苦行品第二十九上

尒時菩薩從般荼婆山林而出安庠

徙步向伽耶城既到彼已登上伽耶尸梨沙山（隋言象頭）欲攝身心滅除諸惡上彼山已選平整處在一樹下鋪草而坐是時菩薩內心思惟三種譬喻悉是世間希有之事未曾聞說未曾覩見未曾證知何等為三一者所謂若有沙門若婆羅門雖復身體不行於欲而其彼等所有欲中一切心意欲愛欲惱欲熱欲者而滅不盡未得正定猶有我相自度一身彼等沙門及婆羅門恒受苦惱意不喜者心不樂處不能知見又復不得上仁之法亦不能證無畏之處然其彼等雖無我相不獨度身不受苦惱雖不受意不喜不樂而猶不能知見證法及無畏處

譬如有人取生濕木并及濕糞置於水上就中攢火有人故從彼岸而來就其乞火然如是人從生濕木濕糞水上出力攢火有能得火與彼人不若能得者終無是處火既不出彼人從求於何而得如是如是若有沙門及婆羅門雖不行欲乃至不能知見

證法此即是初第一辟喻世未曾有亦未曾聞

尒時菩薩復更第二思惟念言若諸沙門及婆羅門雖禁制身不可於欲彼等所有欲中意貪熱惱及著而滅不盡未得正定猶有我相自度一身徒受苦惱不喜不樂不能知見證上仁法無畏之處又復彼等雖無我相不獨度身不受苦惱及不受心意不喜樂不能知見證上仁法及無畏處辟如有人取生濕木置於地上欲攢出火亦復有人來從乞火向其此人從生濕木攢欲求火能得於火與彼人不若能得者無有是處如是如是是諸沙門婆羅門等雖不行欲乃至不能知見證法此第二喻世未聞有

尒時菩薩復更第三思惟念言若諸沙門及婆羅門雖禁節身不行於欲彼等所有欲中意愛惱熱及著滅盡正定此等沙門婆羅門等雖得自利及以利他心中喜樂能知能見得上仁法證無畏處辟如有人取乾燥木及以乾糞置於地上欲攢出火亦復有人還從此岸向其乞火而其是人用少功夫即便得火持與彼人如是如是若有沙門及婆羅門離欲而行彼等設有欲中意愛惱熱皆滅乃至得彼上仁之法證無畏處此是菩薩第三辟喻自意念生悉是世間未曾聞見

尒時菩薩從彼伽耶尸梨沙山下來摩伽陁聚落内次第而行借問人言此處有何功德可行有何非法宜須除斷我今欲求最上寂定取妙音辞如是前行至伽耶南有一聚落其聚落名優婁頻螺及至彼處日以食時菩薩著衣入彼聚落詣一陶家從乞瓦器得已手持歷彼聚落次第乞食到一村主長者之家然其長者名難提迦(隋言自喜)至彼家已却立一面默然而住其難提迦自喜村主有一善女名須闍多(隋言善生)彼女端正可喜無雙為諸世人之所樂見其善生女遥見菩薩手持瓦器默然立住欲乞求食善生見已從其二乳自然汁出時善生女問菩薩言最勝仁者仁是誰子是何種姓名字云何父母何處今欲何求仁者云何有何神異令我一見使我兩乳汁自然流

尒時菩薩報言善姊我名悉達此名是我父母所立我今欲求阿耨多羅三藐三菩提得已當轉無上法輪時善生女聞是語已從菩薩手而取瓦器入自家中滿盛香美甘味飲食并及種種餅果羹臛溢瓦器中即出胡跪奉授菩薩口作是言最勝仁者我願恒常供養仁者衣服飲食卧具湯藥四事所須悉令充足唯願仁者慈悲納受我觀仁者父母立名復見仁者精進勇猛至意專心必當成就阿耨多羅三藐三菩提決定轉於無上法輪真實不疑仁者若成菩提道時當來我家受我供養度脱於我當與仁作聲聞弟子是時菩薩報言善姊當如所願既受食已即便捨行

尒時菩薩從善生女乞得食已於空靜處如法而食食已經行漸到一處地方平整清淨可喜心樂欲觀樹林蓊欝枝條繁茂多饒花果清淨流渠

香美諸水河池泉沼映發交横種種豐饒無所乏少彼等諸水不淺不深澄清映徹易度易取其内無有毒惡諸虫周帀具足妙好禽狩去離聚落不近不遥往来乞求無疲無乏其間道陌土地坦平不下不高易行易步若當有人欲求無上最勝利益易得易成速辦速證兼絶蚉虻及諸虫䖸又不喧閙晝少行人往来擾乱夜斷音響安静清閑冷煖調和風雨順節堪可修道禪定修心又往昔時有一王仙名曰伽耶（隋言鳥）在中停止是彼王仙舊城居處

尒時菩薩見此地已如是思惟此中地勢快好方平驀覩即便為人所樂乃至堪可修道行禪若有丈夫欲求無上最勝之利斷諸惡者此地足堪安止而住我今既欲摧伏諸惡修諸善根冝應停止坐於此處以求菩提必令成就

菩薩如是心思惟已即便取草鋪坐此地欲修習禪既坐定已心如是念今諸衆生求解脱者恐行種種衆雜

苦行所謂或有諸衆生輩懸住二手以捨世間一切諸事有為法故彼等如是苦行之人或乞食時不從缸口内受於食或有不從小口鉢内受取於食或有不從兩羊之間受取於食或有不從人糞穢間受取於食或有不從拄杖人邊受取於食或不從執刀杖人邊受其施食如是碓間及知婦人不淨来時不從受食或見婦人懷妊之時亦復不從其邊受食或知人家有不淨業不從受食或有不從酒醉人邊受取其食或有兩人㗇食之時亦復不從其邊受食受食之時有狗来前亦不受食又受食時其上或有蚉虻等来不淨穢惡亦不從受或復有人唱呁而喚来與汝食亦不從受有人唱去汝住與食亦不從受或人唱言我作食施汝當待取亦不從受有人故為造作於食亦不從受或復有人祭祀諸天殘餘之食亦不從受食内若有沙糖石蜜亦不從受有酥油等亦不從受食内或有乳酪等物亦不從受食内若有魚雜内等

亦不從受或食内有興渠臭熏諸辛味等亦不從受或復止受一家之食齊一口止或受二家至兩口止乃至或受七家之食還復食於七口而止或復一日止一時食或復一日兩時而食或一日半始㗇於食或經三日乃㗇一食或時一日少許而食或時兩日亦少許食乃至七日亦少許食或唯食菜或唯食稗或復唯食樹嫩枝條或唯食酪或復唯食迦尸迦羅樹之枝柯或復有時純食羊糞或復有時純食牛糞或烏麻滓或雜果子或食諸種一切草根或食藕根或食種種草軟枝條

或復有唯空飲於水而以活命或有隨冝所得多少即以活命或復有學野狩食草以活於命或時立地卓然而住或復有坐一定不移或復四支柱著於地以口受食或有唯著純草之衣

或有唯著鞁間獘衣或復有著種種草衣或復有著憍奢耶衣或以白㲲皮作衣者或以龍鬚而作衣者或復

有用諸畜生皮而作衣者或復有用
故畜生皮而作衣者或有以諸毛毲
作衣或有破諸畜生之皮為絛作衣
或復有以糞掃作衣
或有躶形或卧棘上或卧板上或復
有卧摩屣之上或卧椽上或卧豨間
或蟻垤內猶如虵居或露地卧或復
事水或復事火或逐日轉或有舉其
兩臂而住或有蹲坐或復有用沙土
烟塵以塗坌身正立而住或不梳洗
頭首面目鬚如螺髻拳攣而住或復
拔髮或拔鬚髯
或復有事泉池井河渠源諸神地神
樹神林神山神石神夜叉羅剎羅睺(隋言語言)阿修羅王婆梨(隋言鉤)阿修羅王毗
摩質多羅(隋言妙機)睒婆利等阿修羅王
或事歲星或有事醫藥王仙人或事
婆羅墮仙人者或復有事瞿曇仙人
或事毗沙門天王者或復有事童子
之天或自在天或復事日或復事月
或復有事郁羅延天或帝釋天或事
梵天或事護世四大諸天如是各事
令歡喜已從乞求願攝願得已各求

解脫菩薩既觀彼等如是邪求解脫
見已發心欲行可畏極苦之行而有
偈說

菩薩既至尼連河　以清淨心岸邊坐
為諸求道不真故　欲行大苦化彼邪

爾時菩薩如是觀察專正思惟坐訖
合口以齒相柱舌築上齶一念攝心
如是繫念調伏身意以齒舌齶攝心
繫念修習之時腋下汗流菩薩既見
汗如是流更復重發勇猛精進心無
所著不錯不亂住寂靜心一定不動
如是㝡上苦身意口悉皆不動是時
復作如是念言我今可入不動三昧
爾時菩薩從口喘息及以鼻氣悉皆
除滅口鼻滅已即時便從兩耳孔中
出大風聲其風聲氣猶如攢酥在大
甕裏搖攪於酪出大音聲如是如是
菩薩閉其口鼻之氣不使出時於兩
耳孔出風氣聲亦復如是菩薩復念
我今已發精進之心無處染著捨於
懈怠乃至如是㝡上苦行㝡勝難行
重復思惟我可更入不動三昧
爾時菩薩既寂定身及口意已還止
口鼻及耳喘息一切皆壯既口鼻耳
悉寂定已內風壯大不得出故氣衝
於頂譬如勇健㝡大力人取好利斧
打棒他腦如是如是菩薩從其口鼻
及耳閉氣不出內風壯故打腦之聲
亦復如是菩薩復念我今已發精進
之心無處染著捨於懈怠乃至如是
㝡上苦行㝡勝苦行思惟是已即便
入不動三昧
爾時菩薩從口鼻耳及頂喘息一切
皆得不令其出乃至遮止不得出故
內風強盛在兩肋間迴轉鼓動譬如
屠兒或屠兒子善解煞牛而彼屠等
或執利劍或捉利刀而破牛肚或復
破腸如是如是菩薩乃至內風強故
兩肋間轉穿破之聲亦復如是思惟
是已乃至更發精進之心㝡勝苦行
我今還入不動三昧
爾時菩薩從口鼻耳閉氣不出內風
強故全身熱惱譬如㝡大二壯力士
取一弱人各執一臂將其向彼大火
聚上或惱或炙如是如是菩薩以內
氣不出故身受熱惱亦復如是思惟

是已乃至更發精進之心一切無著已捨懈怠得於正念心不散乱一切寂靜身口及意並得正受如是勝妙冣上苦行

尒時上界有諸天来見於菩薩如是苦行各相謂言今此悉達大智太子已取命終而彼衆中復更别有其餘天子共相謂言此之悉達太子現今其命未終始欲取盡或復更有諸天子言此之悉達大聖太子現亦不死後亦不終何以故此之太子是阿羅漢凡羅漢者有如是行不須怪之

尒時菩薩在彼蘭若所用心處作苦行時即得成於冣大苦行是時菩薩坐處四面周匝所有隣比聚落諸人皆来見於菩薩如是苦行作如是言此沙門既行大苦行是故立名言大沙門大沙門名起於彼唱以是義故有此名稱

尒時菩薩復更如是思惟世間或有沙門或婆羅門制限食故而建立行各守清淨彼等或復唯食於麦或食煑麦或食麦屑或以麦作種種諸食

而以活命如是更復或食烏麻或食粳米或食小豆或食大豆乃至或食純大豆飯或大豆汁或大豆屑或以大豆作種種食持用活命或有沙門及婆羅門斷一切食建立淨行我今亦可斷一切食而行苦行菩薩如是內心思惟

尒時彼處忽有諸天隱身不現来菩薩所白菩薩言大聖仁者願莫如是思惟此念欲得全斷一切不食所以者何仁今若欲斷一切食而行行者我等諸天各將一切天味下来入於仁者毛孔之中而令仁者得在活命又復仁者不損害身

尒時菩薩聞此語已如是思惟我今既語一切人言我全不敢一切諸食而今諸天自隱其身將天味来入我毛孔令我活命此則是我冣大妄語誑惑一切如是念已告彼天言汝等諸天雖有此心是事不然

尒時菩薩斷彼諸天如是意已日別止食一粒烏麻或一粳米小豆大豆緑豆赤豆大麦小麦如是日日各别

一粒是時菩薩復更思惟我今可以手掌盛取少少汁飲而活於命或小豆臛赤豆豌豆緑豆臛等

尒時去彼聚落不遠其中有一冣大種姓婆羅門名斯那耶那（隋言將兵將）彼婆羅門從摩伽國頻頭王邊得一聚落以為封邑其邑即與優婁頻螺聚落相近彼婆羅門得封邑已還立字名斯那耶那復更别有一婆羅門名曰提婆（隋言天）彼婆羅門生地在彼迦毗羅城經營一事漸漸行至斯那耶那村邑而住少日為客是時提婆婆羅門更經營别事因行漸至菩薩住林時其提婆婆羅門見菩薩在林行大苦行見已即識作如是言此是我國悉達太子乃能如是行大苦行彼見菩薩如是苦行心大歡喜

尒時菩薩見彼提婆婆羅門心向於菩薩生歡喜已即告提婆婆羅門言大婆羅門汝能為我辦少許食活我已不若小豆臛大豆緑豆赤豆等羹而我食之持用活命彼婆羅門心狹劣故少見少知無廣大意欲行布施

述可此語報菩薩言大聖太子如是之食我能辦之彼婆羅門於六年中日別如上所須之食以供菩薩菩薩日日受取此食依法而食以活身命介時菩薩但以手掌日別從受隨得少許而食活命或小豆臛及赤豆等是時菩薩受食既少隨掌所容如上所說諸豆汁食菩薩如是食彼食已身體羸瘦喘息甚弱如八九十衰朽老公全無氣力手脚不隨如是如是菩薩支節連骸亦然菩薩如斯減少食飲精勤苦行身體皮膚皆悉皺赦辟如苦瓠未好成熟割斷其蒂置於日中被炙萎黃其色以熟肌枯皮皺片片自離如枯頭骨如是如是菩薩髑髏猶是無異菩薩既以少進食故其兩眼睛深遠陷入猶井底水望見星宿如是如是菩薩兩眼覩之纔現亦復如是又復菩薩以少食故其兩脅肋離離相遠唯有皮褁辟如牛舍或復羊舍上著椽木時彼聚落所有羊子牛子馬子行於彼林見於菩薩如是苦行見已各各生大歡喜發希

佛本行集經卷第二十四　第二十一張　榮字號

有心恒常承事供養菩薩

佛本行集經卷第二十四

佛本行集經卷第二十四　第二十二張　榮字號

佛本行集經卷第二十四 校勘記

一　底本，金藏廣勝寺本。

一　七八三頁中三行品名，徑、清作「勸受世利品第二十八之三」。

一　七八三頁中一四行第九字「於」，諸本作「若於」。

一　七八三頁中末行第八字「深」，資、磧、普、南、徑、清作「染」。

一　七八四頁上一一行第六字「夫」，資、磧、普、南、徑、清作「人」。

一　七八四頁中一六行夾註右「隋言」，徑、清作「此言」。下同。

一　七八五頁上四行首字「尒」，麗作「求」。

一　七八五頁上一三行第八字「乏」，磧、普作「之」。

一　七八五頁中七行末字「量」，資、磧、普、南、徑、清作「亮」。

一　七八五頁中一二行第七字「恒」，磧作「但」。

一　七八五頁中一八行第一二字「嚼」，資、磧、普、南、徑、清作「矚」。

一　七八五頁中二〇行第七字「説」，資、磧、普、南、徑、清作「語」。

一　七八五頁中二二行品名，徑、清作「精進苦行品第二十九之一」。

一　七八五頁中末行末字「庠」，徑、清作「詳」。

一　七八五頁下一行首字「徙」，資、磧、清作「徒」。

一　七八五頁下二行夾註「隋言烏頭」，徑、清無。

一　七八五頁下一八行第五字「攢」，磧、普、南、徑、清作「鑽」。下同。

一　七八六頁上三行第八字「二」，清作「一」。

一　七八六頁上四行第一二字「可」，諸本作「行」。

一　七八六頁中一一行第一一字「取」，諸本作「最」。

一　七八六頁中一三行「彼處」，徑作「所立」。

一　七八六頁下二行第九字「令」，麗作「今」。

一　七八六頁下五行「所立」，徑作「彼處」。

一　七八七頁上六行末字「步」，諸本作「涉」。

一　七八七頁上末行首字「今」，諸本作「令」。

一　七八七頁中五行第八字「羊」，徑、清作「手」。

一　七八七頁中一六行第六字「呴」，麗作「呼」。

一　七八七頁中末行第八字「肉」，諸本作「內」。同行第一三字「內」，資、磧、普、徑、麗作「肉」。

一　七八七頁下一二行第一·二字「雜」，麗作「食」。

一　七八七頁下一四行第四字「軟」，麗作「嫩」。

一　七八七頁下二二行末字「枻」，磧、普、南、徑、清作「桃」。

一　七八八頁上二行末字「⿰旁毛」，下麗有夾註「博蕩反」。

一　七八八頁中七行第六字「柱」，資、磧、普、南、徑、清作「拄」。

一　七八八頁中一二行第五字「苦」，資、磧、普、南、徑、清作「若」。

一　七八八頁下一行第一〇字「壯」，諸本作「杜」。

一　七八八頁下四行第二字「棒」，資、磧、普、南、徑、清作「捧」。

一　七八八頁下九行首字「入」，諸本作「更入」。

一　七八八頁下一一行第二字「得」，諸本作「停」。

一　七八八頁下二〇行第三字「全」，諸本作「令」。次頁中一〇行第七字同。

一　七八八頁下二二行第四字「惱」，資、磧、普、南、徑、清作「燔」。同行第六字「炙」，徑作「炎」。

一　七八九頁上一六行第九字「苦」，普作「若」。

一　七八九頁中七行「內心思維」，資、磧、普、徑、清作「心思惟已」，南作「內心思惟已」。

一　七八九頁中一三行第一二字「在」，諸本作「存」。

一　七八九頁中二〇行第五字「此」，普作「比」。

一　七九〇頁上五行第五字「但」，資、磧、普、南、徑、清作「恒」。

一　七九〇頁上一七行第四字「晴」，資、磧、普、南作「精」。

佛本行集經卷第二十五　榮

三藏法師闍那崛多譯

精進苦行品下

尒時淨飯大王咸春時至遊戲觀看見諸園林新出枝葉種種雜卉衆花開敷清淨莊嚴遍滿其內水中鵝鴈鴻鵠鴛鴦充溢諸池樹上復有鸚鵡鸜鵒及枸翅羅或諸孔雀迦羅頻伽命命鳥等自相娛樂或復命喚作微妙聲時淨飯王聞是聲已長歔歎息捫淚而言嗚呼我兒悉達太子忽然捨我奄經六年既其出家令我不見咄哉我今獨用此活知復何為我今不見子悉達故在於此處諸婇女中左右圍繞雖復晝夜作諸音聲箜篌琵琶琴瑟鼓吹種種音樂我今受此上妙五欲我子去何獨自在彼山林曠野無人衆內為於種種野狩圍繞虎狼師子及白象等一切諸狩或復諸狩各以爪牙自相殘害齩齧而食汝在彼處誰復得知或死或生寂無消息其淨飯王心地如是憶念愁憂苦惱不樂

尒時菩薩在彼優婁頻螺聚落行苦行時羸瘦困弊欲起行動力不勝身立便倒地尒時彼處地居諸天見此事已謂言菩薩身命將終心內憂愁傳相告語悉達太子今忽命終時彼地居諸天衆中有一天子速疾往詣淨飯王所既到彼已白淨飯王作如是言大王當知大王太子悉達仁者捨四天下幷及七寶出家入山苦行之時今已命終其天衆中復更別有一地居天速往王所而白王言大王當知王子悉達雖未命終但其餘命不過七日

尒時淨飯大王既聞諸天如此語已為念子故憂愁苦惱逼切於心而大唱言嗚呼我子何故獨於空林而死雖得人身不受五欲復不證於無上法味作是語已身心迷乱悶絶躃地時淨飯王諸釋種族悉聞此聲聞已悉各奔集往詣淨飯王宮到已安慰淨飯王心作如是言大王莫作如是苦惱又復大王現今身體極甚羸瘦

莫因此事而取命終淨飯王言今日此處迦毗羅城是我親族眷屬品類凡有幾數居住此城

尒時彼等一切釋種即白王言大王當知今釋惣數一切凡有九万九千

時淨飯王復作是言汝等眷屬若欲令我命全活者速疾亦我悉達太子所居停處是時一切諸釋種等咸共報言大王當知大王乃可捉此大地及諸山林鐵圍山等大海須弥以一手擎擲於他方斯有是理欲令悉達煩惱未盡若當一切天上世間人物聚集欲將太子来向家者終无是處

尒時釋氏國師之子名優陁夷白淨飯王作如是言大王當知我今能往悉達太子出家之處慰喻其意將迴向宫其淨飯王聞是語已即便報彼國師子言善優陁夷汝能詣向太子邊者或復太子取於汝語歸来向家汝共一處速疾還来若其太子不肯来時汝永一形莫見我面所以者何汝發此言雖解我意若子不来我見汝面以承望故更倍增長我之憂愁

尒時國師子優陁夷嚴駕即從迦毗羅出徑往向彼優婁頻螺聚落之所尼連河邊既到彼已其優陁夷初先遥見憍陳如等五人在彼見已即問憍陳如言仁憍陳如悉達太子今在何處時憍陳如即便報彼優陁夷言悉達太子今已入林修行苦行時優陁夷復重問言其親侍者名字是誰時憍陳如即報之言汝優陁夷若欲知者其人名為阿奢踰時（隋言調馬）

時優陁夷即便進詣阿奢踰時作如是言阿奢踰時汝今往詣於太子所如我所語為我通導仁父有使来到於此欲得相見時調馬報優陁夷言我實不敢向太子邊通達此語所以者何太子苦行已過六年自出家来不曾將面向於生地對迦毗羅城邑而坐何以故猒生患故汝優陁夷自可入林面見太子對論父王所使言語

時優陁夷自入林中見於菩薩卧於地上從頭至足皆被塵坌無有威光與地同色身體瘦削無復肌膚唯有骨皮纍身而已眼深却陷如井底星遍體屈折節節離解其優陁夷見於菩薩如是身形即舉兩手而大唱叫稱喚啼哭嗚呼嗚呼我釋種子今日忽至如是厄難本時如是端正可憙如是妙色今成此身與土無異既復不得解脫安樂徒勞損害如是妙身

尒時菩薩聞優陁夷啼叫聲已即便問言此為是誰内心乃尒憂愁懊惱如火所燒啼哭而語時優陁夷報菩薩言大聖太子我是太子本國國師之子名為優陁夷者即我身是太子之父淨飯大王使我来此叅迎太子菩薩報言汝優陁夷我今不用此煩惱使我唯欲得涅槃之使不欲父王此生死使

時優陁夷復更諮請於菩薩言大聖太子仁今建立何等誓願乃尒牢固菩薩即報優陁夷言唯願我身在於此地破碎猶如烏麻白粉及以微塵若我不得自利利人其精進心終不捨放而生懈怠我今身心誓願如是

時優陁夷白菩薩言大聖太子我從

太子父王之前受是擔言令我決定共於太子相隨入城今日太子若有如是殺重擔願儻或未得自利利人而取命盡我當云何敢捨太子違本擔願將面空入迦毗羅城

尒時菩薩復更重語優陁夷言汝優陁夷我今在此苦行之處儻我未得成就自利於其中道而命終者汝優陁夷取我屍靈從本出門扶舉將入迦毗羅城汝復為我語彼一切迦毗羅城內外人民作如是言此即是彼精進之人無異語者立於擔願正意正心骸骨之體汝優陁夷更復為我答我父王所問訊語汝諮我父作如是言大王當知王子已發勤精進故今已捨命非因懈怠如實語者今既捨命非是虛誑汝優陁夷我今雖然但我在此林中夜夢如是無量諸天隱身來於我邊頂礼我足而白我言悉達太子汝今應當生大歡喜從今已去至七日內汝必剋成最大利益汝優陁夷我得此夢終不空也汝優陁夷今可還家我不用汝與我作友

尒時優陁夷既聞菩薩如是擔已於菩薩所無復望心即從菩薩坐處林中獨自而出出已還至迦毗羅城見淨飯王到已即白淨飯王言大王當知王子悉達平安勇猛存活不死淨飯王言若我太子安隱不死我更何愁聞此語已心大歡喜

尒時欲界魔王波旬欲為菩薩生擾亂故於彼六年苦行之內恒常密近菩薩左右伺求其便微毫過失而不能得即說偈言

阿蘭若處既精好　樹木叢林甚可觀
優曇鉢羅聚落東　尼連禪河岸隣側
彼處選擇得地已　擔願牢固結加趺
發大精進勇猛心　我今決定得解脫
魔王波旬來詣彼　詐以美語而白言
唯願仁者壽命長　命長乃能得行法
命長方得於自利　自利已後無悔心
仁今身體甚尫羸　定取命盡當不久
真實仁今千分死　福德悕或一分存
但多布施承事天　於諸大神修祭祀
如此或得大功德　用學禪定作何為
求勝出家道甚難　調伏自心亦不易
魔王如是向菩薩　種種諸語而稱揚
菩薩時以微妙言　音聲巧密報於彼
波旬不善汝放逸　求自利故行世間
汝之於此福德心　終無微塵等求覓
若欲求於福德者　豈可發吐如是言
我觀死苦猶若生　實無一念怖於盡
若諸衆生皆滅沒　我心終不蹔時迴
今架慾海建大橋　精勤勇猛修梵行
所以風災起天下　尚能乾竭一切流
況此身內津血閒　其汁寧得不枯涸
脂髓潤澤於先竭　然後皮宍方乃乾
肉消皮立氣力微　心意乃可得寂定
增長一切精進者　唯有入於三昧門
我今欲行是行時　望得至彼勝覺處
所以不惜此身命　汝須知我內淨心
我心今有此至誠　智慧莊嚴甚牢固
世間未見有人輩　堪能斷我此精進
我寧為死奪命休　不用長年在家活
丈夫寧當鬪戰死　終不命在為他降
健兒既能降伏他　降已更復何所畏
唯健能破諸怨敵　我當不久降汝魔
汝軍第一是慾貪　第二名為不歡喜
第三飢渴寒熱等　愛著是名第四軍

第五即彼睡及眠　驚怖恐畏是第六
第七是於狐疑惑　嗔恚忿怒第八軍
覺利及爭名第九　愚癡無知是第十
自譽矜高第十一　十二恒常毀他人
彼句汝等眷屬然　軍馬悉皆行黑暗
其有墮此惡行者　是彼沙門婆羅門
汝軍恒常行世間　迷惑一切天人類
我今見汝彼軍馬　以妙智慧嚴勝兵
悉能降伏使無餘　盡破於汝大軍衆
猶如水破坏鉼器　消散汝軍亦復然
我心正念安如山　智慧方便皆成就
無放逸心而行行　汝何能得我瑕疵

尒時菩薩復作如是思惟念言若有沙門及婆羅門過去世時求自利故受於大苦或以不喜或復身心悉皆不喜如是所受彼諸沙門及婆羅門不過此苦如我今求自利益故今受於此身意及心不喜等苦若復來世有諸沙門及婆羅門爲自利故所受身心一切苦時不過於此如我今求自利益故身心受苦唯未證得上人之法未得知見未證增益更復何道而取菩提菩薩更復如是思惟我念昔在父王宮內觀作田時值一涼冷閻浮樹陰我見彼已坐彼陰下捨離一切諸欲染心厭薄一切不善之法起分別心樂於寂定而生喜樂證得初禪我今可還念彼禪定此路應向菩提之道菩薩如是思惟念已如法正觀一心而入彼之寂定望因此道至於菩提即說偈言

此法既非是離欲　亦復非正趣菩提
又非解脫之勝因　但是身心之苦本
若我於今欲修學　應當如昔觀作田
坐彼閻浮樹下陰　離染獲證四禪定

尒時菩薩復作如是思惟念言彼之樂者唯遠諸欲及不善法我今豈可不知彼樂我今乃可證彼樂故爲欲成就一切智見菩薩更復如是思惟我欲成就智見樂者應得生樂但我羸瘦無有氣力豈可以身瘦無力故能得彼樂我今可爲身求力故而食麤食或復煑豆或麨或麫或油或酥而塗此身然後求於煖水澡浴

尒時菩薩語彼侍者婆羅門言提婆仁者我從今更不用如前飲食活命我意欲求勝於此食食以活命或飲食麨麫煑豆等或酥油脂欲塗此身及煖水浴汝能爲我辦此事不是時提婆白菩薩言我今無有如是諸事又我家貧不能堪辦此等諸物無復我今若即與仁亦未卒得仁但立擔我當爲仁方便求覓菩薩聞言汝今令我作於何擔是時提婆白菩薩言若仁苦行訖了之時得心願滿仁於彼時仁分法分復至我家當受我食菩薩報言如汝所願

尒時提婆婆羅門聞菩薩如是印可其已即便奉辭菩薩而去還詣向彼斯那耶那婆羅門家到已語彼婆羅門言仁者庶幾復樂法行今此聚落相去不遠有一沙門行大苦行彼不食來年月淹久今欲求食或飯麨麫酥脂蜜等或復煑豆及塗身油并須澡浴仁者今可與彼辦之

尒時軍將斯那耶那婆羅門家有於二女一名難陁（隋言喜）二名婆羅（隋言力）然彼二女極大端正可喜無比世間少雙彼之二女往昔曾聞去此北方

雪山之下有一釋種聚落處所名曰迦毗羅婆蘇都彼城之內有一釋王名為淨飯彼王第一最大夫人名為摩耶而彼夫人生一太子極甚端正可憙絕殊容皃非常身黃金色頭頂上圓猶如傘蓋鼻如鸚鵡臂長至膝一切身體悉皆正等諸根充備猶如金為具足三十二大人相莊嚴其身周匝而滿八十種好時彼太子既誕生已將向相師婆羅門所占看其記云此太子若在家者必當得作轉輪聖王治四天下作大地主是時具得七寶正法治化世間若捨出家必成多陁阿伽度阿羅呵三藐三佛陁名稱遠聞彼二女聞如此語已早曾諮父作如是言今者既聞如是釋種其子端正可憙無雙彼太子可作我夫主

尒時軍將斯那耶那從彼提婆婆羅門邊傳聞菩薩此消息已語二女言汝姊妹等心願應成所以者何汝等今速往詣於彼最大沙門苦行之處何以故汝至彼已請彼沙門布施及食尊重供養奉油并酥以用塗身然後別供暖水澡浴如是因緣後應得成汝等心願

尒時軍將二女聞父如是勑已將於家常所有之食及油酥等至於菩薩苦行之處到已頂礼於菩薩足將所賷食奉上菩薩作如是言大善尊者願食於我此所奉食

尒時菩薩從彼二女受於食已隨意而食取蘇及油塗摩其身然後暖水以用澡浴是時菩薩以彼油酥用塗摩身各隨毛孔悉入其體辟如土聚或復踈沙瀉酥及油悉皆浸入並不復現如是如是菩薩身體所塗酥油皆悉入盡並不復現菩薩是時猶未得復本形身相

尒時菩薩飯食已訖告彼二女作如是言汝姊妹等藉此功德欲求何願

時彼二女白菩薩言大善尊者我等昔聞有一釋種生一太子可憙端正世所無雙我願彼人作於我夫菩薩報言汝姊妹等我即是彼釋種太子我從今去願不更受五慾之樂我於當来欲成就阿耨多羅三藐三菩提願欲轉於無上法輪

是時彼女姊妹二人聞此語已白菩薩言大聖仁者此事若然仁者必定得成於彼阿耨多羅三藐三菩提成已當至我等之家願見我等我等當為尊者作於聲聞弟子

菩薩復報彼二女言如是如是如汝姊妹二人所願從此已去彼之二女日別送食以與菩薩并將酥油先以塗摩菩薩之身然後別將暖水洗浴菩薩身體乃至漸漸令菩薩復本身飾相

尒時菩薩告彼二女作如是言汝姊妹等從今已去莫作別意將息身法但送我食何以故我從今後我若當共女人身根兩相觸者無有是處我意不樂我意不然

是時有一牧羊之子見於菩薩以苦行故身大瘦損彼羊子見菩薩如是大精勤苦向於菩薩心生歡喜即便長跪白菩薩言大聖尊者我今意欲承事尊者供養尊重未審尊者納受

已不菩薩報言若知時者汝欲所作如是早辦時彼羊子即為菩薩塗摩身體將羊乳汁奉上菩薩以用為食又為菩薩折尼拘陁大樹之枝揷於地上作於陰涼時彼所折尼拘陁枝因以菩薩威神力故即從地生更著枝柯葉花子等皆悉具足時人見之喚彼樹為羊子所種尼拘陁樹

尒時菩薩食麁食時彼五仙人共相謂言悉達太子今已失禪復其本性何況不失於持戒也此今成是懈怠之人不得寂定心生憒亂彼等如是平量訖已於菩薩邊生疲倦心誹謗之心捨離菩薩而別他行漸至向於波羅㮈國入鹿野園而修禪定而有偈說

彼等苦行五仙人　見於菩薩噉麁食
謂言无有禪定行　放逸自養五大身

佛本行集經向菩提樹品第三十上

尒時菩薩欲求於彼麁食之時止欲令身少得氣力當於是時而彼善生村主之女從初始見菩薩已來起於彼日為菩薩作布施熟食并及盌皿若布施他或復於前未至日中若見沙門若婆羅門乞食來者所乞熟食并及食器而悉布施復心口念如是之願藉此施食所有功德迴施於彼釋種太子所苦行者願令成就早得諸通願速成就菩提妙果願令苦行如心所願悉具足滿如是布施行食并器經過六年

尒時菩薩六年既滿至春二月十六日時内心自作如是思惟我今不應將如是食食已而證阿耨多羅三藐三菩提我今更從阿誰邊求美好之食誰能與我如彼美食令我食已即便證取阿耨多羅三藐三菩提時菩薩心作於如是思惟之時有一天子知菩薩心如是思惟速往詣於善生村主二女之邊至彼處已即告之言汝善生女汝若知時菩薩今欲求好美食菩薩今須最上美食食美食已然後欲證阿耨多羅三藐三菩提汝等今可為彼備辦足十六分妙好乳糜

是時善生村主二女聞於彼天如是告已歡喜踊躍遍滿其體不能自勝速疾集聚一千牸牛而搆乳取轉更將飲五百牸牛更別日搆此五百牛轉持乳將飲於二百五十牸牛後日搆此二百五十牸牛之乳還更飲百二十五牛後日搆此一百二十五牸牛乳飲六十牛後日搆此六十牛乳飲三十牛後日搆此三十牛乳飲十五牛後日搆此十五牛乳著於一分淨好粳米為於菩薩煑上乳糜其彼二女煑乳糜時現種種相或復出於滿花缾相或現功德河水渕相或時現於万字之相或現功德千輻輪相或復現於斛領牛相或現烏王龍王之相或現魚相或時復現大丈夫相或復現於帝釋形相或時有現梵王形相或復現出乳糜向上湧沸上至半多羅樹須臾還下或現乳糜向上高至一多羅樹訖已還下或現出高一丈夫狀還入彼器無有一渧離於彼器而落餘處煑乳糜時別有一善解海華數占相師來至彼之處見其乳糜出現如是諸種相貌善占觀已

作如是語希有希有是誰得此乳糜而食彼人食已不久而證甘露妙樂

尒時菩薩至於二月二十三日於晨朝時齊整著衣欲向優婁頻螺聚落而行乞食漸漸至於難提迦村至彼村邑在村主家大門之外默然而立欲求食故是時善生村主之女見於菩薩在其門邊默然求食見已即便取一金鉢盛貯安置和蜜乳糜滿其鉢中自手執持向菩薩前到已即白菩薩言唯願尊者受我此鉢和蜜乳糜愍我故

尒時菩薩見彼乳糜調和於蜜內心如是思惟念言我今得好封瘡之藥是故我今應須強發精進之行欲證甘露及正法故又我久來失此法體及是法行今日應須生道路故我今發是擅願之相我辦是意如我今日此所和蜜功德乳糜依時奉持揣食之食依法食已我應須度死命鬼界伏彼死命鬼軍之衆渡於彼岸

菩薩如是思惟念已受彼乳糜而問善生村主女言善姉仁者我若食此乳糜訖後將此鉢器付囑與誰善生女言付與仁者菩薩復言我如是器無有用處善生女言仁者隨意思念所作又我從來布施他食恒常倫辦并器布施

尒時菩薩受彼食已從於優婁頻螺聚落正念而出安庠漸至尼連河岸到已即便持所得食安置一邊清淨之地脫衣入彼河中澡浴除身熱氣菩薩澡浴身體之時虛空諸天以天種種微妙香末和彼水雨種種雜下雨於水上

尒時彼處尼連禪河以諸末香種種衆花弥滿水上合雜而流是時菩薩於彼水中既澡浴已取其袈裟於水中濯出擬曬乾著於體上欲渡彼水波流湍疾身體尫羸不能得越兼復六年精勤苦行身力劣弱不能得濟彼河之岸

尒時彼河有一大樹名頞誰那（隋言令者）彼樹之神名柯俱婆（隋言小埿）住依彼樹時彼樹神以諸瓔珞莊嚴之臂引向菩薩是時菩薩執樹神手得渡彼河菩薩所浴河內香水一切諸天各各分取將還宮殿以此功德吉祥水故將灑自宮

尒時彼河尼連禪主有一龍女名尼連茶耶（隋言不禁）從地踴出手執莊嚴天妙筌提奉獻菩薩菩薩受已即坐其上坐其上已取彼善生村主之女所獻乳糜如意飽食悉皆淨盡菩薩既食彼乳糜已緣過去世行檀福報業力熏故身體相好平復如舊端正可喜圓滿具足無有缺減

尒時菩薩食彼糜訖以金鉢器棄擲河中時海龍王生大希有奇特之心復為菩薩難現世故執彼金器擬欲供養將向自宮是時天王釋提桓因即化其身作金翅鳥金剛寶嘴從海龍邊奪取金鉢向忉利宮三十三天恒自供養於今彼處三十三天立節名為供養菩薩金鉢器節從彼已來至今不斷

尒時菩薩食糜已訖從坐而起安庠漸漸向菩提樹彼之筌提其龍王女還自収攝將歸自宮為供養故而有

佛本行集經卷第二十五　第二十一張　染字号

偈說

菩薩如法食乳糜　是彼善生女所獻
食訖歡喜向道樹　決定欲證取菩提

佛本行集經卷第二十五

佛本行集經卷第二十五

校勘記

一　底本，金藏廣勝寺本。

一　七九二頁中三行品名，徑、清作「精進苦行品第二十九之二」。

一　七九二頁下六行第一〇字「忽」，南作「怱」。

一　七九三頁上一一行第五字「他」，磧作「終」。

一　七九三頁上二〇行首字「汝」，磧作「沒」。

一　七九三頁中一〇行夾註右「隋言」，磧、徑、清作「此言」。下同。

一　七九三頁下二〇行第一〇字「粉」，資、磧、普、南、徑、清作「芥」。

一　七九四頁中二一行第一〇字「大」，諸本作「火」。

一　七九四頁中二二行第一〇字「禪」，資、磧、普、南、徑、清作「神」。

一　七九四頁下一七行末字「進」，資、磧、普、南、徑、清作「懃」。

一　七九五頁上一五行第六字「以」，諸本作「心」。

一　七九五頁下一行末字「飲」，資、磧、普、南、徑、清作「飯」。

一　七九六頁上一七行第九字「太」，磧作「土」。

一　七九六頁中一三行第五字「瀉」，磧作「漏」。

一　七九六頁下二〇行第七字「彼」，資、磧、普、南、徑作「牧」；清無。次頁上二行第六字同。

一　七九七頁上四行第一三字「插」，資作「捶」。

一　七九七頁上一九行品名，徑、清作「向菩提樹品第三十之一」。

一　七九七頁下二行第一〇字「搆」，徑、清作「犎」。下同。

一　七九七頁下二二行「見其」，資、磧、普、南、徑、清作「其見」。

一　七九八頁上二行末字「樂」，諸本作「藥」。

一　七九八頁上六行第二字「邑」，諸本作「己」。

一　七九八頁中七行第八字及頁下二一行末字「庠」，磧、普、南、徑、清作「詳」。

一　七九八頁中一七行第三字「湍」，資、磧、普、南、徑、清作「遄」。

一　七九八頁下一五行第一〇字「王」，磧、南、徑、清、麗作「主」。

佛本行集經卷第二十六　榮

隋天竺三藏闍那崛多譯

向菩提樹品中

尒時菩薩於河澡浴食乳糜休身體光儀平復如本威力自在安庠面向菩提樹時作是行步猶如往昔諸菩薩行所謂漸漸調柔行步意喜來者隨施行步安住猶如須弥山王巍巍而行無恐畏行不濁乱行心知足行不急疾行不遅緩行不蹶失行兩足周正不相揩行不相逼行不星速行不揺身行安隱而行清淨而行精妙而行無患害行師子王行大龍王行大牛王行如鴈王行如烏王行不恇怯行無疑滞行無恠悞行廣寛博行那羅延行不觸地行千輻相輪下地而行以脚足指網縵所羅申如赤銅色澤而行行步振過大地而行行步猶如大山谷響出聲而行行步之時有坑坎處皆悉平正自然而行地上所有土砂礫石皆除而行以足網縵放光明觸罪類衆生安住不動善行而行行步清淨生妙蓮花蹋彼蓮花臺上而行以往昔行淨善行故而得此行往昔諸佛坐於師子高座之上承行而行心意牢固如金剛行閉塞一切諸趣稠林堂堂而行能為一切諸趣衆生生安樂行摧折一切魔幢而行破壞一切魔力而行超壓一切魔氣而行打碎一切魔威而行減削一切魔業而行消散一切魔衆而行墮落一切魔勢而行捐捨一切魔行而行煞害一切魔軍而行割斷一切魔網而行伏諸非法一切邪衆如法攝受外道而行照朗煩惱翳暗而行散助煩惱朋友而行威力覆蔽釋天梵天大自在天護世諸天無畏而行於此三千大千世界唯自一人獨尊而行不從他學而自證道分明而行欲證一切種智而行正念正意知足正行行行而行欲滅生老病死而行欲趣向彼常樂我淨微妙最勝無畏之處欲入涅槃城門而行有如是行菩薩而行面正向彼菩提之樹直視而行

尒時菩薩復作如是思惟念言我今至此菩提道塲欲作何座證阿耨多羅三藐三菩提即自覺知應坐草上是時淨居諸天子等白菩薩言如是如是大聖仁者所有過去諸佛如来欲證阿耨多羅三藐三菩提者皆悉坐於鋪草之上而取正覺

尒時菩薩復作如是思惟誰能與我如是之草心思惟已左右前後四顧觀看是時忉利帝釋天王以天智知菩薩心已即化其身為刈草人去於菩薩不近不遠右邊而立刈取於草其草青緑顏色猶如孔雀王項柔軟滑澤而手觸時猶如微細迦尸迦衣其狀如是色妙而香右旋宛轉

尒時菩薩見於人去已不遠在右邊刈如是等草見已漸漸至彼人邊到已寛緩問彼人言賢善仁者汝名字何彼人報言我名吉利菩薩既聞彼人名已如是思惟我今欲求自身吉利亦為他人以求吉利此名吉利在於我前我今決當得證阿耨多羅三藐三菩提

菩薩如是心思惟已更出如是美妙音響語彼人言其語猶如過去一切諸菩薩等微妙音聲所謂實語不虛發言用真正言出清亮聲潤澤之聲妙聲喜聲聞承奉聲聞不違聲聞流靡聲化聲導聲不蹇吃聲不縮呻聲不麁澁聲不雙破聲軟滑澤聲甜淡美聲分明的的遥入耳聲聞心口意皆悉喜聲聞已除滅欲癡瞋恚鬬諍忿怒皆悉令得清淨之聲聞如迦羅頻伽鳥聲命命鳥聲雷隱隱聲如諸音樂歌讃詠聲深遠高聲无障㝵聲非鼻出聲清淨之聲真正之聲實語之聲如梵天聲如海波聲如山崩聲震動之聲如諸天王所讃歎聲諸阿修羅歌詠美聲深難得底斷魔力聲降伏一切諸外道聲師子之聲駛風之聲鳥王之聲如雲磨聲能至十方佛剎土聲告諸所化衆生之聲不急疾聲不遅緩聲不停住聲不缺減聲不濁穢聲合一切聲入諸聲聲解脫之聲無繫縛聲无染著聲合語義聲依時語聲不過時聲巧能宣說八千

万億法門之聲无壅塞聲不止息聲能辯一切諸聲之聲隨心能滿一切願聲能生一切安樂之聲亦現一切解脫之聲流通一切諸道路聲衆中說時不出衆外令諸天衆歡喜之聲聲出之時順於一切諸佛法聲

菩薩以此如是衆聲告語於彼刈草之人作如是言仁者汝能與我草不其化人報言我能與是時帝釋所化作人即便刈草以奉菩薩其草淨妙菩薩即取彼草一把手自執持當菩薩取彼草之時其地即便六種震動是時菩薩將於此草安庠面向菩提樹下

尒時菩薩持草行時中路忽有五百青雀從十方来右繞菩薩三匝訖已隨菩薩行又復五百拘翅羅鳥四方而来如前圍遶又復五百孔雀而来乃至略說五百白鵝五百鴻鶴五百白鷗五百迦羅頻伽之鳥并其五百命命之鳥五百白象皆悉六牙五百白馬頭耳烏黑騣尾悉朱長而披散五百牛王並皆酙領猶如黑雲

是時復有五百童子五百童女各以種種諸妙瓔珞莊嚴其身五百天子百百天女五百寶瓶以諸香花滿於其中又咸種種諸妙香水無人執持自然空行

又世間中所有一切吉祥之事皆從四方雲雨而來各在菩薩右邊圍遶經三匝已隨菩薩行

又世間中所有樹木一切藥草菩薩行時從根悉伏向於菩薩

又復四方微妙涼冷調和之風吹諸翳障皆悉清淨無雲無霧無烟無塵上虛空中復有無量千万諸天菩薩當向菩提樹時悉隨而行皆各一時歡喜踊躍遍滿其體不能自勝歌唱叫喚或口呼嘯作種種聲弄其天衣及寶瓔珞又復出聲作如是言今此閻浮有佛世尊出現於世

復有無量淨居諸天來在菩薩左右前後頂礼菩薩如是白言大聖尊者仁昔長夜恒常乞願今日所願以得成就世間所有一切諸天堪為仁作吉祥之事能與仁作吉祥之相

又復能成仁心願者彼等悉來在菩薩前菩薩面向菩提樹時相隨而進菩薩欲至菩提樹下是時其地六種震動

又復菩薩行步之時如師子步如龍王步如牛王步白鵝王步如為王步無怖畏行無障礙行無染著行除滅一切毛不竪行無人降伏往昔善行禪定真正最勝而行最上最妙伏諸怨行斷絕一切不利益行欲取無上法寶故行取無上樂攝受故行欲取最上寂定故行行步之時地上所有一切衆生聞地動聲地居諸天阿修羅等一切諸龍諸乾闥婆一切諸鳥四足人等皆悉聞彼震動之聲心生疑恠處處觀看有何異事有何因緣大地如是涌沒搖動

尒時彼地有一龍王名曰迦荼（隋言黑色）其龍長壽經歷劫數曾見往昔多諸佛來又龍日月晝夜甚長睡眠未久見大地動復聞震聲即便驚寤寤已忽起速疾從自宮殿而出出外觀看四方之時迦荼龍王觀四方已見自居

處相去不遠有一菩薩安庠而行時彼龍王見此菩薩預先瑞相猶如過去諸大菩薩發心欲向菩提樹下一種無異見是相已更無疑心決定知此菩薩大士當得證於阿耨多羅三藐三菩提生大歡喜即便說偈一心合掌而讚歎言

威德巍巍大仁者　如我曾見過去時
有諸菩薩來此中　仁今亦然無有異
今見仁者到斯處　決定作佛必無疑
世尊徒步甚安庠　先舉右脚而行動
觀於諸方心諦視　應當定作佛世尊
仁今從此吉祥邊　乞一把草手持執
正面趣向於道樹　決定今作三佛陁
諸方四面涼冷風　猶如牛王作聲響
又有諸鳥來翼從　前後左右四面圍
世間黑闇晝夜昏　無明愚癡之所覆
仁聖成就丈夫已　必出大光普照明
又復靈異諸狩來　百千万衆前後遶
如彼輪迴右旋轉　仁今決定作世尊
又復為馬諸畜生　并諸幢旛等來至
星速急疾向菩薩　決知當作佛世尊
又復一切淨居天　持其清淨莊嚴體

曲躬頂礼於仁者　知仁决作佛世尊
仁今將此有漏心　又為一切煩惱逼
令得除滅彼結惑　必成無上勝菩提
仁今具足微妙法　甚深難測不思議
證已俯仰行步寬　是故我心無疑滯
仁今種種皆如法　所說冣上更無過
一切天人無等倫　是故我心無疑滯

尒時黑色龍王將如是偈歎菩薩已心大歡喜踊躍无量合十指掌在菩薩前頂礼菩薩是時菩薩語龍王言大善龍王如是如是如汝所說我今必成阿耨多羅三藐三菩提而說偈言

大善龍王如汝言　此為增益我精進
我今必成無上道　一切世間無等雙
如餘所見相莊嚴　大吉祥瑞為我助
我今於此煩惱海　必渡彼岸無有疑

尒時黑色龍王有一龍妃名曰金光而彼龍妃復與无量諸龍女等左右圍遶其手各執諸妙香花末香塗香雜色衣服寶幢幡蓋種種瓔珞作天音樂其樂音中各作種種歌讃詠聲而歎菩薩隨菩薩行歌音聲中出如是偈誦菩薩言

世尊身意卓不移　無驚無怖而定住
歡喜踊躍離諸欲　瞋癡恚捨無處貪
尊能為世作醫師　是故我今頭頂礼
世間諸使煩惱厚　無能解脫離彼纏
諸根自伏復伏他　能拔衆生諸毒箭
無歸護處能歸護　世間幽瞑作導師
三界燈明仁獨尊　是故我等今頂礼
世尊無人能伏得　以盡貪瞋及無明
離諸煩惱欲染情　是故我今頭頂礼
煩惱剌入衆生意　無有人能拔出之
世尊今作大醫師　能治彼等大苦惱
無依止者作依止　無導師處作導師
黑暗遍於三界中　世尊光明普能照
如我今見諸天衆　持妙香花滿虛空
儛弄瓔珞皆散衣　我見如是預相已
斟量斯事無虛謬　仁今作佛心喜歡
速往菩提德樹邊　降伏彼等四魔衆
摑裂煩惱鞠羅網　疾成無上寂涅槃
猶如往昔諸智人　到於此處取正覺
仁者今已来至此　我知作佛定無疑
世尊昔在因地時　行行劫數千万億
精苦勤劬不蹔息　望取正覺證真如

今時以至願莫停　速詣於道樹下坐
正心依彼樹王者　决證菩提无有疑

尒時菩薩聞是偈已安庠而行向菩提樹於其中間心如是念此欲界內是彼魔王波旬為主自在統領我今應當語彼今知若不告彼而取證於阿耨多羅三藐三菩提者我則不成名為大覺所以者何為欲降伏魔波旬故攝受彼故亦兼攝受降伏一切欲界諸天彼之魔衆魔宮殿中復有无量无邊諸魔眷屬諸天已於往昔種諸善根若聞我作師子吼聲若見我證阿耨多羅三藐三菩提時則彼恚来向於我邊當發阿耨多羅三藐三菩提心

尒時菩薩思惟是已從於眉間白毫相中放一光明名能降伏散魔軍衆放此光已應時即至魔之宮殿翳彼一切諸魔舊宮本業之光又復斯光傍遍三千大千世界作大光明一切皆滿時菩薩放彼光明中魔王波旬自然而聞如是偈聲

世間有一大衆生　經歷多劫行行滿

淨飯大王之太子　弃捨王位而出家
彼欲開發甘露門　今来趣向菩提樹
汝身若有大氣力　可詣樹下共試看
其今以達彼岸邊　復欲渡他令到彼
菩薩既以自覺了　今復更欲覺於他
又自得彼寂定禪　更欲教人令寂靜
既自行无繫縛路　欲教他趣解脫城
破散三惡悉使空　充溢人天道令滿
亦現禪定五通力　安置令知甘露宮
其今不久證大明　必當虛空汝境界
愚癡黑暗瞋恚侶　損汝朋黨悉無餘
既被摧碎走無方　當尒時心作何計
彼若證於甘露法　常樂我淨湛然安

尒時欲界魔王波旬從光明中聞是偈已於睡眠中心忽驚動自然夢見三十二種不吉祥相何等名為三十二夢

所謂夢見其諸天界自許宮殿悉皆黑暗無有光明

見自宮中有諸砂礫糞穢盈滿

見自身體恐怖不樂無有心情

見其自身諸方馳走

見其自身頭上天冠忽然墮落遺失

草屣徒跣而行

見自咽喉脣腭乾燥身體寒熱

見自園中所有樹木枝葉花果悉皆乾枯

見諸池泉所有諸花皆悉枯竭

見自園中所有諸鳥鸚鵡鸜鵒孔雀鴛鴦鳧鶴鸕鷀及拘翅羅命命鳥等零羽衣毛悉皆毻落

見其宮內所有音聲樂器之具螺鼓琴瑟箜篌笙簧所有一切五種音聲悉皆破折斷壞故敗狼藉在地

見其從来所愛左右皆悉自然遠離其身憂愁困苦却住一面獨卧地上

見其端正可喜玉女赤露拳攣自舉兩手以拔頭髮卧於地上

見諸魔子巧智辯者悉皆趣向菩提樹下頂礼彼菩薩之足

見其四箇所愛之女各舉兩手大聲號哭作如是言嗚呼嗚呼阿耶阿耶

見其自身所著衣裳垢膩不淨

見其自身為諸塵土之所坌穢周遍滿體

見其自身忽然瘦劣無有精光

見自宮殿城壁户牖樓櫓窻門却敵摧墮天井皆悉崩頹落壞

見其所有諸大兵將夜叉羅剎或鳩槃茶或復龍王彼等悉皆垂於兩手或時舉臂拍頭捉胸各各受於極大苦惱

見其所有一切欲界諸天主等四鎮天王帝釋夜摩兜率化樂他化自在皆悉號哭涕淚滿面走向菩薩觀菩薩面立菩薩前

見其在於鬪場之內刀杖矢刃餘少許左右及眷屬等悉捨魔王諸方馳走

見其從来吉祥之缾皆崩破壞

見鞞羅陁天仙口唱不吉祥事

見有一神名為歡喜當門作聲如是唱說稱不歡喜

見虛空中塵霧烟雲悉皆遍滿

見守魔宮功德大神舉聲大哭

見其從来自在之處成不自在

見自朋友悉成怨讎

見諸魔宮或成黑暗或復失火悉皆燒盡

見其一切諸魔宮殿震動不安

見其所有樹木藂林或被他斫或自
倒地
見其所有思念判事或作方計竟日
籌量不得一口唯有乱心
尒時欲界魔王波旬見如是等三十
二夢不祥相已從睡而寤遍體戰慓
心意不安内懐恐懼普喚一切魔家
眷屬皆令集聚及其宮内左右侍臣
并大兵將當諸城門守護之人向說
夜夢所見之事汝等諸人我昨夜夢
見諸變恠如前所說我見如是不祥
夢已甚大恐怖身心不安以是生疑
忽然睡覺我應不久必失此處恐畏
更有或大威德福力之人来生此處
替代於我而說偈言
昨夜光明自然現　光明中說此偈言
釋種太子今出家　三十二相莊嚴體
出家苦行六年滿　今漸来向道樹閒
自覺覺他以善提　汝若有力共彼試
彼種善根刼千億　今得菩提證正真
破汝境界悉當空　汝若不能折伏彼
彼證甘露身常住　欲破汝等此魔宮
是故我告汝諸魔　若有強力早向彼

沙門獨自在樹下　速疾破彼莫令全
汝等若取我受言　為我辦具四兵衆
世間多有辟支佛　彼今出已令涅槃
望我獨自作法王　不令斷絶如来種
尒時魔王波旬長子名曰商主時彼
商主即以偈白其父言
父王何故面無色　心戰身體無威光
首此形相以大驚　未審曾見聞何事
唯願向子等實說　如所聞見一一論
時魔波旬還以偈告其子商主作如
是言
子汝今當善諦聽　昨夜我夢甚異常
若我衆中具說之　大衆聞皆絶倒地
時魔波旬長子商主復更以偈報其
父言
大衆倒地不敢辞　入陣若退是大苦
若夢見有如是相　寧住莫鬪被他逼
時魔波旬復還以偈告其子言
丈夫發意取鬪勝　可以不勝即鬪休
彼獨沙門何所能　我到樹下當起走
是時商主復更以偈白其父言
有力衆力弱力人　獨一智慧勝他鬪
螢火雖滿三千界　一日出世悉能遮

若人自慢心不思　貢高欺他不廣問
諸智人来相開諫　若不取語此難治
尒時菩薩向菩提樹未至彼處其間
見一菴羅之樹謂言此是菩提之樹
菩薩至彼樹下欲坐意中以為菩提
之樹是時彼地以菩薩身威德力故
重不能禁欲陷向下
尒時菩薩如是思惟世有二人行坐
之處其地陷没何等為二一者斷絶
諸善根盡二者福德諸善甚多計我
即今應非是斷善根盡人此或應非
菩提樹下
尒時色界淨居諸天為摽拭真菩提
樹故懸妙繒幡置於其上又復彼中
所有諸樹枝榦悉傾向菩提樹是時
菩薩即知此是真菩提樹便捨於前
菴羅樹迴步安庠漸漸而向菩提
樹邊
尒時菩薩當向菩提樹下行時有一
夜叉名曰香狩守護於彼菩提之樹
去樹不遠停止其中見菩薩来得急
即告更一同伴名為赤眼別夜叉言
仁者汝来我今語汝汝須知覺汝速

為我往欲界主魔王邊諮道如斯語昔拘留孫及拘那含并迦葉等諸大仙聖於此地中所居之處成大等覺今復更有精進之人功德圓滿菩提行備以具足得三十二相侵於魔王境界所住是彼釋種淨飯王子名悉達多已捨苦行得於正念来至於此最勝地處而欲居停願大王知時赤眼聞香狩夜叉如此語已速往詣於魔波旬所既到彼已如上所語悉具說之

尒時欲界魔王波旬從彼赤眼夜叉邊聞如此語已即便召喚他化自在一切諸天化樂兜率三十三天四天王等并地居天諸龍夜叉諸乹撻婆及阿脩羅緊陁羅摩睺羅伽鳩槃茶羅剎毗舍遮等一切大衆而勑之言汝等悉集聽我處分有一釋迦種姓之子欲取菩提我等相共至於彼處斷其如此勇猛之心勿令取證

尒時魔王長子商主白其父王魔波旬言父王如是子心不樂何以故而今父王欲共悉達菩薩大士而作怨讎唯恐後時父王內心悔無所及作是語已時魔波旬告子商主作如是言咄汝小兒愚暗淺短未曾知我變化神通未曾覩我自在威力

尒時商主白其父言父王當知我非父王愚癡之兒亦非不知父王神通威力自在但父王今未知悉達菩薩神通未見悉達菩薩德力其事雖然但願父王至於彼邊應當自見應當自知彼之神通

尒時欲界魔王波旬不取其子商主之言聞已忽然裝束四種精鋭兵衆悉令聚集帶甲持仗辟如大力最猛健將率領可畏雜種軍衆人覩之時能令毛竪世未曾見又未曾聞如是无量百千万億天神鬼兵所謂一身能現多種百千面孔其一一面能出无量種種虵身手脚了戾形容可畏皆執弓箭槊傘棍棒斧鑿刀劒最勝金剛諸器仗等或復身體頭目手足衆雜異形或復項上大火熾然或於肚邊出極猛火或復語言麁澁叫喚或執犁木或持杵等如是諸物眼孔可畏或眼睛睞視盻高低或口喎斜而復多齒其舌廣大現多種形或舌下垂或舌拳縮猶如礓石或眼放光猶如黑虵其中毒滿或有頸項纏繞諸虵或有手執莽虵而食猶金翅鳥從海取龍而敢食之或復手執人肉骨血頭目支節而敢食之或手執人五藏腸肚糞穢而食或有青眼如師子王宜張可畏或眼凹凸開合放光或復騎於猛火大山乘空而来或兩肩頭擎於焰火熾燃如山或於地上兩手拔樹合根擔来其中或有耳如羖羊或如簸箕或如鋒鉿或如烏耳或如猪耳或垂埵耳或復有肚如病水人脚脛細弱身體羸瘦或鼻牖腃或腹如甕足如覆鉢身體皮乾猶如曝脯其肉枯燥血脉乾竭或復割截手足而懸或復斫頭而手中執或身出血更互相飲飲已復吐或吐白沫或飲融銅或吞鐵丸或刖手足肘膝而行或唯骨身無有皮肉或作睹形或驢騾形烏形馬形駱駝牛羊羖羝犀兕水牛狐兎猫牛犲猿摩竭鯨鵠

師子虎狼熊羆鵄狛㺅猴犲豹野干狸狗諸如是等種種形容作大恐怖作大可畏如是軍衆悉皆整備儼承奉待命即行

佛本行集經卷第二十六

佛本行集經卷第二十六

校勘記

一　底本，金藏廣勝寺本。八〇一頁中至本頁下三行，原版殘，以麗藏本補。

一　八〇〇頁中三行品名，徑、清作「向菩提樹品第三十之二」。

一　八〇〇頁中五行第一二字「庠」，徑作「詳」。下同。

一　八〇一頁上八行「復作」，資、磧、普、南、徑、清無。

一　八〇一頁上一六行「於人」，諸本作「於彼人」。

一　八〇一頁中六行「呻聲」，徑作「伸聲」。

一　八〇一頁下五行「天衆」，諸本作「大衆」。

一　八〇一頁下一九行「鴻鶴」，磧作「鴻鵠」。

一　八〇二頁上三行「百百」，諸本作「五百」。

一　八〇二頁上一二行首字「翳」，磧作「醫」。

一　八〇二頁上末行第九、一〇字「吉祥」，資、磧、普、南、徑、清作「吉利」。

一　八〇二頁中一八行夾註「隋言」，徑、清作「此言」。

一　八〇二頁下一七行第一二字「之」，資、磧、普、南、徑、清作「人」。

一　八〇三頁中一行第三字「誦」，資、磧、普、南、徑、清作「讚」；麗作「頌」。

一　八〇三頁下一八行第二字「此」，磧作「毫」。

一　八〇四頁中八行首字「零」，磧、南、徑、清作「⿰令毛」；麗作「翎」。

一　八〇四頁中一七行「頂禮」，諸本作「頂禮於」。

一　八〇四頁中一九行「阿耶阿耶」，磧、普、徑作「阿爺阿爺」。

一　八〇四頁中末行「瘦劣」，諸本作「瘦瘠」。

一八〇四頁下二行「摧墮」，麗作「雀垛」。

一八〇四頁下三行第六字「大」，資、磧、普、南、徑、清作「天」。八〇六頁上八行第一〇字同。

一八〇四頁下一一行「矢刃餘少」，資、磧、普、南、徑、清作「失壞自」；麗作「矢刃自」。

一八〇五頁上三行「見其」，徑作「先其」。

一八〇五頁中二行第六字「受」，諸本作「愛」。

一八〇五頁中六行第三字「即」，磧、南、清、麗作「即便」。

一八〇五頁下一三行「摽拭」，資作「摽式」；磧、南、徑、清、麗作「幖幟」

一八〇五頁下二一行至次行「得急即告」，資、磧、普、南、徑、清作「便即急告」。

一八〇六頁上一六行「緊陁羅」，資、磧、普、南、徑、清作「緊那羅」。

一八〇六頁中一八行「了戾」，磧、南、徑、清、麗作「繚戾」。

一八〇六頁中一九行「槊牟」，南、徑、麗作「槊矛」。

一八〇六頁中二一行「項上」，麗作「頂上」。

一八〇六頁中二二行「鹿澁」，資、磧、普、南、徑、清作「鹿惡」。

一八〇六頁下一四行「埵耳」，磧、普、南、徑、清作「奞」；麗作「朶耳」。

一八〇六頁下一五行「彧鼻瞗睇」，磧、普、南作「成鼻區遞」；徑、清、麗作「彧鼻區遞」。

一八〇七頁上一行「螭狛」，磧、普、南、清作「禽狛」；徑、麗作「禽貊」。

一八〇七頁上三行末字「儼」，諸本作「儼然」。

一八〇七頁上四行「待命」，南作「待命」。

趙城縣廣勝寺

佛本行集經卷第二十七　榮

隋天竺三藏闍那崛多譯

向菩提樹品下

尒時魔王即告赤眼夜叉之使作如是言謂汝赤眼汝今見此軍衆以不有誰輙欲侵我境界是時赤眼夜叉之使即白其王魔波旬言大王當知此是釋種淨飯王子名悉達多從彼善生村主女前猶如牛王作大音聲向於吉利刈草人邊乞得一把有一樹名殺羊多羅尼拘陁樹漸漸而来復有五百青雀圍遶以初春月所出可愛一切樹木悉著花果枝柯自垂無識諸樹猶尚傾頭低而供養震動大地欲向於彼菩提樹下

尒時波旬既見菩薩欲向於彼菩提樹下作是思惟願此釋種向餘樹下鋪草而坐莫向於此菩提樹坐其心如是思惟念已告彼一切夜叉衆言汝等一切諸夜叉輩宜減少許夜叉衆速往詣彼菩提樹下伏藏而住慎莫使此釋種之子趣向於彼菩提樹

開其夜叉等白魔王言謹依大王嚴命所勑是時夜叉即便抽減少許人衆去彼菩提樹下不遠伏藏而住其彼魔家諸夜叉衆遥見菩薩欲来而於菩提樹時身體赫弈猶如金山照耀放光不可辯諭其夜叉衆既覩見已即說偈言

此必千光新日出　威德照耀如金山
憐愍一切諸天人　漸到樹王如師子

時彼樹林所守護神即以偈訟報荅於彼諸夜叉言

世尊千劫功德圓　倫滿六度施戒忍
精進禪定及智慧　具足一切諸莊嚴
今漸来至向樹王　欲證無上菩提道
諸天及人八部衆　思惟如是悉隨行

尒時彼諸魔家眷屬夜叉衆等聞此偈已皆悉離彼菩提樹側星散而走是時菩薩漸漸来到十六種相功德具滿地分之處何等名為十六種相所謂彼地劫燒之時㝡後燃盡劫初立時㝡在先成又復彼地所出諸草㝡勝㝡妙所謂優波羅波頭摩拘勿頭分陁利充足

不少
又復彼地於閻浮提最在於中
又復彼地不居頑鈍愚癡衆生唯住聖種大福德人之所行坐
又復彼地無諸坑坎四面空寬平整之處
又復彼地不下不高清淨洪滿猶如手掌
又復彼地多有諸花優波羅波頭摩拘勿頭分陁利自然生長
又復彼地悉為一切聖人通知
又復彼地自然顯現
又復彼地於一切時恒居聖人不曾空閙
又復彼地終無有人能得降伏
又復彼地名稱遠聞所謂師子最高之座
又復彼地其有心見過不能得所謂若魔魔家眷屬
又復彼地於一切地最在中齊
又復彼地金剛所成
又復彼地所生諸草止高四指柔軟青緑如孔雀項觸時猶如迦尸迦衣顏色微妙可憙端正香氣芬芳頭悉右旋往昔有諸轉輪聖王悉皆知聞此可愛樂希有之事是故恒來往彼觀看此之地處

尒時菩薩臨欲至彼菩提樹側是時其地自然掃除清淨嚴麗香汁塗灑可憙端正令心樂觀又無一切砂礫瓦石蒺蔾棘刺諸惡草等是時菩薩初執草行用於左手後至樹下即以右手柔軟五指羅網莊嚴赤色猶如燕脂所塗從左手取彼一把草安穩欲置菩提樹下東面持草擲於地上根即向樹菩薩心發如是之願我今於此處所坐已越煩惱海度至彼岸時菩薩擲彼一把草至地猶如珊中置華或如河旋或如卍字

尒時菩薩見自所執草湧擲地自然不亂有如是等吉祥之相口作是言如我今日所擲之草應亂不亂此吉祥相表我在於亂世間中必定當證不亂之法菩薩如是擲草鋪已是時彼地六種震動

時欲界主魔王波旬至菩薩所而作是言謂刹利子汝今不合在此樹下鋪草而坐何以故其此樹下於夜半中多有无量毗舍遮鬼及富多那夜叉羅刹數數恒来噉食人肉今此樹北別有一林是大仙人所居停處彼之處所名曰優婁頻螺聚落可憙端正人所樂觀汝釋子宜至於彼地隨意而坐

尒時菩薩報彼魔王作如是言汝魔波旬可不知耶我在於山阿蘭若處空閑澤中或在樹下或在狂閙或居林內夜半安然心無所畏又復我今亦非無智亦復非是無方便力非如凡人至於此地但我久知往昔諸佛在此樹下無畏之處得成聖道以如是義我故来此

尒時別更有一夜叉在於魔王波旬右立時彼夜叉語菩薩言汝釋種子今何苦用此樹下坐自外四邊大有餘樹汝可速疾移他處去時菩薩報彼夜叉言我有心願於餘樹下不能得成所願唯在於此樹下決定當成餘處不得

時彼夜叉白其魔王作如是言大王
今聞彼言以不更作何事能得彼去
魔波旬報彼夜叉言我今唯應種種
方便作勤劬心斷彼不聽於此處坐
尒時菩薩見魔波旬作如是言鋪草
而坐內心思惟發如是願我今坐彼
往昔過去諸佛所坐金剛之處坐已
當伏魔王波旬我今此處坐已斷滅
欲瞋恚癡諸煩惱等我今此處坐已
當證微妙甘露清涼之法
尒時菩薩所鋪之草其根向內頭皆
向外鋪已右遶彼菩提樹三匝訖竟
加趺而坐身心端直如虵纏身卓然
不動口三唱言我證甘露我證甘露
我今定當證得甘露而菩薩心發於
如是弘誓之願我坐此處一切諸漏
若不除盡若一切心不得解脫我終
不從此坐而起有偈說言
菩薩樹下加趺坐　如以大虵自纏身
發於如是弘誓心　事若不成不起坐
尒時魔王波旬從彼地所隱身不現
經少時間即化其身頭鬆解亂塵土
滿身著麁褐衣口脣乾燥狀若飢渴

手中執持一大束書速疾而來向菩
薩所立菩薩前將所持書擲與菩薩
口如是言此一封書是汝釋種摩那
摩許遣我送來此一封是尼婁馱許
此一封是難提迦許此一封是拔提
伽許此一封書是難陁許此一封是
阿難陁許自外諸書各各是彼諸釋
種子寄與汝來時一書上為抄不實
虛妄言辭作如是語提婆達多今在
於此迦毗羅城以受王位入汝宮內
盡皆納受汝之妃后取於汝父淨飯
大王繫牢獄中自餘叔父白飯斛飯
并甘露飯一切宿老諸釋種王盡皆
驅逐遣出城外汝見此書速疾須來
汝用住彼阿蘭若為
尒時菩薩聞是語已心發如是三種
思惟因婇女故發於欲心而我妃后
提婆達多實能納也因提婆達起鬪
諍心彼實能奪我之國土父王位乎
因釋種故生煞害心彼等何故各自
惜身不護我父菩薩復更如是思惟
世間境界悉皆無常穢汙不淨念念
生滅無暫住時思惟一切皆悉是於

破壞之法生已即滅如是思惟便斷
欲心發出家心息諍鬪心起慈愍心
斷煞害心生悲哀心如是等事我久
棄吐思惟是已即發捨心

佛本行集經魔怖菩薩品第三十一上

尒時菩薩在於菩提樹下坐已時菩
提樹所守護神生大歡喜心意踊躍
遍滿其體不能自勝即解其身所有
瓔珞并散頭髻速疾而向於菩薩所
以冣勝妙吉祥之事讚美菩薩內心
殷重發大希奇悉命諸親及其眷屬
守護菩薩恭敬儼然
尒時彼處四面林木無問大小所有
樹神各從其樹出身來到護菩提樹
神邊問言大善樹神今在於汝樹下
坐者此是何人我等由來未曾聞見
冣妙冣勝身為一切諸相莊嚴如天
中天作是語已其護菩提樹神告彼
諸樹神言汝諸神輩當知此是淨飯
王子甘蔗種姓往昔劫初大眾推舉
所置立王世世相承至今已來此是
其胤時諸樹神復語菩提守護神言
菩提樹神汝今真得冣大利益大善

福業令汝居處得有如是勝上衆生三界之尊勝妙衆生此之衆生如優曇花難現於世

尒時彼等一切樹神各將沉水牛頭栴檀諸末香等又復種種妙好香花散菩薩上散已復散歡喜踊躍遍滿其體不能自勝舉手佉頭合十指掌向菩薩礼口中各復如是唱言衆生寂首雅願仁者早成此揩速證菩提次復四天所居諸天及四天王次有无量三十三天夜摩兜率化樂他化自在天等无量無邊一切諸天及諸梵天各將種種天上妙花曼陁羅花摩訶曼陁羅花曼殊沙花摩訶曼殊沙花天拘勿頭及波頭摩分陁利等復持種種末香塗香如雨而散菩提樹上其菩提樹猶如車輪周匝遍滿一由旬內種種香花積至于膝

尒時菩薩坐彼菩提樹下之時无一蚍蜉蟻子作聲況復大狩一切諸鳥亦不作聲假使有風一切諸樹亦不傾動當於菩薩坐彼菩提樹下之時淨居諸天心喜踊躍遍滿其體不能

自勝頂礼菩薩心內各作如是願言衆生寂首願仁此心早得圓滿速成菩提

尒時菩薩坐彼菩提樹下之時發是要揩我不成道不起此坐是時魔王波旬內心生大恐怖即作是言應此剎利釋種之子欲得除滅我之境界欲得令我出此境界若彼勝我在於我前必教諸人令得涅槃為諸人說涅槃方便使我境界當成虛空而彼即今未得淨眼在我境界我今須作勤劬方便令其所行退失起走而說偈言

彼今若得成菩提　便廣為他說正法
即當損耗我境界　衆人既得正路開
自然便我境界空　境空我則成寡婦
其今未得清淨眼　乃復住我境界中
我應速疾往彼邊　先作障㝵破其事
猶如河水來未至　迸須預造作橋梁

尒時魔王波旬具足滿一千子於其中間助菩薩者有五百子商主為首在魔波旬右邊而坐其中助魔波旬之者亦有五百第一頭首名為惡口

在魔波旬左邊而坐時魔波旬告其諸子作如是言汝等諸子我今共汝進退籌量欲取汝等子別意智共作何計若為力能降伏菩薩尒時右邊長子商主說偈白父魔波旬言

若人敢觸大睡虵　復能睩迴狂醉象
曾共嚴熾狩王鬪　是乃能伏彼沙門

尒時魔王波旬左邊次子惡口復為其父而說偈言

若人見我心破傷　諸樹拔根即倒地
況彼沙門若覩我　而不一氣遠走藏

尒時右邊有一魔子名為妙鳴即復以偈白其父言

若人浮渡於大海　還欲飲海忘令乾
父王此事不足驚　若見菩薩面可恠

尒時左邊復一魔子名為百闘即更以偈白其父言

我身膊上百辟生　一辟能射三百箭
父王但去莫愁惱　我獨能破彼沙門

尒時右邊有一魔子名為善覺即復以偈白其父言

若其有力如象馬　或復毗紐及金剛
人藏宿業忍辱威　彼等諸力不能及

尒時左邊復一魔子名曰嚴威即更
以偈白其父言
我於虛空雨水火　至彼能破比丘身
令彼身如一聚灰　若猛火燄燒乾草
尒時右邊有一魔子名為善目即復
以偈白其父言
若使寂勝須弥崩　一切天宮殿盡壞
大海諸水皆枯涸　日月從空悉墜来
能使日光冷如氷　天公墮落到於地
菩薩樹下一坐已　未成正覺終不移
尒時左邊復一魔子名曰報怨即更
以偈白其父言
我指能執持日月　虛空星宿及諸辰
捉搦彼等一切天　四海水入手掌內
况此沙門一釋子　即令捻擲海外邊
但速遣此諸軍兵　疾向於彼沙門所
尒時右邊復一魔子名為德信即復
以偈白其父言
日月運移不求朋　輪王應化無等侶
諸聖菩薩不假衆　獨自能破大魔軍
尒時左邊復一魔子名未過失即更
以偈白其父言
鐵鬪器仗不過刀　身著鎧甲心無怯

如是兵馬必能煞　父王莫畏彼沙門
尒時右邊復一魔子名為福德瓔珞
莊嚴即復以偈白其父言
彼身鞕如鄰羅延　難可破壞四諦體
忍辱鎧甲三脫刀　執智慧箭降我等
尒時左邊復一魔子名曰不迴即更
以偈白其父言
如好乾草火立燃　善解神射箭彀中
礔礰擬山便突過　釋子見我手必降
尒時右邊有一魔子名曰法身即復
以偈白其父言
有人以彩空中畫　作諸衆生同一心
月天風神羅網纏　菩薩道場不能動
尒時左邊復有一魔子名恒作罪即
更以偈白其父言
我飲毒消如人食　指觸器仗悉成灰
若不碎彼身如塵　終不畜於此二手
尒時右邊有一魔子名為成利即復
以偈白其父言
三千世界毒滿中　世尊觀之无怖畏
三毒可畏彼滅盡　我等還宮用鬪為
尒時左邊復一魔子名曰貪戲即更
以偈白其父言

我將音聲過万億　嚴飾王女數百千
於彼幻惑乱其心　令失寂禪受諸欲
尒時右邊有一魔子名為法戲即復
以偈白其父言
彼以禪定法為戲　常入解脫甘露遊
用諸攝樂拔衆殃　不持五欲以為適
尒時左邊復一魔子名曰摣疾即更
以偈白其父言
我力摣疾搦日月　亦能截斷勁火風
攎取沙門置父前　如碎麦芒被吹散
尒時右邊有一魔子名師子吼即復
以偈白其父言
曠澤无量野干鳴　乃未聞大師子吼
諸狩若聞師子吼　四散奔馳走百方
如是蚊等一切魔　未聞法王大聲唱
各說其意不肯止　至於彼邊當自休
尒時左邊有一魔子名曰惡思即更
以偈白其父言
我今惡思願得彼　其可不見此魔軍
彼心真癡無意懷　去何不走起疾避
尒時右邊有一魔子名曰善思即復
以偈白其父言
彼亦非是癡無力　汝等自短乏人情

今汝未知彼善權　後當以智降伏汝
汝等魔子恒沙衆　如是才辯滿三千
不能損彼一毛頭　況復煞害能令起
汝等淨心向彼處　口言讚歎身曲躬
莫作怨惡殘自兵　彼當必成三界主

如是乃至一千魔子於其中間或有助白或有助黒各自隨心說其意見尒時魔王波旬有一㝡大兵臣名曰賢將時魔波旬語彼兵臣大賢將言汝賢將來隨我而行今此有一釋種之子其欲成就无上菩提我今共汝至於彼處斷其道法勿聽得證無上菩提時賢兵將即便以偈白其大王魔波旬曰

王所統領四天下　阿脩羅王緊陁羅
迦婁羅摩睺羅伽　頭戴十指歸依彼
況復一切諸梵世　光音廣果及淨居
地主欲界色界天　悉皆向彼頂禮足
又王諸子智慧勝　勇力世間無比倫
心內恒常礼彼尊　王軍八千由旬滿
夜叉羅剎幷諸鬼　雖住地上在王前
心恒念彼無過人　十指合掌頭頂礼
魔軍千万見彼聖　私以香花遥散之
我見此類相分明　菩薩必勝魔軍衆
魔家兵馬所住處　多有鵂鶹鴟鵄鳴
或復梟鵄烏鵲聲　驢狐諸畜惡聽響
我見彼菩提樹下　吉祥諸鳥種種音
梟鷹鴛鴦俱翅羅　鸜鵒鸚鵡孔雀鳥
圍遶彼聖音微妙　如是勝相彼必強
又魔軍衆所住營　常雨砂石埃塵土
菩提樹下聖坐處　天降種種妙香花
魔衆住處地不平　高下坑坎多塠埠
壇石荆蕀饒糞穢　菩提樹下地周圍
金銀七寶以莊嚴　見有如是等類相
智慧人輩若有意　見此相已應迴還
如是莊嚴遍地間　必當成就無上道
大王若不隨臣諫　如夢所見當不虛
如是仙人不可振　應迴兵衆向本處
往昔王觸諸仙故　呪焚國土悉成灰
過去有一梵德王　違犯毗耶娑仙意
王有妙園雜花果　呪咀出火悉燒燃
多年彼園草不生　況復樹木花果等
世間所有多苦行　斷諸惡脩梵行時
諸王來悉頂礼之　我等今可還歸本
王昔應聞維陁論　人有三十二相明
彼人求道故出家　必斷諸纒羅網結

得成無上正真道　眉間即放白毫光
普照十方億剎中　況復此魔軍衆等
豈可不能降伏得　王若欲鬪不得勝
如彼頭頂至極天　諸天千万不能覩
應當成彼微妙果　世間未聞今得聞
猶如須弥及鐵圍　日月帝釋梵天王
夜叉羅剎諸林木　皆向菩提樹屈身
無疑此大福德聚　施戒忍進禪智力
歷刧以来脩此行　今決退散我魔軍
如烏蹹破諸瓦坏　如諸狩王師子吼
如日翳覆諸螢火　世尊破魔亦復然
師子獨散諸狩乖　毒虵一螫煞多衆
菩薩熏脩善根力　獨自能破我諸魔

尒時魔王波旬從大臣邊聞此偈已心生恐怖熱惱不安身心憂愁苦惱不樂慙耻羞愧不知所為然其內心猶懷我慢不肯迴還亦不逃走復更語餘諸軍衆言汝等齊意莫驚莫怖莫畏莫走此乃是我試彼心看我今美言更慰喻彼看其起離菩提樹不莫使如是衆生之寶忽值大殃

尒時魔王長子商主白其父言魔主大天我意不願父王共彼釋迦種子

作於怨讎何以故若有百千万億魔衆手執刀劍来此釋邊欲作障礙終不能作況復父王獨自一身父王但觀此釋種子在於此閒菩提樹下師子座坐不驚不怖父王觀此釋迦種子不摇不動

又復虛空無量天衆十指合掌頂礼於彼如是諸天頂礼供養讃歎之時不曽歡悦其見父王惡心惡意欲来屠害亦不瞋怒父王當知假使有人將諸妙色能畫虛空設使彼大須弥山王有一人指能擎將行此事亦可或復有人浮渡大海得至彼岸亦可有人寂大風神四方吹時忽然縛著亦可取彼日月星宿下置於地亦可一切諸衆生等合作一心亦可一切諸衆生等移置諸處終不可得此釋種子降伏於魔時魔波旬以偈告其長子商主作如是言

汝真我怨非是子　更莫將面向我看
汝心今既著沙門　汝宜向彼釋子所

尒時魔王波旬不取長子商主諮諫告其諸女作如是言汝等諸女各各相共聽用我言汝宜至彼釋種子邊試觀其心有欲情不其諸魔女聽父勅已相與安庠向菩薩所到彼處已去離菩薩不近不遠亦現種種婦女媚惑諂曲之事所謂覆頭或復露頭或復半面或出全面或作微笑亦現白齒數數顧眄觀瞻菩薩或復以頭項礼菩薩或仰其頭觀菩薩面或復低頭覆面觀地或動雙眉或開閉眼或解散髮以手梳髮或抱兩髀或舉兩手亦現腋下或復以手執弄乳房或露胷背現腹臆閒或復以手拍於臍上或復數數解脫衣裳或復數數還繫衣服或復數數褰撥內衣露現尻髀或解瓔珞擲著於地或解耳璫或復還著或弄嬰兒或弄諸鳥或復行步顧眄左右或復頻申長嘘歎息或以脚指傍畫於地或歌或儛或動腰身或作意氣或復憶念舊時所行恩愛欲事喜笑眠卧恣態之時或復現作童女之身或時現作婦女之身或復現作新嫁女身或現中年婦女之身作如是等亦現婦人諂媚惑著種種之事復將香花散菩薩上復以種種五欲之事勸請菩薩觀看其面觀其心情為有欲心姿態以不彼今復已欲心觀察我等已不或無欲心觀我已不彼等魔女見於菩薩深心寂定本来清淨無濁無垢面月清淨猶如滿月從於羅睺阿脩羅王手中所出清淨無垢如日初昇光焰顯赫如融金鋌清淨無染猶如蓮花從水中出而不染著如火光焰如須弥山確然不動如鐵圍山崒嶈高峻善攝諸根調伏心意彼等既見菩薩如是皆生慙愧羞耻之心

佛本行集經卷第二十七

佛本行集經卷第二十七

校勘記

一 底本，金藏廣勝寺本。

一 八〇九頁首三行及四行前七字，原版殘，以麗藏本補。

一 八〇九頁中三行品名，徑、清作「向菩提樹品第三十之三」。

一 八〇九頁中二〇行至次行「夜叉衆」，諸本作「夜叉之衆」。

一 八〇九頁下四行「來而」，諸本作「來向」。

一 八一〇頁上一四行「空闢」，資、磧、南、清、麗作「空闕」。

一 八一〇頁上二二行「止高」，麗作「正高」。

一 八一〇頁中一一行「燕脂」，資作「烟支」；磧、普、南、徑、清作「烟脂」。

一 八一〇頁下一行「刹利」，磧作「利利」。

一 八一一頁中八行「種子」，資、磧、普、南、徑、清作「童子」。

一 八一一頁下五行，徑、清作「魔怖菩薩品第三十一之一」。

一 八一二頁中一七行「乃復」，資作「不復」。

一 八一二頁下六行第八字「復」，資、磧、普、南、徑、清作「須」。

一 八一二頁下一四行「還欲」，磧作「遠欲」。

一 八一三頁上九行「天公」，資、磧、普、南、徑、麗作「天宮」。

一 八一三頁上一五行「海外」，資、磧、普、南、徑、清作「海水」。

一 八一三頁中一四行「復有」，資、磧、南、清、麗作「復」。同行第一三字「罪」，資作「羅」。

一 八一三頁下一行「王女」，資、磧、南、清、麗作「玉女」。

一 八一三頁下一五行「蛾等」，磧、南、徑、清、麗作「我等」。

一 八一四頁上一五行「天下」，麗作「天王」。

一 八一四頁上一八行「地主」，諸本作「地住」。

一 八一四頁上二〇行「八千」，磧、南、徑、清作「八十」。

一 八一四頁中一行第四字及一一行第一三字「類」，資、磧、普、南、徑、清作「預」。

一 八一四頁中二行「鵂鷙鴝鵒」，資、磧、普、南作「鵂鷙」；麗作「鵂鶹」。

一 八一四頁中一五行「不可根」，資、磧、普、南、徑、清作「不可近」。

一 八一四頁中二一行「頂禮之」，麗作「頂禮足」。

一 八一四頁中末行「諸纏」，磧作「諸魔」。

一 八一四頁下六行「天王」，資、磧、普、南、徑作「天主」。

一 八一四頁下八行「德聚」，資、磧、普、南、徑、清作「德叢」。

一 八一四頁下二〇行末字「不」，南、徑、清作「下」。

一　八一四頁下末行「大天」，諸本作「大王」。

一　八一五頁中一一行「乳房」，磧、普、南、徑、清作「乳膀」。

一　八一五頁中一二行「手指」，諸本作「手拍」。

一　八一五頁中一八行第六字「畫」，資、磧、普、南、徑、清作「劃」。

一　八一五頁下六行「面月」，諸本作「面目」。

佛本行集經卷第二十八　　榮

三藏法師闍那崛多譯

魔怖菩薩品中

尒時彼等魔諸女輩善解婦女妖幻之事更復別為餘誑惑法媚乱菩薩而說偈言

初春佳麗好時節　果木林樹悉開花
如此美景可歡娛　仁色豐盈甚端正
現今幼年情逸蕩　正是丈夫行樂時
欲求菩提道甚難　仁可迴心受世樂
宜觀我等天女輩　可喜形貌柔軟身
以諸瓔珞自莊嚴　誰今能得如是體
仁感得已何不受　我身香潔如蓮花
世間如此福德人　何故捨之而不用
頭髮光明紺青色　恒以雜種香澤熏
奇異摩尼為寶鬘　作花持以插其上
我等額廣頭圓滿　眉目平正甚脩揚
清淨等彼青蓮花　其鼻皆如鸚鵡鳥
口脣明曜赤朱色　或如頻婆羅果形
亦似珊瑚及胭脂　齒如珂貝甚白淨
舌薄猶如蓮花葉　語言歌詠出妙音
猶如緊陁羅女聲　兩乳百媚皆精妙

又復猶如石榴果　腰軟纖細如弓弝
脊膂寬博潤而平　猶如爲王頭頂額
雙髀爽白洪端直　其狀猶若爲鼻膞
兩脛正等纖而圓　清淨猶如鹿王蹲
足下平滿不斜凹　赤白猶彼蓮花輝
我等身體可喜容　如是衆相莊嚴具
技能一切皆備足　快解作諸種音聲
復巧歌儛悅衆心　諸天見我皆歡喜
悉各羨我生欲意　我等非是不樂仁
仁今見我何不貪　又如人覩金寶藏
捨離棄之遠逃走　不知財物是樂因
仁之心意亦復然　不識五欲之快樂
寂定安禪不取我　或可仁者是大癡
何故不受世樂情　涅槃道路甚懸遠

尒時菩薩諦心熟視諸魔女目不暫捨正念微笑斂攝諸根定其身體無愧無慙不急不緩端直安住猶如須弥心意不傾自餘方便智慧之門往昔已曾攝伏一切諸煩惱患哀愍言音過於梵響猶如迦羅頻伽鳥聲以偈語彼諸魔女言

彼諸世間五欲等　多苦多過衆惱纏
由煩惱故失神通　無明陷墜墮黑闇

衆生受之不知足　我久捨離諸煩牢
如猛火焼毒藥函　往昔已来早辟避
既飲甘露智慧水　自心覺了欲覺他
當說微密教法門　若今受此穢欲事
終不可能得此道　若人增長貪愛心
是則名為大愚癡　既自不能得自利
況復能利於一切　是故我今心不耽
世間五欲燒衆生　猶如劫火災万物
五欲猶如水泡沫　亦如幻焰無一真
虛假誑惑於凡夫　智者誰應樂此事
猶如童朦小兒輩　戲於自許糞穢中
迷惑愚癡無智人　見著種種諸瓔珞
觀已便生欲心想　頭髮根本從腦生
臭穢醜陋劇癰瘡　牙齒增長猶飲出
脣口耳鼻及眼等　一切皆如水上泡
腰髂脊背及尻臀　臭處不淨從血有
腹肚屎尿之囊袋　不淨諸物滿其間
是業皆從愛所生　辟如造輪為碾磑
愚癡受樂亦如是　若有一切諸智人
分別是等衆患殃　此處不受如斯樂
身體日夜常流血　臭處不意以眼看
兩髀兩腨雙腳趺　筋骨相縛而立住
我觀汝等今如此　如幻如化如夢為

一切悉從因緣生　五欲无有真實德
五欲能失諸聖道　牽人將入悪道中
五欲猶如大火坑　亦如雜毒滿諸器
如瞋虵頭不可觸　此處愚癡多被迷
强作淨想攢生貪　五欲如受雇客作
與諸婦人作奴僕　捨彼淨戒行道心
及離智慧寂定禅　住於憒乱宣鬧裏
捨諸妙法取欲戲　彼人墮地獄不疑
是等諸幻我見来　以是意中不貪樂
欲求畢竟自在樂　亦教他人令共同
我以解脱彼世間　如虛空風不可縛
汝等魔女若滿此　世間一切諸衆生
我心終不分別之　蹔共汝等行五欲
我久已除瞋恚恨　愚癡貪欲一切無
諸佛大智聖世尊　心無有导如空體

尒時魔王波旬女等善解女人幻惑之法，更加情態，益顯憍姿，莊嚴其身，亦現美妙音辭巧便，来媚菩薩，而有偈說：

魔王波旬有三女　可愛可嬉喜見儔
在諸女中最尊豪　魔王教令善嚴飾
速疾往詣菩薩所　現諸幻惑作嬌姿
使身猶如弱樹枝　婀娜隨風而擺動

在於菩薩前向立　歌儛口唱如是言
仁善釋子當作王　云何坐彼大樹下
此盛上春妙時節　男女合會生喜歡
猶如諸鳥自相娛　欲心一發難止息
時至且可共受樂　何故守心不觀我
我等今者復以来　宜應同行稱心適
彼聖猶如日初出　億劫行諸行積功
其心不動如須弥　妙音清澈猶雷響
行步安庠若師子　語言利益多所成
世間衆生不思量　恒為諸欲起鬪諍
既起鬪諍便言訟　如是无智等諸人
常為如此苦惱煎　智人知之不隨順
掮棄出家而遠離　處於山林以自娛
我今時節已現前　欲證常住甘露法
先須降伏彼魔衆　然後當成十力尊
其魔波旬諸女等　更白菩薩如是言
仁者面目如淨花　願聽我等諸語說
但且受於世王位　自在最勝上尊豪
若卧若坐及起行　作妙音聲無斷絕
菩提極果甚難得　況復諸佛智慧身
解脫正路行涉難　仁見有誰能到
是時菩薩復報彼　我當決定作法王
於天人中自在尊　轉妙法輪無有上

具足十力無所畏　在於三界獨巍巍
諸學无學弟子群　千億万數圍繞我
口常作如是讃歎　大聖出興除世疑
我當為彼説法時　進行處處隨心意
是故我於世間内　不樂一切五欲歡
魔女復白菩薩言　仁今少壯甚可惜
衰朽年老時未至　色力強盛且恣情
必其羸瘦不能堪　乃可捨此身端正
我等華容恣三五　正是仁者好良朋
五欲嬉戲宜婉妍　何故乃然猒離我
仁今若不見容受　我等隨逐終不辭
菩薩復更為説言　今日既得人身體
努力遠離於諸難　勤求入彼甘露門
能捨世間苦難時　則離人天一切難
及今老病死未至　諸惡鬪諍復不興
我等速疾應當行　早離於斯諸難處
常住寂然無畏所　是彼真實涅槃城
尒時魔女復説偈言
仁在天中如釋天　左右端正諸天女
焰摩兜率及化樂　他化自在并魔宮
具足翫好无所虧　但受五欲莫寂滅
尒時菩薩以偈報言
五欲如霜不久住　亦如秋雲雨轉時

汝女可畏如虵瞋　帝釋夜摩兜率等
悉屬魔王不自在　欲事百怨何可貪
尒時魔女復説偈言
仁可不見樹木花　諸蜂諸鳥雜音響
地生青色柔軟草　復出種種諸妙林
緊陁諸天作伎聲　如是妙時可受樂
尒時菩薩以偈報言
樹木依時着花果　蜂鳥飢渴取氣香
日炙至時地自乾　昔佛甘露不可盡
尒時魔女復説偈言
仁者面色猶初月　觀我顔皃似蓮花
口齒槃白清淨牙　如此妙女天中少
況復世間仁已得　身心柔順不相違
尒時菩薩以偈報言
我觀汝體不淨流　諸蟲周匝千万孔
不牢諸惡遍身滿　生老病死恒相隨
我求世間最上難　真正不退智人道
彼見六十四種巧　手動瓔珞璣耳璫
被欲箭射微笑言　聖子去何不顛倒
諸有見患大仁者　見美五欲猶毒餅
利刀塗蜜截舌傷　欲如虵頭火坑穽
如人師子行風動　樹木山壁悉崩頽
我今威德離欲中　棄捨汝等猶如彼

其諸魔女出百伎　衒惑菩薩不動移
菩薩如為師子王　猶如須弥住無動
彼等誘誑既不得　心生慙愧各低頭
恭敬歡喜讃歎言　尊面淨如蓮花潔
亦如醍醐及秋月　巍巍光照若金山
心所求者願當成　自度度他千萬衆
尒時波旬諸魔女等力既不能幻惑
菩薩心生愧恥各自羞慙相與曲躬
礼菩薩足圍遶三匝辟退而行安庠
還向魔波旬邊到已即白父如是言
父王不應舉意向於彼衆生所造作
怨讎何以故我等昔来不曾見有如
是衆生在欲界中作是恣態媚惑之
事顯示於彼不轉移動又復我等作
欲事時必得枯乾一切人意猶如旱
時諸草木等必令焦滅猶如春時酥
置日下自然融消今此丈夫何緣獨
尒是故父王唯願莫共彼作怨讎即
向其父而説偈言
彼形過於瞻蔔色　无邊威德勝名聞
不動猶如大山王　頂礼已訖今来至
我當委具説其事　彼眼色如優鉢羅
微笑觀我心不移　面皃清淨視无瞬

不瞋不恨無欲想　觀我等如幻化為
假使須弥倒地崩　星宿日月悉墮落
大海枯涸水滅盡　彼見欲患心不迴
語言微妙令人歡　觀我慈悲無欲想
見我無有瞋恚意　思惟我體不似癡
察我意行及身體　審諦思惟婦女患
是故心不行五欲　離欲無欲誰能知
非是人天所度量　我等現亦婦女諂
彼心若有欲心者　心意消滅如乾柴
而觀我等心不欲　猶如山王安止住
百福莊嚴功德智　具滿檀度戒行圓
千億劫行梵行来　清淨衆生大威德
我等頂礼彼金色　决定無疑降我魔
必當證正覺菩提　我等不願為怨結
此陣難擊我難勝　欲降伏彼亦大難
父王但觀虗空中　菩薩多衆他方至
種種瓔珞莊嚴體　恭敬重心礼彼尊
曼陁羅花等雨雲　作妙偈頌歎於彼
十方諸佛皆遣使　持雜種妙甘露食
有識衆類悉皆来　無情諸山及雜樹
須弥山神并帝釋　頂礼向於功德林
是故父王非是時　我等宜應還本處
尒時魔王即說偈言

凡人渡河到彼岸　欲得拯物必断根
若作怨結須竟頭　諸所為事不可悔
時魔波旬不納長子商主勸言亦復
不受已之諸女諂諫之語身即自往
菩提樹所到菩薩邊到已即白菩薩
是言汝釋沙門今何求故来在於此
多毒悪龍雲雨野狩可畏可驚黒夜
處所獨自入斯林樹下坐汝之比丘
可不畏彼一切諸怨賊盜之人
時菩薩報魔波旬言魔王波旬我今
欲求寂滅涅槃往昔諸佛所行之處
最上無畏諸有盡處以求是故獨自
在此阿蘭若中樹下而坐
尒時魔王即便以偈白菩薩言
沙門汝獨在蘭若　苦行所希者甚難
具足方便老仙人　禪定失已並皆退
况汝年少時盛壯　来此勝妙何因由
尒時菩薩復以偈報魔波旬言
往古諸仙苦行者　精進勇猛未甚深
彼福報善力不強　我昔持戒擔牢固
波旬我若不證道　終不捨於此樹林
尒時魔王復說偈言
我於欲界最為尊　帝釋護世皆由我

修羅緊那龍王等　阿鼻以来皆我民
汝亦在於我界中　速起自憶離此樹
尒時菩薩復以偈報魔波旬言
汝於欲界雖自由　决定法界無自在
唯知地獄餓鬼等　然我今非三有人
得道必破汝魔宮　當令汝後失自在
時魔波旬復語菩薩作如是言釋子
汝速起離此處定當必得轉輪聖王
治四天下作大地主具足七寶乃至
統領一切山川釋子汝可不憶往昔
實語諸仙如是言耶記汝當王宜速
起作自在世主若起作者所謂威德
最上無比如法住於治化之中得一
切國所有人民皆来渴仰恭敬供養
又汝釋子身體柔軟小来長養於深
宮中今此曠野林内少人多有諸狩
雄猛可畏獨自無伴恐損汝身我恒
憂愁釋子汝今疾離此處還向本宮
難得已得五欲微妙悦目適心慎莫
不受汝今雖欲求彼難得無上之道
釋子未知然其菩提甚成難得徒疲
勞耳作是語已默然而住
時菩薩報魔波旬言魔王波旬汝今

不須作如是語已是故我意不樂五欲之事魔王波旬我久已知五欲諸患一躭五欲不可知足蹔時受樂不得久停无常苦空無我不固猶草上露如舐舌頭可畏難觸猶如骨聚疽惡不淨猶如肉片諸狩共貪相爭相煞猶如樹上成熟之果不久著枝如夢如泡如幻如焰無有真實如羊囊中所覆之火忽然燒人魔王波旬我今欲證無為之處波旬汝知我既已捨四天下中豈樂之處及以七寶又魔波旬辟如有人以食妙食還復吐却後更欲食无有是處如是如是我今已捨如上果報此是難事如彼人吐既不更食我豈還宮魔王波旬我今不久定取菩提當得作佛盡於生老病死等患波旬汝還本所来處不用住此汝多湯言無利益言愚癡人言時魔波旬復更如是思惟念言此人不可以五欲事誑之可得我今當更設餘方便以美言辭慰喻彼心而遣其去時魔波旬如是念已白菩薩言仁甘蔗種沙門釋子速起速起仁自小來未見戰鬪戰鬪刀兵甚可怖畏仁者但行自家王法此陣敵事非仁所堪又仁莫共他作怨讎若結怨嫌長夜瞋恚欲癡貪等濁穢心識不可解脫色受想行識等諸陰仁速疾迴此不善心不正見身沙門釋子仁至家中作无遮會別以王法降伏世間治化天下受金輪位莫戀嫪此為戰鬪傷仁還自宮是大威勢福德之子如此王路可喜端正往昔諸王所共歎美國土廣大統四天下一切充足諸事不少仁既生在大王深宮今日剃鬚作比丘身不合如此作於乞士仁復何用為沙門形貧窮活命王種釋子我憐愍仁故作是語亦不強遣起離於此但意不忍使仁作惡而說偈言

死命可畏刹利種　宜捨解脫還本宮
立義弓箭治世間　今受樂後生天上
此路得名遍一切　往昔諸王皆共行
仁今既生王種中　不合沙門乞活命

時魔波旬如是言已菩薩諦視矚然不從既不動身亦不移坐心自如是思惟念言嗚呼波旬汝不見自利非是為我如是念已語波旬言魔王波旬我今已坐金剛牢固結加趺坐甚難破壞為欲證彼甘露法故魔王波旬汝欲所作隨意即作所能堪辦隨意即辦時魔波旬瞋發懊惱語菩薩言謂釋比丘汝今何故獨坐在此蘭若樹下魔出如是虛吼之聲汝意云何我安坐也或言猶如坐於城內自言牢防四壁圍遶今汝比丘可不見我所率領来四種兵衆象馬車步諸雜軍等幡旗麾纛羽蓋旌旗多諸夜叉悉食人肉善解神射各把鞆弓執持利箭槊牟鉤戟刀棒金剛鬪輪斧鉞種種諸仗駕千万億象馱馬車放大吼聲虛空充塞其外復有无量諸龍各各皆乘大黑雲隊放閃電雹霧霈乱下

時魔波旬從其腰間拔一利劒手執速疾走向菩薩口唱是言謂釋比丘我今此劒截汝身體猶如壯士斫於竹束而說偈言

我此寶劒甚剛利　今在手中汝好看

沙門汝若不急奔　當斫汝身如竹束
尒時菩薩報魔王言
一切魔王滿此地　手悉執刃若須弥
彼等不動我一毛　況能割截我身體
魔王汝若有大力　令我欲證取菩提
汝若能障我不聽　速作莫住隨汝意
尒時菩薩說是偈已復語魔王作如是言汝魔波旬若諸衆生有千万億悉如汝身盡力来此作我障㝵欲妨菩提令我不得取阿耨多羅三藐三菩提證者我終不起離於此處餘樹下坐

時魔波旬語菩薩言釋種比丘汝昔在於優婁頻螺聚落處所居連河邊發精進心六年苦行不惜身命猶不得證阿耨多羅三藐三菩提亦復不得寂上解脫況乃今捨彼精進意退失禪定生懈怠心而承望得

時菩薩報魔波旬言魔王波旬我昔初發精進之心故坐彼間阿蘭若處調伏自心我今成就精進勇猛又昔六年苦行之時快生疲惓今日不然汝魔波旬今諫於我如是之事非是憐愍若有憐愍豈如是言汝既已發如是之心我今定當自得解脫又令他人當得解脫魔王波旬我决證彼阿耨多羅三藐三菩提决當得彼微妙解脫

時魔波旬既聞菩薩如是語已心大憂愁悉捨一切勤劬之力復如是念我今美言美語慰喻不可令起此道樹下其發擔重既不可以好言令動今宜嚴勒恐怖訶責戰鬪割截令其心驚急起而走

時魔波旬如是念已語菩薩言汝釋比丘我既語汝真正之言汝不取我如是好諫不速起走向他方者汝必癡也汝之今日必見不善

時菩薩語魔波旬言魔王波旬我昔在於母胎之時汝等猶尚不能與我作諸障㝵況復今日魔王波旬汝速還去向所来處從昔已来既不畏汝今亦無畏尒時菩薩向魔波旬而說偈言
虛空刀杖雨我身　寸寸節節割我體
我若不渡生死海　此菩提樹終不移

時魔波旬語菩薩言汝釋比丘今若然者由汝未見魔之軍衆所以者何我之魔軍身著牢固剛鞕鎧甲手執種種兵戎器仗雨汝身上當於尒時汝釋比丘自應速起離此樹下来到我所必當口唱如是言語魔王汝可與我歸依汝之比丘未覺未知我作神通是故汝坐彼師子座作師子吼汝釋比丘但早起何須今日口自虛唱作師子吼而說偈言
我有兵馬爲等軍　善解鬪戰諸神將
身帶鎧甲手執仗　令汝有命可速馳
於後求我護甚難　我雖欲救不可得
尒時菩薩語波旬言魔王波旬四大海水及此大地可移餘處日月星宿可從空中墮落於地須弥大山可作百段亦可大地及須弥山擧將上天亦可大地及須弥山覆令顛倒可以乾土壅恒河水不聽其流我今此心不可遮制不可移轉離於此處何以故魔王波旬如我往昔修行行時如我身力禪定戒行種種諸力如是波旬若天若龍無有過者無有勝者我

以往昔行菩提行億百千劫成就滿足時菩薩向魔王波旬而說偈言

淨居諸天是我眾　智力為箭方便弓
我今降伏汝不難　猶如醉象蹋枯竹

時魔波旬從菩薩聞如是語已瞋恚增上瞋已復瞋遍滿其體普喚夜叉羅刹等言謂大善將亂眾赤眼汝等速來將諸山石樹木弓箭刀劍金剛杵棒𥎞伞槊戟斧鉞種種器仗雨於刹利釋子頭上悉令墮落如霰而下尒時夜叉大善將等聞魔波旬如是言已即便莊束四種兵衆悉著鎧甲將諸器仗速疾而來無量千万夜叉羅刹及毗舍遮鳩槃茶等種種形容種種狀貌種種顏色種種執持變現可畏顛倒身首異種叫呼可惡聲氣或有象面或有馬頭或駱駝首牛及水牛或驢或狗或羊猪狼師子虎豹犲熊羆兕犀牛水獺猫牛獼猴狐狸野干猫兎麞鹿如是等形及諸鳥面復有摩竭黿魚等首或有虵頭諸雜虫身為頭馬身馬頭為身駝頭牛身牛頭駝身或水牛頭驢騾之身或復

驢頭水牛之身狗頭猪身猪頭狗身或羖羊頭犲狼之身或犲狼頭羖羊之身或師子頭虎豹之身或虎豹頭師子之身或獞猫頭熊羆之身或熊羆頭獞猫之身或犀牛頭水獺之身或水獺頭犀牛之身或猫牛頭獼猴之身或獼猴頭猫牛之身或有玃頭野干之身或野干頭玃猴之身猫頭鳥身鳥頭猫身或摩竭頭黿鼉之身或黿鼉頭摩竭之身魚頭虵身虵頭魚身畜頭人身人頭畜身或復無頭唯空有身或有半面或復半身或有二頭唯止一身或復一身而有三頭或復一身而有多頭或復有頭而無有面或復有面而無有頭或復半頭而無有面或復半面而無有頭或復二頭而無有面或復無面而有三頭或復多頭而全無面或全無眼或唯一眼二眼三眼乃至多眼或復無耳或復一耳二耳三耳乃至多耳或復無手或復無辟或復一手二手三手乃至多手或復無脚或唯一脚二脚三脚乃至多脚及無足等

或頭顛倒或復挐頭或頭向下脚向於上手足顛倒剖截而懸或眼顛倒或眼凸出青碧可畏或有赤眼或眼出光或轉動眼或有耳𦖋或復有耳猶如山羊或耳如驢或樹為耳或獼猴耳或有魚耳或多種耳而是人身或鼻膈脖而身麁醜或復懸口或復懸舌或舌麁大或舌放光或復牙齒極甚長大身體短促或復牙齒出入參差或復牙齒猶如刀劍或復舌頭如刀劍形或懸腹肚或復無肚或復被髮或復無膝或膝如瓨或無有髀脚如覆鉢或如碓臼

佛本行集經卷第二十八

佛本行集經卷第二十八

校勘記

一 底本，金藏廣勝寺本。

一 八一八頁中五行首四字及六行至本頁下一五行，共三十二行另四字原版殘，以麗藏本補。

一 八一八頁中三行品名，徑、清作「魔怖菩薩品第三十一之二」。

一 八一八頁中四行「婦女」，資、磧、普、南、徑、清作「婦人」。

一 八一八頁中一一行「柔軟」，資作「輭懦」；磧、普、南、徑、清作「軟愞」。

一 八一八頁中一六行第一二字「插」，資作「揷」。

一 八一八頁下三行「髀耎」，資、磧、普、南、徑、清作「腟柔」。

一 八一八頁下四行第七字「圓」，磧、普、南作「蹲」。同行末字「蹲」，磧、普、南作「團」。

一 八一八頁下五行「彼蓮花粺」，資、南、徑作「彼蓮花糴」；磧、普、清作「如蓮花糴」。

一 八一八頁下一五行「魔女」，磧、普、南、清作「魔女言」。

一 八一九頁上八行第一二字「災」，資作「焚」。

一 八一九頁上一七行「囊袋」，徑、清作「一袋」。

一 八一九頁上一九行「受樂」，資、磧、普、南、徑、清作「愛樂」。

一 八一九頁中一〇行第一二字「令」，麗作「今」。

一 八一九頁中一七行「憍姿」，磧、普、南、徑、清、麗作「嬌姿」。

一 八一九頁中一八行「示現」，麗作「亦現」。

一 八一九頁下三行「此盛」，徑作「比盛」。

一 八二〇頁上八行第四字「瘦」，資、磧、普、南、徑、清作「病」。

一 八二〇頁上一〇行「娷妍」，資、磧、普、南、徑、清作「便妍」。

一 八二〇頁中一三行「世閒」，徑作「世問」。同行「柔順」，資、磧、普、南、徑、清作「承順」。

一 八二〇頁中二一行「利刀」，麗作「利刃」。

一 八二〇頁下四行「尊面」，磧作「能面」。

一 八二〇頁下五行第一二字「若」，資作「苦」。

一 八二一頁上六行首字「祭」，磧、普、南、徑、麗作「祭」。

一 八二一頁中一七行「來此」，諸本作「求此」。

一 八二一頁下二一行「甚成」，磧、普、南、徑、清作「甚誠」。

一 八二一頁下末行首字「時」，資、磧、普、南、徑、清作「尒時」。

一 八二二頁上一行「已是」，諸本作「何以」。

一 八二二頁中八行「嫪此」，資、磧、普、南、徑、清作「勞此」。

一 八二二頁下一五行「放大」，磧作

「放火」。

一　八二三頁上一〇行第三字「令」，普作「令」。

一　八二三頁下九行「早起」，諸本作「早速起」。

一　八二四頁中七行「猨頭」，資、磧、普、南、徑、清作「猨猴頭」。

一　八二四頁下四行「耳韠」，資作「耳恀」；磧、普、南、徑、清作「耳哆」。

一　八二四頁下七行「⿰月扁睇」，資、磧、普、南、徑、清作「匾⿷匚虒」。

佛本行集經卷第二十九　　禁

隋天竺三藏闍那崛多譯

魔怖菩薩品下

尒時魔衆如是異形或乘白象或復騎馬或乘駱駝水牛犀牛諸車乘等四面雲集或似脩羅類迦婁羅或復有如摩睺羅伽及鳩槃茶羅剎夜叉并毗舍遮伺命鬼等或復身體羸瘦長大猶如餓鬼或有多種異狀形容或有面孔威德甚大或頭如索或有大頭或有小面或有皺面或有異形令人見者喪失威色或見奪人魂魄精神或面色青或復身體色如赤銅或復頭赤身體青色或復頭黃身如烟色或頭似烟其身黃色赤頭黑身黑頭赤身白頭綠身綠頭白身或頭左白而右邊綠或右邊白而左邊綠或復身體頭面左右一切皆然

或復全身唯現骸骨或頭髑髏身肉肥滿或頭面肉身露骨骸或人手足畜生之身或畜生脚而作人身或有身毛悉如針刺或有身毛猶如猪鬣或有身毛類於驢騾或毛如羆獼猴

鼠狼或有身毛出於光焰或毛乱生或毛逆上或有頭髻或禿無髮或著赤衣腰帶雜色或復頭上戴髑髏鬘或一頭上髮雜灰色青黃赤白烟熏之色髑髏為冠如是形狀雲集而来或手執持佉吒傍伽(隋言床四分之一床脚之一杖脚)或有腰帶懸於諸鈴動作大聲而其手中執人髑髏或人骸骨以為花鬘或復手執死人手足或復執鈴手搖令鳴或有身體長大猶如一多羅樹手中執矛或劍或刀箭矟弓弩或手執戟或把三叉或棒或輪長刀利斧或持鐵杵頭出猛焰鐵槌白棒擎石如山

或著青衣黃赤白黑雜皮之衣或有赤體以虵纏身或從眼耳鼻出諸虵其虵黑色以手執取於菩薩前而口噉食或食人肉或有飲血或身體上出燧焠烟口出火炬或諸毛孔出一切火或腭出火迸散於地

或於虛空出大黑雲或虛空裏飛風散雨出大閃電震動雷聲空中下雹雨諸山石或下碎石霹靂大樹或有

節節自支解身或復張口或復拍手嚇呼欲令生於恐怖或作大聲口叫喚言速起馳走莫住此處或復化作老婦女身舉其兩手大聲而哭嗚呼我子嗚呼兄弟或復大笑或復周慞東西南北急疾奔走或復背走還向前来或忽然起或忽然飛於虛空中遊戲自在或復攀樹懸身而行或儛劍跳或弄槊戲長刀三叉斧鉞戟等手脚不住或如盛夏牛王唱吼或復作聲如尸婆獸或復空中作如是聲呵呵吰吰咮咮嘶嘶(許岐反)哪(居邪反)梨耶梨口如是嘯無復弄衣如是兵衆夜叉羅剎及鳩槃茶毗舍遮等无量無邊百千万億悶塞塡噎菩提樹前南至於海遍滿魔軍其間無有針鼻空地變狀可畏欲搦菩薩欲煞菩薩唯待魔王波旬一勑其等正向魔王面觀諸如是等一切鬼神逼菩提樹飢渴疲乏而意專欲煞害菩薩

其菩提樹東西及北三面无量淨居諸天遍滿停住復有無量色界諸天

合十指掌頂礼菩薩口如是言諸仁
者菩是今應證阿耨多羅三藐三菩
提或有諸天作如是唱剎利大姓甘
蔗種子速離此處此處恐畏有大畏
等種種器仗損害汝身
尒時菩薩報彼等言我今不久定當
彼輩悉令離散猶如風吹豔上細花
彼等一切諸魔鬼衆如是集時其夜
正半虛空無明雖復有月及以衆星
光並不現甚大黑闇假令有眼亦無
所覩唯見大火起疾猛風聲大可畏
大地震動四海悉沸而說偈言
四大海沸地震動　十方火焰聞惡聲
虛空星月翳不明　夜半黑闇無所見
時彼衆中有一龍王名曰持地彼龍
內心欲菩薩勝於魔王邊生瞋恨心
以惡意故悲其兩眼視魔波旬口吐
惡氣觸魔王身展轉不安
尒時上界淨居諸天欲菩薩勝於魔
王邊生慈愍心以漏盡故無復瞋心
是時彼處所有諸天其有信敬於菩
薩者在菩提樹見是魔衆遍滿於地
擾乱菩薩見已皆悉在虛空中口各

唱言嗚呼嗚呼而有偈說
菩提樹下集諸天　見魔衆欲害菩薩
信法世間解脫故　口大唱言嗚呼聲
尒時菩薩唯思念法心不擾乱亦復
不作餘異意情時菩薩語魔波旬言
欲界天子我身既是剎利族姓我之
種類不曾妄語唯有實稽汝何所作
可速疾為莫久停住時魔波旬語菩
薩言如汝所語我今欲得破碎汝身
作於百段為汝在前欲共我鬪為復
令我在前害汝時菩薩語魔波旬言
我無弓箭及以刀杖可所射汝其事
雖然但我即令必先降汝訖當作佛
尒時魔王波旬即勑自軍衆言汝等
各自盡身力用勇猛莫住恐怖於此
釋種之子現大變動恐怖之事時其
魔衆既得勑已白魔王言如大天勑
我等不違即便各各出自身力亦現
可畏恐菩薩故是魔衆中或有諸鬼
口吐長舌摇動顚頷牙齒甚利欲𪘲
菩薩其眼團圓猶如師子其耳拳曲
猶如鐵鉤欲傷菩薩狀甚可畏走向
菩薩作是恐怖或有張口仰立直視

欲吞菩薩而有偈說
魔衆如是可畏来　彼聖卓然不驚動
如大智見小兒戲　菩薩觀魔亦復然
時彼衆中更有一鬼主瞋恨心將一
長刀向菩薩擲而刀自粘彼手不脫
或有擎山及將大石向菩薩擲彼山
及石還粘其手皆不墮地或在虛空
將山將石將樹將槌斧鉞戟戈向菩
薩擲復有住在虛空不下或有下来
自然碎末百段分散墮於餘處或在
空裏猶如日天雨大火雨熾然雲下
而彼火雨菩薩力故即皆變成赤拘
勿頭華雨而下或復来有在菩薩前
口吐諸虵令螫菩薩彼等諸虵至地
癡住如被呪禁不能摇動
或作大雲放於閃電及震大雷雨雹
及石在於菩提樹上而放彼等雨以
菩薩力故至地變成種種華雨或持
弓箭向菩薩射其箭悉還著弦不落
或有一時放五百箭彼等箭還住空
不下或執長刀舉向菩薩而疾走来
然其未至於菩薩邊而自踣面覆倒
地上是時有一羅剎之女其身黑闇

手執髑髏欲来幻惑動菩薩心疾走而来欲近菩薩從其發處轉展圍繞不能前進到菩薩邊或有兩眼放大熾盛猛焰火光欲燒菩薩疾走来近至菩薩邊忽然不見菩薩之身或復有鬼將重大石疾向菩薩彼所来方走不能至菩提樹下極乏困苦而有偈說

魔軍身意悉乱迷　種種方便欲害聖
不能驚動彼坐處　以有誓願智力強

或復有作師子吼聲或作虎狼熊羆犲豹諸野獸聲而彼輩聲若有聞者无量衆生皆悉恐怖或有諸鬼作如是聲誅煞誅煞此釋種子或有諸鬼作如是聲擊撲擊撲此剎利子或有諸鬼作如是聲打煞打煞此沙門子或有諸鬼作如是聲傷害傷害此瞿曇種或有諸鬼作如是聲割截割截此甘蔗種或有諸鬼作如是聲碎末碎末此剎利種或有諸鬼作如是聲破散破散此釋種子或有諸鬼作如是聲摧壞摧壞此剎利子或有諸鬼作如是聲速滅速滅此沙門子或有

諸鬼作如是聲節解節解此瞿曇子或有諸鬼作如是聲隨意隨意逐便所作或有諸鬼作如是聲任情任情速作莫住如是喧動不可得聽此聲聞時空可倒地一切大地可段段分聞此聲時所有野獸皆大唱喚四散馳走一切諸鳥在所聞此聲吼之時皆悉從樹自撲落地時彼魔衆一切諸鬼或有作於哂哂聲者或復有作[口耶]（居耶反）梨聲者或作嘯聲或言斫斫或言斷斷或言煞煞或言割割或言破破或言節節或言解解如是惡聲不可勝數

其魔波旬即拔利劍手執前趁欲嚇菩薩疾走而進口中唱言汝釋比丘若安此座敢不起者我必害汝而彼魔王東西交過欲近菩薩不能得前是時魔王長子商主即以兩手抱魔王取口如是言父王父王願莫願莫父王會自不能得煞悉達釋子亦不能動此之坐處兼得无量无邊過罪時魔波旬不受其子商主之諫向菩薩走不肯還反

介時有一淨居天子在虛空中隱身不現見魔波旬以散乱心走惱菩薩天以定心出微妙音語波旬言汝魔波旬不自限量汝今不應擾乱此聖汝速疾捨幻惑惡心還本境界汝終不能搖動此聖所以者何猶如猛風不動須弥時淨居天向魔波旬而說偈言

寧令火失於熱性　水失潤澤住不流
地失牢固不勝持　風失吹動怙然靜
此无量劫行功業　終不捨此誓願心
見世困苦厄衆生　慳貪欲癡重病患
發慈悲愍并等故　欲以智藥顯聖醫
汝今何故作難難　一切人多墮邪道
彼今欲開正見眼　此是大聖解脫王
此是導失道商人　無明衆生墮黑闇
此欲然於智燈照　此聖欲入涅槃城
兼炬欲破世間昏　忍辱枝榦心根鞕
信念花葉意莖固　智樹能與法果資
汝今不應拔使傾　又汝今被癡繩縛
彼欲解脫汝等結　豈可於彼生惡心
彼求解脫欲教他　汝作障㝵徒疲乏
衆生沒大煩惱海　世間誰解作船師

佛本行集經卷第三十九　第十張　榮

彼欲建立大橋梁　汝今何故興此惡
其昔劫修諸道行　彼等果熟是今時
是故此樹下結跏　猶如往昔諸先聖
時魔波旬從彼淨居諸天邊聞如是語已起增上慢倍生瞋心復速疾走向菩薩所欲害菩薩

尒時彼處護菩提樹有八天神一名功德二名增長三名無畏四名巧習五名威德六名大力七名實語八名善會彼等八神仰瞻菩薩目睫不交一時同以十六種相讚歎菩薩作如是言

仁今寂勝清淨衆生光明照耀猶如天上日月在空

仁今挺特清淨衆生顯赫焰熾猶如空裏日天初出

仁今皎潔清淨衆生衆相開敷如緑池内紅蓮花發

仁今無畏清淨衆生奮迅自在如師子王處大林内

仁今安静清淨衆生不驚動如須弥山王出住海中

仁今清淨周匝顯現峙立猶如六鐵

佛本行集經卷第三十九　第十一張　榮

圍山牢固不動

仁今沉重審諦衆生衆德俻具猶如大海衆寶充滿

仁今含容意度寬廣日日增長猶如虛空無有邊際

仁今敦厚無諸邪曲心意正定猶如大地養育衆生

仁今心意无有垢濁具足猶如阿耨達池清淨之水俻八功德

仁今斷除一切諸結心意無染猶如大風不著諸世

仁今巍巍難可觀覩面目猶如猛火熾威遠離一切諸煩惱熱

仁今勇健剛勒衆生大力如彼那羅延天無人能伏

仁今精進歷劫熏修心意難迴猶如帝釋放金剛杵

仁今已得第一善利寂為一切衆生上首具足十力不久當成無上菩提

尒時守護彼菩提樹諸神王以十六種相讚歎菩薩章句如是一本闕讚

尒時色界淨居諸天復共同以十六種相毀辱魔王挫其勢力何等十六

佛本行集經卷第三十九　第十二張　榮　壽意

波旬汝今無有威勢猶如傳人被健兒伏妄言我勝

波旬汝今一身獨自無有伴侶猶如曠野被放逐人

波旬汝今一切軍衆諸力摧折如負重乏羸瘦老牛

波旬汝今愚盲織惡無有清淨如夜射箭墮不淨地

波旬汝今猶跛瞎驢東西浪行落邪嶮道如迷商人

波旬汝今眷屬離散身無精光猶如負草貧窮乞兒

波旬汝今威德實衰无處依止强作斱猾猶如癡人無有羞耻

波旬汝今造業不淨多有垢膩如無恩義孝德之人

波旬汝今被他駈趂猶如野干被師子逐不得自在

波旬汝今一切軍衆不久退散猶如猛風吹諸飛鳥

波旬汝今愚惑昬闇不知時節如死日到孤獨貧兒

波旬汝今眷屬退敗猶如散藥從於

踈漏有孔器出

波旬汝今不久當被禁制治罰猶如解理趂逐愚人

波旬汝今須臾被斷一切身力猶如罪人被他割截手足異處本闕二相

時首陁會一切諸天以如是等十六種相毀魔波旬摧其力已時護菩提樹之八神還復共以十六種相重毀波旬何等十六

波旬汝今不久之間被菩薩降猶如健兒被他賊煞一

波旬汝今被菩薩撲猶如怯弱羸瘦之人為大力士之所搥打二

波旬汝今被菩薩光之所覆蔽猶如日出障翳於彼小螢火虫三

波旬汝今被菩薩威自然退散猶如一把碎末麦麵被大風吹四

波旬汝今被菩薩怖失脚馳走猶如小獸被師子追五

波旬汝今被菩薩拔如娑羅樹為猛風吹合根倒地六

波旬汝今被菩薩破如怨賊城為大力王之所摧滅七

波旬汝今被菩薩竭如牛跡水為盛日干日之所乾涸八

波旬汝今被菩薩退伍頭直走如得罪人為他所煞忽然得脫九

波旬汝今被菩薩擾如野澤內遭大猛火飛鳥亂驚十

波旬汝今被菩薩伏心內憂愁如無法行忽失權勢下代國王十一

波旬汝今不久當被菩薩剥脫猶如無翅老病鴻鶴十二

波旬汝今不久當被菩薩減削如行曠野無粮食人十三

波旬汝今不久當被菩薩劫奪如人失船没於大海十四

波旬汝今被菩薩燋如劫盡時一切稠林樹木燼滅十五

波旬汝今不久當被菩薩崩倒猶如金剛打壞石山十六

是等天神以十六種毀魔波旬其魔波旬聞諸天神如是毀辱勸諫之時向菩薩走欲煞害故違天勸諫被諸天神之所毀辱猶不解心不還本宮更復增忿勑兵衆言汝等速起急疾

打散擁此仙人莫與其命是人今既自度彼岸於我界內復教無量無邊衆生出我之境我不放汝若汝自知得脫我手唯汝沙門速起馳走遠離於此菩提樹下則命久活不遭困苦

尒時菩薩報波旬言若當使此須弥山王崩離本處一切衆生悉无復有一切星宿及以日月墜落墮地大海乾竭我今已坐菩提樹下不可移動

魔復更瞋出麁惡言汝等捉此瞿曇釋子擎將飛行且緩莫煞速疾將向我微妙宮五縛枷鏁手著杻械遣守我門令我數見如是困苦多種厄難猶如惡奴

尒時菩薩報波旬言可此虛空將於妙色畫雜種形或復虛空及諸星宿并日月天墮落於地汝等諸魔滿足三千恐怖於我乃至樹下魔欲嚇我無有是處

佛本行集經菩薩降魔品第三十二上

尒時魔衆盡其威力脅菩提樹不能驚動菩薩一毛有偈說言

天魔軍衆忽然集　處處打鼓震地噪

吹螺及貝諸種聲　唱言子欲作何事
今見此魔六軍衆　何不起走離此中
汝今妙色如鑄金　面目清淨天人仰
如是身體不久壞　此大魔衆難可當
但看地上及虛空　諸種變現皆充滿
必欲共鬪恐不如　其若瞋忿或損身
梵音迦羅頻伽聲　告諸夜叉羅剎等
愚癡忿惱虛空體　今來怖我亦復然
能以金剛破山王　或用口吹竭大海
或猛瞋龍持手執　如是彼能動我心
魔衆憤怒放火山　拔樹并根歷亂擲
鎔銅赫赤星散注　或有手把惡毒虵
或騎馳馬白烏頭　或猫野干獼猴首
或瞋虵龍吐氣舌　或復霹靂閃電飛
雜雨土石雹金剛　或注鐵丸諸器仗
槊矛長刀三叉戟　或現金剛齒毒虵
落地打碎樹枝條　種種兵甲大叫吼
或有百辟射百箭　虵口吐猛焰火光
或捧鐵丸如須弥　或出可畏熾火雨
倒地劈裂徹泉下　或有寬身前後圓
或在左右及足邊　顛倒手脚放烟火
忽然還復口大笑　如是可畏諸魔軍
菩薩見如幻化為　如是魔力應棄命

彼見猶如水中月　亦復非真男女形
非我非命非衆生　眼耳鼻口身意等
內外因緣各自有　是諸法尒造無人
我作如此語非虛　不信當更作言誓
如我今見於彼等　欲得恐怖於我來
諸法體性及我身　一切悉空無有實
是時魔軍夜叉衆等以諸形具種種身體如是恐怖菩薩之時菩薩尒時不驚不怖不動不搖而彼魔王波旬更復增瞋恚心內懷愁憂遍滿其體不能自安而有偈說
魔家眷屬大可畏　各作種種恐怖形
見彼菩薩不驚惶　波旬心愁剩瞋恨
尒時菩薩作是思惟此魔波旬不受他諫造種種事而不自知我今可以如法語言斷其一切諸惡法行菩薩如是心思惟已語魔波旬作如是言魔王波旬汝善諦聽我本來此菩提樹下創初之時將一把草鋪已而坐所以者何恐畏後時共魔波旬成於怨讎鬪諍相覓惡口罵詈汝魔波旬造諸惡行无有善心我今欲斷汝魔波旬一切怨讎欲滅汝等一切惡業

汝魔波旬若欲生於怨恨之心作如是念何故菩薩坐此樹下將草作鋪著糞掃衣汝心如是妬嫉此事汝魔波旬且定汝意我若成就阿耨多羅三藐三菩提後取如是等一切諸事付囑於汝願汝迴心生大歡喜魔王波旬汝今心中亦有言誓我等必當恐怖菩薩令捨此座起走勿停然我復有弘大誓願我今此身坐於此座設有因緣於此坐處身體碎壞猶如微塵壽命磨滅若我不得阿耨多羅三藐三菩提時我身終不起於此處魔王波旬如是次第我等當觀是誰勇猛誓願力強有能在先成就此願或我或魔及汝軍衆若我福業善根力強我應成此誓願不虛是時菩薩向魔波旬而說偈言
汝昔施一無遮會　今得如是大威權
我於无量億僧祇　為諸衆生種種施
尒時魔王波旬復向菩薩而說偈言
我昔祭祀无遮會　汝今驗我既非虛
汝若千劫布施行　誰信此言欲降我
魔王波旬說此偈已是時菩薩不畏

不驚不怯不弱專注不亂以柔軟心
捨諸恐怖身毛和靡視瞻安庠伸其
右手指甲紅色猶如赤銅兼以種種
諸相莊嚴具足无量千万億劫諸行
功德善根所生舉手摩頭手摩頭已
復摩脚趺摩脚趺已以慈愍心猶如
龍王欲視舉頭既舉頭已善觀魔衆
觀魔衆已以千万種功德右手指於
大地而說偈言
此地能生一切物　無有相為平等行
此證明我終不虛　唯願現前真實說
尒時菩薩手指此地作是言已是時
此地所負地神以諸珎寶而自莊挍
所謂上妙天冠耳璫手鐶臂釧及指
環等種種瓔珞莊嚴於身復以種種
香華滿盛七寶餅內兩手捧持去菩
薩坐不近不遠從於地下忽然涌出
亦現半身曲躬恭敬向於菩薩白菩
薩言我丈夫我證明汝我知於汝
往昔世時千億万劫施無遮會作是
語已是時其地遍及三千大千世界
六種震動作大音聲猶如打於摩伽
陁國銅鐘之聲震遍吼等如前所說

具十八相
尒時彼魔一切軍衆及魔波旬如是
集聚皆悉退散勢屈不如各各奔迸
破其陣場自然恐怖不能安心失脚
東西南北馳走當是之時或復白烏
頓蹶而倒或馬之卧或車脚折狼藉
縱横或軍迷荒不能摇動或復弩槊
弓箭長刀羂索劒輪三叉戟鑿小斧
鉞鈇從於手中自然落地又復種種
牢固鎧甲自碎摧壞去離於身如是
四方爭覓藏竄或覆其面踣地而眠
或仰倒地乍左乍右宛轉屍移或走
投山或入地穴或有倚樹或入闇林
或有迴心歸依菩薩請乞救護養育
於我其有依倚於菩薩者不失本心
時其波旬聞大地聲心大恐怖悶絶
躃地不知東西於上空中唯聞是聲
打某撾某捉某斫某煞某斷某黑闇
之行悉令滅盡莫放波旬

佛本行集經卷第二十九

癸卯歲高麗國大藏都監奉
勅彫造

佛本行集經卷第二十九

校勘記

一　底本，麗藏本。
一　八二七頁上三行品名下，徑、清有「第三十一之三」。
一　八二七頁上六行第六字「似」，諸本作「以」。
一　八二七頁上八行第五字「伺」，諸本作「死」。
一　八二七頁上末行末字「虩」，資作「獝」。
一　八二七頁中一行第一二字「熊」，資、磧、普、南作「羆」。
一　八二七頁中一二行第九字「稍」，資、磧、普、南、清作「東」；徑作「鎙」。
一　八二七頁下一六行第六字「悶」，資作「側」。
一　八二八頁上七行第一一字「氈」，資作「縶」。
一　八二八頁下一二行第三字「火」，

磧、普、南、徑、清作「大」。

一　八二九頁上二行「圍欒」，磧、普、南、徑、清作「圍𪓟」。

一　八二九頁中一三行第三字「勝」，諸本作「稱」。

一　八二九頁中一九行第二字「取」，諸本作「身」。

一　八二九頁下一〇行第六字「勝」，諸本作「昇」。同行「怗然」，磧、普、南作「帖然」。

一　八二九頁下一八行「枝㯷」，磧、普、南、徑、清作「枝幹」。

一　八三〇頁上二一行第一一字「動」，諸本作「不動」。

一　八三〇頁上末行「峙立」，諸本作「跱立」。

一　八三〇頁下一行「儜人」，諸本作「獰人」。

一　八三〇頁下四行第五字「逐」，諸本作「患」。

一　八三〇頁下六行第二字「乏」，諸本作「之」。

一　八三〇頁下末行第八字「敗」，諸本作「散」。

一　八三一頁上一一行末至頁中一八行末記數「一……十六」，徑、清無。

一　八三一頁上一七行第六字「趙」，資、磧、普、南、徑、清作「赴」。

一　八三一頁中五行第一三字「遭」，磧作「違」。

一　八三一頁中八行第八字「代」，諸本作「伐」。

一　八三一頁中一一行第一一字「減」，資、普、徑、清作「滅」。

一　八三一頁中一七行第一一字「崩」，資作「摩」。

一　八三一頁中二一行「違夫勸諫」，諸本作「依實勸請」。

一　八三一頁下四行「馳走」，資、磧、普、清作「馳去」。

一　八三一頁下二〇行品名，徑、清作「降魔品第三十二之一」。

一　八三二頁上一二行首字「鎔」，磧、普、南、徑、清作「融」。

一　八三二頁上一六行第一二字「齒」，磧、普、徑、清作「嚙」。

一　八三三頁上一四行第一〇字「鏁」，資、磧、普、南、清作「璅」。

一　八三三頁上一七行第一三字「涌出」，磧作「踴出」。

一　八三三頁中一八行第二字「某」，諸本作「其」。下同。

佛本行集經卷第三十　榮

隋天竺三藏闍那崛多譯

菩薩降魔品下

尒時彼處別有地神將於一缾涼冷之水灑魔王上而告之言汝魔波旬速疾急起走向自宮今為汝故當有種種器仗欲來害於汝身節節解汝而彼魔衆本時所作雜類形容殊異身體變現而來執持種種兵戈器械如是怖已不能復形還如是歸至本來處各相迷失經由七日於後或有得相見者或不相見其相見者各相借問或復哭母或復哭父或兄或弟或姊或妹互相謂言我等今者值此大厄是我等殃我等今得本命而還深是我等不可思議而有偈說

菩薩右手百福嚴　諸指網羅赤紅甲
掌內千輻輪相炳　閻浮金光妙色光
以手安摩摩頭趺　如是掌下似雲電
口言大地汝明我　往昔無數劫修行
所有來乞曾不違　水火風神皆驗實
梵天帝釋幷日月　十方諸佛悉鑒知
如我苦行求菩提　布施持戒精進忍

禪定智慧等六度　及四无量諸神通
如是次第助道因　一切熏修盡皆證
十方我作諸功德　般遮于瑟及檀那
汝魔万分無一毫　是時以手指此地
其地震聲若鍾響　六種涌沒海波濤
魔覩倒地悶不穌　或有空音唱縛撮
雖降面失於光色　自知不及菩薩威
搥胷大哭唱叫聲　身體疲乏无歸處
東西南北縱横走　心迷悶絶無有情
象馬車兵力悉摧　鳩槃眈舍遮羅刹
自然驚怖悉星散　退走求道各迴遑
如鳥在澤被火飛　父母兄弟姊妹女
兩兩相求不知道　各問汝今何處停
設得相見迭相嫌　俱去厄至恐失命
彼諸魔衆無億數　忽然消滅似散雲
如是苦經七日中　後遇相逢唱言活
我等心今大歡喜　時彼菩提樹大神
慈心將冷水一缾　灑於魔上作是說
速起莫住隨心去　汝今若不取我言
後值厄難當分甘　夜叉羅刹鳩槃等
摩睺羅伽及毗舍　世間所有可畏形
魔王率將樹下來　欲墜恐怖於菩薩
端正容顏諸相滿　功德具如千日光

心不驚動猶須弥　觀彼魔衆如幻化
諸法無異無分別　如星如露如浮雲
法相如是正思惟　安心善住結加坐
若有我心彼聞見　如是邪念則生貪
癡人作是著我時　以心念故見恐怖
釋迦牟尼大尊者　觀於諸法平等如
十二因緣相續生　心意境界空无實
見諂曲魔不驚動　乏頓無利身體疲
木石刀杖悉棄擲　眷屬馳走無依怙

尒時魔王波旬長子名曰商主即以頭頂礼菩薩足乞求懺悔口唱是言大善聖子願聽我父發露辤謝凡愚淺短猶如小兒無有智慧我今忽來惱乱聖子將諸魔衆現種種相恐怖聖子我於已前曾諂父言以忠正心雖有智人善解諸術猶尚不能降伏於彼悉達太子況復我等但願聖子恕亮我父我父無智不識道理如是恐怖大聖王子當何取生大聖王子願仁所擔早獲成就速證阿耨多羅三藐三菩提

尒時所有一切諸天向於菩薩生信

行者若虛空中及在地上或復諸方
彼等悉大歡喜踊躍遍滿其體不能
自勝以歡喜心口唱是言唎唎啝啝
梨梨其聲遍滿四方虛空震吼響徹
弄諸衣服嗚呼希有菩薩今已降伏諸
魔及魔軍衆以作天樂以作天歌讚
歎菩薩復將天花曼陁羅花摩訶曼
陁羅花曼殊沙花摩訶曼殊沙花優
鉢羅花拘勿頭花鉢頭摩花分陁利
花以天栴檀細末之香散菩薩上散
已復散雨而更雨有偈說言

菩薩既降伏魔王　此之大地六種動
衆生没在无明暗　六聖神光普照明
天地開朗日月輝　猶如婦女莊嚴面
虛空下種種花雨　曼陁羅等及餘花

尒時復有無量無邊諸餘天等千万
億數娑婆世主大梵天王及帝釋等
皆大歡喜乃至遍體不能自勝合十
指掌頂礼菩薩口作是言今此聖者
必證阿耨多羅三藐三菩提是時其
處菩提樹下相去不遠有一龍王名
曰迦羅即便以偈歎菩薩言

如我昔覩佛日興　還如此處菩提樹
作大神通希有事　善巧方便降魔王
世尊今者亦復然　鋪草結加安隱坐
心不攀緣正意住　曾無一念暫時驚
如是勇猛大精進　決定取勝牟尼佛
而此大地六種動　其響震吼如鍾聲
東西南北涌復潜　不久必成大勝覺
虛空閑塞諸天衆　百千万億那由他
唱聲微妙心喜歡　仁今必作大妙聖
諸天万億不可數　各弄衣服滿虛空
如是預相無有邊　仁今作佛成大聖
千万那由他天衆　在空頂礼合掌恭
此之先應難具言　仁今作佛大尊覺
天諸童子億千万　喜歡手執妙天花
於仁者上雨花雲　仁今作佛世尊勝
周匝菩提樹林木　枝頭皆向尊屈伍
此諸瑞相非一條　仁今作佛大尊極
仁既降伏天魔衆　可畏音響及殊形
悉以慈力攝化周　仁今作佛大尊稱
迦羅龍王歎佛已　心生快樂大喜歡

佛本行集經成無上道品第三十二

尒時菩薩既已降伏一切魔怨拔諸
毒刺建立勝幢坐金剛座已滅一切
諸世間內諍鬪之心滅諍鬪已內外
調伏心清淨行為令一切世間衆生
作利益故為令一切世間衆生得安
樂故為令一切諸惡衆生發慈心故
為斷一切諸惡衆生結垢行故自已
滅除睡眠纏蓋心得清淨光明現前
正念圓滿亦教衆生令斷一切睡眠
覆障自已斷除一切調戲得清淨心
無有濁乱亦教衆生令滅一切調戲
之心使得清淨自斷一切疑悔之心
離暗槃行於諸善惡一切法中無有
疑滯得清淨心

尒時菩薩得斷如是五種心已煩惱
漸薄所以者何此等五法能為智慧
作覆障故能為智慧作不佐助遮於
涅槃微妙善路如是一切悉皆棄捨
離諸欲心及不善法分別內外思惟
觀察一心寂定欲證喜樂入於初禪
法中而行

尒時菩薩如是思惟我今已證初增
上心現得安樂微妙之法心不放逸
應當正念捨離聚落依阿蘭若所行
法者盡今得之是時菩薩欲捨一切
諸分別觀清淨內心一無分別從三

眛生歡喜樂已證第二禪法中而行
尒時菩薩復如是念我今已生此二增心乃至捨離一切諸惡成衆行已入二禪時菩薩厭離歡喜捨行清淨正念正慧身受安樂如聖所歎捨於諸惡已得安樂如是增上證第三禪法中而行
尒時菩薩復如是念此我第三增益之心乃至在於蘭若行者是時菩薩欲捨樂欲捨苦如前所捨分別苦樂无苦無樂患捨正念清淨證第四禪法中而行
尒時菩薩復更思惟此我增心第四現見法安樂行已得證知心不放逸善男子應正念一心在阿蘭若寂靜而行
尒時菩薩如是一心清淨無垢無障無翳一切苦患悉皆除滅調和柔軟可作諸業已住决定其夜初更欲成身通受於種種神通境界所謂一身能作多身復合多身還作一身作一身已於虛空中上没下出下没上出隱顯自在撗過亦然穿過山崖石壁無㝵應念而行入壁便出出已還入譬如霧中没已即現現已還没入地如水履水如地出没虛空猶如飛鳥或放烟熏或出光焰如大火聚日月威德最大巍巍能以手掌而捫摸之現長大身乃至梵天譬如工巧巧師弟子取清淨金作諸器皿隨意即成亦分别知彼價貴賤如工瓦師瓦師弟子成就湼團置於輪上欲作何器即便得成亦知其價如善木師木師弟子伐取樹木不腐不枯欲作何器即能得成亦知其價如為牙師牙師弟子得好爲牙欲作何器即能作成亦知其價如是如是菩薩亦然如是成就清淨之心無濁穢心無隔㝵心無患累心柔和軟心成就業心真寂定心於夜初更修習造作種種神通成就智心出現種種神通境界所謂一身作於多身略說乃至身至梵天菩薩心得如是寂定如是清淨如是無垢如是無翳除滅一切煩惱患累造諸業已心得寂滅
尒時菩薩還於是夜初更之中更欲證知宿命神通成就心行欲於自心知他人心種種念數所謂受身一生之處二生之處三四五六七八九十二十三十四十五十一百二百一千一万無量億万半劫小劫中劫大劫无量小劫中劫大劫我昔某處我名字某如是姓族如是種類如是飲食如是受樂如是壽命如是死已生於彼處彼生復死
尒時菩薩以如是相如是行知種種宿世自身既尒他身亦然又復自知種種宿命譬如有人從自聚落出已至於他聚落行於其道路知何處坐知何處行知何處眠知何處言知何處默至此聚落知彼聚落其間近遠行路之時何處而行何處而坐乃至何處眠卧言默至彼聚落還已聚落復如是念思惟悉知從此聚落經若干時至彼聚落復於某處若干時住若干時行若干時坐若干時語若干時默過若干時復至其邑復知彼處若干時行坐起眠卧語默停泊乃至到於已聚落已悉如是知菩薩亦然

如是定心清淨之心無垢穢心如是軟心無恚惱心可作業心於彼初夜初更之中得宿命智正念證知心成就行

尒時菩薩既思惟知自身生處及他生處所謂一生國土之處乃至无量无邊億劫所生之處是時菩薩如相如教次第聞說如知自身所生之處及以他身種種生處亦復憶念菩薩憶念如是生已能於處處諸衆生類受諸生中得慈念心此我親舊此我外人捨此親已復生其處此世彼世流轉不息猶如風車猶如芭蕉決定無實煩惱无常此義決定心如是知

尒時菩薩如是定心如是清淨如是無垢如是無惱如是柔軟可作靜業於彼夜半欲得成就證知天耳而發是心彼以天耳善清淨故過於人耳聞種種聲所謂或聞地獄之聲或畜生聲天聲人聲遠聲近聲辟如聚落城邑國土或復市中其間有人昇上高堂或復樓上於彼中住復有一人以清淨耳聞種種聲所謂或聞吹蠡

貝聲或大鼓聲或小鼓聲細腰鼓聲或箜篌聲或琵琶聲簫笛笙瑟種種音聲或聞歌聲或聞儛聲或聞笑聲或聞哭聲或婦女聲或丈夫聲或童子聲或童女聲如是如是菩薩如是寂定其心清淨無垢無惱無濁柔軟作業於彼夜半聞種種聲乃至一切地獄等聲

尒時菩薩寂定清淨無垢無惱於彼夜半成就欲證彼天眼時過於人眼遍見一切或復命終墮落衆生或生衆生上界衆生下界衆生端正衆生醜陋衆生或墮惡道一切衆生或生善道一切衆生行者住者或造業者如所造業悉皆以眼通能達見復知如是衆生所作身業不淨意業不淨毀謗師僧或著邪見以邪見故造是惡業以是因緣捨此身命生於惡道地獄之中受諸苦惱如是衆生以口業故受於種種諸惡道苦是等衆生口業不淨造惡口業一切具足以是因緣生於畜生受諸苦惱是等衆生行身惡業具身惡業以是因緣造意

惡業具意惡業乃至毀謗一切諸聖若干邪見以邪見故邪見因緣命終捨身墮於餓鬼受餓鬼苦如是衆生行身淨業口清淨業不毀諸聖以行正見造正見業以是因緣命終捨身生於天上若干衆生以造清淨身行口行一切具足不犯不缺不謗諸聖以有正見如是正見業因緣故命終捨身生於人間如是菩薩以天眼淨過於諸人見諸衆生或墮落時或受生時上界衆生中下衆生端正醜陋或身有香或身患臭或至惡道或至善道如所造業真實皆知辟如有人於國城邑聚落市間喧閙之處昇上大臺高樓中坐以淨天眼見於諸人或東方来或西方来或西向東或東向西或南向北或北向南或從南来或從北来或来或去或住或坐展轉其間或有逆行或有順行如是如是菩薩如是寂定清淨無垢無惱柔軟作業於彼夜半乃至見於諸衆生等隨業受報若善若惡而有偈說

地獄受業苦極殃　畜生各各相噉食

餓鬼恒常患飢渴　人間困厄求資財
天上報盡愛別離　此苦最重無方喻
展轉一切衆生類　處處無有歡樂時
此名死命鬼深淵　亦是煩惱海根底
衆生没溺无出處　輪轉此彼来去行
如是觀察五道中　以於天眼遍能見
煩惱始終無有實　猶如葉葉破芭蕉

尒時菩薩如是寂心如是淨心無垢之心如是遠離一切諸惡心調柔軟可作於業已得寂定還於彼時後夜將盡心欲證知如意通故而自發起既發知已復知他意從何處生思惟何事一切遍至如實通知若有衆生發於欲心欲行欲事如是真知若離欲心遠離於欲如實證知若瞋恚心瞋恚發起真實通知厭離瞋心遠離瞋恚如實通知若有癡心癡心發起真實通知厭離癡心遠離癡已如實通知如是略說愛心離愛乃至有為無為下等上流靜乱廣狹大小有邊无邊有上無上得定無定解脫无脫如實通知辟如丈夫或復女婦正少年時常喜嚴身莊嚴身已或時淨

鏡或淨水中觀於自面相皆見盡如是如是菩薩如是寂定其心如是清淨如是無垢如是無惱柔軟調和可作於業已得寂定還彼後夜以清淨心欲得證取宿命智通如是自心他心亦然從何發心何處起心心心遍盡如實通知若有欲心若離欲心如實通知乃至解脫不解脫心如是通知而菩薩得如是定心清淨之心無垢穢心離一切惡柔軟之心可作於業已得寂靜還彼後夜欲得證知漏盡神通內發智心彼如是念此諸衆生没煩惱海所謂數數生老病死從此命終至於彼處受後生時還得如是一切衆苦不能知離此等衆苦所謂生老病死等苦如是思惟我今當作何等方便云何得離此等諸苦作何業行云何捨離生老病死度至彼岸而說偈言

世間生死没溺海　數數死已復受生
為此老病衆苦纏　愚迷不能得出離

尒時菩薩說此偈已復更思惟此老病死從何而来何因緣有此老病死

菩薩如是思惟念時知老病死因生故有此老病死以有生故老病死隨

菩薩復更思惟此生從何而有何因緣故得有是生菩薩如是思惟念已知因有故有是生

菩薩復更思惟此有從何而有何因緣故得有此有菩薩如是思惟念已知因取故有是有

菩薩復更思惟是取從何而有何因緣故得有是取菩薩如是思惟念已知因愛故有是取

菩薩復更思惟是愛從何而有何因緣故得有是愛菩薩如是思惟念已知因受故有是愛

菩薩復更思惟此受從何而有何因緣故得有此受菩薩如是思惟念已知因觸故有此受

菩薩復更思惟是觸從何而有何因緣故得有是觸菩薩如是思惟念已知因六入故有此觸

菩薩復更如是思惟此之六入從何而有何因緣故有此六入菩薩如是思惟念已知因名色故有六入

菩薩復更如是思惟此之名色何因緣有從何而生菩薩如是思惟念已知因於識故有名色

菩薩復更如是思惟此之識者何因緣有從何而生菩薩如是思惟念已知因諸行故有此識

菩薩復更如是思惟此之諸行何因緣有從何而生菩薩如是思惟念已知因無明故有諸行

菩薩復更如是思惟緣無明故故有諸行緣諸行故故有於識緣於識故故有名色緣名色故故有六入緣六入故故有於觸緣於觸故故有於受緣於受故故有於愛緣於愛故故有於取緣於取故故有於有緣於有故故有於生緣於生故故有於老緣於老故故有病死及以憂悲諸苦惱等如是諸苦各相因生菩薩未曾從他人聞未曾自見從法生眼生智生意生慧生明

菩薩復更如是思惟有何無故無病老死有何滅故滅老病死菩薩如是思惟念知以無生故無老病死以滅

生故滅老病死

菩薩復更如是思惟以何無故而無此生以何滅故而滅此生菩薩如是思惟念知以無有無則無此生以滅有滅則滅此生

菩薩復更如是思惟以何無故乃至一切諸行悉無以何滅故乃至一切諸行悉滅菩薩如是思惟念知以無无明故諸行無以滅無明故諸行滅

菩薩復更如是思惟以滅無明故諸行滅諸行滅故識亦隨滅略說乃至生死憂悲苦惱皆滅如是一切諸苦及集並皆悉滅

菩薩如是昔未曾聞如是法中生眼生智生意生明生光生慧時菩薩得如是定心如是清淨如是無垢如是得離一切諸惱柔軟之心可作業心既得靜心此是無明真實而知亦知無明因如是生亦知無明緣如是滅真實諦了此是無明盡滅之相已得正道真實而知乃至略說是識名色六入觸受愛取有生老病死等如實而知此是一切老病死集此是一切

老病死滅此是一切老病死滅滅已得道如是悉知此苦諦集如實而知此苦諦滅如實而知此是苦諦滅已得道如實而知如是等漏真實而知如是漏集如是漏滅如是等漏滅已得道如實而知此是欲漏如實而知此是有漏此无明漏如實而知此處諸漏悉滅無餘斷絕諸有

譬如郭邑或復城傍或復聚落相去不遠有一水池其水涼冷甘美清淨開無穢濁水常弥滿共岸齊平叉岸四邊多有諸樹圍繞莊嚴池內復有種種諸虫或蚌或螺黿鼉龜鼈多諸水性或石或砂或諸魚鱓鱒魴鯷鱧及摩竭魚在於水內東西南北交橫馳走求覓飲食或有住者或相趁逐而有一人以清淨眼在於岸上洞徹分明見於彼等一切諸虫知此是蚌是螺是龜是黿是鼈是砂是石是魚是虫摩竭魚等若干求食若干蟄眠若干東西南北馳走若干相趁如是如是菩薩如是寂定於心如是清淨如是無垢如是無惱如是柔軟可作

諸業已得寂靜此是無明如實而知此無明集此無明滅此是无明滅已得道如實而知乃至略說此處諸漏悉皆滅盡無有遺餘

尒時菩薩如是知時如是見時心從欲漏而得解脫心從有漏而得解脫從無明漏而得解脫既解脫已生慧解脫生已即知我生已盡梵行成立所作已辦畢竟更不受後世生其夜三分已過第四於夜後分明星將欲初出現時夜尚寂靜一切衆生行與不行皆未覺寤是時婆伽婆即生智見成阿耨多羅三藐三菩提而有偈說

是夜四分三已過　餘後一分明將現
衆類行不皆未動　是時大聖无上尊
衆苦滅已得菩提　即名世間一切智

尒時婆伽婆得智見時於此世間梵宮魔宮天人沙門及婆羅門世皆大明小鐵圍山幷大鐵圍其間從來恒常黑暗未曾見光此之日月如是大德如是光明如是威力遂不能令彼處光明照曜顯赫今者自然皆大開

朗悉覩光明其間所有一切衆生各各相見各各相知各各相語此處亦復有衆生乎此處亦復有衆生乎一切樹木即生花果隨熟墮地世尊力故虛空清淨無有塵霧無有煙霞忽自起雲降微細雨以用灑地復起涼風冷煖調適諸方澄淨顯現分明又虛空中一切諸天作天音樂作天歌讚而雨種種无量花雨所謂曼陀羅花摩訶曼陀羅花復雨天衣憍奢耶等復雨金銀琉璃等寶復雨優鉢羅拘物頭分陀利復雨種種末香塗香散於佛上散已復散彼地周匝滿一由旬種種花雨末香塗香積至于膝時此大地六種震動一切衆生一向皆受極妙快樂諸苦不惱當於彼時無一衆生有欲惱者有瞋恚者有貪癡者亦復不生貢高之心我慢之心無有恐怖不作衆罪無有疾病衆患皆差更不發動飢渴衆生悉得飽滿酒醉衆生皆得醒悟更不飲酒顛狂衆生皆得本心盲瞑衆生皆得見色聾者聞聲身體諸根不完具者悉得

具足貧窮衆生皆得地藏羸瘦衆生皆得肥滿牢獄繫禁悉皆得脫枷鎖自然解散地獄衆生悉免苦惱畜生衆生恐怖皆滅餓鬼衆生滅飢渴苦悉得飽滿而有偈說

尒時衆生瞋等無　滅衆苦受大快樂
酒醉狂顛得本性　一切怖者皆穫安

尒時世尊既成阿耨多羅三藐三菩提已即作如是師子音吼而說偈言

往昔造作功德利　心所念事皆得成
速疾證彼禪定心　又復到於涅槃岸
所有一切諸怨敵　欲界自在魔波旬
不能惱我悉歸依　以有福德智慧力
若能勇猛作精進　求聖智者得不難
既得即盡諸苦邊　一切衆罪皆除滅

尒時如來初成佛已寂先說此口業之偈

佛本行集經卷第三十

癸卯歲高麗國大藏都監奉
勅彫造

佛本行集經卷第三十

校勘記

一　底本，麗藏本。

一　八三五頁上三行品名下，徑、清有「第三十二之二」。

一　八三五頁上六行第七字「自」，諸本作「本」。

一　八三五頁上一九行第六字「頭」，磧、普、南、清作「頂」。

一　八三五頁下一〇行「棄捐」，諸本作「棄捨」。

一　八三六頁中四行「精進」，資、磧、普、南、徑、清作「精勤」。

一　八三六頁中七行第三字「閑」，磧、普、南、徑、清作「閉」。

一　八三六頁中二〇行品名，徑、清作「成無上道品第三十三」。

一　八三七頁中一三行「作成」，諸本作「得成」。

一　八三七頁下二行「受身」，南作「人身」。

一　八三七頁下一九行第九字「某」，磧、普、南、徑、清作「其」。

一　八三九頁上一行「人間困厄」，資作「人間困在」；磧、普、南、徑、清作「人中困在」。

一　八四〇頁中一七行首字「得」，磧作「等」。

佛本行集經卷第三十一　二十點　業

三藏法師闍那崛多譯

昔與魔競品第三十四

尒時菩薩於彼初夜以手指地降伏魔衆波旬眷屬是時此地六種震動乃至大震猶打銅鍾是時一切聚落城邑國土所居有諸人衆彼等皆悉見大地動聞震吼聲心並生疑各各自往至相師邊或卜師邊天文師邊或仙人邊或至所解占仰師邊悉皆借問此事云何何故大地如是震動作此大聲魔與沙門誰勝誰劣汝等各自善能占仰唯願為我解說斯事尒時彼等一切諸仙天文師等各自報其所問人言摩伽陁國伽耶聚落有兩大力相共角試一求出世寂大法王一求世間非法之王兩競諍鬪而於彼中求法王者撲於彼求非法王者其事已訖彼夜中得成大法王不久欲轉无上法輪而有偈說

一切諸人聞地動　各自往詣占師邊
問其占仰師是言　仁等世間聖知者
而此大地何故動　唯願諦審善觀占
速疾決我等此疑　彼等一切諸師報
法王非法王在彼　二人相競鬪威神
各試德力誰為尊　摩伽陁國聚落内
菩薩天魔兩相角　法行摧伏彼魔軍
既降伏已得菩提　成佛法王獨無畏

尒時如来於彼後夜明星出時得成阿耨多羅三藐三菩提已於時世間自然而有寂大光明地六種動時彼光明及地動已淨飯王宮睡眠驚寤喚諸相師并婆羅門天文師等而勑之言婆羅門輩此事云何為我解說作是語已時諸占相天文師等即白王言唯願大王且少時忍我等占仰然後白王

尒時佛母摩耶夫人已得天身作王女形從天上下告淨飯王及羅睺羅母耶輸陁羅等作如是言大王當知今夜王子悉達多已成阿耨多羅三藐三菩提以是相故大地震動如来既成三菩提已降伏衆魔无有怨敵於世間中無所可畏是時色界淨居諸天心尚疑惑如来得成三菩提不

尒時世尊知彼諸天心之所念飛騰虛空為彼諸天斷疑心故說於如来師子吼聲我今已斷諸慾愛結已定慾心乾竭一切諸煩惱水更不復流不受後有更不轉入於煩惱內度盡苦邊更无復餘

尒時彼等一切諸天聞此說已心各思惟如来已得成三菩提歡喜勇躍遍滿其體不能自勝將天妙花塗香末香天旃檀香牛頭旃檀細末之香曼陁羅花摩訶曼陁羅花散如来上散已復散其魔波旬見諸天衆將如是等供養之具供養如来見已即對如来之前相去不遠地上而坐悵怏不樂心大憂愁以一荻片而畫於地復如是念世實希有難可思議諸仙苦行我能迴轉其帝釋等一切諸天我能教發貪慾之心云何今此沙門釋種一心三昧經覺時間使我軍馬皆悉降伏如是已後如来密教廣行佛事說法之時諸比丘等即白佛言希有世尊世尊云何以精進力得三菩提成七道分滿足法寶作是語已

佛即告彼諸比丘言汝諸比丘今應當知然我非但此之一世精進力故得三菩提及七道分我往昔時精進力故得摩尼寶時諸比丘即白佛言世尊此事云何願為我等分別解說

尒時佛告諸比丘言汝諸比丘至心諦聽我念往昔有一商主入海採寶而於海內得一貴重摩尼之寶其價正直百千兩金得已忽然還墮海中時彼商主即持一杓發大精進勇猛之心杼大海水欲令乾竭求摩尼寶時海神天見於彼人杓杼海水將置陸地見已即作如是念言此人愚癡无有智慧大海之水無量無邊其人云何以杓欲杼置於陸地而彼海神即說偈言

世間多有衆生輩　為貪財利種種為
我今見汝大愚癡　更无有人過汝者
八万四千由旬海　今欲以杓杼令乾
困乏徒自喪一生　所杼未多命便盡
所杼之水如毛渧　此大海廣而甚深
汝今無智不思惟　耳璫欲取須弥作

尒時商主復向海神而說偈言

大神此為不善言　乃欲遮我乾竭海

神但定意正觀我　不久杼海當令空
仁住於此長夜停　是故心應大憂惱
我擔精勤心不退　必竭大海使令乾
我無價寶墮此中　是故要枯大海水
水若盡底還獲寶　得已當迴歸向家

時彼海神聞是語已心生恐怖作如是念此人如是精進勇猛杼此海水必當竭盡時彼海神如是念已即還商主無價寶珠還已而說如是偈言

凡人須作勇猛心　負檐若疲莫辭惓
我見如是精進力　失寶還得歸向家

尒時世尊而說偈言

精進處處得稱心　嬾墮恒常見大苦
是故勤發勇猛意　智人以此成菩提

佛告諸比丘欲知尒時大商主者即我身是時彼商主入海既得无價寶珠得還復失以勇猛心求寶還得今日亦然以精進故得阿耨多羅三藐三菩提七覺分道

時諸比丘即白佛言希有世尊希有奇特不可思議一人獨自能降是等一切魔衆作是語已即各嘿然

尒時世尊復更重告諸比丘言汝諸

比丘至心諦聽我非但今獨自如是降伏衆魔過去世時亦曾如是獨自降伏彼等魔衆時諸比丘即白佛言世尊其事云何唯願為我分別解說

尒時佛告諸比丘言汝等善聽我念往昔無量世時有二兄弟鸚鵡之鳥一名摩羅祁梨（隋言鬘山）二名滕陁祁梨（隋言彼與山）時二鸚鵡在於樹上忽然有鷹迅疾而来攫一小者將飛空行尒時彼兄即向其弟而說偈言

獨自一人亦得苦　獨自一人亦得樂
汝啄彼鷹要害處　其若苦困即放汝
汝今身小我薄力　唯汝精勤莫嬾墮
其弟既聞兄語已　欲出勇猛威力事
盡身極力思量竟　即便要處啄鷹身
鷹患身體苦痛纏　速疾即放鸚鵡鳥
鷹以身體患痛故　疾走處處求歸依
其巧鸚鵡鳥脫由　以啄彼鷹最要節
鷹困無有避藏處　嚴熾鸚鵡鳥空行
鷹見鸚鵡逐後飛　捨離遠走求活路
尒時啄鷹鸚鵡者　今即我身釋迦是
彼鷹即是魔波旬　於時我唯獨自身
已能降伏彼令得　況復於今功德備

那得不伏彼魔王　汝等比丘宜知此

尒時諸比丘復白佛言世尊云何魔主波旬數數欺誑如来不能得者而如来常免彼厄難作是語已世尊復告諸比丘言汝諸比丘至心諦聽當為汝說我非但今被魔波旬所誑得脫不曾被其之所惱乱過去世時魔王波旬誑惑於我亦不能得嬈乱於我時諸比丘即白佛言世尊其事云何唯願為我分別解說

尒時佛告諸比丘言我念往昔有一河名波梨耶多（隋言彼岸）時彼河岸有一人是結花鬘師其人有園在彼河側而彼河内時有一龜從水而出至花園中求食而行處處逕歷蹋壞其花時彼園主見於彼龜處處求食踐壞其花是時園主即作方便捕捉彼龜捉已置於一篋篋中擬欲殺食尒時彼龜作如是念我今云何得脫此難作何方便作何巧智即發是心我今可誑此之園主作是念已即向園主而說偈言

我從水出身有泥　汝且置花洗我體

我身既有泥不淨　恐畏汙汝篋及花

時彼園主作如是念善哉此龜善言教我我今不得不取其言我洗其身勿令泥汙我之花篋作是念已即手執龜將向水所欲洗龜身是時彼人即提龜出置於石上抄水欲洗是時彼龜出大勸力忽透沒水時花鬘師見龜沒水作如是念奇哉是龜乃能如是誑逗於我我今還可誘誑是龜使令出水時花鬘師即向彼龜而說偈言

賢龜諦聽我作意　汝今親舊甚衆多
我作花鬘繫汝咽　恣汝歸家作喜樂

尒時彼龜作如是念此花鬘師妄言誑我彼花鬘師母患著床其姊娣花造鬘欲賣以用活命今作是言定是誑我欲食我故誘我出耳是時彼龜向花鬘師而說偈言

汝家造酒欲會親　廣作種種諸味食
汝至家内作是語　龜宍煼已脂糂頭

尒時佛告諸比丘言汝等比丘欲知彼時入水龜者我身是也花鬘師者魔波旬是其於尒時欲誑惑我而不

能著今復欲誑何由可得
時諸比丘復白佛言希有世尊實難思議魔王波旬威勢自在統於欲界種種誑惑猶不能動此之坐處作是語已尒時佛告諸比丘言汝諸比丘今應當知非但今日此魔波旬將其力勢欲誑惑我過去亦然不能誑惑得我之便時諸比丘即白佛言善哉世尊其事云何唯願為我分別解說
尒時佛告諸比丘言我念往昔於大海中有一大虬其虬有婦身正懷妊忽然思欲獼猴心食以是因緣其身羸瘦痿黃宛轉戰慄不安時彼特虬見婦身體如是羸瘦无有顏色見已問言賢善仁者汝何所患欲思何食我不聞汝從我索食何故如是時其牸虬嘿然不報其夫復問汝今何故不向我道婦報夫言汝若能與我隨心願我當說之若不能者我何假說夫復荅言汝但說看若可得理我當方便會覔令得婦即語言我今意思獼猴心食汝能得不夫即報言汝所須者此事甚難所以者何我居止在

大海水中獼猴乃在山林樹上何由可得婦言奈何我今意思如此之食若不能得如是物者此胎必墮我身不久恐取命終是時其夫復語婦言賢善仁者汝且容忍我今求去若成此事深不可言則我與汝並皆慶快
尒時彼虬即從海出至於岸上去岸不遠有一大樹名優曇婆羅（隋言水瓶）時彼樹有一大獼猴在於樹頭取果子食是時彼虬既見獼猴在樹上坐食於樹子見已漸漸到於樹下到已即便共相慰喻以美語言問訊獼猴善哉善哉婆私師吒在此樹上作於何事不甚辛勤受苦惱耶求食易得无疲惓不獼猴報言如是仁者我今不大受於苦惱虬復重更語獼猴言汝在此處何所食噉獼猴報言我在優曇婆羅樹上食噉其子是時虬復語獼猴言我今見汝甚大歡喜遍滿身體不能自勝我欲將汝作於善友共相愛敬汝取我語何須住此又復此樹子少無多云何乃能此處願樂汝可下來隨逐於我我當將汝渡海彼

岸別有大林種種諸樹花果豐饒所謂菴婆果閻浮果梨拘闍果頗那婆果鎮頭迦果無量樹等獼猴問言我今云何得至彼處海水深廣甚難越渡我當云何堪能浮渡是時彼虬報獼猴言我背負汝將渡彼岸汝今但當從樹下來騎我背上
尒時獼猴心無定故狹劣愚癡少見少知聞虬美言心生歡喜從樹而下上虬背上欲隨虬去其虬內心生如是念善哉善哉我願已成即欲相將至自居處身及獼猴俱沒於水是時獼猴問彼虬言善友何故忽沒於水虬即報言汝不知也獼猴問言其事云何欲何所為虬即報言我婦懷妊彼如是思欲汝心食以是因緣我將汝來
尒時獼猴作如是念嗚呼我今甚不吉利自取磨滅嗚呼我今作何方便而得免此急速厄難不失身命復如是念我須誑虬作是念已而語虬言仁者善友我心留在優曇婆羅樹上寄著不持將行仁於當時云何依實

不語我知今須汝心我於當時即將相隨善友還迴放我取心得巳還來尒時彼虬聞於獼猴如是語已二俱還出獼猴見虬欲出水岸是時獼猴努力奮迅捷疾跳躑出大筋力從虬背上跳下上彼優曇婆羅大樹之上其虬在下少時停待見彼獼猴淹遲不下而語之言親密善友汝速下來共汝相隨至於我家獼猴嘿然不肯下樹虬見獼猴經久不下而說偈言

善友獼猴得心巳　願從樹上速下來
我當送汝至彼林　多饒種種諸果處

尒時獼猴作是思惟此虬无智如是念巳即向彼虬而說偈言

汝虬計挍雖能寬　而心智慮甚狹劣
汝但審諦自思忖　一切衆類誰無心
彼林雖復子豐饒　及諸菴羅等妙果
我今意實不在彼　寧自食此優曇婆

尒時佛告諸比丘言汝諸比丘當知彼時大獼猴者我身是也彼時虬者魔波旬是於時猶尚誑惑於我而不能得今復欲將世間自在五慾之事而來誘我豈能動我此之坐處作是

語巳時諸比丘復白佛言希有世尊奇特世尊實難思議此事云何魔王波旬將此醜陋異類軍衆至如來所如來復能一一觀知

尒時佛告諸比丘言比丘當知非但今日魔王波旬將此醜形大魔軍衆至於我邊我亦觀知時諸比丘即白佛言希有世尊其事云何願為解說我等樂聞

尒時世尊告諸比丘我念往昔有一獦師知有一林多饒諸鳥數下彼處其到彼巳作於草菴將雜樹枝而覆其上即入其中隱身坐住時彼諸鳥謂是樹枝飛下來栖於其菴上時其獦師見鳥栖上漸漸或射或搦而殺時有一鳥見此菴巳作如是念此之菴舍處處移動自餘諸樹安定一住此菴之下必不空然如是知巳遠離彼菴不被獦師之所捉搦而說偈言

我見一切林諸樹　何說及於毗醯羅
諸阿梨羅并閻浮　无脂羅波鎮頭樹
安住停止於一處　從生巳來不動移
此樹轉易處處行　其中必應不空立

若當其內有惡物　我應速疾捨此林
心裏既生大狐疑　或是惡行無慈愍
恐畏彼中殺害我　又我往昔於他方
巳曾摑裂網走來　智者既知應捨此

尒時佛告諸比丘言汝等當知彼飛鳥者我身是也其獦師者魔波旬是其於彼時作可畏形欲殺害我我時觀知今復將此可畏醜陋魔之軍衆來於我邊我亦久知尒時世尊而說偈言

世間若不深思惟　云何能得上人法
今我以勝思惟故　從縛解脫得無為

佛本行集經二商奉食品第三十五上

尒時世尊初始得成於菩提道在樹下坐經七日夜加趺不起以念解脫快樂為食尒時世尊過七日巳一心正念從三昧起坐師子座初夜正觀十二因緣下觀至上上觀至下善念善觀不失不異因彼生此因有於彼則復有此所謂緣无明有諸行緣諸行有識緣識有名色緣名色有六入緣六入有觸緣觸有受緣受有愛緣愛有取緣取有有緣有有生緣生有

老病死憂悲苦惱等苦生尒時世尊知此法巳而說偈言

若有梵行觀諸法　即見如是法相生
若見諸法從相生　即知諸法因緣有

尒時世尊還彼夜半觀十二緣從始至終逆觀至心善觀善念不失不亂因無彼故則此自无因滅彼故則此自滅所謂無明滅即行滅行滅乃至生老病死憂悲苦惱一切悉滅尒時世尊知此法巳而說偈言

若有梵行觀諸法　即見如是法相生
若見諸法從相生　即知諸法因緣滅

尒時世尊還彼後夜觀十二緣從始觀終從終觀始善觀善念不失不亂所謂彼生巳復生此因有彼復有此因无彼此亦無彼滅巳此亦[illegible]因无明緣諸行緣諸行巳乃至一切生老病死諸苦惱等皆悉[illegible]巳此亦無彼滅巳此亦滅尒時世尊知此義巳而說偈言

若有梵行觀世間　即見相生乃至滅
既散諸魔建立住　若彼日天明[illegible]空

尒時世尊從彼師子座上而起離苦

提樹相去不遠還加趺坐七日不動以解脫行用為安樂七日諦觀於菩提樹目不暫捨復作是念我此處盡無邊際苦以捨重擔尒時世尊過七日後正念正知從三昧起其後有人在於如来觀道樹處起塔名曰不瞬目塔而說偈言

於此道場盡諸苦　復斯坐處觀彼座
巳渡諸願至彼岸　我於彼處證菩提

尒時世尊從眼不瞬塔所起巳安庠漸至向摩梨支(隋言陽炎)遲行之處到遲行巳加趺而坐遲七日受解脫樂尒時世尊過七日巳正念正知從三昧起

尒時迦羅龍王(隋言黑色)詣於佛所到佛所巳頂礼佛足却住一面住一面巳即白佛言世尊我此宫殿往昔巳曽布施過去一切諸佛諸佛受巳各住於此憐愍我故其諸佛者所謂拘留孫世尊拘那含牟尼世尊迦葉世尊今日世尊善哉知時憐愍我故少時住此所以者何我巳將此宫殿布施過去三佛今日世尊第四為我受此宫殿即名四佛受我宫殿具足功德

尒時世尊即受迦羅龍王宫殿受巳入中加趺而坐復經七日一定不起受解脫樂尒時世尊過七日巳正念正知從三昧起告彼迦羅大龍王言汝龍王来從我邊受佛等三歸并及五戒汝當長夜受大安樂時迦羅龍即白佛言謹隨佛教心不敢違如世尊勑時迦羅龍聞佛語巳合掌向佛即從佛受三自歸依歸依佛歸依法歸依僧復受五戒於世間中最初而得優婆塞名於畜生中最說三歸受三歸巳所謂即是迦羅龍王

尒時復更有一龍王名目真隣陁向於佛所到佛所巳頂礼佛足却住一面住一面巳是時龍王即白佛言世尊我此宫殿往昔過去巳曽布施一切諸佛受巳而住所謂拘樓孫世尊拘那含牟尼世尊迦葉世尊善哉世尊今亦為我受此宫殿我得四佛三藐三佛陁受此宫殿我獲善利

尒時世尊從彼目真隣陁龍王受宫殿巳加趺而坐一坐經於七日不起為欲受於解脫樂故時彼七日虛空

之中興雲注雨起大冷風於七日内雨不暫停遂成寒凍尒時目真隣陁龍王從宫殿出以其大身七重圍遶擁蔽佛身復以七頭垂世尊上作於大蓋嶷然而住心如是念莫令世尊身體寒冷風濕塵坌蚊蝱諸虫觸世尊體

尒時世尊過七日已見虚空中無有雲霧以得清淨正念正知從三昧起尒時目真隣陁龍王攝其龍身七重遶已隱於龍形化作年少婆羅門身在於佛前合十指掌頂礼佛足而白佛言世尊我今不以恐怖如來娆乱如來故以龍身遶佛七匝又以七頭覆世尊上安然而住但恐世尊身有寒冷風塵土坌水漿蚉蝱觸世尊體世尊我時思惟如是事已覆世尊身尒時世尊以是因緣即便説偈自讃歎言

知足寂定最安樂　知足觀諸法甚深
安樂不惱於世間　亦復不殺害衆類
若得世間安樂者　遠離一切諸慾貪
捨於我慢自矜高　此樂最為勝妙樂
人間所有諸欲樂　若能盡捨愛恚無
彼樂此樂等挍量　十六分中不及一

尒時世尊説是偈已告目真隣陁龍王言汝大龍王來受三歸并受五戒汝當長夜得安樂故時真隣陁即白佛言如世尊教不敢有違其真隣陁聞佛教已即從佛受三自歸依及受五戒

尒時彼處有牧羊子當於世尊為菩薩時在彼苦行六年之中以向世尊淨心供養恭敬尊重復將乳汁以奉世尊兼復别折尼拘陁枝為作蔭涼時彼樹枝即成大樹然其羊子隨此多少信心福業善根因緣命終已後即得生於三十三天便成大德威力天子神通自在時彼天子生天上已作是思惟今此果報本因何業而得是身復作是念往昔世尊為菩薩時我以身造作如是業菩薩苦行我奉乳汁菩薩在彼我將尼拘陁樹一枝插於地上為於菩薩作蔭涼故藉斯善業我今得此微妙果報復如是念我以世尊為菩薩身親供養故得是

果報種彼樹枝以作蔭涼是故我今得是果報兼得如是無导神通況復世尊今已得成无上菩提今當為我還彼樹下受彼樹蔭時彼天子身出大色最勝光明夜半一向照彼樹所以天光明自照朗已詣向佛所到於彼已頂礼佛足却住一面時彼天子即白佛言善哉世尊唯願為我受於彼樹隨意安樂憐愍我故

尒時世尊為欲憐愍彼天子故受於往昔羊子所種尼拘陁樹受已樹下加趺而坐一坐便經七日不動以解脫住受安樂故

尒時世尊以過於彼七日之後正念正知從三昧起告天子言汝天子來可從我邊受三自歸并及五戒汝當長夜得安樂故而彼天子受三自歸及五戒已時彼世間最初天中成優婆塞以佛再過説於三歸謂羊子身布施於樹及乳等故得成天身

佛本行集經卷第三十一

佛本行集經卷第三十一

校勘記

一 底本，金藏廣勝寺本。

一 八四三頁中一六行第七字及本頁下五行第七字「角」，資、磧、普、南、徑、清作「捔」。

一 八四三頁中一九行第七字「彼」，磧、普、南、徑、清、麗作「後」。

一 八四三頁下三行「二人」，磧、普作「一人」。

一 八四三頁下一六行末字「王」，磧、普、南、徑、清、麗作「玉」。

一 八四三頁下二〇行「大地」，磧、普、南、徑、清作「天地」。

一 八四四頁上二行「如來」，諸本作「如是」。

一 八四四頁上七行「此說」，資、磧、普、南、徑、清作「此語」。

一 八四四頁中六行及次頁中五行「至心」，資作「志心」。

一 八四四頁中一一行末字「天」，普作「夫」。

一 八四四頁中一四行「其人」，磧、普、南、徑、清作「其今」。

一 八四四頁中一九行第九字「杍」，磧、普作「持」。

一 八四四頁中末行「大神」，資、磧、南、徑、麗作「天神」。

一 八四四頁下一〇行第一〇字「若」，麗作「苦」。

一 八四四頁下一五行「商生」，資、磧、南、徑、麗作「商主」。

一 八四五頁中三行首字「主」，資、磧、普、南、徑、麗作「王」。

一 八四五頁中一五行第一一字「踰」，資、磧、普、南、徑、麗作「踚」。

一 八四五頁中一六行「時彼」，徑作「是時」。

一 八四五頁下七行「忽透」，磧、普、南、徑、麗作「忽投」。

一 八四五頁下九行第四字「逗」，資、磧、普、南、徑作「惑」。

一 八四六頁上一三行「特虬」，資、作「牸虬」；磧、普、南、徑作「牡虬」。

一 八四六頁中八行夾註「水願」，麗作「求願」。

一 八四六頁下二行末字「娑」，資、磧、普、南、徑作「婆」。

一 八四七頁中二〇行第八字「何」，資、磧、普、南、徑、麗作「阿」。

一 八四七頁中二一行「羅波」，資、磧、普、南、徑作「羅彼」。

一 八四七頁下八行「今復」，南作「令復」。

一 八四七頁下一三行品名末字「上」，資、磧、普、南無。同行徑作「二商奉食品第三十五之一」。

一 八四八頁中一二行第七字「逕」，磧、普、南、徑、麗作「復經」。

一 八四八頁下一七行「而住」，徑作「而往」。

一 八四九頁中五行及六行「真隣陁」，磧、普、南、徑作「目真隣陁」。

一 八四九頁下末行「第三十一」，徑作「三十一」。

佛本行集經卷第三十二　葉

隋天竺三藏闍那崛多譯

二商奉食品下

尒時世尊從羊子種樹林起已安庠漸至一樹林下彼樹林名差梨尼迦(隋言出乳汁林)到彼林已結加趺坐經於七日為欲受彼解脫樂故尒時世尊經七日後正念正知從三昧起如是世尊經七七日以三昧力相續而住然彼善生村主之女布施乳糜一食已後更不別食至今活命

尒時彼處從北天竺有二商主一名帝(當梨反)梨富娑(隋言胡瓜)二名跋梨迦(隋言金挺)彼二商主有多智慧心細意正彼二商主從中天竺依土所出種種貨物滿五百車大得宜利從中欲還北天竺國時彼路經差梨尼迦林外不遠次第而行彼等商主別有一具調伏之牛恒在先行若前所有恐怖之處而彼一具調善之牛如打橛縛駐不肯行

尒時彼處差梨尼迦所護林神彼神

隱身密捉持是二調牛住不聽前過彼二商主各持優鉢羅花之莖打二調牛猶不肯行其餘所駕五百車牛皆不肯動其諸車輪並不復轉其皮鞦索悉皆自斷其餘轅軛軸轄轂輻箱輞欄板鞅靽勾心或折或破或碎或裂如是變恠種種不祥

尒時帝梨跋梨迦等心生恐怖皆大憂惱身諸毛孔皆悉遍豎各相謂言我等今者值何恠禍遇何災殃各各去車兩三步地頭戴十指合掌頂礼一切諸天一切諸神至心而住作如是言乞願我等今者所有災恠殃各恐怖早滅安隱吉利

尒時彼林所守護神現自色身慰勞彼等諸商主言汝等商人勿生恐怖汝等此處無一災禍無一諸殃不須怖畏諸商主等此處唯有如來世尊阿羅呵三藐三佛陁初始成佛無上菩提今日在此林內而住但是如來得道已來經今足滿四十九日未曾得食汝等商主今若知時可共往詣向彼世尊多陁阿伽度阿羅呵三藐

三佛陁所最宜在前將麨將酪蜜摶奉彼汝等當得長夜安隱安樂大利時二商主聞彼林神如是言已即白神言如神所教我等不違而彼二商即各將麨酪蜜和摶共諸商人往詣佛所既到彼已時二商主遙見世尊可憙端正世間無比乃至猶如虛空衆星莊嚴身體諸相見已心大敬重清淨信向至世尊前到已即便頂礼佛足却住一面時二商主共白佛言世尊願為我等受此清淨麨酪蜜摶愍我等故

尒時世尊如是思惟往昔一切諸佛世尊阿羅呵三藐三佛陁悉皆受持鉢器以不尒時世尊內生智見即知過去一切諸佛多陁阿伽度阿羅呵三藐三佛陁一切盡皆受持鉢器是時世尊復如是念我今當以何器而受二商主食麨酪蜜摶世尊欲受發此心已時四天王各從四方速疾共持四金鉢器往詣佛所到已各各頂礼佛足却住一面而四天王却住立已將四金鉢奉上世尊作如是言唯願

世尊用此鉢器受二商主䴭酪蜜摶
愍我等故我等長夜當得大利大樂
大安世尊不受以出家人不合畜此
彼四天王捨四金鉢將四銀鉢奉上
世尊作如是言世尊可於此器受食
略說乃至為我當得大利大安世尊
不受如是更將四頗梨鉢而亦不受
如是更將四琉璃鉢而亦不受如是
更將四赤珠鉢而亦不受次復更將
四瑪瑙鉢而亦不受次復更將四車
𤦲鉢奉上世尊如來亦復不為其受
尒時北方毗沙門王告於諸餘三天
王言我念往昔青色諸天將四石器
来奉我等白我等言此石器內仁等
可用受食而喫
尒時別有一天子名毗盧遮那白我
等言仁等天王慎勿於此石器之內
受食而喫仁但受持相共供養比之
如塔所以者何當来有一如来出世
其如来号釋迦牟尼仁等宜將此四
石鉢奉彼如来仁等天王今是時至
可將石鉢持奉世尊
尒時四鎮四大天王各各皆將諸親

眷屬圍遶速至自宮殿中各執石鉢
端正可喜其色紺青猶如雲隊威以
天花著滿其內將一切香用塗彼鉢
復持一切諸妙音聲供養彼鉢速詣
佛所到已共將四鉢奉佛而白佛言
唯願世尊受此石鉢於此鉢內受二
商主䴭酪蜜摶愍我等故令我等
長夜獲得大利安樂
尒時世尊復如是念此四天王以信
淨心奉我四鉢我亦不合受持四鉢
若我今於一人邊受則三人心各各
有恨若二人邊受於二鉢二人心恨
若三人邊受於三鉢一人心恨我今
可總受此四鉢出神通力持作一鉢
尒時世尊從於提頭賴吒天王邊受
鉢已而說偈言
施善世尊好鉢盂　汝決當成妙法器
既於我邊奉淨鉢　必增智慧正念心
尒時世尊從於毗留勒叉天王邊受
鉢已而說偈言
我觀真如誰施鉢　彼得正念增長心
有能養育世令安　速成妙樂清淨體
尒時世尊從於毗留愽叉天王邊受

得鉢已而說偈言
汝以淨心施淨鉢　清淨實心奉如来
當来速得清淨心　人天世間得稱意
尒時世尊從毗沙門大天王邊受於
鉢已而說偈言
清淨持戒佛世尊　善伏諸根施全鉢
不缺壞心殺重施　汝當来世得淨田
尒時世尊受四鉢已如是次第相重
安置左手受已右手按下神通力故
合成一鉢外有四脣而說偈言
我昔功德諸果滿　以發哀愍清淨心
是故令四大天王　清淨牢固施我鉢
而有偈說
當時世尊欲受食　諸天四方持器来
各以奉施佛如来　受已神通作一鉢
尒時世尊於新淨潔天施鉢內從彼
北天帝梨富娑并跋梨迦（前代譯語提謂波利此蓋）
（婆羅門謬耳未知孰是斯經二商主名非深失）二商主邊受於
䴭酪蜜和之摶慈愍故受如法而食
食已即告彼二商主及諸人言汝商
主等来從我受歸依佛歸依法歸依
僧復受五戒當令汝等長夜安樂獲
大善利其二商主及諸眷屬聞佛語

已即共白言如佛聖教我等不違即便共受三自歸依彼二商主於人世間寂初而得三歸五戒優婆塞名所謂帝梨富娑二商主等尒時世尊以二商主生隨喜故而說偈言

所施色味具足圓　受已方便離煩惱
其中雜和多種物　是故名為麨酪漿
噉訖身體潤澤光　面色輝花容皃顯
氣力充實而得益　除飢渴惱心獲安
如是槃施佛世尊　令諸梵行得飽滿
我今所受已食足　是二商主奉麨摶
日種甘蔗族所生　讚嘆是人為冣上
以此布施功德故　當到聖智極果中
復得盡於諸漏邊　以因如是業行故
後更轉轉无恐怖　漸得脫於諸有纏
既入無漏得清涼　譬如良田善平正
種子穀苗悉皆好　風雨潤澤復隨時
禾稼成長自豐饒　如是皆由多種子
生已漸漸增茂盛　諸穀充溢倍多加
所収之子不可量　亦如成就諸戒行
能廣布施衆飲食　後得果報難可論
以昔成利故使然　若人欲求於後利
望其轉得饒益果　唯有供養仁智尊

當成果報妙菩提　并得善逝世間解
自已得心多種利　復能向他作法饒
彼得自益利衆生　是故名為大智者
欲得自利利一切　欲得求道導世間
應於三寶佛法僧　發心當生正信行
以信心故得果報　廣大善達信行邊
即得戒行難思議　即得冣勝無上道
布施能得此勝報　觀見世界真實如
又得道智滿足充　聖者能如是正見
彼得是見名正念　散諸垢結等塵勞
證得無畏大涅槃　解脫世間一切苦
如是具足一切法　諸聖讚歎此冣尊
生老病死等既無　悲苦别離皆滅盡
十力世尊歎此樂　當得不生死處常

尒時帝梨富娑二商主等及諸商人共白佛言世尊我等諸人今在道路唯願世尊為我等故作吉祥願當令我等无有鄣㝵速疾而至自所居國尒時世尊為二商主及諸商人作吉祥願而說偈言

願令二足大吉利　一切四足亦大安
行路至處多吉祥　所向諸方悉如意
晝夜行坐皆慶適　日中所在亦多宜

於一切處願從心　商主商人並康健
希望子故種田作　散子既竟望収多
一切商人求利行　入海艱難採珎寶
汝等承望故行路　願所規獲利速成
我今得道快喜歡　汝隨至方皆願吉
心所欲取一切利　如汝等願速稱心
行向經歷所至方　悉願无有諸鄣㝵

尒時商主同白佛言世尊願乞我等一物作念若到本鄉不見世尊當以彼物作塔礼拜以表憶念大聖世尊我等諸人供養尊重盡今形壽尒時世尊即與諸商佛身髮爪以用作念而告之言汝等商主此之髮爪今持與汝令汝作念若見此物與我無異於後當更别有一石從空而下至汝等處汝等若見當還起塔供養尊重

尒時帝梨二商主等從於佛邊受髮爪已作如是念此之髮爪乃是身上所棄之物法非勝妙不合尊重无供養心

尒時世尊知彼一切商人心已告彼等言汝等商主莫作是念我憶往昔

無量無邊不可計劫有一世尊出現於世名曰然燈如來多陁阿伽度阿羅呵三藐三佛陁善逝世間解無上士調御丈夫天人師佛世尊我於彼時作一婆羅門摩那婆具足解於四毗陁論我於尒時見彼世尊入於一城城名蓮花我於彼時以五莖青優鉢羅花散彼佛上即便發於菩提之心時彼世尊即授我記汝摩那婆於未來世時節過數阿僧祇劫當得作佛号釋迦牟尼多陁阿伽度阿羅呵三藐三佛陁我時於彼世尊法中捨離居家剃除鬚髮而便出家我出家後一切諸天取於我髮一髮即有十億諸天作分將行而共供養從彼已來我今得成阿耨多羅三藐三菩提以佛眼觀彼等衆生無一衆生各在佛邊而不皆得證涅槃者我於彼時既未免脫貪慾瞋癡猶尚供養我之髮爪無量衆生千万億數而得涅槃況復今日盡諸一切煩惱結惑貪慾恚癡皆悉除滅汝等何故不大尊重我此清淨無染髮爪

尒時商主及諸人等聞於世尊說是往昔因緣之事即於髮爪生希有心生大尊重恭敬之心頭頂一心礼世尊足圍遶三匝却步而行有偈說言

有衆商人諸方過　樹神發覺告彼言
此有自利得世尊　汝等頂礼布施食

如是世尊四十九日不得飲食既始於彼商人等邊得於此食世尊食後往昔業力忽然患腹而不消化

尒時山居有一藥神將彼新出微妙甘美呵梨勒菓往詣佛所到佛所已頂礼佛足却住一面白言世尊若有患腹此呵梨勒最初新出微妙甘美我今將來奉上世尊若佛知時為我納受此呵梨勒受當食噉慈愍我故世尊食此呵梨勒後腹內有病即得除愈

尒時世尊即便納取彼呵梨勒為彼藥神生慈愍故受已即告彼藥神言來汝藥神歸依佛歸依法歸依僧當受五戒汝當長夜得作大利多得安樂彼藥神聞佛此言已即白佛言善哉世尊我不違佛即受三歸并及五戒當於彼時一切藥神諸女天中以再過受三自歸依并及五戒最初為首作優婆夷所謂大藥神園遶彼所居山女天藥神

尒時世尊從彼藥神女天受其所奉呵梨勒果即便噉食食已取核於彼地方即便種彼呵梨勒核以佛威神自在力故即日即生即成根莖枝條大樹即出葉花果實成熟世尊腹內病即除愈不復患苦

佛本行集經梵天勸請品第三十六上

尒時世尊從彼差梨尼迦林出安庠還至菩提樹下時彼國內若男若女困篤著床萎黃重病不可療治難得差者其人不久欲取命終然氣未斷即送林中以之為墓而菩薩在苦行之時於彼林內有一婦女名羅娑耶氣猶未斷對菩提樹相去不遠而其眷屬棄捨委地而彼婦女還見菩薩在道樹下修行苦行見已內心生大敬信生敬信已從身脫衣置於一邊白菩薩言大聖尊者若仁從此苦行而起得渡煩惱海之彼岸滿足自願

彼時既恐身無衣服可取取我此糞掃衣隨意所用慈愍我故時彼婦女經歷時日其命始終以向菩薩生正信故氣斷之後藉彼善根即得上生三十三天作天王女威德甚大光相炳然得成天身神通自在生彼天已自發此念我何業果令我如是成就此身而彼思念自識宿命我於往昔在人間時作婦女身以糞掃衣布施世尊隨意所用藉彼善業我今成就如是果報彼復更念世尊今既未受於我糞掃衣用我猶尚得如是果報神通之力況復世尊納我衣用豈可不得勝此果報

尒時彼天以玉女身放勝光明於夜半時往詣佛所其光遍照彼林樹間到佛所已頂礼佛足却住一面彼玉女天即白佛言善哉世尊取我所施糞掃之衣隨意所用慈愍我故而世尊受彼糞掃衣為玉女天生慈愍故如來受已告彼天言來玉女天歸依佛歸依法歸依僧復受五戒汝當長夜得大利益得大安樂彼玉女天聞

佛語已即白佛言如世尊教我不敢違即受三歸并及五戒時玉女天見世尊受其糞掃衣以是因緣心大歡喜踊躍無量遍滿其體不能自勝彼玉女天頂礼佛足圍三匝已即從彼處沒身不現

尒時世尊發如是心我今將此糞掃之衣何處而洗發是心已帝釋天王為如來故去林不遠化出一河其水清淨無有穢濁帝釋天王於河岸邊更復化作三片大石其第一石擬世尊坐其第二石洗糞掃衣帝釋天王手自浣水其第三石洗衣訖已擬曝使乾時曬衣石以佛威神從虛空飛往到北天竺為彼帝梨富娑商主等作於塔為供養故

摩訶僧祇師作此說如是次第七七日誦或復有師說言此事經二七日

或復有師說言此事經三七日

或復有師說言此事經四七日

初一七日諦心而在菩提樹下

第二七日漸次移在不瞬眼塔

尒時世尊從彼不瞬眼塔而起起已

至羅闍耶樹下到樹下已經於七日加趺而坐受解脫樂安禪不起

尒時世尊過七日已正念正知從三昧起是時帝梨富娑并跋梨迦二商主等從迦浮吒城發漸至佛所至佛所已乃至略說圍遶三匝從佛而行

尒時世尊從羅闍耶樹下起已安庠漸至目真隣陁樹下而坐到已乃至當說偈言

尒時世尊過彼七日於晨朝時著衣持鉢詣難提迦村主之家到彼家已却在一邊嘿然立住為求食故其村主女既見世尊在門一邊嘿然立住欲乞求食見已即從世尊手內擎取於鉢將至家裏以好種種百味飲食滿置其中出奉世尊而作是言唯願世尊受我此食慈愍我故世尊受納善生村主女人食已即告女言來汝善生受三歸依并及五戒汝當長夜得大利益得大安樂其善生女聞佛語已白言世尊如世尊教我不敢違即受三歸并及五戒是時善生最初人間最受三歸及受五戒作優婆夷

所謂善生村主之女是時世尊從善生女受食食已在彼菩提樹下而坐受解脫樂復經七日

尒時世尊過七日已正念正知從三昧起於晨朝時著衣持鉢安庠漸至斯耶䣽耶婆羅門家到已住在其門一邊嘿然求食其斯耶䣽耶既見世尊在門外立嘿然求食見已即從世尊乞鉢執已將入自家以好種種百味飲食種種羹臛滿和鉢中持將奉佛復白佛言唯願世尊受我此食慈愍我故而世尊從斯耶䣽耶婆羅門邊受得食已即告彼言来婆羅門乃至應受三歸五戒彼婆羅門聞佛言已如佛所教而受三歸乃至五戒是時世尊從斯耶䣽耶婆羅門所得飯食已受持漸漸安庠行至㝹他䣽塔(隋言攬略木塔)食訖如法㪘衣還向菩提樹下加趺而坐經於七日乃至受於解脫之樂

尒時世尊過七日已正念正知從三昧起於晨朝時著衣持鉢漸漸行詣斯耶䣽耶親里眷屬四姊妹邊四姊

妹者一名婆羅(隋言力)二名摩伍婆羅(隋言嚴拯力)三名蒿陁梨(隋言端正女)四名鉗(盧反)婆迦梨(隋言瓦師)到彼等家在一面立嘿然而住為乞食故其四姊妹既見世尊嘿然立住見已即從世尊乞鉢入家戚取百味飲食色妙具足種種羹臛滿置鉢中持以奉佛復作是言唯願世尊受我此食慈愍我等時世尊受彼四姊妹百種飲食為慈愍故受已即告彼姊妹言来汝姊妹從我受持三歸五戒汝等當得長夜利益安隱樂故彼四姊妹聞佛語已即白佛言如世尊教我等不違即便共受三歸五戒是時世尊從彼姊妹受布施已安庠漸到㝹他䣽塔到已隨意如法飽食還向菩提樹下而坐受解脫樂經一七日

尒時世尊七日已過正念正知從三昧起於晨朝時著衣持鉢安庠漸至羊子所種尼拘陁樹未至樹邊從菩提樹其間半路見有一箇放牛婦人禮酪出酥尒時世尊漸至於彼牧牛婦所到已去彼婦人不遠嘿然而立

為求食故時彼婦人既見世尊去其不遠嘿然立住見已即從世尊乞鉢滿中盛酪以奉世尊而白佛言大聖尊者受我此酪為慈愍故是時世尊從彼婦邊受得酪已告彼婦言来姊汝受三歸五戒必當長夜大得利益獲安樂故是時婦人隨佛教受三歸五戒是時世尊隨意飽食洗鉢訖已漸至羊子前所種蒔尼拘陁樹其下而坐受解脫樂經一七日尒時世尊過彼七日正念正見從三昧起是時忽有諂曲求過一婆羅門来詣佛所到已共佛慰喻問訊說種種語却住一面而白佛言瞿曇沙門云何名為婆羅門也婆羅門者作何法用凡有幾法如来知已即出如是師子吼音而說偈言

除滅一切諸罪業　是故名為婆羅門
清淨無有諂曲心　內外正定常安住
如法修行諸梵行　口言心念亦復然
能於一切處无貪　是名婆羅門種姓

如是間中凡八七日前三七日全不食噉自餘五七方始求食

尒時世尊坐一三昧其三昧名遍觀世間而世尊以無上佛眼觀世間時見於世間或有衆生從地獄出還墮地獄或有衆生從地獄出生畜生身或有衆生從地獄出受餓鬼身或有衆生從地獄出受於人身或有衆生從地獄出受於天身

或有衆生從畜生脫受地獄身或有衆生從畜生脫還生畜生或有衆生從畜生脫受餓鬼身或有衆生從畜生脫生於人間或有衆生從畜生脫生於天上

或有衆生從餓鬼脫墮於地獄或有衆生從餓鬼脫還受餓鬼或有衆生從餓鬼脫墮於畜生或有衆生從餓鬼脫生於人間或有衆生從餓鬼脫生於天上

或有衆生從人間死墮於地獄或有衆生從人間死墮畜生中或有衆生從人間死墮於餓鬼或有衆生從人間死還受人身或有衆生從人間死生於天上

或有衆生從天上墮生地獄中或有

衆生從天上墮受餓鬼身或有衆生從天上墮落畜生中或有衆生從天上下生於人間或有衆生從天上死還生天中

尒時世尊見諸衆生著於諸見或有衆生以於欲火燒然其體或瞋恚火或愚癡火熱燒其體著於欲事欲事惱故即生歡樂瞋恚癡等一切亦然而世尊見諸衆生等為三毒火之所焚燒即說如是師子吼言此世間中諸衆生輩為有所纏精勤造業得於是形身為大患處處念著所生邪意即常增長如所增長即成此有以有著故於諸世間有諸衆生以有著故還思念有即成於有而其彼等一切衆生所有之處即彼有處受於有苦若能滅於彼諸有苦於此法入學行梵行是名梵行若有沙門及婆羅門以著有患知出諸有彼等皆名無著諸有如是知已能出諸有我如是說若復沙門及婆羅門以有而說欲脫諸有彼等一切不名脫有我如是說如是之人墮於邪道名受大苦我

如是說捨於世間一切邪道盡彼一切諸苦業果既盡諸苦即名無有此是世間衆生我見各各皆以无明所欺樂著諸有著諸有已即不能得解脫諸苦若復有人於一切處觀察諸有於一切處未遠離有而一切處並在於有既住在有是名無常是名為苦是名无實於無實法如是如是如實正智應當觀知若能如是正智觀者即盡諸有及愛盡已於无有處亦不心念是則名為得滅比丘既得滅已即更不生於後世有不受後身即能降伏一切衆魔即得勝於一切鬪陣即一切處得大利益於諸有處不念不思

佛本行集經卷第三十二

癸卯歲高麗國大藏都監奉
勅彫造

佛本行集經卷第三十二

校勘記

一 底本，麗藏本。

一 八五一頁上三行品名下，徑、清有「第三十五之二」。

一 八五一頁上一〇行首字「彼」，資、磧、普、南、徑、清作「後」。

一 八五一頁上一三行夾註「當梨反」，徑、清無。同行「富娑」，資、磧、普、南、徑、清作「富婆」。

一 八五一頁上二〇行「打橛」，資作「打樁」。

一 八五一頁中五行「韈軛」，資、磧、普、南、徑、清作「韈輞」。

一 八五二頁上六行「大利」，資、磧、普、南、徑、清作「大樂」。

一 八五二頁上一二行第八字「王」，資、磧、普、南、徑、清作「天王」。

一 八五二頁下一八行夾註「夏耶末知孰是斯經」，資、磧、普、南、徑作「夏耳未知孰是斯終」。

一 八五三頁上一五行「轉轉」，徑、清作「展轉」。

一 八五三頁上一六行「清涼」，磧、普、南、徑、清作「清淨」。

一 八五三頁中一四行「十力」，資、磧、普、南、徑、清作「十方」。

一 八五三頁下五行「喜歡」，資、磧、普、南、徑、清作「喜樂」。

一 八五四頁上一三行「剃除」，資、磧、普、南、徑、清作「剃頭」。

一 八五四頁中五行「方過」，資、磧、普、南作「方遇」。

一 八五四頁下三行第一〇字「神」，資、磧、普、南、徑、清無。

一 八五四頁下一一行品名末字「上」，資、磧、普、南無。同行徑、清作「梵天勸請品第三十六之一」。

一 八五四頁下一九行「委地」，資、磧、普、南、徑、清作「著地」。

一 八五五頁上二二行末字「長」，磧、南、徑、清作「日」。

一 八五五頁中一五行第五字「竺」，資、磧、普、南、徑、清無。

一 八五五頁下二〇行「生女」，磧、普、南作「主女」。

一 八五六頁上一八行夾註右「攪」，磧、普、南、徑作「攬」。

一 八五六頁中二行夾註「蔓嚴反」，徑、清無。

一 八五六頁下二二行「三七日」，磧、普作「二七日」。

佛本行集經卷第三十三

三藏法師闍那崛多譯

梵天勸請品下

尒時世尊作如是念我所證法此法甚深難見難知如微塵等不可覺察無思量處不思議道我无有師無巧智匠可能教我證於此法但衆生輩著阿羅耶(隋言所著處)樂阿羅耶住阿羅耶憙樂著處心多貪故此處難見其處所謂十二因緣十二因緣有處相生此之處所一切衆生不能覩見唯佛能知又一切處疑道難捨一切邪道滅盡無餘愛之染處盡皆離欲寂滅涅槃我今雖將如是等法向於他說彼諸衆生未證此法徒令我勞虚費言說尒時世尊如是念已為於此事昔未曾聞未從他得未有人說而心自辯即說偈言

我今辛苦證此法　不可輙尒即應宣
諸欲癡瞋恚法纏　一切衆生有此難
唯應逆流細心智　所可覩見如微塵
樂欲貪著難見知　為彼無明闇覆故

以如是故如来見是甚深事已其心欲樂阿蘭若處不欲向他說於此法而有偈說

見諸衆生煩惱重　邪道邪見過患多
解脫法者甚深難　知故欲住阿蘭若

尒時娑婆世界之主大梵天王在於梵宮遥見世尊發如是心知已即作如是思惟此世界中諸衆生等多壊多失今日如来多陁阿伽度阿羅呵三藐三佛陁既證如是無上法寶獲成辦已世間未知而心忽然願樂蘭若不欲說法時梵天王辟如壯士屈申臂頃從大梵宮隱身来下至世尊前頂礼佛足却住一面合掌向佛而白佛言善哉世尊今此世界一切衆生無有歸依善壊失盡今者世尊既得如是無上法寶真證見已而心忽欲入阿蘭若不樂說法我今勸請無上世尊為諸衆生莫寂靜住唯願世尊慈悲說法願修伽陁憐愍說法現今多有諸衆生輩少於塵垢諸根成熟結使微薄利根易化不聞法故自然損減若當如来為說法要使得證

知世尊法相尒時娑婆世界之主大
梵天王說是語已復更以偈重請佛言
世尊今在摩伽國　說於衆生雜種因
先開甘露妙法門　然後次第清淨說
如人不上須弥頂　豈能得見世界邊
大聖菩提道已成　速登法堂智眼照
引導群盲令離苦　悲愍一切諸衆生
世尊疾捨此樹閒　遍世遊行廣濟度
自得已利天人勝　諸苦盡已得清涼
佛不增減諸善根　到於清淨法彼岸
如來世閒無有比　況欲勝上亦復無
三界獨步稱世尊　修羅非是山王疋
於苦世閒作悲愍　仁今不可捨衆生
具諸德力無畏人　唯尊能度諸含識
衆生久來被毒箭　所謂天人等世閒
值遇世尊應拔除　願為彼作歸依處
諸天及人生生世　發心欲聽審法門
彼願世尊今已成　速說莫令彼等退
世尊如我今得見　衆生若當是事知
或他聞已及自聞　即來頂礼世尊足
假令父母男女等　死已骨散鬚縱横
而不憂彼命終時　亦不廻哭彼人輩
彼等未知尊清淨　從兜率天來下生

是故我今請世尊　多時失路令化取
不聞正義無量劫　如羸瘦人得脂腴
如乾土地得水澆　唯願世尊降法雨
諸佛無有慳惜法　三世諸聖樂行檀
過去諸佛入涅槃　無不說是正真法
尊今亦是祁羅種　能度無量諸衆生
共彼諸佛无有殊　教衆善法令時至
開諸衆生清淨眼　普令得見正道途
入於邪見荊棘林　應示純直離險逕
乘此路已得甘露　世尊衆讐欲蹪旋
餘人濟拔患不能　大險引導世尊是
又能方便教發意　今時已至願莫辭
共聖多劫不可期　猶如優曇花難值
諸佛出世既難遇　今日忽遭大導師
仁於精進力無邊　身體莊嚴衆相具
未說无有發心者　金口終不出異言
三世成就是事來　所以今日自度訖
度他須起精進力　真實言誓宜及時
世尊滅暗然諸明　佛大法幢願速豎
時至妙言說正法　師子吼如天鼓鳴
我請如來量法船　來世得導无量衆
世尊已度煩惱海　衆生沒溺須出之
辟如人得伏藏財　持以冨他不獨用

世尊得法無盡藏　願為衆生分別宣
尒時世尊聞梵天王勸請偈已為衆
生故起慈悲心以佛眼觀一切諸世
佛眼觀已見諸衆生生於世閒增長
世閒或有利根或有鈍根諸衆生等
或以成就易證於道或有衆生見未
來世一切過患心生恐怖而不放逸
或當來世亦可得道辟如或有青優
鉢池波頭摩池抝物頭池分陁利池
其內所有一切諸花或優鉢羅及波
頭摩并抝物頭分陁利等已從地生
而未出水在於其閒沒而未現應須
養育四大和合然後出水或有優鉢
分陁利等從地涌出共水齊平或優
鉢羅分陁利等出水開敷而不著水
如是如是世尊佛眼觀諸世閒一切
衆生生於世閒增長世閒或有利根
或有鈍根或有易化或易得道如是
知已向梵天王而說偈言
大梵天王善諦聽　我今欲開甘露門
若有聽者歡喜來　至心聽我說法味
尒時梵天聞此偈已作是思惟如來
世尊當說此法修伽陁當欲說此法

世尊憐愍為我受請欲說法故以是因緣心生歡喜踊躍充遍不能自勝頂礼佛足圍遶三匝在於佛邊沒身不現

尒時世尊作如是念我今於先初說法處誰能不違一如我意知我法體而證知已不惱於我

尒時世尊作如是念其優陁羅迦羅摩子心應巧智辦了聰明長夜成就其心雖復少有塵垢諸使結薄根熟智利我今應當於優陁羅迦羅摩子對於其前先為說法我所說法彼能速疾證知我法

世尊如是思惟念已時有一天在於空中隱身不現來向佛所而出聲言迦羅摩子其命終來已經七日

世尊更復內心智見優陁摩子實命終來已經七日

世尊復念優陁摩子命終已後當生何處而世尊心復生智見優陁摩子命終生於非非想天

尒時世尊復如是念非非想天壽命幾許有邊除不是時世尊心生智見

非非想天壽命八万四千大刼

尒時世尊復如是念優陁摩子生非非想彼壽終復生何處

尒時世尊心生智見知優陁羅迦羅摩子今在非想彼處命終後還墮落生於此處受飛貍身而彼既得飛貍身已若有衆生生於水中或居陸地或空飛行常當殺害於彼生命或復共彼諸衆生等行於慾事報盡於後飢餓而死

尒時世尊復心思惟其優陁羅迦羅摩子捨飛貍已復受何生

尒時世尊心生智見知優陁羅迦羅摩子從飛貍身命終已後生於地獄

尒時世尊心復如是思惟念言嗚呼嗚呼汝優陁羅迦羅摩子空然受身失於大利不得人聞妙好善報而優陁羅迦羅摩子不得聞我如是善法若優陁羅迦羅摩子得聞如是諸善法者即應速得證於此法

尒時世尊復如是念我今為誰初說此法我說法時不違我法不煩惱我而能速疾證於我法

尒時　世尊內心如是思惟而知其阿羅邏迦羅摩種極巧智慧聰明細心長夜成就雖少有垢結薄利根我今應當詣於彼聞阿羅邏迦羅摩種邊初說此法彼若得聞我所說法其必速疾應當證知

世尊如是思惟念已時有一天隱身不現往世尊所而出聲言彼阿羅邏迦羅種姓昨日命終

尒時世尊心生智見知阿羅邏迦羅種姓昨日命終

尒時世尊復如是念阿羅邏種從此命終受何處生

尒時世尊內心生智知阿羅邏此處命終生不用處

尒時世尊復如是念不用處天壽命多少有於限量邊際以不

尒時世尊內心智見知不用處壽命有邊六万三千大刼壽命

尒時世尊復如是念其阿羅邏不用處天命終已後復何處生

尒時世尊內心智見知阿羅邏從不用處命終已後還墮於此處在邊地

不識法處當得作王
尒時世尊復如是念其阿羅邏從無
識法邊地之王命終已後復受何生
尒時世尊内心智見知阿羅邏從邊
地王其命終後墮大地獄
尒時世尊如是思惟嗚呼嗚呼汝阿
羅邏迦羅種姓空受人身大有所失
不得善利而不聞我如是妙法若彼
得聞我是法者即應速疾得證此法

佛本行集經轉妙法輪品第三十七上

尒時世尊作是思惟諸世間中有何
衆生身口清淨少塵少垢諸結使薄
根熟利智而我今初說法之時不惱
於我而能速疾證知我法不妨廢我
轉於法輪
尒時世尊如是思惟有五仙人彼五
仙者昔日與我大有利益我在苦行
承事於我彼等五仙並皆清淨少垢
少塵薄使利智彼等堪能受我㝡初
轉於法輪所說妙法應不違我我今
應詣彼五仙邊初為說法
尒時世尊復如是念彼等五仙今在
何處是時世尊以淨天眼過於人眼

觀彼五仙今日在彼波羅㮈城鹿野
苑内經歷遊行
尒時世尊從菩提樹隨多少時住已
漸向波羅㮈國而有偈言
世尊欲說羅摩子　發心觀察其所生
知今命終在於天　心念五仙欲至彼
尒時魔王波旬見佛欲捨於此菩提
樹起心生苦惱速詣佛所到佛所已
而白佛言善哉世尊唯願世尊莫離
此處安坐莫移世尊在此隨意所行
尒時世尊告波旬言魔王波旬汝無
慚愧不知羞恥汝於先時欲惱亂我
我於尒時具有貪慾瞋恚癡等一切
未盡汝來不能惱乱於我況復今日
我已證得無上至真平等覺道一切
邪徑盡皆捨離得正解脫
尒時世尊從道樹下起已安庠漸漸
行到旃陁羅村(隋言嚴熾)從旃陁羅安庠
行至紕(之詢反)陁私涹(他梨反)羅聚落(隋言无角讎)
中於其路上見有一乇婆羅門名優
波伽摩(隋言來事)兩逆相逢彼見佛已即
白佛言仁者瞿曇身體皮膚快好清
淨無有垢膩仁者面貟圓極莊嚴諸

根寂定仁者瞿曇師為是誰從誰出
家意喜所樂是於誰法尒時世尊隨
行隨說以於此偈荅彼乇槖婆羅門言
我已降伏諸世間　成就具足種種智
於諸法中不染著　永脫一切愛網羅
能為他說諸神通　是故名為一切智
我今堪受世間供　自在得成無上尊
一切天人世界中　唯我能降諸魔衆
我無有師内自覺　世間更無與等雙
天人中唯我獨尊　身心清淨得解脫
一切通處皆通達　所可證處已證知
可定之處已得安　故稱我為世尊上
猶如分陁利在水　雖復處在於水中
而不為水之所沾　我在世間亦復尒
不為一切世所汙　是故稱我為佛陁
尒時優波伽摩婆羅門復白佛言長
老瞿曇今欲何去世尊報彼婆羅門
言我今欲向波羅㮈國彼婆羅門復
問佛言長老瞿曇仁者至彼欲作何
事世尊更復以偈荅彼優波伽摩婆
羅門言
我今欲轉妙法輪　故至於彼波羅㮈
幽瞑衆生悉令曉　擊唱甘露鼓之門

尒時優波伽摩婆羅門復白佛言如我意見長老瞿曇自稱身得阿羅漢者伏諸煩惱其義云何世尊復更以偈重荅於彼優波伽摩婆羅門言

應當知我伏諸惡　永盡一切諸有漏
世間諸惡法皆滅　故我稱為真正尊

而有偈說

何恡得利自養育　不能增長利益他
見衆幽暝不慈悲　得道勝他共分用
自度彼岸覩沒溺　若不能拔非善人
自得地藏見貧窮　而不拖他是非智
手自執持甘露藥　見有病人不與治
可畏曠野得路行　覩彼迷人應教示
如大闇燈作光照　明滅不著在我心
佛亦如是作法光　於此因緣亦不著

尒時優波伽摩乞婆羅門口唱言謂長老瞿曇以手拍陛下道避佛向東而行

尒時彼處有一天神住昔舊與優波伽摩婆羅門身曾為親舊天神欲為優波伽摩乞婆羅門作利益故作安樂故於無畏處得解脫故以偈告彼優波伽摩婆羅門言

今值無上天人師　不識世尊至真覺
邪見赤體欲何去　汝當受苦未期殃
若逢如是調御師　捨之不發供養者
手足與汝何功德　應當於此生信心

尒時世尊安庠漸行從周蘭那娑陁羅去（即是無翦翅）至迦蘭那冨羅聚落（隋言耳城）從迦蘭那冨羅聚落安庠而去漸漸而至娑羅洟聚落（隋言調御城）從娑羅洟聚落而去至盧醯多柯蘇兜聚落（隋言問塞城）從問塞城至恒河岸到河岸已語船師過至已即語彼船師言善哉仁者乞願度我向於彼岸船師報言尊者若當與我度價然後我當度於尊者

尒時世尊報船師言我今何處得有度價但我除斷一切財寶設復見者觀如瓦石土凷無殊若當有人割我一髀又以旃檀塗我一髀此二人邊我心平等我以是故無有度價船師復言尊者若能與我度價我今即當度於尊者所以者何我唯因此持用活命畜養婦兒

尒時世尊以淨天眼過於人眼見有一群五百頭鴈從彼恒河南岸飛空

而來向北世尊見已即對船師而說偈言

諸鴈群黨度恒河　不曾問彼船師價
各運自身出已力　飛空自在隨所之
我今應當以神通　騰虛翱翔猶彼鴈
若至恒河水南岸　安隱定住若須弥

時彼船師見佛過已心生大悔如是思惟嗚呼嗚呼我覩如是大聖福田而不知施度至彼岸嗚呼嗚呼我失大利如是念已悶絶倒地而彼船師少時迷荒還得穌醒從地而起即便馳往摩伽陁王頻頭王邊奏如是事

尒時摩伽陁王頻頭婆羅聞此事已作如是言凡夫之人云何可知此有神通此無神通是故汝等從今已去凡是一切出家之人來欲度者莫問是非但有來者勿取度價隨意即度

尒時世尊飛度恒河達到彼已從於彼岸復作神通飛騰而向波羅㮈城是時彼處有一龍池時其龍王名曰商佉（隋言蠡）世尊至彼池邊而下世尊足步所下之處龍王起塔其塔因稱名弥遲伽（隋言土塔）如來在彼經由一宿待後

食時於待時處復起一塔其塔復名宿待時塔而有偈說

諸佛夜不入人閒　要待齋時而乞食
非時行者有大患　是故衆聖候於時

尒時世尊依三摩耶依摩伽陁齋欲到時從西門入波羅㮈城次第乞食於波羅㮈乞食得已從城東門安庠而出旣出城外在一水邊端坐而食食訖澡洗北面而行安庠漸至向鹿菀林而有偈說

鹿菀鳥獸衆鳴聲　往昔諸聖所居處
世尊身放光明耀　漸至彼菀如日天

尒時五仙遥見世尊漸至其邊見已各各共相謂言我等要誓諸長老等此之來者是彼沙門瞿曇釋種向我邊來此懈怠人喪失禪定以懈怠故全身纒縛而我等輩不須敬彼不須礼彼不須迎彼不須與彼安置坐處雖然但且隨其意樂隨其自坐唯憍陳如獨一人心不同此誓而口不違即便相對而說偈言

瞿曇懈怠今忽來　我等五仙各相邦
詳共莫敬莫礼拜　此人違誓不合迎

佛本行集經卷第三十三　第十五張　宋字号

尒時世尊漸漸近彼五仙人邊旣逼近已而彼五仙各各相與坐不能安忽自違誓各各欲起辟如奢拘尼鳥在鐵網內而外有人放於大火其網熱故不能安住欲飛欲跳如是如是彼五仙人見世尊已不覺忽然從坐而起時五仙內或有鋪設安置坐者或有持水欲擬洗足或洗足石及草屣者或復有將盛水盆來或洗足已將於木來擬安脚者或有迎接三衣及鉢又口唱言善來長老瞿曇安坐於此鋪上而有偈說

或迎取鉢及三衣　或復頂礼佛足下
或預鋪設所坐處　或持水器及澡瓶

尒時世尊隨其鋪設安庠而坐時佛坐已作是思惟此等一切皆是癡人各各雖發如是誓言而自相違不依而住

尒時五仙見佛坐已而白佛言長老瞿曇身色皮膚快好淸淨面目圓滿又足光明諸根寂定長老瞿曇必當值遇妙好甘露或得淸淨甘露聖道

尒時世尊即便告彼五仙人言汝等

佛本行集經卷第三十三　第十六張　宋字号

仙人莫喚如來爲長老也所以者何汝等仙人當來長夜應值苦患何以故我今以證甘露之法我今已得甘露之道汝隨我教汝聽我言我能教示於汝等輩汝隨我語不得乖違若依我教淸淨而行若善男子及善女人正信捨家剃除鬚髮出家欲求无上梵行盡梵行源現見諸法自在神通證得行行自能唱我已斷生死已立梵行所作已辦更不復受於後世有汝等各當如是自知而有偈言

彼等五仙喚佛姓　世尊愍慈教彼言
汝等心意莫矜高　捨於自慢恭敬我
我慢無慢我平等　我欲迴汝等業因
我已得佛爲世尊　爲諸衆生作利益

作是語已其五仙人即白佛言長老瞿曇昔行是行昔求是道昔行是苦不曾得證上人之法不共諸聖而同智見不得增進況復今日成就嬾墮失於禪定懈怠纒身

尒時世尊再過告彼五仙人言汝等仙人莫作是言如來非是懈怠之行非是失禪我亦非是懈怠纒身汝等

佛本行集經卷第三十三　第十七張　宋字号

仙人我今已成阿羅呵三藐三佛陁我今已證得彼甘露知甘露道汝等仙人應受我教聽於我法汝等今若受我教示我能教誨於汝等輩汝依我教莫違我教行我教法乃至汝等未來當得不受後有

尒時五仙復白佛言長老瞿曇昔如是行如是求道行如是苦不證上法不共諸聖而同智見乃至懈怠以經自身

尒時世尊三過告諸五仙人言汝等仙人自知我昔曾為人說妄言以不

五仙人言不也尊者

尒時世尊從口出舌至二耳孔至二鼻孔以舌柱塞二鼻孔已還復以舌自舐於舌遍覆其面覆已還縮依舊還置舌本居處安置已告五仙人言汝等仙人曾自眼見或復耳聞若人妄語有如是舌神通力不彼等仙言不也尊者是故汝等莫喚如來以為懈怠如來亦非失於禪定然我不以懈怠纏身諸仙當知我今已成阿羅呵三藐三佛陁已證甘露知甘露道汝等受我教法示誨聽我教法汝等依我教法而行若不違背其善男子及善女人欲求解脫捨家出家乃至未來不受後有

尒時世尊以如是教誨彼五仙彼仙所有外道之形外道之意外道之藏皆悉滅隱不現身上所著之服即成三衣手執鉢器頭髮鬚鬢自然除落猶如剃來經於七日威儀即成形容辟如百夏比丘威儀行步坐起舉動如是而住

尒時世尊即便告彼五比丘言汝等比丘各各隨分觀察東方時五比丘欲觀東方而見西方世尊復告汝等比丘隨分各各觀察西方彼等比丘欲觀西方即見東方世尊復告汝等比丘觀察北方彼等比丘欲觀北方即見南方世尊復告汝等比丘觀察南方即見北方世尊復告汝等比丘觀察上方即見下方世尊復告汝等比丘觀察下方彼等比丘欲觀下方即見上方世尊復告汝等比丘隨分各各觀察餘方彼等比丘欲觀餘方即見正方世尊復告汝等比丘觀察正方彼等比丘欲觀正方即見餘方

尒時世尊善能教誨彼五比丘令其內心各生歡悅使其獲證隨順正理各各歡喜時五比丘心開意解隨順世尊諮承世尊聽世尊教隨世尊心不違世尊所說教法聞說諦受奉侍世尊無暫時捨

佛本行集經卷第三十三

佛本行集經卷第三十三

校勘記

一　底本，金藏廣勝寺本。

一　八五九頁中三行品名下，徑、清有「第三十六之二」。

一　八五九頁下一六行「今者」，徑、清作「今日」。

一　八六〇頁下一四行第六字「地」，麗作「池」。

一　八六一頁上末行「邊除」，磧、普、南、徑、清、麗作「邊際」。

一　八六一頁中三行「壽終」，諸本作「壽終後」。

一　八六一頁下七行末字「身」，磧、普、南、徑、清作「自」。

一　八六二頁上三行第二字「法」，資、磧、普、南、徑、清作「沒」。

一　八六二頁上一〇行品名，徑、清作「轉妙法輪品第三十七之一」。

一　八六二頁中一九行夾註「之詢反」、「他梨反」，徑、清無。

一　八六二頁下一二行「可定」，麗作「可安」。

一　八六二頁下末行第九字「唱」，麗作「敞」。

一　八六三頁上五行第七字「惡」，諸本作「怨」。

一　八六三頁上一四行「光照」，麗作「光明」。

一　八六三頁中一一行第二字「過」，諸本作「邊」。

一　八六三頁中末行「頭鴈」，資作「飛鴈」。

一　八六三頁下五行第九字「虛」，普作「空」。

一　八六三頁下一三行「婆羅」，磧、普、麗作「娑羅」。

一　八六四頁下一一行「倡言」，磧、普、徑、清作「倡說」。

一　八六五頁上一一行「告諸」，麗作「告彼」。

佛本行集經卷第三十四　菉

隋天竺三藏闍那崛多譯

轉妙法輪品下

尒時世尊作是思惟往昔諸佛多陁阿伽度阿羅呵三藐三佛陁在何方所轉於無上微妙法輪於時世尊發是心已其地即時自然涌出異於餘方

尒時世尊復如是念往昔諸佛多陁阿伽度阿羅呵三藐三佛陁云何而轉無上法輪為當坐轉為當卧轉於時世尊發是心已彼地方所即現五百師子高座世尊見此五百座已即發敬心以敬過去諸世尊故三匝圍繞三高座已至第四座即上其上加趺而坐譬如師子无所怖畏無所驚動時憍陳如五比丘等即白佛言希有世尊即今悉有如許佛来同說法也云何乃有若干高座尒時佛告五比丘言汝諸比丘今應當知此賢劫中有五百佛出現於世三佛已過入般涅槃我今第四出現於世餘者當来續復興顯

尒時世尊復如是念過去諸佛多陁阿伽度阿羅訶三藐三佛陁為轉金輪為轉銀輪轉頗梨輪轉琉璃輪為當轉於赤真珠輪轉馬瑙輪轉硨磲輪轉虎珀輪轉珊瑚輪轉七寶輪為轉木輪

尒時世尊如是念時於心内發自智見知過去諸佛多陁阿伽度阿羅呵三藐三佛陁依四聖諦次第三轉十二種相因緣而轉無上法輪而世間中無有沙門及婆羅門或天或魔或梵世界無一衆生能作如是自在无畏轉法輪者

尒時世尊箕宿月初十五日内十二日昊過半人影當如是時名毗闍耶（隋言非勝）北面而坐合於鬼宿及房宿時轉於无上清淨法輪一切世間所有沙門及婆羅門天魔梵等无有能轉如是法輪以房宿日轉輪無礙說法依世故以此日

尒時世尊告五比丘如是言音所謂如来有此言音善能教授善能慰喻能教不缺能教恭敬不曲不諂不麗

不麁不綺不朴柔順調和善能作業不緩不急无有妨礙真正微妙善巧分明流靡甘美悅可衆情無濁无垢不可毀壞無與等者離染清淨久來常捨不失不乏無結无縛解脫光絜不貧不訖亦不軟弱能為一切衆生生樂能與一切衆生身體而作潤澤能發一切諸衆生心能斷慾心斷瞋恚心斷愚癡心能攝諸魔能破諸罪悉能降伏一切外道

世尊音響善能教他猶如鼓聲猶如梵聲猶如迦羅頻伽鳥聲如帝釋聲如海波聲如地動聲如崐崘震聲孔雀鳥聲拘翅羅聲命命鳥聲如鴈王聲猶如鸖聲猶如師子猛獸王聲猶如箜篌琵琶五絃箏笛等聲聞者能令一切歡喜教誨分明意喜樂聞微妙甚深无處乏少能令衆生造諸善根聞者不空字體分炳文句顯了義業幽邃法藏真實合時合節合三摩耶不過時授知諸根情順於法句以諸種種布施莊嚴持戒清淨忍辱含受精進勇猛諸禪寂定奮迅神通智慧分別世間善惡慈成就樂悲无勞勸喜歡捨離建立三乘紹三寶種分別三聚淨三脫門實語訓誨智人所歎聖所可意無量无邊猶如虛空遍至一切諸相具足

世尊如是聲音告諸五比丘言汝諸比丘出家之人恒常須捨世間二事何等為二一受欲樂凡有行動依於聚落凡夫所歎此須棄捨第二捨者自身所困受苦之處非聖所歎不得自利不得利他此法須捨而說偈言

自身損處速棄捐　諸根境界悉須捨
若能捨此二種法　即得甘露道正真

尒時佛告諸比丘言汝等當知我如是捨彼二邊已說有中路我自證知為開眼故為作智故為寂定故為諸通故為覺了故為沙門故為涅槃故而得成就汝等比丘若欲得知出有中路如我所證為開眼故為生智故為寂定故乃至涅槃八正聖道所謂正見正分別正語正業正命正精進正念正定汝等比丘此是中路我已證知為開眼故為生智故為寂定故為發諸通為覺了故為沙門故為涅槃故當得成就而說偈言

如是八種正路因　除滅死生恐怖盡
既得除滅諸業已　永更不受一切生

尒時佛告諸比丘言汝等比丘至心諦聽有四聖諦何等為四謂苦聖諦苦集聖諦苦滅聖諦得道聖諦如此名為四種聖諦

諸比丘何等相名為苦聖諦所謂生苦老苦病苦死憂悲苦愛別離苦怨憎會苦求不得苦此諸苦故名苦聖諦

諸比丘何等名為苦集聖諦所謂此愛數數動心發思慾事處處思想是則名為苦集聖諦

諸比丘何等名為苦滅聖諦所謂彼愛遠離棄捨悉除滅盡不留餘殘心及心想一切寂定是則名為苦滅聖諦

諸比丘何等名為得道聖諦逮得於此八正聖路所謂正見正分別正語正業正命正精進正念正定此名滅苦得道聖諦

此苦聖諦我往昔來不從他聞於諸法中自生眼智生意生明生擔願生

佛本行集經卷第三十四　第六張

智慧此苦聖諦須如是知乃至未聞
諸法之中生眼智慧彼苦聖諦已照
知竟梵本再疊今略取要
如是苦集聖諦不從他聞於諸法中
生眼及智彼苦集法悉須滅之如是
乃至苦集聖諦已滅盡訖
如是苦滅聖諦不從他聞於諸法中
生眼及智彼苦滅諦今應須證如是
乃至生智慧已苦滅聖諦得證知盡
如是苦集滅已得道聖諦不從他聞
於諸法中生眼及智彼苦集滅知得
道證乃至生智慧還彼苦滅得道證
竟已上四章並皆疊道
諸比丘乃至我此四種聖諦如是三
轉十二因緣如實未證我未證得阿
耨多羅三藐三菩提未可得言我覺
了也
諸比丘我以此四聖諦三種轉如實
十二相證然後始得阿耨多羅三藐
三菩提如是可言我覺了也
諸比丘我於尒時生智生見不散乱
心正得解脫諸比丘此我寂後生更
不受有也

佛本行集經卷第三十四　第七張

佛說如是法相之時長老憍陳如即
於彼坐遠塵離垢除諸纏縛淨諸煩
惱於諸法中得淨眼智所有集法一
切皆滅如法滅已如實證知辟如淨
衣無有垢穢无有黑縷隨所染處而
受其色如是如是彼憍陳如即於坐
處諸垢皆除煩惱盡滅得法眼淨如
實而知是時彼會六万天子遠塵離
垢亦於諸法得淨眼智
尒時世尊作師子吼說是偈言
不可言說法甚深　真如寂靜无名字
寂勝憍陳如先證　我所求道得不空
而有偈說
如是甚深妙法時　寂勝世尊慈悲行
憍陳如得淨法眼　復有諸天億万千
尒時所有地居諸天聞世尊說如是
法相一時大唱作如是言仁者各知
今日婆伽婆多陁阿伽度阿羅呵三
藐三佛陁在波羅㮈鹿野苑中徃昔
諸仙所居住處轉於无上微妙法輪
若有沙門若婆羅門若梵若魔實不
能轉如是法輪而說偈言
善哉世尊真如見　為衆轉甘露法輪

持戒禪定輻輞缸　慙愧精進軸鐧轂
甚深无異正真說　建立是輪三界尊
今在波羅㮈城邊　鹿野苑中如是轉
尒時彼處地居諸天唱是聲已其聲
上徹四天王天四天聞已復傳唱聲
其聲中作如是言說今日世尊多陁
阿伽度阿羅呵三藐三佛陁在波羅
㮈鹿野苑中轉於無上微妙法輪一
切世間若有沙門及婆羅門若梵若
魔實無有人能然轉者
四天王天作是聲時忉利天聞忉利
天王如是作聲夜摩天聞夜摩作聲
兜率天聞兜率作聲化樂天聞化樂
作聲他化天聞他化作聲梵天王聞
時梵天王即作是言今日世尊多陁
阿伽度阿羅呵三藐三佛陁在波羅
㮈鹿野苑中轉於無上微妙法輪一
切世間若有沙門及婆羅門一切魔
梵實不能轉如是次第經一念頃時
上諸天各各相告其聲遍滿如是乃
至大梵天所
尒時娑婆世界之主大梵天王既聞
聲已復發如是梵音唱言今日世尊

佛婆伽婆多陁阿伽度阿羅呵三藐
三佛陁在波羅㮈鹿野苑中轉於无
上微妙法輪一切世間若有沙門若
婆羅門天人魔梵實无有人能作如
是如法轉者如是次第至有頂天
尒時世尊當轉法輪是時天人魔梵
沙門及婆羅門一切世間大光普照
其鐵圍山大鐵圍山其兩山間幽冥
黒暗所有衆生受極重苦而此日月
如是光明如是大德如是神通如是
威力如是自在而於彼處不能照耀
不能令光佛威神故彼處普照其中
衆生得光明故各各相見各各相知
各相謂言此處亦復有衆生也已上兩句
梵本無彌
尒時世界土地所有一切樹木百卉
藥草悉皆順時隨其種類大小各各
自生莖葉花果生已花自然來雨於
佛上為供養故其虛空中清淨無有
塵霧烟霞暫起輕雲降微細雨以灑
於地雨水清涼具八功德雨已還暗
復起微風涼冷調適四方皆淨顯現
分明无有塵翳上界虛空諸天聚集

作天音樂唱天妙歌雨天種種曼陁
羅花并及摩訶曼陁羅花又雨諸天
細妙之衣雨天金銀琉璃所作七寶
蓮花復雨无量優鉢羅花波頭摩花
枸物頭花分陁利花下如來上復雨
無量種種雜香末香塗香散如來上
散已復散如來坐處四面周匝方一
由旬其種種花悉皆遍滿間无空缺
復此大地六種震動動遍動等遍動
震遍震等遍震涌遍涌等遍涌吼遍
吼等遍吼覺遍覺等遍覺一切衆生
一向悉皆受大快樂於彼時中無一
衆生有慾惱者瞋恚惱者愚癡惱者
我慢惱者貢高惱者不驚不怖無一
衆生造作諸罪若患衆生即得除差
飢渴衆生即得飽滿酒醉衆生即得
醒悟顛狂衆生皆得本心盲者得視
聾者得聽若有六根不兒具者悉得
具足貧凍倮露諸衆生等皆得富饒
羸瘦衆生皆得肥滿繫閉衆生皆得
解脫枷鎖杻械諸衆生等自然得出
地獄衆生即得滅惱六畜衆生无有
驚怖餓鬼衆生飢渴得定如是因緣

其憍陳如得名證智
尒時長老憍陳如身如實得見一切
諸法如實得知一切諸法如實得證
一切諸法如實得度煩惱險路度煩
惱磧度無疑處心中決定无有滯礙
已得無畏不從他學時憍陳如知彼
法行從坐而起頂礼佛足胡跪合掌
而白佛言善哉世尊我入佛法世尊
度我以為沙門與具足戒願作比丘
尒時佛告憍陳如言善來比丘入我
法中行於梵行盡苦邊故是時長老
憍陳如身即便出家成具足戒餘四
比丘各說法要隨機教授而彼衆中
有三比丘乞食他行唯二比丘稟受
教誨其後三人既將食來合有六人
相共坐食彼等已得如來說法教化
承受當是之時次一長老跋提梨迦
隋言小賢其次長老名婆沙波隋言起氣是等二
人即於坐中遠塵離垢盡諸結惑淨
煩惱界於諸法中得法眼淨所有結
惑一切皆盡識无常法如實證知譬
如淨衣無有黒縷无有脂膩隨所欲
染正受其色如是如是而彼長老跋

提梨迦并及長老婆沙波等在於彼
坐遠塵離垢得淨法眼略說乃至即
成出家得具足戒
如是次第彼後来人所乞食者如法
教化如法攝受世尊如法示現之時
彼之長老摩訶摲摩(隋言大名)并及長老
阿奢踰時(隋言調馬)即於彼坐遠塵離垢
於諸法中得淨法眼如是如是長老
大名長老調馬即於彼坐盡煩惱垢
如實證知彼等自見得諸法相度法
相已無復疑心到无畏地不從他聞
於佛法中得知證已從坐而起頂礼
佛足在於佛前胡跪合掌而白佛言
唯願世尊聽我出家與我具戒
尒時佛告二比丘言汝等比丘善来
入我自說法中行於梵行正盡苦邊
時二長老即成出家得具足戒而有
偈說
小賢起氣憍陳如　摩訶摲摩及調馬
彼等初證知見此　如来甘露皷法門
尒時世尊即告彼等五比丘言汝諸
比丘我日夜恒行正念故正行行已
得於無上正真解脫具足證知汝等

比丘應當學我作如是念行於正行
汝等亦當得此無上正真解脫當證
知耳
尒時魔王波旬往詣佛世尊所到佛
所已即以偈誦而白佛言
瞿曇以慾愛自纏　一切天慾及人慾
今既自入此大縛　我決不放汝沙門
尒時世尊思惟知是魔波旬說世尊
如是思惟知已即還以偈荅波旬言
我以久脫諸愛纏　天慾人慾悉並離
大縛我既得出訖　況復汝先被我降
尒時魔王波旬聞佛說此偈已默然
而住如是思惟沙門瞿曇知我意行
沙門釋子見我心情即懷悵怏苦惱
不樂於彼地方沒身不現
尒時世尊復更重告五比丘言汝等
比丘若知諸色是无我者是色則不
作惱壞相當不受苦應如是見應如
是知如是有色以色無我是故一切
色能生惱色能生苦雖生苦惱亦不
可得色之定性色既不定亦不可願
色如是有亦不可道願如是无其色
既然受想行識亦復如是

汝等比丘當知於識亦无有我識若
有我此識應當不作於惱不作於苦
以識體无不可得故云何乃得作如
是有亦不可道願如是无以識無我
是故識能作惱作苦以識本無即不
可願識如是有如是不有
復告比丘於汝意云何識為當常為
當無常時諸比丘即白佛言世尊此
識無常佛復問言識既无常為苦為
樂諸比丘言世尊此識是苦佛復告
言識既是苦無常破壞非是正法非
是常住若能如是見於識者乃可能
作如是思惟彼是於我或我是彼或
我見我是於我耶諸比丘言不也世尊
佛告諸比丘汝等當知所有諸色或
過去色現在未来若內若外若麁若
細若上若下若近若遠一切不可作
如是念彼是於我我是於彼如是如
是如實正智應須如是所有一切受
想行識過去未来現在內外麁細上
下遠近諸識不作是念我是於彼彼
是於我或我是我如是如是如實正
見當如是知

佛告諸比丘汝等當知若有多聞聲聞之人能作如是思惟見者當猒離色受想行識既猒離已一切不樂既心不樂而得解脫既得解脫當生是智我生已盡梵行已立所作已辦不受後有我如是知

尒時世尊說是法已時五比丘於有為中諸漏滅盡心得解脫當於是時此世間有六阿羅漢一是世尊五是比丘而於後時如來授記汝等比丘若知我初轉於法輪說法之時不違我教取第一者謂五仙首其憍陳如比丘是也

時諸比丘聞是語已即白佛言希有世尊其憍陳如長老比丘作何善根以是因緣如來初轉無上法輪其能不違作是語已

尒時佛告諸比丘言汝等比丘至心諦聽我念往昔還在此處波羅㮈城有一瓦師是時彼有一辟支佛身體帶患欲治病故入於聚落夏將欲至其辟支佛為治病故詣瓦師邊既到彼已語瓦師言仁者瓦師汝若不辭我寄汝家一夏安坐乃至治病將息差故時彼瓦師以清淨心白辟支佛作如是言善哉大仙此語不違隨意而住我當稱力給奉大仙四事供養時彼瓦師為辟支佛去家不遠作一房屋與彼令坐安施卧具繩拂燈脂時辟支佛即於彼夜入火三昧時彼瓦師見大火光作是思惟何故此燈如是熾明而久不滅莫彼草屋被火所燒

尒時瓦師安徐輕足至草菴所竊私伺看見辟支佛結加而坐如大火聚熾然放光其身儼然不被燒熱瓦師見已速疾却看急走而還後日信心倍生希有而彼尊者辟支佛住彼瓦師家如是寂靜經停一夏安居將養而彼瓦師所須四事悉皆供奉而供養之復將醫師遣為治病須藥療者悉皆與之而不能得彼辟支佛身病損差彼辟支佛既因身病遂便命終

尒時瓦師見彼尊者辟支佛身入般涅槃見已悵怏憂愁不樂啼哭流淚嗚呼稱寃是時無量無邊人民聞彼瓦師哭泣聲已詣彼借問言汝瓦師何故如是嗚呼而哭時彼瓦師向彼人輩說辟支佛神通因緣此之仙人如是精進如是持戒常行妙法我將醫師來為療治不能得差

尒時別有諸辟支佛唯少一人不滿五百將栴檀木以神通飛從空而來闍維於彼辟支佛身訖而慰勞彼瓦師言仁者瓦師汝心應生歡喜踊躍遍滿於體何以故汝既供養此仙人身汝此功德汝當來世大得善利汝見我等神通已不瓦師言見

尒時彼等諸辟支佛復語瓦師作如是言如今我等所作神通此之仙人神通亦然於我等邊此最老大時彼在何處所諸辟支佛報瓦師言去於此處有一聚落名王舍城去城不遠有一山名諸仙居山我等居在彼處而住

尒時瓦師即白彼等辟支佛言善來諸仙受我家食訖隨意去

尒時彼等諸辟支佛一切皆受彼之

飯食食訖已後語凡師言於當來世有佛出現汝於彼邊發心乞願藉此功德清淨之心聞已即白彼諸仙聖辟支佛言尊諸仙輩前我門師㝡老㝡大願我亦然於未來世當得值遇釋迦如來教法之中得出家者願我老大成㝡上座彼等仙言願汝此捨决成就也

尒時彼等諸辟支佛與於凡師此捨願已即從彼處飛空而去凡師既見辟支佛等飛騰虛空神通而行以清淨心觀彼等行合十指掌頂礼彼等尒時凡師見彼尊者辟支佛身入般涅槃取其舍利而起於塔莊嚴彼塔著好相輪輪內懸鈴繒綵幢幡將諸香花燒香末香塗香而以供養發捨願言藉此善根於當來世願值於彼釋迦如來彼所說法願我證知我於彼邊願成㝡大㝡老聲聞汝等比丘當知尒時彼凡師者今此長老大憍陳如比丘是也其憍陳如往昔供養彼辟支佛以是善根因緣力故今於我邊㝡初說法而得證知我復授記於諸僧內㝡初知法不違我心於先出家謂憍陳如比丘是也

佛本行集經耶輸陁因緣品第三十八上

尒時波羅㮈國去城不遠於中有一尼枸陁樹彼樹扶蔬蓊蔚滋茂其城內外一切人民或諸王子宰相百官皆悉以時祭祀承事供養彼樹其樹所有人來乞願願我此願皆得稱可我有所作皆當得成若我成就如是事時我當祭祀奉報恩福而彼等人或復先世業種清淨或福力强成就彼因或逐現報而隨心念謂言此樹能與我願而彼人來作大供養而報賽之復有別人來乞於願隨願亦成若復有人來彼樹聞乞求男子其人先業福德因緣而得男女而彼等人各心念言彼等樹能與我男女彼等人來各大祭祀作大供養報償彼樹而彼林樹一切人民為其作名号曰乞求所願皆得如是樹神

尒時彼城有一㝡大巨富長者名曰善覺而彼長者多有資財勢力自在无量畜牧所謂為馬牛羊駱駞及驢騾等無所乏少豊饒五穀多有奴婢音聲伎妾估客作人真珠虎珀琉璃頗梨硨磲碼瑙白玉珂貝金銀銅錢衆事具足無所蹇闕其長者宅猶如北方毗沙門天大王宮殿一種無異時彼長者无有男女所有親眷來往之者作如是言謂仁長者若人自知人家巨富多有勢力略說乃至衆事備悉但仁家中无有子息而此城外有一神樹名曰乞求所願皆得彼樹若有男子女人來從乞求兒女皆得長者何故不往詣於彼樹邊乞求索男女若能乞者必應得生男女不疑勿令仁家種族斷絶

時彼長者報其一切諸親族言何有是事而彼樹木無識无情若能與人男女願者無有是處凡男女者皆由父母先業因緣或復福力而得男女而彼人言我等自身各親祈請並彼樹邊得於男女以得願故至彼樹所作大供養報償彼樹時彼長者諸親眷屬再過三過慇懃勸請彼長者言汝大長者不可不信彼樹實能如是

與願彼已得男彼已得女長者但去
彼樹能與人之心願索男得男索女
得女決定無疑

佛本行集經卷第三十四

佛本行集經卷第三十四

校勘記

一 底本，金藏廣勝寺本。八六八頁中、頁下共二版，原版殘缺，以麗藏本换。
一 八六七頁中三行品名下，徑、清有「第三十七之二」。
一 八六七頁中七行「涌出」，資、磧、普、南、徑作「踊出」。
一 八六七頁中一五行「無所」，資、磧、普、南、徑、清作「無有」。
一 八六七頁中一六行第五字「五」，資、磧、普、南、徑、清作「諸」。
一 八六七頁中一七行「同説」，磧、普、南作「國説」。
一 八六七頁下一七行「所有」，資、磧、普、南、徑、清作「無有」。
一 八六八頁上三行「無濁」，資作「無濯」。
一 八六八頁上六行「不訖」，資、磧、普、南、徑、清、麗作「不吃」。
一 八六八頁中六行第八字「諸」，資、磧、普、南、徑、清作「語」。
一 八六八頁中一三行「道正真」，諸本作「正真道」。
一 八六八頁中一六行「作智」，資、磧、普、南、徑、清作「生智」。
一 八六九頁上三行夾註「取要」，資、磧、普、南、徑、清作「要取」。
一 八六九頁中四行第四字「如」，資、普、南、徑、麗作「知」。
一 八六九頁中一四行「妙法」，諸本作「法説」。
一 八六九頁下五行第七、八字「四天」，諸本作「四王」。
一 八七〇頁上八行「幽冥」，磧、徑作「幽暝」。
一 八七〇頁上二一行末字「暗」，諸本作「晴」。
一 八七〇頁中一六行第一三字「即」，資、磧、普、南、徑、清作「皆」。
一 八七一頁上二行「遠塵離垢」，資、磧、普、南、徑、清作「遠離塵垢」。

一　八七一頁中七行「自入此大縛」，麗作「入此大縆縛」。

一　八七一頁下二二行第四字「或」，資、磧、普、南、徑、清作「我」。

一　八七三頁上七行末字「捨」，諸本作「誓」。

一　八七三頁中三行品名，徑、清作「耶輸陁因緣品第三十八之一」。

一　八七三頁中一二行「或逐」，資、磧、普、南、徑、清作「或遂」。

一　八七三頁中一五行「男子」，諸本作「男女」。

一　八七三頁下三行「銅錢」，徑作「銅鐵」。

一　八七三頁下七行第一二字及八行首字「人」，諸本作「仁」。八七五頁上二行第五字，資、磧、普、南、徑、清同。

一　八七三頁下一一行「兒女」，麗作「男女」。

一　八七三頁下二二行「三過」，資、磧、普、南、徑、清作「三說」。

一　八七四頁上末行「第三十四」，徑作「三十四」。

佛本行集經卷第三十五　　業

隋天竺三藏闍那崛多譯

耶輸陁因縁品下

尒時善覺大富長者以諸親族數數慇懃共相曉喻乃至第三苦切勸諫而彼長者意中不巳即將家僮賫持大斧斵箕杴鋤及諸鍬钁種種刀鋸詣彼樹所既到彼巳立於樹前而作是言汝樹當知我從他聞汝是神樹名所求願一切皆得若有人來求乞男女悉皆果遂而我无有一箇兒息心內願樂而不稱可令從汝乞若令我得生於好男我當來作如是供養作是報荅必汝不能與我子者我當將此大斧鍬钁斫掘汝樹根本枝條一切悉卻終不放汝乃至令如馬藺根鬚而留殘著若掘到地取汝根莖段段斫斷取汝枝柯片片剉切斫截剖巳札札曬乾訖巳持火燒汝作灰如灰塵巳或將汝灰臨急疾河向水而擲或將汝灰對猛大風吹令四散尒時彼樹有神依之神聞此語生大

恐怖憂惱不歡又作是念我實不與他作男女但人來者自有業因自有福力而得男女而彼等人謂言此樹能與男女既得願巳然後來報此樹之恩而彼樹神悲泣流淚作如是言此我生來所居之樹以彼長者不得子故其必當壞毀我此樹而彼樹神於帝釋天恒常承事

尒時彼神速疾往詣天主帝釋忉利天宮到巳長跪白帝釋天作如是言依前長者求乞兒子得不禍福善惡之語大善天王唯願大天巧慧方便早作如是精勤速疾與彼長者端正之男勿令於我此樹磨滅

尒時天主帝釋大王告樹神曰汝之樹神勿作是語所以者何令我亦復不能為於世間之人定與男女但諸人輩自有福因而得男女其理雖然汝之樹神少忍耐看莫生憂惱我當觀察彼之長者有因緣不時忉利天有一天子五衰相現不久定當墮落世間五衰相何一者彼天頭上妙花忽然萎黃二者彼天自身腋下汗汁

流出三者彼天所著衣裳垢膩不淨四者彼天身體威光自然變改五者彼天常所居停微妙寶床忽然不樂東西移徙

尒時天主釋提桓因語彼天子作如是言善汝天子若知時者汝有善緣植衆善本常不放逸謹慎畏罪无諸過患不造諸非又復未曾作重惡業直以嫉妬汝今應當退失此處必生人間於一善處

尒時天子白帝釋言願聞其處帝釋報言今此下方閻浮提地有一大城名波羅㮈而彼城有一大長者名曰善覺彼長者家大富饒財多有勢力乃至一切無所乏少而彼無子汝今發心往波羅㮈為彼作兒

時是天子於過去世得天子身種諸善根而作生死解脫因緣面向涅槃背於煩惱不取諸有不愛一切有為中生而彼一生欲取漏盡欲證聖道而彼天子詣帝釋言大善天王我今不欲處在居家以受世樂

又復護明菩薩大士不久從彼兜率

天下降神生於迦毗羅城釋種姓內淨飯王宮夫人邊右脇入胎月滿而生生已棄捨王位出家當成阿耨多羅三藐三菩提成已當轉無上法輪我意欲於彼菩薩邊修行梵行而彼長者居家大有資財珎寶多諸勢力乃至一切種種豐饒而其彼家放逸之處我意不願向彼而生

尒時天主帝釋大王語彼天子作如是言汝但乞願求生彼家護明菩薩不久當成阿耨多羅三藐三菩提成已當轉无上法輪我於彼時自當成就汝出家緣亦助佐汝出家之事時彼天子報帝釋言善哉天王若於彼時王能如是佐助於我發心因緣令得成就當生彼家

尒時天主帝釋大王報彼尼拘陁樹神言汝善樹神若知時者汝當速報彼長者知而語之言善哉長者汝所乞願不久當生端正之子生已不久捨家出家當作沙門

尒時樹神從帝釋邊聞此語已心大歡喜踊躍充遍不能自勝速往詣彼

大長者家到已在空隱身不現語長者言大善長者汝必當生智慧端正福德之子但其生已不久定應捨家出家而作沙門

尒時長者報樹神言善哉天神但願我生我當方便不令捨家而作沙門

時彼天子從忉利天墮落下來與大長者婦腹受胎既受胎已彼婦即覺語長者言大善長者應須歡喜我已受胎

尒時長者聞是語已即為其婦立於最上將息之法最上敷設最上莊嚴最上供承最上飲食最上服飾而供給之令其玩弄

尒時長者於波羅㮈四城門外衢道陌頭多人處所立無遮會有來索者求食與食須飲與飲欲鞾與鞾索香與香或須塗香即與塗香須床敷者即與床敷須資生者悉具與之時其家內所有財物皆取內庫一切酒坊一切屠舍並皆除斷

時長者婦或滿九月或滿十月其胎成熟產一男兒極大端正可喜少雙

身體色黄猶如金柱頭頂團圓猶如傘盖鼻如鸚鵡長辟下垂支節端直諸根具悉肌肉柔和猶如酥揣彼子生已其上自然化出微妙七寶之盖而諸世人所見之者皆大唱言希有昔来未曾覩見

尒時長者為彼童子立四乳母一者抱持二者洗浴三者與乳四者共戲童子生後長者恒於四城門外及交道頭立无遮會如前所說又復集聚内外眷屬而語之言我今已生如是兒子汝等立名其眷屬等相共平量此子初生上有寶盖自然出現以是因緣名聞流布遍於一切是故此子應名上傘於是後人相共稱喚為耶輸陁耶輸陁者(隋言上繖)其耶輸陁於父母邊唯止一子父母愛念不曾離心眼欲恒看目前養育令其增長易觀易畜而有偈說

福德之人疾增長　猶如良地蒔菓栽
薄運少祐無相人　似於道頭種諸樹

而彼童子漸漸長成既能行走後依家法教諸伎能使學作業所謂書筭

及造印記出財與他從外受入貨易與販染諸色繒衣服裁縫別諸香類識達五穀了別七珎及諸寶物諸如是等一切皆練无不洞曉工巧辯捷利智聰明悉皆成就无人與等及至年大欲遣別停

尒時其父為彼童子造立三堂一擬冬坐二擬春秋兩時而坐三擬夏坐擬冬坐堂一向温煖擬夏坐者一向風涼擬於春秋二時坐者不熱不寒調和處中其三堂内所有器服皆是衆寶之所雜成所有飲食㝡美㝡甘心所樂見其諸衣服種種莊嚴復以衆雜末香塗香種種安置立諸婇女端正可憙使相娛樂於其宫内堂殿前立種種階道一一階道有五人擎五百處安日初出時則便安施日沒已後還擎収却

其堂周匝有五百人防護守視身體皆著牢固鎧甲手執刀棒或時鐵輪三叉戟等以用擬備其三等堂各各如是畏耶輸陁童子忽然捨棄出家其堂内外門户関鑰皆悉牢固其彼

諸門開閉之聲聞半由旬

時耶輸陁在彼堂殿具足而受五欲快樂逍遥嬉戲于時世尊在波羅㮈初轉无上法輪之後帝釋天王從天上下至耶輸陁宫殿之中到已發覺耶輸陁言仁耶輸陁仁今時至必應不久捨家出家時耶輸陁聞帝釋天如是言已嘿然而受既嘿受已天曉之時索駟馬車欲往園中觀看善地

尒時世尊於晨朝時著衣持鉢安庠而入波羅㮈城欲乞於食即以長老阿奢踰時用為侍者其耶輸陁遥見如来向前而来威儀端正行步沉審身體具足諸相莊嚴猶如虚空滿於星宿見已心生歡喜清淨以内歡喜清淨之心從車而下頂礼佛足圍遶三匝遶已還上車中而行其耶輸陁見於如来迴還未久時佛知彼清淨之心即便微咲放於光明尒時長老阿奢踰時整衣而立偏袒右肩右膝著地合十指掌向於如来而白佛言希有世尊何因緣故微笑放光

尒時佛告阿奢踰時作如是言汝比

丘見此耶輸陁童子以不其至我邊頂礼於我三匝遶我還退上車阿耆踰時即白佛言唯然世尊我向已見佛復告言汝今諦聽此耶輸陁大善男子今夜決定捨家出家至於我邊乞作沙門作沙門已不久而得阿羅漢果

時耶輸陁至園苑内觀於善地次第經行時天帝釋以神通力即化作一死婦女屍其身膖脹將欲爛壞蠅蛆雜虫處處唼食時耶輸陁見彼死屍如是臰爛見已心生汙穢之想而自念言是臰爛身有何可樂生於著心而自放逸復於此中生於樂想今已膿爛即口唱言我今不樂臰穢樂也欲還至家而彼童子從菀内出還入已堂而彼在初夜欲眠睡時天帝釋以神通力令諸婇女悉皆著睡而其家内處處然燈猶如辟火堂堂盡照令明不斷

尒時世尊當於彼夜作如是念今夜之中其耶輸陁大善男子決定勇猛捨家出家求作沙門如是念已至於

一河名波羅㮈(隋言斷除)渡至彼岸自取草鋪既鋪草已結加趺坐欲一夜一心爲慈愍其耶輸陁善男子故

時耶輸陁正著睡眠自然忽覺而見堂内處處安置辟許燈明見諸婇女悉著睡眠或有婇女頭懸小皷或有婇女挾於琵琶或有婇女挾於五絃或有婇女抱持箜篌或有婇女以辟抱皷或有婇女手執簫笛諸音聲等或有婇女露於半身喘息而眠或有婇女頭髮解散傾側而眠或有婇女流於涕唾不淨而眠或有婇女口齒相皷作聲而眠或有婇女覆面而眠或有婇女仰面而眠其耶輸陁見於堂内諸婇女眠如是滿地猶若死屍一種无異見已即生猒離之想生大患想心中樂欲求涅槃想心欲建立向涅槃想而作是念謂此大是恐怖之處咄此大是擾乱不安怨嫌之處

時耶輸陁如是見已從其卧床忽然而起脚著草屐衆寶所成論其價直足二百千著已意念從堂欲下至堂基邊而無階道時天帝釋即將階道

立著其前身放光明而此光明普照其家

時耶輸陁見此明已從堂而出漸至父宮諸婇女邊到已見父所卧堂内用好香油以爲燈明其炷如辟迴地及柱處處皆安見諸婇女皆著睡眠懸抱樂器乃至如上猶如死人在屍陁林見已生於猒離之想乃至生於極大恐怖

時耶輸陁從父堂出漸至外門見外門關鑰鏁甚牢而開門時其聲遠徹聞半由旬時天帝釋速疾開門隱没彼門不令作聲畏耶輸陁出家之時有諸鄣礙

時耶輸陁從家出已至大城門其門名跋陁羅婆提(隋言賢主)既到於彼賢主城門其門関閇門関甚牢聲音遠聞亦半由旬時天帝釋一念之頃開於彼門又隱彼聲不令他聞心如是念勿令有人鄣耶輸陁出家因緣

時耶輸陁從城門出漸漸至於波羅㮈河尒時彼河水忽暴漲弥岸平滿一切諸鳥平頭而飲時天帝釋即便

隱滅彼之光明時耶輪陁至河此岸即便停住而口中唱謂此大患甾大恐怖

尒時世尊在河彼岸露地逕行尒時世尊為憐愍彼耶輪陁故身放光明以金色辟展手而向耶輪陁邊作如是言善来善来汝耶輪陁此處無患此處无畏此處安樂此處自在而有偈說

如来既見彼心已　而口呼唱如是言
汝来汝来耶輪陁　取此无畏涅槃路
世尊無所而不見　世尊無所而不知
是故能知於彼心　故言世尊諸明具

時耶輪陁聞於世尊如是語已即免一切心諸憂苦即得心定辟如有人後春行路被諸熱惱疲極飢渇忽值一池其水涼冷入於其內澡洗飲水除滅一切熱惱諸苦如是如是其耶輪陁大善男子聞佛如是安慰言已即滅一切諸心憂惱心得寂定

時耶輪陁大善男子心生歡喜踊躍无量遍滿其體不能自勝脫彼衆寶所成草屣直二百千棄已步入波羅

㮈河辟如有人捨於涕唾无復心念即背而行如是如是其耶輪陁棄捨草屣亦復如是步入河渡尒時彼河水故為淺

時耶輪陁善渡河已至於彼岸到世尊所而耶輪陁遥見世尊威儀整頓容止可觀諸根寂靜心意正定乃至身以三十二相之所莊嚴猶如虛空遍滿星宿見已復生清淨歡喜生歡喜已漸到佛所到佛所已頂礼佛足却住一面

尒時世尊見耶輪陁却一面已即便為其次第說法所謂說於布施之行持戒之行復說生天因縁之行五欲罪患諸漏未盡尚有煩惱讃歎出家清淨之法而世尊知耶輪陁心已生歡喜已生希有心得柔軟心得无㝵堪可受法

尒時世尊以佛所有令他喜言令得道言而向說法所謂苦集滅道四諦向耶輪陁如是說時時耶輪陁即於彼坐遠離塵垢盡煩惱界離煩惱已於諸法中生淨法眼所有結惑皆滅

除盡如實證知辟如淨衣无諸黑纏入色即受如是如是其耶輪陁善男子心即於彼坐遠離塵垢盡諸煩惱乃至如實悉皆證識知

時耶輪陁善男子婦睡眠既覺於其床上忽然不見夫耶輪陁彼心憶念耶輪陁故兼復渇仰思遲戀慕即使往詣輪陁母邊到已白言聖母令知聖母愛子耶輪陁不新婦昨夜眠覺求覔忽尒不見不知何去

尒時聖母聞是語已憐憶愛念耶輪陁故啼淚懊惱急疾往詣耶輪陁父大長者邊到已即白大長者言長者令知仁所愛子耶輪陁不一一皆如新婦所說

尒時長者聞其宮中失耶輪陁以憶念子耶輪陁故遣使速往智慧人邊或笇師邊博戲人邊或婬女家而告之言汝等人輩宜速急疾往如是處求覔我子耶輪陁来

尒時使者向波羅㮈城四衢道振鈴而唱如是告言若當有人能向我導見耶輪陁知耶輪陁所在之處所行

之處令我得見令我得聞我乞彼人百千價物即於後夜教開城門遣使疾馳而遍告言汝等城外速疾往求我耶輸陁

尒時長者耶輸陁父當於彼夜天欲曉時愁憂悵怏啼哭泣淚速疾往向跋陁羅提城門之邊到已即出漸漸行見其耶輸陁革屣跳跡見已尋逐草屣跡行盡其跡已於河岸上見二百千價直草屣少得本心即作是念我所愛子耶輸陁者今應不死出大喘息心口念言若其身死此之草屣久應無有

時彼長者見草屣已不觸不緣棄捨而去辟如有人見他涕唾不觀不念棄捨而過如是如是其耶輸陁善男子父見彼七寶所成一雙草屣棄捨而過即便渡彼波羅㮈河尋求其子

尒時世尊河邊遥見其耶輸陁善男子父向佛而來世尊見已作如是念此耶輸陁善男子父既來求子以愛念故或能倉卒不避好惡抱耶輸陁善男子身我今可出變化神通若作

神通變化之事而耶輸陁善男子父在於此處唯得以眼見耶輸陁善男子面即便停住勿令相觸

時耶輸陁善男子父遥見世尊威儀齊整端正可喜乃至辟如虛空中星莊嚴日月心生歡喜以歡喜心往詣佛所到佛所已即白佛言善哉善哉大德沙門頗見我子耶輸陁者來此以不

尒時佛告彼長者言大富長者汝若知時且少安坐不久當得見耶輸陁

時彼長者作如是念此大沙門應不妄語所言應實聞此語已心生歡喜踊躍充遍不能自勝頂礼佛足却住一面住一面已

尒時世尊即為長者次第方便如應說法所謂行檀及結使法悉皆滅已如實證知辟如淨衣易受染色如是如是時彼長者即於彼坐遠離塵垢如實證知於諸法中得法眼淨渡煩惱海越諸鄣礙無復疑心到无畏處不從他聞於世尊邊得聞法教受佛歸依受法歸依受僧歸依并受五戒

尒時人間彼大長者最在初首為優婆塞人身之中以三白成三歸依者謂耶輸陁善男子父其耶輸陁善男子父於說法時如是證見如是觀行得於道跡見漏皆盡一切法中心得解脫

尒時世尊作如是念其耶輸陁善男子父聞法見知如實漏盡心得解脫不應在家受諸五欲如昔在家我今還可攝於神通尒時世尊即攝神通攝神通已耶輸陁父即於彼坐得見其子見已而告耶輸陁言子耶輸陁汝母憶汝受大苦惱為汝故哭為汝故悲莫復為汝而取命終汝可至彼與於彼命作是語已其耶輸陁善男子即觀如來面

尒時世尊即便告彼耶輸陁父作如是言汝大長者於意云何若有學人已學諸智已學見法彼聞法時證知漏盡心得解脫彼若迴心入於本家能更復受五欲以不長者報言不也世尊

尒時世尊告長者言其耶輸陁善男

子今已學智見證於諸法如汝無異今耶輸陁聞說法時證得道跡諸漏已盡心淨解脫佛告長者此耶輸陁善男子今不應還歸住於家内受五欲事如昔在家尒時長者即白佛言善哉世尊耶輸陁今生於人間善得大利善生世間諸漏滅盡心得解脫

尒時世尊見耶輸陁善男子身以諸瓔珞而莊嚴體即說偈言

以諸瓔珞莊嚴身　寂定其心證於法
調伏諸根悉清淨　於諸衆生起大悲
若能如是諦實行　是則名為真梵行
亦名沙門釋種子　是亦名為比丘僧

時耶輸陁善男子父即白佛言善哉世尊願受我請布施飲食及耶輸陁善男子等尒時世尊於長者邊嘿然受請為欲憐愍於長者故

尒時長者既見世尊嘿然受請從坐而起頂礼佛足圍遶三匝辭佛而去是時長者去未久間其耶輸陁大善男子從坐而起頂礼佛足胡跪合掌而白佛言善哉世尊唯願世尊與我出家受具足戒

尒時佛告耶輸陁言善來比丘汝今於我所說法中行於梵行正盡諸漏佛說是已時其長老耶輸陁身即成出家得具足戒為大沙門當於是時此世間中七阿羅漢一是世尊及五比丘耶輸陁等

尒時世尊於晨朝時著衣持鉢命耶輸陁用為侍者向其父家到彼家已鋪坐而坐是時長老耶輸陁母并及長老耶輸陁婦來向佛邊到佛所已頂礼佛足却坐一面退一面已世尊次第而為說法所謂如是說布施行乃至清淨如來悉知彼等一切心生歡喜清淨柔軟心无鄣礙

尒時世尊所有諸佛今歡喜法所謂苦諦及苦集諦苦滅得道世尊為彼說是法時彼等於坐遠離諸塵得清淨智煩惱界盡於諸法中得淨法眼所有垢法諸可滅法一切知已皆悉滅盡如實證知辟如淨衣无有垢膩隨所染入而受其色如是如是彼等眷屬坐於彼坐遠塵離垢所有垢法皆悉滅已如實證知彼等婦人既見

諸法得證深入到諸法邊渡煩惱壙得無疑畏不從他人說法聽證世尊教中得知見已歸依佛法及歸依僧即受五戒

尒時世間當於是日最初人中三歸受戒先得成為優婆夷者所謂長老耶輸陁母并及長老耶輸陁婦所有一切諸眷屬等

尒時善覺大富長者既聞世尊為其眷屬如應說法聞已歡喜即起辦食長者及妻并其新婦自手將好種種美食奉供養佛及耶輸陁所謂舐嗽咋噉愽唼其所施食悉皆充足恣意飽食

尒時長老耶輸陁父善覺長者婦及新婦見佛食訖㧞衣攝鉢洗於手足如是清淨安坐竟已人別各自將一小鋪次第相隨來向佛前依大小坐

尒時世尊既見善覺長者眷屬如法而來坐於前已如來慈愍為欲度脫使離苦惱是故為其如應說法彼聞法已心生歡喜信心熾盛威德增上

尒時彼等既聽法已乃至一切心生

歡喜如是知已尒時世尊即從坐起
其耶輸陁即隨佛行

佛本行集經卷第三十五　第三十張　葉字号

佛本行集經卷第三十五

佛本行集經卷第三十五

校勘記

一　底本，金藏廣勝寺本。

一　八七六頁中、下，八七七頁上共三版，原版殘，以麗藏本補。

一　八七六頁中三行品名下，徑、清有「第三十八之二」。

一　八七六頁中一七行第六字「着」，磧、普、南、徑、清作「者」。

一　八七六頁下二二行「相何」，徑作「相者」。

一　八七七頁中二行「夫人」，諸本作「大夫人」。

一　八七八頁上三行「具悉」，諸本作「悉具」。同行「猶如」，諸本作「猶生」。

一　八七八頁上二一行第四字「祐」，磧、普、南、清作「祜」。

一　八七八頁中二行首字「與」，磧、南、徑、清、麗作「興」。

一　八七八頁中一六行「五人」，諸本作「五百人」。

一　八七八頁中一七行「處安」，資、磧、普、南、徑、清作「寶桉」；麗作「寶案」。

一　八七八頁中二〇行「或時」，諸本作「或持」。

一　八七八頁中二一行「以用」，南作「以由」。

一　八七八頁中二二行「耶輸陁」，資作「耶輸陁羅」。

一　八七九頁上一七行「彼在」，資作「彼住」。

一　八七九頁上一九行第一〇字「火」，諸本作「大」。

一　八七九頁中二行末字「一」，諸本作「眠」。

一　八七九頁下三行「此明」，資、磧、普、南、徑、清作「此光」。

一　八七九頁下五行第一三字「迴」，普作「迥」。

一　八七九頁下一七行「關閉」，資、磧、普、南、徑、清作「開閉」。

一八七九頁下一八行末字「開」，磧、普、南作「關」。

一八七九頁下二二行「暴漲」，資、磧、普、南、徑、清作「暴長」。

一八八〇頁上九行末字「説」，普作「言」。

一八八〇頁中三行「步入」，磧、普、南作「共入」。

一八八〇頁中七行「諸根」，磧作「諸相」。

一八八〇頁中一七行「无㝵」，磧、普、南、徑、清作「无礙心」。

一八八〇頁下四行第八字「識」，諸本無。

一八八〇頁下八行「輸陁」，資、磧、普、南、徑、清作「耶輸陁」。

一八八一頁上八行首字「行」，資、磧、普、南、徑、清作「遊行」。

一八八一頁上一四行第一二字「緣」，普作「録」。

一八八一頁下一行「人聞」，磧、普、南、麗作「人間」。

一八八一頁下一四行第一三字「至」，普作「到」。

一八八二頁中二二行「遠塵離垢」，資、磧、南、清、麗作「遠離塵垢」。

一八八二頁下五行「世開」，資、磧、普、南、徑作「世尊」。

一八八二頁下一三行「慱唼」，資、磧、普、南、徑、清作「噂嗺」；麗作「噂唼」。

佛本行集經卷第三十六　　業

三藏法師闍那崛多譯

耶輸陁宿緣品第三十九

尒時天竺波羅㮈城有四居士大富長者，㝡為殊勝善男子輩。何等為四？所謂第一名毗摩羅（隋言無垢），其第二者名修婆睺（隋言善辯），第三名為羅蘭那迦（隋言牛主），第四名為伽婆跋帝（隋言滿足）。彼等從他聞耶輸陁大善男子往沙門邊修行梵行，聞已即作如是思惟：希有斯事！彼大沙門法行之中梵行應常牢固不動，應當勝他。其法會集應必第一。所以者何？而耶輸陁大善男子至沙門邊受行梵行，即得出家。我等今者亦應至彼大沙門邊求修梵行。彼等如是共平量已，相將往詣耶輸陁邊。到已，即共其耶輸陁對面美辞，善巧談說，各話心內意憙語言，敬心問訊，相慰喻已，各坐一面。坐一面已，彼四長者即便共白耶輸陁言：尊者耶輸陁，此之梵行必應牢固，決定勝他。如此法集可敬可愛，如尊今於大沙門邊受行梵行。我等今者亦欲求於大沙門邊修行梵行。

尒時長老耶輸陁許，即便共彼波羅㮈城四大長者往詣佛所。到佛所已，頂礼佛足。礼佛足已，却坐一面。時耶輸陁即白佛言：大覺世尊！此四長者在本居家，各為朋友，㝡為殊勝善男子輩，所謂无垢、善辯、滿足、并牛主等。今日故来歸依世尊，善哉世尊，唯願為此四大長者如應說法，教誨示導。尒時世尊發大慈悲，起憐愍故，即為彼等四大長者次第方便說微妙法。所謂布施、持戒、忍辱，乃至為說種種法要。彼等長者聞世尊說如是法相，即於坐中遠離塵垢，乃至所有一切集法皆悉得知，及滅相法亦如實知。辟如淨衣无有垢膩，入於汁中正受其色。如是如是，彼四長者即於坐處乃至得知一切結惑集滅相法，如實證知。彼四長者悉各如是見諸法相，得諸法相，證於法相，入於法相，度煩惱磧，心無郭㝵，越諸疑網，除滅結使，得无畏處，不隨他知，依佛法行，從坐而起頂礼佛足在於佛前胡跪合掌而白佛言大覺世尊我等今從佛世尊邊乞求出家依佛教法受具足戒尒時世尊即告彼等四長者言汝輩比丘清淨善来入我法中行於梵行滅諸苦故是時世尊作此語已彼波羅㮈四大長者頭鬚自落鬍鬚猶若七日剃来身體自然披服三衣手擎鉢器彼四長者即成出家受具足戒時四長者出家未久受具始尒在於一處捨諸緣務謹慎身口不敢放逸懃劬精進在空閑處行於善行獨坐獨起不曾停息如救頭然住蘭若内尒時彼等諸善男子為求道故正信出家不久即得无上梵行自見法相自證諸通無畏而行口即唱言已斷生死得梵行報所作已辦来生更不受後世有自知自證彼四長者皆悉一時成阿羅漢心善解脱彼時世間成就一十一阿羅漢第一世尊二五比丘三耶輸陁及其在家㝡勝朋友四大長者善男子是

尒時長老耶輸陁身昔在家有五十朋友諸國来集或有小来共相長養善男子輩聞耶輸陁善男子往大沙門邊行於梵行聞已如是共相謂言彼之梵行必當精勝法集牢强而耶輸陁善男子事彼大沙門行於梵行我等今者亦可至彼大沙門邊求行梵行彼等如是共平量已相將即到耶輸陁所已到即對耶輸陁面相共言説文辞巧麗種種談論各相問訊各相虔恭如是訖已却住一面住一面已

尒時彼等五十友人各是别國家大長者往昔在家親善朋舊即便共白耶輸陁言仁耶輸陁今此梵行必應是好勝於餘人而長老在大沙門邊行於梵行我等意樂亦與仁同欲往詣彼大沙門邊行於梵行

時耶輸陁即便共彼五十在家往昔善友詣於佛所到佛所已頂礼佛足礼佛足已却坐一面其耶輸陁即白佛言大善世尊我昔在家有此五十友朋知識或在前後一切皆悉是善男子其意並樂歸依如来唯願世尊大慈憐愍為説法要教照示導

尒時世尊即為彼等隨順説法而其彼等諸長者輩聞佛所説乃至如實一切悉知彼等長老悉成漏盡諸阿羅漢心善解脱於時世間合成六十一阿羅漢謂佛世尊及五比丘并耶輸陁其耶輸陁波羅㮈城有四善友无垢善辟滿足牛主其耶輸陁在家朋友諸大長者有五十人並是别國相呂集来或前或後善男子等

尒時世尊於波羅㮈鹿野苑中度是人已更欲别向他方而行即告長老耶輸陁言汝耶輸陁還住於此莫隨逐我所以者何汝耶輸陁小来未曾苦於身體又復汝心皮膚柔軟不串麁衣及以惡食汝在此住受汝父母所須供養隨勝衣食自恣而受汝之父母能供養汝

時耶輸陁稟承教誨恭敬而立即白佛言如世尊勅我不敢違而耶輸陁聞佛勅已住波羅㮈一定不移

尒時天竺波羅㮈城復有五百商人長者與耶輸陁昔在家時亦為朋友

入海採寶一時迴還至家各各相共借問耶輸陁處彼等問已聞耶輸陁今日在彼大沙門邊行於梵行彼等聞已各相謂言彼之梵行定應上妙教法勝他若不如是其耶輸陁善男子今云何乃能迴心向彼大沙門邊行於梵行我等今亦可共往詣大沙門邊求於梵行

尒時彼等五百商人諸大長者結集相共詣向長老耶輸陁邊到已共白耶輸陁言仁耶輸陁久不相見我等入海今始迴還聞仁出家故來諮白安隱无惱快樂以不如是種種善言美語慰勞相問彼此訖了各起恭敬却住一面

尒時五百商人長者白於長老耶輸陁言仁耶輸陁今此勝也時耶輸陁即報彼言如是如是今此最勝尒時彼商五百長者即於長老耶輸陁邊借捨出家求受具戒經多年月不能得道

尒時世尊遊歷他國迴還至彼舍婆提城住祇陁林精舍之內時其長老耶輸陁身經於多時夏罷訖已即共五百諸比丘衆相隨而去聞佛在於祇陁精舍欲往詣彼見如來故彼客比丘至祇陁園是時彼處主人比丘或取鉢者或衣幞者內房中時起大高聲喧閙雜亂

尒時世尊知而故問長老阿難作如是言長老阿難此中是何高大音聲喧乱乃尒是時阿難即白佛言如來世尊今者外許別有五百客比丘來長老耶輸陁最為其首至於此處我等既見客比丘來而此舊居諸比丘輩共相慰喻問訊安和及受衣鉢內於房時起是高聲

尒時世尊告阿難言長老阿難汝若知時為我喚彼如是等客諸比丘來

尒時阿難聞世尊勑即便至彼客比丘邊語諸一切客比丘言汝長老輩世尊今喚汝等一切諸客比丘時諸比丘既聞阿難如是言已語阿難言如長老意我不敢違

尒時五百諸客比丘聞受阿難如是教已往詣佛邊到佛所已頂礼佛足既礼拜已却住一面諸客比丘住一面已嘿然而立

尒時世尊即告彼諸客比丘言汝等比丘何故如是作大高聲猶如世人諸諍鬪起呼呼呵呵其聲猶如釣魚之師各各相覺趂逐諸魚各相唱喚汝等比丘各還本處不得共我居住此中我趂汝等是時彼等五百新入客比丘聞佛如是言各白佛言如世尊勑彼等五百諸客比丘聞佛是言頂礼佛足遶佛三匝辭佛而去執持衣鉢從精舍出至一河邊其河名曰婆羅瞿摩帝（隋言秀媚主）在彼秀媚河岸邊住晝夜精勤无有休息初夜後夜不卧不眠猛勵修道志願規求助道法證是故用心彼等用心不休不息不久之間所為事成彼善男子既各正信捨家出家而能辦彼无上梵行而能得辦自現見法證於諸通即得斷除一切諸結自口唱言生死已盡行梵行報所作者辦更不復受於後世有自證自知彼諸長老一切悉皆成阿羅漢心善解脫無復怖畏

尒時世尊在舍婆提祇陁精舍少時
住已欲更行歷其餘聚落從此聚落
到彼聚落漸漸而行到毗耶離至彼
城已往獼猴池其池岸邊有草精舍
即便停住

尒時世尊日下西時從三昧起出草
精舍向於露地鋪座而坐比丘僧衆
左右周匝前後圍遶尒時世尊告阿
難言長老阿難我見婆羅瞿摩帝
河諸比丘等所居住處大有光明而
彼婆羅瞿摩帝岸所有五百諸比
丘住如是三昧

佛告阿難汝今可喚彼諸比丘使來
見我是時阿難聞佛世尊如是勑已
向一年少比丘之邊到已即告彼比
丘言善哉長老汝速至彼婆羅瞿摩
帝河岸邊彼處今有諸比丘等汝語
彼等諸長老言世尊今欲見長老等
若知時者宜應速疾往見世尊時彼
年少長老比丘聞於阿難如是言已
白阿難言如尊者教我不敢違

時彼年少長老比丘速疾而行辟如
壯士屈舒辟須如是如是時彼長老

年少比丘從毗耶離速疾隱身至於
婆羅瞿摩帝岸出身現往彼所居
處諸比丘邊到已即告彼等一切諸
比丘言善哉長老汝等今者若當知
時世尊欲見汝等長老汝等今者若
當善知可速往詣至世尊所

尒時彼處諸比丘等白彼年少使比
丘言如長老教我不敢違是時彼等
諸比丘衆聞此語已辟如壯士屈申
辟須從於婆羅瞿摩河岸所居之處
各隱其身至毗耶離獼猴池岸草精
舍下而即現身

尒時世尊當此正入不動三昧其耶
輸陁長老亦入不動三昧彼來五百
比丘亦入不動三昧經夜初更尒時
阿難從座而起偏袒右肩正理衣服
合掌向佛而作是言願世尊知夜以
一更世尊今可慰喻於彼客比丘僧
是時世尊嘿然不言如是復已經夜
中分阿難更請乃至世尊嘿然不言
尒時其夜至第三分阿難復請世尊
嘿然經夜後分欲打皷時明星將現
長老阿難更從坐起偏袒右肩正理

衣服合掌向佛而作是言世尊當知
夜已後分不久打皷明星欲出世尊
今可教諸比丘慰勞於彼諸客比丘
又復比丘坐已遲久身體疲懈

尒時世尊告阿難言長老阿難汝今
不知如此義理所以者何長老阿難
汝若知理應不發問今此三昧非汝
境界何以故阿難我向入此不動三
昧此之五百比丘亦入不動三昧長
老耶輸陁最為初首皆悉入於不動
三昧我今自知如此理已尒時世尊
欲說偈故即作如是師子吼言

已度煩惱諸慾泥　復已滅除諸聚刺
到彼貪癡滅盡處　於彼苦樂更不停
既已越度彼岸邊　是則名為真勇健
亦稱比丘善破惡　又復名善解脫人

尒時世尊說是偈已而彼五百諸比
丘等心生希有未曾有事已生希有
未曾有故各相謂言諸長老等希有
此事此之長老耶輸陁者大有神通
乃能使此五百比丘一切皆亦有大
神通共耶輸陁昔作朋友各能相似
彼等父母亦皆有德是時彼等五百

比丘心各生疑欲問世尊決斷所疑即便相與白世尊言今此長老耶輸陁者彼於往昔種何善根而今身中乃能如是居家殷富如是多財如是多寶如是二足四足具足如是家生然其初生上覆寶蓋又其父母為耶輸陁造三種堂昔縁何業得此果報又復於諸婇女等邊生猒墓想何因能尒值佛出家受具足戒成阿羅漢父母及妻皆得聖法在家朋友及諸國土商主朝廷并婆羅瞿摩帝河邊五百比丘得羅漢果作是語已皆各嘿然

尒時世尊即告彼等諸比丘言汝諸比丘至心諦聽我念往昔波羅㮈城時有一人欲營其事彼如是念我若此事得成就已復作是事此事辦已當作此事我此事辦一切訖了後别當造美食美飲種種辦具飡噉嚼齧唼哷吮等各辦具已當施沙門及婆羅門悉令具足充實飽滿

尒時彼人以心勇猛善業因縁復以衆多福德所潤所營事者悉皆成辦彼人既見其事已辦於晨朝起勑頭多種豐饒飲食可飡噉者具足執持將詣城門到已安置作如是念今此城門審初見者若有沙門若婆羅門我當持此多種飲食乃至唼哷而用布施

尒時彼城外有一辟支佛名鞞伽羅尸棄（隋言成髻）恒常住在波羅㮈城而彼尊者大辟支佛於晨朝時日在東方著衣持鉢徐行欲入波羅㮈城乞求飯食是人遥見彼辟支佛威儀庠序進止端平足步安穩无有差移左右觀看徐行直視舉動審諦不急不寬住立仰瞻人所樂覩形服相稱內外嚴儀彼人見已得清淨心生大歡喜即將其食奉辟支佛尒時彼辟支佛作如是念我今已得種種美食布施而食時既未至我今且可少時攝心坐禪繫念思惟是已却行一面到河岸邊時有一樹即在其下加趺而坐正意定想身體端然寂靜一心不搖不動如是而住

尒時波羅㮈城有一王名婆嵐摩達多（隋言梵德）嚴駕四兵從城門出是時城外忽有一人從聚落來手執傘蓋逆頭值王彼人遥見梵德國王在前而来見已內心作如是念我今可避於梵德王勿令見我彼人如是心生念已即下道行向一別路其路乃到波羅鞞河從彼河岸順流下行未經多地忽然而見彼辟支佛在於河岸一樹之下加趺而坐正念正思身不動搖彼辟支佛為於日光照觸身體遂便汗流彼人見已而作是念此仙應是持戒清淨必定應得證諸正法今此日光既照其體或患熱惱作是念已我今可持此之傘蓋覆其身上作為蔭涼

尒時彼辟支佛知食時至作如是念我食時至宜應從此三昧而起時辟支佛既出三昧即見彼人持於傘蓋覆已身上見已為欲愍彼人故飛騰虛空作十八變於虛空中行動來去或跪或立或卧或坐復出烟炎或放火光或時作水湧沒隱顯作如是等無量諸種神通示現

尒時彼人即便於此那伽尸棄辟支佛邊生淨信心合十指掌至誠頂礼作如是願願我来世值如是聖或勝於此既值遇已彼所說法願我即能於彼法中速疾證知願我當来不墮惡道復更啓請彼辟支佛乞手奉食而諮問言尊者現今住居何處彼辟支佛即報之言我住某處我行某處

尒時彼人即便往詣彼辟支佛所居住處草菴之邊至已內外灑掃泥地除却穢草訖而奉請彼辟支佛欲以四事供養供給若有所須我能辦具一切衣食如是奉彼辟支佛已到自家中向其父母妻子眷屬及餘无量無邊人輩說如前言我今得見如是仙人如是戒行如是清淨證妙法者仁若知時至於彼所供養尊重是時彼人父母妻子并及朋友諸知識等聞已皆詣向那伽羅辟支佛所以清淨心恭敬供養

尒時彼人經於少時作是善念在家大患煩惱纏繞出家大樂解脫无為在家難辦一向無垢亦不可得一向

無染亦不可得乃至欲令盡一身命清淨無垢行於梵行終不可得我今可至彼仙人邊乞求出家如是念已而彼人即往詣尸棄辟支佛所而諮白言善哉大仙聽我出家而辟支佛不許出家彼人再白乃至三白善哉大仙聽我出家

尒時尸棄辟支佛心慜念彼人如是三請即告其人作如是言汝善男子汝今若欲求出家者去此不遠有諸外道名白波梨婆羅闍（隋言行行復行）汝於彼處且可薰修調伏身心而當来世於正法中取出家因復乞求願未来世有一佛出世名曰釋迦牟尼如来願見彼佛我值遇已勿令失脫於彼如来法教之中得出家已捨願捨離一切諸苦

尒時彼人取彼那伽羅辟支佛語導奉不違即請彼佛盡一形壽將諸供具而以供養彼辟支佛

尒時尊者那伽羅尸棄辟支佛乃至隨緣住於世已入般涅槃而彼人等所有眷屬一切聚集見辟支佛入般

涅槃即便共取辟支佛身如法供養殯埋闍維所謂造諸舍利之塔塔上造作覆盆相輪懸諸寶鈴幡蓋香花末香燒香然燈續明而用供養

尒時彼人如是供養過歷得已即於波梨婆羅闍所法中出家既出家已還依彼林坐起而住於晨朝時數數入於波羅㮈城乞食活命曾經一日入波羅㮈乞食之時於一方面見婦女屍為重病死身欲青色爛壞瘡虫穿空遍要見已近立熟視熟觀於其內心生不淨想捨之而去如是繫念身體不淨憶念不捨數數復念成就勤劬得四禪心復更重發如是之願願未来世值釋迦佛出現於世

尒時我願令得滿足值遇之日願彼佛邊童子出家修行梵行彼佛世尊所說之法願我聞已速能證知而其彼人隨多少時住於世已遂便命終命終之後生梵天宮然其彼人從天上下復生人間如是次第經歷劫數最後有身還来生此波羅㮈城最大巨富長者之家而其長者多有錢財

資産服玩乃至所須無有乏少

介時世尊復更重告諸比丘言更有因緣我當具説憶念往昔還在此處波羅㮈城有迦尸國其王名曰㖶(居邪反)槃尸(隋言損瘦)王彼㖶槃尸於迦葉佛般涅槃後収取舍利起七寶塔所謂金銀頗梨琉璃馬瑙珊瑚虎魄等寳内於塔裏其外別更以石壘之寳塔去地高一由旬廣半由旬

介時彼國㖶槃尸王所起塔名陁奢婆梨伽(隋言十相)其塔相輪第一覆盆㖶梨王作第二覆盆王大妃作第三覆盆王長子作第四覆盆是王女名摩梨足(隋言小鬘)作第五覆盆㖶槃尸王第二兒作第六覆盆㖶槃尸王第三兒作第七覆盆㖶梨尸王第四兒作汝等比丘當知介時彼㖶梨尸王第三兒為迦葉佛阿羅呵三藐三佛陁舍利塔上其第六層造覆盆者今耶輸陁比丘是

復告比丘又彼過去伽羅尸棄辟支佛邊手執傘蓋作陰人者還是即今此耶輸陁比丘身是其耶輸陁以手執傘辟支佛上為作陰涼迦葉如来舍利塔上覆盆莊嚴相輪光顯彼等業緣果報熟故初生之時頭上自然有寳傘蓋

又復往昔為邪伽羅辟支佛身造於草菴將雜資財詣彼尸棄辟支佛所并及種種衣服飲食供養因緣彼果報故今得具足長者家生於盛年中然其父母為造三堂受於種種自在福報

又復往昔曾於林見死婦女屍生不淨想念念相續藉彼繫心善業果報今世在家於諸婇女身體之中生猒墓想

又復往昔於彼尸棄辟支佛所發於誓願願我来世生生莫墮諸惡道者以是善緣果報力故在在處處不經惡趣從天生人從人生天受樂果報

又復往昔於彼尸棄辟支佛所發是誓願願我来世值遇如是大仙尊者或勝此遇若彼世尊有所言説微密法要願我一切悉能聞時聞已速疾皆得知證藉彼福力果報因緣值遇於我㝡勝世尊復得於我説教法中出家得成漏盡羅漢

又復往昔於彼尸棄辟支佛所初始聞時心生歡喜生歡喜已即時傳向其家父母妻子六親并餘眷屬説邪伽羅大仙尸棄辟支佛有種種功德稱揚讚歎彼諸眷屬從其聞已倍生信敬殷重之心歡喜踊躍即共相率脩辦種種供養之具往彼礼拜奉設供養四事充足藉彼善業福報因緣至於今世其耶輸陁長老比丘父母妻妾及諸眷屬於我法中皆得聖法

又復長老耶輸陁有在家知識及彼婆羅瞿摩河岸久時所住五百比丘皆悉證成阿羅漢果此等彼時遇辟支佛並各同願齊心共發如是大㯝仙聖人邊植諸善業得是果報介時世尊而説偈言

如是供養諸聖真　得於无量大果報
佛及尸棄辟支覺　并諸羅漢漏盡人
或復供養十力尊　無畏具足諸相滿
大慈大悲諸正智　能得果報無有窮
供養諸佛緣覺眥　及諸聲聞解脫衆

現在人天受果報 後得寂滅大涅槃 佛本行集經卷第三十六 第三十張 蕃字号

佛本行集經卷第三十六

佛本行集經卷第三十六

校勘記

一 底本，金藏廣勝寺本。

一 八八五頁中七行「羅蘭那迦」，諸本作「富蘭那迦」。

一 八八五頁中一一行「應常」，諸本作「應當」。

一 八八六頁中八行「已到」，諸本作「到已」。

一 八八六頁中一〇行第七字及次頁上一四行第九字「訖」，資、磧、普、南、徑、清作「說」。

一 八八六頁下一行「教照」，麗作「教詔」。

一 八八六頁下一五行第八字「心」，普、徑、清、麗作「身」。

一 八八七頁上八行第四字「於」，資、磧、普、南、徑、清作「行」。

一 八八七頁上二〇行首字「俏」，南、徑、清作「皆」。普作「背」。

一 八八七頁下二一行首字「行」，諸本作「得」。

一 八八八頁上一一行首字「彼」，資、磧、普、南、徑、清作「波」。

一 八八八頁中一〇行「河岸」，資、磧、普、南、清、麗作「帝河」；徑作「河」。

一 八八八頁下四行「遥久」，諸本作「經久」。

一 八八八頁下一五行第三字「越」，徑、清作「滅」。

一 八八九頁中七行「城外」，資、磧、普、南、清、麗作「城門外」。

一 八九〇頁上八行第八字「住」，資、磧作「依」。

一 八九〇頁中一一行第四字「白」，諸本作「曰」。

一 八九〇頁下五行第一一字「得」，諸本作「時」。

一 八九〇頁下一〇行「疽虫」，麗作「蛆虫」。

一 八九〇頁下一一行第二字「空」，諸本作「穴」。

一 八九一頁上二〇行末字「是」，諸本作「是也」。

一 八九一頁中二二行「聞時」，諸本作「聞持」。

一 八九一頁下二〇行第四字「葉」，諸本作「棄」。

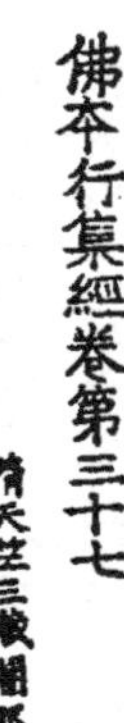

趙城縣廣勝寺

佛本行集經卷第三十七　　葉

隋天竺三藏闍那崛多譯

富樓那出家品第四十

尒時憍薩羅聚落去迦毗羅婆蘇都城邑其間不遠有一村陌彼村有一大婆羅門為淨飯王作於國師其家巨富多饒財寶乃至屋宅猶如北方毗沙門天宮殿無異彼婆羅門有於一子名富樓那彌多羅尼子（隋言滿足慈者）極大端正可喜少雙為諸衆人之所樂覩巧智聰慧細意細心能誦一切韋陁論徹既自解已復能教他具解三種韋陁舊解尼乹陁論啝鞞婆論解破字論又能宣說往昔諸事五明之論一句半句一偈半偈皆能分別亦復通解受記之論於世辯中悉皆具解六十種事有大人相

淨飯大王悉達太子當生之日其彌多羅尼子亦共同時而生彼人本性猒離世間志求解脫於煩惱中恒有驚怖心常寂定往昔已曾見諸佛來彼諸佛邊種諸善根作多福業薰習其心志涅槃門不樂煩惱於一切有諸生死內皆悉遠離已作於行諸經壞爛取因為力至成熟地到聖法故

時富樓那獨坐思惟我父既為輸頭檀王而作國師須多經營脩多種伎處王法中代王斷事又復其兒悉達太子決定與彼輸頭檀王一種無異應當必作轉輪聖王我父若無我身決定與彼悉達轉輪聖王而作國師我父既為小王國師今以如是無暫閑時況復欲作轉輪聖王大國之師普於國內辯事有開終無是處我今預前當作何事當作何計我今唯有捨家出家

時富樓那如是念已當菩薩夜出家之時夜半嘿然不諮父母共其朋友足三十人從家而出逕往至於波梨婆遮迦法之中請乞出家居在雪山苦行求道彼等諸人勇猛精進不暫休息其三十人一時成就獲得四禪并及五通

時富樓那苦行仙人自思惟言我今應可內自觀察悉達太子受聖王位

時節至未而富樓那以天眼觀覩見世尊在波羅㮈鹿野苑中證得无上阿耨多羅三藐三菩提已轉無上微妙法輪為諸天人分別說法見已即至諸朋友邊而告之言汝等今可生歡喜心作大踊躍令彼悉達大聖太子出家已證無上菩提證菩提已已轉无上清淨法輪

世尊今日現在於彼波羅㮈城鹿野苑內為諸天人說法開示汝等今可共我相隨至於彼邊行於梵行是時彼等諸朋友輩歡喜報言仁語善也我等順從

時富樓那苦行仙人舉身即共三十朋友從雪山下飛昇而行猶如鴈王騰於虛空至波羅㮈鹿野苑下徃詣佛邊到佛所已頂礼佛足以兩手執世尊之足摩娑頂戴舉頭以口嗚如來足起在佛前胡跪以偈讚歎佛言

昔在兜率陁天上　正念化作白鳥形
託身欲入摩耶胎　來至釋種家作子
如妙蓮花不著水　在於母胎不汙身
彼母受樂無量歡　不貪五慾唯樂法

唯行善行捨諸惡　觀尊在胎如鑄金
歡喜踊躍不知猒　看不知足更復覩
尊在胎內常說法　諸天人起慈悲心
皆悉歡喜飲法膏　世尊初生發妙語
我脫衆生生死苦　右脅出已七步行
無畏猶如師子王　我是如來終滅苦
世尊初生浴池水　水不冷煖弥岸平
浴訖塗香莊嚴身　空中自然蓋拂現
世間希有見此事　是故我等頂礼尊

說是偈已富樓那等若干仙人舉聲從佛乞求出家如是白言唯願世尊哀愍我等我等心願欲得出家慈悲怜故度脫我等

尒時佛告富樓那言汝富樓那今可速起當隨汝意我與汝等從心所願

時富樓那得如來聽其出家已乞受具足及其朋友二十九人彼長老輩既得出家受具戒竟未久之間各各用心獨卧獨行獨坐獨立勇猛精進行坐空閑阿蘭若處各各別行用心謹慎不曾放逸恒住空閑時節不久若善男子求大利故正心正信捨家出家為欲求於無上梵行已盡慾邊

見諸法相欲修諸通即證彼法已斷諸生得梵行報所作已訖不受後有彼等一切諸長老輩既證知已悉成羅漢以心善得一切解脫皆成大德一切皆悉能作大事利益衆生

尒時世尊告諸比丘作如是言汝等當知說法人中最第一者即此富樓那弥多羅尼子是也而有偈說

世尊在於波羅㮈　微妙語告諸衆言
此是滿足真比丘　說法人中最第一

尒時世間一切合成九十一阿羅漢謂佛世尊并五比丘長老耶輸陁及耶輸陁波羅㮈國同時所生有四朋友最勝長者勝中復勝諸善男子謂毗摩羅善脾滿足并及牛主又耶輸陁在家估客行賈商人五十朋友次善男子長者富樓那弥多羅尼子并及知舊二十九人

佛本行集經那羅陁出家品第四十一上

尒時閻浮南天竺地有一國土名阿槃提彼國土中有一聚落名獼猴食其聚落內有一巨富婆羅門姓大迦旃延其家多有資財珎寶奴婢六畜

穀麦豆麻屋宅園林種種豐足乃至如彼毗沙門宮無有殊異彼婆羅門聰明智慧讀誦受持三韋陁論慱通諸物一事十名哪輸婆等文句字論往昔過去一切諸事五明之論知句半句分別世間諸受記論及六十種大丈夫相皆悉具足讀誦通知與嚴熾王作國大師時彼國師大婆羅門第一長子辭家遊歷他國學問不知猒足處處尋師具解諸論伎成就已還歸本家既奉見父即諮白言善哉阿耶我今學問種種通達為我聚集一切大衆我欲誦出韋陁論等及諸伎能父聞歡喜即為集衆兒見人集即在衆前所誦一切韋陁論等及諸伎能皆不隱藏悉並誦出而彼大衆即便共尊彼國師子推為上座其父即將種種珎寶而供養之時彼國師大婆羅門復更別有第二之子名那羅陁（隋言不叫）其父告彼第二子言汝那羅陁今可捨家出至他國受學誦習韋陁諸論令如汝兄而那羅陁童子之兄當誦一切韋陁論時其那羅陁一聞即便一切受持時那羅陁聞此語已即白父言善哉阿耶我已通解一切韋陁及呪術等阿耶今可為我聚集一切大衆我於衆前誦諸韋陁及以伎能其父聞子如是語已心生希有即集大衆集大衆已諸種安置時那羅陁在大衆前誦諸韋陁一切論等尒時大衆聞已各各心生歡喜讚歎彼言善哉善哉大智童子快能誦習諸韋陁論其父復將種種財寶以用供養

尒時長兄聞弟誦通一切諸論心生苦惱作如是念我無量年遊歷諸國學習種種所誦呪論心處煩勞方始誦持諸呪術得其那羅陁云何聞已皆少時間受持淨遍而其少年尚得如是若後成長必定應當作王國師以是因緣我須方便除滅其體如是則我得成大利若不然者終奪我位尒時其父知自長子內心如是於那羅陁私生惡念既覺知已作是思惟我此小兒聰慧可憐勿令為兄之所奪命作是念已應須方便莫令其知

尒時南方有一城名優禪耶居去城不遠有頻陁山其山中有一老仙人名阿私陁在中居住彼仙洞解一切韋陁并及諸論以得四禪具五神通是那羅陁童子外舅是時國師大婆羅門并及其婦即將其子那羅陁身往彼山中對共付囑阿私陁仙以為弟子其阿私陁既受領得那羅陁已教昭顯示不久成就獲得四禪具五神通

尒時梵志阿私陁仙將其弟子那羅陁身即出山向波羅㮈城即於城外造立草菴在中居住晝夜六時作如是教大聲唱言善哉善哉汝那羅陁佛今出世（如是三稱）汝應彼邊剃落出家修行梵行必當長夜大得利益大得快樂自利身已復應利他

尒時彼老阿私陁仙作如是語教其弟子那羅陁已不經多時而取命終阿私陁仙命終之後時彼梵志私陁仙人所有世間利養名聞悉是弟子那羅陁得時那羅陁以世利養名聞多故貪戀著心無有正念更不作想

求覓勝上不信有佛有法有僧

尒時海內伊羅鉢(隋言香葉)王既受龍身心生猒離欲求解脫不樂於彼穢濁惡想而作是念往昔世尊迦葉如來多陁阿伽度阿羅呵三藐三佛陁親授我記汝大龍王從今已去過若干年若干百年若干千年若干百千年若千百千万億年當有一佛出現於世号釋迦牟尼多陁阿伽度阿羅呵三藐三佛陁而今已過如是無量无邊億數百千万年亘有彼佛釋迦如來出世以不

尒時復更有一龍王名曰商佉(隋言蠡)彼龍王宮常有无量龍衆聚會而彼會處多諸龍王百千雲集伊羅鉢龍亦在彼宮是時有一夜叉之王名曰金齊與伊羅鉢龍王善友亦在彼龍衆會中坐

尒時伊羅鉢龍王即於衆中告夜叉王作如是言仁者汝今頗知世間釋迦如來多陁阿伽度阿羅呵三藐三佛陁出現世未是時夜叉報龍王言大善龍王我實不知釋迦如來出現

以未雖然龍王但我今知彼壙野中有於一城其城本是夜叉宮殿名阿羅迦槃陁(隋言壙野宮殿)彼城先來有二偈文而彼偈云若無有佛出現世間終无人能讀此偈者設復有讀亦不能解此之偈意若當有佛出現世時即得讀知無人解義唯有如來多陁阿伽度阿羅呵三藐三佛陁能說此義或有從佛聞而得解

尒時伊羅鉢龍告彼夜叉王如是言仁者汝今可往至彼讀取彼偈得来以不是時金齊夜叉之王從伊羅鉢龍王邊受如是言已即便往至彼阿羅迦槃陁宮殿受讀彼偈得已速疾還向伊羅鉢龍王邊到已即白伊羅鉢言大善龍王今日應當心生歡喜所以者何釋迦牟尼多陁阿伽度阿羅呵三藐三佛陁大聖如來今已出世何以得知遂能令我得讀彼偈我已受持彼偈將來若有人能解此偈意復能宣說即應當知此是真佛

尒時伊羅鉢龍王心大歡喜踊躍遍身不能自勝即從金齊夜叉王邊受

取彼偈尒時商佉龍王有女名曰常分端正可喜冣上花色衆人所愛世無有雙

尒時彼會諸龍王等作如是念我今應當至月八日十四十五或二十三及二十九并三十日將好金器滿盛銀粟於銀器內滿盛金粟將此龍女莊飾其體以妙種種瓔珞嚴身從此龍宮出置於彼恒河岸上著於露地說此二偈以示衆人

在於何自在　染著名為染　彼云何清淨
云何得癡名　癡人何故迷　云何名智人
何會別離已　名曰盡因緣

時彼龍王說此偈已遍告一切諸世間言若有能解誦此偈者我等即當以此金銀盛滿粟等并及龍女持用布施即取彼人作於佛想若當有人傳從他聞來為我說亦然布施時商佉王及伊羅鉢諸龍王等欲見世尊渴仰世尊思遅世尊恒以白月黑月八日十四十五將好金器滿盛銀粟於銀器內復盛金粟及彼龍女種種嚴身將至恒河岸上安置住於陸地

彼二龍王相與而說此二偈言

在於何自在乃至盡因緣復作是言若有人能解此偈義我等將此二器金銀并及端正可意龍女以用布施而彼龍王說於此事聲聞八方所有山林或復在水在陸地或婆羅門或復長者各相謂言白月黑月恒以六日彼二龍王從水而出將於二器盛金銀粟及一龍女瓔珞嚴身從恒河出在岸其方陸地住立說此二偈

在於何自在乃至盡因緣作如是語若有人能讀解此偈我等將此二器及女而布施彼時婆羅門及長者等從二龍王聞如是語悉從八方競来集會彼龍王處各自唱言我能讀解此之二偈及至龍邊讀偈不得又不解義或復有人讀此偈已反還問彼二龍王言此偈何也復問此偈其義云何

時那羅陁童子仙人居止在於摩伽陁國為諸人民而作師導彼國男女尊重供承讃歎歌詠那羅陁仙各相謂言此摩那婆自既知已復教他知

自既見已復教他見是時彼國摩伽陁內所有人民作如是念此那羅陁仙聖童子既自知見教他知見我等於彼二龍王邊聞斯二偈无人能誦無人能荅我等今可至那羅陁童子仙邊到已應說如此之事作是念已摩伽陁國諸婆羅門及長者等即便往至那羅陁仙童子之所到已詳共白那羅陁童子仙言仁若知時恒河岸上有二龍王一名商佉二名伊羅鉢常以白月黑月六日從恒河水出於陸地將金銀器盛粟及女乃至誰能解此偈義即施與彼說此二偈云在於何自在乃至盡因緣

尒時那羅陁仙人童子作是思惟我今既為此摩伽陁國內人民作於尊師此之人民皆供養我尊重承事欽仰於我又復謂我自知見已轉能教他我今若於是人民前言我不解此二偈義此之人民即毀辱我一切利養名聞闕少我皆失之作是念已即便告彼摩伽陁國諸婆羅門大長者等作如是言我共汝等一時往詣二

龍王邊請說二偈尋取其義

尒時童子那羅陁仙共摩伽陁長者人民婆羅門等左右圍遶推那羅陁童子仙人最為上首向二龍邊到已告言二大龍王願為我等說於二偈我得聞已思惟取義尒時商佉二龍王等即為彼仙說二偈云在於何自在乃至盡因緣

尒時童子那羅陁仙告彼二龍作如是言我今於汝二龍王邊受此二偈從今已去過七日外當来汝邊荅報偈意時彼二龍白那羅陁童子仙言如仁者教作如是事

時那羅陁從二龍王受得偈已還向本處時摩伽陁一切人民憍薩羅國一切人民及鴦留國般遮羅國諸人民等傳聞童子那羅陁仙從商佉龍并伊羅鉢二龍王邊受持二偈謂言從今去出七日還来到此說二偈義而彼人民駕諸雜乘所謂象車馬車牛車及步人等相與雲集

尒時恒河此彼兩岸有於八万四千衆類闐然集聚皆共欲聽那羅陁仙

及二龍王解說偈時時波羅㮈居住在城有諸六師各自稱言我是尊者所謂富蘭迦葉摩薩迦梨瞿奢梨迦阿耆多祁奢迦摩羅波羅浮多迦遮耶那刪闍夷毗羅師誰富多羅尼羅乾他若祁富多羅等

時那羅陁童子仙人即便向彼諸六師邊欲問偈義到已即問此二偈意而彼六師既不能解此偈義意更復增上於仙人邊起瞋恚心還反問於那羅陁仙作如是言此之二偈有何意也

尒時世尊初證正覺居住在彼波羅㮈城鹿野苑内舊仙人林時那羅陁童子仙人自心如是思惟念言此沙門在波羅㮈城鹿苑舊仙所居林内我今可向彼邊借問此二偈意復重思惟自餘沙門及婆羅門耆年大德堪為一切國王作師久來出家所謂富蘭迦葉乃至尼乾陁若祁富多羅等我至彼邊問此二偈猶不能解況復如此年少沙門生來未久出家始尒我問於此二偈之意彼詎能荅更

復思惟年少沙門或婆羅門不可輕輕所以者何或彼年少沙門之人或婆羅門亦有聰明快智慧者我今但可往詣於彼大沙門邊問此偈義

尒時童子那羅陁仙即詣佛邊到佛所已共佛相瞻慰喻面㰤種種善言巧語談話訖已即便却一面坐其那羅陁摩那婆仙一面坐已即白佛言大德尊者沙門瞿曇我欲諮問尊者一義未審尊者許我以不是時佛告摩那婆言汝摩那婆隨所有問我當為解時那羅陁摩那婆仙得佛許已即便說偈而問佛言

在何自在王　染著名為染　彼云何清淨
云何得癡名　癡人何故迷　云何名智者
何會別離已　名曰盡因緣

尒時世尊聞彼說已即還以偈荅那羅陁摩那婆言

第六自在故　王染名曰染　无染而有染
是故名為癡　以沒大水故　故名盡方便
一切方便盡　故名為智者

尒時童子那羅陁仙從佛得聞如是偈已心意開解生大歡喜踊躍遍身

不能自喻聞已即便奔走往詣彼商佉所及伊羅鉢二龍王邊到彼二大龍王邊已即便告彼二龍王言汝等龍王說偈問我時二龍王依以二偈問那羅陁童子仙言在何自在王乃至盡因緣

尒時童子那羅陁仙還以二偈荅龍王言第六自在故乃至名為智

尒時伊羅鉢龍王聞此偈已心作如是思惟念言我今已得無上世尊我今已得勝修伽陁我今已知世尊出現知修伽陁大聖世尊今為我生為我出世為我覺悟（如是再稱）

時伊羅鉢二大龍王如是念已白那羅陁摩那婆言仁摩那婆實為我說此是仙意自辯才力為從他聞而解此義仙摩那婆我實不見今世間中及以天上若有沙門婆羅門等或天或人能自辯才達是二偈能自說者無有是處唯除如來无上世尊或佛沙門從彼等邊聞而方辯

尒時童子那羅陁仙即便以偈告伊羅鉢二龍王言

如龍王說非我辯　大聖世尊已出興
諸相具足莊嚴身　彼能如是辯才說

尒時伊羅鉢龍王即還以偈白仙童子郁羅陁言

大仙言是佛語者　為當睡卧夢裏聞
若是分明對面承　唯願仁今重讚說

尒時童子郁羅陁仙依所覩見即更以偈答龍王言

天人自在大丈夫　今居波羅㮈苑内
既轉無上法輪已　猶如師子乳勝林

尒時伊羅鉢龍王復更以偈白郁羅陁童子仙言

仁今所言佛世尊　我不聞久今聞說
既聞與仁相共詣　覲彼希現難思議
昔覩今復得重覲　正覺如來諸相好
今日始更出現世　難值猶若優曇花
經歷多時乃一興　清淨猶彼空中月
諸相具足莊嚴體　正覺最上勝菩提
久遠曠絕不聞聲　清亮猶如梵音響
若諸衆生得聞者　從佛得入解脫門

尒時伊羅鉢龍王說偈讚歎佛世尊已復更重白郁羅陁仙作如是言郁羅陁仙仁言佛也時郁羅陁摩郁婆仙荅龍王言我言佛也梵本再問再荅龍王復言郁羅陁仙如此嗚吼出世甚難所謂彼佛佛世尊也郁羅陁仙彼阿羅呵三藐三佛陁今在何方

時郁羅陁摩郁婆仙即整衣服偏袒右肩合十指掌向佛在方示龍王言汝等龍王若欲知者彼佛如來多陁阿伽度阿羅呵三藐三佛陁今在某方

時伊羅鉢龍王知佛處已即整衣服偏袒右肩右膝著地向佛所在合十指掌三稱此言南無世尊多陁阿伽度阿羅呵三藐三佛陁如是三說

時伊羅鉢龍王白郁羅陁童子仙言摩郁婆仙相隨共向彼世尊多陁阿伽度阿羅呵三藐三佛陁所禮拜供養時郁羅陁報龍王言善哉龍王我等共去

時伊羅鉢并及商佉二大龍王自餘無量諸龍眷屬郁羅陁仙摩郁婆等八万四千諸衆生輩欲向佛所

尒時伊羅鉢龍王作是思惟我今若以變化之身見於佛者此我不善我今宜以自許報身往見世尊

尒時伊羅鉢龍王至其龍宮以自報形而欲見佛從北天竺特乂尸羅城向波羅㮈國强有三百六十由旬時彼龍王出欲見佛其頭已至佛世尊所而尾猶尚在自本宮而彼龍頭其狀猶如獨樹造舩其項猶如象鼻放水耳目猶如憍薩羅國銅鉢之器口出光炎猶如重雲出於閃電氣息作聲如雲雷鳴作伽荼伽荼聲而彼八万四千衆類一切悉隨伊羅鉢行而伊羅鉢遥見如来極大端正光相非常心生歡喜乃至猶如虛空中星莊嚴顯赫既覩見已向於佛邊生清淨心正信之心踊躍喜歡進向佛所

尒時世尊既遥覩見伊羅鉢龍漸漸而来見已告言善来善来伊羅鉢龍王遥歷多時不曾相見王今身體安隱以不少病少惱及諸親眷並無疾耶

佛本行集經卷第三十七

佛本行集經卷第三十七

校勘記

一　底本，金藏廣勝寺本。八九三頁中一版，原版殘，以麗藏本換。

一　八九三頁下一七行「逕往」，資、磧、普、南、徑、清作「遥往」。

一　八九四頁上七行「證菩提」，資、磧、普、徑、清無。

一　八九四頁上一八行「摩娑」，麗作「摩挲」。

一　八九四頁上一九行第四字「在」，資、磧、普、南、徑、清作「於」。

一　八九四頁下一七行「長者」，諸本作「長老」。

一　八九四頁下一九行品名末字「上」，資、磧、普、南無。同行徑、清作「那羅陁 出家品第四十一之一」。

一　八九五頁上一一行「白言」，資作「曰言」。

一　八九五頁上一七行第四字「尊」，磧、普、徑、清作「遵」。

一　八九六頁上二行「伊羅鉢」，麗作「伊羅鉢龍」。

一　八九六頁上八行首字「年」，資、磧、普、徑、清作「年過」。

一　八九六頁下八行「莊飾」，資、磧、普、南、徑作「莊嚴」。

一　八九七頁上六行「在陸地」，諸本作「或在陸地」。

一　八九七頁上一〇行「其方」，諸本作「某方」。

一　八九七頁上二一行「師導」，麗作「導師」。

一　八九八頁上五行末字「羅」，麗無。

一　八九八頁中一四行及本頁下五行「在何自在王」，徑、清作「在於何自在」。

一　八九九頁中一行夾註「再荅」，徑作「再稱」。

一　八九九頁中二行「嗚吼」，資、磧、普、南、徑、清作「明師」。

一　八九九頁下二行第一〇字「特」，普作「時」。

一　八九九頁下六行「造舩」，麗作「造般」。

一　八九九頁下一七行「逕歷」，諸本作「經歷」。

佛本行集經卷第三十八　　葉

三藏法師闍那崛多譯

耶羅陁出家品

尒時伊羅鉢龍王作如是念世尊已
知我名字也復更重於如来世尊增
加歡喜得清淨心生愛敬心時伊羅
鉢即隱本形別更化作摩那婆身近
世尊前頂礼佛足却住一面住一面
已即更親誦彼二偈文而重問佛
在何自在王　染着名為染　彼云何清淨
云何得癡名　癡人何故迷　云何名智者
何會別離已　名曰盡因緣
尒時世尊復還以偈荅龍王言
第六自在故　王染名曰染　無染而有染
是故名為癡　以淏大水故　故名盡方便
一切方便盡　故名為智者
尒時伊羅鉢龍王復更以偈重白佛言
受持何戒行何行　復更作於何業因
能於人天受勝身　薫修寂上無邊利
尒時世尊即還以偈荅龍王言
供養耆人勿毀他　欲見尊長須時節
常愛善行及法語　數聽正真利益談
樂法深念正菩提　智慧分別思惟義
實言精苦修梵行　於他常施布施檀
質直詳審意勤劬　笑㗛語言皆避惡
諂曲慠慢悉遠離　勿共他人作怨讎
善言在於正念中　若聞若知定心意
若人常有放逸行　彼輩無聞无正思
若能行於聖道因　是名依行淨口業
彼等忍辱正思念　在於多聞廣智中
尒時世尊說此偈已其耶羅陁摩那
婆仙即離欲法尒時伊羅鉢龍見佛
聞法瞻仰尊顏悲喜相交淚下如雨
尒時世尊告伊羅鉢大龍王言汝大
龍王何故忽然瞻看我面哭而復悲
如是淚下作是語已伊羅鉢龍即白
佛言如来世尊我念往昔有佛出世
名曰迦葉多陁阿伽度阿羅訶三藐
三佛陁我時於彼佛法之中修行梵
行為出家人
世尊我於彼時見有一草名曰伊羅
我時以手斫彼草取執捉將詣迦葉
佛所到佛所已白彼佛言世尊若有
比丘斫於此草得何果報時彼世尊
即報我言汝比丘知若人故心斫斷

此草彼人當墮地獄

世尊我於尒時於彼迦葉多陁阿伽度阿羅呵三藐三佛陁邊聞於此語心中不信不生希有奇特之想以我不取彼佛語故不受於彼如来教誨又自思惟但我斫此伊羅之草有何果報心作是念

世尊而我當時既造於彼波夜提罪而不信有波夜提報復不能捨此之邪見命終已後遂即生於長壽龍中是故彼時為我立名名伊羅鉢伊羅鉢也而我尒時還於彼處迦葉佛邊問彼佛言大聖世尊我於何時當得脫此惡龍之形何時當得復於人身作是說已嘿然而住

尒時彼佛迦葉如来多陁阿伽度阿羅訶三藐三佛陁即告我言汝大龍王今應當知過若干年若干百年若干千年過若干百千万億年後當有佛出興於世彼佛号為釋迦牟尼多陁阿伽度阿羅呵三藐三佛陁彼釋迦牟尼佛當記汝得復於人身

世尊我於彼時作如是念我今以於迦葉佛邊所說法戒違背不信受此龍身以微善緣令值世尊還不持戒世尊我見如此自罪過故呵責自身泣淚啼哭如雨滿面見世尊喜所以微咲為是因緣我如是念希有希有未曾有事如是之法諸佛世尊乃能如是無有二言如彼迦葉如来世尊授於我記汝大龍王過若干年乃至億年於後當有如来出世如彼佛言無有異也世尊我以是緣今復問佛世尊我何時得脫此龍身更何時得復於人身

尒時世尊告伊羅鉢大龍王言汝大龍王從今已去過若干年乃至如前若干億年於後當有佛出於世名曰弥勒多陁阿伽度阿羅呵三藐三佛陁汝於彼時當得人身時彼世尊度汝出家修行梵行得盡諸苦

尒時世尊為伊羅鉢更復說法令其歡喜勸示教言来汝龍王歸依佛歸依法歸依僧受持五戒而汝當得長夜利益大得安樂伊羅鉢龍既從佛聞如是語已即白佛言如世尊教我今歸依佛法僧寶受持五戒

尒時世尊重更教誨伊羅鉢言汝大龍王今應知時時伊羅鉢語那羅陁摩那婆言来摩那婆仁須幾多金銀珎寶隨意所須從我索之我當與仁而此龍女仁无所用所以者何此之龍女口一出氣能令世人作於灰土時那羅陁報龍王言汝大龍王我亦不用金銀珎寶亦復不用龍王之女何以故我今佛邊聞諸偈已即於諸欲生猒離想尒時伊羅鉢龍王頂礼佛足遶佛三匝辞佛而還

尒時世尊告彼八万四千衆等其那羅陁冣為上首次第為說所謂教行布施持戒得上生天又說欲中多諸過患令生猒離讚於漏盡又教出家讚歎功德助成解脫而世尊知彼諸大衆那羅陁等冣為上首各各皆生歡喜之心生踊躍心生柔軟心得無㝵心

尒時世尊所有教法令他歡喜真正要趣謂四聖諦苦集滅道世尊既將此四聖諦種種方便解說顯示教誨

建立分別宣揚教行學習如是生苦如是苦集如是苦滅如是得道世尊以此四種聖諦種種因緣顯示宣說乃至教行而彼衆等即於其坐離諸塵垢盡煩惱界於諸法中得淨智眼所有集法皆悉除滅如實知見譬如淨衣無有垢膩無有黑毛隨欲染時而受諸色如是如是彼諸大衆鄔羅陁等於彼坐處遠離煩惱悉盡諸集證知諸法建立无畏度諸疑網不隨他語知世尊教即並歸依佛法僧寳受持五戒是時彼衆八万四千從坐而起頂礼佛足圍遶三匝辞還本處

介時童子鄔羅陁仙已見諸法已得諸法已證諸法已入諸法度諸所疑度諸所惑無復疑網已得无畏不隨他語已知世尊法教微密即從坐起頂礼佛足而白佛言唯願世尊與我出家及具足戒

介時佛告彼童子言善來比丘入我法中行於梵行正盡諸苦令到其邊時彼長老便成出家戒行具足是時長老鄔羅陁比丘既出家已具戒成

就未經幾時獨行獨坐捨於衆閙謹慎身口不曽放逸精勤勇猛无懈怠故不久之間其善男子所為出家無上梵行進於彼岸現見諸法自證諸通證已自知自見自覺而口唱言生死已盡梵行已立所作已辦更不受後如是了知而彼長老即成羅漢心善解脫慧善解脫而鄔羅陁長老比丘既得羅漢無著之果空閑獨處作如是念我今可詣佛世尊所以偈問佛

介時長老鄔羅陁比丘於晨朝時從房而出往詣佛所到佛所已頂礼佛足却坐一面坐一面已時鄔羅陁即便以偈問佛義言

我今方驗昔私陁　諦了如語莫不實
今復得聞世尊教　度到諸法彼岸邊
既已捨家能出家　復持乞食存活命
行於此行得何報　我今諮問佛世尊

介時世尊即還以偈報彼長老鄔羅陁言

汝問行行果報者　此事無常難驗知
我今為汝分別宣　宜發精進令牢固
凡有行者入聚落　讚歎毀辱平等心

其有乱意處須防　當取寂定無上果
行人常觀叫喚響　猶如猛火熾炎然
見於婦人端正容　應須捨離勿生染
以不染於諸欲法　彼此各無相染因
无染即無鬪競緣　世間所有衆類輩
我身彼身無有異　我命彼命等共同
如是審諦思惟觀　嗔時勿殺勿相害
應捨貪等我慢事　一切凡夫染著身
諸有眼者能離怨　如食毒藥平等死
若入聚落乞飯食　莫觀諸事散乱心
諸貪染處若捨捐　以無着故當解脫
夜獨坐時莫念請　遠離聚落亦勿思
但至天曉欲乞時　正念正思入聚落
到聚落中嘿然往　次第歷家乞食行
遊於聚落莫怨嗤　向他語言勿麁獷
手執鉢盂行乞食　雖有才辯但嘿然
設得少食心莫嫌　有施飯人勿毀罵
所得之處寂為善　若不得處莫生瞋
於二邊生平等心　至於樹下隨意食
食訖已後還林內　住於樹下結跏趺
在於鋪上如仙人　身心及口皆歛攝
恐怖皆捨勵心意　餘事莫想唯念林
在於樹下當喜歡　以舌拄腭漸出息

自餘諸根悉調伏　心意不得著諸緣
境界悉遣心莫存　穢濁之處並須捨
清淨真心行梵行　善語處所精勤求
慱聞多智須稟承　其有寂靜離欲者
若如是人應親近　至於彼邊心信從
信已恭敬如世尊　勿說他家是非事
莫毀他人自讚歎　語言不得大高聲
猶如猛火遠處聞　如是思惟斷諸惑
是名比丘出家法　作不作事悉離身
若能平等觸處安　聖人行行應如是
當知葉如車輪轉　對一人說聖法時
一人思惟即證知　調伏諸根獨處坐
調伏諸根心成就　於後名聞遍十方
此行唯在空閑林　或坐山間及樹下
或在河岸池泉側　如是處所坐思惟
闕少智慧恒睡眠　滿足寂定常覺悟
如泉如池如大海　寂定之者亦復然
愚癡人如半瓶汁　智慧者猶滿池水
智人雖復多言語　言語雖多不失時
或有才辯語言多　復有少言而審諦
如是少言亦名智　是則名為仙聖人
是名真實中道行　是名寂靜得解脫

尒時世尊說此偈已其郝羅陁心意開解歡喜踊躍又有師言而此長老郝羅陁者其本種族姓迦旃延以本姓故衆人稱言大迦旃延又復長老大迦旃延佛曾記言汝等比丘今應當知我此聲聞大衆之中捷利取義聞有廣說而其聰敏悉能領悟或少聽受而能為他廣分別說寂第一者所謂即此大迦旃延比丘是也

尒時彼等諸比丘輩聞是語已生希有心各相謂言今此尊者大迦旃延甚為希有心生疑惑更無有人能決我疑解了一切語結義者唯佛世尊即往佛所到佛所已共白佛言善哉世尊今此長老大迦旃延往昔曾種何等善根而今來詣佛世尊所即得出家受具足戒證羅漢果世尊復記聲聞衆中捷疾利智略說廣解廣言能略寂第一者所謂即此大迦旃延比丘是也我等願聞

尒時佛告諸比丘言汝諸比丘至心諦聽我念往昔此賢劫中衆生壽命二万歲時有一如來出現於世名曰迦葉多陁阿伽度阿羅呵三藐三佛陁尒時彼佛迦葉如來轉法輪已竪法幢竟昔誓願滿具自在利辦大丈夫一切作事開化所化度諸衆生蓮花衆等八千億類令生天上是時彼佛入涅槃後并及建立解脫法門悉皆在此波羅㮈城鹿野苑中諸仙居處說法而住

尒時彼處波羅㮈城有一信行善優婆塞受持五戒彼優婆塞善解五明分別世論能解其義彼優婆塞至鹿苑林向諸比丘略而問義如是問已時諸比丘即為廣說彼優婆塞既聞彼等諸比丘輩為其廣說如是之義心生欣羨發如是願善哉希有願我來世更得勝於如此之法亦能如是分別為他次第而說如此比丘等無有異

尒時佛告諸比丘言汝等當知彼時五戒優婆塞者即此摩訶迦旃延是以彼佛邊受持五戒為優婆塞善解五明微細之義復能分別為他解說於彼時發如是誓願我來世成就是等一切諸法能廣為他種種解說

又復比丘汝等當知是迦旃延比丘往昔歡喜心種如是善根以是因緣至於我邊即得出家成羅漢果我今授記於我聲聞大衆之中略義能廣廣義能略第一之者所謂摩訶大迦旃延比丘是也

是時世間即成九十二阿羅漢第一世尊後五比丘并及長老耶輸陁身又耶輸陁大富朋友諸長者等勝中復勝諸善男子所謂無垢善辟滿足并牛主等又耶輸陁復有五十商主朋友他方所來諸善男子又復長老富樓那弥多羅尼子及其朋友二十九人并及長老迦旃延等

佛本行集經娑毗耶出家品第四十二上

尒時北天有一城名特叉尸羅(隋言削石)時彼城內有於一家彼家婦女忽尒雙產男女二人時其父母即召明師令為相之是時相師即為占之云女薄相無有吉利彼女父母聞此言已作如是念此女今既無有好相則不吉祥若至長成當是誰取用其作婦父母如是共平章已即將彼女乞一學問外道之婦其外道名波梨婆闍(隋言行)作如是言我今乞汝此女養育教示道法令其增長若有所須調度供擬我當悉與

尒時外道波梨婆闍即便攝受彼女養育如是看視其女漸漸隨時長大及至笄年女意智成時彼外道波梨婆闍婦見女大即教彼女種種呪術種種伎能悉皆成就意智明解種種諸論至齒成就端正少雙多人喜見身體柔軟面目勝他骨節成熟身體正等無所缺減

尒時彼女身體上著一套絺衣在於腰下一套絺衣披置肩上手中執持三奇立排擬澡洗時安瓶之所遊歷處處村城聚落國邑王門覓諸外道欲共論議欲析伏故而漸漸行值一波梨婆闍道人名曰寂妙自在勝他處處遊歷從南天竺來往北天時彼道人亦復可喜端正少雙年又盛壯為人樂見面目還尒勝於他人身體整頸支節可喜於諸論師寂得名聞時彼道人見此波梨婆闍之女如是可意端正容色為他樂覩見已於彼波梨婆闍女人之邊生愛著心時彼波梨婆闍之女亦復於彼波梨婆闍道人之邊亦生染心更相貪戀私感無已

尒時彼客波梨婆闍道人即語於彼波梨婆闍女如是言善女仁者我意今者甚願樂汝共行世事是時彼女亦復報言我今心中亦貪樂仁欲得一處時彼波梨婆闍道人報彼女言我等二人俱是出家修道之者若在如是法行之中作世事者而諸人等若見我輩作如是事即便訶責毀辱我等我等今可於諸人前共相論議立要誓言若不如者即教承事

尒時彼女即如是言若我得勝汝脫不如此事不善便成非理豈有丈夫事女人乎若女不如伏事丈夫此事乃善此是順理時彼波梨婆闍道人即報女言善哉德女汝此語義甚為當理如汝所說

尒時波梨婆闍道人即於衆中打論義鼓而告之言此處頗有人能共我

問荅已不若或波梨婆闍道人若或波梨婆闍女人誰能共我問荅語言能者為善如是至三時彼波梨婆闍女人在衆中聞如是語已即便唱言我今甚能共汝論義往来問荅

尒時彼女容儀庠序在大衆内發問其義時彼波梨婆闍道人為解得通而彼波梨婆闍道人反問彼女女解亦通如是再過各各相問各各相通至第三過而彼波梨婆闍道人問彼女義其女有力能為解通但護於彼波梨婆闍心相愛故現同不通嘿然不荅時彼波梨婆闍道人即於衆中降伏彼女

尒時彼女既被波梨婆闍道人所降伏已即便對衆從彼波梨婆闍道人身手之邊取其草屣及三叉拄執持而行彼等二人既現相已如是織乱各不相避共一處行以彼道人二和合故其女即便有於娠體女既有娠違本行故失於容色不復端正而彼波梨婆闍道人見彼女身失本顏色即生猒賤而告彼言我不復能共汝一處居住停止

時彼女人報彼波梨婆闍道人作如是言我等二人既並修道兩俱失意今於汝邊已有此胎汝今見我無有花色忽棄捨我我當立死若其未死必受大苦

時彼波梨婆闍道人離心既決與彼女人一金指環用以為記復告女言汝若生女用此指環貨易取財持以養育若生男者汝當與此指環為記令尋覓我付指環已捨彼女去背面還向南天竺行

尒時波梨婆闍女人懷抱娠體遊歷處處經涉而行漸漸至於摩頭聚落時彼聚落有邊地州名曰白雲在於彼處寄一縣内産一男兒兒既生已時彼縣内所有居住男子婦人皆生憐愛慈愍之心或與彼酥或與彼油自餘所須皆亦布施而彼波梨婆闍女人如是思惟我今此子在縣内生今可立名還依地諂是故此子名婆毗耶隋言縣官

時彼女人波梨婆闍如法養育子婆毗耶令其增長與於乳餔而婆毗耶童子長大意智漸漸向欲長成而彼波梨婆闍女人即教其子書畫筭數印記呪術自餘諸論悉教使成而彼童子捷利聰明所學之事皆得成就無不知者

時婆毗耶曾於一日問其母言阿孃阿孃我父是誰今在何處是時彼母報其子言子婆毗耶汝父今在南天竺國汝今宜應至彼尋求推覓汝父是時彼母即與其子夫先所留指環為記出而付之而告之言汝將此記尋求汝父而婆毗耶即報母言一如母教我當依行

時婆毗耶受取記已漸漸發向於南天竺從村至村從一聚落至一聚落從城至城漸漸而向南天竺地所至之處見論議人皆悉降伏漸到父所既不識父亦不借問至已即打論議之鼓作如是言此處頗有或復波梨婆闍道人或復波梨婆闍之女有能共我問荅論義如是者不

時婆毗耶童子之父既覩童子亦見

即便心裏自然生愛子想而彼波梨婆闍道人問童子言汝善童子汝今是誰從何来也是時童子即向波梨婆闍道人委曲而説其来因緣出於指環而以示現時彼波梨婆闍道人見指環已語童子言汝是我子

時彼波梨婆闍道人既得子已即更增進教示種種呪術伎能而彼波梨婆闍道人於先舊時已曾修得於諸禪定如是次第即教其子禪定之法時彼波梨婆闍道人其後不久遂便命終

時婆毗耶父命終後漸漸行至向海岸邊既至彼處即便造作草菴而住彼處寂靜思惟而坐不久成就獲得四禪兼證五通既證獲已心如是念世間所有諸阿羅漢或復自稱我得羅漢阿羅漢道我於彼邊亦名羅漢一種無異

時婆毗耶童子之母其命先終即得上生三十三天是時世尊既已證得阿耨多羅三藐三菩提在鹿野苑轉於无上法輪之後時彼地居諸天

各各迭相唱告其聲轉轉相承上至三十三天尒時忉利童子母天聞此聲已内心思惟我子今日住在何處彼正念觀即見其子在海岸住

尒時彼天身色過他正當夜半放天光明照子住處至婆毗耶波梨婆闍行行邊告婆毗耶言汝婆毗耶非是羅漢亦復未入阿羅漢道及羅漢法汝於羅漢求道之法未有次第而婆毗耶問彼天言天是阿誰天今復是羅漢以不有入羅漢道法以不頗復有知羅漢法教能令學習得羅漢不

尒時彼天即便報於婆毗耶言汝婆毗耶今有世尊多陁阿伽度阿羅呵三藐三佛陁現在於彼波羅㮈國鹿野苑中仙人居處而彼世尊自是羅漢入羅漢道自解知已復能教他得羅漢法時婆毗耶復問天言仁者大天我今無智作何方便乃能得知彼是多陁阿伽度阿羅呵三藐三佛陁

尒時彼天教婆毗耶作如是言波梨婆闍汝問義法應須如是汝受如是比丘名也云何調伏云何善行云何

名佛云何沙門及婆羅門云何清淨云何是智及知福田云何名巧善解方便云何名仙云何名聞云何隨順云何精進云何名龍云何名受云何名聖云何行行云何求道汝婆毗耶若見有人汝問是義彼人一一為汝解説令汝歡喜汝於彼邊行於梵行

時婆毗耶波梨婆闍從彼天聞如是文句心憶持已即遊歷行一切國城村邑聚落處處打鼓求欲論議復口唱言若有沙門及婆羅門能解如是我問義不是時至處無有一人能解如是義論之者時婆毗耶所行之處或舊有人坐思惟法或論義者聞婆毗耶来到其邊各各散走終無人敢共彼論義言語談説

時婆毗耶波梨婆闍次第而行漸漸至彼波羅㮈城尒時彼城有六大師各各唱言我於世間㝡為第一謂富蘭那并三迦葉尼乹子等時婆毗耶即便往詣彼富蘭那迦葉等邊到已即共彼富蘭那面相慰喻言語問訊言説訖已却住一面

佛本行集經卷第三十八

佛本行集經卷第三十八　第二十張　薄字號

佛本行集經卷第三十八

校勘記

一　底本，金藏廣勝寺本。

一　九〇一頁中三行品名，資、磧、普、南作「那羅陁出家品下」；徑、清作「那羅陁出家品第四十一之二」。

一　九〇一頁中一〇行「在何自在王」，普作「在何自在正」；徑、清作「在於何自在」。

一　九〇一頁下二行「常施」，資、磧、徑、清、麗作「常行」。

一　九〇二頁上一行「地獄」，諸本作「牢固地獄」。

一　九〇二頁上二行第八字「彼」，資、磧作「波」。

一　九〇二頁上一五行「說已」，資、磧、徑、清、麗作「語已」。

一　九〇二頁上一七行第二字「訶」，資、磧、普作「阿」。

一　九〇二頁上二二行「牟尼」，諸本無。

一　九〇二頁下三行「時時」，資、磧、普、南、徑、清作「時」。同行第一二字及次行第七字「那」，資無。

一　九〇二頁下末行「解說」，徑作「解脫」。

一　九〇三頁上一一行第三字「知」，磧、普、南、徑、清作「如」。

一　九〇三頁中三行「所爲」，徑作「所謂」。

一　九〇三頁下一二行「念請」，資作「念諸」。

一　九〇三頁下一七行「有施」，資、磧、普、南、徑作「布施」。

一　九〇三頁下一九行第二字「二」，資、磧、普、南、徑作「仁」。

一　九〇三頁下二〇行「住於」，資、南作「在於」。

一　九〇三頁下末行「喜歡」，麗作「善觀」。

一　九〇四頁上三行「善語」，磧、普、南、徑、清作「善言」。

一　九〇四頁中一二行「語結」，資、

磧、普、南、徑、清作「諸結」；麗作「諸經」。

一　九〇四頁下二行「法憧」，資、磧、普、麗作「法幢」。

一　九〇四頁下末行「解説」，徑作「解脱」。

一　九〇五頁上一五行品名，資作「佛本行集經婆毗耶出家品第四十二上」；徑、清作「娑毗耶出家品第四十二之一」。

一　九〇五頁上一六行「北天」，資、磧、普、南、徑、清作「北天竺」。

一　九〇五頁中一六行「村城」，徑作「村成」。

一　九〇五頁下四行末字「感」，資、磧、普、南、徑作「惑」。

一　九〇六頁中二一行第七字「地」，徑作「池」。

一　九〇七頁上九行第六字「先」，磧作「光」。

一　九〇七頁上一〇行「其子」，磧、南、徑作「童子」。

一　九〇七頁下一行「名佛」下，諸本有「云何比丘」。

佛本行集經卷第三十九　業

三藏法師闍那崛多譯

婆毗耶出家品下

時婆毗耶波梨婆闍問富蘭那迦葉等義如上所說云何比丘乃至云何名為求道時婆毗耶如是諮問迦葉語已而迦葉等領受言義心意錯乱不能報荅以不逮及彼之義意增復嚬皺眉頷赧縮現為三分心生怨恨瞋恚憤怒無事唱呴時婆毗耶波梨婆闍作如是念此之長老我所諮問不解荅對微塵等義又領我意倒錯叅差不能得解文句蹇澁更重懟惡而生瞋恨無事大呼

時婆毗耶波梨婆闍於富蘭那迦葉之邊生猒離已而便捨去往摩婆迦梨剞奢梨及尼乹邊既到彼已乃至共於尼乹子面共相慰喻美言問訊事情訖了却住一面其婆毗耶波梨婆闍問尼乹等如上所說於義云何名為比丘乃至求道其尼乹子得婆毗耶如是問已心意錯乱不能報荅

時婆毗耶作如是念此諸長老遂不能解微塵等義而我問已心意迷荒不能領解復增嗔恚叫喚如前時婆毗耶心如是念頗復世間更別有人或復沙門或婆羅門而世間稱是一切智真阿羅漢有如是者我往彼邊問心所疑若得領解我當承事供養頂礼晨夕不離

時婆毗耶復如是念大沙門今在波羅㮈鹿野苑中諸仙居處世間人言智阿羅漢大有聡慧我今當至彼沙門邊問所疑義彼復更作如是思惟此處沙門或婆羅門耆年宿德經多時來修行梵行各各堪作諸國王師世間各言聡明智慧大阿羅漢所謂富蘭那迦葉等及尼乹子彼等我問尚自不知況此沙門年少已來出家未久我今所問云何得解復重思惟彼之沙門不可輕忽不可欺陵所以者何其有沙門雖復年少而或聡明有大智慧不可得知我今但當至於彼處大沙門邊問心所疑

時婆毗耶波梨婆闍往詣佛所遥見

世尊乃至猶如虛空之中衆星莊嚴在於衆中宣説法要見已心生信行之想此必是彼如前所聞如來世尊多陁阿伽度阿羅呵三藐三佛陁無有異也即詣佛所到佛所已即共世尊對面美言巧語慰喻種種談説言訖却坐退一面已其娑毗耶波梨婆闍即便以偈而白佛言

我是娑毗耶道人　故從他方遠來至
心有疑欲問大智　唯願為我分別説
若能斷我心所疑　一一思惟為我説
依我義句次第解　分分開曉莫參差

時娑毗耶説此偈已嘿然而住但諸佛法既有三種神通門説若可化者即便化之何等為三第一所謂出現神通第二名為教示神通第三名為教行神通而世尊為彼娑毗耶波梨婆闍心有所疑知其心已向娑毗耶以偈荅曰

汝娑毗耶遠道來　欲問於我心疑惑
汝今可説我當解　隨汝所問我領之
一如問意不令差　汝娑毗耶宜早説
心心欲請莫疑惑　一一如問當廣宣

尒時世尊説是偈已其娑毗耶波梨婆闍作如是念我於已前諸處所有或復沙門或婆羅門年耆宿德久來出家堪作國師世間謂言大阿羅漢智慧聰明我問彼等心所疑義然其彼等皆悉倒錯不能報我以不能荅我所問義而其彼等心内懷慙面作三分嚬眉皺頟生於瞋恨無事唱呴時娑毗耶心生希有此大沙門我之所問不嗔不忿增上清淨容皃熈怡不作異色更益光顯我所諮問許為我宣我於彼人諸根寂靜不見有錯知如此已其娑毗耶波梨婆闍心大歡喜踊躍遍滿不能自勝得歡喜已即以偈頌問佛義言

大聖云何名比丘　諸聖伏者何名伏
知見何事名為覺　唯願世尊為我宣

尒時世尊即以偈頌而荅於彼波梨婆闍娑毗耶言

苦行無礙求菩提　度諸疑向涅槃岸
有有無有悉棄捨　梵行漏盡名比丘
一切捨處正念行　於不殺害世間内
能得清淨无濁體　免脱諸縛名為調

若能内外攝諸根　如此降伏是名直
猒離此世及後世　待時涅槃名善行
於諸刧中勤苦修　生死二邊隨業受
其間無垢離諸縛　是名為覺生死窮

時娑毗耶波梨婆闍聞説歡喜復更以偈而問佛言

何等名為修梵行　沙門清淨復云何
佛説大智云何調　今問世尊為我解

尒時世尊還以偈頌而荅於彼波梨婆闍娑毗耶言

以捨諸罪無垢纒　善得禪定正住地
獨能超越煩惱海　是名為聖梵行人
福德積聚捨諸非　此世彼世知無惱
一切生死除滅故　得此證者名沙門
諸有業報悉滅除　一切世間諸内外
一切天人不能穢　如是即名清淨形
諸縛皆盡無所枸　一切世間内外處
貪癡瞋恚悉免脱　佛説是名大智人

時娑毗耶波梨婆闍既聞説已復更以偈重問佛言

諸佛以何為福田　云何巧知善方便
云何名為大仙聖　唯願世尊為我宣

尒時世尊還以偈頌而荅於彼波梨

婆闍婆毗耶言

諸刹一一分別知　諸梵諸天堪受供
果報執著解縛脫　如是乃名為福田
業根報子所從生　諸梵諸天悉分別
能以諸忍斷根本　如是名為巧智知
彼此選擇白淨因　一切世間內外有
無我不攝无處所　如是方便名善權
一切諸法有無知　一切世間无內外
此世天人得恭敬　無礙獨脫是名仙

時婆毗耶波梨婆闍既聞說已復更以偈重問佛言

以何得故名為聞　云何隨順及精進
云何名為大龍者　唯願世尊為說之

尒時世尊還以偈頌而荅於彼波梨婆闍婆毗耶言

一切諸法悉聞知　所有諸罪功德等
超越無復疑惑剌　一切不著是名聞
名色皆是虛妄因　內外根塵是患本
如是諸處解脫已　佛說名為隨順心
捨離一切諸罪緣　離地獄苦須勇猛
解脫彼等不染著　如是名為精進人
世間有愛皆遠之　繫縛解脫皆悉斷
諸漏已盡無復剌　如是體者名為龍

時婆毗耶波梨婆闍既聞說已復更以偈重問佛言

以何等故名為受　云何說聖及行行
何緣名為求道人　今問世尊為我說

尒時世尊還以偈頌而荅於彼波梨婆闍婆毗耶言

所有韋陁一一選　或於沙門婆羅門
其邊領解既證知　於彼各各皆受取
截割邪見羅網斷　彼智不復受有胎
三種相想遲已除　不作分別是名聖
正得諸神通已盡　平等一切諸法知
能達善逝諸世間　如是解者名行行
諸法所有苦報者　若上若下若中間
名色境界能遍知　如是之人名求道

時婆毗耶波梨婆闍所有諮問世尊之義皆悉稱適於其本心既歡喜已頂礼佛足合十指掌瞻仰而歎佛世尊言善哉世尊世間所有六十二見皆無所用於世間中此等皆是虛妄之法我今歸依無上世尊唯世尊能悉分別知是大丈夫唯世尊能善解說法唯世尊能知一切道唯世尊能度諸苦海唯世尊能永盡諸漏唯世

尊有㝡大威德唯世尊獨多有智慧唯世尊能得阿耨多羅三藐三菩提而說偈讚

我今頂礼大丈夫　實行放光明普照
能於天人世間內　善開甘露鼓之門
我前所有疑惑心　唯世尊能為我解
世尊既是大仙覺　諸塵垢盡無有餘
其後更不受有身　一切生因皆散滅
世尊已得清涼處　知足淨心常實行
如是世尊猶若龍　㝡大丈夫金口說
帝釋一切諸天等　諸仙諸聖皆樂聞
世尊既是真覺人　世尊善能教導物
世尊能降伏魔衆　世尊能斷諸使纏
自以度脫復度他　於罪福中皆平等
超越不貪著一切　天人世間明了知
唯佛至真無上尊　已過一切諸邪道
諸漏有因皆滅盡　猶如十五夜月明
諸星圍遶遍滿空　如是照耀世間內
識及名色壽命等　王舍所住諸人民
有山名為毗富羅　一切㝡勝㝡為上
又如諸龍雪山㝡　飛行之者空㝡高
諸流海水㝡為深　又諸星中月為㝡
若欲歸命調伏者　唯有歸命無上人

歸命世間最勝尊　歸命正馭人中勝
歸命無上尊善逝　歸命无等等至真
猶如祭祀火最尊　意論唯呪術為最
人中王為最自在　諸河大海最為寬
諸星唯月最為光　諸明唯日最為盛
上下六道善惡趣　所謂三界諸世尊
一切有形天及人　唯有世尊最為首
是故我今合十指　頭面頂礼無上尊

時娑毗耶說如是偈讚如來已復白佛言善哉世尊唯願世尊慈悲憐愍聽我出家并乞與我受具足戒是時佛告娑毗耶言善來善來汝娑毗耶於我自說法行之中正盡諸苦得解脫故是時長老娑毗耶身即成比丘滿具足戒其娑毗耶出家未久及受具足行住坐卧獨無伴侶不曾染著謹慎身口不敢放逸為求道故如救頭然如是行時未久之間其善男子正信勇猛捨家出家欲求无上清淨梵行現見諸法自心證知言我已盡一切生死得梵行報不受後有所作已辦自如是知其娑毗耶既已證知如是之處得羅漢果心善解脫是時

世間凡成九十三阿羅漢第一世尊乃至最後及娑毗耶

尒時世尊成道之後在波羅棕鹿野苑內通及佛身合八人六月十六日安居至九月十五日合九十三人解夏

佛本行集經教化兵將品第四十三上

尒時他方有諸人輩或從處處諸邑聚落及諸國土各各相嘆意並願樂欲求出家乞具足戒來波羅棕到於佛邊白世尊言與我出家受具足戒以是因緣諸舊比丘應接勞乏彼等諸人求欲出家聲響喧鬧以此因緣惱乱世尊不得閑靜

尒時世尊於一時間獨坐靜室如是思惟今者諸人從於四遠他方聚落國土而來至於此處意如是念如來與我出家受具以是因緣其諸人等意欲覲求遠來疲惓又復為我作於擾乱我今可遣諸比丘等令其處處至於他方聚落城邑教化一切若有諸人欲求出家受具戒者如法當與

尒時世尊作是念已於晨朝時從房而出以此因緣集聚一切諸比丘衆

既聚集已而告之言汝等比丘今應當知我在空閑靜寂之室作是思惟如上所說乃至汝等向於他方與其出家與受具足勿令其來既自勞苦復妨乱他如是告已更重語言我今教勅汝諸比丘至於他方聚落城邑若有人來欲求出家受具戒者汝當與其出家受具復告比丘若彼來欲出家之時汝等應須作如是事先當為其剃除鬚髮既剃落已即教令著袈裟色衣其著衣時齊整服飾偏袒右髆教在衆前右膝著地教令頂礼諸比丘足礼已還起在比丘前䠒坐教令合十指掌作如是語我某甲歸依佛歸依法歸依僧汝等比丘從今已後依我勅教若有人來求欲出家受戒三歸即得具足

尒時世尊還在於彼波羅棕城鹿苑坐夏告諸比丘作如是言汝諸比丘若當知我已得解脫應於一切諸天人中汝等行行為令多人得利益故為令多人得安樂故為世間求當來利益及安樂故若欲行至他方聚落

獨自得去不須二人又復比丘汝等若至他方聚落為於多人生憐愍故攝受彼故當為說法初中後善其義微妙具足無缺汝等比丘當說梵行刹諸衆生少諸塵垢薄於結使諸根成熟恐畏不能得聞正法即不能得知於法相

佛告比丘我從今日漸當移去行向優婁頻螺聚落詣兵將村而為彼等說法教故尒時世尊即說偈言

比丘我今度諸苦　已住自作復益他
所有多人苦未除　今須為其作憐愍
是故汝等比丘輩　各各宜應獨自行
我今亦復從此移　欲向頻螺聚落所

尒時魔王波旬從來往詣佛所到佛所已即便向佛而說偈言

汝為諸縛之所縛　亦同諸天人等有
既被一切繩所繫　沙門汝不脫網羅

尒時世尊聞此偈已即便如是思惟念言此是魔王波旬語也如是知已還以偈報魔波旬言

我久已脫一切縛　天人所有我悉無
我此諸縛既離身　降汝波旬更何道

尒時世尊重更以偈毀辱於彼魔王波旬作如是言

一切色聲香味觸　此是五欲法染人
我今悉已一切除　降汝惡魔波旬訖

尒時波旬聞此偈已作是思惟沙門瞿曇已知我心生大苦惱深自悔恨從彼他方忽然不現

時諸比丘同白佛言善哉世尊若有人來至於我所問我等言尊者比丘何名沙門及婆羅門我等比丘於彼聞已當作云何報荅於彼

尒時佛告諸比丘言若有人問云何沙門及婆羅門比丘出家有如是者汝等比丘若知是時應當正知知已應當正心觀察

尒時世尊因此事緣因此言次為諸比丘而說偈言

求除諂曲及我慢　貪恚欲盡無處舍
如是清淨體性常　彼者沙門比丘是
諸罪漏盡号梵志　精進苦行名沙門
彼等垢盡出塵勞　是真出家破諸惡

時諸比丘聞此偈已復白佛言善哉世尊我等比丘乞食之時須作何言

或復言謂施於我食或復直言布施食也我等云何方便乞食

尒時佛告諸比丘言汝諸比丘不應如是依汝所言所以者何須護物心是時世尊以偈報於諸比丘言

智人乞食無有言　亦不指點云與食
聖者嘿然側立念　是名乞食真比丘
若有智者乞食時　但常諦視一邊住
彼人若見如此已　即知是乞食沙門

時諸比丘復問佛言若復有人生信心已乞我等食恭敬我等我等比丘更作何言為當語彼汝大吉利為當語彼汝大安隱為當語彼汝大功德為當語彼我今受已汝得多福為當語言汝無有福我等比丘當云何言唯願教導

尒時佛告諸比丘言汝諸比丘不應如是依汝所說我今方便教示汝等當作如是以偈說言

布施增長大福德　忍辱一切怨讎無
善人棄捨於諸非　離欲自然得解脫
修福常得安隱樂　所求易辦多種饒
現世速得寂定心　然後證彼涅槃處

尒時世尊略說此偈教諸比丘如是受食呪願法用

尒時彼等諸比丘衆從佛受得如是教誨從坐而起頂礼佛足圍遶三帀隨意而行是時彼等諸比丘衆各隨去後是時彼處有護林神護樹之神護經行神見林內空見樹下空見經行空私心思慕諸比丘故往詣佛所而說此偈諮問佛言

我等諸神大戀慕　見此林樹悉皆空
彼多聞衆比丘僧　瞿曇釋子今何去

尒時世尊還以偈頌而報於彼守護樹林諸神等言

衆等調伏諸根訖　遊行教化彼衆生
或有往於憍薩羅　或向毗耶離城邑
或詣阿踰闍國土　或趣金剛大地方
決斷於他疑惑心　隨機逐情為說法

尒時世尊波羅㮈城夏安居竟隨多少時然後重告諸比丘等使更遊方隨緣教化而世尊從波羅㮈城遊行漸至優婁頻螺聚落之所是昔如來行苦行處其村有一大婆羅門名曰兵將達到彼村從舊往來道路而行為教化故

尒時世尊行舊路時於其道傍見一園林蓊欝可愛是時世尊從路下僻深入彼林從樹至樹見有一樹端正可憙即坐其下一日消息時彼林內有諸丈夫伴侶朋友足三十人二十九人悉皆有妻唯獨一人隻身無婦時彼朋友二十九人共為此一無妻之人求覓於婦而不能得稱可其意忽然雇得一箇婬女將來與其共相娛樂而彼婬女即共彼人隨意娛樂行於世事伺候彼等三十丈夫並皆眠睡所有好物皆選擇取即將逃走

尒時彼人及諸朋友相共尋求彼之婬女遶遍彼林而不能得還見世尊坐一樹下可憙端正衆人樂見調伏諸根心意寂靜已得最上最勝之法猶如為王最善最妙如彼大池滿於清淨涼冷之水有一尋光猶如金挺身相具足如娑羅樹遍滿於花乃至猶如虛空星宿

尒時彼等諸人見已往詣佛所到佛所已而白佛言尊者此處頗見如是

婦女已不佛報問言汝諸人輩所問之者是何婦女此婦女者緣何而來是時彼等共荅佛言大善尊者我等朋友合三十人皆是良善在於此林居停住止二十九人並皆有婦唯獨一人單身無妻而我等輩相共雇得一箇婬女與其作妻今暫娛樂而彼婬女見於我等歡樂之極自恣眠睡彼婬女選我等好物即將逃走我等亦為此朋友故亦復各為自許物來此林之內求彼婬女

尒時佛告彼等人言諸男子輩我今問汝於意云何汝等今者寧求自身寧欲求覓彼婬婦女二事之中何者為勝彼等男子共報佛言善哉世尊我等今者若求自身此最為勝寧可莫求彼之婦女

尒時世尊復更告言諸善男子若如此者汝等安坐我今當為汝等說法是時彼等三十男子朋友伴侶同白佛言唯然世尊一依聖教不敢有違是時彼等三十朋友頂礼佛足却坐一面

尒時世尊為其次第如應説法所謂布施持戒行忍乃至有法皆是滅相如實觀察既證知已猶如淨衣無有黒縷無有垢膩隨其所染即受彼色如是如是彼等三十男子朋友即於彼坐遠塵離垢即時滅盡一切煩惱於諸法中得法眼淨所有垢法悉是滅相如是觀知

尒時彼等男子如是見諸法相得是法相證是法相入是法相度是法相除滅所疑無復惑著到無畏地不隨他行既知世尊聖教法已從坐而起頂礼佛足而白佛言善哉世尊願與我等出家受戒

尒時佛告彼等男子作如是言来汝男子入我所説法教之中行於梵行正盡苦集滅於苦邊是時彼等諸長老輩即成出家具足戒品

尒時世尊更為彼等而説法要慇懃教誨是時彼等以佛更為説於法教誨示之時不久之間彼善男子以其正信捨家出家求於寂上梵行已訖現見自證神通之後口自唱言我今

已得梵行之報所作已辦更不復受後世之有如是知時彼等長老皆成羅漢心善解脱

尒時世尊教彼三十長老朋友得知證已遊行履歷經白檕林到彼林已深入林中見有一樹微妙可憙即坐其下一日消息

尒時彼處忽有六十雲種姓人從彼林路道便而過彼等諸人遥見世尊坐在樹下端正可憙衆人樂見乃至猶如虚空衆星之所莊嚴見已心得清淨正信生大歡喜以歡喜故徃詣佛所到佛所已頂礼佛足却坐一面坐一面已嘿然而住

尒時佛為彼等六十雲種姓人次第説法所謂教行布施持戒乃至證知彼等長老一切皆得阿羅漢果心善解脱是時世尊教化彼等六十長老雲姓比丘令發心已即捨而去更遊餘方

佛本行集經卷第三十九

佛本行集經卷第三十九

校勘記

一　底本，金藏廣勝寺本。

一　九一〇頁中三行品名下，徑、清作「品第四十二之二」。

一　九一〇頁中一三行末字「惡」，資、南、徑作「恶」。

一　九一一頁上一〇行末字「説」，資、磧、普、南、徑、清作「宣」。

一　九一一頁上末行「心心」，資、磧、普、南、徑作「必心」。

一　九一一頁中八行第五字「皺」，磧、普、南作「彼」。

一　九一一頁下四行「其閑」，麗作「世閑」。

一　九一二頁上二〇行第七字「緣」，麗作「縛」。

一　九一二頁中四行「何緣」，資作「何爲」。

一　九一二頁下一八行「圍逵」，磧、徑、清、麗作「圍遶」。

一　九一二頁下二一行「諸龍」，資、磧、普、南、徑、清作「諸山」。

一　九一三頁上六行「世尊」，諸本作「世間」。

一　九一三頁上一四行「長差」，清作「長者」。

一　九一三頁上一八行第六字「時」，麗作「持」。

一　九一三頁中六行品名，徑、清作「教化兵將品第四十三之一」。

一　九一三頁中一七行「受具」，資、磧、普、南、徑、清作「受具戒」。

一　九一三頁下一二行「右髀」，資、磧、普、南、徑、清作「右肩」。

一　九一三頁下一六行首字「今」，磧作「令」。

一　九一四頁上一一行「住自作」，諸本作「作自利」。

一　九一四頁中七行「他方」，諸本作「地方」。

一　九一四頁中末行「須作」，資、磧、普、南、徑作「復作」。

一　九一四頁下八行「但常」，資、磧、普、南、麗作「但當」。

一　九一五頁中一五行「遶遍」，資、磧、普、南、麗作「遍歷」；徑、清作「徧歷」。

一　九一五頁中一九行末字「挺」，磧、普、南、徑、清作「綖」。

一　九一六頁中五行第九字「縶」，資、磧、普、南、徑、清作「褻」；麗作「㲲」。

一　九一六頁中一〇行「坐在」，麗作「坐於」。

佛本行集經卷第四十　　業

三藏法師闍那崛多譯

教化兵將品下

尒時世尊漸漸行到恒河岸邊至於彼已而恒河畔有一船師遥見世尊向已而來從坐速起急疾向前迎接世尊到佛邊已而白佛言善來世尊從何遠來而忽到此世尊若為憐愍我故願上此船我度世尊到於彼岸不取其價

尒時世尊即上船上坐船上已將如是偈教誨示導彼船師言

汝今善曝曬此船　如是當得艇輕利
若能捨此慾恚惱　必定速得至涅槃
汝以慈心曬此船　令其輕便早疾渡
汝今若能捨慾恚　必定速得趣涅槃
汝以悲心曬此船　令其輕便早疾渡
汝今若能捨慾恚　必定速得趣涅槃
汝以喜心曬此船　令其輕便早疾渡
汝今若能捨慾恚　必定速得趣涅槃
汝以捨心曬此船　令其輕便早疾渡
汝今若能捨慾恚　必定速得趣涅槃
若有比丘行慈心　能信世尊佛教法
速疾證於寂定處　不久得無動涅槃
若有比丘行悲心　能信世尊佛教法
速疾證於寂定處　不久得無動涅槃
若有比丘行喜心　能信世尊佛教法
速疾證於寂定處　不久得無動涅槃
若有比丘行捨心　能信世尊佛教法
速疾證於寂定處　不久得無動涅槃

尒時世尊說此偈已告船師言汝善男子將水灑船作是語已時彼船師所有俗形皆隱不現左手自然執瓦器鉢頭鬚及髮猶如七日剃落比丘行步威儀猶如百夏上座無異如是成就即得出家受具足戒

尒時世尊為欲令彼生歡喜故復更為彼倍加說法而彼不久善男子以行梵行說現自證法求得諸通欲捨生死修於淨行所作已辦自言我更不受後有而彼長老成阿羅漢心善解脫是時長老佛教誨已令行他方傳化衆生

尒時世尊教彼長老船師比丘令行去已獨一身在更無二伴漸漸至彼

優婁頻螺聚落之所
尒時忉利帝釋天王作如是念如来今者在於何處而自觀看見於如来獨自無人向彼優婁頻螺所去既觀見已是時帝釋即自隱身化作梵志摩那婆形可憙端正衆人樂見頭上螺髻用以為冠身著黄衣左手執持紌金澡瓶右手擎持雜寶之杖在如来前即從佛取三衣鉢盂於先而行時彼帝釋在前行路若值州縣聚落國城即以神通飛騰虛空圍遶州縣聚落村邑各各三匝三匝訖已停於彼上
尒時彼化摩那婆身如是端正如是可憙為人樂觀如是威德見已衆類百千万衆雲雨集聚各問彼言汝摩那婆是何處人誰家種族兄弟姓字云何而来時摩那婆即以偈頌報荅於彼諸人等言

世間丈夫知足者　自能覺悟世無雙
名阿羅漢善獨行　我今為彼作弟子
衆生沒溺煩惱海　困苦不能出到邊
彼今為作法船師　既已自度欲度彼
若其世間能度者　我為侍者逐後行
彼既能盡慾貪恚　無明黑闇亦破裂
世間有漏盡除滅　我作弟子而供承
世間寂妙無比雙　何况得有勝上者
如来世尊今出現　我為親侍隨東西
世間如是無上尊　今因欲来至於此

時天帝釋說是偈已如来世尊即到其前而衆人見如来如是可憙殊特為人樂觀乃至身體猶如虛空衆星莊嚴大衆見已各相謂言如此師者堪此弟子如是弟子堪如是師而世尊為彼等諸人作於微妙善巧密教言說法義
尒時彼諸一切人中或聞如来說此妙法或有發心求出家者或有得於須陁洹果斯陁含果阿那含果阿羅漢果或復有為未来世作聲聞乘中種子因緣或復有為未来世作緣覺乘中種子因緣或復有為未来世作菩薩乘中種子因緣其中或有受三歸依及五戒者
尒時世尊發遣天主帝釋去已乞食時至著衣持鉢獨自而行欲乞於食漸漸到彼大兵將村入彼邑已即詣兵將婆羅門家到其家已即便進入於其門内鋪座而坐尒時兵將大婆羅門有於二女一名難陁二名波羅時彼二女出向佛邊到佛所已頂礼彼足却住一面
尒時世尊知於彼等心行所趣結使已薄知於諸界知諸入已說四諦法如是說已時彼二女聞佛說法破二十重諸見之山即時得證須陁洹果彼等女見法實相已隨佛乞受三歸五戒既得戒已即從佛手取於鉢器將好色香美味具足種種飲食滿盛鉢中以用奉佛尒時世尊受食已從村而出
尒時提婆大婆羅門從他轉聞彼大沙門来至於此聞已即作如是思念我昔曾請彼大沙門許施飲食我今薄財貧賤困乏當作何計而彼提婆大婆羅門聞此言已速疾而還向自已家到自家已語於其妻作如是言昔大沙門在於優婁頻螺聚落苦行之時我願施食彼大沙門今日至此

當作何計而彼妻報夫提婆言乞聽所說未審尒不我憶往昔年少之時是時兵將大婆羅門曾弄於我欲求世事我時不聽彼暫捐觸而今聖夫將我與彼行於世事從其隨索多少錢物得以而為彼大沙門作食布施尒時提婆大婆羅門報其妻言此事不然我婆羅門理不合作如是之事然其提婆大婆羅門別思惟已即詣兵將婆羅門邊到彼所已即便白言善哉兵將唯願借貸我五百錢若我能償此事善哉脫不能償我之夫婦二人詳共悉入汝家為汝作力

尒時兵將大婆羅門即與提婆婆羅門錢足滿五百而語之言汝今將去隨意所用其事若訖更不得傳從他借貸持以償我如汝所要身自出力覓錢與我尒時提婆大婆羅門從兵將邊依法受取五百錢已至自己家付與其妻付已語言汝宜精好備辦飲食身即自詣於外林中而往佛邊到佛所已共佛對顏言語慰喻問訊起居訖已却一面立欲請如来

尒時提婆大婆羅門即白佛言善哉大德沙門瞿曇唯願受我明日飯食是時世尊嘿然受請尒時提婆大婆羅門知佛嘿然受其請已從坐而起遶佛三匝辞佛而去至自己家是時城內一切巷陌皆賣熟食尒時提婆大婆羅門即於彼夜嚴備多種甘美飯食如是齩噉唼啑噂噍其夜悉辦如是諸味過夜天明家內洒掃鋪牀座訖即至佛邊長跪諮白作如是言大善沙門若知時者飲食已辦願赴我家

尒時世尊既至食時著衣持鉢漸漸而行至彼提婆婆羅門家到其家已隨鋪而坐尒時提婆見佛坐已夫婦自手擎持多種微妙清淨衆味飲食立於佛前以奉世尊唯願如来自恣而食是時提婆奉佛食訖別於佛邊鋪座而坐坐已世尊即為提婆大婆羅門如應說法示現教誨令歡喜已從坐而起隨意而去

尒時提婆大婆羅門送佛而出其提婆妻從他借衣著奉佛食供養佛已見佛出還即便解衣置於一處而掃除地時有一賊忽尒来偷其衣將去時提婆妻為失衣故心大愁惱時其提婆送佛還家見於其婦心大擾乱即便問言汝今何故如是煩惱妻報夫言聖夫當知我所借衣不知誰偷忽然失去是時提婆聞此語已心地迷悶不知所為作如是言我以從他貸五百錢用為供具汝今從他借衣而著忽復失去我家貧短以何備償當作何計

尒時提婆欲求自死即便往至屍陁林中上大樹上欲自撲地而不能墮即復大愁然彼賊人執其衣裳至屍陁林忽尒還来在於提婆所上樹下掘地埋之以土覆上於上大便放訖而去時彼提婆在於樹上遥見此事賊去以後從樹而下掘取其衣還將向舍時提婆妻掃除舍內處處分除其屋一角忽然自陷低頭觀覩地下見有一赤銅瓶其中滿金乃至略說見第二瓶第三第四悉皆是瓶更復觀看其下更見一赤銅甕亦滿中金

彼見金已即大驚叫指示夫言聖夫聖夫速來速來我已得也

尒時提婆聞婦聲已作是思惟此婦可憐何故失心如是誑語云我已得得於何物其前他處借衣失去我今已得衣現在此其何故唱言我已得是時提婆將衣入家問其妻言居家善者汝何所得彼婦即便指示其金語言聖夫我得此也是時提婆復語妻言汝所失衣我亦得也而彼婦女取其衣裳向所借處還歸其主

尒時提婆大婆羅門作是思惟我今獨自不能淹消食多許金即便擕將五百錢直還向兵將婆羅門邊而償其債到已語彼大兵將言我從仁者貸五百錢今以還汝是時兵將語提婆言我前語汝不得從他舉錢償我唯出自家身力償我提婆復言我不從他貸取此物兵將復問汝從何得提婆報言我從地得此之金藏彼不承信尒時提婆即將兵將到自已家示其金藏

尒時兵將見其金藏是一聚炭語提婆言汝何狂也語我是炭用作金相是時提婆復更重語彼兵將言此實真金非是火炭如是再過三過以手觸故金藏唱示言此是金非炭復作誓願如我善業因緣力故得此金者乞示兵將婆羅門見如此語已炭即為金

尒時兵將見此地藏悉皆是金見已復問彼提婆言仁者汝今供養何誰為天為仙并及善人而彼與汝如是願報提婆報言我於今日家唯供養是大沙門來於宅內奉施飯食或應藉彼功德果報當成於此是時兵將報提婆言汝今所得此之金藏悉皆是彼善業因緣故生此報無人能奪無人能斷汝莫作疑安隱而食

尒時提婆作如是念我以布施大沙門食生於如是大功德報心生歡喜踊躍無量遍滿其體不能自勝復詣佛邊到已共佛對論美言慰喻問訊種種說已却坐一面

尒時提婆重白佛言願大沙門受我明日更奉施食世尊嘿然還受其請

是時提婆見佛嘿然受其請已從坐而起遶佛三匝辭退而還至自家已城內街巷一切悉有五熟而賣如上所說乃至施食飯佛以後共妻二人在於佛前鋪座而坐欲聽法故佛知彼等心行體性諸使薄少為說四等諸法相門彼等聞已却二十重我見之山即便證得須陁洹果彼等既見法實相已即受三歸奉持五戒

尒時世尊從坐起已隨意而行於後一時諸比丘等心疑各念共相問言彼之提婆大婆羅門并及妻等先作何業而造業已得是果報至如來邊證諸聖法復作何業今世貧窮還卒大富時諸比丘如是語已即詣佛所到佛所已即諮問言善哉世尊彼之提婆大婆羅門并及妻等昔作何業而造業已得此果報復至佛邊得諸聖法更造何業先貧後富一旦如是

尒時佛告諸比丘言汝諸比丘若欲聞者尒應諦聽彼之提婆大婆羅門亦有過業亦有現業何等名為過去之業諸比丘知我念往昔此賢劫中

是時衆生壽二万歲有佛出世号曰迦葉多陁阿伽度阿羅呵三藐三佛陁十号具足時迦葉佛已轉法輪度生死岸竪立法幢滿昔誓願成就丈夫開化衆生無量千億住於善道還居在此波羅㮈城昔聖處所鹿野薗尒時還彼波羅㮈城有於一人從佛邊受三歸五戒而其生中不行布施命終之時心發是願迦葉如來所授於彼菩薩記莂名曰護明言是菩薩於來世衆生百年壽命之中得成佛者号釋迦牟尼多陁阿伽度阿羅呵三藐三佛陁願我值遇於彼世尊以是因緣汝等當知尒時彼受三歸五戒不行布施優婆塞者今此提婆婆羅門是其於彼時受此三歸護持五戒為優婆塞命終乞願願值於我以是因緣今得值我復以彼時不行布施今得貧報此是過去所造作業比丘當知何者名為現在世業我昔六年苦行之時而彼提婆隨宜將食布施於我我今得成無上菩提其復請我至於已家布施我食以是因緣得現世報是故汝等諸比丘輩應常須向佛法僧邊生於恭敬希有之心當得如是功德果報猶如提婆婆羅門身現受其福不得報者似慳貪人不肯布施今受貧賤困苦之患汝等比丘當如是學世尊自從波羅㮈國來至優婁頻螺聚落於其中間有八万人受佛教化入諸法中

佛本行集經迦葉三兄弟品第四十四上

尒時世尊作如是念我今先可教化一箇得通之人令其歡喜彼歡喜已應當次第廣化多人是時優婁頻螺聚落其中有三螺髻梵志仙人居止第一所謂優婁頻螺迦葉為首教授五百螺髻弟子修學仙法為匠為導寂在前行第二名為郁提迦葉復領三百螺髻弟子為首為導第三名為伽耶迦葉復領二百螺髻弟子為首為導合有千人隨彼兄弟修學仙法尒時世尊作如是念今此優婁頻螺迦葉其聲遍滿摩伽陁國彼處內外一切人民並謂言其是阿羅漢我今可先化彼優婁頻螺迦葉令其歡喜彼歡喜已當有多人受其教法佛復思念此等諸仙以何為重彼行是何念已即知彼等唯用苦行為尊其次則以領衆為重

尒時世尊隱本形相即便化作苦行之身頭上結髮螺髻為冠兼復化作五百梵志摩郁婆子以為徒衆悉皆可憙端正無雙為人樂見圍遶左右以通飛到彼優婁頻螺迦葉所聞聲處下地而住

尒時彼等一切諸仙見化衆已悉各忩遑東西馳走或有安置於鋪設者或有洗足或入草菴拂拭塹埴或有將草作席鋪設或有取水以擬滌洗又復各各告彼等言汝等今者從何忽來而至於此不相告知汝等何不於先遣使道我欲來我若先知當預量設是故汝等當少時住我等辦具種種供擬世尊既知一切諸仙心生願樂悉知佛已

尒時世尊還攝神通復於本形獨立而住時彼諸仙既見世尊剃除鬚髮身著袈裟染色之衣是時優婁頻螺

迦葉作如是念此大沙門大有威神大有威德然其未得阿羅漢果如我今日在於此住此是如來冣初於先出神通法

尒時優婁頻螺迦葉即白佛言善大沙門仁今何遠來至於此善大沙門仁今若當願樂於此我住處者隨仁所須我當供給又仁意樂於何處所坐起眠卧此是草菴此是草堂任意選取作是語已佛告優婁頻螺迦葉作如是言善哉迦葉汝若不辝能見敬重我欲入汝祭祀火神處所安居

尒時優婁頻螺迦葉有一弟子於先舊患下痢之病以病下故眞穢草菴自餘一切諸弟子等見穢草菴瞋忿不淨駈遣令出是時彼患摩那婆身被駈出時作如是念此之菴舍為於一切鏍髻而造云何見我病患下痢駈遣我出願我捨命得是身體仰報彼等如是之事時彼患者作是念已即便命終命終已後即受如是大毒龍身生已在於彼草堂內或有人來或畜生來皆被螫煞以是因緣彼堂即空無有人住

尒時優婁頻螺迦葉作如是念有何對治能伏毒龍唯應有火能相屈取作是念已即以火神安彼草堂恒常如法依時供養尒時優婁頻螺迦葉即白佛言善大沙門我實不辝亦不惜是此之草堂但彼草堂有大極惡嚴熾龍王居住彼中其龍甚有大神通力有大悪毒有猛厲毒非止害仁亦損我也

尒時世尊如是再過語迦葉言汝若不辝不敬重彼但當與我草堂居住迦葉報言我意不願仁住火堂所以者何彼處今有一大毒龍猛惡嚴熾恐為於仁并及我身作於毒害善大沙門此堂本來我等師徒久共捨之無人能入

尒時世尊第三重告彼迦葉言仁者迦葉若有一切毒龍來滿此堂住者彼等不能損我一毛況一龍也仁者迦葉但汝意可我自當入願汝莫辝莫重彼堂其終不能損害於我是時優婁頻螺迦葉以佛三度慇懃求以即白佛言善大沙門我亦不辝亦不重彼我以相語若心不疑當隨意住常作方便莫令彼害

尒時世尊得於迦葉印可聽已手自執持一把之草入火神堂入已鋪草取僧伽梨疊作四疊以鋪草上加趺而坐僧伽梨上端身而住正念不動除捨一切外內怖畏身毛不竪寂然禪定

尒時彼堂毒龍出外求覔食故處處經歷飽已迴還入於火堂遥見如來坐火堂內見已其心作如是念我身猶活今有何人忽入我堂其意既惡即興毒害口出烟炎如來復坐如是三昧身亦放烟

尒時龍見是烟已增長更嗔放猛火炎如來尒時亦入如是火光三昧身出大火佛及毒龍各放猛火是時彼堂嚴熾猛炎以猛炎故草堂彤然如大火聚

尒時世尊復如是念我今可作如是神通作神通已莫害於彼龍王命根但當燒其皮肉筋骨悉令淨盡尒時

世尊即作如是神通變化以神通故令彼龍王命不傷害但使其餘身分然盡如是訖已又復從身出於諸種雜色光明所謂青黄赤白黒色出已唯照一尋地明示於彼龍

尒時優婁頻螺迦葉去彼祭祀火堂不遠遥見堂内出大猛炎見已即作如是念言嗚呼嗚呼此大沙門今被毒龍之所燒害可惜可惜以其不取我等師徒好言善語時彼衆有一摩那婆名阿羅陁嵇梨迦(隋言濕樹皮衣)見彼火堂亦大懊惱自餘一切諸摩那婆各各稱名悲皆恐怖並相呼喚謂迦吒牟尼(隋言苦行仙)謂耶摩其尼(隋言雙火)謂何唎尼毗耆耶那(隋言立火)謂毗羅波羅婆(隋言丈夫光)謂奢摩羅耶那(隋言離色眼)謂波羅耶那(隋言能度彼岸)謂迦吒耶那(隋言將愛行)謂瞿曇姓(隋言暗牛)謂目揵連種(隋言白棒)謂婆私吒姓(隋言化住)謂頞羅墮(隋言重幢)汝等汝等速來速來此大沙門今被毒龍吐火燒熱我等當往助其撲滅

尒時彼等諸摩那婆聞是聲已或將水瓶或復檐梯速疾走來來已者梯上彼火神大堂之上上已將水欲我於火而彼火炎世尊力故更增熾盛時彼一切諸摩那婆即還下彼火神堂住在一邊立各相謂言此大沙門端正可憙而被毒龍之所惱害(梵本沙門釆並弁稱)

尒時衆中濕樹皮衣摩那婆仙悲哀說偈以哭佛言

嗚呼微妙端正身　頭髮甚青指羅網
七處圓滿端正眼　被龍釁如日月昏

尒時更有一摩那婆還復悲哀哭泣於佛而說偈言

嗚呼諸王勝家生　昔蕯上稱人中勝
世間無過此生處　今為毒龍火燒身

尒時更有一摩那婆還復悲哀哭泣於佛而說偈言

三十二相莊嚴體　自得解脱能脱他
瞋恚能伏不害身　今被毒龍毒火滅

尒時更有一摩那婆還復悲哀哭泣於佛而說偈言

支節長短正等身　昔蕯諸王種增益
體如閻浮檀金柱　今為毒龍火所焚

尒時更有一摩那婆還復悲哀哭泣於佛而說偈言

諸仙聞聲心歡喜　布施持戒家福田
身體柔軟大吉祥　嗚呼今被龍火煞

尒時優婁頻螺迦葉亦來集聚去彼火堂不遠立住

尒時有一摩那婆來白於優婁頻螺迦葉作如是言和上一過試觀占彼大沙門看其大沙門生宿之中更不為於諸餘惡星所犯觸也其所犯者何星逼是沙門生宿

尒時優婁頻螺迦葉即便仰瞻虚空星已還告於彼摩那婆言汝摩那婆今應當知此大沙門鬼宿日生而彼鬼宿不為餘星之所逼觸謂摩那婆此大沙門星甚快明如我所見星宿相貌大沙門今共龍角鬪决勝之狀此相必定是大沙門決降彼龍無有疑也

佛本行集經卷第四十

佛本行集經卷第四十

校勘記

一　底本，金藏廣勝寺本。

一　九一八頁中三行品名，徑、清作「教化兵將品第四十三之二」。

一　九一八頁中四行「恒河」，資作「惟河」。

一　九一八頁下一一行「皆隱」，普作「皆悉」。

一　九一八頁下一二行第九字「七」，普作「十」。

一　九一八頁下一六行第三字「倍」，諸本作「增」。

一　九一九頁中二行「貪恚」，資、磧、普、南、徑、清作「貪癡」。同行「黑闇」，資、磧、普、南、徑、清作「黑暗」。

一　九一九頁中六行「今因」，諸本作「今日」。

一　九一九頁中二二行第一一字「去」，清作「云」。

一　九一九頁下六行首字「彼」，諸本作「佛」。

一　九一九頁下一四行第一一字「受」，諸本作「受彼」。

一　九二〇頁上末行「一面」，資、磧、普、南、徑、清作「坐於一面」。

一　九二〇頁中七行「甘美」，資作「世美」。

一　九二〇頁中八行第一〇字「⿰口集」，麗作「咉」。

一　九二一頁中四行第二字「故」，諸本作「彼」。

一　九二一頁中五行「因緣」，資、磧、普、南、徑、清作「供養」。

一　九二一頁中六行「此語」，資、磧、普、南、徑、清作「是願」。

一　九二一頁中九行第一三字「何」，資、磧、普、南、徑、清作「阿」。九二四頁上一四行末字同。

一　九二一頁中一〇行「如是」，資、磧、普、南、徑、清作「如此」。

一　九二一頁中一二行「飯食」，資、磧、普、南、徑、清作「飲食」。

一　九二一頁下四行「共妻」，資、磧、普、南、徑、清作「夫妻」。

一　九二一頁下二一行「尒應」，諸本作「今應」。

一　九二二頁上一一行首字「於」，諸本作「於當」。

一　九二二頁中一行末字「常」，麗作「當」。

一　九二二頁中四行第一一字「似」，麗作「以」。

一　九二二頁中九行，徑、清作「迦葉三兄弟品第四十四之一」。

一　九二二頁下九行「通飛到彼」，資、磧、普、南、徑、清作「神通飛到」；麗作「神通飛到彼」。

一　九二二頁下一二行首字「忩」，普、徑作「忽」。

一　九二二頁下一八行第四字「故」，清作「設」。

一　九二二頁下二一行第九字「復」，徑作「後」。

一　九二三頁上九行第一三字「任」，磧、普、南作「住」。

一　九二三頁中三行末字「取」，麗作「耳」。

一　九二三頁中九行第九字「厲」，徑作「癘」。

一　九二三頁中末行第一三字「求」，麗作「未」。

一　九二三頁下三行「彼害」，諸本作「被害」。

一　九二三頁下六行「四疊」，資、磧、普、南、徑、清作「四牒」。

一　九二三頁下一六行第三字「龍」，諸本作「彼龍」。

一　九二四頁上一六行夾註右「隋言離」，磧、普、南、徑、清、麗作「隋言雜」。

一　九二四頁中一行末字「我」，磧、普、南、徑、清、麗作「滅」。

一　九二四頁中一三行第一一字「稱」，諸本作「種」。

佛本行集經卷第四十一　所

三藏法師闍那崛多譯

迦葉三兄弟品中

尒時毒龍見火神堂四面一時洞燃熾威惟有如來所座之處其處寂靜不見火光見已漸詣向於佛所到佛所已即便踊身入佛鉢中而說是偈

若人百千億万歲　一心祭祀此火神
彼輩不能斷去瞋　如今勝世尊忍辱
一切天人世界内　惟有世尊大丈夫
諸被瞋恚重病纏　世尊能與忍辱藥

尒時世尊過彼夜後至明清旦手擎於鉢將彼毒龍來至優婁頻蠡迦葉所座之處到已即告彼迦葉言仁者迦葉此是毒龍汝等所畏不能入於火神堂者此即是彼以我威火滅其毒火今故將來以示汝輩諸梵志等而有偈說

是時彼夜分已過　世尊來至迦葉所
鉢中盛於毒龍示　手擎安置著彼前

尒時優婁頻蠡迦葉作如是念此大毒龍為自入於大沙門鉢為大沙門

神通力故教其入中尒時世尊知彼優婁頻螺迦葉心之所念知已即便手所執鉢自然展向優婁頻螺迦葉之邊時彼毒龍九頭大項引頸欲向優婁頻螺迦葉身邊

尒時優婁頻螺迦葉見龍舉頭欲向已邊心生驚怖却縮身住自以兩手掩覆其面尒時世尊告彼優婁頻螺迦葉作如是言仁者迦葉何故縮身如是驚怖汝心畏也迦葉報言如是大德沙門我實畏也尒時佛告彼迦葉言仁者迦葉汝莫怖畏尒世尊即以偈頌語迦葉言

我昨夜來教化彼　其更不能恐怖他
其若今欲螫於仁　世間終無有此法
假使天崩倒於地　大地破碎如微塵
須弥移離本處安　諸佛口終不妄語

尒時優婁頻螺迦葉作如是念此大沙門大威神力大有功能乃設如是神力之火滅彼毒龍毒惡熾火其事雖然而猶不得阿羅漢果如我今也

尒時世尊取彼毒龍發遣安置彼大海外鐵圍山間是時優婁頻螺迦葉

即白佛言大德沙門彼毒龍今安在何處尒時佛告彼迦葉言仁者迦葉彼之毒龍我今已遣安置於彼鐵圍山間

尒時優婁頻螺迦葉見佛示現是神通已心生歡喜即白佛言大德沙門願恒住此我當常請供奉飯食尒時世尊嘿然受彼優婁頻螺迦葉等請或復有師作如是說佛告優婁頻螺迦葉作如是言仁者迦葉若汝等輩能依時節告我食時如是則我受仁者請時迦葉言我等當告尒時色界淨居諸天即說偈言

此是大慈世尊力　善能降伏大毒龍
其三迦葉事火神　所有精進力當滅

尒時世尊從彼優婁頻螺迦葉邊受食訖漸漸而行去於優婁頻螺迦葉處所不遠有一林名耋梨尼迦(隋言研枝即出乳汁)在於彼林經行而住是時四鎮四大天王身出勝光當於夜半下來世間以天身光普照彼林向於佛所到佛所已頂礼佛足合掌而却各隨来方住立一面向佛曲躬低頭頂礼如猛火聚出大炎光照尼迦林

尒時優婁頻螺迦葉過彼夜後晨向佛所到佛所已而白佛言大德沙門食時將至飯食辦具未審昨夜四人是誰身出最勝微妙光明而於夜半照此林樹来到於此大沙門邊到已頂礼却住一面低頭合掌恭敬立住譬如火聚出大勝光

尒時佛告彼迦葉言仁者迦葉彼四人者是四天王来詣我所從於我邊欲諮問法是時優婁頻螺迦葉心如是念此大沙門大有威神大有威德乃有四大天王下来詣於其邊欲請問法威力雖然但其不得阿羅漢果如我今也

尒時世尊即至優婁頻螺迦葉所住之處飯食訖已後還向彼林内經行寂靜而住是時忉利帝釋天王放身最勝上妙光明於夜半時普照彼林来詣佛所到已頂礼佛世尊足却住一面合十指掌向佛而立譬如火聚出大焰光倍勝於前四天王身明照顯赫不可為比

尒時優婁頻螺迦葉過彼夜已往詣佛所到佛所已而白佛言大德沙門食時已至飯食辦具未審昨夜光明是誰於夜半時身出最勝大光明来到已頂礼合十指掌向一面立乃至猛焰倍四天光

尒時佛告彼迦葉言仁者迦葉彼是忉利天主帝釋来詣我邊欲聽法故是時優婁頻螺迦葉作如是念此大沙門大有威德乃令帝釋来詣其邊欲聽於法威力雖然而猶不得阿羅漢果如我今也

尒時世尊從彼優婁頻螺迦葉邊受食訖還向彼林經行而住時夜摩天於夜半時身出勝光来詣佛所到已合掌向佛頂礼却住一面乃至略說此大沙門大有威力大有威神乃令於彼須夜摩天来欲聽法威德雖然其猶不得阿羅漢果如我今也

尒時世尊從彼優婁頻螺迦葉邊受食訖還向彼林經行而住時兜率天於夜半時身出光明来詣佛所乃至略說此大沙門大有威力大有威神

乃今於彼兜率陁天来欲聽法威德雖然其猶不得阿羅漢果如我今也

尒時世尊從彼優婁頻螺迦葉邊受食訖還向彼林經行而住時化樂天於夜半時身出光明来詣佛所到已乃至此大沙門有大威神乃令化樂天子下来欲聽受法威德雖然其猶不得阿羅漢果如我今也

尒時世尊從彼優婁頻螺迦葉邊受食訖還入彼林經行而住是時他化自在天子於夜半時身出光明来詣佛所乃至略說此大沙門大有威神大有威力乃有他化自在天子来欲聽法威德雖然其猶不得阿羅漢果如我今也

尒時世尊從彼優婁頻螺迦葉邊受食訖還向彼林經行而住是時娑婆世界之主大梵天王於夜半時放身光明普照彼林来詣佛所到佛所已合十指掌頂礼佛足却住一面向佛而立譬如火聚出大猛焰勝於已前欲界諸天光明百倍不可為譬

尒時優婁頻螺迦葉過彼夜後往詣

佛所到佛所已即白佛言大德沙門食時已至飯食辦具未審昨夜出勝光明普照林内来至於此大沙門邊彼為是誰合十指掌頂礼却住乃至勝前欲天光明

尒時世尊即告優婁頻螺迦葉作如是言仁者迦葉彼所来者是此娑婆世界之主大梵天王来詣我所欲聽受法是時迦葉作如是念此大沙門大有威力大有威神乃令娑婆世界之主大梵天王来至其邊欲聽於法威德雖然其猶不得阿羅漢果如我今也

尒時世尊從彼優婁頻螺迦葉邊受食訖還向彼林經行而住是時優婁頻螺迦葉居處年常恒共竪立一祭祀法至其時節摩伽陁國一切人民將好種種上味飲食噉者食者舐者唻者辦具已訖明日各各欲来向於優婁頻螺迦葉居處

尒時優婁頻螺迦葉即於其夜在自室内作是思惟明日集聚摩伽陁國一切人民辦具種種無量飲食欲来

我邊脩祭祀法而此瞿曇大德沙門脱於是會大衆之前顯示神通勝上之法若如是者我之所有利養名聞即當著彼則於我邊或復減少惟願方便此大沙門明日莫来

尒時世尊知彼優婁頻螺迦葉心所念已過彼夜後至欝單越到彼乞食於阿耨達大池邊食食訖還在彼大池邊少時靜攝竟還本林經行而住

尒時優婁頻螺迦葉過彼夜已食後往詣佛世尊所到佛所已即白佛言大德沙門於食至時辦具亦訖未審沙門何故不来其事雖然我猶不忘所有諸食上好味者我今為仁猶留一分

尒時佛告彼迦葉言仁者迦葉汝昨夜在靜室之中獨自而坐可不如是思惟念言我於明朝在所居處年常恒作祭祀之法摩伽陁國所有男女一切人民將好種種食飲而来向於我邊而此大德沙門瞿曇恐於彼會衆人之前出現神通示上人法則我所有利養名聞悉著於彼大沙門邊

我則減少心私願我明日莫来仁者迦葉我於尒時知仁此心如是想念過於彼夜我即騰空至欝單越向彼乞食得已来到阿耨達池如法而食隨日多少在彼經行還向此林宿止而来是時優婁頻螺迦葉作如是念此大沙門大有神力大有威權威變雖然其猶不得阿羅漢果如我今也尼沙塞說

尒時優婁頻螺迦葉居處年常有一大會名翼宿日彼會之日摩伽陁國數千万人各来聚集然其彼會亦有市易隨諸人輩所須貨買是時優婁頻螺迦葉作如是念明朝此處若沙門来所有人民皆觀看彼不為我等造作齋食彼作如是思惟念已往詣佛所即白佛言大德沙門明朝我林修道處所當作大會多有衆生百千聚集甚大喧閙而大沙門愛樂寂靜恒行清淨空閑之處沙門可從此處移去別求靜處彼閙而住此僧祇說

尒時世尊從彼住處即便移至巷梨迦林至彼林已心念彼四迦婁羅王

王名可觸又四提頭賴吒龍王四水神龍四大天王帝釋天主及餘欲界一切諸天娑婆世界主大梵天等並皆念之

尒時彼等四可觸王迦婁羅等知佛內心如是念已出現大風從彼優婁頻螺迦葉所居住處飛騰虛空即時往詣巷梨迦林到彼處已頂礼佛足合十指掌却住一面遥觀世尊向佛頂礼

其四提頭賴吒龍王四水神王亦知佛心出大雲雨從彼優婁頻螺迦葉居處飛向巷梨迦林到已頂礼佛世尊足合十指掌却住一面向佛遥敬是時四方四大天王亦知佛心作大端正可喜之身為人樂見顯赫威光照曜自身悉乘白鳥從地湧出從彼優婁頻螺迦葉居處往詣巷梨迦林到已頂礼佛世尊足乃至合掌遥敬於佛

尒時忉利帝釋天王及欲界天娑婆世界主大梵天王知佛心念身出威光遍照其地從彼優婁頻螺迦葉居

住之處飛騰虛空一時往詣巷梨迦林到已頂礼佛世尊足乃至曲躬遥敬於佛

尒時彼處一切人民見如是衆諸天龍等心生恐怖身毛皆竪即便問彼優婁頻螺迦葉等言大德和上此何物神作斯變恠非是災也或當有疫或大恐怖或大鬪諍或有迦吒富單那鬼及黑闇鬼而欲来乎

尒時優婁頻螺迦葉作如是念此必是彼大德沙門威力作斯神通變也即便報彼諸大衆言汝等一切莫恐莫怖莫畏莫驚此非災變亦非疫病及以鬪諍諸鬼魅来當有無畏當有豐熟當無恠異不須恐怖亦無疾病汝等但當安隱自慰此事無苦一切諸相盡皆大吉

尒時優婁頻螺迦葉作如是念我今亦可往詣於彼大沙門邊度量此事自應當知何故何變致使如是彼作如是思惟念已即便往詣佛世尊所欲至佛邊如来忽以神通之力即於其前化作一箇高峻大山而彼欲来

不能得過到彼山已即反迴還過彼夜後還詣佛所到佛所已而白佛言大德沙門昨日作何如是變恠我從昔來在此居停未曾覩見如斯之事

尒時世尊即便為彼廣說前事而彼優婁頻螺迦葉既聞說已生大希有奇特可恠我多年來在此恒常祭祀火神不曾有一旋風之氣至於我邊況復餘神然今此處沙門瞿曇有大威德一切諸天來向其邊作是念已即於佛邊生信向心希有之心即以心請佛世尊云願大沙門明日食時更於我邊受我微供若佛實是一切智者應知我心作是念已如來即知優婁頻螺迦葉心念嘿然而受彼之心請

尒時優婁頻螺迦葉還其居處告諸一切摩那婆言汝等詣向大沙門邊量度觀看其大沙門作於何事為當求食欲著衣行為當嘿然寂靜而坐

尒時彼等諸摩那婆從於優婁頻螺迦葉聞此言已即便往詣差梨迦林到已見佛在彼林內樹下思惟寂然

而坐身出光明照耀彼處於食知足不行乞求嘿然而住彼等見已詣向佛所到佛所已而白佛言大德沙門仁今何故不求食也

尒時佛告彼諸一切摩那婆言諸摩那婆我已被請彼等問言大德沙門是誰所請佛即報言汝輩和上已請我也

尒時彼等摩那婆心生於希有甚奇可恠希有希有此大沙門然口不言還知他心彼等即大歡喜踊躍遍滿其體不能自勝

尒時彼等速疾迴還優婁頻螺迦葉之邊到已白言尊者和上我決定知此大沙門是一切智和上以心嘿請於彼彼即自知和上之心亦向我論我已被汝和上心請

尒時優婁頻螺迦葉聞彼語已即便鋪設大價之座鋪設既訖心發是念沙門瞿曇若仁今是一切智者當應我念即現此座尒時世尊知彼優婁頻螺迦葉心所念已身應時現於彼座上

尒時優婁頻螺迦葉既見世尊在其座上端然而坐見已歡喜即以自手將好種種餚饍飲食持用施佛所謂噉食唼啑舐嗽豈足自恣復作是念希有希有此大沙門大有威神大有德力乃能知我心中所念威神雖然而猶不得阿羅漢果如我今也

尒時世尊於彼優婁頻螺迦葉邊受食訖還迴至於差梨迦林經行而住是時世尊身上所著袈裟之衣悉皆破壞而彼兵將婆羅門村有於一家人命既終即便林塟是時世尊於林見已即自收取彼糞掃衣取已世尊作是思念我今何處浣於如是糞掃之衣能使清淨

尒時帝釋忉利天王既知世尊心意所念知已即於彼之處所以手掘地造作一池其水清淨作已即便詣白佛言善哉世尊願以此水洗糞掃衣是時世尊見池水已復如是念今雖得水當於何上洗浣是衣

尒時帝釋知佛心已從鐵圍山將一大石安置佛前置以白佛作如是言

惟願世尊於此石上洗蹋是衣是時世尊復如是念令雖得石復當攀何洗蹋此衣時彼池岸舊有一樹名迦拘婆（隋言拳）

時彼樹間有一樹神知佛意念按樹一枝令垂向下而白佛言惟願世尊攀此樹枝洗蹋於是糞掃之衣尒時世尊復如是念我洗衣已復於何上曝曬此衣

尒時帝釋知佛心念知已即從鐵圍山間將一寂大寬廣之石安置佛前既安置已即白佛言惟願世尊於是石上以用曬衣是時世尊即於石上曬糞掃衣

尒時優婁頻螺迦葉過彼夜後往詣佛所到佛所已而白佛言大德沙門食時已至辦具訖了又復白佛大德沙門已前此處無有是池今日何故忽有此池此處已前無是二石又從何來其迦拘婆此樹已前枝不垂下今日何緣如是𩕳垂不知何緣忽然如此作是語已嘿然不言

佛告優婁頻螺迦葉作如是言仁者

迦葉此處我得糞掃之衣彼時我作如是心念以何浣此糞掃之衣尒時帝釋知我心念以手掘池出此池水而白我言世尊今可以此池水洗糞掃衣以如是故至今相傳名為帝釋手掘之池得是水已我復更作如是思念我於何上蹋糞掃衣

尒時帝釋知我心念從鐵圍山將一大石来置此地而白我言惟願世尊於此石上用洗浣衣是故此石非人擲石我於彼時作如是念我手攀何而蹋是衣

尒時彼樹迦拘婆神知我心念以手按此樹枝令垂而白我言惟願世尊手攀此枝用脚蹋衣以是因緣此樹之枝如是懸垂得於枝已我如是念令於何上曬於此衣

尒時帝釋知我心念從鐵圍山將此廣石擲置我前而白我言惟願世尊於此石上曬所浣衣以是因緣此石名為非人所擲

尒時優婁頻螺迦葉作如是念此大沙門大有威力大有神通乃能令彼

天主帝釋而来供承變現雖然但大沙門理實未得阿羅漢果如我今也

尒時世尊於彼優婁頻螺迦葉居處食訖迴還至林經行而住尒時優婁頻螺迦葉過彼夜後往詣佛所到佛所已而白佛言大德沙門若知時者飯食已辦是時世尊告彼優婁頻螺迦葉作如是言仁者迦葉汝於前去我即隨来

尒時世尊既發遣彼優婁頻螺迦葉去已即乘神通向須弥山是時彼山有閻浮樹以彼閻浮樹因緣故所以得此閻浮提名於彼樹上取得果已於先来至優婁頻螺迦葉居處火神堂中端然而坐而彼優婁頻螺迦葉在後来見如来坐於火神堂内見已驚恠即白佛言大德沙門仁從何道而来至此仁先在林於我後發即今何忽在我前到此火神堂其中安坐

尒時佛告彼迦葉言迦葉我先發遣汝已至須弥山彼有一樹名曰閻浮因彼樹故此今得是閻浮提名彼樹上果我今將来在此堂内指示迦葉

彼閻浮果即此是也顏色端正香味微妙食者甚美汝今可取此之甘果而噉食之

尒時迦葉即白佛言大德沙門此事不然仁自合噉此之甘果我不應食

尒時優婁頻螺迦葉心如是念此大沙門大有神通大有威力乃能於先發遣我已其身自到須弥山取閻浮果来此火神堂於前而坐雖然猶不得阿羅漢如我今也

尒時世尊於彼優婁頻螺迦葉居處食訖速還向於林內經行是時優婁頻螺迦葉過彼夜後至明清旦往詣佛所而白佛言大德沙門若知時者飯食已辦尒時世尊告迦葉言迦葉汝今但於先行我隨後去

尒時世尊於先發遣迦葉去已即復還自向須弥山離閻浮樹相去不遠更有一樹名菴婆羅從菴婆羅取得一果於先来到迦葉住處火神堂坐迦葉後来見於世尊在火神堂安然而坐見已白佛作如是言大德沙門從何道来在我前到此火神堂

佛告迦葉我遣汝後至須弥山取得於是菴婆羅果將来在此乃至先勸迦葉令食迦葉白言我不合食尒時優婁頻螺迦葉心如是念此大沙門大有神通大有威力乃能於先發遣於我到須弥山取果將来於先而坐雖然猶不得阿羅漢如我今也

尒時世尊於彼優婁頻螺迦葉居處食訖還迴至彼林內經行是時優婁頻螺迦葉過彼夜後至明清旦往詣佛所而白佛言大德沙門若知時者飯食已辦乃至去彼閻浮提樹處所不遠有呵梨樹將彼果来先到迦葉火神堂內乃至沙門大有神通雖然猶不得阿羅漢如我今也

尒時世尊食訖還至彼林經行乃至去彼閻浮提近更有一樹名毗醯勒彼樹上取一果將来先到堂內乃至如前此大沙門大有神通先遣我身其後取果雖然猶不得阿羅漢如我今也

尒時世尊食訖還至彼林經行乃至去彼閻浮提樹更有一樹名阿摩勒彼

樹取果於先將来坐火神堂乃至沙門大有神通先發遣我身後將果来火神堂雖然猶不得阿羅漢如我今也

尒時世尊食訖還至彼林經行是時優婁頻螺迦葉過彼夜後往詣佛所到佛所已而白佛言大德沙門若知時者飯食已辦佛告迦葉汝先但去我隨後来尒時世尊遣迦葉已至瞿耶尼到彼處已乞乳滿鉢在前来至火神堂內是時優婁頻螺迦葉見已白佛大德沙門從何道来在於我前到此堂內

佛告迦葉我遣汝後到瞿耶尼乞得是乳滿此鉢中在是而坐迦葉是乳顏色微妙香氣甘美汝意若樂取此乳飲迦葉白佛我不堪飲沙門自飲是時迦葉作如是念此大沙門大有威力大有神通乃先遣我其後身往瞿耶尼國乞乳滿鉢先来至此火神堂內雖然猶不得阿羅漢如我今也

佛本行集經卷第四十一

佛本行集經卷第四十一

校勘記

一　底本，金藏廣勝寺本。

一　九二八頁下九行至末行原版殘，以麗藏本補。

一　九二七頁中三行品名，徑、清作「迦葉三兄弟品第四十四之二」。

一　九二七頁中四行第一三字「洞」，麗作「炯」。

一　九二七頁中一〇行第五字「世」，資、磧、普、南、徑作「何」。

一　九二七頁下一〇行末字「言」，磧、普、南、徑、清、麗作「言如是」。

一　九二七頁下一二行末字「尒」，磧、普、南、徑、清、麗作「尒時」。

一　九二七頁下末行「海外」，資、磧、普、南、徑、清作「海水」。

一　九二八頁上一二行第一二字「時」，磧、普、徑、清作「是」。

一　九二八頁上一八行夾註右「隋言」，徑、清作「此言」。九三三頁上四行夾註同。

一　九二八頁中八行首字「譬」，普作「佛」。

一　九二九頁下五行第八字「日」，清作「自」。

一　九三〇頁上一三行第九字「貸」，磧、普、南、徑、清作「行」。

一　九三〇頁上一六行第五字「彼」，資、磧、普、南、徑、清作「即」。

一　九三〇頁中三行第七字「世」，資、磧、普、南、徑、清無。

一　九三〇頁中五行第一〇字「妻」，南作「葉」。

一　九三〇頁中二二行第二字「界」，資、磧、普、南、徑、清無。

一　九三一頁中一五行「心嘿」，麗作「心默」。

一　九三一頁中一六行末字「論」，徑、清作「言」；麗作「語」。

一　九三一頁中一七行「被汝」，麗作「彼汝」。

一　九三二頁上一九行第一〇字「是」，徑作「有」。

一　九三二頁上二一行第七字「鞸」，資作「愓」。

一　九三二頁中三行第一〇字「池」，資、磧、普、南、徑、清作「地」。

一　九三二頁中一〇行第一二字「石」，諸本作「名」。

一　九三二頁下一行第二字「主」，清作「王」。

一　九三二頁下三行「於彼」，資、磧、普、南、徑、清作「至於」。

一　九三二頁下一八行第六字「先」，麗作「元」。

一　九三三頁上一六行第三字及同頁下八行第一三字「但」，諸本作「且」。

一　九三三頁中末行第五字「樹」，資、磧、普、南、徑、清作「近」。

一　九三三頁下一六行第九字「汝」，徑、清作「如」。

佛本行集經卷第四十二　　沂

隋天竺三藏闍那崛多　譯

迦葉三兄弟品下

尒時世尊食訖還至彼林經行是時優婁頻螺迦葉過彼夜後往至佛所到已白佛大德沙門若知時者飯食已辦佛告迦葉汝於先去我隨後來

尒時世尊於先發遣迦葉去後即往到彼三十三天到彼天已取得一華其華名波梨闍多迦（隋言彼岸生）取已於先來火神堂迦葉後來見佛已坐即白佛言大德沙門從何道來在於我前到火神堂

佛告迦葉我先遣汝後至忉利天宮將此波梨闍華來此神堂然此波梨闍多迦華顏色可愛香氣甚好汝意若樂可取此華嗅其香氣迦葉白佛大德沙門此華香氣微妙精好沙門自持我不合嗅是時迦葉作如是念此大沙門大有威力大有神通乃能於先發遣我已後到天上取彼波梨闍多迦華於先來坐火神堂內雖然

猶不得阿羅漢身心寂靜如我今也

尒時迦葉居處螺髻諸梵志等欲破於柴而不能得若倚立者不能屈身若低腰時不能正直若斧著柴拔不能出尒時彼等螺髻梵志作如是念此之神通必當是彼大沙門作無有疑也乃令我等今日不能破此柴薪極甚勞苦

尒時世尊告彼優婁頻螺迦葉一切等言螺髻迦葉汝等今欲破於薪耶迦葉白佛大德沙門實欲破薪而不能得是時佛作如是語已彼等梵志即得自恣破其薪柴是時優婁頻螺迦葉作如是念此大沙門大有威力大有神通雖然猶不得阿羅漢如我今也

尒時世尊食訖還向彼林經行是時優婁頻螺迦葉所居住處欲燃火燭而不能著是時彼等螺髻梵志作如是念此之神通必是彼大沙門所作無有疑也而令我等如是辛苦火不能燃

尒時世尊告彼優婁頻螺迦葉一切

等言迦葉汝等欲燃火耶是時彼等迦葉報言大德沙門我欲燃火時佛問已彼火即燃五百火聚是時優婁頻螺迦葉作如是念此大沙門大有威力大有神通乃能令彼可燃之火不聽其燃若欲令燃方始即燃雖尒猶不得阿羅漢如我今也

尒時世尊食訖還向彼林經行尒時彼等螺髻梵志欲滅於火而不能得尒時彼等螺髻梵志作如是念此是沙門神通之力而令我等火炎欲滅不能得滅

尒時世尊告迦葉言迦葉汝等今欲滅於此火炎耶迦葉白佛大德沙門我今欲得滅此火炎而不能得時佛問已即得滅於五百火炎尒時迦葉作如是念此大沙門大有威力大有神通其力乃能滅火即滅欲燃即燃雖尒猶不得阿羅漢如我今也

尒時世尊食訖已後還至彼林經行而住是時彼等螺髻梵志至極寒冬天正夜半或至後夜嚴酷凍冷多有風雪入於尼連禪河水中或没或出

如是澡浴

佛本行集經卷第四十二 第四張 竹

尒時世尊以神通力化作五百赤炭火聚在彼岸邊是時彼等螺髻梵志寒噤出水住在岸邊各各向火是時彼等螺髻梵志心如是念此必定是彼大沙門作是神變忽然有此五百火鑪而無烟炎使於我等從冷水出向火炙煖是時優婁頻螺迦葉作如是念此大沙門大有威力大有神通乃能化作五百鑪火無有烟炎令我螺髻五百弟子從冷水出向火煖坐雖然猶不得阿羅漢如我今也

尒時世尊食訖已後還至彼林經行而住是時彼等螺髻梵志欲取於水各手持鉼或將軍持欲用取水而不能捉是時彼等螺髻梵志作如是念此必是彼大沙門作而令我等不能取鉼及以軍持

尒時世尊告彼優婁頻螺迦葉并及五百螺髻梵志一切等言迦葉汝等各欲將鉼及軍持等欲取水乎迦葉白言善哉沙門此等五百螺髻梵志將鉼軍持欲取於水時佛問已而其五百螺髻梵志皆能將鉼及軍持等

佛本行集經卷第四十二 第五張 竹

得取於水

尒時優婁頻螺迦葉作如是念希有希有此大沙門大有威力大有神通乃能令此五百螺髻諸梵志等許其取水乃能得水不許不得雖然猶不得阿羅漢如我今也

尒時世尊食訖已後還至彼林經行而住是時優婁頻螺迦葉共於已前祭祀火時恒常坐七多羅樹上於後祭祀還欲上七多羅樹上而不能上

尒時優婁頻螺迦葉作如是念決定是彼大沙門作神通無疑令我不能上此多羅樹上祭火是時迦葉作如是念此大沙門大有威力大有神通乃能如是不許我等上於樹者則不能上雖然猶不得阿羅漢如我今也

尒時世尊食訖已後還至彼林經行而住是時優婁頻螺迦葉上七多羅樹上祭祀上已不能安隱而住尒時優婁頻螺迦葉作如是念決定是彼大沙門作神通無疑令我上此七多羅樹舊住處坐不能得住復更欲上而白佛言善哉沙門願聽我等依舊

佛本行集經卷第四十二 第六張 竹

住此七多羅樹祭祀於火時佛語已其迦葉等即得依舊安住彼七多羅樹上

尒時優婁頻螺迦葉作如是念此大沙門大有威力大有神通乃能許我住則得住不許不得雖然猶不得阿羅漢如我今也

尒時世尊食訖已後還至彼林經行而住是時優婁頻螺迦葉祭祀火訖欲覆藏火即不能覆是時優婁頻螺迦葉作如是念決定是彼沙門瞿曇作此神通令我等輩不得覆火是時迦葉即白佛言善哉沙門願令我等得覆此火作是語已即得覆火

尒時迦葉作如是念此大沙門大有威力大有神通乃能如是許覆得覆不許不得雖然猶不得阿羅漢如我今也

尒時世尊食訖還至彼皆林中經行而住是時迦葉祭祀火時火及木頭東西馳走不能一住是時迦葉作如是念決定是彼沙門瞿曇作是神通

令我祭祀火之器具東西馳走狀若人駈不能定住即白佛言善哉沙門願令我此祭祀火具得一定住

尒時佛告彼迦葉言如汝等意其祭火具即得安定因此緣故其迦葉等作如是念此大沙門大有威力大有神通乃能許我祭祀火器住則得住不許不住雖然猶不得阿羅漢如我今也

尒時世尊食訖已後還至彼林經行而住是時彼處忽尒非時其虛空中起大黑雲降大暴雨佛所居處無有雨水

尒時世尊作如是念我今可令此水遍布而於水内復見乾地令有塵起現經行處於彼往來作是念已即現如前乾地塵坌來去經行

尒時迦葉作如是念今既非時虛空之中云何忽尒非時起雲而降大雨此大沙門所住之處亦一種有大水弥滿此之沙門或可為水之所没溺或今不見作是念已多將螺髻諸梵志等坐於舩中處處求覔漸至佛所

到佛所已如是而住

尒時迦葉既見世尊兩邊有水唯獨中閒現於乾地塵土坌起來去經行見已白佛大德沙門今住在此大水中乎佛言住此作是語已飛騰虛空即便往詣迦葉舩上

尒時迦葉因此緣故作如是念此大沙門大有神通大有威力乃能在水作是道行雖然猶不得阿羅漢如我今也

摩訶僧祇作如是說如來為彼優婁頻螺迦葉等輩示現如是五百神通而彼優婁頻螺迦葉於一切時作如是念此大沙門大有威力大有神通雖復變現德術如此而其唯不得阿羅漢如我今也

尒時世尊作如是念此之癡人於無量時有如是念此大沙門有大威力有大神通雖然而不得阿羅漢如我今也而我今可為此迦葉及諸弟子令開慧眼發猒離心

尒時世尊告彼優婁頻螺迦葉作如是言迦葉汝今非阿羅漢亦復未入

阿羅漢道而汝實無阿羅漢相況復得於阿羅漢果因於此言時其優婁頻螺迦葉心生羞慚身毛卓竪頂礼佛足而白佛言善哉世尊與我出家受具足戒

尒時世尊告彼優婁頻螺迦葉作如是言汝大迦葉此諸五百螺髻梵志依汝住止順汝法行汝可共其平量好惡告語令知如於彼等意情所樂作如是事

尒時優婁頻螺迦葉聞佛語已即便往詣五百螺髻梵志之邊到已告言汝等梵志摩納婆輩從我受此居處住止及奉火神所安堂室及祭祀器各隨汝等意樂而用我今欲向大沙門邊當行梵行

尒時彼等五百弟子螺髻梵志共白優婁頻螺迦葉作如是言和上自從見彼瞿曇大沙門來我等多時意樂欲往大沙門邊行於梵行而為敬惜和上心故口不發言和上今者若欲於彼大沙門邊行梵行者我等亦當隨從而往依彼教法

佛本行集經卷第四十二　第十張　所

尒時優婁頻螺迦葉及諸弟子往詣佛所到佛所已却住一面尒時佛告迦葉等言汝等梵志可棄於汝麁皮之衣及軍持杖衆雜頭髻令諸螺髻祭祀火神諸器皿等種種調度向彼尼連禪河水中而皆擲却是時彼等即白佛言一如大德沙門教誨我等不違時諸梵志即將所著麁皮之衣乃至種種器皿調度向彼河岸悉擲水中彼等諸物擲水中已作種種聲或呹呹（子忠反）聲而逐水流彼等螺髻見於如是諸異事已心中復更增益歡喜頂礼佛足而白佛言唯願世尊與我等輩出家受戒

尒時佛告彼等梵志作如是言汝等比丘来入於我所說法中行於梵行盡諸苦故是時彼等五百長老應聲出家即成具足于時郍提螺髻迦葉在尼連禪河水下流岸邊修道見於彼等麁皮之衣及祭火神器皿調度隨水沿流見已惱然心生恐怖而發此言咄咄異事我兄或能為賊所破不耆居處被他煞也我今可往至彼

佛本行集經卷第四十二　第十一張　所

觀察是何災禍變怪所致忽然若斯

尒時其弟郍提迦葉作是念已先遣多人螺髻梵志詣彼逆看好惡當告汝等撿挍彼有何恠其事去何弟子奉教往彼看已迴還報言並各平安事瞿曇氏郍提迦葉然後自將三百弟子左右圍遶往於長老優婁頻螺迦葉住處到已即見優婁頻螺迦葉師徒剃除鬚髮著袈裟衣見已內心不大歡喜向兄迦葉而說偈言

仁者虛祭祀火神　徒復空修於苦行
今日既捨此苦行　猶如虵脫於故皮

尒時郍提螺髻迦葉即白長老優婁頻螺迦葉兄言此能勝也是時長老優婁頻螺迦葉報言此實勝也寧為此行此行寂妙

尒時郍提螺髻迦葉告其三百螺髻梵志諸弟子言汝等螺髻摩郍婆輩我彼居處及泉池等并諸調度汝意自知作何處分我今欲在大沙門邊當修梵行

尒時彼等三百螺髻梵志弟子白師郍提螺髻迦葉作如是言和上今若

佛本行集經卷第四十二　第十二張　所　畀

欲往於彼大沙門邊修梵行者我等亦當隨逐和上同詣彼邊共修梵行尒時郍提螺髻迦葉及諸弟子往詣佛所到佛所已却住一面

尒時佛告彼等梵志作如是言汝等今者能將身上所著麁皮及祭祀火器皿調度擲置尼連禪河水中棄去以不彼等梵志同白佛言如沙門教我不敢違而彼等將如前調度即擲水中作呹呹聲逐水而去尒時彼諸螺髻梵志見如是等希有之事復增歡喜乃至彼等長老比丘應時出家即成具戒

尒時伽耶螺髻迦葉在河下流忽見麁皮及祭祀火器皿調度隨水流下見已心復生大恐怖而發是言咄咄異事我兄或能被賊所破其居坐處不被煞也我今可往至彼觀察為何災禍作是念已先遣多人螺髻梵志往彼逆看好惡當告汝等撿挍彼有何恠其事去何弟子還報如前所荅

尒時伽耶螺髻迦葉然後自將二百弟子左右圍遶往於長老優婁頻螺

并及那提二迦葉邊到已即見二迦葉身剃除鬚髮著袈裟衣見已內心不大歡喜向於二兄優婁那提兩迦葉邊而說偈言

兄等昔空祭火神　亦復徒修於苦行
今日既共捨此等　猶如蛇脫彼故皮

尒時優婁頻螺迦葉并及長老那提迦葉還共以偈報弟伽耶螺髻梵志作如是言

我等昔空祭火神　我等亦徒修苦行
我等今得捨此法　當如蛇脫彼故皮

尒時伽耶螺髻迦葉復問優婁頻螺迦葉并及那提迦葉等言兄今此處實能勝也是時長老二迦葉言此處實勝寧為此行此行最妙

尒時伽耶螺髻迦葉告其二百螺髻梵志諸弟子言汝等梵志摩那婆輩我彼居處所有泉池并諸調度汝意自知作何處分我今欲在大沙門邊修學梵行

尒時彼等二百螺髻梵志弟子白師伽耶螺髻迦葉作如是言和上今若欲往於彼大沙門邊行梵行者我等

亦當隨逐和上一時同詣大沙門邊共修梵行是時伽耶螺髻迦葉及其弟子往詣佛所到佛所已却住一面而白佛言大德沙門我今及諸弟子欲入沙門法中是事一切當如是持

尒時世尊即告彼等螺髻梵志作如是言汝等若能然是事者當取汝等鹿皮之衣及祭祀火器皿調度悉棄擲著尼連河中彼等報言如沙門教我不敢違是時彼等螺髻梵志即持鹿皮及諸調度祭祀火物悉擲河中擲河中已其諸皮衣軍持鉼鑵出種種聲咲咲唱响隨流而下

尒時彼諸螺髻梵志見如是等希有之事復增歡喜而白佛言善哉世尊與我出家及具足戒佛即告言汝等比丘來入於我自說法中修行梵行盡於諸苦是時彼等諸長老輩應聲出家即成具戒

尒時世尊在彼優婁頻螺迦葉聚落之內隨多少時意樂住已漸漸行向伽耶城邊如來在彼為頭山頂將是一千比丘徒眾停住即以三種神通

教化彼等所謂身通口通意通而調習之

尒時世尊欲顯身通所謂一身作於多身多身還復作於一身上沒下現下沒上現東沒西現西沒東現南沒北現北沒南現山崖石壁能過無礙入地如水履水如地從地踊躍昇陟虛空猶如飛鳥身出烟炎如大火聚滅火現水消水放火此之日月如是威德而能以手摩捫捉持乃至梵天自在行動此是如來現身神通

現口通者汝等比丘今應當知如是分別應當如是莫生分別應當如是觀察思惟應當如是莫思惟觀汝等比丘應如是證莫如是證汝等比丘應如是行莫如是行此是如來現口神通

現意通者汝等比丘今應當知此一切法皆悉熾燃言熾燃者眼亦熾燃色亦熾燃眼識熾燃眼觸熾燃眼觸所因生者有受若樂若苦非樂非苦彼亦熾燃以何熾燃以慾火故煩惱熾燃以瞋恚火煩惱熾燃以愚癡火

煩惱熾燃我如是說眼過如是
其耳熾燃聲響熾燃略說乃至鼻香
熾燃舌味熾燃身觸熾燃意法熾燃
因於意觸所生受者若苦若樂非苦
非樂彼亦熾燃以何熾燃以慾火故
煩惱熾燃以瞋恚火煩惱熾燃以愚
癡火煩惱熾燃我如是說耳鼻舌身
根塵過患
復次若有多聞之人能作如是深觀
察者彼能猒眼猒離眼識猒離眼觸
若因眼觸所生受者若苦若樂非苦
非樂是中亦能如是猒離是猒離眼
又復如是猒離於耳猒離於聲乃至
略說猒離鼻香猒離舌味猒離身觸
猒離意法若因意觸所生受者若樂
若苦非樂非苦彼亦猒離既猒離訖
即不染著既不染著即得解脫既得
解脫即有如是內淨智現自知我今
生死已斷梵行已立所作已辦不受
後有此是如來意作神通
尒時世尊作如是說三種神通教示
之時彼諸一千比丘徒衆無為漏盡
於諸法中心得解脫而有偈說

已斷生死諸慾流　已得梵行自利益
所作悉已皆成辦　更不受於後有生
尒時彼諸一千比丘聞佛世尊如是
說已於諸漏中無復有為即得內心
善好解脫捨梵志法名聲聞僧
佛本行集經優波斯那品第四十五
尒時彼三迦葉兄弟有一娚甥螺髻
梵志其梵志名優波斯那(隋言最上征將)住
在一山其所住山名阿修羅恒共二
百五十螺髻梵志弟子修學仙道彼
聞其舅迦葉三人及諸弟子往詣於
彼大沙門邊悉皆出家剃除鬚髮聞
已心驚大不歡喜而口發言有舅
等於若干年祭祀火神今日忽已入
沙門中為作弟子我今當往彼處訶
責何故作是不善事也彼口中咽唧
唧之聲而往詣彼三阿舅邊到已見
其三阿舅剃除鬚髮著袈裟衣見已
向舅而說偈言
舅等虛祀火百年　亦復空修彼苦行
今日同捨於此法　猶如蛇脫於故皮
尒時彼舅迦葉三人同共以偈報其
娚甥優波斯那作如是言

我等昔空祀火神　亦復徒修於苦行
我等今日捨此法　實如蛇脫彼故皮
尒時兵將螺髻梵志聞說偈已復反
問彼三阿舅言此能勝也是時彼三
阿舅報言此實勝也寧為此行此行
寂妙尒時兵將螺髻梵志告其二百
五十螺髻梵志弟子作如是言汝等
梵志摩納婆輩我彼居處所有泉池
并諸調度汝意自知作何處分我今
欲在大沙門邊修行梵行
尒時彼等二百五十螺髻梵志即便
共白優波斯那螺髻梵志作如是言
和上今若欲往於彼大沙門邊行梵
行者我等亦當隨逐和上同詣彼邊
共修淨行尒時兵將螺髻梵志及諸
弟子往詣佛所到佛所已而白佛言
大德沙門我今願將諸弟子入沙門
法中乃至是事當如是持
尒時世尊告彼螺髻諸梵志言汝若
然者當自取汝鹿皮之衣及祭火器
擲棄一邊而共彼等諸梵志言如沙
門教我等不違即至居處將祭火具
擲著一邊

尒時梵志擲棄祭火器皿已後還至佛所到佛所已頂礼佛足而白佛言善哉世尊與我出家及具足戒佛告彼等作如是言汝等比丘来入於我自說法中修於梵行盡諸苦故而其彼等二百五十諸長老輩應聲出家即成具戒

尒時世尊即為彼等諸長老輩增更說法如前還以三種神通示教利喜是時彼等於無為法悉盡諸漏心得解脫尒時世尊㝡初集聚諸比丘衆所謂此等一千二百五十人俱並悉從於梵志出家皆阿羅漢悉得自利隨侍世尊證會說法

復次其後諸比丘等即白佛言善哉世尊彼等螺髻梵志師徒往昔之時種何善根今日並得出家受具皆證羅漢昔作何業今得是報又彼長老優婁頻螺迦葉一人共其五百螺髻梵志而得為首㝡妙㝡勝㝡上㝡尊郁提迦葉三百弟子為首為㝡為勝為妙伽耶迦葉二百弟子為首為勝為妙為尊又彼長老優婁頻螺迦葉

往昔造於何業今日世尊種種教示如是難化自餘一切諸梵志等易受於化作是語已嘿然而住

尒時佛告諸比丘言汝諸比丘至心諦聽我念往昔還在於此閻浮提內具足而有一千商人彼商人中有三兄弟各為商主其一還名優婁頻螺迦葉主領五百商人第二還名郁提迦葉亦復主領三百商人第三還名伽耶迦葉亦然還領二百商人

尒時彼等三大商主及諸商人相共欲往海内治生堪入海貨莊嚴已訖其物價數足直三百千万金錢一百千万擬自食粮一百千万擬餘商人以為本領一百千万擬雜用度料理船舶彼等如是莊嚴竟已漸漸而行至彼海岸至海岸已供養祭祀大海之神辦具舩舫其外倍價更雇五人所謂善解調治舩者觀四方者泝水入者善浮水者張施帆者既如是得彼五人已其三商主大聲唱言誰能入海[撮三]如是三聲大唱告已即坐舶上相共入海為求財故彼等既至大

海之中忽遇黑風彼風吹舩擲海潬上僉然而住

佛本行集經卷第四十二

癸卯歲高麗國大藏都監奉
勑彫造

佛本行集經卷第四十二

校勘記

一 底本，麗藏本。

一 九三五頁上三行品名，徑、清作「迦葉三兄弟品第四十四之三」。

一 九三五頁上一五行「此神」，徑作「火神」。

一 九三五頁下二一行第五字「彼」，徑作「後」。

一 九三七頁上一二行「佛所」，南作「佛說」。

一 九三七頁上二〇行「一種有」，徑作「有一種」。

一 九三七頁上二二行第二字「令」，資、磧、普、南、徑、清作「今」。

一 九三七頁中一三行「迦葉」，資、磧、普、南、徑、清作「迦葉等」。

一 九三八頁上四行「頭髫」，資、磧、普、南、徑、清作「頭髮」。

一 九三八頁上一一行「呹呹」，資、磧、普、南、徑、清作「唧唧」。下同。同行夾註「子悉反」，資、磧、普、南、徑、清無。

一 九三八頁上二一行第七字「慉」，資作「畜」；磧、普、南、徑、清作「歃」。

一 九三八頁上末行第二字「者」，南、徑、清作「著」。

一 九三八頁中一二行第一一字「脫」，普、徑作「蛻」。下同。

一 九三八頁下一八行「不被」，清作「被他」。

一 九三九頁上二行「髫髮」，資、磧、普、南、徑、清作「鬚髮」。

一 九三九頁下一六行「此是」，磧作「比是」。

一 九三九頁下一九行第二字「法」，資、磧、普、南、徑、清作「法藏」。

一 九四〇頁上一四行「略說」，徑作「略脫」。

一 九四〇頁中六行品名，資、磧、普、南作「佛本行集經優波斯那品第四十五」；徑、清作「優波斯那品第四十五之一」。

一 九四〇頁中一七行末字「見」，資、磧、普、南、徑、清作「遥見」。

一 九四一頁上一三行「悉得」，南、徑、清作「即得」。

一 九四一頁中二二行夾註「三稱」，徑、清作「正文」。

佛本行集經卷第四十三　所

三藏法師闍那崛多譯

優波斯那品下

尒時商主及衆賈人至海洲已，值於種種諸雜珎寶，彼等取拾滿其船舶，還至岸邊，取穀寶貨，欲向本國。中間路上遇見一塔，其塔乃是迦葉世尊多陁阿伽度阿羅呵三藐三佛陁舍利之塔。其塔破壞，基陛頹落，處處墮墜。如是見已，而彼宗長商主告於餘二商主及衆商言：汝諸人輩若知我等不惜身命，為求財故，入彼大海，而今彼處得利迴還，至於此間，我等今者亦可共作來世利益善業因緣。如舊智人所說偈言：

福德之力成多利　人得利故放逸生
放逸則無持戒心　以是因緣墮地獄

尒時商主說是偈已，復更告言：汝等當知，以是因緣，我等今者應當運心，共穀錢財，隨意多少，料理於此迦葉如來舍利之塔。是時彼等諸商主輩及衆商人，同共諮白長商主言：大善商主，汝若穀錢，當自作主，撿挍營造，我等隨心所出多少錢財與之。

時長商主如是辭言：我不堪為撿挍之主。所以者何？我事緣多，不能修理此之壞塔。我若料理營此塔者，則我家中妨廢生活。彼等商人及二商主慇懃多時，相共勸請，遣令撿挍。是時彼等諸商人輩速疾隨出多少錢財而付與之。

尒時優婁頻螺迦葉修營彼塔，即自別造第一覆盆安置其上，其次即是那提迦葉第二覆盆，其次復是伽耶迦葉第三覆盆，如是次第通彼商人及商主等，詳共料理迦葉如來舍利之塔。破壞崩落，皆使端嚴，還如初造。料理訖已，發如是願：願我等輩未來世中還共值遇如是世尊，旣值遇已，於彼世尊所說法教，復願我等速疾證知，願於來世世世生生莫墮三惡四趣之中。

佛告比丘：汝等當知，彼三迦葉千商人者，今三長老并及一千比丘是也。入諸比丘，彼時優婁頻螺迦葉昔日以諸商人多時慇懃勸請始肯檢校以彼業故今於我前多時方始受於我化當於尒時那提迦葉伽耶迦葉二商主等及諸商人暫發一言隨心多少速出錢財以是業報今日速疾承受我化

彼時優婁頻螺迦葉最長商主先於迦葉如來世尊舍利塔上第一覆盆以用供養因彼業報今日得於五百人中最為其首最勝最妙最為第一那提迦葉第二覆盆因彼業報今為三百梵志作首而得第一伽耶迦葉第三覆盆因彼業報今作二百螺髻梵首而得第一

尒時彼等發如是願願我未來生生世世莫墮惡道及以地獄因彼業報不入惡道乃至地獄恒生人天受於快樂又其彼等共見迦葉佛舍利塔破壞料理還得如舊心發是願願於我等未來世中還得值遇如是世尊既值遇已彼世尊邊有所說法我等聞已速疾證知因彼業報今值遇我即得出家受具足戒得羅漢果

時諸比丘復白佛言希有世尊云何世尊見是優婁頻螺迦葉墮於邪道世尊方便出五百種神通教化然後始得阿羅漢果作是語已默然而住

尒時佛告諸比丘言汝諸比丘非但今日我見優婁頻螺迦葉墮於邪道勇猛精進出五百種神通化得其過去世亦墮邪道我心勤劬化取亦得

時諸比丘即白佛言善哉世尊此事云何願為解說

尒時佛告諸比丘言汝諸比丘至心諦聽我念往昔有一國土名毗提何隋言非正身彼國內有一剎利王名奢伽陀隋言與身分灌頂為王甚有大力多饒兵衆錢財穀米倉庫盈溢尒時國王心有邪見曾於一時十五日夜月盛圓滿光明照耀其王初夜喚諸大臣悉來集聚其第一臣名毗闍耶隋言難勝第二大臣名蘇摩那隋言善意第三名為阿羅波多隋言前言此三大臣最為上首

尒時彼王復更廣命召集無量諸大臣等而告之言汝諸臣等各各自說心意之中作何方便過此一夜共相

娛樂而令不睡

時前言臣即白王言大王當知如臣意見應須備辦四種兵衆未降國土當今降伏既降伏已治化而住

時善意臣復白王言大王當知如臣意見今一切處所有寃敵皆悉降伏更無所畏今宜恣情受於五欲而自歡樂

時難勝臣復白王言大王當知五欲恒常是可得事此有何奇有何希有但大王今若有沙門若婆羅門精進持戒具足多聞廣智慧者若得是人彼可供養彼可承事何以故關悟人故

尒時國王報彼臣言卿此一言甚為大善此言甚美是故卿今審諦觀察看何處邊最好沙門好婆羅門精進持戒多聞智慧我當至彼承事供養

時前言臣即白王言大王若須如是人者臣今能知如是人處在於鹿苑有一精進多聞之人名曰臝形姓迦葉氏能說微妙多種言語大王今者可事彼人

尒時彼王嚴駕駟馬賢善妙車坐於其上身著白衣串白瓔珞左右皆悉著白衣蒙張白傘盖脚白革屣手執白拂以白摩尼而莊嚴之以大王威大王神力及彼諸臣前後導從往詣鞞形迦葉師邊到已恭敬坐於一面諮受未聞

尒時鴦伽陁王慰問迦葉鞞形導師作如是言尊者四大安隱已不一切時節和順已不資身之物得具足不衣食易得無所乏少不擾乱也

尒時鞞形迦葉道人即報於彼鴦伽陁王作如是言大王我今無所乏少我身亦得安隱無患又復大王身體起動安和已不善事利益增長已不國內人民豐樂已不王之政治端平直不

尒時鴦伽陁王共彼鞞形迦葉道人相慰問已心有疑處即諮問言尊者世間有諸沙門及婆羅門各說法行是中所有至真實者尊者為我次第解說作是語已是時鞞形迦葉道人即報王言大王善聽是中所有至真

實者此之真義我今當說是中有偈而鈍根人不能了知

世間幽寞愚癡人　或實或虛或妄語
以彼無有智慧故　觸語不能辦了知
諸業一切雜種無　善惡果報亦不有
夜叉等身亦非實　況復得有上諸天
又復無有父母親　此世彼世悉皆絕
沙門及婆羅門等　而彼一切皆悉空
世間師等亦復無　更有誰能被調伏
愚癡人輩教他施　智人聞已心不隨
若有善誑取他財　彼實愚癡自言智
所應死者其自死　行施已後無果收
此身一切常相連　欲言斷者無有是
所有火風及地水　若苦不苦并樂時
第七即是壽命根　此等無有能煞者
諸身及命兩間內　器仗從中自運行
世間愚癡人不知　謂言此被傷害死
如是怖畏名不知　若受是名智慧人
一經八万四千生　流轉之時方得脫
如是煩惱乃能淨　八万四千生後周
流轉無有錯乱期　猶如海潮波依限
如是之法次第說　大王今者應當知

尒時前言大臣聞說偈已即白鞞形

迦葉師言如是如是迦葉道人如尊者說所以者何尊者迦葉我知宿命憶念昔在俱睒弥城曾作屠兒彼時我煞無量無邊牛羊水牛猪羖羊馬煞賣取錢以用活命我作如是惡業已後從彼捨命今來出此大將之家足有資財以是因緣我知無有善惡業報

尒時鴦伽陁王第一家臣名難勝者在王後立彼大臣聞如是語已悲泣下淚嗚咽不言時鴦伽王告彼臣言汝今何故悲泣乃尒難勝報言大王當知迦葉道人所說之偈及前言臣如是義理無有違失

大王當知我亦憶念往昔在於俱睒弥城曾作長者能大捨施作於檀主所有資財悉皆共他分張而用白月黑月八日十四及十五日恒常受持八關齋戒恒常精進守護身口我作如是清淨業已今墮如是下賤婢胎生而作奴大王當知以是因緣我聞鞞形迦葉道人及前言臣二人等語是故悲泣啼哭不勝亦知世間無有

善道

時鴦伽王聞於鞞形迦葉道人如是語已從座而起還至本宮過彼夜後聚集百官一切大臣而告之言卿等三人從今日去若有私竊善惡等事慎莫問我我今遣此難勝善意并及前言三大臣等此等三人聰明智慧代我判事

時鴦伽王作是語已入於一殿名為妙色在其中坐延於七日受五欲樂放逸自恣縱情而住過七日後

時鴦伽王有於一女名曰意憙身著種種雜色之衣復以種種瓔珞七寶莊嚴身已向妙色殿至父王邊到已頂礼父王之足却坐一面默然而住

時鴦伽王告其女言善意憙女汝曾至彼園樹林內遊戲已不其中多有種種樹木其樹木上有諸華果復有種種飛鳥作聲汝入彼中意樂以不汝貪何等向我道之求願當與作是語已問女所須

時意憙女白父王言善哉阿耶女今身資無所乏少唯欲啓白阿耶一言惟願父王聽　女諮諫而說偈言

父王我今欲布施　一切沙門婆羅門
恒至月生十五時　願與我千金錢直

尒時鴦伽陁王聞其女說如是語已即還以偈報意憘女作如是言

善女汝今至心聽　我從智人如是聞
雖復欲施多種財　一切皆空無果報
汝今何故發此意　誑惑世間諸癡人
現在未來悉皆無　汝復何須過勞苦
癡女汝今不聞彼　迦葉說法正不差
實無造業及作人　一切人天善惡果
夜叉鬼神悉非有　父母眷屬亦復無
略說八万四千生　如是煩惱乃能淨
若過八万四千後　流轉方無錯乱心
猶如海潮依限期　闇中未至不可預
但當任運待時到　何用强作世紛紜
迦葉所說汝當知　此事無有虛真實
無現及以未來世　汝今莫自獨疲勞

尒時意憘女聞父王鴦伽說是語已心中不樂即復以偈更白父言

阿耶今是國之王　應以正法治天下
惡臣諂曲既無實　復勸王事愚癡師
迦葉及彼三大臣　其等所說非真正
父王此是惡知識　今者詐現知識形
自行邪道復忤人　下賤愚癡何所別
其今不與王安樂　反教王作不善因
我昔曾聞是事來　現在我身親自見
愚癡故來生於此　後復還得愚癡身
幽冥出已入幽冥　其後復還受幽冥
迦葉既是愚癡者　稱其愚惑意所宣
王為人主統四方　知理達解世間事
云何如彼小兒輩　入邪小道逐中行
隨逐意受親近人　相學即便生染著
如箭被血所汙已　入束展轉更相塗
智者交往深自防　不狎惡伴諸朋友
雖身不作於諸罪　而常習近作罪人
久服習學自相成　其後自然得惡響
是故猶如彼射垛　智者畏著罪亦然
莫與諸惡知識交　常親智慧善知識
若諸衆生身業淨　經於八万四千生
屠兒煞害衆命時　又如獵射釣魚者
迦葉既似彼等輩　彼輩亦如迦葉儔
格量彼二一種齊　無有差別勝不如
如是無體裹迦葉　愚癡盲冥空出家
執此虛妄為淨因　八万四千生分畢
顛倒左轉行失度　無智愚癡心意迷

若諸衆生得淨時 不應八万四千受
偷賊劫殺於人物 能與他作惡慾讎
迦葉共彼無有殊 彼與迦葉亦無異
衆生若得於彼淨 云何八万四千生
如是數取善惡時 上下及中平等者
一切無勝復無劣 亦復無有分別生
若諸衆生得淨修 經歷八万四千處
彼人愚癡無有智 猶彼迦葉空出家
譬如炎熾大火燃 普燒盡諸所祭物
如是無智愚癡故 自燒一切功德山
大臣前言見未來 造作衆罪無果報
彼於先世修福業 故今得受快樂心
若人造作衆罪時 捨福自然受殃禍
如舩在水中不出 以重沉没故不浮
更無有人能出之 即没水中常腐敗
如人數數造諸罪 以造不息罪過多
如是即没地獄中 王此前言臣即是
以其罪患未成熟 其罪不久熟即知
罪熟即墮彼泥梨 猶如舩在水中没
被諸苦衣所覆蔽 草重自舉不能勝
舩久如是叁重牢 人造衆罪亦復尒
漸漸久沉體轉重 猶如人造善業因
速疾得向上界生 往昔造諸一切罪

今生如彼地種子 罪業盡已後漸生
若造諸善業報時 即自生於善果處

時意憙女說是偈已復更重白其父王言父王當知我自思惟亦識宿命所以者何我憶往昔七生在於摩伽陁國王舍城内以惡知識相牽挽故造多罪業行於邪慾侵他婦妾受樂如天大王當知我於彼時所造惡業覆藏而住如灰覆火

復次大王我於彼處捨身已後又復生於金剛聚落富貴家生彼處生巳值善知識黒月白月八日十四及十五日清淨守護八禁齋法恒常持戒大王當知我於彼處既造善業譬如安置種種伏藏至於水界牢固封治即便停住

復次大王我於彼處亦捨身命以昔還緣造惡業故有餘未盡即便墮落叫喚地獄在於彼處經名千年受極苦厄

復次大王我於彼處罪業畢盡捨身即生頻鄉俱吒國土内受白羖羊身彼處生已〻行諸王子或駕車乘或被

鞁鞴而騎我上

復次大王我於彼處既捨身已復生於彼陁毗羅國亦作羊身彼處捨身復受牛身捨彼牛身出山林中受獼猴身

復次大王我於彼處捨獼猴身還生於彼金剛國内復受非男非女等身彼處業盡捨身即生忉利天上歡喜園中與天帝釋以為侍衛

復次大王我於彼處捨身之後以昔護持月六齋戒得清淨故今日來生大王之家資財巨富無所乏少而大王今可不自觀此之因緣從何而得如是功德可不以昔造善業故今受此報如是以不

尒時鴦伽陁王如是共女意憘對說言論之時有一天仙名不鄉羅陁隋言不叫突從天上下觀閻浮提正當於彼鴦伽陁王宮殿之上從虛空中漸漸而下尒時王女意憙見彼天仙如是自上而下即從座起更置高座請彼天仙坐於其上是時天仙安坐訖已意憙頂礼天仙之足合十指掌向於天仙

而諸白言尊者天仙世間頗有善惡果報諸業已不頗有夜叉諸天以不有父母不有此彼世有於沙門婆羅門不惟願天仙為我解說我此父王不信是事

尒時大天不鄉羅陁即便反問鴦伽陁王作如是言大王云何汝今意中實不信於此事以不王即白言此事實然天仙復言大王當知善惡果報一切皆有亦有夜叉及以諸天有父有母有此彼世有諸沙門及婆羅門大王須信我從天上下來至此

尒時鴦伽陁王語天仙言尊者天仙若有彼世今日尊者可與於我五百金錢我未來世當償尊者滿足一千時鄉羅陁天仙向王而說偈言

我今與王五百錢　須知王身有禁戒
若王心中無善行　因何未來償一千
此世有人諂曲行　彼世相求何處得
智人不與彼等債　如是人輩責求難
墮於地獄猛火燃　或有諸鳥周匝食
云何未世能償我　墮於地獄受苦時
利刀割截身不完　節節割時流膿血

苦惱暫時無歇息　云何還我一千錢
舉手把利剥筋時　斫剉其身如斬蕨
支節無有完全處　云何還我一倍錢
嚴惡黑猗膩茶身　處處轉動割截食
在於地獄無身肉　云何未來與倍錢
彼處有大利鐵叉　獄卒數數鑽其上
在於地獄手向下　云何與我一千錢
地獄多有劍樹林　一一劍頭十六刃
貫穿其上不暫住　誰能與我一倍錢
灰河地獄熱沸流　速疾如風如箭射
入於其中受苦痛　云何與我一倍錢
吞熱鐵丸地獄中　或復融銷赤銅汁
在於如是苦逼內　云何與我一倍錢
地獄有手如霍霖　各出熱炎嚴熾火
割截支節無暫住　云何與我一倍錢
彼處可畏闇無明　日月光影所不照
在彼無智愚癡輩　云何與我一倍錢
大王捨此非法行　勸王行於如法事
王當作於如是習　後應不墮地獄中
東西南北所有來　沙門婆羅門乞索
王當充足與食飲　衣服湯藥卧具房
彼等精進梵行人　沙門婆羅門取語
彼能救護王苦厄　猶如熱雨繖蓋遮

王作如是善業時　多有朋友相隨順
得至善路快樂處　神通中宿得神通
如牛渡水直截流　若人把尾隨得濟
一切世間亦如是　逐直得直邪得邪
諸有人中行法行　凡人學行皆成勝

尒時鴦伽陁王既聞說已復還以偈白彼天仙鄉羅陁言

大梵天仙哀愍我　猶如父母愛憍兒
惟願數為我現來　若覩智人見善事
惟願尊者見度脫　我沒煩惱海甚深
我今無地可住行　惟尊作我歸依處
惟願大梵仙護我　我今覆面如墮坑
地獄無量苦衆多　我今一一依尊語

尒時大仙鄉羅陁天還更以偈告鴦伽陁王如是言

王今若造罪不息　憎嫉沙門婆羅門
斷見顛倒既不除　我汝各各不相見
王若能行正法行　承事沙門婆羅門
精進持戒布施禪　我汝恒常得相見

時鄉羅陁大天仙　神為鴦伽陁大王說法教令正見心　既迴已王意喜歡頂礼天仙合十指　掌右遶三匝時鄉羅陁即從座起別鴦伽王還本來處

尒時佛告諸比丘言：汝諸比丘，今應當知，尒時天仙郁羅陀者，今見我身釋迦文是。尒時彼王鴦伽陀者，見即今日優婁頻螺迦葉身是。

尒時佛告諸比丘言：汝諸比丘，我於往昔見彼優婁頻螺迦葉邪見熾盛，墮顛倒道，發精進心，教化令入於正道中。今日亦然，見其顛倒入邪道故，我以是發大精進力，為其出現五百種變神通，教化令其安住無上菩提，盡生死際，到無畏處，至涅槃岸。

佛本行集經卷第四十三

佛本行集經卷第四十三

校勘記

一 底本，金藏廣勝寺本。

一 九四三頁中三行品名，徑、清作「優波斯那品第四十五之二」。

一 九四三頁下一九行「來世」，資、磧、普、南、徑、清作「未來」。

一 九四三頁下末行首字「入」，諸本作「又」。

一 九四四頁上末行「羅漢果」，資、磧、普、南、徑、清作「阿羅漢果」。

一 九四四頁下六行第九字「寃」，諸本作「怨」。

一 九四四頁下八行首字「歡」，資、磧、普、南、徑、清作「娛」。

一 九四五頁上二行第七字「串」，麗作「擐」。

一 九四五頁中一八行「不知」，資、磧、普、南、徑、清作「無智」；麗作「不智」。

一 九四五頁中二〇行第七字「淨」，徑作「盡」。

一 九四五頁下六行第九字「出」，麗作「生」。

一 九四五頁下九行第九字「家」，諸本作「大」。

一 九四六頁上一〇行第七字「逕」，諸本作「經」。

一 九四六頁上二行「阿耶」，普、徑作「阿爺」。下同。

一 九四六頁下二行第六字「忤」，麗作「誤」。

一 九四六頁下七行末字「宣」，徑作「宜」。

一 九四六頁下二一行第五字「裹」，南、徑、清、麗作「理」。

一 九四七頁中一九行第一〇字「名」，諸本作「多」。

一 九四七頁下四行第九字「出」，資、磧、普、南、徑、清作「在」。

一 九四八頁上一六行第八字「王」，磧、普作「主」。

一 九四八頁上二〇行第一二字「責」，

麗作「債」。

一　九四八頁上二二行第三字「来」，徑作「求」。

一　九四八頁中二行「剥筋」，磧、普、南、徑、清作「斵斤」。

一　九四八頁中六行第九字「墜」，資、磧、普、南、徑、清作「隊」。

一　九四八頁中八行末字「刃」」，徑作「倍」。

一　九四八頁中九行第一三字「倍」，徑作「刃」。

一　九四八頁下一行首字「王」，清作「土」。

一　九四八頁下八行第一三字「憍」，徑、清、麗作「嬌」。

一　九四八頁下一二行第一三字「墮」麗作「蹈」。

一　九四九頁上二行「今見」，資、磧、普、南、徑、清作「今現」。

一　九四九頁上四行第九字「身」，資、磧、普、南、徑、清無。

趙城縣廣勝寺

佛本行集經卷第四十四　所

隋天竺三藏闍那崛多譯

布施竹園品第四十六

尒時世尊經於少時住烏頭山次第漸欲向王舍城遊歷而行是時去彼優婁頻螺聚落未幾至王舍城其間有一舊仙人居林苑處所名曰法雨而其法雨林內有舊仙人草菴其中常有五百苦行道人而住悉得五通並皆年老久修梵行頭白少毛齒缺背曲身體皮膚多有黑黶咽喉垂𩑶如牛頸頡容皃乾枯形骸朽敗仰杖方行喘氣嗽聲欲行即踣向前欲進一步不移羸瘦筋𤋲纔有皮骨皆悉百歲一切無堪以其往昔種諸善根唯今一生但值佛時即得信行以未聞法不入涅槃皆在窟中各各禪坐尒時世尊欲化彼諸苦行仙人為憐愍故至彼居處在其窟門戶頰之外而說此偈語彼仙言

若人雖說百句義　其名味字不合文
寧說一句勝百千　當令聞者得寂定
若人說於百句偈　既無義理文句乖
說一句為最勝尊　聞已自然得寂定
若人善巧解戰鬪　獨自伏得百万人
今若能伏自己身　是名世間善鬪戰
一月之中千過鬪　一鬪百倍得勝他
若能歸信佛世尊　能勝於彼十六分
一月之中千過鬪　一鬪百倍得勝人
若能歸信法正真　能勝於彼十六分
一月之中千過鬪　一鬪百倍得勝他
若能歸信一切僧　能勝於彼十六分
一月之中千過鬪　一鬪百倍得勝人
若能思惟法性空　能勝於彼十六分
猶如小兒月月學　所食如彼茅草頭
若人歸信佛如来　能勝於彼十六分
若有能信法僧寶　并及思惟法性如
如是歸者信難量　能勝於彼十六分
如彼世間祭祀火　具足滿於一百年
若一心歸三寶時　彼福百千万倍勝
如是百數不可盡　口業不可說得窮
以彼質直牢固心　能得如是上福報
若人滿足一百歲　在林祭祀於火神
若見善調伏人来　能捨暫時供養者
是則勝彼祭祀火　多種具足極一生

行集經卷第四十四　第三張　所字

若人壽命滿百年　破戒心無有寂定
有能堅持忍精進　一日活足勝彼長
若人壽命滿百年　愚癡心恒生散亂
有能智慧及禪定　一日活足勝彼長
若人壽命滿百年　肓聾惛憒無聞見
其有見佛及聞法　一日活足勝彼長
若人壽命滿百年　懵憒濁乱無覺察
有能諦觀生死趣　一日活足勝彼長
若人壽命滿百年　不觀世間無常句
其有能了身非實　一日活足勝彼長
若人壽命滿百年　不觀世間甘露處
其有能識甘露者　一日活足勝彼長

尒時世尊說於如是妙偈頌時時彼一切諸苦行人聞此偈已人人皆悉證得六通是時彼等諸苦行人從其窟出出已頂礼佛世尊足各各礼已從彼地方飛騰虛空捨於壽命入般涅槃身出水火以自焚燒既焚燒已彼諸舍利從虛空中各墮地上

尒時世尊取彼五百羅漢舍利持作一聚即起支提是時彼中有諸比丘佐助世尊供泥及石壘治為塔世尊神手網縵之指親自砌壘彼塔成就

端正可憙世尊於彼舍利塔上作種種法作已次第與諸比丘行向於彼摩伽陁國徒衆弟子足滿千人皆是彼舊螺髻梵志所出家者如是漸徃詣王舍城

尒時世尊與諸比丘至王舍城居住於彼杖林之內是時彼林別有一塔名善安住而有偈說

是時大衆相圍遶　世尊漸至王舍城
在於精妙杖林中　如來向彼欲居住

尒時彼處摩伽陁國有粟散王其王名曰頻頭娑羅傳聞他說沙門瞿曇甘蔗苗裔從釋種姓捨而出家今日來在摩伽陁中遊行教化與比丘衆足滿千人一切皆是耆舊螺髻梵志出家今已至於王舍城側在杖林中善安住塔相與停止而彼沙門能於世間出大名聞彼婆伽婆阿羅呵三藐三佛陁善逝世間解無上士調御丈夫天人師佛世尊現今在彼教化有緣

又復世尊能於天人魔梵沙門及婆羅門一切世間以自神通皆能證知

知已能作如是宣說生死已斷梵行已立所作已辦永更不受於後世有而彼世尊說法初善中善後善其義微妙唯獨具足畢竟清淨如是說法而如是等阿羅呵三藐三佛陁若當有人欲得徃見其人善哉我今亦可至於彼所大沙門邊見世尊故

尒時摩伽陁國頻頭娑羅即遣嚴駕賢善好車而坐其上共於國內諸婆羅門長者居士前後圍遶足滿十二那由他人從王舍城導引而出徃詣佛所欲見如來

尒時彼國王舍城中有一婬女其女名曰婆羅跋帝可憙端正人所樂見世無有雙歌儛作倡音樂洞解所有衆伎六十四能皆悉具足時彼婬女傳聞人道此有沙門瞿曇釋子王種出家乃至彼作如是心念我今可至彼沙門邊

尒時彼女如是亦現欲出門已復如是思我今可於頻頭娑羅大王之前見於世尊復作是念又彼頻頭娑羅大王以多人力打道而行到沙門邊

又復多人大衆雜鬧恐其遮我不能得行我今可於此用墻空所無人行處速疾而往先見世尊

尒時彼女作是念已雇取多人而告之言誰能多拔墻城塼即當與汝如許錢直是時彼等諸受雇人一念時間破彼墻已而得道除一切瓦石荊棘平正尒時婬女婆羅跋帝即遣莊束妙好車乘坐於其上從自巳家出行端直平正好道欲詣杖林善安住塔見佛世尊頂禮恭敬

尒時世尊知彼婬女婆羅跋帝心之所念知已即作如是念言若彼婬女於先而來見於我者其頻頭王既在後來見此婬女立於我前則生疑阻作是念已即作神通令彼婬女即更不能於王前來其頻頭王欲於先來其車一定即住不行

尒時頻頭婆羅大王心生恐怖悵怏毛竪作如是念我今有何鬼神災禍為我作㝵到使如此是時彼處有一天神知於頻頭婆羅王心在虛空中隱身不現而告王言大王汝今莫生

恐怖大王汝今亦無災禍亦無變恠雖然大王汝於其處瞻波城中禁繫一人名為某甲速令解放車即得行

尒時頻頭婆羅大王聞彼天神如是語已速疾遣使教放彼人既散放已可通車處車即得行其不通處步入山林往詣佛所到佛所已頂礼佛足却坐一面

尒時彼處摩伽陁國一切人民居士長者或頂礼已却住一面或有共佛對善語言各相慰喻訖已各還却坐一面或復有在佛世尊前說已姓字既自說已却坐一面或復有人向佛合掌却坐一面或復有人對佛默然却坐一面

尒時國中一切人民長者居士坐一面已作如是念今日此中有大沙門復有優婁頻螺迦葉我等國師未審今者為當是此瞿曇沙門從迦葉邊受學梵行為迦葉等從沙門邊學脩梵行

尒時世尊知摩伽陁一切人民長者居士心之所念以偈告彼長老優婁

頻螺迦葉作如是言

迦葉汝見何事情　先在河邊脩苦行
為我及衆說此意　棄彼祭祀事云何

尒時長老優婁頻螺梵志迦葉即還以偈奉荅佛言

色聲香味及觸法　五欲世間人所求
如是染愛滿天中　為貪是事我祭祀

尒時彼處摩伽陁國一切人民長者居士及婆羅門作如是念此大沙門自說一偈而彼優婁頻螺迦葉復說一偈而是二人竟不知誰何者是師何是弟子是時世尊知諸人民作是念已還更以偈問彼優婁頻螺迦葉作如是言

色聲香味觸等法　迦葉是中汝樂何
或有天上人世中　汝心所貪荅我問

尒時長老優婁頻螺梵志迦葉重還以偈奉荅是言

我見寂靜無㝵空　無相障㝵不能著
不變易處無有誑　是處祭祀樂我心

尒時彼處摩伽陁國一切人民長者居士心如是念此大沙門自說二偈而彼優婁頻螺迦葉亦說二偈我等

今者猶自不知何者是師何是弟子如是十方諸佛世尊皆有此法若其不令一切大衆生歡喜心及希有想則不說法

尒時世尊欲教大衆生於歡喜希有心故告彼優婁頻螺迦葉作如是言迦葉汝今若知時者可為於彼摩伽陁國一切人民長者居士婆羅門等現上人法出於神通是時優婁頻螺迦葉聞佛語已即白佛言如世尊教我不敢違

尒時優婁頻螺迦葉從坐而起即出神通飛騰自在於虛空中或復經行或住或坐或復眠卧身出煙焰或復隱身如是等出種種神通遍顯示已從空而下住於地上頂礼佛足而白佛言世尊實是我教授師我今真是無上世尊聲聞弟子而說偈言

攝受微妙神通已　頂礼世尊勝足趺
我弟子事既已周　世尊真是我師父

尒時摩伽陁國衆婆羅門長者居士及諸人民心生是念今此優婁頻螺迦葉乃是沙門瞿曇弟子從沙門邊

行梵行耶作是知已向世尊邊生信向心生希有想

尒時世尊知諸大衆生於歡喜希有之想即為大衆次第說法所謂教行布施持戒說於生天因緣業報說於猒離五欲之事說漏盡因緣盡煩惱讃歎出家護助解脫而世尊知摩伽陁國婆羅門等長者居士及諸大衆一切已生歡喜之心生柔軟心無染著心

尒時世尊知彼大衆應當得道又復一切諸佛世尊知諸衆生或有讃歎而得道法即為大衆如應而說所謂苦集及於滅道世尊為彼大衆宣說是法相時彼等大衆在於坐中頻頭婆羅而為上首已外十一鄰由他人一時領悟

復有師言凡有十二鄰由他人遠塵離垢盡煩惱界心得清淨於諸法中生淨法眼可有集法皆是滅相如實證知譬如淨衣無垢無膩無有黑毛隨其所染易受於色如是如是彼摩伽陁諸婆羅門長者居士及以人民

坐於彼座遠塵離垢乃至一切苦集之法皆是滅相如是證知其中復有一鄰由他清信士受優婆塞戒

尒時摩伽陁王頻頭娑羅已見法相已知法相已入法相於法相中已度諸疑徹過無㝵於諸法中無復㝵心已得無畏世尊法中不復隨他不復問他一切法中得如是知自在無㝵時頻頭王即白佛言如來世尊我昔在家作童子時發五種願我於今日悉得成就何等為五一者我在少年之時早得王位世尊此是我之初願今已得成

第二又願得王位已我治化內有佛出世此即是我第二心願今已得成

第三又願佛出世已彼世尊邊我設供養今得歡喜此是我心第三之願今亦得成

第四又願彼世尊邊歡喜心已為我說法此即是我第四心願今亦得成

第五又願彼世尊所為我說法願我一切悉得證知此即是我第五心願今亦得成

又復世尊我昔在家童子之時發如是心願有所作我悉得成無上世尊我今遂也善脩伽陁我今勝也譬如有人身曲得舒有人逃避藏伏得出迷人得道闇地得明盲眼之人顯見諸色無上世尊我今亦然然今世尊種種方便為我說法

又復世尊我從今去歸依世尊歸依法寶歸依聖僧從今日去一切時行優婆塞行願世尊知我如是持如来世尊我從今去盡此形壽不煞生護衆生命猶如已命為諸衆生作歸依處如是等持五戒十善惟願世尊及比丘衆受我明日飯食供養

尒時世尊為摩伽國頻頭大王黙然受請時頻頭王知佛黙然受其請已即白佛言善哉世尊坐此車上入王舍城我當自行牽於此車作是語已佛語王言善哉大王惟願大王常得安樂我不用車

時頻頭王從坐而起頂礼佛足圍遶世尊三帀竟已辭佛而去其頻頭王去未久間時諸比丘即白佛言希有

世尊去何今日摩伽陁王布施世尊馬車令乘又乞自行此車去何作是語已黙然而住

尒時佛告諸比丘言汝諸比丘至心諦聽其摩伽陁頻頭大王非但今日布施於我馬車令乘為我牽車往昔亦然已曾施我諸如是事時諸比丘重白佛言惟願世尊為我等說其事云何

尒時佛告諸比丘言我念往昔迦尸國內有一王名善意樂法如法王治時天帝釋欲見彼王告調御天摩多梨言（隋言無著獲）汝摩多梨至迦尸國將善意王来見於我為我語彼作如是言仁者善意三十三天及天帝釋欲得見汝仁者莫辭要必須来

時調御天摩多梨即白帝釋言如天主教不敢有違既受教已嚴駕賢車其車控馭千疋馬牽莊嚴訖已即時飛下閻浮提地詣迦尸國善意王邊既到彼已住於虛空以偈白於善意王言

仁者今可来上車　天乘莊嚴無有上

諸天憶念於仁者　是彼三十三天王

尒時善意王既聞　即從東面登車上
此乘㝡勝無有譬　行詣向於彼勝天
諸天遥見彼王来　各起而迎告於彼
善来人中法王者　共天帝釋坐此處
是時帝釋大天王　遥見彼王来即起
迎逆而告王言曰　善来世間汝大王
於今此處自在天　可住此承天威力
意欲停時隨多少　任情所用終不違

尒時彼王在於忉利三十三天多時住已心意不樂作是念言我今恐畏壽命減損作是念已即便以偈白帝釋言

我昔初来樂天上　此處音樂微妙聲
我今恐畏壽命終　所以還不樂天果

尒時忉利帝釋天王即還以偈報荅於彼善意王言

王今年壽未虧減　命終之日猶尚遥
但以王今善業微　是故不樂於天上
仁者昔来乘自力　彼業今盡無有餘
既以罪業迷惑心　故令心不樂天上
今若欲受天威力　即受天樂如舊時
如於微妙車乘中　又如惑乱妙林苑

汝今若作如是想　即得心樂住此天

時善意王聞此偈已即便諮白天帝釋言大善天王我從此處至人間當作多福業行於布施行於苦行行於善事語言多實受於齋戒我當作是諸善業已還更來上於此天上時天帝釋告彼王言如是如是如仁者言汝今日從此處已去至於人間當作如是多種功德多作善業乃至布施受於齋戒汝造如是善業竟已還來天上

時善意王住彼天上經歷多時然後還詣向閻浮提至其王宮宮內所有婇女妃后及諸王子大臣百官親眷屬等皆悉死亡無有一在而王不見彼等舊人心中不樂憂愁悵快而說偈言

此是彼之舊衣服　瓔珞髀釧及耳璫
生平護惜不施他　今死物留身何在
如是種種莊嚴具　床褥被枕妙絺綖
園林池沼及香山　忽然而捨於此處
一切人民既不見　所有宮殿並虛空
婦兒眷屬悉皆無　我意去何樂於此

智慧尊豪具富貴　如是威德大家生
司命惡鬼不護持　磨滅悉皆使離散
若富若貴若貧賤　若聰若慧若愚癡
或少或壯或老年　若至於此盡時節
其司命鬼不能護　一切捉撮使消亡
諸有剎利婆羅門　毗舍自他貴賤等
或旃陀羅除糞類　時至不簡擇彼留
一切摧折悉無遺　猶如山川疾流駛
拔諸險岸所生樹　老病死至亦復然
吞噉眾類身命根　我親自於彼處見
四埵所居四鎮主　忉利三十三天宮
一戲意喜遊歷行　七日七夜時不及
我住於彼帝釋處　面前恒對矚天王
彼邊所觀餘諸天　常見有於如是事
我命惟造作福業　行檀捨施及尸羅
精進忍辱智慧禪　普更不求王位報

尒時佛告諸比丘言汝等比丘欲知彼時善意王者則我身是其摩多羅調御天者即此摩伽頻頭王是其於彼時將車請我為我牽車今亦如是請我與車亦欲為我躬自馭駕本誓願然

尒時頻頭娑羅大王至已宮殿到已

彼夜辦具種種甘美飲食悉皆豐足所謂噉食喓食嗽食舐食諸如是等一切並訖過彼夜後掃灑堂殿鋪設諸座即遣使人往詣佛所諮請時至作如是言善哉世尊時節欲至所營飯食已辦具訖

尒時世尊於晨朝時著衣持鉢與比丘眾左右圍遶足滿千人皆是宿舊螺髻梵志所出家者羽翼世尊詣王舍城

尒時忉利帝釋天王即自變改化作天身為摩那婆形端正可喜眾人樂見頭上還以螺髻為冠身著黃衣其左手中執金澡瓶右手挾持雜寶之杖在佛比丘大眾前行行時其足離地四指不到塵土尒時帝釋摩那婆身說此偈言

如來自伏能調他　共此一千舊螺髻
如是金色妙身體　無上世尊今入城
自既寂靜能寂他　共此一千舊螺髻
如是金色妙身體　無上世尊今入城
自既得度能度他　共此一千舊螺髻
如是金色妙身體　無上世尊今入城

自既得脫能脫他　共此一千舊螺髻
如是金色妙身體　無上世尊今入城
其有能說十法門　十力具足十無勝
一千比丘左右遶　無上世尊今入城

尒時城内一切諸人見天帝釋作如是言希有希有此摩那婆極大端正可憙無雙人所樂見此誰侍者此供承誰尒時忉利帝釋天王即以偈報彼諸人言

諸佛善能伏一切　寂靜無上最勝尊
應供天人世間中　我今與彼為侍者
最大丈夫能伏物　無有能勝佛世尊
應供天人世間中　我今與彼為侍者

尒時世尊安庠行至頻頭娑羅王宮殿中入已即便鋪座而坐尒時頻頭娑羅大王見佛世尊及諸大衆安坐已訖自手執持種種餚饍飲食之具施佛及僧并餘大衆一切充足自恣噉食衆雜唼嗽悉皆訖了佛及衆僧飯食竟已淨洗手足各將小座坐於佛前時頻頭王坐佛前已作是思惟今日令佛於何處住莫令去城過近過遠出家之人使得安心如法行道

時頻頭王復作是念此之竹園近於城隍還往穩便來去不疲平坦易行衆人所樂欲求利益易得不難兼少蚊虻毒蛇蝮蝎晝日寂靜無人去來夜裏少聲蘭若亦得欲近城池來去無身堪為善人修道之處我今應用此之竹林奉施世尊以為坐處

時頻頭王作是念已而白佛言大聖世尊此竹園林去王舍城不近不遠乃至堪為善人修道惟願世尊教我何法以此竹林布施世尊以為坐處

尒時佛告頻頭王言如是大王若欲布施我竹林者應當布施彼招提僧

時頻頭王即白佛言如世尊教時頻頭王從坐而起手執金瓶與世尊水復白佛言善哉世尊此竹林園去城側近乃至堪為善人修道我今捨施諸佛世尊招提僧等布施以後惟願世尊納取受用哀愍我故

尒時世尊即便受取為憐愍故因以此偈而呪願言

一切樹木雜園林　并及造作諸橋等
渠池井泉以充濟　船舫來去度衆人

彼等恒於晝夜中　福報日增長無絶
行法持戒人亦尒　信敬堅固即生天

尒時世尊為頻頭王呪願訖已從坐而起還至本處至本處已為此事緣集諸大衆集已而告諸比丘言汝諸比丘從今已後許諸比丘自畜園林

尼沙塞師作如是說得竹園緣

佛本行集經卷第四十四

佛本行集經卷第四十四

校勘記

一 底本，金藏廣勝寺本。

一 九五一頁中原版殘，以麗藏本補。

一 九五一頁中三行品名，徑、清作「布施竹園品第四十六之一」。

一 九五一頁中一一行末字「鞞」，資、磧、普、南、徑、清作「哆」。

一 九五二頁上六行「足勝彼長」，資作「定勝彼畏」。

一 九五二頁中一〇行第三字「精」，資、磧、普、南、徑、清作「微」。

一 九五二頁下一四行，次頁上八行及一二行「婆羅」，資、磧、普、南、徑、清作「娑羅」。

一 九五二頁下二一行第九字「娑」，清作「婆」。

一 九五三頁上五行第九字「鹿」，磧、普、徑、清作「麁」。

一 九五三頁上二一行第五字「到」，諸本作「致」。

一 九五四頁中六行「因緣」，諸本作「因説」。

一 九五四頁中二一行末字「毛」，諸本作「色」。

一 九五五頁上一八行第九字「此」，磧作「比」。

一 九五五頁中一八行第一三字「賢」，資、磧、普、南、徑、清作「寶」。

一 九五六頁中一五行第二字「命」，諸本作「今」。

一 九五六頁下一二行第七字「形」，麗作「形皃」。

一 九五七頁上末行第一〇字「心」，麗作「止」。

一 九五七頁中二一行第四字「呪」，普作「況」。

一 九五七頁下二行「堅固」，資、磧、普、南、徑、清作「牢固」。

一 九五七頁下六行末字「林」，資、磧、普、南、徑、清作「林時」。

佛本行集經卷第四十五

三藏法師闍那崛多譯　所

布施竹園品下

尒時王舍大城之中有一長者名迦蘭陀國中大富多有資財豐饒駈使乃至其家猶如北方毗沙門宮一種無異其迦蘭陀竹林處所是彼長者已之物去城不遠乃至堪爲善人居處彼園中有諸求道人来去居住其道人名阿耆毗伽（隋言邪命）迦葉遺師作如是說尒時四鎮四大天王告青色身夜叉等言汝輩速疾往迦蘭陀竹園之内掃灑除却一切沙礫礓石㯳棘糞穢土塠皆令平正勿使坑坎仰其淨潔今日世尊欲於彼園安居坐夏是時青色夜叉等衆承彼四大天王之威如是教已即便白言如天王勑疾至彼園掃灑清淨乃至悉皆平正嚴淨

尒時有一阿耆毗伽學道之人於晨朝起明星將現見四青色夜叉而来掃灑竹園見已即至彼等邊問作如是言長老云何汝等是誰彼等報言仁者我輩青色夜叉被四天王駈遣我等来於此處掃灑竹園乃至平正如来今欲於此安居經一夏坐以是義故我等今来料理此處

尒時阿耆毗伽道人見如是事過夜日出速疾往至迦蘭陀所大長者邊到已語彼迦蘭陀言汝大長者今若知時昨夜將盡明星現時我見有四青色夜叉掃灑料理於竹林園我既見已至彼等邊借問其言諸長老輩汝等是誰彼報我言我等是彼青色夜叉被四天王駈使而来至於此處遣於我等掃此竹園而語我言汝等至於竹林園内乃至修治使令平正世尊今欲住此安居是故我等故来此處摒擋料理此竹園中

尒時阿耆毗伽道人語長者言汝今於先將竹林園奉施沙門瞿曇受用恐畏於後摩伽陀王頻頭娑羅奪彼園與沙門瞿曇汝之長者當於尒時恐不得施此之功德汝當不得徒自虛損

時迦蘭陁大富長者從彼阿耆毗伽道人聞是言已即詣佛所半由旬道迸逆世尊其迦蘭陁長者遥見世尊前来可喜端正衆人喜見乃至諸相莊嚴其身猶如衆星莊嚴虚空見已即便於世尊所心生清淨心生歡喜詣向佛邊到佛所已頂礼佛足手執金鉼以清淨水灌於佛手

尒時長者口作是言善哉世尊我住王舍名迦蘭陁我有一園稱為竹林去城不遠乃至堪為善人安處我今將彼園奉世尊世尊為我受彼園用慈憐愍故

尒時佛告彼長者言若當有人布施奉佛或復園林或復宅地或餘衣服或餘資財空施佛者然彼之物於天人中即成為塔餘不得用

佛告長者汝今若將彼之竹園布施招提若在未来一切大衆皆悉得用勸汝如是殷重布施時迦蘭陁長者聞佛如是語已即白佛言如世尊教我不敢違

尒時長者重白佛言世尊我今將竹

林園布施未来三世一切衆僧来者皆隨意用願為於我受用彼園憐愍我故是時世尊從迦蘭陁長者之邊受彼竹園為欲憐愍彼長者故即說偈頌而呪願言

其偈初云樹木雜園乃至略說即得生天此是世尊最先受施竹園因緣

尒時世尊在王舍城迦蘭陁鳥竹園之内與大比丘徒衆千人所謂悉是舊仙螺髻梵志出家

佛本行集經大迦葉因緣品第四十七上

尒時去彼王舍大城不近不遠有於一樹名新竪立别有一師作如是言摩訶僧祇復作是說摩伽陁國王舍大城有一聚落其聚落名摩訶婆陁羅(隋言大澤田)彼處有一婆羅門村其村還名摩訶婆陁羅而彼村内有一大富婆羅門名尼拘盧陁羯波(隋言堪用樹)彼大長者巨富饒財多有驅使乃至其家猶如北方毗沙門天宫宅無異而彼長者大婆羅門領五百村處分駈使受其節度

尒時摩伽陁國頻頭娑羅王有一千

具犁牛耕地彼婆羅門止少一具不滿一千所以者何恐畏頻頭娑羅大王生嫉妬心所以故減其婆羅門所有六畜不可知數唯數烟火知其多少其金錢藏一切合有二十五窖而彼大富婆羅門婦至其園中遊戲觀看彼婦因在一畢鉢羅樹下而坐

尒時彼婦先舊懷娠即便在彼樹下而産生一童子可憙端正衆人樂觀世間無比猶如金像而彼童子初生之時於彼樹上即自然出一妙天衣彼衣現已其父母見作是思惟此之天衣必是童子福德故生是故即因此之瑞相名畢鉢羅耶䣚(隋言樹下生)而彼童子從生已来因樹為名相傳即稱畢鉢羅耶䣚尒時父母與彼童子各别安置四種妳母謂抱持妳乳餔之妳將遊戲妳看養育妳而彼四妳養育洗浴抱持戲笑與乳餔飼令其增長時畢鉢羅耶䣚童子而其父母唯此一兒愛重之心蹔不聽離若不見時父母心中即便不樂

尒時童子福德因緣養育未幾漸向

增長不久之間成就智慧乃至稍大能行能走而其父母及胎年數至滿八歲即為其受婆羅門戒既受戒已即便付囑父母家業諸雜伎藝祭祀法式悉遣令教所謂書畫筭數刻印及四韋陁諸受記法世辯言談受持杖法大呪術法闡陁之論種種文章五行星宿度數陰陽滳漏知時一日一夜凡若干時如是則凶如是則吉又復童子知地動相雷鳴震吼鳥獸鳴呼飛走驚動候相盡知一切諸變又占相知諸伎藝相知男女相知六畜相知人洗淨清淨之行知受水法受澡罐法知受灰法知唱唄歌明識吉祥威裏之相禳災解除祭祀火神大人諸天悉皆備訖既自學已復能教他受他物時或施他物皆悉學得於世間中無所不達無處不知睿智捷疾黠慧聰明敏慱辯才利根多巧而彼童子本性質直常猒世間知慾不淨心生捨離以昔曾見諸佛世尊於彼佛邊種諸善根修諸功德已得成就知諸食相心多欲入向涅槃門

常欲求出捨諸煩惱不受一切世間有為不受一切生老病死往昔修行以爛一切諸業繫縛因此智力至成熟地一生補處

時畢鉢羅耶那童子父母見其年漸長成堪受世慾如是知已即告彼言耶那童子我欲為兒娉娶女子與兒為侍作是語已時畢鉢羅耶那童子白父母言波波摩摩我心不樂娶妻畜婦我意願樂欲修梵行

尒時耶那童子父母告其子言我所愛子兒今先須生子立世然後任當修於梵行何以故此事相承傳聞說言若人無子無有繼後彼人終不得生天上時彼童子報父母言波波摩摩我今不用立世相傳亦復不用繼續於後我當梵行如是父母再過三過告畢鉢羅耶那童子作如是言愛子要須立世娶婦何以故畏我等家當絕嗣胤

時畢鉢羅耶那童子乃至三過被其父母如是惱時即便捉取閻浮檀金教於工匠作婦女形作已將向其父

母邊出以示現向其父母作如是言波波摩摩我不用受五慾之樂願修梵行若必波波摩摩要欲為我娶婦持立世者必當須覓如是顏色如閻浮檀金形狀者

時畢鉢羅耶那童子父母既見如是事已心大憂愁悵怏不樂心作是念我等何處能得婦女如閻浮檀金色形者時拘盧陁大婆羅門坐於樓上心裏不歡默然而住尒時彼家有婆羅門為其門師恒常來往至彼大富婆羅門家

時彼門師婆羅門來入其家已而呪願彼富婆羅門作如是言大施檀主願汝增加一切財錢吉祥果報無所乏少妻妾子息願多增益復更重問其家人言汝之大家今在何處家人報言大婆羅門我大家今在於樓上心大悵怏愁憂不樂默坐而住

時彼門師婆羅門即至於大富婆羅門邊如是白言願大施主增長家計宿昔何如於夜卧時食消以不又復夜共愛人相戲受於快樂稱意以不

而彼主人富婆羅門嘿然不報彼復問言汝今何故嘿然不報我今如是與汝小来同苦同樂汝今何故不共我語

時拘盧陁大婆羅門向其門師婆羅門邊委說前事說已語彼婆羅門言我今何處得如是女如閻浮檀金色形者尒時門師婆羅門報大婆羅門作如是言汝大施主富婆羅門莫愁莫苦汝既為我作於施主我所須者衣食具度常從汝得我為汝覔求於如是閻浮檀形金色之女汝心莫疑我覔决得我須道粮并及道伴汝覔與我我共彼等相隨而去四方求覔尒時大富婆羅門聞如是語已稱其所言皆悉辦具及徒伴與時彼門師婆羅門得種種資粮相發遣已即作四色神明繖蓋種種莊挍立為神明於其前作種種音樂前後圍遶或有傘蓋底打金作其神明面或以銀作或頗梨作神明之面或琉璃作神明之面作已别遣三傘蓋行向於餘方其一自隨告彼别道諸人等言汝輩

所至村邑方處普告一切諸村女言此是神明阿誰女能施設供養若供養者稱彼女心所欲求願即得成就汝等當觀其諸女内若見有女作於金色汝等當問其姓氏族名字住處宜速疾来還向我邊如是語已即便别去

時彼門師大婆羅門即自將一傘蓋神明置於囊裏及食粮具詣於他方或至州村聚落城邑王宫巷陌所入之處即將音聲樂彼神明所至之處有諸女等聞彼音聲一切悉来聚集觀察

尒時彼大婆羅門見諸女集聚即從囊中出神明形示現女輩口作是言汝等女輩各當供養此之神明若有女能供養於此神明之者其女所可有心求願即得成就尒時彼等一切女輩即將種種塗香末香華鬘散花從家将来欲用供養彼之神明如是方便漸漸行至毗耶離城

尒時去彼毗耶離城不遠有於一大村名迦羅毗迦（隋言黄色）赤　時彼村内有一

巨富大婆羅門名迦毗羅（隋言黄赤）彼婆羅門富足資財多饒駈使乃至彼家猶如北方毗沙門宫一種無異彼婆羅門有於一女名跋陁羅迦毘梨耶（隋言賢色黄女）彼女可憙端正殊絶衆人樂見世無有雙不短不長不麁不細不白不黒不紫不青其在盛年堪為天下玉女之寳

尒時彼處毗耶離城有一節日名為燃火其節日内有五百女共来集聚跋陁羅女身亦来集在彼會中尒時彼將傘蓋神明大婆羅門詣向於彼諸女之邊到已從囊即出神明示現彼等一切諸女口作是言汝諸女輩此是天神最勝最妙汝等各當供養祭祀若有女人供養此神可有心願皆悉得成

尒時彼等一切諸女各將種種末香塗香花鬘散花速走向彼神明之邊口作是言我今供養此天神明惟自有彼跋陁羅女獨不肯往近彼神明而彼一切諸女伴輩强抱其將彼神明邊亦到彼處其威光力彼閻浮檀

佛本行集經卷第四十五　第十二張　所字号

金色之形即無威光便失本色
尒時彼處跋陁羅女於女伴邊出力挺身即便得脫走向自家白已父母作如是言波波摩摩頗莫將我與於餘人何以故我今不用人作夫主我心中欲修行梵行尒時彼女所有兄弟語跋陁羅作如是言阿姊阿妹我等實亦不欲與汝覓時別離但我等輩若不嫁汝於道理中復不能得世人或言是女兄弟必於其邊有邪私意是故不肯嫁與他人恐涉此疑
是時彼女兄弟復更作如是言汝但莫愁我等若當將汝欲許於他人者會當為汝多索錢財而彼人求若不能辦多許錢物則汝自然不離家居而彼兄弟可有人來求彼女者即作是言若人欲求我姊妹者還聚好金令如女大乃當相與
尒時彼所求女門師大婆羅門將閻浮金女形行者既覩於彼跋陁羅女見已問彼諸别女言此女是誰誰家所生時彼諸女報於彼客婆羅門言此處有一家勝巨富大婆羅門名迦

佛本行集經卷第四十五　第十三張　所字号

毗羅彼是其女
尒時彼客婆羅門聞此因緣已日將欲没至黄昏時漸到於彼富婆羅門迦毗羅家到其家已從乞寄宿而彼家人即便許可借其宿處時彼寄宿客婆羅門過其夜已至彼後日於晨朝時詣迦毗羅婆羅門邊到其邊已即在其前而呪願言願此仁者婆羅門家常勝增長作於如是呪願畢已却坐一面其迦毗羅問於彼客婆羅門言仁者昨夜安隱以不宿昔何如是時彼客婆羅門報作如是言我昨夜中甚大安隱快樂無惱
尒時彼家跋陁羅女於晨朝時從眠卧起至其父邊到已頂礼於其父足却立一面時彼求女客婆羅門白迦毗羅富婆羅門作如是言善哉仁者此是誰女其迦毗羅報彼客言是我之女彼婆羅門復問仁者此女頗有與處以不迦毗羅言此女未有許與他處
時彼求女客婆羅門即白主人迦毗羅言大富仁者摩伽陁國有一聚落

佛本行集經卷第四十五　第十四張　所字号

名摩訶娑陁羅彼聚落内有於一村其村還名摩訶娑陁羅其中有一大婆羅門名尼拘盧陁羯波巨富饒財彼有一子名畢鉢羅耶那摩那婆諸義自解復能教他於三韋陁悉皆洞解復解一事十名之論及尼乹輸書論往事五明論等一句半句一偈半偈皆能分别受記世辯六十種論解大丈夫諸要相等一切伎藝無所乏少
尒時彼客婆羅門說如是語已白主人言今勸仁者將此女與彼摩那婆持以為妻是時彼大富婆羅門及諸兒子報於彼客婆羅門言大婆羅門此女若嫁索多錢財有誰能取客婆羅門問主人言索幾多財彼等報言稱此女形索若干金
尒時彼客婆羅門聞即從袋出彼閻浮檀金女之形亦現於彼父母兄弟訖作是言此閻浮檀金色之形應稱是女並等當取與我此女尒時彼女父母兄弟作如是念應彼處人聞我此女如是端正集聚多許閻浮檀金造作女形使若干大

尒時彼女父母兄弟共如是言我等今者若取此形閻浮檀金不觀彼家錢財多少又不諳悉其國禮儀法則高下我女脫若至於彼家當見苦惱今須密使私觀彼家作是念已告彼求女婆羅門言善使仁者大婆羅門我今欲遣使觀彼家法用云何然後思量可與以不是時彼客大婆羅門報言如是任意當觀

尒時彼客大婆羅門作是語已即辭主人歸還本國到尼拘盧陁羯波婆羅門邊到已白言善勝仁者大婆羅門心應歡喜我求得女如閻浮檀金色形者彼甚可憙端正無雙衆人樂見

時彼大富婆羅門問於彼求女婆羅門言大婆羅門仁者何處得見是女彼婆羅門即報之言彼女舍去毗耶離城其間不遠有於一村名迦毗羅其內有一富婆羅門名迦毗羅彼婆羅門有女名曰跋陁羅迦卑梨耶

尒時畢鉢羅耶那父母聞是事已心大歡喜遍滿其體不能自勝是時尼

拘盧陁羯波大婆羅門即便置立從已坐村連接乃至毗耶離城其間步地半由旬道安一牛群并造客舍如是處處安置訖了時迦毗羅大婆羅門告於彼等當牧牛人作如是言汝等各應如是備擬若其有人從毗耶離城來於此彼等所須一切諸物汝等迎接供奉彼人勿令乏短

尒時跋陁羅卑梨耶女兄弟從其家出向摩伽陁至王舍城彼等值初第一牛群所居之處彼處諸人曲躬出迎口作是言善來人輩從於何方遠來到此即引將入客舍之中以諸香湯與今澡浴復以種種香塗其身復將種種無價之衣與其令著復將種種雜好香花結用作鬘置其頭上然後別將種種甘美餚饍飲食與其令噉所謂噉唼嚼齧嘗嗽種種味具皆悉充足自恣飽已始告語言此中即是我等牛舍可停一宿後日早起隨意而行時彼等客問牛子言此誰牛舍牛子報言此是尼拘盧陁羯波富婆羅門牛牧之舍故為仁等客行安

立恐畏仁等行來疲乏飢渴困極所須不得而彼客人一夜安卧後日起行如是次第值於第二牛群之舍如是第三第四第五第六第七悉皆如是出迎承接復口白言汝等仁輩從何遠來乃至令宿一夜安樂眠卧後日隨意而行

時彼等客問主人言如是牛舍可有幾許牛子報言從彼摩訶婆陁羅村已來至於毗耶離城半由旬間置一牛舍尒時跋陁羅迦卑梨耶女兄弟共聞如此語已即作是念彼人牛舍尚有若干其餘錢財更何須說我等從此應須迴反還向本家我等當以我之姊妹嫁與彼家以為其婦

時彼兄弟即遣使人告彼大富婆羅門言汝來可取我之姊妹為汝新婦作是語已從彼迴還時畢鉢羅耶摩那婆聞於使人以得稱其心意之女聞已即作如是念言我今應當自往觀看彼女實有如是德行智慧以不是時畢鉢羅耶童子即便至已父母之邊長跪白言菴婆多多我心實亦

不用五欲願修梵行而尊長令既強為我求於疋對是故我今自應往彼次第乞食觀看彼女實如使人言語以不

時其父母即告子言若知時者汝當自行而彼童子即便辭行次第乞食漸漸至迦毘羅迦村時彼國內有如是法若有沙門若婆羅門來乞食者女手將食出與彼人尒時跋陁羅女即從其家自將食出授與彼客摩那婆手

尒時畢鉢羅耶見彼女已作如是念此決定應是彼女也是時其女自手授與彼摩那婆飯食訖已頂礼其足却住一面時摩那婆問彼女言仁者善女有嫁處未

尒時彼女即便報言仁者摩那婆摩伽陁國有一聚落其聚落名摩訶翔波彼處有一婆羅門村彼村有一冨婆羅門名尼拘盧陁羯波彼有一子名畢鉢羅耶我之父母以將我許與彼為妻

尒時畢鉢羅耶即便報彼跋陁羅女

作如是言善女我聞彼摩那婆內心不用行於五慾願修梵行是時彼女即便諮白摩那婆言大婆羅門我今得聞如是言者甚大歡喜我亦不用行於五慾願修梵行今日許他此是父母世間之意我實不用今強以我隨同世人適彼為妻

尒時畢鉢羅耶童子聞是語已問彼女言謂仁者女汝昔曾見畢鉢羅耶摩那婆不彼女報言善摩那婆我未曾見時摩那婆復更重語於彼女言謂汝善女即我是彼畢鉢羅耶摩那婆身我實不用行於五慾我今內心願行梵行此之事情是我父母眷屬之意直是父母故強與我取女為妻

尒時跋陁羅女聞是語已即便白彼摩那婆言善哉仁者大摩那婆我得是言甚大歡喜仁必不用世五慾者今莫久住速宜取我莫令於彼有無梵行世間之人而求索我尒時畢鉢羅耶得是語已即從彼處迴還向家至父母邊到已長跪白父母言耆婆多多我實不用行世五慾心願修梵行

二尊為我欲娶婦者但速疾為我迎彼婦来

尒時畢鉢羅耶父母即共迦毘羅迦大婆羅門立於言契交關下財隨索多少辦具種種飲食雜味無價瓔珞妙寶衣等選求吉祥善好宿日多賷財實往彼迎取跋陁羅迦毘羅之女與兒作妻迎入家已於一室內鋪二合榻既安置已而彼二人在一室內各各叔皺不相染觸

尒時畢鉢羅耶父母聞此事已作如是念彼之二人在一室內不相染觸此事云何即更方便却一合榻止留一榻其既同眠自應相合而彼二人猶不相觸若畢鉢羅耶著於睡眠其跋陁羅女即起經行若跋陁羅女著於睡眠其畢鉢羅耶即復遲行如是更互周歷年載終不同寢

佛本行集經卷第四十五

佛本行集經卷第四十五

校勘記

一 底本，金藏廣勝寺本。

一 九五九頁中三行品名，徑、清作「布施竹園品第四十六之二」。

一 九五九頁中八行首字「已」，諸本作「自己」。

一 九五九頁下一行及一一行「長老」，資、南、徑、清作「長者」。

一 九六〇頁上一九行第三字「若」，資、磧、普、南、徑、清作「現」。

一 九六〇頁中一一行品名，徑、清作「大迦葉因緣品第四十七之一」。

一 九六〇頁中一三行「樹名新」，資、磧、普、南、徑、清作「樹名雜」；麗作「村名新」。

一 九六〇頁中一五行、一七行「摩訶婆」，諸本作「摩訶娑」。

一 九六〇頁下一七行第四字「置」，資作「直」。

一 九六〇頁下一九行第一一字「鋪」，資、磧、普、南、徑、清作「飲」。

一 九六一頁上九行第一三字「則」，磧、普、南、徑、清作「即」。

一 九六一頁上一四行第一二字「歌」，資、磧、普、南、徑、清作「歌舞」。

一 九六一頁中二行「一切」，南作「一切多」。

一 九六一頁中三行第九字「因」，南作「因多」。

一 九六二頁上七行第九字「如」，磧、普作「安」。

一 九六二頁上一二行「形金色」，南作「金色形」。

一 九六二頁中五行「住處」，資、磧、普、南、徑、清作「住處好惡」。

一 九六二頁下一六行第一三字「心」，南作「一」。

一 九六二頁下二二行第一三字「彼」，諸本作「往」。

一 九六三頁下二〇行第三字「並」，諸本作「汝」。

一 九六四頁中一四行第三字「今」，磧、普、南、徑、清、麗作「令」。

一 九六五頁中九行「仁者女」，資、磧、普、南、徑、清作「仁者善女」；麗作「仁善女」。

一 九六五頁中一五行第三字「直」，磧、普、南、徑、清作「真」。

一 九六五頁下二行末字「來」，資、磧、普、南、徑、清無。

一 九六五頁下一七行第一一字「逕」，諸本作「經」。

佛本行集經卷第四十六　所

三藏法師闍那崛多譯

大迦葉因緣品中

尒時跋陁羅身正著睡眠其夫起立經行之時彼地方所有一黑虵欲得行過時跋陁羅既著睡眠而其一手懸垂床梐畢鉢羅耶見於黑虵欲從彼過跋陁羅手既垂下懸心作是念畏彼黑虵螫其手即衣裓手擎跋陁羅臂安床上

尒時跋陁羅以觸臂故睡眠即覺心生恐怖愁憂不樂意中疑怪即便諮白畢鉢羅耶作如是言賢善聖子仁於前時可不與我有是要誓我意不憙行於五欲願修梵行今為何故發如是心畢鉢羅耶報言如是我不行慾跋陁羅言聖子今若不行於慾何故向者忽觸我臂

尒時畢鉢羅耶依實報言向有黑虵從此而過我見汝臂懸在床前我於彼時作如是念恐畏彼虵吐毒螫汝我於彼時以衣裓手擎持汝臂安置

牀上實不故觸如是次第彼之二人一處居止經十二年同在室內各不相觸過十二年後有一時畢鉢羅耶父母命終家業既廣即便經營畢鉢羅耶身自撿挍家外田作其跋陁羅修緝家內所有一切生生之業

尒時畢鉢羅耶曾於一時語跋陁羅作如是言賢善仁者汝處分教壓烏麻油今欲將與諸牛等飲其跋陁羅即報夫主如聖子教我不敢違聞是教已喚諸使女而告之言汝等速疾壓烏麻油聖子欲將飲於諸牛

尒時使女聞跋陁羅如是言已即將烏麻置日中曬而見諸虫百千蠕動見已各各共相謂言我等當得無量諸罪或復有言我等今者知有何罪此之罪過屬跋陁羅其使我等作如是事跋陁羅聞諸使女等作是言已即語之言若有如是衆罪過者汝等當更莫壓於油

尒時跋陁羅遣人摒擋彼烏麻已入於室內閉門思惟心中不樂低頭默然寂靜而坐其畢鉢羅撿挍田地觀

看迴還見諸衆生受彼種種無量苦惱復覩諸牛受於困厄作使駈逐暫不得停見已憂惱低頭黙然作是思惟嗚呼一切諸衆生輩受是苦惱還至其家心大憂愁顏色不樂低頭念坐

其跋陁羅見畢鉢羅如是憂惱低頭思惟見已到邊到已白言聖子何故如是憂愁心內不樂低頭而坐仁今可不作如是念我處分汝跋陁羅令使人壓油不爲我壓以此因緣心不樂也彼即報言賢善仁者我今不以如此因緣心中不樂低頭而住

我於今朝從此而去撿挍田作見諸衆生受種種苦來去行住不得暫安復見諸牛種種作事不曾停息我見是已作如是念嗚呼嗚呼諸衆生等乃受是苦我以是故心中不樂低頭而住

時跋陁羅復報夫言善仁聖子我今亦見如是大患其夫問言賢善仁者汝見何患其跋陁羅次第即說如是因緣尒時畢鉢羅耶語跋陁羅女作

如是言賢善仁者住在家內難行清淨無缺無犯無損無害終不能盡一形一命可得稱心修行梵行

其跋陁羅報言聖子是故我等二人詳共捨家出家是時畢鉢羅耶即便報彼跋陁羅言賢善仁者汝今且住我當求師若尋得已當告汝知汝於後時捨家出家

尒時畢鉢羅耶即喚家內所有作使諸男女等而告之言汝輩可有當我錢財或復穀米皆屬汝等皆放爲良我欲出家修行梵行爲猒離故

尒時畢鉢羅耶取已白㲲無價之衣即時用作彼僧伽梨即請一人剃其鬚髮而作是言世間可有大阿羅漢而出家者我今隨其出家修道當於彼時世間未有一阿羅漢惟除如來多陁阿伽度阿羅呵三藐三佛陁

尒時世尊於晨朝時明相現已證阿耨多羅三藐三菩提尒時畢鉢羅耶迦葉當於是日夜分已過日始初出尋亦出家是畢鉢羅耶迦葉生於大迦葉種姓之內故於世間得迦葉名

彼出家已於聚落內次第乞食漸次而行復一時間次第遊行到摩伽陁國摩伽陁聚落至鄱荼陁村王舍大城其間忽見如來在彼一神祇處尒時是神名曰多子在於彼坐甚大端正其身正直猶如虛空之內衆宿莊嚴迦葉見已即得清淨得無二想我於今者必見教師我於今者必見婆伽婆我於今者必見一切智我於今者必見世尊一切見者我見世尊我見無礙智見者我見世尊彼大迦葉如是得淨心已心心相續正念不散頂礼世尊足下已畢右膝著地在於佛前白佛言世尊我是世尊聲聞弟子惟願世尊與我爲師我是世尊聲聞弟子也是故論者而說偈言

彼見佛在多子樹　猶如金像光顯赫
其心內發一切智　合掌歡喜向世尊
於彼林處礼佛足　合掌尊前作是言
惟願世尊爲我師　猶如闇處燃燈照

尒時世尊告迦葉言迦葉若有聲聞弟子如是一心正念已說言是我師如是之心尊重供養而彼教師不知

言知不見言見彼人以此虛妄語故受是尊重供養之者彼人頭破作於七分然大迦葉我今知實言知見實言見我為聲聞諸弟子等說法之時說於因緣非無因緣非無開遮非但開遮亦現神通非惟現通亦有開遮非無開遮

復次迦葉我於彼時說於因緣乃至亦有開遮非無開遮如我所說應奉行之勿得違也隨順我言若如是者於當來世長夜獲得自利益事得大安樂也

復次迦葉汝應如是學迦葉汝若欲學如是行者於梵行人內下中上所應起敬重慚愧之心迦葉汝應如是學也

復次迦葉汝於彼時常起正念勿暫捨離迦葉汝於此事復應當學

復次迦葉汝於彼時於五陰中應觀生滅之相所謂此是色此是色生此是色滅此是受此是想此是行此是識此是識生此是識滅迦葉汝於是處應如是學

於時長老摩訶迦葉既蒙世尊作是教已生是不淨常乞食食經於七日至於八日如教生智於時世尊如是教已從座而起於是長老摩訶迦葉侍送世尊

尒時世尊行路未久便在路側到一樹下到彼樹已然其長老摩訶迦葉取已身上僧伽梨衣四疊敷地而白佛言世尊是座為世尊設憐愍我故佛坐是座作是語已於時世尊便坐彼座坐已佛告長老摩訶迦葉言迦葉如此僧伽梨極為微妙甚勝甚軟時長老迦葉白佛言世尊善哉善哉世尊今者憐愍我故受我是座

於時世尊告彼長老摩訶迦葉作如是言迦葉汝能持我所著糞掃衣不於時長老摩訶迦葉白佛言惟然世尊我能持彼如來所著糞掃衣耳於時世尊即授長老摩訶迦葉麁糞掃衣世尊便受摩訶迦葉所著妙服於世間中有人作疑頗有世尊憐愍他故顯示大德福利之事至於留勢在先棄捨而受麁布糞掃之衣彼所

疑者惟應說此摩訶迦葉聲聞弟子是也乃至能從如來受彼麁糞掃衣其長老迦葉乃至得阿羅漢果盡於形壽彼長老摩訶迦葉不捨此想是故世尊授於彼記汝等比丘若欲知我聲聞弟子少欲知足行於頭陁志具足者所謂長老摩訶迦葉比丘是也

尒時世尊復一時間在舍衛城祇樹給孤獨園於時世尊告諸比丘言諸比丘我於昔時離諸慾惡不善之法有覺有觀離生喜樂入於初禪是時摩訶迦葉比丘亦復如是離諸欲惡不善之法有覺有觀離生喜樂入初禪行

我於尒時滅於覺觀內清淨心一處無覺無觀定生喜樂入第二禪是時摩訶迦葉比丘亦復如是亦滅覺觀乃至入於第二禪行

諸比丘我於尒時離喜行捨憶念正智受於身樂如賢聖所歎已捨諸事住於安樂入三禪行是摩訶迦葉比丘亦復如是離喜行捨憶念正智受

於身樂如賢聖所歎已捨諸事住於安樂入三禪行

諸比丘我於尒時欲斷諸苦斷捨諸樂先滅憂喜不苦不樂捨念清淨入四禪行是迦葉比丘亦復如是斷苦斷樂先滅憂喜不苦不樂捨念清淨入四禪行

汝等比丘我於尒時正以慈心遍於一方入定安住如是第一第二第三至第四方如是上下於一切處一切世間以於慈心遍滿一切入定安住廣大無量無有怨恨不生毒害是時摩訶迦葉比丘亦復如是乃至無有怨恨不生毒害悲喜之心亦復如是

諸比丘我於尒時以其捨心遍滿一方入定安住如是第一第二第三至第四方如是上下於一切處一切世間以於捨心悉皆遍滿入定安住廣大無量無有怨恨不生毒害是時迦葉比丘亦復如是乃至不害

汝等比丘我於尒時過一切色相滅一切有對相不思不念一切別異相

念無邊虛空處即入無邊虛空處行是時迦葉比丘亦復如是過一切色相乃至入無邊虛空處行

諸比丘我於尒時過一切無邊虛空處念無邊識處即入無邊識處行是時摩訶迦葉比丘亦復如是乃至入無邊識處行

諸比丘我於尒時過一切識相念一切無所有相即入一切無所有處行汝諸比丘是時摩訶迦葉比丘亦復如是乃至入於一切無所有處行

諸比丘我於尒時過一切無所有相念非有想非無想處行是時摩訶迦葉比丘亦復如是乃至即入非有想非無想處行

諸比丘我於尒時過一切非有想非無想處行是摩訶迦葉比丘亦復如是

諸比丘我於尒時入八解脫行逆順出入入已還出出已還入是時摩訶迦葉比丘亦復如是乃至入已還出出已還入

諸比丘我於尒時入八勝處行逆順出入入已還出出已還入是時摩訶

迦葉比丘亦復如是乃至入已還出出已還入

諸比丘我於尒時入十一切處行入已還出出已還入是摩訶迦葉比丘亦復如是乃至入已還出出已還入

諸比丘我於尒時遊戲種種神通境界所謂一身分作多身合於多身共作一身從外入內從內出外從上入下從下出上石壁山障徹過無礙入出於地如水不異譬如火炎現已尋滅日之與月有大威德大威力而能以手上捫摸之身得自在乃至梵天汝諸比丘是時摩訶迦葉比丘亦復如是亦復遊戲種種神通能以一身分作多身復以多身共作一身乃至身得自在至於梵天

諸比丘我於尒時以淨天耳過於人耳所聞衆聲或是天聲或是人聲皆悉了聞是時摩訶迦葉比丘亦復如是亦復能用清淨天耳過於人耳乃至一切皆悉了聞

諸比丘我於尒時以他心智知他冨伽羅等心行之事即如實知如是心

念若願心即如實知願心若無願心即如實知無願心如是有瞋心如實知有瞋心無瞋心如實知無瞋心有癡心如實知有癡心無癡心如實知無癡心有愛心如實知有愛心無愛心如實知無愛心有為心如實知有為心無為心如實知無為心小心廣心大心狹心亂心不亂心無量心無邊心有上心無上心入定心不入定心住定心不住定心解脫心不解脫心如實即知是時摩訶迦葉比丘亦復如是亦以他心智知富伽羅等心行之事即如實知如是心念若有願心若無願心乃至如實知解脫心不解脫心如實能知

諸比丘我於尒時憶知種種宿命之事或一生處或二或三或四或五或十二十三十五十或百或千或壞一刧或住一刧壞已住住已壞或知無量壞刧成已壞壞已成我於彼處如是名字如是姓如是生如是食如是樂如是苦如是受若干時壽命我於彼處死於此處生我於此處死彼處

生如是相如是形種種宿命皆悉念知是摩訶迦葉比丘亦復如是亦以清淨天眼過於天人見於宿命之事或一生乃至如是相貌如是形種種宿命皆悉念知

諸比丘我於尒時以清淨天眼過於天人見諸衆生死此生彼或好或醜或生善道或生惡道隨其業報乃至實知此等衆生具足身惡行具足口惡行具足意惡行及謗賢聖邪見顛倒此業和合因緣成故身壞命終墮惡道中此等衆生具足身善行具足口善行具足意善行不謗賢聖正見業法因緣故身壞命終生於善道如是之事以淨天眼過於天人如實見於彼處死生於此處或勝或劣或好或醜善道惡道隨業受報皆悉知見是摩訶迦葉比丘亦復如是如實能知如實能見諸比丘我於尒時諸漏盡已於無漏中心得解脫慧得解脫於現法中神通自在證安樂行唱如是言生死已斷梵行成就所作已辦不受後有是摩訶迦葉比丘亦復

如是諸漏盡已乃至所作已辦不受後有

尒時諸比丘白佛言世尊是長老摩訶迦葉往昔之時作何善業生富貴家資財具足乃至所作已辦身相端正衆所樂觀世間無比最上最勝狀如金像作何業因復得出家具足衆戒證羅漢果又佛授記諸比丘中少欲知足頭陁第一摩訶迦葉比丘是也作是語已佛告諸比丘言諸比丘我憶往昔過去之時有一辟支佛名曰多伽羅尸棄恒住在彼波羅捺城於彼時間波羅捺處穀貴飢儉白骨滿地人民多死乞食難得出家之人不能擧措

尒時辟支佛日在東方於晨朝著衣持鉢入波羅捺城次第乞食不得如先洗鉢空鉢而出

尒時波羅捺城中有一人其家貧苦而少居積而彼貧人見辟支佛多伽羅尸棄漸進而前威儀庠序視地而行進止得所舒顔平視威儀具足心得正念於時貧人見辟支佛心得淸

淨漸到彼已白辟支佛作如是言善哉大仙於此城中求乞飲食可得以不尊者報言善哉仁者我於此城乞食不得

時彼貧人白辟支佛言善哉大仙来詣我家於時彼人家内惟有稗飯一升成熟已訖遂將辟支来入家中敷設安坐以飯奉獻而諸辟支佛有如是法以神通力教化衆生不以餘通尒時多伽羅辟支佛於彼人所受得食已憐愍彼故從彼貧舍騰空而去時彼貧人見彼尊者辟支佛騰空而去彼既見已歡喜踊躍身心遍滿頂戴十指合掌恭敬頭面作礼乞如是願願於將来值遇如是辟支聖人或復勝者若彼聖人所説法要願得聞持速疾解悟又願生生世世不墮惡道之中

汝等比丘欲知尒時波羅㮈城貧苦之人請多伽羅辟支世尊到其家内而施食者摩訶迦葉比丘是也時彼貧人以少貯積能以好心施多伽羅辟支世尊一食緣故千返生於北欝單越處於無量世往返恒生刹利大姓婆羅門種居士大家藉是業報因緣力故於迦葉佛出世之時得為迦尸國王訖利尸子其迦尸國王訖利尸子恭敬尊重迦葉如来阿羅訶三藐三佛陁盡於一世然後涅槃是迦尸國王為佛舍利造七寶塔其七寶者所謂金銀頗梨琉璃虎珀瑪瑙及車𤦲等其寶塔内七寶莊挍外以石砌覆其寶塔其塔高妙極一由旬廣半由旬其王子名奢婆陵伽（隋言欝緣）於其塔上造七寶蓋遍覆其塔

又有師說造塔八分於比丘僧布施衣服飲食靴履施已作願願我將来不生惡道之中所生之處得金色身值如是聖彼聖説法尋即領悟又願作是事已遂從父王求乞出家其父不許時彼王子父命終後乃得出家既出家已讀誦經典成就禪定於彼命終往返恒生天人之内無量世中遊歷是已於𡨥後身今得生於居拘陁羯婆羅門家其家巨富具足財寶乃至所須皆無少乏而是摩訶迦葉於迦葉佛舍利塔上造七寶蓋供養尊重因緣力故得金色身以於彼時乞如是願願我不生惡道以是業報因緣力故從是已来不墮惡道常得生於天人之處受於無量無邊樂報而於彼時復乞願言願我將来值是聖人既得值已勿令僣我或勝此聖彼若說法聞已即觧以彼業報因緣力故得值於我如是教化即值我已即得出家具足衆戒證羅漢果我所授記諸比丘中少欲知足即此上座摩訶迦葉比丘是也

諸比丘此是摩訶迦葉往昔所造功德業報因緣力故生於大富婆羅門家乃至無所之少身相端正𡨥妙𡨥勝狀如金像復得出家具持衆戒證阿羅漢果故我授記少欲知足頭陁第一者即摩訶迦葉比丘是也

尒時世尊經於多時復一時間告大迦葉作如是言迦葉汝今將邁少年已過老年復至汝身所著糞掃奢耶麤弊之服宜須捨棄今可取我上妙衣服迦葉汝來如是之服長者所施

微細輭軟刀所割成縫治著身受他人請常在身邊勿離於我作是語已時大迦葉白佛言世尊我於長夜在阿蘭若亦常讚歎阿蘭若法我於長夜乞食活命亦復讚歎乞食功德我於長夜著糞掃衣亦復常歎糞掃衣德我於長夜不非時食亦復讚歎不非時法我於長夜修一坐食亦復讚歎一坐食法我於長夜受一揣食節量食噉亦復讚歎受一揣食及以讚歎節量食法我於長夜在於塜間亦復讚歎在塜間法我於長夜在於露地亦復讚歎在露地法我於長夜住在樹下亦復讚歎住樹下法我於長夜在於經行亦復讚歎在經行法我於長夜常坐不卧亦復讚歎常不卧法我於長夜惟畜三衣亦復讚歎畜三衣法我於長夜少欲知足亦復讚歎少欲知足我於長夜樂於寂靜亦復讚歎樂寂靜法我於長夜不曾樂說無益之語亦復讚歎不樂無益言語之法我於長夜常行精進亦復讚歎常精進法我於長夜成就正念亦

復讚歎成正念法我於長夜成就正定亦復讚歎成正定法我於長夜成就智慧亦復讚歎成智慧法我於長夜常入禪定亦復讚歎入禪定法

佛告迦葉作如是言迦葉汝見何利益故長夜自行阿蘭若法亦復讚歎行阿蘭若法乃至長夜自入禪定亦復讚歎入禪定法

於是大迦葉白佛言世尊我見二種利故長夜在阿蘭若處亦復讚歎行阿蘭若者乃至長夜常入禪定亦復讚歎常入定者何等為二一者我今現得安樂行法二者為後世衆生生憐愍故惟願將来人衆見我等故學我等行應作是言過去之世有老宿上坐聲聞比丘彼等長夜樂阿蘭若讚歎阿蘭若行乃至常入禪定亦復讚歎常入禪定者我等云何學於彼行乃至自入禪定讚歎常入禪定者世尊我見此二種利故長夜在於阿蘭若行亦復讚歎行阿蘭若者乃至常入禪定亦復讚歎常入禪定者

佛告大迦葉言善哉善哉大迦葉汝

於来世為多衆生作大利益作大安樂安隱無量諸天人民是故汝今隨意所樂住阿蘭若處汝於隨時欲見如来時時来見

於時諸比丘問佛言曰希有世尊是長老摩訶迦葉何故乃能為多衆生作大利益作是語已佛告彼等諸比丘言諸比丘是摩訶迦葉非但現今為衆多人作大利益過去之世亦為多人作大利益

諸比丘白佛言世尊惟然世尊願說因緣佛告諸比丘言諸比丘我念往昔此摩訶迦葉曾作帝釋天王於彼時間無佛出世亦無辟支佛出世於彼時中一切人輩從人道中命終已後捨人身已多生惡道少生人天如是三十三天夜摩天兜率天化樂天他化自在天梵身天墮已多生惡道少生人天於彼之時天處人處多有空曠

佛本行集經卷第四十六

佛本行集經卷第四十六

校勘記

一 底本，金藏廣勝寺本。

一 九六七頁中三行品名，徑、清作「大迦葉因緣品第四十七之二」。

一 九六七頁下六行「生生」，麗作「資生」。

一 九六七頁下二二行「室內」，資、磧、普、南、徑、清作「宮內」。

一 九六八頁上二行「駈逐」，磧作「駈遂」。

一 九六八頁上八行「何故」，磧作「可故」。

一 九六九頁中八行第一〇字「褺」，諸本作「疊」。

一 九六九頁下一四行末字「初」，磧、南作「第二」。

一 九七〇頁上一六行「今時」，諸本作「爾時」。

一 九七〇頁上一八行第八字「於」，資、磧、普、南、徑、清作「滿」。

一 九七〇頁中一三行首字「念」，諸本作「入」。

一 九七〇頁中一七行第四字「是」，徑作「是時」。同頁下四行第八字同。

一 九七〇頁下一一行「大威力」，資、磧、普、南、徑、清作「有大威力」。

一 九七一頁下一六行「晨朝」，諸本作「晨朝時」。

一 九七二頁上末行第一三字「北」，資、普無。

一 九七二頁中一一行第一一字「伽」，資作「保」。

一 九七二頁下一五行「之少」，磧、普、南、徑、清、麗作「乏少」。

一 九七二頁下二〇行「今將邁」，磧作「令將遇」；南作「令將邁」。

一 九七三頁上二行「身邊」，諸本作「佛邊」。

一 九七三頁中七行及二一行「阿蘭」，資、磧、普、南、徑、清作「蘭」。

一 九七三頁中一七行首字「讚」，資、磧、普、南、徑、清作「共讚」。

一 九七三頁中末行第六字「言」，磧、普、南、徑、清無。

趙城縣廣勝寺

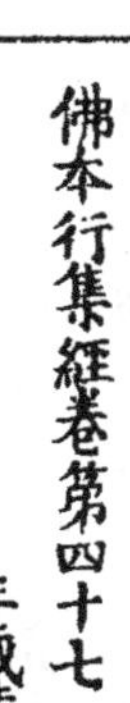

佛本行集經卷第四十七　所

三藏法師闍那崛多譯

大迦葉因緣品下

尒時彼帝釋王作如是念我于今者亦可下生彼閻浮提人間受生教化彼等教誨成就作是思惟巳喚四天王言善哉仁者汝於今者可就我所聽我教令我今意欲共汝等輩生於人間教化人故教誨彼等我於彼時當作師子王身汝等當作師子而守護之將多眷屬而圍遶之作是身巳遊歷村舍城邑聚落遊行處時時彼人輩若問汝等我當應常與汝何物汝等應當報彼人言曰別與我一百數人若其彼等復問汝等須丈夫也須小兒也為取婦人為取男子汝等應報作如是言若有多殺生者如是等人日須一百用供給此師子王食如是偷盜人者行邪婬者行妄語者或兩舌者或惡口者或綺語者或多貪者或多瞋者或邪見者如是之等諸惡人輩日須一百供此師子若其有諸不殺生者汝等勿與如此之人師子不食如是不盜者乃至不邪見者汝等勿與如此師子悉皆不食復須是教家別一人決須出家

尒時帝釋及四天王善教思惟作是念巳下來閻浮尒時帝釋化作師子縱廣高下一俱盧舍猶如師子無有異也時彼人衆在師子後為師子王索食而行如彼昔時帝釋所教無有異也

尒時彼衆以怖師子悔心殺生無有偷盜亦無邪婬乃至無有邪見之心悉具足持修十善業家家別一人出家學道行四梵行命終巳後生於梵宫於其衆中若有人等惟持十善不出家者彼等人輩多生人天流轉而行是摩訶迦葉於彼時中如是方便為衆多人作大利益以過去世因緣力故今亦復尒為衆人民作大利益諸比丘是摩訶迦葉比丘於未來世弥勒世尊法教之中亦為多人作大利益時諸比丘白佛言世尊是摩訶迦葉於彼云何當作利益佛告諸比丘言

諸比丘是摩訶迦葉我涅槃後攝護我法及諸戒律令久住世當作法會盡其形壽將命終時入於山間以神通力住持此身起如此願願我此身勿令散壞乃至弥勒如來多陁阿伽度三藐三佛陁出見我身也作是思惟已遂捨身命入無餘涅槃彼涅槃後二山還合於後弥勒得阿耨多羅三藐三佛陁時廣顯法教於彼時間弥勒世尊憶念是大迦葉舍利生憶念已告諸比丘作如是言汝等比丘欲見釋迦牟尼多陁阿伽度三藐三佛陁聲聞弟子少欲知足頭陁第一者所謂摩訶迦葉已不彼等比丘白言唯然世尊我等樂見

尒時弥勒如來阿羅漢帝三藐三佛陁與無量千衆左右圍遶至於彼所至彼處已時彼兩山即便兩開尒時弥勒多陁伽多三藐三佛陁見大迦葉比丘舍利不散不壞惟着僧伽梨見已告諸比丘言諸比丘此是釋迦多陁伽多三藐三佛陁聲聞弟子頭陁第一名大迦葉即其人也

尒時弥勒多陁伽多三藐三佛陁在於彼處為諸比丘而說其法作如是言諸比丘迦葉比丘所行如是我如是教汝等今者應如迦葉比丘所行尒時衆中多千比丘乘如是法行如是法如摩訶迦葉比丘所當行也於彼衆中無量千數衆等於彼法中當得清淨法眼

佛告諸比丘如是次第是大迦葉比丘為當來時大利益也諸比丘我今誡勸汝等學大迦葉比丘願汝等行如迦葉比丘也

佛本行集經跋陁羅夫婦因緣品第四十八

尒時跋陁羅迦卑梨耶女以不得善師遂至外道波離婆闍迦所出家學道精勤修習成就彼法尅獲四禪具足五通於彼法中得大名稱成就威力

尒時世尊已聞女人聽其出家于時摩訶波闍波提為五百釋女皆志出家光顯佛法建立比丘尼衆於彼時間長老大迦葉作是思惟我於往昔已許跋陁羅迦卑梨耶女得善教師

要當相示必令汝得出家學道復作是念彼跋陁羅迦卑梨耶女今在何處即便入定觀察是女以清淨天眼過於人眼觀見是女在彼波離婆闍迦外道之處出家學道住在恒河河岸之處修外道行見已便喚一箇得通比丘尼来而告言曰善哉姊妹汝若知時其跋陁羅迦卑梨耶女於波離婆闍迦外道之所出家學道今在恒河河岸之所善哉姊妹汝應詣彼如實告言善哉姊妹汝夫迦葉我共同師出家學道汝今亦可往詣彼所於我師邊出家學道修行梵行時彼得通比丘尼聞長老摩訶迦葉如是語已譬如壯士屈伸臂頃彼比丘尼如風迅疾從舍衛城而沒其身相遂至於跋陁羅迦卑梨耶波離婆闍迦外道女前現身却住在於一面

彼比丘尼即便慰問波離婆闍迦外道之女慰問已訖而復告言善哉姊妹汝應知時汝夫迦葉與我同師出家學道修行梵行汝今亦可往詣彼所於我師邊出家學道修行梵行也

尒時跋陁羅迦畀梨耶波離婆闍迦外道之女問彼比丘尼言善哉姊妹汝等教師當何所似作是語已彼比丘尼報跋陁羅外道女言善哉姊妹我等教師以三十二大人之相莊嚴其身具足八十種好十八不共佛法十力四無所畏大慈大悲無邊戒衆具足無邊定衆具足無邊智慧衆具足無邊解脫衆具足無邊解脫知見衆具足我彼大師一切聲聞諸弟子等亦復如是戒衆具足定衆具足智慧衆具足解脫衆具足解脫知見衆具足時彼比丘尼於跋陁羅迦畀梨耶女前如是如是歎佛功德及聲聞弟子時彼跋陁羅迦畀梨耶外道之女聞已遂於如來及比丘僧所心得清淨得清淨已告彼比丘尼言善哉姊妹若如是者我當隨去時彼比丘尼語跋陁羅迦畀梨耶外道女言善哉姊妹乘我神通相隨而去

尒時跋陁羅報彼比丘尼作如是言善哉姊妹然我身自有神通也

尒時彼比丘尼共跋陁羅迦畀梨耶

外道女於彼發引亦如壯士屈伸辟項從恒河所即便沒身於祇陁林中忽然出現往詣佛所其跋陁羅迦畀梨耶外道之女遥見世尊端嚴殊妙乃至猶如虛空衆星莊嚴見已心得清淨即至佛前到已頂礼佛足而白佛言善哉世尊聽我出家授我具戒

尒時世尊告阿難言長老阿難將此跋陁羅迦畀梨耶外道之女付囑摩訶波闍波提憍曇弥勑教言曰此跋陁羅迦畀梨耶外道之女放令出家授具足戒是女當得神通具足威力並脩

尒時長老阿難奉佛勑命白佛言曰如世尊教不敢違也遂將彼女向於摩訶波闍波提憍曇弥比丘尼所到已具陳如上之事

尒時摩訶波闍波提憍曇弥比丘尼度跋陁羅迦畀梨耶外道之女令得出家授具足戒具戒未久至空閑處獨自安靜遠離諸濁精勤苦行心不放逸思惟而住

尒時跋陁羅迦畀梨耶外道之女既

得出家授具足戒乃至心不放逸思惟而住不久彼衆諸善男子善女人等正信出家求無上梵行現得見法自得神通所作已辦得安樂住口自唱言生死已斷梵行已立所作已辦不受後有

是長老女見知是已遂得阿羅漢果心得解脫世尊復記告諸比丘作如是言是比丘尼於聲聞比丘尼識宿命中是跋陁羅迦畀梨耶比丘尼最為第一

諸比丘尼凡所諸問皆能記莂尒時彼等諸比丘尼衆大生希有想各各嗟歎希有希有是跋陁羅迦畀梨耶比丘尼而大衆中諸比丘尼久已出家修行梵行未得如是捷疾神通如跋陁羅迦畀梨耶比丘尼者

尒時彼比丘尼衆有心疑故往詣如來能斷疑惑達解一切實義者之所到已頂礼佛足却住一面住一面已彼諸比丘尼衆白佛言世尊此跋陁羅迦畀梨耶比丘尼往昔之時作何善根而於今者生大富家資財具足

乃至一切無所乏少身相端正衆人樂見觀者無猒世所希有具足衆相復以何緣而得出家具諸戒行疾得神通世尊授記於諸聲聞比丘尼衆弟子之中識宿命者是跋陁羅迦毘梨耶比丘尼最為第一

作是語已佛告諸比丘尼作如是言諸比丘尼我念往昔波羅㮈城中有二女共為親友一者大冨長者女二者大姓婆羅門女尒時彼婆羅門大種姓女請彼大富長者之女至其舍宅時迦葉如来多陁阿伽度三藐三佛陁詣大富長者家時彼大冨長者女見迦葉如来詣於已舍即便出舍迎逆世尊時彼婆羅門女不肯出迎時彼大冨長者女告大婆羅門女善哉姉妹汝以何故不迎世尊彼女報之言善哉姉妹我手無物云何空手往詣佛所今向佛邊以何等事自恣迎佛

尒時大冨長者之女報彼女言善哉姉妹汝但迎佛如来必入尒時彼大婆羅門女遂造一蓋衆寶莊嚴以細疊衣弥覆其上復以種種諸花鬘等四散垂下

尒時迦葉如来阿羅訶三藐三佛陁於晨朝時日在東方愍彼女故著衣持鉢詣彼大冨長者女家

尒時婆羅門大姓女持彼寶蓋奉獻迦葉如来阿羅呵三藐三佛陁奉獻訖復以偈誦而說之曰

種種寶蓋金為柄　微妙細衣花覆上
迎奉丈夫大威德　惟願世尊哀納受

尒時迦葉如来阿羅呵三藐三佛陁愍彼女故受其寶蓋汝等比丘勿作心疑彼時施寶蓋女豈異人乎即跋陁羅迦毘梨耶比丘尼是也

諸比丘尼更有因緣我念往昔還此波羅㮈城有一大冨長者其彼長者有駈使女於彼時間有一辟支佛波羅㮈大城而住

尒時辟支佛於晨朝時日在東方著衣持鉢詣大長者舍宅乞食尒時使女見辟支佛漸進而来威儀庠序進止有方尒時使女心得清淨得清淨已速詣家中向長者婦邊而白言曰善哉聖女有一比丘在門乞食

時長者婦抗髮而坐以其右手舉髮遥看彼辟支佛是辟支佛形體醜陋身不正直時長者婦見已即告彼使女言我今不喜如是醜陋不正之人況與食耶是時使女復白彼言善哉聖女但與但與此仙人食如是之人何必端正但取心賢時長者婦復作是言我實不憙如是之人云何遣我布施食也使女復言聖女今者若不憙與仙人食者但願與我一日食料我自迴施時長者婦復作是言善哉姉妹汝今既是我家作使取汝自分隨意所與

尒時使女於長者婦邊取自分食奉獻尊者辟支佛

諸辟支佛有如是法以神通力教化衆生不以餘法時辟支佛於使女邊生憐愍故受所奉食即於彼前騰空而去時彼使女見辟支佛以神通力飛騰空行既見此已歡喜踊躍身心遍滿不能自勝合十指掌遥即頂礼向彼尊者辟支佛陁遂起是願口即

唱言願我將來值是好師或勝是者彼所説法願速領悟生生世世不墮惡道勿令醜陋得不正身如此仙人所以者何以醜陋故乞食不得我所生處一切時中可憙端正衆所樂觀

尒時彼長者婦見彼尊者辟支佛現大神通騰空而去見已告彼使女言曰善哉姉妹汝可與我如此功德我於今者倍與汝食時彼使女白長者婦作如是言善哉聖女我不能與時長者婦復作是言善哉姉妹願汝與我如此功德我與汝食兩倍於前彼使女言亦不能與如是三分四分五分十分二十分三十分四十分五十分悉不肯與

時長者婦復告彼女善哉姉妹汝今與我如此功德我今與汝一百分食使女言曰亦不能與

尒時彼長者婦即生瞋恨便告之曰汝以何故違我勑遂捉使女苦加打縛時彼使女遂即高聲作大啼哭

尒時彼大長者從外入來見彼使女啼哭如是而問之曰賢者何故如此

啼哭時彼使女即向長者說前情狀

尒時長者便生瞋恨即喚已婦令解衣服及諸瓔珞復告言曰我既遣汝撿挍家資乃有沙門婆羅門者詣家乞食而汝不與以是因緣駈令出堂安置小室弊陋之處即召使女教令洗浴以婦瓔珞衣服之具悉授使女即令彼女開倉庫門顯示財寶而告之曰賢者如是錢財物中若有沙門婆羅門等若有乞者任隨施與莫為限閡

汝等比丘於意云何彼時長者家内使女豈異人乎勿作斯疑此即跋陁羅迦卑梨耶比丘尼是也時彼使女以於辟支佛所生清淨心故隨其終已生忉利天可憙端正衆所樂觀最勝最妙於忉利天宮殿之處於玉女中無有勝者而彼天上有四天子各各諍競求彼王女欲以為妻各各言曰是王女者當與為婦

時天帝釋見四天子各各諍競即勑言曰仁者汝等各競欲取此女為妻汝等宜各隨便說偈偈最勝者即便

相與尒時彼四天子白天帝釋善哉天王惟願天王於前說偈我等當說

時彼帝釋即說偈言

行坐恒思念　寢卧常無樂　我著睡眠時
尒乃心放捨

尒時彼四天子之内有一天子復說偈言

天王汝快樂　睡眠得安隱　猶如戰鼓聲
常恒攪乱我

于時第二天子復說偈言

如擊戰鼓聲　是聲乎有無　如近耳摇酪
攪乱我不息

于時第三天子復說偈言

摇酪容有時　有息亦有疾　我為欲所説
狀如炎日光

于時第四天子復說偈言

汝等皆安樂　善巧能說偈　我今不自知
為活為當死

尒時天帝釋見第四天子心躭著慾即說偈言

是人欲捨命　不久自當死　恐捨天處樂
宜速授彼女

時彼天衆更共評論遂授彼女時彼

使女從是已来不墮惡道周迴往返於天人處經無量生於最後生生迦毗羅婆羅門家多饒財寶資財無量是跋陁羅迦比丘尼由於往昔生在彼大婆羅門家為女之時於迦葉如来三藐三佛陁所施雜寶蓋復以往昔在長者家為使女時因施彼尊者辟支佛食一飡飯故而發願言願我所生可意端正衆所樂見以彼業果因緣力故生生之處可意端正衆人樂覩最勝最妙為人所慕緣於彼時又復願言令我將来勿墮惡道以是業報因緣力故生生之處不落三塗於天人處周旋往返常受快樂以於彼時更乜願言令我將来類值如是教師或勝此者從彼聞法皆能領悟以是業報因緣力故今得值我復得出家具足衆戒亦復能得速疾神通我為授記於聲聞衆比丘尼中得宿命通最第一者所謂跋陁羅迦毗梨耶比丘尼是也諸比丘尼是跋陁羅迦毗梨耶昔種善根以彼善根因緣力故是故跋陁羅迦毗梨耶比丘尼

今生冨貴大婆羅門家端正可喜乃至於我聲聞之衆比丘尼中憶往宿命最為第一

尒時諸比丘白佛言世尊希有婆伽婆是跋陁羅迦毗梨耶比丘尼隨順長老摩訶迦葉得出家已善能隨順出家之法作是語已佛告諸比丘言諸比丘是跋陁羅迦毗梨耶比丘尼非但今世隨順摩訶迦葉出家過去之世亦復如是隨順出家諸比丘白佛言世尊此事云何願為解說

佛告諸比丘我念往昔有一貧人修營田業時貧人婦從家而出以食餉夫到一河邊見一尊者辟支𨒈趺樹下端身正念身心不動時彼貧婦見辟支佛心生清淨合十指掌頭頂礼足敬意在前其夫在田還見其婦從家而出入河岸下不見渡處即起心念誰在彼邊共誰而住於即不来今我飢渴甚大疲頓思欲早至以是因緣彼夫即便生大瞋恚悵怏不樂執杖向彼至彼處已見辟支佛安坐禪定見已即作如是思惟我婦今者與

彼沙門共為世事決無疑也于時彼人生大瞋恨以杖打彼婆私瑟吒尊者辟支佛尒時辟支佛即從彼岸以神通力騰空飛行

時彼貧婦即白夫言咄哉汝造如是大罪仙人無咎以何義故横生惱乱今此大仙戒德具足行於妙法有大威德具大神通尒時貧人打辟支佛已尋即生悔既生悔已即告婦言善哉姊妹汝於今者可共出家同修梵行所以者何我今是罪不可以少因緣除滅婦即報夫作是言曰善哉聖子不敢違教今我二人捨家出家時彼二人齊心出家既出家已二人修行成就慈心捨身命終遂生梵處汝等比丘於意云何于時昔時如是貧人營田業者豈異人乎摩訶迦葉比丘是也彼時貧人之婦供養辟支佛為夫餉食乃至成就慈心捨身命終生梵宮者豈異人乎即跋陁羅迦毗梨耶比丘尼是也以於彼時隨夫出家故於今者亦復隨逐摩訶迦葉出家不違教也

佛本行集經舍利目連因緣品第四十九上

佛本行集經卷第四十七　第十八張　所字号

尒時摩伽陁聚落去王舍城不遠有一村柵名那羅陁彼村之中有一巨富大婆羅門名曰檀孃耶那（隋言住吉至）在彼村又有師說彼婆羅門名曰檀那達多（隋言財與）彼婆羅門甚大巨富多有資財如毗沙門一種無異彼婆羅門具有八子其第一子名曰優婆伍沙其第二子名曰大勝其第三子名曰純陁其第四子名曰萎叉頡唎拔多其第五子名曰闍陁第六名曰闍浮呵迦第七名曰惰陳尼第八名曰獲達離舍那是名八子復有一女名曰獲尸弥迦是女於彼波離婆闍外道法中出家修道

摩訶僧祇師復言彼婆羅門有七子所謂第一名曰達摩其第二者名曰獲達摩第三名曰優波達摩其第四者名曰坻沙第五名曰優波坻沙第六名曰頡唎拔多第七名曰優波波離拔多是名七子其優波坻沙摩那婆於兄弟內㝡為處大善能誦習亦教化人於四輩隨莫不曉悟誦習成就善能解釋自餘諸論所謂尼揵陁

佛本行集經卷第四十七　第十九張　所字号

難畫婆等及其名字一一能釋明宿世事巧能分別於五明處曉了無导授記剪論纏練在心六十四能具足成就善能曉達大丈夫相時摩那婆本性柔軟其心賢直常懷慈悲深猒世事悔昔先罪已於過去多值諸佛種諸善根成就衆事巧能薰習常樂精勤於食知足猒背煩惱向於涅槃順理無导能恶諸有衆行成就巧壞結縛至成就地惟一生在聰明妙巧細心思惟明了諸法童子父母營事家業皆悉諮問尒乃造作尒時王舍大城去城不遠有一聚落名拘離迦於彼村內有一種姓大婆羅門居士是大居士依彼村住大富饒財乃至波家猶毗沙門天王宮殿無有異也彼婆羅門産生一子名拘離多顏容端正衆所樂觀一切書論皆悉通曉復能教他乃至能了丈夫之相其優波坻沙童子共為親友時彼二人手相愛念常懷歡喜和顏悅色若少時別大生愁惱彼等往昔千生之中愛戀相縛而有偈言

佛本行集經卷第四十七　第二十張　所字号

宿世因果相薰習　二心展轉手相親
以如是等愛心故　猶如蓮花生在水
優波伍沙拘離多　彼二遞手相愛敬
若經少時不相見　腹中煩惋自懊惱

佛本行集經卷第四十七

佛本行集經卷第四十七

校勘記

一　底本，金藏廣勝寺本。

一　九七五頁中三行品名，徑、清作「大迦葉因緣品第四十七之三」。

一　九七五頁中一三行「我當應常」，資、磧、普、南、徑、清作「我等應當」。

一　九七六頁上四行第三字「住」，普作「任」。

一　九七六頁上一六行「阿羅漢」，資、磧、普、南、徑、清作「阿羅訶」。

一 九七六頁中一三行品名，徑、清作「跋陁羅夫婦因緣品第四十八」。

一 九七六頁下一行第六字「令」，麗作「今」。

一 九七六頁下二行第七字「迦」，資、南、清無。

一 九七七頁中一一行第一一字「放」，麗作「教」。

一 九七八頁上一九行第五字「今」，資、磧、普、南、徑、清作「令」。

一 九七八頁中八行「倡誦」，徑作「倡頌」。

一 九七八頁中一二行「比丘」，諸本作「比丘尼」。

一 九七八頁中一七行「辟支佛」，諸本作「辟支佛依」。

一 九七八頁中二二行第六字「使」，資、磧、普、南、徑、清作「彼」。

一 九七八頁下二行「右手」，諸本作「左手」。

一 九七八頁下一六行末字「佛」，資、磧、普、南、徑、清作「佛也」。

一 九七九頁上七行第五字「空」，資、磧、普、南、徑、清作「虛」。

一 九七九頁上一六行第七字「彼」，諸本作「使」。

一 九七九頁下一四行第三字「客」，諸本作「容」。同行末字「説」，諸本作「亂」。

一 九七九頁下一九行「躭著慾」，徑作「躭欲」。

一 九七九頁下二二行首字「宜」，麗作「冥」。

一 九七九頁下末行第三字「天」，南作「大」。

一 九八〇頁上四行第五字「迦」，麗作「迦卑梨耶」。

一 九八〇頁上七行末字「者」，麗無。

一 九八〇頁上八行第五字「一」，南無。

一 九八〇頁上末行第四字「故」，資、磧、普、南、徑、清無。

一 九八〇頁中一四行「見一尊者辟支」，徑作「見尊者辟支佛」。

一 九八〇頁中一九行第一一字「即」，徑作「今」。

一 九八〇頁下六行第六字「各」，磧、普、南、徑、清、麗作「咎」。

一 九八〇頁下一六行「于時」，諸本作「于彼」。

一 九八一頁上一行品名，徑、清作「舍利目連因緣品第四十九之一」。

一 九八一頁上六行夾註「隋言」，磧作「隋云」；徑、清作「此言」。

一 九八一頁上九行第九字「膝」，諸本作「膝」。

一 九八一頁上一八行第一二字「其」，徑無。

一 九八一頁上一九行首字「者」，徑無。

一 九八一頁上末行第二字「化」，諸本作「他」。

一 九八一頁中一〇行第一三字「巧」，諸本作「朽」。

一 九八一頁中一一行「成就」，諸本作「成熟」。

佛本行集經卷第四十八　所

三藏法師闍那崛多譯

舍利目連因緣品下

尒時王舍大城去城不遠有一山名祇離渠呵於彼山中常有一時施設大會其會即名祇離渠呵復有山名離師祇離亦常設會其會亦名離師祇離復有一山名倍呵羅如是般塗山如是毗冨羅山各有一會其會亦名毗冨羅等如是彼山祇離渠呵隨節設會於彼會處聚集大衆時有無量千數無量百千數乃至億數人民交集乘種種乘所謂象馬車步從八方來欲觀彼會其王舍城一切人民莫不皆出於彼時間去王舍城郍羅陁村去拘離迦聚落可半由旬時伍沙童子作是思惟我於今者可至祇離渠呵處詣彼觀看若至彼者令我必當剋獲一事謂心猒離於是優波伍沙童子乘四爲車從郍羅陁聚落而出至祇離渠呵設會之所爲觀看故其拘離多童子亦作是念我於今者可往詣彼祇離渠呵大會之處乃至心生猒離乘其爲背漸進而行是童子前使諸人戲或歌或儛從拘離迦聚落而出至祇離渠呵設會之處爲觀看故

時彼二人顏容端正能悅人心乃至伎婁莫不了達堪爲衆首時彼會中敷諸高座彼人至已各昇高座是時優波伍沙童子見彼大衆以種種伎作諸音樂或歌或儛憘戲受樂既見此已即作是念此事希奇未曾有也今是人民乃能於此苦惱之中諸纖濁内裹老垢處受樂放逸如是病垢無有安隱如是死纖命非久長如是大衆而生樂想放逸自恣種種歌儛於衆音樂受諸戲樂時優波伍沙觀大衆已作如是念過百年已如是大衆無一在者作是念時即生悔恨不生欣慕便從勝座安徐而起漸離會處至空閑林詣一樹下悵怏而坐諸根閇塞思惟禪定

時彼會中有一伎人以戲弄故令大衆喜時拘離多童子見彼大衆呵呵

大笑即作是念今此大衆於百年已令車頬骨更可合不作是念已生大憂苦不生貪樂便從坐起覓優波伍沙童子即作念言優波伍沙童子今何所在四向顧覓遥見優波伍沙童子在彼林樹安坐思惟其心不樂諸根閇塞思惟念定顧瞻見已即便詣彼而白言曰汝今何故其心不悅於此之處獨坐思惟汝於今者得無失恠不祥之惱殃苦事也即說偈言

鼙鼓等音聲　男女歌詠聲　應聽是妙音
何故不生樂　此時應歡喜　勿得懷憂惱
此是受樂時　非應作啼哭　但聽是音聲
如天王女作　此會如天會　何故情不欣

尒時優波伍沙童子告拘離多童子奇哉親友汝見如是大會事不以於種種音聲歌詠受大喜樂是大會衆於百年已無有一在即說偈荅

衆人貪愛境　是境不能救　諸物不久固
愚癡輩何樂　此諸衆生等　染著五慾心
不久墮地獄　命終成灰土
我今心內無一欣　恐怖愁憂甚增長
汝等意樂雖有樂　如我意見樂法心
天人脩羅緊那羅　多時心中受歡喜
不能猒離便命盡　是故我應脩法行

尒時拘離多童子復白優波伍沙童子言優波伍沙我之心念亦復如是即說偈言

苦樂相同者　憂喜亦復同　智者所讚歎
今我亦同汝　汝慈心所好　我意亦當隨
寧可共汝死　不欲生離汝

尒時拘離多童子復問優波伍沙童子言我等今者欲何所作時優波伍沙童子報拘離多童子作如是言知友若尒今者我等應當出家求勝甘露時拘離多童子便報優波伍沙童子作如是言如汝意樂我亦隨喜優波伍沙我等今者既已捨家宜從此去求索出家時優波伍沙童子告拘離多童子言汝拘離多應當知時我等今者衆人識知若家不許誰度我等彼恐父母生留難心我等於今宜諮父母時二童子遂從衆會還至家中尒時優波伍沙童子詣父母所而白言曰善哉父母我今意者樂欲出家惟願聽許尒時父母私共評論今

者家內誰為繼嗣一切資生以誰為主如是童子我等愛念將欲捨我出家求道我有何心而能別彼於時父母共評論已即告優波伍沙童子言童子我等今日雖有衆子於汝偏愛暫時不見生大憂惱常樂見汝不欲相離汝從生來未曾勤苦如我等意乃至絶命不欲相離況我現存而當相放若許出家終無是事如是二請乃至三請亦不聽許如是三請不蒙許已尒時優波伍沙童子既不蒙許遂於一日不飲不食乃至七日尒時父母一切親屬及諸知識各共集會白父母言善哉聖者汝等應許優波伍沙捨家出家其人若得捨家出家樂彼求道容存活路身命若存汝等何憂而不見耶若不樂彼會自當歸勿令汝前取命終耳尒時童子父母即告言曰若必然者我今聽許

尒時拘離多童子即詣父母而白言曰善哉父母我今將欲捨家出家惟願聽許是拘離多父母惟有一息愛之甚重不欲暫捨若少不見生大憂

愁時拘離多童子父母昔於家內先有要誓汝等家內大小於拘離多童子邊有所作者勿得違也凡所發言皆悉從命於時彼等善知時已告拘離多童子言隨汝意樂任情所作

尒時王舍大城有一外道名波離闍婆刪闍耶住在彼城有五百眷屬尒時優波低沙童子及俱離多童子未有歸依不知何去時二童子遂剃鬚髮於刪闍耶(隋言彼勝)外道之所出家學道時彼二人念行捷利少欲知足智慧深遠其刪闍耶毗羅瑟智(隋言別異技)之子遂向人說已道術種種伎藝醫方藥草非想禪定時二童子既聞是已於七日七夜皆悉通達時彼二人通達是已於波離婆闍迦外道之所及五百眷屬為教授師時彼二人如是次第主領大衆雖復如此而於內心未得安靜時優波低沙童子告波離婆闍迦(隋言遠離)拘離多曰善哉拘離多此刪闍耶波離婆闍迦法不究竟窮盡苦際拘離多汝應共我更求善師時拘離多波離婆闍迦童子告優

波低沙波離婆闍童子言如優波低沙所言我不違也雖然此師亦復不得今棄捨之更餘別覓時彼二人同心立誓我等二人若復更得勝是師者為我等說甘露勝道者必相啓悟

尒時世尊頻婆娑羅等教化十二那由他衆生已住王舍城迦蘭陁竹園之內與大比丘衆一千人俱皆悉剃鬚捨家出家

尒時有一長老比丘名優婆斯那威儀庠序諸比丘中最為第一於晨朝時著衣持鉢入王舍城於其城中次第乞食摩訶僧祇師作如是說

自餘諸師又復說言時阿輸波踰祇多(隋言馬星)於晨朝時日在東方著衣持鉢入城乞食於其城中次第乞食威儀庠序進止有方著僧伽梨及涅槃僧嚴持食器皆悉齊整巧攝諸根安心視外思惟諸法正念直行

尒時王舍大城一切人民目所見者各共評論而說偈言

巧攝諸根識　進止恒靜定　含笑出美言
此必釋種子

尒時優波低沙童子見彼長老阿濕波踰祇多比丘於王舍城次第乞食威儀庠序進止有方著僧伽梨及涅槃僧嚴持食器悉皆齊整巧攝諸根安心諦視思惟諸法正念直行而為諸人說此偈故

尒時優波低沙波離婆闍迦即作是念世間所有諸阿羅漢一切聖人及成向道今是大德應在一數我當詣彼問其心疑

尒時優波低沙波離婆闍迦復作是念若往問者今非其時所以者何以乞食故夫求法者應捨我慢宜當隨逐詣何方所作是念已其優波低沙波離婆闍迦即隨後行觀覓去所尒時阿濕波踰祇多比丘從王舍大城乞食已持食出城時優波低沙波離婆闍迦即詣大德阿濕波踰祇多比丘之所到已共彼長老阿濕波踰祇多比丘對自慰喻共談說已却住一面

時優波低沙波離婆闍迦白大德阿濕波踰祇多比丘言仁者汝是正師

為當是他聲聞弟子也說是語已時
長老阿濕波踰祇多告優波低沙波
離婆闍迦言別有大師我是餘尊聲
聞弟子
尒時優波低沙波離婆闍迦問大德
阿濕波踰祇多比丘言大德汝師是
誰依誰出家樂誰法行
尒時世尊初成正覺時諸人輩皆悉
号佛為大沙門是摩訶沙門也作是
名号尒時阿濕波踰祇多大德比丘
告優波低沙波離婆闍迦言善哉仁
者有大沙門是釋種子於釋迦種類
於彼出家彼是我師依彼出家意樂
彼法尒時優波低沙波離婆闍迦復
白大德阿濕波踰祇多言善哉仁者
彼汝大師顏容端正於汝勝不所有
德術亦勝汝也
尒時長老阿濕波踰祇多即說偈言
如芥對須弥　牛跡比大海　蚊虻並金翅
我與彼亦然
假使聲聞度彼岸　成就諸地猶弟子
於彼佛邊不入數　與佛世尊威德別
然彼我師於三世　法皆悉明了得無

尊智仁者我師於一切法事皆成就尒時優波低
沙波離婆闍迦白大德阿濕波踰祇多言仁者汝師
說何等法論何等事即說偈言
我見新威儀　身心甚寂定　是故我疑網　願為說是事
汝今莫疲倦　我心懷疑網　汝師說何法　願為解說之
見是婆羅門　恭敬起是問　報言我師者　昔遊種大姓
一切智無勝　是我無上師
尒時大德阿濕波踰祇多比丘告優波低沙言仁者我
生年幼學法初淺少知少聞豈能廣說今當為汝略言
之耳尒時優波低沙白阿濕波踰祇多言善哉大德要
略說之如我今者不好多語而說偈言
我唯取真理　不好名與句　智者為當義　依義我修行
尒時大德阿濕波踰祇多告優波低沙言仁者我彼大師
說因緣法談解脫路我師偈說如是之法摩訶僧祇師作
如是說迦葉惟師又復別說是義云何仁者我師說是法句
諸法從因生　諸法從因滅　如是滅與生
沙門說如是
尒時優波低沙波離婆闍善達文字
之法時大德彼阿濕波踰祇多比丘
能解文義又能攝彼義及文字是何
多也
諸法因生者　彼法隨因滅　因緣滅即道
大師說如是

時優波低沙波離婆闍迦觀見如此
法行之時即於是處遠塵離垢盡諸
煩惱得法眼淨諸有為法皆得滅相
如實觀知譬如淨衣無有垢染速離
黑膩易受染色如是如是優波低沙
波離婆闍迦觀此行法即於是處遠
塵離垢乃至如實觀知時已彼優波
低沙波離婆闍迦如實觀見彼諸法
已得諸法已觀諸法已入諸法已度
諸法已無復疑網是非之心皆悉滅
没得無畏地不隨他教自然能知如
來法已即說偈言
如是之法行　如我所得者　數劫那由他
未曾得此法
尒時優波低沙波離婆闍迦已見諸
法已得諸法已得生智捨三奇木整
理衣服向大德阿濕波踰祇多頂礼
足下礼已還起右遶三匝從是別去
詣拘離多波離婆闍迦所到已其拘
離多波離婆闍迦遥見優波低沙波
離婆闍迦面目清淨儀容光澤見已
自言仁者優波低沙波離婆闍迦汝
於今者諸根已淨皮膚光澤面目清

淨汝於今日頗證甘露不頗得甘露道也時優波低沙波離婆闍迦告拘離多波離婆闍迦言仁者我已值遇甘露勝法得甘露道時拘離多即報彼言仁者如是甘露誰邊所得時優波低沙波離婆闍迦報言仁者我於彼大沙門邊所得拘離多波離婆闍迦復言仁者彼大沙門說何等事論何等法汝於今者去何而得甘露勝道尒時優波低沙波離婆闍迦向拘離多波離婆闍迦而說偈言

諸法因生者　彼法隨因滅　因緣滅即道
大師說如是

尒時拘離多波離婆闍迦聞是偈已即於是處遠塵離垢盡諸煩惱得法眼淨一切行法皆得滅相如實能知如實能解譬如淨衣無有垢涤遠離黑膩易受涤色乃至如實能觀知已而說偈言

如是是行法　如我今所得　數刧那由他
不曾獲此法

時拘離多復以偈頌告優波低沙波離婆闍迦言

汝遇甘露故　面目淨光澤　汝讃說是法
聞已得淨眼

尒時拘離多告優波低沙波離婆闍迦言善哉仁者速往速往宜從此到大沙門所當行梵行彼佛世尊是我教師

尒時優波低沙波離婆闍迦告拘離多言仁者我等今日不得失恩應詣大師刪闍耶所何以故彼於我等多作利益先於我邊有大重恩慇度我等今得出家應詣彼別又復五百眷屬徒黨依附我等修學行法須告彼知若彼印可我亦共行

尒時優波低沙波離婆闍迦共拘離多波離婆闍迦往詣彼師刪闍耶波離婆闍迦邊到已白言善哉仁者我等今欲至大沙門佛世尊所行於梵行時刪闍耶波離婆闍迦告優波低沙波離婆闍迦等言仁者彼所莫往我共汝等教習此衆如是第二優波低沙波離婆闍迦復告刪闍耶波離婆闍迦言善哉仁者我等欲去至大沙門佛世尊所行於梵行時刪闍耶波離婆闍迦再語優波低沙波羅婆闍迦等言仁者莫至彼所是諸弟子付囑於汝我於今者獨到一邊從情無預如是第三時優波低沙波離婆闍迦共拘離多波離婆闍迦等語刪闍耶波離婆闍迦言我等不欲是諸弟子但我惟願速詣彼師大沙門邊行於梵行彼大沙門是我世尊是我教師說是語已即於此處背刪闍耶而去不還

尒時彼五百波離婆闍迦外道之衆即作是念此優波低沙拘離多是二人等多解多知聰明細意我等多年疲勞勵意讀誦伎藝呪術等事然是二人於七日七夜一切通達此非凡庶此等應曉能求勝處若彼求處我亦隨求其所行法我亦當行所修梵行我亦隨修作是思惟已便即隨行時刪闍耶波離婆闍迦復告於彼大衆言曰汝等人輩莫去莫去雖復如是言說遮斷不能留礙遂尒而去時刪闍耶波離婆闍迦即作是念今此大衆必定捨我以此大衆捨離因緣

故大愁惱即從口中吐大熱血而取命終

尒時優波伍沙波離婆闍迦與拘離多波離婆闍迦將五百眷屬詣迦蘭陁竹林之處尒時佛告諸比丘言汝諸比丘應善知時於此院内須敷淨座彼諸比丘白佛言世尊唯然受敎時諸比丘即為世尊於其院内敷設淨座世尊於是坐彼座時長老憍陳如遥望見彼優波伍沙及拘離多二人與彼外道徒衆左右圍遶欲來至已即白佛言世尊今此二人優波伍沙波離婆闍迦拘離多波離婆闍迦等有大伎藝多聞多知於諸道術無復疑網名聞流布遍至四方今若来至世尊前者如我意見量此二人決欲共佛論義来也作是語已佛告長老憍陳如言汝憍陳如我今知彼二人之心求勝故来不以論義

尒時世尊遥見彼等優波伍沙波離婆闍迦拘離多波離婆闍迦等二人因緣而說偈言

見諸聖為樂　共居亦復樂　不見群癡輩
是則名常樂

尒時世尊告諸比丘作如是言汝諸比丘見此二人波離婆闍迦一名優波伍沙二名拘離多不時諸比丘而白佛言見也世尊佛復告彼諸比丘言汝諸比丘今此二人是我聲聞弟子之中各有第一一者智慧第一二者神通第一而說是偈

彼等遥見二人来　弟子圍遶及眷屬
雲雷尊音告比丘　如此二人外道生
今来詣我大衆處　汝等比丘應當知
一者智慧㝡為勝　二者神通復第一

時佛復告諸比丘言汝諸比丘一切過去所有諸佛多陁伽多三藐三佛陁於此聲聞大衆之中更無勝也今此二人當亦如是諸比丘若未来世諸佛如来三藐三佛陁更無勝我今此一雙聲聞弟子汝等比丘亦可敷設宜令彼坐而有偈說

二人牛王得深智　已捨一切諸邪道
雖未至此大林中　世尊遥授彼人記

於時二人漸進而来欲到彼林遥見長老阿濕波踰祇多在一樹下視地

經行即詣彼所到已頂礼却住一面時憍陳如而白佛言希有世尊云何今此優波伍沙波離婆闍迦等捨彼勝生放蕩之處及多聞處發㝡上心於長老阿濕波踰祇多所起㝡下心作是語已佛告長老惠命憍陳如夫有智者隨得智處常起報恩繫念不忘若少得恩常憶無失况多得也憍陳如是優波伍沙波離婆闍迦等於阿濕波踰祇多所得法眼淨以是因緣說此法句

諸佛所說法　誰邊聽解知　是處起恭敬
如梵志事火

尒時優波伍沙波離婆闍迦等與諸波離婆闍迦等詣向佛所頂礼佛足長跪白言善哉世尊我等今者欲世尊前出家修道唯願世尊聽我出家受具足戒佛告彼言善来比丘今来入我自證法中行於梵行盡諸苦故作是語已彼諸比丘自然即得三衣著身各執瓦鉢鬚髮自落狀如童兒初剃其鬚始經七日時諸長老即成出家具足衆戒

尒時長老優波伍沙在佛右邊長老拘離多在佛左邊各坐一面而是長老優波伍沙從出家後始經半月盡諸結漏現神通力及得神通智波羅蜜證羅漢果時拘離多止經七日即盡結漏現神通力及得神通智波羅蜜證羅漢果

時彼長老優波伍沙及拘離多等如是因縁漸次而有五百眷屬悉得出家成具足戒

尒時長老優波伍沙母名舍利（隋言鶖鷺）以是因縁世間号曰舍利弗多（弗多者隋言子）其彼長老目揵連延是彼種姓以是義故世間号曰目揵連延又復世尊而記之言汝諸比丘於我聲聞弟子之中大智慧者舍利弗多冣為第一神通之内目揵連冣為第一

尒時諸比丘白佛言世尊其長老舍利弗目揵連等彼於往昔種何善根乘是因縁今得出家具足衆戒證羅漢果世尊復記於大智慧聲聞之中舍利弗勝神通之中目連為冣作是語已佛告比丘作如是言諸比丘我憶往昔於波羅㮈城時有二人一者是兄二者是妹其兄名曰蘇畢利耶（隋言善愛）其妹亦名蘇畢利耶時兄善愛捨家出家既出家已既得成其辟支佛道其妹善愛於波離婆闍迦外道之中出家學道其兄善愛辟支佛尊於一時間往詣外道妹善愛所既到彼已敷座而坐其妹善愛倫辦百味飲食之具手自供設令食飽滿飯食已訖復持一刀及以一針奉施其兄辟支佛尊其辟支佛飯食已訖將妹善愛所施之物刀子及針於彼妹前飛騰而去其妹善愛眼自見彼尊者辟支佛騰空而去歡喜踊躍遍滿身心不能自勝合十指掌遥敬礼彼辟支佛尊尋作是願願我將来值是教師及勝此者彼所說法速得解悟不生悪道如施利刀無不割者以此斷割因縁業故令我来世一切煩惱莫不斷壞又如此針遍能貫穿令我来世一切煩惱具足穿徹汝等比丘於彼時中善愛外道波離婆闍迦施辟支佛刀子及針豈異人乎即舍利弗比丘是也

復次諸比丘我念往昔波羅㮈城有一商人恒於大海捕螺而賣是時商人作如是念我今所作求財自活是大苦業今日應造將来世因功德之事時波羅㮈有辟支佛依城而住時辟支佛日在東方於晨朝時著衣持鉢便往入於波羅㮈城於其城内次第乞食賣螺商人遥見尊者辟支佛来威儀庠序進止安審舒顔平視既見此已心得清淨即為作礼請辟支佛往詣其家尊重供養施諸餚饍恭給所須時辟支佛受彼所施飯食已訖而辟支佛理無說法惟以神通而用化物不以餘法時辟支佛受彼商人供給所須飯食訖已憐愍彼故即從是處飛騰虚空時彼商人親自遥見辟支佛尊騰空飛已歡喜踊躍遍滿身心不能自勝合十指掌遥向頂礼彼辟支佛遂發是願願我將来值是教師或復勝者彼所說法速得領悟生生之處勿墮悪道如彼所得願我亦得同是聖者騰空飛行令我將

來亦復如是汝等比丘於意云何彼　佛本行集經卷第四十八　第二十一張　灼字号

時人捕螺而賣以自存活後時供養

辟支佛者豈異人乎即目揵連比丘

是也

諸比丘此舍利弗目揵連延往昔種

彼諸善根故今得出家證羅漢果我

復受記於我聲聞諸弟子中智慧勝

者舍利弗是神通勝者目揵連是

佛本行集經卷第四十八

佛本行集經卷第四十八

校勘記

一　底本，金藏廣勝寺本。

一　九八三頁中三行品名，徑、清作「舍利目連因緣品第四十九之二」。

一　九八三頁中一九行「於是」，諸本作「於時」。

一　九八三頁下一六行首字「於」，諸本作「作」。

一　九八四頁上二行首字「令」，諸本作「領」。

一　九八四頁上一四行「天王」，磧、普、南、徑、清、麗作「天玉」。

一　九八四頁上一八行末字「答」，麗作「言」。

一　九八四頁上末行「沒等意」，資作「沒等音」；磧、普、南、清、麗作「汝等音」；徑作「汝等意」。

一　九八四頁中一行「那羅」，資、磧、普、南、徑、清作「陁羅」。同行末字「喜」，諸本作「樂」。

一　九八四頁下八行第一二字「存」，資、磧、普、南、徑、清作「在」。

一　九八五頁上九行末字「鬚」，資作「髻」。

一　九八五頁上一〇行夾註「隋云」，徑、清作「此云」。下同。

一　九八五頁上一三行第五字「人」，資、磧、普、南、徑、麗作「二人」。

一　九八五頁上一八行第四字「匡」，資、磧、普、南、徑作「匡」；麗作「主」。

一　九八五頁中三行第二字「今」，諸本作「全」。

一　九八五頁中六行「世尊」，麗作「世尊因」。

一　九八五頁下三行第六字「止」，磧作「上」。

一　九八五頁下一二行第八字「其」，資、磧、南作「尒」。

一　九八五頁下一三行第四字「夫」，麗作「天」。

一　九八六頁中二行「婆闍迦」，資、

普、南作「闍婆迦」。

一　九八六頁中四行第三字「新」，麗作「斯」。

一　九八六頁中五行第九字「疑」，清作「凝」。

一　九八六頁中六行「昔蔗」，諸本作「甘蔗」。

一　九八六頁中八行「比丘」，麗無。

一　九八六頁中一三行「大德」，資、磧、普、南、徑、清作「長老」。

一　九八六頁中一八行「婆闍」，麗作「婆闍迦」。

一　九八六頁下末行第八字「皮」，磧、南、徑作「彼」。

一　九八七頁上一行第五字「日」，諸本作「者」。

一　九八七頁上二〇行第三字「是」，諸本作「之」。

一　九八七頁上二二行第八字「頌」，資、磧、普、南、徑、清作「誦」。

一　九八七頁中九行「大師」，諸本作「本師」。

一　九八八頁中八行「是倡」，資、磧、普、南、徑、清作「倡言」；麗作「是倡言」。

一　九八八頁中一四行「陁伽多」，麗作「陁阿迦度」。

一　九八八頁下二一行第九字「白」，磧、普、清、麗作「自」。

一　九八九頁上九行「漸次」，資作「所次」。

一　九八九頁上一三行、一四行「連延」，資作「連近」。九九〇頁上五行同。

一　九八九頁上一七行「陁揵連」，徑、清作「揵連延」。

一　九八九頁中二行第三字「二」，磧、南作「一」。

一　九八九頁下一二行末字「恭」，資、磧、普、南、清作「供」。

一　九八九頁下一六行第二字「供」，資、普、南作「恭」。

佛本行集經卷第四十九

隋天竺三藏闍那崛多 譯

五百比丘因緣品第五十

尒時諸比丘白佛言希有世尊云何舍利弗有五百波離婆闍迦刪闍耶弟子已墮邪見曠野嶮道行顛倒行其舍利弗乃能教化將詣佛所佛見彼已教捨邪見曠野嶮難於諸苦中而得解脫作是語已佛告諸比丘汝諸比丘是舍利弗非但今日將五百刪闍耶弟子波離婆闍迦墮大邪見曠野嶮路行虛妄行還復化令來至我所得免邪見虛妄顛倒於苦惱中而得解脫 往昔亦當將領如此五百人等墮厄難中時舍利弗亦復將導來詣我所我於彼時亦救彼厄免諸苦惱諸比丘言惟然世尊願為解說尒時佛告諸比丘言我念往昔有一馬王名雞尸形貌端正身體白淨猶如珂雪又若白銀如淨滿月如君陁花其頭紺色走疾如風聲如妙鼓於彼時間閻浮提有五百商人與諸商

人欲入大海辦具資糧持三千万種種貨物復持十万以為資糧擬於道路興販取利復有別財用擬船師如是具辦漸漸而行到大海際即祠海神備諸船舶復雇五人其五人者一者執舵二者持棹三者抒漏四者善巧沉浮五者船師是諸人等又相告語所有罪過清淨懺悔又復教令入海之法然後始入求覓珎寶時諸人輩至其海內忽值惡風吹其船舫至羅剎國時羅剎國其國多有羅剎之女是時船舶欲到彼國大風飄摶船悉破壞時諸商人各運手足截流浮去欲詣彼岸時羅剎女聞彼大海有船破壞羅剎女等即往救接一時捉得五百商人共彼商人五欲自娛歡喜踊躍時羅剎女已共商人生男生女方始將彼諸商人輩置一鐵城既安置已變化本形令使端正可喜過人纔不及天或作童女或復化作不久嫁形化是身已香湯澡浴以香塗身著種種衣種種瓔珞莊嚴其身首戴種種妙花天冠一切身處垂諸花

瓔以為旒蘇復以妙花莊挍其身花為瓔珞於花鬘處懸以寶鈴捷疾走行詣商人所到其所已語諸人言是諸聖子莫有恐也諸聖子等莫有愁也過汝手來過汝脚來過汝腕來是時商人窮極護命恐怖畏死遂於彼所起寶女想與其手脚時羅刹女渡諸商人於大海中既度之已慈言哀愍語諸商人善來聖子從何遠來汝等聖子來與我等可為夫也憐愍我等為我作主我等今者無人受念汝為我等作歸依處除滅我等憂煩熱惱為我等輩當作家長我等依法承事汝輩不令虧失汝諸聖子可來我家以歡喜心受五欲樂汝等勿憂汝等勿怖一切家業我當備辦凡有所須我等皆有其海大神必於我所深生憐愍故將汝輩來我所耳

尒時一切諸商人輩咸共告彼羅刹女言善哉姊妹汝等安心可少時住乃至今我當散愁憂時諸商人各住一廂其心惻愴舉聲啼哭或有人言嗚呼父母或有唱言嗚呼兄弟或復

唱言嗚呼姊妹或復唱言嗚呼所愛諸親眷屬或復唱言嗚呼宗族我等今者已離親戚或復唱言我等今者離所愛戀或復唱言嗚呼妙地閻浮境界作如是等悲號啼哭種種之聲又相告言嗚呼我忍作是語已各吐熱氣共相慰喻迭手安心詣羅刹城漸漸而行未到彼城於其中路見有一所其地寬廣皆悉平正無有荊棘沙礫瓦石一切塵土皆悉無有生諸青草其草繁茂甚大臁直可愛可樂有好樹林其林花果枝葉扶踈狀若青雲靉靆垂布是大林處廣大無邊

時彼林所一切樹木我今當說

郍迦多摩羅樹迦尼迦羅樹阿濕波他樹尼拘陁樹烏徒婆羅樹波羅波樹可闍囉樹迦離囉等種種諸樹復有種種香花之樹弥滿彼林其花樹者所謂阿題目多迦花樹瞻波迦花樹阿輸迦花樹波多羅花樹波利師迦花樹拘蘭荼迦花樹拘毗陁羅花樹種奴沙迦梨迦花樹目真隣陁花樹蘇摩那等種種花樹彼等諸樹

或始出萌者或有已成萌者或復欲開敷者或已成花或花開已而萎落者有如是等香花雜樹

復有種種諸果子樹所謂菴婆羅樹閻浮果樹俱闍果樹破郍婆樹鎮頭迦樹呵梨勒樹毗醯勒樹菴婆勒樹有如是等種種果樹其諸果樹或生或熟或有成熟始可食者或有過熟已墮落者或始花者復有如是種種諸樹

復有諸鳥遊集其上所謂鸚鵡鸜鵒等鳥俱翅羅鳥孔雀王鳥迦陵頻伽鳥命命鳥等如是無量種種諸鳥

復有種種雜花池沼所謂優鉢羅花鉢頭摩花拘物頭花分陁利花如是等花弥覆池上於其池中復有諸鳥所謂鴻鵠鳧鴈崑崙鴛鴦等鳥遊戲池中光嚴彼池觀者欣悅能滅憂煩

其羅刹城四壁潔白狀如珂雪又如冰山其城在地若遥觀看乃見彼城如白雲隊從地踊出其諸城上復有樓閣種種却敵周匝女墻四相隍塹其塹岸上欄楯圍繞或有樓閣其樓

佛本行集經卷四十九　第六張　所以字

閣中有諸窓牖復有天宮臺殿堂閣欄楯齊整其諸閣道微妙端嚴寶幰幃蓋弥覆其上其城周匝建諸幢幡施設寶案於香鑪中燒諸妙香

介時諸羅刹女將諸商人向彼城已教脱舊衣以諸香湯沐浴其體令坐種種妙勝之座以五慾具而娛樂之五音諸聲於前而作以如是等種種方便經於久時受大快樂歡喜悅悆迭相娛樂後時彼諸羅刹女等告諸商人善哉聖子是城南面不得從彼出向某處時諸商人有一商主智慧深細聰明利見即生疑念作是思惟以何等故此之諸女斷我等輩於南面處不聽行過詣於彼所我應可伺諸女睡卧如是之時尋於此道往至其女所禁之處次第觀看欲知彼處善惡之事若其知已即當如事應行方便

介時商主作是念已即伺彼諸羅刹女等卧睡眠已遂從卧牀安詳而起不令有聲即執利刀從家而出尋逐意趣漸漸前進至於少地見一微徑

佛本行集經卷第四十九　第七張

恐怖之所無有草木甚可畏懼乃聞有人大叫喚聲狀如叫喚大地獄中苦痛之聲聞此聲已遂大怖畏身毛皆竪嘿然而住良久喘定漸安身心氣力稍增還詣彼道漸漸復進其路未遠見一鐵城其城高峻乃是所聞聲出之處詣彼城已周匝巡行而不見門到於北面見有一樹名曰合歡近城而生其樹高大出於城上時彼商主見斯樹已即上其樹觀看城內見彼城中多有人死過百餘數或有死者已被食半或命未斷半身支解或有飢渴逼惱而坐或復消瘦惟有筋骨眼目欠陷如井底星迷悶在地頭髮蓬乱塵土坋身甚大羸瘦各相割肉而噉食之以是因緣作大叫喚如閻羅王所居之處見諸衆生受大苦惱是大商主見是事已亦復如是生大恐怖身毛皆竪時大商主復經少時安心定意恐怖稍除氣力漸生即以手挍合歡樹枝而搖動之一枝動已舉樹枝葉皆相振觸而有聲出介時受苦諸人等輩聞是聲已仰觀

佛本行集經卷第四十九　第八張　所字

城上見彼商主在合歡樹見已悲呼而問之言汝是誰也為是天也為是龍也為野叉也為乾闥婆為阿修羅為迦樓羅為緊那羅為是摩睺羅伽為是帝釋憍尸迦也為是天尊大梵王也或能見我在於厄難憐愍我輩故来至此欲来救拔我等苦也時彼人輩合十指掌頭頂遥礼哀泣發聲仰面止觀作如是白善哉仁者當於我輩生大慈愍脱我此難我等皆是愛別離人汝今應當濟拔於我作是方便令我等輩還能到於親愛之所

介時商主從彼苦人聞是語已嚮快不樂身心悲惱而報彼言是諸人輩當知我今非是天也亦非龍也乃至我非大梵天也但我等輩從閻浮提興生至此為求財故入於大海我等將欲至於陸地忽遇大風船舶破散值諸婦女来至我邊濟拔我等從介已来我輩常共如是諸女歡娛受樂我今云何能濟汝苦是時商主復問彼言汝諸人等云何在此受如斯事彼苦人輩即荅言曰善哉善人我等

今者亦復如是從閻浮提興販商估為財寶故來入大海欲至彼岸遇值惡風吹壞舩舶我等彼時亦遭如是羅剎之女濟度彼難亦復共我受五欲樂但聞汝等有如是聲是羅剎女即知大海有舩破壞於彼之時將我等輩置鐵城中我等來日行人同伴亦五百人入此城來已被他食二百五十今惟二百五十人在我等亦共彼輩和合生於男女彼羅剎女語言微妙其聲婉媚但彼女等貪食肉故共生男女悉還食盡汝諸人輩慎莫共彼受樂娛樂何以故彼甚可畏無愛心故是時商主復問彼言諸人等輩頗有方便得脫如此羅剎難不彼即報言有一方便商主復問方便如何善哉為說彼等報言十五日滿四月節會大喜樂日月與卯宿合會之時有一馬王名曰雞尸(隋言多髮)形貌端正見者樂觀白如珂貝其頭紺黑行疾如風聲如妙鼓彼所停處乃有粳米自無糠糩甚大鮮白香美具足彼馬所食是米已來詣海岸露現半身口出人聲而作是言誰欲渡彼大鹹苦水如是三說我今當令安隱得渡鹹水彼岸汝等若值如是馬者即得免難惟有此事更無餘也汝等若欲脫諸難者勿泄此言商主復問汝等頗復曾見雞尸馬王如此已不汝若見者何不親近汝若親近何不渡汝汝初得聞從誰而聞如此之事虛也實也彼等報言善哉仁者我從虛空聞如是聲閻浮提內諸商人輩愚癡無智所以者何不能至彼卯月交合十五日滿是大節會歡樂之時四月節中不能詣彼北道而行若行彼處應見馬王形貌端正觀者無厭食淨粳米從於彼處來詣海岸露現半身日別三時唱如是言誰欲渡彼大鹹苦水至於彼岸我能安隱渡之令過從於此處得至彼岸衆人聞已而有信者尋虛空聲詣於北道馬王之所雖往其所不受彼言而復還歸我等皆由愛羅剎女是故如此今受是厄是時商主復問彼言汝等去來可共詣彼馬王之所彼等報言我欲上城城即增長掘地欲出其孔還合我等是處無解脫期我輩必為羅剎女食何當得見彼親眷屬汝等人輩慎莫放逸隨意所去速詣父母及自眷屬還歸本鄉惟願汝等心意和合我等人輩本生某處某城某邑善哉汝等若彼處為我等輩問訊父母及餘諸親朋友知識作是語已復告彼言汝等後時更莫發心向彼大海何以故於大海內有諸恐怖所謂海潮或時黑風水流旋迴伍弥羅魚蛟龍等怖諸羅剎女如是等怖大海之中多種畏難汝等人輩但在彼處以諸方便隨宜活命乃至傭力亦可存濟以是方便得共父母妻子眷屬不復分離能行布施多造福業嚴持齋戒是時商主聞彼語已生大恐怖遂即從彼合歡樹下下彼樹時彼諸人輩一時發聲叫喚啼哭嗚呼大苦嗚呼極苦閻浮提內微妙之地何當復能得見彼處我若本知有是厄難寧住在彼食噉牛糞用為活命不為求財而來此也尒時商主既下樹已依著來道還

向本處見彼等輩諸羅刹女猶故睡眠商主尒時還卽眠卧至於天曉便作是念云何令彼諸商人輩得知此事而不令彼羅刹女覺我今若當輙出是言向彼說者是卽漏泄若其漏泄令彼羅刹諸女聞者恐怖我等至厄難處我之此語應須隱默乃至四月臨當節會大歡樂時馬王來日乃可出言而告彼等所以者何昔有偈說

凡於知識處　輕陳心實者　其事當泄漏
聞者各傳　是以怨所得　便受大苦惱
故有智慧者　惟不漏其言

尒時商主思惟是已隱默而住乃至四月歡樂會時方始告彼諸商人言善哉諸人汝等今者愼莫放逸莫生戀著勿生愛心或貪婦女或貪飲食及餘資財我於汝等極生憐愍我今密語欲相示告汝諸人輩若見諸女睡安隱時可共集會同向某處

時諸商人聞彼商主說是語已猶如師子在於山林忽大哮吼有諸凡獸在彼山邊聞其吼聲生大驚怖各相謂言我等今者未脫大海可惡之事時彼商人過彼日已遂至夜内見彼羅刹一切諸女欺著睡眠安隱而卧私密盜竊從卧床起各各咸共詣彼期處詣彼處已白商主言善哉商主所見之者願爲我說或從他聞憐愍我故利益我故願爲說之是時商主報商人言汝等知時密於是事乃能爲說彼等報言我等實語聞是事已皆悉密持

尒時商主卽告彼等說前見事諸商人等從大商主聞是事已憂愁不樂甚大悵快恐懼戰慄白商主言善哉商主我等今當宜可速至彼馬王所願我等輩安置得達閻浮提内本生之處時諸商人并及商主皆共聚集詣彼雞尸馬王住所

尒時馬王食彼無糠自然粳米清淨香美如是食已至於海岸露現半身以人音聲而三唱告誰欲樂渡鹹水彼岸我當安隱負而渡之令到彼岸時諸商人聞彼馬王如是語已歡喜踊躍身毛皆竪合十指掌頂礼馬王作如是言善哉馬王我等欲渡樂至彼岸願濟我等從水此岸達到彼岸

尒時馬王告諸商人汝等當知彼羅刹女不久應來或將男者或將女者顯示於汝慈悲哀哭愛於苦惱汝等於時莫生染著愛戀之心汝等若起如此意言彼是我婦彼是我男彼是我女汝等假使乘我背上必當墮落爲彼羅刹之所噉食汝等若作如是意念彼非我許我非彼物非我男女於時汝等設使以手執我一毛而懸之者我於是時安隱將送汝諸人輩渡彼鹹水達到彼岸作是語已是大馬王告諸商人汝等今者可乘我背或執身分脚足支節時諸商人或上背者或執支節脚足分者尒時馬王負彼商人出哀愍聲飛騰空裏行疾如風

尒時彼諸羅刹女輩聞彼馬王哀愍之聲復聞走聲狀如猛風忽從睡覺不見彼商人悉皆不見處處觀看乃遥見彼諸商人輩乘馬王上或執諸毛鬉鬣支節乘空而去既見是已速將

男女馳走奔赴至於海岸發慈愍聲哀愍啼哭作大苦惱各作是言汝諸聖子今者捨我欲何所去令我無主汝是我主汝等於先墮在海難大恐怖中我等渡汝惟願汝等與我為夫汝等今者捨背於我欲詣何所汝等今者無恩無義何故相棄而不報恩我等若當於聖子邊有所違犯今乞懺謝從今已去不作諸惡汝諸聖子凡善男子不得懷抱結恨愠恚汝速迴還今何所詣捨離我等諸聖子輩汝等如其不用我者今此男女可收將去時羅剎女雖作如是慈流言語雞尸馬王仍將彼輩五百商人安隱得渡大海彼岸到閻浮提諸比丘於汝意云何若疑於時雞尸馬王豈異人乎勿生異念即我身是五百人中大商主者豈異人乎即舍利弗比丘是也五百商人豈異人乎即刪闍耶波離婆闍迦諸弟子等五百人是我於彼時以此五百諸商人等至厄難處憧於如是羅剎女邊後羅剎女復欲將彼隨意處分當於尒時是舍利

弗將詣我所我於彼時拔其苦厄得渡鹹水達到彼岸今者還復至刪闍耶邪見曠野嶮難之中乘虛妄路舍利弗於彼之處亦教化已將詣我所我於邪見曠野之中化令得脫度生死海諸比丘如來乃往未得佛時能作如是大利益事是故汝等當於佛所應生尊重恭敬之心生希有想汝等比丘應如是學

佛本行集經斷不信人行品第五十一

尒時婆伽婆度長老舍利弗及目揵連五百人等得出家已具足衆戒從摩伽陁國次第遊行從一聚落至一聚落歷諸村邑隨意而行漸漸歸還到王舍城　摩訶僧祇師作如是說

其迦葉惟師復作異說乃言如來至南方山處處遊行而復迴還至王舍城於時多有大威神者有大威力諸善男子於如來所行於梵行於時多人道說毀呰各各唱言沙門瞿曇當令我等無有子息令我等輩破家散宅絕我後胤沙門瞿曇已度鬚髮一千人等今遣出家沙門瞿曇從刪闍

耶波離婆闍迦邊亦復劫奪五百弟子今使出家今者復有摩伽陁國諸大威德大威力等諸善男子當至其所行於梵行彼諸人輩見諸比丘來於前者各各說偈而相謂言

是大沙門還　踰南山詣此　已度波闍等
今復將誰去

尒時彼輩諸比丘等聞諸他人說如是偈心生慙愧便至佛所竹園之內以所聞偈而向佛說

尒時世尊告諸比丘汝等當知如是音聲不應多時惟至七日七日之後是聲自滅於一切處無復更聞諸比丘雖復有人向於汝等說如是偈

是大沙門還　踰南山詣此　已度婆闍等
今復將誰去

作是語者汝等應以如此偈荅

世尊大丈夫　將人如法去　既有如法行
智者何得違

尒時彼等諸比丘輩於其晨朝日在東方著衣持鉢入王舍城乞食之時衆人見者皆說此偈而相告言

是大沙門還　踰南山詣此　已度婆闍等

今復將誰去
時諸比丘即以彼偈報諸人言
時彼諸人聞是偈已作是思惟沙門釋子凡所度人教行如法非不如法是故此脊在於七日過七日已一切皆滅於一切處不復聞也

佛本行集經說法儀式品第五十二上

尒時復有衆多外道波離婆闍迦五日五日恒常集聚為人說法衆人大集詣彼聽受以是因緣諸外道輩波離婆闍迦等得大利養恭敬尊重於彼時間王舍大城摩伽國王頻婆娑羅於佛法中深生正信作如是念今者外道波離婆闍迦五日五日恒常集聚為他說法多有人衆詣彼聽受以是因緣諸外道輩大得利養世人貴重供養恭敬我於今者亦集諸師五日五日勸令說法我應自往詣彼大會彼大會内若見我來時一切人民悉應來集如是因緣應令我師大得利養世間尊重思惟是已至於佛所具白斯事
尒時世尊因此起發集比丘僧而告之言汝諸比丘我今已許五日五日令汝等輩集聚大會為他說法談論法義時諸比丘白言世尊何法當說何法不說時諸比丘問此事已佛告大衆諸比丘言汝等比丘我今已許五日五日於其中間集聚衆已嘆佛功德嘆法功德歎僧功德歎信功德乃至略說讚歎戒行多聞功德歎行布施歎行智慧歎行知足歎行少欲歎說頭陁歎說遠離聚落城邑常在空閑歎行妙行讚歎利益歎行精進讚歎供養父母尊長供養沙門及婆羅門讚歎供養諸善知識歎說善言讚歎調伏諸根門者讚歎節量諸飲食者讚歎初夜及以後夜省睡眠者讚生正念讚相奉事讚相諮問讚聞領悟讚受師教而不違憎聞已奉行讚聞法已而能正知讚聞正法順法而行歎說念佛歎說念法歎說念僧歎說念天歎說念施歎念寂滅歎念阿那波那歎說念身讚歎恒念不淨觀想歎念死想歎念飲食作不淨想讚歎世間不可樂想讚無常想讚苦空想讚無我想讚歎斷想讚離欲想讚歎滅想及以讚歎觀白骨想讚歎骨離想讚歎膖脹想讚歎欲壞想讚歎半噉想讚歎散想讚半燒想讚燒赤想讚可惡想亦應讚歎念諸功德亦應讚歎四正勤四如意足五根五力七覺道分讚解脫門諸解脫分讚八勝處讚歎三明亦應讚說六通功德

佛本行集經卷第四十九

佛本行集經卷第四十九

校勘記

一 底本，金藏廣勝寺本。

一 九九二頁中二〇行「君陁」，普、徑、清作「居陁」。

一 九九二頁中末行「與諸」，磧、普、南、清作「時諸」。

一 九九二頁下一二行「飄搏」，磧、普、南、徑、清作「飄博」。

一　九九三頁上一〇行第一〇字「夫」，磧、普作「天」。
一　九九三頁中一三行「鍐鍵」，資、磧、普、南、徑、清作「鍐鏈」。
一　九九三頁中一六行末字「波」，磧、普、南、徑、清、麗作「叉」。
一　九九三頁下一〇行「諸樹」，資、磧、普、南、徑、清作「諸菓」。
一　九九三頁下一二行第四字「翃」，磧、南、徑、麗作「翅」。
一　九九三頁下一九行「珂雪」，資作「軻雪」。
一　九九三頁下二〇行「觀看」，諸本作「觀者」。
一　九九三頁下二一行第四字「隊」，磧、普、南、徑、清作「劚」。同行「踊出」，資、磧、普、徑、麗作「涌出」。
一　九九三頁下二二行第九字「女」，資、磧、普、南、徑、清作「如」。同行第一二字「相」，磧、南、徑、清、麗作「廂」。
一　九九四頁上九行「悅悆」，磧、普、南、徑作「悅豫」。
一　九九四頁中一四行第四字「欠」，磧、普、南、徑、清作「賦」。
一　九九四頁下九行第三字「止」，磧、普、南、徑、清、麗作「上」。
一　九九五頁上一八行第一〇字及本頁中一一行第一一字「夘」，諸本作「[illegible]」。下同。
一　九九五頁上末行第三字「食」，資、磧、普、清、麗作「食食」。
一　九九五頁中三行至四行「即得免難」，資、磧、普、南、徑、清作「得免諸難」。
一　九九五頁中二二行第二字「時」，資、磧、普、南、徑、清作「諸」。
一　九九五頁下七行首字「若」，諸本作「若至」。
一　九九六頁上六行「恐怖」，諸本作「恐將」。
一　九九六頁上一三行第六字「惟」，資、磧、普、南、徑作「輒」。
一　九九六頁中六行第七字「我」，資、磧、普、南、徑、清作「我等」。
一　九九六頁中一三行第六字「懼」，南作「怖」。
一　九九六頁下末行第七字「如」，磧、普、南、徑、清、麗作「而」。
一　九九七頁上二行第二字「愍」，諸本作「號」。
一　九九七頁上一〇行「慍恚」，磧、普、南、徑作「蘊恚」，　。
一　九九七頁上一二行第三字「如」，磧、普、南、徑、清作「知」。
一　九九七頁中一〇行及次頁上七行「佛本行集經」，徑、清無。
一　九九八頁上六行「不復聞也」，至此徑卷第四十九終，卷第五十始。
一　九九八頁上七行品名末字「上」，資、磧、普、南、徑無。
一　九九八頁中二〇行第六字「歎」，資、磧、普、南、徑作「讃」。
一　九九八頁中二二行「死想歎念」，資無。

趙城縣廣勝寺

佛本行集經卷第五十　　所

三藏法師闍那崛多譯

說法儀式品下

尒時諸比丘作如是念如來已許聽我等輩五日五日聚集大會應當讃說諸佛功德乃至讃歎說六神通諸功德等彼諸比丘五日五日遂即集聚同發一聲讃佛功德乃至讃說六神通等功德之事於時諸人各來聽法是時即有談論毀呰作如是言我等諸師云何同出一音說法譬如初學諸童子輩合聲唱讃無有異也時諸比丘聞此諸人毀呰導說來詣佛所白如上事

尒時世尊告諸比丘作如是言汝諸比丘從今已去制諸弟子不得同聲讃說法義唯請辯才堪說法者

尒時諸比丘或復請彼諸根闇鈍及缺漏者不具諸戒而演說法乃至衆人更復毀呰種種導說情不喜樂而口唱言是諸師輩尚作如是呪非師者時諸比丘聞是事已具往白佛尒

時佛告諸比丘言汝諸比丘我從今日制諸弟子不得請於諸根闇鈍及以缺漏戒不具者而說其法從今已後若請說法應請妙行具足之人於諸衆內勝行成就乃至佛復唱其制言應當簡擇辯才知法次第舊解阿含經等請令說法乃至衆中多解阿含佛復告彼諸比丘言非但唯解阿含經者須請說法復解脩多羅及解摩登伽者應請是人為衆說法若大衆中有諸比丘解脩多羅及解比尼解摩登伽又於是中應當選擇文字分明具足辯才又於衆中現在比丘多解文字分明辯才悉具足者我今當聽是等比丘得從下座次第差遣為衆說法若一乏者更請第二第二疲乏應請第三第三疲乏應請第四第四疲乏應請第五乃至若干堪說法者次第應請為衆說法有諸比丘或在露地說法之時或寒或熱我許造堂堂下說法若雖有堂露無四壁風吹塵草汙諸比丘我今當聽起四壁障遮諸塵草時諸比丘在說法堂

若地不平應以種種若麻若草泥塗其地使令淨好

尒時諸比丘起說法堂泥地已訖在說法堂誦習經行以塵汙足聽許比丘應須洗足是時比丘數數洗足脚足痛故乃至佛告諸比丘言應以香湯灑地滅去塵埃滅塵埃已其地亦乾還汙其脚乃至佛復告諸比丘我當聽許牛糞香水以塗堂地於時水乾牛糞散壞還復汙足佛復告諸比丘應取軟草或復麻等以敷地上尒時衆人見彼法師辯才具足能演說法即持香花而散其上時諸比丘不受其法而生猒離何以故以佛斷故出家之人不得將持塗香末香及諸香鬘時諸人輩聞見此事毀呰說言是等比丘如是供養尚不堪受況復勝者時諸比丘以如是事具往白佛尒時佛告諸比丘言汝諸比丘若其有諸白衣種越以歡喜心以吉祥故持種種香花塗香末香及諸華鬘散法師上者應當受之是時白衣諸檀越等遂將種種資財寶物及袈裟等

供養法師是諸比丘恐懼慚愧不受彼物世諸人輩毀呰談說是輩沙門諸釋子等若干輕物尚不堪受況復勝者

尒時諸比丘聞是事已具往白佛尒時佛告諸比丘言汝諸比丘若有俗人持諸財物及袈裟等奉施法師為歡喜故我許捨施若有須者聽其受取若不須者我許送還

尒時諸比丘於說法時取大部黨闇誦者多或復一月不能得竟止欲休罷恐怖慚愧止欲誦徹身心疲殆時諸比丘具白上事尒時佛告諸比丘言為衆說法應當知時

尒時諸比丘說法之時以微妙音演說法義時有比丘恐怖慚愧具白世尊尒時佛告諸比丘言我今聽許以微妙音而演說法於時比丘取諸經中要略義味而為他說不依次第於時比丘慚愧恐怖慮違經律具以白佛於時佛告諸比丘言我許隨便於諸經中擇取要義安比文句為人說法但取中義莫壞經本於是法師說

法之時大衆集會其聲不顯不能令衆愛樂歡喜時諸比丘具白世尊佛告諸比丘我今已許於大衆中敷設高座應請法師昇座說法令衆悉聞又時衆會其衆更大說法諸師聲猶不徹時諸比丘復往白佛尒時世尊告諸比丘當須更倍敷設高座使說法者昇是座上尒時大衆倍更增多聲猶不徹時諸比丘復往白佛佛言我已聽許比丘或立或行隨便說法

時諸比丘集一堂內有二比丘瀆說經法是故相妨即造二堂二堂之內各別說法猶故相妨此堂之內將引比丘往詣彼堂彼堂之處有諸比丘迭相誘接令詣此堂往來交雜遂乃亂衆人或去來法事斷絕或有比丘於此法門不憙聞說時諸比丘具以白佛佛告諸比丘自今已去不得一堂二人說法亦復不得二堂相近使聲相接以相妨礙亦復不得彼詣此衆此詣彼衆亦復不得憎惡法門不憙聞說若憎惡者須如法治之

是時衆中無有法師諸比丘等具以

白佛佛告諸比丘若無法師應請誦者昇座誦之是時衆中無誦經者而諸比丘具以白佛佛告諸比丘我今聽許次第誦之或從上座次第老誦或從下座次第老誦乃至讀誦一四句偈尒時諸法師讀誦經時猶如俗歌而說其法是故為人毁呰譏論如是說法似我俗人歌詠無異剃頭沙門豈如歌詠而說法也時諸比丘聞是事已具將白佛佛告諸比丘若有比丘依世歌詠而說法者而有五失何等為五一者自染歌聲二者他聞生染而不受義三者以聲出没便失文句四者俗人聞時毁呰譏論五者將来世人聞此事已即依俗行以為恒式若有比丘依附俗歌而說法者有此五失是故不得依俗歌詠而說法也汝諸比丘其有未解如上法者若所遊止應先諮問和上阿闍梨等時有比丘欲詣他方城邑聚落尒時和上阿闍梨等語彼比丘如是長老汝不須往時彼比丘遂不取語而詣彼去至於中路逢值劫賊執捉比丘

以手及脚打踏甚困惟留殘命刼奪衣鉢然後放之時彼比丘既得迴還僧伽藍處告諸比丘具陳此事時諸比丘將此白佛尒時世尊因是事故召集衆僧而告之言汝等比丘和上阿闍梨實不許汝詣遠聚落遊行以不時諸比丘白言如是實不許也佛復告諸比丘汝等當知此事不善和上阿闍梨既不許可何故自專詣他聚落

諸比丘此有因緣所以者何我念往昔此閻浮提内五百商人是商人中有一商主名曰慈者冣為導首時諸商人皆共集會各相識言我等今可辦具資粮入海之具詣彼大海為求財故必應當獲種種珎寶来還其家所謂摩尼真珠珂玉璖瑚金銀如是等寶使我等輩七世已来家内大富住持資物養育眷屬多作基業

尒時彼等五百商人具辦所須入海貨物有三千万持一千万擬道路中資用粮食又一千万與彼商人以為本貨第三千万擬治舟舩及舩師價

具辦是已各各安心受八關齋既受齋已各至已家辞别父母妻子眷屬於時慈者遂詣母所具諮是事其母是時在樓閣上新洗沐竟受八關齋持法安靜尒時慈者至於母前作如是言善哉父母我欲入海求諸財寶至於彼處持種種貨而来還歸所謂摩尼真珠頗梨乃至金銀欲使我家如此財寶住持七世資用無窮富饒具足供養父母及諸妻子復用布施營諸功德

尒時慈者商主之母告慈者言兒今何用入大海中汝今家内大富豊饒財物具足凡有所須皆應無闕七世已来堪得存濟以充供養兼得行檀作諸功德愛子愛子大海之内有諸恐怖所謂潮波悪風之難伍弥羅魚海神縛怖羅刹女怖愛子慈者大海多有如是等難我今年老衰暮已至愛子若去與汝相見此事實難我今雖復少有殘命死日至近如是再三懇懃切語是時慈者重白母言善哉阿母我必詣海為求財故至於彼所

持種種寶必望歸還所謂摩尼真珠乃至金銀將來供養父母師長行檀布施廣修功德作是語已即欲進發尒時慈者商主之母從座而起抱持慈者而告之曰愛子慈者我不許汝詣於大海而求財也何以故我今家内多有資財無所乏少尒時慈者作如是念我母今者不意於我益當損敗而於今日更不許我入海求財我於今日必作禍敗以是因緣便生瞋恚遂撲其母置於地上打其母頭即從家出共諸商人行到海岸既到海已祭祀海神嚴整舩舶別雇五人三倍與價其五人者所謂執尾執棹抒漏能沉能浮善行舩者共量一所宜遂乘舩舶入於大海為求財故彼等諸人至於海内其舩破壞五百商人悉皆没水唯有慈者商主一人得活尒時慈者於彼破舩捉得一板即依其板運手動足極盡筋力因其風勢從海濤波落於一渚其渚名曰毗尸波提婆(隋言化渚)是時慈者在彼化渚食諸果子及以藥草少時活命於後慈者

遊歷彼渚至於南畔見有一路遂從彼道行至少地便即還望見一銀城其城可憘微妙希有觀者無猒樓櫓却敵隍塹圍遶天窓欄楯及諸寶閣臺殿宮舍偏梁閣道上覆寶帳以種種寶而莊嚴之懸雜幡蓋豎立寶幢香案香爐燒衆妙香其城周匝有諸園林泉池渠流皆悉具足娛樂之處在彼城内正處中央有一寶殿名曰憘樂其殿微妙七寶所成所謂金銀琉璃車渠瑪瑙虎珀真珠等寶尒時彼城有四婦女從城而出端正可憘觀者無猒㝡勝㝡妙以諸瓔珞而莊嚴身詣慈者所而白言曰善來慈者何能冒涉來至此城此城無主衆物具足無所乏少於此城内有一寶殿名曰憘樂七寶所成我等四女居其殿内早起夜卧志意清潔言語貞良容儀婉媚聲氣和雅是故汝今可入此城昇於寶殿共相娛樂無男之處共受慾樂和合而行隨意止住我等於汝持一切物承事供養

尒時慈者遂入彼城詣向寶殿無男

之處共彼四女以五慾樂隨意歡娛經歷數年經數百年經數千年縱情受樂於彼後時其四婦人告慈者言善哉聖子汝可住此莫向餘城

尒時慈者即生疑慮去何此女而語我言聖子今可在此城住勿向餘城我今竊可違此婦人伺其睡卧乘隙此路至於別所東西馳訪當自證知竟有何事若善若惡既覺知已應如法行

尒時慈者伺彼婦人睡眠著時安徐而起從寶殿下巡歷而行從東門出圍遶是城周匝遶已至於南面見有一道即尋是道漸行而進遂復遥見有一金城端正可喜乃至周匝有諸泉池渠流盈滿於彼城中有一寶殿名曰常醉微妙可觀七寶所成所謂金銀乃至車渠真珠等寶尒時彼城有八婦女從城而出可喜端正㝡勝㝡妙以諸瓔珞莊嚴其身來詣慈者商主之處到已白言善哉慈者何能遠至復言慈者此城都是真金所造一切衆物資財具足其城中央有一

寶殿名曰常醉七寶所成我等八女早起晚眠乃至慈者亦入彼城昇於寶殿共彼八女無男之處以諸五欲具足受樂共相娛樂經於數年數百千年隨意而住後時彼女告慈者言聖子慈者汝莫從此去至餘城尒時慈者亦復驚疑尋即盜出處處遊觀乃復經見一頗梨城可憙端正觀者無猒彼城處中有一寶殿名曰意樂微妙可意七寶所成金銀琉璃乃至真珠尒時彼城乃有婦女一十六人從城而出顏容端正觀者無猒諸寶瓔珞莊嚴其身乃至亦復白慈者言善來慈者何能冐至又言慈者此城純是頗梨所成衆物具足其城處中有一寶殿名曰意樂亦以七寶之所成立我等諸女一十六人早起晚卧如前請住尒時慈者即入彼城昇於寶殿共十六女無男之處具受慾樂以相娛樂經於數年數百千年尒時諸女又語慈者慎莫東西慈者亦疑即遶彼出遊歷漸進又復經見一琉璃城可憙端正四壁牢固乃至周匝泉

池流水滿渠盈滿

尒時彼處有一寶殿名曰梵德可憙微妙七寶所成城中復有三十二女從城而出端嚴可憙觀者無猒微妙殊特以諸瓔珞莊嚴其身語慈者曰善來聖者冐能遠至又言慈者此城皆是琉璃所成衆物具有我是清潔行無違失常先啓白然後方為心意和善言語風流今來詣汝願入此城昇於寶殿共相娛樂具足五慾和合受樂凡所須者我當諮奉尒時慈者入彼城中昇於寶殿共於彼女三十二人無男之處具受慾樂經於數年經數百年數百千年意喜而住

尒時彼諸三十二女復白慈者善哉聖子汝今慎莫從此城出詣於他城

尒時慈者便復生疑如是籌量此等諸女云何語我作如是言聖子慎莫從此城出至餘城也我今可伺諸女睡時乘依此路安徐而去若善若惡到已應知既知見已如實應行

尒時慈者伺彼諸女睡眠著時徐徐縵起下殿而去出城東門巡遶彼城

詣到城南見一道路見已遂復乘彼而去須臾遙見有一鐵城其城四面皆各有門時彼城中無有一人若男若女童男童女出迎慈者唯聞是聲誰飢誰渴誰裸露者誰急走者誰遠行來疲乏之者我乘誰者

尒時慈者便作是念我先已曾見於銀城於其城內有四女人迎接於我又詣金城時彼城內有八女人出迎於我又於一時詣頗梨城有十六女出迎接我我後一時遇琉璃城三十二女出迎接我而今此城無有一人或男或女童男童女迎接我者唯有聞彼意所不憙如是等聲言誰飢者言誰渴者誰裸露者誰急走者誰從遠道疲乏來者誰我乘者如我今者若入此城即知是聲誰所作也

尒時慈者即入彼城入彼城已四門尋閉尒時慈者心懷恐懼身毛皆竪處處迯走作如是言我今敗也我今壞也而彼處處迯走之時見有一人頭戴鐵輪其輪赫赤狀如猛火其火焰熾甚可怖畏遂詣彼所問言仁者

汝是誰也汝頭上輪誰所輪也何故焰赫熾燃可畏猶如火聚時彼罪人報言仁者汝今知不我是商主名瞿頻陁尒時慈者又問彼言汝於往昔作何罪業以彼造罪業因緣故有此鐵輪如是熾猛如是焰熱轉在頭上彼人報言我於昔日以瞋怒故打蹋母頭以如是業罪因緣故受大鐵輪如是猛熾如是赫焰轉在頭上尒時慈者聞此語已悲啼號哭悔過自責懺省自業口作是言今我被禁如鹿入檻

尒時彼城有一夜叉業守彼城名婆流迦在彼城中時彼夜叉從彼商主瞿頻陁邊取其頭上熾燃火輪取已串著慈者頭上

尒時慈者頭上鐵輪甚大焰赫極受大苦極燒極燃其苦難忍即時以偈問夜叉言

此城周匝四門所　常有光焰恐怖人
我今已被如此縛　猶如諸鹿入深檻
善哉乞問夜叉王　是輪何故與我著
熾燃猛焰如火聚　今將令我身命斷

我先經於意樂殿　復入金城常醉宮
又經頗梨意樂處　㝡後所過名梵德
先入銀城有四女　後至金郭復遇八
頗梨城女有十六　又至琉璃三十二
如是值彼復值此　次第值已轉更勝
既得值遇如是者　云何今值恐怖輪
由我貪欲不知足　今逢如此苦厄難
我昔為更作何業　值此鐵輪頭上旋
熾燃輝赫如火聚　今將令我身命斷
願夜叉王哀愍荅　經幾歲數受斯輪

尒時夜叉業守城者即便以偈告慈者言

昔時汝母持淨戒　汝以腳足踏其頭
以如是等業因緣　今為鐵輪頭上轉
熾燃猶如猛火聚　光耀炎赫甚可畏
轉轉在於汝頭上　令汝身命斷更斷
於斯滿足六万年　終無歲數闕減者
此輪常在汝頭上　如是事實終不疑

尒時世尊即說偈言

若有知識與彼利　彼乃返更與其禍
彼則後受如是殃　猶如慈者懷瞋恨
不應與惡反與惡　不應與罪更與罪
彼則後受如是殃　猶如慈者懷瞋恨
若與慈心反覓便　於恩德處不報恩

彼則後受如是殃　猶如慈者懷瞋恨
業力從遠牽將來　業力自近牽將去
業力將人處處經　隨其作業受苦樂
非地非空非海中　亦非山間巖石裏
一切無有地方處　能使脫之不受業

佛告諸比丘汝等比丘於意云何是時慈者豈異人乎勿作異見即我身是我以彼時欲入海故受八關齋戒以彼業報因緣力故得值如是四種寶城一切諸物皆悉具足無所乏少由於惡心瞋恨因緣踏母頭故具足經由六万年歲受大鐵輪熾燃之苦汝諸比丘因業報應非虛空受但是眾生造善惡業隨業因緣而受是報是故諸比丘應須受業清淨身業清淨口業清淨意業諸比丘若有比丘身自愚癡不辯罪福善不善等應當諮問師長和上阿闍梨等於後乃行城邑聚落若和上阿闍梨而不許可自專去者應當如法治其不敬不孝順罪

佛本行集經尸棄佛本地品第五十三上

尒時菩薩住在優婁頻蠡河岸之側

行其苦行坐卧隨宜著弊故衣受隨
用器一日之内唯食一粒所謂葫麻
或一粳米或一小豆或一菉豆或一
大豆或赤粳米或一青豆當於彼時
輸頭檀王訪覔菩薩不知所在借問
他言我子今者住在何處作何事業
於是月日私密遣使訪問菩薩行坐
之處告使者曰卿今應當訪知我子
所停之處何所為作應報我知時諸
使者承是勑已即白王曰如王所勑
不敢違盲遂即馳訪次第漸到優婁
頻蠡所居之處見其菩薩行難苦行
尋還往白輸頭檀王作如是言善哉
大王今者童子在優婁頻蠡所居之
所行難苦行其所居停皆悉隨宜乃
至日食一青豆等時輸頭檀王聞是
事已心懷悵怏愁憂不樂即說是言
嗚呼我子身體軟弱汝以何事乃至
如是次第六年時諸使者將其菩薩
善惡消息詣大王所次第論說當於
尒時耶輸陁羅釋種之女聞諸使人
論說童子在苦行處行其苦行所居
行住隨宜安止乃至日食一青豆等

聞是事已便即思惟我於今者安然
受樂實非善也何以故我夫今者既
在苦行我亦應當順童子法行其苦
行時耶輸陁羅作是念已即脫瓔珞
金銀琉璃真珠摩尼種種諸實塗香
末香諸花鬘等皆悉棄捨著純白衣
唯留一縣卧凡惡鋪所食麁澁纔可
活命世人苦行莫能及者
尒時世尊得菩提已時優陁夷而白
佛言希有世尊耶輸陁羅既見世尊
在於山林行苦行時云何善能隨順
世尊而行苦行諸餘世人莫能及者
佛告優陁夷言優陁夷耶輸陁羅釋
種之女非但今世我在山林行大苦
行能隨順我行於苦行過去之世我
在厄難亦能隨我入大苦難時優陁
夷白佛言世尊其事云何願為解說
佛告優陁夷我念往昔過久遠時有
一閑靜阿蘭若處其處山林嵠壑之
內有一鹿王領諸羣鹿食草而活次
第遊行於彼之時有一獵師張設木
檻羂彼鹿王尒時羣鹿各各走散當
於尒時有一母鹿見彼鹿王為檻所

羂即住不走尒時諸鹿多解人語而
彼鹿母即便說偈告鹿王言
鹿王當努力　奮迅足與頭　張設檻羂人
今猶未來此
尒時鹿王即以偈句報母鹿言
我今雖用力　不能拔此檻　以皮作羂繩
縛束轉復急　微妙諸山林　甘泉水草美
願令未來世　永莫受此殃
而有偈說
是時彼二鹿　恐怖淚交流　以惡獵師來
執持刀杖故

佛本行集經卷第五十

佛本行集經卷第五十

校勘記

一　底本，金藏廣勝寺本。

一　一〇〇〇頁中一二行第九字「讃」，麗作「讀」。

一　一〇〇〇頁下一六行第六字「一」，資、磧、普、南、徑、清作「一人」。

一　一〇〇一頁上一七行第九字「尚」，磧、南作「向」。

一　一〇〇一頁中一一行第一二字「止」，磧、普、南作「上」；徑、清作「正」。

一　一二行第六字徑、清同。

一　一〇〇二頁中一一行第六字「蹭」，麗作「蹈」。

一　一〇〇三頁上一三行第一一字「雇」，徑作「顧」。

一　一〇〇三頁中四行末字「闕」，資、磧、普、南、徑、清作「閣」。

一　一〇〇三頁中五行第五字「偏」，徑作「徧」。

一　一〇〇三頁中六行末字「帳」，諸本作「幢」。

一　一〇〇三頁下一九行「婦女」，資、磧、普、南、徑、清作「婦人」。

一　一〇〇四頁上八行及二二行「經見」，諸本作「遥見」。

一　一〇〇四頁上一二行第四字「顏」，資、磧、普、南、徑、清作「形」。

一　一〇〇四頁下二二行「赫赤」，資、磧、普、南、徑、清作「赫赫」。

一　一〇〇五頁上一行「所輪」，諸本作「所轉」。

一　一〇〇五頁上六行第一〇字「熱」，徑作「熾」。

一　一〇〇五頁上一六行首字「串」，麗作「擐」。

一　一〇〇五頁中二行第一一字「過」，磧、普、南、徑、清作「遇」。

一　一〇〇五頁中一五行「轉轉」，諸本作「輪轉」。

一　一〇〇五頁中末行第二字「與」，資、磧、徑、麗作「興」。

一　一〇〇五頁下三行末字「樂」，磧、普、徑、清作「業」。

一　一〇〇五頁下五行第五字「地」，資作「他」。

一　一〇〇五頁下二一行「順罪」，至此徑、清卷第五十終，卷第五十一始。

一　一〇〇五頁下二二行「佛本行集經及末字「上」，徑、清無。同行「本地品」，資、磧、南、清、麗作「本生地品」。

一　一〇〇六頁上一二行「行難」，資、磧、普、南、徑、清作「難行」。

一　一〇〇六頁上一五行首字「所」，資、磧、普、南、徑、清作「處」。

一　一〇〇六頁下八行第六字「永」，磧、南作「求」。

佛本行集經卷第五十一　基

三藏法師闍那崛多譯

尸棄本生品下

尒時鹿王遥見獵師執杖而來即便以偈告牝鹿言

此是獵師將來至　身體烏黑著鹿衣
今來必剥我皮膚　斬截支節而將去

尒時牝鹿遥迎獵者漸至其前而說偈言

善哉汝獵師　今可敷草鋪　先破我皮肉
尒乃[illegible]鹿王

尒時獵師問於牝鹿作如是[illegible]今此鹿王與汝何親是時牝鹿報獵師言此是我夫甚相愛敬以是因緣作如是念願不與彼愛別分離以是義故必先煞我後及鹿王尒時獵師作如是念此是仁婦希有希有是鹿能作如是大事時彼獵師於其牝鹿生大歡喜即以[illegible]報[illegible]口

我自生小未曾聞　見有諸獸解人語
此事世間甚希有　我意何忍起害心
今既不煞於汝身　亦復并放汝夫去
如是全活尒身命　願汝夫婦恒相隨

尒時獵師詣彼弶所解放鹿王尒時牝鹿見王免縛心大歡喜遍體踊躍不能自勝復以偈句白獵師言

善哉如是大獵師　諸親見者皆歡喜
如我得見夫免脫　歡喜踊躍亦復然

佛告優陁夷汝今當知彼鹿王者豈異人乎即我身是時牝鹿者耶輸陁羅即其是也耶輸陁羅於彼之時尚隨順我受大苦厄況於今日能隨順我行大苦行於諸世人莫能行事而能行也

其羅睺羅今以過業所逼惱故在胎六年耶輸陁羅爲是菩薩懷愁毒故不自嚴飾然其如來過六年後證阿耨多羅三藐三菩提於時輸頭檀王所遣使人偵消息者彼等使人見佛世尊從坐起故即詣輸頭檀王之所到王所已而白王言大王當知太子今者苦行已徹稱滿心意已從坐起尒時輸頭檀王聞此語已別勑二人而告之曰汝等今當詣太子所至彼處已當宣我言告彼太子汝於今

者苦行已徹當可速來統領國事為轉輪王具足七寶時彼二人奉王勅已依王教命如法頂受承是勑意詣太子所頭面礼足却住一面白太子言善哉聖子輸頭檀王勑我二人到聖子所告聖子言汝於今者苦行已徹今可速來承受我位為轉輪王七寶之具令悉備足

尒時世尊聞彼二人作是語已而說偈言

若人已調伏　世無不伏者　諸佛境无邊
无跡無來去　若人不入網　愛無所從生
諸佛境无邊　無跡无來去

尒時耶輸陁羅於其宮內聞是太子苦行已徹猶望不久必應還來當受王位政國治民作轉輪王便生是念太子若作轉輪聖王我即當作第一妃后如是念已歡喜踊躍遍滿其體不能自勝持種種香塗其身體即著種種无價寶衣及諸瓔珞而自莊嚴食諸妙饌眠寢寶床柔軟卧具作如是事豫待太子時羅睺羅過六年已盡其往業耶輸陁羅即以種種資物食飲而自供養以是因緣其羅睺羅便即出生既出生已時諸內人尋共詣白輸頭檀王作如是言異哉大王耶輸陁羅今乃生子輸頭檀王聞此事已心大瞋怒即作是言今我太子捨家出家已經六歲耶輸陁羅今生此子何從而得是時釋子提婆達多作如是言此是我子輸頭檀王倍增瞋恚告諸釋種悉令聚集即告之曰御等當知耶輸陁羅不護太子亦不護我不護諸釋不惜名聞縱恣其意辱我內族我等今者應作何事而苦治也

尒時釋種皆共同聲作如是言耶輸陁羅汙辱家者我等應當如辱家法而苦治之

時彼衆內有一大臣作如是言當髡其髮以杖打之打已印記

復有一臣作如是言當截其耳劓去其鼻

復有一臣而作是言當挑其兩目

復有一臣作如是言鏘貫木上

復有一臣作如是言擲著空井

復有一臣作如是言擲著火內

復有一臣作如是言令抱熾然大熱鐵柱

復有一臣作如是言繫縛手足遣大群牛蹈而煞之

復有一臣作如是言令卧地上白為蹈之

復有一臣作如是言從頭至足以鋸解之

復有一臣作如是言節節支解分為八段

尒時輸頭檀王告諸臣言我今勑令耶輸陁羅及所生子俱當就死

是時如來已成阿耨多羅三藐三菩提便自觀見耶輸陁羅及所生子在厄難處以慈悲心所逼惱故處處顧視於時而有毗沙門天去佛不遠時彼天王知如來意即持筆墨及多羅葉往詣佛所尒時世尊手自作書而白王言其所生兒是我之息願莫有疑

尒時毗沙門天王從世尊所受是書已尋即往至輸頭檀王大衆之內即出其書擲王懷裏

介時彼書有證有驗輸頭檀王見是驗已思尋此書真是我息悉達太子手自書處

介時輸頭檀王及諸大衆為此因緣於耶輸陁羅生歡喜心耶輸陁羅傳聞人道大王有勑欲煞其身及所生子護身命故速疾往至摩訶波闍波提憍曇弥所作如是言善哉尊后我無是過此所生子太子體胤聽聞不久太子来到若其到已自應當知今欲煞我是虛枉耳

介時摩訶波闍波提聞耶輸陁羅作是語已心復歡喜即遣使請輸頭檀王至阿輸迦樹林之內到林處已而白王言惟願大王當知今者耶輸陁羅釋種之女至於我邊而作是言我无此過我所生子太子體胤若彼太子身来到已自知虛實是故大王莫作是事應須待彼太子来到即知此事定實云何

介時輸頭檀王聞彼摩訶波闍波提作如是等善利益義即報之曰此言有理若如尊后所言說者我等宜住

聽太子至若不介者當知此事定實云何雖復如此輸頭檀王由於釋女耶輸陁羅未生歡喜是故衣服及餘瓔珞少分供給發遣安置隨宜處所

介時釋女耶輸陁羅復至摩訶波闍波提憍曇弥所至已白言善哉尊后我於今者欲詣園内酬昔所許諸天微願暫一祠祀未審尊后聽許已不

介時摩訶波闍波提共彼釋女耶輸陁羅將羅睺羅廣辦供具賫持雜物詣彼神所其神名曰盧提羅迦從神作名其苑亦名盧提羅迦於彼苑中菩薩往昔在家之日恒於彼苑按摩遊戲彼苑之内有一大石菩薩往日於上坐起耶輸陁羅釋種之女當於介時將羅睺羅卧息彼石於後捉石擲著水中遂立誓言我今要誓如實不虛唯除太子更无大夫共行彼此我所生兒實是太子體胤之息是不虛者令此大石在於水上浮遊不没時彼大石如彼要誓在於水上遂即浮住如芭蕉葉浮於水上不沈不没亦復如是於時大衆見聞此已生希

有心謹譁嘯調踊躍无已叫喚跳躑歌舞作倡旋裾舞袖又作種種音聲伎樂

介時輸頭檀王聞此事時歡喜踊躍遍滿其體不能自勝即勑莊嚴彼迦毗羅婆蘇都城令除荊棘沙礫土石穢惡糞等諸不淨物更以香湯掃灑塗治摩拭其地在在處處安置香鑪燒寂妙香其香鑪閒雜錯種種妙色寶瓶其寶瓶内盛滿香水於其水中復安香花於其香鑪寶瓶中閒更復安置芭蕉行列復懸種種紛葩繒綵竪立種種雜色幢幡真珠絛貫處處交横金鈴羅網遍覆其上復作日月星宿形像張設空中寶花流蘇處處垂下復以種種雜猶牛尾所在閒錯

介時嚴飾迦毗羅處猶如幻炎乹闥婆城莊嚴是已將羅睺羅即入彼城召喚釋種宗族傍親悉皆聚集廣辦種種財物飲食所須調度方始別更為羅睺羅作其生日耶輸陁羅生息之時是羅睺羅阿脩羅王捉食其月於剎那頃暫捉還放是故釋種諸親

族等聚集議論於羅睺羅食月之際一剎那間生此童子是故立名名羅睺羅其羅睺羅可喜端正諸人見者莫不歡悅膚體黃白如真金色然其頭頂猶如繖蓋其鼻高隆猶如鸚鵡兩髀脩膅下垂過膝一切支節无有缺減諸根兒具莫不充備

尒時輸頭檀王為羅睺羅置四妳母何等為四一者抱持二者洗濯三者飲乳四者遊戲此四妳母隨時將養不久即令智慧備足

尒時世尊在波羅㮈轉大法輪於時諸天各各相告其聲展轉乃至梵頂即於彼時輸頭檀王聞子悉達已得證於阿耨多羅三藐三菩提既覺證已至波羅㮈轉大法輪為於天人而演說法

尒時輸頭檀王於世尊所倍更憶念作是思惟設何方便令彼太子愍諸眷屬速來至此迦毗羅城復作是念應當遣誰而為使者誰有智略能了此事復作是念此憂陁夷國師之子次復車匿此之二人從小已來恒共悉達甘塵弄土伴涉遊遨此之二人並各堪至悉達多所我今當遣往彼為使

尒時輸頭檀王喚優陁夷國師之子及以車匿而告之言汝等二人應當知時今者太子既得成就阿耨多羅三藐三菩提已至波羅㮈國轉大法輪為諸天人演說諸法汝等今可速往至彼悉達多所宣我告勑傳我意旨令汝太子行難苦行至其邊際稱遂汝心已得證於阿耨多羅三藐三菩提已復轉於无上法輪既為天人演說諸法善哉太子今可來詣迦毗羅城為憐一切諸眷屬故

尒時優陁夷國師之子并及車匿而白王言大王當知悉達太子若不來者未審我等更作何計王報之言汝等但聽太子處分其優陁夷國師之子并及車匿即白王言如大王勑不敢違命受王勑已頂礼其足各還本處辝別父母諸眷屬等漸行往至波羅㮈國諸仙居處鹿野苑中至彼處已頂礼佛足却住一面白言世尊我等今者奉承大王輸頭檀勑遣來至此而王告言善哉太子汝今苦行已得超越滿汝心願成就阿耨多羅三藐三菩提轉大法輪復為天人演說諸法善哉太子今可來至此迦毗羅婆蘇都城憐愍一切諸眷屬故

尒時世尊聞此語已故說偈言

若人已調伏　世无不伏者　諸佛境无邊
无跡無来去　若人不入網　愛无所從生
諸佛境无邊　無跡无来去

時優陁夷國師之子并及車匿白言世尊欲令我等當何所作佛告彼等作如是言汝能學我此諸弟子出家法不

尒時世尊雖問彼等但彼二人先於佛邊已有慕仰出家之意因白佛言我等並各願樂出家於時世尊即聽出家與受具戒

尒時世尊自從出家起坐未曾面向生地迦毗羅城乃至未化賢友知識五比丘等及以長老耶輸陁等親善友輩波羅㮈城所生有四大富長者語勝男子何等為四一毗摩羅二蘇

婆睺三富樓那四伽婆般帝
尒時尊者耶輸陁有善知識等五十餘人長老富婁那弥多羅尼子亦有徒衆三十一人長老摩訶迦旃延復有八万四千徒衆長老娑毗耶亦有勝徒合三十八人同行善友其數六十復有迷祇耶聚落所生長老那毗迦栖那耶那
尒時復有一婆羅門其有二女一名難陁二名婆羅
尒時復有一婆羅門名曰提婆并及其妻長老頻毫迦葉合有五百螺髻梵志
復有長老那提迦葉螺髻梵志其數三百
復有長老伽耶迦葉諸徒衆等其數二百亦是螺髻諸梵志等
尒時復有長老憂波斯那數合二百五十人俱
尒時復有一樹林中五百苦行諸仙人等為雨法雨王舍城中頻婆娑羅王及臣等凡九十二那由他人長老摩訶迦葉長老舍利弗目揵連等又删闍耶波梨婆闍迦外道弟子五百人等化如是輩若干人已然後世尊方始迴面向本生地迦毗羅城
時優陁夷見婆伽婆迴面坐向本所生地迦毗羅城又復諸天告彼長老優陁夷言善哉尊者今可請佛願至生地本迦毗羅婆蘇都城為其憐愍諸眷屬故
尒時長老優陁夷善知聖意如來將去遂從坐起偏袒右肩整理衣服合掌向佛僂身伍頭而說偈言

辟如非時諸樹木　欲著花果待其時
非時花果无光嚴　尊今可度恒伽河
樹木紛葩花正開　其花香遍十方剎
花既開敷結果實　尊向生地正是時
此時寂妙最為勝　清流香潔泉池水
百鳥林中出妙響　諸欣悅事是其時
釋種往昔心發願　一切大地我獨攝
見尊出家大憂怖　不稱心願其欝快
世尊眷屬所思遲　由尊生子羅睺羅
願往至彼為決疑　大衆渴仰思欲見
如來念母養育恩　為彼慈心憐愍故
若見遠來大聖師　應得歡喜除憂惱
釋種大王輪頭檀　往昔起此微妙願
何當得見金色體　我子入此迦毗城
此時非熱亦非寒　堪稱世尊受樂道
億數釋種瞻仰待　猶如畢宿與有迴

尒時世尊即告長老優陁夷言汝優陁夷若其然者汝等二人於先可至彼迦毗羅婆蘇都城告我親眷諸釋種等作如是言今者太子苦行已徹愍汝等故不久欲來其優陁夷及彼車匿蒙佛勑已而白佛言唯然世尊我不敢違頂礼佛足右遶三匝辞退而去次第漸行至迦毗羅婆蘇都城尼俱陁林依彼聚落暫時止住
尒時輪頭檀王嚴駕駟馬寶車而出往至彼園占觀好地輪頭檀王於時遥見長老車匿及優陁夷剃除鬚髮身著袈裟手執鉢器見已即告諸大臣言汝等大臣此何人也剃除鬚髮身著色衣手持應器時大臣等即報王言此等二人乃是忠達太子門徒
尒時輪頭檀王心懷懊惱悵快不樂而作是言我子端正容儀可喜觀者无厭喻如金像而彼身形今如是也

不憙觀見謂諸臣言汝等必當斷是
二人勿令我見作是語已始往園内
尒時臣等作如是念今此二人一者
乃是國師之子二者悉達太子侍者
作是籌量不能遣却輸頭檀王在園
遊觀還欲出時尒時諸臣恐王見彼
長老二人生煩惱故遂將安置空櫳
院内

尒時世尊告諸比丘作如是言汝等
比丘今可速疾辦具衣鉢我今欲行
遊觀餘國城邑聚落因欲向我本自
生地彼迦毗羅婆蘇都城憐愍一切
諸眷屬故

尒時長老舍利弗從座而起整理衣
服偏袒右肩右膝著地合掌向佛而
作是言希有世尊未曾有也世尊今
者行正是時甚精甚妙今者世尊乃
欲遊觀諸餘國城寳是其時尒時佛
告舍利弗言舍利弗汝今欲得聞此
事者當為汝說尸棄如来多他伽多
阿羅訶三藐三佛陁將欲遊行本自
生地處處觀看城邑聚落其時微妙
甚可愛樂因縁之事

尒時舍利弗白佛言世尊今正是時
願為比丘演說往昔尸棄如来詣自
生地遊觀國邑令諸比丘聞佛說已
當如是持

尒時世尊即以偈說尸棄如来遊歷
觀看本生地事

善哉甚妙舍利弗　汝今應當一心聽
昔日尸棄聖如来　往昔觀看生地事
所至一切村聚落　往見尸棄聖如来
處處皆各生甘泉　八功德味悉具足
所至一切村聚落　往見尸棄大聖師
處處皆有諸花樹　枝葉垂下普蓊欝
所至一切林樹下　尸棄如来止住處
是樹自然雨妙花　遍布其地悉充滿
所經一切林樹下　尸棄如来若止住
其樹甘果自然落　枝條婀娜悉低垂
有樹人所攀及者　花果紛雜甚可憐
尸棄如来大聖師　應感流行如是事
若有人所不及樹　妙花甘果自然落
尸棄如来大聖師　應感流行如是事
諸天在於虛空裏　雨大妙花婁迦羅
尸棄如来大聖師　應感流行如是事
諸天在於虛空裏　普雨清涼妙花雨

尸棄如来大聖師　應感流行如是事
諸天在於虛空裏　雨花名曰曼陁羅
尸棄如来大聖師　應感流行如是事
諸天在於虛空裏　雨花名曰波梨耶
尸棄如来大聖師　應感流行如是事
諸天在於虛空裏　雨花名曰毗婆伽
尸棄如来大聖師　應感流行如是事
諸天在於虛空裏　雨花名曰香勝香
尸棄如来大聖師　應感流行如是事
諸天在於虛空裏　雨諸種種妙香花
尸棄如来大聖師　應感流行如是事
諸天在於虛空裏　雨花名曰普至香
尸棄如来大聖師　應感流行如是事
諸天在於虛空裏　雨於異種妙香花
尸棄如来大聖師　應感流行如是事
諸天在於虛空裏　純雨真金妙色花
尸棄如来大聖師　應感流行如是事
諸天在於虛空裏　雨諸七寶妙色花
尸棄如来大聖師　應感流行如是事
諸天在於虛空裏　雨花純是真金莖
尸棄如来大聖師　應感流行如是事
諸天在於虛空裏　純雨一切寶莖花
尸棄如来大聖師　應感流行如是事

諸天在於虛空裏　紛雨優波羅花蘂
尸棄如來大聖師　應感流行如是事
諸天在於虛空裏　紛雨栴檀妙香末
尸棄如來大聖師　應感流行如是事
諸天在於虛空裏　雨赤栴檀妙末香
尸棄如來大聖師　應感流行如是事
諸天在於虛空裏　純雨牛頭栴檀末
尸棄如來大聖師　應感流行如是事
諸天在於虛空裏　奏作種種天樂音
尸棄如來大聖師　應感流行如是事
非人在於虛空裏　拂弄種種妙天衣
尸棄如來大聖師　應感流行如是事
諸天隨順佛行路　持諸種種妙香花
其花紛雜種種光　雨諸道路深至膝
彼時无寒復無熱　亦无蚊虻諸惡虫
尸棄如來大聖師　應感流行如是事
一切大地悉微動　并大巨海及諸山
尸棄如來大聖師　應感流行如是事
一切大地普調柔　清淨無有惡荆棘
尸棄如來大聖師　應感流行如是事
所有丘墟悉平滿　山陵埠阜皆坦然
尸棄如來大聖師　應感流行如是事
剎利種姓大威德　其數八万有六千

尸棄如來大聖師　行住坐起相隨逐
諸婆羅門淨行種　其數八万有六千
尸棄如來大聖師　行住坐起相隨逐
豪富威德大長者　其數八万有六千
尸棄如來大聖師　行住坐起相隨逐
亦有地居諸天等　皆是妙色淨莊嚴
尸棄如來大聖師　行住坐起相隨逐
復有虛空諸天衆　皆大威德最嚴勝
尸棄如來大聖師　行住坐起相隨逐
四大天王及天衆　殊勝妙色威德者
尸棄如來大聖師　行住坐起相隨逐
護世四天大王等　復有殊妙大威勢
尸棄如來大聖師　行住坐起相隨逐
忉利三十三天衆　微妙威力轉殊勝
尸棄如來大聖師　行住坐起相隨逐
須弥山頂帝釋王　及諸親友眷屬等
尸棄如來大聖師　行住坐起相隨逐
善分耶摩諸天輩　妙色清淨大威嚴
尸棄如來大聖師　行住坐起相隨逐
喜樂諸天兜率陁　威嚴功德甚微妙
尸棄如來大聖師　行住坐起相隨逐
次復化樂諸天等　所行功德轉微妙
尸棄如來大聖師　行住坐起相隨逐

他化自在諸天等　威德光嚴甚輝耀
尸棄如來大聖師　行住坐起相隨逐
大梵宮中諸天輩　妙色威力轉光華
尸棄如來大聖師　行住坐起相隨逐
色界所有諸天輩　及諸龍神金翅鳥
乹闥婆等阿修羅　野叉鬼神及羅剎
緊那羅等摩睺羅　皆得具足妙威嚴
尸棄如來大聖師　行住坐起相隨逐
世間有諸衆生類　已說及以不說者
尸棄如來大聖師　行住坐起相隨逐
彼尊尸棄如是行　調伏無量天人衆
正覺入於大涅槃　永斷諸有及後生

時佛復告舍利弗言汝舍利弗尸棄如來應供正遍知明行足善逝世間解无上士調御丈夫天人師佛世尊初欲往到本自生地有如是等无量微妙希有行事

佛本行集經卷第五十一

佛本行集經卷第五十一

校勘記

一　底本，金藏廣勝寺本。

一　一〇〇八頁中三行品名，清作「尸棄佛本生地品第五十三」。

一　一〇〇九頁上二〇行「莊嚴」，諸本作「莊飾」。

一　一〇〇九頁中一二行「內族」，諸本作「宗族」。同行「今者」，徑無。

一　一〇〇九頁中一九行第一三字「劓」，徑作「鼻」。

一　一〇〇九頁中二一行第一一字「其」，諸本無。

一　一〇〇九頁中二二行第九字「鏘」，麗作「槍」。

一　一〇〇九頁下二行第九字「令」，磧、普作「今」。

一　一〇〇九頁下一七行第九字「天」，資、磧、普、南、徑、清作「天王」。

一　一〇〇九頁下末行第四字「擲」，麗無。

一　一〇一〇頁下三行「伎樂」，磧作「快樂」。

一　一〇一〇頁下一六行「猫牛」，諸本作「犛牛」。

一　一〇一一頁中一〇行「行難」，資、磧、普、南、徑、清作「難行」。

一　一〇一一頁下末行首字「語」，諸本作「諸」。

一　一〇一二頁下四行第一三字「有」，諸本作「月」。

一　一〇一二頁下二〇行「門徒」，資作「明徒」。

一　一〇一三頁上六行「尒時」，資、磧、普、南、徑、清作「今日」。

一　一〇一三頁上二〇行「他伽」，麗作「弛阿伽」。

一　一〇一三頁中八行「徃昔」，磧、普、南、徑、清作「徃自」。

一　一〇一三頁中一七行「所舉」，諸本作「所挙」。

一　一〇一四頁上七行末字「末」，徑作「事」。

佛本行集經卷第五十二　基

三藏法師闍那崛多譯

優陁夷因縁品第五十四上

尒時佛復告舍利弗作如是言汝舍利弗我今當行遊歷國土初欲往到本自生地微妙之處亦當如是時舍利弗即從坐起整理衣服偏袒右髆合掌向佛而作是言世尊何時當欲遊歷國土觀看聚落

尒時佛告舍利弗言汝舍利弗我於今月過半月已布薩事訖然後當行遊歷國土

尒時世尊過彼半月布薩已訖與諸比丘涉歷諸國尒時世尊至王舍城飯食已訖迴還以足蹹城門閫時彼大地六種震動動已復動涌已復涌時摩伽陁彼國之王頻婆娑羅與諸人衆俱詣佛所即隨佛行遊涉諸國觀看聚落時虛空中无量諸天千億万衆見佛將欲遊歷國土皆来集會歡喜踊躍遍𤸃其體不能自勝口出種種微妙音聲歌嘯喜樂呼唱大唤旋裾舞袖拂弄天衣復以天上優鉢羅華拘物頭華波頭摩華分陁利華以散佛上復持種種末香塗香及香華鬘亦散佛上散已復散

時婆伽婆所行至處觀看諸國一切衆類皆悉恭敬尊重供養如来到處得諸衣服𡨥勝𡨥妙飲食湯藥床褥卧具如是資物不可稱計利養殊妙無所乏少名聞流布遍滿世間而佛於此名聞利養不生染著猶如蓮華處於濁水

尒時世尊有如是等無量威德於諸世間威德𡨥勝殊妙第一

時婆伽婆多他阿伽度阿羅呵三藐三佛陁明行足善逝世間解無上士調御丈夫天人師佛世尊此世彼世若天若魔梵沙門等及婆羅門諸天人境以神通智皆悉證知而彼世尊為世說法辝義巧妙初中後善悉令具足清淨梵行

尒時世尊知諸衆生堪受化者即教化之冝建立者教令建立隨其住處使得成就應受三歸授三歸法應受

五戒授與五戒應受八關齋戒之法
即授八關齋戒之法應受十善授十
善法應出家者令得出家應受具戒
授具足戒如是次第展轉漸進至迦
毗羅婆蘇都城園林而住
尒時世尊至迦毗羅婆蘇都城住尼
拘陁林園内而以偈說遊歷國土勝
妙之事

釋種如来大師子　瞿曇寂勝威德者
往觀城邑及聚落　悉有廣大諸異相
所欲至於村聚落　往見如来大聖師
處處一切諸人衆　恭敬尊嚴来迎奉
所欲至於村聚落　往見如来大聖師
凡是一切諸華樹　悉各傾向世尊所
至於一切林樹下　世尊若立若止息
是樹自然雨其華　遍布其地悉充滿
所至一切林樹下　世尊於中若止住
是樹甘果自然落　枝葉婀娜悉低垂
有樹人所攀及者　華果紛雜自可憐
瞿曇如来大聖師　遊行應感如是事
樹有人所不及者　妙華甘果自然落
瞿曇雄猛大聖師　遊行應感如是事
諸天在於虛空裏　雨華名曰薑迦羅

瞿曇雄猛大聖師　遊行應感如是事
諸天在於虛空裏　雨華名曰曼殊沙
瞿曇雄猛大聖師　威德應感如是事
諸天在於虛空裏　雨於雜種妙色華
瞿曇雄猛大世尊　威神應感如是事
諸天在於虛空裏　雨華名曰曼陁羅
瞿曇雄猛大聖師　威德應感如是事
諸天在於虛空裏　雨華名曰波利耶
瞿曇雄猛大聖尊　遊行應感如是事
諸天在於虛空裏　雨華名曰毗婆伽
瞿曇師子大聖師　遊行應感如是事
諸天在於虛空裏　雨華名曰香勝香
瞿曇師子天人尊　遊行應感如是事
諸天在於虛空裏　雨於種種妙香華
瞿曇大聖人天眼　遊行應感如是事
諸天在於虛空裏　雨華名曰普至香
瞿曇雄猛大聖尊　遊行應感如是事
諸天在於虛空裏　雨於微妙金色華
瞿曇雄猛大聖師　遊行應感如是事
諸天在於虛空裏　雨諸微妙寶色華
瞿曇十力大聖尊　遊行應感如是事
諸天在於虛空裏　雨諸妙色寶葉華
瞿曇雄猛人天眼　遊行應感如是事

諸天在於虛空裏　雨優鉢羅微妙葉
瞿曇雄猛天人師　遊行應感如是事
諸天在於虛空裏　雨於沉水妙香末
瞿曇三界天人尊　威德應感如是事
諸天在於虛空裏　雨赤栴檀妙香末
瞿曇師子大聖師　遊行應感如是事
諸天在於虛空裏　雨於牛頭妙香末
瞿曇雄猛大世尊　遊行應感如是事
諸天在於虛空裏　奏作種種諸天樂
瞿曇威猛大聖尊　遊行應感如是事
非人在於虛空裏　拂弄種種妙天衣
瞿曇師子大聖師　遊行應感如是事
諸天隨順佛行路　悉持種種妙香華
為彼大聖天中天　隨路雨華恒至膝
彼時无寒復無熱　種種蚊虻諸惡虫
微妙大聖天中尊　應感能招如是事
一切大地皆平正　山陵垍阜悉坦然
瞿曇十力大聖尊　遊行感應如是事
一切大地甚清淨　無有惡刺諸荊棘
瞿曇威德天人尊　遊行應感如是事
一切大地微徐動　并大巨海及諸山
瞿曇三界无上尊　遊行感應如是事
一切刹利婆羅門　并及毗舍首陁等

其數千万有千万　恒共如来相隨逐
復有地居妙勝天　有諸色力大威嚴
瞿曇雄猛大世尊　行住坐立相隨逐
復有護世四天王　並大威力㝡勝者
瞿曇微妙大聖尊　行住坐立相隨逐
須弥山頂帝釋王　及以梵王娑婆主
瞿曇奇特㝡勝尊　恒共如是相隨逐
復有欲界諸天衆　及以色界四禪等
瞿曇威猛大聖尊　恒共如是相隨逐
復有諸龍金翅鳥　揵闥婆等阿脩羅
夜叉及以羅刹衆　皆共隨逐如来行
世間所有衆生類　已說及以不說者
悉逐雄猛瞿曇師　遊歷國土及城邑
世尊如是遊行時　教化无量人天等
憐愍所生親族故　今至本城迦毗羅

尒時長老優陁夷及以長老車匿二人倶詣佛所頂礼佛足却住一面時二長老白佛言世尊輪頭檀王曽开信心有不淨心乃至不欲見諸比丘

尒時世尊知是事故告諸比丘作如是言諸比丘等誰能往詣輪頭檀王所至已教化令其信敬

尒時衆中有一比丘白佛言世尊今

此長老舍利弗者堪能往詣輪頭檀王所方便教化令其信敬

或有比丘白言世尊今此長老目揵連者堪能往詣輪頭檀王所方便教化令其信敬

或有比丘白言世尊今此長老摩訶迦葉堪能教化令其信敬

或有比丘白言世尊今此長老大迦旃延堪能教化令其信敬

或有比丘白言世尊今此衆中長老優樓頻螺迦葉堪能教化令其信敬

或有比丘白言世尊今此衆中鄰提迦葉堪能教化令其信敬

或有比丘白言世尊今此長老優波斯鄰堪能往詣輪頭檀王所方便教化令其信敬

尒時世尊告優陁夷作如是言優陁夷汝於今者頗能往詣輪頭檀王所到已教化令信敬不

時優陁夷白言世尊我今堪能佛即告言汝優陁夷汝今往詣輪頭檀王所方便教化令其信敬

尒時長老優陁夷者聞佛世尊如是

語已而白佛言唯然世尊如佛所教不敢違也時優陁夷於其晨朝日始初出著衣持鉢往詣向彼輪頭檀王宮到已問彼守門人言仁者應知輪頭檀王今在何許彼人報言王今在殿治理王務

尒時長老優陁夷往至輪頭檀王之所在於一相默然而住

尒時左右諸大臣等見優陁夷在一邊已即告四門諸守人言速往斷此出家之人勿令在此致使王見起發悪心其守門人聞大臣命速往至彼優陁夷邊欲驅令出時守門人見已始知是國師子昔時恒共太子悉達少小朋遊拊塵之戲不忍驅逐而復迴還時諸大臣問守門人作如是言汝等何故不驅如此出家人即時守門人報諸臣等作如是言其人乃是國師之子從生已来悉達太子交故朋親拊塵之好是故我等不忍驅遣

尒時輪頭檀王在殿料理事訖起欲還閤諸大臣等左右圍遶将入宮内時優陁夷速往直至輪頭檀王所執其

王手當於尒時輪頭檀王默然不語作如是念我今若語恐守門人驅令出去其守門人復作是念諸大臣輩自應驅遣其諸大臣復作是念宫門内人當應遮却宫門内人復作是念此人本是輪頭檀王恒所愛念如今還復執手而行尒時各作如是念故無有一人能驅遣者

尒時輪頭檀王漸進入宫昇其内殿坐師子座時優陁夷見淨飯王入彼宫内昇其殿已亦上其殿去王不遠在前而立輪頭檀王見優陁夷相去不遠在前立已即生煩惱出微細聲作如是言嗚呼苦哉我子形容如此枯悴可厭惡也汝等速驅此出家人阿誰聽入使來此也

時諸大臣白言大王如臣等見是事不然大王不應驅此人出所以者何此人既是國師之子復是悉達小來朋伴樹塵遊戲

時優陁夷言辭哀愍不令傷損淨飯王意而說偈言

現求穀實故犁種　貪覓寶貨入於海

我意今來貪住此　惟願其事速成就
如此道路常吉利　於諸无畏常安隱
欲至諸方求利者　必使瞿曇利得成
數數諸人耕其地　數數於中散種子
數數諸天下甘雨　數數國內五穀成
數數乞士恒常乞　數數施主恒常施
數數此世行檀那　數數天上獲其果
數數拵牛搆得乳　數數犢子向母邊
數數婦人懷胎藏　數數生產受諸苦
數數死屍向寒林　數數諸親悲啼送
若得聖道无後有　於煩惱中不受生

尒時輪頭檀王聞優陁夷作如是等哀愍已猶懷小疑尋復重問優陁夷言尊者本於誰邊出家大師是誰時優陁夷說偈以報淨飯王言

師父名曰輪頭檀　所生尊母名摩耶
懷在胎中經十月　生已母終生忉利
如是聖者生汝家　大德大聖天中天
彼家七世已濟拔　名聞處處皆流布
丈夫人中最希有　於一切處不受生
所生如是大聖者　其家恒受大安樂
釋種親族最名稱　尊生百福莊嚴身
如是釋子天中勝　我於彼邊出家者

尒時輪頭檀王復問長老優陁夷言善哉比丘汝實誰邊而得出家而彼人師頗有正信及能正意行梵行不在阿蘭若空閑樹下生意樂不尒時長老優陁夷以偈復報輪頭檀王作如是言

王問誰邊出家者　彼人正信行梵行
无有方所懷憂怖　在於樹下常受樂
不畏他聲猶師子　不被羅網如猛風
教授他人自无學　拔諸恐怖身不怖

輪頭檀王復問長老優陁夷言如是比丘在何處優陁夷言如大王問然彼多他伽多阿羅呵三藐三佛陁今已在此迦毗羅城尼俱陁林

尒時輪頭檀王即作是念此優陁夷乃是我兒之弟子也以是因緣告諸大臣作如是言卿等今可請此比丘在座安坐其諸大臣聞王勑已白言大王不敢違背即請長老優陁夷坐時淨飯王復勑諸臣卿等將食與此比丘諸臣得勑即持淨水與優陁夷澡洗手已即將飲食授優陁夷時優陁夷得此食已而不自食欲將此食

奉獻世尊輪頭檀王遂白長老優陁夷言比丘何故不食此食優陁夷言此食擬將奉獻世尊是故不食時淨飯王心復懊惱涕淚横流而作是言嗚呼我子身體柔軟昔在宮内恒受快樂身无諸苦今何故受如此困乃使比丘乞得食已尒乃方食時淨飯王作是語已悲啼哽咽復告優陁夷作如是言比丘今者但食此食我今更為别取飯食將與汝師時優陁夷復白王言如是大王此食已擬奉獻世尊此食世間所有衆生無能消者所以者何然彼世尊戒行最勝禪定最勝智慧亦勝時淨飯王告諸大臣作如是言御等今者更取飯食與此比丘令其食已速將此食送彼太子諸臣即時更將别食與優陁夷時優陁夷飯食已訖而白王言如是大王如來世尊阿羅呵三藐三佛陁如是王者及諸人衆无量無邊皆来恭敬然今大王亦應宜往到於彼處作是語已從座而起欲出宮時輪頭檀王復白長老優陁夷言尊者於先至悉達所

作如是言我今不久欲来見汝優陁夷言敬如王命

尒時長老優陁夷即持彼食從城而出至尼俱陁樹林之内至佛所已白言世尊輪頭檀王我已教化令得歡喜欲来見佛其優陁夷從宮出時須臾之間其輪頭檀王勑諸大臣作如是言御等知時悉達太子已至此城我等今者當作何事諸大臣言善哉大王若更有别餘沙門来到王所者我等尚須供養供給況復今者悉達太子與我等身无異無别豈得安然不生恭敬我等但護大王心意未至彼耳尒時輪頭檀王勑令振鐸普告城内悉使知聞我今欲至悉達太子往觀彼處汝等各備辦莊嚴隨從於我

迦葉遺師作如是說

其摩訶僧祇師復作是說乃言尒時輪頭檀王白優陁夷作如是言如比丘意欲為太子作何等食時優陁夷而白王言如是大王若其欲為世尊造食當須好作清淨甘美香潔餚饍世尊唯食如此食耳

尒時輪頭檀王勑諸大臣御等須知速為太子辦諸清淨香潔飯食諸大臣等聞王勑已而白王言依大王教不敢違也遂即供辦種種餚饍清淨香潔甘美飯食辦如是已付優陁夷其優陁夷自食訖已持王所辦餚饍飲食清淨香潔從迦毗羅婆蘇都城往出至於尼俱陁林至彼佛所而白佛言世尊我已教化輪頭檀王令心歡喜欲来見佛先以如此香美飲食辦具與我来奉世尊願佛納受如法食耳

尒時諸比丘而白佛言希有世尊云何長老優陁夷教化輪頭檀王能令歡喜又能令辦清淨香潔甘美飲食將奉世尊作是語已佛告諸比丘作如是言汝諸比丘其優陁夷非但今日至於輪頭檀王之所教化訖已復將甘美飲食與我往昔亦曾教化於彼令歡喜已將甘美食而與我来時諸比丘復白佛言唯然世尊其事云何願為我等說如是事我輩今者願樂欲聞

佛告諸比丘我念往昔久遠之時波羅㮈國有一烏王其烏名曰蘇弗多羅（隋言善子）而依住彼波羅㮈城與八万烏和合共住善子烏王有妻名曰蘇弗室利（隋言善女）時彼烏妻共彼烏王行欲懐妊時彼烏妻忽作是念願我得淨香潔飲食現今人王之所食者而彼烏妻思是飲食不能得故宛轉迷悶身體憔悴羸瘦戰恌不能得安善子烏王既見已妻宛轉迷悶身體憔悴羸瘦戰恌不自安故問其妻言汝今何乃宛轉於地身體憔悴羸瘦戰恌不能自安彼時烏妻報烏王言善哉聖子我今有娠乃作是念願得清淨香潔餚饍如王食者時善子烏告其妻言異哉賢者如我今日何處得是香美飲食王宮深邃不可得到我若入者於彼手邊必失身命彼妻又復報烏王言聖子今者若不能得如是飲食我死无疑并其胎子亦必无活善子烏王復告妻言異哉賢者汝今死日必當欲至乃思如是難得之物善子烏王作是語已憂愁悵怏思惟

而住復作是念如我意者如是香潔清淨飲食如王食者實難得也

尒時烏王群衆之内乃有一烏見善子烏懐愁憂不樂而住見是事已詣烏王所白烏王言異哉聖者何故憂愁思惟而住善子烏王於時廣說前事因緣彼烏復白善子王言善哉聖子莫復愁憂我能為王覔是難得香美餚饍王所食者是時烏王復告彼烏作如是言善哉善友汝若力能為我得辦如此事者我當報汝所作功德尒時彼烏從烏王所居住之處飛騰虛空至梵德宮去厨不遠坐一樹上觀梵德王食厨之内其王食辦有一婦女備具餚饍食時將至專以銀器盛彼飲食欲奉與王尒時彼烏從樹飛下在彼婦女頭上而立啄嚙其鼻時彼婦女患其鼻痛即翻此食在於地上尒時彼烏即取其食將與烏王烏王得已即將與彼善女烏妻其妻得已尋時飽食身體安隱如是產生尒時彼烏日別數往奪彼食取將與烏王時梵德王屢見此事作如是念

奇哉奇異太何此烏數數恒來穢汚我食復以嘴爪傷我婦女而王不能忍此事故尋時勑喚網捕獵師而語之言卿等惡速至彼烏處生捕將來其諸獵師聞王勑已啓白王言如王所勑不敢違命獵師往至以其羅網捕得此烏生扠將來付梵德王時梵德王語其烏言汝此何故數汙我食復以嘴爪傷我女婦尒時彼烏語梵德王善哉大王聽我向王說如此事令王歡喜時梵德王心生憘悅作如是念希有斯事太何此烏能作人語作是念已告彼烏言善哉善哉汝必為我說斯事意令我歡喜尒時彼烏即以偈頌向梵德王而說之曰

大王當知波羅㮈　有一烏王恒依止
八万烏衆所圍遶　悉皆取彼王處分
彼烏王妻有所憶　我向大王說其緣
烏妻所思香美饍　如是大王所食者
是故我今數數來　抄撥大王香美食
今者為彼烏王故　致被大王之所繫
善哉惟願大聖王　慈悲憐愍放脫我
我為烏王彼妻故　數來抄撥大王食

我念從此一生来　未曾經造如此事
今為大王一勑已　於後不敢更復為
時梵德王既聞彼烏如此語已心生
喜悅作如是言希有此事人尚不能
於其主邊有如是等愛重之心如此
烏也作是語已其梵德王說偈言
若有如是大目者　彼應重合食封禄
須似如是猛健烏　為主求食不惜命
其梵德王說此偈已復告烏言善哉
汝烏於今已去常来至此取香美食
若其有人遮斷於汝不與食者来語
我知我自與汝已分所食而將去耳
佛告諸比丘汝等當知彼烏王者我
身是也彼時為王偷食烏者即優陁
夷比丘是也梵德王者此即輸頭檀
王是也於時比丘優陁夷今彼歡喜
為我取食今亦復尒令淨飯王心生
歡喜又復為我而將食来
時淨飯王於後方始知其鈴鐸勑迦
毗羅婆蘇都城所有人民不得一人
於先往見悉達太子若欲見者要須
共我相隨而見

佛本行集經卷第五十二

佛本行集經卷第五十二

校勘記

一　底本，金藏廣勝寺本。

一　一〇一六頁中三行品名，資、磧、普、南作「優陁夷品第五十四上」；徑、清作「優陁夷品第五十四之一」。

一　一〇一六頁下一四行「王菀」，諸本作「三菀」。

一　一〇一七頁上七行第三字「林」，諸本作「樹林」。

一　一〇一七頁下一行「妙葉」，磧、普、南、徑、清、麗作「妙華」。

一　一〇一七頁下一〇行「威猛」，徑作「雄猛」。

一　一〇一七頁下一八行「感應」，資、磧、普、徑作「應感」。

一　一〇一八頁下八行「一相」，諸本作「一廂」。

一　一〇一八頁下一七行「即時」，資、磧、普、南、徑、清作「却時」。

一　一〇一八頁下一九行第一三字「交」，磧、普、徑作「友」；清作「故」。

一　一〇一八頁下二一行「料理」，資、磧、普、南、徑、清作「斷理」。

一　一〇一九頁上一一行「殿已」下，諸本有「優陁夷」。

一　一〇一九頁中一三行第三字「已」，諸本作「語已」。

一　一〇一九頁下一行「長老」，資、普作「長者」。

一　一〇一九頁下一二行第三字「在」，諸本作「今在」。

一　一〇一九頁下二二行「飲食」，諸本作「飯食」。

一　一〇二〇頁上一行「遂白」，諸本作「遂問」。

一　一〇二〇頁上六行第七字「今」，諸本作「今日」。

一　一〇二〇頁上一〇行「飯食」，資、磧、普、南、清作「飲食」。下同。

一　一〇二〇頁下二行，徑同。

一　一〇二〇頁上一五行「飯食」，麗作「餘食」。

一　一〇二〇頁上二〇行末字「今」，資、磧、普、南、徑、清作「爾」。

一　一〇二〇頁中一六行第五字「各」，諸本作「各各」。

一　一〇二〇頁中一七行夾註「迦葉……是說」，徑作正文。

一　一〇二〇頁下八行「往出」，資、磧、普、南、徑、清作「往」；徑作「往至」；麗作「出往」。

一　一〇二〇頁下一一行「來奉」，資、磧、普、南、徑、清作「敬奉」。

一　一〇二一頁中四行第三字「懷」，資、磧、普、南、徑、清作「心懷」。

一　一〇二二頁上六行第一一字「說」，諸本作「而說」。

一　一〇二二頁上七行「重合」，麗作「重答」。

一　一〇二二頁上一四行「爲王」，徑、清作「爲主」。

一　一〇二二頁上一六行「今彼」，磧、普、南、清、麗作「令彼」。

一　一〇二二頁上一八行「又復」，資作「又普」。

佛本行集經卷第五十三　　恭

隋天竺三藏闍那崛多譯

優陀夷因緣品下

尒時輸頭檀王將自宮內諸眷屬等前後圍遶復將悉達太子宮內一切眷屬及將其餘外眷屬等并釋童子及諸左右復將四兵百官大臣將帥僚佐及諸居士城邑聚落長者耆年以顯大王威勢之力并顯大王神德自在將大親族兵衆左右前後圍遶尒時釋種宗族士衆一切合有九万九千及迦毗羅婆蘇都城所居人民從城共往欲見如來世尊遙見輸頭檀王與諸大衆嚴備而來即作是念我若見彼不起迎奉人當說我此豈成行果報人乎云何見父不起迎逆我今若見父及大衆起往迎者彼等獲得無量大罪若我今者持其威儀在此住者彼等於我不生敬心如來作此三種念觀見有如此三種因緣思量如是三種義已從坐而起以神通力飛騰虛空在虛空中經行來往

或立或坐或卧或睡身或放烟或放炎火或隱或現出如是等種種神通變化顯示

時迦毗羅婆蘇都城有護城神守門神等在於輸頭檀王之前飛騰虛空詣向佛所頂禮佛足却住一面以其偈頌向佛說言

如來初始出家日　夜叉諸神為開門
毗沙門等示道路　世尊是大功德器
如來當尒出門時　發心作是大誓願
若不降伏諸魔衆　我更不入此城中
彼願今者已滿足　世尊已復降諸魔
得證菩提无上道　成於昔日之誓願
丈夫為福出於世　已證无上菩提道
憐愍一切親族故　今者還來入此城

尒時輸頭檀王遙見世尊以神通力飛騰虛空示現種種神通變化即作是念我憶往昔悉達太子捨家出家今成大仙有大威德具大神通輸頭檀王作是念已從其馬車下地足步往向佛所輸頭檀王漸欲近佛佛復從空漸漸而下輸頭檀王至佛住所佛即從空下至本處輸頭檀王見佛

頭上無有天冠剃除鬚髮身著袈裟以愛子故悶絕躃地經於少時方乃還穌在地宛轉悲啼涕泣流淚被面時彼釋種九万九千及以內外諸眷屬等悉亦悶絕宛轉于地悲號啼哭涕淚交流煩寃懊惱而受大苦時彼大衆而說偈言

大王將衆至佛邊　父見世尊來共語
王欲稱子不得言　欲道比丘復不得
王見如來沙門相　自於傘下生羞慙
長叫口中出熱氣　迷悶躃地種種道
如來默然入禪定　王見如是自憂煎
猶如渴人從遠來　遙見水已還枯竭

尒時世尊復作是念此釋種輩有大我慢貢高自在若其以頂著地礼我即生懈勸作是念已即騰虛空去地一丈又念我今離地若千彼輩應當傻身作礼而有偈說

佛觀王輩懷我慢　飛住虛空高一丈
憐愍自餘諸人等　是故佛在空中住

尒時輸頭檀王從地而起頂礼佛足而說偈言

我今三礼真如尊　初生已復礼佛足

昔在宮內相師記　當坐樹下蔭覆身
今見行於第一行　面目清淨如華開
令我身心大欣悅　是故今還三頂礼
尒時輸頭檀王頂礼佛足然後次第二宮眷屬頭面頂礼次有外親諸眷屬等亦礼佛足復有釋種諸童子等亦復頂礼復有左右將士僚佐百官大臣次第作礼復有如是大姓居士頂礼佛足次第復有大富長者諸耆宿等亦復作礼

然佛世尊深有如是微妙之法但恐大衆未生歡喜渴仰之心未生希有奇特之意是故未說如此法耳

尒時世尊欲令時衆生歡喜心信敬心故以神通力飛騰空裏在於東方去地高至一多羅樹住空中已又作種種神通變現所謂一身分作多身或以多身合作一身從下横行足不蹈地從下上行從上下行石壁山障皆過无㝵入地如水履水如地在於虛空結加趺坐安然不動經行虛空猶如飛鳥身上放烟身下出火如大火聚亦如日月有大威德有大神通威德

熾盛光明顯赫或時以手捫摸日月其身長大乃至梵天出如是等種種神通變化之事

尒時世尊作是事已復現如是雙對神通所謂如來於其半身身下出烟又於半身身上出火

如來或復於其半身身上出烟或於半身身下出火

如來或復左廂出火右廂放烟右廂出火左廂出烟

如來又時於其半身身下出烟或復半身身上出於清涼冷水

如來又時於其半身身下出於清涼冷水或於半身身上出烟

如來或時左廂出烟於其右廂出凉冷水須臾或復右廂出烟於其左廂出凉冷水

如來又時於半身下出其炎火於半身上出凉冷水又半身上出其炎火於半身下出清冷水又時如來左廂出火復於右廂出清冷水

如來又時左廂出火於其右廂出清冷水或復右廂出清冷水於其左廂

放其焰火

如來又時遍身出火於兩目間出清冷水或於目間出其焰火或復遍身放清冷水

如來或時現下分身上分不現而說其法或時唯現上分之身下分不現而說其法

如來又時或復入於火光三昧於諸毛孔出種種光所謂青色光明黃色光明赤色光明白色光明蒨草色光頗梨色光

如來或復乘於空中去地高於一多羅樹而現神通或復去地高二多羅或三四五或七多羅住於空中而現神通所謂一身分作多身乃至放於頗梨色光種種神變悉皆示現

尒時世尊或復從於南方出身西方去地高一多羅而作種種神通變化世尊或復西方沒身北方去地高一多羅住虛空中作於種種神通變化所謂一身分作多身乃至放於頗梨色光乃至一一諸方亦尒皆乘虛空去地高至七多羅樹俱現種種神通

變化所謂一身分作多身乃至放於頗梨色光

尒時大衆見佛世尊現是神通即於佛邊生歡喜心信敬希有如是等心

尒時世尊見彼大衆生於信敬希有心故從空而下在其衆首敷座而坐為其大衆次第說法言說法者所謂衆生長夜在於煩惱之中聞是語者令生猒離是故勸行布施持戒精進忍辱得生善處教行猒離欲有漏等令出煩惱亦復讃歎出家功德復讃解脫有如是法如來說此諸法之時知其大衆生歡喜心踊躍之心柔軟等心得无外心

尒時世尊亦有諸佛攝受之法所謂苦集滅道等法於時世尊為彼大衆方便顯說宣通示現時彼大衆无量百千万億衆類即於座上遠塵離垢无復煩惱斷諸結使得法眼淨所有集法悉皆滅相得如實智辟如清淨無垢衣裳堪入諸色入諸色者尋受其色如是說已彼時大衆无量無邊百千万億諸衆生類即於座上遠

塵離垢無復煩惱斷諸結使得法眼淨乃至一切滅相得如實智而彼大衆自見諸法已得諸法已證諸法已入諸法衆疑已度諸惑已滅無復疑心已得无畏我生因緣悉皆盡滅如是知已歸依於佛歸依於法歸依於僧受優婆塞五戒之法輸頭檀王為於愛子煩惱羅網之所覆故遂不獲果坐世尊前以哀愍音悲泣哽咽而說偈言

汝昔首戴七寶冠　微妙莊嚴捨何處
又捨髻中明淨珠　露頭毀形无威德
昔日上妙迦尸服　汝亦當於何處捨
如此麁濫糞掃衣　我所愛子去何著

尒時世尊以偈報彼輸頭檀王作如是言

大王有國名奴師　我於彼處捨天冠
心欲除其我慢故　又欲證彼甘露句
為諸染色袈裟衣　故我棄彼迦尸服
袈裟既著身體已　我證无上妙菩提

於是輸頭檀王復向如來而說偈言

我昔在宫求百願　願得生子作輪王
今見剃頭手執鉢　子為我說得何勝

尒時世尊復以偈報輸頭檀王作是言曰

輪王得力心无猒　雖得命長不自在
我心自在无邊際　願子輪王實愚癡

尒時輸頭檀王復以偈頌向佛說言

七寶草屣汝先著　卧具柔軟種種鋪
宫殿樓閣安隱居　頭上罩籠白傘蓋
足相軟淨如蓮華　沙棘礫礭去何踏

尒時世尊復以偈報輸頭檀言

我今一切遍知尊　諸法不染如蓮華
諸有已捨无愛著　如我今者无諸惱

尒時輸頭檀王復以偈頌而白佛言

昔在宫殿旃檀等　及以諸香凉似月
隨時用此摩汝身　摩已遍體受安隱
今時初夏正以熱　獨步林藪若為行
本在宫内微妙音　今無妓女誰娛樂

尒時世尊以偈復報輸頭檀言

我有法池清凉水　智人所歎无愛處
功德實池洗浴身　不為水溺至彼岸

輸頭檀王復以偈頌向佛說言

在宫昔著迦尸衣　蓮華蘑蔔香熏體
柔軟疊華貯衣內　坐釋宫殿威顯赫
今者麁麻糞掃物　隨處樹皮之所染

纔覆身體可着慚　汝大丈夫不猒惡

尒時世尊復以偈頌報輸頭檀王作如是言

衣服卧具飲食等　我於過去悉生貪
微妙端正色愛處　於今正念皆已捨

輸頭檀王復以偈頌向佛說言

汝昔宮中七寶器　及用金銀槃案等
種種餚饍甘美味　諸王隨意所堪食
今得冷熱麁澁等　非妙薄淡云何飡
云何不嫌如是食　不生臭穢嫌恨想

佛復以偈報輸頭檀王作如是言

傳聞過去今現在　及以未來諸聖者
隨飡麁澁及苦味　憐愍世間故不嫌

輸頭檀王復以偈頌而說之言

汝昔在我宮內時　坐卧微妙柔軟鋪
世間最勝无比方　倚枕稱意无嫌者
今於麁澁鞕地上　唯鋪諸草及樹葉
云何眠卧而无嫌　身體柔軟不傷損

尒時世尊復以偈頌報輸頭檀王作如是言

我今得諸自在智　一切苦惱悉已脫
為拔諸苦煩惱判　憐愍世間故不嫌

輸頭檀王復以偈頌向佛說言

汝於昔日受樂家　種種妙華散地上
室內無風燈明照　及以樓閣諸窓牖
華鬘瓔珞莊嚴身　婦人端正猶玉女
語言婉媚相隨順　瞻仰不亂聽夫勑

佛復以偈報輸頭檀王作如是言

釋王我有新學行　微妙天中諸梵行
我以得心自在行　隨我意去皆得行

輸頭檀王復以偈頌向佛說言

音聲鼓瑟箜篌等　微妙歌詠覺汝眠
猶如帝釋在天中　汝昔在宮亦復尒

佛復以偈報輸頭檀王作如是言

修多祇夜出妙音　如意解脫令覺我
我有梵行諸友等　大王我住如是樂

輸頭檀王復以偈頌向佛說言

降伏大地諸山川　并及欲具諸千子
微妙七寶捨棄來　云何行此沙門行

佛復以偈報輸頭檀王作如是言

智慧三昧我大地　千數禪定是我子
七種覺分是其寶　大王知我悉已得

輸頭檀王復以偈頌而說言曰

汝昔駕車調善馬　其車雜寶所莊嚴
衆綵傘蓋持覆身　素拂清淨琉璃把

佛復以偈而報王言

我持正勤為駟馬　慧思慚愧以為車
精進駿疾作所乘　我乘以入無憂處

輸頭檀王復說偈言

汝昔在家乘揵陟　其身潔白清淨勝
衆寶莊嚴鞍轡等　乘此調馬隨意行

佛復以偈而報王言

大地所有諸衆馬　世間無數多人乘
彼等一切無常定　觀已隨意取神通

輸頭檀王復以偈頌而說之言

汝昔在於宮內時　殿閣如天无有異
執刀弓箭衆所護　身著鎧甲甚精微
今汝在林无護者　夜叉羅剎可畏所
闇夜種種諸獸鳴　云何能生是无畏

佛復以偈而報王言

所有夜叉畢舍遮　種種諸獸可畏者
黑闇夜行在林內　不能動我一毛端
不畏他聲如師子　如風繩所不能羈
亦如蓮華不著水　吾在世法濁不汙

尒時長老目揵連長老摩訶迦葉長老優樓頻螺迦葉那提迦葉伽耶迦葉優婆斯那摩訶俱絺羅村陁離波多等无量大衆坐佛左右時彼諸徳以昔行故身無精光勤體疲勞形容羸瘦色不

光澤氣力尠少唯有筋皮纏裹其形

尒時輪頭檀王白佛言世尊今在世尊右邊坐者此等人輩從何而來得出家也

尒時世尊伸金色臂向輪頭檀王指彼一一諸比丘等口悉稱名而示王言此是舍利弗此是摩訶迦葉此是優樓頻螺迦葉此是那提迦葉此是伽耶迦葉此是優婆斯那此是離波多此別離波多如是等輩皆是摩伽陁國大姓婆羅門種

輪頭檀王復問佛言今在世尊左邊坐者復是何人從何而来在世尊邊而出家也佛告王言此是摩訶目揵連此是摩訶旃延此是摩訶俱郗羅此是摩訶絺陁諸如是等亦摩伽陁村邑聚落大姓諸子時輪頭檀王聞此語已悵怏不樂作如是念此我子者真是大姓剎利童子端正可喜視者不猒猶如金像既是大姓剎利童子以婆羅門左右圍遶此事非宜既是剎利大姓童子還應剎利大姓圍遶此順其法作是念已為欲成就

如是事故即從坐起還其宫内

佛本行集經優波離因緣品第五十五上

尒時輪頭檀王還宫未久有一童子名優波離從其前衆来至佛所時優波離童子之母牽捉其子優波離手将以奉佛唱如是言此優波離曽為世尊剃除鬚髮時優波離即為世尊而剃鬚髮時優波離童子之母白佛言世尊優波離童子剃佛鬚髮善能已不佛告優波離童子母言雖復善能剃除鬚髮身太伛也

尒時優波離童子之母告優波離作如是言汝優波離汝為如来剃除鬚髮身莫太伛令尊心乱時優波離即入初禅

時優波離童子之母復白佛言世尊優波離童子剃除鬚髮善能已不佛告優波離童子母言雖復善能剃除鬚髮其身太仰

尒時優波離童子之母復告優波離童子言汝優波離身莫太仰令尊心亂時優波離入第二禅

時優波離童子之母復白佛言世尊

優波離童子剃除鬚髮善能已不佛告優波離童子母言雖復善能剃除鬚髮但以入息稍復太多時優波離童子之母告優波離作如是言汝與如来剃除鬚髮勿使入息如是太多令尊心亂時優波離童子於即入第三禅時優波離童子之母復白佛言世尊優波離童子剃除鬚髮善能已不佛告優波離童子母言雖復善能剃除鬚髮然其出息稍太多也

尒時童子優波離母語優波離作如是言汝與如来剃除鬚髮勿令出息如是太多令尊心亂時優波離童子於即入第四禅

尒時世尊告諸比丘言諸比丘汝等速疾取優波離手中剃刀勿使倒地所以者何其彼童子已入四禅時優波離童子之母從優波離童子手中即取刀也

尒時輪頭檀王入迦毗羅婆蘇都城唤諸釋種悉皆来集於大殿庭而勑之言汝等釋種應當知我王子悉達若不出家必定當作轉輪聖王汝等

釋種亦應承事何以故而彼出家已成阿耨多羅三藐三菩提已能轉於無上法輪人天中勝彼既刹利種姓王子可喜端嚴猶如金像人皆樂見而彼乃用婆羅門種以為弟子左右圍遶此實非宜既是刹利釋種王子還應刹利釋種圍遶乃可為善

尒時諸釋咸皆共白輸頭檀言大王今者欲於我等先作何事尒時輸頭檀王告諸釋言汝等諸釋若知時者必須家別一人出家若其釋種兄弟五人令三出家二人在家若四人者二人出家二人在家若三人者二人出家一人在家若二人者一人出家一人在家若一人者不令出家何以故不使斷我諸釋種故

尒時諸釋咸復共白輸頭檀言大王若尒必須分明立其言契輸頭檀王即集諸釋而問之言我子今者既已出家誰能隨從而出家也若能隨從而出家者可自抄名署以為記

尒時五百諸釋童子各自手抄已之名字咸謂能隨太子出家

尒時五百釋種童子各解已身所服瓔珞自相謂言阿誰合取我等瓔珞作尋量已復作念言此優波離昔於長夜勤事我等諸釋種來是優波離堪受我等所脱瓔珞尒時五百諸釋童子各脱瓔珞付優波離既付囑已俱還本家諮其父母時優波離尋作是念彼等諸釋今既能捨珍寶瓔珞我若受用是所不應而諸釋子有大威勢有大神德既能棄捨所重官位及諸財寶尚欲出家我今何事不出家也時優波離剃鬚髮所見諸釋子各往諮白父母之時便即捨彼所施瓔珞即詣佛所頂礼佛足却住一面其優波離住一面已而白佛言善哉世尊唯願聽我隨佛出家尒時世尊即聽出家受具足戒時彼五百釋種童子各至已家諮父母已還復來至輸頭檀邊而白之曰大王今者可將我等至世尊所彼既出家我亦應當隨從出家時輸頭檀共彼五百諸釋童子往詣佛所頂礼佛足却坐一面既安坐已輸頭檀王而白佛言世尊善哉

大德刹利種姓不合將彼婆羅門種共相圍遶實謂非宜今者世尊刹利種姓還應以此刹利圍遶乃可為善然今世尊釋種之内五百童子欲於世尊法中出家受具足戒唯願世尊哀愍聽許兼受具戒

尒時世尊聽彼五百釋種出家受具戒已教學威儀而告之言汝等比丘咸可俱來礼優波離上座比丘時彼五百諸比丘等先礼佛足然後頂礼彼優波離上座比丘脩礼已畢次第而坐

尒時世尊復告輸頭檀王言曰大王今可頂礼比丘優波離已次第應礼五百比丘尒時大王聞佛教已即白佛言唯然世尊我不敢違即從坐起頂礼佛足然後礼彼上坐比丘優波離已次第復礼五百比丘礼已次第還其本坐

尒時世尊威顏悦豫作如是言今者釋種已自降伏釋種憍豪亦復摧撲諸釋憿慢時諸比丘即白佛言希有世尊其優波離今因世尊得此五百

釋種比丘及輸頭檀王尊敬礼拜作是語已佛告諸比丘汝諸比丘此優波離非但今日因我得此五百比丘輸頭檀等恭敬礼拜汝諸比丘過去世時其優波離亦因我故曾得五百大臣跪拜亦得彼王名曰梵德之所敬礼時諸比丘各白佛言此事云何唯願世尊為我分別說其本業

尒時世尊告諸比丘我念往昔波羅㮈城時有二人共為親友其人貧下世无名聞彼人有時自持家內菉豆一升從波羅㮈出城客作尒時恒有一辟支佛往來住彼波羅㮈城時辟支佛於晨朝時著衣持鉢入城乞食彼二貧人遥見尊者辟支佛來威儀庠序平視而進着僧伽梨齊亭相稱執鉢不動彼人見已得清淨信於辟支佛生勇悅心各相謂言我等貧窮皆由過去未曾逢值如是福田雖復逢遇或不恭敬供養瞻侍我等若當值遇如是勝上福田恭敬供養今應不遣如此厄難所謂无財恒常客作以自存活我等今者應當持此一升

菉豆奉施仙人若其憐愍受我所施我等即應脫此貧苦作是念已將此菉豆奉辟支佛作如是言唯願尊者起憐愍心受我此施時辟支佛於彼二人生憐愍故受其所施雖受施已但辟支佛皆有一法欲化衆生唯現神通更无方便時辟支佛愍彼二人受其施已即從彼方騰空而行

佛本行集經卷第五十三

癸卯歲高麗國大藏都監奉
勅彫造

佛本行集經卷第五十三

校勘記

一　底本，麗藏本。

一　一〇二四頁上三行品名下，徑、清有「第五十四之二」。

一　一〇二五頁上四行第一〇字「足」，諸本作「已」。

一　一〇二五頁中九行第六字「廂」，諸本作「相」。下同至本頁末字。

一　一〇二五頁中一〇行第二字「火」，諸本作「烟」。同行末字「烟」，諸本作「火」。

一　一〇二五頁中末行第四字「復」，諸本作「復於」。

一　一〇二六頁上一七行第七字「示」，磧、南作「諸」。

一　一〇二六頁上一八行「遠塵離垢」，諸本作「遠離塵垢」。

一　一〇二六頁下一五行第一二字「若」，徑作「苦」。

一　一〇二六頁下二〇行「輸頭檀王」，

諸本作「俑時輸頭檀王」。

一　一〇二六頁下二一行第一〇字「詹」，清作「瞻」。

一　一〇二七頁上八行「銷鑴甘美未」，資、磧、普、南、清作「銷鐉甘美味」。

一　一〇二七頁上一六行第九字「枕」，磧、普、南作「抗」。

一　一〇二七頁上一九行「作如」，資、磧、普、徑作「而作」。

一　一〇二七頁上二一行第六字「在」，磧、南作「有」。

一　一〇二七頁下一行第九字「思」，諸本作「忍」。

一　一〇二七頁下二〇行「伽耶迦葉」，諸本無。

一　一〇二八頁上一行末字「形」，磧、普、南、徑、清作「骨」。

一　一〇二八頁上五行末字「指」，徑作「詣」。

一　一〇二八頁上一〇行第二字「此」，諸本作「此是」。

一　一〇二八頁中二行品名，資、磧、普、南作「佛本行集經優波離品第五十　五上」，徑、清作「優波離品第五十五之一」。

一　一〇二九頁上一二行「五人」，資作「三人」。

一　一〇三〇頁上一二行及末行「一升」，磧、普、南、徑、清作「一斗」。

一　一〇三〇頁上一六行首字「庠」，徑、清作「詳」。

一　一〇三〇頁上二〇行首字「逢」，諸本作「值」。

佛本行集經卷第五十四　基

隋天竺三藏闍那崛多譯

優波離因緣品中

尒時彼等親友二人見辟支佛飛騰虛空遊行無㝵心大歡喜遍身踊躍不能自勝合十指掌敬礼尊者辟支佛足乜如是願願令我等於未来世恒常值遇如是教師或更勝者彼所說法我等聞已速即知解不生惡道作是願已時彼一人又別乜願願言藉此功德之力於未来世恒生大姓婆羅門家願能誦持四惟陁論及以六十種諸技藝等而有偈說

非直端心懷正信　即得名為上福田

唯須供養佛與僧　并及值遇辟支佛

時彼二人於後命終一得生於波羅㮈城剎利姓家即紹王位名曰梵德第二人者生婆羅門大清淨家名優波伽摩那婆具解諸論其優波伽摩那婆彼時有妻名曰摩那毗迦端嚴可喜觀者不猒㝡勝㝡妙世所無比得優波伽摩那婆之所愛敬若暫不

見心即不悅

尒時彼妻摩那毗迦因為少事有所嫌恨遂便不共優波伽語時優波伽煩冤懊惱作如是念今日我妻摩那毗迦不共我語聲音斷絕乃如此也後時彼妻摩那毗迦過夏四月至於秋節白優波伽摩那婆言善哉聖子汝今可去往至市肆買取上妙塗香末香及諸華等所以然者秋節四月今者已至衆人皆共受五欲樂我等亦須莊嚴身體受五欲樂

尒時優波伽摩那婆聞此語已歡喜踊躍遍滿其體不能自勝作如是念今者我妻摩那毗迦何期忽尒共我言語而優波伽有一金錢先於餘村他邊出舉遂於午時日炙大地陽焰暉赫其諸地色猶如赤雞發其家宅向彼村落往欲債錢於其道路欲心纏逼口唱婬歌當於尒時與梵德宮相去不遠其梵德王在於樓閣取納清涼晝日眠著小時睡覺忽聞彼人染著五欲作婬歌聲時王聞已即復起發自本欲心而有偈說

或有由於本習氣　或復因事動其情

斯由色欲著愛染　亦似蓮華因水生

尒時梵德聞彼婬歌忽即驚疑此是誰也於盛日午炎熱之時染著欲心口唱婬歌作是念已從窓遥見彼優波伽於盛午時大地炎熱行歌於路即喚一臣而勑之言汝可速往捉彼歌人將向我邊其臣聞勑即白王言不敢違旨遂至彼邊捉優波伽而語之言汝摩那婆去来去来王今喚汝時優波伽心生恐怖舉身毛竪悵怏不樂作如是念今誰知我於梵德邊有何罪過令我愁惱尒時大臣將優波伽往即至於梵德王邊其王見已即生愛心生愛心已向於彼人而說偈言

日中暉赫正炎熱　大地紅色如赤雞

汝今躭著婬欲歌　云何於是不生惱

日光普照正炎熾　地上鹹沙弥復熱

汝今躭著婬欲歌　云何於是不生惱

尒時優波伽摩那婆以偈報彼梵德王言

大王今者非熱惱　上天日炙何所及

唯有求利及失利　此是惱中㝡為惱

佛本行集經卷第五十四　第四張　芸

日光雖復大災熾　此為惱中極下惱
經營種種諸事業　如此名為最大惱
時梵德王復問優波伽摩那婆言摩那婆汝於今者經營何事而於是處熾熱大地而行於路尒時優波伽即以上事向梵德王分別說之
尒時梵德王復告優波伽摩那婆言摩那婆止止莫去我於今者與汝兩錢（即天竺金錢）其梵德王遂即與之尒時優波伽於梵德邊受其錢已仍復白彼梵德王言善哉大王雖得大王所賜兩錢我今諮王更乞一枚通前得三我向村落自取一錢并王所賜合得四枚我即得共摩那毗迦供其秋節為五欲樂其梵德王復告優波伽摩那婆言汝止莫去我於今者與汝八錢遂便與之其優波伽受八錢已復白王言善哉大王願乞歡喜今者諮王更乞一錢即成九枚復往聚落自取一錢合成十枚如是因緣我便得共摩那毗迦受其秋節五欲之樂
時梵德王復告優波伽摩那婆言止止莫去我今與汝一十六錢王即與

佛本行集經卷第五十四　第五張　芸

錢一十六枚其受錢已復白王言善哉大王願乞歡喜已得王錢一十六枚今者諮王更乞一錢得成十七復往聚落自取一錢合成十八以是因緣我即得共摩那毗迦受五欲樂
尒時梵德復告彼言汝摩那婆止止莫去我今與汝三十二錢其受錢已復白王言善哉大王願乞歡喜已得王錢三十二枚今復諮王更乞一錢我往聚落自取一錢合即揔成三十四枚便得供我摩那毗迦於其秋節受五欲樂
尒時梵德復告彼言汝摩那婆止止莫去我今與汝六十四錢時優波伽即受錢已復白王言善哉大王願乞歡喜已得大王六十四錢今者願王更與一錢我今復往彼村聚落自取一錢都合得成六十六枚便供我與摩那毗迦受於秋節五欲之樂
尒時梵德復告彼言汝摩那婆止止莫去我於今者與汝百錢時優波伽受百錢已復白王言善哉大王願乞歡喜我今已得王錢百枚今諮大王

佛本行集經卷第五十四　第六張　芸

更乞一錢我往聚落復取一錢合得成其一百二錢得供我與摩那毗迦共受秋節五欲之樂
尒時梵德復告彼言汝摩那婆止止莫去我當別更與汝一村以為封祿而婆羅門為得為貪是故其人數至王邊其王即擇最上一村與彼為封彼得封已遂即勤劬不辝勞役猶如奴僕伏事彼王先起後眠行迹和軟所作事業悉稱王意意行端直如是事王終不為王有所嫌責以是因緣取王顏色令梵德王歡喜无已於後復更與優波伽分國半治王之倉庫亦共分半彼婆羅門得是優寵受其五欲具足之樂无所乏少如是次第一切所作悉皆為王撿挍得辦彼婆羅門但從己家來至王宮王恒枕彼膝上而眠
其梵德王後於一時枕優波伽膝上而臥因即睡著時優波伽見王睡已心作是念云何一國乃有二王並用威勢一倉庫內亦復不合二人共用我今可覔梵德王便斷其命根若得

然者我即獨取王位治化彼優波伽作是念已欲取刀時更作是念此梵德王於先為我作此利益分其半國與我共治一切倉庫亦悉分半我今若煞是无恩義如是第二又作是念云何二人可得一處共治國化亦復不合二人共用倉庫財物乃至第三念已還悔我若煞彼必當成我无恩義行

時優波伽作是念已舉聲叫哭時梵德王聞此哭聲忽然睡覺覺已問彼優波伽言汝今云何作此大聲時優波伽向梵德王廣說前事時梵德王而心不信彼優波伽有如此事而語之言優波伽汝應定无如此之事汝優波伽莫作是語時優波伽尋復語彼梵德王言大王今者當信我語我實起發如是惡心時優波伽復更思惟作如是念我今忽發如是惡心因何事相正觀思已作如是言我發如是惡事相者莫不由於為五欲故為王位故我亦不須貪此王位亦復不須貪其世樂我因此事生是惡心我

今唯可捨家出家即白王言大王今者知我將欲捨家出家

時梵德王語優波伽莫作是語我既與汝分國半治倉庫亦半我於今者與汝腹心无有一人如似汝者汝若出家我今心意定不安樂其優波伽復語王言善哉大王願垂許我捨家出家我今決定出家不疑於我法行莫生留難時梵德王又復告彼優波伽言如汝所樂隨意而作

尒時波羅㮈城有一瓦師於先出家行仙人行依彼城住時彼仙人有大威德已成五通即能以手摸日月輪時優波伽依彼仙人剃除鬚髮既出家已勇猛精進即成四禪復得五通大有威力亦能以手摸日月輪其梵德王聞優波伽捨家出家成就大仙有大威德亦能以手摸日月輪聞已微笑入於宮內對諸宮人而說偈言

優波造善未經久　已獲利益果報深
彼仙善哉得人身　捨棄五欲出家行

尒時宮人聞梵德王說是偈已其心皆悉憂愁不樂遂共白彼梵德王言

大王當知彼人本昔賤賣博戲執杖行乞以自活命婆羅門人威力尠少是故出家大王今者莫學彼人捨棄家國而出家也

尒時梵德有剃髮師其人名曰恒伽波羅舊來恒可梵德王心時梵德王追覔喚彼剃鬚髮師而勑之言恒伽波羅汝今為我剃治鬚髮作是語已於即睡眠時剃髮師恒伽波羅見王睡已便即剃治王之鬚髮如是治已而梵德王睡眠不覺王後覺已謂剃髮師恒伽波羅我已有勑令汝與我剃治鬚髮云何不也作是語已恒伽波羅白梵德王我已治訖但王睡眠而不覺也

尒時梵德取鏡自照見已鬚髮治理已訖見已生喜因即勑彼恒伽波羅汝當受我最勝村落我更與汝稱意樂事

時剃髮師恒伽波羅白梵德王我共宮內王之眷屬委曲評論然後報王作是語已拜辭而去其剃髮師恒伽波羅本於王宮出入無㝵遂即入宮

白宮人言王巳許我㝡勝村落以為封邑諸后妃等意患云何可取巳不尒時妃后告彼恒伽波羅言曰恒伽波羅汝於今者何用取王㝡勝村落我等現在足能與汝金銀珎寶但我有所囑託汝事為我辦不其剃鬚師恒伽波羅問宮人言妃等今者有何事業今我欲辦時諸妃等即告彼之剃鬚師言大王比來每入宮内恒説一偈作如是言

優波造善未經久　而得利益果報深
彼仙善哉得人身　捨棄五欲出家行

我等於時聞王此偈即作是念將恐大王捨位出家善哉善哉恒伽波羅汝至王邊問斯偈意其義云何

尒時恒伽波羅即往馳詣梵德王所到巳白言大王許我㝡勝村落我今不用如此之願但欲知王每入宮内於妃后前所説之偈

優波造善未經久　而得利益果報深
彼仙善哉得人身　捨棄五欲出家行

善哉大王願為我説如此偈意其理如何今從大王乞如是願

時梵德王告剃鬚師恒伽波羅我聞優波伽摩郁婆捨半國位而求出家得成仙人有大威力能以手掌摩日月輪我今正以五欲醉亂貪著於斯是故我今仰羡於彼數入宮内而説是偈

時剃鬚師恒伽波羅即入宮内至妃后邊説如是言諸妃后等莫慮大王欲出家也大王今者定不出家時彼后妃聞剃鬚師恒伽波羅説此語巳皆悉歡悅心懷踊躍遍滿其體不能自勝將諸瓔珞莊嚴巳身而告之言恒伽波羅我此瓔珞今悉施汝汝今更莫為活命故造作諸業恒伽波羅見是事巳作如是念彼優波伽既捨如此半國王位而求出家今梵德王仰羡於彼我今何故不作是事而使一切世間羡我然此后妃將諸瓔珞以施我者我若順從此后妃意事必不善我於今者亦可捨棄而從出家恒伽波羅作是念巳詣梵德所而白言曰大王許我以前事者我今意樂捨棄出家時梵德王而問之言恒伽

波羅汝今意者欲於誰邊而出家也恒伽波羅白言大王我欲往至優波伽邊而出家耳時梵德王而告之言恒伽波羅如汝意見隨願而作

尒時恒伽波羅自剃鬚髮至優波伽仙人之所於即出家既出家巳勤劬精進尋獲四禪及以五通得大威神有大威德亦能以手摩日月輪其梵德王既復聞彼恒伽波羅得出家巳成大神仙有大威力復能以手摸日月輪聞此事巳不勝仰羡欲求見彼告諸臣言諸大臣等我今欲往彼仙人所共彼相見時諸臣等而白王言大王不然大王今者不合身自往彼仙人所我等遣使喚彼仙來時梵德王報諸臣言卿等今者應无此理汝等莫作如是之語上世巳來無如此法而有諸仙身不自在而從喚也我等今者身自往彼此是如法何以故彼仙人等是大福田堪受供養我等必須身自至彼

時梵德王乘白威德莊嚴備辦五百乘車左右圍遶及以五百諸大臣等

從波羅㮈出詣向彼諸仙人所白欲
光顯於彼世界
尒時仙人恒伽波羅遥見王来及至
白王善来梵徳希能遠至
尒時彼等五百諸臣忿恨瞋彼恒伽
波羅出麁獷言汝是下賤婬女所生
穢濁不淨恒洗垢膩云何今日喚大
王名
時梵徳王止彼臣言勿作是語仙法
如是喚人名字但此仙人有其戒行
有大威力時梵徳王即向諸臣而説
偈言
卿等莫恨此仙人　此仙脩行已具足
所有苦事能行故　得度一切苦怖畏
心既得捨一切悪　即非剃除及瓦師
恒伽波羅已苦行　降伏我故喚名字
現得忍力汝等者　降伏諸根獲證果
得諸天人所敬重　即天人中冣為勝
尒時梵徳王及宫内諸婇女等於先
頂礼仙人之足却住一面而彼五百
諸大臣等尋復頂礼彼仙人足既頂
礼已然後復礼恒伽波羅仙人之足
次後亦礼瓦師之足其梵徳王一面

坐已慰諸仙言諸尊者尊身體康和
安隱以不所求活命不至勞也無人
惱亂諸仙人也
尒時仙等報梵徳言如是大王此事
須忍但王體内安和已不一切眷屬
及諸大臣國内民庶悉安隱不作是
語已彼等諸仙為梵徳王説法教化
令心歡喜增長功徳時梵徳王蒙彼
諸仙説法教化令心歡喜增長功徳
從坐而起頂礼諸仙還其本處
尒時佛告諸比丘言汝等若有心疑
彼時優波伽者其人是誰莫作異見
即我身是
汝等比丘或有心疑彼時仙人恒伽
波羅剃髮師者其人是誰莫作異見
此優波離比丘是也
汝等比丘或有心疑於彼之時梵徳
王者其人是誰莫作異見此即輸頭
檀王是也
汝等比丘或有心疑彼時五百諸大
臣等其人是誰莫作異見即今五百
比丘是也諸比丘於時優波離比丘
亦因我得五百大臣恭敬礼拜并及

得彼梵徳王礼今亦如此復因我得
五百比丘及輸頭檀王之所礼拜
尒時世尊告諸比丘汝等比丘若欲
善知於我聲聞弟子之中持律冣者
謂優波離比丘是也
尒時諸比丘作是念言其優波離昔
作何業乗彼業報生剃髮師下賤之
家復作何業乗其業報而得出家受
具足戒獲羅漢果今得如来授其記
言汝諸比丘於我聲聞弟子之中持
律冣者謂優波離比丘是也時諸比
丘作是語已往詣佛所白言世尊其
彼長老優波離者昔作何業乗彼報
故生剃髮師下賤之中復作何業乗
彼業故而得出家受具足戒得羅漢
果即得如来授其記別稱我聲聞弟
子之中持律第一
尒時佛告諸比丘言汝諸比丘我念
往昔在於此城有剃髮師其人娉求
攝自門戶剃髮師家娶女為妻其後
不久産生一子彼剃髮師尋時遇患
雖加醫療治而不差因其所患乃至
命終既命終已剃髮師妻將彼童兒

付自兄弟口告之言此之童兒是汝娚甥今將相付汝等必須教此童兒自父本業彼剃鬚師聞其姊妹作是語已受此童兒遂便教授彼父本業彼剃鬚師恒在王宮王所敬重每為國王剃除鬚髮不大在外為人剃治時王勅給白象一頭任所乘馳東西南北又給金筒安置剃刀及餘雜事而勅之言凡無佛世有辟支佛猶如犀牛獨行出時當作利益尋於彼時有辟支佛頭鬚爪髮悉皆長利来到彼時剃鬚師邊而告之言善哉賢首願當與我剃除鬚髮時剃鬚師報辟支佛作如是言善哉大仙若欲然者聽待明日晨朝早来必當與仙剃除鬚髮時彼尊者辟支仙人聞此語已尋時還去過於彼夜晨朝起時著衣持鉢還復詣彼剃鬚師邊作如是言善哉賢首今當與我剃除鬚髮時剃鬚師還復白彼辟支佛言善哉大仙若必然者聽至日晚即與仙剃如是乃至若日西来還復語言聽待晨朝若晨朝来聽待日西如是乃至晨亦

不剃晚亦不剃而彼童子見此尊者辟支仙人或晨朝来或日西至日日恒尒見已白言辟支尊者仙何緣故或朝或晡恒来至此時辟支佛向彼童子廣說前事

尒時童子白仙人言我舅終不為仙剃鬚何以故恃於王宮出入自在生憍慢故我今當為仙人剃鬚時彼童子即為仙人剃除鬚髮尒時尊者辟支仙人作如是念今此童子大作功德我今當須為彼童子光揚示現功德事相作是念已告童子言汝之童子若知時者必當持取我之鬚髮汝於當来有大利益作是語已猶如鴈王舒其兩翅以神通力忽尒飛騰乘空而去時彼童子取辟支佛所剃鬚髮置於髆上向辟支佛生清淨心頂戴十指合掌作礼即發是願願我當於未来世中還值如是辟支佛尊或更勝者彼之世尊所有說法願我速即悉皆知解又願我更不生惡道又願當来生生世世恒作如此剃鬚髮師為福田故供養承事如是聖者

尒時彼城宮内國王昇殿視事與大國臣左右圍遶而彼大衆悉皆遥見彼辟支佛騰空而行大衆見已白彼王言大王今者甚有吉利善得人身如今國内福田出世王遂仰觀即見彼時辟支佛已告諸臣言剃此辟支佛鬚髮者大得吉利時彼為王治鬚髮師因在王邊而白王言如此仙人是我能剃更誰能也時彼童子聞此語已即至王邊而白王曰大王當知我舅今者虚言浪語我舅本不剃彼鬚髮此既小事猶尚妄稱是我剃彼仙人鬚髮論其實剃即我身也尒時王所治鬚髮師訶彼童子咄哉癡人汝有何力能剃彼髮時彼童子於即挽出辟支佛髮顯示大衆此仙人髮我現持行願悉知見

尒時王見如是事已即生瞋怒告彼恒治鬚髮師言咄哉癡人汝於我邊有如是力今日何因虚誑我也汝速出國勿住我境并即奪彼所乘白象及治鬚髮諸具度等及以封禄與彼童子而勅之言從今日後汝恒與我

治其鬚鬢及以爪甲時彼童子而白王言如王所勑不敢違也從尒已後恒即為王治其鬚鬢及爪甲等隨世壽命取終之後因彼功德生生世世不墮惡道從天至人從人至天二處往返後於一時還生在於波羅㮈城剃髮師家可喜端正觀者不猒而彼童子父母養育及其長大意智漸漸披藝成就

尒時迦葉世尊出現於世怛他伽多阿羅訶三藐三佛陁作大教師應供正遍知明行足善逝世間解无上士調御丈夫天人師佛世尊尒時迦葉婆伽婆阿羅訶三藐三佛陁已轉法輪遊轉深轉已受法舉本願具足最得稱利勝丈夫志開敷示現所化蓮華於无量億百千衆生安置善道當尒之時修行依彼波羅㮈城住舊仙人所居之處彼鹿苑中與比丘僧二万人俱時彼剃治鬚髮師父數至彼苑與諸比丘剃除鬚髮然彼小兒始能行時共父至於伽藍寺內然諸比丘或說諸法講論之時得至彼聽講

說律時或復得聽或不得聽時彼童子問諸比丘云何一切等是善言我或得聞或不得聽其意如何時諸比丘報言童子如此之法是諸比丘秘密之事若不受於具足戒者悉不得聽時彼童子聞此事已心生懊惱云何願我速得出家堪聞善語後時童子至律師邊請乞出家得受具戒依諸比丘誦持戒律依法而行雖復如此而不得證出世之智然彼後時病困著床臨欲命終又發是願迦葉如來怛他伽多阿羅訶三藐三佛陁有一菩薩名曰護明已授記言汝於將來壽百年世當得作佛号曰釋迦多他伽多阿羅訶三藐三佛陁我於今者願值將來釋迦牟尼若順所願在彼教中亦乞出家受具戒已於彼世尊諸弟子中所持律者我為第一如我今日此師和上於迦葉佛諸持律行弟子之中最為第一我亦如是當於彼時釋迦如來法教之中持律弟子我最第一彼人從尒命終已後即生天上及至今日最後之身受胎生

於迦毗羅城剃髮師家名優波離即其人也

佛本行集經卷第五十四

癸卯歲高麗國大藏都監奉
勑彫造

佛本行集經卷第五十四

校勘記

一　底本，麗藏本。

一　一〇三二頁上三行品名，資、磧、普、南作「優波離品中」；徑、清作「優波離品第五十五之二」。

一　一〇三二頁上一二行「惟陁」，諸本作「圍陀」。

一　一〇三二頁上一三行「六十」，諸本作「六」。

一　一〇三二頁上一五行第二字「須」，諸本作「願」。

一　一〇三二頁中一一行第二字「須」，諸本作「復」。

一　一〇三二頁下一四行「其王」，磧作「其至」。

一　一〇三二頁下二二行第一〇字「日」，磧、普、南、徑、清作「白」。

一　一〇三三頁下六行「爲得爲貪」，諸本作「唯得唯貪」。

一　一〇三六頁上六行「獷言」，資作「鑛言」。

一　一〇三七頁上二行「[外*男]甥」，諸本作「外甥」。

一　一〇三七頁下一〇行「白王」，磧、普、南、徑、清作「白言」。

一　一〇三七頁下二二行第四字「髮」，諸本作「鬢」。

一　一〇三八頁上二行「從尒」，諸本作「從今」。

一　一〇三八頁上三行「爪甲」，資作「抓甲」。

一　一〇三八頁上二〇行「數至」，諸本作「數詣」。

一　一〇三八頁中一〇行第四字「得」，諸本作「能」。

一　一〇三八頁下三行經名卷次，徑、清無（未換卷）。

佛本行集經卷第五十五　基

三藏法師闍那崛多譯

優波離因緣品下

汝等比丘若有心疑彼時童子剃髮師者莫作異想即優波離比丘是也然優波離昔於尊者辟支佛邊剃鬚髮已乞如是願願我生生世世之中若得人身恒常生在剃髮師家復於彼時更乞願言願我莫生惡道之中由彼發願果報力故不生惡道從尒已來流轉天人多受快樂現得已利復作是願願我當於未來世時恒常值遇如是教師或勝此者若彼教師所說之法願我速證即得知解由斯業報今得值我以為教師即得出家受具足戒證羅漢果亦復在於迦葉如來法教之中作如是願願我於彼未來世中值遇釋迦牟尼如來莫背彼法隨順出家若得出家於彼持律諸弟子中我最第一藉彼業報今我法中而得出家乃至持律諸弟子中最為第一汝諸比丘彼優波離於過去世作如是業今得報生剃髮師家復以遣彼願業因緣現今得報於我法中如是出家及受具戒證羅漢果我今又復授彼記言於我持律弟子之中最為第一

佛本行集經羅睺羅因緣品第五十六上

又於一時輸頭檀王白佛言世尊願佛及僧受我明朝所設飲食于時世尊默然而許輸頭檀王既見世尊默然許已從坐而起頂礼佛足圍遶三匝辭退而去至本宮已即於彼夜辦具微妙多種飲食所謂飡食噉食嗖食啑食辦具已訖過夜至朝灑掃鋪設即遣使人白世尊言今已時至飲食備辦唯願降赴

尒時世尊日在東方著衣持鉢諸比丘僧左右圍遶佛為導首來至輸頭檀王宮內到已坐於所設佛座諸比丘僧各各依次如法而坐尒時輸頭檀王以佛為首諸比丘僧次第坐已自手行諸微妙飲食盡其種數乃至嗖啑悉令充飽稱意自恣既見佛僧飲食飽已洗治鉢器將置別處一小

座上却在一面既安坐已輪頭檀王
而白佛言惟願世尊教誨於我又願
世尊善逝示現令我長夜常得利益
安樂之事
尒時世尊告輪頭檀作如是言大王
今日若知時者應須捨此聽法之事
亦復不須數来問訊諸比丘等王身
不久應自得其寂勝妙果於時世尊
方便教化輪頭檀王說法顯示令其
解悟令歡喜已從座而起還於本處
輪頭檀王又於一時因舍利弗得法
眼淨兼得證於須陁洹果而淨飯王
已得諸法已證諸法已入諸法已度
諸疑心无有惑已得无畏更不得問
自餘法行悉證知已詣向佛所而白
佛言善哉世尊惟願度我出家入道
受具足戒
尒時世尊作如是念輪頭檀王於此
教中捨家出家復更能證勝上法不
尒時世尊思惟是已自證知此輪頭
檀王決定不合捨家出家亦不得證
勝上之法如是知已而告之言大王
今日若知時者但在本家行檀布施

造福業耳
至於後日摩訶波闍波提大夫人請
佛及僧供給飲食悉令飽滿至第三
日第一宮內諸妃眷屬又復請佛及
比丘僧供給餚饍亦悉充足至第四
日其第二宮又復請佛及比丘僧供
奉種種百味餚饍亦悉充足
其羅睺羅如来出家六年已後始出
母胎如来還其父家之日其羅睺羅
年始六歲
尒時如来至迦毗羅婆蘇都城羅睺
羅母作如是念我昔因此羅睺羅故
為諸眷屬之所誹謗今日時至我於
彼事應自清淨以明其身以是因緣
必須請佛及比丘僧布施飲食及請
一切諸眷屬等以自明白耶輸陁羅
作是念已於其彼夜辦具種種微妙
飲食既備辦已過於彼夜即遣使人
往白佛言所設飲食辦具已訖世尊
知時兼告一切諸眷屬等悉令聚集
来赴所請
尒時世尊於晨朝時日在東方著衣
持鉢與諸比丘左右圍遶佛為導首

與大比丘一千二百五十人俱詣向
王宮如所鋪座次第而坐
尒時羅睺羅母別作一枚大歡喜丸
喚羅睺羅內著手裏作如是言汝羅
睺羅往至比丘僧衆之內是汝父者
施歡喜丸羅睺羅母復告一切諸眷
屬言是羅睺羅今當覔父時羅睺羅
持歡喜丸遍觀一切諸比丘已直往
佛邊而白佛言如是沙門隂涼快哉
如是沙門隂涼快哉
尒時輪頭檀王白佛言世尊此事云
何耶輪陁羅頗有如此過患已不
尒時世尊告輪頭檀王作如是言大
王今日莫作是疑耶輪陁羅无此過
患其羅睺羅真我之子但是往昔業
緣所逼在胎六年
尒時輪頭檀王及諸眷屬聞佛此語
皆悉歡喜踊躍遍身不能自勝各各
以手持諸種種飲食餚饍供佛及僧
令得充足自恣飽已佛及大衆洗鉢
澡手各將小座遶佛左右却坐一面
尒時輪頭檀王以敬佛故不能廣問
如上因緣而白衆中諸比丘言願諸

師等請問世尊其羅睺羅及耶輸陁羅往昔造業因緣之事尒時諸比丘即白佛言是羅睺羅往昔造作何業因緣以何業報處胎六歲耶輸陁羅復作何業懷孕六年

尒時佛告諸比丘言我念往昔過无量世時有一王婆羅門種名曰人天生其二子大者名日次者名月其大王子恒不樂世願欲出家經未多時其王人天筭盡命終命終之後其子日月二子相推讓其長子言汝當為王治國政事其第二子復語彼言汝當為王治國政事

其日王子告月王子復作是言汝必為王我當捨家而出家也

時月王子復白彼兄作如是言汝既長大王位當汝我不合受

其日王子復告其弟月王子言凡受王位先作何法其月王子復報彼言先須号令

時日王子復問彼言世若有人違号令者當合何罪其月王子復報彼言必須重罰罪之重者其日王子復語

其弟月王子言依其道理我合得王我今但捨王位付汝汝當作王我欲捨家而出家也

時日王子以其王位付月王子遂即捨家出家脩道其日王子所有眷屬皆隨出家

時日仙人作如是念此等諸人依我出家我今既與此輩為師當須勤學求於道業以勝於彼作是念已因發誓言願我此身從今已後若非他施不得自取乃至一物水及楊枝尒時仙人至於一時忘失本念他不施與藥草根等及以諸菓而自取食又時夜渴見他澡灌謂言自許遂取而飲而自澡灌在於一邊時彼仙人本澡灌主見自澡灌空無有水而問之言是誰取我澡灌中水此乃是賊住居之處本非仙人所居地也時彼仙人取水飲者見自澡灌水滿其中在於一邊遂報彼言我不知故取汝水飲謂言我許而彼仙人告彼飲水曰仙人言汝若飲者善哉快哉尒時錯誤飲水仙人正自思念我已違失昔日

誓言為不善也此非仙法我今云何不與不受諸藥草根及果子等而自食之復取他水而自飲也以此因緣悵怏不樂心生憂惱存坐地上思惟正念憂愁此事

尒時弟子摩那婆輩便即詣向日仙人所頂礼其足如法承事而彼仙人告彼弟子摩那婆言汝等童子從今已後莫頂礼我何以故我於今日已成賊也彼諸童子即問王仙作如是言優波陁事云何也

時日王仙便報彼等摩那婆言汝等童子今須知我不從他邊受得藥草根及果等復取他水而自飲之作是語已彼等童子尋復白彼日王仙言師於今者莫作是語所食飲者一切皆是優波陁物時日王仙復語彼等摩那婆言汝等知我不從他得而自取不然我今者不從他得草菓根果及澡灌水而自取飲我已成賊是故汝等當罰我罪如治賊者等莫有異時諸童子咸白彼仙我不敢決優波陁罪優波陁弟今者作王現領此竟

如法治化至於彼邊必能治罰優波陁也

尒時王仙詣月王所於時月王旣聞此事知其日王欲來其邊卽辦四兵出迎城外月王到已頂礼其足時日王仙止月王言莫礼我足所以者何我今是賊大王必須治罰我罪如賊莫異

尒時彼王卽問其兒日仙人言聖者今日作何賊也彼時仙人報月王言大王當知我在空閑清靜樹林脩道之時不從他得藥草根果并取他水而自飲也

尒時彼王聞此語已煩寃懊惱嗚噎悲啼涕淚滿面作是思惟如此仙人功德本行自來清淨無有過患云何今日可罪罰也作是念已報王仙言我許諸仙取諸果子及藥草根乃至水等自食自飲是故仙人所食之者皆是已物大仙非賊亦不可罰

時日王仙告月王言大王今日始許斯事非昔日也王復白言我昔初承王位之時卽有此語我施沙門及婆羅門草木及水隨意用食是故大仙實非賊耳我於今者云何罰罪而彼王仙復告王言善哉大王我今已造不善之事自念不能消此過罪我旣取他澡灌水飲是故大王須治罰我如賊無二

尒時月王有一外甥在彼衆會而彼外甥白月王言大王但與此仙決罪勿令此仙煩寃懊惱尒時月王白彼仙言事若尒者入在我菀止住脩道

尒時月王令此仙人入其菀已尋卽廢忘不復更憶至於六日然後始念喚諸臣佐諸卿等輩彼仙在菀出去已未尒時諸臣白月王言彼之仙人猶未出菀仍在園內

尒時月王放赦天下一切囚繫乃至飛走諸禽獸等別喚彼仙布施種種甘美飲食而白之言惟願大仙隨意而去放已月王心懷不樂我於此仙已有罪過因此仙人必得罪失

尒時佛告諸比丘言若有心疑於時王仙号名日者此是誰也莫作異見我身是也汝等比丘若有心疑當於彼時王名月者此是誰也莫作異見卽羅睺羅是其人也為其將彼仙人入菀住六日故因彼業報住於生死煩惱之中無量受苦因其餘業復在母胎止住六歲

汝諸比丘我念往昔過无量世有一群牛在於牧所其牛主妻自將一女往至牛群搆取乳酪所將二器普皆盈滿其器大者遣女而負其器小者身自擔提至其中路語其女言汝速疾行此間路嶮有可怖畏

尒時彼女語其母言此器大重我今云何可得速疾其母如是再語三語汝速疾行今此路中大有恐怖

尒時彼女而作是念云何遣我負宦大器更復催促遣令急行其女因此便生瞋恚而白母言母可且兼將此乳器我今暫欲大小便耳而彼女母取此大器負擔行已其女於後徐徐緩行尒時彼母兼負重擔遂卽行至六拘盧舍

尒時佛告諸比丘言汝等若有心疑彼女有瞋恚心乃遣其母負重行六

拘盧舍者莫作異見耶輸陁羅釋女是也既於彼時遣母負重行其道路六拘盧舍由彼業報在於生死煩惱之内受无量苦以彼殘業今於此生懷胎六歲

諸比丘所有諸業非是虛受隨造善惡還自受之是故汝等諸比丘輩恒須捨此身口意惡何以故作身口意善惡因緣汝諸比丘現見如是善惡果報汝等比丘應當如是修學善業

尒時世尊與淨飯王及彼大衆說微妙法使令歡喜顯示宣通教化訖已從座而起還於本處

尒時羅睺羅母遣羅睺羅往向父邊乞取父封時羅睺羅隨佛而行且行且語作如是言惟願沙門與我封邑惟願沙門與我封邑

尒時世尊自授手指與羅睺羅時羅睺羅執佛指已傍佛而行

尒時世尊將羅睺羅至於靜林遙喚長老舍利弗言汝舍利弗將羅睺羅令其出家時舍利弗而白佛言如世尊敎承佛敎已度羅睺羅而出家也

尒時世尊為諸比丘制禁戒時其羅睺羅甚大歡喜遂受禁戒如法奉行所以者何教法應尒其舍利弗依佛教戒攝受教示當尒之時有善男子皆悉獲得正信正見何以故並欲出家求无上道諸梵行故利益現自證見法故自證知已口自唱言諸漏已盡梵行已立所作已辦不受後有其羅睺羅亦復如是自證其心得正解脫世尊即記告諸比丘當知我之聲聞弟子持戒之中其羅睺羅最為第一此摩訶僧祇師作如是說

其迦葉維復有別說當尒之時輸頭檀王辦諸食已即喚宮内諸眷屬等勅告之言汝等今者勿令一人示羅睺羅言悉達多是汝之父何以故恐羅睺羅聞已即隨其父出家時淨飯王於其彼夜備辦種種甘美飲食飡噉安㖒辦具已訖過彼夜分始晨朝時鋪設諸座將羅睺羅及諸侍從童男童女左右圍遶並遣將入阿輸迦林然後發使往白佛言食時已至飲食已辦願尊知時

尒時世尊日在東方著衣持鉢諸比丘僧左右圍遶在前而行相隨往詣輸頭檀王宮到已即於先所鋪座次第而坐

時羅睺羅見彼童男及童女等各各乱行湯遊湯戲而諸傳母亦不遮斷共相戲笑遂私便從阿輸迦林漸入王宮往見世尊及比丘衆見已頂礼礼已即便昇樓閣上當於彼時羅睺羅母先在樓閣觀見世尊剃頭鬚髮身著袈裟見已悲泣而有偈說

大王釋子新婦者　其名号曰輸陁羅
見夫如是出家相　心懷悲泣自懊惱

時羅睺羅問其母言聖者何故悲啼如此其母報子羅睺羅言身體金色在沙門衆即是汝父時羅睺羅復白母言如是聖者我生已来未曾憶念有如是等快樂之事作是語已從樓閣上速疾而下詣向佛所入佛衣裏隱藏而住時諸比丘即欲遮斷佛告之言汝諸比丘莫復遮斷但令入我衣内而住

尒時輸頭檀王見佛及僧次第而坐

自手奉過種種清淨甘美餚饍所謂飡噉㗗嗽等食恣令飽滿自恣充足。尒時世尊飯食已訖洗鉢澡手將一小座却坐一面即為父王而作頌言

祭祀火為冣　諸偈歎為冣
人中王為冣　諸流海為冣
星宿月為冣　諸明日為冣
上下及四方　及於衆生輩
若天若人者　諸佛是為冣

尒時世尊為淨飯王以此偈句呪頌已訖即從坐起隨緣而去

尒時輸頭檀王於後撿挍事務東西行時其羅睺羅已逐世尊出於宮外既出宮已還欲來入於時世尊自授手指與羅睺羅令其執捉時羅睺羅其身上分安隱快樂辟如以繩繫諸鳥足更不復離如是依附者世尊已即將往至尼拘陁林

尒時世尊告羅睺羅作如是言汝羅睺羅汝能隨我出家以不時羅睺羅而報佛言我實如是能出家也

尒時世尊告諸比丘作如是言汝諸比丘我於今者令羅睺羅捨家出家遣舍利弗以為和上

尒時諸比丘作如是念世尊昔日曾告我等作如是言若有年歲不滿二十不得為受具足禁戒而羅睺羅今始十五我等為當依佛昔教為當更復別有所以作是念時即將前事具白世尊

尒時佛告諸比丘言汝諸比丘當知十五而出家者可為沙弥時諸比丘蒙佛教已即令出家請舍利弗以為和上

尒時輸頭檀王發遣世尊及比丘僧諸眷屬等然後方自欲坐食時而作是言汝等當喚羅睺羅來與我共食

尒時左右處處求覓了不能得還至王所俱白王言大王我今求羅睺羅莫知所在

尒時輸頭檀王復告之言汝等往至阿輸迦林及諸宮內處處求覓時彼左右復即往至阿輸迦林及諸宮內求亦不得來告王言往至彼處求亦不見

尒時輸頭檀王復告之言速往至於尼拘陁園或非世尊將令出家如是去也

尒時左右聞王此勑速即至彼尼拘陁園處處求覓見羅睺羅已為世尊遣令出家見已還宮而白王言大王當知其羅睺羅已被世尊放令出家

王聞是已迷悶躃地經於少時還得惺悟從城出至尼拘陁林到於佛所頂礼佛足却坐一面而白佛言世尊往昔在家之日諸解相師婆羅門等已曾授記若其在家必當得作轉輪聖王世尊今已捨家出家我見世尊出家之後作是思惟欲以王位付與難陁世尊於後復令出家彼既出家我復思惟令阿難陁紹其王位復為世尊已放出家彼出家後我復作念當欲令彼阿尼樓陁紹其王位復為世尊放令出家彼出家後我復作念婆提唎迦紹其王位世尊亦復放令出家今者望欲留羅睺羅擬付王位復為世尊將出家也世尊如是將羅睺羅出家之後豈不斷我王種姓耳

復次世尊雖復如此兼戀子情穿徹皮肉筋骨及髓是故世尊從今日後

作如是教制諸比丘有出家者令諸父母許出家已然後乃放

尒時佛告輸頭檀王如大王意我不違也我必當教作如是事作是語已

尒時世尊向淨飯王說諸法義顯示教化令王欣悦加其威力復令歡喜

尒時輸頭檀王既歡喜已從坐而起頂礼佛足遶佛三匝辞退而去還其宫内

尒時世尊以此因緣集比丘僧而告之言汝等比丘當知兒子於其父母報恩㝡難所以者何然其父母難作能作顯示世間長育諸陰故令乳餔養成身體是故汝等諸比丘輩從今已去若善男子善女人等求出家者先須令彼諸其父母然後乃聽若不許可放出家者須如法治我今日後立如是制凡人来投請出家者先須問言汝之父母生存已不彼人若報云我父母現今生在方更問言復當聽汝出家已不

然其五師或有異說作如是言其羅睺羅生二年後菩薩尒時方始出家

苦行六年然後成道成道七歲方始來向迦毗羅城如是次第數羅睺羅出家之日正年十五

或有諸師作如是説波闍波提見其菩薩捨家出家為此因緣憂愁懊惱啼哭之時眼壊失明然佛世尊已證阿耨多羅三藐三菩提過十二年然後方還迦毗羅城欲於眷屬現憐愍故

尒時輸頭檀王及諸宫内一切眷屬左右圍遶王為導首在前而行

尒時復有同姓種族合有九万九千人俱同来見

佛其摩訶波闍波提憍曇弥同在彼衆往詣佛所為看其子羅睺羅故

尒時如来現雙神變尒時摩訶波闍波提憍曇弥既聞他說令我之子顯現神通所謂於身下分放其炎火於身上分出其冷水如是聞已歡喜踊躍遍滿其體不能自勝往詣佛所到佛所已為敬佛故取其佛身所流之水自灑已身及以洗面

尒時世尊為令摩訶波闍波提起於慈悲遍滿其體受其快樂其所壊眼

尋得清淨勝於本時尒時摩訶波闍波提即於佛邊更增信敬

時諸比丘又白佛言希有世尊云何今此摩訶波闍波提憍曇弥為世尊故憂愁啼泣失壊其目復因世尊還得清淨

尒時佛告諸比丘僧作如是言汝諸比丘其摩訶波闍波提憍曇弥非但今日為我作是憂愁啼哭失壊此眼還復因我而得清淨過去之世亦曾為我憂愁啼哭失壊其眼復還因我眼得清明

尒時諸比丘白佛言世尊此事云何願為說之

佛本行集經卷第五十五

佛本行集經卷第五十五

校勘記

一　底本，金藏廣勝寺本。

一　一〇四〇頁中一行至三行經名、譯者、品名，徑、清無(未換卷)。

一　一〇四〇頁下五行「最爲第一」，至此，徑、清卷第五十四終，卷第五十五始。

一　一〇四〇頁下六行品名，徑、清作「羅睺羅因緣品第五十六之一」。

一　一〇四一頁上五行「輸頭檀」，麗作「輸頭檀王」。

一　一〇四一頁上一四行「不得」，諸本作「不復」。

一　一〇四一頁下一四行第三字「日」，資、磧、普、南、清作「者」。

一　一〇四一頁下二一行第四字「將」，資、磧、普、南、徑、清作「持」。

一　一〇四二頁上二一行首字「時」，資、磧、普、南、徑、清作「其」。

一　一〇四二頁下四行第九字「存」，麗作「蹲」。

一　一〇四二頁下一九行「草葉」，資、磧、南、徑、清作「草藥」。

一　一〇四三頁上五行「月王」，諸本作「日王」。上一〇行，磧、普同。

一　一〇四三頁中七行「甥甥」，資、磧、普、南、徑作「外甥」。下同。

一　一〇四三頁下八行「普皆」，諸本作「並皆」。

一　一〇四四頁下三行第三字「檀」，資、磧、普、南、徑、清無。

一　一〇四四頁下六行「傅母」，資、磧、普、南、徑、清作「乳母」。

一　一〇四六頁上一三行第四字「示」，南、徑、清作「亦」。

一　一〇四六頁上二〇行「復當」，資、磧、普、南、徑、清作「後當」。

一　一〇四六頁中一七行「炎火」，麗作「火光」。

佛本行集經卷第五十六　基

三藏法師闍那崛多譯

羅睺羅品下

尒時佛告諸比丘言汝諸比丘我念往昔過去久遠在迦尸國於彼聚落近有一山名欝蒸伽其山南面有一園林其園雜樹數過十万華果茂盛枝葉扶踈遥遠瞻望如青雲𪭣於其園内處處皆有蓮華池沼其數衆多莊嚴園林其林高大空閑寂靜(或有師說欝蒸伽山近波羅捺城)

尒時彼山有諸群象其象群内有一象母生育一子形體端正觀者無厭然彼象子其身潔白六牙備足其頭純黑如因陁羅瞿波鳥頭七支拄地其彼象子養育不久成大象龍如法脩行孝順父母供養之時有敬重心然彼象子諸有飲食草果根等先奉父母令其充飽然後自食

尒時象龍又於一時因求草果諸飲食等處處遊行有諸獵師忽見此象即作是念此之象龍非是餘人所堪

乘者唯梵德王堪能乘耳作是念已遂即往詣梵德王邊到已白言大王當知某處林内有一象龍端正可喜其身潔白具有六牙其象黑頭如因陁羅瞿波之鳥七支拄地如我所見彼象當堪大王乘之如其大王意所樂者可往遣人獵彼象取將示王來

時梵德王尋即召喚能獵象者勑告之言我聞他說有一象龍其象六牙端正可喜觀看之者无有猒足乃至七支悉皆拄地汝等必當速往彼處捉彼象龍將至我所勿使遅遅令有失脫

尒時所有諸獵象人聞梵德王有如是勑而報之言如王所勑不敢違教即辦牢抇諸皮索等往至象邊以呪呪之其象自來赴向人所遂即捉之以彼皮繩繫縛象已牽來將至梵德王邊

時梵德王遥見彼等將其象龍欲至之時即起出去以歡喜故作如是言快得如是妙好大乘快得如是妙好大乘

時梵德王身自養飼但於彼象所堪
食者悉皆與之一切所食自看自與
雖復如此而彼象龍反更羸瘦恒大
呻吟呼聲大叫悲啼流淚无時暫憩
時梵德王見彼象龍羸瘦憔悴乃至
悲啼流淚如此至於象前合十指掌
語象龍言我將一切諸好飲食供養
於汝汝乃羸瘦不著膚體減損色力
身變羸瘠然我觀汝心不悅懌不受
歡樂我心愛汝供給贍養未曾暫捨
汝須何事我今皆與令汝歡喜汝何
緣故不喜不樂
尒時象龍白梵德王作如是言我今
啓白大王一語令王歡喜
時梵德王聞彼象龍作如是言生大
希有歡喜之心復作是念希有此事
此龍象王能作人語作是念已報彼
象龍作如是言汝象龍王出如是語
令我歡喜
尒時象龍白梵德王作如是言大王
當知彼林之內我有父母年老力衰
住彼林內我念未被王所捕時自尒
已前不曾憶有先自食噉始與父母
水漿亦尒先與父母然後自飲我今
思量受王供給一切資須无所乏少
養育於我然其父母在彼林中乃成
孤獨受大苦辛我今正以不見父母
是故如此憂愁不樂
時梵德王聞此語已生未曾有奇特
之心作如是念希有此事不可思議
人中猶尚難有此法云何象龍乃如
此也作是念已告彼象龍如是言曰
大象龍王我今寧自將此身命閉於
牢獄不將如是如法之行持戒妙行
孝養父母於如此事不敢擾乱
尒時梵德復告象龍作如是言汝象
龍王我今放汝至父母邊共其父母
自相供養隨意受樂然梵德王放象
龍時即說偈言

汝今好去象龍王　供養父母當孝順
我寧自捨此命根　於汝更不相乱擾

尒時梵德放彼象龍其象龍王既脫
已漸至彼林彼象龍母於時正以不
見子故憂愁懊惱泣淚啼哭兩目失
明以失明故東西馳走從於本處遊
行他所象龍初還至彼林時求覓其
母了不知處以不見故放聲大喚於
時象母聞其叫聲即知彼聲是其已
子其母尒時亦即放聲叫喚悲泣彼
象龍王聞其母喚遂尒尋聲往至母
所其象龍王既見其母近一水池止
息而住安置其母在於岸止
尒時象龍入其水池取滿鼻水出已
歡喜身心踊躍遍滿其體不能自勝
至其母邊以水散灑而洗浴之
尒時其母得子持水洗浴身時眼還
清淨勝於本日而彼象母既見其子
而問之言子何處來今日始還令我
多時不得見汝
時彼象龍向母具說如梵德王遣人
所捕將向王宮供養因緣并放得脫
還歸之事一切皆悉向其母說
尒時象母聞此語已歡喜踊躍遍滿
其體不能自勝唱言子子如我今日
而得與汝共相養活喜樂如是願梵
德王共其父母妻子男女諸眷屬輩
及以知親大臣百官一切輔佐共相
養活如我今日受斯快樂
尒時佛告諸比丘等作如是言汝諸

比丘若有心疑彼象龍王此是誰也即我身是汝等比丘若有心疑彼時象母此是誰者莫作異見此即摩訶波闍波提憍曇弥是當於彼時為我啼哭悲涕流淚受於苦惱兩目失明還因我故而得清淨今亦如是摩訶波闍波提憍曇弥不見我故悲號啼哭憂愁苦惱兩目失明今還因我而得清淨汝諸比丘如来昔在因地之時未得成佛尚為衆生作是利益况於今日已得成就阿耨多羅三藐三菩提也是故諸比丘若有智者恒於佛所作敬重心希有之心於法僧邊亦須生於敬重之心汝等比丘當如是學

佛本行集經難陁出家因縁品第五十七上

尒時世尊教化難陁釋種之子捨家出家數數為說出家因縁亦復讚歎出家因縁而作是言汝來難陁當就出家作是語已釋子難陁白言世尊我不出家所以者何我以四事供養世尊及比丘僧乃至盡其一形供養衣服卧具飯食湯藥如是世尊第二第三教化難陁讚歎捨家出家功德乃至數數說其出家因縁之事及以讚歎勸其出家而彼難陁不肯出家猶言求以衣服卧具飲食湯藥盡形供養佛及衆僧因縁之事

尒時世尊經於少時飯食訖已將一侍者徐徐向彼釋種童子難陁之家然彼釋種童子難陁當於彼時在重閣上共孫陁利昇樓觀看遊遨而坐

尒時難陁在樓閣上遥見世尊將至其所速即驚起下於重閣往至佛邊頂礼佛足却立一面因白佛言善來世尊何從遠至惟願垂神入我堂室昇座而坐

尒時世尊入彼堂室昇座坐已慰喻難陁慰喻已訖默然而坐

尒時難陁白佛言世尊惟願今者於此受供我遣備辦餚饍飲食佛告難陁我已食訖不須備辦

尒時釋種童子難陁復白佛言今有蜜漿非時飲不佛告難陁我隨汝意

尒時難陁復白佛言唯然世尊於是難陁執持佛鉢盛非時漿奉與世尊於時世尊未為受取

尒時釋種童子難陁即持彼鉢將與侍者而彼侍者復不受取

尒時世尊從座而起與諸侍從相逐而還欲向本處其釋童子亦從重閣持彼蜜漿欲隨佛去

尒時釋種女孫陁利見釋難陁執其滿鉢非時蜜漿從世尊行其孫陁利抓頭未訖便即高聲喚難陁言聖子難陁欲何去也尒時難陁指彼鉢言欲將此鉢奉送如来至彼即還孫陁利言聖子速来莫久住彼

尒時世尊出難陁家為難陁故步行東西在於街巷欲令城内一切人民見彼難陁執非時漿隨逐於佛是時人民見此事已各相謂言今者世尊必令難陁捨家出家

尒時世尊至僧伽藍喚一比丘寄以手指作其相貌令取難陁手中蜜鉢時彼比丘知解佛意從難陁邊即取其鉢

尒時難陁頂礼佛足白言世尊我今辭佛欲還向家佛告難陁汝莫還去

尒時難陁復白佛言世尊我今思惟不欲出家所以者何我欲四事盡其一形供養如来及衆僧故

尒時世尊復告難陁作如是言此閻浮提世界縱廣七千由旬北面廣闊南面狹小猶如車箱滿中羅漢稠若甘蔗竹葦麻稻若有善男子善女人供養彼等諸阿羅漢盡其一形四事不闕彼等羅漢入涅槃後復更供養起舍利塔於其塔上各施幡蓋及寶鈴幢復以香華及諸油燈種種供養於汝意云何是善男子善女人等功德多不難陁白言得福甚多

尒時世尊復告難陁若有羅漢滿此閻浮有人盡形四事供養乃至香華然諸油燈若復有人供養一佛功德果報倍勝於彼

復次難陁若人能入佛法教中乃至出家一日一夜行於清淨梵行之法此之果報倍多於彼是故難陁必定出家莫復貪受五欲樂也

復次難陁諸欲少味多有苦患諸欲無常是可猒離是大苦本是大瘡疣是大惡刾是大厄縛是大苦惱是損滅相是破壞相无常不住无時暫停是不牢固危脆易壞多有怖畏苦空無我汝今必當諦觀諸欲如是過患難陁汝今應善思惟五欲過患莫貪著也

尒時世尊雖向難陁說此過患然其難陁心故不欲顛樂出家但欲佛故伍佪俛仰白言世尊我當出家

尒時世尊旦因經行以指作相招一比丘来語之言汝當喚一剃鬚師来時彼比丘即喚衆中一剃鬚師在難陁前手執剃刀欲為難陁剃其鬚髮

尒時難陁捉拳向彼剃除鬚師作如是言汝今何力敢剃我頭

尒時世尊正念正意告難陁言来汝比丘入我法中行於梵行盡諸苦故

尒時如来作是語已難陁鬚髮即自墮落猶如比丘剃其鬚髮始逕七日自然體着袈裟色衣手執鉢盂如法之器而彼長老即成出家受具足戒於時難陁可喜端正諸人樂觀有三十相具足不闕身體金色髙下四指不及如来所作袈裟與佛衣服等无有異作已受持或諸比丘遥見来者皆謂難陁即是世尊欲起迎逆及至知非始還本坐以此因緣而諸比丘慊恨籌量而作是言長老難陁云何與佛衣服一等而用受持諸比丘即往白佛

尒時世尊以此因緣尋時聚集諸比丘衆問難陁言汝作衣服僧伽梨等與佛同量而受持不

尒時難陁白言世尊此事實然佛言難陁此不如法汝今云何與佛世尊同量受持僧伽梨也

尒時世尊訶責難陁教如是已告諸比丘從今日後悉皆不得依世尊量作諸衣服而受持也若有違者如法治罪

尒時難陁作如是念世尊已斷不復更聽依世尊量受持衣服今所作衣必須治打出其光澤而受持也

尒時難陁尋即作彼打治之衣光澤而服執持鉢器眼塗媚藥莊嚴其身脚著革屣左手執傘右手執鉢詣向

佛所白言世尊我欲往入聚落乞食

尒時佛告長老難陁作如是言汝今豈非善男子也信心捨家而出家乎

難陁答言如是世尊事實然也

尒時世尊復告難陁作如是言汝旣信心之善男子捨家出家所持衣服何故打治令出光澤復以何緣莊嚴身體眼塗媚藥脚著草屣一手執傘一手持鉢欲乞食也

復次難陁汝若在於阿蘭若處乞食活命者糞掃衣此乃為善

尒時世尊以此因緣而說偈言

何時當得見難陁　住於空閑常乞食
少欲知足捨遺餘　又樂遠離諸欲相

尒時世尊以此因緣以此事相集諸比丘而告之言諸比丘輩從今日後不得復著打出光衣若有受持出光衣者如法治罪

亦復不得眼塗媚藥及妙草屣亦復不得執輕妙鉢

亦復不得執傘入城聚落乞食若如是者悉如法治

尒時難陁雖被世尊斷此打持光澤

之衣并及不得眼塗媚藥斷好草屣并持輕鉢及以傘蓋猶尚憶念王之勢樂不肯依斷還憶彼女釋孫陁利念其色欲不行梵行欲捨其戒還本家宅以是因緣恒畫彼女孫陁利像後於一時至阿蘭若空閑之處或取塼瓦或取木板畫此釋女孫陁利像如是觀看便過一日而諸比丘其有見者心生慊恨而相謂言長老難陁去何在於阿蘭若處或取塼瓦或取木板畫婦女形竟日觀看

時諸比丘即將此事往至白佛尒時世尊以此因緣集諸比丘在於衆內問難陁言汝實在於阿蘭若處或取塼瓦或取木板畫婦女形竟日看不

難陁白佛實尒世尊

尒時佛告長老難陁作如是言汝為此事是不善也出家比丘豈得畫其婦女形像而觀看乎

尒時世尊告諸比丘作如是言汝諸比丘從今不得畫婦女形若實若虛以著欲心畫已觀看若有如是故畫看者得違戒罪

又於一時長老難陁次第當直守護寺舍彼時難陁作如是念如來不久當入聚落乞食之時我於今日當得還家

尒時世尊知彼難陁作是思惟知已告言長老難陁汝若欲行閉諸房門然後還去

尒時世尊作是語已便即往入聚落乞食長老難陁作如是念世尊已入聚落乞食我今當得還其家內

尒時難陁遂見世尊房門不閉作如是念我閉此門然後還去

即閉彼門見舍利弗房門復開即復往閉舍利弗門

即閉彼門其目揵連房門復開尋即閉彼目連房門

旣閉彼門見大迦葉房門復開尋即往閉大迦葉門

旣閉彼門復見摩訶迦旃延房其門復開尋復往閉迦旃延門

旣閉彼門又見優樓頻螺迦葉房門復開尋即往閉優樓頻螺迦葉房門

即閉彼已那提迦葉房門復開尋復

往問鄔提房門

既問彼已伽耶迦葉房門復開尒時難陁尋復開彼伽耶房門

既開彼已優波斯鄔房門復開開彼門已見俱鄔羅房門復開

既開彼已復見摩訶專陁門開開彼門已見利婆多房門復開開彼門已見優波離波多房門復開

如是次第開一門已第二門開開第三已第四門開彼見其門一開一閉遂作是念彼諸比丘當能捉我作何事過若開若閉我當還去將恐世尊不久来至作是念已從巨俱陁樹林之内將欲出時世尊尋以天眼觀彼難陁已見難陁將欲出其巨俱陁處如来見已從迦毗羅婆蘇都城隱没其身便即至其巨俱陁林出現於彼

尒時難陁見佛於彼林中出已尋即依一巨俱陁樹隱身而坐

尒時世尊以神通力舉彼大樹置於虛空見彼難陁藏身而坐作如是言汝今難陁欲何處去時彼難陁報言世尊我於今者還復憶彼王位快樂自在之事兼復憶彼釋孫陁利處故不樂行於梵行意欲捨戒還於本家

佛因此事而說偈言

欲離藂林已得離　從林得出還入林
汝當伽羅觀此事　從縛得脫還被縛

尒時世尊為彼難陁說法句已更復勸言長老難陁汝當精心於我自在法教之中為盡諸苦勤行梵行世尊以法教化難陁難陁猶故不忘昔日五欲樂事及在王位適意之樂猶復憶念釋孫陁利不樂正法行於梵行心欲捨戒還其家宅

尒時復有一大長者欲請世尊供設飲食於時難陁次當守寺尒時難陁復作是念世尊今者當入聚落受彼長者請食之時我當還家

尒時世尊預知難陁作此憶念知已便即告難陁言汝今難陁須必知時灑掃寺地所有澡灃悉令水滿作是語已即往聚落赴其所請長老難陁於彼之時即作是念今者世尊已赴他請往於聚落我今可得自往向家作是念已顧見如来所住之房多有糞土是已作念我今先往掃彼糞穢然後向家作是念已執持掃箒往掃彼房其掃一邊風来還吹土草滿地更須報掃彼時難陁復作是念掃地且止我先當今所有衆僧水澡灃器先著水滿然後向家作是念已取彼澡灃將至水所悉滿盛水其所滿器滿已還覆彼時難陁作如是念我今何假掃地盛水如来今者不久還来我今亦可速至已家作是念已即還從彼巨俱陁林欲向家去

尒時世尊在彼所請長者之家以過人眼清淨天眼觀彼難陁已從彼處巨俱陁林欲出向家既見是已即別化身從長者家隱没不現尋一念頃至巨俱陁樹林之內在彼長老難陁前出

尒時難陁遥見世尊来欲至已即上一丈高峻嶮崖從彼崖下至隈障處存身而坐

尒時世尊以神通力令彼峻崖地平如掌尒時世尊見彼坐時告言難陁汝今在此欲作何事於時難陁而白

佛言婆伽婆我已言許共孫陁利還家為期今作是念勿使令我成其妄語是故我今欲往彼處

尒時佛告長老難陁汝今何須見孫陁利其身如是皮裹筋骨内有髓腦膿血屎尿皆悉充滿實可猒惡猶如廁溷如是難陁我今略說一一衆生共婦和同所出不淨多於巨海亦不知足

尒時世尊以此因緣而說彼偈

欲離稠林已得離　從林得脫還入林
汝富伽羅觀此等　從縛得脫還復縛

尒時世尊教化難陁說法教言令汝難陁於我自在說法教中嬉樂行於清淨梵行為欲滅諸一切苦故

尒時難陁雖被世尊作如是等方便教化猶故不樂行於梵行乃共六群諸比丘等以為朋黨數至彼邊語言論說從晨到夜唯論邪命諸惡等事

尒時世尊觀知其行作如是念此之難陁今已學彼六群比丘恐長損其功德業行我應斷其共彼人等以為朋黨作是念已即便告彼長老難陁

作如是言難陁汝來我欲共汝入迦毗羅婆蘇都城難陁白言唯如尊教

尒時世尊與彼難陁入迦毗羅婆蘇都城入已漸至一賣魚店

尒時世尊見彼店内茅草鋪上有一百頭臭爛死魚置彼草鋪見已告彼長老難陁作如是言難陁汝來取此魚鋪一把茅草其彼難陁而白佛言如世尊教作是語已即於彼店在魚鋪下抽取一秉臭惡茅草既執取已佛復告言長老難陁少時捉住還放於地難陁白言如世尊教即把草住

尒時難陁捉持彼草經於時頃便放於地尒時佛復告難陁言汝自嗅手

尒時難陁即嗅其手

尒時佛復告難陁言汝手何氣長老難陁報言世尊唯有不淨腥臭氣也

佛本行集經卷第五十六

佛本行集經卷第五十六

校勘記

一　底本，金藏廣勝寺本。

一　一〇四八頁中三行品名，徑、清作「羅睺羅因緣品第五十六之二」；麗作「羅睺羅因緣品下」。

一　一〇四八頁中八行第一二字「隧」，諸本作「隊」。

一　一〇四八頁下一六行「牢扭」，諸本作「牢靮」。

一　一〇四八頁下二一行「出去」，諸本作「出迎」。

一　一〇四九頁上四行末字「憇」，磧、普、南、徑、清作「歇」。

一　一〇四九頁中一八行「亂擾」，麗作「擾亂」。

一　一〇四九頁中一九行「既脫」，諸本作「既得脫」。

一　一〇四九頁下六行「岸止」，諸本作「岸上」。

一　一〇五〇頁上一六行品名，徑、清

作「難陁出家因緣品第五十七之一」。

一」。

一　一〇五〇頁上末行「飯食」，磧、普、南、徑、清、麗作「飲食」。

一　一〇五〇頁中四行第三字「求」，資、磧、普、南、徑、清作「我」。

一　一〇五一頁中二行首字「滅」，麗作「減」。

一　一〇五一頁中一五行「敢剃」，資、磧、普、南、徑、清作「教剃」。

一　一〇五一頁中一九行「始逕」，諸本作「始經」。

一　一〇五一頁下六行「諸比丘」，諸本作「時諸比丘」。

一　一〇五二頁上六行第三字「之」，資、磧、普、南、徑、清作「是」。

一　一〇五二頁上一四行第五字「拾」，麗作「捨」。同行末字「相」，諸本作「想」。

一　一〇五二頁上一七行第五字「打」，資、磧、普、南、徑、清作「打治」。

一　一〇五二頁上末行「打持」，清、麗作「打治」。

一　一〇五二頁中一行「草屣」，磧、普、南、徑、清、麗作「革屣」。

一　一〇五二頁下三行「今日」，資、磧、普、南、徑、清作「尒日」。

一　一〇五二頁下一五行首字及末字「即」，諸本作「既」。

一　一〇五二頁下末行首字「即」，磧、作「既」。

一　一〇五三頁中一行「處故」，諸本作「是故」。

一　一〇五三頁下一九行「一丈」，諸本作「一大」。

一　一〇五四頁上一四行「嬉樂」，磧、普、徑、清作「喜樂」。

一　一〇五四頁中一〇行「一秉」，資、磧、普、南、徑、清作「一把」。

一　一〇五四頁中一三行「於時」，諸本作「一時」。

佛本行集經卷第五十七　基

三藏法師闍那崛多譯

難陁因縁品下

尒時佛告長老難陁如是如是若人親近諸惡知識共為朋友交往止住雖經少時共相隨順後以惡業相染習故令其惡聲名聞遠至

尒時世尊因斯事故而説偈言

猶如在於魚鋪下　以手執取一把茅
其人手即同魚臭　親近惡友亦如是

尒時世尊又共長老難陁至於一賣香鄽見彼鄽上有諸香裹見已即告長老難陁作如是言難陁汝來取此底上諸香裹物難陁尒時即依佛教於彼鄽上取諸香裹佛告難陁汝於漏剋一移之傾捉持香裹然後放地

尒時長老難陁聞佛如此語已手持此香於一剋間還放地上

尒時佛告長老難陁汝今當自嗅於手看尒時難陁聞佛語已即嗅自手佛語難陁汝嗅此手作何等氣白言世尊其手香氣微妙無量

佛告難陁如是如是若人親近諸善知識恒常共居隨順染習相親近故必定當得廣大名聞

尒時世尊因此事故而説偈言

若有手執沉水香　及以霍香麝香等
須臾執持香自染　親附善友亦復然

尒時世尊出迦毗羅婆蘇都城至本住處以此因縁聚集大衆諸比丘已即告長老難陁言曰難陁汝今莫親近彼六群比丘莫共彼等以為親友何以故若其有人親近如是惡知識者雖復與彼共為朋友或時與彼手相承事隨順彼等一切事業但為惡人共相親近即得世間惡名流布長老難陁汝若欲覓親友知識當近比丘舍利弗比丘大目連比丘大迦葉比丘迦旃延比丘優樓頻螺迦葉那提迦葉伽耶迦葉優波斯那摩訶俱郗那摩訶孫陁利波多等諸比丘輩勸汝親近隨順承事所以者何若人親近善知識者承事親善雖未證得利益之事交獲世間名聞流布

尒時世尊以此因縁而說偈言

若人親近惡知識　現世不得好名聞
必以惡友相親近　當来亦墮阿鼻獄
若人親近善知識　隨順彼等所業行
雖不現證世間利　未来當得盡苦因

尒時世尊雖以善言教示難陁而彼難陁猶戀王位自在之樂憶孫陁利五欲之事於佛法中猶不欣樂欲捨梵行欲捨具戒還從家事

尒時世尊知彼長老難陁心已作如是念然此難陁煩惱熾盛豈能小教破彼煩惱我於今者須作方便喻如世間以火滅火以毒治毒作是念已執彼長老難陁之手從尼俱陁樹林而出以神通力隱沒其身忽然在於香醉山上出現而住

尒時彼山以風吹故兩樹相揩遂即出火燒然彼山出大烟炎時彼山内多有獼猴其數五百被火燒毛皆悉存地摩滅身火

尒時世尊見有一箇雌瞎獼猴在彼群内亦復以手撲滅身火

尒時佛告長老難陁汝今見此雌瞎獼猴在彼群内亦復以手滅其身火

如此已不尒時難陁白佛言世尊如是如是我今已見

尒時世尊尋復告彼長老難陁作如是言汝意云何汝孫陁利可憙端嚴與此獼猴是誰為勝

尒時難陁遂向世尊嚬眉蹙面默然不言尒時世尊執持長老難陁手辟從香醉山沒身往至三十三天現於波利質多羅樹時彼樹下有一大石名曰婆奴磐逝林反摩羅隋言黄褐住於彼處

尒時帝釋天王往入彼園遊戲其園名曰伊迦分陁利將領五百宫人婇女左右圍遶作倡伎樂於時世尊見帝釋王在彼伊迦分陁利園將領五百婇女音聲歡娱受樂時佛即告長老難陁作如是言汝今見此五百婇女作倡伎樂遊戲已不難陁白言如是世尊我今已見

尒時世尊尋復告彼長老難陁作如是言汝意云何為當釋女孫陁利好為當五百婇女端正

長老難陁白言世尊如以彼時雌瞎

獼猴與孫陁利共相比校百倍不如乃至千倍至百千倍世間筭數亦不可及我今如是孫陁利女欲令比此婇女五百亦復不如百倍千倍至百千倍世間筭數所不能及今者云何可為比喻

尒時佛告長老難陁汝今意欲共此婇女相娱樂不

尒時難陁歡喜踊躍白言世尊如我意者實欲與彼五百婇女共相娱樂

尒時佛告長老難陁汝今不可以此凡身共彼娱樂若欲然者必須以汝歡喜之心於我法中行於梵行我當報汝今者若能隨順此法行清淨行命終捨身於未来世必得受報生於此處共此五百諸婇女輩共相娱樂

尒時難陁聞此事已歡喜踊躍遍滿其體不能自勝而白佛言世尊我從今日於佛法中歡喜行於清淨梵行世尊今者已許報我我今實欲當未来世生於此處共此五百諸婇女等共相娱樂

尒時世尊復執長老難陁辟已從彼

三十三天没身還其本處

尒時難陁作如是念世尊於先已許報我於未来世當得共彼五百婇女以相娯樂是故難陁以此因縁盡其身心正念行於清淨梵行調伏諸根節量飲食初夜後夜起誦經行勇猛精進不共他人言談戲笑心不躁悪心无狡猾口不綺言發精進行念四威儀樂於空寂閇塞諸根成就寂勝微妙正念

尒時難陁若欲意觀東方之時安定身心志意充滿既正念已然後方始觀於東方如是觀時无有愁惱无有黒闇於不善法終無漏失亦不迷惑如是欲觀南西北方上方下方亦定身心志意充滿如是觀時亦无愁惱無有黒闇於不善法更不漏失亦不迷惑

尒時難陁或有同行諸比丘輩而告之言長老難陁汝於先時不閇諸根於諸飲食不知猒足恒求妙好床褥卧具安隱睡眠本無猒勸或時戲笑心意不定狡猾綺語不曾精勤恒常懈怠亦無正念多諸忘失威儀漏缺無禅无定不能攝心諸根逸浪不可具說云何今者諸根調伏飲食知足初夜後夜不曾睡眠無復狡戲攝斂身心又不綺語勇猛精進正念正勤已得禅定心不漏逸諸根不浪長老今日何因得尒

尒時難陁告彼同行諸比丘言諸長老輩當知世尊於未来世將欲報我五百婇女歡娯受樂是故我今於此法中勤行梵行

尒時難陁親友同行諸比丘等於彼難陁欲有調笑嘲弄譏戲各相謂言長老難陁於世尊所客作傭力求將来報故於法中勤行梵行然長老難陁汝於佛邊行梵行者止為諸天五百玉女行梵行耳

尒時長老難陁親友諸比丘等從尒已後是故常喚為客作者

尒時世尊見此難陁為諸玉女行於梵行遂便執辟從彼尼拘陁林而出没身入於大地獄裏世尊於時見一銅釜下然猛火其釜爀赤與火無異出大光炎熾然赩赩世尊見已告彼難陁汝往問此諸獄卒等此之銅釜欲為阿誰熾然涌沸乃至如是長老難陁聞佛是語白言世尊唯如佛教即往詣彼諸獄卒邊而問之言此大銅釜欲為何人如是涌沸乃至此也

尒時獄卒咸報難陁作如是言佛有姨母所生之弟名曰難陁為彼人故燒然此釜

難陁復問汝豈不聞如来往日許報其人若為五百天樂婇女行於梵行後得生於三十三天諸獄卒言如言如是我等已知但我等輩復聞其人於彼三十三天之上墮落已後来生此處

尒時難陁聞此語已心生恐怖舉身毛竪作如是念我若次第於此受苦我今亦欲不用如此婇女果報

尒時世尊即執長老難陁辟已從地獄内隱没其身還至尼俱陁林而出

尒時難陁為已同行諸親友等恒常喚作佛客作人被笑被呵謿調戲弄復見地獄慚愧恐怖即生猒離自悼

自悔求空閑處獨行獨坐更不放逸精進勇猛凡善男子其有正信捨家出家求於无上清淨梵行行已現得自證神通得諸漏盡口自唱言生死已盡梵行已立所作已辦不受後有證羅漢果心得解脫長老難陁亦復如是證羅漢果然後始往至於佛所頂礼佛足却坐一面

尒時長老難陁白佛作如是言今捨世尊往日恩許我昔欲取如來報者正為五百諸天婇女是故如此而今世尊得解脫也

尒時佛告長老難陁非但今日我於汝邊始得脫也汝初唱言梵行已立所作已辦不受後有我於彼時已得脫也

尒時長老難陁同行諸比丘等未知難陁得漏盡者猶如先日未漏盡時戲弄謿調唱如是言長老難陁於世尊所客作求報為彼五百諸天樂女行於梵行

尒時世尊作如是念此等比丘未知難陁諸漏已盡還依昔日未漏盡時猶故唱言長老難陁為彼諸天五百婇女行於梵行我恐彼等多獲罪過然我今者可於衆中宣揚顯說長老難陁漏盡事也

尒時世尊以如此等因縁事故集聚一切諸比丘僧既聚集已而告之言汝諸比丘若有人言好男子者難陁比丘即其人也若言端正亦即難陁比丘是也大壯人者難陁比丘亦其人也

若言身體細軟弱者亦復難陁比丘是也若言有人諸根寂靜不散亂者亦復難陁比丘是也

若有人言於諸飲食知節量者亦復難陁比丘是也

若有人言初夜後夜不睡眠者今亦難陁比丘是也

若言三族清淨生者亦即難陁比丘是也若有人言得六通者此亦難陁比丘是也若言得八解脫定者亦復難陁比丘是也

尒時世尊告比丘僧作如是言汝諸比丘於我聲聞弟子之內調伏諸根難陁比丘㝡為第一

時諸比丘而問佛言如是世尊其彼長老難陁比丘往昔之時有何善根因彼善根生於釋種甚大富貴豊足資財其人身體端正可憙世尊今日復記云我聲聞弟子調伏諸根㝡第一者難陁比丘即其人也作是語已佛告彼等諸比丘言汝諸比丘我念往昔九十一劫時有一佛出現於世名毗婆尸多他竭多阿羅呵三藐三佛陁如來應供正遍知明行足善逝世間解無上士調御丈夫天人師佛世尊於彼世界王所居住彼有一城名槃徒摩伍於時彼佛依彼城住有諸比丘六千人俱皆阿羅漢時有一王名曰槃頭供養彼佛及比丘僧尊重恭敬所謂衣服卧具飲食及諸湯藥房舍之具無所乏少

尒時槃頭摩伍城內有一種姓婆羅門子而彼童子營造溫室請佛及僧洗浴供養其婆羅門種姓童子見諸比丘從溫室出身體清淨甚大香潔無有臭氣見已心生歡喜踊躍遍滿

其體不能自勝心發是願願我來世常得如是清淨无垢不腥臭身當似如是比丘僧等清淨香潔无臭之身又於後時毗婆尸佛多他伽多阿羅呵三藐三佛陁入般涅槃其王槃頭為彼世尊所有舍利取四種寶為造塔廟所謂金銀琉璃頗梨時彼種姓婆羅門子撿挍經營當造彼塔既造塔已心作是願願我來世恒常值遇如是世尊彼所說法願我領解悉得證知莫背彼法生生世世不入惡道而彼童子命終之後恒生天上或生人間於後一生生一大富長者之家父母養育隨時長大意智漸漸皆得成就

尒時童子其家恒有一辟支佛為作門師數數至家彼辟支佛可憙端正具足三十　大丈夫相而彼童子恒以四事供養供給彼辟支佛盡其一形无所乏少其辟支佛盡其住世然後涅槃

尒時長者見辟支佛命終涅槃即取彼身如法毗闍維取舍利起塔供養

以泥塗飾復以石灰重塗其上以莊嚴故懸諸種種寶珠瓔珞發是願言願我未來恒值如是辟支世尊而彼世尊所說之法聞已領解永不忘失生生世世不墮惡道亦願我身端正可憙見者歡喜身有三十　大丈夫相具足無減如此大仙等無有異而彼長者捨身命終後更不曾生於惡道恒生人天久久流轉於後復生波羅㮈國彼時有王名吉利尸（隋言瘦細）以為彼子於尒之時乃有一佛出現於世名曰迦葉多他伽多阿羅訶三藐三佛陁然彼世尊隨其住世滅度已後吉利尸王純以七寶為造塔廟所謂金銀頗梨琉璃及赤真珠珊瑚馬瑙其寶塔外更以甎塼重覆其上其塔高峻至一由旬東西縱廣各半由旬為作銘記名曰達舍婆陵迦（隋言十相）

尒時吉利尸王所生七子僉白王言善哉大王當知我等欲於迦葉多他伽多阿羅訶三藐三佛陁舍利塔上各各奉施一大傘蓋以覆其塔善哉大王願垂聽許王告之言任隨汝等

我今聽造

尒時彼等諸七王子各以一寶造其一蓋覆其塔上或造金蓋或造銀蓋乃至或造馬瑙等蓋其七子內第二王子造其金蓋以覆塔上心發是願願我來世恒值如是辟支佛尊彼所說法願我領證永不忘失生生世世不墮惡道所生之處願得猶如金色之身

尒時佛告諸比丘等汝諸比丘若有心疑於彼槃頭摩城之內婆羅門子供養彼佛及比丘僧溫室洗浴心發是願願我來世當得似此比丘僧衆清淨无垢香潔之身於毗婆尸多他伽多阿羅訶三藐三佛陁滅度之後造塔供養之童子者汝等比丘莫作異見此即難陁比丘是也

汝諸比丘汝等若有疑彼長者一形供養彼辟支佛滅後復以舍利起塔供養塗治及以石灰種種莊飾及諸瓔珞供養彼塔心作是願願我來世如此辟支端正可憙觀者无厭身有三十二大丈夫相具足無減如此仙

人蓋是誰也汝諸比丘莫作異見此亦難陁比丘是也

汝諸比丘汝等若有心疑於彼波羅㮈城吉利尸王第二之子為彼迦葉多他伽多阿羅訶三藐三佛陁造作金蓋以覆塔者莫作異見此亦難陁比丘是也

然此難陁以於往昔毗婆尸佛及比丘僧為作温室如法洗浴因發是願願我來世當得如是清淨香潔无垢之身如此比丘清淨无垢又復供養辟支佛尊滅度後起舍利塔以泥塗治石灰嚴飾并以瓔珞而莊挍之心作是願願我來世如是端正如是可憙身有三十　大丈夫相具足無減如此仙人復於迦葉多他伽多阿羅訶三藐三佛陁滅度之後造舍利塔然金造蓋以覆其上心發是願願我來世所生之處身恒金色藉彼業緣令成如此可憙端正觀者无猒金色之身復有三十二大丈夫相皆悉具足无有缺減

於彼之時復起心願願我來世勿生

惡道藉彼業報不曾生於惡道之内恒得生於人天道中

復於彼時毗婆尸佛多他伽多阿羅訶三藐三佛陁造塔之時撿挍經紀於辟支佛復以四事盡形供養藉彼業報因緣力故今得生於釋種之家又於尒時心發是願願我來世常得值遇如是世尊或勝此者然彼世尊所有法教願我聞已速得證解藉彼業報因緣力故今得值我即於我邊而得出家及具足戒我復授記告諸比丘若知於我聲聞弟子調伏諸根最第一者難陁比丘即其人也

汝諸比丘汝等須知難陁比丘昔日造作如是善根藉彼善根今得生於釋種之家身有金色具足三十　大丈夫相現得出家受具足戒得羅漢果復得授記作如是言若欲知我聲聞弟子調伏諸根最第一者所謂難陁比丘是也

佛本行集經婆提唎迦等因緣品第五十八上

尒時提婆達多釋種童子見諸五百釋童子等捨家出家心發是念我今

亦可於世尊所捨家出家作是念已至父母邊白如是言善哉父母我今發心將欲佛邊捨家出家願垂許我作是語已父母即告提婆達多釋童子言我等今者作是思惟我等須依提婆達多提婆達多復須依我既如此者隨汝意樂當作是事

尒時提婆達多童子身著上妙无價衣服乘最勝象從迦毗羅婆蘇都城欲出城外於城門頰為鉤所掛衣裳破裂於彼之時有一解相大婆羅門在邊而見其彼見已記此童子所䫉之事必當不成

尒時童子提婆達多即出城已詣向佛所頂礼佛足却住一面而白佛言惟願世尊放我出家

尒時世尊正念觀彼提婆達多前後事業知其心行觀已即告提婆達多作如是言提婆達多汝今慎莫捨家出家但當還家在家修道持諸財錢以用布施作諸功德於我法中不須出家

尒時童子提婆達多被佛訶已復至

長老舍利弗邊而白之言聖者舍利弗與我出家尒時長老舍利弗問提婆達多作如是言提婆達多汝曾先至佛邊已不提婆達多報言聖者我先已曾至佛邊也

尒時長老舍利弗言提婆達多世尊向汝作何言說提婆達多語舍利弗如是聖者世尊語我汝莫捨家而出家也但當在家行其布施作諸功德若其在我法中出家汝無利益

尒時長老舍利弗作如是念世尊今者既不聽彼於法出家我今若放彼出家者是我不善如是念已遂即告彼提婆達多作如是言提婆達多如世尊教汝必應當作如是事

尒時童子提婆達多被舍利弗之所發遣復詣長老目揵連邊到已頂礼却住一面而白之言大目揵連惟願聖者與我出家

尒時長老大目揵連遂復告彼提婆達多作如是言提婆達多汝曾於先至佛邊不提婆達多報言聖者我已於先至佛邊也

於時長老大目揵連尋復告彼提婆達多作如是言世尊語汝有何事意提婆達多復報之言世尊語我汝莫於此捨家出家但當如法在家修道以財布施作諸功德不須於我法中出家若出家者於汝无益

尒時長老大目揵連亦復報彼提婆達多作如是言如世尊教汝必應當作如是事

尒時提婆達多既被目連不許出家復詣長老大迦葉所乃至略說如前事次復詣於迦旃延邊

次復至於優樓頻螺迦葉之邊次復至於長老那提迦葉之邊

次復至於長老優波斯那之邊及至摩訶俱郗羅邊摩訶孫陁離波多邊悉皆不許既不許已方乃詣向長老優波離波多邊頂礼優波離波多足却住一面

尒時提婆達多釋種童子復從優波離波多邊請乞出家然其長老優波離波多復問之言提婆達多汝應於先往到佛所提婆達多報言聖者我

於先日已至佛邊

尒時長老優波離波多作如是言汝至佛邊語汝何事提婆達多作如是言世尊語我汝莫於此捨家出家但當在家如法修道以財布施作諸功德不須於我法中出家若出家者於汝無益

佛本行集經卷第五十七

佛本行集經卷第五十七

校勘記

一 底本，金藏廣勝寺本。

一 一〇五六頁中三行品名，徑、清作「難陁出家因緣品第五十七之二」。

一 一〇五六頁中九行第七字「下」，麗作「上」。

一 一〇五六頁中一二行第二字、第五字及一五行第三字「⿰豖阝」，資作「底」。

一 一〇五六頁中一四行首字「底」，資、徑、清作「邸」。

一 一〇五七頁下末行末字「彼」，資、磧、普、南、徑、清無。

一 一〇五八頁上二二行「猒勸」，資、磧、普、南、徑、清作「猒足」。

一 一〇五八頁上末行及本頁中五行「詩語」，資、磧、普、南、徑作「綺語」。

一 一〇五八頁中一五行第一一字「然」，諸本無。

一 一〇五八頁中一六行第一〇字「止」，麗作「正」。

一 一〇五八頁下一二行「如言」，諸本作「如是」。

一 一〇五九頁上二〇行「樂女」，麗作「綵女」。

一 一〇六〇頁上末行「如法毗闍」，諸本作「如法闍毗」。

一 一〇六〇頁中一行「重塗」，資、磧、普、南、徑、清作「重泥」。

一 一〇六〇頁中九行「恒生」，資作「性生」。

一 一〇六〇頁中一六行「鹿塼」，資、磧、普、南作「⿰鹿瓦塼」；徑、清作「⿰鹿瓦甎」。

一 一〇六〇頁中一七行「一由旬」，徑作「十由旬」。

一 一〇六〇頁下末行「三十二」，諸本作「三十」。

一 一〇六一頁上一二行第四字「尊」，諸本作「尊尊」。

一 一〇六一頁上一五行「三十」，資、磧作「三十二」。

一 一〇六一頁上二一行「三十二」，徑、清、麗作「三十」。

一 一〇六一頁中二一行品名，徑、清作「婆提唎迦等因緣品第五十八之一」。

一 一〇六二頁上一二行第二字「既」，資作「即」。

佛本行集經卷第五十八　　基

三藏法師闍那崛多譯

婆提唎迦等品中

尒時長老優波離波多作是思惟世尊今者既不聽許彼人出家我若輙尒放出家者是我不善如是念已尋即告彼提婆達多作如是言如世尊教汝必應當作如是事

提婆達多如是次第處處至於大德上座諸比丘所而諸大德上座比丘亦皆語彼提婆達多作如是言世尊既有如此之語汝必應當作如是事

尒時提婆達多所至之處皆不許已還乘白象向迦毗羅婆蘇都城還於家內

於時阿難釋種童子初見五百釋童子等悉得出家便作是念我於今日亦須捨家至於佛邊而求出家如是念已至父母邊而白言曰我今意欲捨家往至佛邊出家惟願放我而出家耳

尒時阿難所生之母本於佛邊无有淨心所以者何世尊在家為菩薩時其阿難母既見菩薩功德巍巍威力顯赫遂於菩薩生其染心說於種種邪異之言

尒時菩薩但以彼親是其姨母於此言說默然無荅以是因緣故於菩薩無有淨心無淨心故恒常不放已子阿難捨家出家

尒時提婆達多聞他人說阿難意欲捨家出家然其父母不聽出家提婆達多詣阿難所問言阿難汝心實欲捨家出家父母頗曾不聽已不阿難報言提婆達多實如所語今者不知作何事業令得父母教我出家得成比丘受具足戒

尒時釋子提婆達多謂阿難言汝後若知父母許汝捨家出家必語我知我當共汝俱時出家阿難尋報提婆達多作如是言如汝所論我不違也

尒時阿難作如是念我之父母決不聽我捨家出家作是念已即在其家取五百枚波利沙般私往至於毗提耶國而彼聚落有一長者是其父王

舊日知識將此五百波利沙般以相付囑而語之言今以此錢付囑於汝為我食直我若須食而來此者必將此錢為我買食當至之時汝亦不須問我來所但我到此汝必當知須食故來作是語已至於空閑阿蘭若處受无語戒行住坐卧黙然不言須食之時黙然來至寄錢之家寂靜而坐黙受飲食食訖還復黙然而去

時彼聚落所居諸人數見阿難釋種童子黙然而住去來坐卧見已問言仁者是誰尒時阿難亦不言語以報彼人還復如本黙然而去

時彼人輩各相謂言此之仙人應是毗提耶國而出作是語已為其立名稱為毗提耶國仙人

尒時阿難父母聞人說如此語阿難從此逃遁往至毗提耶國城邑聚落受不言戒行仙人行而得成仙聞已即遣使人往至謂言子子汝若決定不住家者但來向此於我釋種童子之邊而出家耳

尒時阿難遂即還來往語釋種提婆

達多作如是言提婆達多汝今當知我之父母今已放我而出家也

提婆達多復問阿難汝今意欲誰邊出家阿難報言我今意欲佛邊出家

提婆達多復言我昔已至佛邊而來出家為佛不許我出家也

阿難復言當至聖者舍利弗邊求請出家提婆達多復作是言彼人亦不與我出家如是乃至摩訶目揵連摩訶迦葉大迦旃延優樓頻螺迦葉那提迦葉伽耶迦葉優波斯那摩訶俱郗羅摩訶專陁優波離波多有如是等大德上座諸比丘輩悉皆不許聽我出家

阿難復問提婆達多作如是言提婆達多如汝意者欲何處去提婆達多報言阿難我所去處不令人識阿難復言我亦隨從提婆達多如是意趣

尒時多有大威勢力釋種童子家別一人佛邊出家時迦毗羅婆蘇都城有二兄弟小者名曰摩尼樓陁（舊作阿尼盧陁）大者名曰摩訶那摩摩尼樓陁久種善根修解脫藏面向涅槃背於煩惱

不欲生於一切有中欲於此世在三界內當取漏盡已曾積集大功德聚故生於彼釋種家內自生彼家其家生業漸漸增長所謂錢財諸穀麥等真珠琉璃珊瑚虎魄諸璧玉等及以金銀二足四足皆悉備有地下復有五百伏藏自然顯現其在卧床眠息睡時乃有諸天將五百種无價珎寶置於床上其人眷屬見如是等希有之事共相議言此之童子睡眠之時諸天乃將无價寶物以覆其上是故我等須立名為摩尼樓陁

然彼童子可喜端正觀者無猒身體黃白猶如金色其頭形狀似如傘蓋鼻隆高滿如鸚鵡嘴兩臂臃傭下垂過膝身體縱廣上下齊等諸根具足无所缺減然其父母為置四種阿嬭看視所謂抱者又洗浴者飲飼乳者伴遊戲者其四嬭母養育瞻視漸至長大智慧成就復見行步東西馳走及至堪事教授家業種種伎藝所謂書筭造印音樂歌舞戲笑嘲謔滑稽趒鏘嫉冶造摩尼寶染衣裁衣和合

諸香綵畫花蒸及諸形像圍碁六博摴蒱等戲造作文章象伎馬伎及以車伎弓射之術俯仰容儀捔力出壯按摩等伎趒梁睹走調象擲罥脩治園圃行来入出知解吉凶細行竊窨破餘軍陣自把其拳他擗不得蹹地正立人推不動理鬚梳頭操刀斫撥鑚穿等事劈裂木石射準不差乃至毛髮射人支節放箭尋聲牽弓挽弶如是諸伎悉皆明達成就具足無不解者意智深遠精神迅疾心慮巧妙黠慧聰明

然彼童子至於一時隨從其父撿按田作及以生資既至彼處腹中渴乏其以渴故往至水邊掬水欲飲其水變成天漿美味尒時其父遮不聽飲唱言子子莫飲此水或恐令汝身體不安

尒時童子摩尼婁陁嘗此水已而白父言尊者此水甚大甘美其父不信時彼童子以手掬水即奉其父口作是言耶若不信願嘗此水其父於是嘗此水已報言子子我雖生在王宮

之內未曾得此妙甘美水作是語已心生喜悅為未曾有而自口言希有我子大有福業從生已来所作飲食色香味具倍勝他許

尒時彼兄摩訶那摩若見若嘗彼之飲食即生妬心而口說言何故如是香潔美食唯與小弟而不與我

尒時其母知有此語告言子子汝知不乎從来為此摩尼婁陁所造飲食恒常十倍勝他人許摩訶那摩猶故不信

又於一時摩尼婁陁遊戲園林在彼園內往遣使人從母索食而告使言往我母所令送食来於時彼母以盤置食將帊覆蓋先示大子摩訶那摩然後遣使往送彼食將至摩尼婁陁之所摩尼婁陁亦看此食其食色香倍即加勝亦於諸器悉皆盈滿雖復如此摩訶那摩猶故不信而口說言雖知家內所將好惡誰知不於諸眷屬家備辦送去

又至一時摩尼婁陁復在園林觀看遊戲又遣使人啓白母言願遣使人

送食来此其母尒時取諸空器安著隰上以巾覆盖先示大兒摩訶那摩然後始送復告之言汝自隨看應知虛實摩訶那摩聞此語已即隨隰去往至摩尼婁陁之邊彼既見已一切諸食色香美味皆悉充滿

尒時釋子摩訶那摩見是事已心生喜悅口言希有未曾見也我弟如是有大福德

摩尼婁陁漸至長大年盛壯已於是父母為作三堂一擬冬坐二擬春秋三擬夏坐擬冬坐者唯備暄煗擬夏坐者唯備清涼擬春秋者唯備和適其所居堂无別男子唯擬一人受五欲樂具足自恣隨意居止

尒時童子摩訶那摩作如是念今於釋種諸童子中有大勢者悉各家別一人出家我今家內無出家者唯我應當捨家出家若不尒者須遣我弟摩尼婁陁而出家也摩訶那摩作是念已便即詣向摩尼婁陁釋童子邊到已告言摩尼婁陁我等釋種有勢力者悉各家別一人出家我等家內

無出家者我今思惟或汝出家或我出家

尒時釋種摩尼婁陁啓白其兄摩訶那摩釋童子言摩訶那摩汝自出家我不能去摩訶那摩復告彼言摩尼婁陁若如此者我今竭汝家業之事凡生活法先犁其地然後磨治次復除其瓦石株棘方下種子下種子已若无天雨依時溉灌依法鋤治然後待熟収刈料理貯入倉窖作如是已至於来年還復如此次第造作乃至年年不得休息

尒時童子摩尼婁陁啓白其兄摩訶那摩釋童子言若如此者我家作業不待窮盡亦无盡時如此作業既無盡日何時當得於此三堂受五欲樂

尒時童子摩訶那摩復語其弟摩尼婁陁作如是言摩尼婁陁作業之事理不可盡亦无盡日我等父母悋惜祖宗造作事業亦復如此未見盡時而命終也

尒時童子摩尼婁陁復語其兄摩訶那摩作如是言若知作業不可窮盡

不知盡時我之父母亦復悋惜祖宗作業未知盡時而取命終如是不虛我今思惟摩訶那摩應須在家營理家業我欲捨家出家修道

尒時童子摩尼婁陁詣父母邊白言耶孃我欲捨家於如来邊求請出家願垂許我於如来邊而出家也

尒時父母告彼小兒摩尼婁陁當知我等唯有二子於汝二子大生憐愛不離心首若暫不見心懷憂惱假使我死猶望共汝不相離別況復我今生平存在聽許於汝而出家也如是再請乃至三請云我欲於如来法中捨家出家願垂父母聽許我也

往昔菩薩從出家修梵行時輸頭檀王為菩薩故憂惱所逼聚集釋種諸眷屬等而告之言諸眷屬輩汝等須知我子悉達既出家已我亦不欲處其王位亦復不用戴此天冠汝等誰能受王位者我當委付并即灌頂授與天冠

尒時衆内有釋童子其人名曰婆提唎迦其母名曰黒瞿多弥而白王言

我能受此王位及冠

尒時輸頭檀王及諸釋種一切眷屬即將王位及以天冠付與釋童婆提唎迦而灌頂之從尒已後婆提唎迦釋種童子即作釋王其諸眷屬号為釋王婆提唎迦然彼釋王婆提唎迦受王位後經十二年如法治化而彼釋種諸眷屬等本有要誓若有誰得首戴天冠而為王者彼人當為一切釋種諸眷屬等造作百味餚饍飲食其王舊日與彼釋種摩尼婁陁少小拊塵共為伴侶設會之時口勅喚彼摩尼婁陁作如是言摩尼婁陁汝佐助我先當供給諸眷屬訖然後我當與汝共食摩尼婁陁啓白釋王婆提唎迦作如是言如王今勅不敢違也時彼二人共設釋種諸眷屬已然後共食食已即留摩尼婁陁在宫止宿

尒時釋王婆提唎迦過彼夜已天欲曉時身自問彼摩尼婁陁作如是言摩尼婁陁安眠已不摩尼婁陁而報王言我於夜眠不得安隱王復問言何故尒也

摩尼婁陁復報王言我夜腹痛又患寒熱王復問言何故然也

摩尼婁陁復報王言於彼飲食味不調適是故當時我患腹痛其所卧褥當織之時其彼織師身患寒熱是故我亦著寒熱病於時釋王婆提唎迦唤造食人而問之言汝當造作百味食時其食諸味為有增减為調適也其造食人而報王言如是大王其味稍多其味如少我於尒時作事忩忙不得如意事事撿挍我佐助人不解用心悉捉和雜

尒時釋王婆提唎迦復唤織師而問之言汝當為我織被褥時何故不精織師報言如是大王我當織時着寒熱病大王復遣使人催促我於尒時寒熱未差畏王瞋故急織而送是故我織不及精妙尒時釋王婆提唎迦生希有心未曾有心如此之事不可思議又作是念希有希有摩尼婁陁乃有如此勝妙智慧

尒時釋王婆提唎迦告釋童子摩尼婁陁作如是言摩尼婁陁從今日後汝於我邊有所須者汝莫自来但遣使至我不相負

尒時釋童摩尼婁陁其母命言今此釋王既與我子少小拊塵同志善友其人決定不應出家作是念已即唤巳子摩尼婁陁作如是言摩尼婁陁若彼釋王婆提唎迦捨家出家汝於尒時當出家也

尒時釋童摩尼婁陁聞是語已詣向釋王婆提唎所於時釋王婆提唎迦從宮而出在鄉吒迦（隋言以歌說喜事）喜樂之會觀看而坐

尒時釋童摩尼婁陁作如是念我今若入婆提唎迦釋王之會必當妨他觀看遊戲作是念已便坐門頰待鄉吒迦喜樂會訖然後欲入

尒時釋王婆提唎迦觀看此會正喜樂時會中有一音聲婦女手彈箜篌當尒箜篌有一絃斷其彼婦女尋即還續而鄉吒迦喜樂會中无人覺者唯有釋王婆提唎迦一人獨知摩尼婁陁在於門頰亦知此事

尒時釋童摩尼婁陁見鄉吒迦喜會

欲訖方始往詣婆提唎迦釋王之所到已將手抱釋王項然後却坐在於一面

尒時釋王婆提唎迦告釋童子摩尼婁陁作如是言摩尼婁陁我於已前可不告汝若有所須身莫自来但遣使索我不相負今日何容身猶自至摩尼婁陁而報王言婆提唎迦此事如是不可遣人能辦斯事

尒時釋王復問釋童摩尼婁陁作如是言摩尼婁陁所言辦者事云何也為當由汝為當由我摩尼婁陁復報王言此事由我亦關於王婆提唎迦復作是言若關於我汝應即辦摩尼婁陁復白王言大王當知我意將欲捨家出家如此之事必關於汝婆提唎迦報釋童子摩尼婁陁作如是言摩尼婁陁汝今若欲捨家出家必關我者我當放汝汝於我邊勿生疑慮若欲出家隨汝意樂

尒時釋童摩尼婁陁啓白釋王婆提唎迦作如是言汝今當須共我出家何以故我之父母先語我言摩尼婁

隨若彼釋王婆提唎迦捨家出家汝亦隨彼而出家去時彼釋童摩㕧妻隨復見釋王婆提唎迦在於大衆作是實語摩㕧妻陁汝今若欲捨家出家既關我者我不相違任隨汝去當於彼時諸釋種等復皆實語是故請王同共出家

尒時釋王婆提唎迦告彼釋童摩㕧妻陁作如是言若必然者且住七年我之家業事得了辦辦已然後當得共汝捨家出家

尒時釋童摩㕧妻陁復白釋王婆提唎迦作如是言婆提唎迦莫作是語我今不能待至七歲所以然者婆提唎迦七歲久遠誰知我等其間或有出家障閡婆提唎迦復語釋童摩㕧妻陁作如是言摩㕧妻陁汝且待我六年之內備辦家事然後共汝捨家出家摩㕧妻陁復白王言婆提唎迦汝於今者莫作是語我亦不能待至六年所以者何六年久遠誰知我等中間儻有出家障閡婆提唎迦復語釋童摩㕧妻陁作如是言摩㕧妻陁

若必然者且聽待我於五年內備辦家業乃至四年三年二年摩㕧妻陁皆悉不肯時王復言若必然者且待我於一年之內辦諸家業然後乃當共汝出家摩㕧妻陁猶白王言婆提唎迦我不能待乃至一年所以者何一年尚久誰知我汝當有障閡

尒時釋王婆提唎迦復告釋童摩㕧妻陁作如是言摩㕧妻陁若必然者且當待我於六月內辦諸家業乃至三月二月一月摩㕧妻陁悉皆不肯

尒時釋王婆提唎迦復告釋童摩㕧妻陁作如是言摩㕧妻陁若必然者且聽待我七日七夜辦諸家事然後共汝捨家出家摩㕧妻陁即白釋王婆提唎迦作如是言善哉善哉婆提唎迦任汝意作我待汝至七日七夜

尒時世尊住在阿奴弥迦耶聚落其王於彼七日七夜營辦家事所謂瓔珞以自嚴身至於園內受五欲樂喻如有人欲至他家赴大賓會沐髮洗梳瓔珞衣服莊挍其身然後始往至他家內其彼釋王婆提唎迦欲至園

中遨遊戲樂亦復如是

尒時復有一釋童子名跋涪婆(隋言多智)又一釋童名宮毗羅又一童子名難提迦復有釋童名曰阿難有釋童名提婆達多亦如前者莊嚴其身皆悉如上彼諸童子相共著諸衣服瓔珞復將一好剃除鬚師嚴四兵已出迦毗羅婆蘇都城詣向阿奴弥迦耶聚落於時釋王婆提唎迦有物價直三百兩金一百兩金以為衣直一百兩金為瓔珞直一百兩金嚴鞍馬直其彼童子摩㕧妻陁亦復如是諸釋童子跋涪婆宮毗羅難提迦阿難陁提婆達多有如此等各各亦有實物價直三百兩金乃至充用嚴鞍馬直彼諸童子寶物價直合有二千一百兩金

尒時彼輩諸釋童子出迦毗羅婆蘇都城各各下馬解身瓔珞皆捉與彼剃除鬚師而口各言此諸瓔珞皆以與汝為資生本汝當受用以為活命生業之基更莫餘求付瓔珞已詣向阿奴弥迦聚落

時剃鬚師作如是念是諸釋種威猛

熾威謂言是我將諸童子逃走東西以是因緣當恐彼來逼切於我彼諸童子既吐此物我去何食我今不得受此諸寶彼既如是豪富熾威有大威勢猶捨无量資生財寶王位之事捨家出家況我今者何故不從彼剃髮師作是思已將彼瓔珞財寶之物懸著樹枝作如是念若有見者任取此物終不為盜私自念已詣向諸釋童子之所而彼諸釋童子遥見剃髮師来而告之言汝今何故不歸家也時剃髮師報諸釋童作如是言諸聖子輩我今私自作如此念諸釋強威有大威德有大力勢謂言我將諸釋童子東西逃走以是因緣當恐逼切我之身命汝之童子既吐此物我今去何方欲食之如我今者不受此物何以故諸釋強威有大力勢猶故出家況我今者而不出家以此因緣我不歸去

尒時釋種諸童子等聞彼語已而語之言汝今快作如是思惟作是念已而不還家所以者何如汝所言我諸

釋種威嚴熾威必有此語將我童子逃走不疑既有此語彼定應来逼汝身命

尒時諸釋童子等輩共剃髮師詣向佛所到佛所已頂礼佛足却坐一面而作是言世尊今者願放我等捨家出家及受具戒復白佛言世尊欲與我等出家先當度此剃除髮師於前出家何以故此剃髮師長夜勤苦供承我等不曾有失是故於先與彼出家及受具戒彼出家已於後方與我等出家及受具戒故令我等先當礼此剃除髮師起動迎送合掌恭敬示現尊重所以者何我等諸釋憍慢貢高今因此人令我諸釋迴意捨除憍慢之心

尒時世尊既先度彼剃除髮師及受具戒然後次與婆提唎迦釋王出家受具足戒自餘各各次第出家及受具戒於時阿難提婆達多二人猶故不得出家從世尊所迴還至於雪山之下時彼山下有一長老姓跋耶瑟吒名曰僧伽其人修行已住三果成

就四禪恒常依彼雪山而住

尒時跋耶瑟吒僧伽見阿難等二人来至逆慰之言諸釋童子何因来此時彼二人而報之言我等今者樂欲出家故来於此善哉聖者願度我等令得出家

尒時跋耶瑟吒僧伽不曾觀察提婆達多童子之行不練其智即令二人捨家出家及受具戒長老阿難出家未久在於空閑坐禪思惟遂作是念若優波陁今必許我至佛所者我今亦湏自見世尊時彼阿難作是念已於晨朝時從房而出往詣向彼跋耶瑟吒僧伽之所頂礼其足却住一面住一面已而白長老跋耶瑟吒作如是言婆檀多優陁我今意欲往見於佛聽許以不

尒時跋耶瑟吒僧伽報彼阿難作是言曰阿難汝今若知時者往向佛邊到佛邊已汝當為我頂礼佛足為我通傳問訊世尊少病少惱身安以不起居輕利行来化導不損德也身體氣力勝常以不

佛本行集經卷第五十八　第二十張　基字号

尒時阿難聞優波陁作是語已而白之言如優波陁不敢違教遂即頂礼跋哪瑟吒僧伽脚足圍遶三匝辭別而去

佛本行集經卷第五十八

佛本行集經卷第五十八

校勘記

一　底本，金藏廣勝寺本。

一　一〇六四頁中三行品名，徑、清作「婆提唎迦等因緣品第五十八之二」。

一　一〇六四頁下一四行「教我」，諸本作「放我」。

一　一〇六四頁下二二行「五百枚」，磧作「五百故」。

一　一〇六五頁上一一行「而住」，諸本作「行住」。

一　一〇六五頁中末行「面向」，磧作「而向」。

一　一〇六五頁下九行「如是」，資、磧、普、南、徑、清作「如此」。

一　一〇六五頁下一三行第二字「彼」，資作「後」。

一　一〇六五頁下一五行第一二字「亭」，資、磧、普、南、徑、清作「停」。

一　一〇六五頁下一九行「遊戲」，磧、普作「遊我」。

一　一〇六六頁上四行「趒梁」，資、磧、普、南、徑、清作「跳踉」；麗作「超梁」。

一　一〇六六頁上七行末字「撥」，諸本作「斵」。

一　一〇六六頁上九行第五字「支」，徑作「技」。同行末字「弶」，諸本作「彊」。

一　一〇六六頁上一四行「生資」，資、磧、普、南、徑、清作「生業」。

一　一〇六六頁上二二行第三字「耶」，磧、普、南、徑、清、麗作「爺」。次頁中六行首字同。

一　一〇六七頁上一〇行第一〇字「窟」，諸本作「窖」。

一　一〇六七頁中一五行第五字「從」，諸本作「從家」。

一　一〇六七頁下一六行第九字「今」，資、磧、普、南、徑、清作「令」。

一　一〇六八頁上一〇行「其味」，資、磧、普、南、清作「某味」。

一〇六八頁上一一行「如意」，資、磧、普、南、徑、清作「加意」。

一〇六八頁中一〇行第五字「唎」，資、磧、普、南、徑、清作「唎迦」。

一〇六八頁中一一行夾註，資、磧、普、南、徑、清作「此云以歌說古事」。

一〇六八頁下七行第一二字「猶」，磧、普、南、徑、清作「獨」。

一〇六九頁中七行「我汝」，磧、普、南、徑、清作「我等」。同行第九字「當」，諸本作「儻」。

一〇六九頁下一八行「捉與」，麗作「投與」。

一〇六九頁下一九行「各言」，資、磧、普、南、徑、清作「告言」。

一〇七〇頁中一三行第九字「送」，諸本作「逆」。

一〇七〇頁中一七行第五字「既」，資、磧、普、南、徑、清作「即」。

一〇七〇頁下一六行「優陁」，諸本作「優波陀」。

趙城縣廣勝寺

佛本行集經卷第五十九　基

三藏法師闍那崛多譯

婆提唎迦等因緣品下

尒時長老提婆達多見其阿難往向佛所而告之言長老阿難欲何處去

尒時阿難而報之曰我於今者欲往見佛尒時長老提婆達多報阿難言阿難汝今若必然者少時相待我亦欲往詣優波陁共汝相隨俱往佛處

尒時提婆達多即至跋嚟瑟吒僧伽之所頂礼其足却住一面而白之言我今意欲往見於佛惟願尊者慈愍聽許

尒時長老跋嚟瑟吒僧伽報彼提婆達多作如是言汝若知時往至佛所為我通傳頂礼佛足問訊世尊少病少惱身安以不起居輕利行来化導不損德也身體氣力勝常以不提婆達多報彼跋嚟瑟吒僧伽作如是言如尊者教不敢違背遂即頂礼圍遶三匝辭退而去

尒時阿難與彼長老提婆達多二人相隨發雪山下往向佛所到佛所已頭面礼足却住一面

尒時長老提婆達多白佛言世尊我昔求請如来出家如来而不與我出家如来今日可不見我得出家耳

尒時佛告提婆達多作如是言提婆達多汝為何事而出家也願汝得已莫有悔也

時諸比丘俱白佛言希有世尊世尊往昔恒常教彼提婆達多為利益事提婆達多今反捉佛以為怨讎作是語已佛告諸比丘作如是言汝諸比丘非但今日我教彼人提婆達多為利益事反為其人以我為怨過去世時亦復如是我教利益反怨於我時諸比丘白佛言世尊此事云何願為論說

尒時佛告諸比丘言我念往昔久遠世時於雪山下有二頭鳥同共一身在於彼住一頭名曰迦嘍嗏鳥一名優波迦嘍嗏鳥而彼二鳥一頭若睡一頭便覺其迦嘍嗏又時睡眠近彼覺頭有一果樹名摩頭迦其樹華落

風吹至彼所覺頭邊其頭尒時作如
是念我今雖復獨食此華若入於腹
二頭俱時得色得力並除飢渴而彼
覺頭遂即不令彼頭睡覺亦不告知
默食彼華其彼睡頭於後覺時腹中
飽滿咳噦氣出即語彼頭作如是言
汝於何處得此香美微妙飲食而噉
食之令我身體安隱飽滿令我所出
音聲微妙彼頭報言汝睡眠時此處
去我頭邊不遠有摩頭迦華果之樹
當於彼時一華墮落在我頭邊我於
尒時作如是念今我但當獨食此華
若入於腹俱得色力並除飢渴是故
我時不令汝覺亦不語知即食此華
尒時彼頭聞此語已即生瞋恚嫌恨
之心作如是念其所得食不語我知
不喚我覺即便自食若如此者我從
今後所得飲食我亦不喚彼覺語知
而彼二頭至於一時遊行經歷忽然
值遇一箇毒華便作是念我食此華
願令二頭俱時取死于時語彼迦嘍
嗏言汝今睡眠我當覺住時迦嘍嗏
聞彼優波迦嘍嗏頭如是語已便即

睡眠其彼優波迦嘍嗏頭尋食毒華
迦嘍嗏頭既睡覺已咳噦氣出於是
即覺有此毒氣而告彼頭作如是言
汝向覺時食何惡食令我身體不得
安隱命將欲死又令我今語言麁澁
欲作音聲障㝵不利於是覺頭報彼
頭言汝睡眠時我食毒華願令二頭
俱時取死於時彼頭語別頭言汝所
為者一何太卒云何乃作如是事也
即說偈言

汝於昔日睡眠時　我食妙華甘美味
其華風吹在我邊　汝反生此大瞋恚
凡是癡人願莫見　亦願莫聞癡共居
與癡共居无利益　自損及以損他身

佛告諸比丘汝等若有心疑彼時迦
嘍嗏鳥食美華者莫作異見即我身
是彼時優波迦嘍嗏鳥食毒華者即
此提婆達多是也我於彼時為作利
益反生瞋恚今亦復尒我教利益反
更用我為怨讎也

尒時長老婆提唎迦既出家已即於
彼時夏三月內成就三通摩尼婁陁
得成天眼長老跋涪婆長老因耆長

老難提迦此諸人等證羅漢果阿難
復得須陁洹果提婆達多成就世間
凡夫神通

尒時長老婆提唎迦得羅漢果或在
樹林或住在於空閑房室或住露地
或住在於祇陁園林晝夜三時恒唱
是言嗚呼快樂（如是三稱）

尒時衆多諸比丘等詣向佛所而白
佛言世尊其彼長老婆提唎迦髙瞿
弥子不樂在於世尊法中　不喜不樂
恒常憶昔王位時事富貴之樂恒常
憶念如此事故或住樹下或住空房
或在露地三時唱言嗚呼快樂（如是三稱）

尒時世尊喚一比丘而告之言汝來
比丘當往詣彼婆提唎迦比丘之邊
而為我語作如是言世尊喚汝其彼
比丘白言如教不敢違也即往詣彼
婆提唎迦長老之所到已告言婆提
唎迦世尊喚汝

尒時長老婆提唎迦聞彼語已詣向
佛所到已頂礼却住一面

尒時佛告婆提唎迦作如是言婆提
唎迦汝實不樂於我法中行梵行不

恒常憶昔王位樂不由憶彼故或在樹下或在閑房或在露處三時唱言嗚呼快樂嗚呼快樂如是以不

尒時長老婆提唎迦而白佛言如是世尊如是跋檀多佛復告言汝見何利或在樹下乃至三時唱如是言嗚呼快樂嗚呼快樂

尒時長老婆提唎迦白佛言世尊我昔在家治於王位剎利灌頂七重牆壁圍我宮殿守護我等復有象軍七重守護復有馬軍如是七重復有車軍及以步軍皆各七重俱被鎧甲手執戎仗所謂弓箭刀槊夈楯金剛大杵及大鐵棒鉾鑹鐵輪三叉鉞斧諸戎仗等周匝遶我牆外復有七重水塹如是守護如是障蔽猶於夜中若聞諸聲心生恐怖不得安樂身毛皆竪恒生慚愧諸根變動世尊我今或在樹下或在閑房或在露處夜聞種種諸惡獸聲无有恐怖身毛不竪无有慚愧諸根不變是故我恒獨坐思惟心作是念我今大得利益之事今者世尊為我大師自覺說法於彼法

中我得出家行於梵行多有禁戒攝受於我成妙行人我於今者善得活命善得命終是故世尊我以往昔王位樂時及富貴時比於今日出家之樂坐空閑樂覺觀之樂寂定之樂沙門等樂憶念此故或在樹下或在閑房或在露處知足少欲從他乞食身毛不竪猶如山鹿心得自在坐卧去住无有障㝵三時唱言嗚呼快樂如是三稱

尒時長老婆提唎迦在於佛前對諸大衆而說偈言

我昔在於深宮裏　七重牆壁甚高峻
嚴治樓櫓及却敵　并有七重隍塹等
軍衆宿衛執戎仗　無晝无夜守護我
如是種種自防守　身意猶故不安寧
我今在於世尊前　无有一人守護我
及以在於空閑處　或在樹下山林中
如我佛子婆提迦　諸人各各相守護
行住坐卧常安樂　是故心无有攀緣
我昔宮內乘大象　身著繒綵上妙衣
食噉粳粮甘美飯　羹臛調和肉味等
今者坐卧隨意鋪　空閑身著糞掃衣

捨愛拔除苦根本　欲有所行隨我意

尒時世尊因此事故復說偈言

若人知命不生惱　亦即不憂是命終
若能勇猛見真諦　雖墮苦海終無怖
已斷有愛比丘等　於一切物悉已斷
生死煩惱皆滅盡　如是无復有後有

尒時世尊告諸比丘作如是言汝諸比丘若知於我聲聞弟子豪貴之中捨家出家最第一者所謂即此婆提唎迦比丘是也

尒時諸比丘白佛言世尊今此長老婆提唎迦往於昔日造何善根今生釋種大豪貴家乃至多饒資財產業无所乏少復作何業承繼釋種得昇王位復作何業便得出家受具足戒獲羅漢果世尊復記汝諸比丘若於聲聞弟子之中捨彼豪望而出家者婆提唎迦最為第一

尒時佛告諸比丘僧作如是言汝諸比丘我念往昔久遠之時有一貧人以乞自活從一城至波羅㮈城至彼城已其城所有乞人見者皆呵責言汝從何來而至於此遂遮不聽遊行

告乞

尒時彼人見有障㝵作是思惟我於彼華无有過失何故障我而乞告也於時波羅㮈城有一長者遺失銅鉢時彼長者求覔銅鉢所在不獲因求鉢故至餘一村時彼乞人於糞聚中得彼銅鉢掛於杖頭將来往入波羅㮈城從街至街從巷至巷從此交巷至彼交巷從此隅角至彼隅角口唱是言此之銅鉢是誰之物識者取取而彼遊歷處處東西求覔其主了不能得既不得主便即往至付梵德王乃至長者後聞有人從彼糞中得一銅鉢掛於杖頭將来入彼波羅㮈城從街至街從巷至巷而口唱言是誰銅鉢處處遊訪不知主處既不得主便付梵德既聞是已到梵德邊到已白言大王當知前者乞人所奉銅鉢是我之物

時梵德王遣使往喚彼之乞人而語之言汝於前者所送銅鉢今此長者云是我許其事如何彼人即白梵德王言如是大王我本不知彼之銅鉢

是誰之物在糞聚中我既得已即掛杖頭將来往入波羅㮈城東西訪問不知主處以不得主遂即將来奉與大王任王所用

尒時梵德聞彼語已心大歡喜而告彼言仁者汝今欲於我邊乞何等願我當與汝而彼銅鉢還其長者

尒時彼人白梵德王作如是言大王今若必欲歡喜與我願者願王於此波羅㮈城所有乞人用我為王時梵德王復告彼言今者何用與彼乞兒而為王也但當更乞諸餘好願或金或銀或索國中最勝村落用為封邑我即與汝時彼乞人復白王言王若歡喜與我願者我今止欲得前所願王遂報言任汝所樂隨汝作耳

尒時在彼波羅㮈城合有五百乞兒依住彼乞願者悉喚令集而告之言我今得與汝等為王汝等必當聽我處分時諸乞人問彼王言汝今云何處分我等令作何事時彼人言汝等相共或有捉我置轝上者或有取我而皆負者自餘皆悉為我左右圍遶

而行而彼五百諸乞兒輩聞彼語已即從處分或有轝者或背負者處處遊行所有飲食坐席之所即往彼乞乞已將向一處分張而共食敢如是方便多時活命

時有一人屏處獨食摩呼荼迦(隋言歡喜)尒時乞王從其人邊奪取彼食摩呼荼迦奪已將走其王徒衆五百乞兒逐彼王走至於遠處皆悉疲乏既疲乏已悉各迴還其彼乞王身力壯健走而不乏更至遠已迴頭望看五百乞兒悉皆不見既不見已入一國內取水洗手坐於一邊欲食彼食未食之間便生悔心我今不善我今何故於彼人邊奪取其食更復誰我隨從人輩此食既多我食不盡若世間內有諸聖人願知我意而來此者我即分與發是心已有辟支佛名曰善賢從虛空裏飛騰而來在彼人前從空直下去其不遠其人遥見彼辟支佛威儀庠序行步齊傳舉動得所不緩不急見如是已於彼辟支心得淨信得淨心已作如是念由我往昔所愛

貧煎及以現在皆悉不值如是福田
於如是人不行布施恭敬供養我昔
若值如是福田今日應不遭斯困頓
亦應不被他人逼切而得活命我今
將此摩呼荼食奉上仙人未審此仙
受納已不若蒙受者願我將来免此
貧煎困厄之身作是念已即將此食
摩呼荼迦奉此仙人然辟支佛有如
是法唯現神通教化衆生更无別法
時辟支佛受取彼食摩呼荼迦愍斯
人故從彼地方騰空而去其人見彼
辟支世尊騰空去已歡喜踊躍遍滿
其體不能自勝以歡喜心頂戴指掌
遥礼彼尊辟支佛足作是礼已心發
是願願我此身於未来世恒常值遇
如是世尊或勝此者而彼世尊所說
之法願我一聞速得證解又願我於
未来世中在大威德豪族姓家為王
治化更莫在彼貧兒之內復作是願
生生世世不墮惡道佛告諸比丘作
如是言汝諸比丘若有心疑於彼之
時波羅㮈城乞兒之王施辟支佛摩
呼荼迦此是誰者莫作異見婆提唎

迦比丘是也時乞兒王施辟支佛摩
呼荼食因彼業果今生釋種大豪貴
族乃至資財无所乏少復於彼時作
如是願願我来世於大威德豪族種
姓為王教化因彼業報今於釋種得
受王位又時乞願願我當来生生世
世不墮惡道因彼業報不曾生墮惡
道之中恒生人天流轉往反多受快
樂又時復乞如是願言願我来世恒
值如是辟支世尊或勝此者彼之世
尊所說經法願我聞已速知速解因
彼業報今值於我而得出家受具足
戒得羅漢果我又授記於我聲聞弟
子之中豪姓出家最第一者婆提唎
迦比丘是也

汝諸比丘婆提唎迦昔造如是善根
因緣以造如是善根因故今生豪姓
釋種之家大富大貴乃至資財无所
乏少於釋種中得紹王位捨其王位
而得出家受具足戒得羅漢果故我
授記於我聲聞弟子之中豪姓出家
婆提唎迦比丘第一

其彼長老婆提唎迦乃至已得阿羅

漢果恒住蘭若乞食活命著糞掃衣
常坐不卧隨宜鋪設唯持三衣更無
畜積

至於一時依住在彼舍婆提城於阿
蘭若樹林之內時彼長老求覓諸草
及以樹葉了不能得即時求覓乾白
象糞聚以為鋪上鋪坐具結加趺坐
端身正直即得正念過於一夜

尒時長老婆提唎迦於晨朝時著衣
持鉢欲往入彼舍婆提城往来乞食
於彼之時城內多有乞食諸人乞得
食已從其城出去城不遠各各別欲
食所得食

尒時長老婆提唎迦遥見如是諸乞
食人從城乞食既得彼食去城不遠
別坐欲食遂往彼邊默然而住

尒時一切諸乞人等作如是念此之
比丘必於我等欲有憐愍故来乞食
作是念已各各自於所食之內咸取
少分與彼長老婆提唎迦

尒時波斯鄰憍薩羅國其王乘騎一
大白象其象名曰一分陁利從其被
城舍婆提出共一大臣其臣名曰尸

利跋陁（隋言樹賢）時波斯匿憍薩羅國其王遇見婆提唎迦從彼乞兒乞食而食即告大臣尸利跋陁作如是言尸利跋陁此何比丘乃從乞兒乞食而喫

尒時大臣審更熟看婆提唎迦知是不虛而白王言大王當知此是釋王婆提唎迦其王即告彼大臣言若如此者汝驅白象向彼婆提唎迦之邊尸利跋陁聞王勑已而白王言如王教勑不敢違也受王勑已將此白象王乘其上詣向長老婆提迦邊

時波斯匿憍薩羅國其王去彼婆提唎迦住處不遠從其象上下礼長老婆提唎迦礼彼足已却住一面

時波斯匿憍薩羅國王啓白長老婆提唎迦作如是言阿梨耶今者何故乃發如是貧煎之意乃於如此貧人等邊乞食而食

尒時長老婆提唎迦告波斯匿憍薩羅王作如是言大王我今不以貧故而從彼乞我今自有七種寶財但我意樂從於貧人而乞食耳又欲令彼諸貧兒輩斷貧窮故而從乞也大王

當知我已有眼但欲為彼无明衆生開眼目故而来從乞

復次大王我今已脫一切繫縛但以為彼貪欲瞋恚所縛衆生得解脫故而從乞食

大王我今已度彼岸但為拔脫煩惱淤泥所溺衆生故從彼乞

復次大王我已獲得无病之處但欲治彼煩惱所病諸衆生故而從彼乞

時波斯匿憍薩羅國其王復白婆提唎迦作如是言阿梨耶我亦貧无七種財寶我亦幽冥住於黑闇我亦被於煩惱淤泥之所沉溺我今亦有貪欲之病願阿梨耶憐愍我故唯悕數數来至我家

尒時長老婆提唎迦告波斯匿憍薩羅王作如是言大德大王不須如此作是語已捨王而去

佛本行集經摩尼婁陁品第五十九

又時世尊為諸比丘演說諸法於時長老摩尼婁陁睡眠不覺

尒時佛告摩尼婁陁作如是言摩尼婁陁汝何於此法義之内如是睡眠

汝於此事深為不善汝起莫睡從此已後摩尼婁陁更不睡卧正以多時不得睡故壞其肉眼唯以天眼觀世間色

尒時世尊告比丘言汝諸比丘於我聲聞諸弟子中清淨梵行冣第一者所謂摩尼婁陁是也

又於一時摩尼婁陁數數縫綻諸衣裳等又時五指捴持五針

尒時長老大目揵連詣向其所而語之言摩尼婁陁汝今共我遊行去来

尒時長老摩尼婁陁報目連言長老目連且住且住待我衣成

尒時目連復語長老摩尼婁陁汝今若以神通縫者願速成就若以今意所欲成者亦願早成摩尼婁陁縫此衣時其針綖脫尒時長老摩尼婁陁獨自唱言世間誰樂欲作功德與我穿針

尒時世尊獨在房内攝心坐禪乃以清淨天耳聞此摩尼婁陁作如是語聞是語已譬如壯士屈申臂頃即於本處不現其身往至長老摩尼婁陁

住於前已取針而貫

尒時長老摩尼婁陁問言是誰為我穿針佛告之言摩尼婁陁是我為汝貫穿針耳

尒時一切諸比丘等傳聞此語云道世尊為彼長老摩尼婁陁以綖穿針既聞此語各各思惟世尊猶尚為彼清淨梵行之人佐助不辭況復我等何故默然不相助也因尒已後諸比丘僧有所作者各各相助

時諸比丘以此因緣往詣佛所白言世尊其彼長老摩尼婁陁往於昔日種何善業今得出家受具足戒得羅漢果世尊復記言諸比丘於我聲聞弟子之中得淨天眼最第一者所謂長老摩尼婁陁比丘是也

作是語已佛告一切諸比丘言汝諸比丘我念往昔過去久遠超於无量阿僧祇劫有佛出世名曰然燈如來應供正遍知明行足善逝世間解无上士調御丈夫天人師佛世尊彼佛世尊為諸比丘說法之時種種讚歎天眼之事

尒時有一居士之子名曰大財來集彼會坐於衆內聽說其法彼居士子既聽法已作是思惟我今雖復不諂父母捨家出家我今但可為未來世得天眼故造諸善根作是念已備辦脂油得其百斛於然燈佛无上正真等正覺所然燈供養心起是願願我來世值如是佛彼佛說法速得證解於彼世尊聲聞弟子所有天眼願我第一又發是願生生世世不墮惡道

尒時然燈如來應供正遍知明行足善逝世間解无上士調御丈夫天人師佛世尊告彼居士子大財言於未來世有佛名曰釋迦牟尼多他伽多阿羅訶三藐三佛陁十号具足於彼世尊聲聞弟子得天眼者汝當第一

尒時佛告諸比丘言汝等比丘或有心疑彼時然燈佛邊大富居士子大財者此即摩尼婁陁是也

尒時佛復告諸比丘作如是言我念彼昔久遠之時有一賊人於闇夜中行在小徑欲為竊盗至於半路其鞋綱斷

尒時彼處有一辟支佛舍利塔於其塔所時有一人然燈求福供養承事而彼燈油將欲盡滅其賊至彼見燈欲盡為欲續彼斷鞋綱故遂益其脂又以箭鏃挑出燈炷尒時彼燈還得明熾

尒時彼賊見燈明已去邊不遠續彼鞋綱因彼明故得見彼塔見彼塔已遂得心淨得心淨已發如是願此塔是誰願我來世當值此塔本體世尊或勝此者若彼世尊所說之法願我聞已速得知解於彼世尊所有聲聞弟子之中得天眼者最為第一又願當來生生世世不墮惡道

佛本行集經卷第五十九

佛本行集經卷第五十九

校勘記

一　底本，金藏廣勝寺本。

一　一〇七三頁中三行品名，徑、清作「婆提唎迦等因緣品第五十八之三」。

一　一〇七三頁下一一行第七字「捉」，徑作「作」；麗作「投」。同行第一二字「鏁」，磧、普、南、徑、清作「難」。

一　一〇七四頁上一八行「飯食」，諸本作「飲食」。

一　一〇七四頁下一三行第二字「在」，資、磧、普、南、徑、清作「住」。

一　一〇七五頁上一二行「鎧甲」，磧、普、南、徑、清作「鐵甲」。

一　一〇七五頁上一四行第七字「鑯」，資作「燅」；磧、普、南作「爨」。

一　一〇七五頁中九行末字至一〇行「如是三稱」，徑作夾註。

一　一〇七五頁下一行第二字「受」，資、南、麗作「愛」。

一　一〇七六頁下六行夾註「隋言歡喜」，資、磧、普、南、麗作「隋言歡喜凡」；徑、清作「此言歡喜丸」。

一　一〇七六頁下七行第四字「王」，清作「主」。

一　一〇七六頁下一二行第一三字「國」，諸本作「園」。

一　一〇七六頁下末行末字「愛」，諸本作「受」。

一　一〇七七頁上一行、七行「貧煎」，麗作「貧賤」。次頁上一七行同。

一　一〇七七頁上二行末字「昔」，徑作「悉」。

一　一〇七七頁中一〇行首字「值」，磧作「恒」。

一　一〇七七頁下一九行第二字「是」，資、磧、普、南、徑、清作「如是」。同行第一三字「咸」，諸本作「減」。

一　一〇七七頁下末行第五字「出」，磧作「此」。

一　一〇七八頁上一行夾註「隋言」，徑、清作「此言」。

一　一〇七八頁上八行首字「此」，資、磧、普、南、徑、清作「是」。

一　一〇七八頁上一一行第一〇字「提」，資、磧、普、南、徑、清作「提唎」。

一　一〇七八頁中一九行，徑、清作「摩尼婁陁等因緣品第五十九之一」；麗作「佛本行集經摩尼婁陁品第五十九上」。

一　一〇七九頁上七行第二字「聞」，磧作「間」。

一　一〇七九頁中三行末字「諮」，資、磧、普、南、徑、清作「語」。

一　一〇七九頁中六行第六字「㪷」，資、磧、普、南、徑、清作「斛」。

一　一〇七九頁中八行首字「來」，普、南作「未」。同行第三字「傎」，磧、普、南、徑、清、麗作「值」。

一　一〇七九頁中九行第九字「所」，磧、普、南、徑、清作「漸」。

一　一〇七九頁中二一行首字「彼」，磧、普、南、徑、清、麗作「往」。

佛本行集經卷第六十　基

三藏法師闍那崛多譯

摩尼婁陁品下

尒時佛告諸比丘言汝諸比丘彼時賊人在於辟支佛塔之前益燈明者其人是誰莫作異見摩尼婁陁比丘是也摩尼婁陁往昔作於大居士子名曰大財於後復作行賊盗人為辟支佛舍利塔中添益燈油以清淨心乞如是願願我来世莫生悪道由彼業報生世不曾墮悪道中恒於天人往反受樂而於彼時復乞是願願我来世恒常值遇如是世尊或勝此者彼所說法願我速解由彼業報今得值我如是世尊復於我邊獲得出家受具足戒而於彼時復乞是願願我於彼世尊所有弟子之中得天眼者我為第一由彼業報今於我法聲聞弟子得天眼中其第一也

汝諸比丘摩尼婁陁昔有如是種殖善根由彼業力今得出家受具足戒得羅漢果汝諸比丘我復授記於我聲聞弟子之中摩尼婁陁最為第一

復有一時世尊在於波羅㮈城舊仙居處鹿野苑中彼時天雨長老阿難詣向佛所頂礼佛足却住一面住一面已白言世尊今日天雨無有飲食當作何計今諸比丘過一日夜佛告阿難汝莫愁也摩尼婁陁比丘現在福力甚强今日比丘應當得過一日一夜

尒時長老摩尼婁陁詣向佛所到已頂礼却住一面而白佛言世尊今者受我微供若食我食堪令一切諸比丘等過一日夜於時世尊默然受許

尒時長老摩尼婁陁於晨朝時著衣持鉢往至入彼波羅㮈城其入城已未曾告乞亦更无有親舊識知當於尒時忽然即有五百釜食来至彼前

尒時長老摩尼婁陁尋時送彼五百釜食向鹿苑中即敷諸座敷設已訖往白佛言世尊時至飯食已辦惟願就食

尒時世尊日在東方著衣持鉢共諸比丘来至食堂於所敷設次第而坐

尒時長老摩㞒婁陁見佛及僧次第坐巳奉持如上五百釡食施佛及僧恣飽滿巳然後自食飯食亦訖共諸比丘詣向講堂敷座而坐

尒時長老摩㞒婁陁坐巳即告諸比丘言諸長老輩希有希有未曾得見如此之事乃有如此多大果報多大功德多大威勢所以者何諸長老輩我念往昔久遠之時波羅㮈城有一貧人无有資財不立倉庫於彼之時波羅㮈城有辟支佛依倚而住名婆斯吒當尒之時其城穀貴人民飢饉乏少者多其城內外多有人死唯見白骨處處狼藉於彼之時諸出家人乞食難得以飢所逼不能修道當尒之時彼辟支佛於晨朝時日在東方著衣持鉢入波羅㮈次第乞食遍歷彼城全无得所如本洗鉢還出城去我於尒時見婆斯吒辟支佛尊詣向彼邊到巳白言善哉大仙此處乞食煩得巳不彼尊報我作如是言仁者我今乞食不得我於尒時復白彼尊作如是言尊者若然来至我家於時

家內唯有一斗稗子熟飯我即喚彼辟支佛尊命入舍內將彼稗飯以用奉施時辟支佛受我施巳隨意所去我於彼時為採薪柴出至城外與尸陁林相去不遠採取柴木彼林有一白骨屍骸忽然起来抱我項住我於彼時欲脫彼屍慇懃用力不能得脫我於彼日日落西下將欲沒時抱持死屍来入城內我入城時人見我者而告我言咄人何故將此骨屍而入城內我報彼言是諸人輩我今盡力欲脫此屍了不能得汝等若有堪能脫者當為我脫時彼人輩詳共捉此骨屍牽挽盡力望脫亦不能得我時漸漸至於家內望欲脫彼白骨死屍而彼白骨悉變成金自然墮地我於尒時作如是念我以此金不可獨用作是念巳即詣向彼梵德王邊白言大王當知我今地得伏藏大王受取用為國寶時梵德王喚諸左右而勑之言汝等當須隨此人去其人指授悉皆受取將来向此

尒時左右聞王勑巳即將共我来至

家內我即以金示彼使人

尒時使人還見死屍白骨如故見巳謂我咄哉癡人汝不顛狂何故持彼死屍白骨以為金也而彼使者還至王所具說前事我於後時復至王邊而白王言大王當知我得伏藏實不虗惟願大王早為納受時梵德王遂即自往至其家內見彼金藏還是白骨如本不異復告我言咄哉癡人汝者顛狂何為於此白骨死屍而作金想我復白彼梵德王言大王當知此實金也非是屍骨如是再三作是語巳我於尒時手執彼金作是誓言若此金寶為我来作善業報者願梵德王亦如是見作此誓巳時梵德王看此死屍還如我見金寶不異即告我言善哉仁者汝作何等善業因緣曾事何神供養何天供養何仙而能與汝如是願也我於尒時白梵德王作如是言大王當知有一仙人我曾供給此仙人食必應是彼神力所致令我今日得是果報時梵德王而告我言汝以造作如是善業故於今日得

此果報汝此果報無人能奪從今日後不須疑慮隨意而用諸長老輩我於彼時正以布施彼辟支佛一食之業現於尒時即獲果報所須資財隨意即辦正以施彼一食之故七反生於三十三天受其福報乃於彼處三十三天作帝釋王復於人中而為國王并復得作轉輪聖王治四天下為世界主護持世間七寶具足乃至降伏如法治化由彼布施一食果報命終生天從天下生在於人間命盡復得生於天上流轉如是更不雜生我所生處恒得富勝上妙宮殿若生人間生豪貴家資財豐足乃至一切无所乏少如在天身多受快樂下生人間亦復如是以施一食因彼果報今生釋種我生之日諸天下来將五百寶衣覆我身上地下復有五百伏藏自然現出皆以布施一食果報我之父母為我造作三種宮殿一冝夏坐二冝冬坐三冝春秋二時居坐以彼施食果報因緣我既生於釋種之家我家尒時遂即日別漸漸增長所謂

穀米盈溢倉廩真珠琉璃珊瑚虎魄金銀玉等无量珎實二足四足無所尠乏又以彼時施食果報我在園苑我母尒時欲試我故辦具空器以衣覆蓋送来與我至其半路即有諸天種種飲食悉滿其器彼食香美大有氣力又以施食果報力故共父相隨撿挍田作當尒之時身患飢渴遂往赴水掬取欲飲其水變成天妙甘露又以施彼一食之故果報成熟今来入此波羅榇城未曾與彼委曲相識自然即有五百釜食来於我前我受彼食遣送林中請佛及僧供奉此食悉令佛僧大衆充飽藉彼業報我於四事无所乏短我施彼食果業因緣於世俗樂亦无所乏今者出家於出家樂亦皆具足以彼施食果報熟故今斷生死得梵行力所有作者皆悉已辦不受後有至无畏處至於前所當得涅槃得涅槃已无樂無苦自然證知諸長老輩我於彼時乃不識是辟支世尊我若决定知辟支佛我應尋時更求勝果求大威德應求无上

廣大果報

尒時長老摩尼婁陁說前語已重說偈言

我自思惟往昔時　依住在於波羅榇
負賣薪米以為業　值遇尊者婆斯吒
見已布施一飡食　故生豪貴釋種姓
其名号曰尼婁陁　善解音聲復能舞
拍手歌詠諷頌等　并及一切諸伎藝
我今已自知宿命　及以昔世所生處
往以三十三天上　於彼七反往来生
彼處或作釋天王　及以自在天宮内
一切隨我所造作　如是治化於諸天
復經七反作人主　灌頂成就刹利王
自在大力降伏衆　不行刀兵諸戎仗
如法治化大地中　多有无量諸珎寶
於我境界悉豐饒　所生家中大臣富
資財增長无有數　於諸人中富為首
世間五欲悉圓備　七寶諸珎无闕少
皆由我作如是業　不曽生於惡道中
今於釋種得出家　得三解脫甘露處
我為何故得出家　棄捨家業来於此
正以我獲彼利益　故来報佛世尊恩
世尊知我樹熟時　為我演說无常法

若有意所幻化身　神通自来至我所
若我心中有疑惑　如是皆悉為我解
佛所說法无分别　還為我說无别法
我今得聞彼實語　如法愛樂而奉行
如是即得三解脫　即是仰報諸佛恩
我今不樂此命終　亦不愛樂此壽命
但我所受業至時　正念思惟當捨壽
我知未来生死處　衆生往来處亦知
既知此處命終已　亦知往至彼處生
毗舍離境竹林村　我於彼林當捨壽
於彼林中蘙茂處　漏盡其下入涅槃

尒時世尊以淨天耳過於人耳聞彼長老摩旦婁陁說此過去造業因緣今昔獲得如是果報復以妙偈而陳說之聞是事已讃歎欣然

佛本行集經阿難因緣品第六十

又於一時長老阿難被諸梵行大德人輩勸請令彼奉侍世尊從尒已来盡心盡力意行調適如来所說悉皆受持從如来口所聞之事或世間事或出世事悉能受持永不忘失若有人来諮問所疑亦悉能令彼心歡喜以是因緣世尊集衆告諸比丘作如是

言汝諸比丘於我聲聞弟子之中多聞利智侍者之内阿難比丘是其人也時諸比丘白佛言世尊長老阿難於往昔時造何善根藉彼善根今生釋種大豪姓家巨富饒財大有勢力乃至一切无所乏少復以何業今得出家受具足戒得諸聖法若聞世間出世間事永不忘失若有諸人来問所疑亦悉能令彼心歡喜世尊復記謂諸比丘若知於我聲聞弟子多聞智慧强記不忘最第一者此即阿難比丘是也作是語已佛告諸比丘我念往昔過去世中久遠之時還於此處波羅㮈城有王治化名曰梵德彼王尒時生於二子一名喜根二名婆奴（隋言月）二子之内喜根為大其大子者本性調善賢直柔和多有慈心畏懼諸罪猒離愛有其彼王子見其城内為諸王事之所逼切縣官苦惱煞害无窮多有繫閇所謂枷鏁杻械囹圄地牢因禁斬截手足割其耳鼻挑其眼目既見此事遂作是念我之父王百年已往我身云何當治王位我今知用如

此王位欲作何事及我身命亦知何用所以者何今見一切諸衆生輩以種種苦逼切其身如我今者不如捨家出家修道作是念已詣父母邊白言父母我欲捨家出家修道

尒時父母報其子言汝身是我所愛之子不離心意瞻看无猒我等寧死不能别汝我等但使身命存在終不相放如是再過喜根童子白父母言父母當知我今必定捨家出家惟願父母哀愍許我如是數數諮請父母而彼父母遂即聽許捨家出家而告之言汝是我子如汝所樂隨汝意也

尒時梵德喜根王子以其父母許得出家至於他日捨家剃髮次第修道而悟緣覺能作神通變化之事放光放水迴天動地興雲致雨如是等事皆悉能辦彼辟支佛作如是念我為何事而得出家如是之事我今已辦已得已利所作已辦我今可往本生之地憐愍父母諸眷屬故及餘衆生令作福田

尒時喜根辟支世尊次第遊行至波

羅㮈至彼國已依住彼城父王梵德菴羅林内

尒時梵德傳聞他說喜根童子已成大仙還來於此住我境界我今可往至喜根邊顯現於彼問訊慰喻時梵德王以大勢力嚴盛威風示現神德徒城而出有四兵衆前後圍遶

尒時喜根尊者辟支遥見父來而作是念此諸人輩梵德王等大有威力我慢貢高我若隨宜在彼前者梵德王等必不敬我作是念已飛騰虛空現諸神變坐卧經行半身放烟半身出火身上放火身下出水示現如是種種神通

時梵德王諸臣百官見彼尊者大聖辟支飛騰虛空現諸神變彼等見已作如是念我之童子雖捨王位今得出家已成大仙有大威德有大神通其心尒時即大歡喜踊躍无量遍滿其體不能自勝詣彼喜根辟支佛所王既漸進佛復下空王到其所歡喜敬仰時辟支佛下住地上即便坐於所敷之座

尒時梵德到辟支邊頂礼佛足却住一面坐一面已時辟支佛少說諸法令王歡喜踊躍無量顯示善事

尒時大王從辟支佛聽聞法已歡喜踊躍白辟支言善哉大仙今受我請常住我家我為尊者當作伽藍經行房窟四事供養心所樂者悉皆辦與若欲哀愍諸衆生故村落城邑欲行乞食任意所行我不障㝵辟支佛尊默然而受父王所請於時彼王見彼尊者喜根緣覺默然受請即辦種種諸供養具經行房窟四事供養悉持施與自餘須者一切辦給

尒時喜根辟支仙人為欲憐愍諸衆生故入城乞食如此之時即得入城其月王子日別至於喜根仙人辟支佛邊承事供養於諸法中心有所疑時時往問彼辟支佛其辟支佛或被婆奴王子所問默然不荅唯於諸指出其光炎尒時婆奴作如是念此辟支佛大有神通而无才辯

尒時喜根尊者辟支告婆奴言婆奴王子汝來出家汝今若其不肯出家我定知汝命終之後必墮惡道若其出家汝亦應當成就大仙有大神通

尒時婆奴詣向父母白如是言善哉父母喜根仙人今已出家我今意欲隨出家也惟願父母哀愍許我而彼父母遂不許可婆奴王子猶故數數至彼喜根仙人之所承事供養其辟支佛復數語彼婆奴王子汝當出家婆奴王子復報兄言父母今日決不聽我捨家出家事去何也

尒時王子婆奴面上色相出現於七日内必當命終尒時喜根辟支仙人告婆奴言汝來婆奴汝必當須捨家出家何以故汝熟相現於七日内必當命終尒時婆奴至父母邊白言父母惟願放我捨家出家

尒時喜根辟支世尊亦即詣向自父母邊白言父母汝等當放婆奴出家所以者何其相出現七日之内定當命終以此因緣父母必當與彼別離以是定故寧放出家在於法内取於命終莫令在家取命終也父母報言婆奴王子於七日内必取命終與我

別者我今當許捨家出家

婆奴王子當於尒時即剃鬚髮著袈裟衣其出家已於七日中供養恭敬事彼喜根時辟支佛教授威儀過六日已至其七日定知命終哀愍彼故從坐而起飛騰虛空經行坐卧放烟放火隱身不現種種神通婆奴仙人見彼喜根辟支佛尊於虛空中現於種種神通變化見已心生歡喜踊躍遍滿其體不能自勝合十指掌頂礼向彼辟支佛尊既頂礼已發如是願願我來世恒值如是辟支聖人或勝此者彼所說法願我聞已悉令通解又願我身於彼聖人得為侍者供養彼聖又願來世得諸神通所有威力皆如此佛若有來問我之義者我悉為解令彼歡喜又願生生世世之中不在惡道

尒時佛告諸比丘言汝等比丘若有心疑於彼之時婆奴王子於七日內供養於彼辟支佛尊受教法者莫作異見此即阿難比丘是也於彼之時婆奴王子以歡喜心供養喜根辟支

佛故以彼業報今得生於釋種之家而於彼邊乞如是願願我生生世世之中不墮惡道以彼業報所生之處不曾墮於惡道之中唯生人天流轉往反受大快樂而於彼時復作是願願我來世值遇如是教師聖人或勝此者彼所說法願我一聞即得知解以是業報今得值我如是教師又於我邊而得出家受具足戒得諸聖法其於彼時乞如是願願我來世若當值遇如是教師我於彼邊得作侍者供養彼聖藉彼業報今於我邊得作侍者供養於我其於彼時又乞是願我於來世得大神通得大威力藉彼業報今得成於如是大聖得大威力其於彼時又乞是願若有人來問所疑者我悉為彼分別解說令心歡喜藉彼業報今日阿難有人來問心中所疑皆悉為解令心歡喜

尒時佛復告諸比丘作如是言汝諸比丘我念往昔久遠之時波羅㮈城其城有一大富長者名曰僧薩陁那（隋言正安）其彼長者大富饒財多有生業

猶如毗沙天王無異家中日別恒有五百辟支佛來向其家食其時而有一辟支佛所持之鉢下底尖小如牛乳形其鉢所安或在草上或藁薄上隨即傾倒不得安住彼時長者僧薩陁那有一女子可喜端正女相具足其女見彼辟支佛鉢傾倒不住即自脫釧奉辟支佛而白之言惟願大仙取此釧用安其鉢下尒時彼仙為憐愍故即取此釧用安其鉢而彼鉢盂遂不傾動於時彼女既見此鉢更不傾動安住釧上歡喜踊躍遍滿其體不能自勝心發是願如此仙人鉢安釧上不傾不倒我於來世所聞如是若世間事出世間事悉令憶持

尒時佛告諸比丘言汝等比丘若有心疑於彼之時長者家女今為誰者莫作異見此即阿難比丘是也由於彼時以歡喜心自脫手釧以奉尊者辟支仙人安置鉢器因發是願如此仙人以鉢安釧不傾倒故願我來世若有所聞若世間事出世間事悉皆憶持永不忘失由彼業緣今所聞事

忘不遺忘
長老阿難比丘又時日在東方著衣持鉢往入舍婆提城乞食去彼祇樹給孤獨園猶未至於舍婆提城於其中間有一大樹名尸奢波其樹陰下多有一切諸婆羅門止息其下諸婆羅門遥見阿難来欲到邊各相告言汝輩當知此是沙門瞿曇弟子於諸聰明多聞之中最第一者作是語已阿難便至白言人者今請觀此尸奢波樹合有幾葉尒時阿難觀其樹已而報彼言東枝合有若干百葉若干千葉如是南枝西枝北枝皆言合有若干百葉若干千葉作是語已遂即捨去

尒時彼諸婆羅門輩阿難去後取百數葉隱蔵一邊阿難迴已諸婆羅門於是復問人者阿難汝復来也乞更觀此尸奢波樹有幾多葉

尒時阿難仰觀樹已即知如是婆羅門等所擿蔵葉若干百數便即報彼婆羅門言東枝合有若干百葉若干千葉如是南枝西枝北枝亦言合有若干百葉若干千葉作是語已便即過去

尒時彼等婆羅門輩生希有心未曽有心各相謂言此之沙門甚大聰明有大智慧諸婆羅門以此因緣心得正信得正信已其後不久悉各出家成羅漢果

尒時復有長老分耶婆素（隋言井宿）長老宮毗羅（隋言蛟龍）長老難提迦等如是三人唯得知其出家由緒不知所生因緣之事亦不知彼於往昔時作何業也

或問曰當何名此經答曰摩訶僧祇師名為大事

薩婆多師名此經為大莊嚴

迦葉維師名為佛往因緣

曇無徳師名為釋迦牟尼佛本行

尼沙塞師名為毗尼蔵根本

佛本行集經卷第六十

佛本行集經卷第六十

校勘記

一　底本，金藏廣勝寺本。

一　一〇八一頁中三行品名，資、磧、普、南作「摩尼婁陀等因緣品下」；徑、清作「摩尼婁陀等因緣品第五十九之二」。

一　一〇八一頁中一四行第一三字「令」，資作「令」。

一　一〇八一頁下一五行「波羅」，麗作「彼羅」。

一　一〇八二頁上一八行「得所」，諸本作「所得」。

一　一〇八二頁中一行「一斗」，資、普、南作「一升」；磧、徑、清作「二升」。

一　一〇八二頁中二行第五字「命」，資、磧、普、南、徑、清作「令」。

一　一〇八二頁中末行第一〇字「將」，諸本作「時」。

一　一〇八二頁下六行第一三字「實」，

諸本作「事實」。

一〇八二頁下一六行第九字「寶」，資、磧、普、南、徑、清作「屍」。

一〇八三頁上一八行第二字「衣」，資、磧、普、南、徑、清無。

一〇八三頁中二行第三字「玉」，磧作「王」。

一〇八三頁下一〇行第二字「以」，諸本作「於」。

一〇八三頁下一八行第一三字「闕」，徑、清作「缺」。

一〇八三頁下一九行第二字「由」，磧、南作「曰」。

一〇八四頁上一四行第二字「昔」，資、磧、普、南、徑作「者」。

一〇八四頁上一六行「佛本行集經」，徑、清無。

一〇八四頁上一八行「奉侍」，徑作「奉待」。

一〇八四頁中一一行「阿難」，資作「何難」。

一〇八四頁中一五行夾註「隋言」，資、磧、普、南作「隋名」；徑、清作「此名」。

一〇八四頁中一六行「大子」，徑作「太子」。

一〇八四頁下一七行第七字「興」，徑作「與」。

一〇八五頁上二一行「歡喜」，南作「歡面」。

一〇八五頁中七行「房窟」，南、徑、清作「房室」。中一二行「房窟」，資、磧、普、南、徑、清同。

一〇八五頁中九行第三字「任」，磧、南作「住」。

一〇八五頁下二一行第三字「定」，資、磧、普、南、徑、清作「之」。

一〇八六頁中末行夾註「隋言」，徑、清作「此言」。夾註「正安」，麗作「王安」。

一〇八六頁下一行第四字「沙」，資、磧、普、南、徑、清作「沙門」。

一〇八六頁下三行首字「一」，磧作「二」。次頁上一七行第五字同。

一〇八六頁下四行第一三字「薄」，麗作「箔」。

一〇八七頁中九行正文第一二字「三」，磧作「二」。

一〇八七頁中一五行第八字「徃」，麗作「生」。

中華大藏經(漢文部分)

校勘凡例

一　《中華大藏經(漢文部分)》的底本以《趙城金藏》爲主；《趙城金藏》缺佚，則以《高麗藏》等作底本。各卷所用底本的名稱及涉及底本的其他問題，均在校勘記的第一條中說明。

一　《中華大藏經(漢文部分)》選用的參校本共八種，即《房山雲居寺石經》(石)、宋《資福藏》(資)、宋《影印宋磧砂藏》(磧)、元《普寧藏》(普)、明《永樂南藏》(南)、明《徑山藏》(徑)、《清藏》(清)、《高麗藏》(麗)。

一　校勘記中的「諸本」，若底本爲金藏，即包括石、資、磧、普、南、徑、清、麗全部八種校本；若底本爲麗藏，則包括石、資、磧、普、南、徑、清全部七種校本。其他情况若用「諸本」，校勘記中則另加說明。

一　校勘採用底本與校本逐字對校的办法，只勘出經文中的異同及字句錯落，一般不加評注。參校本若有缺卷，或有殘缺、漫漶等字迹無可辨認者，則略去不校，校勘記亦不作記録。

一　一經多卷，經名、譯者、品名出現同樣性質的問題，一般只在第一卷出校，並注明以下各卷同；分卷不同時，以底本爲主出校。

一　古今字、異體字、正俗字、通假字及同義字，一般不出校。如：

古今字：宍(肉)；猗(倚)；距(跛)；鉾(矛)；誼(義)等。

異體字：脎(槃)；剎(刹)；皃(貌)；惱(惱)；㝵(碍、㝵、閡)等。

正俗字：怪(恠)；滴(渧)；體(躰)；刺(刾)；閑(閑)等。

通假字：惟(唯)；嫉(疾)；頻(嚬、顰)；揣(摶)；尠(鮮)等。

同義字：言(曰)；如(若)；弗(不)等。